FILMJAHR 2021 | 2022

Adam Driver und Marion Cotillard in ANNETTE (© Alamode)

FILMJAHR 2021 | 2022
LEXIKON DES INTERNATIONALEN FILMS
CHRONIK • ANALYSEN • BERICHTE

Redaktion
Jörg Gerle, Felicitas Kleiner, Josef Lederle, Marius Nobach

Herausgegeben von filmdienst.de
und der Katholischen Filmkommission für Deutschland

SCHÜREN

Bibliografische Information der Deutschen Nationalbibliothek
Die Deutsche Nationalbibliothek verzeichnet diese Publikation in der Deutschen Nationalbibliografie; detaillierte bibliografische Daten sind im Internet über http://dnb.d-nb.de abrufbar.

Lexikon des Internationalen Films
Begründet von Klaus Brüne (1920–2003)

Alle Texte des
Lexikon des Internationalen Films. Filmjahr 2021|2022
fußen auf Veröffentlichungen des Portals filmdienst.de
Das Portal für Kino und Filmkultur ist der Nachfolger des Magazins FILMDIENST.

Abbildungsnachweise
Alamode (S. 26 links) • Anika Molnár (S. 21) • Chromosom Film/Tobias von der Borne (S. 11) • Europa Art Cinema Day (S. 33) • Farbfilm/Lighthouse (S. 24) • Festival de Cannes (S. 23 links) • Filmfestival San Sebastian (S. 29) • Filmfestival Venedig (S. 27) • Freibeuterfilm/Rohfilm (S. 34 rechts) • Grandfilm (S. 14, 28, 36) • Internationale Filmfestspiele Berlin (S. 15) • Internationale Kurzfilmtage Oberhausen (S. 18) • Locarno Film Festival (S. 26 rechts) • Majestics / Christine Fenzl (S. 22 links) • MDM (S. 31) • missingFilms (S. 34 links) • Piffl Medien (S. 32) • Road Movies/Paolo Indelicato (S. 19) • Solo Film (S. 13) • Walt Disney Company Germany (S. 22 rechts) • Weltkino / Zentropa Entertainment (S. 23 rechts) • ZDF / Uli Gaulke (S. 16). Die übrigen Rechteinhaber sind in den Bildunterschriften angegeben. Die Rechte der Cover bei den «Silberlingen» liegen bei den im Cast angegebenen Verleihfirmen. Sollten trotz aller Bemühungen, die aktuellen Copyright-Inhaber herauszufinden, andere Personen und Firmen zu diesem Kreis gehören, werden sie gebeten, sich beim Verlag zu melden, damit sie in künftigen Auflagen des Buches berücksichtigt werden können.

Originalausgabe
1.–4. Tsd.
Schüren Verlag GmbH
Universitätsstraße 55 | D-35037 Marburg
www.schueren-verlag.de
© Schüren Verlag 2022
Alle Rechte vorbehalten
Gestaltung: Erik Schüßler
Korrektorat: Thomas Schweer
Umschlaggestaltung: Wolfgang Diemer, Frechen
Umschlagfoto vorne: DER RAUSCH (Henrik Ohsten / 2020 Zentropa Entertainments3 ApS, Zentropa Sweden AB, Topkapi Films B.V. & Zentropa Netherlands B.V.), Kinostart: 22.7.2021)
Umschlagfoto hinten: DUNE (Walt Disney Company, Kinostart: 16.9.2021)
Foto Buchrücken: AMMONITE (Tobis/Leonine, Kinostart: 4.11.2021)
Datenbankkonzeption: TriniDat Software-Entwicklung
Druck: Westermann Druck, Zwickau
Printed in Germany
ISSN 2191–317X
ISBN 978-3-7410-0408-7

Inhalt

8 Vorwort des Herausgebers

❶ Auf. Zu. Stopp. Go. – Und wie weiter?
9 Das (Film-)Jahr 2021 im Würgegriff der Pandemie

❷ Die 20 besten Kinofilme des Jahres 2021
38 First Cow
39 Fabian oder Der Gang vor die Hunde
42 Titane
43 Nomadland
45 Herr Bachmann und seine Klasse
47 The Power of the Dog
49 Der Rausch
50 Annette
52 Dune
54 The Green Knight
56 Drive My Car
57 Grosse Freiheit
59 The French Dispatch
60 Benedetta
62 The Father
63 Minari
65 The Trouble with Being Born
67 Die Zähmung der Bäume
69 Lieber Thomas
71 Martin Eden

❸ 15 bemerkenswerte Serien 2021
73 Scenes From a Marriage
75 The Underground Railroad
77 We Are Who We Are
79 Loki
80 It's a Sin
82 The North Water
84 Inside Job
86 Mare of Easttown
87 Trigonometry
88 Pretend It's a City
90 Lisey's Story
92 Blindspotting
93 Maid
95 Foundation
96 Nine Perfect Strangers

❹ Filmbranche & Filmkultur
98 Rüdiger Suchsland
Sollen wir warten, bis das Kino tot ist?

101 Marius Nobach
Endlich wieder unter Menschen!
Die Verleihung der «Oscars» 2021

103 Lars Henrik Gass
Über Film als Medium sprechen

107 Reinhard Kleber
Der strukturierte Chaot:
Eine Rainer-Werner-Fassbinder-Ausstellung

110 Karsten Essen
Was kommt nach dem Ende?

❺ Themen & Motive
112 Karsten Munt
Kinder des Extrems: Das junge französische Genrekino

115 Patrick Holzapfel
Der beste Mann der Welt: James Bond

118 Patrick Holzapfel
Begehren im Neonlicht: Wong Kar-wais Einfluss auf das Kino

121 Lars Henrik Gass
Papst Franziskus: Betrachten, nicht sehen

124 Lucas Barwenczik
Apathie im Freizeitpark – Zur Indiana-Jones-Reihe

6 Filmschaffende im Porträt

130 Esther Buss
Die Renaissance-Frau
Die Schauspielerin Vicky Krieps

132 Lukas Foerster
Das Kino und sein Band zur Welt
Abbas Kiarostami: Über die Filme des iranischen Meisterregisseurs

138 Stefan Stiletto
Ins Auge, in den Bauch, ins Gehirn
Zum Kinostart von Dune: Ein Werkporträt des kanadischen Filmemachers Denis Villeneuve

142 Patrick Holzapfel
Trügerische Gewöhnlichkeit
Eine Annäherung an den Schauspieler Matt Damon

145 Karsten Munt
Grenzen im Land der unbegrenzten Möglichkeiten
Über das Kino von Regisseurin Kelly Reichardt

150 Cosima Lutz
Die Raumfrau
Ein Porträt der Schauspielerin Maren Eggert

153 Michael Ranze
Lichtgestalt des Weltkinos
Eine Hommage an den indischen Meisterregisseur Satyajit Ray

157 Cosima Lutz
Die Frau, die kämpft
Ein Porträt der belgisch-marokkanisch-spanischen Schauspielerin Lubna Azabal

159 Patrick Holzapfel
In Zerrspiegeln von 80 Jahren
Eine Hommage an Bob Dylan

166 Patrick Holzapfel
Wahrheit und Gewissen
Zum 100. Geburtstag der französischen Schauspielerin Simone Signoret

7 Deutsches Kino – Interviews

169 Margret Köhler
Der König und der Hampelmann
Ein Interview mit Franz Rogowski zu GROSSE FREIHEIT

171 Ralf Schenk
Bildungs-Utopie
Ein Gespräch mit Maria Speth über HERR BACHMANN UND SEINE KLASSE

175 Josef Schnelle
Die Welt aus den Fugen
Ein Gespräch mit Dominik Graf über FABIAN ODER DER GANG VOR DIE HUNDE

178 Simon Hauck
Die Wiederbelebung des Scheintoten
Interview mit Alexander Kluge zu ORPHEA

182 Bettina Hirsch
Essenz des Lebens
Ein Interview mit Janna Ji Wonders über WALCHENSEE FOREVER

8 Internationales Kino – Interviews

185 Michael Ranze
Ein Rätsel mit ausgefülltem Leben
Ein Interview mit der ungarischen Regisseurin Ildikó Enyedi über ihre Romanadaption DIE GESCHICHTE MEINER FRAU

188 Margret Köhler
Komödie ist ein Überlebenselixier
Interview mit Anders Thomas Jensen zu HELDEN DER WAHRSCHEINLICHKEIT – RIDERS OF JUSTICE

191 Margret Köhler
Gift in den Herzen
Ein Interview mit Jasmila Žbanić zu QUO VADIS, AIDA?

194 Simon Hauck
Sinnsuche im Wein
Gespräch mit Thomas Vinterberg über das mehrfach preisgekrönte Drama DER RAUSCH

198 Wolfgang Hamdorf
Lerne, dich zu lieben
Ein Gespräch mit der spanischen Filmemacherin Icíar Bollaín über ROSAS HOCHZEIT

9 In memoriam – Nachrufe

201 Ralf Schenk
Tamara Trampe (4.12.1942–4.11.2021)

202 Marius Nobach
Jean-Paul Belmondo (9.4.1933–6.9.2021)

205 Esther Buss
Tatjana Turanskyj (27.7.1966–18.9.2021)

207 Josef Schnelle
Richard Donner (24.4.1930–5.7.2021)

208 Ralf Schenk
Libuše Šafránková (7.6.1953 – 9.6.2021)

209 Michael Kienzl
Monte Hellman (12.7.1929–20.4.2021)

212 Josef Schnelle
Hanns Eckelkamp (28.2.1927–5.8.2021)

214 Till Kadritzke
Cicely Tyson (19.12.1924–28.1.2021)

215 **Außerdem trauern Filmfans um ...**

223 **Kinotipp der katholischen Filmkritik**

223 «Sehenswert» 2021

225 «Diskussionswert» 2021

227 **Lexikon der Filme 2021**

481 **Die Silberlinge 2021**
Die herausragenden Blu-ray- und 4K-UHD-Editionen

500 **Preise 2021**
500 Kirchliche Filmpreise
513 Internationale Filmfestspiele Berlin 2021
514 Amerikanische Filmpreise 2020 («Oscars»)
514 Bayerischer Filmpreis 2020
515 Internationale Filmfestspiele Cannes 2021
516 Internationale Filmfestspiele Locarno 2021
517 Internationale Filmfestspiele Venedig 2021
517 Internationales Filmfestival San Sebastián 2021
518 Deutscher Filmpreis 2021
519 Hessischer Filmpreis 2021
519 Internationales Filmfestival Mannheim-Heidelberg 2021
519 Europäischer Filmpreis 2021
520 Preis der deutschen Filmkritik 2021
521 Internationale Filmfestspiele Berlin 2022
522 Weitere Festivalpreise 2021

524 **Register der Regisseurinnen und Regisseure 2021**
538 **Register der Originaltitel 2021**

■ Vorwort des Herausgebers

Was bleibt vom Filmjahr 2021? Vielleicht die Erinnerung an einen abrupten Wechsel von Diät zu Übersättigung. Auf die Enthaltsamkeit des langen Kino-Lockdowns folgte in der zweiten Jahreshälfte ein auch für den größten Cineasten-Magen kaum zu bewältigendes Überangebot. So viele sehenswerte Filme, die gleichzeitig auf die große Leinwand drängten – und so wenig Zeit. Die Streamingdienste konnten zwar für eine gewisse Entlastung sorgen, änderten aber nichts an der prinzipiellen Überforderung.

Mittlerweile hat sich die Lage zwar etwas beruhigt. Es bleibt aber das Gefühl, vieles verpasst zu haben. In dieser Lage kommt der Jahresband 2021 des Lexikons genau richtig. Er dokumentiert, dass Redaktion und Autor*innen von filmdienst.de bei aller Überfülle nicht den Überblick verloren haben. Und er gibt uns die Möglichkeit, einen Blick zurück auf das ungebrochene, kreative Potenzial des Kinos mit seinen vielfältigen Erzählungen vom Zustand der Welt zu werfen. Welche filmischen Narrationen des letzten Jahres müssen wir unbedingt sehen, erstmals oder vielleicht erneut? Und was war sonst noch wichtig in der Welt des Films?

So sehr wir es schätzen, tagesaktuell durch filmdienst.de auf dem Laufenden zu bleiben – vieles verschwindet zu schnell aus unserer Timeline. Das Jahrbuch, das Sie in Händen halten, ist so etwas wie eine Insel, ein sicherer Hafen im stetigen Fluss der Nachrichten. Hier kann man in Ruhe nachlesen, was aus dem Blick geraten ist, hier finden sich Beiträge, die man in der Hektik des Tages auf den digitalen Endgeräten als flüchtige Schatten hat vorüberrauschen sehen.

Im Namen der Katholischen Filmkommission für Deutschland, die als Herausgeberin von filmdienst.de auch Mitherausgeberin von *Filmjahr 2021/2022* ist, danke ich allen Beteiligten dafür, dass es ihnen in diesen flüchtigen digitalen Zeiten wieder gelungen ist, einer treuen Leserschaft erneut ein Buch zur Verfügung zu stellen, das Orientierung bietet.

Und was verspricht der Blick auf 2022? Es wird keinen Mangel geben an sehenswerten Filmen und damit auch keinen Mangel an der Notwendigkeit eines Portals wie filmdienst.de. Und es wird etwas zu feiern geben. Denn der Filmdienst wird 75. In diesem dreiviertel Jahrhundert hat er seinem Namen alle Ehre gemacht hat. Denn er – und die ihn tragenden filmbegeisterten Menschen – haben sich in den Dienst nehmen lassen - für das Kino und für dessen faszinierendes, sehr häufig diagnostisch präzises, manchmal auch prophetisches Erzählen von der Welt. Und er hat damit nicht zuletzt auch Generationen von Leserinnen und Lesern einen Dienst geleistet. Danke dafür und herzlichen Glückwunsch Filmdienst!

Markus Leniger,
Vorsitzender der Katholischen Filmkommission
für Deutschland

1 Auf. Zu. Stopp. Go. – Und wie weiter?
Das (Film-)Jahr 2021 im Würgegriff der Pandemie

Die Pandemie hat viele Folgen. Tragische, desaströse, verheerende, aber auch heimliche und unentdeckte. So verändert sie das Zeitempfinden, das kollektiv gedrosselt, beschleunigt oder in Häppchen auf demnächst vertröstet wird, solange die nächste Welle oder die nächste Mutation noch nicht um die Ecke lugt. Die meisten Menschen unterwerfen sich dem Gebot der Vernunft und fügen sich solidarisch ins gesellschaftliche Krisenmanagement. Der Lockdown wurde akzeptiert, auch seine Verlängerung bis Ostern; die Hoffnung galt den neuen mRNA-Impfstoffen, die im Sommer ein neues altes Leben ermöglichten. Die Kinos waren wieder offen, die Kultur kehrte in die Öffentlichkeit zurück, und sogar das Wetter spielte mit. Das Ende der «epidemischen Lage» schien nahe.

Doch schon im August warnte das Robert-Koch-Institut davor, dass sich das Land am Beginn der vierten Corona-Welle befände. Nach Hochwasserkatastrophe, den Flurschäden des Bundestagswahlkampfs und dem Beginn der Omikron-Invasion weiß man: Die Rückkehr zur erhofften Normalität ist eine Illusion; das Leben mit Covid-19 wird noch lange im Stop-and-Go-Modus nach Um- und Auswegen suchen.

Fürs Bewusstsein dessen, wer wir sind und was wir tun, sind das keine guten Nachrichten. Die Gegenwart lebt von Momenten des Erinnerns, vom Atem des Erlebten und Erzählten, der Traditionen lebendig hält und den Bogen vom Alten zum Neuen schlägt. In revolutionären Zeiten ist dafür nie Platz! Mit bitteren Folgen, wie man an der deutschen Geschichte ablesen kann und jetzt auch an der Front der Corona-Leugner sieht, die in ihrem Furor gegen staatliche Vorschriften gleich alle gesamte Aufklärung entsorgen. «Bösartiger Unfug» nennt das Bundespräsident Frank Walter Steinmeier, weil er ahnt, dass dies dem Populismus zuarbeitet, der nicht nur in der USA die Welt ins Chaos stürzt.

Umso hilfreicher sind alle Versuche, sich dem Stotterrhythmus der Pandemie zu entziehen und den Blick statt auf die tägliche Inzidenz-Kurve zwischendurch auch mal auf die letzten Monate zu werfen. Statt nur zu bangen entdeckt man dann vielleicht eine überraschende Lebendigkeit, die allen realen Nöten zum Trotz viele kleine und große Wunder bewirkt hat, in den Kinos, auf den Leinwänden, im Theater, auf Konzertbühnen oder auch in den Streamingkanälen. Auch wenn man nicht so genau sagen kann, woher dieser Reichtum rührt, verblüfft in der Zusammenschau der wichtigsten Filme des Jahres 2021 die Fülle und ästhetische Bandbreite der Werke. Sie holen das Leben zurück, die bunte Fülle des Daseins, seine Zumutungen und Fragen, aber auch den Trost, dass es selbst nach den dunkelsten Katastrophen ein neues Morgen gegeben hat.

Besucherstärkste Filme im Jahr 2021
1. 007 – Keine Zeit zu sterben (6 Mio.)
2. Spider-Man – No Way Home (2,6 Mio.)
3. Fast & Furious 9 (2,1 Mio.)
4. Dune (1,8 Mio.)
5. Paw Patrol – Der Kinofilm (1,5 Mio.)
6. Die Schule der magischen Tiere (1,5 Mio.)
7. Kaiserschmarrndrama (1,1 Mio.)
8. Venom – Let There Be Carnage (1,1 Mio.)
9. Die Croods – Alles auf Anfang (890.000)
10. Shang-Chi and the Legend of the Ten Rings (814.000)
11. Eternals (775.000)
12. Black Widow (770.000)
13. Conjuring 3 – Im Bann des Teufels (750.000)
14. Peter Hase 2 – Ein Hase macht sich vom Acker (750.000)
15. House of Gucci (710.000)
16. Tom & Jerry (680.000)
17. Contra (660.000)
18. After Love (660.000)
19. Catweazle (630.000)
20. Ostwind – Der grosse Orkan (600.000)

(Quelle: insidekino.de)

Top 20 Deutsche Filme
1. Die Schule der magischen Tiere
2. Kaiserschmarrndrama
3. Contra
4. Catweazle
5. Ostwind – Der grosse Orkan
6. Die Olchis – Willkommen in Schmuddelfing
7. Die Pfefferkörner und der Schatz der Tiefsee
8. Es ist nur eine Phase, Hase!
9. Happy Family 2
10. Beckenrand Sheriff
11. Schachnovelle
12. Die Unbeugsamen
13. Generation Beziehungsunfähig
14. Hilfe, ich habe meine Freunde geschrumpft

15. Ich bin dein Mensch
16. Fabian oder Der Gang vor die Hunde
17. Lauras Stern
18. Weissbier im Blut
19. Bekenntnisse des Hochstaplers Felix Krull
20. Wickie und die starken Männer

(Quelle: insidekino.de)

Top 20 Arthouse Filme

1. Nomadland
2. Der Rausch
3. Dune
4. The French Dispatch
5. Contra
6. House of Gucci
7. The Father
8. Schachnovelle
9. Fabian oder Der Gang vor die Hunde
10. Ich bin dein Mensch
11. Promising Young Woman
12. Bekenntnisse des Hochstaplers Felix Krull
13. Lieber Thomas
14. Nebenan
15. Nahschuss
16. Helden der Wirklichkeit
17. Je suis Karl
18. Minari – Wo wir Wurzeln schlagen
19. Respect
20. Der Rosengarten von Madame Vernet

(Quelle: programmkino.de)

Top 10 Dokumentarfilme

1. Die Unbeugsamen
2. Herr Bachmann und seine Klasse
3. Walchensee Forever
4. Vor mir der Süden
5. Tagebuch einer Biene
6. Wagner, Bayreuth und der Rest der Welt
7. Alles ist eins. Ausser der 0
8. Gunda
9. Der wilde Wald – Natur Natur sein lassen
10. Wer wir waren

(Quelle: programmkino.de)

Top 10 Deutsche Kinderfilme

1. Die Schule der magischen Tiere
2. Peter Hase 2 – Ein Hase macht sich vom Acker
3. Die Olchis – Willkommen in Schmuddelfing
4. Catweazle
5. Ostwind – Der grosse Orkan
6. Die Croods – Alles auf Anfang
7. Tom & Jerry
8. Die Pfefferkörner und der Schatz der Tiefsee
9. Encanto
10. Ein Junge namens Weihnacht

(Quelle: programmkino.de)

Januar

+++ In Deutschland beginnt die Impfkampagne gegen Covid 19; der Lockdown wird bis Februar verlängert +++ Die Corona-Pandemie hat Deutschland in die Rezession gestürzt; das Bruttoinlandsprodukt sank 2020 um 4,6 Prozent +++ Großbritannien ist nun auch juristisch kein Mitglied der Europäischen Union mehr +++ Am 6. Januar stürmen Anhänger von Donald Trump das Kapitol in Washington, D. C., um die formelle Bestätigung des neuen US-Präsidenten Joe Biden zu unterbinden. Ein Staatsstreich liegt in der Luft +++ Armin Laschet gewinnt die Wahl zum CDU-Vorsitzenden +++ Alexej Nawalny kehrt nach Russland zurück, wird aber schon am Flughafen verhaftet und später zu dreieinhalb Jahren Straflager verurteilt +++

Am 9. Januar 2021 verstarb in Los Angeles mit 79 Jahren der britische Filmregisseur **Michael Apted**. Der Regisseur war von 2003 bis 2009 Vorsitzender der renommierten «Directors Guild of America» (DGA). Erste Lorbeeren erntete Apted in den 1960er-Jahren mit der Doku-Serie Up, die das Leben von 14 Kindern bis ins Erwachsenenalter beobachtete. 1980 gelang Apted in Hollywood mit Nashville Lady über die Country-Sängerin Loretta Lynn ein erster großer Erfolg. Später spielte Jodie Foster unter seiner Regie in dem Drama Nell eine isoliert aufgewachsene Frau, die ihre eigene Sprache entwickelt. Apted drehte so unterschiedliche Filme wie den Krimi Gorky Park, das Drama Gorillas im Nebel über die Primatenforscherin Diane Fossey, den Surfer-Film Mavericks und das Fantasy-Abenteuer Die Chroniken von Narnia: Die Reise auf der Morgenröte. Zuletzt gab Apted 2017 der Schwedin Noomi Rapace die Hauptrolle einer CIA-Agentin in dem Thriller Unlocked.

Im Corona-Jahr 2020 haben die deutschen Filmkunsttheater besser abgeschnitten als der Kinofilmmarkt. Zwar sanken die Zahlen bei Besuchern und Umsatz im Vergleich zu 2019 um je gut 63 Prozent. Doch der Gesamtmarkt erlitt ein Minus von rund 69 Prozent. Der Marktanteil der Filmkunstkinos stieg laut AG Kino-Gilde 2020 auf 19 Prozent. Die Top-100-Filme in den deutschen Arthouse-Kinos bestehen aus 28 deutschen, 27 europäischen und 27 US-Produktionen sowie 18 Filmen aus anderen Teilen der Welt. Erfolgreichster Film in den Mitgliederkinos der AG Kino-Gilde war Parasite aus Südkorea, gefolgt von Als Hitler das rosa Kaninchen stahl und Little Women. Als erfolgreichster Film, der nach dem ersten Lockdown gestartet wurde, erwies sich Eine Frau mit berauschenden Talenten, gefolgt von Undine.

International wurden im Corona-Jahr 2020 nach ersten Schätzungen rund 12,4 Mrd. Dollar eingespielt. Das ist in der Summe ein Minus von 71 Prozent gegenüber dem Vorjahr. Umsatzstärkster Markt war China, wo 3,12 Mrd. Dollar an Einspielergebnissen erzielt wurde, was ebenfalls rund 2/3 unter den Erlösen des Vorjahres lag. In Nordamerika lag das Boxoffice bei rund 2,1 Mrd. Dollar; hier addiert sich das Minus im Vergleich zum Vorjahr auf über 80 Prozent. Erfolgreichster Film war Bad Boys for Life, der an den Kinokassen 206 Mio. Dollar erspielte; auch weltweit war der Actionfilm von Adil El Arbi und Bilall Fallah mit 426,5 Mio. Dollar der erfolgreichste Hollywoodfilm des Jahres 2020. In Europa war wenig überraschend Frankreich das erfolgreichste Kinoland. Hier ging das Boxoffice um 68 Prozent auf 438 Mio. Dollar zurück. Im Einkommensranking der Verleihe rangiert Disney (1,3 Mrd. Dollar) im Jahr 2020 vor Sony (1,2 Mrd.), Warner (1,1 Mrd.), Universal (1 Mrd.) und Paramount (400 Mio.).

Nach 38 Jahren als führender Repräsentant von Warner Bros. Germany kündigte **Willi Geike** sein Ausscheiden aus dem Unternehmen an. Er will künftig als unabhängiger Produzent tätig sein. Als sein Nachfolger wurde Peter Schauerte bestimmt. Geike begann Anfang der 1990er-Jahre als Marketing-Chef bei Warner Video, wechselt aber bald in den Kinoverleih und lenkte ab 1998 in der Position eines «Vice Directors» die Geschicke des ganzen Unternehmens in Deutschland und Österreich. Zu seinen großen Verdiensten zählte der Aufbau eines lokalen Produktionsbereiches, der mit Titeln wie Der kleine Eisbär, Keinohrhasen oder Nightlife auf dem deutschen Markt extrem erfolgreich war. Auch im Serien-Segment hatte Geike mit You Are Wanted und Beat den richtigen Riecher. Zu Geikes neuer Firma elbpictures Film gehört die Tochterfirma ProU Producer United Film sowie eine Beteiligung an der Filmwelt Verleihagentur.

Tobias Krell, besser bekannt als Checker Tobi, der in der gleichnamigen Sendung im Kinderkanal KiKA den jüngsten Zuschauern seit bald einem Jahrzehnt die Welt erklärt, wird neuer Leiter des Kinderfilmfest München. Er beerbt damit Katrin Miller, die 2019 ausgeschieden war. Krell arbeitet seit 2010 in verschiedenen Funktionen für Festivals wie die «Berlinale» oder das Max-Ophüls-Preis-Festival in Saarbrücken. In München wird

Lange hatten die Organisatoren des **Filmfestivals Max Ophüls Preis** in Saarbrücken gehofft, eine Hybrid-Ausgabe anbieten zu können, doch dann blieb am Ende nur der Ausweg einer Online-Ausgabe. Das erste deutsche Filmfestival im Jahr 2021 fand coronabedingt vom 17. bis 24. Januar auf einer eigens entwickelten Streaming-Plattform statt, auf der registrierte Nutzer Tickets erwerben und insgesamt 98 Filme sehen konnten. Zur Eröffnung lief mit A Black Jesus erstmals ein Dokumentarfilm. Für die erste Online-Ausgabe des Festivals wurde die Zahl der Filme um ein Drittel reduziert, was vor allem auf Kosten der Nebenreihen ging. Wie 2020 wurden 16 Preise im Gesamtwert von 118.500 Euro vergeben. Überragender Sieger war das Drama Borga (Foto), das gleich vier Preise gewann: den Hauptpreis, den Preis für den gesellschaftlich relevanten Film, den Publikumspreis und den Preis der Ökumenischen Jury. Drei Preise sicherte sich der österreichische Film Fuchs im Bau von Arman T. Riahi. Festivalleiterin Svenja Böttger war über die positive Resonanz auf die Online-Edition erfreut. Auf der Plattform gab es 39.054 Filmsichtungen von 12.795 registrierten Nutzern. Es wurden 11.034 Einzeltickets verkauft.

Krell nicht nur für die Programmauswahl verantwortlich sein, sondern auch Workshops für Kinder und Heranwachsende anbieten.

Wichtige Filme im Januar

- **A Family Tour** (R: Liang Ying)
  Eine in Hongkong im Exil lebende Filmemacherin reist nach Taiwan, um ihre schwerkranke Mutter und ihre Familie wiederzusehen.
- **Amexica – Grenzwelten** (R: Marie Baronnet)
  Dokumentarfilm über den Alltag an der amerikanisch-mexikanischen Grenze, über Ablehnung und Ausnutzung von Flüchtenden, aber auch über Mut und selbstlose Taten.
- **Beginning** (R: Dea Kulumbegashvili)
  Meisterliches Drama über ein georgisches Bergdorf, in dem eine Gemeinde der Zeugen Jehovas durch die Feindlichkeit der christlich-orthodoxen Mehrheit erschüttert wird.
- **Josep** (R: Aurel)
  Zeichentrickfilm über das bewegte Leben des spanischen Zeichners Josep Bartolí (1910–1995), der

auf Flucht vor Franco von den Franzosen interniert und schikaniert wurde und schließlich nach Mexiko emigrierte.
- ONE NIGHT IN MIAMI (R: Regina King) Dramatisierung der Begegnung von Cassius Clay, Malcom X, Jim Brown und Sam Cooke am 25. Februar 1964 im Hampton House in Miami.
- DIE UNSCHULDIGEN (R: Anne Fontaine) Ein französisches Drama nach authentischen Ereignissen um eine Ärztin, die 1945 in Polen vergewaltigten und geschwängerten Nonnen beisteht.

Februar

+++ In Myanmar putscht das Militär +++ Ein rückwirkendes Amtsenthebungsverfahren gegen den früheren US-Präsidenten Trump scheitert +++ In Italien wird Mario Draghi neuer Ministerpräsident +++ Der Mars-Rover «Perseverance» landet erfolgreich auf dem roten Planeten +++ Die aus Nigeria stammende Ökonomin Ngozi Okonjo-Iweala wird neue Chefin der Welthandelsorganisation WTO +++ Das Statistische Bundesamt hat eine hohe Übersterblichkeit registriert; in den zurückliegenden zwölf Monaten starben in Deutschland 7,5 Prozent mehr Menschen als üblich.

Am 9. Februar verschied in Paris der französische Schriftsteller und Drehbuchautor **Jean-Claude Carrière** im Alter von 89 Jahren. Im Laufe seiner produktiven Karriere schrieb Carrière Dutzende literarische Werke und Drehbücher sowie zahlreiche Essays. Das Multitalent übersetzte auch Werke von William Shakespeare, arbeitete als Schauspieler und fertigte Zeichnungen an. In den 1960er-Jahren war Carrière an mehreren Filmen beteiligt, die heute als Filmklassiker gelten. So arbeitete er mit den Regisseuren Luis Buñuel, Jacques Deray und Milos Forman zusammen. Für Buñuel schrieb er die Drehbücher zu BELLE DE JOUR – SCHÖNE DES TAGES (1967) und DER DISKRETE CHARME DER BOURGEOISIE (1972). Auch das Drehbuch für Volker Schlöndorffs Romanadaption DIE BLECHTROMMEL stammte von ihm, ebenso das für DIE UNERTRÄGLICHE LEICHTIGKEIT DES SEINS (1988) und für CYRANO DE BERGERAC (1990) mit Gérard Depardieu in der Titelrolle. Nach mehreren «Oscar»-Nominierungen gewann Carrière 2015 den Ehren-«Oscar» für sein Lebenswerk als Drehbuchautor. 2016 folgte der Ehrenpreis der Europäischen Filmakademie.

Seine Heimatstadt Frankfurt a. M. ehrte den Komponisten und Musiker **Hans Zimmer** am 12. Februar mit der Goethe-Plakette. Zimmer zählt seit mehr als 30 Jahren zu den einflussreichsten Komponisten in Hollywood. Zimmer «schafft es, Atmosphäre zu verdichten, Bilder zu vertonen und Gefühle in seinen Kompositionen hörbar zu machen», hieß es in der Laudatio. Zimmer wurde 1957 in Frankfurt geboren und lebte dort zwölf Jahre lang. Er komponierte die Musik zu Filmen wie DER KÖNIG DER LÖWEN, RAIN MAN, SAKRILEG, INCEPTION, INTERSTELLAR, DUNKIRK und der Miniserie DIE BIBEL. 2010 bekam er einen Stern auf dem «Walk of Fame» in Los Angeles. 1995 gewann er für die Musik zu dem Animationsfilm DER KÖNIG DER LÖWEN den «Oscar». Er lebt in Los Angeles, kehrte in den vergangenen Jahren für Konzertauftritte öfters nach Deutschland zurück. Die Goethe-Plakette der Stadt Frankfurt wird seit 1947 vom Magistrat der Stadt an Künstler, Wissenschaftler und andere Persönlichkeiten vergeben.

Eine hochdramatische **Bilanz für das Kinojahr 2020** zog die Filmförderanstalt (FFA). Denn Mitte März mussten die deutschen Kinos erstmals in den Lockdown. Erst im Juli durften sie wieder öffnen, erreichten aber nur eine Auslastung von 20 bis 25 Prozent. Im November folgte dann die zweite Schließung der Filmtheater. Der Verkauf der Eintrittskarten sackte um 68 Prozent auf nur noch 80,5 Millionen ab. Der Umsatz fiel um 69 Prozent auf 706 Millionen Euro. «38.094.623 Kinobesuche hat die FFA für 2020 gezählt», stellte FFA-Vorstand Peter Dinges fest. «Das ist ein sehr schlechtes Ergebnis, wie es in dieser Situation aber zu erwarten war.» Zwar hätten die Corona-Hilfsprogramme von Bund, Ländern und Filmförderungen geholfen, die Not zu lindern, doch die Lage der Branche sei «sehr schwierig». Im Jahr 2020 ging die Zahl der Spielstätten leicht um 6 auf 1.728 zurück; die Zahl der Leinwände stieg um 35 auf 4.926 Stück. Die Folgen der Pandemie, so Dinges, werden sich erst später zeigen. Meistgesehener Film war 2020 der vor dem ersten Lockdown gestartete BAD BOYS FOR LIFE mit 1,8 Mio. verkauften Tickets; diese Zahl hätte 2019 nicht für einen Platz in den Top 10 gereicht. Platz zwei belegte der US-Thriller TENET, der am 26. August startete und es auf immerhin 1,7 Mio. Eintritte brachte. Insgesamt wurden für US-amerikanische Filme 17,4 Mio. Tickets verkauft, ein Minus von 73 Prozent gegenüber dem Vorjahr. Einen Lichtblick gab es für den deutschen Film. Weil große US-Filme reihenweise verschoben, blieb mehr Platz für deutsche Produktionen. Zur erfolgreichsten deutschen Produktion avancierte NIGHTLIFE von Simon Verhoeven mit 1,4 Mio. Besuchen. Auf dem zweiten Platz landete DIE KÄNGURU-CHRONIKEN mit 809.000 Besuchern, gefolgt von JIM KNOPF UND DIE WILDE 13 mit 782.000 Tickets. Insgesamt wurden für deutsche Filme einschließlich internationaler Co-Produktionen 13,3 Millionen Tickets verkauft, 46 Prozent weniger als 2019. Dagegen wuchs der deutsche Marktanteil auf mehr als 35 Prozent.

Parallel zur coronabedingten Verschiebung der Academy Awards um rund zwei Monate gingen auch die **78. Golden Globe Awards** mit Verspätung über die Bühne. Statt Anfang Januar fand die Verleihung durch die Hollywood Foreign Press Association (HFPA) am 28. Februar statt. Der Komiker Sacha Baron Cohen gewann mit BORAT 2 die Auszeichnung für die Beste Filmkomödie, die Regisseurin Chloé Zao wurde für NOMADLAND die für das Beste Filmdrama. Zhao wurde auch als Beste Regisseurin geehrt, Cohen als Bester Hauptdarsteller in einer Komödie. Der August 2020 an Krebs gestorbene Schauspieler Chadwick Boseman erhielt posthum einen «Golden Globe». Den «Globe» als Beste Darstellerin in einem Drama sicherte sich die Schauspielerin Andra Day für ihre Darstellung in THE UNITED STATES VS. BILLIE HOLIDAY. Auf eine Sensation hatte die deutsche Nachwuchshoffnung Helena Zengel gehofft, die als Beste Nebendarstellerin nominiert war. Doch am Ende musste sie sich Jodie Foster geschlagen geben, die für ihren Auftritt in THE MAURITANIAN geehrt wurde. Zengel war für ihre Rolle in dem Western NEUES AUS DER WELT an der Seite von Tom Hanks nominiert gewesen. Daniel Kaluuya gewann den «Globe» als Bester Nebendarsteller für seine Rolle in JUDAS AND THE BLACK MESSIAH als Black-Panther-Aktivist Fred Hampton. Rosamunde Pike erhielt den «Golden Globe» als Beste Hauptdarstellerin in der Sparte Komödie/Musical für ihre Leistung in der Satire I CARE A LOT. Das weitgehend auf Koreanisch gedrehte Familiendrama MINARI des US-Regisseurs Lee Isaac Chung erhielt den «Golden Globe» für den Besten nicht-englischsprachigen Film. Die Verleihung ging unter massiven coronabedingten Einschränkungen in Beverly Hills und New York über die Bühne. Moderiert wurde sie von Tina Fey und Amy Poehler. Die Ausrichter kündigten nach scharfer Kritik an ihrer intransparenten Zusammensetzung strukturelle Änderungen an. Insbesondere würden in dem Zusammenschluss der Auslandspresse auch schwarze Journalisten und Journalistinnen gebraucht.

Mit **Christopher Plummer** (Foto: in NICHOLAS NICKLEBY) starb am 5. Februar einer der wandlungsfähigsten Schauspieler Hollywoods. 2012 gewann er im Alter von 82 Jahren seinen ersten und einzigen «Oscar» in seiner langen Karriere – für die Beste Nebenrolle in dem Drama BEGINNERS. Darin verkörpert er einen Mann, der sich erst nach dem Tod seiner Frau im hohen Alter zu seiner Homosexualität bekennt. Nach ersten Erfolgen im Theater gelang Plummer 1965 sein Hollywood-Durchbruch als Baron von Trapp an der Seite von Julie Andrews in dem Filmmusical THE SOUND OF MUSIC – MEINE LIEDER, MEINE TRÄUME. Während seiner mehr 50-jährigen Leinwandkarriere wirkte er in zahlreichen Filmen mit, darunter WATERLOO, DER ROSAROTE PANTHER KEHRT ZURÜCK, STAR TREK VI: DAS UNENTDECKTE LAND, 12 MONKEYS und INSIDER. Zu seinen überzeugendsten Kinoauftritten zählt 2008 die Rolle des Romanciers Leo Tolstoi in EIN RUSSISCHER SOMMER an der Seite von Helen Mirren als dessen Frau. Die Literaturverfilmung von Michael Hoffman erzählt eindrucksvoll vom letzten Lebensjahr des berühmten Dichters auf seinem Landgut im Jahr 1910. 2018 wurde Plummer im Alter von 88 Jahren noch einmal als Bester Nebendarsteller für den «Oscar» nominiert. In dem Entführungsthriller ALLES GELD DER WELT spielte er unter der Regie von Ridley Scott den geizigen Ölmilliardär Jean Paul Getty. Ursprünglich war die Rolle mit Kevin Spacey besetzt, doch nach dem Skandal um Belästigungsvorwürfe schnitt Scott den Schauspieler heraus und filmte die Szenen mit Plummer nach. Zu Plummers letzten Auftritten vor der Kamera gehörte die Krimikomödie KNIVES OUT – MORD IST FAMILIENSACHE (2019) mit Daniel Craig als Privatdetektiv und Plummer als ungeliebtem Familienpatriarchen.

Wichtige Filme im Februar

- **ALL DIE TOTEN** (R: Caetano Gotardo)
  Drama um eine alte Frau und ihre beiden Töchter, die nach dem Ende der Sklaverei in Brasilien an der Wende zum 20. Jahrhundert ohne ihre früheren Privilegien auskommen müssen.
- **CLASSMATES MINUS** (R: Huang Hsin-yao)
  Vier ehemalige taiwanesische Schulfreunde ringen in ihren mittleren Jahren mit den Enttäuschungen ihres Lebens.
- **EIGHTH GRADE** (R: Bo Burnham)
  Eine schweigsame Achtklässlerin kämpft kurz vor dem Übertritt an die High School mit sich, der Welt und ihrem Vater. Ein Jugendfilm, der kon-

Die Preisverleihung des **Verbands der deutschen Filmkritik** ist immer für eine Überraschung gut. Am 22. Februar zeichneten die Kritikerjurys den Debütfilm GIRAFFE (Foto) von Anna Sofie Hartmann als Besten Spielfilm des Jahres 2020 aus. Der Film spielt im deutsch-dänischen Grenzgebiet und beschäftigt sich mit Fragen der Migration, der Herkunft und des Zusammenwachsens Europas. Zum Besten Dokumentarfilm kürte der Verband REGELN AM BAND, BEI HOHER GESCHWINDIGKEIT von Yulia Lokshina. Bester Kinderfilm wurde ZU WEIT WEG von Sarah Winkenstette. Den Preis für das Beste Spielfilmdebüt sicherte sich Melanie Waelde für NACKTE TIERE. Tom Otte setzte sich mit seinem Kurzfilm FOR REASONS UNKNOWN durch. Als Bester Experimentalfilm wurde UNTITLED SEQUENCE OF GAPS von Vika Kirchenbauer ausgezeichnet. Von den sechs Preisen, die an Filme vergeben werden, gingen damit fünf an Regisseurinnen. Den Preis für das Beste Drehbuch gewannen Ulrich Köhler und Henner Winckler für DAS FREIWILLIGE JAHR. Mit den Darstellerpreisen wurden Nina Hoss für DAS VORSPIEL und PELIKANBLUT sowie Mišel Matičević für seine Darstellung in EXIL geehrt. Burhan Qurbanis Romanadaption BERLIN ALEXANDERPLATZ erhielt zwei Preise: Dascha Dauenhauer für die Beste Musik und Philipp Thomas für die Beste Montage. Der Preis für die Beste Kamera ging an Martin Neumeyer für seine Arbeit an KOKON. Mit dem Ehrenpreis zeichnete der Verband die Dokumentarfilmerin Tamara Trampe für ihr Lebenswerk aus.

Die Preise der deutschen Filmkritik 2020

- Bester Spielfilm: GIRAFFE von Anna Sofie Hartmann
- Bestes Spielfilmdebüt: NACKTE TIERE von Melanie Waelde
- Bester Kinderfilm: ZU WEIT WEG von Sarah Winkenstette
- Bester Dokumentarfilm: REGELN AM BAND, BEI HOHER GESCHWINDIGKEIT von Yulia Lokshina
- Bester Kurzfilm: FOR REASONS UNKNOWN von Tom Otte
- Bester Experimentalfilm: UNTITLED SEQUENCE OF GAPS von Vika Kirchenbauer
- Beste Darstellerin: Nina Hoss in DAS VORSPIEL und PELIKANBLUT
- Bester Darsteller: Mišel Matičević in EXIL
- Bestes Drehbuch: Ulrich Köhler und Henner Winckler in DAS FREIWILLIGE JAHR
- Beste Kamera: Martin Neumeyer in KOKON
- Beste Musik: Dascha Dauenhauer in BERLIN ALEXANDERPLATZ
- Bester Schnitt: Philipp Thomas in BERLIN ALEXANDERPLATZ

genial in eine vom Digitalen geprägte Lebenswelt eintaucht.

- **FOR THE TIME BEING** (R: Salka Tiziana)
  Stilles, langsam erzähltes Familiendrama aus Andalusien, in dem eine Frau und ihre beiden Kinder auf dem Hof der Schwiegermutter auf das Eintreffen des Vaters warten.
- **JUGEND** (R: Sébastien Lifshitz)
  Eine Langzeitdokumentation über zwei befreundete junge Französinnen von ihrem 13. bis zum 18. Lebensjahr.
- **KUESSIPAN** (R: Myriam Verreault)
  Zwei junge Innu-Frauen, seit Kindertagen enge Freundinnen, drohen sich durch unterschiedliche Lebensentwürfe voneinander zu entfernen.
- **NEUES AUS DER WELT** (R: Peter Greengrass)
  Um 1870 will ein auf Versöhnung sinnender Veteran des US-Sezessionskrieges ein verwaistes, von Indianern erzogenes Mädchen zu dessen Verwandten bringen.
- **NIXEN** (R: Katinka Narjes)
  Zwei Schwestern haben sich in einer sinnlich-verträumten Welt eingerichtet, merken aber, dass sie sich voneinander abnabeln müssen.
- **EINE TOTAL NORMALE FAMILIE** (R: Malou Reymann)
  Außergewöhnliches Drama um ein elfjähriges Mädchen, dessen bisherige Welt sich komplett verkehrt, als sein Vater sich als «trans» outet und künftig als Frau leben will.

März

+++ In Deutschland wird der Lockdown bis Ende März verlängert +++ Korruptions- und Bestechlichkeitsskandale beim Kauf von Atemschutzmasken erschüttern die CDU +++ Im Erzbistum Köln wird nach langer Diskussion das Gutachten zu den Missbrauchsvorwürfen veröffentlicht +++ Astra-Zeneca gerät wegen Hirnvenenthrombosen ins Gerede +++ Die Corona-Krise verfestigt das Armutsrisiko in Deutschland; Selbstständige, Geringqualifizierte und Alleinerziehende geraten immer häufiger in finanzielle Schwierigkeiten +++ Der Verfassungsschutz stuft die AfD als Verdachtsfall ein +++ Bei den Landtagswahlen in Baden-Württemberg und Rheinland-Pfalz werden die amtierenden Regierungen unter Winfried Kretschmann und Malu Dreyer bestätigt +++ Das Containerschiff «Ever Given» blockiert sechs Tage lang den Suezkanal +++

Künftig sollen sich Urheber gegen Internetplattformen, die urheberrechtlich geschützte Filme oder Musikstücke systematisch illegal anbieten, über eine neue Anlaufstelle wehren können. Dazu wurde die **Clearingstelle «Urheberrecht im Internet (CUII)»** eingerichtet. Sie nahm am 11. März die Arbeit auf. Sie soll nach einheitlichen Kriterien entscheiden, welche Internetseiten die Rechteinhaber wegen Urheberrechtsverletzungen sperren lassen können und damit Internetanbietern wie Verbrauchern mehr Rechtssicherheit bieten. Die unabhängige Prüfstelle wurde von den großen Internetanbietern in Deutschland sowie von Rechteinhabern für Musik, Film, Videospiele und Sport gemeinsam gegründet. Die Bundesnetzagentur gehört der Clearingstelle nicht an, ist aber in das Verfahren einer Sperre eingebunden. Ein überparteilicher Prüfausschuss soll künftig auf Antrag der Rechteinhaber nach objektiven Kriterien bewerten, ob Netzanbieter strittige Internetseiten wegen struktureller Urheberrechtsverstöße sperren müssen. «Dabei geht es um Webseiten, die offensichtlich als Geschäftsmodell geschützte Werke ohne Lizenz verbreiten – also gewerblich agieren oder sich durch Werbung finanzieren», teilte der Digitalverband Bitkom mit.

Das größte Vermächtnis des österreichischen Filmregisseurs, Malers und Autors **Peter Patzak** ist die Krimiserie KOTTAN ERMITTELT, mit der Patzak in seinem Heimatland Fernsehgeschichte schrieb. Von 1979 bis 1983 entstanden 19 Folgen sowie der Kinofilm DEN TÜCHTIGEN GEHÖRT DIE WELT (1981). Im Jahr 2010 brachte Patzak mit KOTTAN ERMITTELT: RIEN NE VA PLUS den kultigen Kommissar noch einmal auf die Leinwand. Am 11. März verstarb der Filmemacher mit 76 Jahren in Krems. «Peter Patzak hat mit seinem Filmschaffen Österreich geprägt. Wir verdanken ihm viele unvergessene Fernsehmomente, auch sein Werk als Autor und Maler ist beeindruckend», kondolierte der österreichische Kulturminister Werner Kogler. Im Februar 2020 war der am 2. Januar 1945 geborene Künstler mit dem «Goldenen Ehrenzeichen für Verdienste um das Land Wien» geehrt worden. Parallel zu seinem filmischen Schaffen hatte Patzak stets auch die Malerei vorangetrieben. **Ab 19**93 unterrichtete er als ordentlicher Professor für Regie an der Wiener Filmakademie, die er auch als Institutsvorstand leitete. Zu den bedeutendsten Kinoarbeiten Patzaks zählt das Neonazi-Porträt KASSBACH (1979) mit Walter Kohut in der Titelrolle, für das er auch international Anerkennung fand, weil der Film sich entschieden mit kleinbürgerlichen Formen von Rassismus, Faschismus und der Gewalt beschäftigte. Für Martin Scorsese zählt KASSBACH zu seinen Lieblingsfilmen.

Erstmals fand die «**Berlinale**», das größte deutsche Filmfestival, 2021 infolge der Corona-Pandemie in zwei Teilen statt. Während das «Industry Online»-Angebot vom 1. bis 5. März nur für Branchenvertreter und eine verringerte Zahl von Journalisten erreichbar war, fand die Publikumsausgabe vom 9. bis 20. Juni in der ganzen Stadt in Kinos und Open-Air-Kinos statt, wobei aber nur etwa die Hälfte der Filme aus der März-«Berlinale» gezeigt wurden. Kern der «Industry»-Ausgabe war der European Film Market, der als zweitwichtigster Filmmarkt nach Cannes gilt. Während die Jurys die Preisträger am 6. März bekanntgaben, mussten die Gewinner auf die Preisübergabe vor Publikum bis zur Sommer-Ausgabe warten. Abweichend vom etablierten Procedere setzte sich die Jury des Wettbewerbs aus sechs «Berlinale»-Gewinnern zusammen: Nadav Lapid, Adina Pintilie, Gianfranco Rosi, Jasmila Žbanić, Ildikó Enyedi und Mohammad Rasoulof, der allerdings wegen eines Ausreiseverbots aus dem Iran nur per Videostreaming zugeschaltet war. Während der Wettbewerb ohne US-amerikanische Beteiligung auskommen musste, war Deutschland mit gleich vier Produktionen vertreten: FABIAN von Dominik Graf, HERR BACHMANN UND SEINE KLASSE von Maria Speth, ICH BIN DEIN MENSCH von Maria Schrader und NEBENAN von Daniel Brühl. Maren Eggert wurde als Hauptdarstellerin von ICH BIN DEIN MENSCH mit dem erstmals genderneutral definierten Preis für die Beste Darstellung ausgezeichnet; ein «Silberner Bär» ging als Preis der Jury an Maria Speths Dokumentarfilm-Film. Den «Goldenen Bären» gewann die rumänische Satire BAD LUCK BANGING OR LOONY PORN von Radu Jude. WHEEL OF FORTUNE AND FANTASY von Ryusuke Hamaguchi erhielt den Großen Preis der Jury. Der Preis für die Beste Regie ging an NATURAL LIGHT von Dénes Nagy aus Ungarn. Der koreanische Regisseur Hong Sang-soo wurde mit INTRODUCTION mit dem Preis für das Beste Drehbuch geehrt.

Wichtige Filme im März

- **A COLONY** (R: Geneviève Dulude-De Celles)
  Eine zwölfjährige Schülerin muss sich entscheiden, ob sie mit einem First-Nations-Jungen befreundet sein und ihren eigenen Weg gehen will oder sich doch eher einer Clique um eine coole Anführerin anschließen will.
- **DAS BLUBBERN VON GLÜCK** (R: John Sheedy)
  Ein sehr bunter und schräger, aber auch sehr ernsthafter Jugendfilm um ein zwölfjähriges Mädchen,

Nach dem Skandal um ihren Film LOVEMOBIL hat die Dokumentaristin **Elke Margarete Lehrenkrauss** den Deutschen Dokumentarfilmpreis zurückgegeben. Damit zog die Regisseurin Konsequenzen aus dem Umstand, dass Teile ihres Films über Prostituierte in ländlichen Gebieten von Niedersachsen inszeniert sind, ohne dass dies klar benannt worden wäre. An dem Film entzündete sich eine intensive Debatte über Inszenierungen im dokumentarischen Schaffen, aber auch über die Bedingungen, unter denen diese Filme entstehen. Im Herbst 2021 strahlte 3sat in der Reihe AB 18! einen neuen Film von Lehrenkrauss aus, der schon im Titel FEHLER UND IRRITATION um Fragen von Abweichung und Korrektur kreist und den jungen Maler Ferdinand Dölberg dabei begleitet, wie er in seinen Bildern das Menschsein seziert.

die dem Unglück den Kampf mit allen Mitteln ansagt.

■ **EINFACH SCHWARZ** (R: Jean-Pascal Zadi)
Was bedeutet es, in Frankreich eine schwarze Hautfarbe zu haben? Der französische Komiker Jean-Pascal Zadi seziert in Form einer Mockumentary gesellschaftliche Schieflagen.

■ **KÖNIGREICH DER BÄREN** (R: Lorenzo Mattotti)
Märchenhafte Verfilmung eines italienischen Kinderbuchklassikers über einen Krieg zwischen Bären und Menschen, der nach dem Sieg der Bären aber keine paradiesischen Zeiten anbrechen lässt, sondern von den bleibenden Schwierigkeiten im Zusammenleben der Arten erzählt.

■ **LIFT LIKE A GIRL** (R: Mayye Zayed)
Dokumentarische Langzeit-Beobachtung über eine talentierte junge Gewichtheberin und ihren kauzigen Trainer in einem heruntergekommenen Viertel der ägyptischen Metropole Alexandria.

■ **RÖNTGENBILD EINER FAMILIE**
(R: Firouzeh Khosrovani)
Dokumentarfilm über eine tiefgläubige Muslimin und einen weltlich orientierten Mann, die in der Schweiz ein unglückliches Leben führten, bis die Rückkehr in den Iran die Beziehung vor neue Herausforderungen stellt.

■ **THE PAINTER AND THE THIEF** (R: Benjamin Ree)
Ungewöhnlicher Dokumentarfilm mit wechselnden Perspektiven über die Beziehung zwischen einer Malerin und dem festgenommenen Dieb zweier ihrer Gemälde.

■ **DIE TÖCHTER DER REVOLUTION**
(R: Dolya Gavanski)
Doku über den Wandel des Frauenbildes in Russland während des 20. Jahrhunderts, zu dem feministische Fortschritte, aber auch frauenfeindliche Tendenzen gehören.

■ **DIE VERDAMMTEN DER PARISER KOMMUNE**
(R: Raphaël Meyssan)
Schwarz-weißer Animationsfilm über den 72-tägigen Aufstand der Pariser Kommune, die im Frühjahr 1871 einen sozialistischen Umsturz herbeiführen wollte.

April

+++ Der Plan einer europäischen «Superliga» im Fußball scheitert +++ Annalena Baerbock wird als Kanzlerkandidatin der Grünen nominiert +++ Während der Ostertage liegt die Inzidenz in Deutschland bei 100 +++ Die USA unter Joe Biden erkennen den Völkermord an den Armeniern an +++ Das Bundesverfassungsgericht zwingt Deutschland zu mehr Klimaschutz +++

Der große Erfolg an den Kinokassen war dem US-Regisseur **Monte Hellman** nicht vergönnt gewesen. Einige seiner Werke avancierten zwar zu Kultfilmen, doch der New-Hollywood-Rebell blieb zeitlebens eher ein Außenseiter des Independent-Kinos. Am 20. April verstarb Hellman im Alter von 91 Jahren in Palm Desert in Kalifornien. Der Filmemacher drehte unter anderem mit Jack Nicholson, schuf in den 1960er-Jahren markante Spätwestern und half mit, Quentin Tarantinos RESERVOIR DOGS aus der Taufe zu heben. Als einflussreiches Schlüsselwerk seiner Filmografie gilt die Road Movie TWO-LANE BLACKTOP (1971), in dem der gebürtige New Yorker die Musiker James Taylor und Dennis Wilson im Chevrolet auf ein Highway-Rennen quer durch die USA schickte. Nachdem Hellman in den 1950er-Jahren eine Theatergruppe gegründet hatte, stieß er 1957 zur Company von Roger Corman. Er mied in seinen Arbeiten jedoch Cormans plakativen Stil, sondern erzählte meist einfache Geschichten mit wenig Plot, kargen Dialogen und viel Mut zu Auslassungen. Damit fand er in Europa deutlich mehr Zuspruch als in seinem Heimatland. Nach den sperrigen Filmen COCKFIGHTER (1974) und IGUANA (1988) wurde es ruhig um Hellman; er verlegte sich vermehrt auf Zuarbeiten für Projekte von Kollegen. Sein selbstreflexives Spätwerk ROAD TO NOWHERE (2010) feierte in Venedig Premiere.

Wegen der Coronavirus-Pandemie fand die **93. Verleihung der Academy Awards**, die ursprünglich für den 28. Februar geplant war, erst am 25. April in Los Angeles im Dolby Theatre und der Union Station statt. Statt 3.000 Zuschauer durften nur 170 Personen gleichzeitig an der Zeremonie teilnehmen, zu der die Nominierten zugeschaltet wurden. Erstmals seit 1934 waren Filme aus mehr als einem Kalenderjahr zugelassen. Der Bewerbungszeitraum wurde wegen Covid-19 bis zum 28. Februar 2021 verlängert. Klarer Sieger war das sechs Mal nominierte Filmdrama NOMADLAND, das als Bester Film ausgezeichnet wurde. Die Regisseurin Chloé Zao errang als zweite Frau nach Kathryn Bigelow (2010) und als erste Nicht-Weiße den Regie-Preis. Frances McDormand gewann ihren dritten Oscar als Beste Hauptdarstellerin. Zum Besten Hauptdarsteller wurde Anthony Hopkins in THE FATHER gekürt. Die Preise für die Besten Nebendarsteller gewannen Daniel Kaluuya in JUDAS AND THE BLACK MESSIAH und Yuh-Jung Youn in MINARI. Der Preis für das Beste Originaldrehbuch ging an Emerald Fennell für PROMISING YOUNG WOMAN. Als Bester Animationsfilm wurde SOUL ausgezeichnet, der auch den Preis für die Beste Filmmusik (Trent Reznor, Atticus Ross und Jon Batiste) gewann. Den Preis für den Besten internationalen Film sicherte sich DER RAUSCH von Thomas Vinterberg. Der große Favorit MANK von David Fincher, der in zehn Kategorien nominiert war, musste sich mit zwei Auszeichnungen für Kamera (Erik Messerschmidt) und Szenenbild (Donald Graham Burt und Jan Pascale) begnügen.

Wie sehr der Home-Entertainment-Markt und hier insbesondere das Geschäft der Streaminganbieter infolge der Corona-Pandemie floriert, lässt sich am enormen Erfolg von **Disney+** ablesen; 15 Monate nach seinem Start im November 2019 hat der Kanal die 100-Millionen-Marke an Abonnements überschritten. Ursprünglich ging der Konzern von etwa 60 bis 90 Millionen Abos aus, die bis 2024 erzielt werden sollten; diese Zahlen sind inzwischen auf 230 bis 260 Millionen hochgesetzt worden. Um das ambitionierte Ziel zu erreichen, will der Disney-Konzern jährlich mehr als 100 neue Titel auf Disney+ veröffentlichen.

Eine Online-Premiere gab es 2021 auch für die **Bayerischen Filmpreise**. Die traditionell im Umfeld der glamourösen «Bayerischen Filmwoche» im Januar überreichten Auszeichnungen wurden erst am 28. April vergeben – als Web- und TV-Aufzeichnung. Den Regiepreis teilten sich Julia von Heinz für UND MORGEN DIE GANZE WELT und Tim Fehlbaum mit TIDES. Der Kameramann von TIDES, Markus Förderer, erhielt den Filmpreis in der Kategorie Bildgestaltung. Als Beste Produzenten wurden Tobias Walker und Philipp Worm für SCHACHNOVELLE von Philipp Stölzl ausgezeichnet. Der Hauptdarsteller Oliver Masucci wurde zum Besten Darsteller gekürt, auch wegen seiner Leistung in ENFANT TERRIBLE. Den Preis für die Beste Darstellerin sicherte sich Nilam Farooq für CONTRA von Sönke Wortmann. In der Kategorie Kinderfilm gewann der Produzent Christian Becker mit JIM KNOPF UND DIE WILDE 13, bei den Dokumentarfilmen setzte sich die Regisseurin Bettina Böhler mit SCHLINGENSIEF – IN DAS SCHWEIGEN HINEINSCHREIEN durch. Der Ehrenpreis ging an Martina Gedeck. Weil die Kinos im Jahr 2020 wegen Corona lange geschlossen waren, musste der Publikumspreis auf andere Weise vergeben werden. Es standen nicht die aktuell fünf besucherstärksten Filme des Vorjahres zur Wahl, sondern die Publikumspreis-Gewinner der letzten zehn Jahre. Beim Online-Voting um den Titel «Publikumsfilm des Jahrzehnts» hatte die Krimikomödie LEBERKÄSJUNKIE (2019) die Nase vorn, gefolgt von STROMBERG – DER FILM und SAUERKRAUTKOMA.

Wichtige Filme im April

■ **FOR THOSE WHO CAN TELL NO TALES**
(R: Jasmila Žbanić)
Sorgfältig inszeniertes Drama um eine australische Künstlerin, die in der bosnisch-herzegowinischen Kleinstadt Višegrad einem Massaker aus dem Bosnienkrieg auf die Spur kommt.

■ **MALMKROG** (R: Cristi Puiu)
Fünf Männer und Frauen aus besseren Kreisen treffen sich in einem noblen Landgut und verbringen den Tag mit Essen, Plaudereien und philosophischen Debatten. Eigenwillige Adaption von Wladimir Solowjows *Drei Gespräche*.

■ **DIE MITCHELLS GEGEN DIE MASCHINEN**
(R: Michael Rianda)
Ein komödiantischer Animationsfilm über eine Familie, die sich wieder zusammenraufen muss, als plötzlich die Maschinen-Apokalypse losbricht und die Zukunft aller Menschen von ihr abhängt.

■ **SCARS** (R: Agnieszka Zwiefka)
Dokumentarisches Road Movie über eine ehemalige Separatistenkämpferin in Sri Lanka, die einstige Kameradinnen befragt und auf erschütternde Schicksale stößt.

- **DER SCHÜLER** (R: Chaitanya Tamhane)
Drama um einen Inder, der sein Leben traditioneller Gesangskunst verschrieben hat. Doch wie lässt sich das mit dem Leben im modernen Mumbai vereinbaren?
- **SILENCE RADIO** (R: Juliana Fanjul)
Doku über die mexikanische Enthüllungsjournalistin Carmen Aristegui und ihren Kampf für Pressefreiheit und Menschenrechte in Mexiko.
- **SONGS MY BROTHER TAUGHT ME** (R: Chloé Zhao)
Das intensive Porträt zweier Geschwister aus dem Pine Ridge Reservat in South Dakota, die unter schwierigen Lebensbedingungen um Glück und Perspektiven ringen.
- **SZENEN MEINER EHE** (R: Katrin Schlösser)
Die Produzentin Katrin Schlösser filmt ihre Ehe mit dem Schriftsteller Lukas Lessing. Ein radikaler, mutiger Film über die Liebe und den Alltag.
- **DIE WAND DER SCHATTEN** (R: Eliza Kubarska)
Bildgewaltiger Dokumentarfilm über die Konflikte eines nepalesischen Bergführers, der europäische Bergsteiger auf den als heilig geltenden Gipfel des Kumbhakarna führen soll.
- **ZANA** (R: Antoneta Kastrati)
Psychodrama über eine junge Frau aus dem Kosovo, die im Krieg ihre kleine Tochter verloren hat. Als die Gesellschaft sie zwingt, wieder schwanger zu werden, zieht sie sich in ein seelisches Schattenreich zurück.

Die Internationalen **Kurzfilmtage Oberhausen** (1.–10.5.) fanden 2021 coronabedingt zum zweiten Mal als Online-Ausgabe statt. Mit zehn Tagen war sie doppelt so lang wie die frühere physische Festivalausgabe. In acht Wettbewerben, drei davon neu, verlieh das älteste Kurzfilmfestival der Welt 27 Preise im Wert von knapp 52.000 Euro. Es wurden fast 1.400 Publikumspässe verkauft, deutlich weniger als 2020 bei der ersten Online-Ausgabe. Rund 2.600 Besucher sorgten für knapp 60.000 Sichtungen der rund 400 Filme im Programm. Als besonderen Erfolg hoben die Veranstalter die Einrichtung eines digitalen «Festival Space» hervor, in dem sich viele Filmschaffende und Besucher austauschten und Diskussionen mit Publikumsbeteiligung stattfanden. Der Große Preis der Stadt Oberhausen ging an die japanische Regisseurin Yuri Muraoka für TOUMEI NA WATASHI, in dem sie die Coronakrise für eine Bestandsaufnahme ihres Lebens nutzt.

Mai

+++ Der Konflikt um Gaza kocht wieder hoch. Beide Seiten beschießen sich mit Raketen +++ Katholische Geistliche segnen bei der Aktion «Liebe gewinnt» homosexuelle Paare +++ In Österreich wird gegen Kanzler Sebastian Kurz ermittelt +++ Bundesfamilienministerin Franziska Giffey tritt wegen Plagiats-Vorwürfen zurück +++ Deutschland bekennt sich zum Völkermord an den Herero und Nama in den Jahren 1904 bis 1908 +++ In Kanada werden bei einem ehemaligen Internat die Überreste von 215 Kindern von Ureinwohnern entdeckt +++ Die Kosten für Benzin und Energie steigen drastisch +++ In Belarus wird eine Ryanair-Maschine zum Landen gezwungen und der Blogger Roman Protassewitsch verhaftet.

Manche Karrieren beginnen erst spät. Das trifft auch für die US-Schauspielerin **Olympia Dukakis** zu. Ihr gelang erst im Alter von 56 Jahre mit der Komödie MONDSÜCHTIG (1987) der Durchbruch. In dem Film von Norman Jewison gibt sie die Mutter der Hauptfigur Loretta und gewann damit den «Oscar» und den «Golden Globe» für die Beste weibliche Nebenrolle. Mit dem Part der selbstbewussten Matriarchin etablierte sie sich zugleich als Charakterdarstellerin. Am 1. Mai ist die Aktrice im Alter von 89 Jahren nach langer Krankheit gestorben. Geboren wurde Dukakis am 20. Juni 1931 in Lowell im US-Bundesstaat Massachusetts. Nach ihrem Studium an der Boston University begann sie ihre Karriere als Theaterschauspielerin in New York City. Ins Filmgeschäft stieg sie erst Mitte der 1960er-Jahre ein. Sie wirkte in Dutzenden Filmen und Fernsehserien mit, unter anderem in MAGNOLIEN AUS STAHL (1989) und GELIEBTE APHRODITE (1995). Die Cousine des US-Präsidentschaftskandidaten von 1988, Michael Dukakis, war deutschen Zuschauern aus Rollen in KUCK MAL, WER DA SPRICHT, DIE NACKTE KANONE 33⅓ und DER GEBUCHTE MANN bekannt. Dukakis war mit dem Schauspieler Louis Zorich verheiratet. Das Paar hat drei Kinder.

In Babelsberg nahm am 3. Mai das neu errichtete **Filmstudio für virtuelle Produktionen**, das sogenannte «Volume», seinen Betrieb auf. Im Zentrum steht dabei die größte LED-Festinstallation dieser Art in Europa. Mit der neuen Technologie können virtuelle Kulissen hinter Schauspielerinnen und Schauspielern so eingeblendet werden, als befänden sich diese an den Originalschauplätzen. Das «Volume» wird von der neu gegründeten Dark Bay GmbH mit den beiden Gesellschafterinnen Dark Ways GmbH und Studio Babelsberg AG betrieben. Das brandenburgische Wirtschaftsministerium hat das neue virtuelle Produktionsstudio mit rund zwei Millionen Euro gefördert. Die erste Produktion sind die Dreharbeiten zur achtteiligen Mystery-Serie «1899». Der Mehrteiler über ein Auswandererschiff ist eine Produktion von Dark Ways in Zusammenarbeit mit Netflix.

Der Bundestag verabschiedete am 20. Mai das **Gesetz zur Änderung des Filmförderungsgesetzes (FFG)**. Die «kleine» Novelle ist angesichts der Pandemieentwicklung als Übergangsgesetz mit einer verkürzten Laufzeit von zwei Jahren angelegt und tritt am 1. Januar 2022 in Kraft. Sie sieht unter anderem vor, dass Filmemacher in Zukunft stärker auf den Umweltschutz achten müssen, wenn sie öffentliche Fördergelder erhalten wollen. Zudem müssen Filmteams künftig eine CO2-Bilanz ihres Projekts vorlegen. Die Novelle soll zugleich für mehr Geschlechtergerechtigkeit in den Gremien der Filmförderungsanstalt (FFA) sorgen. Sie ermöglicht der FFA auch eine flexiblere Handhabung bei den Fördervoraussetzungen, der Mittelverwendung und den Sperrfristen. Kulturstaatsministerin Monika Grütters erklärte dazu: «Mit dieser Übergangsnovelle können die Filmförderung in Krisenzeiten verlässlich fortgesetzt und die Handlungsfähigkeit der Filmförderungsanstalt in einer für die Filmbranche nie dagewesenen Ausnahmesituation gesichert werden.» Das FFG wird regelmäßig novelliert, um die Filmförderung des Bundes der mittel- und langfristigen Marktentwicklung anzupassen. Für eine große Novelle fehlte wegen der massiven Auswirkungen der Coronakrise eine belastbare Datengrundlage.

Wichtige Filme im Mai

- **ACASA, MY HOME** (R: Radu Ciorniciuc)
  Dokumentarfilm über eine elfköpfige Roma-Familie, die viele Jahre abseits der Zivilisation in der Natur lebte, dann aber auf behördliche Anordnung in die rumänische Hauptstadt Bukarest umgesiedelt wurde.
- **DRIVEWAYS** (R: Andrew Ahn)
  Drama um eine alleinerziehende Mutter, die den Haushalt ihrer verstorbenen Schwester in einer

A BLACK JESUS
In dem sizilianischen Städtchen Siciliana finden sich die Menschen seit langer Zeit Anfang Mai zu einer großen Prozession zusammen, bei der ein Kruzifix mit einer schwarzen Jesusfigur durch die Straßen getragen wird. Als ein 19-jähriger Flüchtling aus Ghana als Kreuzträger daran teilnehmen will, geraten die Gemüter in Wallung. Mit großem Gespür für Stimmen und Stimmungen fängt der in malerischem CinemaScope gefilmte Dokumentarfilm die Gemengelage ein und formt daraus ein offenes Werk, das zum Weiterdenken animiert und die vielfältigen Widersprüche der Gegenwart in schmerzhafte Zeitbilder gießt. – **Sehenswert ab 14.**
Deutschland 2020. **Regie:** Luca Lucchesi. **Länge:** 96. **Verleih:** Filmwelt.

anderen Stadt auflösen muss, was alte Wunden aufreißt. Währenddessen freundet ihr achtjähriger Sohn sich mit einem grummeligen Witwer an.
- **LOS CONDUCTOS** (R: Camilo Restrepo)
  Experimenteller Spielfilm über einen drogenabhängigen Aussteiger aus einer Sekte, der jegliche zeitliche, örtliche und moralische Orientierung verloren hat.
- **MILESTONE** (R: Ivan Ayr)
  Glänzend fotografiertes Gesellschaftsdrama um einen erfahrenen indischen Trucker, der durch die jahrzehntelange Schufterei aber gebrechlich geworden ist und deshalb einen jungen Nachfolger anlernen soll.
- **EIN SOMMER ZUM VERLIEBEN** (R: Guillaume Brac)
  Eine lebensnahe Sommerkomödie um junge Franzosen von Anfang 20, die während der Ferien an einem Nebenfluss der Rhône die Liebe, Lebenspläne und Rollenbilder erkunden.

Juni

+++ In Israel bildet sich eine Regierung ohne Benjamin Netanjahu +++ Ein elektronischer «Cov-Pass» wird eingeführt +++ Papst Franziskus lehnt den Rücktritt von Kardinal Marx ab +++ Die Fußball-Europameisterschaft findet in mehreren europäischen Ländern statt +++ In Ungarn werden die Rechte homo- und transsexueller Menschen beschnitten +++ Das Bevölkerungswachstum in Deutschland ist zum ersten Mal seit zehn Jahren zum Stillstand gekommen +++ Die Bundeswehr zieht sich wie alle anderen westlichen Mächte aus Afghanistan zurück +++ Russlands Präsident Wladimir Putin und US-Präsident Joe Biden treffen sich in Genf +++ Reiner Haseloff und die CDU gewinnen die Landtagswahl in Thüringen +++

Tsitsi Dangarembga wird 2021 mit dem Friedenspreis des Deutschen Buchhandels ausgezeichnet. Das gab der Stiftungsrat am 21. Juni bekannt. Die Schriftstellerin und Filmemacherin aus Simbabwe verbinde «in ihrem künstlerischen Werk ein einzigartiges Erzählen mit einem universellen Blick und ist deshalb nicht nur eine der wichtigsten Künstlerinnen ihres Landes, sondern auch eine weithin hörbare Stimme Afrikas in der Gegenwartsliteratur», erklärte die Jury. In ihrer Romantrilogie beschreibe Dangarembga am Beispiel einer heranwachsenden Frau den Kampf um das Recht auf ein menschenwürdiges Leben und weibliche Selbstbestimmung in Simbabwe. Und in «ihren Filmen thematisiert sie Probleme, die durch das Aufeinandertreffen von Tradition und Moderne entstehen». Die renommierte Auszeichnung wird traditionell am letzten Tag der Frankfurter Buchmesse in der Frankfurter Paulskirche verliehen, in diesem Jahr am 24. Oktober. Dangarembga wurde 1959 in Mutoko im heutigen Nordosten von Simbabwe geboren und gehört zu den wichtigsten Stimmen ihres Landes. Ihr 1988 erschienener Debütroman *Nervous Conditions* wurde 2018 von der BBC in die Liste der 100 wichtigsten Bücher aufgenommen, die die Welt geprägt haben. Der Film NERIA, für den sie 1993 die Story schrieb, zählt zu den beliebtesten Filmen in Simbabwe. Während ihres Filmregie-Studiums lebte sie in Berlin. Dangarembga engagiert sich seit vielen Jahren auch für Freiheits- und Frauenrechte sowie für politische Veränderungen in Simbabwe.

Das Experiment der Zweiteilung der «**Berlinale**» (10.–20.6.) hat offenbar funktioniert: Die Veranstalter zogen Ende Juni nach Abschluss des zweiten Teils der 71. Filmfestspiele eine positive Bilanz. Demnach wurden in 16 Spielstätten, verteilt auf ganz Berlin, bei 193 Vorführungen 126 Filme gezeigt und 60.410 Tickets verkauft. Für das Publikum sei es ein besonderes Erlebnis gewesen, die Filme unter freiem Himmel und bei sommerlichen Temperaturen zu genießen, hieß es bei den Veranstaltern. «Auf der historischen Museumsinsel, eingerahmt von Fernsehturm und Berliner Dom, hat die «Berlinale» für das Summer Special eigens ein Open Air-Kino aufgebaut. Neben den Filmpremieren fanden dort die feierliche Eröffnung, die Preisverleihung, die Auszeichnung der European Shooting Stars und die Verleihung des «Berlinale» Publikums-Preises statt.» Trotz der pandemiebedingt erschwerten Bedingungen reisten demnach mehr als 330 Gäste an, um ihre Filme persönlich zu präsentieren und mit dem Publikum ins Gespräch zu kommen.

Die vier europäischen Kurzfilmfestivals des neuen Festivalportals «**This is short**» haben erstmals Preise im gemeinsamen Online-Wettbewerb «New Point Of View» vergeben. Der mit 4.000 Euro dotierte Hauptpreis der Jury ging an die belgische Künstlerin Eva Giolo für FLOWERS BLOOMING IN OUR THROATS über die Bedeutung von Gesten und Berührungen nach dem Lockdown. Am 30. Juni endete die erste Ausgabe des Festivalportals, das drei Monate mit knapp 300 Kurzfilmen und einem täglich erneuerten und eigens für die Plattform kuratierten Programm in 55 Ländern zu sehen war. Die vier beteiligten Festivals sind die Internationalen Kurzfilmtage Oberhausen, das Go Short Festival in Nijmegen, das Vienna Shorts Festival in Wien sowie das Short Waves Festival in Poznan. Die Festivals bilden gemeinsam das Europäische Kurzfilmnetzwerk (ESFN). Deren Mitglieder streben an, auf Online-Ebene eng zusammenzuarbeiten, sich aber auch gegenseitig bei analogen Aktivitäten zu unterstützen.

Wegen der Corona-Pandemie war die Verleihung des **Friedenspreises des Deutschen Films – Die Brücke** 2019 ausgefallen. In diesem Jahr fand sie am 25. Juni in kleinerem Rahmen im Münchner Cuvilliés Theater statt. Der Internationale Friedenspreis ging an die Regisseurin Kaouther Ben Hania für DER MANN, DER SEINE HAUT VERKAUFTE. Den Nationalen Friedenspreis erhielt Regisseur Philipp Stölzl für die Literaturverfilmung SCHACHNOVELLE. Mit dem Nachwuchspreis wurde Jan Philipp Weyl für den Film RUNNING AGAINST THE WIND ausgezeichnet. Den Ehrenpreis erhielt die Schauspielerin und Produzentin Senta Berger. Wegen der Absage der Verleihung im Jahr 2020 erhielten zwei Preisträger ihre Auszeichnungen mit einem Jahr Verspätung auf der diesjährigen Feier: Der französische Filmemacher Ladj Ly nahm den Internationalen Friedenspreis für den Film DIE WÜTENDEN – LES MISÉRABLES entgegen, während der aus Venezuela stammende Regisseur Jonathan Jakubowicz den Nationalen Friedenspreis für RESISTANCE erhielt. Die Auszeichnungen würdigen künstlerisch wertvolle Filme, die sich kritisch mit unserem Zeitgeschehen auseinandersetzen und für Toleranz und Völkerverständigung werben. Der «Bernhard Wicki Gedächtnis Fonds» verleiht den Preis seit 2002 jährlich gemeinsam mit der Spitzenorganisation der Filmwirtschaft (SPIO) und dem Bayerischen Staatsministerium für Digitales, Medien und Europa.

Wichtige Filme im Juni

- **AZNAVOUR BY CHARLES** (R: Marc di Domenico)
  Biografischer Essayfilm über das Leben, die Karriere und die Reisen des weltbekannten Chansonniers und Schauspielers Charles Aznavour.
- **FRÜHLING IN PARIS** (R: Suzanne Lindon)
  Ein poetischer Debütfilm über eine 16-jährige Pariserin, die an der Schwelle zum Erwachsenwerden die Stadt, den Frühling und die Liebe erkundet.
- **EIN KIND WIE JAKE** (R: Silas Howard)
  Ein sensibler Familienfilm über ein Elternpaar, dessen kleiner Junge erste Anzeichen erkennen lässt, dass er sich nicht mit einer maskulinen Geschlechterrolle identifiziert.
- **MAY, DIE DRITTE FRAU** (R: Ash Mayfair)
  Ein in melancholischen Bildern entfaltetes Drama um eine Minderjährige, die im 19. Jahrhundert zur dritten Ehefrau eines Seidenplantagenbesitzers erkoren wird und daran zu zerbrechen droht.
- **MOSKAU EINFACH!** (R: Micha Lewinsky)
  Eine Komödie über einen braven Schweizer Polizisten, der 1989 im Zürcher Schauspielhaus eine linke Theatertruppe ausspionieren soll und Gefallen am Bühnenkosmos findet.
- **SCHWARZE ADLER** (R: Torsten Körner)
  Dokumentarfilm über schwarze Profifußballer in Deutschland und die Ausgrenzung, die sie bis heute erfahren.
- **SHIVA BABY** (R: Emma Seligman)
  Fulminanter Film über einen unangenehmen Tag im Leben einer bisexuellen jungen Jüdin, die an einem Familientreffen nach dem Tod eines Verwandten teilnehmen muss.
- **THE SCARECROWS** (R: Nouri Bouzid)
  Ein Drama um zwei junge Tunesierinnen, die aus dem Syrien-Krieg in ihre Heimat zurückkehren, nachdem sie von Dschihadisten sexuell versklavt wurden. Zuhause schlägt ihnen Misstrauen und Verachtung entgegen.
- **ZUSTAND UND GELÄNDE** (R: Ute Adamczewski)
  Dokumentarischer Essay über die Spuren der ersten Konzentrationslager, die bereits 1933 errichtet wurden.

Hollywood is calling: **Maria Schrader** dreht demnächst ihren ersten Film für Universal, eine Adaption des Bestsellers *She Said: Breaking the Sexual Harassment Story That Helped Ignite A Movement*. Darin geht es um die beiden Journalistinnen Megan Twohey und Jodie Kantor, die Harvey Weinstein zu Fall brachten und die #metoo-Welle lostraten. Sie enthüllten im Oktober 2017 in der *New York Times* die sexuellen Übergriffe des einstigen Hollywood-Moguls. Der Film soll sich aber weniger mit Weinstein befassen, sondern die Arbeit der Reporterinnen ins Zentrum rücken, die sich durch Drohungen und äußeren Druck nicht einschüchtern ließen.

Juli

+++ Vom 14. auf den 15. Juli führt Starkregen in Rheinland-Pfalz und Nordrhein-Westfalen zu einer Jahrhundertflut. Ganze Ortschaften werden zerstört, mindestens 183 Menschen sterben +++ Die Kommunistische Partei Chinas feiert ihren 100. Geburtstag und unterstreicht ihren Weltmachtanspruch +++ Im Sommer wüten in Griechenland, Italien und der Türkei riesige Waldbrände +++ Die Olympischen Sommerspiele in Tokio finden vor leeren Zuschauerrängen statt +++ In Amsterdam wird der Journalist Peter de Vries erschossen +++ Italien gewinnt die Fußball-Europameisterschaft +++ Hacker legen weltweit Unternehmen lahm +++

Zum 1. Juli **öffnete ein Großteil der deutschen Kinos** nach langem Stillstand wieder die Tore. Das Publikum wusste das Comeback zu honorieren. In den ersten vier Tagen kamen 830.000 Besucher und generierten einen Umsatz 6,9 Mio. Euro. Dabei hatte etwa ein Drittel der Filmtheater den Betrieb noch gar nicht aufgenommen. Und auch die Kinos konnten wegen unterschiedlich hoher Hygiene-Vorschriften in den einzelnen Bundesländern und der Begrenzung der Sitzplätze auf teilweise nur 25 Prozent nur mit angezogener Handbremse operieren. Der erfolgreichste neu gestartete Titel war der US-Film GODZILLA VS. KONG mit 134.000 Zuschauern. Die Arthouse-Kinos konnten weit mehr als doppelt so viele Zuschauer begrüßen wie am ersten Juliwochenende 2020, als nach dem ersten Lockdown die Kinos wieder öffneten. Am besten schnitten der No-

Ich bin dein Mensch

Eine ebenso intelligente wie sarkastische Archäologin aus Berlin wird ausgewählt, um drei Wochen lang mit einem humanoiden Roboter zusammenzuleben, der als ihr idealer Partner programmiert wurde. Sie soll beurteilen, ob Maschinenwesen künftig Bürgerrechte erhalten können. Ein ebenso stiller wie feinsinniger Science-Fiction-Film mit leisem Humor. Mit einer sorgfältigen, auf kleinste Gesten, Blicke, Körperhaltungen und Sätze konzentrierten Inszenierung kreist er um die Frage, wo die Grenze zwischen Mensch und Maschine verläuft, und findet unerwartete Antworten. – **Sehenswert ab 14.**

Deutschland 2021. **Regie:** Maria Schrader. **Länge:** 108 Min. **Verleih:** Majestic.

MADLAND von Chloé Zhao und Maria Schraders ICH BIN DEIN MENSCH ab. «Besser hätten wir uns die Öffnung der Kinos kaum vorstellen können», sagte der Vorsitzende der AG Kino-Gilde, Christian Bräuer. «Die Sehnsucht der Menschen nach dem Kino ist offenkundig ungebrochen.» Begleitet wurde der Re-Start an vielen Orten durch Begrüßungsaktionen für die Gäste. Alle fünf Kino- und Verleihverbände hatten im Mai den 1. Juli als gemeinsamen Termin für die Wiedereröffnung festgelegt, da es sich aus ihrer Sicht nur lohnt, neue Filme herauszubringen, wenn nahezu alle Spielstätten im Bundesgebiet geöffnet sind. Im Vorfeld hatte der Verband HDF Kino eine eigene Werbekampagne gestartet, um die Lust auf das Kino wiederzuerwecken.

Wegen der Corona-Pandemie ist der **Kinomarkt in der Europäischen Union** und im Vereinigten Königreich seit 2020 um 70,2 Prozent auf geschätzte 300 Mio. verkaufte Tickets eingebrochen. Das teilte die Europäische Audiovisuelle Informationsstelle am 1. Juli in Straßburg anlässlich der Wiedereröffnung der Kinos in Deutschland mit. Im Jahr 2019 hätten die Kinobetreiber noch mehr als eine Milliarde Eintrittskarten abgesetzt; das sei der höchste Stand seit 2004 gewesen. Die Einspielergebnisse sackten in Folge der Coronakrise von 7,2 Mrd. Euro auf 2,13 Milliarden Euro ab. Auch wenn alle europäischen Länder Besucherrückgänge hinnehmen mussten, so fielen diese doch sehr unterschiedlich aus. In Dänemark gab es ein Minus von 44 Prozent und in Estland von 51 Prozent, während die Besucherzahlen in Zypern mit minus 79 Prozent und in Rumänien mit minus 77 Prozent besonders stark absackten. Der durchschnittliche Eintrittspreis in der EU konnte mit 7,10 Euro aber gehalten werden.

Einer der Wegbereiter des klassischen Actionfilms, der US-Regisseur **Richard Donner**, verstarb am 5. Juli mit 91 Jahren. Donner zählt zu den eher handwerklich orientierten Regisseuren, deren Filme mitunter auch Genre-Geschichte schrieben. Mit DAS OMEN (1976), SUPERMAN (1978), dem Kinder-Abenteuerfilm DIE GOONIES (1985) und ZWEI STAHLHARTE PROFIS schuf er wirkungsreiche Genre-Klassiker. Donner wurde 1930 als Richard D. Schwartzberg in der Bronx geboren und wuchs in New York auf, bevor er die New York University besuchte und anschließend zum Militär ging. Zwischen 1960 und 1975 drehte er zahlreiche Fernsehserien. Mit späteren Filmen wie FLETCHERS VISIONEN (1997) oder TIMELINE (2003) reichte er nicht mehr an seine früheren Erfolge heran. Zusammen mit seiner Frau Shuler Donner

Nomadland

Seit sie im Zuge des wirtschaftlichen Niedergangs ihrer Heimatstadt ihr Zuhause und ihre Existenzgrundlage verloren hat, driftet eine ältere Frau in ihrem Van durch die USA, immer auf der Suche nach Arbeit. Dabei begegnet sie anderen Menschen, die ihr Schicksal teilen und findet Anschluss an kurzzeitige Gemeinschaften mit anderen modernen Nomaden, bevor sich ihre Wege wieder trennen. Das empathische, überwiegend mit Laien besetzte Frauenporträt lenkt den Blick auf sozial marginalisierte Menschen und lebt von der durch sorgfältige Recherche hergestellten Authentizität. Mitfühlend, aber nie sentimental erforscht der Film die schwierigen Lebensumstände seiner Figuren und betont zugleich ihre Stärke und Würde. – **Sehenswert ab 14.**

USA 2020. **Regie:** Chloé Zhao. **Länge:** 108 Min. **Verleih:** Walt Disney.

Mit einer doppelten Überraschung ging das **74. Filmfestival in Cannes** (6.-17.7.) das 2020 praktisch ausgefallen war und in diesem Jahr vom Mai auf den Juli verschoben wurde, zu Ende. Die Jury vergab die «Goldene Palme» an das bizarre französische Horrordrama TITANE von Julia Ducournau, das mit provozierenden Bildern und schockierenden Darstellungen traditionelle Geschlechtergrenzen in Frage stellt. Zu Beginn der Abschlusszeremonie beging Jurypräsident Spike Lee den Fauxpas, indem er versehentlich enthüllte, wer den Spitzenpreis gewinnt. Ducournau war damit erst die zweite weibliche Gewinnerin der «Goldenen Palme» nach Jane Campion mit DAS PIANO (1993). Den Großen Preis der Jury teilten sich das Road Movie HYTTI No 6 von Juho Kuosmanen und das iranische Gesellschaftsdrama A HERO von Asghar Farhadi. Den Preis für die Beste Regie gewann Léos Carax mit dem Musical ANNETTE. Die 33-jährige Norwegerin Renate Reinsve wurde für ihre Leistung in THE WORST PERSON IN THE WORLD von Joachim Trier als Beste Schauspielerin ausgezeichnet, während Caleb Landry Jones in NITRAM von Justin Kurzel als Bester Darsteller geehrt wurde. Den Preis für das Beste Drehbuch ging an Ryusuke Hamaguchi für DRIVE MY CAR, das auch die FIPRESCI-Jury und Ökumenische Jury überzeugte. Zum Festivalauftakt wurde Jodie Foster mit der Ehrenpalme ausgezeichnet. Bei der Abschlussgala erhielt der 81-jährige Regisseur Marco Bellocchio aus Italien die Ehrenpalme.

produzierte er in den 1990er- und 2000er-Jahren erfolgreiche Filme wie FREE WILLY und X-MEN. Donner war auch als Unterstützer der Tierschutzorganisation PETA bekannt.

Die **Flutkatastrophe** infolge des extremen Starkregens am 14. und 15. Juli in Rheinland-Pfalz und Nordrhein-Westfalen hat auch etliche Kinos verwüstet oder beschädigt. Der Verband HDF Kino teilte mit, dass das Hochwasser etwa 50 Leinwände tangiert habe, auf denen vorerst keine Filme mehr gezeigt werden können. In Gemeinden wie Bad Neuenahr-Ahrweiler und Euskirchen sind Substanzschäden zu befürchten. Viele Kinobetreiber waren umso verzweifelter, da sie ihre Häuser nach der Corona-Schließung gerade erst wieder geöffnet hatten. Die Wasserfluten legten auch große Kinos in Wuppertal, Hagen und Düsseldorf lahm. In manchen Filmtheatern wurden nur Kellerräume geflutet wie in Altena, in anderen aber standen ganze Kinosäle unter Wasser. In einer ersten Reaktion kündigte die Filmförderungsanstalt FFA ein schnelles Soforthilfeprogramm an, wie es dies auch schon bei den Hochwasserkatastrophen in den Jahren 2002 und 2013 gab. «Jetzt kommt es darauf an, den Kinos, die ja gerade die Coronakrise überstanden haben, schnell und unbürokratisch zu helfen», erklärte der FFA-Vorstand.

In der DDR war **Herbert Köfer** über Generationen hinweg ein Publikumsliebling. Rund 80 Jahre stand der Schauspieler auf der Bühne und vor der Kamera. Bekannt wurde der gebürtige Berliner vor allem mit seiner Rolle als Opa Paul Schmidt in der Fernsehserie RENTNER HABEN NIEMALS ZEIT. Köfer spielte zudem in DEFA-Filmen wie NACKT UNTER WÖLFEN mit und moderierte als Sprecher die Sendung AKTUELLE KAMERA. Der vielseitige Künstler war auch als Synchronsprecher tätig. Am 24. Juli starb Herbert Köfer ein knappes halbes Jahr vor seinem 100. Geburtstag. Seine Karriere hatte in den 1940er-Jahren am Theater begonnen. Nach dem Zweiten Weltkrieg arbeitete er beim DDR-Fernsehen, wo er 1952 die ersten Nachrichten verlas. Nach 1989 war er auch im vereinten Deutschland als Darsteller gefragt. So

DER RAUSCH
Vier Lehrer an einer dänischen Schule lassen sich von der Idee eines natürlichen Alkoholdefizits anstecken und versuchen, ihre verbrauchte Lebensenergie mit Wein und anderen Aufputschmitteln wieder anzufachen. Das geht zumindest anfangs auf, steigert sich aber schnell bis zum Delirium. Die Tragikomödie seziert facettenreich die Bedingungen des Alkoholismus in Wohlstandsgesellschaften und wahrt dabei gleichermaßen Abstand zur sentimentalen Buddy-Komödie wie zum moralsauren Drama. Ein glänzend inszenierter und gespielter Film über die sozialen und gesundheitlichen Gefahren des Alkohols. – **Sehenswert ab 14.**
Dänemark 2020. **Regie:** Thomas Vinterberg. **Länge:** 117 Min. **Verleih:** Weltkino.

trat er in Serien wie SOKO LEIPZIG oder EIN STARKES TEAM auf. Noch vor wenigen Monaten stand Köfer für einen Gastauftritt bei der Serie IN ALLER FREUNDSCHAFT anlässlich seines 100. Geburtstags vor der Kamera. Sein hohes Alter sah man ihm nicht an. Mit fast 90 Jahren hatte er sich am Seddiner See in Brandenburg noch ein neues Haus gebaut.

Wichtige Filme im Juli

- **ALLES AUF EINS. AUSSER DER 0.** (R: Klaus Maeck)
Einfallsreicher Dokumentarfilm über die Geschichte und Bedeutung des Hamburger Chaos Computer Clubs.
- **ANMASSUNG** (R: Chris Wright, Stefan Kolbe)
Mit dem Fokus auf die Grenzen des Darstellbaren entwirft der Film Bilder eines verurteilten Mörders, die er zugleich künstlerisch befragt.
- **DER ATEM DES MEERES** (R: Pieter-Rim de Kroon)
Imposanter Dokumentarfilm über das Wattenmeer zwischen den Niederlanden und Dänemark, das visuell und auditiv überwältigend umspielt wird.
- **COURAGE** (R: Aliaksei Paluyan)
Dokumentarfilm über drei oppositionelle Künstler in Minsk, die nach den manipulierten Wahlen in Weißrussland im Sommer 2020 an den Massenprotesten teilnehmen.
- **ERDMÄNNCHEN UND MONDRAKETE** (R: Hanneke Schutte)
Jugenddrama um eine depressive 13-jährige Südafrikanerin, die nach dem Tod ihres Vaters einen kleinen Jungen kennenlernt, der scheinbar vor nichts Angst hat.
- **FIRST COW** (R: Kelly Reichardt)
Ein Neo-Western um ein ungewöhnliches Freundes-Duo, das sich an der «Frontier» zwischen Wildnis und Zivilisation mit einer pfiffigen – und gefährlichen! – Geschäftsidee eine neue Existenz aufbauen will.
- **GRENZLAND** (R: Andreas Voigt)
Dreißig Jahre nach seinem ersten GRENZLAND-Film nähert sich der Dokumentarist Andreas Voigt erneut dem deutsch-polnischen Grenzgebiet an Oder und Neiße, dessen Bewohnern und Landschaften.
- **HEIMAT NATUR** (R: Jan Haft)
Ebenso bildgewaltige wie informative Reise durch deutsche Biotope von den Alpen bis ans Meer.
- **HOME** (R: Franka Potente)
Sensibles Drama um die Rückkehr eines Mannes in seinen Heimatort fast zwei Jahrzehnte nach einem Verbrechen und seine Suche nach Vergebung in der Gemeinde wie auch in sich selbst.
- **DAS MÄDCHEN UND DIE SPINNE** (R: Ramon Zürcher, Silvan Zürcher)
Eine junge Frau zieht aus der Wohngemeinschaft mit ihrer Freundin aus, was auch im Leben benachbarter Menschen Risse hinterlässt. Ein poetisches Panoptikum menschlicher Beziehungsformen.
- **MATTHIAS & MAXIME** (R: Xavier Dolan)
Zwei Freunde von Kindheitsbeinen an, deren Weg sich als Erwachsene in Kürze trennen, spielen bei einem Kurzfilm mit, der ihnen unerwartet einen Kuss abverlangt. Das stürzt sie in emotionale Verwirrungen.
- **MINARI – WO WIR WURZELN SCHLAGEN** (R: Lee Isaac Chung)
Bewegendes Drama um eine koreanische Familie, das dem amerikanischen Traum neue kulturelle und ökologische Facetten abgewinnt.
- **OHNE EIN WORT ZU SAGEN** (R: Tereza Nvotová)
Eine 17-jährige Schülerin wird von ihrem Mathematiklehrer vergewaltigt und verschließt sich nach dem traumatischen Missbrauch. Ihre Eltern bringen sie schließlich in der Psychiatrie unter, wo eine Elektroschocktherapie ihre Erinnerungen löschen soll.
- **ORPHEA** (R: Alexander Kluge, Khavn)
Alexander Kluge und Khavn de la Cruz denken den Mythos von Orpheus und Eurydike neu – ein assoziativer Parforceritt durch Kulturgeschichte und Mythologie.
- **ROSAS HOCHZEIT** (R: Icíar Bollaín)
Eine Kostümbildnerin aus Valencia will sich nicht mehr länger von allen ausnützen lassen und kehrt in ihre Heimat am Meer zurück, wo sie ihre baldige Hochzeit ankündigt.
- **SOMMER 85** (R: François Ozon)
In einem normannischen Küstenort verliebt sich Mitte der 1980er-Jahre ein 16-Jähriger in einen älteren Jungen und verbringt mit ihm einen intensiven Sommer. Als der Ältere überraschend stirbt, verarbeitet der Jüngere die schmerzhafte Erfahrung, indem er sie aufschreibt.
- **SUMMER OF SOUL** (R: Ahmir Thompson)
Vielschichtiger Dokumentarfilm über das Harlem Culture Festival im Jahr 1969, das als «Black Woodstock» Schwarze Geschichte, Kultur und Mode feierte, danach aber lange aus dem kollektiven Gedächtnis verschwand.
- **THE GREEN KNIGHT** (R: David Lowery)
Eigenwillige Neuinterpretation der Sage von Sir Gawain und dem Grünen Ritter als surreale Abenteuerreise eines sich seiner selbst nicht sicheren Helden.
- **THE LAST NOTE** (R: Claude Lalonde)
Stilles Drama eines alternden Pianisten, der mit plötzlichen Angstattacken zu kämpfen hat, durch die Freundschaft zu einer jüngeren Frau aber neuen Lebensmut findet.
- **THE TROUBLE WITH BEING BORN** (R: Sandra Wollner)
Komplexes Drama über den Emanzipationsprozess eines Android-Mädchens, das die Beziehung zu sei-

nem menschlichen «Vater» zu hinterfragen beginnt und nach einem Platz in der Welt sucht.
- **Die Vergesslichkeit der Eichhörnchen** (R: Nadine Heinze, Marc Dietschreit) Tragikomödie um eine osteuropäische Pflegekraft, die in einer deutschen Familie mit einem emotionalen Minenfeld konfrontiert wird.
- **Vor mir der Süden** (R: Pepe Danquart) 60 Jahre nach Pier Paolo Pasolini wiederholt Pepe Danquart dessen Reise entlang der Küsten Italiens und entwirft ein ernüchterndes Bild Südeuropas.

August

+++ In Afghanistan übernehmen die Taliban die Macht +++ In Deutschland steigen die Infektionen mit dem Coronavirus. Die 3G-Regel wird eingeführt +++ Der Weltklimarat warnt in seinem neuen Bericht vor den Folgen der Erderwärmung +++ Der Schlagzeuger der Rolling Stones, Charlie Watts, stirbt im Alter von 80 Jahren +++ Das geringe Verkehrsaufkommen führt zu weniger Verkehrstoten auf den deutschen Straßen +++ Heinz-Christian Strache wird wegen Bestechlichkeit verurteilt +++ Schweres Erdbeben in Haiti +++ In Berlin wird das Humboldt-Forum eröffnet +++

Der Filmverleiher, Kinobesitzer und Produzent **Hanns Eckelkamp** verstarb am 5. August im Alter von 94 Jahren in Berlin. Das Branchenmagazin Blickpunkt: Film nannte ihn ein «Urgestein der deutschen Filmbranche». Eckelkamp machte sich in den 1960er-Jahren vor allem als Gründer des Atlas Filmverleih einen Namen, der Filmklassiker wie Kinder des Olymp, Das Schweigen, Goldrausch, aber auch Meilensteine des Westernfilms sowie Arbeiten von Akira Kurosawa und Yasujiro Ozu zugänglich machte. Am 28. Februar 1927 geboren, gründete Eckelkamp 1946 in Münster sein erstes Kino. 1963 engagierte sich der studierte Jurist erstmals als Produzent bei Will Trempers Die endlose Nacht. In den 1980er-Jahren agierte Eckelkamp als Förderer und Co-Produzent von Filmen von Rainer Werner Fassbinder. 2005 erhielt er für seine Verdienste um die Filmkunst in Deutschland das Bundesverdienstkreuz.

Das befürchtete große Kinosterben infolge der langanhaltenden Corona-Beschränkungen ist vorerst ausgeblieben. Das geht zumindest aus der **Halbjahresbilanz der Filmförderungsanstalt (FFA)** hervor, die am 28. August in Berlin veröffentlicht wurde. Die Zahl der Kinounternehmen sank demnach in den ersten sechs Monaten um vier auf 1223, das entspricht einem Minus von 0,3 Prozent. Die Zahl der Säle ging um 37 auf 4.892 zurück, ein Minus von 0,8 Prozent. Und die Zahl der Spielstätten nahm um 18 auf 1.716 ab, ein Rückgang von 1,0 Prozent. Alle diese Zahlen liegen laut FFA immer noch über denen des Vergleichszeitraums 2019. Etwas stärker fiel der Rückgang bei den Sitzplätzen aus, die um 13.631 oder 1,7 Prozent abnahmen. «Natürlich sind die Kinos noch längst nicht über den Berg, auch können durch die gesetzliche Aussetzung der Insolvenzantragspflicht bis Ende April 2021 noch Ausfälle bekannt werden», sagt FFA-Vorstand Peter Dinges. «Insgesamt aber scheinen die Kinos in ihrer Gesamtheit bis jetzt relativ unbeschadet durch die zuletzt siebenmonatige Schließungszeit gekommen zu sein. Es tut gut zu sehen, dass die Maßnahmen und Hilfsprogramme des Bundes, der FFA und der Länder gewirkt haben, sodass wir jetzt, bei wieder geöffneten Kinos, sagen können: Das Kino lebt.»

Auf dem 55. Internationalen **Filmfestival Karlovy Vary** (20.–28.8.), das im Vorjahr wegen Corona ausgefallen war, gewann das Flüchtlingsdrama As Far As I Can Walk des serbischen Regisseurs Stefan Arsenijević den Hauptpreis. Es handelt von einem Paar aus Ghana, das in Europa ein neues Leben aufbauen will. Der Film gewann auch den

Quo vadis, Aida?
Im Juli 1995 versucht eine bosnische Dolmetscherin der Blauhelme in einem UN-Auffanglager in Srebrenica ihren Ehemann und ihre beiden Söhne zu retten, als die serbischen Milizen des General Mladić immer näher rücken. Dabei gerät sie zunehmend zwischen die Fronten. Der erschütternde Film über das Massaker an 8.000 muslimischen Bosniern macht aus Sicht einer Frau in einem von Männern geführten Krieg die Bedrohung der Menschen und die Unausweichlichkeit des Todes schmerzhaft spürbar. Dabei verzichtet er auf das Zeigen expliziter Gewaltszenen, ohne damit aber dem Geschehen den Schrecken zu nehmen. – **Sehenswert ab 16.**
Bosnien-Herzegowina 2020. **Regie:** Jasmila Žbanić. **Länge:** 104 Min. **Verleih:** Farbfilm.

NAHSCHUSS
In den 1970er-Jahren wird ein junger Ingenieur in der DDR vom Ministerium für Staatssicherheit angeworben. Mit der Aussicht auf Privilegien und beruflichen Aufstieg verhält er sich anfangs linientreu, bis er die perfiden Methoden nicht mehr mittragen will. Beim Versuch, sich der Stasi zu entziehen, fliegt er jedoch auf und gerät in den gnadenlosen Justizapparat. Intensives Historiendrama mit beklemmender Bildsprache, das über die ambivalente, präzise verkörperte Hauptfigur die unabwendbare Verstrickung ins Netz des Regimes greifbar macht. Dabei wendet es sich mit dem rigiden Justizsystem und der Todesstrafe eindrücklich auch «blinden Flecken» der DDR-Aufarbeitung zu. – **Sehenswert ab 16.**
Deutschland 2020. **Regie:** Franziska Stünkel. **Länge:** 116 Min. **Verleih:** Alamode.

Preis der Ökumenischen Jury. Der französische Hauptdarsteller Ibrahim Koma wurde als Bester Schauspieler ausgezeichnet. Der deutsche Regisseur Dietrich Brüggemann errang mit der Tragikomödie Nö den Preis für die beste Regie. Die Auszeichnungen des Festivalpräsidenten gingen an den US-Schauspieler Ethan Hawke sowie den tschechischen Regisseur Jan Svěrák; der britische Schauspieler Michael Caine wurde für sein Lebenswerk geehrt. Der Wettbewerbsbeitrag THE EXAM des irakischen Regisseurs Shawkat Amin Korki erhielt den FIPRESCI-Preis. Die Schauspielerin Éléonore Loiselle wurde für ihre darstellerische Leistung in WARS ausgezeichnet. Der Publikumspreis ging an den Film ZÁTOPEK des Prager Regisseurs David Ondricek.

Wichtige Filme im August

- **AIR CONDITIONER** (R: Fradique)
  Ein zwischen magischem Realismus, Science Fiction und einem elegischen Stadtporträt von Luanda mäandernder Film, der einen Blick in eine von der Klimakatastrophe geprägte Zukunft wirft.
- **FABIAN ODER DER GANG VOR DIE HUNDE** (R: Dominik Graf)
  Nach dem gleichnamigen Roman von Erich Kästner erzählt der Film eine zerbrechliche Liebesgeschichte aus dem Berlin der 1930er-Jahre.
- **DER FALL EL-MASRI** (R: Stefan Eberlein)
  Dokumentarische Rekonstruktion der Entführung des Deutsch-Libanesen Khaled el-Masri durch die CIA, die ihn als vermeintlichen Terroristen 2003 nach Afghanistan verschleppte.
- **GELIEFERT** (R: Jan Fehse)
  Drama um einen alleinerziehenden Vater, der als Postbote arbeitet, es aber trotzdem kaum schafft, sich und seinen Sohn davon zu ernähren.
- **GORBATSCHOW. PARADIES** (R: Witali Mansky)
  Eine Begegnung mit dem alternden Michail Gorbatschow, der sich in seiner Villa an sein Leben, seine Ehefrau Raissa und die politischen Zeitläufte erinnert.
- **GUNDA** (R: Victor Kossakovsky)
  Eindringliches Doku-Poem über Hausschweine, Hühner und Kühe auf norwegischen Biobauernhöfen, das durch seine kunstvoll gestaltete Nähe zu den Tieren ihr Recht auf ein Leben in Würde unterstreicht.
- **KUNST KOMMT AUS DEM SCHNABEL WIE ER GEWACHSEN IST** (R: Sabine Herpich)
  Ein sorgfältig beobachtender Dokumentarfilm über

Das 74. Locarno Film Festival (4.–14.8.) ging nach der coronabedingten kleinen Online-Ausgabe im Vorjahr dieses Jahr wieder in physischer Form über die Bühne, wenn auch gleichsam mit angezogener Handbremse. Die erste Ausgabe des Schweizer A-Festivals unter der künstlerischen Leitung von Giona A. Nazzaro zeigte rund 200 kurze und lange Filme. Mehr als 75.000 Zuschauer pilgerten in die Kinos der Stadt am Lago Maggiore – nur halb so viel wie 2019 vor der Pandemie. Zum Abschluss vergab die Jury unter der Leitung der US-Regisseurin Eliza Hittman den «Goldenen Leoparden» an das Historiendrama DIE RACHE IST MEIN, ALLE ANDEREN ZAHLEN BAR des indonesischen Regisseurs Edwin. Ein Spezialpreis wurde dem chinesischen Beitrag JIAO MA TANG HUI von Qiu Jiongjiong zuerkannt. Zum Besten Regisseur wurde Abel Ferrara für den Politthriller ZEROS AND ONES mit Ethan Hawke gekürt. Im Hauptwettbewerb gewann Anastasiya Krasovskaya den Preis als Beste Schauspielerin für ihre Performance in der russischen Sozialstudie GERDA von Natalya Kudryashova. Der Preis für den Besten Hauptdarsteller ging ex aequo an Mohamed Mellali und Valero Escolar für die Arbeiterkomödie SEIS DÍAS CORRENTES von Neus Ballús. In der Reihe «Cineasti del presente» wurde Saskia Rosendahl als Beste Darstellerin für ihre Leistung in NIEMAND IST BEI DEN KÄLBERN von Sabrina Sarabi ausgezeichnet. Zur Eröffnung war die französische Schauspielerin Laetitia Casta mit dem «Excellence Award» geehrt worden.

die Berliner Kunstwerkstatt Mosaik, in der Menschen mit Behinderung Malereien, Zeichnungen und Skulpturen herstellen.
- **Makala** (R: Emmanuel Gras)
Doku über einen Köhler aus der Republik Kongo, der Holzkohle zur 50 Kilometer entfernten Stadt mit dem Fahrrad transportiert, um für eine Familie ein neues Haus bauen zu können.
- **Martin Eden** (R: Pietro Marcello)
Freie Adaption des gleichnamigen Romans von Jack London über einen idealistischen Arbeiter, der sich durch Bildung aus seiner Klasse befreit, als Schriftsteller aber jeden Bezug zu seiner Herkunft verloren hat.
- **Der Masseur** (R: Malgorzata Szumowska)
Ein symbolisch aufgeladenes Drama um einen ukrainischen Masseur, der in einer polnischen Villensiedlung die Menschen mit seinen heilenden Händen zumindest für eine halbe Stunde aus ihrer spirituellen Obdachlosigkeit befreit.
- **Neubau** (R: Johannes Maria Schmitt)
Ein «queerer Heimatfilm» über einen jungen Transmann zwischen der stillen Geborgenheit in der brandenburgischen Provinz und den Glücksversprechen der Großstadt.
- **Promising Young Woman** (R: Emerald Fennell)
Eine traumatisierte junge Frau lauert Männern in Clubs auf und führt ihnen mit einer List vor Augen, dass sie allesamt nicht die guten Kerle sind, für die sie sich halten.
- **The Father** (R: Florian Zeller)
Packendes Drama um Demenz und Identitätsverlust, das konsequent aus Sicht der Titelfigur erzählt ist.
- **Tito and the Birds** (R: Gabriel Bitar)
Ausdrucksstarker Animationsfilm um einen brasilianischen Jungen, der nach einem Mittel gegen die Angst sucht, die sich in seiner Gesellschaft epidemisch breitmacht.
- **Treasure Island** (R: Guillaume Brac)
Empfindsamer Dokumentarfilm, der Besucher und Personal in einem französischen Urlaubsressort in einer Banlieue nahe Paris beobachtet und das Utopische im Alltäglichen entdeckt.

September

+++ Bei der Bundestagswahl kommt es zum Regierungswechsel; die Volksparteien verlieren erheblich, Grüne und FDP legen zu, der neue Bundestag wird jünger, größer und ein wenig weiblicher +++ Parallel zur Bundestagswahl gewinnt die SPD auch bei den Landtagswahlen in Mecklenburg-Vorpommern und in Berlin +++ Einzelne deutsche Bundesländer führen ein 2G-Modell zur Bekämpfung der Corona-Krise ein +++ Großdemonstrationen gegen den Klimawandel in Deutschland +++ Auf La Palma bricht ein Vulkan aus und spuckt monatelange Lava +++ In Idar-Oberstein erschießt ein Corona-Leugner einen Tankwart +++ Die Opposition in Russland boykottiert die Parlamentswahlen +++ Nicolas Sarkozy wird wegen illegaler Wahlkampffinanzierung zu einem Jahr Haft verurteilt +++

Während andere Festivals infolge der Corona-Pandemie ausfielen oder ins Internet ausweichen mussten, erwiesen sich die **78. Filmfestspiele in Venedig** (1.–11.9.) erneut als ein Fels in der Brandung. Das strikte Sicherheitskonzept mit digitalem Ticketing, Maskenpflicht, Tests und halber Auslastung der Kinosäle bewährte sich. Die Filmschau lockte wieder mit reichlich Glamour und vielen Premieren. Bemerkenswert war diesmal, dass nach dem «Oscar» für Chloé Zhao und der «Goldenen Palme» für Julia Ducournau nun auch in Venedig der Hauptpreis an eine Regisseurin ging. Die 40-jährige Französin Audrey Diwan errang mit dem Abtreibungsdrama L'Événement den «Goldenen Löwen». Auch in anderen Bereichen setzten sich weibliche Filmschaffende durch: Die Neuseeländerin Jane Campion gewann für den Neo-Western The Power of the Dog den «Silbernen Löwen» für die Beste Regie, die US-Schauspielerin Maggie Gyllenhaal den Drehbuchpreis für ihr Regiedebüt Frau im Dunkeln. Penélope Cruz wurde als Beste Schauspielerin in Parallel Mothers ausgezeichnet, John Arcilla für seine Rolle in On the Job: The Missing 8. Der Große Preis der Jury ging an The Hand of God von Paolo Sorrentino. Filippo Scotti wurde für seinen Part in The Hand of God als Bester Nachwuchsdarsteller ausgezeichnet.

In seinem Heimatland galt **Mikis Theodorakis** als Volksheld und Aushängeschild der griechischen Musik. Theodorakis war jedoch nicht nur Komponist, sondern auch Schriftsteller und Politiker. Am 2. September verstarb der Künstler, der mit der Filmmusik zu Alexis Sorbas (1964) Weltruhm errang, im Alter von 96 Jahren in Athen. Die Sirtaki-Titelmelodie zählt inzwischen zu den bekanntesten griechischen Musikstücken. Während der Militärdiktatur (1967–1974) wurde Theodorakis, der schon im Zweiten Weltkrieg gegen die deutschen Besatzungstruppen gekämpft hatte, für viele seiner Landsleute zur Ikone des politischen Widerstands. Seine letzte Ruhestätte fand der Komponist nach einer dreitägigen Staatstrauer in einem Vorort von Chania auf der Insel Kreta,

Das Böse gibt es nicht

Vier Episoden über Menschen im Iran, die direkt oder indirekt mit der Todesstrafe konfrontiert sind: Ein liebender Familienvater geht nach einem ganz normalen Tag nachts seiner grausamen Arbeit nach. Ein Soldat weigert sich, einen zum Tode verurteilten Mann zu töten. Ein anderer Soldat reist in die Provinz, um seiner Geliebten einen Heiratsantrag zu machen. Doch der Tod eines hingerichteten Freundes überschattet das Vorhaben. Eine iranische Studentin besucht ihren Onkel in den einsamen Bergen Irans, wo sie eines Geheimnisses innewird, das sie erschüttert. Der aufrüttelnde Film kreist um das Verhältnis von Moral und Zwang, Widerstand und Überleben in einer despotischen Welt. Trotz aller Kritik an der politischen Führung des Irans ist der Film aber auch eine Ode an das Land, seine Landschaften und seine Bewohner. – **Sehenswert ab 16.**

Iran 2019. **Regie:** Mohammad Rasoulof. **Länge:** 152 Min. **Verleih:** Grandfilm.

Der Streaminganbieter **Netflix** will sein Engagement in Deutschland, Österreich und in der Schweiz verstärken. Bis 2023 soll eine halbe Milliarde Euro in 80 deutschsprachige Serien, Filme und Shows investiert werden. Das gab Netflix-Co-Chef Reed Hastings am 15. September bei der Eröffnung eines neuen Büros in Berlin bekannt. Dort sollen künftig alle Aktivitäten der Plattform in der DACH-Region (Deutschland, Österreich und Schweiz) koordiniert werden. Aktuell zählt Netflix elf Millionen zahlende Kunden in dieser Region. «Deutschsprachige Inhalte werden auf der ganzen Welt gesehen, weshalb Deutschland, Österreich und die Schweiz für uns eine der wichtigsten Regionen weltweit ist», sagte Hastings. Zwischen 2018 und 2020 habe man über 40 Eigenproduktionen aus der DACH-Region veröffentlicht. «Nun werden wir unser Investment in deutschsprachige Inhalte in den nächsten drei Jahren verdoppeln.» Nach Amsterdam, London, Madrid und Paris ist Berlin das fünfte europäische Büro des US-Unternehmens.

Paul Verhoevens neuer Film **Benedetta** wurde in Russland Opfer der Zensur. Das Kulturministerium in Moskau erteilte keine Vertriebserlaubnis, wie die staatliche Nachrichtenagentur Tass am 18. September meldete. Der Spielfilm über eine Nonne, die im Italien des 17. Jahrhunderts eine lesbische Beziehung zu einer anderen Nonne unterhält, hätte Anfang Oktober in den russischen Kinos starten sollen. Der Film enthalte eine provokante Szene, die gegen russische Gesetze zum Schutz der Gläubigen und der Religionsausübung verstoße. Filme mit homosexueller Thematik erregen in Russland oft Widerspruch und tun sich schwer, eine Zulassung für die öffentliche Vorführung zu erhalten.

Wichtige Filme im September

- **1986** (R: Lothar Herzog)
  Eine junge Studentin aus Minsk lässt sich auf die dubiosen Geschäfte ihres Vaters ein und schafft kontaminiertes Altmetall aus der Zone um Tschernobyl herbei.

- **A Symphonie of Noise**
  (R: Enrique Sánchez Lansch)
  Über zehn Jahre lang begleitet der Film die Arbeit des Musikers und Sampling-Artisten Matthew Herbert, der mit selbst gesampelten Tönen komponiert und dadurch das Bewusstsein der Zuhörer schärfen und politisieren will.

- **Curveball** (R: Johannes Naber)
  Schwarzhumorige Geheimdienst-Farce um einen deutschen Biowaffen-Spezialisten, der auf die Falschaussage eines Asylbewerbers hereinfällt und

wo sich auch die Gräber seiner Eltern und seines Bruders befinden.

Mit einer offiziellen Trauerzeremonie im Ehrenhof des Invalidendoms in Paris verabschiedete sich Frankreich am 9. September von dem Schauspieler **Jean-Paul Belmondo**. Die Trauerrede hielt Staatspräsident Emmanuel Macron, der Belmondo als Ausnahmekünstler würdigte. Belmondo starb am 9. September im Alter von 88 Jahren. In seiner langen Karriere war «Bébel» in mehr als 80 Filmen vor der Kamera gestanden und hatte mehr als 40 Theaterrollen gespielt. Berühmt wurde er durch Jean-Luc Godards Gangsterfilm Ausser Atem (1960). Mit dieser Antiheldenfigur avancierte er zum zentralen Gesicht der Nouvelle Vague und wurde zum Symbol für Draufgängertum und Rebellion. Der Sohn eines Bildhauers und einer Tänzerin wirkte in Klassikern wie Elf Uhr nachts, aber auch in zahlreichen Komödien und Actionfilmen wie Das As der Asse oder Angst über der Stadt mit. Nach einem Schlaganfall im Jahr 2001 brauchte er Jahre, um wieder sprechen zu lernen. 2017 wurde Belmondo mit dem «César», dem wichtigsten französischen Filmpreis, für sein Lebenswerk geehrt.

nicht verhindern kann, dass die USA im Jahr 2003 damit den Irakkrieg rechtfertigen.
- **Ein bisschen bleiben wir noch** (R: Arash T. Riahi) Ambitionierter Jugendfilm über zwei aufgeweckte tschetschenische Kinder, die von der Abschiebung aus Österreich bedroht sind und in unterschiedlichen Pflegefamilien unterkommen.
- **Die fabelhafte Reise der Marona** (R: Anca Damian) Außergewöhnlicher Animationsfilm über eine Hündin, die sich an ihr Leben erinnert und trotz aller Schicksalsschläge die Fähigkeit fürs Glücklichsein nicht aus den Augen verliert.
- **Here We Are** (R: Nir Bergman) Israelisches Familiendrama, das anhand der Beziehung eines alleinerziehenden Vaters zu seinem autistischen Sohn über Liebe, Abhängigkeit und Loslassen reflektiert.
- **Herr Bachmann und sein3 Klasse** (R: Maria Speth) Meisterhafter Dokumentarfilm über die Multi-Kulti-Klasse 6b der Georg-Büchner-Schule in Stadtallendorf und ihren Lehrer Dieter Bachmann.
- **Hinter den Schlagzeilen** (R: Daniel Sager) Doku über die Arbeit investigativer Journalisten am Beispiel der Recherchen zweier SZ-Redakteure zum Ibiza-Video mit dem FPÖ-Politiker Heinz-Christian Strache.
- **Liebe Last Lust** (R: Olivier Assayas) Liebes- und Familiensaga um eine Porzellanhersteller-Dynastie zu Beginn des 20. Jahrhunderts.
- **Luca** (R: Enrico Casarosa) Animationsfilm über ein junges Seeungeheuer, dem in einem kleinen Fischerdorf an der italienischen Riviera der Sommer seines Lebens bevorsteht.
- **Nö** (R: Dietrich Brüggemann) Romantische Tragikomödie um ein Paar in den Dreißigern, das sich den entscheidenden Fragen stellt: Zusammenbleiben, Kind, Heirat.
- **Notes of Berlin** (R: Mariejosephin Schneider) Kurzweiliger Episodenfilm über Menschen und Lebenssituationen in Berlin, die von Aushängen an Laternenpfählen, in Treppenhäusern oder Hinterhöfen inspiriert sind.
- **The Painted Bird** (R: Václav Marhoul) Erschütterndes Drama über die grausamen Erlebnisse eines kleinen jüdischen Jungen, der während des Zweiten Weltkriegs durch Osteuropa irrt und ein ums andere Mal die Brutalität der Landbevölkerung erlebt.
- **Unter einem Dach** (R: Maria Müller) Dokumentarfilm über ein Schweizer Ehepaar aus einem Dorf bei Winterthur, das eine siebenköpfige syrische Familie bei sich aufnimmt.
- **Uta** (R: Mario Schneider) Dokumentarisches Porträt der Leipziger Malerin, Schriftstellerin und Straßenmusikerin Uta Pilling (1948–2020).

Im Zeichen starker Frauen stand die Preisverleihung des 69. Internationalen **Filmfestivals in San Sebastian** (17.–25.9.). Die «Goldenen Muschel» erhielt das rumänische Sozialdrama Blue Moon von Alina Grigore. Sie erzählt von zwei jungen Frauen, die aus familiären Traditionen und sexueller Unterdrückung ausbrechen wollen. Damit ging der Hauptpreis des größten Festivals der spanischsprachigen Welt zum ersten Mal nach Rumänien. Die «Silberne Muschel» für die Beste Hauptrolle wurde zwischen Jessica Chastain für ihre Rolle in The Eyes of Tammy Faye und der 16-jährigen Flora Ofelia Hofmann Lindahl in As in Heaven aufgeteilt, dessen Regisseurin Tea Lindeburg die «Silberne Muschel» für die Beste Regie gewann. Den Nebendarstellerpreis sicherte sich das Ensemble von Who's Stopping Us. Den Spezialpreis der Jury gewann Lucile Hadzihalilovic für die britisch-französisch-belgische Co-Produktion Earwig.

- **Victoria** (R: Sofie Benoot, Liesbeth De Ceulaer, Isabelle Tollenaere) Klug erzählter Dokumentarfilm, der Erkundungen in einer gespensterhaften Stadt in der kalifornischen Wüste mit den Erlebnissen eines ihrer Bewohner zu einem Sinnbild der USA verdichtet.
- **Youth Unstoppable** (R: Slater Jewell-Kemker) Facettenreiche Langzeitbeobachtung der kanadischen Umweltaktivistin Slater Jewell-Kemker über die Entstehung der globalen Jugendklimabewegung.
- **Der Zorn der Bestien – Jallikattu** (R: Lijo Jose Pellissery) Origineller Hybride aus Actionfilm und filmischer Sinfonie, der anhand der Jagd nach einem entlaufenen Bullen von den Abgründen der Zivilisation handelt.

Oktober

+++ Der Weltraumtourismus wird hoffähig. Mit Jeff Bezos, William Shatner und der russischen Schauspielerin Julija Peressild reisen Privatpersonen in den Orbit +++ Sondierungsgespräche zwischen SPD, FDP und Grünen +++ Nach 16 Jahren endet die Kanzlerschaft von Angela Merkel +++ Polen errichtet dauerhafte Grenzbefestigungen, um Flüchtlinge aus Belarus abzuhalten +++ In Österreich tritt Bundeskanzler Kurz zurück +++ Militärputsch im Sudan +++ Die Inflationsrate steigt in Deutschland auf 4,5 Prozent +++

Noch vor einem Jahr war der **Deutsche Filmpreis** online ohne Publikum vergeben worden. Dieses Jahr fand die 71. Verleihung wieder vor 1.200 Gästen im Palais unter dem Funkturm in Berlin statt. Die Gala war wegen der Corona-Pandemie vom Frühjahr auf den 1. Oktober verschoben worden. Als Überraschungssieger entpuppte sich die Tragikomödie ICH BIN DEIN MENSCH: Die Produzentin Lisa Blumenberg erhielt den Filmpreis in Gold für den Besten Spielfilm, Maria Schrader gewann den Regiepreis und teilte sich den Drehbuchpreis mit Jan Schomburg, während Maren Eggert als Beste Hauptdarstellerin ausgezeichnet wurde. Ebenfalls vier Preise erhielt der Science-Fiction-Thriller TIDES von Tim Fehlbaum, der in den technischen Nebenkategorien abräumte. Dominik Grafs Historiendrama FABIAN ODER DER GANG VOR DIE HUNDE war mit zehn Nominierungen als Favorit in die Verleihung gegangen. Es erhielt aber nur die «Silberne Lola» in der Kategorie Bester Spielfilm. Bronze ging an die Politiksatire CURVEBALL – WIR MACHEN DIE WAHRHEIT von Johannes Naber. Als Bester Hauptdarsteller wurde Oliver Masucci für seine Leistung in ENFANT TERRIBLE gekürt, Bester Dokumentarfilm wurde HERR BACHMANN UND SEINE KLASSE und Bester Kinderfilm DIE ADERN DER WELT. Die Komödie NIGHTLIFE von Simon Verhoeven wurde als besucherstärkster Film ausgezeichnet. Verhoevens Mutter, die 80-jährige Schauspielerin Senta Berger, erhielt den Ehrenpreis für ihre Verdienste um den deutschen Film. Der Deutsche Filmpreis ist mit knapp 3 Millionen Euro die höchstdotierte Kulturauszeichnung in Deutschland und wird nach einer dreistufigen Wahl durch die Mitglieder der Deutschen Filmakademie vom Beauftragten der Bundesregierung für Kultur und Medien in bis zu 18 Kategorien vergeben.

Der mauretanische Filmemacher **Abderrahmane Sissako** wurde am 5. Oktober von der Akademie der Künste in Berlin mit dem Konrad-Wolf-Preis ausgezeichnet. Sissako ist einer der wichtigsten afrikanischen Filmemacher. Er wurde 1961 in Kiffa, Mauretanien, geboren, wuchs aber in Mali auf. Von 1983 bis 1989 studierte er am Gerassimow-Institut für Kinematographie (WGIK) in Moskau. Seit Anfang der 1990er-Jahre lebt Sissako in Paris. In seinen Filmen geht es immer auch um die Auswirkungen von Globalismus und Kolonialismus auf die afrikanischen Länder südlich der Sahara. Doch Sissakos Kino bleibt dabei nicht stehen, sondern sucht mit Witz und Humor nach einer gelebten Utopie – und sei es wie in TIMBUKTU (2015) durch ein Fußballspiel ohne Ball. Sissakos große Kunst, so die Jury, besteht darin, die filmisch dargestellte Realität durch unterschiedliche Erzählebenen und die Erfindung dramaturgischer Formate für neue Möglichkeiten zu erweitern, in denen sich das Politische mit dem Poetischen verbindet.

Kurz vor dem Tag der Deutschen Einheit ehrte Bundespräsident Frank-Walter Steinmeier 14 Bürgerinnen und Bürger mit dem Bundesverdienstkreuz, die sich um das Kulturleben in Deutschland verdient gemacht haben. Kultur sei Grundbedingung für das Gelingen der Demokratie, sagte Steinmeier bei der Verleihung am 1. Oktober. Angesichts der sozialen Nöte, in die viele Künstler und Freiberufler während der Corona-Pandemie gerieten, sprach sich Steinmeier für stärkere Hilfen aus. Ausgezeichnet wurden unter anderem der Schauspieler **Burghart Klaußner** und der Filmregisseur **Christian Petzold**. Klaußner verkörpere in vielen Rollen «sehr eindringlich Charaktere, an denen sich die Notwendigkeit gesellschaftlicher Veränderung zeigt», heißt es in der Begründung. Mit Blick auf den Auftritt als Fritz Bauer in DER STAAT GEGEN FRITZ BAUER wurde betont: «Dass heute auch jungen Menschen bekannt ist, wie in der Bundesrepublik die Aufarbeitung der NS-Verbrechen unter großen Schwierigkeiten begann, dazu hat auch Burghart Klaußner beigetragen.» Christian Petzold wurde als Mitbegründer der «Berliner Schule» und «herausragender Kulturbotschafter Deutschlands» geehrt. Mit Filmen wie BARBARA hat er «den Puls unserer Gesellschaft» erkundet. Seine Filme zeigten am Beispiel von Einzelschicksalen gesellschaftspolitische Zustände und Entwicklungen auf und wiesen stets auch auf die deutsche Geschichte zurück.

Bund, Länder und Fördereinrichtungen haben zur Eindämmung der Folgen der Corona-Krise mehrere Hilfspakete geschnürt. Dazu gehört das **«Zukunftsprogramm Kino II»**. Der Bewilligungszeitraum für dieses Programm wurde bis zum 31. Dezember verlängert, wie die Filmförderungsanstalt im Oktober mitteilte. Die Verwendungsnachweise der geförderten Maßnahmen müssen bis Ende September 2022 vorgelegt werden. Für das «Zukunftsprogramm Kino II» stehen 20 Millionen Euro zur Unterstützung von Kinos bei der Wiedereröffnung und dem Weiterbetrieb nach ihrer pandemiebedingten Schließung zur Verfügung. Es ist Teil des Konjunkturprogramms «Neustart Kultur» und dient dem Ziel, die Kinoinfrastruktur in Deutschland nachhaltig zu stärken und damit einen Beitrag zur Sichtbarkeit insbesondere des deutschen und europäischen Kinofilms in der Fläche zu leisten. Das «Zukunftsprogramm Kino II» ergänzt das «Zukunftsprogramm Kino I», das sich an kleinere Kinos im ländlichen Raum und Arthouse-Kinos richtet.

Beim Filmfest München prägte **Eberhard Hauff** eine ganze Ära. Unter seiner Leitung ging 1983 die erste Ausgabe des Festivals über die Bühne. Zwei Jahrzehnte lang stand Hauff an der Spitze des Filmfestes, ehe er den Posten an Andreas Ströhl übergab. Im Alter von 89 Jahren ist Hauff am 13. Oktober verstorben. «Er war einer der treibenden Motoren einer Gruppe Filmschaffender, die es sich Anfang der Achtziger zum Ziel gesetzt hatten, vor allem für den deutschen Film eine Plattform mit überregionaler Strahlkraft zu schaffen», erinnerte das Filmfest an den Gründervater. Hauff war in den 1960er- und 1970er-Jahren als Autor, Regisseur und Produzent tätig. Auch in zahlreichen Gremien und Verbänden setzte er sich mit großer Leidenschaft für den deutschen Film und die Filmkultur ein. So gehörte er zu den Gründungsmitgliedern des Bundesverbands Regie, den er 33 Jahre leitete. Zudem war er viele Jahre lang im Vorstand der Spitzenorganisation der Filmwirtschaft (SPIO) und im Verwaltungsrat der Filmförderungsanstalt tätig.

Bei der Vergabe der **Studenten-Oscars** waren neben 15 Studierenden aus aller Welt auch zwei deutsche Nachwuchsregisseure erfolgreich. Der jordanische Regisseur Murad Abu Eisheh, Absolvent der Filmakademie Baden-Württemberg in Ludwigsburg, gewann für TALA'VISION in der Rubrik «Narrative (International Film Schools)» den Student Academy Award in Gold. Sein halbstündiger Kurzspielfilm erzählt, wie ein fußballbegeistertes achtjähriges Mädchen im Bürgerkriegsland Syrien Trost und Freiheit allein im Fernseher findet, auf dem sie Fußballspiele sehen kann. Die Trophäe in Silber in der gleichen Kategorie sicherte sich Simon Denda mit ADISA, seinem Abschlussfilm an der Hochschule für Fernsehen und Film München. Der 1987 in Karlsruhe geborene Filmemacher realisierte den Kurzspielfilm in Kenia nach einer wahren Begebenheit in einem Dorf an der somalischen Grenze, das Ziel eines Terrorangriffs wurde. Wegen der Corona-Pandemie wurden die Preise in einer Online-Zeremonie vergeben. In diesem Jahr hatten 210 US-amerikanische und 126 internationale Hochschulen mehr als 1.400 Beiträge eingereicht. Die Gewinnerfilme nehmen auch am «Oscar»-Wettbewerb 2022 teil.

Im Rahmen des Festival Dok Leipzig wurde der **Siegfried Kracauer Preis 2021** vergeben. Das Foto zeigt die Nominierten (v.l.): Olga Baruk, Lili Hering, Daniel Moersener und Axel Weidemann. **Olga Baruk** gewann den Preis für Beste Filmkritik mit ihrer Rezension des Films SPACE DOGS von Elsa Kremser und Levin Peter. Die Jury überzeugten darin vor allem ihre präzisen Beobachtungen und die poetisch-lakonische Sprache. «Mit Empathie und gleichzeitigem kritischem Abstand lässt die Autorin ihren Blick durch die Bilderwelten streifen und kontexualisiert diese unaufgeregt in der Diskurslandschaft. Ihr lange nachhallender Text führt überzeugend vor Augen, wie sich in der Filmkritik persönliches Schreiben mit analytischer Klarsicht verbinden lässt.» Das mit 12.000 Euro ausgestattete Siegfried-Kracauer-Stipendium erhält der Filmkritiker **Daniel Kothenschulte** für das Expose einer Essayreihe zum Thema «Kino gegen den Stream – Filmkultur nach der Krise». Darin will der Autor aus der Geschichte früherer Kinokrisen, die schon mit dem Ende der Stummfilmzeit begannen, in die Zukunft blicken und Möglichkeiten aufzeigen, wie auch heute aus der Krise wieder eine lebendige Kultur entstehen kann. Die Jury überzeugte dabei sein «dezidierter Blick auf die Einzigartigkeit des Kinos als soziales Massenmedium, das in der Lage ist, gesellschaftliche Brücken zu schlagen. Eine Qualität», so die Juroren, «die in der heutigen, sich immer stärker fragmentierenden Gesellschaft nötiger ist denn je.»

Bei Dreharbeiten in Los Angeles ereignete sich ein tragischer Unfall. Am Set des Westerns RUST kam es zu einem tödlichen Zwischenfall, als der Schauspieler **Alec Baldwin** eine historische Pistole abfeuerte und dabei die Kamerafrau Halyna Hutchins erschoss und den Regisseur Joel Souza schwer verletzte. Das Unglück passierte auf der Bonanza Creek Ranch in New Mexiko.

Wichtige Filme im Oktober

- **ALEPH** (R: Iva Radivojevic)
  Essayistischer Film nach einer Erzählung von Jorge Luis Borges über den ersten Buchstaben des Alphabets als Hort des menschlichen Wissens
- **BORGA** (R: York-Fabian Raabe)
  Packendes Migrationsdrama über einen jungen

NOWHERE SPECIAL
Ein alleinerziehender Vater sucht für seinen kleinen Sohn eine Pflegefamilie, da er unheilbar erkrankt ist. Sein prekärer sozialer Status macht ihn glauben, dass er dem Kind nichts von Wert hinterlassen kann. Die Suche nach einer vermeintlich besseren Zukunft offenbart beiden jedoch den Wert gemeinsam geteilter Augenblicke. Ein subtiles Drama, das durch seinen poetischen Realismus und das authentische Zusammenspiel der Protagonisten tief berührt. Unaufdringlich und ohne falsche Sentimentalität erzählt der Film vom Tode her eine Geschichte über das augenblickliche Glück des Lebens. – Sehenswert ab 12.
Italien/Großbritannien 2020. Regie: Uberto Pasolini. Länge: 96 Min. Verleih: Piffl.

Schwarzen aus Ghana, der es in Europa zu Wohlstand und Ansehen bringen will.

■ **CRY MACHO** (R: Clint Eastwood)
Sanftes Drama um einen alten Cowboy, der den Sohn seines Chefs in Mexiko entführt und sich dem Schmerz in seinem eigenen Leben stellt.

■ **CRYPTOZOO** (R: Dash Shaw)
Ein psychedelisch anmutender Zeichentrickfilm um eine Welt der Fabelwesen, die von Söldnern und Soldaten gejagt werden.

■ **DEAR EVAN HANSEN** (R: Stephen Chbosky)
Dramatisches Musical um einen Jungen, der an Sozialer Phobie leidet und nach dem Selbstmord eines Mitschülers ins Zentrum der öffentlichen Aufmerksamkeit rückt.

■ **LOBSTER SOUP** (R: Pepe Andreu)
Feinsinnige Doku über eines der bekanntesten Cafés auf Island und seine in die Jahre gekommenen Betreiber, die sich nicht länger gegen die Veränderungen des Tourismus stemmen wollen.

■ **MALIKAS KÖNIGREICH** (R: Hassen Ferhani)
Episodischer Dokumentarfilm über eine alleinstehende Frau mit einer Katze und zwei Hunden, die an einer Straße durch die algerische Wüste einen Imbiss betreibt.

■ **THE BACCHUS LADY** (R: E. J-Yong)
Drama über eine ältere Frau aus Südkorea, die aus Geldnot als Prostituierte arbeitet und sich um einen jungen Migranten kümmert, dessen Mutter verhaftet wurde.

■ **DIE VERSCHWUNDENE** (R: Dominik Moll)
Kunstvoll aufgebauter Thriller, der aus verschiedenen Perspektiven die Wahrheit über das Verschwinden einer Frau im französischen Zentralmassiv enthüllt.

■ **WALCHENSEE FOREVER** (R: Janna Ji Wonders)
Die Musikerin und Filmemacherin Janna Ji Wonders erforscht mit feinem Gespür für Bildrhythmen und erzählerische Dramatik die Geschichte ihrer Familie, die fünf Generationen umgreift und sich auf die Frauen konzentriert.

■ **DER WILDE WALD** (R: Lisa Eder)
Dokumentarfilm über die Geschichte des Nationalparks Bayerischer Wald, der mit eindrucksvollen Aufnahmen der Tier- und Pflanzenwelt daran appelliert, mehr Natur zuzulassen.

November

+++ In der äthiopischen Provinz Tigray eskaliert der Konflikt zwischen Regierung und regionalen Kräften +++ **SPD,** Grüne und FDP stellen ihren Koalitionsvertrag vor +++ Die vierte Corona-Welle treibt die Infektionszahlen hoch +++ Weltklimakonferenz in Glasgow +++ Belarus missbraucht Flüchtlinge als Waffe gegen die EU +++ Die Inflationsrate überschreitet die Fünf-Prozent-Marke +++

Rheinland-Pfalz hat als letztes deutsches Bundesland eine eigene Film- und Medienförderung eingeführt. Bei der Eröffnung des Mainzer Filmfestivals «**Filmz**» sagte Kulturministerin Katharina Binz am 5. November im Mainzer Staatstheater: «Ein lang gehegter Traum geht endlich in Erfüllung: Es gibt jetzt auch eine Medien- und Filmförderung in Rheinland-Pfalz.» Für die erste Runde wurden Fördergelder von 380.000 Euro in Aussicht gestellt. **Ab 2022** steigt die Fördersumme auf mehr als eine Million Euro. Das noch immer von einer studentischen Initiative getragene «Filmz»-Festival (4.–13.11.) konnte im November seinen 20. Geburtstag feiern. Anders als 2020 wurden diesmal 100 Filme nicht nur online, sondern trotz Corona-Pandemie auch im Kino gezeigt.

Die Regisseurin **Jeanine Meerapfel** bleibt für drei weitere Jahre Präsidentin der Akademie der Künste in Berlin. Die Mitgliederversammlung bestätigte die Filmemacherin am 13. November mit großer Mehrheit im Amt. Ebenfalls mit großer Mehrheit wurde die Schriftstellerin Kathrin Röggla wiedergewählt. Beide leiten die Akademie der Künste seit 2015. Meerapfel gehört der

Akademie seit 1998 an. Die 78-jährige Filmemacherin ist seit 2021 auch Ehrenpräsidentin des Bundesverbands Regie. Auch die Direktor:innen und Vize-Direktor:innen der sechs Sektionen der Akademie wurden von den Mitgliedern neu gewählt. In der Sektion Film- und Medienkunst bleiben **Thomas Heise** als Direktor und **Helke Misselwitz** als stellvertretende Direktorin im Amt. Die Akademie der Künste zählt derzeit in ihren sechs Sektionen Bildende Kunst, Baukunst, Musik, Literatur, Darstellende Kunst sowie Film- und Medienkunst 398 internationale Mitglieder.

Bereits mit 14 Jahren gelang ihm der Durchbruch: Seine Rolle in dem berühmten Antikriegsfilm DIE BRÜCKE (1959) öffnete **Volker Lechtenbrink** viele Türen. Danach stand er zwischen München und Hamburg auf vielen deutschen Theaterbühnen. Nach einer langen Karriere in Film, Fernsehen und Theater verstarb der Schauspieler, Regisseur, Intendant, Synchronsprecher und Schlagersänger am 22. November im Alter von 77 Jahren. Für sein Schaffen erhielt der Wahl-Hamburger, der 1944 im ostpreußischen Cranz geboren wurde, viele Preise; zuletzt nahm er in diesem Jahr am Hamburger Ernst-Deutsch-Theater den renommierten Gustav-Gründgens-Preis entgegen. An diesem Theater war Lechtenbrink regelmäßig tätig, unter anderem als Intendant von 2003 bis 2006. Am Hamburger Schauspielhaus arbeitete Lechtenbrink von 1969 bis 1983, dort führte er auch Regie. Im Fernsehen trat Lechtenbrink seit 1962 auf; er wirkte in Serien wie DERRICK, EINE GLÜCKLICHE FAMILIE oder GROSSSTADTREVIER mit. Dazu kamen Auftritte in Verfilmungen wie den ROSAMUNDE PILCHER- und INGA LINDSTRÖM-Reihen. Bekannt wurde Lechtenbrink auch durch seine unverwechselbare sonore Stimme: Als Synchronsprecher lieh er sein rauchiges Timbre unter anderem Kris Kristofferson und Burt Reynolds.

In der Nacht zum 29. November 2021 ist die Dokumentaristin **Helga Reidemeister** im Alter von 81 Jahren verstorben. Die Filmemacherin, die seit 2001 Mitglied der Akademie der Künste war, galt als wichtige Stimme des politisch engagierten Kinos. In den fast 40 Jahren ihres Schaffens befasste sich vor allem mit sozialen Themen, der Rolle der Frau in der bundesrepublikanischen Gesellschaft und zuletzt mit Afghanistan. Ihre filmischen Arbeiten wurden vielfach ausgezeichnet und auf internationalen Festivals gezeigt. 1940 in Halle an der Saale geboren, studierte Reidemeister von 1961 bis 1965 zunächst freie Malerei an der Hochschule für Bildende Künste in Berlin; von 1973 bis 1977 folgte ein Regie-Studium

Erfreulicher Besucherzuwachs beim Europäischen Kinotag. Nachdem der «**European Art Cinema Day**» wegen der Corona-Pandemie 2020 ausfallen musste, lockte er dieses Jahr deutlich mehr Zuschauer an als 2019. Die Mitglieder der AG Kino-Gilde zeigten am 14. November 165 Filme aus Europa, davon 20 aus Deutschland, und konnten rund 32.000 Zuschauer – und damit 18 Prozent mehr als im Jahr 2019 – begrüßen. Insgesamt beteiligten sich am 6. Europäischen Kinotag in 38 Ländern mehr als 650 Filmtheater, 144 davon in Deutschland. Ziel der Aktion ist es, die Vielfalt des Filmschaffens in den Ländern Europas sichtbar zu machen. «Der Zuspruch ist für uns ein Zeichen, dass Kino auch und gerade in schwierigen Zeiten eine große Bedeutung für die Menschen hat», sagte der AG Kino-Gilde Vorsitzende Christian Bräuer.

an der Deutschen Film- und Fernsehakademie Berlin. Schon in ihren ersten Filmen zeigt sich die Beschäftigung mit konkreten Problemen der Arbeiterschaft, vor allem der Frauen, die in Filme wie WOHNSTE SOZIAL, HASTE QUAL (1971) und VON WEGEN ‹SCHICKSAL› (1979) mündete. In DREHORT BERLIN (1987) erkundete sie Mentalitäten in Ost und West. Ihre letzten drei Filme bilden eine Trilogie über Afghanistan. So begleitet sie in SPLITTER (2012) den Kampf eines Jungen, der mit Hilfe von Prothesen wieder laufen lernt. In MEIN HERZ SIEHT DIE WELT SCHWARZ – EINE LIEBE IN KABUL (2009) porträtiert sie zwei junge Menschen, die ihre Liebe verteidigen, welche im patriarchalen Gefüge nicht existieren darf. 2004 realisiert sie TEXAS – KABUL über Frauen, die sich kritisch zu den politischen Folgen der Anschläge vom 11. September 2001 äußern.

Wichtige Filme im November

- **DESTERRO** (R: Maria Clara Escobar)
  Poetisch-experimentelles Drama über das Scheitern einer Beziehung, die in Routine erstarrt, nach einer Reise der Ehefrau aber in einem ganz anderen Licht erscheint.
- **EUCH ZU LIEBEN IST MEIN LEBEN** (R: Claire Burger)
  Familiendrama um einen Mann aus einer ostfranzösischen Kleinstadt, der mit seiner Rolle als Vater zweier Teen-Töchter kämpft, nachdem seine Frau ihn verlassen hat.
- **DIE GESCHICHTE MEINER FRAU** (R: Ildikó Enyedi)
  Der Kapitän eines Frachtschiffes heiratet aus einer Laune heraus eine wildfremde Frau, was seinem Leben eine unerwartete Wendung gibt.

MATERNAL
Eine italienische Nonne kommt nach Buenos Aires, um ihr Noviziat zu beenden und ihre ewigen Gelübde abzulegen. Doch bei der Arbeit in einem Heim für minderjährige Mütter wird sie zur Bezugsperson eines kleinen Mädchens. Das löst in der Nonne unerwartete Empfindungen aus, weckt aber auch im Konvent widerstreitende Gefühle. Sehr subtil werden dabei unterschiedliche Facetten von Mutterschaft befragt, ohne einfache Lösungen zu präsentieren. – **Sehenswert ab 14.**
Italien 2019. **Regie:** Maura Delpero. **Länge:** 91 Min. **Verleih:** missingFilms.

- **GHOST TROPIC** (R: Bas Devos)
Eine maghrebinische Putzfrau verpasst die U-Bahn und läuft nachts durch Brüssel, um nach Hause zu kommen. Unterwegs trifft sie verschiedene Menschen.
- **HOPE** (R: Maria Sødahl)
Familien- und Beziehungsdrama um eine norwegische Theaterregisseurin, die mit einer lebensbedrohlichen Krebsdiagnose konfrontiert wird.
- **JAUJA** (R: Lisandro Alonso)
Ein dänischer Landvermesser irrt Ende des 19. Jahrhundert auf der Suche nach seiner verschwundenen Tochter durch die argentinische Pampa.
- **KABUL KINDERHEIM** (R: Shahrbanoo Sadat)
Drama um einen 15-Jährigen, der Ende der 1980er-Jahre auf den Straßen von Kabul lebt und sich mit Schwarzmarktgeschäften das Geld fürs Leben und vor allem fürs Kino verdient.
- **DAS LAND MEINES VATERS** (R: Edouard Bergeon)
Autobiografisch grundiertes Familiendrama über eine französische Bauernfamilie, die von ökonomischen Zwängen aufgerieben wird.
- **LENE UND DER GEIST DES WALDES** (R: Dieter Schumann)
Kurzweiliger Dokumentarfilm über zwei Schwestern aus Mecklenburg-Vorpommern, die ihre Sommerferien im Bayerischen Wald verbringen und viel über Flora und Fauna erfahren.
- **LIEBER THOMAS** (R: Andreas Kleinert)
Biografischer Film über das Leben des Schriftstellers und Filmemachers Thomas Brasch (1945–2001).
- **PLATZSPITZBABY** (R: Pierre Monnard)
Zartbitteres Drama um eine Heranwachsende, die sich Mitte der 1990er-Jahre mühsam aus der Co-Abhängigkeit ihrer drogenabhängigen Mutter im Dunstkreis der offenen Züricher Szene löst.
- **RÜCKKEHR NACH REIMS** (R: Jean-Gabriel Périot)
Doku nach dem gleichnamigen soziologischen Werk von Didier Eribon, der über seiner eigenen Biografie der Historie der französischen Arbeiterschaft im 20. und 21. Jahrhundert nachspürt.
- **DIE SEELEN DER TOTEN** (R: Wang Bing)
Achtstündiger Dokumentarfilm über die «Rechtsabweichler»-Kampagne der chinesischen Regierung, bei der Ende der 1950er-Jahre viele Intellektuelle und Ingenieure in Umerziehungslager in der Wüste Gobi gesteckt wurden.
- **SIE IST DER ANDERE BLICK**
(R: Christiana Perschon)
Porträt von fünf Wiener Künstlerinnen, die in den 1960er- und 1970er-Jahren hervortraten, sich aber allesamt gegen männliche Bevormundung, Diskriminierung und Übergriffe wehren mussten.
- **SPEER GOES TO HOLLYWOOD** (R: Vanessa Lapa)
Doku über den NS-Rüstungsminister Albert Speer, dessen Mythos als «guter Nazi» durch die fesselnde Analyse von Tonbändern dekonstruiert wird, die Anfang der 1970er-Jahre bei Gesprächen des Drehbuchautor Andrew Birkin mit Speer entstanden.

GROSSE FREIHEIT
Wegen seiner ausgelebten Homosexualität wandert ein deutscher Mann zwischen 1945 und 1969 dreimal ins Gefängnis. Dort trifft er jedes Mal auf einen Mitgefangenen, der ihm beim ersten Kontakt mit homophober Feindseligkeit begegnet, was im Laufe der Zeit aber in mehr Verständnis und eine ungewöhnliche Freundschaft mündet. Ein kammerspielartiges Drama, das aus dem Mikrokosmos einer Strafvollzugsanstalt heraus von der Kriminalisierung schwuler Männer durch den berüchtigten Paragrafen 175 erzählt. Dank der beiden herausragenden Hauptdarsteller entfaltet der Film höchst eindringlich die Geschichte einer Annäherung vor einem düsteren Zeitpanorama. – **Sehenswert ab 16.**
Deutschland 2021. **Regie:** Sebastian Meise. **Länge:** 116 Min. **Verleih:** Pifl.

- **DER STAAT GEGEN MANDELA UND ANDERE**
(R: Nicolas Champeaux)
Doku über den Prozess 1963 in Südafrika, bei dem Nelson Mandela und andere Mitglieder des ANC zu lebenslanger Haft verurteilt wurden.
- **THE LAST FOREST** (R: Luiz Bolognesi)
Mischung aus dokumentarischer Beobachtung und szenischen Reenactments über das indigene Amazonasvolk der Yanomami, ihre Mythen, Rituale und Selbstverständigungen, aber auch ihren Kampf um den Erhalt ihres Lebensraums.
- **THE POWER OF THE DOG** (R: Jane Campion)
Spätwestern über einen herrischen Viehzüchter, der die Frau seines Bruders und ihren Sohn drangsaliert. Eine Hinterfragung klassischer Western-Rollenbilder.
- **W. – WAS VON DER LÜGE BLEIBT** (R: Rolando Colla)
Außergewöhnlicher Dokumentarfilm, der sich über fünf Kapitel der Lebensgeschichte eines Mannes annähert, der nach Misshandlungen als Kind für sich selbst und nach außen hin die Identität eines Shoah-Überlebenden annahm.
- **WHO'S AFRAID OF ALICE MILLER** (R: Daniel Howald)
Der Sohn der bekannten Kinderrechtlerin und Psychoanalytikerin Alice Miller erforscht die Gründe für die Lieblosigkeit seiner Mutter ihm gegenüber und stößt dabei auf die Traumata einer Holocaust-Überlebenden.
- **WINTER'S NIGHT** (R: Jang Woo-jin)
Drama um ein Ehepaar um die 50, das einen Tempel nahe dem südkoreanischen Touristen-Hotspot Chuncheon besucht und dabei mit der Frage konfrontiert wird, was aus seiner Liebe geworden ist.
- **WIR** (R: Jordan Peele)
Stilistisch eigensinniger Horrorthriller um eine afroamerikanische Familie, die sich im Urlaub mit mörderischen Doppelgängern konfrontiert sieht.

Dezember

+++ Olaf Scholz wird als Bundeskanzler vereidigt +++ Gegner der Corona-Politik demonstrieren in Deutschland +++ Lars Klingbeil und Saskia Esken führen künftig die SPD als Doppelspitze +++ Russland zieht immer mehr Truppen an der Grenze zur Ukraine zusammen +++

Das «Zukunftsprogramm Kino I», das den Filmtheatern bei der Überwindung der Corona-Pandemie helfen soll, wird ins Jahr 2022 verlängert. Im neuen Jahr stehen für das Hilfspaket erneut 30 Millionen Euro für Fördermaßnahmen bereit, wie die Filmförderungsanstalt Anfang Dezember mitteilte. Neu ist, dass die Hälfte der Mittel aus dem Regierungsprogramm «Neustart Kultur» stammt. Die vor dem Hintergrund der Pandemie im Mai 2020 angepassten Fördergrundsätze gelten auch in 2022. Die maximale Höhe des Bundesanteils an der Zuwendung beträgt daher weiterhin bis zu 80 Prozent der förderfähigen Kosten. Förderberechtigt sind Kinos mit bis zu sieben Leinwänden, die entweder in einem Ort mit maximal 50.000 Einwohnern stehen, einen hohen Anteil an deutschen und europäischen Filmen zeigen oder innerhalb der letzten drei Jahre mit einem Kinoprogrammpreis ausgezeichnet wurden. Anträge können bis zum 7. Januar 2022 eingereicht werden. In den Jahren 2020 und 2021 waren die Fördermittel aus diesem Programm jeweils schnell ausgeschöpft. Mit der Förderung sollen Kinos in ganz Deutschland, insbesondere auch außerhalb von Ballungsgebieten, als Kulturorte gestärkt und die Sichtbarkeit des kulturell anspruchsvollen Kinofilms in der Fläche gesichert werden.

Mit nur 52 Jahren ist am 3. Dezember der Komiker **Mirco Nontschew** in Berlin gestorben. Der gebürtige Ost-Berliner war 1993 einem breiten Publikum bekannt geworden, als er Ensemble-Mitglied der Comedy-Show RTL SAMSTAG NACHT wurde. In den 2000er-Jahren trat er neben anderen deutschen Comedians in den Otto Waalkes-Kinofilmen 7 ZWERGE – MÄNNER ALLEIN IM WALD und 7 ZWERGE – DER WALD IST NICHT GENUG sowie OTTO'S ELEVEN (2010) auf. Nach einer ruhigeren Phase feierte Nontschew zuletzt mit der Sendung LOL - LAST ONE LAUGHING auf dem Streamingportal Amazon Prime ein Comeback.

Neue Staatsministerin für Kultur und Medien ist die Grünen-Politikerin **Claudia Roth**. Die Vizepräsidentin des Bundestages und zweimalige Co-Vorsitzende der Grünen übernahm das Amt von Monika Grütters (CDU), die es sieben Jahre innehatte. Roth hatte im Vorfeld für ihre Partei die Verhandlungen in der Arbeitsgruppe Kultur- und Medienpolitik geleitet, die die Inhalte zum Koalitionsvertrag des Ampelbündnisses vorbereitete. Kurz nach ihrer Ernennung kündigte die 1955 in Memmingen geborene Politikerin an, im neuen Amt einen umfassenden Kulturbegriff zu befördern. Sie verstehe ihre Arbeit als Dienst an der Demokratie. Dabei habe sie sowohl Plattenläden als auch Philharmonien, Clubs und Staatstheater im Blick. Kultur in Deutschland lebe vor allem auch in den Bundesländern und Kommunen. Sie setzte sie auch dafür ein, Kultur als Staatsziel im Grundgesetz festzuschreiben. Zu filmkulturellen Fragen äußerte sie sich als Kulturstaatsministe-

ADAM

Eine schwangere Fremde strandet in den Gassen von Casablanca, wo sie ihr Kind gebären und zur Adoption freigeben will. Auf der Suche nach Arbeit trifft sie auf eine alleinerziehende Bäckerin, aus deren Leben alle Freude gewichen ist. In malerischen, aber nie ungebrochenen Nahaufnahmen von Händen, Gesichtern und Backwaren hält das souverän von überflüssigen Dialogen und dramaturgischen Vorhersehbarkeiten entschlackte Kammerspiel bis zum Schluss die Spannung über die Frage, ob sich Erstarrtes lösen und Geschenktes annehmen lässt. – **Sehenswert ab 14.**

Marokko/Frankreich 2019. Regie: Maryam Touzani. Länge: 101
Verleih: Grandfilm.

---

rin zunächst nicht. Roth gilt als ausgesprochen kulturaffin. In ihren jungen Jahren arbeitete sie als Dramaturgin an und managte ab 1982 drei Jahre lang die Rockband Ton Steine Scherben um den Sänger Rio Reiser.

Die italienische Regisseurin **Lina Wertmüller** schrieb Filmgeschichte, als sie als erste Frau für den Regie-«Oscar» nominiert wurde. Das geschah 1975 mit dem bizarren Skandalfilm SIEBEN SCHÖNHEITEN, in dem ein Kleinkrimineller aus Neapel in einem Konzentrationslager dadurch zu überleben versucht, dass er sich einer unförmigen Lagerchefin sexuell andient. In den 1970er-Jahren erlangte Wertmüller mit ihren Filmen in Italien und darüber hinaus Kultstatus, etwa mit der Groteske LIEBE UND ANARCHIE (1973). Die gebürtige Römerin, die mit ihren auffälligen Brillen bei nur 1,50 Meter Körpergröße stets auffiel, arbeitete in jungen Jahren zunächst als Journalistin, Schauspielerin, Autorin und Bühnenbildnerin. Zum Filmgeschäft stieß sie, als sie 1963 als Regieassistentin von Federico Fellini bei dessen Klassiker «8½» fungierte. Ein Jahr später realisierte Wertmüller ihren Debütfilm DIE BASILISKEN über das Leben im verarmten Süditalien. Ihr letzter Film TOO MUCH ROMANCE... IT'S TIME FOR STUFFED PAPERS mit F. Murray Abraham und Sophia Loren erschien 2004. Im Jahr 2019 wurde die 91-jährige Wertmüller mit dem Ehren-«Oscar» für ihr Lebenswerk und einen Stern auf dem Walk of Fame in Los Angeles geehrt. Am 9. Dezember verstarb die Filmemacherin in ihrer Heimatstadt Rom.

Das bewegende Filmdrama QUO VADIS, AIDA? ist der große Gewinner bei den **Europäischen Filmpreisen 2021**. Das Werk wurde nicht nur als Bester europäischer Film des Jahres ausgezeichnet, sondern die Regisseurin Jasmila Žbanić und die Schauspielerin Jasna Đuričić erhielten auch die Auszeichnungen für die Beste Regie und die Beste Darstellerin. Đuričić verkörpert in dem Film vor dem Hintergrund des Massakers von Srebrenica im Jahr 1995 eine Dolmetscherin, die in der damaligen UN-Schutzzone ihren Mann und ihre beiden Söhne zu retten versucht. Wegen der Corona-Pandemie gab es am 11. Dezember in Berlin keine große Feier, sondern nur eine Live-Übertragung mit wenigen Gästen. Žbanić bedankte sich in einem Videostreaming und widmete den Film den Frauen und Müttern von Srebrenica sowie den getöteten Söhnen, Ehemännern und Vätern. Als Bester Darsteller setzte sich der Brite Anthony Hopkins für seine Rolle in dem Demenzdrama THE FATHER durch. Den Preis fürs Beste Drehbuch gewannen Florian Zeller und Christopher Hampton ebenfalls für THE FATHER. Als Bester Dokumentarfilm wurde der Film FLEE geehrt, der zugleich als Bester Animationsfilm gewann. Zur Besten Komödie kürte die Europäische Filmakademie NINJABABY der norwegischen Regisseurin Yngvild Sve Flikke. Den Preis für innovatives Geschichtenerzählen sicherte sich Steve McQueen für die fünfteilige BBC-Reihe SMALL AXE über karibische Einwanderer in London. Den Ehrenpreis für ihr Lebenswerk nahm die ungarische Regisseurin Márta Mészáros entgegen. Die dänische Regisseurin Susanne Bier wurde für europäische Verdienste um das Weltkino gewürdigt.

«**Eine Stadt sieht einen Film**», hieß es am 12. Dezember in Hamburg, wo sich 16 Kinos zusammentaten, um die in der Hansestadt gedrehte Liebeskomödie BRENNENDE BETTEN von Pia Frankenberg aus dem Jahr 1988 zu zeigen. Die jährliche Veranstaltungsreihe, die 2016 mit Sebastian Schippers ABSOLUTE GIGANTEN begann, ist für die Hamburger Bürgerschaft durchaus auch als kleines Fest gedacht, weil sie sich anhand der Außenaufnahmen rückversichern kann, in was für einer schönen Stadt man lebt. Zum Rahmenprogramm zählten eine Location-Tour zu den Drehorten im Schanzenviertel, eine Foto- und Materialausstellung im Foyer des Hamburger Metropolis sowie eine Pia-Frankenberg-Retrospektive in den Kinos Metropolis, Alabama und B-Movie.

Wichtige Filme im Dezember

- **ANNETTE** (R: Leos Carax)
Düster-grandioses Musical-Märchen um ein scheiterndes Künstler-Paar und seine mit einer übernatürlichen Stimme begabte Tochter.
- **DRIVE MY CAR** (R: Ryûsuke Hamaguchi)
Ein japanischer Theaterregisseur soll in Hiroshima *Onkel Wanja* von Tschechow inszenieren, was ihm und allen Mitwirkenden Existenzielles abverlangt.
- **FRAU IM DUNKELN** (R: Maggie Gyllenhaal)
Eine Literaturwissenschaftlerin wird während eines Griechenland-Urlaubs von Erinnerungen eingeholt, in denen es um ihre Rolle als Mutter geht.
- **LAURAS STERN** (R: Joya Thome)
Bezaubernde Realfilm-Version der Geschichte eines kleinen Mädchens, das sich mit einem magischen Stern anfreundet, der vom Himmel auf die Erde gefallen ist, und darüber ein neues Zuhause findet.
- **DIE MITCHELLS GEGEN DIE MASCHINEN**
(R: Michael Rianda, Jeff Rowe)
Ein komödiantischer Animationsfilm über eine Familie, die sich wieder zusammenraufen muss, als plötzlich die Maschinen-Apokalypse losbricht und die Zukunft aller Menschen von ihr abhängt.
- **MOLEKÜLE DER ERINNERUNG** (R: Andrea Segre)
Melancholischer Dokumentarfilm über das menschenleere Venedig während der Pandemie, in die sich persönliche Reflexionen des Filmemachers über die Beziehung zu seinem verstorbenen Vater mischen.
- **MOVING ON** (R: Yoon Dan-bi)
Meisterliches Filmdrama um ein Mädchen aus Südkorea, das mit Vater und Bruder ins Haus des Großvaters zieht, wo die Familie allmählich zusammenwächst.
- **SCHWANENGESANG** (R: Benjamin Cleary)
Drama über einen todkranken Mann, der sich klonen lässt, um seiner Familie Leid und Trauer zu ersparen, aber heftige Zweifel an dem Vorhaben entwickelt.
- **THE LOST LEONARDO** (R: Andreas Koefoed)
Wie ein unbekanntes Gemälde von Leonardo da Vinci zum teuersten Kunstwerk der Welt wurde und was das über das Verhältnis der Menschen zu sich und der Welt verrät.
- **THE TRAGEDY OF MACBETH** (R: Joel Coen)
Großartige Adaption der Shakespeare'schen Tragödie um einen von Ehrgeiz und Machtgier verblendeten Heerführer.
- **VATER – OTAC** (R: Srdan Golubović)
Bildmächtiges Drama um einen Vater, der 300 Kilometer durch Serbien wandert, um seine vom Jugendamt verwahrten Kinder zurückzufordern.
- **WOOD AND WATER** (R: Jonas Bak)
Kontemplativ-märchenhafter Film über eine Frau zu Beginn ihres Ruhestandes, die aus ihren Routinen ausbricht und ihren entfremdeten Sohn in Hongkong besucht.
- **DIE ZÄHMUNG DER BÄUME** (R: Salomé Jashi)
Die Verpflanzung eines Tulpenbaums aus einer Küstenstadt an der georgischen Schwarzmeerküste in den künstlichen Garten eines Superreichen enthüllt Macht und Ohnmacht im Zeitalter des Anthropozän.

Quellen: *Blickpunkt Film, epd-film, kino kommunale, filmdienst.de, insidekino.de, medienkorrespondenz.de, programmkino.de, produzentenallianz.de* sowie die Jahreschroniken von *SZ, FAZ, Die Zeit* und *Der Spiegel*.

🢃 Die 20 besten Filme des Jahres 2021

Von den Kritikerinnen und Kritikern von www.filmdienst.de gekürt: Herausragende Neustarts des Jahres im Kino und im Heimkino

First Cow

USA 2019. Regie: Kelly Reichardt. Mit John Magaro, Orion Lee. 122 Min. FSK: ab 6; f. Verleih: Peripher.

Ein in meisterlicher Ruhe inszenierter Neo-Western um ein ungewöhnliches Duo, das sich an der «Frontier» zwischen Wildnis und Zivilisation mit einer pfiffigen, wenn auch gefährlichen Geschäftsidee eine neue Existenz aufbauen will. – Sehenswert ab 14.

Der Wilde Westen ist ein mythologischer Ort, besiedelt von harten Kerlen und regiert vom Gesetz des Stärkeren. Jeder ist sich hier selbst der Nächste, für Zuneigung oder gar Freundschaft bleibt nur wenig Platz. Diese Leerstelle beleuchtet die amerikanische Filmemacherin Kelly Reichardt in ihrem feinfühligen Neo-Western First Cow. Sie stellt ihm eine Zeile aus William Blakes *Sprichwörter der Hölle* voran: «Dem Vogel ein Nest, der Spinne ein Netz, dem Menschen Freundschaft» – und macht den Film damit zu einer kleinen zoologischen Studie, wenn man so will, und zugleich zu einer Untersuchung der Mechanismen des immer weiter als Meta-Kommentar über den USA hängenden Western-Genres.

Reichardt begleitet den sanften Cookie (John Magaro), der in den 1820er-Jahren als Koch für eine Gruppe Trapper arbeitet und mit diesen durch den Wilden Westen Oregons zieht. Das raue Leben ist ihm zuwider, er würde die Colts sofort gegen Kuchen tauschen.

Er träumt von einer eigenen Bäckerei. Beim Pilzesammeln entdeckt er eines Tages einen nackten Mann im Wald (Orion Lee), der auf der Flucht vor russischen Pelzjägern ist. Er hat einen ihrer Kollegen in Notwehr getötet. Cookie hilft dem Mann, der sich King Lu nennt und aus China stammt. Zum Dank lädt dieser ihn beim nächsten Treffen im nahe gelegenen Handelsposten zum Trinken ein, und die beiden Außenseiter besiegeln ihre Freundschaft – und somit auch nichts weniger als den gemeinsamen Widerstand gegen den amerikanischen Gründungsmythos, den Western so oft transportieren: das Männlichkeitsideal der weißen Westerner, die gewalttätige Verdrängung der indigenen Stämme, die Heldenikonografie der Landübernahme.

Zwei unwiderstehliche (Anti-)Helden

First Cow ist sicherlich nicht der erste Neo-Western, der sich mit den Schattenseiten dieses Narrativs auseinandersetzt und Anti-Helden ins Zentrum rückt, doch entziehen sich Reichardts Protagonisten diesem Narrativ so konsequent wie nur wenige Westerner vor ihnen: Nur zum Selbstschutz sind sie bereit, sich mit den Gepflogenheiten der Trapper und schießwütigen Raubeine anzufreunden. In dieser Hinsicht ist First Cow ein zutiefst feministischer Film, zudem niemals belehrend, sondern einfühlsam hinterfragend, wie es wohl all jenen Seelen im Wilden Westen ergangen sein mag, die sich nicht in die Rolle der Revolver wirbelnden Eroberer einfinden konnten oder

Orion Lee und John Magaro in First Cow (© Allyson Riggs/A24)

wollten – also all jenen, die in der Mythenschreibung im besten Falle als Kollateralschaden vorkommen.

Es sind nicht Heldentaten, die die beiden Männer zum Erfolg führen, sondern eine gewitzte List – und damit stellen sie dem Gesetz des Stärkeren das Prinzip der Schläue und der Solidarität entgegen: Ihnen gelingt es, der ersten und einzigen Kuh des Landstrichs, also einem kaum schätzbaren Schatz, Milch abzuzapfen und damit die besten Kuchen weit und breit zu backen. Cookies Kuchenimperium kann natürlich nicht von langer Dauer sein, doch die diebische Freude dieser beiden Kumpels lässt die Zeit kurz stillstehen. Der Eigentümer der Kuh (Toby Jones) ist ein Großgrundbesitzer und selbsternannter Regent der Region, sein Name so beeindruckend wie sein Ruf: Chief Factor. Er ist ihnen auf der Spur – und ironischerweise großer Liebhaber der feinen Backwaren. Die rauen Gepflogenheiten der Kolonialisten, die sich selbst vielmehr als Pioniere sehen, treffen hier bedenkenlos auf distinguierte Nachmittagstee-Gepflogenheiten. Cookie und King Lu sind aus dieser Perspektive Grenzgänger zwischen den Welten und in ihrem tragikomischen Slapstick Botschafter einer alternativen Zukunft, die auch heute noch nicht zur Gänze eingetreten ist. Kelly Reichardts Gespür für leise Komik und ehrliche Emotionen machen dieses Schelmenstück zugleich zu einer einfühlsamen Studie von Freundschaft und zu einer Demontage eingeschliffener Geschichtsschreibung.

Die beflügelnde Durchschlagskraft von Kooperation und Integration

So wird FIRST COW auch zu einem «Companion Piece» von Jim Jarmuschs Film DEAD MAN, in dem ein Indigener einem zum Mörder gewordenen Sekretär auf der Flucht vor dem Sheriff hilft. Dass dieser Sekretär William Blake heißt und im Fieberträum psychedelische Verse aus der Feder seines Namensvetters faselt, ist nur eine der offensichtlichen Verbindungen zu Kelly Reichardts Freundes-Duo. Ebenso ist es sicherlich auch kein Zufall, dass Reichardt dem wunderbaren Gary Farmer, der damals den stoischen Nobody spielte, auch in FIRST COW eine kleine Rolle zugedacht hat. Weniger lakonisch und schicksalsergeben, sondern optimistisch und offen für die Freundschaft, die hier entsteht, glaubt FIRST COW jedoch an das Ankommen in sich selbst und die beflügelnde Durchschlagskraft von Kooperation und Integration. Damit gelingt es Reichardt, der so oft zuschnappenden Falle zu entgehen: Sie verklärt diese liebenswerte Gegenwelt im direkten Vergleich mit dem Mythos nicht, sondern sie lässt das kleine, humanistische «Was wäre wenn» für sich stehen – und darin liegt die Größe dieses Films. Sofia Glasl

....

FABIAN ODER DER GANG VOR DIE HUNDE

Deutschland 2021. Regie: Dominik Graf. Mit Tom Schilling, Saskia Rosendahl. FSK: ab 12; f. Verleih: Leonine.

Eine zerbrechliche Liebesgeschichte aus dem Berlin der 1930er-Jahre nach dem gleichnamigen Roman von Erich Kästner, die sich mit dokumentarischen Einsprengseln und Bezügen zum Weimarer Kino zur meisterhaften Hommage auf Berlin und eine im Fallen begriffene Zeit verbindet. – Sehenswert ab 16.

«Und? Was führt sie nach Sodom und Gomorra?», lautet einer der ersten Sätze, die Fabian zu Cornelia sagt. Sodom und Gomorra, das ist das Nachtleben von Berlin, genauer gesagt ein Lokal, in dem alles möglich ist oder möglich gemacht wird: sexuell, musikalisch, «bewusstseinserweiternd» oder «sub- und supraatomar», wie es Fabians Zeitgenosse Gottfried Benn einmal formuliert hat. Dann reden die beiden, die ein Liebespaar werden müssen, und das eigentlich auch schon wissen, über Engel. Schließlich hat er in ihr, mitten in diesem Sündenpfuhl, einen solchen gesehen. «Unsere Zeit ist mit den Engeln böse, nicht?», fragt sie. Er kann nicht widersprechen.

Es ist ein ständiges Hin und Her zwischen hohem Ton und schnoddrigem Ausdruck, zwischen Absicht und Einsicht, Fressen und Moral. *Memoiren eines Moralisten*, hat Erich Kästner seinen «Fabian» genannt, nachdem ihm sein Verleger klargemacht hat, dass er den Roman nicht «Der Gang vor die Hunde» nennen durfte, und auch sonst vieles politisch oder sexuell Explizite gestrichen werden musste.

Eine Liebesgeschichte, frei nach Kästner

Der Regisseur Dominik Graf greift die ursprüngliche Fassung des Buches auf, und formt aus ihr, «frei nach Kästner», den Kinofilm FABIAN ODER DER GANG VOR DIE HUNDE. Eine Liebesgeschichte, die auch zum Verzweifeln ist, aber immer pragmatisch, nie melodramatisch, also echt und zeitgemäß, nicht «ausgedacht».

Alles spielt unter Akademikern, einer in jenen Jahren der Weltwirtschaftskrise und des politischen

Tom Schilling in FABIAN ODER DER GANG VOR DIE HUNDE
(© Hanno Lentz / Lupa Film)

Extremismus unverhofft prekär gewordenen Klasse. Es gibt drei Doktoren: Fabian, Dr. Jakob Fabian, Germanist, der Kästner vielleicht nicht so unähnlich ist, und sich jetzt als Werbetexter, «Propagandist» und Gelegenheitsjournalist durchschlägt und sich fortwährend in einem kleinen Heft Notizen über alles macht, die in etwas Größeres münden sollen.

Cornelia, Dr. Cornelia Battenberg, Juristin, was der nützlichere Beruf in einer Zeit ist, in der selbst die Liebe noch zum Vertragsverhältnis wird – bis zu dem Punkt, dass in FABIAN eine fremdgehende Ehefrau dem Liebhaber vor dem Geschlechtsverkehr einen die Folgen regelnden Vertrag zur Unterschrift präsentiert. Cornelia arbeitet in der Rechtsabteilung eines großen Filmstudios in Babelsberg, aber auch sie träumt von etwas Höherem: Sie möchte Filmschauspielerin werden. Ihr Chef macht ihr Hoffnungen, wenn auch, wie sie sofort durchschaut, vielleicht nur aus Eigennutz und Interesse an ihren äußeren Reizen.

Und dann ist da noch Labude, Dr. Stephan Labude, Fabians bester Freund, der einen reichen Rechtsanwalt zum schlechten Vater hat – wieder Juristen! – und gerade seine germanistische Habilitation über Lessing beendet, ebenso kurz die Verlobung in Hamburg. Jetzt ist Labude, zwischen Weltschmerz und Utopie hin- und hergerissen, doppelt Aktivist: tagsüber kommunistisch und nachts hedonistisch.

Labudes Idealismus, Cornelias Pragmatik und Fabians Ironie bilden den inneren Dreiklang dieser Geschichte. Sie bestimmen zugleich die freundschaftliche Spannung, die zwischen den Figuren herrscht, die sie zusammenhält und doch immer wieder voneinander entfernt.

Drei Figuren in einer unglücklichen Zeit

Der Roman *Fabian* ist für die damalige Zeit ziemlich ungewöhnlich und wurde in seiner Bedeutung unterschätzt. Für den Film bildet er trotzdem nur das Material zu etwas ganz Eigenem. Denn dies ist keine typische Literaturverfilmung. Vielmehr ein überraschend zärtlicher und intimer, aber auch immer wieder stiller Film. Die Ausstattung ist großartig, aber es wird nie mit ihr geprotzt. Es fehlen alle Klischees, die man seit CABARET normalerweise mit «Weimar» und der «Prä-Nazizeit» verbindet. Wo solche Bezüge sein müssen, bleiben sie dezent.

Stattdessen ist FABIAN ein Film, der ganz um seine zwei bis drei Hauptfiguren herum zentriert ist. Um einen jungen Mann, der optimistisch und positiv denkt, aber in diesem Optimismus zugleich verzweifelt. Der in der späten Weimarer Republik, also mitten in der Weltwirtschaftskrise, in Berlin zu überleben versucht. Die Verhältnisse sind unglücklich und werden noch unglücklicher, als Fabian arbeitslos wird. Zugleich sind sie glücklich, denn Fabian verliebt sich in Cornelia und diesmal meint er es ernst.

Vieles wird von den Darstellern getragen. So zentral Meret Becker als Anwaltsgattin Frau Moll und Albrecht Schuch als Labude in bestimmten Momenten für den Film auch werden, so prägnant und einprägsam ihre Figuren gezeichnet sind und lebendig werden, so sehr ist dies doch der Film von Tom Schilling als Fabian und Saskia Rosendahl als Cornelia. Ihre beiden Figuren sind Menschen, die zugleich Personen der Epoche sind wie Individuen aus dem Hier und Jetzt. Bis zum Schluss überraschen sie, zeigen fortwährend neue Facetten, neue Ausdrücke. Das Leben scheint sich in sie, in ihre Gesichter und Körper einzuprägen, ihre Bewegungen mitzugestalten und von ihren Blicken erwidert zu werden. Bis zum Schluss mischen sich Trauer und Euphorie, Leid und Hoffnung. Allein das ist in beiden Fällen eine phänomenale Leistung.

Die Kamera von Hanno Lentz tut ein Übriges mit ihren Tempiwechseln, die pulsierend auf das eingehen, was sie beobachten. Die Kamera tanzt mit den Figuren und den Objekten, ist ständig in leichter, nie aufdringlicher Bewegung. Dazu gehören auch Passagen auf Super 8-Film, die den Bildern für Augenblicke etwas Raues, Grobes, eine vom Kies und Asphalt der Straßen durchzogene beiläufige Atmosphäre geben – analog zu den sogenannten «Asphaltfilmen» jener Zeit. Die überzeugende Montage von Claudia Wolscht verknüpft die Bilder immer wieder organisch mit kurzen dokumentarischen Einschüben, für die sie sich aus dem bekannten dokumentarischen Archivmaterial bediente.

Das Weimarer Kino und Georg Wilhelm Pabst

Ein wichtiges Thema sind die zahlreichen indirekten, oft sehr beiläufigen Bezüge auf das Kino der Weimarer Republik, das noch immer das Fundament der deutschen Filmgeschichte bildet. Insbesondere

Georg Wilhelm Pabst ist eine geheime Referenz für Grafs Blick auf die Weimarer Epoche. Dazu gehört auch die Übertragung des bei Kästner zwischen den Zeilen immer präsenten Stils der Neuen Sachlichkeit auf den Film. Er kulminiert in der Figur des Flaneurs – Fabian ist ein solcher passiver Beobachter, ein Ironiker, dessen Existenz von Handlungshemmungen ebenso durchzogen ist wie von einer voyeuristischen Lust am Hinschauen. Die mitunter fetischistisch aufgeladene Lust an den Objekten, am Eintauchen auch in Gegensätzliches, im streifenden Vervielfältigen der eigenen Lebenserfahrung, gehört zur prototypischen «Weimarer Erfahrung», in der Begriffe wie «Kult der Zerstreuung» aufkamen und Konsum mit einem Mal zum positiv konnotierten Alltagsvergnügen wurde. Sie gehört aber auch zu unserer Gegenwart, zur Wahrnehmung der Welt als einen «Flow», eines Bewusstseinsstroms, und zur Existenzform des Driftens, wie sie seit einem Vierteljahrhundert zur genuin (pop-)modernen Erfahrung geworden ist. Alles dies ist in FABIAN präsent und mitgedacht.

Tom Schilling und Saskia Rosendahl in FABIAN ODER DER GANG VOR DIE HUNDE (© Hanno Lentz / Lupa Film)

Melancholie und Hedonismus, das Glück des Tages und grundsätzliche Verzweiflung vermischen sich hier zu einem bezaubernd-bittersüßen Porträt einer vergangenen Epoche, die der Gegenwart im Guten wie im Schlechten ziemlich ähnlich sieht. FABIAN ist ein trauriger und zugleich wunderschöner Film. Überraschend, berückend in der Weise, in der er die Vergangenheit nie verleugnet, doch Gegenwärtigkeit herstellt. Nie sieht etwas wie eine Kulisse aus, immer ist es anfassbar, haptisch, materiell. Vielleicht ist es die größte Kunst des Filmemachers Dominik Graf, Vergangenheit so greifbar zu machen, als wäre sie gegenwärtig.

Alles geht bergab und vorbei

In Grafs riesigem Œuvre – über 50 Filme für Kino und Fernsehen sowie Serien und Serienfolgen – gehört dieser Film zum Besten und Originellsten. Es ist verblüffend, wie Graf sich immer weiterentwickelt. Zugleich fügt sich FABIAN über gewisse Leitmotive in sein Gesamtwerk. Das Interesse an Dreier-Konstellationen, die erotisch zumindest aufgeladen sind; der nüchterne, realistische, aber nie naturalistische Blick auf Verhältnisse; die Genauigkeit, mit der Orte ausgewählt und eingerichtet sind und Teil der Inszenierung werden; eine Schönheitsvorstellung, der alle Glätte fehlt; die Bereitschaft, im Wirklichen auch etwas Utopisches zu sehen, im Kleinen auch das Exemplarische, Große, Universale. Schließlich der empathische Blick auf die Jugend, auf Aufbruch und Zukunft. Und ein unverhohlenes Wissen um Vergänglichkeit: Die Zeit der Jugend oder eines Zeitalters, die im Kino kurz und prägnant beschworen werden, aber eben nie ganz eingeholt werden kann. Deshalb sind noch die schönsten Bilder von einer melancholischen Trauer durchzogen, aber nie von Nostalgie.

Nostalgie empfindet Graf höchstens für die Gegenwart, die wie von fern im Spiegel seines Weimar-Films aufscheint. Grafs Wissen ist ein Wissen darum, dass die Vergangenheit sich wiederholen kann und dass auch die gegenwärtigste Erfahrung eines Tages vom Wind der Geschichte verweht sein wird. Alles geht bergab und vorbei; oder, wie es im Roman heißt: vor die Hunde.

Am Ende sieht man ein Feuer. Ein kleiner Junge wärmt seine nassen Klamotten mit dem Heft, in dem Fabian seine Notizen festgehalten hat. Dieses Heft hat man den Film über oft gesehen. Jetzt sieht man das Feuer, in dem alles, was notiert wurde, alle Gedanken, Gefühle und Empfindungen, verschwinden; was bleibt, ist die Sehnsucht. Die Sehnsucht von Cornelia, die zur gleichen Zeit im Café sitzt, wo sie Fabian erwartet. Sie werde jetzt jeden Tag kommen, um drei Uhr, sagt sie zum Kellner voller Gewissheit, dass ihr Geliebter eines Tages zu dieser Zeit den Raum betritt. Sie weiß so wenig wie alle Menschen damals, dass wenige Monate später nicht nur die Notizen eines nicht besonders erfolgreichen Werbetexters verbrannt würden, sondern dass das Feuer ganze Bücher erfassen wird, Häuser, Menschen, ein Land und schließlich ganz Europa.   Rüdiger Suchsland

TITANE

Belgien/Frankreich 2021. Regie: Julia Ducournau. Mit Agathe Rouselle. 108 Min. FSK: ab 16. Verleih: Koch Media.

Gewann 2021 die «Goldene Palme» in Cannes: Ein exzessiver Genre-Mix um eine Frau, die durch eine Titanplatte in ihrem Kopf zu einem Zwitterwesen mutiert, Männer mit einer Haarnadel killt und Sex mit einem Auto hat. – Ab 18.

«Lang lebe das neue Fleisch», heißt es bei David Cronenberg. Die Losung, die am Ende von VIDEODROME steht, ist zentral für sein Filmschaffen, in dem der menschliche Körper mit der von ihm geschaffenen Technologie kollidiert und verschmilzt; in Schmerz und Ekstase. TITANE von Julia Ducournau macht es ihm nach.

Man sieht Alexia (Agathe Rouselle) zunächst tanzend auf einem Auto. Begafft von den Zuschauern einer Automesse, reibt sie sich an dem Boliden, der in diesem Moment ihr gesamtes Universum darstellt. Unter der Dusche bleibt sie ganz bei sich, ignoriert die neue Kollegin, die sie kennenlernen möchte; verfängt sich aber kurz darauf mit den Haaren in deren Brustwarzen-Piercing. Das Metall übt eine magische Anziehungskraft auf Alexias Körper aus, der seit einem Unfall in der Kindheit selbst einen metallischen Teil, eine Titanplatte im Kopf, in sich trägt.

Die Zunge im Hals, die Haarnadel im Ohr

Die Frau mit dem Piercing interessiert Alexia so wenig wie der Mann auf dem Parkplatz, ein Fan. Die Tänzerin lässt er, die Kollegin dann ihn stehen. Die Kollegin bleibt zurück, der Fan lässt sich nicht abschütteln. Alexia rennt, er folgt. Sie erreicht das rettende Auto, er gibt nicht auf. Sie schraubt das Fenster für ihn herunter, er verlangt ein Autogramm. Sie gibt es ihm, er will mehr. Er steckt seine Zunge in ihren Hals, sie ihre Haarnadel in sein Ohr.

Die massiv überzogene Notwehr bleibt nicht die letzte Tötung – und ist als plötzliche und unerwartete Gewalteruption auch nicht unbedingt ein singuläres Moment in diesem Film. Denn Ducournau ist in diesen Momenten stets bereit, ungebremst gegen und durch die Wand zu fahren.

Das buchstäbliche Beispiel dafür gibt der Prolog des Films. Alexia sitzt als Kind auf dem Rücksitz und nervt den Vater mit ihrer Motorimitation. Er dreht das Radio lauter, sie hebt die Stimme. Als das Radio zu laut wird, geht sie dazu über, seinen Sitz zu treten. Der dreht sich, um seinen Zorn abzuladen, der Wagen kracht in die Leitplanke, Alexias Schädel gegen die Scheibe. Mit dem traumatischen Unfall ist der Prolog jedoch nicht abgeschlossen. Es geht weiter. Alexia verlässt mit Titanplatte im Schädel das Krankenhaus, umarmt dabei nicht den Vater oder die Mutter, sondern den Unfallwagen. Es geht weiter. In die gleiche Richtung. Ob mit Metall im Schädel, Haar im Piercing oder der Leiche eines übergriffigen Fans auf dem Rücksitz: Alexia flüchtet frontal durch jeden hindurch, der ihr zu nahekommt.

Aus Alexia wird Adrien

Die groteske Mordserie, die sich daraus ergibt, findet ein schnelles Ende, als die halbe Region nach Alexia fahndet. Ihre letzte Hoffnung: das Porträt eines seit Jahren vermissten Jungen. Mit konsequenter Selbstverstümmelung verwandelt sich Alexia in Adrien, eben diesen Jungen. Die Nase wird gebrochen, die Haare werden rasiert, die moderne, unaufhaltbare Automesse-Tänzerin wird zum schlaksigen, stummen Sohn. Anders gesagt: Aus der aggressiven Weiblichkeit, die mit der Haarnadel in der Hand die Welt heimsucht, wird eine stumme Männlichkeit, die sich unter der Decke verkriecht.

Ihr Gegenüber besteht nun in Adriens Vater. Vincent Lindon ist dieser Vater. Ein Feuerwehr-Kapitän und ein Wrack von einem Mann, der seinen Körper mit eisernem Willen, Aminosäuren und Steroiden noch immer für ein paar Klimmzüge über die Stange zu wuchten versucht. Nie sind es genug. Immer wieder klatscht er auf den Boden der Tatsachen zurück; er bleibt der gebrochene Vater, der seinen Sohn verloren

Agathe Rouselle in TITANE (© Carole Bethuel)

hat. Stumm und möglichst verhüllt platzt Alexia in diese vom Trauma zerschlagene und mit Hormonspritzen notdürftig zusammengehaltene Existenz hinein. Nicht als sie selbst, sondern als Adrien.

So steht zwischen den jungen, austrainierten Feuerwehrleuten, die ihren Kapitän auf dem Schild tragen wie einen Halbgott, das stumme, verlorene Söhnchen. Eine elektrisierende Mischung aus Identitäten, wie sich in Berufs- und Privatleben bald herausstellt. Auf die gefährlichen Brandschutz- und Lebensrettungseinsätze folgen Partys mit den Kameraden und mit dem Vater. Momente, die geradezu utopisch wirken, weil sie eine gemeinsame Sprache möglich machen. Für einen Tanz sind Vater und Sohn in perfekter Harmonie vereint und das entscheidende «Detail» ist vergessen. Denn Alexia verbirgt nicht nur ihr Geschlecht unter dem aus Klopapier und Leinen notdürftig zusammengeschnürten Korsett, sondern auch ihre Schwangerschaft. Ihre Brustwarzen, ihre Vagina und der immer weiterwachsende Bauch triefen vor Motoröl – ja, Motoröl. Der Einzige, der als Vater in Frage kommt, ohne in Frage kommen zu können, ist ihr letzter sexueller Kontakt: ein Auto.

Adèle Guigue in Titane (© Carole Bethuel)

Ein Fetisch für Blech und Maschinen

Damit schlägt Ducournau nicht nur einen weiteren Bogen zu Cronenberg und dessen Film Crash, in dem ein Autounfall und die damit einhergehende Kollision von Fleisch und Metall zur Quelle sexueller Ekstase wird. Vielmehr setzt die Regisseurin das konsequente Spiel mit sexuellen Spannungen fort, die dort aufblühen, wo sie nichts verloren haben. Nicht allein der Fetisch für Blech und Maschine greift hier weit über alle Grenzen hinaus. Auch die Beziehungen und Kameradschaften, in die Alexia an Vincents Seite wieder und wieder gestoßen wird, unterwandert sie, wie von ihrer alten Identität eingeholt, mit sexueller Energie.

Titane weigert sich beharrlich, die Szenen, in denen sexuelle und geschlechtliche Tabus sanft überwunden oder hemmungslos zerschmettert werden – oder überhaupt irgendetwas –, entlang aktueller Diskurs- oder klassischer Plotlinien auszurichten. Die gewaltige Schlagkraft, die hinter den blutigen, betörenden und immer ekstatischen Motiven steckt, folgt nur dem Affekt, in dessen Bahnen sich Ducournau von einer Übersteuerung in die nächste hangelt.

So rauschhaft und absurd das auch vonstattengeht, verliert der Film dabei nie seine emotionale Aufrichtigkeit. Das beste Beispiel dafür ist Vincents Vaterliebe, die ihn nicht nur als havarierte Männlichkeitsikone wieder aufrichtet, sondern ihn auch – scheinbar untrennbar – an seinen «Sohn» bindet. Eine gelebte Unmöglichkeit, denn natürlich ist dieser Sohn eigentlich Alexia, also eine geflohene Mörderin, die von einem Auto geschwängert wurde und scheinbar kurz davorsteht, etwas zur Welt zu bringen, das offenkundig mit Motoröl gesäugt werden muss.

Lang lebe das neue Fleisch

Die Kraft, die Alexias Schwangerschaft möglich macht, ist die gleiche Kraft, die den Film zusammenhält. Die Selbstbefruchtung Alexias durch die Maschine, die radikale Transformation ihrer Identität, die weit über Ideen von Geschlecht hinausgeht, und die Vaterliebe, die all das irgendwie mitzutragen versuchen, sagen auf die schönste, groteskeste, verliebteste und liebevollste Art: Lang lebe das neue Fleisch!

Karsten Munt

....

Nomadland

USA 2020. Regie: Chloé Zhao. Mit Frances McDormand. 108 Min. FSK: ab 0; f. Verleih: Walt Disney Company.

Empathisches, überwiegend mit Laien besetztes Road Movie um eine ältere Frau, die auf der Suche nach Arbeit in ihrem Van durch die USA driftet und Anschluss an andere Menschen findet, die ihr Schicksal teilen. – Sehenswert ab 14.

Fern (Frances McDormand), Anfang 60, ist «on the road». Nicht in einem Wohnmobil der höheren Preisklasse, und auch nicht, um sich ein paar Sommerwochen lang ein bisschen Freiheit um die Nase wehen zu lassen, bevor es zurück ins Büro geht. Sie ist vielmehr immer unterwegs, fährt von einem Job zum nächsten, frittiert Pommes in einem Diner, schrubbt auf einem Campingplatz Toiletten oder hilft bei der Zuckerrübenernte.

Frances McDormand in NOMADLAND (© Walt Disney Company)

Ihr Zuhause ist ein ausgebauter Ford-Transporter, den sie «vanguard», Vorhut, genannt hat. Sie übernachtet auf Parkplätzen, vor Supermärkten, neben dem Highway oder inmitten der freien Natur. Manchmal wird Fern nachts durch ein energisches Klopfen gegen die Tür vertrieben, aber meist lässt man sie in Ruhe. Fern ist eine moderne Nomadin. Sie hat sich dieses Leben zumindest anfangs nicht freiwillig ausgesucht.

Überleben in den USA im 21. Jahrhundert

Die Frau mit ihren kurzen, strubbeligen Haaren hat sich die Regisseurin, Drehbuchautorin und Editorin Chloé Zhao für ihren dritten, mehrfach preisgekrönten Spielfilm NOMADLAND erdacht. Mag diese Fern auch fiktiv sein, führt sie doch in eine sehr reale und eher unbekannte Lebenswirklichkeit hinein, die die US-amerikanische Journalistin Jessica Bruder 2017 in ihrem Buch *Nomaden der Arbeit. Überleben in den USA im 21. Jahrhundert* beschrieben hat. Es ist die Welt der «van dwellers», also der Frauen und Männer, viele von ihnen im Rentenalter, die in Wohnmobilen, Kleinbussen oder Trailern leben und oft als Saisonarbeiter durch die USA ziehen. Die meisten von ihnen haben mal ein bürgerliches Leben geführt, bis die Rezession ihre Jobs killt oder ihre Ersparnisse verschlungen hat.

Es ist ein Stoff wie gemacht für Chloé Zhao. Bereits in SONGS MY BROTHER TAUGHT ME (2015) und THE RIDER (2017) erzählte sie von Schicksalen, die leicht übersehen werden. Dabei schaut sie nicht aus der Distanz zu, sondern begibt sich mitten hinein und integriert die Menschen, um die es ihr geht, indem sie sie als Schauspielerinnen und Schauspieler engagiert, in ihren Häusern und Wohnungen dreht und sich von ihrem Alltag und ihren Erfahrungen inspirieren lässt.

Erfahrungen mit realen «van dwellers»

In NOMADLAND sind das solch reale Personen wie Linda May, die wie Fern zur Weihnachtszeit bei Amazon schuftet, oder Bob Wells, Aktivist und Begründer des seit 2010 stattfindenden «Rubber Tramp Rendezvous» in Quartzsite, Arizona. Sie spielen mehr oder weniger sich selbst. Die Begegnungen mit diesen und anderen «van dwellers» haben das Drehbuch beeinflusst, das Zhao während der Filmarbeiten ständig überarbeitete. Die Präsenz dieser Leute verleiht NOMADLAND eine fesselnde Authentizität.

Getragen wird der Film von einer zurückgenommen agierenden Frances McDormand, die ganz und gar in die Gemeinschaft der Umherreisenden eintaucht und zu einer der ihren wird, wenn sie nachts mit am Lagerfeuer sitzt oder sich vor ihrem Van aufhält und häkelt. Fern ist eine Frau, die alles verloren hat: ihren Mann, ihren Job, ihr Zuhause und ihre Stadt. Jahrelang hat sie in Empire, einem Industriestädtchen in Nevada, gelebt. Die reale Geschichte des Ortes ist Ausgangspunkt der Story. Als im Jahr 2011 die Mine dichtmacht, bedeutet das auch das Aus für den Ort. Sogar die Postleitzahl von Empire wird gelöscht.

Die Menschen müssen ihre firmeneigenen Häuser verlassen, auch Fern. Als sie beim Packen plötzlich die Jacke ihres verstorbenen Mannes in den Händen hält, in die sie fortan immer wieder hineinschlüpft, flackert die Trauer über den Verlust eines ganzen Lebens auf. Es sind die kleinen Gesten, ein Blick, die Art, wie Fern geht oder jemanden umarmt, mit der Frances McDormand das Innenleben, die Verunsicherung, aber auch den Trotz und den Überlebenswillen dieser etwas kantigen Frau vermittelt. Man kann sich keine andere Schauspielerin in dieser Rolle vorstellen.

Einer «unverkennbare amerikanische Identität»

Natürlich lässt sich NOMADLAND auch als Anklage gegen die kapitalistische US-Gesellschaft lesen. Doch an einem politischen Kommentar scheint Chloé Zhao gar nicht so sehr interessiert. Ihr geht es vor allem um die persönliche Geschichte einer Frau, die vor dem Nichts steht, dies als Herausforderung annimmt, sich allmählich neu entdeckt und schließlich in einem neuen Leben aufgeht. Wunderbar die Szene, wenn sich Fern im Badlands Nationalpark aus einer Besuchergruppe löst und wie ein Kind die bizarre Felsenlandschaft erkundet, mal hierhin, mal dorthin hopst und dabei neugierig und gleichzeitig verloren wirkt.

Die Natur, von Kameramann Joshua James Richards in berauschenden Bildern eingefangen, hat für Fern heilende Kräfte. Die Weite der Wüste von Arizona, die zerklüftete Pazifikküste in Nordkalifornien, der freie Blick auf den Horizont bilden den Gegenpol zur Stadt, in der auch Ferns Schwester Dolly lebt, die mit einem Immobilienmakler verheiratet ist und abends im eingemauerten Garten zum Barbecue einlädt. Ein paar fast schon zu eindeutige Szenen ergeben sich aus diesem Konflikt, aber sie sind Ausnahmen in diesem stillen Frauenporträt, das immer mitfühlend, aber nie sentimental ist und an sozialrealistische Indiefilme wie Kelly Reichardts WENDY UND LUCY (2008) erinnert, aber dennoch ganz eigenständig bleibt.

Sie wollte, so Zhao, mit NOMADLAND eine «ganz unverkennbare amerikanische Identität, den wahren Nomaden» erforschen. Und so wird Fern, die wie eine Pionierin aufbricht und sich neu erfindet, in NOMADLAND fast zu einer Westernheldin. Allerdings zu einer, die nicht verklärt wird.

Kirsten Taylor

....

HERR BACHMANN UND SEINE KLASSE

Deutschland 2021. Regie: Maria Speth. 217 Min. FSK: ab 0; f. Verleih: Madonnen Film / Grandfilm.

Ein meisterhafter Dokumentarfilm über die Multi-Kulti-Klasse 6b der Georg-Büchner-Schule in Stadtallendorf und ihren Lehrer Dieter Bachmann, der modellhaft gelingendes gesellschaftliches Handeln sichtbar macht. – Sehenswert ab 12.

Das «Abtauchen», ein zweiminütiges kollektives Dösen auf der Schulbank, ist eines der Rituale, die im Klassenverband des Pädagogen Dieter Bachmann fest verankert sind. Außerdem die «Schweigeminute», eine kurze Auszeit von Lärm und Turbulenz, sowie das «Schlaglicht», eine knappe persönliche Bilanz des Schultags kurz vor Unterrichtsschluss.

Ein anderes gemeinschaftsstiftendes Ritual nimmt in der täglichen Unterrichtspraxis annähernd so viel Raum ein wie der Deutschaufsatz, die Lesestunde und das Bruchrechnen: die Musik und das Musikmachen. Gitarre, Schlagzeug, Bass und Schelle gehören zum Inventar des Klassenzimmers so selbstverständlich dazu wie Tafel und Schulbank. Beim Jammen finden Hasan, Jamie, Stefi, Ayman und die anderen über alle kulturellen Unterschiede und Sprachbarrieren hinweg in einer gemeinsamen Sprache zusammen. Herr Bachmann, in dem neben dem Lehrer, System-

Dieter Bachmann (Mitte) in HERR BACHMANN UND SEINE KLASSE (© Madonnen Film)

HERR BACHMANN UND SEINE KLASSE (© Madonnen Film)

kritiker, Sozialarbeiter und Bildhauer auch ein Folkrocker steckt, nimmt in diesem Organismus mal die Rolle des Bandleaders, mal die des Background-Musikers ein. Die Musik – von «Jolene» über «Knockin' on Heaven's Door» bis zu einem Song der Söhne Mannheims – leistet viele Dienste: Sie ist Spaß, Ablenkung, Konzentration, Pause, eine Übung im Zusammenspiel. In seinen selbstgeschriebenen Liedern verpackt Herr Bachmann aber auch gerne Teile des Unterrichtsstoffs oder Anlässe für Diskussionen.

Mit Strickmütze und Kapuzenpulli

Ein ganzes Schulhalbjahr hat die Filmemacherin Maria Speth zusammen mit dem Kameramann Reinhold Vorschneider und dem Tonmeister Oliver Göbel den Lehrer und seine Klasse an der Georg-Büchner-Schule im hessischen Stadtallendorf begleitet. Für die 12- bis 14-jährigen Schülerinnen und Schüler der Klasse 6b werden in dieser Zeit die ersten Weichen für ihr späteres Berufsleben gestellt; am Ende des Schuljahres erfolgt die Teilung in die Zweige Hauptschule, Realschule und Gymnasium. Einige in der Klasse gehören zur dritten Einwanderergeneration, andere sind erst vor kurzem nach Deutschland zugewandert und müssen sich in der fremden Sprache mühsam zurechtfinden. Dass sich ihre individuellen Entwicklungen in einem Leistungssystem nicht abbilden lassen, macht Herrn Bachmann, einem kurz vor der Pension stehenden Mann mit Strickmütze und Kapuzenpulli, sichtbar zu schaffen. «Das seid ihr nicht wirklich», sagt er mit Blick auf die Schlusszeugnisse.

Die kulturelle Zusammensetzung der Klasse ist nichts Außergewöhnliches, sie spiegelt schlicht die Bevölkerungsstruktur der Stadt wider. Für das ehemals Allendorf genannte kleine Fachwerkdorf 18 Kilometer östlich von Marburg setzte der entscheidende demografische Wandel Anfang der 1960er-Jahre ein. Wachsende Industriebetriebe wie Ferrero und die Eisengießerei Fritz Winter warben Gastarbeiter an, zunächst aus Italien und Griechenland, dann aus der Türkei. Die Industrieanlagen, die von den niedergelassenen Fabriken genutzt wurden, stammten noch aus dem Zweiten Weltkrieg. Während des Nationalsozialismus war hier die größte Sprengstoffproduktion Europas ansässig; als Arbeitskräfte wurden Zwangsarbeiter und Kriegsgefangene aus den besetzten Gebieten eingesetzt, außerdem KZ-Häftlinge des Außenlagers Münchmühle. Speth nimmt sich Zeit, um die historischen und gesellschaftlichen Bögen zu spannen und eine aus verschiedenen Herkunftsländern zusammengesetzte Schulklasse nicht als Ausnahme, sondern als Kontinuität in der wechselvollen Geschichte eines Industriestandortes zu erzählen.

Den individuellen Menschen sehen

Seine 217 Minuten braucht HERR BACHMANN UND SEINE KLASSE aber vor allem, um Stefi, Hasan, Cengizhan, Tim, Ilknur, Ferhan, Rabia, Anastasia, Ayman, Jamie und Mattia nicht nur als Figuren in einem ungewöhnlichen Pädagogikmodell zu begreifen, sondern als Menschen kennenzulernen. Herr Bachmanns Anspruch, den individuellen Menschen in der Schülerin und dem Schüler zu sehen, ist auch der Anspruch des Films, der mehr ist als ein Blick auf Schule, integrative Pädagogik und die Realitäten des Einwanderungslands Deutschland. Schließlich wird hier ein Gesellschaftsmodell vorgelebt, das auch in anderen Bereichen des Lebens wünschenswert wäre.

Die Bilder von Reinhold Vorschneider sind aufmerksam und offen, sie haben viel Raum und erfassen den sozialen Verband ebenso wie die scheinbar nebensächliche Handlung am Rand des Geschehens. So nimmt man Anteil daran, wenn Hasan immer mehr in die Musik hineinwächst, Rabia zunehmend Selbstvertrauen findet und Stefi in der deutschen Sprache genug Worte findet, um auszusprechen, was sie sagen will. Herr Bachmann schafft ihnen allen einen Raum, in dem sie sich sicher und ernst genommen fühlen, in dem viel diskutiert und manchmal auch hartnäckig nachgefragt wird – etwa wenn es um Geschlechterbilder, Sexualität oder auch um Solidarität innerhalb der Gemeinschaft geht. «Versuch mal weiter zu erklären», lautet ein typischer Herr-Bachmann-Satz.

Esther Buss

The Power of the Dog

Neuseeland/Australien 2021. Regie: Jane Campion. Mit Benedict Cumberbatch. 128 Min. FSK: ab 16; f. Anbieter: Netflix.

Spätwestern über einen herrischen Viehzüchter, der die Frau seines Bruders und deren Sohn drangsaliert. Eine Hinterfragung klassischer Western-Rollenbilder vor dem Hintergrund des sozialen Wandels im 20. Jahrhundert. – Sehenswert ab 16.

Der Westernheld ist die wohl männlichste Erscheinung auf der Kinoleinwand, jedenfalls in der konservativ definierten Vorstellung von Männlichkeit. In klassischen Western setzen sich Cowboys mit locker sitzenden Colts gegen «Indianer», Schurken oder Rivalen zur Wehr, kämpfen für Gerechtigkeit und halten US-amerikanische Werte hoch. Schauspieler wie John Wayne, Gary Cooper, James Stewart, Kirk Douglas oder Henry Fonda verkörperten diese Helden zwischen heiligem Ernst und nuancierter Nachdenklichkeit – und zuweilen mit einer Prise Selbstironie. Degradierten die Italo-Western ihre Helden zu berechnenden Killern, arbeiteten zwischen den 1960er- und 1990er-Jahren US-Regisseure wie Sam Peckinpah, Arthur Penn oder Clint Eastwood an der Entheroisierung des Westernhelden.

Doch dieser blieb bis zum Schluss trink- und schießfreudig, stellte alles Mögliche in Frage, aber gewiss nicht seine Sexualität. Dass sich nun nach Kelly Reichardt (AUF DEM WEG NACH OREGON, FIRST COW) mit Jane Campion eine weitere Regisseurin an einen Western heranwagt, lässt einen alternativen Blick auf Maskulinität in diesem bis dato sehr männerdominierten Genre erhoffen. Und die neuseeländische Meisterin enttäuscht nicht.

Das Auftauchen einer Frau in einer archaischen Männerwelt

Campions Western spielt in den 1920er-Jahren in den Weiten Montanas. Anderswo mag der «Wilde Westen» längst passé sein, doch auf der großen Ranch, die die Brüder Phil (Benedict Cumberbatch) und George Burbank (Jesse Plemons) seit 25 Jahren betreiben, scheint die Zeit stillzustehen. Doch während Phil sich ganz mit der Rolle des einsamen Cowboys archaischen Zuschnitts identifiziert, kleidet sich George städtisch und versteht sich mehr als moderner Geschäftsmann. Außerdem sehnt sich George, der mit seinem älteren Bruder immer noch das Schlafzimmer teilt, nach weiblicher Gesellschaft. Bei einem Zwischenstopp mit der Herde verliebt er sich in die verhärmte Witwe Rose (Kirsten Dunst). Kurz darauf heiraten die beiden, und Rose zieht auf die Ranch – sehr zum Missfallen von Phil. Dieser setzt nun alles daran, Rose das Leben auf der Ranch zur Hölle zu machen: Mit subtilen, aber hartnäckigen Psychospielchen zermürbt er sie.

Von ihrem ahnungslosen Ehemann George erhält Rose kaum Unterstützung und verfällt zunehmend dem Alkohol.

Doch dann nimmt der Film eine überraschende Wendung. Phil lässt von seinem Opfer ab und wendet sich Peter (Kodi Smit-McPhee), Roses hochsensiblem, feingliedrigen Sohn, zu. Zuvor hatte Phil sich in der Gesellschaft seiner Cowboys über den fast mädchenhaft anmutenden jungen Mann und seine aus Papier gebastelten Blumen noch lustig gemacht. Doch statt ihn weiter zu quälen, nimmt Phil Roses Sohn nun unter seine Fittiche. Er will aus Peter, dessen Interessen eher der Kunst und der Medizin gelten, einen «echten Kerl» machen. Erst allmählich findet Peter heraus, warum Phil auf einmal solche Beschützerinstinkte entwickelt.

Sporenklirrendes Cowboytum als Fetisch und Maskerade

THE POWER OF THE DOG spielt lange nach der Eroberung des Westens. Die Frage nach Recht und Ordnung oder Patriotismus stellt sich nicht mehr, und Revolver sind mittlerweile eher dekorative Accessoires denn überlebensnotwendige Waffen. Warum kapriziert sich Phil also dermaßen darauf, den Cowboy alter Schule durchzuziehen? Einige Fähigkeiten braucht er im Umgang mit den Rindern: So kann er emotionslos einen Bullen kastrieren oder – mit viel Hingabe – Lassos knüpfen. Doch seine demonstrative, sporenklirrende Verkörperung des Cowboytums scheint seltsam überzogen für einen Mann, dem eigentlich andere Möglichkeiten offenstehen: Phil hat in Yale studiert, zelebriert aber trotzdem das mittlerweile anachronistisch anmutende Leben des Herdentreibers, dem man den Stallgeruch jederzeit anriecht. So platzt er ungewaschen in einen Empfang seines Bruders und spielt den Partyschreck. Auch sein Mobbing gegen Rose gibt Rätsel auf. Ist er eifersüchtig, missgünstig, possessiv?

Doch wie die meisten Mobber hat auch Phil etwas zu verbergen. Peter beobachtet ihn heimlich beim einsamen Baden in einem Bach, wie er geradezu fetischhaft an einem Seidentuch riecht, das ihm sein ehemaliger Mentor geschenkt hat. Auch einen Sattel dieses Mannes verehrt Phil kultisch, und in einer Truhe findet Peter Magazine von nackten Muskelmännern. Bald dämmert es Peter und dem Publi-

Benedict Cumberbatch in THE POWER OF THE DOG (© Netflix)

kum, dass Phils Einsamer-Wolf-Lebensstil eine – von Moral und Gesetzen der Zeit beeinflusste – Einsicht in die Notwendigkeit ist. Es bedarf allerdings auch der schauspielerischen Größe eines Benedict Cumberbatch, um diese zerrissene Figur glaubwürdig darzustellen, ihre Grausamkeit und Verletzlichkeit gleichermaßen zu zeigen.

Natur als Rückzugsraum

Mit seiner Selbstinszenierung hat Phil eine Nische gefunden, in der er sich und sein Begehren auf paradoxe Weise ein Stück weit ausleben und gleichzeitig (vor sich selbst und anderen) verbergen kann. Für Phil ist die Abkehr vom modernen bürgerlichen Leben ein Verstecken in aller Öffentlichkeit. In der in prächtigen Einstellungen gefilmten rauen Natur trägt er einen Kampf mit sich selbst aus.

Natur erscheint bei Campion, die hier 16 Jahre nach BROKEBACK MOUNTAIN einmal mehr das heteronormative Männlichkeitsbild des Westerngenres bildgewaltig und sinnlich dekonstruiert, nicht als die tödliche Gefahr, die sie noch im klassischen Western war, sondern als Rückzugsraum. Die sogenannte Zivilisation wird dagegen zur Enge, in der man sich sittlichen Gesetzen wie Heirat, Familiengründung und der Ausübung eines respektablen Berufs unterwerfen muss. Auch Rose bekommt diese Rolle nicht: Der Aufstieg von der Witwe zur erneuten Ehefrau misslingt, zerbricht sie doch fast an der Einsamkeit in der weitläufigen Ranch, deren ausladende Räumlichkeiten sie paradoxerweise als Gefängnis empfindet. Auch hier vollzieht sich ein Rollenwechsel von der klassischen Westernbraut, die entweder als wackere Hausfrau oder hemdsärmelige, wehrhafte Streiterin den Männern bei der Eroberung des Westens nacheifert, hin zu einer im Prozess der Verbürgerlichung verlorenen Gattin, was Kirsten Dunst eindrucksvoll spielt. Der Wechsel der Perspektive von der gemarterten Frau hin zum Innenleben ihres Peinigers, den der Film in der zweiten Hälfte vollzieht, scheint da nur folgerichtig.

Musikalisch unterlegt wird Campions psychologischer Western von dem großartigen Score Jonny Greenwoods, der mal mit unheilverkündendem Klampfen, mal mit elegischen, Hoffnung verheißenden Streichern auf den Wechsel der Generationen von Phil zu Peter verweist. Denn zwischen allen Gefühlslagen und Machtverhältnissen steht Roses Sohn, der alles durchschaut, sich aber in Diskretion übt. Phil schlägt mit der Fürsorge für Peter, die er im Lauf des Films entwickelt, zwei Fliegen mit einer Klappe: Er verwirklicht die ersehnte Nähe zu einem Mann und versteckt sie hinter einer Art Väterlichkeit – schließlich ist Peter Halbwaise. So handelt THE POWER OF THE DOG von einem fragilen Sich-Einrichten im Verzicht, ähnlich einem priesterlichen Zölibat. Peter allerdings ist auf Phils Fürsorge nicht angewiesen – er entpuppt sich als viel klarsichtiger und selbstbewusster, als man ursprünglich annimmt. Die Vorzeichen verkehren sich. Schwach ist nicht einer wie Peter, der zu seiner femininen Seite steht, sondern jener, der sich selbst und anderen die eigene Männlichkeit beweisen muss. Kira Taszman

Der Rausch

Dänemark 2020. Regie: Thomas Vinterberg. Mit Mads Mikkelsen. 117 Min. FSK: ab 12; f. Verleih: Leonine.

Facettenreiche Tragikomödie um vier Lehrer an einer dänischen Schule, die ihre verbrauchte Lebensenergie mit Wein und anderen Aufputschmitteln wieder anzufachen versuchen, was sich nach ersten Erfolgen schnell bis zum Delirium steigert. – Sehenswert ab 14.

Die Schule ist vorbei! Nach der letzten Prüfung rasen Jugendliche mit vollen Bierkästen durch den Stadtpark und leeren die Flaschen in atemberaubender Geschwindigkeit. Wird jemandem dabei schlecht und muss sich gar übergeben, so bedeutet das Punkteverlust. Volltrunken ziehen die Schüler johlend durch die Stadt, überwältigen einen Wachmann in der U-Bahn und fesseln ihn mit seinen eigenen Handschellen an die Haltestange. Das geht weit über die üblichen Exzesse zum Schulabschluss hinaus. Genug ist genug, meint die Schulleiterin und warnt eindringlich vor den Gefahren des Alkohols. Noch weiß sie nicht, mit welchen Abgründen an Sucht sie es bald im eigenen Kollegium zu tun bekommt.

Martin (Mads Mikkelsen) war früher ein begeisterter Lehrer, der alles für seinen Beruf gab. Heute hat er keine Lust mehr. Das merken die Schüler, die seinem sprunghaften Unterricht kaum noch folgen können; dies macht auch den Eltern Sorge, denn sie fürchten um den für die Studienwahl so wichtigen Notendurchschnitt ihrer Kinder. Aber auch in Martins Ehe ist trotz zwei Kindern und einem schönen Eigenheim die Luft schon lange draußen. Seinen Freunden und Kollegen geht es in Thomas Vinterbergs Der Rausch ähnlich. Der eine kommt mit der angespannten Familiensituation nicht klar, dem anderen bleibt nur noch der Hund. Alkohol trinken die vier Freunde, allesamt frustrierte Lehrer am selben Gymnasium, gerne, aber eigentlich immer nur, um die Widrigkeiten von Arbeit und Familienleben zu vergessen. Wenn man doch nur die Arbeit vergessen könnte!

Die Idee vom Alkoholdefizit

Bei einem sehr alkoholintensiven Geburtstagsessen kommt das Gespräch auf die merkwürdige Theorie eines norwegischen Philosophen, dass der Mensch ein biologisches Alkoholdefizit habe. Nur mit einem Alkoholgehalt von mindestens 0,5 Promille im Blut sei er zu Höchstleistungen fähig. Ein Beweis dafür sei ein Schriftsteller wie Ernest Hemingway, aber auch ein Politiker wie Churchill könnte das bestätigen. Der eine habe seine besten Romane unter ständigem Alkoholeinfluss geschrieben, der andere den Zweiten Weltkrieg gewonnen. Das wollen die vier dann auch mal probieren. Sie machen einen Selbsttest und halten auch während des Unterrichts einen bestimmten Pegel. Und siehe da: es klappt! Der wissenschaftliche, oder besser: philosophisch fundierte Alkoholismus führt zu überraschend positiven Ergebnissen. Der Sportunterricht wird zu einem ganz neuen Erlebnis, und der Geschichtsunterricht zum rhetorischen Höhepunkt, der die Schüler mitreißt.

Während sich die leeren Schnapsflaschen in Turnhalle und Toilette häufen und die Schüler wieder Spaß haben, bereitet das Quartett schon den nächsten Schritt vor – bis zum Filmriss und dem Delirium tremens. Am Ende liegt der eine volltrunken und mit schweren Schürfwunden auf dem Bürgersteig vor seinem Eigenheim, der andere mitten in der eigenen Wohnung im Babybettchen. Im kollektiven Rausch gibt es aber auch immer einen, der nicht mehr aufsteht.

Der Originaltitel Druk, bedeutet so viel wie «Noch eine Runde» und zeigt den Alkoholismus als geselli-

Mads Mikkelsen (Mitte) in Der Rausch (© Henrik Ohsten / 2020 Zentropa Entertainments3 ApS, Zentropa Sweden AB, Topkapi Films B.V. & Zentropa Netherlands B.V.)

ges Massenphänomen. Die schwarze Komödie von Thomas Vinterberg handelt von ernsten Themen: Midlife-Crisis, Entfremdung in der Ehe und natürlich Alkohol. Den charakterisiert der Film, über die private Dimension hinaus, als gesellschaftliches Bindeelement, von den Abschiedsritualen der Schulzeit zum schnell gekippten Weißwein bei belastenden Beziehungsgesprächen bis hin zur gelungenen Archiv-Collage betrunkener Politiker und Staatsführer, an erster Stelle der ehemalige russische Präsident Boris Jelzin, aber auch andere, weniger bekannte Fälle.

Menschlich tragisch, grotesk komisch

Bei aller gesellschaftlichen Groteske vernachlässigt Vinterberg aber nie die Psychologie der Protagonisten und erweist sich dabei neuerlich als handwerklich versierter Regisseur, der Tempi und Emotionen beherrscht. Es gelingt ihm, in dieser Tragikomödie die Balance zwischen dem Menschlich-Tragischen und dem Grotesk-Komischen zu wahren. DER RAUSCH ist eine glänzende Inszenierung mit außergewöhnlichen Schauspielern. Allen voran Mads Mikkelsen, doch auch die Darsteller seiner trinkfesten Freunde, Thomas Bo Larsen, Magnus Millang und Lars Ranthe, stehen ihm nur wenig nach. Die facettenreiche Auseinandersetzung mit dem Thema Alkoholismus in Wohlstandsgesellschaften gleitet dabei weder in eine sentimentale Buddy-Komödie noch in ein moralinsaures Drama über die sozialen und gesundheitlichen Gefahren des Alkohols ab.

Wolfgang Hamdorf

....

ANNETTE

Frankreich 2021. Regie: Leos Carax. Mit Marion Cotillard, Adam Driver. 140 Min. FSK: ab 12; f. Verleih: Alamode/Al!ve AG.

Ein düster-grandioses, virtuos inszeniertes Musical-Märchen um ein scheiterndes Künstler-Paar und seine mit einer übernatürlichen Stimme begabte Tochter. – Sehenswert ab 16.

Kunst will nicht eingesperrt sein. Ist der Schöpfungsakt aus dem Nichts erst gemeistert, geht es um darum, gesehen, gehört und gefühlt zu werden. Ein schützender Raum kann daher immer nur eine Station für echte Kunstwerke sein, und so hält es auch ANNETTE nicht lange in dem Tonstudio, in dem er seine ersten Augenblicke verbracht hat und die Anfangstakte der Musik angestimmt wurden. Unaufhaltsam drängt der Film nach draußen in die Welt außerhalb des Studios – und mit ihm die Komponisten, die Hauptdarsteller, der Regisseur und ein in Kinder und Showsängerinnen aufgeteilter Chor für die musikalische Verfeinerung. Alle gemeinsam laufen sie sich warm mit einem Lied, das die Zuschauer schon begrüßt und das eigene Tun reflektiert, bevor sich Meta- und Handlungsebene ebenso vorläufig trennen wie die Protagonisten. Auf einem Motorrad und in einer Limousine geht es in verschiedene Richtungen in den eigentlichen Film hinein.

Schon der Name schreit nach Bestätigung

Zwei Formen von Kultur stehen sich im wundersamen Musical-Filmkunstwerk ANNETTE des französischen Regisseurs Leos Carax und der US-amerikanischen Art-Pop-Musikerbrüder Ron und Russell Mael und ihrer Band Sparks gegenüber. In einem Theater beginnt der Motorradfahrer, Henry McHenry, sein Comedy-Programm «The Ape of God»; wie ein Boxer in einen Bademantel gekleidet, betont anarchisch und provokativ, als wäre ihm nichts so gleichgültig wie das Vergnügen des Publikums. Doch wie schon sein Name in seiner Dopplung regelrecht nach Bestätigung schreit, ist bei Henry McHenrys Auftritt wenig dem Zufall überlassen; seine Unlust ist genauso Teil der Show wie Tanzschritte mit wirbelndem Mikrofonkabel. Sogar ein finaler Schock ist nur Fassade, bereit zur Wiederholung an den folgenden Abenden.

Letztlich hebt sich seine demonstrative Anti-Kultur gar nicht so sehr von der hehren Opernkunst am anderen Ende der Stadt ab, zu der sich die Frau in der Limousine hat chauffieren lassen. Ann Desfranoux ist ein Opernstar, der in den großen Partien brilliert und gefeiert wird, wenn sie allabendlich den spektakulären Bühnentod stirbt. Obwohl der Ablauf hier bis in die Details festgelegt ist, findet die zierliche Frau doch einen Weg zur Wahrhaftigkeit innerhalb der künstlichen Welt – ihre Empfindsamkeit verleiht all ihren Auftritten einen Mehrwert.

Was beide Sphären zusammenbringt, ist filmisch zunächst eine Parallelmontage, erzählerisch ist es die Liebe. Henry McHenry und Ann Desfranoux sind ein Paar, das sich nach den jeweiligen Abendvorstellungen rasch wieder vereint, die Fotos der Paparazzi über sich ergehen lässt und dann auf dem Motorrad zusammen zu einem Anwesen mitten im Wald fährt. Bei zärtlicher Zweisamkeit in der Nacht und einem Morgenspaziergang in idyllischer Landschaft bekräftigen die beiden ihre Vertrautheit. Bald darauf heiraten sie; Ann wird schwanger und bringt ihr Baby zur Welt, das sie Annette nennen. Das Glück der zwei so verschiedenen Liebenden scheint vollkommen.

Der Geist der verschwundenen Sängerin

Doch der Berufsmisanthrop Henry vermag sich der Hochstimmung nur bis kurz nach Annettes Geburt zu überlassen. Während Ann rasch wieder erfolgreich auf der Bühne steht, ergreift Henrys zerstörerische Ader immer mehr von ihm Besitz. Bei einem weiteren Comedy-Auftritt verspielt er endgültig seinen Antipathie-Bonus, als er mimt, seine Frau aus Liebe getötet zu haben. Ein Eklat, der das brutale Ende seiner Ehe vorwegnimmt: Von einem Jachturlaub der jungen Familie kehren nur Henry und Annette zurück, Anns Verschwinden in einem Sturm wird offiziell als Unglück eingestuft.

Doch der Geist der Sängerin ist weiter im Leben des Ex-Komikers präsent. Auch Baby Annette hat sich verändert; das zumeist stille Kind beginnt beim Licht von Mond und Sternen mit einzigartiger Schönheit zu singen. Nach dem ersten Schrecken sieht Henry, der gerade noch beschlossen hatte, nun wenigstens ein guter Vater zu sein, nur noch die Profitchancen des töchterlichen Talents. Statt seiner gescheiterten Komiker-Karriere weiter nachzutrauern, wird er zum Manager von Annette, die überall auf der Welt das Publikum bannt. Der Vater wird dadurch wieder reich, doch jeder Auftritt der kleinen Sternsängerin reißt den Abgrund in ihm weiter auf.

Im Zentrum von ANNETTE stehen substanzielle Fragen zur künstlerischen Integrität und den ewigen Dilemmata Ruhm oder Bedeutungslosigkeit, unberechenbar bleiben oder sich dem Wiederholungszwang ergeben, das eigene Talent ausleben oder sich selbst und andere ausbeuten. Es sind Themen, die die Band Sparks in ihrer 50-jährigen Bandgeschichte oft aufgegriffen hat, um sich mit den komplexen Widersprüchen von Avantgarde-Attitüde und Drang zu Publikumserfolg auseinanderzusetzen – sowie mit hochgradig selbstironischen Songs bis hin zum Konzeptalbum *The Seduction of Ingmar Bergman* von 2009.

Marion Cotillard in ANNETTE (© Alamode)

Ein grandioses Musical

Dessen Kernmotiv um die fiktive Erzählung vom schwedischen Regisseur, der den Verlockungen eines Hollywood-Deals widersteht, sich dabei aber nicht davon freimachen kann, auch als unabhängiger Künstler eine Marke zu sein, nimmt auch ANNETTE auf, ebenso wie Reminiszenzen an frühere filmische Rock- und Pop-Opern. TOMMY (1975) von Ken Russell und The Who, der von den Kinks Ende der 1960er-Jahre geplante, nicht realisierte Fernsehfilm ARTHUR (OR THE DECLINE AND FALL OF THE BRITISH EMPIRE) oder auch Alan Parkers THE WALL (1982) bringen sich in Erinnerung, zumal ihre Szenarien ebenfalls von der Konfrontation der Unschuld und Verletzlichkeit mit einer rücksichtslosen Welt erzählten.

ANNETTE folgt ihnen auch darin, fast komplett auf gesprochene Passagen zu verzichten und die Handlung in einen Wechsel von «klassischen» Musical-Nummern und Rezitativ-Momenten aufzulösen. Von der leisen Ballade bis zum großen Orchestereinsatz, nebst einigen Zitaten aus der Bandgeschichte, gelingt den Maels dabei eine fantastische Abfolge melodiöser Kompositionen, die der archetypischen Story Strahlkraft und Spannung verleihen.

Adam Driver in ANNETTE (© Alamode)

Treibender Faktor ist dabei die Hauptfigur Henry. Wie sein royaler Namensvetter Henry VIII. bei seiner Anne (Boleyn), ist auch der zeitgenössische Henry zuerst bereit, für Ann Desfranoux seine selbstherrliche Art zu unterdrücken und alles für die Liebe hintanzustellen, um dann mehr denn je in fatale Muster zurückzufallen. Gegenüber der kleinen Annette verhält er sich wie ein Marionettenspieler, der herzlos handelt, von ihr aber verlangt, ihre Engelsstimme aus Liebe zu ihm erklingen zu lassen – eine «Pinocchio»-Variation, bei der Geppetto und die Ausbeuter des hölzernen Kindes in eins fallen.

Mit schwer zu zügelnder Rohheit

Diese Assoziation drängt sich auch auf, weil Carax das Mädchen tatsächlich als Holzpuppe auftreten lässt (worauf keine der Figuren, auch nicht Henry, je Bezug nimmt). Das unterstreicht Annettes Zerbrechlichkeit, während ihre liebevolle Gestaltung durch die Puppenbauer Estelle Charlier und Romuald Collinet feinste emotionale Verschiebungen gestattet. Bei ihrem leisen Charme besteht nie die Gefahr, dass sie wie im Horrorkino zum «unheimlichen Kind» werden könnte, was angesichts der ziemlich düsteren Story durchaus denkbar wäre. Doch unheimlich ist nur ihr Vater in seiner schwer zu zügelnden Rohheit, dem Schönheit und Frieden immer zu suspekt bleiben, als dass er sie längere Zeit ertragen könnte.

ANNETTE ist erkennbar nicht nur das Ergebnis von 50 Jahren Erfahrung der Maels im Musikgeschäft mit zahllosen Höhen, Tiefen und Comebacks durch Stil-Neuerfindungen, sondern auch ihres ebenso langen Flirts mit dem Film. Ihre Sozialisierung im experimentierfreudigen 1960er-Jahre-Kino, gescheiterte Projekte mit Regisseuren wie Jacques Tati oder Tim Burton wie auch realisierte mit Tsui Hark und Guy Maddin, ihre seit den 1990er-Jahren oft mit kunstvoller Filmsprache arbeitenden Musikvideos und natürlich das *Bergman*-Album haben eine überbordende Fantasie befördert, die in Leos Carax zum ersten Mal einen idealen Realisator gefunden hat.

Dessen Entschlossenheit, sich auf einen Fluss der Einfälle und wechselnden Stimmungen einzulassen, statt konventionelle narrative Vorstellungen zu bedienen, war schon der Antrieb von HOLY MOTORS. Mit Sequenzen wie dem furiosen Akkordeon-Intermezzo verriet er darin auch schon eine Begabung für das Musicalgenre, die sich nun in ANNETTE zur uneingeschränkten Einlassung auf dessen Möglichkeiten weitet.

Aus Liebe zur Kunst und zum Kino

Eine Welt, in der prinzipiell gesungen statt gesprochen wird, scheint Carax' Kinoverständnis so sehr zu entsprechen, dass er für die Ideen und Musik der Maels über 140 Minuten immer neue innovative Formen der Umsetzung findet, ohne an Konzentration zu verlieren. Mit Unterstützung von Kamerafrau Caroline Champetier und Editorin Nelly Quettier gleitet der Film nahtlos von der Intimität eines Solos oder Duetts zur großangelegten Massenszene über und zurück; die Künstlichkeit vieler Settings wird nie verhehlt, sondern geradezu zelebriert. Trotz der Grandiosität des Unternehmens werden die Charaktere aber nicht verschluckt, sondern dürfen sich in vielen Schattierungen entwickeln und weit mehr Tiefe gewinnen, als das noch in der Episodenstruktur von HOLY MOTORS möglich war.

So enthüllen sich in einer Geschichte, die an sich von Gewalt und niederen Gefühlen vorangetrieben wird, eine unerwartete Zärtlichkeit und ein mitfühlender Blick auf diejenigen, die sich selbst um ihr dauerhaftes Glück bringen. Das Mädchen Annette mag ein unter unguten Verhältnissen geborenes Kind sein, der Film ANNETTE ist zweifellos ein Kind einer außerordentlichen Liebe – zur Kunst, zum Kino, zum Leben an sich. Und ihm beim Wachsen zuzusehen, nicht weniger als ein Privileg und eine Auszeichnung. Marius Nobach

....

DUNE

USA 2020. Regie: Denis Villeneuve. Mit Timothée Chalamet. 156 Min. FSK: ab 12; f. Verleih: Warner Bros.

Der erste Teil einer Neuverfilmung des gleichnamigen Science-Fiction-Romans von Frank Herbert entfaltet rund um die «Heldenreise» seiner jugendlichen Hauptfigur ein intrigenreiches und gewaltvolles Drama mit dem Pathos einer griechischen Tragödie. – Ab 14.

Wenn es Denis Villeneuve nicht gäbe, müsste man ihn erfinden. Geradezu perfekt scheint der frankokanadische Regisseur eine immer wieder diagnostizierte Lücke im Gegenwartskino zu füllen. Eine kollektive, bewusste oder unbewusste Sehnsucht nach Ernsthaftigkeit im kommerziellen Kino findet in ihm einen Avatar. Feierlich dahingleitende Kontemplation in gedeckten Farben wider die buntwabernde Comic-Beliebigkeit. Er füllt Leinwände mit breit angelegter Sinnsuche, auf denen man zuletzt gar nichts dergleichen mehr zu finden hoffte. Doch wie die US-Konzeptkünstlerin Jenny Holzer schon 1982 als riesige Leuchtschrift über den Times Square strahlen ließ: «Protect Me From What I Want».

Mit seiner Adaption des Science-Fiction-Klassikers *Dune* von Frank Herbert aus dem Jahr 1965 inszeniert der Regisseur ein Spektakel der Leere. Einen pompösen Film über das Nichts und die endlose Dunkelheit jenseits der verdämmernden Zivilisation; eine Sammlung gewaltiger Bühnen, bevölkert von winzigen, verlorenen Menschen. Dort, wo nur die «[...] Leere der Wildnis und die Wüste, in der nichts lebt und nur die Sandwürmer und das Gewürz existieren können», wie es im Roman über den Wüstenplaneten Arrakis heißt. Dune, der menschliche Todestrieb als Himmelskörper. Ein durch Gier verdorrter Garten Eden, auf dem das «Spice» abgebaut wird, das nicht nur die entscheidende Ressource für interplanetare Reisen ist, sondern als Droge zugleich auch ein mächtiges Erkenntniswerkzeug darstellt.

Timothée Chalamet in DUNE (© Warner Bros.)

Wo alles in Dunkelheit versinkt

Als solches ist es bitter notwendig: Villeneuve kleidet die von Frank Herbert, David Lynch und Alejandro Jodorowsky, aus Serien, Comics und Videospielen bekannten Ereignisse in protzige Schattenbilder, die oft wirken, als würde bald auch noch der letzte Rest wahrnehmbarer Welt in Dunkelheit versinken. Entscheidend sind weniger die Figuren – das edle Haus Atreides, die finsteren Harkonnen, das urtümliche Wüstenvolk der Fremen – als vielmehr, was sie umgibt.

Schon Villeneuves Film BLADE RUNNER 2049 drängte in Richtung Installationskunst und gefiel sich als Sammlung von architektonischen Impressionen. Ewige Tempelräume, in denen der Film gemeinsam mit seinen Figuren nach der eigenen Menschlichkeit tastet. Auch DUNE ist eine Mischung aus Museum, Kathedrale und wehendem Sandmeer. Auf den Spuren von Yves Kleins Performance LE VIDE, die Kunstliebhaber mit einer leeren Galerie konfrontierte. Überwältigungskino, das jeden Anflug von Schönheit auf dem Altar des Erhabenen opfert. Geprägt vom Gegenteil des «Horror Vacui» – von einer grenzenlosen Lust an dem Abwesenden und «negative space».

Hohepriester des Gottes Pathos

Villeneuves Protagonisten sind zumeist Suchende, die aufbrechen, um das Rätsel ihrer Existenz zu lösen, auch wenn die finale Erkenntnis sich oft als Katastrophe entpuppt. Das gilt auch für Paul Atreides (Timothée Chalamet), der von Träumen und Visionen heimgesucht wird. «Dreams are messages from the deep», heißt es schon im Vorspann.

Als Arrakis im Jahr 10.191 der Obhut seines Vaters, des Herzogs Leto Atreides (Oscar Isaac), übergeben wird, kommt er den Bildern von Wüstenkämpfern und heiligen Kriegen in seinem Inneren immer näher. Doch politisches Ränkespiel bringt alsbald jeden in Gefahr, der dem jungen Prinzen etwas bedeutet. Darunter auch seine Mutter, Lady Jessica (Rebecca Ferguson), die zur einflussreichen Schwesternschaft der Bene Gesserit gehört.

Der Film verwandelt die Darsteller in Statuen aus Marmor, in grimmige Steingesichter. Jeder Mann ein Atlas mit dem Gewicht der Welt auf seinen Schultern, jede Frau eine unerhörte Kassandra. Man spricht, als würde es Kraft kosten. Manchmal fällt es schwer, Figuren oder sogar Menschen zu erkennen, nicht nur Hohepriester für den großen Gott Pathos.

Die Bilder drängen zum Ikonischen

Seit DIE FRAU DIE SINGT – INCENDIES (2009) drängen Villeneuves Bilder zum Ikonischen, wobei deren Kraft immer wieder von endlosen Erklärungen und aufdringlich schlichter Metaphorik unterminiert wurde. Das Expositorisch-Lexikalische seiner Filme bringt diesmal allerdings schon die Vorlage mit. Herberts Roman war immer schon auf paradoxe Weise gleichermaßen unverfilmbar und wie fürs Kino gemacht.

Als Mischung aus galaktischer Bibel, fiktionaler Enzyklopädie und endlosem Namensregister ist die Fabel eher eine Liste als Literatur, eine Aufzählung von exotischen Neologismen, die die Unendlichkeit eines ganzen Universums suggerierten. Der Film sucht dieses Unermessliche in seinen Bildern. DUNE kennt fast nur noch Gesichter und Panoramen, den machtlosen Menschen und das Universum. Visuell lesbar ist der Einzelne nur als Heiligenbild oder als Teil kollektiver Geometrie, etwa als Soldat eines Bataillons. Es ist sicher kein Film der Nuancen, sondern im besten Fall brachial und im schlimmsten Fall tumb.

Eine typische Komposition: Zwei Menschen am untersten Bildrand kämpfen sich eine gebirgsähnliche Düne hinauf, die fast den ganzen Bildschirm füllt. Nur an der obersten Grenze der Leinwand ist ein Schlitz für den aus dem Weltraum schimmernden Mond. Oder: Herzog Leto in Gefahr, einsam auf endlosen Stufen aus schwarzem Stein, die in ihren Dimensionen so wirken, als wären sie nicht für Menschen gebaut. Alles ist titanisch, gigantomanisch, fast schon lächerlich groß. Bilder aus einem post-post-humanen Universum. All diese Kriege und Kabalen sind über die Jahrtausende hinweg zur Schicksalsmaschinerie geronnen, der das Individuum sich hilflos gegenübersieht. Passend dazu die Musik von Hans Zimmer, eine Kriegserklärung an das Publikum; dramatisches Dröhnen trifft auf Orientalismus-Klischees.

Ein Transzendenz-Placebo

Ökologische Katastrophen, alternativloser Kapitalismus, archaische Hierarchien, Kolonialismus und ewige Konflikte wecken die Sehnsucht nach einer Macht, die über den steinernen Verhältnissen steht, nach einem Messias. Die Bene Gesserit nennen ihn den Kwisatz Haderach, die Fremen sehnen sich nach dem Außenweltpropheten Lisan al-Gaib. BLADE RUNNER 2049, dem DUNE in vielerlei Hinsicht nachempfunden ist, war auch als Dekonstruktion klassischer Auserwählten-Mythen angelegt. Obwohl Frank Herbert nicht eben ein Freund charismatischer Über-Heroen ist, schwingt der Film sich zum Messianischen auf, hüllt sich in eine fadenscheinige Spiritualität und spielt mit den Sehnsüchten eines transzendental und kinematisch obdachlosen Publikums. Es ist eine Art von Kino, das von seiner eigenen Existenz manchmal so ergriffen ist, dass es nicht über das Beschwören seiner eigenen Urkräfte hinauskommt. Ein Transzendenz-Placebo. DUNE verlangt vom Zuschauer Ehrfurcht, wenn nicht sogar Unterwerfung, und gibt dafür wenig zurück, außer dem Gefühl des Unterworfenseins.

Deshalb muss die Frage erlaubt sein, ob die Filme von Denis Villeneuve oder auch Christopher Nolan nicht im selben Maße infantilisieren wie die der Marvel-Disney-Hegemonen. Als düsteres Spiegelbild, als Scheinalternative zementieren sie den Horizont des Traummediums Kino zu und meißeln ihre Namen in das Gestein am Rande unserer Wahrnehmung. In der Negation sind sie mit dem vernäht, was sie bekämpfen. Besinnungslose Prunksucht, Kunsthandwerk. Eine Leinwand voller Geld, nur ein wenig melancholischer.

Zwingend unvollendet

Der Film endet etwas plötzlich, fernab jeder greifbaren Dramaturgie, in jeder Hinsicht unvollendet. Visionen und Wirklichkeit sind erstmals zusammengefallen, doch kein Hauch von Finalität ist erahnbar. Franchise-Kino, DUNE – PART I. Eigentlich wäre es konsequent, wenn nie ein zweiter Teil erscheinen würde. Wenn Villeneuves DUNE ganz Potenzial und Versprechen bliebe, ewig auf eine Leerstelle verweisend. Ins Nichts, auf das ohnehin alles in diesem endlos-öden Universum zustrebt. Eine Vision ohne die Schmach der Realität. Ein Traum, der Traum bleiben darf.

Lucas Barwenczik

THE GREEN KNIGHT

USA 2021. Regie: David Lowery. Mit Dev Patel, Alicia Vikander. 130 Min. FSK: ab 16; f. Verleih: Telepool/EuroVideo.

Eigenwillige Neuinterpretation der Sage von Sir Gawain und dem Grünen Ritter als surreale, visuell bestechende Abenteuerreise eines sich seiner selbst nicht sicheren Protagonisten. – Sehenswert ab 16.

Wer wahrhaft zum erlesenen Kreis der Ritter der Tafelrunde gehören möchte, der muss sich erst einmal beweisen. Dies ist die Prämisse in David Lowerys Verfilmung der Rittermär *Sir Gawain and the Green Knight*, einem Teil der berühmten Artus-Sage, die sich ganz den Abenteuern des ritterlichen Novizen Sir Gawain widmet. Der Platz an der Seite seines Herrscher-Onkels (Sean Harris) ist dem Edlen (Dev Patel) zwar schon einmal gewiss, seine herausgehobene Position ist jedoch ein Grund mehr, seine chevaleresken

Fähigkeiten, insbesondere seine Schwertkunst, hervorzuheben.

Dazu hat Gawain in einer anfänglichen Szene des Films Gelegenheit. In weihnachtlich-neujährlicher Runde sitzen die Ehrenmänner auf Schloss Camelot an der legendären Tafel beieinander, als sie unerwartet Besuch erhalten – vom titelgebenden Grünen Ritter (Ralph Ineson), einer Sagenfigur halb Mensch, halb pflanzliches Gewächs. Der Mystische schlägt im Anschluss eines so bedeutungsschwangeren wie theatralischen Erstauftritts im Thronsaal folgenden Deal vor: Welcher Ritter auch immer den Mut aufbringe, das Schwert gegen ihn zu führen, habe einen Schlag frei. Jedoch unter der Bedingung, dass sich der Grüne Ritter ein Jahr später für den Schlag revanchieren dürfe – mit dem exakt selben Schlag seiner Waffe. Selbstgewiss meldet sich Sir Gawain, um gegen den Grünen Ritter in den Schlagaustausch zu treten. Mittels eines gezielten Schwerthiebs trennt er dem baumlangen Grünen dessen Haupt ab, nur um seinen restlichen Körper im nächsten Moment wiederaufstehen zu sehen. Seinen abgeschlagenen Schädel unterm Arm ermahnt der Grüne Ritter im Fortgehen Gawain: «Ein Jahr.»

Dev Patel in THE GREEN KNIGHT (© Telepool)

Ritterodyssee der besonderen Art

Dies ist der Auftakt zu einer Ritterodyssee der besonderen Art. Ihre erzählerische, vor allem aber visuelle Sogwirkung, die sich bald schon entfaltet, verdankt sich der geschickten Regiehand von David Lowery. Nach den filmischen Arbeiten ELLIOT, DER DRACHE, A GHOST STORY und zuletzt EIN GAUNER UND EIN GENTLEMAN lässt sich ihm durchaus ein glücklicher Lauf in Hollywood nachsagen. Und das häufig mit ausgesprochen widerspenstigen und ungewöhnlichen Stoffen, abseits des Mainstream-Allerleis.

In THE GREEN KNIGHT stellt Lowery abermals seine eigenwilligen künstlerischen Fähigkeiten unter Beweis. Er inszeniert ein fieberhaftes Bilderpoem, seine erzählerischen Vignetten, die den Film strukturieren, gestaltet er halluzinatorisch gesteigert in nachgerade traumartiger Darstellungsform. Tatsächlich überlagern sich Traum und Wirklichkeit im Film beinahe nahtlos. Was genau in diesen Sequenzen passiert, lässt sich oft gar nicht so einfach sagen, vielmehr steht es der Interpretation offen. Nicht einer inszenatorischen oder erzählerischen Nachlässigkeit wegen, im Gegenteil: Lowerys Methode der Doppeldeutigkeit, Desorientierung und Bedeutungsverschiebung hat System.

Ein gebrochener Held auf klassischer Heldenreise

Im Grunde ist es die klassische Heldenreise, welche den Plot von THE GREEN KNIGHT vorantreibt. Eine Reise, die für gewöhnlich vorsieht, dass der Held die sich ihm stellenden Herausforderungen einsam meistert, innerlich heranreift und sich somit schliesslich – gestählt an Leib und Seele – seiner Männlichkeit versichert. Dev Patel unterläuft jedoch in seiner Darstellung des Sir Gawain diesen betont autonomen Typus. Sein Ritter ist in vielen Situationen gebrochener, bisweilen auch schwankender Held, dessen Schicksal weniger durch Selbstbestimmung und -erschaffung geprägt ist, sondern von den Wünschen und Interessen der weiblichen Charaktere der Ritterromanze abhängt. Angefangen bei seiner Mutter (Sarita Choudhury) über die Dienstmagd und Geliebte Essel sowie eine adelige Lady, die ihn in Versuchung führen wird (Alicia Vikander verkörpert beide Figuren in einer Doppelrolle), bis zur mysteriösen Winifred (Erin Kellyman), deren geisterhafter Erscheinung Gawain zu ihrer verdienten Seelenruhe verhelfen soll – sie alle zeigen unserem «Helden» mitunter seine Grenzen auf.

David Lowery erlaubt sich dabei naturgemäß einige Freiheiten bei der Adaption der jahrhundertealten Erzählung, wobei er die narrative Grundstatik der Mittelalterlegende intakt lässt. Sämtliche erzählerische Etappen laufen auf die schicksalhafte Wiederbegegnung Gawains mit dem Grünen Ritter hinaus. Die Konfliktachse ist dabei weniger ein klassisches Gut-gegen-Böse-Schema als die grundsätzliche Konstellation Zivilisation und Natur.

THE GREEN KNIGHT zeigt sich als eine Coming-of-Age-Geschichte, unter verkehrten Vorzeichen. Anstatt der großen freiheitlichen Verheißung am Ende ins filmisch so häufig bemühte Licht der offenstehenden Möglichkeiten zu folgen, erwartet den Helden hier eine rätselhafte, dunkle Vorherbestimmung – in einem gewissen Sinne ein grausamer Witz, doch auch für ein solches Ende muss Gawain sich erstmal als würdig erweisen.

Überbordende Lust am visuellen Erzählen

Bei allem Interpretationsspielraum, den THE GREEN KNIGHT gewährt, handelt es sich bei David Lowerys neuer filmischer Arbeit keineswegs nur um eine intellektuelle Fingerübung. Mit überbordender Lust am visuellen Erzählen macht Lowery seinen Grünen Ritter zu einer wahrhaft sinnlichen Kinoerfahrung, bei der besonders die Kameraarbeit von Andrew Droz Palermo sowie das präzise Produktionsdesign von Jade Healy hervorzuheben sind.

Statt großer Gesten zeigt sich Regisseur Lowery in THE GREEN KNIGHT als Souverän des cleveren Winks. An die Stelle überladener Metaphern und klischeehafter Symbole tritt bei ihm ein durchdachtes Signalsystem, das beim Zuschauer die Erwartungshaltung einer Auflösung aller offener Fragen geschickt unterläuft. Lowerys Filmmärchen ist zugleich Affektkino in Reinform, eine surreale Pracht, an deren Ende einem der Auftritt eines sprechenden Fuchses beileibe nicht als die größte Seltsamkeit erscheint. Chris Schinke

....

DRIVE MY CAR

Japan 2021. Regie: Ryūsuke Hamaguchi. Mit Hidetoshi Nishijima, Tōko Miura. 179 Min. Verleih: Rapid Eye Movies.

Ein kunstvoll komponiertes Drama über einen japanischen Theaterregisseur, der in Hiroshima *Onkel Wanja* von Tschechow inszenieren soll, was ihm und allen Mitwirkenden Existenzielles abverlangt. – Sehenswert ab 16.

Die Ideen zu ihren Drehbüchern kommen Oto beim Sex. Nach dem Orgasmus spinnt sie in einer Art Trance die Erzählfäden weiter. Die Geschichten, die auf diese Weise entstehen, hat sie aber kurz darauf schon wieder vergessen. Am nächsten Morgen lässt sie sich von ihrem Mann Yusuke, einem Schauspieler und Theaterregisseur, erzählen, was sie sich halb unbewusst ausgedacht hat. Für Oto ist diese Form des Geschichtenerzählens mehr als eine Arbeitsmethode oder das erotische Ritual eines Künstlerpaars. Sie löst sich damit aus einer Starre. Yusuke und Oto sind «Weiterlebende», um mit Tschechow zu sprechen. Vor vielen Jahren haben sie ihre gemeinsame Tochter verloren.

Der Ursprung wirklicher Geschichten

In DRIVE MY CAR dreht sich alles um das Geschichtenerzählen. Die Geschichten, die erzählt werden, beim Autofahren, beim Sex, bei der Besichtigung einer Müllverbrennungsanlage oder an einem traumatisch belasteten Ort auf der Insel Hokkaido, sind nie geradlinig, sondern verschlungen und von vielen Fragen und Zweifeln durchdrungen, mit offenen Enden. Sie kommen aus dem eigenen Leben, der Fantasie, einem Bühnenstück, aus dem Mund und vom Tonband. Oder sie stecken im Herzen fest. So wie bei Yusuke. Seit dem plötzlichen Verlust von Oto geht er wie versteinert durchs Leben.

Nach WHEEL OF FORTUNE AND FANTASY (2021), einem Frauenfilm, steht im neuen Werk von Ryūsuke Hamaguchi eine männliche Künstlerfigur im Zentrum. Ihre Krise ist sicherlich nicht neu, doch die Art und Weise, wie der japanische Filmemacher diesen Mann in Bewegung setzt und mit den Bewegungen anderer Figuren kreuzt, ist so filigran und vielschichtig, dass von der «alten» Geschichte wenig übrigbleibt.

Stille Bilder, fließendes Gewebe

Das fängt schon mit der Adaption an. DRIVE MY CAR basiert auf einer Kurzgeschichte von Haruki Murakami *(Von Männern, die keine Frauen haben)*, ist aber 179 Minuten lang. Die Erzählung hat einen Hang zum Romanhaften, zum Gedehnten; verknappt ist allein die visuelle Form. Die Bilder sind einfach gehalten, schmucklos, aber nicht spröde. Man könnte sie für uninteressant, fast ein wenig effizient halten; dabei braucht es genau ihre Stabilität, um dem überaus beweglichen Erzählgewebe den notwendigen Halt zu geben.

Halt und Struktur verleiht dem Film auch sein zentrales Motiv: das Auto. Für Yusuke ist sein schon etwas in die Jahre gekommener roter Saab 900 Fortbewegungsmittel und Rückzugsort zugleich. Beim Fahren lernt er seine Texte, die ihm Oto auf Audiokassette aufgenommen hat. So reagiert er auch etwas verstimmt, als man ihm am Theater in Hiroshima, wo er Tschechows *Onkel Wanja* inszenieren soll, aus Versicherungsgründen eine Fahrerin zuweist. Fortan fährt ihn die junge Misaki täglich zu den Proben und wieder zurück.

Auf langen Autofahrten

Neben den Fahrten, die sich allmählich von einem stillen Nebeneinander zu einem immer offeneren Gespräch entwickeln, bilden die Lese- und Theaterproben den zweiten wichtigen Strang. Yusuke gibt die Titelrolle ausgerechnet Takatsumi, einem jungen, nicht sonderlich talentiertem Schauspieler, in dem er den Liebhaber seiner verstorbenen Frau zu erkennen glaubt. Das Machtverhältnis zwischen den beiden, ihre um Oto kreisenden Gespräche und ihre unterschiedliche Idee von Männlichkeit setzen das Verhältnis unter eine permanente Spannung.

Hidetoshi Nishijima und Tōko Miura in DRIVE MY CAR (© Rapid Eye Movies)

Mehr aber noch interessiert Hamaguchi das Zusammenwirken von Kunst und Leben. Yusuke weiß genau, warum er den Onkel Wanja nicht selbst spielen mag: «Wenn man seinen Text spricht, zerrt er das eigene Selbst hervor.»

Tatsächlich ist es dann aber vor allem die zurückhaltende, etwas schluffige Fahrerin Misaki, die Yusuki zum Reden bringt, und ihrerseits ins Reden kommt über ihre traumatische Kindheit und Jugend. Das Auto wird dabei zum Bekenntnisraum.

Wie man zueinanderfindet

Hamaguchi erzählt die Annäherung dieser beiden Menschen, ihr plötzlich sehr freimütiges Sprechen über ihre Beschädigungen und Schuldgefühle, ganz ohne Pathos und erotischen Unterton. In der vielleicht schönsten Szene des Films rauchen Misaki und Yusuki beim Fahren wortlos eine Zigarette, ihre Hände nebeneinander zum Dachfenster hinausgestreckt, in die von bunten Lichtreflexionen erleuchtete Nacht.

Esther Buss

....

GROSSE FREIHEIT

Deutschland/Österreich 2021. Regie: Sebastian Meise. 116 Min. FSK: ab 16; f. Verleih: Piffl Medien.

Ein kammerspielartiges Drama um einen zwischen 1945 und 1969 immer wieder wegen seiner Homosexualität inhaftierten Mann, der sich im Lauf der Zeit mit einem anfangs feindlichen Zellengenossen anfreundet. – Sehenswert ab 16.

Nachdem Hans bereits das dritte Mal im Gefängnis gelandet ist, fällt ihm dort eine Ausgabe des *Spiegels* in die Hände. Es ist die Nr. 20 vom 11. Mai 1969. Auf der rosafarbenen Titelseite sind in dicker schwarzer Schrift die Ziffern jenes Paragrafen abgedruckt, der ihn seit Jahrzehnten kriminalisiert: «§ 175». Darunter, in etwas kleineren Lettern, ist zu lesen: «Das Gesetz fällt – bleibt die Ächtung?» Hans starrt das Magazin lange wortlos und fassungslos an.

Zu diesem Zeitpunkt des Spielfilms GROSSE FREIHEIT lässt sich recht gut erahnen, was das für den Protagonisten bedeuten muss, wie er sich fühlen mag: unendlich froh, erleichtert, befreit – «ich bin jetzt legal», stammelt er ungläubig, als er seinem langjährigen Mitgefangenen Viktor davon erzählt – aber auch tieftraurig, wütend und verzweifelt. Als Hans Hoffmann 1957 das zweite Mal wegen «sexueller Handlungen» mit einem Mann eingesperrt war, hat sich dieser Mann – Hans' große Liebe Oskar – im Gefängnis das Leben genommen; weil er keinen anderen Ausweg sah, keine gemeinsame Zukunft, keine Perspektive.

Zu spät für ein Happy End

Zwölf Jahre danach, als es für Hans direkt von der Klappe mal wieder zurück in den Knast geht, ist es für

V.l.n.r.: Franz Rogowski, Alfred Hartung und Georg Friedrich in GROSSE FREIHEIT
(© Freibeuterfilm/Rohfilm)

ein Happy End also schon lange zu spät. Der österreichische Regisseur Sebastian Meise, der das Drehbuch zu GROSSE FREIHEIT gemeinsam mit Thomas Reider verfasste, hat am Schluss für seinen Filmhelden lediglich einen melancholischen Trost parat, der hier im Einzelnen nicht verraten werden soll: einen ebenso wehmütigen wie hoffnungsvollen Ausklang für ein wunderbares, großartiges Kammerspiel hinter Gefängnismauern.

Als Hans 1945, unmittelbar nach dem Krieg, das erste Mal zu Viktor in eine Zelle verfrachtet wird, versucht der den «Perversen» vergeblich wieder loszuwerden. Wenn er ihn anfasse, sei er tot, schleudert er dem Neuankömmling voller Abscheu entgegen. Doch dann entdeckt er die auf Hans' Unterarm eintätowierte Nummer. Und als er erfährt, dass Hans von seiner 18-monatigen Strafe vierzehn Monate bereits im KZ abgesessen hat, kann er kaum glauben, dass «die» ihn aus dem Konzentrationslager direkt ins Gefängnis gesteckt haben. «Echt?» Hans antwortet nicht, sodass die Frage noch lange nachhallt. «Die» waren vor und nach dem Krieg eben oft noch dieselben.

Einer der eindrücklichsten deutschsprachigen Filme des Jahres

Es ist ein würdeloses, weil entwürdigendes, inhumanes und damit Artikel 1 des Grundgesetzes zutiefst verletzendes Stück bundesdeutscher Geschichte, an das Meises Film erinnert. Fabian Schäfer nennt GROSSE FREIHEIT in seiner Filmkritik auf Queer.de den «wichtigsten deutschsprachigen queeren Film des Jahres» und hat damit vermutlich recht. Weil der bedeutende historische Kontext, in den Meise seinen Film exemplarisch einbettet, jedoch nicht den Blick auf die individuellen, eigentümlichen Charaktere und ihre einzigartige (fiktive) Geschichte versperrt, ist er zugleich mehr als das. GROSSE FREIHEIT ist auch einer der eindrücklichsten und besten deutschsprachigen Filme des Jahres überhaupt.

Ganz wesentlich liegt das an den Hauptdarstellern Franz Rogowski und Georg Friedrich, die die unwahrscheinliche Hassfreundschaft zwischen dem schwulen Hans und dem homophoben Viktor durch und durch glaubhaft erscheinen lassen. Das Drehbuch bietet den beiden mit gesenktem moralischem Zeigefinger einen Spielraum, den sie mit fassbinderesker Wucht und zwielichtigem Charisma ausfüllen.

Die Ächtung weicht der Achtung

«Bleibt die Ächtung?» Gemünzt auf die schwierige Beziehung zwischen den ungleichen Männern, die das Schicksal in Form des deutschen Strafvollzugs einander aufgezwungen hat, zeigt der Film auf drei achronologisch miteinander verschränkten Erzählebenen, wie diese nach und nach der Achtung weicht. In harten, kraftvollen Hell-Dunkel-Kontrasten zeichnet er den Alltag zwischen Gefängnishof und «Loch», einer bis auf einen Fäkaleimer leeren und abgedunkelten Strafzelle, nach. Nur gelegentlich finden in kalten Nächten, die sie mit anderen Gefangenen draußen verbringen müssen, weil sie den Nachtappell störten, und unter grobe Wolldecken gehüllt, zwei liebende Männer zueinander.
Stefan Volk

....

V.l.n.r.: Lyna Khoudri, Frances McDormand und Timothée Chalamet in THE FRENCH DISPATCH (© Walt Disney Company)

THE FRENCH DISPATCH

USA/Deutschland/Frankreich 2020. Regie: Wes Anderson. 108 Min. FSK: ab 12; f. Verleih: Walt Disney Company.

Nostalgische Hommage an den Qualitätsjournalismus und einen feuilletonistischen Blick auf die Welt, die anhand der letzten Ausgabe des französischen Ablegers eines US-Magazins dessen besonderen Esprit Revue passieren lässt. – Ab 14.

Gibt es so etwas wie eine sequenzierbare DNA eines Künstlers, die sich eindeutig bestimmen ließe, oder ist jedes neue Kunstwerk notwendigerweise wie eine Sprungmutation, die zwar kreativen Fortschritt verbürgt, dem Œuvre als Ganzem aber stets enteilt? Bei einem Filmemacher, der stark und affirmativ dem Autorkonzept zuneigt, wird man leichter Ersteres bejahen mögen, und das Werk des US-amerikanischen Drehbuchautors und Regisseurs Wes Anderson, Jahrgang 1969, ist mittlerweile umfangreich genug, um Stoffe und Motive, Erzählweise und Bildästhetik in ihrer Verwandtschaft und Entwicklung zu studieren. So ist auch sein neuer Film THE FRENCH DISPATCH, der bei den diesjährigen Festspielen von Cannes Weltpremiere hatte, erkennbar aus einer Hand (wenn auch vielleicht nicht völlig aus einem Guss), obwohl er so magazinhaft-episodischen Charakter trägt. Das kommt nicht von ungefähr: Andersons gesamte Konzeption gestaltet sich als ungeheuer nostalgische und also recht verklärende Hommage an eine spezifische Form der Welterkenntnis und Weltaneignung, liberalen Geistes, grundsätzlich human und schon daher auch dem Körperlichen besonders zugetan.

Es ist die Haltung des Flaneurs (hier verkörpert durch Andersons Alter Ego Owen Wilson als radelnder Reporter Herbsaint Sazerac), der seine durch glückliche Fügung («Serendipity») aufgespürten objets trouvés mit feuilletonistischem Blick erfasst und freigiebig mitteilen möchte. Dies geschah zu Zeiten, als der Qualitätsjournalismus noch über größere Ressourcen an Köpfen, Geld und Zeit verfügte, auf den langen Panoramastrecken in Magazinen wie *The New Yorker* (nach dessen Ausgaben Anderson süchtig sein soll), die einem begierigen Nachkriegspublikum alle Länder und Spielarten des Menschlichen auffächerten als ein Reich der unbegrenzten Möglichkeiten.

Ein grenzenloses Utopia der Fantasie und der Fabeln

THE FRENCH DISPATCH, das bunte alteuropäische Beiboot eines US-Blattes des legendären Verlegers Arthur Howitzer jr. (Bill Murray), nimmt unverhohlen Anleihen bei solchen Vorbildern und schreibt sich so auch fiktiv ein in die Geschichte der franko-amerikanischen Kulturbeziehungen zu Anfang des 20. Jahrhunderts (Hemingway et al. in Paris). Das charmant, aber auch mit einem gerüttelt Maß an nationalen Klischees entworfene Städtchen, in dem die Zeitungsredaktion lebt und arbeitet, denkt und dichtet, nennt sich Ennui-sur-Blasé (!) und ist ein grenzenloses Utopia der Fantasie und der Fabeln, ein journalistisches Schlaraffenland sozusagen. In einer furiosen Fahrt mit Sazerac am Lenker lernen wir seine Quartiere und Originale kennen und erkennen mit melancholischem Blick seine moderne Veränderung und Gentrifizierung: «Paris change» à la Baudelaire, aber auch Orte haben eine DNA, und sie bleibt weiterhin wirkmächtig. Doch nun, wir sind im Jahre 1975, stirbt Howitzer, und seine edelsten Federn ehren ihn und sein Lebenswerk durch drei märchenhafte Geschichten, die noch ein letztes Mal den Geist von THE FRENCH DISPATCH atmen. Es ist unbedingt ein Blick zurück, ohne Zorn, vielmehr mit der Wehmut des Abschieds, den Wahlfranzose Wes Anderson hier aussendet. In den Worten der großartigen Tilda Swinton ist der Film «Wes' französischer Liebesbrief an die Internationale der Kultur und an die segensreiche Kunst des unabhängigen Journalismus».

Ein besonders gelungenes Beispiel dafür gibt gleich Episode 1: Die Muse als gestrenge Herrin des Künstlers spielt Wärterin Simone (Léa Seydoux) für den gottbegnadeten, doch geistesgestörten Maler Moses Rosenthaler (Benicio del Toro), der wegen Doppelmordes seit Jahr und Tag im Gefängnis/Irrenhaus einsitzt und bei seinen täglichen einstündigen Freizeiten ungemein kreative Eruptionen seines Pinsels auf die Leinwand wirft, bis ihn Simone unwirsch abstreift, wenn er zudringlich werden möchte. Sein Knastbruder, ein aalglatter Kunsthändler (Adrien Brody), wittert Talent – und seine Chance, dem überdrehten Kunstmarkt ein neues Enfant terrible verkaufen zu können, unterstützt von der lasziv-gescheiten Society-Lady J. K. L. Berensen (Tilda Swinton). Tumult und Tohuwabohu, als eine dekadente Gesellschaft zu Champagner und Canapés in die Anstalt eindringt, um Rosenthaler zu huldigen. Wie dieser am Ende doch alle austrickst, um sein Meisterwerk «Simone, nackt, Zellenblock J, Hobbyraum» ultimativ für sich zu behalten, das verrät der deutsche Titel dieser Episode zu deutlich, als dass er hier genannt sein sollte...

Ein Speisezimmer und ein Manifest

Eine weitere führt nach dieser spätromantischen Künstler-Tragikomödie, nicht in historischer Chronologie, in die Ära der (französischen) Policier-Filme. «Das private Speisezimmer des Polizeichefs» zeigt höchste Kochkunst und niederste Kriminalität innig verbunden und verwickelt den Kommissar (Mathieu Amalric) und «le chauffeur» (Edward Norton) in einen handfesten Krimi um Entführung und Erpressung. «Ein Manifest und seine Überarbeitungen» schließlich lässt mit Timothée Chalamet als Student und Revolutionär Zeffirelli zwischen allen Fronten und Frauen (unter diesen: Lyna Khoudri und Frances McDormand) die Zeit der 1968er nur allzu lebendig werden mit ihrem so zerstörerischen wie produktiven Widerstreit von Jung und Alt, Geist und Tat, solidaire et solitaire.

THE FRENCH DISPATCH hält auf der ästhetisch-visuellen Ebene viele, fast zu viele poetische Angebote an die Zuschauer:innen bereit. Vieles geschieht gleichzeitig, und manches wird man ein zweites Mal sehen wollen. Der Film offenbart dabei durch Setdesign, Bildcadragen, Kameraführung und chromatische Texturen (von häufigem schwarz-weiß bis hin zu bonbonbunt) klar die Anderson'sche DNA – und die seines Teams um Kameramann Robert Yeoman und Produktionsdesigner Adam Stockhausen. Wer neben dem *New Yorker* auch *Tim und Struppi* gerne gelesen hat, wird hier vollständig glücklich. Verlangt es einen hingegen nach der großen Erzählung, die Erklärung bietet und Zusammenhang stiftet, so könnte Enttäuschung sich einstellen. Aber ein Autor, auch ein filmischer, muss ja nicht immer ein homerisches Epos vorlegen; manchmal ist es ein schmaler Band mit Kurzgeschichten, der dennoch bestens amüsiert.

Karsten Essen

....

BENEDETTA

Frankreich/Niederlande 2021. Regie: Paul Verhoeven. Mit Virginie Efira. 131 Min. FSK: ab 16; f. Verleih: Koch Media.

Provokant-freizügiges, analytisch-kluges Drama frei nach der wahren Geschichte der Nonne Benedetta Carlini, die als junge Frau im Italien des frühen 17. Jahrhunderts von religiösen Visionen sowie ihrem aufkeimenden lesbischen Verlangen gequält wird und sich Feinde macht. – Ab 16.

Schon im Kindesalter wirkt Benedettas Entschlossenheit ein wenig hochmütig. Als das Mädchen von seinen Eltern Anfang des 17. Jahrhunderts in ein toskanisches Nonnenkloster gebracht wird, stellt sich der Familie eine Räuberbande entgegen. Selbstbewusst setzt Benedetta zu einer Belehrung an, bei der sich schließlich ein Vogel genau im richtigen Moment über einem der Diebe entleert. Ob es sich dabei um ein göttliches Zeichen oder nur um Zufall handelt, ist eine Frage, die man sich in BENEDETTA immer wieder stellt. Ziemlich klar ist hingegen, dass es der Titelheldin hier zum ersten, aber keineswegs letzten Mal gelingt, in einer ausweglosen Situation ihren Willen durchzusetzen.

Kurz darauf kommt es zu einem weiteren bedeutsamen Ereignis für den Verlauf des Films von Paul

Verhoeven, der frei auf einem Sachbuch von Judith C. Brown über die Nonne Benedetta Carlini basiert. Kaum ist das Mädchen im Kloster angekommen, muss es ein kratzendes Gewand tragen. Das Unbehagen sei Absicht, flüstert ihr eine Nonne zu: «Dein Körper ist dein Feind.» Kurz darauf fällt eine Marienstatue mit entblößter Brust auf das betende Mädchen; instinktiv beginnt Benedetta am Nippel der Skulptur zu saugen. Selbst der ritualisierte Klosteralltag kann die aufkeimende Lust der Protagonistin nicht zähmen.

Virginie Efira in BENEDETTA (© Capelight / Guy Ferrandis / SBS Productions)

Eine echte Braut Christi

Zunächst findet die mittlerweile erwachsene Heldin (Virginie Efira) einen Weg, enthaltsames Leben und fleischliches Begehren zu vereinen. Weil die Eltern des Mädchens eine Mitgift an die knallhart verhandelnde Äbtissin Felicita (Charlotte Rampling) zahlen müssen, wirkt es auch konsequent, dass Benedetta sich als Braut Jesu fühlt. Wie in einem reißerischen Groschenroman spinnt sie sich Fantasien zusammen, in denen ihr der Heiland als verführerischer Hirte begegnet oder sie als schwertschwingender Ritter vor einer Vergewaltigung rettet. Immer mehr scheint die junge Frau von diesen Visionen beherrscht zu werden. Auf ihr Umfeld wirkt sie dadurch entrückt und überheblich.

Dann dringt Bartolomea (Daphne Patakia) als irdische Versuchung in ihr Leben. Das sinnliche Bauernmädchen mit den vollen Lippen beweist nicht nur auf der Toilette und beim Umziehen ein entwaffnend unbekümmertes Verhältnis zum eigenen Körper, sondern macht Benedetta auch deutliche Avancen. Die Geschehnisse eskalieren daraufhin in zwei verschiedene Richtungen. Einerseits leben die beiden Frauen ihre Beziehung immer hemmungsloser aus, andererseits wird Benedetta scheinbar zur Heiligen. Erst bekommt sie Stigmata, dann mahnt sie ihr Umfeld mit dämonisch dunkler Stimme vor blasphemischen Umtrieben. Nicht jeder im Kloster nimmt ihr diese Darbietung ab.

Frivolität versus Frömmigkeit

Das Geheimnis des Films liegt im ungelösten Widerspruch zwischen Frivolität und Frömmigkeit, der sich unter anderem in einer zum Dildo umfunktionierten Marienfigur verdichtet. Obwohl Verhoevens ebenso freizügiges wie gewalttätiges Kino mitunter provokant und brutal ist, hält es nicht viel von Eindeutigem. Schon das tolle Schauspielensemble versammelt eine Reihe äußerst ambivalenter Figuren, die nicht um die Sympathie des Publikums buhlen müssen. In der moralisch instabilen Welt des Films bleiben klare Täter- und Opferzuschreibungen ohnehin flüchtig und ungenau.

Wenn sich BENEDETTA nicht gerade dem rasenden Eifer seiner Titelheldin hingibt, schweift er zu Nebenfiguren wie der schon bald zur Schwester degradierten Felicita ab oder tritt zurück, um das Milieu genauer ins Visier zu nehmen. Ohne das Göttliche ganz zu leugnen oder in plumpe Kirchenkritik zu verfallen, erzählt Verhoeven, wie der Klerus von Machtspielen und Heuchelei bestimmt ist. Ein Wunder ist für die Kirche hier in erster Linie interessant, weil es finanziell profitabel ist.

Ausgerechnet der aus seinem eigenen barock lüsternen Lebensstil keinen Hehl machende Nuntius (Lambert Wilson) soll aus Florenz anreisen, um Benedetta als Scharlatanin zu entlarven. In der hässlich gezeichneten, auf Missgunst und Ungleichheit basierenden Welt wird über ähnliche «Vergehen» letztlich sehr unterschiedlich gerichtet. Der eine wird zur moralischen Instanz, die andere zum Sündenbock.

Die Regeln eines verdorbenen Systems

Mit ihrem manipulativen Geschick steht die Nonne Benedetta den Protagonistinnen aus früheren Verhoeven-Filmen in nichts nach. So wie die unter Mordverdacht stehende Bestsellerautorin Catherine Tramell aus BASIC INSTINCT oder die naive, aber umso ehrgeizigere Tänzerin Nomi aus SHOWGIRLS lernt auch Benedetta perfekt die Regeln eines Systems zu spielen, das es nicht immer gut mit ihr meint.

Im Liebestaumel oder im Angesicht des Todes offenbart sie zwar eine einnehmende Verwundbarkeit, doch schon im nächsten Augenblick verwandelt sie sich wieder in eine machtgierige und kaltblütige Femme fatale, die den Glauben der Bevölkerung ebenso auszunutzen weiß wie die Hysterie anlässlich der im Umland wütenden Pest. Benedetta ist weder Märtyrerin noch emanzipatorische Freiheitskämpferin, sondern bleibt undurchsichtig und unberechenbar. Dass ihre ungeheuerlichen Taten während ihrer abenteuerlichen Karriere als Heilige häufig Racheaktionen gegen ein feindlich gesinntes Umfeld sind, führt dazu, dass BENEDETTA oft dann am meisten Spaß macht, wenn seine Protagonistin besonders anmaßend und boshaft ist.

Michael Kienzl

....

THE FATHER

Großbritannien/Frankreich 2020. Regie: Florian Zeller. 98 Min. FSK: ab 6; f. Verleih: Tobis.

Packendes Drama um Demenz und Identitätsverlust, das konsequent aus Sicht eines 80-jährigen Mannes erzählt ist, dessen Verwirrung sich unmittelbar überträgt. – Sehenswert ab 14.

Wo denn seine Armbanduhr bloß wieder sei? Er sei sich sicher, sie auf dem Nachttisch abgelegt zu haben. Aber wahrscheinlich habe die Pflegekraft, die täglich kommt, sie gestohlen. Man müsse sie gleich entlassen.

Diese Szene wird sich mehrmals wiederholen. Sie ist ein emblematisches Beispiel dafür, wie alltägliche Dinge für ältere Menschen eine immer größere Macht bekommen. Sie sind mit Bedeutung aufgeladen; wenn sie verschwinden, gerät die Welt aus den Fugen.

Das kann doch nicht wahr sein

Anthony, der «Father» des Filmtitels, ist ein 80-jähriger Mann aus London, der an Altersdemenz leidet. Als man ihn zum ersten Mal sieht, hört er sich in seiner großzügigen, geschmackvoll eingerichteten Wohnung eine Oper an. Es ist ein angenehmer Nachmittag, nichts deutet auf eine Störung hin. Anthony genießt sichtlich die Musik. Doch plötzlich kommt seine Tochter Anne (Olivia Colman) zu Besuch und eröffnet ihm, dass sie einen Mann kennen gelernt habe und mit ihm nach Paris ziehe. Anthony ist verwirrt: seine Tochter und Männer – das kann doch nicht wahr sein. Aber wer ist dann dieser Fremde in seinem Wohnzimmer, der vorgibt, seit über zehn Jahren mit Anne verheiratet zu sein?

Mit einem Mal dämmert es einem, dass man sich vielleicht gar nicht in Anthonys Wohnung befindet, sondern in der von Anne. Augenscheinlich hat sie ihren Vater zu sich genommen, zum Unwillen ihres Mannes Paul (Rufus Sewell), der sich durch den hilfsbedürftigen Mann mehr als gestört fühlt. Aber ist Anne, zwischendurch dargestellt von Olivia Williams, nicht eine andere Frau? Anthony ist verwirrt. Angestrengt versucht er zu begreifen, was um ihn herum vorgeht. Die Ankunft von Laura, der neuen Krankenschwester, hellt sein Gemüt auf. Sie ist eine junge hübsche Frau, mit der er charmant und heftig flirtet. Allerdings hat er bislang noch jede Pflegekraft vergrault.

Als wäre es die eigene Verwirrung

Der französische Schriftsteller und Dramatiker Florian Zeller adaptiert in seinem Filmdebüt sein eigenes gleichnamiges Theaterstück, das 2012 in Paris uraufgeführt und vielfach ausgezeichnet wurde. Auch auf deutschen Theaterbühnen wurde es erfolgreich gespielt. Zeller, als Co-Autor 2021 mit dem «Oscar» für das Beste Drehbuch ausgezeichnet, macht etwas sehr Bestechendes: Er erzählt die Geschichte konsequent aus der Sicht des kranken Mannes. Man erlebt seine Verwirrung so, als wäre sie die eigene. Das führt zwangsläufig dazu, dass man sich als Zuschauer nicht sicher sein kann, was wirklich geschieht. Orte können woanders sein, Charaktere können ihre Identität (und damit den Schauspieler oder die Schauspielerin) wechseln, Täuschungen und Verschiebungen könnten eine Falle sein.

Diese Momente sind für Anthony stets bedeutsam und real, und darum sind sie es auch für den Zuschauer. Die Nebenfiguren, deren eigene Betroffenheit in anderen Dramen um Demenzkranke häufig im Fokus steht, geben keine Orientierung. Einmal zieht Zeller komplett den Boden unter den Füßen weg. Anthonys fröhliche Begeisterung über Laura schlägt plötzlich in Hasstiraden und Gemeinheiten um. Die ständigen Wechsel seiner Stimmungen und Wahrnehmungen verlangen seiner Umwelt viel Geduld ab.

Man kann die Leistung von Anthony Hopkins, immerhin schon 83 Jahre alt, darum nicht genug bewundern, zumal er den «Oscar» als Bester Darsteller erhielt. Zwischen lebensfreudig und beleidigend, charismatisch und wütend, charmant und traurig zieht er alle Register. Wenn er Imogen Poots mit einem fröhlichen «Zeit für einen Aperitif!» umgarnt und später zu tanzen beginnt, muss man unwillkürlich lachen. Olivia Colman hingegen ist gezwungen, zum einen das Spiel ihres Vaters mitzuspielen, zum anderen aber auch ihren Alltag zu meistern. Ein ums andere Mal wischt sie sich heimlich eine Träne aus dem Auge, wenn ihr Vater sie beleidigt und abkanzelt, um dann wieder geduldig Haltung anzunehmen.

Wollte sie wirklich nach Paris ziehen?

Große Bedeutung kommt – neben dem Produktionsdesign, das kleinste Abweichungen in Anthonys Wahrnehmung sofort sichtbar macht – dem Schnitt von Yorgos Lamprinos zu. THE FATHER erzählt eine komplexe und verwirrende Geschichte, in der die Perspektivwechsel nur von einer Figur ausgehen und einige Fragen nicht beantwortet werden. So weiß man bis zum Schluss nicht, ob Anne wirklich die Absicht hatte, nach Paris zu gehen. Doch Lamprinos behält die Übersicht und führt durch einen Film, in dem auf nichts Verlass ist. Selten wurden die Folgen von Altersdemenz im Kino so drastisch spürbar gemacht.

Olivia Colman und Anthony Hopkins in THE FATHER (© Tobis)

Michael Ranze

MINARI

USA 2020. Regie: Lee Isaac Chung. Mit Steven Yeun. 116 Min. FSK: ab 6; f. Verleih: Prokino.

Bewegendes Drama um eine koreanische Familie, das dem amerikanischen Traum in den 1980er-Jahren neue kulturelle und ökologische Facetten abgewinnt, als der Vater sich als Farmer versucht. – Sehenswert ab 14.

Bereits die Ankunft in Arkansas empfindet Monica Yi (Ye-Ri Han) als desillusionierend. Sie betritt kein neues Haus, zu dem eine Treppe hinaufführen oder eine Veranda auf sie warten würde; vielmehr steht sie vor einem abgeschieden in die Landschaft platzierten Wohnwagen, zu dessen Eingangstüre sie auch noch hochklettern muss. Doch ihr Ehemann Jacob (Steven Yeun) verfolgt große Pläne. Er will Farmer werden; deshalb hat er das Land gekauft und will koreanische Pflanzen für all die koreanischen Einwanderer anbauen.

Zur Finanzierung dieses Unterfangens führen die Yis zunächst das fort, was sie schon in Los Angeles viele Jahre lang gemacht haben: auf einer Hühnerfarm als «Kükensexer» zu arbeiten, also männliche von weiblichen Küken zu trennen. Die männlichen Küken werden getötet, weil sie nicht weiter verwertbar sind.

Während die Mutter misstrauisch bleibt, sind die beiden Kinder Anne und David noch begeisterungsfähig. Bei der Suche nach einem geeigneten Acker vermag der Vater seinen Sohn David richtiggehend mitzureißen. Doch die Betreuung der Kinder, vor allem die von David, der unter einem Herzfehler leidet, gestaltet sich schwierig. Die Lösung wird aus Korea eingeflogen: Monicas Mutter Soon-ja (Yuh-Jung Youn). Doch die interpretiert ihre Rolle als Großmutter anders als die beiden Kinder. Sie legt keinen großen Wert darauf, eine weibliche Rolle zu erfüllen, sondern sie versteht sich eher als Mittlerin zwischen den Kulturen. Sie führt die Kinder in die koreanischen Gebräuche ein und entwickelt sich gleichzeitig zu einem ebenso begeisterten wie irritierten Fan von Wrestling-Shows im Fernsehen.

Eine neue Siedlergeschichte

Dem Filmemacher Lee Isaac Chung gelingt mit MINARI nicht weniger als eine Neuformulierung der nordamerikanischen Siedlergeschichte im Zeichen von Interkulturalität und neuen gesellschaftlichen

V.l.n.r.: Alan S. Kim, Steven Yeun, Noel Cho und Han Ye-ri in MINARI (© Prokino)

1980er-Jahren nicht mehr zeitgemäß, auch wenn er in einem Nachbarn (Will Patton) einen ebenso eifrigen wie in seinem religiösen Gebaren skurrilen Mitstreiter gewinnt.

Rassismus in Arkansas

«Warum ist dein Gesicht so platt?», wird David nach der Kirche gefragt. Der andere Junge heißt Johnnie und ist etwas älter als David. Er stammt aus Familienverhältnissen, für die sich der Ausdruck «White Trash» eingebürgert hat. Das bezieht sich auf die verarmte weiße Unterschicht, vor allem in den Südstaaten der USA. Mit diesem Stereotyp wird oft auch Rassismus in Verbindung gebracht. In den 1980er-Jahren war Arkansas allerdings eine weitestgehend demokratisch regierte Region. Bill Clinton war Gouverneur, bevor er 1992 Präsident wurde. Das muss aber nicht heißen, dass es deswegen keinen Rassismus gab. Er ist unterschwellig präsent. Das zeigt sich in Johnnies Artikulation von Fremdheit oder in einer Sequenz in der Kirche. Jacob hat Monica den Besuch der Kirche vorgeschlagen, damit sie andere Menschen kennenlernt. Dort herrscht zunächst aber betroffenes Schweigen. Erst als der Pastor die neue Familie aufzustehen bittet, kommt Leben in den Saal. Die Autorität hat gesprochen, die weiße Gemeinde klatscht den Neuen begrüßend zu. Es gibt weitere ähnliche Situationen, die den Eindruck erwecken, dass durchaus ein latenter Rassismus existiert, der ausbrechen kann, wenn bestimmte Schranken fallen.

Dynamiken. Hinzu kommt, dass der Film zur Regierungszeit von Ronald Reagan spielt, der als ehemaliger Hollywood-Darsteller die filmische Illusion vom Wilden Westen in die Realpolitik katapultierte. Bis zur Großen Depression verliefen die US-amerikanischen Migrationsbewegungen von Ost nach West; Kalifornien galt als das gelobte Land, nicht zuletzt wegen seiner Goldvorkommen. In MINARI sind es hingegen Immigranten aus Korea, die von der kalifornischen Metropole Los Angeles aus Richtung Osten abwandern – nicht um nach Gold zu graben, sondern genau aus dem anderen Grund, der viele zur Migration bewog: die durch Naturkatastrophen viel zu riskante Landwirtschaft vor allem im Mittleren Westen, an den das südlich gelegene Arkansas anschließt.

Wenn Jacob Yi nach der Ankunft in den Boden der Wiese greift und die fruchtbare Erde in der Hand hält, um seiner Frau zu demonstrieren, welche Möglichkeiten sich ihnen hier bieten, ist das Western-Genre zum Greifen nah. Das Breitwandformat benutzen Chung und sein Kameramann Lachlan Milne indes nicht für pathetische Bilder von der Erschließung des Landes. Eine Wildnis gibt es hier ohnehin nicht mehr. Wo jetzt der einsame Wohnwagen parkt, wird einige Jahre später vielleicht ein Trailer-Park entstehen. Statt der Weite der Landschaft betonen die Bilder die Enge des Wohnwagens und das Stück Ackerland, das Jacob bestellen will. Ehefrau Monica repräsentiert hingegen eine Frauenfigur wie aus den Western. Sie möchte Sicherheit und arbeitet am Familienzusammenhalt. Allerdings ist sie sehr selbstständig und selbstsicher, was im Western-Genre allzu oft fehlte. Dem Pioniergeist ihres Mannes vermag sie wenig abzugewinnen. Jacobs Rede vom gelobten Land eignet in der Tat etwas Naives. Seine Überzeugung, dass der Wille Berge versetzen und koreanische Pflanzen zum Wachsen und Gedeihen bringen könne, wirkt in den

Da die Inszenierung die filmischen Mittel ganz der Handlung unterordnet, erweckt der Film von Lee Isaac Chung den Eindruck, zwar in bester Tradition des US-amerikanischen Erzählkinos eine bewegende Geschichte zu erzählen, aber nur wenig Raum darüber hinaus zu lassen. Bewegend ist der Kampf zwischen Monica und Jacob, die nicht mehr zueinander zu finden scheinen, und die Auswirkungen auf die Kinder, vor allem auf David, der so gerne durch das hohe Gras läuft, dann aber ermahnt wird, wegen seiner Herzprobleme einen Gang zurückzuschalten. Auch das Verhältnis zwischen David und seiner Großmutter ist von subtiler emotionaler Kraft und Humor geprägt (Yuh-Jung Youn wurde für diese Rolle verdientermaßen mit Preisen überhäuft). Doch was MINARI über diese unbestreitbaren narrativen und inszenatorischen Qualitäten hinaus zu sagen hat, erschließt sich nicht an der Oberfläche. Das gilt auch für die ökologische Dimension.

Das Unkraut am Laufe des Baches

Die titelgebende Kräuterpflanze Minari (Oenanthe javanica, deutsch: Koreanische Petersilie) ist eine Wildpflanze und kommt in Japan, China, Indien, aber auch in Nordamerika vor. Soon-ja sät die Samen im Wald an einem Bachlauf aus. Die Minari-Pflanze gedeihe hier besonders gut, wie Unkraut, meint sie zu David, der seine Großmutter nach und nach liebgewinnt. Um eine invasive Art handelt es sich aber nicht; sie verdrängt keine anderen Pflanzen. Minari erinnert an den Matsutake-Pilz, den die Anthropologin Anna Lowenhaupt Tsing in ihrem Buch *Der Pilz am Ende der Welt* (2015) bekannt gemacht hat. Matsutake gilt als Delikatesse. Er kann nicht kultiviert werden, ist besonders widerstandsfähig und wächst gut in Regionen, welche von den Menschen stark verändert wurde. Ernte und Handel mit Matsutake haben in Japan und in Nordamerika zu vielfältigen sozialen Verflechtungen geführt, in denen auch Migration eine wesentliche Rolle spielt.

Übertragen auf den Film ist es weniger die aufwändig betriebene (industrialisierte) Kultivierung der Landschaft, die glücklich macht. Die Pflanze Minari braucht keine künstliche Bewässerung wie das zu bestellende Feld. Ihr Lebenselixier bezieht sie aus dem Bach. Der Regisseur Lee Isaac Chung hat solche Erfahrungen in seiner Kindheit selbst gemacht, als er in jener Region aufwuchs, in der MINARI spielt. Er studierte angeblich Ökologie, bevor er mit dem Filmemachen begann. Diese Erfahrungen und sein autobiografischer Hintergrund haben womöglich zur Glaubwürdigkeit eines Films beigetragen, der auf höchstem Niveau unterhält und zugleich zum Nachdenken anregt.

Thomas Klein

....

THE TROUBLE WITH BEING BORN

Österreich/Deutschland 2019. Regie: Sandra Wollner. 97 Min. FSK: ab 16; f. Verleih: eksystent distribution.

Komplexes Emanzipationsdrama um ein Android-Mädchen, das die Beziehung zu seinem menschlichen «Vater» zu hinterfragen beginnt und nach seinem Platz in der Welt sucht. – Sehenswert ab 16.

Vom Nachteil geboren zu sein: An diesen Buchtitel des französisch-rumänischen Philosophen Emil Cioran erinnert der Titel des Films von Sandra Wollner. Die Anspielung auf die Gedankenwelt des pessimistischen Denkers drängt sich immer stärker auf, je länger sich THE TROUBLE WITH BEING BORN entfaltet und die häusliche Idylle einer Tochter-Vater-Beziehung in ein Szenario verwandelt, das Elemente des Horrorkinos enthält, aber auch des Science-Fiction- und des Coming-of-Age-Dramas, obwohl der Film im Kern als fiktionales Essay vom Wesen menschlicher Erinnerung handelt.

Am Anfang ist davon noch nichts zu ahnen, und die Erfahrung, in der sich der Plot zu erkennen gibt, ist eine auf allen sinnlichen Ebenen. Zunächst sind es kleine Irritationen: Aus tiefem Schwarz heraus löst sich ganz sanft und langsam das erste Bild. Dann tritt die Kamera aus einem Birkenwald heraus auf eine Lichtung. Ein heranwachsendes Mädchen erzählt aus dem Off, während die Kamera subjektiv und scheinbar mit klarem Ziel, aber irgendwie schwerelos durch den Wald streift. Vögel zwitschern, es ist Spätsommer. Dann – und dies ist die erste große Irritation – sieht man Vater und Tochter am Pool und begreift, dass zwar die Off-Stimme der Tochter gehört, aber nicht der subjektive Kamerablick. Ein unmögliches Bild?

Schwimmend wie ein Gegenstand

Die Tochter erzählt von diesem schönen Sommertag: «Ich war so lange im Wasser, dass meine Finger ganz schrumpelig waren und meine Lippen ganz blau.» Dann folgt die zweite Irritation, denn nun entdeckt der Vater seine Tochter im Wasser. Kopfüber, ohne Kontakt zur Atemluft, geradezu leblos schwimmt sie da; wie ein Gegenstand. Die Art, wie der Vater darauf reagiert, verrät, dass etwas nicht stimmt.

So geht es weiter. Zärtlich, vertraut, von gemeinsamen Erinnerungen durchzogen ist die Beziehung der beiden, die hier offenbar einen langen, vermeintlich endlosen Feriensommer erleben. Aber immer wieder kommt es zu kleinen Merkwürdigkeiten – wie dem Verweis auf einen Aufenthalt in Belgrad «vor zehn Jahren», an den sich ein elfjähriges Mädchen kaum erinnern kann. Die Mutter ist abwesend. Lebt sie überhaupt noch?

Je genauer man hinsieht, umso eher wird klar: Elli, die vermeintliche Tochter, ist eine Maschine, ein Android. Ihre Menschenähnlichkeit ist so perfekt, dass sie auch noch die Aufsässigkeit eines jungen Mädchens besitzt, eine Art eigenen Willen. Was sich genau dahinter verbirgt, bleibt lange unklar. Elli ist klug und aufgeweckt. Aber sie scheint auch immer recht naseweis zu sein. Es liegt eine seltsame Reserve

Lena Watson in THE TROUBLE WITH BEING BORN (© eksystent distribution)

zwischen ihr und dem Mann, den sie «Vater» nennt. Es scheint auch Geheimnisse zu geben, ein verborgenes Wissen, das beide verbindet, das aber nicht ausgesprochen werden darf.

Bedrohung & schutzbedürftige Wesen

Das Thema des künstlichen Menschen gehört seit nahezu den Anfängen zu den großen Topoi des Kinos. Beginnend mit Paul Wegeners DER GOLEM, WIE ER IN DIE WELT KAM und Fritz Langs METROPOLIS, in dessen Zentrum bereits eine sexualisierte Maschinen-Frau steht, bis zur Gegenwart ist dieser Maschinenmensch immer zugleich Bedrohung angesichts seiner Überlegenheit gegenüber seinem Schöpfer wie auch schutzbedürftiges Wesen, das sich in der menschlichen Welt nur eingeschränkt zurechtfindet.

Das Maschinenmenschen-Sujet kreist dabei vor allem um zwei Urgeschichten: zum einen um die «Künstliche Intelligenz» (KI) und damit die Frage, was den Menschen eigentlich ausmacht und fundamental von einer Maschine unterscheidet. Und zweitens um die Frage, welchen Platz solche Android-Roboter in unserem Leben haben (sollen).

Die österreichische, in Berlin lebende Regisseurin Sandra Wollner erzählt diese Geschichte in ihrem zweiten Spielfilm komplett aus der Sicht des Roboters, einem Wesen in Teenagergestalt. Damit ist THE TROUBLE WITH BEING BORN ein klassischer Coming-of-Age-Stoff. Denn auch für diese Künstliche Intelligenz geht es um die Bewusstwerdung und Bewusstseinswerdung. Elli will lernen; sie versucht, die Menschen zu verstehen. Sie studiert ihr Verhalten.

So ist das Besondere an diesem Film, dass die Unheimlichkeit eine wechselseitige ist: Nicht nur den Zuschauern und ihrem Vater ist das Roboterkind seltsam ungreifbar, weil unfassbar und dadurch unheimlich, sondern umgekehrt ist auch etwas an den Menschen für Elli schaudernd unbegreiflich. Elli blickt auf alles durch die Linse der Einsamkeit. Sie will und weiß zwar nur, was ihr einprogrammiert wurde, aber paradoxerweise scheint sie zu erkennen, dass sie ein Objekt ist, kein Mensch.

Ellis Einsamkeit steht im Zentrum

Vor allem jene unendliche Einsamkeit steht im Zentrum des Films. Sie wird noch dadurch gesteigert, dass die Erkenntnis von Ellis Austauschbarkeit mit fortschreitender Filmdauer immer deutlicher wird. Denn eines Nachts taucht im Sommerhaus eine zweite Elli auf. Sie ist etwa Anfang 20 und offenbar die vor zehn Jahren verschwundene Tochter. Aber es bleibt unklar, ob es sich bei dieser Elli womöglich auch um einen Androiden handelt. Existiert die «Mutter» überhaupt? Am Rande wird auch angedeutet, dass die beiden Ellis womöglich als Objekt für die sexuellen Begierden des «Vaters» fungieren – wobei der Film dies sehr im Vagen hält, was damit auch in den Augen der Betrachter bleibt.

Hier wird ein weiterer klassischer Aspekt des Robotermotivs berührt, ihre Sexualisierung. Und damit verbunden die Frage, ob man sich den intelligenten Maschinen gegenüber moralisch verhalten kann oder sogar muss? Oder ob sie reine Objekte sind, im klassischen Sinn wie ein Möbelstück oder ein Gefäß? In jedem Fall macht THE TROUBLE WITH BEING BORN klar, dass Maschinen Ersatzbefriedigungen sind, die die Wünsche ihrer Besitzer spiegeln.

Das wird noch viel deutlicher, nachdem die Geschichte eine neuerliche Wendung nimmt: Android-Elli hat offenbar den Erzählungen ihrer älteren «Schwester» zugehört und bricht eines Tages wie auf in den Wald. Märchenmotive schwingen hier mit wie das romantische Muster des «Aufbruchs in die Welt», das rebellische Ausreißertum, die Flucht aus dem Gefängnis des Tochterseins – in jedem Fall ist es ein Akt der Emanzipation und des Erwachsenwerdens.

Ein paar Eingriffe machen «Elli» zu «Emil»

Doch bald holt die Realität den Traum der Maschine ein: Ein Autofahrer greift das Roboter-Mädchen auf und schenkt es seiner alten Mutter. Durch ein paar maschinenbauliche Eingriffe wird Elli nun zu «Emil», der als Ersatz für den vor 60 Jahren verschwundenen Bruder der Alten herhalten soll. Auf subtile und ironische Art streift Sandra Wollner hier sogar die Transgender-Thematik: Ein Roboter hat kein Geschlecht;

so wenig «Elli» Elli ist, so wenig ist der Android Mädchen oder Junge. Weil er ein Objekt ist, ist sein Geschlecht Wahl seines Besitzers.

Sandra Wollner gehört zu jenen Filmemacherinnen aus Österreich, bei denen man zwar unwillkürlich an Michael Haneke denken muss, doch dieser Gedanke führt eher in die Irre. Die Gemeinsamkeit des Österreichischen liegt hier weniger im Interesse an einem Bild der (bürgerlichen) Gesellschaft, weniger in einer behaupteten «Perversion» oder in einem Faible für das Schräge, Böse, Absonderliche, Wahnsinnige, Hässliche. Sondern in einer Konsequenz des Schauens, Inszenierens und Erzählens, die dem größten Teil des deutschen Kinos, weit über den Mainstream hinaus, unverständlich ist.

Was man sich oft als «Kälte» oder gar «Zynismus» österreichischen Filmemachens vom Leibe halten will, erweist sich gerade bei Sandra Wollner als Empathie anderer Art. Klassische Plotpoints und Stichworte wie «Identifikation», «Logik» oder «menschlicher Faktor» treten bei ihr gegenüber dem Atmosphärischen zurück.

THE TROUBLE WITH BEING BORN ist formal streng gehalten und arbeitet oft mit langen Einstellungen und sparsamen Dialogen. Zugleich ist sein Blick tastend und experimentell, deutlich an neuem Terrain interessiert. Es gibt immer wieder langsame, vorsichtige Drehungen der Perspektive, des Sinns, der Stimmungen und Beziehungen. Es überwiegt die Unsicherheit der Figuren. Visuell bedienen sich Wollner und ihr Kameramann Timm Kröger eindeutig aus dem Arsenal des Horrorfilms. Zur besonderen Atmosphäre des Unheimlichen und der Verstörung trägt auch das Tondesign viel bei. Trotzdem ist THE TROUBLE WITH BEING BORN kein Horrorfilm. Sondern eine Betrachtung über die Rolle, die Erinnerungen für das Wesen des Menschen spielen.

Ellis Vater und die alte Frau, die ihrem Bruder nachtrauert, sind Gefangene der Erinnerung und einer Vergangenheit, die nicht vergehen will, weil diese Menschen sie nicht loslassen, sondern fortwährend reproduzieren. Das, was man als Ellis Persönlichkeit wahrnehmen kann und mit dem Roboter mitfühlen lässt, resultiert aus komplett künstlich erzeugten Erinnerungspartikel. Sind wir Menschen am Ende genau das? Oder etwa im Gegenteil der Akt, der uns diese Erinnerung abstreifen lässt?

Sind Maschinen die besseren Menschen?

An den Fragen, was Menschen zu Menschen und Maschinen zur Maschinen macht und ob Maschinen nicht die besseren Menschen sind, ist Sandra Wollner genauso interessiert wie Maria Schrader in ihrer Komödie ICH BIN DEIN MENSCH. Wollner geht mit diesen Themen allerdings ganz anders um und auf einem ganz anderen Niveau. Sie bewertet ihre Figuren nicht, sondern sieht ihnen einfach zu. Sie zeigt die Dialektik der Robotik: dass ein Roboter gerade dadurch unperfekt wird, dass ihm Momente des Imperfekten und Überraschenden komplett fehlen.

So gesehen erzählt dieser herausragende, stilsichere und in jeder Hinsicht originelle Film einmal mehr vom Emanzipationsprozess einer Maschine. Die Schilderung der «Geschichte» der Maschine handelt auch davon, was menschliche Individuen und individuelle Maschinen möglicherweise gemeinsam haben: Beide sind immer auf der Suche. Und sie müssen immer wieder aufbrechen, selbst wenn dieser Aufbruch ins Nirgendwo führt.

«Ellie» lässt daran teilhaben, dass sich zu verirren und zu verlieren auch ein besonderes Potenzial des Kinos ist, das man nicht geringschätzen und schon gar nicht abwehren sollte. Gleichzeitig führt THE TROUBLE WITH BEING BORN vor Augen, was die wahre Horrorvision sein könnte: Maschinen, die empathischer sind als Menschen und dadurch sympathischer erscheinen und moralisch wertiger. In jedem Fall holt Sandra Wollner den Schrecken zurück in die Erzählungen vom Aufstieg der Maschinen. Rüdiger Suchsland

....

DIE ZÄHMUNG DER BÄUME

Schweiz/Deutschland/Georgien 2021. Regie: Salomé Jashi. 91 Min. FSK: ab 0; f. Verleih: Film Kino Text.

Ein Dokumentarfilm über die Verpflanzung eines Tulpenbaums aus einer Küstenstadt an der georgischen Schwarzmeerküste in den künstlichen Garten eines Superreichen, der das Verhältnis der Moderne zu ihrer Umwelt hinterfragt. – Sehenswert ab 14.

Es ist ein Bild, das sich einprägt: ein von einem Schlepper gezogenes Transportschiff mitten im blauen Meer. Die Ladung besteht aus einem einzigen Baum, einem Tulpenbaum. Heimisch ist seine Art in Nordamerika. Gepflanzt wurde er vor etwa hundert Jahren in der georgischen Küstenstadt Zichisdsiri. Die Reise über das Schwarze Meer führt den Tulpenbaum etwa 20 Kilometer nordwärts. Dort soll er in

DIE ZÄHMUNG DER BÄUME (© Mira Film / Corso Film / Sakdoc Film)

einem künstlich angelegten Baumgarten eine neue Heimat finden.

Der Glaube ans Kapital versetzt Bäume

Der Baumgarten ist ein Projekt des Milliardärs Bidsina Iwanischwili, eine Art Freiluft-Ausstellung von Bäumen und Macht. Iwanischwili gründete 2012 die Bürgerbewegung «Georgischer Traum» und war danach für ein Jahr Regierungschef des Landes. Er verfügt über außerordentliche Macht in Georgien. Unter den ihm zur Verfügung stehenden Mitteln sind ihm viele recht, auch die, die nicht rechtens sind. Auf der unrühmlichen Personenliste der *Pandora Papers* wird auch Iwanischwili geführt. Er ist gewillt, Bürger, Geld und Bäume zu bewegen, koste es, was es wolle.

Die georgische Regisseurin Salomé Jashi hat eines seiner wahnwitzigen Projekte mit der Kamera beobachtet. Protagonist ist der Tulpenbaum. Seine imposante Mächtigkeit, der enorme Umfang seines Stammes und das gigantische Wurzelwerk, steht im krassen Kontrast zur einfältigen Macht desjenigen, der ihn an einen anderen Ort verfrachten lässt.

Auch die Menschen, die in Zichisdsiri leben, müssen machtlos mitansehen, wie ihr pflanzlicher Mitbewohner seine Heimat verliert. Sie werden mit temporären Arbeitsplätzen und scheinbar großzügigen Entschädigungen abgespeist.

Immer wieder gibt es Szenen, die davon erzählen, wie schwer es den Menschen fällt, darüber zu sprechen, was sie zu tun genötigt werden. Die Angst vor den Konsequenzen, der Druck, der auf ihnen lastet, ist immer wieder zu spüren. Einige halten auch lieber den Spatzen in der Hand als die Taube auf dem Dach und begrüßen die großzügigen Zuwendungen, die ihnen zuteilwerden; ihr Leben ist doch schon beschwerlich genug.

Letztlich überwiegt jedoch die Trauer. Als der Baum abtransportiert wird, steht eine alte Frau auf der Straße und schlägt ein Kreuz, während ein Mädchen neben ihr das bizarre Geschehen mit dem Smartphone filmt. Menschen schreiten schweigend hinter dem Baum her, als werde er zu Grabe getragen.

Bilder des Anthropozän

Salomé Jashi, die mit Goga Devdariani auch für die Kamera verantwortlich zeichnete, zeigt die Arbeiten am Baum und den Transport bis zur Küste und dann über das Meer mit Bildern von betörend-verstörender Schönheit. Wenn die Metallrohre in die Erde eindringen, die das Wurzelwerk des Baumes umgibt, um ihn für den Transport vorzubereiten, ist dies wie eine gewalttätige Penetration gefilmt.

Jashi lässt allein die Bilder sprechen. Beurteilt wird das Gezeigte nicht. Auch die Arbeit der Menschen, die sich an dem Baum zu schaffen machen, bleibt der Einschätzung der Betrachter überlassen. Haben wir Mitleid mit dem Baum? Oder bewundern wir den Kraftakt von Mensch und Maschine, der den Baum in die Knie zwingt? Wird dem Baum andererseits vielleicht eine besondere Ehre zuteil?

Immerhin müssen ihm viele andere Bäume weichen, um Platz für den Transport über die Straße zu schaffen. Ist der Baum etwa Protagonist einer

Exzellenzinitiative? Kann er sich rühmen, zu wenigen Auserwählten zu zählen?

In einem Interview erklärt Salomé Jashi, dass sie es genossen habe, lauter Puzzleteile zu liefern, die das Publikum auf der Basis seiner eigenen Erfahrung, des eigenen Wissens und des eigenen emotionalen Zustands zusammensetzen muss. Dies macht DIE ZÄHMUNG DER BÄUME zu einer besonderen Herausforderung. Der Film ist ein mustergültiges Werk über das Zeitalter des Anthropozän, weil er die Verwerfungen und Ambivalenzen der Gegenwart bestechend und klar vor Augen führt.

Thomas Klein

LIEBER THOMAS

Deutschland 2021. Regie: Andreas Kleinert. Mit Albrecht Schuch. 157 Min. FSK: ab 16; f. Verleih: Wild Bunch.

Ein mutiger, sehr offen gehaltener Film über Leben und Arbeiten des Schriftstellers und Filmemachers Thomas Brasch (1945–2001), der erst in der DDR, dann aber auch in der BRD an den Widersprüchen der gesellschaftlichen Verhältnisse verzweifelte. – Sehenswert ab 16.

Vor gut zehn Jahren, vor Insa Wilkes Studie *Ist das ein Leben. Der Dichter Thomas Brasch*, vor Christoph Rüters Dokumentation BRASCH: DAS WÜNSCHEN UND DAS FÜRCHTEN, vor Marion Braschs Roman *Ab jetzt ist Ruhe*, vor Annekatrin Hendels Recherche FAMILIE BRASCH und zuletzt Mascha Qrellas Brasch-Vertonungen *Woanders*, hätte die Behauptung, dass der Dichter, Übersetzer und Filmemacher Thomas Brasch (1945–2001) keiner größeren Öffentlichkeit mehr bekannt sei, vielleicht eine gewisse Berechtigung gehabt. Rückblickend musste das seltsam erscheinen, denn Brasch war einmal eine ganz große Nummer. Seine zweite Publikation *Vor den Vätern sterben die Söhne* schlug 1977 wie eine Bombe ein, ein Bestseller, der passend zur gleichzeitigen Punk-Bewegung die (komplexe) Aussage sogleich als (nihilistischen) Slogan aufgriff. Brasch krachte seinerzeit mit Wucht in die bundesrepublikanische Szene, brachte Katharina Thalbach mit in den Westen und drehte den ebenso provokanten wie stilistisch ambitionierten Spielfilm ENGEL AUS EISEN, der dann als Debütfilm gleich im Wettbewerb in Cannes lief.

Dank für die Ausbildung in der DDR

Brasch zeigte, wie würde- und wirkungsvoll es sein kann, jene Hand zu beißen, die einen füttert, als er das bundesrepublikanische Establishment und stellvertretend Franz Josef Strauß damit provozierte, dass er bei der Verleihung des Bayerischen Filmpreises zunächst den Widerspruch thematisierte, «dem anarchischen Anspruch auf eine eigene Geschichte ein Denkmal zu setzen» und gleichzeitig dafür Geld von denen zu erhalten, die diesen Anspruch unterdrücken wollen und müssen, um anschließend auch noch der Filmhochschule der DDR für seine Ausbildung zu danken.

Wenn Brasch bei dieser Gelegenheit davon sprach, dass die Gegenwart geprägt sei vom «Kampf des Alten, das tot ist, aber mächtig, und dem Neuen, das lebensnotwendig ist, aber nicht in Aussicht», dann ist dies eine exakte Beschreibung einer Haltung, die öffentlich und politisch als doppelte Dissidenz in beiden deutschen Staaten missverstanden wurde, die aber wohl eher die eines «berufsmäßigen Solisten» (Esther Dischereit) oder eines «öffentlichen Träumers» (Brasch über Brasch) ist.

Als Thomas Brasch gegen die Niederschlagung des «Prager Frühlings» protestierte, wurde er von seinem Vater Horst Brasch, dem stellvertretenden Kulturminister der DDR, aus einem erzieherischen Impuls heraus an die Staatssicherheit verraten. Er landete zuerst im Gefängnis und dann zur Bewährung in der Produktion, bevor er schließlich von Helene Weigel protegiert wurde. Als er als freier Autor im Osten kaum etwas publizieren durfte, veröffentlichte er sein Erfolgsbuch dann «in Notwehr» beim Rotbuch-Verlag im Westen. Er reiste in den Westen aus und feierte dort Erfolge, blieb mit seiner provozierenden Ernsthaftigkeit aber zuverlässig unbequem. Nach 1989 kam er dem Kulturbetrieb irgendwie abhanden; er arbeitete an einem unvollendeten Mammutprojekt und starb schließlich mit 56 Jahren, überlebt seinen Vater allerdings um ein gutes Jahrzehnt. Was für ein Stoff!

Eine vage Utopie für Neues

Im letzten Jahrzehnt gab es reichlich Gelegenheiten, über Thomas Brasch zu stolpern; zudem ist sein Werk greifbar. Wenn der Filmemacher Andreas Kleinert und der Drehbuchautor Thomas Wendrich sich jetzt mit dem stilisierten Biopic LIEBER THOMAS dieser fast schon mythischen Vater-Sohn-Ost-West-Alt-Neu-Stofflandschaft annehmen, greifen sie die eigentümliche Wirkungsgeschichte produktiv auf, indem sie einige Abstraktionsebenen einschieben. LIEBER THOMAS ist kein Film über das (abenteuerliche) Le-

Jella Haase und Albrecht Schuch in LIEBER THOMAS (© Zeitsprung Pictures / Wild Bunch Germany, Peter Hartwig)

ben eines ungewöhnlichen Schriftstellers, auch keine Literaturverfilmung, sondern eher ein Film über das Leben mit der und für die Kunst. Also kein Film über die Familie Brasch, keine psychologische Recherche, sondern die Liebeserklärung an einen charismatischen Idealisten, dessen vage Utopie einer Offenheit für Neues sich schon deshalb nicht präzisieren ließ, weil unzählige Vätergenerationen das Alte für Künftiges längst fixiert haben. Diesseits und jenseits der Mauer. Daran hat sich Thomas Brasch gerieben. Oder, wie Brasch es selbst einmal formulierte: die zwölf Jahre Faschismus hätten 1848 begonnen und 1945 nicht geendet.

So ist LIEBER THOMAS einerseits eine Art filmischer Schlüsselroman mit Auftritten von Bekannten wie den drei Brasch-Brüdern, dem Ehepaar Robert und Elisabeth Havemann, Katharina Thalbach oder Bettina Wegener, andererseits aber zugleich eine Fantasie über diese Biografie mit Leerstellen, Verdichtungen und mitunter rauschhaften Verwischen der Grenze zwischen Kunst und Leben.

Ein Kinderbuch, in dem ein Kind erwacht und sich allein auf der Welt wähnt, bis es erfährt, dass das Erwachen ein Traum ist, zieht sich leitmotivisch durch den Film, weil es Braschs Lieblingsbuch gewesen sein soll.

Wenn Fantasien Realität erzeugen

Andreas Kleinert, der selbst in der DDR sozialisiert wurde, gelingt das erfrischende Kunststück, Braschs Haltung zwischen allen Stühlen zu verdoppeln und zudem die Bohème-Szene der DDR als einen Freiraum zu zeichnen, der anarchische Existenzen möglich machte, ohne deshalb die virulente staatliche Willkür zu beschönigen. LIEBER THOMAS verzichtet darauf, sich einen schlüssigen Reim auf dieses Leben zu machen, sondern setzt auf surreale Traumlogik, in der Fantasien Realität erzeugen, auch wenn diese vielleicht nicht allgemein zugänglich sind, weil sie Hirngespinste bleiben.

Gedreht wurde LIEBER THOMAS von Johann Feindt in dem von Brasch selbst ausdrücklich präferierten Schwarz-Weiß, erstklassig besetzt mit Albrecht Schuch, Jörg Schüttauf, Jella Haase und Ioana Iacob und zudem mit einer spannenden Filmmusik versehen. Auf diese Weise zeichnet LIEBER THOMAS das fragmentarische Bild eines kreativen und unbestechlichen Fremdkörpers zwischen machistischer Vitalität und drogeninduzierter Selbstzerstörung.

Dass die Welt, so wie sie ist, nicht in Ordnung ist, erfährt das Kind Thomas schon in der Kadettenschule mit aller Brutalität. Später folgen die Auseinandersetzungen mit dem Vater, der als linientreuer Kommunist erkennen muss, dass seine sich gerade erst realisierende Utopie schon den Söhnen nicht mehr genügt. Dieser Generationenkonflikt, der mit der Flugblattaktion gegen den Einmarsch der Warschauer-Pakt-Staaten in die CSSR eskaliert, wird vom Vater mit scharfer Konsequenz ausgetragen. Die Wunden heilen nicht, weshalb selbst die Premiere von ENGEL AUS EISEN in Cannes für Thomas Brasch zuallererst eine Konfrontation mit dem Vater ist.

Wo ich noch nie gewesen bin

Die Zeit danach, die späten 1980er-Jahre und das Jahrzehnt nach dem Mauerfall, bekommt der Film nicht mehr so recht zu fassen, weil erzählbare Verdichtungen in der Rückzugsbewegung rar werden. Wenn es in Braschs zweitem Film DOMINO heißt: «Das Alte geht nicht, und das Neue auch nicht», braucht man diesen Satz nur in einen Zusammenhang mit dem Ende der DDR zu rücken, um zu verstehen, dass dieses Ende Vater und Sohn Brasch gleichermaßen als Niederlage empfunden haben müssen, wobei dem im August 1989 verstorbenen Vater dies ironischerweise erspart blieb. In dem Band *Kargo* gibt es ein Lied von Thomas Brasch, in dem es heißt: «Wo ich lebe, da will ich nicht sterben, aber / wo ich sterbe, da will ich nicht hin: / Bleiben will ich, wo ich nie gewesen bin.» Davon handelt LIEBER THOMAS. Ulrich Kriest

Martin Eden

Italien/Frankreich 2019. Regie: Pietro Marcello. Mit Luca Marinelli. 129 Min. FSK: ab 6; f. Verleih: Piffl Medien.

Freie Adaption des gleichnamigen Romans von Jack London über einen idealistischen Arbeiter, der sich durch Bildung aus seiner Klasse befreit, darüber aber auch jeden Bezug zu seiner Herkunft verliert. – Sehenswert ab 14.

Martin Eden kämpft. Für den Arbeiter, der mit der Kohlenschaufel in der Hand zusammenbricht oder seinen spärlichen Lohn vertrinkt, für die Alleinerziehende auf dem Land, für sich selbst, einen Mann, der noch fähig ist, derartige Arbeitsbedingungen zu ertragen, und, in einer schicksalhaften Begegnung, auch für einen Jungen, dem Martins Welt völlig fremd ist. Am Hafen bewahrt er ihn vor einer Tracht Prügel und bekommt dafür erstmals einen Einblick in das reiche Neapel.

Die Familie Orsini, in deren Haus er eingeladen wird, ist fasziniert von seinem Charme, der Narbe, die er am Hals trägt, und dem Dreck unter seinen Fingernägeln. Er (Luca Marinelli) ist verzaubert von den Speisen und Gemälden des Hauses, von Baudelaire und von der jungen Elena (Jessica Cressy). Martin will ihr ebenbürtig sein; er will lesen, schreiben und Französisch lernen, überhaupt alles lernen, was es zu lernen gibt. Das allerdings ist für einen einfachen Arbeiter offiziell gar nicht möglich. Martin ist zu arm für eine klassische Bildung und zu ungeschult für die Universität. So stürzt er sich in das Selbststudium.

Aufstieg in eine andere Klasse

Der Autodidakt aus dem autobiografischen Jack-London-Roman wird von Regisseur Pietro Marcello an den Hafen von Neapel versetzt. Der Weg, den sein Protagonist geht, bleibt der gleiche: Er schuftet in den Fabrikhallen und am Schreibtisch, schaufelt Kohlen und hackt mit dem Zeigefinger auf die Schreibmaschine ein. Sein Lohn wird nicht ausgezahlt, seine Kurzgeschichten werden nicht veröffentlicht. Trotzdem arbeitet er Tag und Nacht, um die Armut hinter sich zu lassen. In seiner Verbissenheit wird er zunächst nicht reich, lässt aber die eigene Klasse hinter sich. Die anderen Arbeiter schließen sich unter der Flagge des Sozialismus zusammen, während Martin mit Elena und Familie Orsini speist. Sie lesen Karl Marx, er liest Herbert Spencer. Sie stehen dicht an dicht unter ihresgleichen, Martin steht abseits auf den Familienporträts der Orsinis.

Mit seiner ersten veröffentlichten Geschichte vollzieht sich dieser Wandel endgültig: Eden steigt zum Schriftsteller auf. Ein Aufstieg, der ihn, mehr noch als seine intellektuellen Flirts mit Spencer und dessen Sozialdarwinismus, von seiner Vergangenheit und von der Solidarität trennt. Er schreibt von den namenlosen Massen, den Arbeitern und Armen – und wird darüber selbst zu einem Mann, dessen Namen man nun kennt und mit Ehrfurcht ausspricht.

Pietro Marcello kittet diese gesellschaftlichen Brüche nicht, sondern reißt sie beständig weiter auf. Die Kluft zwischen der proletarischen Vergangenheit und dem Erfolg als Intellektueller ist nicht mehr zu überwinden. Es gibt keine Brücke zwischen dem Schriftsteller und den Menschen, über die er schreibt. Seine Entscheidung für die Kunst ist eine Entscheidung gegen die Massen, gegen das Kollektiv, dem er einst selbst angehörte. Kein ideologischer Wandel, kein künstlerisches Plädoyer als Proletariat, keine Spende für die Revolutionäre könnte das ändern: Martin Eden wird, all seines fehlgeleiteten und aufrichtigen Idealismus zum Trotz, ein Teil der Kulturindustrie.

Das strahlende Lächeln hat Flecken bekommen

Im langen Epilog ist dieser Wandel bereits vollzogen. Der Schriftsteller ist ein erblondeter und müder

Luca Marinelli und Jessica Cressy in MARTIN EDEN (© Piffl Medien GmbH)

Mann geworden. Der enorme Wille, mit dem sich der Arbeiter in einen Intellektuellen transformierte, ist gebrochen. Die breiten Schultern, die über Jahre die Widersprüche seines Lebens trugen, sind in den teuren Anzügen zusammengesunken, das Haar zu blond-grauem Stroh erloschen und das strahlende Lächeln hat braune Flecken bekommen. Martin löscht die Persona aus, die er mit der eigenen Kraft ins Leben gewuchtet hat.

Die Präsenz von Luca Marinelli schultert das Gewicht dieser Figur mühelos, die vom pathetischem Enthusiasmus bis in den Selbsthass fällt. In seiner Körperlichkeit, seiner Leidenschaft und seiner Melancholie ist er der unverzichtbare Ankerpunkt eines Films, der den wütenden Fatalismus über eine Vielzahl thematischer Ebene streut, ohne sie je miteinander zu verbinden. Altruismus und Eigennutz, Kollektivismus und Individualismus, Land und Stadt, Kunst und Politik stehen nicht nur als unvereinbare Gegensätze nebeneinander, sondern werden in einer ästhetischen Zeitlosigkeit eingefroren.

Die körnigen Messingfarben des 16-mm-Materials präsentieren ein Italien, das altert und zugleich beständig sein Geburtsdatum zu verschieben scheint. Es ist nie klar, an welchem Punkt der Historie die thematisierten Disparitäten genau zu verorten sind. Wieder und wieder in die Zeitlosigkeit gezwungen, kommen sie nie gänzlich in der Gegenwart an. Dafür sorgen auch die Archivaufnahmen, die immer wieder zwischen die Erzählung geschoben werden. MARTIN EDEN eröffnet mit Bildern des italienischen Anarchisten Errico Malatesta, er zeigt die proletarischen Massen, ihre rußgeschwärzten Gesichter, ihr Lächeln wie ihre Erschöpfung. Diese alten, in damaliger Tradition eingefärbten Filmbilder gehen nahtlos in die Geschichte eines Arbeiters über, dessen Aufstieg die Evolution eines verloren gegangenen Klassenkampfes nachzeichnet. Der Neoliberalismus hat das Leben vom Alltag bis in die Kunst durchdrungen, und der Faschismus hat sich der Revolution ermächtigt. MARTIN EDEN ist eine sozialistische Anklage dieser Entwicklung. Ein Film, der um das Kollektiv und die Solidarität trauert. Karsten Munt

3 15 bemerkenswerte Mehrteiler & Serien des Jahres 2021
Gewählt von der FILMDIENST-Redaktion

SCENES FROM A MARRIAGE
USA 2021. Drama. Showrunner: Hagai Levi. Miniserie. 5 Folgen. Anbieter: Sky.

Neuauflage von Ingmar Bergmans Mehrteiler SZENEN EINER EHE, die die Trennungsgeschichte eines Paares klug aktualisiert und in die Gegenwart verlagert.

Es gibt Filmproduktionen, um deren Entstehungs- und Wirkungsgeschichte sich so viele Mythen ranken, dass man kaum noch einzuschätzen vermag, ob die Dinge wirklich so stattgefunden haben, wie es die Überlieferung nahelegt. Eine dieser mythenumrankten Produktionen ist der sechsteilige Mehrteiler SZENEN EINER EHE (1973) von Ingmar Bergman, den der schwedische Regisseur nach dem großen Fernseherfolg auch zu einem 169-minütigen Kinofilm eindampfte. Bergmans Kammerspiel mit Liv Ullmann und Erland Josephson wird bis heute dafür verantwortlich gemacht, dass die Scheidungsrate in Schweden unmittelbar nach seiner Ausstrahlung sprunghaft in die Höhe gegangen sei. Ob diese Anekdote wahr ist oder nicht, ist fast unerheblich, denn zur Legendenbildung hat die empirisch schwer nachprüfbare Aussage allemal beigetragen. In einem Interview fürs schwedische Fernsehen gab der Filmemacher mit leicht maliziösem Lächeln an, dass ihn die Nachricht von den zunehmenden Scheidungen richtig gefreut habe.

Oscar Isaac und Jessica Chastain in SCENES FROM A MARRIAGE (© Endeavor Content / Media Res)

Ein Meilenstein, der viele Nachfolger fand

Nun mag man von Bergmans finsterer Genugtuung halten was man will, doch unbestritten ist, dass SZENEN EINER EHE die Darstellung der einst so sakrosankten bürgerlichen Ehe nachhaltig verändert hat. Zwar kannte das Kino auch zuvor schon Inszenierungen unglücklicher und dysfunktionaler Ehen; in seiner Intimität und psychologischen Durchdringungstiefe war Bergmans Seelenstriptease aber ein Novum, das die Filmgeschichte nachhaltig prägte.

Das Drama fand und findet bis in die jüngste Zeit hinein Nachahmer und Wiedergänger in Regisseuren wie Paul Mazursky (SCENES FROM A MALL, 1991), Woody Allen (HUSBANDS AND WIVES, 1992), Richard Linklater (BEFORE-Reihe, seit 1995), Andrei Swjaginzew (LOVELESS, 2017) oder Noah Baumbach (MARRIAGE STORY, 2019). Ein tatsächliches Remake der Vorlage war bislang allerdings noch nicht dabei.

Das ändert sich nun mit der Verfilmung von Hagai Levi. Der israelische Serienschöpfer von Formaten wie BETIPUL, IN TREATMENT und THE AFFAIR hat sich in jüngster Zeit als souveräner Regisseur komplexer, tiefenpsychologischer Stoffe einen Namen gemacht. An die Stelle eines Psychoanalytikers wie in IN TREATMENT setzt Levi in SCENES FROM A MARRIAGE nun die Zuschauer, vor deren Augen sich das Drama der vermeintlich glücklichen Ehe von Mira (Jessica Chastain) und Jonathan (Oscar Isaac) entfaltet. Wie in der berühmten Vorlage erstreckt sich die Handlung über mehrere Jahre, weit über das Zerbrechen der Beziehung hinaus.

Levi liefert ein nahezu Szene-für-Szene-Remake des Originals. Die Bergman'sche Formel lautete 1973: Mann verlässt Frau. Levi dreht diese Prämisse um. Bei ihm ist es Mira, die ihren Ehemann Jonathan und die gemeinsame Tochter Eva für einen Liebhaber sitzen lässt. Bei der Verkehrung der Geschlechterposition handelt es sich um den einzigen gravierenden Eingriff in die erzählerische Grundstruktur der Vorlage. Außerdem verlegt Levi den Handlungsort vom schwedischen Idyll in die Vororte von Boston der Gegenwart. Ansonsten verfeinert Levi eher Handlungsdetails.

Zerfleischung über fünf Episoden

Die minimalinvasive Methode mag in ihrer Zurückhaltung überraschen, ist doch gerade mit der dritten Staffel MASTER OF NONE bei Netflix eine weitere Hommage an SZENEN EINER EHE erschienen, die ein lesbisches schwarzes Paar in die Rolle der Protagonisten schlüpfen lässt und damit eine weitaus gewagtere Interpretation des Originalstoffes vornimmt. Levis sehr kontrollierter Eingriff in das Erzählgefüge entpuppt sich dennoch als weitreichend.

Am Anfang der fünf Episoden sind Mira und Jonathan noch ein Paar. Er ist Philosophieprofessor, sie leitende Angestellte eines High-Tech-Unternehmens und damit auch die Hauptverdienende des gemeinsam geführten Haushaltes. Er ist für die Erziehung der Tochter Eva zuständig und arbeitet vom Homeoffice aus, während Mira ihre Karrierepläne mitunter im Ausland verwirklicht. Alles scheint gut zu laufen im gleichberechtigten Verhältnis der beiden Eheleute. Nicht lange aber, nachdem man das Paar kennengelernt hat, beginnt die Vorzeigeehe zu bröckeln.

Als Zuschauer wird man Zeuge einer fünf Episoden währenden gegenseitigen Zerfleischung der Hauptfiguren, gefolgt von Momenten der Annäherung, Versöhnung und erneutem Abstand; von Augenblicken der Selbsterkenntnis und des «emotionalen Analphabetismus», wie es Ingmar Bergman zu nennen pflegte, auch vom aussichtslosen, wütenden Um-sich-Schlagen der Charaktere. Zwischen den Episoden vergehen Jahre.

Außergewöhnlich: Oscar Isaac & Jessica Chastain

Levi versteht es, die Nervenenden bloßzulegen – die der Figuren wie auch bei den Zuschauern. Es bedarf schon einer gewissen seelischen Robustheit, um sich dieser fortgesetzten emotionalen Stresssituation auszusetzen. Doch die Tour de Force lohnt sich. Der Trumpf des Remakes liegt in der außerordentlichen Chemie zwischen Oscar Isaac und Jessica Chastain. Ihre innige Performance führt die Mini-Serie in ungeahnte Höhen, insbesondere, wenn es um die Verteilung der Sympathiewerte geht. Bei Bergman war es der männliche Protagonist Johann, der seine Frau Marianne sitzenließ. Johann, gespielt von Erland Josephson, erwies sich als durchgehend gefühlskalt und grausam – eine Identifikation mit seiner Figur war kaum möglich. Die von Liv Ullmann gespielte Marianne erschien innerhalb dieser Konstellation als Opfer und einzige Sympathieträgerin, die den sadistischen Launen ihres Gatten schutzlos ausgesetzt war. Ganz anders in der Neuverfilmung. Auch wenn sich die Figur von Jessica Chastain als Ehebrecherin erweist, bietet sie doch durchgehend die Möglichkeit zur Identifikation; sie erscheint in der Umkehrung der Geschlechterpositionen nicht einfach nur als weibliche Antagonistin von Jonathan. Levi entwirft somit ein Tableau komplett anderer Geschlechterverhältnisse.

Das dauerhafte Glück bleibt den Figuren am Ende jedoch ebenso verwehrt wie Bergmans Eheleuten. Levi lässt jede Episode mit einer vorangestellten Einstiegssequenz von den Dreharbeiten beginnen. Diese «realen» Einstellungen und ihr «Making of»-Charakter stellen nur scheinbar einen Bruch mit der fiktiven Handlungsebene dar. In Wirklichkeit verweisen sie auf Bergmans Vorstellung eines offenen Kunstwerks. Der schwedische Regisseur brachte seine Filme gerne als Neuinszenierung auf die Theaterbühne, wie aus seinen Theaterstücken wiederum Spielfilme für die Leinwand, aber auch fürs Fernsehen. Bergmans Schaffen wohnte eine gewisse Prozesshaftigkeit inne, an die Hagai Levi mit seinem intensiven Remake anknüpft. Am Ende steht auch bei ihm die eine große Frage nach der Möglichkeit der Liebe. Mira beantwortet sie gegenüber ihrem Ex-Mann so: «Ich liebe dich auf meine gestörte Weise und du liebst mich auf deine komplizierte Art.» Ein Glück für immer mag das nicht sein. Vielleicht wäre das vom Leben auch ein bisschen zu viel verlangt.

Chris Schinke

The Underground Railroad

USA 2021. Drama. Showrunner: Barry Jenkins. Miniserie. 10 Folgen. Anbieter: Amazon Prime.

Serienverfilmung des gleichnamigen Romans von Colson Whitehead: Im 19. Jahrhundert wagt eine junge Sklavin die Flucht aus Georgia gen Norden mit Hilfe eines Netzwerks an Unterstützern, das Underground Railroad genannt wird.

Zwei junge Menschen, zwischen ihnen ein Baum. Caesar hat sich in Cora verliebt, vielleicht. Aber darum geht es in dieser ersten Szene der Serie UNDERGROUND RAILROAD gar nicht. Caesar will Cora zur gemeinsamen Flucht überreden. Beide wissen, wie unwahrscheinlich es ist, die Flucht von der Baumwollplantage zu überleben. Sie werden sie jagen. Ist es doch ratsam, das unwürdige Dasein in der Sklaverei weiter zu ertragen? Wie Cora um den Stamm herumgeht, zu Caesar herüber, aber noch mit kleinen Schritten, als wäre sie an den Baum geleint: Schon hier zeichnet sich ab, dass sich ein Meister der Personenregie der Vorlage angenommen hat.

«Als Caesar das erste Mal von einer Flucht in den Norden redete, sagte Cora nein.» Mit diesem schmallippigen Satz beginnt Colson Whiteheads grandioser Roman *Underground Railroad*. Barry Jenkins (Regie und Drehbuch-Mitarbeit) hat die aufwühlende Odyssee einer schwarzen Frau, die um ihre Freiheit kämpft, als Miniserie verfilmt. Meistens scheitern solche Projekte an der Kraft ihrer Vorlagen. Nicht so bei Barry Jenkins, der sich die Filmrechte bereits vor der Erstauflage des Buchs 2016 sichern konnte und – bei allen Abkürzungen und Erweiterungen, die eine Inszenierung des Stoffs erforderte – die Seele des Romans bewahrt hat. Langjährige Jenkins-Mitstreiter wie Nicholas Britell (Musik), James Laxton (Kamera) und Mark Friedberg (Produktionsdesign) müssen zumindest kurz erwähnt werden, denn sie waren maßgeblich an der geglückten Übersetzung des Romans ins audiovisuelle Medium beteiligt.

Bleibende Bilder für die Unantastbarkeit der Menschenwürde

Seit dem «Oscar»-gekrönten MOONLIGHT und der James-Baldwin-Verfilmung BEALE STREET ist Barry Jenkins bekannt für seine einfühlsamen filmischen Porträts von Afroamerikanern im alltäglichen Ausnahmezustand. In prekären Verhältnissen in Miami aufgewachsen, ist Jenkins mit der Lage seiner von Rassismus und sozialen Problemen bedrängten Figuren überaus vertraut. Stilistisch hat er sich weit von der Blaxploitation-Ära der 1970er-Jahre entfernt: Trotz der Härten, denen seine Charaktere ausgesetzt sind, hält Jenkins Fluchtträume offen, zeigt Tagtraumblasen und besteht auf Inseln der (inneren) Unversehrtheit. Es gibt kaum einen Regisseur, der für die Unantastbarkeit der Menschenwürde so nachhaltige Bilder gefunden hat wie Jenkins.

Die extreme Brutalität in UNDERGROUND RAILROAD, die für ein wahrhaftiges Bild der Sklaverei wohl unumgänglich ist, muss für den 41-jährigen Regisseur eine große Herausforderung bedeutet haben. Schon im ersten von insgesamt zehn Kapiteln der Serie zeigt die Menschenverachtung der Plantagenbesitzer ihre grauenvolle Fratze. In einer Explizitheit, die schwer zu ertragen ist, zeigt Jenkins, wie einer der Sklaven – Big Anthony (Elijah Everett) – nach missglücktem Fluchtversuch mit Peitschenhieben halb zerfetzt und dann bei lebendigem Leib verbrannt wird. Die versklavte Schicksalsgemeinschaft muss dabei zusehen, während eine weiße Tischgesellschaft gelangweilt an den Teetassen nippt. In einer typischen Jenkins-Volte schließt die Szene mit dem subjektiven – faktisch unmöglichen – Blick des Getöteten auf seine Peiniger ab. Das Prinzip Hoffnung überlebt. Es springt nun sozusagen auf Cora (Thuso Mbedu) über, das zwar gebeugte, aber nie gebrochene Rück-

Thuso Mbedu in THE UNDERGROUND RAILROAD (© Amazon Studios / Kyle Kaplan)

grat der epischen Handlung. Cora willigt in Caesars Fluchtpläne ein.

Ein System aus geheimen Fluchtrouten und Schutzhäusern – und hilfreichen Menschen

Was ist die Underground Railroad? Um 1780 wurde ein Fluchthilfenetzwerk für schwarze Sklaven gegründet, das 70 Jahre später, im Eisenbahnzeitalter, seinen prägnanten Namen bekam. Gegner der Sklaverei, darunter viele Weiße, hatten dieses System als geheimes Fluchtrouten und Schutzhäusern entwickelt, das vor dem Sezessionskrieg ungefähr 100.000 Menschen die Flucht aus dem Süden der USA in die sicheren Nordstaaten oder in die Provinz Kanada ermöglichte.

Colson Whiteheads Kunstgriff besteht darin, den Namen wörtlich zu nehmen. Ursprünglich nur eine Metapher, materialisiert sich die Railroad im Roman – und dann auch in der Serie als unterirdisches Eisenbahnnetz. Äußerlich unscheinbare Farmhäuser bergen Schächte, die zu Stationen führen. Ein Tunnelsystem erstreckt sich von Süden nach Norden. Was nach Fantasy klingt, ist in seiner fiktionalen Realisierung eher prekär, störanfällig und andauernd bedroht. Streckenabschnitte werden stillgelegt, Stationshäuser von den Südstaaten-Schergen in Schutt und Asche gelegt. Die zentrale Denkfigur des Romans – und hier liegt ihr dramaturgischer Sinn – ist auf die junge Protagonistin Cora und ihre Reise zugeschnitten. Auf ihrem nördlichen Kurs durch mehrere Bundesstaaten erlebt Cora verschiedene Stadien zwischen Versklavung und Freiheit, sie durchleidet Dystopien und erlebt, wie Utopien scheitern. Cora verliert viel. Und sie findet einen starken Menschen – sich selbst.

Die südafrikanische Schauspielerin Thuso Mbedu meistert die gewaltige Rolle der Cora glänzend, verfügt über alle Facetten zwischen Verzweiflung, Erstarrung, Trotz, Widerständigkeit und ungezügelter Lebensfreude. Bis in kleinste Nebenrollen ist die Serie hervorragend besetzt. In der Rolle von Coras Mutter Mabel ist die Britin Sheila Atim zu sehen. Mabel, die vor Jahren spurlos von der Plantage verschwand, ist für Cora in Erinnerungs- und Traumfetzen präsent. Warum hat Mabel ihre zehnjährige Tochter im Stich gelassen? Lebt sie in New York, als freie Frau, als Bettlerin? Coras Hass auf ihre Mutter, ihr Wunsch, sie zur Rede zu stellen, scheinen ebenso stark wie ihr Überlebenswille. Mabels vermeintliche Flucht – in der Finalfolge erfahren wir, was sich wirklich ereignete – motiviert auch den Sklavenjäger Ridgeway (Joel Edgerton), dem Mabel entwischte und der mit Cora nun eine Scharte auswetzen will. Ridgeway setzt alles daran, Cora lebend zu fangen und nach Georgia zurückzubringen, mögen seine Auftraggeber mit ihrem «Eigentum» dann verfahren, wie es ihnen beliebt.

Ein perverser American Dream: «erobern, aufbauen, zivilisieren»

Joel Edgerton gibt den finsteren Menschenjäger als komplexe Verkörperung eines korrumpierten Amerikanischen Traums. Ridgeway glaubt an einen ominösen «Great Spirit», der die Weißen aus Europa in die Neue Welt rief, «damit wir erobern, aufbauen und zivilisieren», wie ihn Whitehead im Roman sagen lässt. «Und zerstören, was zerstört werden muss. Um die unbedeutenderen Rassen emporzuheben. Und wenn nicht emporzuheben, dann zu unterwerfen. Und wenn nicht zu unterwerfen, dann auszurotten. Unsere Bestimmung kraft göttlicher Vorschrift – der amerikanische Imperativ.» Im Roman bleibt Coras Gegenspieler im Schatten, für die Verfilmung wurden die Figur und ihr biografischer Hintergrund stark ausgebaut.

Ein rassistischer Mythos besagt, die Schwarzen seien Nachkommen von Kain und daher verflucht. Während Whitehead die Jugendzeit Ridgeways lediglich knapp skizziert, holt Jenkins zu einer Gegenerzählung aus. «Chapter 4: The Great Spirit» zeigt Ridgeway als Jugendlichen in Tennessee, der es nicht ertragen kann, dass sein Vater, ein Schmied, mehr Zuneigung für den jungen Schwarzen Mack (Danny Boyd jr.) aufbringt als für seinen leiblichen Sohn. Ridgeway senior (Peter Mullan), im Buch kurz geschildert, trägt in der Serie Züge des alttestamentarischen Gottvaters. Sein Sohn wird zum verschmähten Kain, der «Abel» – also Mack, der nur in der Serie vorkommt – in einem zynischen Experiment dazu überredet, in einen Brunnen zu springen. Kurz nach dieser Episode schließt sich Ridgeway junior einer Bande von Kopfgeldjägern an. Mack überlebt, trägt eine Gehbehinderung davon, Jahre später wird er (nun gespielt von Irone Singleton) von einem Handlanger Ridgeways getötet – der nachgeholte Brudermord.

Odyssee durch ein Land im Schatten der Sklaverei

Doch derartige Bibel-Zitate sind eher Treibgut in einer mitreißenden Counter-Culture-Erzählung über ein mit dem Fluch der Sklaverei beladenes Land. Coras Reise lässt sich zeitlich in den 1850er-Jahren verorten, aber Whitehead geht (nicht nur mit dem Railroad-Motiv) sehr frei mit historischen Gegebenheiten um. UNDERGROUND RAILROAD ist voller Anachronismen, die Zeit ist aus den Fugen, was der Story eine eigenartige Unmittelbarkeit verleiht. Nach der ersten Untergrundfahrt landen Cora und Caesar in einer prosperierenden Stadt in North Carolina, in der Schwarze und Weiße in friedlicher Eintracht zu leben scheinen, bis das Paar begreift, dass sie als Versuchskaninchen in einem eugenischen Experiment missbraucht werden (das zum Teil an der berüchtigten Tuskegee-Syphilis-Studie ab 1932 in Alabama orientiert ist). Als Ridgeway auftaucht, ist es mit dem falschen Idyll ohnehin vorbei.

Von Caesar getrennt, flieht Cora per Untergrundzug nach North Carolina, wo sich grundsätzlich keine schwarzen Menschen aufhalten dürfen – hier lehnt sich Whitehead an die Tradition der «Oregon black exclusion laws» an, die sowohl gegen die Sklaverei wie gegen die versklavte Bevölkerung gerichtet waren. Wer trotzdem bleibt, wird aufgehängt. Leichen baumeln entlang einer Straße mit dem zynischen Namen «Freedom Trail». Ein apokalyptisches Bild, das ein Railroad-Helfer namens Martin Cora zeigt, bevor er die Flüchtige heimlich in sein Dorf bringt, wo Cora monatelang versteckt ausharren muss.

Die Geschichte einer bewegenden Frauengestalt

Irgendwann im Lauf ihrer Reise landet das Mädchen auch auf einer nur von Schwarzen bewirtschafteten Farm in Indiana: Eine blühende, von John Valentine (Peter De Jersey) gegründete Gemeinschaft, in der mit Gewinn Wein angebaut wird, in der es eine Schule und eine Bibliothek gibt und Cora neue Freundschaften schließt. Ein Paradies, zu schön, um wahr zu sein. Eine flammende Ansprache, die Valentine im Gemeindehaus hält, erinnert an die Rede «I Have a Dream» Martin Luther Kings im August 1963 in Washington. Dann fallen Schüsse, und auch das erinnert an den großen Bürgerrechtler. Cora hält trotzdem an ihrem Traum von Freiheit fest. In einer herbstschönen Landschaft vergräbt sie in einer Szene ein paar Samen, die ihre Mutter ihr hinterlassen hat. Dann zieht sie weiter – eine der bewegendsten Frauengestalten der jüngeren US-amerikanischen Literatur, die dank Thuso Mbedu und Barry Jenkins nun auch den Bildschirm erobert.

Jens Hinrichsen

....

WE ARE WHO WE ARE

Italien/USA 2020. Coming-of-Age-Drama. Showrunner: Luca Guadagnino. Miniserie. 8 Folgen. Anbieter: Starzplay.

Eine Coming-of-Age-Serie von Luca Guadagnino rund um amerikanische Jugendliche, die zusammen mit ihren Eltern auf einer fiktiven US-Militärbasis in Italien leben.

Luca Guadagnino ist ein Meister seines Fachs, der es etwa versteht, mit den Mitteln seines Handwerks eine platte Landschaft wie das venezianische Hinterland als prägende Protagonistin seines Plots zu inszenieren. Jemand, der seine Stoffe und Motive stets vielsagend neu zu arrangieren weiß, zum Beispiel das gerade fürs filmische Erzählen so ergiebige Verhältnis von Italien und den USA. Und schließlich ein Meister eines zarten, intimen kinematografischen Blicks, der der delikaten Phase der Jugend an der Schwelle zum Erwachsenwerden in extremen, aber in sich stimmigen Charakterporträts Gesicht verleiht – ungeschützt und ungeschönt, roh, wild, hochemotional und deshalb glaubwürdig. Seine bei Kritik und Publikum gleichermaßen geschätzte «Trilogie des Begehrens» legt glänzendes Zeugnis davon ab. Dieses stilistische und erzählerische Niveau hält Guadagnino auch in seinem Seriendebüt WE ARE WHO WE ARE.

Begleitete er in CALL ME BY YOUR NAME (2017) wesentlich eine Hauptfigur, Elio (Timothée Chalamet), so gelingt es Guadagnino hier, ein Konzert sehr unterschiedlicher, lauter und leiser Stimmen zu orchestrieren, von denen jede ungefähr gleich viel Resonanz erfährt. Es ist eine Gruppe von sechs Jugendlichen und jungen Erwachsenen, die als Angehörige von aktiven Kräften auf einer US-Militärbasis in der Nähe von Chioggia in recht isolierter Insellage leben, sich verlieben, Rollen und Kostüme anprobieren – soziale und tatsächliche – und am sonnigen Strand auch mal philosophisch die Seinsfrage stellen. Es ist dabei im Kern stets der gleiche Tag, geschildert in moderaten Zeitsprüngen, den sie rumzubringen haben, im Willen, etwas Besonderes zu erleben. Dass dabei keine Langeweile aufkommt, bei ihnen nicht und auch nicht bei den Zuschauern, ist das Verdienst von Guadagninos involvierender filmischer Erzählung.

Jack Dylan Grazer als nerdiger Schlaks mit den empfindsamsten Augen der Welt

Der Beginn markiert eine neue Zeit: Der alte Kommandant geht, und mit Sarah Wilson (Chloë Sevigny) und ihrer Frau Maggie (Alice Braga) hält moderner, urbaner Lifestyle Einzug in den US-Außenposten, insbesondere durch Sarahs Sohn Fraser (Jack Dylan

WE ARE WHO WE ARE (© Yannis Drakoulidis)

Besonders faszinierend finden sich früh Fraser und Caitlin Poythress (Jordan Kristine Seamón), die offener noch als er in diese Richtung experimentiert, obwohl sie in bürgerlich-konservativer Familie aufwächst. Herrlich die Szene, in der ihr Vater (Scott Mescudi) sie mit Trumps «Make America Great Again»-Basecap überraschen möchte, die natürlich so gar nicht auf ihren eigensinnigen Kopf voll widerspenstiger Haare passen will. Oder eine weitere Szene, die noch mehr Haare, Caitlin und Fraser gemeinsam im Bad, viel weiße und schwarze Haut sowie eine große Menge an Rasierschaum vereint.

Grazer): hochpubertär, pendelnd zwischen mildem Autismus und forcierter Enthemmung, radikal nonkonformistisch, wie Elio gleichermaßen begabt und geschlagen mit einer außergewöhnlichen Sensibilität, die ihn kleinste emotionale Veränderungen in seinem Umfeld seismografisch erspüren lässt.

Der gebürtige New Yorker ist in hohem Maße stilbewusst, tritt modisch extravagant in Erscheinung und wird selten ohne Kopfhörer gesehen – ein Gestus der Distanzschaffung und Weltabweisung, mit dem Fraser die Musik wie einen Filter zwischen sich und die anderen legt. Er liest mit der Gier eines Verhungernden, er hat ein manifestes Alkoholproblem, er schlägt seine Mutter: Guadagnino zeichnet, wieder einmal, das Porträt des Künstlers als junger Mann. Grazer spielt das in aller Outriertheit sehr glaubwürdig, als nerdiger Schlaks mit den empfindsamsten Augen der Welt.

Eine moderne Initiationsgeschichte

An seinem ersten Morgen im neuen Land schnappt ihn sich sogleich Britney (Francesca Scorsese) – «heute gehörst du mir!» –, und man hat als Zuschauer das Gefühl, sie nehme auch einen selbst an der Hand und mit in eine im Wesentlichen selbstbestimmte Welt der Adoleszenz, in der die Jugendlichen bis zur Grenze der Verwahrlosung sich selbst überlassen sind in ihrem «kingdom by the sea» – so geschickt agiert die Kamera als Auge eines teilnehmenden Beobachters, zeigt Intimes, vermeidet Voyeurismus. Hier wird auch ein Zentralmotiv im Guadagnino'schen Œuvre erneut entfaltet: die Erkundung des eigenen Körpers (und des/der der anderen), eine Art moderner Initiation in Gender und Gesellschaft, die Suche nach (sexueller) Identität.

Zwischen Exzess und existenzieller Einsamkeit

Manchmal beschleicht einen das Gefühl, Guadagnino blicke mit mildem alteuropäischem Snobismus auf den American Way of Life, etwa wenn die fortwährende, gedankenlose Umweltverschmutzung durch die Youngsters oder die erstarrte militärische Ehrpusseligkeit ihrer Eltern gezeigt werden. Aber dann verwandelt sich sein kinematografischer Blick in eine Hommage an die Leitkultur der westlichen Welt und ihr filmisches Erbe: Die Szene, in welcher Fraser Caitlin durch sein und ihr Fenster und beim Hübschmachen beobachtet, ist ein klares AMERICAN BEAUTY-Zitat!

Sowieso spielen Anspielungen und Zitate eine nicht unwichtige Rolle. Die Serie kulminiert etwa in der vierten Episode in einem lang ausgeschilderten Sommerfest in einer leerstehenden Villa, das nicht enden zu wollen scheint, und bei dem das Seinsgefühl aller konvergiert in einem Rave von Alkohol, Musik, sexueller Verfügbarkeit und der existenziellen Empfindung, das schon morgen alles vorbei und der Ausnahmezustand eingetreten sein könnte. Diese moderne Commedia dell'Arte, gemixt aus venezianischem Karneval und amerikanischer Collegeparty, ruft Erinnerungen wach an eines der grandiosesten Finale der italienischen Filmgeschichte, die Nacht der Ausschweifung und die Ernüchterung am bleigrauen Morgen danach in Fellinis LA DOLCE VITA. Exzess und existenzielle Einsamkeit erweisen sich erneut als die entscheidenden Pole in Luca Guadagninos Werk, die ein Menschenleben ausmessen, bevor es noch ernstlich begonnen hat. Im Blick des Meisters ist dies eine filmische Perspektive, die süchtig machen kann – mehr davon!

Karsten Essen

Tom Hiddleston in LOKI (© Marvel Studios)

LOKI

USA 2021. Fantasy. Showrunner: Michael Waldron. 6 Folgen. Anbieter: Disney+

Zum Niederknien: Der Trickster aus dem Marvel Cinematic Universe bekommt es in seinem Serien-Spin-off mit einer Behörde zu tun, die den ordnungsgemäßen Ablauf der Zeit überwacht.

Ursprünglich hatte Schauspieler Tom Hiddleston für die Rolle des Donnergottes Thor vorgesprochen; dass er stattdessen im ersten THOR-Film als dessen listiger Ziehbruder Loki besetzt wurde, bescherte dem MCU seine schillerndste Figur: Hiddleston erweckte den Gott des Schabernacks und der Lüge, der sich sowohl in der nordischen Mythologie als auch in den damit spielenden Marvel-Comics als Gestaltwandler und Trickster körperlich, geschlechtlich und moralisch fluide zeigt, kongenial zum Leben, changierend zwischen schelmischem Unruhestifter, clever taktierendem Bösewicht, zickiger Drama-Queen und seelisch lädiertem «rebel with a cause».

Ab dem ersten AVENGERS-Film, in dem Loki als Möchtegern-Despot mit Erdunterwerfungsabsichten den Katalysator dafür darstellt, dass sich die Heldenriege überhaupt erst zum Team zusammenrauft, wandelte sich die Figur in den weiteren THOR- und AVENGERS-Filmen vom Antagonisten zu einer Art Joker, den die Filmemacher immer wieder einsetzten, um für ironisch-spielerische Brechungen und ein Element des Unberechenbaren zu sorgen – zum Entzücken der Fans, für die Loki längst zu einem der Lieblinge des Franchise avanciert war (legendär ist sein hysterisch umjubelter Auftritt bei der ComicCon 2013 zum Promoten von THOR: THE DARK WORLD).

Querulant im ordnungsgemäßen Ablauf der Zeit

Nachdem zu Beginn von AVENGERS: INFINITY WAR die «Akte Loki» mit dem Tod der Figur durch die Hand des Superschurken Thanos geschlossen worden war, lieferte AVENGERS: ENDGAME eine Steilvorlage fürs Auferstehen des Tricksters und auch den motivischen roten Faden für die Serie, in der er nun im Zentrum steht: Durch die Zeitreise der Avengers zurück ins Jahr 2012 zum Zeitpunkt unmittelbar nach der Schlacht gegen Loki und seine Chitauri-Truppen im ersten AVENGERS-Film tut sich ein alternativer Zeitstrang auf, in dem Loki die Möglichkeit beim Schopf packt, mit Hilfe des Tesserakts aus New York zu fliehen, bevor ihn die Avengers seinem Ziehvater Odin ausliefern können – ab durch die Mitte. Und, wie man nun im Serienauftakt sieht, direkt in die Hände und Gerichtsbarkeit einer Institution, die keinen Spaß versteht, wenn es um den ordnungsgemäßen Ablauf der Zeit geht: Die sogenannte TVA («Time Variance Authority», eine Erfindung aus den Marvel-Comics der 1980er-Jahre) ist eine Behörde von retrofuturistisch-kafkaesker Gewaltigkeit (das Production Design von Kasra Farahani ist ein Genuss!), die dafür sorgt, dass der Zeitstrahl intakt bleibt, alle Ereignisse sich so entwickeln, wie sie sollen, und keine Querulanten ins Rad des Schicksals eingreifen – und Loki ist ein solcher Querulant.

Der drohenden Eliminierung entgeht er zum Glück, weil ein Agent der Behörde, Mobius M. Mobius (Owen Wilson), in Lokis Expertise in Sachen Ränkeschmieden ein Potenzial sieht: Loki soll helfen, einen noch gefährlicheren Ränkeschmied, der der TVA den Krieg erklärt und schon mehrere TVA-Trupps das Leben gekostet hat, ausfindig und dingfest zu machen. Worauf sich der Trickster widerwillig einlässt, nachdem er eingesehen hat, dass seine magischen Kräfte gegen die TVA nichts ausrichten können: Wie sich wehren gegen eine Autorität, für die selbst die Infinity-Steine – bisher die ultimative Verkörperung von Macht – nichts weiter sind als funkelnder Plunder, den die Mitarbeiter der Behörde als Briefbeschwerer nutzen?

Die Gretchenfrage: Wer bestimmt das Schicksal?

Es ist freilich früh abzusehen, dass Loki ein unzuverlässiger Helfer sein wird; da schon die schiere Existenz der TVA die Gretchenfrage für ihn aufwirft: Wer, bitte schön, entscheidet denn, wie der Zeitstrahl auszusehen hat? Loki mag zwar im ersten AVENGERS-Film die Freiheit als «trügerischen Schein» und dem Lebensglück der Menschen nur abträglich abgetan haben (woran er nun prompt erinnert wird). Wenn es um seinen eigenen freien Willen geht, versteht er aber keinen Spaß; die Vorstellung, dass eine Instanz vorschreibt, wie das Schicksal inklusive seines eigenen sich zu entwickeln hat, ist ihm unerträglich. Weswegen es kaum verwundert, dass Loki bald mit dem Rebellen gemeinsame Sache macht, auf den die TVA Jagd macht und der sich als Rebellin und hinreißende weibliche Variante seiner selbst entpuppt (Sophia Di Martino) – der Auftakt einer wahrlich furiosen Odyssee, die die beiden als himmlisches Duo infernale zuerst durch diverse Apokalypsen, ins geheimnisvolle Herz der TVA und schließlich bis in die Zitadelle am Ende der Zeit führt, in die äußerste Realität des Multiversums.

Autor Michael Waldron und Regisseurin Kate Herron (u. a. bekannt durch SEX EDUCATION) machen daraus nicht nur ein Effekt-Spektakel, das den Marvel-Kinofilmen in nichts nachsteht, sondern vor allem ein satirisch-komödiantisches Feuerwerk, wobei die Mixtur aus Fantasy und Zeitreise-/Multiversum-Science-Fiction in Kombination mit dem existenzphilosophischen Horizont (Freiheit vs. Determinismus) das Flair britischer Genre-Ikonen wie Douglas Adams, Terry Pratchett und DOCTOR WHO versprüht und damit dem MCU nach WANDAVISION und THE FALCON AND THE WINTER SOLDIER eine weitere interessante neue Note verleiht.

Owen Wilson gibt eine gute Reibungsfläche für die Hauptfigur ab

Für den Agenten Mobius M. Mobius stand in den Comics ursprünglich ein realer Mensch Pate, Marvel-Autor Mark Gruenwald, ein Experte in Sachen «Continuity» für die Handlungsfäden des Comic-Multiversums; von ihm erbt die von Owen Wilson gespielte Serienfigur ihren Schnauzer. Der US-Star mit der verbeulten Nase und der sanft-skeptischen Aura gibt als unprätentiöser Beamtentyp einen großartigen Kontrast zu Loki und eine interessante Reibungsfläche für den divenhaften Trickster ab, den er geschickt dazu bringt, sich mit den eigenen Macken und Motiven auseinanderzusetzen – dass Lokis bisheriger Haupt-Sparringspartner Thor hier keine Rolle spielt, wird da niemand vermissen.

Showrunner Michael Waldron hat als Autor auch beim kommenden DOCTOR STRANGE-Film THE MULTIVERSE OF MADNESS mitgeschrieben; und sein «Loki» liefert eine vortreffliche Steilvorlage dazu, die Multiversums-Thematik als neues motivisches Movens des Marvel Cinematic Universe zu etablieren.

Felicitas Kleiner

IT'S A SIN

Großbritannien 2020. Drama. Showrunner: Russel T. Davies. Miniserie. 5 Folgen. Anbieter: Starzplay.

London in den 1980ern: Die Miniserie erzählt von einer Gruppe junger Männer, die in der queeren Subkultur der Metropole nach Freiheit, Sex und Liebe suchen, sich dann aber mit dem Ausbruch von AIDS konfrontiert sehen.

Die Fähre, mit der Ritchie (Olly Alexander) seinem piefig-erdrückendem Elternhaus auf der Isle of Wight den Rücken kehrt, soll ihm ein Leben mit weniger Lügen ermöglichen. Vor der Abreise hat der Vater seinem vermeintlich heterosexuellen Sohn noch eine Packung Kondome in die Hand gedrückt, damit dieser nach seinem Umzug in die Metropole London bloß kein Mädchen schwängert. Ahnungslos, dass er sie später noch brauchen wird, wenn auch aus anderen Gründen als vom Vater gedacht, wirft Ritchie sie lachend über Bord.

London im Jahre 1981: Eine WG wird zum fast utopischen Zufluchtsort für vier junge Schwule. Neben Ritchie wohnen im «Pink Palace» außerdem noch Roscoe (Omari Douglas), den seine religiösen Eltern zwecks Kurierung seiner «abartigen» Neigungen in die nigerianische Heimat schicken wollten, der unscheinbar schüchterne Colin (Callum Scott Howells), der charismatische Ash (Nathaniel Curtis) sowie die gemeinsame Freundin Jill (Lydia West). Fortan leben die Jungs in zwei Sphären: Der eisern konservativen

Öffentlichkeit der Thatcher-Ära, in der sie ihre Homosexualität oft verheimlichen müssen, und der ausgelassenen Welt der WG sowie der schwulen Clubs und Bars, in denen der Alkohol reichlich fließt und die sexuellen Möglichkeiten endlos sind.

Ein Schatten fällt aufs gerade erst eroberte Paradies

Mit IT'S A SIN knüpft der walisische Autor und TV-Produzent Russell T. Davies (A VERY ENGLISH SCANDAL, YEARS & YEARS) an seinen großen Durchbruch mit der Serie QUEER AS FOLK um drei schwule Freunde in Manchester an. Auch in der neuen, von Peter Hoar inszenierten Serie geht es zunächst um die Freiheiten der Großstadt und die ersten Gehversuche in der noch neuen Subkultur. Mit dem Aufkommen von AIDS fällt jedoch bald ein dunkler Schatten auf dieses Paradies.

David Carlyle, Callum Scott Howells, Olly Alexander, Lydia West und Nathaniel Curtis (v.l.n.r.) in IT'S A SIN (© RED Production Company & All3Media International)

Die erste Ahnung bekommt man, als Colin seine Ausbildung bei einem Herrenbekleider beginnt und sich mit dem älteren, ebenfalls schwulen Kollegen Henry (Neil Patrick Harris) anfreundet. Dieser macht den unwissenden Colin wie ein großer Bruder mit den Gepflogenheiten urbaner Schwuler vertraut. Doch von einem Tag auf den anderen wird er krank und verschwindet, isoliert und bewacht in einem Krankenzimmer. Die erste Folge endet damit, dass die jungen Freunde mit leuchtenden Augen über ihre Zukunftsträume sprechen, während Henrys Leichnam in einen Plastiksack gepackt wird.

Aus einem Gerücht wird tödliche Wirklichkeit

Die zehn Jahre umspannende Serie spielt zunächst in einer Zeit, in der der «Schwulenkrebs» noch als Gerücht behandelt wurde. Ritchie musste lange genug auf seine Freiheit warten und will deswegen zunächst nicht wahrhaben, dass diese Freiheit durch ein neuartiges Virus gefährdet werden könnte; in einem die vierte Wand durchbrechenden Monolog verkündet er, dass AIDS lediglich eine in die Welt gesetzte Verschwörungstheorie sei, die der jungen queeren Subkultur und den Sex vermiesen soll.

Wenig später ist jedoch auch sein eigener Alltag von Misstrauen und Angst bestimmt. Den Kollegen, mit dem sich gerade noch eine Beziehung anbandelte, meidet er plötzlich panisch und untersucht sich vorm Spiegel hektisch nach verräterischen dunklen Flecken. IT'S A SIN zeigt, wie die steigende Paranoia die Sehnsucht nach Nähe zu erdrücken droht. Dabei beschönigt die Serie nichts. Wir sehen, wie die Körper schöner junger Männer in Windeseile zerfallen und wie auf ausgelassene Partys ein einsamer, würdeloser Tod folgt.

Mit Selbstermächtigung und Humor gegen die Bedrohung

Allerdings weigert sich IT'S A SIN beharrlich, Freude, Liebe und Lust vom Leid der Krankheit auslöschen zu lassen. Noch auf dem Totenbett mahnt eine der Figuren, man solle niemals den ganzen Spaß vergessen, den man gemeinsam hatte. Der gekonnte, oft fließende Wechsel zwischen unbeschwerten und traurigen Momenten spiegelt sich auch in den Popsongs, die häufig eine kommentierende Funktion haben. Neben dem titelgebenden Lied der Pet Shop Boys kommen unter anderem Belinda Carlisles «Heaven is a Place on Earth», Queens «Who Wants to Live Forever» und R.E.M.s «Everybody Hurts» zum Einsatz.

Selbst in den dunkelsten Momenten lässt Davies seine Figuren nicht zu ohnmächtigen Opfern werden, sondern setzt auf Selbstermächtigung und Humor. Vor allem lässt er ihnen als Akt der Genugtuung oft das letzte Wort: ob beim Streit mit den konservativen Eltern bei der Beerdigung eines Freundes, mit einem homophoben Priester oder, in einem fiktiven Zwischenfall, mit Margaret Thatcher höchstpersönlich. Man merkt der Serie bei solchen wütenden Standpauken und Racheaktionen an, dass sie auf Erfahrungen aus Davies' Jugend basieren und so etwas wie eine Begleichung offener Rechnungen sind.

Solidarität und Güte als einzige wirksame Medizin

Ursprünglich waren für It's a Sin acht Folgen geplant, was dem Sender Channel 4 jedoch angesichts der ernsten Thematik zu gewagt war. Durch die Reduzierung auf fünf Folgen wirkt die Serie in ihren besten Momenten äußerst dicht, auch wenn sich durch Davies' unerschütterlichen Optimismus manche Konflikte nun etwas schnell in Wohlgefallen auflösen. In der letzten Folge wird die Erzählweise dann ruhiger und entwickelt besonders in einer längeren Krankenhausszene eine starke emotionale Intensität. Eine Mutter erfährt dort nicht nur, dass ihr Sohn schwul ist, sondern auch nicht mehr lang zu leben hat. Immer wieder folgt die Kamera ihr, wie sie aufgewühlt den Gang rauf- und runterhetzt, wie sie vor Wut bebt, leugnet und verdrängt, bis sie schließlich doch vor der schmerzhaften Wahrheit kapitulieren muss.

Zu diesem Zeitpunkt ist Jill längst zur heimlichen Hauptfigur der Serie geworden. Das grenzenlos solidarische heterosexuelle Mädchen, das selbst nicht von der Krankheit betroffen ist und ihre eigenen Bedürfnisse konsequent hintanstellt, steht für jene Freundschaft, Liebe und Selbstlosigkeit, die für die Serie so zentral sind. Eine Krankheit, die damals einem Todesurteil gleichkam, kann auch Jill nicht heilen. Aber in einem Umfeld aus überforderten Eltern und einer ignoranten Politik erweist sich ihre Güte als einzige wirksame Medizin.

Michael Kienzl

....

The North Water

Großbritannien/USA 2021. Abenteuer. Showrunner: Andrew Haigh. 5 Folgen. Anbieter: MagentaTV.

Historische Miniserie über die Besatzung eines Walfangschiffs, das 1859 vom britischen Hull in die Arktis aufbricht und sich dabei nicht nur einer lebensfeindlichen Natur erwehren muss.

«Homo homini lupus»: An diese bittere Sentenz, die ihm einmal ein Offizier in Indien zuflüsterte, erinnert sich der Schiffsarzt Patrick Sumner (Jack O'Connell) während einer Walfang-Expedition im Jahr 1859, die mehr und mehr zum Albtraum wird. An Bord der «Volunteer», die unter dem Kommando von Captain Brownlee (Stephen Graham) vom nordenglischen Hull Richtung Norden aufgebrochen ist, begegnet der junge Mediziner einem wahren Raubtier in Menschengestalt: Der Harpunier Henry Drax (Colin Farrell) ist nicht nur skrupellos, wenn es ums Abschlachten von Robben und Walen geht, sondern mit derselben routinierten Empathielosigkeit tötet er auch seine Mitmenschen.

Die aus fünf Episoden bestehende Miniserie, mit der Regisseur und Autor Andrew Haigh den gleichnamigen Roman von Ian McGuire adaptiert, erzählt von den Abenteuern dieser beiden Männer, von ihrer gegenseitigen Konfrontation und der mit der lebensfeindlichen Natur. Beide sind Antipoden – und doch auch «the same», wie Drax Sumner beim finalen Showdown vorhalten wird.

Zwei Outcasts des britischen Empire

Schon zu Beginn, wenn die beiden Figuren parallel eingeführt werden, springen Ähnlichkeiten ins Auge. In Englands bürgerlicher Gesellschaft ist weder für Sumner noch für Drax Platz; das macht schon die suggestive Bildsprache von Kameramann Nicolas Bolduc deutlich, die die Figuren zwischen Kopfsteinpflaster und düsteren Backsteinmauern förmlich einklemmt – die engen Gassen der Stadt, gefilmt aus niedrigen Perspektiven, und schummrige Kneipeninnenräume sind alles, was man vom Herzland des britischen Empire zu sehen bekommt.

Sumner ist unter hässlichen Umständen, über die man im Lauf der Serie in Rückblenden mehr erfährt, nach einer desaströsen Mission in Indien unehrenhaft aus der Armee entlassen worden. Er hat eine Laudanum-Sucht mit nach England gebracht und keine Chance mehr, eine respektable Anstellung als Arzt zu erhalten. Henry Drax kommt ebenfalls nicht ohne Rauschmittel über die Runden – bei ihm ist es der Alkohol. Und er würde angesichts der kriminellen Energie, die er entwickelt, wenn das Geld für Rum oder Prostituierte knapp wird, wahrscheinlich früher oder später am Galgen landen, wenn seine Arbeit als Harpunier nicht dafür sorgen würde, dass er schnell genug auf See verschwindet, um der Strafverfolgung zu entgehen. Für den Dienst auf dem Walfangschiff, der beide aus der Zivilisation in die eisige Wildnis führt, sind er und Sumner gerade noch gut genug.

Raubtiertückisch & raubtiergierig

Drax ist dabei ganz in seinem Element; er hat die Wildnis gewissermaßen internalisiert. Colin Farrell spielt ihn zottlig-ungehobelt, raubtiertückisch und raubtiergierig. Sumner dagegen quält sich mit seinem

Colin Farrell in THE NORTH WATER (© See-Saw Films)

unfreiwilligen Exil innerlich ab; er versucht einerseits, sich dem rauen Ton an Bord anzupassen und unter den Waljägern, die ihrem in zwei Szenen detailliert gezeigten blutigen Handwerk nachgehen, nicht als intellektueller Weichling dazustehen. Andererseits kämpft er aber auch darum, seine zivilisatorische Fassung zu wahren; abends liest er Homer und philosophiert in seinem Tagebuch über seine Situation.

Schließlich kommt es zur Konfrontation mit Drax, dessen Bestialität Sumners Berufsethos und sein Gefühl für Gerechtigkeit herausfordert. Ein Schiffsjunge wird brutal vergewaltigt. Er sucht bei Sumner Hilfe, wird aber kurz darauf ermordet. Sumner will nicht hinnehmen, dass einem als «Sodomiten» verrufenen Bordzimmermann die Schuld in die Schuhe geschoben wird, weil er ahnt, dass sich in Wahrheit Drax an dem Jungen vergriffen hat.

Doch NORTH WATER ist keine Detektivgeschichte, in der eine Ermittlerfigur dem gewaltsame Chaos der Welt durch Recherche, Deduktion und der Überführung eines Schuldigen einen Zaum anlegen könnte. Die «Volunteer» steuert auf ein Unglück zu, das noch viele weitere Menschenleben kostet – und Drax' Skrupellosigkeit ist nicht der Hauptgrund dafür, seine Mordlust nicht die einzige Gefahr, der Sumner sich ausgesetzt sieht...

Eine grausige existenzielle Kälte

Die anfänglichen Szenen in Hull wurden in Budapest gedreht; die Umsetzung der Walfangjagd fand auf einem echten Segelschiff und an arktischen Schauplätzen rund um Spitzbergen statt. Ein Aufwand, der sich gelohnt hat. Denn NORTH WATER ist großes sensuelles Kino, eine sogartige Reise in eine grausige existenzielle Kälte. Dabei protzt die Bildsprache nicht platt mit spektakulären Eismeer-Panoramen, sondern orientiert sich am inneren Erleben der Figuren, primär dem von Sumner, was in einer ins Surreale driftenden, markerschütternden Jagd kulminiert, wenn der junge Arzt in der sich ins weiße Nichts auflösenden Schneewüste einem Eisbären begegnet, was für ihn zur transformativen Grenzerfahrung wird.

Eine Referenz für den Roman von Ian McGuire ist Herman Melvilles Klassiker *Moby Dick* über den von wahnhafter Rachsucht und Hybris beseelten Kapitän Ahab, der so obsessiv einen weißen Wal jagt, dass er die materiellen Interessen der Schiffseigner und das Wohl der Mannschaft komplett aus dem Blick verliert und sich und (fast) alle anderen in den Untergang manövriert. Im Naturalismus und der Detailverliebtheit, mit der sich Vorlage wie Serie dem historischen Walfang-Sujet nähern, spiegelt sich deutlich Melvilles Einfluss, und auch in der Gestaltung der Figuren spürt man die Echos des Klassikers, angefangen bei Sumner als Pendant zu Melvilles Romanhelden Ismael über den gänzlich verwilderten Harpunier Drax als sinistrer Gegenfigur des «edlen Wilden» Queequeg bis zu Nebengestalten wie einem «Propheten» unter den Matrosen (Roland Møller) oder einem Pater (Peter Mullan), dem Sumner in der Arktis begegnet.

Das Geld tut, was es will

Interessant sind jedoch vor allem die Unterschiede gegenüber dem 1851 erschienenen Original. Während in *Moby Dick* der Wahn einer einzigen Figur und die Naturgewalt in Gestalt des weißen Wals das Schiff zerstören, bedroht in THE NORTH WATER ein anderes Übel die Figuren, das gerade dabei ist, zur neuen «Naturgewalt» zu werden: «Das Geld tut, was es will, egal was wir wollen», sagt Mr. Baxter (Tom Courtenay), der Eigentümer der «Volunteer», gleich in der ersten Folge zu Kapitän Brownlee: «Blockiere ihm einen Weg, und es gräbt sich einen neuen.» Die goldenen Zeiten des Walfangs neigen sich um 1860 dem Ende zu; durch die Überfischung sind die Bestände der Meeressäuger ausgedünnt, und der einst so begehrte Tran als Brennstoff für Lampen wird allmählich vom billigeren Petroleum verdrängt. Auch wenn Brownlee und seine Crew reichlich Robbenfelle und Walfett erbeuten, wird die Gewinnspanne nicht sonderlich hoch ausfallen. Deswegen verfolgen Brownlee und sein Maat Cavendish (Sam Spruell) in Baxters Auftrag insgeheim noch ein ganz anderes Ziel: Sie sollen dafür sorgen, dass das Schiff sinkt, auf dass die Versicherung, die Baxter zuvor abgeschlossen hat, kräftig zahle.

Während die Männer an Deck noch spekulieren, ob Drax wohl der Teufel in Menschengestalt sei, ahnt man längst, dass der Teufel eher im frühkapitalistischen System steckt, dessen Sozialdarwinismus dem «survival of the fittest» in der Wildnis an Gnadenlosigkeit in nichts nachsteht. Sumner, Drax und der Rest der Mannschaft sind alle entbehrliches Material. Der Dualismus von Zivilisation und Wildnis mag als räumliche Kategorie zwar noch greifen, doch als moralische Größe ist er hinfällig geworden. Eine Rückkehr in eine Welt, in der der Mensch dem Menschen kein Wolf ist, kann es für Sumner nicht geben, selbst wenn er das Meer, die Arktis, den Eisbären und Drax überleben sollte.

Felicitas Kleiner

....

INSIDE JOB
USA 2021. Animation/Comdey. Showrunner: Shion Takeuchi. 10 Folgen. Anbieter: Netflix.

Cartoon-Satire, in der Deep State eine von unfähigen Menschen, Aliens und Monstern geführte Firma ist und die auf diese Weise zahllose gängige Verschwörungstheorien bis ins Absurde überspitzt.

Dass politische und gesellschaftliche Krisen Verschwörungserzählungen befeuern und popularisieren, hat zuletzt die Corona-Pandemie auf erschreckende Weise gezeigt. Die medialen Bilder von Demos, auf denen «Big Pharma», Bill Gates, Regierungsvertreter und -vertreterinnen als Mitglieder einer groß angelegten Konspiration diffamiert werden, waren in den vergangenen Monaten quasi omnipräsent, und obwohl (oder gerade weil) so viele dieser Theorien – von Echsenmenschen über Chemtrails bis zum Glauben an eine flache Erde – offensichtlicher Unfug sind, fällt es oft schwer, ihnen argumentativ-rational zu begegnen. Bleibt noch ein zweiter möglicher Ansatz: der komödiantisch-satirische. Ihn nutzt nun die Animationsserie INSIDE JOB – und das mit vollem Erfolg.

Willkommen bei Deep State, der geheimen Schattenregierung, die die Geschicke der Welt aus einer verborgenen, an die MEN IN BLACK-Filme erinnernden Untergrundeinrichtung heraus lenkt. Oder eher: zu lenken versucht. Denn auch in der Cognito Inc., wie sich dieses Unternehmen nennt, geht es um gute Quartalszahlen und erfüllte Jahresziele, und auch hier arbeiten nur Menschen. Und außerdem Aliens, Klone, Yetis, Roboter, Tier-Mensch-Hybride und was sonst noch alles dazugehört. Von hier aus werden die Medien manipuliert, das Wetter mit Drohnen kontrolliert und der Dow Jones durch Blutopfer beeinflusst. Und mittendrin: die Wissenschaftlerin Reagan Ridley, die in der ersten der zehn Folgen endlich die langersehnte Beförderung erhält und nun das Exekutivkomitee der Cognito Inc. leiten darf.

Auch Deep State kocht nur mit Wasser

Erster Tagesordnungspunkt: den neu gewählten US-Präsidenten durch Reagans Prestigeprojekt, einen Roboter, ersetzen, was jedoch ordentlich schiefgeht. Denn die KI entwickelt ein Eigenleben und beschließt zunächst, die USA mittels eines riesigen Glaswürfels von der Außenwelt abzuschotten. Beim Versuch, die Maschine zu bändigen, geht allerdings noch mehr schief, woraufhin der Roboter die Menschheit in klassischer TERMINATOR-Manier auslöschen will, was Reagan in letzter Minute verhindern kann. Die Vielfalt an Ideen, Popkultur-Referenzen, Figuren und Gags fällt bereits in dieser ersten Episode derart divers aus, dass es eine wahre Freude ist.

Angesichts der verantwortlichen Namen lag dies aber auch nahe: INSIDE JOB ist ein Projekt von Shion

Takeuchi, Autorin der ersten beiden Staffeln der Fantasy-Persiflage DISENCHANTMENT, sowie Alex Hirsch, Erfinder der grandiosen, vor Kreativität übersprudelnden Cartoon-Serie WILLKOMMEN IN GRAVITY FALLS. Richtete die sich noch sowohl an Kinder als auch Erwachsene, ist INSIDE JOB nun letzterer Zielgruppe vorbehalten: Schimpfwörter, sexuelle Anspielungen und Gewalt (wenn auch nicht derart explizit wie etwa in der Superheldenserie INVINCIBLE) sind eher Regel denn Ausnahme.

INSIDE JOB (© Netflix)

JFK, eine hohle Erde und Hippies auf dem Mond

So arbeitet sich INSIDE JOB höchst vergnüglich und immer wieder überraschend an allen möglichen Verschwörungserzählungen ab. In einer Folge etwa gibt es eine Sicherheitslücke in der Klon-Abteilung der Firma, woraufhin eine Horde von JFKs das Gebäude verwüstet und nur durch den (wahren) Attentäter von Präsident Kennedy gestoppt werden kann. Eine andere widmet sich den «Flat Earthern», die einfach nicht kapieren wollen, dass die Erde doch eigentlich hohl ist. Und eine der Mondlandung, die natürlich stattfand, aber beinahe in einem PR-Desaster mündete, weil die Astronauten lieber eine Hippie-Kommune auf dem Trabanten errichteten, anstatt zurückzukehren, sodass Stanley Kubrick für eine Re-Inszenierung engagiert wurde. Das alles ist kein selbstgefälliges, unreflektiertes Spiel mit Klischees, sondern stets eine clevere Dekonstruktion von Verschwörungstheorien, die auf der Etablierung einer zweiten und dritten Ebene, maßloser Überzeichnung und flapsigem Humor basiert, der in seinem Tempo und seiner Wortgewandtheit zuweilen an RICK UND MORTY erinnert.

Strukturell bleibt INSIDE JOB hingegen der klassischen Cartoon-Narrationsweise treu: Die Episoden funktionieren nach dem «Case of the Week»-Prinzip weitestgehend unabhängig voneinander, nach der Exposition teilt sich die Handlung stets in zwei parallele Stränge auf, die nach einer unvermeidbaren Eskalation der Ereignisse samt Action-Einlagen wieder zusammenlaufen und in einer – wie schon bei GRAVITY FALLS – netten, aber aufdringlichen moralischen Schlussbotschaft münden, nachdem die Figuren ihre Schwächen und Mängel überwunden haben. Überhaupt, die Figuren: Das Ensemble besteht neben Reagan als hochintelligenter Wissenschaftlerin mit sozialen Phobien aus einem bunten Potpourri, das unter anderem einen drogensüchtigen Mediziner, eine stylische PR-Dame, einen militaristischen Delfinmenschen, ein Pilz-Alien, das psychoaktive Substanzen ausscheidet, einen klischierten weißen Cis-Kerl, der sich einzig durch seine Profillosigkeit auszeichnet, und Reagans alkoholsüchtigen Vater, der einst die Cognito Inc. leitete, umfasst. Alle haben sie ihre schrulligen Eigenarten, was sie nicht nur memorabel, sondern auch äußerst sympathisch macht.

Hohe Gag-Schlagdichte

Die Kurzweiligkeit der Folgen kombiniert mit dem hohen Tempo, der Gag-Schlagdichte und der schieren Kreativität im Umgang mit Verschwörungstheorien macht INSIDE JOB zu einer stets überraschenden und kompetent inszenierten wie auch erzählten Serie, die natürlich am besten im Originalton geschaut werden sollte. Denn auch wenn die deutsche Synchronisation auf hohem Niveau ist, so gehen einige Wortspiele doch naturgemäß unter. Um an die Klasse von GRAVITY FALLS anzuschließen, fehlt einzig noch ein roter Handlungsfaden über mehrere Folgen hinweg – doch auch der wurde in Alex Hirschs Cartoon-Meisterwerk erst in der zweiten Staffel aufgespannt. Die kann im Falle von INSIDE JOB gern so schnell wie möglich kommen. Wer jemals behaupte, Verschwörungstheorien lasse sich humoristisch nicht beggnen, weil sie absurder als jede Satire seien, wird von dieser Serie eines Besseren belehrt.

Christian Neffe

MARE OF EASTTOWN

USA 2021. Krimi/Drama. Showrunner: Brad Ingelsby. Miniserie. 7 Folgen. Anbieter: Sky/Warner.

Miniserie um eine Polizistin in einer US-Kleinstadt im ländlichen Pennsylvania, die den Mord an einer Jugendlichen aufklären will.

Ein Mädchen wird seit einem Jahr vermisst, ein anderes tot aufgefunden. Easttowns Kinder sterben, und die Zukunft der US-amerikanischen Kleinstadt nahe Philadelphia stirbt mit ihnen. Es ist ein Prozess, den niemand besser kennt als Mare. Sie ist nicht nur als leitende Ermittlerin der Ankerpunkt dieser Leidensgeschichte, sondern auch als Frau, die das schwerste Trauma erlebt hat, das einer Mutter widerfahren kann: den Selbstmord ihres Sohnes.

Mares Familienleben ist zerbrochen; ihr Mann hat neu geheiratet. Sie lebt mit dem Rest der Familie, ihrer Mutter Helen (Jean Smart), ihrer Tochter Siobhan (Angourie Rice) und ihrem Enkelsohn Drew (Izzy King) im Stillstand der notwendigen Routinen. Alle, insbesondere Mare, scheinen immer einen Schritt davon entfernt, mit der lebenslangen Trauerarbeit überhaupt zu beginnen und damit vielleicht einen Weg zurück in stabile und von Liebe durchdrungene Lebens- und Familienverhältnisse zu finden.

Jeder kennt jeden

Ein Weg, der an Mares Heimatstadt nicht vorbeiführt. Easttown ist klein genug, um nahezu jeden – sei es durch die gemeinsame Vergangenheit oder die neue Nachbarschaft – miteinander zu verbinden. Mares Ex-Mann lebt mit der neuen Freundin praktisch in ihrem Hinterhof. Dawn (Enid Graham), deren Tochter entführt wurde, begegnet Mare täglich an der Tankstelle, und die ermordete Eryn gehört zur Großfamilie der besten Freundin Lori (Julianne Nicholson). Was in Easttown verloren gegangen ist, schimmert noch in den Momenten durch, in denen Mare kurz die Arbeit hinter sich lässt, in der Küche ein Cheesesteak-Sandwich isst und mit Lori, die kurz reinschaut, ein Bier trinkt.

MARE OF EASTTOWN erzählt viel über diesen Alltag. Die Tage enden mit Junkfood und Bier. Der Gemüsebeutel aus dem Eisfach kühlt die Blessuren oder dient als Versteck für den letzten Eiscremebecher. Easttown ist die Art von Stadt, die vor einigen Jahrzehnten noch die Hauptrolle in einem Bruce-Springsteen-Song hätten spielen können, heutzutage aber nur noch in die Vergangenheit blicken kann. Die lokale High-School feiert das Jubiläum des einzigen sportlichen Erfolgs auf nationaler Ebene, während diejenige, die im Finale den entscheidenden Ball warf, zeitgleich im Fall von zwei verschwundenen Mädchen ermittelt und nebenbei die häuslichen, oft auch recht komischen Probleme ihrer Mitbürger löst.

Wenn es an verlässlicher Stabilität gebricht

Kate Winslet schultert als herausragende Darstellerin eines herausragenden Ensembles einen großen Teil des emotionalen Gewichts: sie lässt ihre Figur unter der Last zusammenbrechen. Nicht kampflos, sondern im permanenten Kampf. Die brillante Polizistin verstrickt sich privat und beruflich gleichermaßen schonungslos in das Leiden der anderen. Jeder Konflikt, sei es mit Kriminellen, Fremden, Verwandten oder Kollegen, wird ohne Zögern ausgetragen. Mit offen sichtbarer Achillesferse zieht Mare von einer Schlacht zur nächsten, konfrontiert alles und jeden – nur nicht sich mit dem Tod ihres Sohns.

Ihre Augenbrauen haben sich so sehr an diese Konflikte gewöhnt, dass sie ihr Verharren in Schieflage nur für den Ausnahmefall aufgeben. Der Schriftsteller Richard (Guy Pearce) ist dieser Ausnahmefall; ein Fremdkörper in Mares Alltag, der einen bürgerlichen Charme in ihr Leben trägt. Mit beiden scheint es, zumindest auf den zweiten Blick, perfekt zu funktionieren. Die Beziehung übersteht den

Kate Winslet in MARE OF EASTTOWN (© Home Box Office Inc.)

ersten, vorprogrammiert ungelenken Flirt an der Bar, und auch die erste, noch unverfängliche Liebesnacht; sie kommt aber nie ganz in der Vorstellung einer Zukunft an, die eine Beziehung braucht. Die Affäre verlangt die Art von Stabilität, die es weder in Mares Leben noch in Easttown geben kann.

Die Miniserie MARE OF EASTTOWN präsentiert weit mehr als den klassischen Topos der Kommissarin, die neben der allzu persönlichen Verstrickung in einen Mordfall den Umgang mit der Ruine ihres Privatlebens anzufangen versucht. Die Traumata der Vergangenheit und das, was sie aus der Familie und im größeren Rahmen aus Easttown gemacht haben, sind hier nicht Staffage der Kriminalgeschichte, sondern sie sind die eigentliche Geschichte. Eine Prämisse, mit der Showrunner Brad Ingelsby die Mechanik des Krimi-Prozederes aufbricht.

Die Zukunft des «blue collar»-Amerika

Der Fall läuft wie eine gut geölte, für HBO-Produktionen geradezu typische Spannungsmaschinerie, hier allerdings im Hintergrund der dazugehörigen, generationenübergreifende Leidensgeschichte einer Kleinstadt. Easttown ist eine so eng verbundene Gemeinschaft, dass jeder, der dort lebt, einen Anteil am Leid hat, dass die proletarische Kleinstadt nicht nur in Falle des Kindermords heimsucht. Bis der Mordfall nicht geklärt ist, bis die vermissten Kinder nicht zurückgekehrt sind, kann das Leben nicht voranschreiten. Und selbst für den Fall der Aufklärung scheint es ungewiss, ob das Amerika, das Easttown repräsentiert, das solidarisch zusammengewachsene, hart arbeitende «blue collar»-Amerika, eine Zukunft hat.

Karsten Munt

....

TRIGONOMETRY

Großbritannien 2020. Romanze. Showrunner: Effie Woods / Duncan Macmillan. 8 Folgen. Anbieter: Polyband.

Im Chaos der Gefühle: Eine britische Serie um eine turbulente Dreiecksbeziehung zwischen einem Paar und seiner neuen Untermieterin.

Es ist gar nicht so leicht zu sagen, was diese Serie eigentlich ist. Für ein Drama ist sie zu leichtfüßig, für eine Komödie zu ernst und für eine Seifenoper zu nachdenklich. Irgendwo dazwischen pendelt sich die acht Folgen der britischen Serie TRIGONOMETRY in einen ganz eigenen Rhythmus und Ton ein. Die titelgebende Dreiecksgeschichte ist dabei das Gravitationszentrum, um das sich die Figuren Kiernan, Gemma und deren neue Mitbewohnerin Ray bewegen.

Kiernan und Gemma sind ein Paar. Er ist Rettungssanitäter und sie baut gerade ein eigenes Café auf – um die Miete der Londoner Wohnung bezahlen zu können, müssen die beiden so viel arbeiten, dass sie einander kaum noch sehen. Sie vermieten deshalb ein Zimmer an die ehemalige Synchronschwimmerin Ray. Bereits Ende zwanzig, nabelt sich die junge Frau gerade erst von den Eltern ab. Ihre Sportkarriere musste sie wegen eines Unfalls beenden und ist deshalb gerade auf der Suche nach einem Leben danach.

Ein Einhorn mischt die Paar-Dynamik auf

Mit viel Gespür für zwischenmenschliche Dynamik nehmen sich die Showrunner Duncan Macmillan und Effie Woods Zeit, um die drei Figuren kennenzulernen und ihre Beziehungen zueinander auszuloten. Gemma und Kiernan sind ab dem ersten Treffen von Ray begeistert und umwerben sie, damit sie bei ihnen einziehen. «Sollen wir darüber sprechen, wie du sie angesehen hast?», fragt Gemma ihn, als sie Ray beim Möbeltransport helfen – ihre Blicke verraten, dass sie selbst sich auch von der hibbeligen Französin angezogen fühlt.

Bei einem gemeinsamen Kneipenabend benennt ein alter Bekannter des Paares das noch Unausgesprochene und für Ray noch nicht Offensichtliche: Sie sei Gemmas und Kiernans «Einhorn» – also die dritte Person in einer Dreiecksbeziehung. Sie wischt die Bemerkung als Witz beiseite. Doch wird ihr selbst langsam bewusst, dass sie tatsächlich drauf und dran ist, sich in die beiden zu verlieben, und auch für Kiernan und Gemma hat bereits das anfängliche Gefühlschaos des Verliebtseins begonnen.

Facettenreiche Charaktere

Macmillan und Woods gestehen Ray jedoch eine viel dreidimensionalere Rolle zu, als es der Begriff des Einhorns vermuten lassen würde. Unabhängig voneinander geben sie den drei Figuren genügend Raum, um zu eigenständigen Persönlichkeiten zu werden: Ray, die überbehütet aufwuchs und sich von der übermächtigen Mutter und den sozialen Geflechten ihres ehemaligen Sportvereins lösen muss, um zu verstehen, wer sie ist und sein will; Kierans Kindheit

Thalissa Teixeira, Ariane Labed und Gary Carr in TRIGONOMETRY (© BBC)

Die Utopie der Romantic Comedy und das Familiendrama halten sich die Waage

Spätestens hier ist endgültig klar, dass TRIGONOMETRY nicht nur von einer Dreiecksbeziehung handelt und diese schon gar nicht aus der Perspektive normierter Beziehungsmuster sensationalisiert oder moralisch problematisiert. Vielmehr schafft die Serie, was viele romantische Komödien nicht schaffen: Sie macht das Durcheinander von Liebesbeziehungen und den damit verbundenen Herzschmerz mehr als greifbar, dieses Gefühlschaos der ersten Annäherungen, die Unsicherheit, ob das Gegenüber ähnlich empfindet, die Erleichterung und die Missverständnisse, die dabei entstehen können. Rays Liebeserklärung kommt bei der Adoptivfamilie, seine Vergangenheit als Soldat und seine daraus resultierende Hilfsbereitschaft für Menschen in Not; Gemmas zerrüttete Familie zwischen der zu früh verstorbenen Mutter und dem militärischen Drill des Vaters, der ihre künstlerische Ader nicht versteht und sie auch als Erwachsene noch wie ein kleines Mädchen maßregelt.

Behutsam erkundet hier jeder und jede für sich die Beziehungen zu den beiden anderen. Gemmas und Rays zunächst schwesternhafte Freude, endlich eine Vertraute zu haben, Rays und Kiernans vertrauensvolle Gespräche über das Verarbeiten zurückliegender Traumata, Kiernans und Gemmas tiefe Beziehung, die in alltäglichen Gesten wie dem gemeinsamen Zudecken beim Fernsehabend deutlich wird. Dass sie sich reihum ineinander verlieben, ist für alle drei eine Überraschung und stellt deshalb auch alle drei Einzelbeziehungen auf die Probe. Als Gemma und Kiernan beschließen zu heiraten, bricht es aus Ray heraus: Sie sei in sie beide verliebt und wisse nicht, wie sie damit umgehen solle, dass sie einander als Ehepaar nun für immer näherstehen würden als ihr.

dann auch so unpassend und verzweifelt, wie solche Geständnisse eben passieren: am Vorabend der Hochzeit. Ungeduldig tigert und schleicht die Kamera mal mit Ray, mal mit Gemma über das Familienfest und erlebt dieses nervenzerreißende Bangen hautnah mit, ob nun die Freundschaft und die Beziehung beendet seien, bevor sie richtig anfangen konnten.

Dass eine solche Konstellation vom Umfeld nicht unbemerkt bleibt, ist natürlich klar. Sie habe schon zwei Coming-outs mitgemacht, das müsse doch reichen, blafft eine Freundin der bisexuellen Gemma, und Rays Mutter nimmt bei einer Geburtstagsfeier entsetzt Reißaus, weil sie merkt, dass ihre Tochter sich von ihren eigenen Erwartungen vom Leben wegentwickelt hat. Doch in solchen Situationen erdet die Aufrichtigkeit der Beziehungen die drei so, dass sie sich nach und nach zu sich selbst bekennen können – die Utopie der Romantic Comedy und das Familiendrama halten sich hier im besten Sinne die Waage. Sofia Glasl

....

PRETEND IT'S A CITY

USA 2021. Dokumentar-Serie. Showrunner: Martin Scorsese. 7 Folgen. Anbieter: Netflix.

New York aus der Perspektive einer scharfzüngig-sardonischen Erzählerin. Eine siebenteilige Miniserie, in der Regisseur Martin Scorsese die Autorin und Flaneurin Fran Lebowitz porträtiert.

Pretend it's a City! Das rät Fran Lebowitz genervt all jenen Menschen, die auf dem Zebrastreifen orientierungslos auf ihr Smartphone starren. «Tun sie so, als wäre es eine Stadt» – also ein Ort, an dem sich auch noch andere Menschen aufhalten, deren Fortkommen man nicht ohne Not behindern sollte. Ihr Freund

Martin Scorsese, der in New York City einst MEAN STREETS (1973) gedreht hat, ist mit Lebowitz durch ihr gemeinsames Habitat gestreift – und hat sie für die sieben Folgen der Miniserie PRETEND IT'S A CITY interviewt. Hat ihr Stichworte souffliert und Gespräche zwischen ihr und anderen Interviewpartnern aus den Archiven geborgen.

Mit einer Flaneurin ihre Stadt New York erkunden

Martin Scorses und Fran Lebowitz in PRETEND IT'S A CITY (© Netflix)

Während hierzulande die meisten den Namen von Martin Scorsese kennen, dürfte der von Fran Lebowitz eher weniger Menschen ein Begriff sein. Es fällt schwer, die Autorin zu beschreiben. Nicht optisch, denn sie ist eine maximal burschikose Erscheinung, breitschultrig, mit einer Lockenbetonfrisur, ein wenig furchteinflößend. Ein Mensch wie eine Trutzburg. Aber sie ist schwer einzuordnen. Man könnte sie als Flaneurin bezeichnen. Die Kamera von Ellen Kuras fängt sie immer wieder dabei ein, wie sie raumgreifend durch die Häuserschluchten von Manhattan stolziert. Das tut sie schon, seit Fran Lebowitz Anfang der 1970er-Jahre dort ankam. Inzwischen ist sie, die schon mit Anfang 20 für Andy Warhols Magazin *Interview* schrieb und mit dem Jazzmusiker Charlie Mingus befreundet war, eine lokale Berühmtheit. Seit den 1990er-Jahren schreibt sie für die *Vanity Fair*, und fast ebenso lang an einem Roman.

Ihre Komik entfaltet sich aus der Beobachtung banaler Alltäglichkeiten und Ärgernisse – und aus der ungebrochenen Bereitschaft, sich in diese immer weiter hineinzusteigern. Sie erzählt von ihrer Zeit als Taxifahrerin, ihrer Wertschätzung für die #Me-Too-Bewegung, aber auch banalere Dinge; mal geht es um Bücher (sie hat Zehntausend davon), mal um Sport (überhaupt nicht so ihrs), ob die Verteilung von Talent Gesetzmäßigkeiten folgt (nein) und warum die neuen Wolkenkratzer in Manhattan so hässlich sind (weil New York nun die Golfstaaten kopiert, die zuvor New York kopiert haben).

Die Tücken des urbanen Lebens

Zu den unzähligen Themen, an denen man sich in Zeiten des Corona-Lockdowns ausführlich abarbeitet, gehören Lebens- und Wohnbedingungen und auch das Pro und Contra für das Leben in der Stadt oder auf dem Land. Das Land steht für die Natur und was davon übrigblieb, die Stadt für Austausch, für kulturelle Angebote und Vielfalt, für unverhoffte Begegnungen. Aber auch dafür, mit einer Menge anderer Menschen auf engem Raum zu leben und einander in die Quere zu kommen, was das Leben in New York derzeit angesichts des Social-Distancing-Gebots so kompliziert macht. Das öffentliche Leben liegt darnieder. Kinos, Buchhandlungen, Bars. Alles, was das urbane Leben gesellschaftlich verschönert, ist auf unbestimmte Zeit suspendiert.

PRETEND IT'S A CITY wirkt da fast etwas nostalgisch, lässt die Serie doch über die normalen Tücken einer großen Stadt nachgrübeln. Warum haben die Menschen verlernt, rücksichtsvoll durch die Stadt zu streifen? Fran Lebowitz, die weder Mobiltelefon noch Computer besitzt, fällt so etwas natürlich auf.

Der stille Star: Martin Scorsese

Der stille Star der Serie ist der zurückgenommene Regisseur Martin Scorsese, der mit Lebowitz über ein riesiges Modell von New York spaziert und zu jedem Thema eine Trouvaille aus der Fernsehgeschichte beisteuert – Duke Ellington im Plausch mit Leonard Bernstein, die Duck-and-Cover-Zeichentrickspots aus den 1950er-Jahren, die Kinder auf den Atomkrieg vorbereiteten. Der Regisseur und seine Protagonistin sind befreundet. Beim Betrachten fragt man sich allerdings, wie diese Freundschaft funktioniert. Lebowitz scheint Scorsese mit ihrer Präsenz zu erdrücken. Ihre Selbstinszenierung bewahrt sie davor, persönlicher zu werden. Sie kann wahnsinnig geistreich lästern, über Eltern von heute und ihre Art, Kinder zu erziehen («Wir mussten draußen spielen, weil unsere Eltern uns aus dem Haus haben wollten»). Wie beschwerlich es sei, in New York auch nur den Alltag zu bewältigen. Sie erzählt und nimmt Scorseses gelegentliche Einwürfe, der sich oft vor Lachen schüttelt, kaum zur Kenntnis.

Lebowitz' Monologe erinnern in den besten Momenten an die 1990er-Sitcom-Serie SEINFELD über einen Komiker und seine Freunde. Der misanthropische Witz mit skeptischer Haltung zur Welt und ihren Bewohnern ist auch Fran Lebowitz zu eigen, und es scheint egal zu sein, ob man es nun jüdischen Humor nennt oder ob es sich um eine spezifische New Yorker Variation davon handelt. Die Realität speist sich aus dem scheinbar Banalen. Auch in New York. Gerade dort.

Arne Koltermann

....

LISEY'S STORY

USA 2021. Thriller/Fantasy. Showrunner: Stephen King / Pablo Larraín. 8 Folgen. Anbieter: AppleTV+

Pablo Larraín und Stephen King machen sich gemeinsam an die Verfilmung von Kings Roman *Lisey's Story*. Eine blutige Schnitzeljagd, sehr nah an der literarischen Vorlage.

Von seinen schriftstellerischen Anfängen an war Stephen Kings Amerika immer schon ein Land, in dem der Schmerz herrscht. In seinen zahlreichen Romanen, Stories und Verfilmungen widmet sich der wohl berühmteste Horrorautor der Welt den Bewohnern dieses Landes und ihrer ganz speziellen Versehrtheit. Nirgendwo pocht der Schmerz schriller und gewalttätiger als hier, nirgendwo klaffen die Abgründe tiefer hinein in den Anschein der Wirklichkeit. Ganz egal, ob in *Carrie*, *Es* oder *Shining* – seinen wohl berühmtesten Arbeiten – oder in späteren Büchern wie dem erst kürzlich verfilmten *The Outsider*. Selbst wenn einer seiner Dämonen, wie das titelgebende Wesen in *Es*, aus einer anderen Welt kommt, wurzelt das Grauen doch immer in der Realität; das Monströse, das von außen kommt, funktioniert nur als eine Art Verstärker dafür. Die Ausformungen des Bösen kommen bei King stets aus einem Schmerz heraus, den wir so lange bereit sind, gewöhnlich oder alltäglich zu nennen, bis er uns selbst irgendwann ereilt.

Ein persönliches Trauma Stephen Kings lieferte den Anstoß

Lisey's Story entstand aus einem Schicksalsschlag heraus, den der Autor im Jahr 1999 in Form eines Verkehrsunfalls erfuhr. Aufgrund der Schwere seiner Verletzungen blieb eine spätere Lungenerkrankung Kings unentdeckt – sie brachte den Autor an den Rand des Todes. Im Jahr 2006 verarbeitete er die Grenzerfahrung in seinem sehr persönlichen Roman *Lisey's Story*. Das Buch handelt vom Tod eines erfolgreichen Schriftstellers und der Lücke, die sein Sterben in das Leben seiner hinterbliebenen Ehefrau reißt. Gewidmet ist der Roman Kings Ehefrau, Tabitha. Gemeinsam mit dem chilenischen Regisseur Pablo Larraín (JACKIE, NERUDA, EMA) hat sich Stephen King nun an die filmische Umsetzung dieses Buches gemacht, das er in Interviews gerne als sein liebstes und gelungenstes Werk bezeichnet. Es nimmt daher nicht Wunder, dass er die Drehbuchfassung seiner ziemlich ausschweifenden Story gleich selbst übernommen hat, anstatt sie einem serientypischen Writer's Room anzuvertrauen.

Julianne Moore als trauernde Witwe

Die Geschichte von Lisey (Julianne Moore) beginnt mit einem Rückblick auf den Anschlag auf das Leben ihres Ehemanns Scott Landon (Clive Owen). Bei den Feierlichkeiten zur Einweihung einer Schulbibliothek schießt ein glühender Fan des Erfolgsautors den Berühmten nieder. Es ist Lisey selbst, die den Angreifer mittels eines Spatens niederstreckt und ihren Mann so vor weiteren Schusswunden bewahrt. Scott wird in der Brust getroffen, überlebt jedoch das Attentat. Seine Heilung schreitet weitaus schneller voran als es ihm seine Ärzte prophezeien. «Die Landons waren immer schon schnelle Heiler», gibt der Patient lapidar zu Protokoll. Ein bisschen mehr als einer günstigen Veranlagung hat es mit der wundersamen Genesung allerdings schon auf sich.

Liseys Flashback auf die einschneidenden Ereignisse erfolgt zwei Jahre nach dem tatsächlichen Tod ihres Ehemanns. Woran Scott schlussendlich sterben wird, wissen die Zuschauer zu diesem Zeitpunkt (noch) nicht. Die Witwe jedenfalls plagt sich mit zu gierigen Nachlassjägern herum sowie mit den Folgen der psychischen Erkrankung ihrer Schwester Amanda (Joan Allen). Diese verletzt sich immer wieder auf schreckliche Weise selbst. Nach ihren Anfällen verfällt sie in einen apathischen Zustand. Sie ist Dauerpatientin auf der psychiatrischen Station. Amandas Akte der Selbstverstümmelung wecken in Lisey ein altes Trauma. Denn auch Scott legte einst ein ähnliches Verhalten an den Tag. Nach einem Streit des jungen Paares schnitt Scott sich die Hand-

Darsteller und Regisseur Jason Segel in LISEY'S STORY (© AppleTV+)

flächen auf; im Anschluss weihte Scott Lisey in seine Familiengeschichte und in eine Kindheit geprägt von der Gewalt seines Vaters (Michael Pitt) ein. Er war es, der seine beiden Söhne, Scott und seinen Bruder Paul, in ein perfides Spiel einführte: eine blutige Schnitzeljagd, mit dem Ziel, seinen Jungen das Böse auszutreiben.

Ein Zufluchtsort vor den Gewalttätern

Das Böse verbleibt nicht in der Vergangenheit und hält bald schon erneut Einkehr in Liseys Leben. Es erscheint in Form eines weiteren wahnhaften Verehrers Landons, Jim Dooley (Dane DeHaan). Der Psychopath tyrannisiert Lisey zunächst mit Drohanrufen – er verlangt die Freigabe von Landons Nachlassschriften –, eines Nachts fällt er im gemeinsamen Haus des Ehepaares brutal über die Witwe her. Scheinbare Hinweise ihres toten Mannes führen Lisey aus den Fängen ihres Peinigers, an einen geheimen, magischen Ort, den Scott bereits als kleiner Junge gemeinsam mit seinem Bruder besuchte, um dem Bösen im väterlichen Heim zu entgehen.

Kings Stil reibt sich mit der Seriendramaturgie

Bereits diese Schilderung des weitverzweigten Plots von LISEY'S STORY macht deutlich, vor welchen immensen Herausforderungen das Kreativteam rund um Regisseur Pablo Larraín angesichts der Bändigung der mehr als 600 Seiten langen Romanvorlage gestanden haben muss. In vielerlei Hinsicht verzettelt sich die Produktion in einer Reihe von erzählerischen Schlenkern, Rückblenden und Redundanzen, die ihre Ursache in der Nähe zur literarischen Vorlage haben; das irritiert zuweilen, entwickelt aber gerade in seiner Abkehr von stromlinienförmigen Seriendramaturgien auch einen großen Reiz. Stephen King war nie ein Erzähler, der Wert auf inhaltliche Verknappung oder eine besonders straffe – für die heutige Serienlandschaft übliche – Erzählökonomie legt; im Gegenteil: Seine Figuren entfalten sich erst in der erzählerischen Überfülle, die so typisch für seine Romane ist. In der inhaltlichen Verausgabung und in scheinbar überflüssigen Details findet der Horror-Meister zu sich, und mit ihm auch seine Charaktere.

Eine Frau zwischen Nervenwrack und entschlossener Rächerin

Schauspielerisch kann Pablo Larraíns Verfilmung für die Umsetzung der Figuren aus dem Vollen schöpfen. Bis in die Nebenrollen hinein ist LISEY'S STORY hochkarätig besetzt. Es dürfte aber Julianne Moores Überlebenskampf sein, an dem die Zuschauer am meisten Anteil nehmen. Ihr präzises Spiel zwischen den Polen eines Nervenwracks und einer entschlossenen Rächerin trägt durch die acht Folgen der Mini-Serie hindurch. Clive Owen gibt an Moores Seite souverän das vielschichtige Mastermind Scott Landon, Dane DeHaan – der personifizierte Bad Guy der Inszenierung – interpretiert seine Rolle als fragiles Jungmänner-Ich etwas sehr überspannt. Mit der Besetzung der beiden Schwestern Liseys, Joan Allen als Amanda und Jennifer Jason Leigh als Darla, gelingt der Serie ein kleiner Clou. Mit schauspielerischer Finesse agieren sie auf dem erzählerischen Höhepunkt der Serie und werden zum emotionalen Überlebensanker für Lisey.

«Boo'ya Moon» heißt jener transdimensionale, geheime Ort, an den Stephen King seinen Protagonisten Scott Landon seit seiner frühen Jugend immer wieder fliehen lässt. Und mit ihm die Zuschauer. Es ist ein Raum der Sicherheit und der Gefahr zugleich. Die Parallelwelt verspricht Heilung und konfrontiert ihre Besucher gleichermaßen mit ihren schlimmsten Dämonen. Im Laufe der Handlung wird auch Lisey

Boo'ya Moon aufsuchen, auf der Suche nach Erlösung von ihrer Trauer um Scott. Pablo Larraín und seinem Kameramann Darius Khondji (zuletzt UNCUT GEMS, OKJA, THE LOST CITY OF Z) setzen diese imaginäre Welt, die nicht mal einen Steinwurf von unserer entfernt zu liegen scheint, mit gestalterischer Verve in Szene. Es ist eine Welt, die weder Tag noch Nacht kennt. Alles ist in ein Zwielicht getaucht, Mond und Sonne strahlen gleichzeitig übergroß am Himmel und tauchen den wundersamen Ort mitsamt seiner Seenlandschaft in die Kontraste Rot und Blau. Unwirklich und doch real wirkt diese Fantasie, so irreal wie auch die Verlusterfahrung, die Lisey durchmacht. Pablo Larraín vermag es mit seiner Verfilmung, ihrer Trauer eine treffende Gestalt zu verleihen. Wie Stephen King weiß auch er um die Schmerzhaftigkeit dieses Prozesses: Er ist das wahre Monster, das jeden noch so fiesen Dämon blass aussehen lässt. Und so rundet sich LISEY'S STORY zur gelungenen King-Verfilmung!

Chris Schinke

....

BLINDSPOTTING

USA 2021. Drama. Showrunner: Rafael Casal and Daveed Diggs. 8 Folgen. Anbieter: Starzplay.

Eine Serien-Fortschreibung des gleichnamigen Films. Während darin die Freundschaft eines schwarzen und eines weißen US-Amerikaners in Oakland im Zentrum stand, richtet sich der Fokus nun auf die Frauen und ihren mal tragisch, mal komisch aufbereiteten Kampf mit den sozialen Verhältnissen.

Blaulichter vor der Haustür verheißen selten was Gutes. Polizisten führen nachts einen Mann in Handschellen aus seinem eigenen Haus. Drogen wurden gefunden. Die Freundin kommt nach Hause und wirft aufgebracht eine Jacke über den nackten Oberkörper des frischen und frierenden Häftlings. Sie ruft ihm hinterher: «Do you need your tooth brush?!» – «I'm not going to a summer camp, babe, I'm going to jail!»

Das Duo von Oakland

Nun muss auch Miles (Rafael Casal) erleben, was es heißt, im Gefängnis zu landen. Die Figur stammt aus dem vielgelobten Film BLINDSPOTTING von 2018. Darin ging es um die spannungsgeladene Freundschaft zwischen dem weißen Miles und seinem afroamerikanischen Kumpel Collin (Daveed Diggs), die aufgrund ihrer unterschiedlichen Hautfarbe unterschiedliche Alltagserfahrungen in Oakland mit Polizei und Justiz machen. Daveed Diggs und Rafael Casal haben damals die zwei Protagonisten verkörpert, ihnen Wörter in den Mund gelegt und Geschichten erzählt, die sie in ihrer Heimatstadt an der East Bay selbst auf die eine oder andere Art erlebt haben.

Auch in der Serie sind Diggs und Casal wieder als Autoren- und Produzententeam tätig. Sie schließt ein paar Monate später an die Geschehnisse des Films an. Wobei sich gleich mit der Festnahme von Miles zu Beginn der Fokus verlagert, und zwar in Richtung Frauen und Kind. Im Mittelpunkt steht nun Miles' Freundin Ashley (Jasmine Cephas Jones). Sofort nach dessen Verhaftung muss sie mit ihrem gemeinsamen Sohn Sean aus dem Zuhause, das das Paar bisher geteilt hatte, ausziehen: Wenn ein Elternteil als Arbeitskraft wegfällt, ist es fast unmöglich, sich in einer Stadt wie Oakland ein eigenes Haus zu leisten. Die Gentrifizierung breitet sich langsam, aber sicher von San Francisco und dem Silicon Valley her aus.

Progressives Sex Business

Ashley und Sean ziehen notgedrungen zur Schwiegermutter «Mama» Rainey. Auftritt: Helen Hunt. Mit blau gemusterten Leggins, roter Brille, Kopfhörern und Rollwagen groovt sie durch die Straßen, bis sie vor ihrem Haus steht. Es ist ein schmales, altes Haus zwischen hölzernen Einfamilienhäusern in Oakland. Drinnen hängen fünf junge Frauen in Dessous und mit Goldklunkern ab. Hip-Hop-Musik lässt die Dielen und Wände vibrieren. Raineys Tochter Trish (Jaylen Barron) will mit ihren Freundinnen ein Sex Business starten: «A safe place for girls run by girls. It's progressive!» Die Mutter ist von der Idee wenig begeistert: «Pants, please!» Und genauso wenig begeistert ist Ashley, dass ihr minderjähriger Sean nackte Frauen herumspazieren sieht. Aber als finanziell gezwungener Gast kann man sich die eigenen Gastgeberinnen nicht aussuchen…

Wie schon im Film liegen Tragik und Komik sehr nah beieinander. In einem Moment amüsieren die Situationen der unfreiwilligen WG, und im nächsten Moment fließen die Tränen, weil Miles zu fünf Jahren Haft verurteilt wird und Mutter und Freundin nicht mehr weiterwissen. Dadurch gelingt es der Serie, soziale Missstände zu thematisieren, ohne in einen besserwisserischen Ton zu verfallen. Stattdessen durchbricht Erzählerin Ashley gelegentlich die dritte Wand, spricht zum Publikum, teilweise sehr rhythmisiert, teilweise wandeln sich diese Sequenzen in Rap-Einlagen, und Lastwagenfahrer fangen an, mit Kartons zu tanzen. Bei einem örtlichen Autorennen wippt sogar die ganze bunte Nachbarschaft auf der Straße mit. Solche Einschübe dauern nur kurz, aber zeigen eindrücklich, woher Hip-Hop ursprünglich kam und immer noch kommt – von der Straße.

Business Englisch versus Straßenslang

Dass sich die Straße und die Community aber verändern, spiegelt sich in den Konflikten der Protagonistinnen wider. Ashley arbeitet auf der anderen Seite der Bay als Rezeptionistin im altehrwürdigen Alcatraz Hotel – eine architektonische Verkörperung des «good old America», wie der Manager selbst behauptet. Eine Freundin von Ashley ruft an der Rezeption an und erkennt ihre Stimme nicht. Ashley schaltet dort auf ein britisches Business Englisch um. Es ist nur ein kurzer Moment der Irritation, der Bände darüber spricht, wie sprachlich und sozial fremd sich das eigene Land manchmal anfühlt.

Vor allem Trish und Ashley geraten öfters wegen ihrer unterschiedlichen Berufsvorstellungen aneinander. Sie werfen sich gegenseitig vor, den alten Systemen Post-Kolonialismus oder Sexismus zu dienen. Dabei müssen sie in ihren eigenen Berufen erleben, wie die Vorwürfe auch auf sie selbst zutreffen. Ashley wird von einem weißen Kunden belästigt und von einer weißen Frau beschimpft. Trish wiederum bekommt keinen Kredit von der Bank. Sie soll lieber in eine Kombucha-Bar investieren. Beide leben nicht frei von Zwängen. Doch am Ende haben sie immer noch ihre Familie und ihre Community, wo sie ihre Wut, Trauer und Freude austanzen und herausschreien können.

Michael Kohl

BLINDSPOTTING (© Eddy Chen)

....

MAID

USA 2021. Sozialdrama. Showrunner: Molly Smith Metzler. Miniserie. 10 Folgen. Anbieter: Netflix.

Eine Sozialdrama-Serie um eine junge Mutter, die nach der Trennung von ihrem übergriffigen Partner darum ringt, materiell auf eigenen Füßen zu stehen

Im Sommer 2021 gingen Meldungen über unerwartete Entwicklungen im Niedriglohnsektor der USA im Zuge der Corona-Krise durch die Medien: Um in Zeiten des Lockdowns die Verelendung der zwangsweise Unbeschäftigten abzuwenden, hatte die US-Regierung das Arbeitslosengeld erhöht – mit dem Ergebnis, dass zahlreiche Angestellte, die sonst für Hungerlöhne arbeiteten, nicht zuletzt in der Gastronomie, finanziell mit der staatlichen Hilfe plötzlich besser dastanden als zuvor. Eine Erfahrung, die anscheinend dafür gesorgt hat, dass viele Menschen nach dem Ende des Lockdowns nicht so einfach wieder bereit waren, in mies bezahlte Knochenjobs zurückzukehren; das US-Arbeitsministerium meldete im Juni Rekordwerte an unbesetzten Stellen; und siehe an: durchschnittliche Stundenlöhne kletterten nach oben.

Wenn man sich die Serie MAID ansieht, wünscht man sich den Amerikanern herzlich, dass diese arbeitnehmerfreundliche Entwicklung nicht mit dem Auslaufen des erhöhten Arbeitslosengeldes komplett wieder verschwindet. Die von Showrunnerin Molly Smith Metzler auf der Basis von Stephanie Lands autobiografischem Buch *Maid: Hard Work, Low Pay and a Mother's Will to Survive* (2019) geschriebene Serie kreist um den Existenzkampf einer jungen Mutter, die ver-

Sarah Margaret Qually und Nick Robinson in MAID (© Riccardo Hubbs / Netflix)

sucht, für sich und ihre zweijährige Tochter ein Auskommen zu finden und ohne Ausbildung bei einem jener Jobs im Niedriglohnsektor landet: Sie heuert bei einer Agentur als Putzfrau an. Die Serie begleitet die Protagonistin Alex (Margaret Qualley) durch die Härten des Arbeitsalltags und den Windmühlenkampf mit den Defiziten des US-Sozialsystems und kombiniert das Ganze mit einem Familiendrama, das den Kontext für ihre prekäre Situation liefert.

Ein Befreiungsschlag – und sozial ein freier Fall

Zu Beginn der ersten Episode liegt die junge Frau neben ihrem Freund Sean (Nick Robinson) im Bett; ihr Blick auf seinen ruhenden Körper ist der des Kaninchens auf die sprichwörtliche Schlange. Als sie sicher ist, dass er wirklich schläft, schleicht sie aus dem Schlafzimmer, packt ihre kleine Tochter Maddy ins Auto und lässt das gemeinsame Trailerpark-Zuhause hinter sich. Ein Befreiungsschlag, sozial gesehen aber auch ein freier Fall, denn Alex hat zuvor nicht gearbeitet, sondern von Seans Barkeeper-Gehalt mitgelebt, entsprechend kein finanzielles Polster und zudem kaum familiären oder anderweitigen Rückhalt, bei dem sie unterkommen könnte. Später beim Sozialamt, wo sie versucht, Unterstützung beim Finden eines Jobs und einer Unterkunft zu bekommen, wird sie nichtsdestotrotz abstreiten, ein Opfer häuslicher Gewalt zu sein, auch wenn dieser Status ihre Aussicht auf Hilfe verbessern würde. Schließlich hat Seans Faust beim letzten Streit nur ein Loch in die Wand neben ihr gehauen und nicht sie selbst getroffen. Dass es auch so etwas wie psychische Gewalt gibt und dass Seans vor allem in betrunkenem Zustand gegen sie gerichtete Aggressivität schon auf dem besten Weg war, in Körperverletzung auszuarten, wird ihr

erst später klar werden, als sie zwischenzeitlich doch in einem Frauenhaus unterkommt und sich dort mit anderen Frauen mit ähnlicher Leidensgeschichte auszutauschen beginnt.

Ein Emanzipationsprozess voller Rückschläge

Molly Smith Metzler schildert sowohl Alex' Emanzipationsprozess aus der missbräuchlichen Beziehung als auch ihren Windmühlenkampf mit den sozialen Verhältnissen, die es ihr denkbar schwer machen, materiell auf eigene Füße zu kommen, weitgehend unsentimental und ohne auf die Tränendrüse zu drücken. Als Alex Sean verlässt, hat sie gerade mal 18 Dollar in der Tasche. Das weiß man als Zuschauer:in so genau, weil im Lauf der Serie immer wieder als Inserts buchhalterische Überblicke über ihr spärliches Vermögen und ihre Ausgaben eingeblendet werden und einem vor Augen führen, welchen Stellenwert Geld hat, wenn man über wenig davon verfügt – eine Offenlegung der Notlage in nüchternen Zahlen, die die Scham konterkariert, die Alex selbst angesichts ihrer Armut empfindet: Nicht selbst für sich und ihre Tochter sorgen zu können, auf Unterstützung vom Staat angewiesen zu sein, ist ein unerträgliches Stigma, das sie so schnell wie möglich loswerden will. Was sich allerdings, obwohl sie früh in der Serie ihren Putz-Job ergattert, als wahre Sisyphosaufgabe entpuppt. Und so dreht Alex von Episode zu Episode ihre Runden in einem absurden Hamsterrad aus kläglich bezahlten Putz-Aufträgen, die nie zum Leben reichen, und der frustrierenden Interaktion mit diversen Behörden vom Sozialamt bis zum Gericht – ein Hamsterrad, das bei jeder unerwarteten Schwierigkeit, etwa einer durch Schimmel in einer Sozialwohnung verursachten Erkrankung Maddys, aus der Achse zu springen droht.

Familiendrama um häusliche Gewalt

Neben der harschen Kritik am Arbeitsmarkt und dem Sozialsystem der USA, die darin mitschwingt, geht es der Serie vor allem ums Ausleuchten des Themenkomplexes häusliche Gewalt: Alex' Beziehung zu Sean, die auch mittels diverser Rückblenden näher konturiert wird, ist mit ihrem Auszug nicht einfach beendet, schon weil die gemeinsame Elternschaft ihn und Alex nach wie vor verbindet, und sie wird von Molly Smith Metzler und dem überzeugenden

Darstellergespann Qualley-Robinson einfühlsam als ebenso komplexe wie verheerende Gemengelage aus widerstreitenden Emotionen, familiären und sozialen Prägungen und materiellen und psychischen, nur sehr schwer abschüttelbaren Abhängigkeiten ausgemalt – wobei auch Alex' Beziehung zu ihrer labilen Künstler-Mutter (Andie MacDowell), bei der sie immer wieder Hilfe sucht, aber nur wenig findet, und zu ihrem Vater, zu dem sie lange keinen Kontakt hatte, als erhellende Hintergründe einfließen. Bis auf MacDowells Figur, die etwas allzu schrill-karikaturesk angelegt ist, punkten die Charaktere dabei mit sowohl im Drehbuch angelegtem als auch darstellerisch ausgearbeitetem Facettenreichtum, der dafür sorgt, dass sie nie zu sozialen Stereotypen und Klischees gerinnen.

Felicitas Kleiner

FOUNDATION

USA 2021. Science Fiction. Showrunner: David S. Goyer / Josh Friedman. 10 Folgen. Anbieter: AppleTV+

Eine Science-Fiction-Serie nach Isaac Asimov um den Untergang eines mächtigen galaktischen Imperiums und das Streben nach dem Neuaufbau einer Zivilisation

Wenn du es hier schaffst, schaffst du es überall in der Galaxis. So könnte die Losung der jungen Mathematikerin Gaal Dornick lauten, die es aus der galaktischen Provinz auf den schillernden Planeten Trentor verschlagen hat. Trentor ist der wichtigste Ort eines sterneumfassenden Imperiums, seine Hauptstadt eine wahrhafte Metropolis. Die Stadtlandschaft ist so allumfassend, dass sie die gesamte Oberfläche des sie beheimatenden Himmelskörpers bedeckt. Ihre Bauten reichen bis in den Himmel und teilweise bis über ihn hinaus.

Gaal befindet sich hier auf Einladung des berühmten Wissenschaftlers Hari Seldon. Ein uraltes, für nicht lösbar gehaltenes mathematisches Rätsel hat sie geknackt. Dabei entstammt die junge Begabte aus einem Umfeld, das wissensfeindlicher nicht sein könnte. Auf ihrem hochreligiösen Heimatplaneten werden Menschen wie Gaal als Häretiker verfolgt und getötet. Und auch hier, im Zentrum der galaktischen Macht droht Ungemach, in Form eines antiwissenschaftlichen Gegenwinds. Mithilfe der ausgefeilten und von Hari Seldon entwickelten Methodik der «Psychohistory», einer Mischung aus Gesellschaftstheorie, Geschichte und mathematischer Statistik, prognostiziert er dem Imperium den nahen Untergang sowie eine darauffolgende 30.000 Jahre während Barbarei.

Verbannt ins Exil

Hari (Jared Harris) und seine Mitstreiter, darunter Gaal (Lou Llobell) und Seldons Ziehsohn Raych (Alfred Enoch) trifft der Bannstrahl der Macht. Der galaktische Herrscher Cleon, ein Fiesling wahrhaft galaktischen Ausmaßes, eindrücklich gespielt von Lee Pace, verbannt sie ins Exil. Dort wird sich schließlich Seldons Idee der «Foundation» verwirklichen, ein Projekt, das sich in historischer Mission dem Erhalt der Zivilisation verschrieben hat.

Der Roman-Zyklus *Foundation* des Schriftstellers Isaac Asimov erzählt als vielbändiges Science-Fiction-Epos eine Geschichte vom Aufstieg und Fall eines Imperiums, tausende Jahre nach unserer Zeitrechnung. Bis zur Adaption durch die Serienschöpfer David S. Goyer und Josh Friedman galt das Mammutwerk als nicht verfilmbar. Eine schier aberwitzige Anzahl von Charakteren jagt in der Romanvorlage Asimovs von Planet zu Planet, über Zeitebenen hinweg, der Plot und seine ausufernden Subplots vermitteln sich weitestgehend in Dialogform. Asimovs schriftstellerisches Geschick zeigt sich weniger im Schöpfen komplexer Charaktere und der Handlungsvisualisierung, sondern vielmehr in seinem Vermögen zum großen Weltentwurf. Umso schwieriger die Herausforderung der Filmemacher, Asimovs Schriften in Bilder zu fassen.

Hari Seldons Vorhersagen werden in der imposanten Serienadaption für den Streamingdienst AppleTV+ schneller Realität, als selbst überzeugte Psychohistoriker es vermuten würden. Ein schwerer Terroranschlag erschüttert den Planeten Trentor. Mehrere Selbstmordattentate durch Separatisten aus der Milchstraßenprovinz bringen die Weltraumstation Starbridge, eine Verbindungslinie zwischen der Oberfläche Trentors und der Umlaufbahn, zu Fall. Es folgen Verheerungen ungeahnten Ausmaßes. Auf dem Planeten verlieren in Folge des Absturzes viele Millionen Bewohnerinnen und Bewohner ihr Leben. Das für unbezwingbar gehaltene Imperium um die genetische Vererbungslinie des Herrschergeschlechts Cleon sieht sich zum ersten Mal mit der Tatsache konfrontiert, verletzbar zu sein. Es ist der Anfang eines von nun an einsetzenden, steten politischen Zerfallsprozesses.

Leah Harvey in FOUNDATION (© AppleTV+)

Handfestes Spektakelfernsehen

Die Serie setzt Asimovs Intellektuellenstück als handfestes Spektakelfernsehen um, bei dem sich die Filmemacher im Vergleich zur literarischen Vorlage reichlich gestalterische Freiheiten herausnehmen. Sie schaffen dabei aber nicht nur spezialeffektreichen Bombast, sondern verpassen Asimovs in die Jahre gekommener Erzählung ein zeitgemäßes Update, ohne dabei respektlos mit der epischen Reihe umzugehen, die erstmals in den 1940er-Jahren erschien. Das Verfahren ihrer Verfilmung besteht in einem lustvollen und beständigen sich Annähern und Fortbewegen vom Urtext, ist selbst mehr Interpretation als werkgetreue Adaption. Dazu gehört auch der Einbezug weiblicher Charaktere wie etwa der kämpferischen Beschützerin der Foundation-Kolonie, Salvor Hardin (Leah Harvey), an zentralen Stellen der Serie, an der in Asimovs Original nahezu ausschließlich Männer wirken.

Die Eingriffe der Serienschöpfer erfolgen resolut und dennoch behutsam. Sie stehen ganz im Zeichen der – bei allen Motiven des historisch-zyklischen Niedergangs – doch fortschrittlich ausgerichteten Literaturvorlage und verstärken diesen Aspekt. Die progressive Koalition der «Foundation» verschreibt sich nicht etwa der Bewahrung des zweifelhaften Imperiums, sondern dem kritischen Festhalten an der Idee der Aufklärung sowie am Zivilisationsbegriff als solchem, der auch in unserer Gegenwart längst aus ganz verschiedenen Richtungen unter Beschuss geraten ist.

Vom Insistieren des Aberglaubens und dem potenziellen Rückfall in dunkle Weltalter erzählte kurz vor FOUNDATION auch die bilderstarke Serie RAISED BY WOLVES des Senders HBO. Was dort in einem durchweg dystopischen Grauen in fernen Welten mündet, erscheint in FOUNDATION in einem optimistischeren Licht. Hari Seldons psychohistorische Rechenschritte mögen in der Lage sein, das Verhalten von Gesellschaften präzise zu kalkulieren, an den Eigentümlichkeiten und Vorahnungen des Individuums jedoch scheitert seine Methode. Vielleicht aber nur scheinbar. Die Freiheitsfrage taucht ganz am Schluss der zehn fulminanten Episoden auf. Sie ist hoffentlich nur der Ausgangspunkt eines noch viel größeren Abenteuers. Chris Schinke

...

NINE PERFECT STRANGERS

USA 2021. Drama. Showrunner: David R. Kelley. 8 Folgen. Anbieter: Amazon Prime.

Neun gestresste Großstädter suchen in einem Wellness-Resort Erholung und einen Weg zu einer gesünderen Lebensweise, ahnen aber nicht, worauf sie sich damit eingelassen haben.

Das neue Projekt von Producer und Showrunner David Edward Kelley und dem Regisseur Jonathan Levine (wie schon BIG LITTLE LIES erneut nach einem Roman von Liane Moriarty), zeigt früh alle Zeichen eines großen konzeptionellen Wurfs. Die Qualitäten von Drehbuch, geschicktem Casting der eigenwilligen Charaktere sowie der Sinn für außergewöhnliche Situationen, in die jene im Lauf einer immer auch rätselhaften Handlung gestellt werden, sprechen jedenfalls sehr dafür. Schon die furios und mit viel Sinn für das Licht und die Landschaft Kaliforniens gedrehte Exposition, in der die Hauptfiguren erstmals skizziert werden, ist ein kleines Meisterstück an Situationskomik und Charakterzeichnung. Sie legt das Fundament für alle weiteren sich entspinnenden Interaktionen und Konflikte der neun sich einander fremden Gäste in dem von Masha (Nicole Kidman) geführten Wellness-Resort Tranquillum House. Dieser Luxusranch mit allen Annehmlichkeiten im Grünen geht der Ruf voraus, Menschen in ein anderes, ihr besseres Selbst transformieren zu können. Und das wollen, ob sie es zu Beginn glauben oder nicht, letztlich alle von ihnen. Dieser Prozess hat natürlich seinen Preis – und der bemisst sich nicht nur in den mehreren Tausend Dollar, die für den zehntägigen Aufenthalt in Tranquillum House fällig werden.

Therapiebedürftig: Melissa McCarthy, Michael Shannon & Co.

Manny Jacinto und Tiffany Boone in NINE PERFECT STRANGERS (© Amazon Studios)

Da ist zum Beispiel die erfolgsverwöhnte Schriftstellerin Frances Welty (Melissa McCarthy), die, anfangs sehr selbstbewusst und voller Standesdünkel, schnell offenbart, dass sie mit einsetzender Menopause und beginnendem Misserfolg gleichzeitig zu kämpfen hat – und sich mit dem verkrachten Ex-Football-Star Tony Hogburn (Bobby Cannavale) ein höchst amüsantes Hund-und-Katz-Spiel liefert, das man fast eine Hassliebe nennen könnte. Oder die junge, ultraschlanke Influencerin Jessica Chandler (Samara Weaving), zutiefst verunsichert über ihr Selbstbild und ihren Body-Mass-Index; sie will die Flaute in ihrer Beziehung zu dem Lottomillionär Ben (Melvin Gregg) kurieren.

Am originellsten aber sind die Marconis, in Trauer um ihren Sohn, der vor Jahr und Tag Suizid beging. Im Gruppenbild dieser uramerikanischen Kernfamilie («we are runners») zeigt die Serie alle Stadien der Bewältigung des Unvermeidlichen, aber auch, sich misszuverstehen und aneinander vorbeizureden. Während Tochter Zoe (Grace Van Patten) ihre Situation noch am realistischsten einschätzt und sich anderen öffnen kann, lässt sich Mutter Heather (Asher Keddie) kaum in die Karten schauen und macht die Dinge lieber mit sich selbst aus. Vater Napoleon Marconi (Michael Shannon), ein überlasteter Highschool-Lehrer mit zu großem Namen, versucht, sich in allgemeine Umtriebigkeit und lärmende Aufgeräumtheit zu retten, was natürlich nicht glücken kann. Michael Shannon gestaltet das zum großartigen Porträt des modernen «Pater familias» in der Krise, fundamental verstört über seine Rolle als Ehemann und Vater, Ernährer und Versorger. Man spürt in seinem Spiel die Geburt einer neuen Ausprägung dieses Archetyps.

Nicole Kidman als statuengleiche «Muttergöttin» des Wellness-Tempels

Singles, Paare, Familien – alle auf ihre je eigene Art unglücklich unter dem selbst gesetzten Diktat, immer guter Laune zu sein. Sie sind der kuriosen Kur allesamt sehr bedürftig, die Masha in einer Mischung aus Wellness für Körper und Seele, New-Age-Esoterik und konventioneller Gesprächstherapie im Angebot hat. Sie, das helle Zentrum mutmaßlich wesentlich dunklerer Machenschaften (deren Vorgeschichte in kurzen Erinnerungs-Flashbacks angedeutet wird), schwebt zu Beginn statuengleich herein, spricht in pythischen Sentenzen und gibt ersichtlich eine Mutter-Erde-Gottheit von der schlanken Gestalt.

Als erste Regel ihres Regimes verhängen sie und ihre modellmäßige Crew (Tiffany Boone; Manny Jacinto; Zoe Terakes) eine strikte Smartphone-Diät («be off the grid» – «einfach mal nicht erreichbar sein») und schneiden so die «Patienten» völlig von der Außenwelt ab, während sie selbst durch ein ausgeklügeltes System von Kameras und Lautsprechern nahezu totale Kontrolle über jene erlangen.

Es gelingt der Serie, diesem an sich simplen Set-up tiefere Bedeutung abzugewinnen, indem sie eine Gesellschaft vorführt, deren Verhältnis zu Ruhm und Privatheit, zu Innen und Außen, Entblößung und Verhüllung durch die sogenannten sozialen Medien fundamental gestört ist. NINE PERFECT STRANGERS beginnt thematisch wie filmisch stark, managt die anspruchsvolle Riege hochindividueller Schauspieler und ihrer Charaktere souverän und legt von Anfang an einige originelle motivische Widerhaken aus, die einen den weiteren Verlauf stets mit Spannung erwarten lassen.

Karsten Essen

4 Filmbranche & Filmkultur

Sollen wir warten, bis das Kino tot ist?

Ein Gespräch mit Daniel Sponsel über die Zukunft der Filmbranche:
Der Leiter des Münchner DOK.fests fordert ein radikales Umdenken bei der Filmförderung
und in der Filmbranche, um die digitalen Lehren aus der Corona-Pandemie zu berücksichtigen.

Von Rüdiger Suchsland

Daniel Sponsel hat als Künstlerischer Leiter des DOK.fests München 2020 und 2021 mit erfolgreichen Online-Ausgaben seines Festivals digitales Neuland erobert. Für ihn ergeben sich aus den Erfahrungen der Corona-Pandemie unmittelbare Forderungen an die Filmbranche, etwa die Notwendigkeit einer «Digitalen Leinwand». Die Filmförderung muss deshalb radikal umgebaut werden. Ein Gespräch über die digitalen Lehren aus der Corona-Pandemie und über weitere Konsequenzen aus der Krise der Kinos.

Sie haben 2020 mit dem DOK.fest München als eines der ersten Filmfestivals eine «Corona-Ausgabe» organisiert und sind komplett online gegangen. Das war ein großer Erfolg mit einer erheblichen Steigerung der Zuschauerzahlen. In diesem Jahr mussten Sie die Online-Ausgabe wiederholen. Doch schon nach dem ersten Versuch haben Sie Konsequenzen gezogen, die gleichzeitig auf die grundsätzliche Kinokrise reagierten. Sie fordern eine engere Verzahnung von Kinovorführung und «Digitaler Leinwand», also die Möglichkeit für Kinos und Verleiher, auch die digitalen Techniken zu nutzen. Damit verbunden plädieren Sie für einen radikalen Umbau der Filmförderung. Ist in einer der größten Krisen des Kinos dafür jetzt der richtige Moment?
Daniel Sponsel: Sollen wir denn erst warten, bis das Kino tot ist? Wenn, dann müssen wir doch jetzt etwas tun. Wir wollen doch etwas retten! Darum können wir nicht warten, bis der Patient tot ist, um diesen dann wiederzubeleben. Alle, die jetzt auf einem Weiter-so beharren und an traditionellen Antworten auf diese ganz außergewöhnliche Krise festhalten, etwa in der Sperrfristen-Debatte, in der sich seit Jahren nichts bewegt, die schaufeln gerade ihr eigenes Grab.

Manche befürchten, dass Sie das Kino als Ort leichtfertig preisgeben. Was sind Ihre Argumente?
Die Debatte, die wir seit einem Jahr führen, ist im Grunde älter als Corona. Sie war in der Filmbranche international schon seit fünf oder sechs Jahren latent präsent. Seitdem die Streaming-Dienste auf den Plan getreten sind, und erst recht, seitdem diese selbst produzieren. Damit werden auch Inhalte verschoben – und das ist ein ganz wichtiger Punkt. Es geht nicht länger nur um die Frage: «Wo schaue ich was?» Sondern auch um die Frage: «Was schaue ich?» Mit den Serien und den anderen kürzeren Formaten hat sich das filmische Erzählen grundsätzlich verschoben. Die bisherige Debatte greift insofern zu kurz, als dass wir noch immer vor allem darüber streiten, ob das Kino als Kino genauso zu erhalten ist, wie es in den letzten Jahrzehnten existiert hat. Anstatt dass wir über die viel wichtigere Frage reden: Was geschieht denn mit den Inhalten? Was geschieht mit der Filmkultur?

Wir müssen also zunächst einmal zwischen Kinokultur und Filmkultur unterscheiden?
Genau! Die ersten gut 50 Jahre der Filmgeschichte war das Kino der Mittelpunkt für alles. Es wurde nur fürs Kino produziert und es wurde alles nur im Kino abgespielt. Dann trat das Fernsehen als Konkurrent auf den Plan. Bereits das veränderte ungemein viel. Denn das Fernsehen hat zwar vieles abgespielt, was zuvor im Kino lief. Zugleich aber hat es von Anfang an auch eigene Formate kreiert. Es gab seitdem ein zweites Laufbild-Medium. Damit hatte das Kino sein Alleinstellungsmerkmal verloren. Dann kamen seit den 1970er-Jahren Videoformate und die Videotheken, später auch die DVDs. Eine dritte Konkurrenz. Seitdem wir nun das Internet mit seinen verschiedensten Anbietern haben, nicht zuletzt freie Plattformen wie etwa YouTube, und seit einigen Jahren auch noch die Streaming-Dienste, hat das Kino noch mehr Konkurrenten. Wobei die Konkurrenz der Streaming-Dienste wohl die schärfere und auch gefährlichere Konkurrenz ist, denn die Streamer sind gleichzeitig Abspielstätten, die früher oder später auch eigene Kinos betreiben werden, wie auch Produzenten. Das verändert den Content: Erzählweisen, Schnitt-Rhythmus, unsere ganzen Sehgewohnheiten.

Und das schlägt aufs Kino zurück!
Ja! Für mich geht der Kampf um die Filmkultur und um den Erhalt der Filmkultur weniger darum, einfach nur die Kinos zu retten. Um es ganz unzweideutig

zu sagen: Die Kinos sollten immer noch der Mittelpunkt einer bestimmten Filmkultur sein. Aber wenn wir ernsthaft darüber reden wollen, wie wir diese Art von Filmkultur retten wollen, an die wir uns so sehr gewöhnt haben und die wir so sehr lieben, dann müssen wir sie auch ökonomisch retten. Das Kino ökonomisch zu retten, kann aber nur bedeuten, dass wir die Verwertungsketten erweitern müssen. Darum ist die digitale Leinwand, über deren Einrichtung inzwischen immerhin diskutiert wird, eine Ergänzung der realen Leinwand – um diese zu sichern, nicht um ihr den Rang abzulaufen. Das ist alles. Denn wenn uns das Geld ausgeht, dann werden die anderen vorführen und produzieren. Und die zeigen dann nur noch ihre Inhalte.

Daniel Sponsel, Leiter des DOK.fests München (© DOK.fest München)

Ein Festival hat da aber immer noch eine eigene Interessenlage. Wenn Filme jetzt allgemein digital gestreamt werden, dann bedeutet das für die Filmemacher, dass ein neuer Film vielleicht zuerst noch im Kino läuft, aber nach einer Woche vielleicht schon auf die digitale Leinwand verschoben wird. Vor Corona gab es im Schnitt ja schon 13 Filme pro Woche, rund 650 Filme im Jahr. Eine enorme Flut. Was gegen das Modell einer digitalen Leinwand zu sprechen scheint, sind zum einen die Gesetze der Filmförderung. Alle Verbände, ganz vorne die AG Kino, wehren sich seit vielen Jahre komplett gegen parallele Streaming-Auswertungen. Dagegen sprechen auch die Bedenken von Produzenten und Weltvertrieben, ob man einen Film dann noch digital verkaufen kann. Es sind also ebenfalls ökonomische Argumente, die dagegen zu stehen scheinen.

Das sind alles richtige Bemerkungen. Nur sind das eben auch genau die Punkte, über die man reden muss, und bei denen man die Dinge nicht so lassen kann, wie sie sind. Man muss und man kann Gesetze ändern. Das Grundgesetz hat über 50 Jahre lang den Einsatz der Bundeswehr im Ausland verboten. Ein entscheidender Satz eines Außenministers, und schon war das Gesetz geändert. Wenn eine so gravierende Novellierung des Grundgesetzes geht, sollte das mit dem Filmfördergesetz auch möglich sein, wenn bestimmte neue Einsichten vorliegen. Wir müssen nur aufpassen, dass der Dialog hierüber nicht zu einem Grabenkampf wird. Unser Ziel ist nicht die Abschaffung des Kinos, sondern die Rettung des Kinos! Das sollte spätestens mit der Corona-Krise doch bei jedem angekommen sein. Wir müssen die Distributionskette modernisieren, um sie zu retten und um mit ihr das Kino zu retten – auch ökonomisch. Wenn wir uns dieser Modernisierung mit erweiterten Reichweiten und Erlösmodellen verweigern, weil wir uns lieber auf dem Filmfördergesetz ausruhen – was gerade passiert –, dann gehen wir mit fliegenden Fahnen unter.

Eigentlich ist das ja eine optimistische Botschaft. Sie glauben jedenfalls nicht an jene Thesen, nach denen das Kino als Auswertungsform ökonomisch in jedem Fall am Ende ist?

Auf keinen Fall. Wenn man ein Filmfestival leitet, kennt man die Bedeutung des Kinos für das Publikum. Man muss dieses Publikum aber auch in jedem Jahr neu gewinnen. Dass wir als Festivals – auch gemeinsam in der AG Filmfestivals – jetzt vorne dran an diesem Kampf für Modernisierung stehen, liegt daran, dass wir als allererste von der Krise getroffen wurden. Wir mussten 2020 wie ein Pilotprojekt die komplette Digitalisierung des Festivals ausprobieren. Und wir konnten das auch. Aber eigentlich müsste diese Diskussion von ganz anderen initiiert und geführt werden: von der FFA und vom Bundeskulturministerium. Also von oben nach unten. Wir müssen alle – wirklich alle! – an einen Tisch und uns klarmachen: Das ist die Aufgabe! Wo sind die Ideen? Lasst uns miteinander reden! Dass wir jetzt als Festival von unten wie Partisanen da hineingrätschen, ist natürlich ein bisschen albern.

Um beim Streaming zu bleiben: Wäre es der AG DOK oder Ihnen selbst am liebsten, dass die Sperrfrist komplett gestrichen wird? Oder soll sie verkürzt werden? Soll die dritte, digitale Leinwand für die Filmförderung nicht als «Streaming», sondern rechtlich als Kinoauswertung zählen?

Unbedingt! Ich habe noch keinen zu Ende gedachten Masterplan in der Schublade. Aber natürlich müsste die Verkoppelung von Kino und digitaler Leinwand unmittelbar ineinandergreifen: in den Zeitläufen, im Ticketing, in der Preisgebung. Ich bin übrigens nicht dafür, dass die digitale Leinwand billiger ist. Sie muss gleich teuer sein. Und über den Zeitversatz muss man genau nachdenken. Aber der Rhythmus, den wir jetzt haben, mit Sperrfristen von einem halben Jahr, das hat keine Zukunft. Das muss sehr viel enger verzahnt werden. Denn ein wichtiger Punkt, der gerade zu kurz kommt, ist der des Marketings. Man kann mit einem Film nur einmal Aufmerksamkeit generieren. Wenn er einen Kinostart hat, dann bringt die Presse Texte über ihn, und dann gibt es auch eine Werbekampagne. Man kann dann nicht ein paar Monate später eine zweite Kampagne starten: Ach, jetzt ist der Film übrigens online. Und dann mit einer dritten: Jetzt auch im Fernsehen. Verzahnung und geballte Vermarktung und Kommunikation erhöhen die Reichweite und garantieren so erst ein Publikum und damit natürlich auch Einnahmen. Das gilt besonders für Arthouse und für den Dokumentarfilm, für Blockbuster vielleicht etwas weniger.

Es gibt auch Modelle, etwa in Italien, bei denen Filme zuerst digital herausgebracht werden, was aber auf eine Woche beschränkt ist. Dann erst kommt der Film im Kino. Müsste es analog zum Geoblocking nicht auch ein Regionalblocking geben? Sonst läuft ein Film in Berlin noch im Kino, in Regensburg aber schon auf der dritten Leinwand, weshalb sich die Berliner dort anmelden, um den Film von zu Hause zu sehen. So würden sich die Kinobesuche reduzieren.

Gehen wir doch lieber das Risiko ein zu sagen: Wir starten zeitgleich. Wer ins Kino gehen will, der geht ins Kino. Der lässt sich nicht aufhalten. Und wer nicht ins Kino gehen will, den kriege ich auch mit zehn Pferden dort nicht hin. Wer nicht will oder nicht kann, der kann den Film aber wenigstens online sehen. Wir haben 2020 beim DOK.fest München Menschen erreicht, von denen wir wussten, dass sie aus irgendwelchen Gründen nicht ins Kino können. Sie würden sogar wollen, aber sie können nicht. Ein privates Beispiel: Freunde mit drei Kindern unter 15 Jahren waren noch nie auf dem DOK.fest München. Sie haben im vorigen Jahr aber 12 Filme angesehen – schlicht deshalb, weil sie durch den Online-Zugang konnten. Wenn man will, ist das eine ganz eigene Art der Barrierefreiheit. Warum sollte man solchen Leuten das Filmesehen verwehren? Und den Filmen die Erlöse? Sie haben gerade die Erlebnisqualität des Kinos beschrieben – die ist natürlich unumstritten und weiterhin für Menschen wichtig, die den Kinosaal genießen und kennen. Aber wenn irgendwann bei einer bestimmten Generation die Nabelschnur zu diesen Erfahrungen durchgeschnitten ist und junge Menschen das gar nicht mehr erlebt haben, dann werden sie auch nichts vermissen. Das fürchte ich, und da suche ich Lösungen, auch diese Menschen mitzunehmen. Man kann hier sehr klar zwischen den Generationen unterscheiden. Wir müssen auch die jungen Menschen an das Kino heranführen, um sie in die Lage zu bringen, sich dafür zu entscheiden. Auch deshalb muss die Online-Auswertung mit dem Kino verzahnt werden. Wir müssten sie außerdem europaweit so justieren, dass die Online-Auswertung als «digitale Leinwand» komplett in die Finanzierung eingebunden ist – dann stimmen auch die Erlöse wieder. Denn Filme online zu zeigen, kostet ja auch den Betreiber nicht so viel. Sie stünden dann aber in der Konkurrenz zu den anderen Online-Anbietern.

Die Reaktionen von anderen Festivalmachern auf diese Ideen sind teilweise positiv, teilweise negativ. Was sagen denn die Verleiher oder die Kinobetreiber zu diesen Vorstellungen?

Es gibt vor allem Reaktionen von Verleihern und von Kinobetreibern. Bei allen ist die Angst spürbar, wie es weitergeht. Die Verleiher sind grundsätzlich etwas offener und ein wenig durchlässiger als die Kinoleute. Wenn man den Kinos nicht andere Angebote macht als der Karteneinkünfte, dann ist ihr Geschäftsmodell unmittelbar bedroht. Verleiher müssen generell mit Filmen Geld verdienen, auf allen Auswertungsebenen. Daher sind sie verständlicherweise etwas offener. Wenn man den Verleihern Wege aufzeigen könnte, wie das eine nicht dem anderen das Wasser abgräbt und sich dies auch ökonomisch niederschlägt, dann werden sich die Verleiher neuen Ideen nicht verwehren, denn die Verleiher wollen, dass ihre Filme unterkommen und dass sie gesehen werden. Die Kinos muss man auf diesen nächsten Schritt mitnehmen.

Gerät bei alldem die Filmkunst nicht unter die Räder? Auf Festivals mag sie präsent sein, aber wie verschafft man den sogenannten «schwierigen» Filmen im Alltag Aufmerksamkeit?

Es muss eine gesunde Mischung zwischen Blockbustern und schwierigeren Filmen sein. Wir müssen es uns auch leisten können, Filmkunst zu zeigen. Die Filmförderung muss das finanzieren. Da bin ich ganz bei Lars Henrik Gass: Hier wurden schon viel früher kulturpolitische Fehler gemacht. Die Verankerung der Filmförderung im Sinne einer strukturellen Förderung der Kinos und der Verleiher fehlt in Deutschland komplett. Dabei geht es hier gar nicht um Artenschutz; wir haben einfach zu viel Förderung für die Produktion und viel zu wenig Förderung für die Struktur. Da sich das Freizeitverhalten verändert und das Konkurrenzangebot zum Kino immer größer wird, muss sich hier etwas grundsätzlich verändern. Es muss ein Bewusstsein geben, dass nur, wer im Licht steht, auch gesehen wird. Im Filmbereich stehen zurzeit sehr viel im Dunkeln. Das Bundeskulturministerium verfolgt eine völlig verfehlte Filmpolitik, weil die Produzentenallianz am lautesten jammert. Die meisten Fördermittel gehen in die Produktionen, nur sehr wenig in die Distribution. Die Distributionsförderung des BKM beträgt 600.000 Euro. Demgegenüber stehen über 30 Millionen Euro für die Produktion.

Wie sollte es konkret weitergehen?
Trotz durchwachsener Erfahrungen hoffe ich einstweilen auf die Filmförderanstalt (FFA). Im Aufgabenprofil der FFA steht: «Vermehrung und Wahrung der Interessen der Filmkultur und der Filmbranche». Das ist der Auftrag der FFA. Damit ist mehr gemeint als nur die Kinos oder gar die Interessen bestimmter Lobby-Verbände. Die FFA hat einen Auftrag, und ich erwarte, dass sie sich auf diesen besinnt. Jetzt ist der Zeitpunkt gekommen, in dem die FFA ihre bequeme Vermittlerposition verlassen und in die Verantwortung gehen muss. Die FFA könnte in die filmpolitischen Geschichtsbücher eingehen als die Organisation, die das Umdenken eingeleitet hat. Die FFA ist im Prinzip unabhängig; sie hat Macht und könnte die Verantwortung übernehmen, alle Player an einen Tisch zu holen.

Lars Henrik Gass hat unter dem Stichwort «Musealisierung» eine vielrezipierte Theorie der Kinos entwickelt. Er fordert, Filmhäuser analog zu den kommunal oder staatlich finanzierten Museen zu installieren. Unterstützen Sie diese Idee?
In der Sache bin ich bei Lars Henrik Gass und seinen Vorschlägen. Der kulturpolitische Auftrag im Bereich Film und Kino wird seit Jahrzehnten wenig wahrgenommen. Ich wäre allerdings extrem vorsichtig mit dem Begriff der Musealisierung. Ich weiß, dass Gass ihn positiv besetzt hat. Aber Museum heißt für viele Menschen «Vitrine» und «Schaukasten». Das, was dort zu sehen ist, ist schützenswert, aber nicht zeitgemäß, vor allem in der Wahrnehmung junger Menschen. In dem Moment, wo man Museum sagt, ist es nur museal gedacht. Man müsste eher von einem Filmhaus sprechen – dafür gibt es nicht nur in München x Pläne.

Wo steht Ihrer Ansicht nach die Filmkultur im Vergleich zu anderen Bereichen des kulturellen Lebens?
Das ist eine wichtige Frage, aber ein komplexes Thema. Sind der Film und das Kino «Hochkultur»? Ich denke ja, unbedingt, aber der Film und das Kino sind im Kanon der Hochkultur nie angekommen und werden darum in der Kulturpolitik auch nicht so behandelt. Das hat vor allem für die junge Generation Folgen, den Kontakt mit dieser wichtigen Kultur zu verlieren droht. Hier müssten wir politisch Zeichen setzen, so wie es für die Museen, die Theater und die Oper längst selbstverständlich ist. Die Filmkunst wird von der Kulturpolitik ungemein vernachlässigt!

Daniel Sponsel, geboren 1964 in Hamburg, studierte Fotografie an der Hochschule für bildende Künste Hamburg (HfbK) und Regie an der Hochschule für Fernsehen und Film (HFF), München. Er ist Autor, Regisseur und Kameramann und seit 2009 Künstlerischer Leiter und Geschäftsführer des Internationalen Dokumentarfilmfestival «DOK.Fest München». Zugleich ist er Mitglied der AG Filmfestival und im Vorstand der AG Dok.

Endlich wieder unter Menschen! Die Verleihung der «Oscars» 2021

Die Award-Zeremonie der 93. «Oscars» griff die Hoffnung auf eine neue Normalität auf und hob in einer geglückten Präsentation die richtigen Filme aufs Schild.

Von Marius Nobach

Die Verleihung der 93. «Academy Awards» verlieh dem angeschlagenen Nimbus der Filmpreise neuen Glanz. Die optimistische Grundstimmung mit Blick auf ein Ende der Corona-Pandemie verlieh der Präsentation eine intensive Atmosphäre, wobei sich die Union Station von Los Angeles zudem als ausgezeichnetes Ambiente für die Gala erwies, und auch die Preise gingen an die richtigen Filme und Akteure.

Der Letzte trägt immer ein gewisses Risiko. Die Erwartungen an eine herausragende Show haben den «Oscar»-Verleihungen in den vergangenen Jahren eher geschadet. Nach der erschöpfenden «Awards Season» konnten sich die «Oscars» zuletzt des Öfteren nicht des Eindrucks erwehren, dass zum Zeitpunkt ihrer Gala die Luft ziemlich aufgebraucht war. Was der Höhepunkt sein sollte, erschien mitunter eher als Nachklapp, dessen äußeres Brimborium sich nicht immer erschloss. Außerdem wurden in der Mehrheit Filme ausgezeichnet, die zuvor schon reichlich bedacht worden waren.

Die Besonderheiten wie die viel zu selten gelobte Bereitschaft, auch den Kurzfilm mit gleich drei Auszeichnungen zu ehren, oder die hohe Zahl an Preisen für Gewerke gerieten dabei leicht aus dem Blick, während unerwartete Entscheidungen Spuren einer

Oscars Artwork (@ AMPAS)

Krise enthüllten. So wenig anfechtbar die Auszeichnung für PARASITE als bester Film (neben drei weiteren Preisen) im Jahr 2020 von cineastischer Warte aus auch war, verriet sie doch eine Entfremdung der «Oscar»-Juroren vom aktuellen US-Filmangebot, das 2019 anscheinend kein Werk hervorgebracht hatte, das es mit der südkoreanischen Satire aufnehmen konnte.

Es breitet sich wieder Optimismus aus

Dann kam auch noch die Corona-Pandemie. Lange sah es so aus, als läge auch nur eine halbwegs «normale» Ausgabe der «Oscar»-Verleihung jenseits des Möglichen. Mit der Entscheidung, die Gala auf Ende April 2021 zu verschieben, spielte die «Academy» auf Zeit und ging das Risiko ein, mit einer glanzlosen Online-Veranstaltung oder einer nur behelfsmäßigen Auswahl nominierter Filme ihrem Ruf weiter zu schaden.

Doch diesmal erwies sich die lange Vorlaufzeit als Segen: Nicht allein, dass die Organisatoren unter Federführung von Regisseur Steven Soderbergh von den Kämpfen und Problemen anderer Preisverleihungen der letzten Monate lernen konnten, auch die Entwicklung der Corona-Lage in den USA gab pünktlich zur «Oscar»-Gala erstmals seit langem wieder Anlass zu breitem Optimismus.

Angesichts sinkender Fallzahlen und der rasanten US-Impfkampagne konnten Soderbergh und sein Team mit sicherem Gefühl so planen, dass es – bei allen notwendigen Vorsichtsmaßnahmen wie Tests, reduzierter Gästezahl und Abstandseinhaltung – nicht auf eine Covid19-Veranstaltung hinauslief. Masken rückten an diesem Abend in den Hintergrund, alle Geehrten präsentierten sich gesichtsunverhüllt, dafür aber mit offensichtlicher Lust, sich endlich wieder in größerer Gesellschaft zu befinden und sprechen zu können. Viele Dankesreden fielen daher deutlich länger aus, auch weil kein Musikeinsatz die Sprecher zum Abbruch drängte – was den Eindruck verstärkte, wie sehr die Anwesenden die lange vermisste Gelegenheit zum Treffen mit anderen Filmschaffenden genossen.

Zugute kam den «Oscars» 2021 auch der Ortswechsel. Statt im Dolby Theatre, das an diesem Abend nur kurz als Teil der Gala fungierte, wurden die Preise in der Union Station von Los Angeles vergeben, was als schauträchtiges Ambiente für eine fast intime, aber dennoch glanzvolle Veranstaltung sorgte.

Kaum ein Favorit ging leer aus

Der Wille, die gute Stimmung möglichst weit zu streuen, fand sich auch in der Preisverteilung wieder, die fast allen favorisierten Filmen mindestens einen «Oscar» zuerkannte. Unter den acht Werken, die um den Hauptpreis als «Bester Film» konkurrierten, ging allein Aaron Sorkins historisches Prozessdrama THE TRIAL OF THE CHICAGO 7 ganz leer aus, während das Einwandererdrama MINARI (Beste Nebendarstellerin) und der satirische Rachethriller PROMISING YOUNG WOMAN (Bestes Originaldrehbuch) jeweils einen Preis erhielten. Je zwei «Oscars» gingen an den Black-Panthers-Film JUDAS AND THE BLACK MESSIAH (Nebendarsteller, Originalsong), die Drehbuchautoren-Biografie MANK (Kamera, Ausstattung), die Theateradaptionen THE FATHER (Hauptdarsteller, adaptiertes Drehbuch) und MA RAINEY'S BLACK BOTTOM (Kostüme, Make-Up & Hairstyling), das Taubheitsdrama SOUND OF METAL (Schnitt, Ton) und den Animationsfilm SOUL, der neben der Animationskategorie auch den Preis für die Musik gewann.

Im Rahmen der Danksagungen blieb auch Raum, um an die teilweise sehr starken politischen Botschaften der Filme zu erinnern. Mit dem Kurzfilm TWO DISTANT STRANGERS wurde beispielsweise die Erzählung über einen schwarzen US-Amerikaner ausgezeichnet, der sich in einer Zeitschleife befindet und jeden Tag aufs Neue von einem weißen Polizisten getötet wird; die Regisseure Travon Free und Martin Desmond Roe brachten auf der Bühne zur Sprache, dass in den USA im Durchschnitt jeden Tag drei Menschen durch Polizeikugeln zu Tode kommen. Ähnlich eindrücklich fielen die Aussagen der Macher des kurzen Animationsfilms IF ANYTHING HAPPENS I LOVE YOU (über die Eltern eines bei einer Schulschießerei getöteten Mädchens) zum ewigen Streitthema «Privater Waffenbesitz» aus oder auch der Dank für die Auszeichnung des Dokumentarfilms MEIN LEHRER, DER KRAKE als Anregung für neue Formen des Mensch-Tier-Verhältnisses.

Das gesellschaftliche Engagement des Motion Picture and Television Fund für bedürftige Filmschaffende und des unter anderem in der Hilfe für Obdachlose tätigen Regisseurs Tyler Perry wurde nicht nur gleichermaßen mit dem Ehrenpreis des «Jean Hersholt Humanitarian Award» geehrt, es brachte auch die jeweiligen zusätzlichen Anstrengungen der Preisträger während der Corona-Pandemie auf den Punkt. Der als Künstler durch die (gelinde gesagt) schwankende Qualität seiner Arbeiten durchaus umstrittene Tyler Perry konnte zudem mit der wohl besten Rede des Abends, in der er jegliche Form des Hasses verdammte, noch weitere Sympathiepunkte sammeln.

Ein geradezu logischer Gewinner: NOMADLAND

Der aufmunternde und versöhnende Tonfall nicht nur nach der globalen Corona-Heimsuchung, sondern auch nach dem Ende von vier Jahren Donald Trump fand schließlich den logischen Gewinner in NOMADLAND als bestem Film der 93. «Academy Awards». Die Auszeichnung für die sanfte Road Movie von Chloé Zhao über entwurzelte ältere Menschen in der USA, die sich auf der Suche nach Arbeit das Land unverdrossen wie zum ersten Mal erschließen, war nach dem Preisregen seit dem «Goldenen Löwen» in Venedig im September 2020 zwar keine Überraschung, rundete aber die Stimmung des Abends ab.

Die Neugier, das stille Staunen, die Sehnsucht nach Zusammensein, der Wert kleiner menschlicher Gesten, all die universalen Themen, die Chloé Zhao so wunderbar intensiv in ihrem Film vereint, strahlten auch auf die «Oscar»-Juroren ab, die in diesem Jahr wahrlich kein Problem hatten, einen preiswürdigen US-amerikanischen Film zu küren (mit dem Bonus, dass zum zweiten Mal in der «Oscar»-Geschichte eine Frau den Regie-Preis gewann und erstmals eine asiatisch-stämmige Regisseurin).

Nach der Doppelauszeichnung für Regie und Film übernahm es NOMADLAND-Hauptdarstellerin Frances McDormand, den naheliegenden Wunsch für die Zukunft zu formulieren: «Schaut jeden Film, der heute Abend hier präsentiert wurde, auf einer so groß wie möglichen Leinwand!» Eine nach monatelangen Kinoschließungen fremd gewordene Vorstellung, die nach der «Oscar»-Gala 2021 aber zumindest wieder als Normalität denkbar erscheint. Nicht zuletzt darin liegt der Verdienst einer in Anbetracht der Umstände beachtlich reibungslos und originell umgesetzten «Sonderveranstaltung».

Lediglich bei der Struktur erschloss sich nicht jede Wahl der Gala-Gestalter. Die Idee, den traditionellen Höhepunkt des Hauptpreises auf den drittletzten Platz vorzuziehen und den Abend mit den Auszeichnungen für die Hauptdarsteller enden zu lassen, war zumindest nicht die allerbeste. Frances McDormand, die wenige Minuten nach dem Preis für den besten Film schon wieder auf die Bühne musste, um ihre insgesamt dritte Auszeichnung als Darstellerin entgegenzunehmen, fiel auf die Schnelle jedenfalls keine Steigerung zu ihren vorherigen Worten ein; und ihr Kollege Anthony Hopkins als Bester Hauptdarsteller (in THE FATHER) gehörte zu den wenigen Ausgezeichneten, die weder in der Union Station anwesend waren noch sich von außen zuschalten ließen.

So endete der Abend auf einer etwas verlegenen Note, die dem souveränen Gesamteindruck deutlich widersprach. Sollten die «Oscars» die positiven Aspekte ihrer 93. Ausgabe auch für die nächsten Jahre verinnerlichen, spräche nichts dagegen, dass sie einiges von ihrem ramponierten Ruf zurückgewinnen könnten.

....

Über Film als Medium sprechen

Lars Henrik Gass im Gespräch mit Tacita Dean über Erfolge, Bedrohungen und die Zukunft von Analogfilm

Von Lars Henrik Gass

Die britische Künstlerin Tacita Dean, Mitglied der Akademie der Künste in Berlin, ist für ihre medienübergreifenden Arbeiten berühmt, insbesondere auch für eigenwillige 16-mm-Filme. Seit einem Jahrzehnt kämpft sie entschieden für das Überleben des analogen Films als eines eigenständigen Mediums.

Lars Henrik Gass: Sie sind eine erfolgreiche Künstlerin und gelten gleichzeitig als Aktivistin für den Analogfilm. Vor ein paar Jahren haben Sie eine viel beachtete Petition zur Rettung des Analogfilms initiiert, die von Filmemachern wie Martin Scorsese, Steven Spielberg und vielen anderen unterstützt wurde. Was haben Sie erreicht?
Tacita Dean: Vor der Corona-Pandemie lief es eigentlich ganz gut. Die Website mit der Petition savefilm.org war dabei nur ein Teil dessen, was wir zur Rettung des Analogfilms unternommen haben. 2011 war das Jahr, in dem wir verstanden, dass der analoge Film

in großer Gefahr ist. Mich selbst traf das sehr hart, als das Soho Film Lab in London quasi über Nacht geschlossen wurde. Ich war gerade von Berlin nach London gekommen, um die Nullkopien dreier Filme für eine Aufführung in Wien zu erstellen. Plötzlich hieß es: Wir machen keine 16-mm-Filme mehr. Das war beängstigend. Mir wurde klar, dass ich diese Arbeit über die Bedeutung des Mediums Film machen musste. So wurde ich zur Aktivistin. Ich musste also nicht nur diese Arbeit machen, sondern veröffentlichte begleitend auch ein Buch über die Bedeutung des analogen Mediums im digitalen Zeitalter. Da ging es nicht nur um Film, um Künstler und Filmemacher, die mit Analogfilm arbeiten; es waren auch Schriftsteller und Musiker dabei, Neil Young zum Beispiel. Ich habe dann das erste große Kampagnen-Event in der Turbinenhalle der Tate Modern mit der britischen Filmindustrie organisiert, um zu verdeutlichen, dass Analogfilm ein wirklich wichtiges Medium ist; wir wollten der Industrie sagen: Ihr müsst beide Medien behalten, digital und analog, weil sie beide sehr unterschiedliche Qualitäten und Arbeitsweisen aufweisen. Das war 2012. Ich war mir aber nicht sicher, ob das alles ankam. Deshalb haben wir savefilm.org gegründet. Anfangs ging es nur um 16-mm-Film, aber das weitete sich schnell zum Analogfilm an sich. Mir wurde klar, dass wir dafür unbedingt Hollywood gewinnen mussten. Damals wurde ich gerade als Künstlerin ans Getty Research Institute in Los Angeles eingeladen, um in deren Sammlungen zu arbeiten. Als ich ankam, traf ich Christopher Nolan und wir organisierten mit Kerry Brougher, dem Gründer des zukünftigen Academy Museum of Motion Pictures, ein Treffen im Getty Research Institute mit dem Titel «Reframing the Future of Film». Jeff Clarke, der neue CEO bei Kodak, nahm daran teil, der Leiter der Academy of Motion Picture Arts and Sciences sowie verschiedene Labore, Archive und Festivals wie das Sundance Festival, die Film Society of Lincoln Center, das George Eastman House und FotoKem. Wir fragten: «Was wollt ihr gegen das Verschwinden von Analogfilm tun?» Bei einer Veranstaltung verkündete Jeff Clarke dann öffentlich: «Wir sind bei der Bewahrung des Analogfilms dabei.» Das war ein wichtiger Moment. Danach haben Nolan und ich «Reframing the Future of Film» auch beim London Film Festival durchgeführt, später auch in Indien, in Mumbai.

Das Wichtigste ist, die Sprech- und Denkweise zu verändern, sich zu weigern, Analogfilm als «altmodisch» oder «überholt» zu bezeichnen. Als Künstlerin habe ich dazu beigetragen, in der Sprache der Kunst über Film als Medium zu sprechen. Ich habe 2012 einen Artikel für die *New York Times* geschrieben, der dann nicht veröffentlicht wurde. Als ich mit der Redakteurin diskutierte, verwendete sie den Ausdruck «technologischer Determinismus», was bedeutet, dass Technologien veralten und man einfach damit leben muss. Das war ein Heureka-Moment, denn ich erkannte, dass Film für mich keine Technologie ist; Film ist vielmehr ein Medium. Medien veralten nicht; Menschen schnitzen immer noch in Stein und Marmor, malen immer noch mit Ölfarben. Ein Medium kann technologische Entwicklungen überdauern, selbst wenn es auf einer industriellen Technologie basiert. Sogar Kodak begann, das Wort vom Film als Medium zu übernehmen. In den letzten fünf Jahre ist eine gewisse Dynamik entstanden; es war nicht mehr dieser Kampf auf Leben und Tod wie zuvor. Es hat sich etwas verändert, wenn auch nicht so umfassend, wie ich mir das wünschte. Wenn man das Digitale nicht mag, gilt man als «Luddit»; man ist quasi gegen den Fortschritt. Dagegen wehren wir uns. Es gibt nicht dieses Entweder-Oder. Aber es ist immer noch schwierig, und die Pandemie war unserem Kampf nicht gerade zuträglich. Gerade hat die ArcLight-Kinokette in Los Angeles dichtgemacht, was sehr traurig ist, da sie fast die einzige Mainstream-Kinokette war, die noch Analogfilme zeigte. Ich mache mir also wieder Sorgen.

Wer kann realistischerweise überhaupt zum Überleben des Analogfilms beitragen, wenn man bedenkt, dass es massive wirtschaftliche Interessen der digitalen Industrie gibt, Film in der analogen Form nicht fortzuführen?

Das war tatsächlich der Fall! Ich hatte gehofft, das ein wenig ändern zu können und auf eine Koexistenz hinzuarbeiten. Der Grund, warum die digitale Industrie so sehr daran interessiert war, den Analogfilm loszuwerden, bestand darin, dass die Industrie das reifere Medium nicht als Konkurrenz zum neuen haben wollte; sie mussten es loswerden, um es zu besiegen, um ihr neues Medium vollständig und schneller durchsetzen zu können. Einer meiner früheren Slogans lautete: «Film wird nicht sterben, es sei denn, er wird ermordet.» Genau das haben sie versucht; sie haben wirklich versucht, ihn zu ermorden. Und es fast geschafft, ihn aus den Kinos zu vertreiben. Doch Chris Nolan schafft es immer noch, einige seiner Filme analog ins Kino zu bringen, und Quentin Tarantino auch; aber es ist ein Kampf! Das Labor, mit dem ich in Los Angeles arbeite, FotoKem, macht einen Film von Nolan oder Tarantino; dann wartet es auf den nächsten; alle anderen Filme, die dort gemacht werden, sind kleine Fische. Wir waren furchtbar nahe dran, den Analogfilm komplett zu verlieren; ich hoffe, dass wir nicht wieder so nahe am Abgrund sind.

Im Gegensatz zu anderen Materialien und Medien, etwa Marmor, ist der Analogfilm keine natürliche Ressource. Gibt es eine Nachfrage, die einen Markt für Analogfilm unterstützen könnte?

Wir hoffen, dass Kodak einen Schub bekommen hat, weil sie etwas herstellen, das mit der Bekämpfung des Corona-Virus zu tun hat, irgendwelche pharmazeutischen Produkte; ihr Überleben ist also nicht vom Analogfilm allein abhängig. Ich weiß, dass Jeff Clarke Bildschirme fürs iPhone herstellen wollte. Sie haben auch versucht, mit Super-8 einen neuen Markt für Jugendliche wiederzubeleben; ihre Kamera war aber zu teuer und geriet in Schwierigkeiten, weshalb ich nicht weiß, ob da noch etwas passiert. Im Moment schreibt Kodak mit Film aber schwarze Zahlen; eigentlich sind es ihre anderen Produkte, die Verluste erwirtschaften. Auf Dauer braucht es aber doch wohl staatliche Unterstützung, um Analogfilm zu erhalten. Ein anderer unserer Slogans lautete: «Film ist im Vinyl-, nicht im Endzeitalter». Im letzten Jahr wurden in Großbritannien sogar mehr Vinyl-Schallplatten als CDs verkauft. Vinyl ist auch keine natürliche Ressource! Man muss also hoffen, dass es eine Nachfrage für Analogfilm gibt, aber es bleibt ein Kampf, ein anstrengender Kampf. Ich schneide im Moment drei Filme hier in Berlin. Einer davon ist für das Royal Opera House in London. Ich bemühe mich immer sehr, Filme an prominenten Orten als Analogfilm zu zeigen. Bei vielen gibt es ein Verständnis dafür, warum Analogfilm anders ist. Wir brauchen Leute wie Christopher Nolan, Quentin Tarantino oder Paul Thomas Anderson, um die großen Filme zu machen, aber leider ist es für die weniger bekannten Künstler viel schwieriger.

Tacita Dean (@ Sabine Maierhofer)

Sie finden sicherlich viele Anhänger in der Filmwelt unter den Cinephilen, aber denken Sie nicht, dass gerade die Kunstwelt dazu beigetragen hat, dass der Analogfilm so an Bedeutung verlor? Digital ist viel einfacher und billiger herzustellen und auszustellen. Das erfordert kein technisches Wissen, zumindest nicht in dem Maß, wie das für den Analogfilm nötig ist. Ich habe den Eindruck, dass es in der Kunstwelt extrem wenig Wissen über Analogfilm gibt – auch in Bezug auf historische Aspekte. Kuratoren geben sich in Ausstellungen oft keine besondere Mühe.
Sie haben Recht, aber es gibt auch hier kleine Veränderungen. Lange Zeit wurden sogar Tonband-Diaarbeiten digitalisiert. Ich bin jemand, die an Galerien und Museen schreibt, aber andere Leute müssen mir helfen. Ich kann nicht der einzige Terrier in der Branche sein. Ich war schon in Ausstellungen, in denen Werke kompromittiert wurden, weil sie Filme digitalisiert gezeigt haben. Aber ich schwöre bei Gott, dass Arbeiten auf Analogfilm immer diejenigen sind, die die Aufmerksamkeit auf sich ziehen. Es geht darum, die Menschen von der Wichtigkeit, von der Gravitas der eigentlichen Arbeit zu überzeugen, die in dem Medium gezeigt wird, in dem sie gemacht wurde. Der Fortschritt, den wir erreicht haben, ist, dass Museen jetzt wenigstens das Originalmedium anerkennen. Das ist ein erster Schritt. Zumindest wagen sie es nicht mehr, meine Arbeit digital zu zeigen; und sie zeigen auch Marcel Broodthaers nicht digital.

In meiner Jugend war ich damit konfrontiert, dass ich in verschiedene Ausstellungen nicht aufgenommen wurde, weil ich mich weigerte, meine Arbeit digitalisieren zu lassen. Das musste ich in Kauf nehmen. Ich wünschte, andere hätten das ebenso gemacht. Es liegt an den Künstlern, und es liegt definitiv an den Museen; es liegt aber auch an den Betrachtern, denn die Erfahrung ist komplett anders, wenn man eine Diaarbeit von Paul Thek digitalisiert zeigt; das ist einfach schrecklich. Es ist nicht richtig. In dem Moment, wo man sie richtig zeigt, denken die Menschen: Aha, richtig, das ist eine tolle Arbeit, jetzt schaue ich mir das an und verstehe es. Ich dachte eigentlich, dass die Dinge in der Kunstwelt ein bisschen positiver verlaufen, aber in der Kunstwelt wird ja generell nicht so viel Film gezeigt. Die schlimmsten Verbrecher in diesem Bereich sind Institutionen wie das National Film Theatre in London oder Einrichtungen, die mit dem Auftrag und der Autorität ausgestattet wurden, Filme zu zeigen; sie sind diejenigen, die die Abkürzung über das Digitale nehmen: etwa das Museum of Modern Art in New York, das seine Kopien nicht mehr ausleiht. Das ist ein Problem. Wenn das MoMA keine Kopien mehr verleiht, weil es die Kosten für die Herstellung neuer Kopien nicht tragen will, und die Labore diese Art von Unterstützung nicht erhalten, dann sickert das nach unten durch.

Glauben Sie nicht, dass es eine ganz neue Bedrohung gibt, nämlich dass das Kino selbst verschwindet?
Der Corona-Virus hat dem Kino wahrscheinlich den letzten Schlag versetzt. Ich habe einen 16-jährigen Jungen. Als wir in Los Angeles waren, gingen wir ins Kino. Er hat sich dort Stunden lang KRIEG UND FRIEDEN angeschaut! Durch die Institution Kino wurde er gezwungen, auf einem Platz zu sitzen und sich das anzusehen. Doch jetzt, mit dem Streaming, driftet er nach 15 Minuten in sein eigenes digitales Universum ab. Das ist, wenn überhaupt, ein Argument für das Kino. Kinder konzentrieren sich nicht mehr; wenn

sie es doch tun, profitieren sie davon. Sie haben also Recht, aber es geht einfach um Beharrlichkeit und darum, Kinos durch People Power offen zu halten, indem man sie besucht, indem man darauf besteht, dass sie wieder geöffnet werden.

Das Geschenk des Kinos an die Gesellschaft ist der Zwang zur Wahrnehmung, dass man durch die Wahrnehmung eines anderen gezwungen wird, etwas anderes wahrzunehmen. Ich denke, das ist mediengeschichtlich etwas Einzigartiges. Und das ist wahrscheinlich auch ein Teil des Problems, warum man in der Kunstwelt möglicherweise Angst vor dem Kino hat, weil es in Ausstellungen eher darum geht, sich weitgehend unbeschränkt in Räumen zu bewegen, nicht?

Glauben Sie, dass die Kunstwelt den Analogfilm verleugnet? Mehr als das Kino? Ich bin mir da nicht so sicher, zumindest historisch gesehen. Ich denke, das Schlimmste war, dass das Kino so langweilig geworden ist, auch wegen des veränderten Mediums. Ich persönlich glaube, dass der Wechsel des Mediums einen großen Einfluss darauf hatte, wie unaufregend das Kino geworden ist, weil es ein Medium geworden ist, um Geschichten auf eine sehr schwerfällige und biedere Weise zu erzählen, anstatt so brillant, wie es das historisch gesehen früher getan hat. Ich glaube tatsächlich, dass das viel mit dem Mangel an Disziplin und der Schwierigkeit des Mediums zu tun hat. Jeder kann eine Digitalkamera halten; bis zu einem gewissen Grad stimmt das ja; aber eigentlich ist es komplizierter. Ich war einmal in einer Talkshow im Radio; da sprach jemand darüber, wie viel demokratischer die digitale Technik sei; jeder kann eine Digitalkamera in die Hand nehmen, deshalb sei sie nicht elitär, bla bla bla. Doch dann sprang mir ein anderer bei und sagte: Seien wir ehrlich – jeder hatte Zugang zu Bleistiften, aber nicht jeder ist Michelangelo. Ja, Film ist heute verfügbarer und mehr Menschen werden vielleicht eine Ausdrucksform im Digitalen finden, aber ist das ein gutes Argument? Ich weiß es nicht. Ich hoffe, dass die nächste Generation es wieder in die Hand nimmt und es besser macht. Ich habe das Gefühl, dass die Jugend Hoffnung hat. Sie sind fasziniert vom analogen Medium, sie interessieren sich dafür, besonders mit Blick auf die Fotografie.

Doch sobald die Techniken, sobald das kulturelle Wissen über Film verloren gegangen ist, wird es sehr schwer, daran anzuknüpfen.

Wir werden es nicht verlieren; wir werden sehr, sehr hart daran arbeiten, es nicht zu verlieren. Wir müssen einfach die Labore behalten, die wir haben, Kodak, Orwo und andere. Wir müssen dafür sorgen, dass sie weiterhin produzieren. Jeff Clarke sagte beim «Reframing the Future of Film»-Symposium: «Ich habe ein Monopol und will es nicht; Kodak hat ein Monopol, und wir wollen es nicht.» Wir müssen einen Markt schaffen; das ist noch nicht geschehen. Aber zumindest erkennen Menschen allmählich den Unterschied; das ist schon was.

In Schweden gibt es ein nationales Filmlabor im staatlichen Besitz; dort wurde die Verantwortung übernommen, anders als in Deutschland. Glauben Sie, dass das eine globale Perspektive für Filmlabore sein könnte?

Als wir savefilm.org gründeten, versuchten wir auch, Analogfilm von der Unesco schützen zu lassen. Wir bekamen jedoch zu hören, dass das nicht «klein» genug sei. Sie können Käse in Frankreich schützen, aber sie werden nicht die Mittel schützen, mit denen wir ein ganzes Jahrhundert des Weltgedächtnisses dokumentiert haben! Sollten wir einen so dunklen Moment nochmals erreichen, dass Analogfilm zu verschwinden droht, müssten wir es erneut versuchen, denn ich denke nicht, dass die Welt das Risiko eingehen sollte, den Analogfilm zu verlieren. So viele Dinge wurden auf Film festgehalten! Wir sollten nicht riskieren, dass wir diese Fähigkeit, so zu sehen, verlieren.

Aus dem Englischen vom Autor übertragen.

Der Autor Lars Henrik Gass ist Leiter der Internationalen Kurzfilmtage Oberhausen, Mitherausgeber einschlägiger filmkultureller Werke und Autor der Bücher *Das ortlose Kino. Über Marguerite Duras, Film und Kunst nach dem Kino* und *Filmgeschichte als Kinogeschichte. Eine kleine Theorie des Kinos.* Auf filmdienst.de erscheinen regelmäßig Essays von ihm.

Der strukturierte Chaot: Eine Rainer-Werner-Fassbinder-Ausstellung

Die Bundeskunsthalle in Bonn beleuchtet das Filmschaffen von Rainer Werner Fassbinder mit einer großen Ausstellung, die vor allem den Produktionsaspekt ins Zentrum rückt.

Von Reinhard Kleber

In der Bundeskunsthalle in Bonn war vom 10. September 2021 bis zum 6. März 2022 die Ausstellung «Methode Rainer Werner Fassbinder. Eine Retrospektive» zu sehen, die sich insbesondere den Produktionsbedingungen des fulminanten Schaffens des Ausnahme-Künstlers widmet. Auch auf die Zeitbezüge seiner Filme, Drehbücher und Theaterstücke wird ein besonderes Augenmerk gelegt.

«Er war ein Regisseur der Verzweiflung und des starken, intensiven Gefühls – und insofern war er sehr deutsch.» So charakterisierte der Filmproduzent Günter Rohrbach, der die Serien ACHT STUNDEN SIND KEIN TAG (1972) und BERLIN ALEXANDERPLATZ (1980) von Rainer Werner Fassbinder produzierte, rückblickend den Filmemacher, der als Schlüsselfigur des Neuen Deutschen Films gilt. Nun widmet die Bundeskunsthalle in Bonn einer der erfolgreichsten Regisseure des deutschen Nachkriegskinos eine ambitionierte Ausstellung: «Methode Rainer Werner Fassbinder. Eine Retrospektive», die bis zum 6. März 2022 zu sehen ist.

Mehr als 850 Exponate, darunter Drehbücher, Briefe, Fotografien, Skizzen, Kalkulationen, Kostüme, Interviews mit Zeitzeugen und persönliche Gegenstände, haben die Kuratoren Susanne Kleine, Hans-Peter Reichmann und Isabelle Louise Bastian für die chronologisch aufgebaute Schau ausgewählt, bei der die Kunsthalle eng mit dem DFF – Deutsches Filminstitut & Filmmuseum in Frankfurt a. M. sowie der Fassbinder Foundation in Berlin zusammenarbeitete. Sie konnten dabei gleichsam aus dem Vollen schöpfen: das DFF hat 2018 den schriftlichen Nachlass Fassbinders übernommen und 2019 ein Fassbinder Center gegründet.

«Sozialkritik in Kinoplots umgesetzt»

«Fassbinder war einer der einflussreichsten Regisseure der Nachkriegszeit in Deutschland», sagte die Intendantin der Bundeskunsthalle, Eva Kraus, bei der Eröffnung der Ausstellung, die wegen der Corona-Pandemie zweimal verschoben werden musste. In seinen Filmen habe Fassbinder «Sozialkritik in packende Kinoplots umgesetzt». Die «sehr üppige Ausstellung» entspreche «seinem unfassbar großen Werk».

Mehrere Projektionskojen präsentieren Ausschnitte seiner Filme; oft werden dabei ähnliche Sequenzen aus zwei Filmen einander gegenübergestellt. Hier, aber auch beim Flanieren durch die Ausstellung lassen sich die Schlüsselthemen leicht erkennen, mit denen sich Fassbinder immer wieder auseinandergesetzt hat: die Stellung der Frau, Homosexualität, Generationenkonflikte, Aufarbeitung der NS-Diktatur, Terrorismus, Spießertum, Nonkonformität, vor allem aber von Gewaltformen geprägte Liebesbeziehungen.

Wie bei kaum einem anderen Vertreter des Neuen Deutschen Films war das Schaffen von Fassbinder eng mit der deutschen Zeitgeschichte verknüpft, allerdings oft eingebettet in private Konflikte. Dementsprechend begleitet ein 100 Meter langer «Zeitstrahl» durch die Ausstellung, eine bebilderte Stellwand, die sich durch die gesamte Etage zieht und an zahlreiche Ereignisse aus Politik, Gesellschaft und Kultur von 1945 bis 1982 sowie an wichtige Momente aus Fassbinders Leben erinnert. Sein Schaffen «kann nur im Spiegel der Zeit gelesen werden», so

Fassbinder bei Dreharbeiten zu HÄNDLER DER VIER JAHRESZEITEN (© DFF – Deutsches Filminstitut & Filmmuseum, Frankfurt a. M. / Sammlung Peter Gauhe. Foto: Peter Gauhe)

Kleine. Wenn Fassbinder gesellschaftliche Strukturen und Tendenzen in seinen Arbeiten aufgriff, dann tat er dies zumeist radikal subjektiv, kritisch und provokativ. Kein Wunder, wenn er zeitweise als Bürgerschreck, Berserker und Enfant terrible verschrien war.

Kreative Schaffenswut

Dass Fassbinder, der 1982 mit nur 37 Jahren starb, als Drehbuchautor und Regisseur, Schauspieler, Produzent und Theaterautor zu einem der wichtigsten Repräsentanten des deutschen Films der 1970er- und 1980er-Jahre wurde, lag auch an seiner enormen Produktivität und Effektivität. Zwischen 1966 und 1982 drehte der Autodidakt 45 Filme. Während andere Regisseure vier Jahre für einen Film brauchen, schaffte er in manchem Jahr gleich vier Filme. Fassbinder produzierte oder co-produzierte 26 Filme, schrieb 37 Drehbücher und wirkte an 13 weiteren mit. Er spielte als Darsteller in 19 eigenen Filmen und 21 Filmen anderer Regisseure. Außerdem verfasste der Ausnahmekünstler 14 Theaterstücke und setzte 25 in Szene. Dazu kommen vier Hörspiele. «Dass er das überhaupt alles hervorbringen konnte, das hatte schon etwas von Berühren mit einem Zauberstab, bei allem Fleiß, den er auch hatte», sagte dazu 2014 Hanna Schygulla, eine seiner engsten Mitarbeiterinnen.

Die Ausstellung arbeitet anschaulich heraus, dass ein solches Arbeitspensum nur mit einer klaren Strukturierung des Produktionsprozesses zu schaffen war. «Er war so fokussiert, dass er beim Dreh schon genau wusste, was er wollte», berichtet Fassbinders langjährige Editorin Juliana Maria Lorenz-Wehling. Fassbinder habe nie mehr als drei Einstellungen einer Szene gedreht.

Wie präzise der Produzent Fassbinder seine Projekte teilweise sogar parallel vorbereitete und durchrechnete, zeigen mehrere Kostenaufstellungen. So schrieb der Workaholic für das Filmprojekt WARNUNG VOR EINER HEILIGEN NUTTE (1970) eine genaue Kalkulation, die sich auf 308.300 Deutsche Mark belief. Er selbst sagte 1978: «Was das Filmemachen anbetrifft oder das Arbeiten an sich, da bin ich ein ordentlicher Mensch, ja.»

Die straffe Planung und die effektive Drehpraxis zahlten sich aus. Während andere Regisseure den Drehplan überziehen und das Budget überschreiten, schaffte es Fassbinder bei dem Prestigeprojekt BERLIN ALEXANDERPLATZ, sagenhafte 39 Drehtage einzusparen. Waren bei der ersten Klappe am 18. Juni 1979 193 Drehtage veranschlagt, so wurde der Plan im folgenden November auf 165 Tage gekürzt. Als die letzte Einstellung an Gründonnerstag, 3. April 1980, im Kasten war, hatten 154 Drehtage ausgereicht.

Strukturierte Arbeitsweise

Fassbinder war also in handwerklicher Hinsicht keineswegs ein Chaot. Vielmehr ging er «sehr strukturiert vor». Dieses spezifische «methodische Vorgehen» herauszuarbeiten, so Kleine, ist das Hauptanliegen der Ausstellung. Eine Schlüsselrolle spielt dabei die sogenannte Fassbinder-Familie aus Schauspielerinnen und Schauspielern, Bühnenbildern und Musikern wie Hanna Schygulla, Irm Hermann, Ingrid Caven, Harry Baer, Kurt Raab und Peer Raben, die immer wieder in seinen Filmen mitwirkten. Mit einigen von ihnen lebte er bereits seit dem Münchner Theaterkollektiv der frühen 1960er-Jahre zusammen. Diesem «Clan» ist zu Beginn der Schau eine Hommage gewidmet: Die Namen von 150 Filmschaffenden prangen in glitzernden Buchstaben an den Wänden.

Vor allem in der ersten Hälfte von «Methode Fassbinder» dominieren die Vitrinen, erst später wird die Schau mit Kostümen und persönlichen Objekten des Künstlers visuell attraktiver. So erfährt man eingangs, dass der junge Fassbinder Gedichte und kurze Erzählungen schrieb. Zu sehen ist die Sammlung *Im Land der Apfelbäume* mit Lyrik, Prosa und einem Hörspiel von 1962, die für seine Mutter bestimmt war. Ausgestellt sind das Typoskript zu der Kurzgeschichte *Der heilige Wald* (1962), das preisgekrönte Theaterstück *Nur eine Scheibe Brot* (1965) oder das Drehbuchfragment *Das kleine Chaos* (1967) für einen Kurzfilm.

Die Vitrinen werden durch «digitale Leinwände» ergänzt, auf denen digitalisierte Dokumente zu sehen sind oder «Making of»-Beiträge, etwa zu DESPAIR – EINE REISE ANS LICHT, 1977 gefilmt von Hellmuth Costard. Große Fotos und Bühnenmodelle werfen zudem Schlaglichter auf die avantgardistische Theaterarbeit des Allround-Talents, etwa als Intendant des Theaters am Turm 1974/75 in Frankfurt a. M..

Stöbern und entdecken

Wer sich in die Inhalte der Vitrinen vertieft, kann so manche Entdeckung machen. So werden zwei handschriftliche Briefe gezeigt, in denen sich Fassbinder und Romy Schneider im August 1975 über mögliche Projekte austauschen. Konkret geht es um die Rolle der Maria Braun und eine Neuverfilmung der Novelle *Immensee* von Theodor Storm. Hier äußert sich Fassbinder unter anderem über die Kunstform des Melodrams: «(...) Melodramen, da bin ich sicher, sind die einzige Möglichkeit des Films, die Verzweiflung greifbar und erfahrbar zu machen – und das sollte unser Anlauf, unser Anfang sein. Durch Kunst plastisch gewordene Verzweiflung, Angst, Depression sind überwindbar. Eine eigene Art von Lebenshilfe also, oder auch nur eine aufregende Geschichte, wenn man nicht mehr darin sehen will. Und das sollte sie

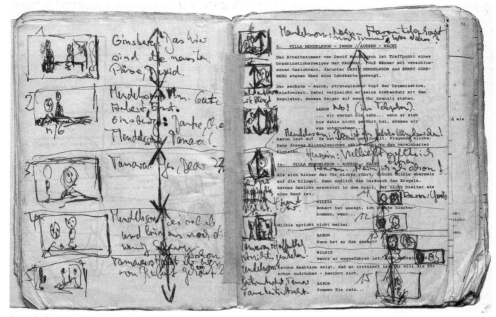

Doppelseite aus dem Drehbuch von Lili Marleen (© Juliane Maria Lorenz-Wehling / Rainer Werner Fassbinder Foundation)

allemal sein, die Geschichte, aufregend und rasant und zärtlich und ...»

Entdeckungen ermöglicht ein «Archivraum» mit Fassbinders privatem Sofa, das der Designer Ubald Klug für die Schweizer Manufaktur de Sede entworfen hat. Von bequemen braunen Lederpolstern aus kann man hier auf drei mal zwei Monitoren anhand von Filmausschnitten manche Inspirationsquelle des Regisseurs daraufhin analysieren, wie er Anregungen von Vorbildern in seine Filmsprache übertragen hat. Etwa bei auffällig ähnlichen Szenenfolgen aus Jean-Pierre Melvilles Klassiker Der eiskalte Engel und Liebe ist kälter als der Tod oder bei einer Sequenz aus Josef von Sternbergs Film Der blaue Engel und Lili Marleen.

Gleich nebenan wird in einem Wandregal Fassbinders Sammlung wichtiger Filme gezeigt. Brav aneinandergereiht stehen dort 120 VCR-Cassetten mit Filmen von Der eiskalte Engel bis Zu neuen Ufern von Detlef Sierck, die Fassbinder selbst aufgezeichnet hat. Der klobige VCR-Recorder von Philips hat es ebenfalls nach Bonn geschafft.

Materialfundus Berlin Alexanderplatz

Ein Highlight der Schau stellt eine Koje zu der berühmten, seinerzeit aber auch umstrittenen Fernsehserie Berlin Alexanderplatz nach dem gleichnamigen Roman von Alfred Döblin dar. Während eine Vitrine die 14 Drehbücher Fassbinders präsentiert, ertönt aus Lautsprechern die Stimme Fassbinders, der 1979 alle Bücher aus dem Kopf gesprochen und auf Audiokassetten aufgenommen hat. Seine Mutter Liselotte Eder hat die 78 Stunden langen Aufzeichnungen dann mit der Schreibmaschine abgetippt. Die von ihr benutzte Triumph ist in Bonn ebenso ausgestellt wie der originale ITT-Kassettenrekorder.

Neben den vielen Papier- und Filmdokumenten sind auch private Devotionalien zu sehen. Dazu gehören neben dem Sofa die legendäre Lederjacke Fassbinders, das Rennrad «Franzl II» der Marke Garlatti sowie sein bunter «Bally»-Flipper.

Für den Schluss haben sich die Kuratoren einen Schwerpunkt mit teils opulenten Kostümen aufgehoben, die veranschaulichen, dass Fassbinder zumindest in den aufwändigen späten Filmen großen Wert auf solide Ausstattung legte. Zu sehen sind hier etwa ein cremefarbener Winterwollmantel mit Kragen und Ärmelstulpen aus Ozelotfell, den Hanna Schygulla in Die Ehe der Maria Braun (1978) trug, oder das weiße Sommerkleid aus Organdy mit dunkelblauer Blumenstickerei, mit dem Barbara Sukowa in Lola (1981) auftrat.

Ein Manko der Ausstellung ist, dass es keine Infotafeln mit Basisinformationen gibt, die prägnant zusammengefasst eine erste Orientierung über Leben und Werk geben. Der 100 Meter lange «Zeitstrahl» kann das wegen seiner Kleinteiligkeit und Detailfülle nicht leisten. Schade ist auch, dass die Ausstellung – jenseits des Katalogs mit fachkundigen Aufsätzen – darauf verzichtet, fast 40 Jahre nach Fassbinders Tod eine filmhistorische Einordnung zu wagen. Wo steht die Fassbinder-Rezeption heute? Ist die Ikone des deutschen Autorenfilms noch immer so wichtig und einflussreich wie in den 1980er-Jahren? Welchen Rang hat sein Werk im Kontext des Neuen Deutschen Films? Das würde nicht nur junge Besucher interessieren, die seine Filme nicht oder kaum kennen, sondern auch Cineasten und Liebhaber seines Werks.

Was kommt nach dem Ende?

Eine Ausstellung im Deutschen Filminstitut in Frankfurt widmet sich 2021/2022 dem Genre des Katastrophenfilms.

Von Karsten Essen

Das Thema «Katastrophe» ist uns angesichts der Corona-Pandemie und der verheerenden Überflutungen in Nordrhein-Westfalen und Rheinland-Pfalz im Frühjahr 2021 schmerzlich nahegerückt: Allen menschlichen Bemühungen zum Trotz, die Umwelt zu beherrschen, sind wir nach wie vor – und in Zeiten des Klimawandels mit neuer Wucht – unkontrollierbaren Kräften ausgesetzt. Die Ausstellung «Katastrophe. Was kommt nach dem Ende?» im Deutschen Filmmuseum in Frankfurt a. M. beleuchtet, wie das Kino im Lauf seiner Geschichte auf unsere Angst vor, aber auch Faszination für apokalyptische Szenarien reagierte. Die mit mehreren anderen Institutionen konzipierte Schau ist ambitioniert und enthält viele tagesaktuelle Bezüge.

Die Elefanten sind im Raum, immer. Sie füllen die fünf, sechs mit Flatterband gesperrten Sitze zwischen den paar Journalist:innen, die die Pressekonferenz zur Ausstellungseröffnung live vor Ort im Frankfurter DFF erleben, und – in übertragenem Sinne – auch die Pausen zur Demaskierung zwischen den vier (!) Einführungsvorträgen durch ebenso viele Damen der beteiligten Kulturinstitutionen, neben dem DFF sind das u. a. das Senckenberg-Museum und die Stadt Frankfurt a. M. Dennoch ist das C.-Wort selten bis nie zu vernehmen. «Reiner Zufall» sei es, sagt DFF-Direktorin Ellen Harrington, dass die Schau mit dem Titel «Katastrophe. Was kommt nach dem Ende?» gerade jetzt in Zeiten der Corona-Pandemie an den Start gehe. Das mag man glauben oder nicht – die Präsentationen haben jedenfalls großen Anteil am Geist der Zeit.

Schon von alters her zeigten sich die Menschen fasziniert vom Katastrophischen, den (damals noch) unberechenbaren und unvermittelten bösen Launen der Götter und der Natur. Man denke etwa an die Berichte Plinius' d. J. vom Ausbruch des Vesuvs im Jahre 79 n. Chr. oder an die unzähligen «katastrophischen» Landschaftsgemälde der europäischen Romantik (Erdbeben, Feuersbrünste, Schiffe im Eis...), die dem Naturschönen stets auch dessen schrecklich-erhabene Kehrseite gegenüberstellten.

Katastrophische Elemente schon im Stummfilm

Neben den Dioramen der Jahrmärkte mit ihren schaudererregenden Abbildungen von «Pikantem, Frappantem und Chokantem» (Friedrich Schlegel) waren jene in ihrer Dramatik bereits ästhetisch-visuelle Vorläufer der ersten Katastrophenfilme, die, wie Kuratorin Stefanie Plappert herausstellt, schon sehr frühzeitig in der Filmgeschichte auf den Plan treten. Hatte nicht sogar das als einer der ersten Filme überhaupt geltende kurze Werk L'ARRIVÉE D'UN TRAIN EN GARE DE LA CIOTAT etwas durchaus Katastrophisches an sich?

Die Entwicklung des Ton- und Farbfilms, der die Zuschauer das schlimme Geschehen erst so richtig mit allen Sinnen erfahren lässt, fällt historisch bezeichnenderweise zusammen mit dem Beginn des Atomzeitalters, in welchem es der Menschheit zum ersten Mal möglich wurde, sich selbst und ihren Planeten aus eigener Kraft abzuschaffen – ein ganz neues Szenario des Katastrophischen, mit seinen eigenen filmischen Potenzialen! Wer dazu und über andere anthropogene Apokalypsen mehr erfahren möchte, dem steht das umfangreiche didaktische Begleitprogramm des Senckenberg-Museums zur Verfügung, das zum Beispiel auch über große Expertise in aktuellen Klimafragen verfügt.

Verursacher, Zeugen, Kämpfer und Überlebende

Was aber gibt es nun Neues und Aufschlussreiches zu sehen in der Ausstellung? Wieder befindet sich die Schau im Sonderbereich für Spezielles unterm Dach des DFF, und wieder ist es gelungen, durch eine

Plakatmotiv der Ausstellung (© DFF – Deutsches Filminstitut & Filmmuseum (artwork zur Ausstellung))

bewusst labyrinthische Wegführung ein Maximum an Fläche für Schaustücke und Informationen zu gewinnen. Nur lose chronologisch führt der rote Faden des Konzepts die Betrachter eher kategoriell gliedernd durch das Thema: Es wird sinnig unterschieden zwischen den Verursachern, den Zeugen und Betroffenen von beziehungsweise Kämpfern gegen Katastrophen und schließlich den Überlebenden, die den großen Re-Start beginnen und die verbesserte Version World 2.0 testen müssen. Klar, dass diese Struktur auch sehr unterschiedliche Filmbeispiele aufruft, etwa Das letzte Ufer (1959) oder The Day after Tomorrow (2004).

Manche von diesen werden im Zentrum des Raumes in kurzen, allzu kurzen Ausschnitten dargeboten; dabei liegt ein thematischer Schwerpunkt auf Werken der 1970er-Jahre, in denen das Genre sozusagen explosionsartig (!) den Massenmarkt eroberte. Lohnend etwa das Wiedersehen mit Filmen wie Flammendes Inferno (1974) oder Cassandra Crossing (1976), die beide im cineastischen Begleitprogramm gezeigt werden. Leider ist die Ausstellung etwas arm an besonderen Clous oder Exponaten, die die Fantasie der Besucher noch stärker anregen als die vielen in Vitrinen hinter Glas präsentierten Texte und Abbildungen. Das war der Ausstellung zu Stanley Kubricks «2001» am selben Ort spürbar besser gelungen. Überhaupt fällt ein starkes Übergewicht an gerahmten Magazin-, speziell *Spiegel*-Titeln ins Auge – konzeptionell etwas einseitig und ohne die zugrunde liegende Recherchestrecke auch wenig aufschlussreich...

Gänzlich auf die Katastrophe einlassen

So bleibt der Eindruck einer didaktisch sehr ambitionierten und auch viele tagesaktuelle Bezüge reflektierenden Schau zu einem packenden und relevanten Thema, die ihren vollen sinnlichen Eindruck auf die Betrachterin oder den Betrachter allerdings erst entfalten wird, wenn sie oder er sich mit ausreichend Zeit an alle Orte der Ausstellung begibt (vielleicht zuerst ins Senckenberg-Museum, dann ins Obergeschoss des DFF und zum Abschluss ins Kellerkino des Filmmuseums). Es ist wie mit allen großen Dingen: Man muss sich gänzlich auf sie einlassen und auch der Katastrophe mit der Muße des Philosophen begegnen – das wahrt die Würde des Menschlichen im Angesicht der Apokalypse. Und keine Angst, der Weltuntergang steht noch nicht unmittelbar bevor: zumindest diese Ausstellung wird noch bis zum 22. Mai 2022 gezeigt...

> **Hinweise**
> «Katastrophe. Was kommt nach dem Ende?» Ausstellung im Deutschen Filminstitut und Filmmuseum, Schaumainkai 41, 60596 Frankfurt a. M.. 14. Juli 2021 bis 22. Mai 2022.
> Weitere Informationen: https://www.dff.film/ausstellung/katastrophe/
> Zur Ausstellung ist auch ein Katalog erschienen, der stärker noch als die Schau Klimawandel als Naturkatastrophe in den Fokus rückt und zum Schluss in etlichen kulturwissenschaftlichen Aufsätzen ernstlich der Frage nachgeht, was wohl ‹nach dem Ende› komme. (Hardcover, 172 S., 24,80 €)

5 Themen & Motive

Kinder des Extrems: Das junge französische Genrekino

Wie junge Filmemacher:innen die Transgressionen der Vorgänger-Generation um Claire Denis, Alexandre Aja oder Marina de Van nicht für eine ästhetische Neuerung, sondern für diskursive Erweiterungen nutzen.

Von Karsten Munt

Mit ihrem Film TITANE hat die französische Regisseurin Julia Ducournau 2021 die «Goldene Palme» in Cannes gewonnen und damit die Aufmerksamkeit auf eine Tendenz im aktuellen französischen Genrekino gelenkt, die sich in der Nachfolge des Kinos der «New French Extremity» mit Gusto der Transgression widmet. Kreative wie Julia Ducournau, Bertrand Mandico oder Coralie Fargeat drehen die Gesellschafts-, Körper- und Geschlechternormen dabei blutig durch den Wolf.

Der Körper des Vaters ist von Narben zerfressen. Die Bisse der Mutter haben tiefe Gräben und unzählige Krater auf seinem Rumpf hinterlassen. Laurent Lucas ist dieser Vater, Joana Preiss seine Ehefrau. Die Eltern sind in RAW (2016) von Julia Ducournaus eine Kannibalin und der Ehemann, in dessen Fleisch ihre Abgründe geschrieben stehen. Die Tochter Justine (Garance Marillier), die behütet als Vegetarierin aufwächst, wird als Studentin der Veterinärmedizin das Elternhaus hinter sich lassen und zugleich dessen bisher verborgene Abgründe erleben.

Bereits in der ersten Nacht an der Fakultät werden Justine und ihre Kommilitonen für die «Bizutage», den demütigenden Initiationsritus, wie Vieh zusammengepfercht. Es wird für Justine die erste Party, das erste Stück Fleisch (die Leber eines Kaninchens), der erste Sex und damit korrelierend das Erwachen des Hungers auf Menschenfleisch.

Der Moment, in dem Justine das erste Mal den Körper des Vaters erblickt, ist das Finale von RAW. Es markiert nicht nur das Ende einer Adoleszenz – mit allen blutigen Implikationen, die der Film daran hängt –, sondern auch einen Generationenwechsel. Laurent Lucas, der Vater, in dessen Körper die gesellschaftlichen Krankheiten geschrieben wurden, und Joana Preiss, die Mutter, die ihren Mann vor Begierde verschlingt, wurden von Ducournau nicht zufällig für ihren Debütfilm gewählt. Sie sind die Generation des «New French Extremity». Lucas spielte gleich in zwei Klassikern des Subgenres mit: in Bertrand Bonellos TIRESIA (2003) und Arnaud des Pallières' ADIEU (2003); Joana Preiss in Christophe Honorés Bataille-Verfilmung MA MÉRE (2004).

Von de Sade über Bataille zum «cinéma du corps»

«New French Extremity» ist das Label, das dem transgressiven französischen Kino um die Jahrtausendwende von dem Kritiker James Quandt aufgedrückt wurde. Mit der Zeit wurden dem (offenen) Subgenre eine ganz Reihe prominenter Filmschaffender wie Claire Denis, Gaspar Noé, Leos Carax, Philippe Grandrieux, Alexandre Aja oder Marina de Van zugeordnet. Der Filmhistoriker Tim Palmer fasste viele der genannten Filmemacher unter dem Begriff «cinéma du corps» zusammen.

Ob nun französisches Extrem oder Körperkino: Beide Labels haben im Laufe der Zeit eine enorme Anzahl unterschiedlichster Filme beschrieben. Kern bleibt die Transgression. Von de Sade bis Bataille führt das «cinéma du corps» den langen Stammbaum der französischen Geschichte von fleischlichen Extremen in Richtung des Genrefilms fort. Der Sex ist echt, gesellschaftliche Krankheiten werden direkt in den Körper geschrieben, und ein Film eröffnet unverhohlen mit der oralen Vergewaltigung eines abgetrennten Schädels.

Julia Ducournau ist ein Kind dieser Generation und stellte gleich in ihrem Debütfilm RAW (2016) klar, dass die Familie kein Refugium, sondern ein Teil des Extrems ist. Unter der spießigen Oberfläche der bis unter den Hals zugeknöpften Hemden von Papa Laurent Lucas ist das Fleisch schon lange angefressen. Während RAW der Kernfamilie unverhohlen unters Hemd blickt, haben viele Filme der Filialgeneration des Extrems den klassischen Familien- und Gemeinschaftsentwürfen bereits den Rücken gekehrt.

Kriegerische Waisenkinder

JESSICA FOREVER (2018) versammelt eine Gruppe von ausgestoßenen und gejagten Jugendlichen um die von Aomi Muyock gespielte Titelfigur. Jessica ist eine schwer definierbare Mischung aus großer Schwester und bester Freundin, die die Jungsgruppe, trotz ihres kriegerischen Lebensstils und militärischen Dauertrainings, nicht mit Befehl, Gehorsam und strenge Hierarchie anführt, sondern mit Liebe und

Mitgefühl. Die Zivilisation hat sich weitgehend zurückgezogen. In der Vorstadt, in der die Jungen sich besetzte Häuser, den Mittagsschlaf und den Alltag teilen, sind nur noch die ständig patrouillierenden Drohnen anzutreffen, die bei Sichtkontakt sofort das Feuer eröffnen. Die Filmemacher Caroline Poggi und Jonathan Vinel geben sich keine Mühe, ihr rätselhaft-dystopisches Setting oder das Fremdsein der Gruppe zu erklären. Nichts davon ist wichtig. Liebe ist die Doktrin für die kriegerischen Waisenkinder, die sich in platonischer Zuneigung um ihre Anführerin Jessica scharen.

Die Filme von Yann Gonzalez entwerfen ähnliche, nach außen abgedichtete Gemeinschaften, die jedoch weniger alternativer Familienentwurf auf platonischer Basis als vielmehr Gruppen mit explizit sexueller Dynamik sind. Der Hengst, die Schlampe, der Star und der Jüngling sind die Archetypen, die sich in BEGEGNUNGEN NACH MITTERNACHT (2013) zur Orgie verabreden. Sex ist dabei weniger ein ästhetisch-provokativer Bestandteil des Films als seine direkte Lebensader. Als bei einem der Teilnehmer der Herzschlag aussetzt, wird er nicht mit einer Herzmassage, sondern durch die Hose reanimiert. Das ist sicher absurd, berührt aber den lebensbejahenden Kern des Films. Weniger auf eine provokative als vielmehr verspielte Art und Weise. Gonzalez' Filme sind weniger transgressiv als überzeichnet. BEGEGNUNGEN NACH MITTERNACHT ist das Kammerspiel als Camp. Eine theatrale Séance, die in eine aus Pappmaché und Kunstlicht gestaltete Vergangenheit zurückreist, in der das Begehren mit Magie auch über den Tod hinaus weiterlebt.

Der zweite Spielfilm von Yann Gonzalez bringt die im ersten Film erprobten Eigenheiten mit dem Giallo zusammen. MESSER IM HERZ spielt 1979, kurz nach der Hochphase des mittlerweile fast ausgestorbenen Genres. Der obligatorisch maskierte Killer mit Handschuhen und Messer (das diesmal nicht nur symbolisch, sondern in einer Szene buchstäblich zum Phallus wird, der in das erste Opfer eindringt) sucht die Pariser Schwulenporno-Szene heim, eine eingeschworene Gemeinschaft aus Filmcrew und Darstellern, die Anne (Vanessa Paradis) als Regisseurin und Produzentin aus proletarischen Verhältnissen rekrutiert.

Als mehr und mehr von ihnen der homophoben Gewalt zum Opfer fallen, beginnt Anne das Trauma in die Ästhetik ihrer Pornostreifen zu übersetzen. Die Malaise der Welt wird Camp. Das gilt auch für Gonzalez' Filme selbst, die den schwulen Film zwar aus der Sozialdrama-Ecke in exaltiertere Genre-Gefilde zerren, zugleich aber Sexualität und Gewalt nie Richtung Transgression treiben. Obwohl Sex hier überall stattfindet, gibt es explizit inszenierten Geschlechtsverkehr kaum zu sehen, tatsächlichen schon gar nicht. Gonzalez' Filme sind Genre-Neuauflagen mit ausgestelltem Kunstanspruch und einer deutlich spielerischen Ausrichtung.

Mit Kulturgeschichte vollgestopfter Camp

Noch spielerischer und künstlerisch überzeichneter offenbaren sich die Filme von Bertrand Mandico. 21 Kurzfilme in 21 Jahren hat der produktive Regisseur mit der Darstellerin Elina Löwensohn geplant, die seit Philippe Grandrieuxs SOMBRE ebenfalls eine Ikone des «cinéma du corps» ist. Mandicos einziger Langfilm THE WILD BOYS (2017) ist phallusübersäter, mit Kulturgeschichte vollgestopfter Camp: mal farblos, mal im Farbrausch, gewürzt mit ein bisschen Shakespeare (Frauen spielen Männer, Männer werden Frauen), ein bisschen Melville'sches Seefahrtsabenteuer mit homoerotischem Subtext und ein bisschen William S. Burroughs, dessen Roman *The Wild Boys: A Book of the Dead* hier adaptiert wird. Mandico löst dabei weder das von Burroughs wilden Jungs angestrebte Ende der westlichen Zivilisation ein (sein Kurzfilm ULTRA PULPE holt das in gewisser Weise nach) noch treibt er die Transgression konsequent voran.

Im Zentrum der eklektischen Ästhetik steht ein kriminelles Jugendquintett. Die CLOCKWORK ORANGE-artige Gang aus gutem Haus wird gleich zu Beginn des Films ihre (natürlich von Elina Löwensohn

Anders Danielsen Lie in THE NIGHTS EATS THE WORLD (F 2014) (© EuroVideo)

gespielte) Literaturlehrerin vergewaltigen. Zur Strafe soll ihnen das Jungs-Dasein buchstäblich ausgetrieben werden. Auf dem Weg zu ihrer Gefängnisinsel werden sie an die Leine genommen und mit Arbeit, körperlicher Züchtigung und den hodenförmigen, schambehaarten Früchten, die es zu essen gibt, gefügig macht.

Die Flora der Insel ist ebenfalls zu Geschlechtsteilen verformt, die den Jungs Nahrung und Sex bietet. Binär ist hier scheinbar nichts. Doch die geschlechtsfluide Dynamik der schwulen Mädchen findet ein überraschend jähes und zahmes Ende: die Penisse fallen ab, Brüste beginnen zu wachsen. Das erscheint als Schlusspunkt dieses eklektischen Films auch deswegen falsch, weil es die künstlerische Identitätssuche mit einer Abkürzung in die geschlechtliche und dramaturgische Konvention beendet.

Das ist durchaus emblematisch für eine Generation, die in den eigenen Extremen nicht gefestigt erscheint. Ihr Aufbruch ist zwar eine Abkehr von gesellschaftlich-konservativen Mustern, aber oft auch eine Rückkehr zu den vertrauten Gefilden des Genres. The Night Eats the World (2018) versucht sich an einer dezenten Ergänzung des wohl am meisten übersättigten Subgenres der heutigen Zeit. Der Zombiefilm von Dominique Rocher sperrt seinen Protagonisten in einen Pariser Altbau, wo er den wohl einsamsten Lockdown aller Zombie-Epidemien erlebt. Sein einziger Gesprächspartner ist der untote Denis Lavant, der, im Fahrstuhl eingeklemmt, melancholische Blicke auf seine ehemalige Wohnung wirft. Eingerissen oder umgestürzt wird hier nichts. Die Filialgeneration der Extreme scheint vielmehr reformieren und ergänzen zu wollen. Das Genre bietet dazu nicht allein einen starren Rahmen, sondern einen Möglichkeitsraum, dessen Elemente frei zirkulieren und nahezu endlos mit sich selbst und dem Diskurs kombinierbar sind.

Coralie Fargeats Revenge (2018) mag das wohl eindeutigste Beispiel einer Genreumdeutung sein.

Die kontrastübersteuerte Rape-Revenge-Geschichte lässt sich jedoch auch als Ermächtigungsgeschichte mit Widerhaken lesen. Jen (Matilda Lutz) wird vergewaltigt, eine Klippe hinuntergestoßen und von einem Baumstamm gepfählt. Ihre Wiederauferstehung, die der Film unverkennbar als «Phönix aus der Asche»-Moment inszeniert, kippt die Machtverhältnisse und damit die Ästhetik des Films: blond wird brunett, der Bikini wird zum Kriegerinnen-Outfit, das Wochenendrefugium der Männer wird buchstäblich mit Blut geflutet und die etablierten misogynen Blick- und Objektivierungsmuster umgeworfen.

Doch ist es – und darauf verweist eben der Phönix-Topos – eben nicht Jen, die Rache nimmt, sondern ihre Reinkarnation; eine transzendente Erweiterung ihrer selbst, die jene Fantasie auslebt, die der Gestorbenen nie zugestanden wurde. Trotz der farbenfrohen, neongetränkten Looks und den dazugehörigen hellroten Blutfontänen, die sich aus den Männerkörpern über das Dekor verteilen, reiht sich Revenge nahtlos in eine Generation, die nicht für ästhetische Neuerung, sondern diskursive Erweiterung steht.

Aggressiv, abgründig und affektsüchtig

Noch deutlicher schlägt nur das Kino von Julia Ducournau in diese Kerbe. Mit ihrer Fähigkeit, Lust und Trieb dort hinzuführen, wo sie eigentlich nicht hingehören, und Ideen von Geschlecht fluide hin und her zu schieben, richtet sich die Filmemacherin mit Titane gleichermaßen an Affekt und Diskurs aus. Am besten gelingt das immer dort, wo das Feminine auch das Groteske sein darf. Wenn Alexia (Agathe Rousselle) als junges Mädchen dem Auto, mit dem sie verunglückt ist, einen Zungenkuss gibt, sich als Erwachsene vor Publikum halbnackt auf ihm räkelt und nach der Show schließlich Sex mit ihm hat, ist Titane Körperkino, das wie Raw sehr nah an Claire Denis und damit der eigenen Elterngeneration ist. Mama ist also erneut nicht Feindbild, sondern Komplizin. Zugleich kommt die Idee von Transgression, die Titane vermittelt, weniger als Punk denn als Pop daher.

Titane ist wie die Generation, der er angehört, bunt, sinnlich und albern. Die darin erzählte Identitätssuche – erneut eine Flucht – ist gleichermaßen aggressiv, abgründig und affektsüchtig; ästhetisch aber eher hip als transgressiv. Ob das Kino dieser Generation also über-

Agathe Rouselle in Titane (F 2021) (© Koch Media)

steuert-rauschhaftes und authentisches «cinéma du corps» ist, zahnloses, pseudo-transgressives Diskurskino oder eine leere Geste, die mit Schockeffekten und manieristischer Zitatfreude daherkommt (also genau das, was James Quandt einst den Eltern der «New French Extremity» vorwarf), scheint nicht ohne weiteres beantwortbar. Abgeschlossen ist das, was Julia Ducournau und ihre Mitstreiter und Mitstreiterinnen aus den Körpern meißelt, die Männer waren und Frauen wurden oder Frauen waren, Männer sind und ein Titan-beschlagener Hybrid werden, noch lange nicht.

Der beste Mann der Welt

Gedanken zu James Bond zum Start seines 25. Kinofilms KEINE ZEIT ZU STERBEN

Von Patrick Holzapfel

Daniel Craig und Ana de Armas in KEINE ZEIT ZU STERBEN (GB/USA 2021) (© Universal)

Seinen ersten Kinoeinsatz hatte der britische Agent James Bond im Jahr 1962, und auch knapp 60 Jahre später werden seine Abenteuer noch immer vom Fanpublikum ungeduldig erwartet. Auch der am 30. September 2021 gestartete 25. Bond-Film KEINE ZEIT ZU STERBEN ist ein vorprogrammierter Kassenerfolg. Doch passt der Mann, dem ein unsensibler Umgang mit Frauen und moralisch fragwürdige Methoden vorgeworfen werden können, überhaupt noch in diese Zeit? Einige Gedanken zum Männlichkeitsbild der JAMES-BOND-Reihe.

Mit aufgeknöpftem Hemd cocktailschlürfend auf das Meer starren, nachdem man sich durch Feuer, Wüstenstaub, reißende Gewässer, Tiefschneeabhänge, die Schwerelosigkeit und Wolkendunst gekämpft hat. Dabei nie um das richtige Wort verlegen, schlagfertig und humorvoll durch dubiose High-Society-Empfänge oder auch durch versiffte Hafenanlagen wandeln, immer so, als würde man dazugehören. Sich nochmal den Anzug zurechtzupfen, bevor man in den Sportwagen schlüpft oder auf das Motorrad steigt oder in den Helikopter, die Yacht und unklassifizierbare Fahrzeuge, zu gefährlich, um von irgendwem anderen benutzt zu werden. Die Uhren, die Laptops, die Autos, die Getränke, alles wird bereitgestellt, man muss nur lernen, wie man die Markennamen ins Bild dreht, und schon darf man sich vergnügen. Die Frauen nur ansehen mit diesen spöttisch-gierigen Augen heterosexueller Virilität. Sogleich sprühen die Funken und man landet im Bett oder in der Pipeline. Irgendwo schwebt ein Phallussymbol durch den Raum, man spürt den Altherrenhumor, den Geruch von Aftershave und Verführung. Den Charme spielen lassen vor all den Marionetten, die da sind, um gut auszusehen. Sich besaufen und trotzdem noch die Welt retten. Jetsetten und dabei niemals einen Jetlag haben, die nächste Trauminsel ist nur einen Schnitt entfernt. Alle werden geschüttelt und sind ganz gerührt, wenn du menschlich wirst. Doch rettet Ironie die Würde, bevor einen alle für einen sexistischen Massenmörder mit Alkoholproblemen halten?

Kino-Helden, denen man nicht nacheifern kann

Das Kino hat seit jeher Helden geschaffen, denen man nicht nacheifern kann. Ihre Moral ist eine Sache unmöglicher Bewegungen, denen man nur staunend beiwohnen kann. Das hat bei Chaplin begonnen und ist heute die Sache der Superhelden, auch wenn deren Bewegung längst animiert ist. Das gilt auch für James Bond, der im Lauf der Zeit immer wieder sein Gesicht wechselte, um doch der gleiche zu bleiben. Da war Sean Connery, unheimlich braungebrannt für einen Schotten und mit der äußerst bereitwillig gezeigten

Daniel Craig in KEINE ZEIT ZU STERBEN (GB/USA 2021) (© Universal)

Beinmuskulatur jahrelanger Highland-Wanderungen gesegnet, Roger Moore, ein flegelhafter Mann, der den Gentleman gab und der es vermochte, dass es durch die Leinwand hindurch nach Seife und Cognac roch, Pierce Brosnan, das österreichische Werbegesicht für Spar-Supermärkte, ein Mann so glatt, dass ein Aal neidisch werden könnte, und nun zum letzten Mal Daniel Craig, der nur in seinen eisblauen Augen verrät, dass er nicht doch als ukrainischer Menschenschlepper oder Hundezüchter besser besetzt wäre als in dieser Rolle des wahren Mannes, des besten Mannes der Welt.

Dazwischen hat man es mit anderen Darstellern versucht, aber letztlich stellte sich heraus, dass dieser Mann vor allem deshalb so ein guter Mann ist, weil er beliebt ist. George Lazenby und Timothy Dalton waren unbeliebt. Also vertraute man auf diese vier fallschirmspringenden Höhlentaucher, um ein Bild des Mannes zu entwerfen, das all den Hobbyagenten da draußen erklärt, dass ein Mann immer nur so gut ist wie seine Gadgets und die mitreißende Musik, die ertönt, wenn er andere Männer tötet.

Nicht denken, sondern handeln

Bond ist dann ein attraktiver Mann, wenn er sich bewegt. Würde er denken, bevor er handelt, oder gar denken, statt zu handeln, wäre er nur ein emotionales Wrack, ein weiterer Egomane, der glaubt, er könnte alles ändern, würde er nur ... und würden die ... und überhaupt sei alles gegen ihn.

Um zu verstehen, was für ein Mann James Bond ist, könnte man zunächst eine Liste entwerfen, mit einigen Dingen, die er nicht ist: treu, einfühlsam, zuverlässig, entspannt, belesen, sanft, ein Mann, mit dem man tiefe Gespräche führen kann und alt werden möchte. Nein, Bond zelebriert selbst nach den Anpassungen seiner Figur mit Daniel Craig und sich über mehrere Filme hinweg erzählenden Frauenfiguren lediglich die Oberflächen männlichen Glanzes im Spiegel der eingebildeten Selbstwahrnehmung. Er ist als Traumgebilde entworfen, der Angestellte mit der Nummer 007, der alles richtig macht, alles so macht, wie es ihm gefällt, und dabei alles bekommt, was er will.

Daran ändert sich auch nichts, wenn er leidet. Er kann sich immer durchsetzen, egal ob verbal, mit Fäusten, Waffen, hinter Lenkrädern, an Pokertischen oder bereits auf Folterstühlen gedemütigt und nah an der Kastration. Durch ihn verkörpert sich das männliche Urbild von Kraft, Ausdauer und Durchsetzungsvermögen, vermischt mit genau so viel britischer Kultur und Stil und Anzügen, dass er nicht als widerwärtiger Macho auffällt. Ian Fleming sei Dank!

Bond ist Brite. Das kann man eigentlich nicht vergessen, auch wenn das Weltmännische der UK-Männlichkeit unter Boris Johnson mehr als abhandengekommen ist. Tatsächlich gibt es auch ein ganz anderes Bild britischer Maskulinität, jenes der verschrobenen Rotschöpfe, biertrinkenden Auenländer, höflich-gelangweilten Tea-Time-Monarchisten, die Weasleys, die aus ihren Baumhäusern kriechen und im Namen irgendeiner Ungerechtigkeit alle Feinde unterwerfen, alle Grenzen schließen und alle Gräser exakt auf die gleiche Länge schneiden. Auch wenn James Bond mit den Klischees spielt, scheint sich seine «Britishness» letztlich auf den Humor zu beschränken. Wer mehr vom wahren England und seinen Männern sehen will, muss wohl zu JOHNNY ENGLISH gehen.

Raus aus der Banalität des Daseins

Aber im Ernst, wer will nicht Bond sein? Endlich der Banalität des Daseins entwischen, endlich keine Zeit mehr haben, um zu sterben. Die zum großen Teil aus der Mode gekommenen Männlichkeitsbilder der vergangenen Jahrzehnte wurden in den Filmen längst ersetzt durch neue Idealbilder, wie jenes des leidenden Mannes, der seinen Werten treu bleibt, oder jenes des in seiner Identität gebrochenen Mannes, der nach und nach herausfindet, wer er eigentlich ist. Oder das des hintergangenen Romantikers, der Rache übt an der Ungerechtigkeit der Welt.

Dieser Kino-Held mag nicht mehr so souverän erscheinen, aber er hat immer eine Wahl. Noch bevor man darüber nachdenken kann, ob er die richtige Wahl getroffen hat, bewegt er sich schon, und die Hormonausschüttung im Zuschauer darf beginnen. Dabei huscht ihm in Daniel Craigs Körper vielleicht seltener ein Lächeln über die Lippen, aber immerhin reist er und liebt er weiter in den schönsten Orten bis ans Ende der Zeit.

Bei all dem darf man nicht vergessen, dass er immer so lebt wie ein sehr reicher Mann. Als vor kurzem in Berlin ein mutmaßlich für Russland in der britischen Botschaft spionierender britischer Agent verhaftet wurde, konnte man lesen, wie sehr sich die Illusion dieses Genres mit der Wirklichkeit schneidet. Der 57-jährige Mann lebte in einem Neubau in Potsdam mit Ford Fiesta vor der Tür und John-Le-Carré-Büchern im Regal. Vielleicht mochte er Martini, aber selbst das ist zu bezweifeln.

Daniel Craig in KEINE ZEIT ZU STERBEN (GB/USA 2021) (© Universal)

Das alles wurde so oft parodiert und analysiert, bewundert und gehasst, dass es nur noch gleichgültig wahrgenommen wird. James Bond hat zwei Stunden zu unterhalten und verschwindet dann wieder. Die dramatische Ernsthaftigkeit bleibt bloße Deflexion, ein durchdachter Versuch, sich mit verkauften Kinokarten an die Zeit zu klammern, aus der man längst gefallen ist. Es funktioniert letztlich über die letzte gesicherte Bastion der aus der Mode Gefallenen: Nostalgie. Denn dort, wo sich alles auf die Vergangenheit stürzt, die besseren oder anderen Zeiten, da finden sich noch Gemeinplätze. Die attraktiven Narben, die Geheimnisse, die Gewalttaten und die anhimmelnden Blicke verführerischer Frauen lassen sich heute leichter erzählen, wenn sie sich auf irgendeine Bagatelle aus der Vergangenheit beziehen, statt einfach aus dem heiteren Himmel auf den allgegenwärtigen Mann zu fallen. Wenn dem Mann dann auch noch einige starke Frauen mit kecken Antworten auf die coolen Sprüche zur Seite gestellt werden, wähnt man sich auf der sicheren Seite.

Emanzipierte Frauenfiguren und wahnsinnige Bösewichter

Dabei waren die sogenannten «Bond-Girls» immer wieder auch selbstbestimmte Figuren; schwach wurden viele von ihnen nur im Anblick dieses einen Mannes und in Bezug auf ihre Namenswahl, in der nicht nur mögliche, sondern stets stattfindende Sex bereits eingeschrieben war. Kissy Suzuki, Trigger oder Honeychile Rider lassen grüßen. Ob man darin nun problematische Zähmungsfantasien oder romantische Träume erkennt, liegt wahrscheinlich im Auge der Betrachterinnen, aber die Frauen standen Bond in ihrer Unwirklichkeit niemals nach, und es gab in westlichen Mainstream-Filmen kaum mächtigere, emanzipiertere Frauenfiguren. Das ist natürlich alles nichts wert, wenn dann dieser Agent kommt und alle Selbstbestimmung flöten geht. Aber man kann sich seine Filme ja ansehen, wie man will.

Die wahren Identifikationsträger sind ohnehin die Bösewichter, diese seltsam entgleisten Wahnsinnigen, deren Charme der Heterodominanz des über Dächern springenden Geheimdienstmitarbeiters subversive Energie entgegenhält. Leider sind diese oft von Größenwahn, Terrorismus und menschlicher Schwäche beseelt, aber selbst da stehen die Antagonisten dem Helden nicht wirklich nach. In Kleidungsfragen oder bezüglich der gewählten Innenausstattungen ihrer schicken Lofts und irren Schlösschen weht im Bösen ein ganz anderer, teilweise «queerer» Wind, deutlich aufregender als es das digitale Franchise-Design heute zulässt, weshalb die Gegenspieler jüngeren Datums oft nur noch in glasklaren Hallen und laborähnlichen Nicht-Orten agieren.

Man gönnt den Anti-Bonds nur mehr die Exzentrik verformter Gesichter und betörender Arroganz. Aber so abartig und brutal ihre Fantasien auch sein mögen, wenigstens haben sie welche. Der mit sich selbst hadernden Männlichkeit Bonds wird meist eine destruktive Anarcho-Parade entgegengestellt, die in einer Welt, in der die alten Ordnungen und Weltbilder zunehmend ins Wanken geraten, fast produktiver wirken als die gute alte, sich selbst auf die Schulter klopfende Moralität von Queen und Konsorten. Susan Sontag unterschied einmal zwischen Schriftstellern, die man heiraten, und Schriftstellern, mit denen man eine Affäre beginnen würde. Würde sie eine solche Unterscheidung bei den James-Bond-Männern anlegen, käme in Fragen der Heirat, aber auch nur, wenn man versteht, mit dem Nerdtum umzugehen, einzig Ben Whishaws Q in Frage. Der entspricht wahrscheinlich am ehesten dem Bild eines zeitgenössischen Spions. Alle anderen Männer kann man kaum ernsthaft länger lieben, selbst wenn die sehnsuchtsvollen Stimmen der BOND-Titelsongs anderes erzählen.

Im Sandkasten für 300 Millionen Dollar

Eigentlich sind es sowieso alles Kinder, die in einer fiktionalen Welt spielen, als wäre das ein Sandkasten. Nur dass dieser Sandkasten eben 300 Millionen Dollar kostet und man dementsprechend, ob man will oder nicht, mit entsprechend viel Sand beworfen wird. Da hilft wahrscheinlich nur, sich locker zu schütteln, den Sand vom Sakko zu streifen, die Ärmel zu richten und irgendeinen lockeren Spruch zu finden, mit dem sich alles leichter ertragen lässt.

Man darf sich nichts vormachen: James Bond ist weder Mann noch Frau, er ist nur eine weitere Illusion, die sich gerade deshalb verkauft, weil für sie die Regeln des Menschseins außer Kraft gesetzt sind. Der beste Mann, der Sexist, der Spion, der Macho, der Romantiker, der Superheld, der Mustermann, das Kind, die Illusion – Bond wird immer das sein, was der Markt von ihm verlangt.

....

Begehren im Neonlicht: Wong Kar-wais Einfluss auf das Kino

Eine Spurensuche nach Wong Kar-wais Einfluss auf das Kino anlässlich der Wiederaufführung von IN THE MOOD FOR LOVE im Juli 2021

Von Patrick Holzapfel

IN THE MOOD FOR LOVE, der bekannteste Film des Hongkong-Regisseurs Wong Kar-wai, wurde im Jahr 2000 mit der «Goldenen Palme» in Cannes geehrt und kam ab Anfang Juli 2021 als Wiederaufführung in die deutschen Kinos. Der von Fans in aller Welt geliebte und verehrte Film wie generell Wong Kar-wais Stil haben sich als außergewöhnlich einflussreich erwiesen; Spuren davon finden sich im Schaffen zahlreicher namhafter Filmschaffender.

I can hear the sound of violins, long before it begins…

In der Spiegelung eines von verwaschenem Neonlicht beleuchteten Fensters im strömenden Stadtregen vergeht die Zeit für einige Augenblicke nicht. Ein kurzes, hoffnungsvolles Blitzen aus den Augen wird verschluckt von der Melancholie eines emotionalen Ablaufdatums. War da eine kleine Geste der Liebe? Man zieht vielleicht noch einmal an der Zigarette, spaziert still davon und driftet, begleitet von einem Tango, in die Einsamkeit. Dass Wong Kar-wai seit 2013 keinen neuen Film mehr ins Kino brachte, hat seiner Popularität keinen Abbruch getan. Aus zahlreichen Umfragen, die am Ende der vergangenen Dekade erhoben wurden, ging sein IN THE MOOD FOR LOVE als bester Film des bisherigen Jahrhunderts hervor. Es vergehen nur wenige Tage, in denen man im Internet nicht mit einem der ikonischen Bilder aus seinen Arbeiten konfrontiert wird, und noch viel mehr haben sich seine Filme durch die Filme anderer im kollektiven Bewusstsein erhalten.

Ein Künstler mit weitreichendem Einfluss

Die Suche nach den hinterlassenen Fährten des in den 1980er-Jahren großgewordenen Ästheten aus der zweiten Welle des Hongkong-Kinos erweist sich als weltumspannend. Vom gefeierten südkoreanischen Kino um Park Chan-Wook bis ins japanische Hollywood bei Sofia Coppola (LOST IN TRANSLATION) oder inmitten der US-amerikanischen Crack-Epidemie in MOONLIGHT von Barry Jenkins finden sich mehr als deutliche Anlehnungen an den Stil Wong Kar-wais. Warum ist das so? Warum gibt es Filmemacher, die andere derart stark und häufig beeinflussen?

Neben Michael Haneke, Lars von Trier und Quentin Tarantino thront der 1958 in Shanghai geborene Wong Kar-wai auf dem Gipfel derer, die von Filmschulen bis zu Großproduktionen imitiert werden. Die repetitive Verwendung von Musik, der Umgang mit Neonlicht, die generelle Farbbesessenheit, unterbeleuchtete Räume, Zeitrafferaufnahmen, Freeze Frames, abrupte Unterbrechungen der fragmentierten Plots hin in andere Zeitzonen… all das ist und war wahrlich nichts Neues, aber in der melancholisch-sinnlichen Zubereitung des seinerseits unter anderem von Schriftstellern wie Manuel Puig oder Haruki Murakami und den Filmemachern der Nouvelle Vague inspirierten Filmemachers einmalig.

Sinnlichkeit ohne Zynismus

Aus Einflüssen wird gemeinhin zu viel gemacht. Sie sind weder Schlüssel zu irgendwelchen unter den

Werken liegenden Geheimnissen noch sagen sie uns wirklich etwas über die Arbeitsweise der Künstler. Meist füllen sie einfach das über allem liegende Blabla der Kulturwelt, sie sind ein Schlupfloch aus dem peinlichen Schweigen, das uns überfällt, wenn wir nicht wissen, was zu einem Film zu sagen wäre. Wahrscheinlich üben sie deshalb so eine große Faszination aus, weil es in der Auseinandersetzung mit Kunstwerken oftmals um die Suche nach Gemeinsamkeiten und Vertrautheiten geht. Ein geteilter Geschmack hilft. Die Narrationen jener Filmemacher dagegen, die behaupten, sie seien vom Himmel gefallen, sind rar und unrealistisch.

Tony Leung und Maggie Cheung in IN THE MOOD FOR LOVE (HK/F/T 2018)
(© Koch Media)

Gleichzeitig hat die Art und Weise, in der sich Barry Jenkins oder auch Tom Ford für seinen A SINGLE MAN bei Wong Kar-wai bedienten, schon fast etwas von Cover-Versionen. Womöglich liegt das auch daran, dass Filme wie HAPPY TOGETHER oder DAYS OF BEING WILD dem ausgetrockneten Hollywoodkino ein Modell lieferten, wie man Sinnlichkeit und körperliche Liebe ohne Zynismus inszenieren kann. Romantik ist nicht gerade im Trend, aber bei Wong Kar-wai spricht vor allem die Sehnsucht nach ihr aus den Filmen. Ähnliches lässt sich auch über CAROL von Todd Haynes sagen, einem weiteren Film, der sich von IN THE MOOD FOR LOVE und Co. beeinflusst zeigt.

Nähe im nur scheinbar Fremden

Im Fall von Wong Kar-wai fällt auch auf, dass sein Kino bereits stark von westlichen Einflüssen geprägt ist. Womöglich deutet diese Nähe im nur scheinbar Fremden auf einen weiteren Grund für die Imitierbarkeit des Filmemachers aus Hongkong. Wie andere asiatische Filmemacher vor ihm steht er in der Kritik, seine Arbeiten spezifisch auf den westlichen Geschmack auszurichten. Man muss nur an die Musik in seinen Filmen denken, etwa «California Dreamin'» in CHUNGKING EXPRESS, seinem neben IN THE MOOD FOR LOVE wahrscheinlich einflussreichsten Film. Wie die melodramatischen Plots seiner Filme bedienen sie westliche Allgemeinplätze, einfach zugängliche Emotionen, die den meisten Menschen bekannt sein dürften.

Er vermischt diese Erzählungen mit aufregenden Settings und historischen Wirklichkeiten. Die maßgeblich von Christopher Doyle beeinflusste Kameraarbeit verstärkt jedes Bild mit einer Überbetonung von Plastizität: unscharf und doch ganz gegenwärtig findet der ganze Schmutz, die ganze Gelebtheit menschlicher Sehnsucht ihren Platz in den Bildern, die sonst vor allem durch ihre dynamische Schönheit bestehen. Ideen, die bei Wong Kar-wai aufkamen, lassen sich übrigens auch im französischen Cinéma du look finden: Filmemacher wie Jean-Jacques Beineix und der deutlich vielseitigere Leos Carax betonten zur gleichen Zeit auch die aufregenden Oberflächen, um über die aus allen Bildern feuernden Leidenschaften zu sprechen.

Menschen zum Kino bekehren

Wie leicht diese Schönheit bei Wong Kar-wai in den weitaus weniger attraktiven Look von Champagner- oder tatsächlichen Autowerbungen driften kann, sieht man den wenigen Arbeiten an, die er im digitalen Zeitalter realisiert. Den Höhepunkt dieser glattgeschleckten Überstilisierung, die so aussieht, als hätte sich der Filmemacher von sich selbst inspirieren lassen, aber vergessen, wie man Bilder ausleuchtet, findet sich im Trailer zu seiner neuen Serie BLOSSOMS.

Wong Kar-wai arbeitet visuell. Bei ihm treffen sich Pop und Kunst. Er gehört zu jenen Filmemachern, die dabei helfen, dass Menschen zum Kino bekehrt werden. Man könnte dieses Kino «Filmlover's Mainstream» nennen, also das, worauf sich die meisten, die das Kino lieben, einigen können. Es überrascht nicht, dass MUBI-Gründer Efe Cakarel die Filme Wong Kar-wais, die er online nicht finden konnte, als entscheidend nannte für seine Idee, einen Arthouse-Streamingdienst zu gründen. Ein wenig

Maggie Cheung und Tony Leung in IN THE MOOD FOR LOVE (HK/F/T 2018)
(© Koch Med a)

erinnert der Enthusiasmus um diese Filme an die Buchpreise, die jährlich von der Buchindustrie vergeben werden: Es ist einfach zu verlockend, wenn sich ein wenig Anspruch mit guter Unterhaltung verbinden lässt.

Neon-Virtuosen

Wong Kar-wais oftmals besprochene Subtilität kommt nicht wirklich subtil daher. Es ist Kunst und will als solche verstanden werden. Der große Kritiker Helmut Färber hat einmal die Unterscheidung zwischen der Filmkunst und dem Kinematografischen getroffen. Dabei ging es ihm auch darum, aufzuzeigen, dass das, was Filmemacher an Kunst ins Kino bringen, nicht gleichbedeutend mit dem ist, was dem Kino ganz eigen ist, dass was von der Welt in die Kamera strahlt. Wong Kar-wai hat nur wenig mit dem Kinematografischen am Hut, denn seine Welten sind durchkomponiert, die Kamera scheint zwar beständig etwas von der Welt mitzunehmen, aber eigentlich dient sie nur der Bebilderung einer vom Künstler erdachten Fiktion. Das ist natürlich legitim und kann deutlich schlechter gemacht werden als bei Wong Kar-wai. Da es die künstlerische Leistung so ins Zentrum stellt, inspiriert dieses Kino jedoch eine große Menge an jungen Filmschaffenden, die gerne auch mit dieser Schönheit, diesen Bildern identifiziert wären.

Nicolas Winding Refn ist ein anderer, wenn auch deutlich rustikalerer Neon-Virtuose, der die Farbimpulse dieser Beleuchtungstechnik in der letzten Dekade ausreizte. Etwas spricht aus dieser Künstlichkeit mit den Lebensrealitäten einer Generation, die mehr blinkende LED-Lampen gesehen hat als Kerzenschein. Im Neonlicht offenbaren sich die Konflikte der modernen Großstädter. In aller Künstlichkeit wirkt dieses Licht echter als die glänzenden Haaransätze des klassischen Hollywoods.

Wong Kar-wai hat dieses Licht eingesetzt, bevor es von blinkenden Bildschirmen ersetzt wurde, aber er hat dadurch genau jene Emotionen vorweggenommen, die auch heute noch pulsieren. Ähnliches lässt sich über die Fragmentierung der Plots sagen: die unfertigen Geschichten, die unvollendeten Begegnungen, die Postkarten, auf denen wir vergessen, wann unsere Freunde Geburtstag haben. All das bewegt bis heute, ist aber niemals so außergewöhnlich oder individuell, dass es nicht zu einem Trend werden könnte.

Eine Sehnsucht, die sich selbst genügt

Mit dem Licht in enger Verbindung steht auch das immer wieder auflebende Genre des Neo-Noirs. Arbeiten wie Bi Gans LONG DAY'S JOURNEY INTO NIGHT, A LAND IMAGINED von Siew Hua Yeo oder Diao Yinans FEUERWERK AM HELLLICHTEN TAGE oder DER SEE DER WILDEN GÄNSE sind Beispiele für Filme, die durchaus mit dem Wong-Kar-wai-Look arbeiten. Außerdem leben diese Filme vom Begehren, dass zwischen den kriminellen Aktivitäten flackert, ein Feld, das auch Wong Kar-wai immer wieder erforschte.

Die Filme Wong Kar-wais sind längst größer als sie selbst. Man trägt Erinnerungen an sie mit sich, selbst wenn man sie Jahre nicht gesehen hat. Das liegt auch daran, dass sie in anderen Filmen fortleben. Für die derzeit in der Filmkultur dominierende Generation derer, die in den 1970er-Jahren geboren wurden, sind diese Filme bereits Nostalgie, für eine jüngere Generation sind sie immer noch aufregend genug, um am Leben zu bleiben. Die der postillusionistischen Welt nach 1990 eigene, stets driftende dopaminreiche Sucht nach romantischem Begehren (man denke an Radiohead, Internetblogs, The Smiths, DONNIE DARKO, FIGHT CLUB, PJ Harvey, Interpol, THE BEACH), die gar nicht mehr nach der Erfüllung der Sehnsüchte fragt und sich somnambul im eigenen Verschwinden versteckt, hat sich inzwischen durch neue Technologien in eine zynischere Form des Umgangs mit Zwischenmenschlichkeit verwandelt.

Es ist wissenschaftlich erwiesen, dass die Gefühle für etwas, das wir womöglich nicht bekommen können, mehr Dopaminausschüttung bewirken als die tatsächlich gelebte Liebe. In Zeiten der Covid-Pandemie hat diese sich selbst steigernde Sehnsucht Hochkonjunktur, und das nur in der Fantasie stattfindende Sexualleben einer ganzen Generation ist bereits ein großes Thema. In diesen sich immer wieder auflösenden und neu entstehenden Mustern aus Verlangen nach und Melancholie um das, was man nur zu träumen bevorzugt, bewegen sich die Filme Wong Kar-wais durch die Zeit. Es wird sich noch zeigen müssen, ob sein Kino tatsächlich weiter den jungen Charme versprüht, mit dem es einst in die Welt kam, oder ob es in einigen Jahren nur mehr ein Anschauungsbeispiel für das sein wird, was man zu einer bestimmten Zeit für die Liebe oder gar das Kino hielt.

Papst Franziskus: Betrachten, nicht sehen

Auf der Suche nach einer lebendigen Filmgeschichte wird man in Rom im Vatikan fündig, der die vielleicht außergewöhnlichste Sammlung von Filmen aus den Anfangsjahren der Kinematografie beherbergt. Papst Franziskus hat sich 2021 überdies mit einem Bekenntnis zum Kino als Ort theologischer Inspiration zu Wort gemeldet.

Von Lars Henrik Gass

An das Miteinander unterschiedlichster Entwicklungen ist man in Rom seit Ewigkeiten gewöhnt. Doch dass sich ausgerechnet der Vatikan als Hort der Filmkunst entpuppt, während ein römisches Kino nach dem anderen schließt, verwundert dann doch. Zumal sich auch noch Papst Franziskus 2021 mit einem Bekenntnis zum Kino als theologischer Inspirationsquelle zu Wort meldete und die Einrichtung einer «Mediathek» forderte.

Wenn Rom nach dem Ferragosto 2021 die Augen wieder aufschlägt, öffnen viele Geschäfte – doch einige Kinos bleiben für immer geschlossen. Von beachtlichen 54 Kinos in Rom, die man im Jahr 2011 dort noch zählte, sind nach Angaben des italienischen Kinoverbands (ANEC) gegenwärtig nur noch 30 Spielstätten übrig, nochmal 15 Prozent weniger als im Jahr davor, obwohl die Anzahl der Kinobesuche in Italien – im Unterschied zu Deutschland – lange Zeit konstant geblieben ist.

Doch seitdem im August verschärfte Einlassbeschränkungen in Kraft sind, muss man auch im Kino einen «Green Pass» vorweisen, was in etwa der deutschen 3G-Regelung entspricht. Das ist vielen in Italien dann der Kontrolle doch zu viel. In einer ohnehin schon durch Fernsehen und Internet stark geprägten Gesellschaft bleibt man lieber daheim.

Für Italien liegen noch keine Zahlen vor, doch in Frankreich hat ein gleichartiger Erlass, der «Pass sanitaire» in gut fünf Wochen zu einem Rückgang der Kinoeintritte um rund 50 Prozent geführt, was an der Kasse rund 8 Millionen Euro ausmacht.

Selbst bei den Open-Air-Veranstaltungen der Casa del Cinema im Park der Villa Borghese wird der Nachweis verlangt und am Eingang die Körpertemperatur gemessen. Da ziehen es einige vor, außerhalb der Einfriedung, im Abseits des Kinos, auf eigenen Klappstühlen zu sitzen, um Filme, die ohne Gäste und Einführung gezeigt werden, in schlechter Videoqualität und mindestens ebenso schlechter Synchronisation zu sehen. Das Programm ist zudem mitleidlos unambitioniert. Die Casa del Cinema ist formal dem Centro Sperimentale di Cinematografia zugeordnet, der durch Mussolini gegründeten Filmschule, zu dem heute auch das Nationale Filmarchiv gehört, ebenso wie das Kino im Palazzo delle Esposizioni in der Via Nazionale, wo es offenbar aber gerade gar keine Filmprogramme zu sehen gibt. Auf der Website wird zwar behauptet, das Centro «spiele in Italien und im Ausland eine Rolle bei der Verbreitung, Aufwertung und Förderung dieses kulturellen Erbes, auch durch Vereinbarungen mit Einrichtungen, Institutionen, Festivals, Schulen, Universitäten und kulturellen Vereinigungen»; doch davon ist hier nicht ansatzweise etwas zu erleben.

Wenn das alles ist, was in Rom gerade an Filmgeschichte geboten wird, bleiben in Italien nur die Cineteca in Bologna und das Filmmuseum in Turin übrig, die es mit der Filmgeschichte noch einigermaßen ernst meinen. Allein das Kino Ambasciatori in der Via Montebello, kaum mehr als einen Steinwurf von der Stazione Termini entfernt, scheint derzeit geöffnet zu haben und spielt konsequent «tutti i giorni dalle 10:00 alle 21:00» Pornofilme, immerhin auf 35 mm und «selezione film d'epoca con le migliori star della storia del cinema hard», also kuratierte Filmgeschichte.

Der Blick – eine Tür zum Herzen

Vor diesem Hintergrund wirkte ein Artikel in der Tageszeitung *Messagero* vom 18. Juli 2021 fast wie eine prophetische Verkündung. Dort wurde über das neue Buch von Monsignore Dario Edoardo Viganò berichtet, der seit 2019 Vizekanzler der Päpstlichen Akademie der Wissenschaften und der Päpstlichen Akademie der Sozialwissenschaften ist und zuvor als Direktor das Vatikanische Fernsehzentrum (Centro Televisivo Vaticano) leitete; er betreute für den Vatikan unter anderem den Wim-Wenders-Film Papst Franziskus – Ein Mann seines Wortes (2018). Von ihm stammt auch ein Buch zum Film, in dem es vor allem auch um eine neue Haltung des Oberhaupts der Katholischen Kirche zu Film und Kino geht. Viganò hat für sein Buch *Lo sguardo: porta del cuore. Il neorealismo tra memoria e attualità (Der Blick: Tür zum Herzen. Der Neorealismus zwischen Erinnerung und Wirklichkeit)* ein ausführliches Gespräch mit Papst Franziskus geführt, das 2021 erschienen ist (Effatà Editrice, 13 Euro).

Franziskus spricht hier über seine eigene Sozialisation im Kino, dem er immer wieder Beispiele für seine Ansprachen und Predigten entliehen hat. Dabei wird insbesondere der Neorealismus (De Sica, Fellini, Rossellini) als Grundlage einer Filmkultur sichtbar, die in Kindheit und Jugend des Papsts in Argentinien ihren Ursprung hat und auf die er sogar in den großen Texten seines Lehramtes immer wieder Bezug nahm; kurz: auf das Kino als theologische Initiation. Das Gespräch entwirft ein zusammenhängendes Bild seines Verhältnisses zum Kino und ist aus verschiedenen Gründen ungewöhnlich.

Papst Franziskus wendet sich entschieden gegen eine naive Sicht auf den Neorealismus: «Neorealistische Filme sind keine Dokumentarfilme, die einfach nur die Wirklichkeit mit den Augen aufnehmen, sondern sie tun dies in ihrer ganzen Härte durch einen Blick, der mitreißt, der den Bauch bewegt, der Mitgefühl erzeugt.» Er sieht dies durch die mediengeschichtliche Besonderheit des Kinos begründet, eine «Gemeinschaft» herzustellen, einen «Blick, der das Bewusstsein provoziert». Franziskus behandelt den Film somit nicht mehr als «Objekt» pastoraler Aufmerksamkeit oder Sorge, sondern als ein «Subjekt», das autonom, als ein Artefakt, uns zwingt, die Welt anders zu verstehen, nämlich nicht nur zu «sehen» (vedere), sondern zu «betrachten» (guardare).

Bilder sind komplementär zur Schrift

Das ist eine deutliche Abkehr von einer Furcht vor Ambivalenz, die den Umgang der Kirche mit dem Film oftmals auszeichnete, hin zu einer, gewiss populär formulierten, Haltung, dass Kino ein Denken in Bildern ist. Filmgeschichte sei daher als die Grundlage des Verständnisses einer Epoche, so der Papst weiter, also «komplementär» zur Geschichte der Schrift anzusehen und müsse ebenso konservatorisch bewahrt werden. Aus diesen Gründen müsse auch mit einer Sicherung und Aufarbeitung der Filmgeschichte von «höchstem religiösen, künstlerischen und menschlichen Niveau» und nach «wissenschaftlichen Kriterien» begonnen werden. Dieses Vorhaben «könne man», so Franziskus betont zurückhaltend im Begriff, eine «Mediathek» nennen, die als eine dritte Säule neben Apostolischem Archiv und Apostolischer Bibliothek im Vatikan entstehen solle. Die Einrichtung dieser Mediathek bezeichnet er als den «entscheidenden Diskurs der Zukunft».

Nur was genau will diese Mediathek? Monsignore Viganò hat nach einem Unfall in den Bergen den Fuß in Gips und empfängt mich in seiner Wohnung in der Vatikanstadt; er sagt, man könne die Haltung des Papstes durchaus als einen «Paradigmenwechsel» verstehen, denn es handle sich nicht um eine Filmsammlung oder ein weiteres Filmmuseum, sondern um einen neuartigen «Prozess», der nun begonnen werden solle, denn man habe festgestellt, dass eine Filmothek immer auch eine kollaborative wissenschaftliche Aufarbeitung benötige, insbesondere mit Blick auf das Verhältnis der Katholischen Kirche zur Filmgeschichte und den Umgang mit einzelnen Filmen, der ja nicht immer konfliktfrei gewesen sei. Bei der geplanten Mediathek handele es sich also um eine «proaktive Tätigkeit», die Filme wie «Texte» behandle und als «kulturellen Bestandteil der Institutionsgeschichte» verstehe.

Viganò nennt beispielhaft die Auseinandersetzungen um Les Amants (1958) von Louis Malle, den Katholiken während der Premiere beim Filmfestival in Venedig verbieten lassen wollten (ausführlich behandelt etwa von Paul Bacharach in *La première nuit d'amour du cinéma français : Les Amants de Louis Malle et ses réceptions* (Lyon 2017)), und um La dolce vita (1960) von Federico Fellini (zusammengefasst etwa in *La civiltà cattolica*). Sobald die Mediathek eingerichtet ist, wären Dokumente und Fortgang des Prozesses öffentlich online zugänglich. Der Vatikan sehe sich hier aber nicht in der Verantwortung, Filmgeschichte, also Filme, öffentlich zugänglich zu machen.

Es gibt keine einheitliche Sichtweise

Ich möchte wissen, ob der Papst noch Filme schaut. Monsignore Viganò lächelt; nein, Papst Franziskus gehe nicht mehr ins Kino wie in seiner Jugend, er schaue sich auch privat keine Filme an, nicht im Fernsehen, nicht im Internet; aber das Kino seiner Jugend begleite sein Denken als Untergrund. Ich will noch wissen, was er von der Idee halte, dass der Vatikan Filmgeschichte online oder im Fernsehen zeige,

Papst Franziskus in der Netflix-Serie GESCHICHTEN EINER GENERATION (© Netflix)

sozusagen als Ergebnis des Prozesses. Monsignore Viganò hält das für problematisch, nicht nur der komplexen Rechtslage wegen, sondern weil in der Katholischen Kirche keine einheitliche Sichtweise auf das Kino existiere. Er selbst halte zum Beispiel die Filme der Brüder Jean-Pierre und Luc Dardenne, von Ken Loach, Lars von Trier oder auch Pier Paolo Pasolini für bedeutend, weil sie eine christliche Sichtweise vermittelten; sie könnten aber auch ideologische Auseinandersetzungen auslösen. Der Katholizismus sei nicht monolithisch. Insbesondere in Italien stießen die Filme teilweise immer noch auf erheblichen Widerstand, da mehr «die Vernunft der Stärke» als die «Kraft der Vernunft» («la ragione della forza piuttosto che la forza della ragione») den Ausschlag gebe.

Johannes Paul II. war regelmäßig im kleinen Kino im Palazzo San Carlo der Vatikanstadt gewesen, ein wirklicher Liebhaber des Kinos; auch Benedikt XVI. sei ein- oder zweimal dagewesen, erinnert sich Dottoressa (wie die Italiener schon immer sagen konnten) Claudia Di Giovanni, die Leiterin der von Papst Johannes XXIII. 1959 gegründeten Vatikanischen Filmothek. Der Spielort im Palazzo San Carlo ist wahrlich ein cinephiles Refugium mit nur 54 Plätzen. Man fühlt sich an den Schriftsteller Louis-Ferdinand Céline erinnert, den Kinos in dem Roman *Reise ans Ende der Nacht* an Kirchen erinnerten: Man könnte «geradezu denken, die Welt hätte sich endlich zur Nachsicht bekehrt».

Der Zugang im Palazzo ist jedoch «solo su invito», nur auf Einladung. Di Giovanni sagt, dass sich die Vorführungen vor allem an die Kurie richteten, allein schon des beschränkten Platzes wegen; Einladungen ergingen aber auch an einen weltlichen Kreis. Liliana Cavani hat dort FRANZISKUS (1989) gezeigt und diskutiert. Auch andere, Roberto Benigni oder Martin Scorsese, zeigten dort ihre Filme. Diskussionen haben hier also auch Ort und Rang. Gleich nebenan, in dem von Pier Luigi Nervi entworfenen modernistischen Auditorium, hatte der Pianist Arturo Benedetti Michelangeli jahrelang Vertreter des italienischen Staats geärgert, weil er nur noch im Vatikan Konzerte gab, exterritorial in Italien, wo er nicht mehr auftreten wollte.

Die Filmoteca verwahrt Filmmaterialien zur Geschichte der Kirche; als ältestes das Dokument mit Papst Leo XIII. in den Vatikanischen Gärten aus dem Jahr 1896, insgesamt sind es etwa 8.000 Titel, neben historischen Dokumenten Filme aus der Frühzeit des Kinos sowie Dokumentarfilme zu Kunst, Kultur und Zeitgeschehen und auch viele andere Filme von künstlerischem und thematischem Wert. Zu den Kuriosa zählen Filme von Missionaren auf Neuguinea, Borneo oder Sumatra, die letzte verbleibende Kopie eines Films nach Dantes Inferno von 1911, in dem

Kino in der Filmoteca (© Filmoteca Vaticana)

bereits Spezialeffekte verwendet wurden, oder der erste italienische Film über Franziskus von Assisi, ebenfalls von 1911, der erst kürzlich aufgefunden wurde.

Ein Werk des Jesuitenpaters Joseph Joye

Die vielleicht außergewöhnlichste Sammlung von Filmen aus den Anfangsjahren der Kinematografie, die hier verwahrt wird, wurde von dem 1919 verstorbenen Schweizer Jesuitenpater Joseph Joye aufgebaut, der für seinen Unterricht an einem Basler Gymnasium audiovisuelle Medien einsetzte. Joye war von den technischen Entwicklungen der Zeit fasziniert. So benutzte er zunächst eine Laterna magica und einen Phonographen für den Unterricht, von 1905 bis 1914 auch Filme. Die Sammlung umfasst unter anderem Originalkopien von Filmen der Brüder Lumière, die bis ins Jahr 1896 zurückreichen. Nach Joyes Tod war die Sammlung von mehr als 1.000 Filmen bis in die 1960er-Jahre hinein im Gymnasium verblieben und dem Verfall preisgegeben.

Dottoressa Di Giovanni ist die einzige Mitarbeiterin der Filmoteca; das Ganze ist also eine recht einsame Mission, die gleichwohl nach den Grundsätzen des internationalen Filmarchivverbandes FIAF durchgeführt wird. Der hohe Anteil von Videomaterial stellt mittlerweile fast noch eine größere Herausforderung dar als die Filmkopien aus der Frühzeit. Einen Etat für Ankäufe gibt es nicht, Mittel zur Konservierung nur wenige. Alle Kopien gelangen nach wie vor durch Schenkungen in den Besitz des Hauses, etwa durch die Familie Agnelli, Eigentümer von Fiat, darunter eine Kopie von BEN HUR (1959).

Ein Bekenntnis des Vatikans zur Filmgeschichte wäre daher sicherlich ebenso bedeutsam wie die Beschäftigung mit der eigenen Institutionsgeschichte, die man hier ohne Filme unternimmt, in einem Land, das gerade seine Filmgeschichte verliert, wo nur noch die leergeschauten Bilder, der Kitsch des Kinos aus jeder Ecke starrt, Anita Ekberg im Trevi-Brunnen oder Audrey Hepburn auf der Vespa. Auch deshalb wäre der Zugang zum Kino der mutigere pontifikale Weg zur Gemeinschaft in einem Land, in dem man Filme fast nur noch in Privaträumen anschaut, wenn überhaupt.

Apathie im Freizeitpark – Zur INDIANA-JONES-Reihe

Der Mann mit Hut und Peitsche, den Steven Spielberg 1981 in JÄGER DES VERLORENEN SCHATZES verwegene Abenteuer erleben ließ, wird 40. Revision einer Ikone der Popkultur.

Von Lucas Barwenczik

1981 ging der Archäologe und Abenteurer Indiana Jones, gespielt von Harrison Ford, erstmals auf die Suche nach einem magischen Artefakt; vier Jahrzehnte später ist der Mann mit Hut und Peitsche immer noch eine populäre Ikone. Aber gehört der Held, den Steven Spielberg einst als Hommage auf die Kolonial-Abenteuerserien der 1930er- und 1940er-Jahre schuf, nicht längst selbst ins Museum?

«Ein passendes Ende für die Bestrebungen ihres Lebens. Sie werden diesen Fund dauerhaft ergänzen. In tausend Jahren sind vielleicht selbst Sie etwas wert.» So spottet einer von Indiana Jones' zahllosen Widersachern in JÄGER DES VERLORENEN SCHATZES (1981), kurz bevor er den Archäologen und Abenteurer in einer Gruft zurücklässt. Natürlich entkommt der Held diesem düsteren Schicksal. Ihn erwarten noch zahllose Abenteuer.

Und dennoch ist der große Jäger archäologischer Kostbarkeiten, wie von seinem Gegenspieler vorhergesagt, selbst längst zum Artefakt geworden. Nicht erst ein Jahrtausend, sondern schon vierzig Jahre haben ausgereicht, um aus ihm eine Ikone zu machen. Er ist eine dieser Figuren der Popkultur, die man schon an der Silhouette erkennt. Mensch und Symbol gleichermaßen. Schon im ersten Film zeigt ihn Regisseur Steven Spielberg immer wieder als unverkennbaren Schattenriss. Als er nach langer Zeit auf seine alte Flamme Marion Ravenwood trifft, prangen seine Konturen fast leinwandfüllend über ihr. Hut und Peitsche, fertig ist das Kostüm. Im Kino werden Mythen aus Klarheit geboren.

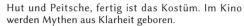
Harrison Ford in JÄGER DES VERLORENEN SCHATZES (USA 1981) (© UPI/Paramount)

Die Kultfigur

Man kann sich vorstellen, wie dieser überlebensgroß gezeichnete Held in steinernen Tempeln als Gottheit verehrt wird, aber auch, wie warnende Inschriften in einer alten Pagode ihn zum finsteren Teufel erklären. Noch heute scharen sich die Fans um ihren großen Schatz wie die Ureinwohner aus dem ersten Film, verteidigen diese goldene Götzenfigur mit Speeren und zornigen Rufen. In ihrer Kritik zu INDIANA JONES UND DER LETZTE KREUZZUG schrieb die US-Kritikerin Pauline Kael im *New Yorker* treffend: «In den 1920er- und 1930er-Jahren sprach man für eine Weile von Kunst als Ersatz für Religion; heute sind B-Movies ein Ersatz für Religion.» Und natürlich sind die heutigen Blockbuster, die Steven Spielberg in den 1970er-Jahren miterfand, immer gewaltig aufgeblähte B-Filme. Multiplex trifft Mega-Church.

Von der Zeit des ersten INDIANA JONES-Films ist man im Jahr 2021 so weit entfernt wie der erste INDIANA JONES von der Zeit der Abenteuer-Serials, die ihn inspirierten. Jones hat sich länger gehalten als diese Film-Serien, die vor allem in den 1930er- und 1940er-Jahren von Cliffhanger zu Cliffhanger hetzten. Popkultur altert mittlerweile anders; das große Geld und eine neue, gierige Nostalgie konservieren. Sehr selektiv natürlich, aber das versteht sich von selbst.

Man muss wohl nicht mehr detailliert nacherzählen, worum es in den vier zwischen 1981 und 2008 veröffentlichten Filmen geht. Es ist ja auch immer dieselbe Geschichte, minimal variiert. Ein Schatz, der nicht in die falschen Hände fallen darf: erst die Bundeslade, dann die Shankara-Steine, der Heilige Gral und zuletzt ein mystischer Kristallschädel. Auf dem Weg dorthin: Feinde und Begleiter, Fallen, Verfolgungsjagden, Exotisches. Selbst wer INDIANA JONES nie gesehen hat, kennt sein Echo, seine zahllosen Imitatoren und Parodien.

Die Reihe der Kolonial-Abenteuerhelden reißt nicht ab

Mit AUF DER JAGD NACH DEM GRÜNEN DIAMANTEN und AUF DER JAGD NACH DEM JUWEL VOM NIL versuchte sich Michael Douglas als Schatzjäger, Jackie Chans Kung-Fu-Varianten hießen DER RECHTE ARM DER GÖTTER und MISSION ADLER. Gut zwanzig Jahre später erschien mit CHINESE ZODIAC sogar ein dritter Teil der Reihe. Der kam mit einem interessanten neuen Schwerpunkt daher: Chans «Asian Hawk»-Figur raubt nicht mehr die Schätze fremder Kulturen, sondern erobert Bronzestatuten zurück, die von Franzosen und Briten während des zweiten Opiumkriegs entwendet wurden. Ein Anti-Indiana im Propaganda-Dienst der Volksrepublik China.

Die Videospiel-Archäologin Lara Croft tritt ab 1994 als TOMB RAIDER immer wieder in seine Fußstapfen, später wird sie im Kino zwei Mal von Angelina Jolie verkörpert. Auch der Indy-Klon Nathan Drake aus der populären Playstation-Reihe UNCHARTED kämpfte sich zuerst durch vier Konsolen-Abenteuer; Anfang 2022 soll die bereits abgedrehte Kino-Fassung mit Tom Holland erscheinen. Im selben Jahr wird auch der fünfte Teil der INDIANA-JONES-Reihe veröffentlicht. Das ist durchaus bezeichnend für das Kino der Gegenwart: Verschiedene Generationen von nostalgischen Rückgriffen stehen gleichwertig nebeneinander. Kopien neben Kopien von Kopien.

Die INDIANA-JONES-Filme haben ein seltsames Verhältnis zu Zeit und Geschichte – sie wollen unbedingt vermeiden, Teil davon zu werden. Der Archäologe wird damit eigentlich bedroht, wenn er in der Gruft eingesperrt werden soll: zum Objekt der Historie zu werden, statt mit ihr nach Gutdünken verfahren zu können. Spielball statt Spieler zu sein.

Wohldosierte Grausamkeit

Die eingangs zitierte Szene ist nur Echo einer früheren Begegnung zwischen Harrison Ford als Henry Jones Jr. und seinem finsteren Gegenspieler René Emile Belloq. Sie treffen in einer Spelunke in Kairo aufeinander und sagen sich die Sätze, die Schurken und Helden in solchen Geschichten einander eben sagen. Etwa: «Unsere Methoden haben sich nie so unterschieden, wie sie vorgeben. Ich bin ein schattiges Spiegelbild von Ihnen». Nicht originell, aber auch nicht falsch: Jones braucht dringend Nazis, Kommunisten und irrsinnige Blutpriester, um im Kontrast zu ihnen gerade so als Held durchzugehen. Seine Feinde werden von Rotoren zerfetzt, zerquetscht, gesprengt, zermalmt, von Krokodilen und Ameisen gefressen, erschossen, mit Grillspießen erstochen, erhängt und in Alien-Portale gesaugt. Ihre Köpfe werden abgeschlagen, ihre Gesichter geschmolzen. Wohldosierte Grausamkeiten. Das verbindet Steven Spielberg mit Walt Disney: Ein klares Bewusstsein dafür, dass gerade die vermeintlich harmlose Familienunterhaltung oft das Abgründige und Schockierende braucht. Kinder lieben kaum etwas mehr als die Illusion, als Erwachsene angesprochen zu werden, Einblicke in die ihnen eigentlich verschlossene Welt zu erhalten.

Im Anschluss zückt Belloq eine einfache Taschenuhr und erklärt Jones: «Sehen Sie sich das an. Es ist wertlos. Zehn Dollar bei einem Verkäufer in der Straße hier. Aber wenn ich es nun vergrabe und tausend Jahre im Sand liegen lasse, wird es unbezahlbar.» Aber macht die Zeit alleine Dinge wertvoller? Eigentlich nicht. Artefakte sind wertvoll, weil es wenige von ihnen gibt, weil sie überdauert haben, weil Glück oder Planung sie gegen die Zeit immunisiert haben. Steven Spielberg ist heute wohl auch deshalb so angesehen, weil er so lange durchgehalten hat. Er hat den Marsch durch die Institutionen vollzogen, vom Fernseh- zum Genre- zum Blockbuster-Filmemacher, dann zum Chronisten der USA und zum Elder Statesman. Heute sind Filme wie DIE VERLEGERIN Wahlkampfhilfe und politische Intervention. Wer für die Vereinigten Staaten wirklich wichtig ist, erhält keine Medaille, sondern wird von Tom Hanks gespielt, zum Gegenstand eines Spielberg-Projekts oder sogar beides.

Wegbereiter des reaktionären Reagan-Kinos

Jahrzehntelang galt der Regisseur aus Cincinnati einem erheblichen Teil der Filmkritik als eine Art Antichrist. Es fällt nicht schwer, sich in ihre Lage zu versetzen: Die Dekade des düsteren, zornigen New Hollywoods war vorbei und Wellen von aggressiv-sorglosem Spielzeugkino spülten über die Leinwände. Filmemacher wie George Lucas und Steven Spielberg waren ein Rückschritt mit Ansage, Wegbereiter und wichtige Figuren des reaktionären Reagan-Kinos. Indiana Jones passt in diese Zeit, gerade als anti-intellektueller Intellektueller und zivilisationsmüder Zivilisierer der Barbaren.

Man kann immer nur spekulieren, aber es ist nicht abwegig anzunehmen, dass bestimmte Bilder und Klischees ohne den Welterfolg von INDIANA JONES heute nicht denselben Resonanzraum in der Popkultur hätten. Die grotesken Karikaturen, in die Chinesen, Inder, Peruaner, Ägypter und eigentlich alle Nicht-Amerikaner verwandelt werden, waren nie unschuldig. Sie waren kalkuliert, letztlich die Voraussetzung und Existenzgrundlage der Reihe. America first: endlich wieder jemand sein nach Watergate und Vietnam. Man erkennt es auch daran, dass Spielberg und seine Autoren diese vielerorts kritisierten Elemente zwar aktiv reduzieren, aber nie ausmerzen konnten. Kein Gebäude kommt ohne seine tragende Säule aus.

Heute blicken viele wehmütig auf diese Generation von Massenunterhaltung zurück – als hätte nicht sie alles vorbereitet, was heute in den Multiplex-Kinos für Frust sorgt. Denn INDIANA JONES war immer die Avantgarde der schlechtesten Tendenzen des Mainstream-Kinos.

Lange bevor jede große Figur der Popkultur in fragwürdigen Prequels auf ihre Urszenen abgeklopft wurde, versetzte Spielberg seinen Helden in INDIANA JONES UND DER LETZTE KREUZZUG in das Jahr 1912. Hier lässt er sich von einem Grabräuber zu seiner künftigen Hutwahl inspirieren, hier rettet er sich in einem Zirkus-Zug (?) mit einer Peitsche vor einem Löwen. Man kann schwer über die Erfindung von Han Solos Namen in SOLO oder Cruella De Vils Dalmatiner-Trauma in CRUELLA spotten, ohne auch auf diese Szene zu verweisen.

Ein Kino, das sich verzweifelt an die Kindheit klammert

Früher als die meisten brachte die Filmreihe auch das hervor, was der Filmkritiker Matt Singer später als «Legacyquel» bezeichnete. Eine Fortsetzung, die dem Publikum gleichzeitig eine neue, jüngere Hauptfigur vorstellen will. Doch wie so oft scheiterte auch hier die Übergabe der Fackel von einer Generation

Harrison Ford und Kate Capshaw in INDIANA JONES UND DER TEMPEL DES TODES (USA 1984) (© UPI/Paramount)

zur nächsten. Der INDIANA-JONES-Film mit der von Shia LaBeouf gespielten Figur Mutt aus INDIANA JONES UND DAS KÖNIGREICH DES KRISTALLSCHÄDELS in der Hauptrolle ist bis heute nicht erschienen. Jetzt muss der fast 80-jährige Harrison Ford noch einmal antreten. Man sieht das und glaubt sofort, dass das Kino in Teilen zu einer geriatrischen Kunstform verknöchert ist. Maßlos trinkt es, wie in INDIANA JONES UND DER LETZTE KREUZZUG, aus dem goldenen Kelch, in der Hoffnung auf ewiges Leben. Wie im Film gilt: «Seine Wahl... war schlecht.»

Die verzweifelt an die Kindheit geklammerte Popkultur akzeptiert kaum noch neue Helden. Nicht umsonst spielen Darsteller heute fast bis zum Ende ihres Lebens die ewig gleichen Rollen: Stallone ist immer noch Rocky und Rambo, Schwarzenegger bleibt bis zum bitteren Ende Terminator und Conan, Harrison Ford verkörpert eisern weiter Rick Deckard, Han Solo und eben auch Indy. Schon in INDIANA JONES UND DER LETZTE KREUZZUG zielen viele Witze darauf ab, dass Jones eigentlich zu alt für den Job ist. Das war vor über 30 Jahren. Die ewigen Kinder Spielberg und Lucas haben eine Generation von Kinofans mit ihren Geschichten von abwesenden Vätern in Angst versetzt. Diese Filme glauben an wenig, aber wenn sie an etwas glauben, dann an die zwingende Notwendigkeit des Patriarchen. «Ich kam nicht wegen des Kelches, sondern um meinen Vater zu finden»,

erklärt Jones in diesem Film. Der Vater als wirklicher Heiliger Gral.

Will man die Entwicklung der Tetralogie über die Jahrzehnte hinweg beschreiben, reicht ein Blick auf einen wiederkehrenden Gestus der Reihe. Alle vier Filme beginnen gleich: Vom Logo des Filmstudios Paramount wird auf Berge in der Filmwelt überblendet. Treffender könnte man die maximale Warenförmigkeit der Filme, die bruchlose Übertragung von Studiowünschen auf die Leinwand, nicht darstellen. Sie spielen in Erzähluniversen, in denen Corporate Identity so real ist wie uralte Felsmassive. Doch schon im zweiten Teil INDIANA JONES UND DER TEMPEL DES TODES wird dann von einem Symbol auf ein anderes überblendet: Der Berg im Film, der auf das Logo folgt, verziert als Relief einen großen Gong. Die Distanz zur Realität wächst; in diesem Film wird alles noch abstrakter und cartoonhafter. Im vierten Teil wird vom Paramount-Logo auf einen computeranimierten Murmeltier-Hügel überblendet. Als wollte man sagen: Der alte Nimbus ist dahin, wir sind nur noch ein Schatten unserer selbst.

Denn INDIANA JONES UND DAS KÖNIGREICH DES KRISTALLSCHÄDELS aus dem Jahr 2008 ging selbst den Fans in seiner Suche nach verwertbaren Attraktionen einen Schritt zu weit. In Anlehnung an eine Szene, in der Jones den Test einer Atombombe in einem Kühlschrank überlebte, wurde die Formulierung

Harrison Ford und Sean Connery in INDIANA JONES UND DER LETZTE KREUZZUG (USA 1989) (© UPI/Paramount)

«Nuking the fridge» geprägt. Eine Terminologie, um den Niedergang einer einstmals populären Filmreihe zu beschreiben. Natürlich überlebte der strahlende Held den Atomschlag im doppelten Sinn.

Das in Marvel-Zeiten eingeläutete Ende des Endes in der Popkultur macht auch vor diesen Filmen nicht halt. So etwas wie Finalität kann Hollywood immer seltener anbieten. Die INDIANA-JONES-Reihe musste sich jetzt eben 13 Jahre lang sammeln für die nächste Episode. Was in Teil 5 wohl auf das Paramount-Logo folgt? Ein Maulwurfshügel? Ein Kieselstein?

Ein Panzer aus Ironie

Natürlich ist es schwer, diese Art von Blockbuster zu kritisieren, weil sie im vorauseilenden Gehorsam jeden möglichen Kritikpunkt selbst formulieren. Alles, was Kritiker oder Fans bemängeln, wird irgendwann in den Filmen selbst kommentiert. Und immer auf eine Weise, die diese Kritik einhegt und neutralisiert. Im dritten Teil darf Jones sich von einem Feind anhören, nicht die Schätze, sondern er gehöre in ein Museum. Man schreibt das ins Drehbuch, damit es die Zuschauer nicht mehr sagen können. Die meisten der gerade aufgeführten Althelden wissen um ihre eigene Obsoleszenz, aber lachen das dann eben mit ein paar müden Kommentaren weg. Indiana Jones geht permanent so vor. Jede Szene endet mit einem Witzchen, nichts darf ernst gemeint sein. Nichts darf Gewicht haben.

Fortsetzung für Fortsetzung wird der Panzer aus Ironie massiver, bis eigentlich keine Bewegung mehr möglich ist. Doch auch das tausendste Sprüchlein täuscht nicht darüber hinweg: Indiana Jones ist im Kern ein ungemein langweiliger Held. Noch seine größte Reaktion wirkt träge und stoisch; Harrison Ford spielt ihn mit einem existenziellen Desinteresse. Mit kosmischer Teilnahmslosigkeit. Natürlich reagiert er hier und da auf seine Umgebung. Vor Schlangen hat er Angst, Frauen verärgern ihn. Ohnehin, Frauen – für Jones im besten Fall nervig, im schlimmsten Fall Verräter und Nazis. Aber letztlich lassen die Dinge ihn kalt, sie dringen kaum zu ihm durch.

Gleich mehrfach wird er mit göttlichen Mächten konfrontiert, mit den höchsten Wesenheiten verschiedenster Religionen von Judentum bis Hinduismus. Doch ein Box-Office-Gott duldet keine anderen neben sich. Indy sieht Aliens, trifft auf Adolf Hitler. Er durchlebt Dinge, die jeden anderen Menschen für immer verändern würden. Gerade für einen Wissenschaftler sollten sie essenziell sein; jede einzelne wäre die Krönung eines forschenden Lebens. Er entkommt hunderte Mal dem Tod, er tötet hunderte Menschen. Doch das ist alles egal, für ihn wie für den Zuschauer. Die JONES-Filme sind erfüllt von einem kuriosen Nihilismus. All ihre Stereotypen und Klischees speisen sich auch aus einem Mangel an Faszination. «Du glaubst, es geht hier um Flaggen? Um Uniformen? Um Striche auf einer Karte?», wird Indy einmal von einem ehemaligen Verbündeten gefragt. Indy antwortet: «Es geht nur um Geld, stimmt's?» Ein Moment der Selbstreflexion. Wenn in INDIANA JONES UND DER TEMPEL DES TODES einem Mann das Herz herausgerissen wird, und er trotzdem weiterlebt, zweifelt man daran zu keiner Sekunde – die Filme kommen schließlich auch ohne sehr gut zurecht.

Rummelplatz-Kino

Allen diesen Filmen sind das Leben und vor allem die Welt letztlich gleichgültig. Karten mit roten Linien reduzieren sie auf austauschbare Schauplätze, Flugzeug, Zeppelin und Automobil lösen jedes Dazwischen in Luft auf. Der Filmschnitt bricht die Welt auf 3–5 Regionen pro Film herunter. Die Welt als Spielzeug und Kulisse. Alles flieht nach vorne, ohne Geschichte, durch eine ewige Gegenwart. Durch ein Jetzt!!! mit drei Ausrufezeichen. Die Heldenreise als Achterbahnfahrt.

Man stellt dies schon in der ersten Szene des ersten Films fest. Im Jahr 1936 zieht Jones mit einer Gruppe von Schatzsuchern durch Südamerika. Welches Land genau, das ist egal. Sie sind alle gleichermaßen Kulisse, exotische Dekoration, mit der man die immer gleichen Actionszenen verziert. Auf dem Weg in einen uralten Tempel überwindet er Spinnen, Stachelfallen, Abgründe und noch mehr Fallen, nimmt den goldenen Götzen an sich und löst dadurch noch mehr Fallen aus. Sein Begleiter verrät ihn, dann muss er vor einer Steinkugel, speerwerfenden Ureinwohnern und einem fiesen Schurken fliehen. Selbst im rettenden Flieger findet sich noch eine Schlange.

Zehn Minuten dauert diese Szene, dann sind Indiana Jones und sein Leben eigentlich auch auserzählt. Sie zeigt, wie die Filme auch im Großen funktionieren: durch schiere Addition. So wird die Modularisierung des Blockbuster-Kinos von Vorbildern wie James Bond auf die Spitze getrieben. Jede Gefahr wird durch fünf weitere ergänzt, am besten soll alles gleichzeitig passieren. Jede Szene sehnt sich nach brennendem Wasser und Wolken aus Beton. Es werden tausend bunte Bälle in die Luft geworfen, und am Ende bleibt beim Zuschauer hängen: Das waren wirklich, wirklich viele bunte Bälle. Es sind Filme, die greifbar machen, wieso Kinofilme für eine Weile so oft mit den Fahrgeschäften von Freizeitparks verglichen wurden.

Der Poptimismus der Gegenwart

Natürlich ist Steven Spielberg ein begabter Handwerker. Außerdem umgibt er sich mit anderen begabten Handwerkern. Einige der Matte Paintings sind traumhaft. Spielbergs Bilder sind von bemerkenswerter Klarheit, eindrücklich und lesbar wie Comic-Panels. Er weiß, wie er Ereignisse auf eine schlichte Kamerabewegung reduzieren. Ein Messer wird gezogen, die Kamera fährt hinauf zu zwei gezückten Pistolen, die Lage ist klar. Das meiste würde man wohl auch verstehen, ohne die Dialoge zu hören.

Doch das allein erklärt nicht, warum sein indifferentes, infantilisierendes Rummelplatz-Kino heute oft selbst wie ein Heiliger Gral behandelt wird. Tau-

Harrison Ford in INDIANA JONES UND DAS KÖNIGREICH DES KRISTALLSCHÄDELS (USA 2008) (© UPI/Paramount)

sende kluge Köpfe haben sich zu hymnischen Apologien aufgeschwungen, und dabei eigentlich immer nur ihre Kindheit besungen. Man kann sich auch zu sehr am Poptimismus der Gegenwart berauschen. Nein, Indiana Jones gehört nicht in ein Museum. Wir sollten uns für ihn höchstens so sehr interessieren, wie er sich für die Welt. Indiana Jones, dieser angebliche Archäologe, will Zeit und Geschichte nicht ordnen oder dokumentieren, sondern uns von ihrer Last befreien. Und wenn es keine Geschichte mehr gibt, macht endlich die Zeit allein die Dinge wertvoll.

6 Filmschaffende im Porträt

Die Renaissance-Frau

Die Schauspielerin Vicky Krieps

Von Esther Buss

Die 1983 in Luxemburg geborene Schauspielerin Vicky Krieps wurde 2017 durch ihre Hauptrolle in Paul Thomas Andersons DER SEIDENE FADEN schlagartig international bekannt: Als widerspenstige Muse eines egozentrischen Modedesigners verblüffte sie die Zuschauer. Seitdem hat die Karriere der Darstellerin mit dem markanten Gesicht und dem leisen Spiel mächtig Fahrt aufgenommen, 2021 brillierte sie in der Hauptrolle von Mia Hansen-Løves Drama BERGMAN ISLAND.

Vor vier Jahren stolperte eine weitgehend unbekannte Schauspielerin aus dem kleinen Land Luxemburg dem Publikum buchstäblich vor die Füße. Ihr Gesicht ist noch unbeschrieben, das ist wichtig für die Rolle, die sie zu spielen hat, wichtig auch für ihren Spielpartner, der sich dem Method Acting verschrieben hat und darauf besteht, dass ihre erste Begegnung im Film gleichzeitig im Leben stattfindet. Vicky Krieps ist in Paul Thomas Andersons DER SEIDENE FADEN (2017) Alma, eine Kellnerin ohne eigene Geschichte. Ein wenig windschief und mit hastigem Schritt betritt sie durch die Schwingtür den Frühstücksraum des Landhotels, streicht sich beim Gehen mit vollem Tablett noch schnell eine Haarsträhne hinters Ohr, stolpert, lächelt, und während sie sich fängt, fällt ihr Blick auf Reynolds Woodcock, den Betrachter ihres Auftritts. Sie errötet, lächelt erneut, doch dieses Lächeln gilt nun nicht mehr der eigenen Ungeschicklichkeit, sondern ganz ihrem Gegenüber. Als sie seine exzentrische Bestellung aufnimmt, ist ihr Blick offen, zugewandt, aber auch ein wenig herausfordernd. «If you want to have a sta-

Vicky Krieps in DER SEIDENE FADEN von Paul Thomas Anderson (USA 2017) (© Laurie Sparham / Focus)

Vicky Krieps in BERGMAN ISLAND von Mia Hansen-Løve (F/S/B/D 2021) (© Weltkino)

ring contest, you will lose», wird sie ihm gegenüber wenig später erklären.

Anderson konnte glücklich sein. In Vicky Krieps hatte er eine Schauspielerin gefunden, die Daniel Day-Lewis' Präzisionsarbeit, seine messerscharfe, millimetergenaue Technik, die nichts dem Zufall überlässt, mit einem extrem organischen, eher instinktiven Spiel beantwortete. Das Stolpern war ungewollt und setzte den Ton für die Figur. In Woodcocks zu Tode ausgemessenem Leben wird Alma zum unberechenbaren Faktor, für die Form, in die sie als neue Muse des Schneiders gepresst wird, erweist sie sich bald als schlicht zu beweglich.

Vieles gleichzeitig

Krieps spielt diese Frau mit einer Mischung aus Verletzlichkeit, Entrücktheit und Bockigkeit. Sie ist vieles gleichzeitig: fahrig und geerdet, gefügig und renitent, schüchtern und forsch, verträumt und hellwach. Da sind eine Feinheit und Sensibilität in ihren Bewegungen, aber auch etwas Robustes, fast Trampeliges – allein ihre Art, am Frühstückstisch mit dem Messer geräuschvoll über ihren Toast zu kratzen, bringt Woodcock an den Rande eines Nervenzusammenbruchs («too much movement at breakfast»). Almas Einspruch gegen seine Empfindlichkeit und das ganze Getue, hinter dem er sich abschottet, passt jedoch nicht zu der gängigen Erzählung von Widerstand und Rebellion. Sie macht sich für Woodcock vielmehr durchlässig, ohne sich dabei zu verlieren. Jedes Teil von ihr habe sie ihm gegeben («every piece of me»), sagt sie einmal, Krieps glüht dabei von innen, als habe sie hohes Fieber.

Die US-amerikanische Presse staunte über die Unbekannte, die hierzulande schon ein Begriff war. Wie in Verlängerung ihrer Alma-Rolle aber blieb diese eigensinnig und ging erst einmal nicht den vorgezeichneten Weg der Vergrößerung (Hollywood). Sie machte sich vielmehr klein, fast ein wenig unscheinbar, tauchte mal hier, mal dort auf und dazwischen in der deutschen TV-Serie DAS BOOT (2018–2020). Ihre Filmografie, die sich bis vor kurzem noch durchwachsen, fast ein wenig sprunghaft liest, nimmt, so scheint es, erst jetzt klare Formen an. Im Jahr 2021 war Vicky Krieps nicht zu übersehen. Neben einer Rolle in M. Night Shyamalans Mysterythriller OLD war sie die tragende Figur in gleich zwei französischen Produktionen (beide wurden in Cannes vorgestellt): BERGMAN ISLAND von Mia Hansen-Løve und SERRE MOI FORT von Mathieu Amalric. Die Schauspielerin ist gefragt, es heißt, «alle» wollten mit ihr arbeiten. CORSAGE, unter der Regie von Marie Kreutzer, ist bereits abgedreht (sie spielt darin Kaiserin Elisabeth), zu den laufenden Projekten zählen eine zweiteilige Adaption von Die drei Musketiere mit großem Budget und französischen Stars, außerdem ein Film des Belgiers Philippe van Leeuw.

Ihr Gesicht kann nicht mehr vergessen werden

Vicky Krieps, 1983 in Luxemburg geboren, taucht bis zu DER SEIDENE FADEN vor allem in Nebenrollen im deutschen Kino, aber auch in europäischen Co-Produktionen auf, das Geld kommt meist aus Frankreich, Belgien, Luxemburg und England. Auftritte hat sie etwa in WER WENN NICHT WIR (2011), A MOST WANTED MAN (2014), COLONIA DIGNIDAD (2015) und DER JUNGE KARL MARX (2017). Die Filme sind schon ein wenig vergessen, vielleicht auch ihre Rollen, nicht aber ihr Gesicht: Es ist fein gezeichnet und blass, melancholisch und forschend – schön auf eine nicht gefällige Weise, man denkt sofort an Renaissance-Gemälde (verglichen wurde es schon mit Raffaels «Madonna» und Meryl Streep).

Vicky Krieps in DAS ZIMMERMÄDCHEN LYNN von Ingo Haeb (D 2014) (© Movienet)

Ausgiebig studieren ließ sich dieses Gesicht in DAS ZIMMERMÄDCHEN LYNN (2014) von Ingo Haeb, dem Film, in dem Anderson sie das erste Mal sah – und in ihr etwas erkannte, das andere übersehen hatten. Krieps spielt eine verhuschte Frau mit Phobien und schlechtem Gang, die sich an ihrem Arbeitsplatz in andere Leben hineinschleicht. Lynn zieht sich die Kleider der Hotelgäste an, schnüffelt an ihren Sachen, legt sich unter die Betten der Fremden. Erst als sie durch die Begegnung mit einer Domina ihr masochistisches Begehren entdeckt, bekommt sie ein Gefühl auch für ihr eigenes Leben – und ihren Körper. Mit der Entdeckung der Lust wird ihr steifer, fast schon mechanischer Leib weich und empfänglich.

Innere Bewegungen, leise, glimmend und nervös oder körperlich und aufgewühlt, sind für Krieps' Rollen (zumindest für die markanten) charakteristisch. BERGMAN ISLAND und SERRE MOI FORT verhalten sich fast diametral zueinander. Die Figur der Filmemacherin Chris, die mit ihrem Mann zum Arbeiten auf die «Bergman»-Insel Fårö reist, hat etwas Gefasstes. Ihre Suche nach einer eigenen Stimme als Künstlerin und Partnerin eines schon älteren Mannes verläuft ganz im Stillen, Krieps spielt diesen Prozess ganz klein, aber unter einer stetigen Spannung. Bei der Arbeit am Schreibtisch mag Chris noch so stocken und verharren, ihre Auseinandersetzung mit sich, ihrer Kreativität, ihrer Beziehung und mit dem über der Insel thronenden Bergman, verleiht ihr etwas äußerst Lebendiges. Hansen-Løve setzt diese Figur bald aber auch äußerlich in Bewegung, gibt ihr Raum, umherzuschweifen – auch in ihrer eigenen Vergangenheit und Fiktion.

Der Körper, der alles zusammenhält

Als eine weitaus zersplittertere Figur zeigt sich Krieps in Amalrics Film, der selbst aus den Fugen ist. Clarisse, Ehefrau und Mutter zweier Kinder, ist eine Frau auf der Flucht, in ständiger Bewegung, im Chaos. Man sieht sie das Haus verlassen, unterwegs im Auto, in Kneipen, sie trinkt zu viel, spricht mit sich selbst, verfolgt ein junges Mädchen, knöpft einem Fremden das Hemd auf und streicht über sein Brusthaar. Erst mit der Zeit formt sich ihr Taumel durch Raum und Zeit als ein Überlebensversuch. Krieps ist in diesem in die verschiedensten Stimmen und Tonarten zersplitterten Drama der Körper, der alles zusammenhält, auch wenn er kurz davor ist, auseinanderzufallen.

Das Kino und sein Band zur Welt

Abbas Kiarostami: Über die Filme des iranischen Meisterregisseurs

Von Lukas Foerster

«Der Film beginnt mit D. W. Griffith und endet mit Abbas Kiarostami.» Dieses Zitat, das Jean-Luc Godard zugeschrieben wird, verdeutlicht den filmhistorischen Stellenwert des iranischen Drehbuchautors und Regisseurs Abbas Kiarostami. 2021 widmeten das Berliner Kino Arsenal und der Streaming-Dienst LaCinethek ihm eine Retrospektive. Anlass für ein Porträt eines filmischen Werks, das kongenial die Interaktion zwischen Kino und Leben auslotet.

Woran erkennt man, dass Leute im Kino sitzen? Daran, dass ihre Gesichter mal heller, mal dunkler beleuchtet sind. Kino ist ein Lichtereignis, aber kein gleichmäßiges. Als zeitbasierte Bewegungskunst beruht es, materialistisch gesprochen, auf einer dynamischen Abfolge von Intensitätsgraduierungen von Licht. Licht, das zu Bildern gerinnt, das Formen sichtbar werden lässt, das womöglich auch eine Geschichte erzählt. Aber das eben auch, als Lichtquelle, seine Umgebung illuminiert. Und insbesondere die-

Abbas Kiarostami bei den Dreharbeiten von QUER DURCH DEN OLIVENHAIN (F/IR 1994) (© Laurent Thurin Nal)

jenigen sichtbar werden lässt und in ein visuelles Spektakel verwandelt, die im Kino sitzen und sich einen Film anschauen. Auf sie ist das Licht des Kinos ausgerichtet.

Das Kino ist, so gesehen, eben gerade keine «black box», sondern eine Maschine der doppelten Sichtbarmachung: der Bilder auf der Leinwand, aber auch des Zuschauersaals. Um das zu erkennen, bedarf es einer Blickumkehr, die Abbas Kiarostamis Spätwerk SHIRIN (1998) leistet. Die Bilder des Films zeigen, von Vor- und Abspann abgesehen, ausschließlich Großaufnahmen von Frauen, die im Kino sitzen und sich einen Film anschauen. Das mal stabile, intensive, mal schummrige, mal wild flackernde Licht, das diese Gesichter für uns sichtbar werden lässt, ist das Licht des Kinos. Wenn wir SHIRIN im Kino sehen, dann werden wiederum wir beleuchtet, vom Widerschein des Films auf den Gesichtern der Frauen. Jedes einzelne Gesicht wird zu einem eigenen Reflektor, aber auch zu einer eigenen Lichtquelle, mit einer eigenen, höchstpersönlichen Intensität, Dynamik und Dramaturgie.

Das Licht des Kinos pflanzt sich fort

Das Licht des Kinos pflanzt sich fort, es multipliziert sich, bricht sich, differenziert sich aus ... aber was ist sein Ursprung? SHIRIN legt nahe: Sein Ursprung ist die Fiktion, und zwar gleich im doppelten Sinne. Zum einen im Sinne von Fiktion als Erzählung: Wir sehen in Kiarostamis Film zwar nicht, was die Frauen sehen, aber wir hören, was sie hören: Dialoge, Musik und Geräusche, die Tonspur eines Films, aus der sich

eine einigermaßen kohärente Narration rekonstruieren lässt, die offensichtlich auf Chosrau und Schirin basiert, einer Liebesgeschichte, die zu den Klassikern der persischen Literatur gehört. Zum andern im Sinne von Fiktion als Erfindung: Zwar existieren mehrere Verfilmungen von Chosrau und Schirin – die Version, die sich die Frauen bei Kiarostami ansehen, wurde hingegen nie gedreht und also auch nie tatsächlich in einem Kino vorgeführt. Die Tonspur ist reine, bildlose Fabrikation, von Kiarostami mit Sprecher:innen im Soundstudio erstellt.

Das Licht des Kinos als eine materielle Evidenz, die auf keinerlei Substanz verweist, der Blick der Zuschauerin als eine suggestive Illumination, die keine Verwurzelung, keine Entsprechung in der physikalischen Wirklichkeit hat. Unter den vielen Reflexionen aufs Kino, auf sein Verhältnis zur Welt wie auch zu den Zuschauer:innen, die Kiarostamis Filme ausarbeiten, ist SHIRIN eine der komplexesten und auch skeptischsten. Sie ist Teil der letzten Werkphase eines Regisseurs, der sein eigenes Verhältnis zum künstlerischen Medium seiner Wahl immer wieder neu austarierte.

Filme der Jugend

Vermutlich sollte man besser sagen: zu den künstlerischen Medien seiner Wahl. Abbas Kiarostami war nicht nur Filmemacher, sondern auch Dichter, Maler und Fotograf – zum Kino findet er über Umwege, seine ersten filmischen Arbeiten sind in den 1960er-Jahren Fernsehwerbespots. Die entscheidende Prägung jedoch erfolgt auf dem Feld der Volksbildung: **Ab 1970** dreht er, gemeinsam mit einer Reihe weiterer junger, ambitionierter Filmemacher, für das staatliche Institute for Intellectual Development of Children and Young Adults eine Reihe von mehrheitlich kurzen und mittellangen Filmen.

Kindheit und Erziehungssystem: Das sind nicht einfach nur die Themen von Kiarostamis frühen Filmen. Vielmehr lotet der Regisseur fast schon systematisch die Möglichkeiten und Grenzen des Kinos als eines Mediums der Pädagogik aus. Einige Frühwerke sind klassische Lehrfilme, gewissermaßen das iranische Gegenstück zur SENDUNG MIT DER MAUS. Im Fünfminüter SO CAN I (1975) lernen Kinder, welche Tiere sie nachmachen können: Erst kriecht eine Zeichentrickraupe über die Leinwand, dann kriecht ein Kind über eine Wiese. Erst gräbt eine Zeichentrickmaus ein Loch, dann buddelt ein Kind in der Erde. Ein Zeichentrickpferd galoppiert, ein Kind rennt, ein Zeichentrickfisch schwimmt, ein Kind ebenso. Aber was ist mit dem Zeichentrickvogel, der über die Leinwand fliegt? Hier lernen die Kinder, dass es auch Tiere gibt, die sie nicht nachmachen können: statt auf ein fliegendes Kind schneidet Kiarostami auf ein Flugzeug. Schon das ist eine kleine Theorie des Kinos: Technik als Hilfsmittel, das einerseits einem mimetischen Impuls, andererseits der Beschränktheit des menschlichen Körpers entspringt.

Die Filme für das Institut sind vielfältig. Es gibt Alltagsminiaturen im realistischen, beobachtenden Stil wie RECESS (1972), in dem ein Schüler auf dem Nachhauseweg einen Ball in eine Fensterscheibe schießt, daraufhin das Weite sucht und seine Heimatstadt plötzlich mit neuen Augen sieht. Es gibt stärker szenisch ausgearbeitete Projekte wie A WEDDING SUIT (1976), womöglich der schönste Film im Frühwerk, in dem die Machtspiele und Eifersüchteleien einer Gruppe Heranwachsender im Streit um eine Anzugjacke kulminieren – in Hitchcock'scher Manier verwandelt Kiarostami das Kleidungsstück in ein kinematografisches Objekt par excellence, das nie zum Stillstand kommt und ständig neue Bedeutungen generiert. Und es gibt didaktische, formalistische Versuchsanordnungen wie FIRST GRADERS (1984), der von wenigen Ausnahmen abgesehen nur in zwei Räumen spielt: Zum einen auf dem Schulhof, wo die Schüler in mehreren Kolonnen aufgereiht zum Morgenappell antreten. Zum anderen in einem Lehrerzimmer, in das Schüler gerufen werden, die sich der einen oder anderen Verfehlung schuldig gemacht haben. Sie treten dann einzeln nach vorne, vor die Kamera und vor einen Erzieher, der im Gespräch mit ihnen die Schwere der Schuld ermisst und das Strafmaß bestimmt. Ein minimalistisches Lehrstück über Formbarkeit und die Gewalt, die Sprache immer notwendigerweise ausübt.

Kino ist keine Schule

Auffällig ist, dass der Unterricht selbst in fast allen Filmen, die Kiarostami für das Institut dreht, eine Leerstelle bleibt. Nicht die konkrete Wissensvermittlung steht im Zentrum, sondern deren institutionelle und soziale Rahmung, nicht das Klassenzimmer, sondern der Schulhof und der Nachhauseweg, nicht die Schulstunden, sondern die Zeit davor, danach und dazwischen. Das Kino Kiarostamis macht sich nicht mit seinem Sujet gleich, es ist keine Schule (auch keine «des Sehens»), kein Werkzeug der Wissensvermittlung. Selbst da noch, wo es der Form nach pädagogische Interessen verfolgt, zielt es nicht auf die Substanz, sondern auf die Bedingungen von Lehrinhalten.

Vielleicht ist das auch ein Grund dafür, dass die entscheidende Zäsur in der jüngeren Geschichte von Kiarostamis Heimatland, die iranische Revolution des Jahres 1979, in seiner Filmografie zwar Spuren vielerlei Art hinterlässt, aber nicht im selben Maße zu einem Scheidepunkt wird. 1977, kurz vor der Revolution, dreht der Regisseur mit dem Ehedrama THE REPORT zum ersten Mal einen Spielfilm «für Erwachsene»; nicht sein bester Film, aber einer, der einen faszinierenden Einblick in den städtisch-liberalen Iran der 1970er-Jahre ermöglicht. Nach dem Umbruch jedoch konzentriert er sich erst einmal wieder auf seine Arbeit am Institut, das die Revolutionszeit übersteht (und bis heute existiert). Ein Film entsteht direkt während der Revolution: FIRST CASE, SECOND CASE (1979) analysiert die Reaktion einer Gruppe von Schülern auf die unverhältnismäßige Strafaktion eines Lehrers: Soll ein Junge einen Mitschüler verraten, um selber einer Kollektivstrafe zu entgehen, oder soll er mit dem Schuldigen und der Klassengemeinschaft solidarisch bleiben? Kiarostami verwandelt seinen Film in ein öffentliches Forum, in dem sich Experten, Künstler und Politiker zu dem fiktiven Fall äußern.

In politischer Hinsicht ist FIRST CASE, SECOND CASE ambivalent, fast schon naiv sogar, wenn man aus der überlegenen Perspektive der Gegenwart urteilt (was man definitiv nicht tun sollte). Kiarostami legt ihn, das macht eine äußerst effektive agitatorische Schlusspointe deutlich, als seinen Beitrag zu einer gesellschaftlichen Umwälzung an. Aber offensichtlich zu einer, die mit der, die sich ab 1979 im Iran faktisch vollzieht, kaum etwas zu tun hat. Die klerikal-totalitäre Wendung, die die Revolution bereits sehr früh nimmt, bleibt außerhalb der epistemologischen Reichweite des Films. Doch wo FIRST CASE, SECOND CASE die empirische Wirklichkeit verfehlt, schafft er eine eigene und wird zur Fantasie jenes pluralistischen demokratischen Diskursraums, um den der Iran von der Realgeschichte betrogen wurde.

Aufs Land

Nach einer Reihe dokumentarischer Arbeiten entsteht 1987 wieder ein Spielfilm. WO IST DAS HAUS MEINES FREUNDES? ist ein Schlüsselfilm im Werk: Gleichzeitig die Summe aus den Arbeiten für das Institute for Intellectual Development of Children and Young Adults und der Beginn von etwas Neuem. Schon der Schauplatz des Films weist den Weg: Das Frühwerk des in Teheran geborenen und aufgewachsenen, später teilweise in Paris lebenden, mithin durch und durch großstädtisch geprägten Kiarostami ist ebenfalls fast durchweg ein urbanes Kino; nun jedoch wendet er sich dem iranischen Dorfleben zu, und auch der trockenen, geschwungenen Schönheit der iranischen Landschaft.

Homayoun Ershadi in DER GESCHMACK DER KIRSCHE (IR/F 1997) (© MK2)

Koker heißt das Dorf, in dem er WO IST DAS HAUS MEINES FREUNDES? und danach noch zwei weitere Filme dreht. Auf Google Maps ist kaum Bildmaterial zu dem Ort zu finden, aber per Suchmaschine lässt sich ein Blogeintrag aus dem Jahr 2020 finden, der die Reise einer Gruppe von Anhaltern zu den Drehorten der Koker-Trilogie beschreibt. Viele der Häuser, die in den Filmen auftauchen, sind nur noch Ruinen – die Gegend wurde 1990 von einem schweren Erdbeben verwüstet, das den Ausgangspunkt für den zweiten Film der Reihe, UND DAS LEBEN GEHT WEITER (1992), bildet. Auch der ikonische Zickzackweg einen Hügel hinauf aus WO IST DAS HAUS MEINES FREUNDES? ist inzwischen weitgehend überwachsen; aber noch ist sein Verlauf zu erahnen, als eine Spur, von der man meint, das Kino selbst habe sie in die Welt eingetragen.

Die Verschränkung und wechselseitige Bedingtheit von Kino und Leben ist oft und zurecht als ein zentrales Thema von Kiarostamis bekanntester Werkphase identifiziert worden. Die sieben Spielfilme, die der Regisseur zwischen 1987 und 2002 dreht und die nicht nur sein eigenes Werk, sondern auch das iranische Kino insgesamt im Bewusstsein der internationalen Filmkritik und des Arthousekino-Publikums verankern, können als Versuchsanordnungen beschrieben werden, in denen sich Kino und Welt, der kinematografische Blick und sein Objekt, weder als unversöhnliche Gegensätze gegenüberstehen, noch zu einer immersiven Einheit verschmelzen; sondern in ein wechselseitiges Beobachtungsverhältnis versetzt werden, dessen ästhetische und ethische Implikationen nirgendwo klarsichtiger aufgefaltet werden als in dem auf einer wahren Begebenheit beruhenden CLOSE-UP (1989), in dem ein Filmfan die Identität seines Lieblingsregisseurs Mohsen Makhmalbaf annimmt und bei einer reichen Familie um Unterstützung für ein Filmprojekt bittet.

Die Dualität von Freiheit und Kontrolle

CLOSE-UP ist jedoch nicht nur ein Klassiker des selbstreflexiven Kinos (eine weitere, vielleicht die zentrale Pointe des Films besteht darin, dass alle Beteiligten sich selbst spielen), sondern verweist auch auf eine andere, womöglich tieferliegende Dualität in Kiarostamis Werk: die Dualität von Freiheit und Kontrolle. Die Literatur zu Kiarostami, insbesondere die westliche Filmkritik, die den Regisseur zumeist als einen Humanisten in der Tradition des italienischen Neorealismus beschreibt, stellt im Allgemeinen den ersten Aspekt in den Vordergrund: Die dokumentarische Überformung der Spielfilmkonvention, die Arbeit mit Originalschauplätzen und Laiendarsteller:innen, die Rolle des Zufalls in der Arbeitsweise des Iraners. All das, was der Philosoph Jean-Luc Nancy die Evidenz im Kino Kiarostamis nennt: Die Filme erzählen weder Geschichten, noch bilden sie einfach nur ab, was ist, vielmehr produzieren sie eine Serie von Singularitäten, die die Welt im Moment der Aufnahme in Bilder eines unmittelbar evidenten Denkens verwandeln. Etwa, wenn in CLOSE-UP ein Polizist gegen eine auf der Straße liegende Dose tritt und die Kamera per Schwenk nachvollzieht, wie das Zufallsobjekt einen Hügel hinabrollt.

Aber gleichzeitig geht es in demselben Film um einen Menschen, der sich selbst gefangen nimmt, der in eine Falle tappt, die er sich selbst gestellt hat; und Kiarostamis Film ist mit dem Mechanismus dieser

Falle genauso solidarisch wie mit den «dokumentarischen» Evidenzen. Besonders deutlich wird das in einer dramaturgischen Dopplung: Die Enttarnung und Verhaftung des gefälschten Makhmalbaf wird zweimal gezeigt, aus zwei unterschiedlichen Perspektiven, zuerst aus der der Polizei, am Ende aus der des Verhafteten. Ein Puzzleteil greift ins andere, der offene Blick des Films umschließt den Protagonisten letztlich genauso hermetisch wie jede Hollywooddramaturgie.

Ein Regisseur, das ist jemand, der immer schon an die nächste Einstellung denkt

Es geht dabei um den ewigen Gegensatz von Dokumentar- und Spielfilm, könnte man meinen. Aber so ganz geht diese Gegenüberstellung nicht auf. Das kontrollierende, fixierende Element von Kiarostamis Filmen tritt in den weniger narrativ geprägten späteren Filmen nur noch deutlicher hervor. Der Filmemacher, der in UND DAS LEBEN GEHT WEITER durch die vom Erdbeben verwüstete Gegend um Koker fährt, wird in eine Serie von Zufallsbegegnungen verwickelt, die aus ihrem Leben gerissenen Menschen und die verwüstete Landschaft affizieren den Film direkt, in jedem einzelnen Bild; aber gleichzeitig hat der Regisseur es sich zur Aufgabe gesetzt, die Hauptfigur aus einem anderen Film, aus WO IST DAS HAUS MEINES FREUNDES?, wiederzufinden. Von diesem Plan lässt er sich nicht abbringen, unerbittlich strebt er seinem Ziel entgegen und verwandelt dadurch alle Evidenzen in Episoden, in Mittel zum Zweck. In Abwesenheit einer klassischen Dramaturgie konturiert sich eine kalte Wahrheit des Filmischen nur umso unerbittlicher: Ein Regisseur, das ist jemand, der immer schon an die nächste Einstellung denkt.

Das zentrale Motiv und Werkzeug dieser zweiten großen Werkphase ist das Auto: eine Miniaturwelt, die Blick und Bewegung, Fixierung (per Anschnallgurt) und Freiheit immer schon in eins setzt. In 10 ON TEN (2004), Kiarostamis filmischer Reflexion auf die eigene Methode, setzt er sich selbst ans Steuer und führt unter anderem aus, dass die Konzentration, die das Autofahren insbesondere dem Fahrer/der Fahrerin, aber unwillkürlich auch allen Passagieren abverlangt, einen natürlichen, ungekünstelten Schauspielstil begünstigt.

In Fahrt

Einige der Filme sind fast identisch mit einer Serie von Autofahrten. So auch Kiarostamis größter internationaler Erfolg DER GESCHMACK DER KIRSCHE (1997), der beide Pole seines Kinos zum Extrem treibt. Die Fahrt, die Passage eines Mannes mittleren Alters in einem weißen Kombi über staubige Landstraßen, läuft in diesem Fall fast in Echtzeit ab. Weitgehend wahllos bittet der Fahrer Menschen, die er am Wegrand stehen sieht, ihn auf seinem Weg zu begleiten, überantwortet sich und mithin den Film komplett der spontanen Emergenz der Zufallsbegegnung. Ziel der Unternehmung jedoch ist nicht länger ein geografisch bestimmbarer Ort, sondern die ultimative Finalität: der Tod, der Freitod genauer gesagt, für dessen Durchführung der Protagonist einen Helfer sucht. Als nicht mehr hinterfragbare Struktur bildet der Tod den stabilen, tatsächlich stahlharten Hintergrund jeder einzelnen Einstellung.

Der Nachfolgefilm ist gewissermaßen die strukturelle Umkehrung: der Tod, den DER GESCHMACK DER KIRSCHE aktiv herbeiführen möchte, wird in DER WIND WIRD UNS TRAGEN (1999) passiv erwartet; er tritt jedoch nicht ein. In einem der schönsten Filme Kiarostamis unternimmt ein Journalist unter falschem Vorwand eine Reise in ein abgelegenes Dorf, um eine Totenfeier zu dokumentieren. Die alte Frau, die betrauert werden soll, macht jedoch keine Anstalten zu sterben, und so bleibt dem Eindringling nichts anderes übrig, als sich in den ländlichen Alltag einzufügen – als ein Fremdkörper, dessen Präsenz ein raffiniertes, oft hochgradig komisches Spiel von Anwesenheit und Abwesenheit, Sichtbarkeit und Unsichtbarkeit, Reden und Schweigen in Gang setzt. Ein Film, der von Mikro- anstatt von Makrostrukturen bestimmt wird und dessen deutlicher Fokus auf Frauenfiguren (der Journalist verwickelt sich unter anderem in eine Serie halbherziger Flirts) bereits auf die neue Richtung verweist, die Kiarostamis Werk im Anschluss einschlägt.

Filme der Exterritorialität

Wenn WO IST DAS HAUS MEINES FREUNDES? der erste Schlüsselfilm ist, dann ist TEN (2002) der zweite. Ein Glücksfall des Kinos, das mit minimalistischer Konsequenz die Serie der Autofilme abschließt und in derselben Bewegung die letzte, opakste und experimentellste Werkphase einläutet. Kiarostami kehrt in die Stadt zurück und setzt diesmal nicht einen Mann, sondern eine Frau hinters Steuer: eine geschiedene Frau aus der oberen Mittelschicht, die im Lauf des Films in ihrem Auto neun Gespräche führt. Auch auf dem Beifahrersitz nehmen ausschließlich Frauen Platz – und allerdings auch, gleich mehrmals, der Sohn der Fahrerin, der sich als eines der unerträglichsten Kinder der Filmgeschichte entpuppt. Alle Übel des Patriarchats in einem einzigen impertinenten, selbstsüchtigen Grundschüler zu vereinen: Das ist einer von vielen genialen Schachzügen des Films.

Anders als in den vorherigen Autofilmen verlässt die Kamera den Wagen gar nicht mehr. Das hängt auch mit einem Wandel in der Filmtechnik zusam-

DER WIND WIRD UNS TRAGEN (IR/F 1999) (© MK2)

men. Kiarostami hatte bereits zuvor den sehenswerten Dokumentarfilm ABC AFRICA (2001) mit einer handelsüblichen kleinen Digitalkamera gedreht und setzt diese nun auch in einem Spielfilm ein. In 10 ON TEN schwärmt er von den Freiheiten, die die neue Technik ermöglicht und die sich freilich – das ist wieder eine jener produktiven Paradoxien, die das gesamte Werk des Regisseurs prägen – als Selbstbeschränkung artikulieren. Im Kern besteht TEN aus einer einzigen, spielfilmlangen Schuss-Gegenschuss-Sequenz, die Kamera ist auf dem Armaturenbrett installiert und filmt abwechselnd, in höchstens minimalen Variationen, die Fahrerin und ihren Beifahrer/ihre Beifahrerin.

In der Tat rückt TEN das gesamte Werk in ein neues Licht. Es fällt dann in der Rückschau auf, dass in Kiarostamis Kinderfilmen, auch schon vor 1979, immer nur Jungen auftauchen, nie oder höchstens ganz am Rand Mädchen. Auch in den Autofilmen vor TEN steht stets außer Frage, dass der Fahrer ein Mann ist und sein muss, als Platzhalter für den Regisseur, aber auch als ein unabhängiger Agent, der selbstbestimmt eine ihm fremde Welt erkundet. Den Geschlechteraspekt in den Blick zu nehmen heißt nicht, Kiarostami des «male gaze» zu verdächtigen; aber es zeigt, dass auch sein Kino nicht außerhalb jener Mechanismen iranischer Kulturproduktion existiert, die Tobias Ebbrecht als eine «Doppeladdressierung» beschreibt:

Filme, die in der westlichen Rezeption gerne als kritische Interventionen unabhängiger Künstler und damit als Beleg für diskursive Pluralität innerhalb der islamischen Republik Iran besprochen werden, können sich aus inneriranischer Perspektive durchaus als kompatibel mit der Staatsideologie erweisen.

Ein neuer Blick, der einen alten verunmöglicht

Auch TEN ist kein Agitpropfilm, vielleicht noch nicht einmal im engeren Sinne dissidentes Kino. Die Konsequenzen, die aus ihm zu ziehen sind, sind, zumindest werkimmanent, nicht politisch, sondern ästhetisch: ein neuer Blick, der einen alten verunmöglicht. Wenn die Frauen im Auto offen ihre Frustration über ihre auch juristisch kodifizierte Unterordnung artikulieren, wenn eine von ihnen schließlich ihr Kopftuch ablegt und ihr fast kahlrasiertes Haupt der Kamera präsentiert, dann kündigt TEN den impliziten Vertrag auf, den der Regisseur mit dem islamistischen Regime, mit dem er sich nie identifiziert hat, aber auch mit der iranischen Gesellschaftsordnung, deren Teil er selbstverständlich dennoch ist, geschlossen hatte.

Für ein Kino, das stets die eigenen Voraussetzungen vollumfänglich mitreflektiert, hat das schwere, existenzielle Folgen: Im Spätwerk hat Kiarostamis Filmschaffen sowohl sein Thema verloren als auch seine Methode. Hinfort ist sein Kino weder eines der

Kindheit, noch eines des Autos, sondern eines der Exterritorialität. Die Exterritorialität ist nicht bloß eine geografisch-kulturelle, sondern eine prinzipielle, im filmischen Blick als solchem verankerte und betrifft deshalb auch diejenigen späten Filme, wie etwa SHIRIN, die noch im Iran entstehen. Sie schlägt sich nieder in einer Tendenz zur Abstraktion, besonders deutlich in den formalistischen Plansequenzarbeiten wie FIVE DEDICATED TO OZU (2003) und 24 FRAMES (2017), der allerletzten, posthum veröffentlichten Regiearbeit: als Experimente faszinierend, aber auch ein wenig deprimierend darin, wie sie den filmischen Blick verabsolutieren. Im Ergebnis entstehen Bilder, die nicht mehr bewohnt werden können oder auch nur sollen.

Die letzten beiden Spielfilme wiederum realisiert Kiarostami außerhalb seines Heimatlandes, DIE LIEBESFÄLSCHER (2010) als französisch-italienische Koproduktion, LIKE SOMEONE IN LOVE (2012) in Japan. Zwei brillante Spätwerke, in denen der Regisseur noch einmal, mit spielerischer Leichtigkeit, die Abgründe der Metafiktion erkundet, mit Gilles Deleuze die Mächte des Falschen entfesselt; aber auch beides Zeugnisse eines Kinos, dessen Band zur Welt zerrissen ist. In DIE LIEBESFÄLSCHER wird diese Welt zum bloßen Effekt eines Sprachspiels, das eine Frau und ein Mann miteinander spielen, in LIKE SOMEONE IN LOVE verliert sie sich in einem Netz der Dopplungen und Spiegelungen. In der letzten Einstellung von LIKE SOMEONE IN LOVE steht ein alter Mann in seiner Wohnung am Fenster und schaut vorsichtig nach draußen. Wir wollen sehen, was er sieht, und erwarten einen Schnitt auf seine Perspektive, aber stattdessen wirft jemand einen Stein durchs Fenster. Das Glas zerspringt – und alles, was bleibt, ist der Abspann.

Ins Auge, in den Bauch, ins Gehirn

Zum Kinostart von DUNE: Ein Werkporträt des kanadischen Filmemachers Denis Villeneuve und seines Brückenschlags zwischen Arthouse- und Mainstreamkino

Von Stefan Stiletto

Spätestens seit seinen Science-Fiction-Erfolgen ARRIVAL und BLADE RUNNER 2049 ist der Kanadier Denis Villeneuve zu einer eigenen Marke im aktuellen Blockbusterkino geworden; ähnlich wie Ridley Scott oder Christopher Nolan ist er ein «auteur» im Mainstream. Sein Epos DUNE ließ beim Filmfestival Venedig 2021 den Lido beben und startete am 16.9. in den deutschen Kinos. Anlass für ein Werkporträt.

Herbst 2013. Im Kino läuft PRISONERS an, ein Thriller über eine Kindesentführung, einen verzweifelten Vater und einen schrecklich übermüdeten Detective. Eine Geschichte, die Spannung verspricht, die sicher unbequem wird – vor allem, wenn man Kinder hat –, aber auch nichts, was irgendwie revolutionär oder neu klingt. Hollywood-Thriller-Standardstoff eben, wenngleich hochkarätig besetzt mit Jake Gyllenhaal, Hugh Jackman und Paul Dano. 150 Minuten dauert dieser hochgradig effektiv inszenierte Trip. Und über 150 Minuten gelingt es dem Regisseur, eine immense Spannung aufzubauen, zu fesseln, das Publikum in den Bann zu ziehen von der ersten bis zur letzten Minute, es einzuhüllen in eine düster-bedrohliche Soundkulisse und mit hineinzuziehen in menschliche Abgründe. Wer hat da Regie geführt? Denis Villeneuve. PRISONERS war nicht sein erster Film, wohl aber sein erster Blockbuster. Weniger als ein Jahrzehnt später zählt der Kanadier zu den bedeutendsten Hollywood-Regisseuren, der meisterhaft die Brücke zwischen Arthouse und Mainstream schlägt und großes Kino für das Auge, den Bauch und Kopf macht.

Schon 2013 war der 1967 in Bécancour in Québec geborene Denis Villeneuve kein Nachwuchsregisseur mehr. Seine Karriere begann 1998, nach einigen dokumentarischen Arbeiten, experimentellen Kurzfilmen und Musikvideos, mit seinem Spielfilmdebüt DER 32. AUGUST AUF ERDEN, der sogleich in der Reihe «Un Certain Regard» von Cannes gezeigt wurde. Regelrecht zerschnitten werden die Bilder zu Beginn, während ein Auto durch die dunkle Nacht rast. Die Fahrerin schläft ein, kommt von der Straße ab, verunglückt schwer. Stilistisch setzt Villeneuve mit dieser Szene ein Ausrufezeichen und beweist sein Geschick im Schaffen von Atmosphäre. Eher seltsam hingegen mutet aus heutiger Sicht auf Villeneuves Werk an, was im Film danach folgt. Eine schräge Liebesgeschichte über die Frau, die beschließt, ihr Leben zu ändern, und ihren besten Freund überredet, mit ihr ein Kind zu zeugen. Nur in der Wüste, sagt dieser. Und so beginnt eine Reise von Kanada in die Salzwüste von Salt Lake City, die sich allerdings als alles andere als der passende Ort zur Umsetzung des Plans erweist.

Die Verknüpfung von Drama und trockenem Humor will nicht so recht glücken in diesem Film. Aber was im Gedächtnis bleibt, ist die Art und Weise, wie hier die Schauplätze in Szene gesetzt werden, von der in weiten Panoramen aufgenommenen Salzwüste, in der die Menschen wie Fremdkörper wirken, bis hin zum beinahe klaustrophobisch anmutenden futuristischen Capsule-Hotel im japanischen Stil, in dem die beiden Protagonisten letztlich landen. Etwas Surreales haben diese Szenerien, was Villeneuve auch bei seinem nächsten Film übernommen hat. In MAELSTRÖM sind weise Fische auf der Schlachtbank die Erzähler – ein Kunstgriff, den man eher in den Werken von Jean-Pierre Jeunet zur damaligen Zeit vermutet hätte und der ablenkt von den menschlichen Dramen, um die es sonst in diesem multiperspektivischen und verschachtelten Film geht: um den Kreislauf von Leben und Tod, um Entscheidungen gegen das Leben und für das Leben.

Jake Gyllenhaal in PRISONERS (USA 2013) (© Universal)

Trotz positiver Kritiken zieht Villeneuve sich nach diesen beiden Filmen erst einmal aus dem Filmgeschäft zurück und legt eine nahezu zehnjährige Pause ein. Er will sich weiterentwickeln, er will sich intensiver mit Dramaturgie beschäftigen, will Filme studieren und in Zukunft nur noch Filme machen, für die er brennt.

Im Rückblick wirken DER 32. AUGUST AUF ERDEN und MAELSTRÖM wie Stilübungen. Vieles von dem, was die späteren Werke auszeichnen wird, ist hier schon angelegt: Es gibt das Gespür für die Inszenierung von Orten, die starken Frauenfiguren, die Fixierung von Blicken, die Themen Schuld und Verantwortung, den Kontrollverlust. Und immerzu nimmt Villeneuve seine Figuren absolut ernst, auch wenn die Welten, in denen sie sich bewegen, bisweilen unwirklich sind. Er urteilt nicht über sie, auch wenn sie streitbare Wege einschlagen. Vom Humor allerdings verabschiedet sich Villeneuve danach. Alle Filme, die folgen, sind in ihrem Tonfall deutlich düsterer.

Sie sehen was, was du nicht siehst

Mit dem formal strengen, manchmal dokumentarisch anmutenden POLYTECHNIQUE meldet sich Villeneuve 2009 zurück. Aus dem Blickwinkel von drei Figuren erzählt er in diesem in Schwarz-weiß gedrehten Drama auf der Basis wahrer Begebenheiten von einem Amoklauf, der sich 1989 an der Polytechnischen Hochschule in Montréal ereignet hat. Die Gewalt in diesem Film ist – wie später in SICARIO – schmutzig und roh, unvermittelt und schockierend.

Sie wird nicht überhöht und findet einfach statt. Der Täter, dessen Perspektive ebenfalls gezeigt wird, wird dabei nicht glorifiziert, seine Motive nur rudimentär erklärt. POLYTECHNIQUE ist auch die Geschichte eines mehrfachen Kontrollverlusts. Zum einen des Amokläufers, der mit Gewalt seinem Hass auf Frauen freien Lauf lässt, zum anderen aber auch der Opfer, die sich nach dem traumatischen Erlebnis erst wieder ihren Handlungsfreiraum erarbeiten, Sicherheiten wiederfinden und sich ihre Möglichkeit der Selbstbestimmung zurückerobern müssen.

Bemerkenswert ist, wie der Film zunehmend offener wird. Detailliert beobachtet er über einen langen Zeitraum den nervenzermürbenden Amoklauf und lässt aufblitzen, dass Villeneuve seine Karriere als Filmemacher mit Dokumentarfilmen begonnen hat. Aber am Ende lässt er sich nicht auf eine Rekonstruktion reduzieren, sondern erzählt ganz grundsätzlich über das Machtverhältnis von Männern und Frauen. Wie fast immer bei Villeneuve liegen die Sympathien dabei auf der Seite der Frauen. Ihnen gesteht Villeneuve Willenskraft, Stärke und Menschlichkeit zu. Die Männer hingegen sind die Zweifler, diejenigen, die an ihren Machtfantasien scheitern, die mit dem Kontrollverlust nicht umgehen können und untergehen.

So verwundert es auch nicht, dass auch in DIE FRAU, DIE SINGT eine Tochter und eine Mutter im Mittelpunkt stehen, wobei Villeneuve zum ersten Mal einen fremden Stoff verfilmt. Mit seiner Verkettung von Schicksalen und seinem Kernthema Schuld und Vergebung ist das auf dem Theaterstück *Incendies* von Wajdi Mouawad beruhende Drama, in dem zwei Geschwister dem letzten Willen ihrer verstorbenen Mutter folgen und sich auf die Suche nach ihrem Vater sowie ihrem bisher unbekannten Bruder machen, ganz eng verbunden mit MAELSTRÖM.

Mehr noch als je zuvor beginnt Villeneuve aber auch, sich auf die Beobachtung von Blicken zu konzentrieren – eines seiner markantesten Stilmittel. Villeneuve zeigt oft nicht (oder nicht zuerst), was geschieht, sondern wie jemand etwas wahrnimmt. Die Augen und die Blicke seiner Schauspieler erzählen, was da gerade passiert. Sie sehen, was das Publikum nicht sieht. Ebenso konsequent heftet sich die Kamera mit langen «tracking shots» oft an ihre Fersen, folgt ihnen fließend durch den Raum – und zieht das Publikum damit unweigerlich mit hinein ins Geschehen. Eine Technik, die später auch den Drogenthriller SICARIO oder BLADE RUNNER 2049 prägen wird und Villeneuves Filme so sogartig wirken lässt.

Einfache Geschichten, komplex erzählt

Immersiv wirkt auch ENEMY, der auf dem Roman *Der Doppelgänger* von José Saramago beruht. Waren die anderen Filme von Villeneuve noch mehr oder weniger in der Realität verwurzelt, so sieht die Welt nun fremdartig aus. Ein unheilvoller gelber Schleier liegt über den Bildern, taucht die Skyline von Toronto in ein unwirkliches Licht (und nimmt bereits die dystopischen Stadtlandschaften von BLADE RUNNER 2049 vorweg) und bereitet damit den Boden für eine Geschichte über einen Mann, der seinen Doppelgänger trifft. Auf die existenzielle Erschütterung folgt die Neugier: Was für ein Leben lebt dieser? Können sie die Rollen tauschen? Verliert der Protagonist damit die Kontrolle über sein Leben? Oder kann er auch die Kontrolle über ein anderes Leben übernehmen?

Im Kern geht es in ENEMY um einen Mann, der sich zwischen einer Affäre und seiner Frau entscheiden muss – aber erzählt wird dies in Form eines surrealen Labyrinths mit suggestiven Bildern. Der Film macht das Innenleben und die Widersprüche des Protagonisten erfahrbar, taucht ein in seine Psyche, wodurch sich auch die Frage nach der Realität nicht mehr stellt. Aus dem Stoff hätte sich ein nüchternes Drama machen lassen. Villeneuve aber inszeniert die Geschichte so unheimlich wie möglich und konfrontiert sein Publikum mit spinnenartigen Wesen, die mit ihren langen Beinen durch die Stadt staksen oder gar plötzlich im Nebenraum stehen.

ENEMY erzählt nicht distanziert-sachlich über die Krise des Helden, sondern macht sie erfahrbar. Ähnlich funktionieren auch PRISONERS und SICARIO. Die Kamera rückt auch hier den Protagonisten auf den Leib, folgt ihnen in Abgründe, richtet den Blick immer wieder auf ihre Augen und in ihre Seelen. Wo sich in dem Thriller PRISONERS ein Labyrinth aus Schuld und Verzweiflung auftut, taucht SICARIO ins nicht minder ethisch zweifelhafte Milieu der Drogenfahnder, Geheimdienste und Söldner im Grenzstreifen zwischen Mexiko und den USA ein und bemüht sich um dokumentarischen Realismus. Eine aufrechte FBI-Agentin scheitert in diesem Sumpf aus Korruption und Gewaltexzessen an ihren moralischen Standards. Antworten oder beruhigende Auflösungen gibt es in beiden Filmen nicht – nur eine tiefe Verunsicherung.

Spätestens ab diesem Zeitpunkt rückt die Rolle der Bildgestaltung und des Scores mehr in den Vordergrund – auch, weil Villeneuve sich mehr für die Ideen aus seinem Team öffnet und nicht mehr wie zuvor alles alleine bestimmen will. Die atmosphärisch dichten, zugleich vielschichtig und reduzierten Scores von Jóhan Jóhannson färben PRISONERS, SICARIO und ARRIVAL ein – auch bei BLADE RUNNER 2049 war er zunächst als Komponist eingeplant, wird aber letztlich durch Hans Zimmer und Benjamin Walfisch ersetzt –, als Bildgestalter bestimmt Roger Deakins maßgeblich den Look von PRISONERS, SICARIO und BLADE RUNNER 2049. Bekannt ist, wie akribisch Villeneuve im Vorfeld mit Storyboards arbeitet und die Auflösung des Drehbuchs exakt plant.

In die Zukunft

Nach der Phase der Dramen und der Phase der Thriller kommt Villeneuve mit ARRIVAL schließlich in dem Genre an, das ihn nach eigenen Aussagen schon seit seiner Kindheit und dem Fund zahlreicher Comics von Ikonen wie Jean Giraud / Moebius, Enki Bilal, Philippe

Amy Adams in ARRIVAL (USA 2016) (© Sony)

Dune (USA 2021) (© Warner Bros.)

Druillet oder Raymond Poïvet in einer Schachtel einer Tante besonders faszinierte: der Science-Fiction. Und es gelingt ihm, auch hier etwas Neues in ausgetretenen Pfaden zu erschaffen. Die nur ansatzweise zu sehenden Aliens, die in Arrival auf der Erde landen, sind anders als alle Außerirdischen des bisherigen Science-Fiction-Kinos. Nur ein Teil der tentakelartigen Wesen ist überhaupt zu sehen. Der Film erzählt davon, wie eine Linguistin und ein Naturwissenschaftler versuchen, mit ihnen in Dialog zu treten. Näher als in Arrival war Villeneuve seinem Vorbild Steven Spielberg, der in Unheimliche Begegnung der dritten Art eine ähnliche Geschichte erzählte, womöglich nie. Aber auch hier ist das futuristische Setting nur ein bildgewaltiges Alibi für eine philosophische Frage, die gar nichts mit Aliens zu tun hat. Es geht um eine Entscheidung für das Glück, auch wenn dessen Vergänglichkeit bewusst ist, um die Akzeptanz von zukünftiger Trauer und Verlust. Auch wenn sich Zeitstrukturen auflösen und Arrival dem Publikum den Boden unter den Füßen wegzieht, ist er doch auch eine geerdete Science-Fiction, verliebt in die traurigen Blicke von Amy Adams, immersiv durch die Soundkulisse und die getragene Stimmung und ganz nah bei seiner Protagonistin.

Spektakel gibt es bei Denis Villeneuve nicht um ihrer selbst willen. Im Gegenteil: Trotz fantastischer Settings sind Villeneuves Filme oft vielmehr Beispiele für eine Entschleunigung, für die Konzentration auf Atmosphäre und Stimmungen. So ist Blade Runner 2049 visuell und akustisch überwältigend und atemberaubend, aber eben auch, ganz im Sinne von Ridley Scotts Original-Blade Runner tiefgründig und anregend. Wenn der Replikantenjäger K beginnt, an seiner Künstlichkeit und seinem Handeln zu zweifeln und etwas Menschliches in sich zu entdecken und zu spüren glaubt, geht es auch hier um die Frage, was den Menschen eigentlich ausmacht. Blade Runner 2049 ist – wie Arrival – ebenso ein Film über die Zukunft wie über die Vergangenheit, über die Gegenwart wie über die Erinnerung, der allerdings nicht zu trauen ist, seitdem sie künstlich hergestellt werden kann. Auch wenn ein männlicher Protagonist im Mittelpunkt steht, stiehlt ihm eine Erinnerungsdesignerin letztlich die Schau. Während die Männer draußen kämpfen, gestaltet sie in einer Schutzblase kleine Welten.

Von der Salzwüste von Salt Lake City auf den Wüstenplanet Arrakis

«Entwickle dich weiter oder stirb» ist ein Motto, das von Villeneuve immer wieder zu hören ist. Auf den ersten Blick scheinen seine Filme dann auch sehr unterschiedlich zu sein. Aber dennoch werden rote Fäden sichtbar und lassen manche Filme wie thematische oder ästhetische Fortsetzungen der vorherigen wirken. So wird auch klar, was Villeneuve an der Adaption von Frank Herberts Science-Fiction-Epos DUNE gereizt haben mag, geht es doch auch in diesem um einen verunsicherten Mann, der an seine Grenzen kommen wird, um eine starke Frau, die ihm Halt gibt, überhaupt um einen quasireligiösen Frauenorden, der die Macht besitzt, während die Männer politische Intrigen spinnen und sich bekriegen, um eine komplexe Science-Fiction-Geschichte, die dann aber doch im Subtext eng verbunden ist mit der Gegenwart und unter dem Deckmantel des Überbordenden über Menschen erzählt. Und es geht wieder um Blicke, um Perspektiven: die vom Spice gesättigten Augen der Einwohner des Wüstenplaneten erlauben es, sie so blau und tief in Szene zu setzen wie nie zuvor in der Filmografie von Denis Villeneuve.

DER 32. AUGUST AUF ERDEN ist im Programm des Streamingdiensts MUBI zu sehen. POLYTECHNIQUE ist als Bonusfilm in der Blu-ray-Sonderausgabe von ENEMY enthalten. Mit Ausnahme von MAELSTRÖM liegen alle anderen Filme als Einzelveröffentlichungen auf DVD und Blu-ray vor. Villeneuves Kurzfilm «REW-FFWD» ist online abrufbar über die Website des Office National du Film du Canada.

Trügerische Gewöhnlichkeit

Eine Annäherung an den Schauspieler Matt Damon, der wie kaum ein anderer die Kunst der Zurückhaltung beherrscht und seine Figuren auf sympathische Weise erdet

Von Patrick Holzapfel

Der 1970 geborene Matt Damon ist seit seinem Durchbruch mit GOOD WILL HUNTING in den 1990er-Jahren einer der großen Hollywood-Stars. Dabei hat seine Star-Persona nichts Aufdringliches, vielmehr beherrscht er wie kaum ein anderer aktueller US-Schauspieler die Kunst der Zurückhaltung. Seine Figuren sind oft vorbildhaft, erscheinen aber nie überlebensgroß, sondern ganz alltäglich und auf sympathische Weise geerdet. Eine Annäherung an das Geheimnis des Darstellers, der 2021 als Ritter in LAST DUEL sowie in STILLWATER als Vater im Kampf für seine inhaftierte Tochter überzeugte.

Der Schauspieler James Stewart äußerte einst: «Eine der wichtigsten Dinge, die man beachten muss, wenn man schauspielt, ist zu vermeiden, dass man das Schauspiel sieht.» Ein vernünftiger Ratschlag, könnte man meinen, aber so ganz hat er uns nicht gerettet vor zahllosen übertriebenen Monologen und sich im Bild abspielenden Kämpfen um Aufmerksamkeit und Ruhm. Den jungen Matt Damon aber scheint diese Formulierung erreicht zu haben, denn er folgt ihr strengstens und ist vielleicht auch deshalb zu einem der ganz großen Filmstars der vergangenen 30 Jahre aufgestiegen.

Mit dem Start seines Films STILLWATER, in dem der Schauspieler einen konservativen Vater aus Oklahoma verkörpert, der für seine in Marseille inhaftierte Tochter kämpft, schien es 2021 längstens an der Zeit, die Karriere des Darstellers neu zu betrachten. Schließlich ist aus dem jugendhaften Helden aus GOOD WILL HUNTING (1997) vor den Augen des Kinopublikums ein vom Leben gezeichneter Vater geworden. Wie in kaum einer anderen Schauspielerkarriere jüngerer Machart gibt es keine Zäsur, keinen versuchten Imagewandel, kein Comeback, keine großen Skandale (wenn man von diversen, etwas weltfremden Aussagen in Interviews absieht, die ihn vor allem in den Sozialen Medien immer wieder in Kritik geraten lassen) und schwierige Phasen. Alles baut schön und logisch aufeinander auf, eine Musterkarriere, fast langweilig.

Betont alltägliche Figuren

Es stimmt schon, dass man manchmal sogar vergisst, dass Matt Damon in einem Film mitgespielt hat. «Ich will nicht, dass die Menschen Matt Damon sehen», äußerte er jüngst gegenüber der *New York Times* und zeigte damit einmal mehr, wie sehr er sich das Diktum von James Stewart, aber auch das seines Vorbilds Gene Hackman einverleibt hat. Hinzu kommt, dass Damon oftmals jene bodenständigen, alltäglichen, weißen Männer der Mittelklasse verkörpert, die das Hollywoodkino bis vor kurzem unangefochten dominierten. Figuren, die darauf angelegt sind, gewöhnlich zu sein, damit sich ein Großteil der anvisierten Zuschauerschaft mit ihnen identifizieren kann. Heute sinkt die Nachfrage nach solchen Figuren in Hollywood. Das liegt an einem politischen Umdenken, aber vor allem an der Dominanz von großen Flagship-Produktionen, in denen Damon jenseits der Jason-Bourne-Filme kaum auftaucht.

Dieser Mann, der so sehr aussieht wie alle anderen, dass er in einer Welt, in der jeder nach seinen Spiegelbildern sucht, 2007 zwangsläufig zum

Matt Damón in LAST DUEL von Ridley Scott (USA/GB 2021) (© Walt Disney Company)

«Sexiest Man Alive» gewählt wurde, lächelt wie ein sympathischer Nachbar, er spricht wie der Arzt, zu dem man gerne geht, seine blassblauen Augen strahlen Vertrauen aus, und nichts an ihm könnte auf den ersten Blick irritieren oder faszinieren. Damon ist der personifizierte Alltag, und so wurde er auch oft besetzt. Denn wenn diesem Mann etwas zustößt, dann geht uns das alle an!

Vom sorgenden Vater im lauwarmen Familienfilm WIR KAUFEN EINEN ZOO über den vorbildlichen Rugbyspieler Francois Pienaar in Clint Eastwoods INVICTUS oder den vom Leben deprimierten, verlassenen Ehemann in Alexander Paynes DOWNSIZING bis im Angesicht der Coolness seiner Kollegen überforderten Taschendieb in der OCEAN's-Reihe behält sich Damon eine beinahe rationalistische Erdung. Die Ratio ist dem Banalitätskünstler auch deshalb so nahe, weil er – ein Erbe seines Durchbruchs als Will Hunting in dem Film, der ihm gemeinsam mit Ben Affleck den «Oscar» für das beste Drehbuch einbrachte – Intelligenz in der Star-Persona besitzt. In so unterschiedlichen Filmen wie DER MARSIANER – RETTET MARK WATNEY, DER TALENTIERTE MR. RIPLEY oder DEPARTED – UNTER FEINDEN spielt Damon überdurchschnittlich intelligente Figuren.

Nachvollziehbare Überlegenheit

Vor allem als alleiniger Marsbewohner findet Damons Figur für fast jede Handlung eine wissenschaftliche Erklärung. Statt der reinen Muskelkraft, die er durchaus auch zu bedienen weiß, entscheidet der Kopf über Leben und Tod. Solches Wissen ist erstmal alles andere als gewöhnlich, mögen manche einwenden, aber Damon lässt es gewöhnlich erscheinen. Seine Figuren handeln nie larger than life; wenn sie mehr wissen oder können, dann, weil sie trainiert wurden, und wenn sie moralisch verwerflich handeln, dann aus Angst oder Abhängigkeiten. Die irrationalste Szene im gesamten Œuvre von Matt Damon findet sich daher in einem Sketch des Late-Night-Hosts Jimmy Kimmel, mit dem Damon seit vielen Jahren eine Running-Gag-Fehde austrägt, bei der es darum geht, dass Kimmel dem Star untersagt, in seiner Show aufzutreten. Im Sketch rund um einen «Handsome Men's Club», in dem nur die schönsten Männer ihrer Zunft zugelassen werden, verdrängt Damon Kimmel als Vorstand mit einer heimtückisch geplanten Meuterei und fällt am Ziel seiner Träume in ein superböses Lachen, das – und schon sind wir wieder auf dem Boden der Tatsachen – nur der Imagination Kimmels entspringt.

Aber auch der Boden der Tatsachen kann unterschiedlich verlegt werden, und Damon hat im Lauf der Jahre unglaublich viele Nuancen im Gewöhnlichen gefunden. Er beherrscht fast sämtliche Genres, kann den passiv-unscheinbaren Arbeiter genauso verkörpern wie den heldenhaften Actionstar, den lustigen Anarcho, den beliebten Politiker, den sorgenden Familienvater genau wie den tragischen Einzelgänger. Obwohl Damon immer gewöhnlich erscheint, verwandelt er sich mit jedem Film vollkommen.

Filmemacher setzen diese Fähigkeit ein, um von doppelbödigen Figuren zu erzählen, bei denen das scheinbare Normalo-Dasein nur ein Trugbild ist, hinter dem sich Abgründe und kriminelle Machenschaften verbergen. Robert De Niros DER GUTE HIRTE ist ein solcher Film, DER INFORMANT, DEPARTED – UNTER FEINDEN oder SUBURBICON auch. In Christopher Nolans INTERSTELLAR spielt der Schauspieler besonders eindrücklich mit seinem Image und gibt seiner Figur aus DER MARSIANER eine neue, korrupte Wendung. Vor allem in Scorseses herausragendem Gangsterfilm DEPARTED – UNTER FEINDEN spielt Damon derart fies, dass der von Jack Nicholson gemimte Massenmörder fast menschlich daherkommt. Die doppelten Identitäten, die Lügen und karriereorientierten Managerqualitäten fügen sich zu einem zeitgemäßen Bild des gewöhnlichen Bösen, das immer dann gewinnt, wenn es schnell und opportunistisch denkt.

Konfrontiert mit den Veränderungen der Welt

Auf der anderen Seite seines Spektrums wählt Matt Damon viele Rollen, die sich um Nachhaltigkeit und Umweltschutz drehen. Wenn man so möchte, ist es das, was den Auteur Damon interessiert. Filme wie DOWNSIZING, DER MARSIANER – RETTET MARK WATNEY oder seine famose Sprechrolle als Bill der Krill in HAPPY FEET 2 lassen ein Engagement des Schauspielers durchscheinen. Dass er dieses oft anhand eher konservativer Figuren erzählt, macht seinen Beitrag umso wertvoller. Wie auch in STILLWATER blüht Damon in der Rolle des einfachen Mannes auf, der mit den schnellen Veränderungen und neuen Notwendigkeiten der Welt konfrontiert wird. Seine Figuren beweisen Widerständigkeit und Flexibilität, aber sind nicht frei von Zweifeln, Ängsten oder Versagen. Wie in LE MANS 66 – GEGEN JEDE CHANCE verkörpert er auch ein komplexes, gebrochenes Selbstbild der USA. Man wundert sich nicht, dass Damon zweimal vor der Kamera Clint Eastwoods stand, schließlich finden sich die beiden in solchen Themen. Allgemein arbeitet Damon häufiger mit den gleichen Filmemachern: Steven Soderbergh, George Clooney, Paul Greengrass oder Gus van Sant.

Da Damon alles tut, um zu verstecken, dass er spielt, ist es schwer, auf bestimmte Ticks oder Techniken hinzuweisen. Einzig sein ausgeprägter Hang, in Szenen gleichzeitig zu sprechen und zu essen, muss angeführt werden. Er kaut sowohl in lustigen als auch in tragischen Szenen, er beißt, um jemand einzuschüchtern oder seinen Charme spielen zu lassen. Man würde gerne so essen können wie Damon, der in der mühelosen Beiläufigkeit dieser existenziellen Tätigkeit ein Pendant zur gespielten Gewöhnlichkeit findet. Zwar kann er von der Art, wie er das Besteck hält, über das Kauen bis zum Schlucken sämtliche Schritte des Essvorgangs steuern, aber etwas entwischt auch ins Unterbewusstsein seiner Figur, es sind die automatisierten Prozesse, in denen sich ganz freudianisch die tieferen Wahrheiten der Figuren offenbaren. Jene Wahrheiten, die von Schauspielern, nicht aber von den Figuren gespielt werden können.

Das vieldeutige Lächeln als Starmerkmal

Die andere Seite dieser Medaille ist sein Lächeln, vielleicht sein wirkliches Starmerkmal. Es ist gleichermaßen falsch und aufrichtig, einnehmend und entfremdend. Oft kommt es selten, aber plötzlich und enthält eine ganze Lebensgeschichte. Es kann alles sein und wenn man genau schaut, dann lässt sich dasselbe auch für die Blicke, die Schritte oder die Art und Weise, ein Lenkrad zu halten, sagen. Allerdings fordert Damon selten ein, dass man ihn wirklich ansieht. Eher verlangt er, dass man sich vorstellt, man wäre er. Er ist einfach da, bereit, die Story zu tragen, und das gibt und raubt ihm gleichermaßen Charisma. In mancher Hinsicht entspricht das Schauspiel Damons dem unsichtbaren Schnitt Hollywoods; beiden geht es um die nahtlose Erfahrung einer geschlossenen Welt, die uneingeschränkte Identifikation sucht.

Die scheinbare oder tatsächliche Identitätslosigkeit seiner Figuren, die so sehr einlädt, sich selbst auf der Leinwand zu entdecken, kann sich auch in innere Dramen transformieren. So gehören die BOURNE-Filme, in denen der titelgebende Agent über lange Zeit nach seiner Identität sucht, zu den dunkelsten Filmen des Schauspielers. In ihnen zeigen sich Narben, die nur vom Bewegungskino zugenäht werden können. So wird gesprungen, gekämpft und gerannt, um endlich leben zu können. Aber meistens so, dass selbst hier der Boden der Tatsachen nicht wirklich verlassen wird. Damons Bourne ist kein Superheld, weder körperlich noch moralisch. Es ist auch nicht immer möglich, ihn zu mögen.

Matt Damon in STILLWATER von Tom McCarthy (USA 2021) (© Universal)

Noch eindrücklicher verharrt die Abwesenheit von Identität in Gus van Sants GERRY, einem kontemplativen Wüstentrip, in dem sich zwei Freunde in einer Wüste verlaufen. In den endlosen, von der Sonne verformten Perspektiven verwandelt sich die Landschaft in eine innere Verlorenheit, und was man glaubte zu sehen, wird radikal hinterfragt. Damon ist der perfekte Schauspieler, wann immer man jemanden sucht, bei dem alles so ist, wie es scheint, und er ist der perfekte Schauspieler, wann immer man jemand sucht, bei dem nichts so ist, wie es scheint.

Matt Damon und Lilou Siauvaud in STILLWATER (USA 2021) (© Universal)

Grenzen im Land der unbegrenzten Möglichkeiten

Über das Kino von Regisseurin Kelly Reichardt, einer Ikone des US-Independent-Kinos

Von Karsten Munt

Die 1964 in Florida geborene Regisseurin Kelly Reichardt hat sich mit Filmen wie OLD JOY, WENDY UND LUCY und NIGHT MOVES zu einer der führenden Stimmen des US-Independent-Kinos der letzten zwanzig Jahre entwickelt. Minimalistische Inszenierungen, eine sozialrealistische Verankerung in konkreten Räumen und Lebensbedingungen, aber auch das souveräne Spiel mit Genreelementen zeichnen ihr Kino aus. Reichardts Film FIRST COW zeigt einmal mehr ihre Meisterschaft.

Hand in Hand teilen sich zwei Freunde ein Grab. Als habe eine Lebzeit nicht ausgereicht, halten die Skelette auch nach dem Tod aneinander fest. Das Grab steht an Anfang und Ende von Kelly Reichardts FIRST COW, stellt einen engen, erbarmungslosen Rahmen für ihre Protagonisten, die ihm mit einer kleinen Geste – eine Hand, die sich auf eine andere legt – über seine Grenzen hinaus mit Zuneigung füllen. Die Szene ist prototypisch für Reichardts Kino, das mit viel Verzicht und viel Empathie von denen erzählt, die an den Rändern der amerikanischen Gesellschaft verloren gehen.

Starkes Debüt: RIVER OF GRASS

In Reichardts Debütfilm RIVER OF GRASS ist die Verlorene eine junge Mutter. Cozy (Lisa Donaldson) lebt in der Provinz von Südflorida, zwischen Highways und versiegelten Vorgärten. Ohne Lust auf das Muttersein, ohne Vater in Sicht, ohne Perspektive. Lee (Larry Fessenden), der bei seiner Großmutter lebt, oder besser: geduldet wird, ist nicht der Mann, der eine neue Perspektive bieten kann. Aber er besitzt einen Revolver. Die gefundene Waffe verspricht, ein Abenteuer in die Tristesse von Dade County zu bringen. Sie wird zum Bindeglied einer Beziehung, die ohne ihr Versprechen ebenso verloren ist wie die Lebensentwürfe von Cozy und Lee. Erstmal aber gibt sie dem gemeinsamen Vegetieren in Bars und Motels den Anstrich eines «Wir gegen die Welt», einer draufgängerischen, wilden und vor allem freien Existenz. Die Ziellosigkeit wird zum Abenteuer. Wie sich bald herausstellt zu einem kurzen, denn die Bonnie-und-Clyde-Fantasie, die geplante Reise in die mythisch überhöhte Welt amerikanischer Freiheitsvorstellungen, endet bereits an der ersten Mautstation, wo Lee nicht genug Kleingeld hat, um die Durchreise bezahlen zu können und vom kurz darauf eintreffenden Cop mit einer Ermahnung zurück nach Hause geschickt wird. Die asphaltierten Arme des ländlichen Südflorida lassen Cozy & Lee nicht ziehen.

Natur vs. Zivilisation

RIVER OF GRASS ist der indigene Name für die Everglades, das tropische Marschland, das am Rande

Kelly Reichardt (© Godlis)

des geplatzten Traums, jenseits der vierspurigen Highways liegt, die wie riesige Asphalt-Kraken in alle Richtungen um sich greifen. Natur und Zivilisation begegnen sich an den Rändern von Reichardts Debüt als Antagonisten. Eine Beziehung, die in ihrem nächsten Spielfilm OLD JOY bereits von zentraler Bedeutung ist. Trotz des durchaus positiven Kritikerechos, das RIVER OF GRASS 1994 in Sundance erhielt, brauchte Kelly Reichardt mehr als zehn Jahre und die Erbschaft einer Großtante, um ihren zweiten Film drehen zu können. Zehn Jahre, die Reichardt in Interviews als ihre Lehrjahre bezeichnet. Seit dieser Zeit übernimmt die in Dade County geborene Filmemacherin mitunter Regie, Drehbuch und Schnitt und damit einen Großteil der gestalterischen Rollen ihrer Filme in Personalunion. Ihr wichtigster Kollaborateur ist der Schriftsteller Jonathan Raymond, auf dessen Werk fünf ihrer Filme basieren.

OLD JOY verschweißt als erste Zusammenarbeit bereits Raymonds Talent, Landschaften in Charakterzeichnung einzubeziehen und Reichardts Talent, diese Fähigkeit in Bilder umzusetzen. In diesem Fall die alten Freunde Mark (Daniel London) und Kurt (Will Oldham), die nach Jahren des Auseinanderlebens für einen Road Trip wieder zusammenfinden. Ziel sind die Bagby Hot Springs, tief in den Wäldern von Oregon. Die Reise verläuft, prototypisch für Reichardt, nicht zielstrebig, sondern versandet zwischen den Ausfahrten, bald nachdem die Freunde die letzten Reste der Zivilisation (die Hütten, Diner, Telefonmasten) abgehängt oder zusammen mit dem Autoradio (wo eine politische Talkshow die Präsidentschaft von Lyndon B. Johnson und die aktuelle politische Landschaft diskutiert) stumm gestellt haben. Der ewige Hippie-Lebemann Kurt und der werdende Vater Mark schlagen ihr Nachtlager notdürftig an einer zur Müllkippe verkommenen Lichtung auf. Die gemeinsame Nacht zwischen Sperrmüllsofa, Lagerfeuer und alten Dosen, die mit Kurts Luftgewehr abgeknallt werden, ist der einzige Punkt, an dem jemand die über dem gesamten Film wabernde Melancholie in Sprache auszudrücken versucht. Kurt spricht ein einziges Mal die Enttäuschung über das Ende der in früheren Jahren so innigen Freundschaft an, nur um von Marks mutloser Ausrede («we're okay») direkt wieder in Richtung der resignativen Passivität geleitet zu werden, in der ihre Freundschaft auszulaufen scheint.

Was von den Idealen der amerikanischen Linken geblieben ist

Was zwischen zwei zunehmend auseinanderdriftenden Lebensläufen verloren geht, lässt sich auch als Fallbeispiel eines gesamtgesellschaftlichen Verlusts lesen, den Reichardt mit kleinen präzisen Gesten in ihren Film trägt. An das versprochene Glück, an die alten Bande der vergangenen Dekaden, an die Ideale der Hippies und der amerikanischen Linken der 1970er-Jahre, die nur noch als Echo aus dem Radio dröhnen, kann hier und heute nicht mehr angeknüpft werden. Ein Umstand, der sich deutlich in der Landschaft abzeichnet, die ein saftiges und lebendiges Grün produziert, das unberührt scheint, unverkennbar schön ist, zugleich aber längst neben dem Müll existiert, den die Stadt in den Wald getragen hat. Alles ist jetzt ein einziger riesiger Organismus, wie es Kurt ausdrückt; in der Stadt stehen die Bäume, im Wald liegt der Müll.

Die Flora, die in RIVER OF GRASS, OLD JOY aber auch MEEK'S CUTOFF die Verlorenen Amerikas wie dichter Nebel umgibt, wird in NIGHT MOVES zum eigentlichen Sujet des Films. Eingefasst in den Rahmen eines Thrillers, ist die Umwelt hier nicht mehr nur Hintergrund, sondern das umkämpfte Subjekt. Der Kampf gegen die Zerstörung des Ökosystems von Oregon, genauer gesagt: die Sprengung eines Staudamms durch eine kleine Gruppe radikaler Umweltaktivisten, ist der Fluchtpunkt der proceduralen Mechanik des Heist-Genres, die bei Reichardt nicht erst mit der Vorbereitung und Umsetzung des Sabotageanschlags beginnt, der hier an Stelle des im Genre fast obligatorischen Diebstahls tritt. Bereits die harmonischen, kollektiven Prozesse auf der Öko-Farm (das Ernten, Düngen und gemeinsame Bestellen der Felder), leiten fließend in die gemeinsame Vorbereitung der Sabotage über, die drei Umweltaktivisten mit gänzlich verschiedenen Lebensläufen planen. Verschiedene Entwürfe von Umwelt-Aktivismus fließen ineinander, kollidieren und wählen in letzter Hoffnung die falschen Mittel für den richtigen Zweck. Dass der Radikalismus der Aktivisten, der zur Zerstörung des Staudamms führt – Reichardt verlagert das spektakuläre Hauptevent ihres Films ins Off – auf der richtigen Seite der Geschichte steht, bewahrt sie nicht davor, die moralische Verantwortung für den Tod eines Unschuldigen zu tragen, der bei der Explosion ums Leben kommt.

Michelle Williams in CERTAIN WOMEN (© Sony)

Voneinander und dem früheren Umfeld isoliert, wandelt sich der idealistische Handlungsdrang, das manische Gefühl, kollektiv die Welt verändern zu können (und zu müssen), in eine tief ins eigene Fleisch schneidende Paranoia. Die wunderschöne, schützenswerte Umwelt, die der Film auf der Öko-Farm und den malerischen Flusslandschaften Oregons zeigt, bietet keine Zuflucht mehr. Die jungen Idealisten, die dieses Habitat zu schützen versuchen, gehen selbst in ihm unter.

Reise durch amerikanische Lebensrealitäten

NIGHT MOVES spitzt in Genremotiven die Situation zu, die Reichardts Filme auf der Reise durch amerikanische Lebensrealitäten begleitet: das Sicherheitsnetz am Rande der amerikanischen Gesellschaft ist dünn. Eines der eindrücklichsten Beispiele dafür ist WENDY AND LUCY. Die junge Wendy (Michelle Williams) hat eine Autopanne, ihre Hündin Lucy kaum noch etwas zu fressen. Die letzten Scheine sind fast verbraucht. Alaska, das vorläufige Ziel ihrer in Oregon stockenden Reise, liegt noch weit entfernt. Wendy versucht, eine Dose Hundefutter zu stehlen, wird erwischt und muss Lucy auf dem Weg zum Polizeirevier alleine zurücklassen. Als Wendy nach Abgabe des Fingerabdrucks, Sicherheitsverwahrung und Abbezahlen ihrer Strafe zurückkehrt, ist die Hündin fort.

Mit einem kleinen Fehltritt bringt Reichardt die romantische Idee des «on the road» in einem freien Land, das in der Transitsituation scheinbar alle Möglichkeiten offenhält, ins Wanken und offenbart dabei die dazugehörige erbarmungslose Kehrseite. Statt zu neuen Stationen zu gelangen, kehrt die junge Frau nur immer auf eine Tankstellen-Toilette und den Parkplatz zurück, vor dem ihr Auto liegen geblieben ist und dessen Wärter (Wally Dalton) einer der wenigen ist, die in Solidarität versuchen. Die einzig wirkliche Verbündete der Protagonistin bleibt letztlich nur die Filmemacherin selbst, die Wendy nie verlässt, um einen Umweg ins Existenzialistische oder Didaktische zu machen, sondern durch das grobe Korn des 16-mm-Films immer wieder den Wunsch erkennen lässt, die junge Protagonistin und ihre Hündin (gespielt von Reichardts Hündin Lucy) auf eines der sicheren Gleise zu führen, die bereits in der Eröffnungssequenz von dutzenden Güterzügen zugestellt sind.

Freedom's just another word...

Der verschlossene Transitraum Amerikas begleitet Reichardts Œuvre als das zentrale Leitmotiv. In CERTAIN WOMEN sogar ein weiteres Mal in Form eines Güterzugs. Wie ein langer Grenzschnitt zieht sich dieser in der Eröffnungsszene durch das Land. Ein Schnitt durch die Weiten Montanas, der den gesellschaftlichen Rahmen spiegelt, in dem sich die Frauen verlieren, die Reichardt aus drei Kurzgeschichten von Maile Meloy auf die Leinwand bringt.

Im Gegensatz zu den Protagonistinnen aus der Feder von Jonathan Raymond stehen die «certain women» fest im Berufs- und Privatleben. Allein das gesellschaftliche Panorama dahinter scheint davon nicht viel mitzubekommen. Dabei setzt Reichardt nicht auf eine Konfrontation, die den Konflikt zugunsten der Protagonistinnen entscheidet, sondern beobachtet die kleinen Gesten, die nicht erwiderten Gesten, das Gesagte und das Nicht-Gesagte, sowie die kleinen Verschiebungen, mit denen die Frauen kaum merklich aus ihren Positionen gedrängt werden.

MEEK'S CUTOFF (© absolutMedien)

Lauras (Laura Dern) aktueller Mandant Fuller (Jared Harris) hat bei einem Arbeitsunfall so ziemlich alles verloren, inklusive der Möglichkeit, rechtlich gegen den Arbeitgeber vorzugehen. Trotzdem bleibt er über sechs Monate hinweg regelmäßiger Gast bei der Anwältin. Jedoch nicht um juristischen Rat zu suchen. Der Geprügelte möchte sich vielmehr wieder und wieder bei ihr ausheulen. Als ein männlicher Kollege die juristische Situation noch einmal mit eigenen Worten vorträgt, gibt sich Fuller bereits beim zweiten Satz einsichtig. So scheint es zumindest, bis Laura, nachdem der Problemmandant ins Gerichtsarchiv eingebrochen ist und den Sicherheitsmann als Geisel genommen hat, an den Tatort gerufen wird, um die Situation aufzulösen. Fuller sei ohnehin harmlos, erzählt der Sheriff, während sein Deputy ihr eine kugelsichere Weste umbindet («kleine Vorsichtsmaßnahme») und der Experte für Geiselnahmen ein paar Plattitüden von Mitgefühl mit auf den Weg gibt. Die Verteidigerin wird ihrer Position enthoben und vom Männertrio angefordert, um die emotionale Verhandlung zu übernehmen. Eine Szene, die die gesamte Grammatik der Filmsprache benutzt, um die absurdeste Aussprache des Stichworts «Frauensache» zu formen.

Sie arrangieren sich mit den Realitäten

Reichardts Kino ist nicht in dem Sinne feministisch, dass es außergewöhnliche Frauen bei der Überwindung der gewaltigen Hürden einer patriarchalen Gesellschaft zeigt. In CERTAIN WOMEN deutet bereits der Titel das Gegenteil an. Es geht nicht um alle und nicht um besondere Frauen und schon gar nicht um «Frau an sich». Es sind bestimmte Frauen, die hier weder Ketten abwerfen noch das Patriarchat mit großer Geste in die Schranken verweisen. Sie arrangieren sich: in der nie ebenbürtigen Geschlechterrolle, in der Einsamkeit und zwischen den Bergen, die den Mountain State einschließen. CERTAIN WOMEN illustriert wunderbar die weit- und vor allem tiefreichende Ambiguität, die Reichardts Kino in den Zwischenräumen solcher Grenzen findet.

Als die von Lily Gladstone gespielte junge Frau (in den Credits schlicht «The Rancher» genannt) eine dieser Grenzen, einen Weidezaun, mit ihrem Pickup durchbricht, steht kein Ermächtigungswille, ja, nicht einmal ein Bewusstsein hinter der Geste. Die junge Ranchaushilfe schläft nach einer langen Nacht am Steuer ein. Der Unfall, der eigentlich mehr ein sanftes Ausrollen ist, beschließt die Episode, die von einer

Filmschaffende im Porträt

Beziehung erzählt, die keine werden sollte. Grund für die Übermüdung und den folgenden Abbieger ins weite Land ist eine junge Anwältin (Kristen Stewart), die einen Jura-Abendkurs im Dorf der Farmaushilfe leitet.

Nach ein paar zaghaften Annäherungen bei anschließendem Essen im Diner ist die junge Frau wieder verschwunden – der Anfahrtsweg von mehreren Stunden war nicht mit ihrem Tagesjob in der Kanzlei vereinbar. Der gemeinsame Weg war immer nur eine kurze Strecke. Statt an dieser Realität zu rütteln, der Einsamkeit der Rancherin eine Liebschaft mit der Anwältin entgegenzustellen, gönnt Reichardt beiden einen kurzen Glücksmoment, auf dem Rücken eines Pferdes, das beide im gemächlichen Schritt durch die Nacht bis zum Diner bringt. Die Reise mag ins Nichts führen, aber sie schenkt den Frauen ein kurzes Glück im Transit.

Western-Variationen

Für die Frauen der Reisegruppe, die in MEEK'S CUT-OFF den Oregon Trail bereisen, stellt die Geschichte kein solches Glück bereit. Der Film teilt das Abseits mit ihnen, während die Männer im Vordergrund die Route bestimmen und die Planwagen leiten und folgt damit einer ähnlichen narrativen Verschiebung wie CERTAIN WOMEN. Die Frauen verkörpern hier das, was die amerikanische Frontier im Jahr 1845, wenn man den dazugehörigen Mythos nicht mitdenkt, eben bereithält: Arbeit, Strapaze, Qual und die Hoffnung darauf, der Steppe das zum Überleben Notwendige abringen zu können.

Der erste von zwei Western aus Reichardts Filmografie verschärft mit der historischen Härte auch seinen Entwurf des Amerikas der Verwundbaren und Verlorenen. Das uramerikanische Genre geht hier weder in die Breite noch öffnet es sich den heroischen Möglichkeiten, die das klassische 4:3-Format noch zu Zeiten eines John Ford bot. Reichardt lässt den amerikanischen Mythos im engen Rahmen der amerikanischen Geschichte vertrocknen. Zu Beginn des Films wird der Treck die letzte Wasserstelle verlassen und unter dem Knarzen und Wimmern der Planwagen eine Steppe durchqueren, in der es nichts zu bezwingen, nichts zu erschließen und nichts zu erobern gibt. Umso folgerichtiger scheint die weibliche Perspektive, aus der Reichardt den Archetypen beim Versanden zusieht. Letztlich ist es Michelle Williams als Emily Tetherow, die zwei Mal zum Gewehr greift, um, unter dessen Gewicht zitternd, den indianischen Gefangenen (Rod Rondeaux) zu beschützen und damit die vielleicht letzte Chance, doch noch Wasser zu finden, am Leben zu halten. Die klassische Konfrontation zwischen Cowboy und Indianer wird unterbunden. Die Reise setzt sich unter den Augen

John Magaro in FIRST COW (© Allyson Riggs / A24)

des Indigenen fort, der mit einem enigmatischen Lächeln dabei zusieht, wie sich einer der Wagen, mit denen die Siedler den Westen zu erobern gedachten, an einem Hang losreißt und hilflos zwischen Staub und Felsen zerschellt.

Eine Unterwerfungsgeschichte

In Reichardts zweitem Western symbolisieren nicht Planwagen den Wandel, den die weißen Siedler bis in den tiefen Westen nach Oregon bringen, sondern eine Kuh. Auf einem Floß treibt sie, von einer gelangweilten Gruppe indigener Frauen beäugt, in die zu diesem Zeitpunkt noch nicht von der Zivilisation erschlossene Welt. Die maximal gedehnte Gemütlichkeit des Moments verschleiert fast die einschneidende Veränderung, die mit Ankunft der titelgebenden ersten Kuh im äußeren Westen Fuß fasst. Die Unterwerfung des Westens kommt mit sanfter Geste, lässt dabei aber nie einen Zweifel daran, dass Reichardt die gleiche, unerbittliche Seite Amerikas zeigt, die ihr Œuvre immer wieder in den Blick nimmt. Tatsächlich scheint der bedrückend enge Kader – FIRST COW ist wie MEEK'S CUTOFF in 4:3 gedreht – in den moosig-feuchten Wäldern Oregons noch ein Stück mehr von der Freiheit zu rauben, für die das weiße Amerika gen Westen aufgebrochen ist.

Cookie (John Magaro) und King Lu (Orion Lee) nehmen sie sich trotzdem. Beide sind in der schlammigen, aus wenigen Barracken bestehenden Siedlung, auf wunderbar tragisch-komische Art fehl am Platz. Mit Cookies Koch-, Lus Geschäftsfähigkeiten und einem Anflug schelmischer Dreistigkeit nutzen beide ihre eigentlich nicht vorhandene Chance und zapfen die Kuh der britischen Obrigkeit an, um selbiger die daraus gebackenen Köstlichkeiten zu servieren. Der Lausbubenstreich bietet den Außenseitern Cookie und Lu keinen nachhaltigen Zukunftsentwurf, das köstliche Gebäck aber, das den Chef-Kommissionär (Toby Jones) sogar an seine Kindheit in London erinnert, offenbart umso deutlicher, dass es für die Siedler im amerikanischen Westen nie darum ging, eine fremde Welt zu entdecken, sondern immer darum, ihr die eigene überzustülpen. Eine Unterwerfungsgeschichte, die den sanftmütigen Milchdieben nur den winzigen Rahmen eines gemeinsamen Grabes zugesteht. Reichardt füllt ihn mit Solidarität und gönnt den Freunden ein gemeinsames Ende. Hand in Hand.

....

Die Raumfrau

Ein Porträt der Schauspielerin Maren Eggert, die im Rahmen der Sommer-Berlinale ihren «Silbernen Bären» als beste Darstellerin in ICH BIN DEIN MENSCH in Empfang nimmt

Von Cosima Lutz

Für ihre Rolle als Wissenschaftlerin, die in ICH BIN DEIN MENSCH die Liebe mit einem männlichen Androiden austestet, nahm Maren Eggert bei der «Sommer-Berlinale» am 13.6.2021 einen «Silbernen Bären» entgegen. Die Bandbreite der 1974 geborenen Darstellerin reicht von der TATORT-Psychologin bis zu den minimalistischen Filmen von Angela Schanelec. Dabei versteht sie sich selbst als Schauspielerin, die sich für die Rollen vollumfänglich zur Verfügung stellt.

Die Frau ist sprachlos. Sie, eine angesehene Keilschrift-Expertin, sitzt einem Mann gegenüber, der so schön und so hohl zu sein scheint wie eine antike Vase: «Deine Augen sind wie zwei Bergseen, in denen ich versinken möchte», tönt er, kaum dass sie sich gesetzt hat. Maren Eggerts Augen gleichen in diesem Moment aber eher zwei schmucklosen Küchenfenstern, die jemand aufgerissen hat, weil das, was da draußen gerade passiert, so sensationell bescheuert ist, dass man es einfach anschauen muss.

Maren Eggert hat schon zu oft Sprachlosigkeit als nur vorübergehende Fassade dargestellt, hinter der sie ein Arsenal an verbalen Bewältigungsinstrumenten auftürmt und anordnet, als dass sie den Anmaßungen vorgetäuschter Echtheit diesmal nichts entgegenzusetzen hätte. Entweder geraten ihre Manöver lang und breit, wie in Angela Schanelecs ICH WAR ZUHAUSE, ABER, wo sie einem jungen Theaterregisseur den halben Kurfürstendamm entlang so gründlich von der Falschheit einer Verpflanzung des Realen auf die Bühne vorschwadroniert, bis dieser ganz klein und schweigsam geworden ist.

Oder sie perforiert die platten Behauptungen des schönen Scheins so punktgenau wie nun also in der Rolle der Alma in Maria Schraders ICH BIN DEIN MENSCH: Angesichts des angeblich perfekt auf ihre Wünsche programmierten Androiden namens Tom (Dan Stevens) zunächst wie gelähmt zwischen Erstaunen und Entsetzen, munitioniert sie sich fast unmerklich, während sie einen großen Schluck vom Bordeaux nimmt. Nur ein kurzer Seitenblick, dann löchert sie ihr Gegenüber mit Fragen, bis der Algorithmus raucht: «Was ist der Sinn des Lebens?», «Was ist 3.587 mal 982 durch 731?» Jede seiner Antworten («Die Welt zu einem besseren Ort machen», «4.818,65116») ist eine Berechenbarkeit, ein bisschen wie in einem durchschnittlichen, fördergeldgepäppelten Drehbuch. Nichts für eine Frau mit intellektuellem Anspruch. Oder sollte gerade das ihr heimlicher Wunsch sein?

Das Vermögen, Überflüssiges wegzulassen

Für ihren akrobatischen Balanceakt aus Komik und Kühle, Märchenfigur und Wissenschaftlerin wurde Maren Eggert 2021 auf der «Berlinale» mit einem ohnehin längst überfälligen «Silbernen Bären» ausgezeichnet. Die Eleganz ihres Spiels, ihr sich nicht ums Gefallen scherendes Vermögen, «Überflüssiges wegzulassen», wie sie es selbst einmal treffend genannt hat, hält ja nicht nur diesen Film-Hybriden aus Romantischer Komödie und Autorenkino zusammen. Mit diesem Paradoxon von großer Rollen-Bandbreite und Minimalismus der Mittel fiel die 1974 in Hamburg-Bergedorf geborene Eggert schon früh auf: Nach ihrer Ausbildung an der Münchner

Maren Eggert in ICH BIN DEIN MENSCH von Maria Schrader (D 2021) (© Majestic)

Otto-Falckenberg-Schule war sie für ihr erstes Engagement gerade erst nach Bochum gekommen, wo sie 1998 in Botho Strauß' *Groß und klein* eine kindlich sorglose, zugleich die Welt in Frage stellende Lotte spielte. Im Publikum saß die Intendanten-Legende Ulrich Khuon, und der holte die junge Schauspielerin ans Hamburger Thalia Theater. Dort war sie in neun Jahren in mehr als dreißig Produktionen unter zwanzig verschiedenen Regisseuren zu sehen und folgte Khuon 2009 nach Berlin. Eine ungewöhnliche Vielfalt – aber schon auch, wie sie es einmal schilderte, ein anstrengender Mangel an Kontinuität.

In Eggert-Porträts ist hartnäckig von der «kühlen Schönen» die Rede, von ihrer «Sprödigkeit» und ihrem «Geheimnis». Das liegt wohl hauptsächlich an jener Rolle, mit der sie einem breiten Fernsehpublikum bekannt wurde: Als Polizeipsychologin Frieda Jung ermittelte sie von 2003 bis 2010 und nochmals 2015 an der Seite Axel Milbergs im Kieler TATORT. Selbst darin aber schaffte sie es, das Unberechenbare, Uneindeutige nicht an die bisweilen schablonenhaften Psychologen-Texte zu verraten, die sie da manchmal zu sprechen hatte. Die erotische Spannung zwischen den zwei Eigenbrötlern schien sich über Jahre immer weiter aufzuladen.

Ihr Wille zur Form wurde schon gelobt, bevor sie 2004 mit MARSEILLE, gefolgt von ORLY (2010), DER TRAUMHAFTE WEG (2016) und schließlich ICH WAR ZUHAUSE, ABER (2019) Angela Schanelecs Stammschauspielerin wurde und damit eines der prägenden Gesichter des international gefeierten deutschen Autorenkinos der Gegenwart. Zeichenhaft kommt immer wieder ihr «Marianne-Hoppe-haftes» Profil ins Bild, sein «aus-der-Zeit-Gefallensein», wie es ihr in Kritiken bescheinigt wurde: Mit der geraden Linie ihrer hoch ansetzenden Nase und hohen Stirn, dem halblangen Haar, das sie manchmal beherzt als Irgendwie-Frisur offen trägt oder edel unprätentiös hochgesteckt hat, setzt es dem Gegebenen nichts Forderndes entgegen, es behauptet sich und es fragt. Und dann ist da noch ihre Stimme, mit der sie ihre Sätze manchmal im Unscharfen enden lässt, mit einem fast unmerklichen Schwanken, ja Zittern, als klinge da etwas Verweintes an (aber nichts Weinerliches), von weit her.

Vermesserinnen und Verknüpferinnen

Die Frauenfiguren, die Eggert mit Schanelec entwickelt, sind oft Vermesserinnen und Verknüpferinnen von (Zeit-)Räumen, die nicht ganz zusammenzupassen scheinen: Kunst und Wirklichkeit, Geschaffenes und Erträumtes, fragmentar sch Gesehenes und tatsächlich Geschehenes. Etwas von ihren Schanelec-Rollen trägt sie auch in Maria Schraders ICH BIN DEIN MENSCH hinein. Geht es doch in diesem Film ebenfalls um zwei Sphären, zwischen denen eine Verbindung sich erst noch als tragfähig erweisen muss: Liebe und Künstliche Intelligenz. Schrader erzählt dieses Grund-Drama auch über Eggerts unverwechselbaren Gang durch Architekturen und Stadtlandschaften, mit dem neue, ungewohnte Berlin-Bilder mit alten, vertrauten verwebt werden. Da geht Eggert also zwischen Futurium und Hackeschem Markt, zwischen den alten Säulen eines Pergamonmuseums und den neuen einer James-Simon-Galerie und schafft eine gelassene Gleichzeitigkeit von Aufbruch und Bewahren, in einem Tempo exakt zwischen Geschäftigkeit und Konzentration.

Maren Eggert in ICH WAR ZUHAUSE, ABER... von Angela Schanelec (D/SRB 2019) (© Majestic)

Das Arbeiten mit Schanelec sei «die Grundfeste meines Selbstbewusstseins fürs filmische Arbeiten», sagte Eggert einmal bei der Viennale in einem Video-Interview mit Patrick Holzapfel. Anfangs sei sie unsicher gewesen, was Schanelec von ihr wolle, «warum es diese langen Einstellungen gibt, in denen ich einfach gehe». Erst im Angucken danach sei es ihr begreiflich geworden, «was da gemeint ist», eben nichts Psychologisches, sondern eher «der Körper im Raum, die Bewegung, der Rhythmus. Einfach das auch aushalten, dass man im Hier und Jetzt da ist und gesehen wird». DER TRAUMHAFTE WEG nennt sie ihre «radikalste Arbeit» mit Schanelec, «da fand ich es am extremsten, so wie ich mich von meinem Körper lösen muss und zur Verfügung stelle für dieses Bild und für das, was sie sehen möchte».

Sich vom Körper lösen, sich dem künstlerischen Zugriff zur Verfügung stellen: So sensibel man heute auf solche Formulierungen blicken mag – lauert hier nicht Ausbeutung? –, so streng und pur spricht daraus letztlich, was Heinrich von Kleist 1810 in seinem theatertheoretischen Aufsatz «Über das Marionettentheater» durchspielte: dass entweder völlige Abwesenheit von Bewusstsein (wie der «Gliedermann» des Marionettentheaters) oder ein absolutes, «unendliches» Bewusstsein (wie ein Gott) «natürliches» Verhalten erzeuge. Ganz ähnlich formulierte Eggert es in ihrer Laudatio auf den jungen Theaterschauspieler Marcel Kohler, dem sie als Alleinjurorin 2016 den Alfred-Kerr-Darstellerpreis widmete: «Er ist einfach da. Er stellt sich zur Verfügung. Sein Spiel ist gänzlich unkorrupt und dadurch: jung.»

Bloß keine Gefühlserwartungen bedienen

Dabei nicht Schaden zu nehmen, dazu kommt es umso mehr auf die Rollenwahl und die Regie an. Es nerve sie enorm, sagte sie 2009 dem *Tagesspiegel* anlässlich ihrer Amalia in einer Inszenierung von Schillers *Die Räuber*, in vielen klassischen Frauenrollen auf das männliche Philosophieren über Gott, Politik und die Welt «immer nur Blödsinn antworten» zu müssen: «immer langweilig, immer schwach, grundsätzlich emotional – den Tränen nahe». Ein bisschen wie anfangs Tom, schön blöd und Gefühlserwartungen bedienend. Maschinen-Mädchen, von Männern programmiert. Man könnte deshalb auf den Gedanken verfallen, dass ihr die Geschlechterrollen-Umkehr in ICH BIN DEIN MENSCH – nicht die Frau, sondern der Mann ist hier das Objekt und der abliefernde Automat – gefallen könnte.

Auf feministische Traktate hat sie aber gar keine Lust. Über ihre Alma in ICH BIN DEIN MENSCH sagt sie, ihr habe gerade gefallen, «dass Alma so frei von Emanzipationsnöten» sei. Sie sei «weder eine, die sich noch emanzipieren muss, noch eine, die groß darüber redet, dass Emanzipation wichtig ist, sondern einfach ihr Leben hat und in dem Leben steht, einfach 'ne Frau ist, ganz normal». Und doch fängt diese Frau irgendwann an, sich mit Android Tom, der sehr schnell dazulernt, eine gemeinsame Vergangenheit auszudenken. Was sich gut und stimmig anfühlt, soll nicht auch wahr sein?

In GIRAFFE (2019) von Anna Sofie Hartmann, einem der bemerkenswertesten Filme der letzten Jahre, kommen dieses Profil und diese Stimme in nur wenigen, aber wesentlichen Momenten zum Tragen, mit denen Eggert zeigt, wie sie selbst in Nebenrollen einen Film mit zusätzlicher Ambiguität aufladen kann. Sie spielt eine Bedienung auf einer Fähre zwischen Dänemark und Deutschland; ruhig geht sie um die Tische, die sie vor dem Eintreffen der Fahrgäste deckt, und dann sieht man sie immer wieder beim Beobachten, beim Seinlassenkönnen der anderen, beim Weiterspinnen von Lebensgeschichten, die sie sich heimlich für die Gäste ausdenkt. Sie wird als weiblicher Charon zu einer Autorinnen-Figur, der das Erfinden – darin ähnelt ihre Rolle wieder der Skeptikerin in ICH WAR ZUHAUSE, ABER – kostbarer ist als das Eindringen in reale Biografien. Zwischen Dokument und Fiktion verkehrt im Kino eine Fähre, und Maren Eggert ist ihre schönste Kapitänin.

....

Lichtgestalt des Weltkinos

Eine Hommage an den indischen Meisterregisseur Satyajit Ray anlässlich seines 100. Geburtstags am 2. Mai 2021

Von Michael Ranze

Der am 2. Mai 1921 geborene indische Filmemacher Satyajit Ray brachte mit seiner APU-Trilogie das Filmschaffen seines Landes in den 1950ern schlagartig in den Fokus internationaler Aufmerksamkeit. Satyajit Ray war ein filmisches Allround-Talent, das von der Drehbuchentwicklung bis zum Schnitt seine künstlerischen Visionen konsequent umsetzte. Seine sensiblen, eleganten Dramen eröffnen einen bis heute faszinierenden Blick in Indiens Gesellschaft.

Kalkutta 1879. In einer großzügig geschnittenen Villa beobachtet Charulata, die schöne, kluge Frau des Zeitungsherausgebers Bhupati, mit einem vergoldeten Opernglas die Außenwelt und holt sie quasi zu sich heran. Sie verfolgt die fremden Menschen, die doch so weit weg und unerreichbar sind. Eine treffende Metapher für die Einsamkeit der jungen Frau: Charulata darf am öffentlichen Leben nicht teilnehmen. Ihr bleibt nur übrig, es aus der Ferne zu beobachten. Eine Metapher auch für das Filmemachen selbst: «Wie Charulatas Opernglas holt die Filmkamera die Wirklichkeit durch Fokussierung heran oder rückt sie in die Ferne. Sie kann den gefilmten Menschen so nahe an uns heranrücken, dass wir gezwungen sind, zu sehen und emotional zu verstehen, aber sie hält uns auch auf Distanz, sodass wir das Gesehene intellektuell reflektieren können», schrieb die Filmwissenschaftlerin Susanne Marschall über den Film.

CHARULATA – DIE EINSAME FRAU (1964) ist der vielleicht schönste Film von Satyajit Ray, jenem vor 100 Jahren geborenen bengalischen Regisseur, der zusammen mit Mrinal Sen und Ritwik Ghatak in Kalkutta ein unabhängiges, anspruchsvolles, auch politisches Kino schuf, das sich vom kommerziellen Bollywood aus Bombay und Madras himmelweit unterscheidet. CHARULATA erzählt die Geschichte einer vernachlässigten Ehefrau, die von ihrem Mann – in einer emblematischen Szene – gar nicht beachtet wird. Die Herausgabe seiner politischen Zeitung nimmt ihn viel zu sehr in Anspruch, zumal die Druckerpresse in einem Nebenzimmer steht: Arbeit und Privatleben sind eins.

Madhabi Mukherjee in CHARULATA – DIE EINSAME FRAU (IND 1964) (© MUBI)

Satyajit Ray 1981 in New York (© Dinu Alam Newyork)

Der Regisseur steht immer auf der Seite seiner Heldinnen

Um die Einsamkeit seiner Frau zu lindern, holt Bhupati seinen Cousin Amal ins Haus, einen angehenden Schriftsteller, der ihr Gesellschaft leisten soll. Schnell werden Mann und Frau unzertrennlich, das Schreiben verbindet sie, aber auch immer mehr romantische Zuneigung. Doch als Charulata Amal ihre Liebe gesteht, ist die Katastrophe nicht mehr aufzuhalten. Zur zentralen Szene gerät dabei jene, in der Charulata auf einer Schaukel im Garten singend hin- und herschwingt, während sie (und die Kamera) den im Gras liegenden Amal dabei immer im Blick behält. Die Kamera macht die Schwingbewegung mit und hält so beide vereint. Stilistisch ist CHARULATA Rays vollkommenster und elegantester Film. Einmal blickt Charulata, dargestellt von Madhabi Mukherjee, den Zuschauer in einer extremen Nahaufnahme lange und eindringlich an. «Der Tautropfen von Rays Kino drückt sich über seine Vorliebe für das menschliche Gesicht aus», schreibt Charles Tesson. Ray steht dabei auch immer auf der Seite seiner Heldinnen.

Ray ist jener Regisseur, der 1955 mit PATHER PANCHALI, dem ersten Teil seiner APU-Trilogie, das indische Kino schlagartig einer Weltöffentlichkeit bekannt machte, so wie Akira Kurosawa 1951 mit RASHOMON internationale Aufmerksamkeit auf das japanische Kino lenkte. Ray wird am 2. Mai 1921 in Kalkutta als Sohn einer angesehenen bengalischen Familie geboren. Er studiert zunächst Ökonomie, dann Malerei an der Universität Visva Bharati in Shantiniketan, die von dem bengalischen Dichter und Philosophen Rabindranath Tagore gegründet und geleitet wird. Ray arbeitet anschließend als Grafiker und Art Director bei einer britischen Werbeagentur. Er gibt eine Kinderzeitschrift heraus, illustriert sie und veröffentlicht die Roman-Trilogie *Pather Panchali* von Bibhuti Bhushan Banerjee.

Das Kino als Hobby, aus dem eine Berufung wird

Das Kino wird zum Hobby, bei einer Reise nach London sieht er in viereinhalb Monaten fast 100 Filme im Kino, darunter Vittorio De Sicas FAHRRADDIEBE, der ihn maßgeblich beeinflusst. 1950 besucht er Jean Renoir bei den Dreharbeiten zu THE RIVER in Kalkutta. Dann setzt er alles daran, endlich PATHER PANCHALI (APUS WEG INS LEBEN) zu verfilmen. Vier Jahre wird er dafür brauchen. Er wird seinen Besitz verkaufen, sein Gehalt opfern und sogar die Juwelen seiner Frau verpfänden. Bis der Film 1956 endlich in Cannes laufen kann und die Filmwelt beeindruckt.

Nach Abschluss der Trilogie 1959 wird Ray, beginnend mit DEVI – THE GODDESS (1960), häufig Frauen in den Mittelpunkt seiner Erzählungen rücken. Hinreißend attraktive Frauen zumeist, so als läge für Ray «die Schönheit der Vergangenheit Indiens fast ausschließlich in den Frauen», wie Pauline Kael vermutet. Traditionelle Rollenzuweisungen sind dabei ebenso wichtig wie die Versuche, eine berufliche Karriere zu verfolgen, nach Unabhängigkeit und Selbstverwirklichung zu streben.

DIE GROSSE STADT: Der Kampf einer Frau um Würde und Freiheit

Die wohl stärkste Frau in Rays Œuvre ist Arati Mazumdar, wieder dargestellt von der schönen Madhabi Mukherjee, in MAHANAGAR (DIE GROSSE STADT) von 1963. Angesiedelt im Kalkutta Mitte der 1950er-Jahre, erzählt der Film von ihrem unerschütterlichen Entschluss, arbeiten zu gehen, um so zum spärlichen Haushaltsgeld ihres Mannes beizutragen. Sie findet prompt eine Anstellung als Vertreterin von Strickmaschinen, und sie ist gut darin. Als sie ihr erstes Geld erhält, betrachtet sie sich stolz in einem Spiegel und küsst die Banknoten. Eine emblematische Szene, weil es hier nicht nur um den Verdienst geht, sondern auch um die Würde und Freiheit der Frau.

Arati blüht förmlich auf, wird immer selbstbewusster und lebensfreudiger. Sehr zum Unwillen ihres Schwiegervaters, der wegen der Verletzung alter Konventionen nicht mehr mit ihr spricht; ihr kleiner Sohn schmollt ebenfalls ob der angeblichen Vernachlässigung, auch ihr Mann bemerkt die Veränderung seiner Frau und wird eifersüchtig. «Ich bin immer noch dieselbe», wehrt sich Arati. Doch ein Konflikt auf der Arbeit bedroht den mühsam aufgebauten Erfolg und die Unabhängigkeit. «So eine große Stadt. So viele Jobs», sagt der Mann am Schluss, bevor er mit seiner geliebten Frau in der Menschenmenge verschwindet. Kein Happy End, und doch ein Ende mit Aussicht auf eine Partnerschaft auf Augenhöhe.

Über eine starke Frau – und übers Kino: DER HELD

Ein anderer Film, eine andere Geschichte, wieder eine schöne, starke Frau, diesmal dargestellt von Sharmila Tagore, deren übergroße Hornbrille nicht etwa das Gesicht entstellt, sondern zusätzliche Aufmerksamkeit auf seine Makellosigkeit lenkt. In DER HELD (1966) spielt sie eine junge Journalistin, die im Speisewagen eines Zuges nach Delhi einen bengalischen Filmstar kennen lernt. Von seiner Berühmtheit und seinem Selbstbewusstsein unbeeindruckt, ringt sie ihm ein Interview ab. Nun fächert sich in Rückblenden die Geschichte des Filmstars auf, seine Schwächen und Versäumnisse, seine Fehler und sein Egoismus werden evident, einmal sehen wir ihn in einem Albtraum in einer Wüste aus Geldscheinen versinken. Eine Romanze könnte sich entspinnen, doch dafür ist die Frau zu lebensklug. Sie hat erkannt, dass der Filmstar sich nur um sich selbst dreht. Den Fesseln, die ihm seine Berühmtheit anlegen, will er nicht ernsthaft entkommen.

Nebenbei geht es hier auch ums Kino, um das japanische und amerikanische, auch um die Konkurrenz durch das Fernsehen. Ein greiser Schriftsteller, auch Mitreisender im Zug, lässt nichts gelten außer John Fords How GREEN WAS MY VALLEY – für den arroganten Filmstar eine verbale Backpfeife. «A film actor is nothing but a puppet», sagt er einmal. Doch diese traurige Selbsterkenntnis führt nicht zur Veränderung.

Sozialkritik: Die Kalkutta-Trilogie

Zur realistisch-kritischen Erkundung des Arbeitslebens in einer indischen Großstadt zählt SEEMABADDHA – COMPANY LIMITED von 1971. Im Mittelpunkt: Shyamalendu, der erfolgreiche Geschäftsführer einer Elektrofabrik, in der vor allem Ventilatoren hergestellt werden. Schon der Beginn des Films zeigt die einzelnen automatisierten Arbeitsschritte, von der Formung des Materials über das Zusammenfügen der Einzelteile und den Anstrich bis zur Verpackung. Shyamalendu ist stolz und ehrgeizig. Für ihn zählt nur Leistung und Erfolg. Das lässt er auch seine Schwägerin Tutul (wieder Sharmila Tagore) spüren, die ihn und ihre Schwester in Kalkutta besucht. Er nimmt sie mit in angesagte Restaurants, Schönheitssalons, Clubs, sogar zum Pferderennen. Tutul ist beeindruckt. Mann und Frau fühlen sich eigentümlich zueinander hingezogen, obwohl sich derartige Gedanken verbieten. Doch als Shyamalendu zur Vertuschung von Lieferschwierigkeiten einen Streik inszeniert, erkennt Tutul seinen wahren Charakter und wendet sich entschlossen von ihm ab.

Satyajit Ray kritisiert eindeutig die gebildete Mittelschicht seines Landes, der es nur um den eigenen Vorteil geht. Die Frau ist dabei das moralische Zentrum des Films. Ihre anfängliche Bewunderung und Schwärmerei für den Mann verwandelt sich in Enttäuschung. Sie ist von einem unerschütterlichen Selbstbewusstsein, während der Mann, in prahlender Angeber, nur auf den ersten Blick stark erscheint. Ray konstatiert die Fehler und Torheiten seiner Figuren, verurteilt sie aber nicht. Dafür ist die Welt, die er entwirft, viel zu komplex.

SEEMABADDHA ist der zweite Teil der sogenannten Kalkutta-Trilogie, zu der auch PRATIDWANDI (THE ADVERSARY, 1971) und JANA ARANYA (THE MIDDLEMAN, 1975) gehören. Während es im ersten Film um einen jungen Medizinstudenten geht, der aus Geldmangel sein Studium abbrechen muss und nun auf Jobsuche in Kalkutta ist, erzählt der dritte Film die Geschichte eines jungen Mannes, der trotz seiner Ausbildung und seiner Qualifikation keine Arbeit findet – bis er als skrupelloser Mittelsmann zwischen Käufern und Verkäufern endet, als Händler von teuren Gütern, die er billig eingekauft hat. Kalkutta, die große, chaotische und brodelnde Millionenstadt, verändert die Protagonisten dieser drei Filme. Am Schluss zahlen sie einen hohen Preis.

Blick in die Vergangenheit Indiens

Satyajit Ray analysiert in seinem Werk aber nicht nur die politische und soziale Gegenwart Indiens – er blickt auch stets zurück, um der Tradition und der Geschichte des Landes, vor allem unter dem britischen Kolonialismus, nachzuspüren. Schon CHARULATA war im Viktorianischen Zeitalter angesiedelt (Königin Victoria war damals «Kaiserin von Indien»), DAS MUSIKZIMMER (1958) spielt während des Feudalismus und erzählt gleichzeitig von seinem Verschwinden. Ein alter, verarmter Adliger opfert in seinem prächtigen Landhaus, das eher einem Palast ähnelt, sein ganzes Geld seiner großen Leidenschaft: der Musik. Um einen neureichen Geldverleiher, der seinen eigenen Musikpavillon errichtet hat, zu beeindrucken, gibt er ein letztes Konzert – um am Tag darauf bei einem Ausritt auf einem weißen Pferd in den Tod zu reiten.

Saeed Jaffrey und Sanjeev Kumar in DIE SCHACHSPIELER (IND 1977) (© MUBI)

DAS MUSIKZIMMER ist vor allem ein atmosphärischer Film. Das einstmals strahlende Landhaus ist nach dem Tod von Ehefrau und Sohn fast unbelebt, der Wind bewegt durch die offenen Fenster die weißen Vorhänge, die landschaftliche Umgebung ist öde, fast traurig. Überbleibsel eines einst lebendigen Haushalts sind das Pferd und ein einzelner Elefant, die einsam in der sandigen Ebene stehen. Vor diesem Hintergrund konstatiert Ray den melancholischen Niedergang der Zamindar, zeigt sie als feudalistische Klasse, die sich mit ihrer Liebe zur Musik und zu den Künsten den Blick auf die Realität verstellt. Höhepunkt des Films sind die drei Konzerte, die vor allem die Auswirkungen der Musik auf die Zuhörer festhalten. «Deshalb ist das Musikzimmer (...) ein echter Protagonist des Dramas: In der kalten Resonanz seiner rissigen Wände ebenso beängstigend wie das House of Usher, ist es die Materialisation einer dieser Flüche untergehender Dynastien, wie man sie bei Poe findet», so Jacques Aumont in einem Essay.

Auch DIE SCHACHSPIELER (1977), Rays erster Film in Hindi, spielt in der Vergangenheit, in der Mitte des 19. Jahrhunderts. Nach einer Kurzgeschichte von Remchand erzählt der Film die Geschichte zweier muslimischer Landherrn, die in Lucknow so sehr ihrem täglichen Schachspiel frönen, dass sie darüber ihre Frauen und Familien vernachlässigen. Schlimmer noch: Sie bemerken nicht, wie ihr feingeistiger, den Künsten zugewandter Maharadscha Wajid Ali Shah von der britischen East India Company – in einem noch größeren, politischen Schachspiel – entmachtet wird. So spiegeln sich die beiden Erzählebenen, die durch einen Erzähler und animierte historische Erklärungen verbunden werden. Wenn Wajid Ali Shah schließlich abdankt, um ein Blutbad unter der Bevölkerung zu verhindern, geht auch hier wieder, wie schon in DAS MUSIKZIMMER, eine Ära zu Ende.

Ein «Auteur» reinsten Wassers

In den folgenden Jahren dreht Ray noch mehrere Filme, zu nennen sind vor allem DAS HEIM UND DIE WELT (1984), GANASHATRU (1988) und AGANTUK – DER BESUCHER (1991), sein letzter Film, der noch einmal zu seinen Anfängen, zu der Dörflichkeit von APU, zurückführt. Satyajit Ray starb am 23. April 1992 nach einem Herzinfarkt in einem Krankenhaus in Kalkutta. Es dürfte nicht viele Regisseure geben, die so viel Kontrolle über ihre Arbeit hatten wie er. Er schrieb die Drehbücher zu seinen Filmen, castete die Schauspieler, komponierte seit DREI TÖCHTER (1961) die Scores seiner Filme, führte oftmals die Kamera und arbeitete eng mit dem Ausstatter und dem Cutter zusammen. Sogar Vor- und Abspänne sowie das Werbematerial entwarf er – sein Werk wird so zu einem umfassend persönlichen Ausdruck seiner künstlerischen Visionen, so persönlich, wie das im kommerziellen Kino nur möglich ist.

Nicht, dass er deswegen am Drehort ein Diktator gewesen wäre. Viele Mitarbeiter und Schauspieler loben ihn wegen seiner Höflichkeit und Geduld, auch wegen der freundlichen Gelassenheit, mit der er Probleme beim Dreh löste. Ray liebte das Kino, und er liebte das Filmemachen in all seinen Facetten, vom ersten Drehbuchentwurf bis zum letzten Schnitt. Auch wenn sein Werk, gedreht auf Bengali, nur geringe Verbreitung in Westbengalen erfuhr, in Indien ganz zu schweigen – Rays Filme sind voller Wärme, Humor und Anspruch. Auch beim zweiten Anschauen gibt es immer etwas Neues zu entdecken. Das macht ihn zweifellos zu einem der großen Regisseure des Weltkinos. Am 2. Mai wäre Satyajit Ray 100 Jahre alt geworden.

> Auf DVD sind viele Filme von Satyajit Ray in Großbritannien veröffentlicht worden, die derzeit leider sämtlich fast vergriffen sind. Einige Filme sind derzeit bei Streaming-Anbietern greifbar: Der Streamingdienst MUBI hat DIE SCHACHSPIELER im Angebot, bei Filmingo ist der zweite Teil der APU-Trilogie, APARAJITO, sowie DAS MUSIKZIMMER zu sehen. Zahlreiche von Satyajit Rays Filmen sind zudem bei Youtube hochgeladen.

Die Frau, die kämpft

Ein Porträt der belgisch-marokkanisch-spanischen Schauspielerin Lubna Azabal

Von Cosima Lutz

Die 1973 in Brüssel geborene Schauspielerin Lubna Azabal verleiht ihren Auftritten auf der Leinwand eine außergewöhnliche Kraft. Sogar da, wo ihre Figuren wie in DIE FRAU, DIE SINGT hart bedrängt werden und ihnen jegliche Sicherheit genommen scheint, lassen sie nie den Gedanken an Unterwerfung aufkommen. 2021 glänzte sie im Drama ADAM. Ein Porträt einer Kampfkünstlerin.

Lubna Azabal zuzusehen, ist wie Kampfsport. Man sollte nicht ohne Deckung sein, wenn sie den entscheidenden Augenbrauen-Lüpfer macht. Oder ihren Blick wie einen Tacker einsetzt: Ausweichen ausgeschlossen.

Zum Beispiel, wenn sie in Ridley Scotts DER MANN, DER NIEMALS LEBTE (2008) Leonardo DiCaprio beim Lunch scheinbar freundlich fragt, worin denn genau seine Arbeit bestehe. DiCaprio spielt einen Anti-Terror-Spezialisten im Nahen Osten, das Thema ist also schwierig. Er sei politischer Berater, greift ihre Schwester ein. Soso, wendet sich Lubna Azabal beharrlich zu DiCaprio, politischer Berater also, und schneidet ihn in aller Ruhe in Scheibchen: «Warum jetzt, warum nicht schon vor dem Krieg?» Er stammelt etwas von der «Situation im Irak», doch wolkige Umschreibungen lässt sie nicht zu. Kurz blitzt ihre obere Zahnreihe auf, ein Lächeln ist es nicht. Man möchte das Gericht nicht sein, dem sie sich nach weiteren Punchs mit klirrendem Besteck wieder zuwendet. Bevor sie DiCaprio mit besagtem Festtacker-Blick einen guten Appetit wünscht.

Unbedingtheit und Präzision

Selbst solche kleinen Hollywood-Auftritte versieht die 1973 in Brüssel geborene Tochter eines Marokkaners und einer Spanierin mit einer Unbedingtheit und Präzision, die sich förmlich ins Gedächtnis einbrennen. So erregte sie schon zuvor, im palästinensischen Drama PARADISE NOW von Hany Abu-Assad, internationales Aufsehen. In dem Film, der 2006 den «Golden Globe» gewann und für den «Oscar» als Bester fremdsprachiger Film nominiert war, spielt sie eine Menschenrechtsaktivistin, die einen Selbstmordattentäter von seinem tödlichen Plan abbringen will. Fern vom Pathos der liebenden oder wütenden Schmerzensfrau gibt sie

Lubna Azabal in PARADISE Now von Hany Abu-Assad (AUT/NL/IL/D/F 2004) (© Constantin)

Lubna Azabal in ADAM von Maryam Touzani (MA/F/B 2004) (© Grandfilm)

ihrer Rolle eine irritierende, ja unangenehme Dimension: Ihr Kampf gegen die Irrationalität von Männern, die an «Hirngespinste» (wie sie sagt) glauben, ist weniger ein Kampf um Mitgefühl und ethisch richtiges Handeln. Es ist ein Kampf um die bessere Strategie.

Das Pragmatisch-Harte steigert sie in ihrem Auftritt in ADAM von Maryam Touzani bis zur Verhärtung. Als verwitwete Bäckerin, alleinerziehend noch dazu, nimmt sie eher widerwillig eine unverheiratete Schwangere auf; erst als diese sich als äußerst backtalentiert erweist und somit als nützlich fürs Geschäft, darf sie länger bleiben. Liest man den Plot, scheint er zwar vor frauensolidarischen Vorhersehbarkeiten nur so zu triefen. Dass ADAM aber im Gegenteil bis zuletzt vor Spannung vibriert, liegt vor allem an Lubna Azabal: Wo andere Verhärmtheit spielen würden, macht sie das Prozesshafte, das Gewordensein eines solchen Seelen- und Körperzustands sichtbar. Sodass eben doch nicht ganz unmöglich – wenn auch unsicher – scheint, dass ihr Panzer auch wieder aufweichen könnte. Eine «Kämpferin» sei sie und genau deshalb liebe er sie, gesteht in einer Schlüsselszene ein heimlicher Verehrer.

Gebieterische Schönheit

Die gebieterische Schönheit ihrer Züge mit der sanft geschwungenen Nase und den wie aus Versehen zu niedlichen, leicht vorstehenden oberen Zähnen schafft etwas Ähnliches wie hierzulande Nina Hoss: Von einer ernsten, gereiften Lieblichkeit sind beide Gesichter, aus denen in feinen Abstufungen ein fast monströses Wissen hervorschimmern kann. Beiden gemein ist deshalb vielleicht auch, dass nicht Vielseitigkeit das herausragende Merkmal ihrer Kunst ist. Ausflüge ins Romantische (HERE), Historische (CORIOLANUS, MARIA MAGDALENA) oder Komödiantische (TEL AVIV ON FIRE, 25 GRAD IM WINTER) absolviert Lubna Azabal gekonnt, sie sind aber auch ein wenig egal. Ihr Spiel entfaltet seine nadelfeine Brillanz und böse Wucht vor allem dann, wenn Zeitstrukturen ungewiss werden, Gegenwarten brüchig, Identitäten fraglich. Also jenseits des allzu Gefälligen.

Wie in Denis Villeneuves DIE FRAU, DIE SINGT – INCENDIES (2010): In einer Rückblende sitzt die von Azabal gespielte politische Gefangene in einer Gefängniszelle auf einem Stuhl. Zwei Schritte schräg hinter ihr steht in schweren Stiefeln der Folterspezialist, der gerufen wurde, weil diese Frau nicht «zu brechen» ist. Kein Wort fällt. Beide verharren so, sekundenlang. Doch ist in diesem quälend endlosen Moment kein Zittern im Gesicht der Gefangenen. Keine Ergebenheit und keine Panik. Da ist nur Konzentration. Eine furchteinflößende Konzentration.

Die Gefängnisszenen seien die schwersten gewesen, sagt Lubna Azabal in einem Interview. Aber nicht, weil es Gefängnisszenen gewesen seien, sondern die ersten, die man gedreht habe. «Auf dem Set bereite ich mich nie vor, ich tue einfach, was von selbst kommt», sagt sie. Umso beängstigender sei es für sie gewesen, mitten in der Geschichte anzufangen, was bedeutet habe, aus dem Stand durch Misshandlungen und Schwangerschaft hindurchgehen zu müssen. Das erklärt womöglich die fast körperlich spürbare Konzentration in dieser Szene.

Ein Kopf, der keine Unterwerfung kennt

Wenn Lubna Azabal ihren Kopf doch einmal abwendet, wie es etwa in ADAM oft geschieht, wo fast nur Close-ups zu sehen sind, dann ist das selten ein Ausweichen. Verlegenheit schon gar nicht. Eher ein Ausholen. Jeden Zwang, jede Unterwerfung, verwandelt sie irgendwann in Aktivität, und wenn Jahre dazwischen liegen, wie in DIE FRAU, DIE SINGT. Und jede Resignation münzt sie um in eine Introspektion, mit der sich ihre Figuren zum Aufrichten bereit machen. Ihr Widerstand erschöpft sich deshalb auch nicht im plötzlichen Aufbegehren. Es kommt darin etwas zum Vorschein, das schon immer unbezwingbar war.

Diese Kraft wusste der französische Regisseur André Téchiné schon früh für sein Werk zu nutzen. Er besetzte die damals noch weitgehend Unbekannte bereits 2001 in WEIT WEG – LOIN und drei Jahre später, in CHANGING TIMES – VOM VERLIEREN UND WIEDERFINDEN DER LIEBE: Darin tritt sie an der Seite des Dreamteams-auf-Wiedervorlage Catherine Deneuve und Gérard Depardieu in einer Doppelrolle als Zwilling auf: Die eine Schwester lebt ein Leben als Pariserin, samt Tablettensucht, Melancholie und einem unkonventionellen Arrangement mit ihrem schwulen Freund; die andere lebt in Tanger, trägt Kopftuch, rackert in einem Fast-Food-Laden und achtet peinlichst darauf, auf der Straße nicht mit Männern gesehen zu werden.

Téchiné versteht es wie so oft, den Körper als etwas Seelisches zu fassen, als etwas, das sich gleichzeitig im Einklang und im Widerspruch zum Selbst und zur Umwelt befindet. Allein die Art, wie Lubna Azabal als Pariser Zwillingsschwester im Flughafen eine Treppe hinaufgeht, nachdem ihr Freund sie dort zunächst zurücklässt: wie sie da an der linken Hand entschlossen das Kind führt und an der rechten den Rollkoffer trägt, schmal, aber nicht bedürftig, fragil, aber beherrscht, das ist der Moment, der die Haltungs-Ähnlichkeit zwischen den zwei sonst so unterschiedlichen Schwestern offenbart, ob sie nun Kopftuch tragen oder nicht.

Sie kennen das Schrecklichste und Wunderbarste

Solche Zweiheiten halten die Frauenfiguren Lubna Azabals immer wieder von Neuem aus. Sie sind Westeuropäerinnen und Frauen aus dem Nahen Osten. Sie sind Kennerinnen des Schrecklichsten und des Wunderbarsten, für das es sich dann eben doch immer zu kämpfen lohnt. Denn «es gibt nichts Schöneres als zusammen zu sein», gibt DIE FRAU, DIE SINGT ihren Kindern mit auf den Lebensweg. In anderen Filmen, bei anderen Darstellerinnen, wäre dies ein Satz ausgestellter Sentimentalität. Vor dem Hintergrund der erzählten Ungeheuerlichkeiten aber, aus dem Mund dieser Kampfkünstlerin, ist dieses Resümee konzentrierter Trost, verabreicht wie ein letzter Schlag.

....

In Zerrspiegeln von 80 Jahren

Eine Hommage an den Sänger, Songwriter, Filmkomponisten, Darsteller und Regisseur Bob Dylan, der auch nach sechs Jahrzehnten enormer Leinwandpräsenz ungreifbar geblieben ist

Von Patrick Holzapfel

Am 24. Mai 2021 wurde Bob Dylan 80 Jahre alt. Zu seiner singulären Erscheinung als Poet und Performer des US-amerikanischen Unterbewusstseins gehört auch seine facettenreiche Ausstrahlung aufs Kino, das er zugleich bedient wie auch als Medium seines eigenen Verschwindens nutzt. So unzählig die Spuren sind, die Bob Dylan auf der Leinwand hinterlassen hat, so schwer bleibt es, ihm selbst auf die Spur zu kommen.

1

Es gibt unzählige Spuren von Bob Dylan auf Film gebannt. Eine der allerersten ist eine Aufnahme, die von John Cohen gemacht wurde. Mit einer 16-mm-Testrolle drehte er eine verspielte, fiktionale Szene auf dem Dach seines Wohnungsblocks in New York, in der Dylan als Huckleberry Finn über eine Mauer springt und dann verschiedene Hüte anprobiert.

2

In diesen Sekunden offenbart sich bereits vieles, was die Bilder von Dylan prägt: Verwandlung, Verspieltheit, Rätselhaftigkeit, Attraktivität, Direktheit. Dass diese Bilder dem erfundenen Image des Tramps Dylan nur allzu gut entsprechen, zeigt, dass der Sohn wohlhabender Mittelklasseeltern aus Minnesota von Anfang an eine Rolle spielte.

3

Dylans Karriere umfasst 60 Jahre popkultureller und US-amerikanischer Geschichte. Das, was der Film von ihm bewahrt, ist daher auch Abbild dieser Geschichte, die Dylan maßgeblich mitgestaltete.

4

«Ich bin nur Bob Dylan, wenn ich es sein muss.» – «Wer sind sie sonst?» – «Ich selbst.»

5

Dylan gehört zu jenen Performern, die nicht für die Kamera (oder ein Publikum) zu spielen scheinen. Etwas in ihm wendet sich ab vom Licht und bleibt als Begehren jener zurück, die ihm näherkommen wollen.

6

Betrachtet man Dylan auf Bewegtbildern, glaubt man mit jedem Mal etwas Neues zu entdecken. Die vier wichtigsten dokumentarischen Arbeiten, auf denen er zu sehen ist: DON'T LOOK BACK von D. A. Pennebaker, NO DIRECTION HOME von Martin Scorsese, EAT THE DOCUMENT von Bob Dylan und Andy Warhols SCREEN TEST mit Dylan.

7
Aus den etwa 500 existierenden Screen Tests, die Warhol in der Mitte der 1960er-Jahre drehte, ragt Dylan heraus. Das liegt nicht nur an seiner Berühmtheit, sondern auch an seinen unablässig rollenden Augen, dieser beiläufigen, aber nervösen Art, die sich immer entziehen möchte und doch ganz klar und nah vor uns sitzt.

8
Die Nahaufnahme Dylans offenbart die Attraktivität von Widerwillen. Das Gefühl, dass ein Film nicht nur ein Stück aus der Wirklichkeit herausschneiden kann, sondern auch aus einem Menschen, wird mit Dylan ganz deutlich.

9
Die eigentliche filmhistorische Assoziation mit Dylan wäre das New-Hollywood-Kino. Als Poet und Performer des in den späten 1960er-Jahren hervortretenden düsteren US-amerikanischen Unterbewusstseins findet seine Tonalität Anklang bei Filmemachern wie Dennis Hopper, Martin Scorsese oder Sam Peckinpah. Seine Musik und Filme wie EASY RIDER oder PAT GARRETT JAGT BILLY THE KID treffen sich in einer surrealistisch angehauchten Wut, dem Streben nach Individualismus und Freiheit.

10
In EASY RIDER ist Dylans Song «It's Alright Ma I'm Only Bleeding» zu hören: «Disillusioned words like bullets bark / As human gods aim for their mark / Made everything from toy guns that spark / To flesh-colored Christs that glow in the dark / It's easy to see without looking too far / That not much is really sacred.»

11
Zu PAT GARRETT JAGT BILLY THE KID steuerte er nicht nur einen ganzen Soundtrack samt des berühmten «Knockin' On Heavens Door» bei, er spielte auch eine kleine Rolle, deren Highlight bleibt, dass er auf die Frage des von James Coburn gespielten Protagonisten antwortet, wer er denn sei: «Gute Frage».

12
«Who are you, Mister Bob Dylan?», fragt Jean-Pierre Léaud hinter einer Zeitung versteckt in Jean-Luc Godards MASCULIN – FEMININ ODER: DIE KINDER VON MARX UND COCA-COLA.

13
Dylans eigener Filmgeschmack ist eher im klassischen Hollywood (WEITES LAND von William Wyler zählt zu seinen Lieblingsfilmen) oder in der Nouvelle Vague angesiedelt. Für sein eigenes Werk RENALDO UND CLARA nannte er gegenüber Schauspieler Sam Shepard Truffauts SCHIESSEN SIE AUF DEN PIANISTEN als Inspiration.

14
Dazu passt auch seine Gedichtzeile: «there's a movie called / Shoot the Piano Player / the last line proclaimin' / music, man, that's where it's at / it is a religious line...» aus 11 Outlined Epitaphs.

15
Allgemein finden sich viele Filmanspielungen und Zitate in Dylans Texten. Seine Tour 2010 eröffnete er etwa mit 20 Minuten aus D.W. Griffiths INTOLERANCE.

16
Henry Kings DER SCHARFSCHÜTZE, die Marx Brothers, Don Siegel oder Humphrey Bogart: Dylan bedient sich fleißig und zeigt, dass sein Schreiben auch immer auf bereits Geschriebenem aufbaut und sein Mythos auf bereits entstandenen Mythen beruht.

17
Einzig Clint Eastwood zahlte es dem zitatwütigen Dylan einmal zurück. In seinem PALE RIDER – DER NAMENLOSE REITER sagt eine Figur: «Well, I wish there was something I could do or say, to try and make you change your mind and stay», ein direktes Zitat aus Dylans Song «Don't Think Twice, It's All Right».

18
In ROLLING THUNDER REVUE: A BOB DYLAN STORY bringt Martin Scorsese gleich zu Beginn Georges Méliès ins Spiel, um sich dem Phänomen Dylan zu nähern. Was auf den ersten Blick womöglich wie ein unnötiger Auteur-Move des Regisseurs von HUGO CABRET anmutet, entpuppt sich schnell als schöner Gedankengang: Dylan als Zauberkünstler, ein Mann, der die Dinge entstehen und wieder verschwinden lässt, sich selbst eingeschlossen.

19
Nahe kommt man der Imagination hinter den Tricks selten, aber am ehesten wohl im wilden RENALDO UND CLARA, jenem vierstündigen Rausch aus Konzertaufnahmen, dokumentarischen und fiktionalen Szenen, die größtenteils zwischen 1974 und 1976 während der Rolling Thunder Revue Tour entstanden sind.

20
Mehr als einer Narration folgt der Film Situationen, mehr als Situationen sind es Zustände, die im Gedächtnis bleiben.

21

Inspiriert von Fellinis Das süsse Leben trachtete Dylan nach Zerrspiegelbildern, die das Leben in seiner Welt greifbar machen. Die Monologe und Dialoge des Films ergeben einen beständigen Stream of Consciousness, eigentlich nicht unähnlich dem gefeiertem Experimentalfilm 88:88 von Isiah Medina. In Eat the Document, einem weiteren Film, bei dem Dylan als Regisseur geführt wird (Bilder wurden unter anderem wieder von D. A. Pennebaker beigesteuert), ist diese Ähnlichkeit aufgrund der höheren Schnittgeschwindigkeit noch frappierender; Parallelen zum Dauerrauschen der Gegenwart lassen sich nicht verneinen.

Rolling Thunder Revue: A Bob Dylan Story von Martin Scorsese (© Netflix)

22

Gleichermaßen sind diese Arbeiten wenig überzeugende Trip-Filme, die sich hilflos am Image abarbeiten und darüber die Welt vergessen.

23

«Der Film ist kein Puzzle, es ist A-B-C-D, aber alles ist wie ein Spiel zusammengesetzt. Es geht nicht um den tatsächlichen Plot, sondern um die Texturen, die damit verbunden sind: Farben, Themen, Töne.»

24

Das ständige Nuscheln und Murmeln, das In-sich-Versinken dieser Tonspuren, der US-amerikanischen Rebellen, die zu viel von Marlon Brando und James Dean adaptiert haben, um noch ihren Kopf oder ihre Stimme zu heben, verwandelt sich vor den Augen in eine innere Landschaft gescheiterter Träume und des um sich greifenden Wahnsinns. Die Narben einer Zeit liegen offen und sie reichen bis ins Heute hinein. Bob Dylan hat dieses Gefühl eben nicht nur in seinen Texten eingefangen, sondern auch in seinem Ton, seinen Bildern, seinem Kino.

25

Allein Don't Look Back ist ein Sandsturm an verschluckten Stimmen und Filmkorn, das die unterbelichteten Körper auffrisst, wie die vergehende Zeit.

26

Das was Kerouac und Ginsberg mit ihren rauschhaften Sprachmelodien erzeugten, diente Dylan als Rezept, um den Schmerz in eine Musik fließen zu lassen, die sich als Gesamtkunstwerk versteht. In diesem Zusammenhang muss man verstehen, was Dylan meinte, als er auf einer Pressekonferenz gefragt wurde, um was es in seinem Film Renaldo und Clara gehen würde und er antwortete: «Das wird nur ein weiteres Lied sein.»

27

Cinderella, she seems so easy, «It takes one to know one», she smiles. And puts her hands in her back pockets Bette Davis style.

28

Manchmal haben auch die Lieder von Dylan filmische Eigenschaften. Das liegt natürlich auch daran, dass er in vielen seiner Songs Geschichten erzählt, aber eben auch an seinem Spiel mit Tropen des Westerns und des Film Noirs.

29

So haben viele Autoren festgestellt, dass Dylans Song «Dignity» einem vernebelten Noir in Los Angeles gleicht, in dem Dylan als verbitterter Detektiv in einer korrupten Welt auf der Suche nach der verlorenen Figur ist; diese Figur ist die Würde, Dignity.

30

Ein anderes Beispiel wäre das Protestlied «Hurricane». Darin behandeln Bob Dylan und Jacques Levy den mehr als fragwürdigen Prozess rund um den schwarzen Boxer Rubin Carter. Dessen Schicksal wurde 1999 mit Denzel Washington als Hurricane verfilmt.

31

Sein Lied «Tight Connection to My Heart» wollte Dylan einmal sogar als Film adaptieren, weil er den Song für seinen visuellsten hält.

32
Über 60 Jahre lang hat Dylan unzählige Fragmente auf Film hinterlassen. Er trat in Filmen und Serien auf, ließ sich ablichten und drehte selbst. Aus dem Mosaik lässt sich selbstverständlich kein wirkliches Bild zusammensetzen, man kann nur die Bruchstücke selbst als Inhalt eines künstlerischen Lebens begreifen.

33
Hinzu kommt, dass die unterschiedlichen Filme immer wieder auf Elemente des gleichen Materials zurückgreifen. Man kann sagen, dass neben den Fotografien von John Cohen heute vor allem die Aufnahmen von D. A. Pennebaker das Bild prägen, wie sich Menschen Bob Dylan vorstellen.

34
Damit hat auch Todd Haynes in seinem Film I'M NOT THERE gespielt, dem vielleicht aufregendsten Anti-Biopic des 21. Jahrhunderts. Darin lässt er nicht nur verschiedene Schauspieler (unter anderem Cate Blanchett, Christian Bale oder Ben Whishaw) in die Rolle des Enigmas Dylan schlüpfen, sondern auch dessen Musik in Coverversionen erklingen.

35
Was daraus entsteht, ist eine Art Double des Doubles, ein Kunstwerk, das den Künstler im Wirbel seiner technischen Reproduzierbarkeit erfasst und ihn gerade dadurch als Individuum greifbar macht. Dazu kommt, dass Todd Haynes für seinen Film größtenteils Szenen nachbaut, die bereits auf Film existieren, also den zahlreichen Dokumentationen rund um Bob Dylan entnommen sind. Derart wird auch der Film zur Chimäre und verbindet sich auf formaler Ebene mit seinem abwesenden Protagonisten.

36
In Dennis Hoppers CATCHFIRE liefert Dylan gleich das perfekte Bild für diese Fragmentierung seines künstlerischen Ichs. In einem kurzen Auftritt spielt er einen Künstler, der riesige bemalte Holzflächen mit einer Motorsäge zerschneidet und diese dann neu zusammengesetzt an Wänden aufhängt.

37
Der Mantel, den Dylan auf dem Cover seiner LP *Desire* trägt, wurde ihm von Hopper am Set von THE LAST MOVIE geschenkt. Allgemein lassen sich Dylans Filmauftritte oft auf Freundschaften zurückführen.

38
Dylans schauspielerische Auftritte gehören wahrlich nicht zum Besten, was Musiker auf der Leinwand geboten haben. Das liegt auch daran, dass er ein ziemlich unglückliches Händchen mit den Stoffen bewies und selbst vielversprechende Filme, in denen er auftaucht, den Erwartungen nicht gerecht wurden.

39
Das gilt allerdings nicht für PAT GARRETT JAGT BILLY THE KID, dem einzigen Film, in dem Dylan bislang auftauchte, ohne einen Musiker zu spielen.

40
Bereits 1963 war Dylan samt seines kommenden Hits «Blowin' in the Wind» im britischen Fernsehspiel THE MADHOUSE ON CASTLE STREET zu sehen. Leider überlebte von dieser Sendung nur ein schlechtes Audiofile. BBC Arena hat allerdings eine außergewöhnliche gute Dokumentation über die Hintergründe dieses mysteriösen Ausflugs des Musikers veröffentlicht.

41
Ein anderer, nur schwer ertragbarer Film im schauspielerischen Œuvre von Dylan ist HEARTS OF FIRE von Richard Marquand aus dem Jahr 1987. Dylan, der sich später vom Film distanzierte, spielt darin einen gelangweilten alternden Rockstar mit Keith-Richards-Ohrringen; Ron Wood spielt den Drummer der Band im Film.

42
Der Film bleibt für Dylan-Afficionados womöglich vor allem wegen einer Dialogzeile hängen, die seine Figur Billy Parker sagt: «Ich habe immer gewusst, dass ich keiner dieser Rock'n'Roll-Sänger sein würde, die einmal den Nobelpreis gewinnen.»

43
«Ich wollte immer wie Anthony Quinn in LA STRADA sein. Ich wollte auch wie Brigitte Bardot sein, aber darüber denke ich lieber nicht zu lange nach.»

44
Seinem Dauerschmunzeln in der Szene nach zu urteilen, hatte Dylan mehr Freude bei seinem Kurzauftritt in der US-amerikanischen Sitcom DHARMA & GREG (1999). Darin spielt er Gitarre und muss die kauzigen Extravaganzen der schlagzeugenden Protagonistin über sich ergehen lassen. In dieser Szene zeigt sich tatsächlich eine große Qualität der eigenartigen Präsenz Dylans: Er kann wie nur wenige andere wie im falschen Film wirken.

45
So fährt sein aus dem Gefängnis flanierender Rockstar in MASKED AND ANONYMOUS von Larry Charles gleich zu Beginn des Films bewusst in die falsche Richtung. Ja, er ist eben ein Rolling Stone without a home, und im Kino hat er das auch nicht gefunden.

46

Dennoch ist dieser merkwürdige, irgendwo zwischen Drama und Satire hängende Film einer der interessantesten mit Bob Dylan. In schickem Anzug und Cowboyhut fährt er dabei durch ein seltsames Land, und man denkt fast an die Bilder von Harry Dean Stanton bei Wim Wenders. Man hat hier mit Ausnahme von Warhols SCREEN TEST zum ersten Mal das Gefühl, dass er sich nicht ganz so unwohl vor der Kamera fühlt. Zwischen den Zeilen glaubt man zu erkennen, dass er einige Dinge in diesem Film loswird, die ihm wichtig sind.

47

Er spielt in MASKED AND ANONYMOUS einen Sänger, der von einem autoritären Regime zu einem Benefizkonzert verpflichtet wird. Man spürt in der Rolle die Spannungen, die Dylan selbst mit den Erwartungen an seine Person, insbesondere in den USA der 1980er-Jahre verband.

48

Dennoch bewahrt er sich auch in diesem Film sein unnahbares Mysterium und die schauspielerische Nicht-Eigenschaft, dass sein Gesicht nie das zu machen scheint, was gerade erfordert wäre.

ROLLING THUNDER REVUE: A BOB DYLAN STORY von Martin Scorsese (© Netflix)

49

In einer Szene mit John Goodman liegt Dylan so in einem Stuhl wie nie irgendwer in einem Stuhl gelegen ist. Seine Füße stemmt er gegen die Wand, während er seine Hüfte so tief in die Lehne drückt, dass von seinem Körper nichts mehr übrig scheint außer Kopf und Füße. Henry Fonda, sonst der unangefochtene König des Sitzens in Hollywood, wäre neidisch gewesen.

50

Inspiriert war der Film ohnedies von Jerry Lewis und Dylans eigenen Ideen zu einem Slapstick-Film. Allerdings ist das Endresultat doch deutlich ernster ausgefallen. Man glaubt trotzdem zu spüren, dass der junge Dylan, der in seiner Zeit als Huck Finn über Mauern sprang, es auch als Buster Keaton hätte weit bringen können.

51

In MASKED AND ANONYMOUS sind auch viele Dylan-Songs zu hören, bisweilen in spannenden oder bizarren Coverversionen oder vom Künstler selbst gesungen. Musikalisch hat Dylan große Spuren in der Filmgeschichte hinterlassen, selbst wenn er nicht in den Filmen auftauchte. Seine Lieder tauchen überall auf und vor allem (Öl auf den Ketten seiner Kritiker) in großen Hollywood- oder Netflix-Produktionen. Ja, auch die Dylan-Kuh wird bis zum letzten Tropfen gemolken.

52

Für seinen Song «Things Have Changed», den er für den Film DIE WONDER BOYS von Curtis Hanson schrieb, gewann Dylan sogar einen «Oscar». Das dazugehörige Musikvideo ist auch in der Welt des Films angesiedelt, in der er mit der Figur von Michael Douglas Rollen tauscht.

53

In Fragen des Pop-Musikvideos gehört Dylan sowieso zu den Vorreitern, denn der berühmte Auftakt zu DON'T LOOK BACK, in dem Dylan Textfetzen seines «Subterranean Homesick Blues» passend zur Musik in die Kamera hält, während im Hintergrund Allen Ginsberg gestikuliert und seine Jacke auszieht, gilt bei manchen als erstes Musikvideo.

54

Cameron Crowe, der ein bemerkenswertes Interview mit Dylan drehte, verwendete in seinem JERRY MAGUIRE eine bis dato ungehörte Version von «Shelter from the Strom».

55

Dylans Lieder haben die Eigenschaft, selbst Jahrzehnte, nachdem sie geschrieben wurden, so zu wirken, als wären sie für den Film komponiert worden. Beispiele dafür sind «He was a Friend of Mine» in BROKEBACK MOUNTAIN, «The Man in Me» in THE BIG

Lebowski oder «The Times They Are A-Changin'» in Watchmen.

56
Nichts aber übertrifft die Verwendung des Themas aus Pat Garret jagt Billy the Kid und vor allem von «Wigwam» in Wes Andersons The Royal Tenenbaums. Da da dah da da. Dada da-da dah de dum. Da da-da dah da. La da dah dede.

57
In Lars von Triers Breaking the Waves wird bei der Hochzeit der Protagonisten eine Dudelsack-Version von «Blowin' in the Wind» zum Besten gegeben und in Olivier Assayas L'eau froide – Kaltes Wasser tanzen die Protagonisten im nächtlichen Kokon ihrer jugendlichen Freiheit zu «Knockin' on Heaven's Door».

58
Manchmal könnte man fast meinen, dass Bob Dylan, spätestens mit seinem Motorradunfall, eine Figur aus dem Universum von Wes Anderson sei. Dann aber merkt man wieder, dass seine Texte viel tiefer gehen und es sowieso keinen Sinn hat, ihn festlegen zu wollen.

59
Dazu passt auch, dass sein Sohn Jesse Dylan als Filmemacher arbeitet und Filme wie American Pie – Jetzt wird geheiratet gedreht hat. Wie weit der Apfel(-kuchen) vom Stamm gefallen ist, muss jeder selbst beurteilen.

60
Man kann festhalten, dass der performative Aspekt der Arbeit von Bob Dylan im Kino betont wird. Zwar hat er niemals die schauspielerischen Höhen eines David Bowies und nicht mal eines Elvis Presleys erreicht, aber dennoch wusste er auch in diesem Medium an seiner eigenen Starwerdung zu arbeiten. Ein wichtiger Teil seiner Imagepflege ist seine Unangepasstheit. So ist Don't Look Back über weite Teile ein komödiantisches Duell zwischen Dylan und Donovan, das in einem betrunkenen Wortgefecht und anschliessender Musik endet.

61
Als Pennebaker Dylan sagte, dass er seine Direct-Cinema-Dokumentation über dessen legendäre Tour in England 1965, die den viel diskutierten Übergang von akustischer zu elektronischer Musik markierte, schlicht «Dylan» nennen wollte, entgegnete der Musiker: «Warum nennst du sie nicht Pennebaker?»

62
Dylan erinnert daran, dass das Kino nicht nur ein Medium des Lichts ist, sondern auch der Schatten. Er nutzt es auch für seine Arbeit am eigenen Verschwinden.

63
In jedem Bild hat man das Gefühl, dass man ein Geheimnis erfährt, aber die Wahrheit ist: man erfährt nichts.

64
Spätestens mit Eat the Document ist Bob Dylan zu einem wahrhaftigen Rimbaud, einem Blake geworden, der die Welt mit seinen eigenen Augen und Worten und Bewegungen verändert. Obwohl Dylan so wirkt, als könne er nicht schauspielern, spielt er die ganze Zeit. Er spielt einen Mythos, den er wird und dann wieder verlässt.

65
Was sich hinter dem abspielt, ist immer auch ein Bild der sich transformierenden Welt. Dylan existiert jenseits und doch inmitten der Gesellschaft. Seine Themen spiegeln die unbenannten Ängste und Hoffnungen und Narben wider, und die Kameras nehmen auch das auf, selbst wenn sie sich nur für diesen Mann interessieren, der sich von ihnen abwendet.

66
Zuletzt sollten noch jene erwähnt werden, die sich an Dylan oder Versionen von Dylan auf der Leinwand versucht haben. Ein schwieriges Unterfangen, weil Dylan leichter imitierbar als spielbar scheint.

67
Ganz oben auf der Liste thront sicherlich Cate Blanchett mit ihrer Interpretation Dylans aus der Don't Look Back-Phase in I'm Not There. Allerdings grenzt ihre Darstellung tatsächlich an eine Karikatur, da sie – beeindruckend genug – vor allem die Oberfläche des unter Drogen stehenden Künstlers interpretiert. Außerdem profitiert sie von einer unfassbar guten Coverversion von «Ballad of a Thin Man» durch Stephen Malkmus und The Million Dollar Bashers und einer hervorragend geschnittenen surrealistischen Sequenz.

68
Auf ähnlich hohem Niveau und bezüglich des Gesangs zugleich unglaublich überzeugend und komisch bewegt sich John C. Reilly in Walk Hard: Die Dewey Cox Story. An der Sequenz, in der sich der titelgebende Protagonist an Dylan abarbeitet, sticht vor allem hervor, dass sie das rund um Dylan so wichtige Thema der Doppelgänger und Identitäten aufgreift.

69
Denn natürlich ist Bob Dylan selbst der beste Darsteller von Bob Dylan auf der Leinwand.

70
The Guardian stellte daher zum Start von I'M NOT THERE die schön ironische Frage: Was denkt Bob, wer er ist?

71
«DON'T LOOK BACK war (...) der Film eines anderen Menschen (...) Als ich den Film im Kino sah, war ich geschockt. Ich hatte nicht mitbekommen, dass die Kamera die ganze Zeit auf mich gerichtet war (...) Der Film zeigt nur eine Seite der Wahrheit.»

72
Damit sind wir wieder beim Thema und spüren, dass selbst 71 Aspekte dieses Künstlers ihn nicht wirklich näherbringen. Vielleicht geht es einfach darum, zuzuhören, zuzusehen, wenn man möchte mitzusingen, vielleicht sogar zu tanzen, zu schreien, zu schweigen, zu weinen, weiterzumachen.

73
Zu manchen vereinbarten Drehterminen seiner eigenen Filme ist Bob Dylan nicht erschienen. Das Bild eines Mannes, der zum Dreh seines eigenen Films nicht erscheint. Man hält es fest, aber es ist gar nicht da.

74
I contain multitudes.

75
In der Phase nach seinem Motorradunfall 1966 begann Dylan mit dem Image des Outlaws aus Western zu arbeiten. Textliche Anspielungen auf Filme wie SHANE oder BRONCO BILLY deuteten einmal mehr einen anderen Ton, einen anderen Dylan an.

76
Heute scheint es Dylan gelungen, dem Lärm, den Bildern, dem Film und den Interviews größtenteils entkommen zu sein. Trotzdem produziert er weiter Texte und Musik.

ROLLING THUNDER REVUE: A BOB DYLAN STORY von Martin Scorsese (© Netflix)

77
Und er weiß auch, dass er weiterlebt in den Bildern, die es bereits von ihm gibt.

78
Mehrfach betonte Bob Dylan auch den Einfluss von Bertolt Brecht, einem Vorreiter seiner Kunst, nie ganz das zu sein, was alle glauben, und dabei auf vielen verschiedenen Hochzeiten immer den eigenen Walzer zu tanzen.

79
Ein Zitat aus Brechts *Das Lied von der Moldau*, dessen Einfluss auf Dylans «The Times They Are A-Changin'» ins Auge springt und das vieles zusammenfasst, was Dylan und sein Werk (ob filmisch festgehalten oder nicht) ausmacht:

> Es wechseln die Zeiten. Die riesigen Pläne
> Der Mächtigen kommen am Ende zum Halt.
> Und gehn sie einer auch wie blutige Hähne
> Es wechseln die Zeiten, da hilft kein Gewalt.

80
Alles Gute, Bob Dylan.
Sie sind weit weg, aber wir hören Sie.

....

Wahrheit und Gewissen

Zum 100. Geburtstag der französischen Schauspielerin Simone Signoret

Von Patrick Holzapfel

Die französische Schauspielerin Simone Signoret (1921–1985) eroberte sich nach dem Zweiten Weltkrieg rasch eine Sonderstellung im nationalen wie auch im internationalen Kino. Rollen unabhängiger und lebenserfahrener Frauen gestaltete sie zu eindrucksvollen Porträts. Dabei flossen Anzeichen des Alters ebenso natürlich in ihre Arbeit mit ein wie ihre politischen Überzeugungen als feministische Sozialistin. Eine Hommage zum 100. Geburtstag am 25. März 2021.

Simone Signoret und die Kamera haben sich gefunden, weil es so kommen musste. Die am 25. März 1921 in Wiesbaden geborene Simone Henriette Charlotte Kaminker, Tochter eines exzellenten jüdischen Übersetzers und Armee-Offiziers, sehnte sich zeitlebens nach der geteilten Erinnerung, jenen seltenen Augenblicken des Lebens, in denen man etwas gemeinsam erlebt und zusammen begreift. Dieses Begehren, das dem Kino selbst zugrunde liegt, motivierte eine unvergleichliche, weil schonungslose Karriere, die Wahrheit über Schönheit und das Leben über das Spiel stellte.

Möchte man begreifen, warum Signoret zu Beginn der 1950er-Jahre der größte Star im französischen Kino war, muss man sich nur die Anfangssequenz von Jacques Beckers GOLDHELM ansehen. Vor der virtuos, federleicht durch die Szenerie eines vorstädtischen Gaststättenidylls fahrenden Kamera Robert Lefebvres verliebt sich die von Signoret gespielte Marie in den ihr eigentlich nie gewachsenen Manda (Serge Reggiani). Während sie mit einem anderen Mann tanzt und sich beständig um ihn windet, findet ihr Blick diesen streunenden Beobachter und der Blick der Kamera findet sie. Der beginnende Belle-Époque-Reigen von Becker ist ein einziger Coup de foudre, erst auf narrativer Ebene und dann für das Kino und Signoret selbst. Der meist etwas geneigte Kopf drückt einen kecken Widerstand aus, aus den Augen spricht die Angst dahinter und der Stolz darüber.

GOLDHELM bedeutete Signorets endgültigen Durchbruch als Star, ein Label, das sie bis zum Ende ihres Lebens bekämpfte, hinterfragte und doch ausfüllte wie kaum eine andere Schauspielerin. Sie sollte auf viele solche Männer in ihren Filmen stoßen, Männer, die ihr nie gewachsen waren im Sturm irrationaler Leidenschaften und den ökonomischen Fallstricken der Existenz.

Die Unabhängige im französischen Nachkriegskino

Dass sie in ihren Anfangsjahren, aber auch später in ikonischen und zauberhaften Rollen als etwas verruchte Femme Fatale und oftmals Sexarbeiterin festgelegt schien, hatte neben dem äußerst engen Frauenbild des französischen Nachkriegskinos auch mit der aus allen Gesten und Blicken ihres Körpers sprechenden Unabhängigkeit zu tun, die sich besonders tragisch entfaltete, wenn sie abhängige Frauen spielte. Oft kann man Signoret rauchend auf und ab tigern sehen in zu kleinen Hinterzimmern, umgarnt von Dandys oder Streunern, und in einsamen Nachtclubs, auf ein letztes Getränk oder eine letzte Chance wartend. Eigentlich haben alle Männer Angst vor den von ihr verkörperten Frauen, aber genau deshalb sind sie bedroht. Der Trotz ist ihr Markenzeichen, die Hände liegen in der Hüfte, das Funkeln springt aus ihren

Simone Signoret mit Serge Reggiani in GOLDHELM von Jacques Becker (F 1952)
(© StudioCanal)

traurigen Augen. Die Schenke zum Vollmond ist ein gutes und herausragendes Beispiel für diese Rollen, in denen die Flucht aus dem vorgezeichneten Leben zur großen Sehnsucht wird. Später in ihrer Karriere spielte sie mit diesem Image, etwa in Adua und ihre Gefährtinnen oder Madame Rosa. Signoret schaffte es oftmals, aus den stereotypen Filmen große Plädoyers für die verachteten Frauen der Gesellschaft zu machen.

Die Schenke zum Vollmond wurde von Signorets erstem Ehemann, Yves Allégret, gedreht. Später heiratete sie Yves Montand und fand in ihm trotz manch unrühmlicher Episode einen Gefährten für das Leben, wobei sie einmal sagte, dass sie nun genau so gefangen wäre wie sie wollte. Mit Montand und Allégret, der eine Zeit lang als Assistent Leo Trotzkis arbeitete, teilte sie neben einer unbändigen Lust am Spiel das politische Engagement. Aus der Generation von Jean-Paul Sartre und der Résistance stammend, scheuten sich die beiden nicht, für ihre politischen Überzeugungen öffentlich einzutreten. Signoret, die während der deutschen Besetzung den katholischen Namen ihrer Mutter annehmen musste, während sich ihr Vater im Ausland versteckte, trat beispielsweise öffentlich in den Prozessen rund um Pierre Goldman in Erscheinung.

Simone Signoret in Madame Rosa von Moshé Mizrahi (F 1977) (© 20th Century Fox)

Sozialistin und Schriftstellerin

Man könnte Montand und Signoret zur sogenannten «Left Bank» des französischen Kinos rechnen, und tatsächlich waren Filmemacher wie Alain Resnais oder Chris Marker eng mit den beiden befreundet. Am berühmtesten und umstrittensten ist wohl Montands Konzertreise in die Sowjetunion. Signoret begleitete ihren Mann und beschrieb im Nachgang ein Abendessen mit den höchsten Funktionären des sowjetischen Staates samt den kritischen Fragen, die dabei diskutiert wurden. Später drehten die beiden mit Costa-Gavras, dessen anti-stalinistischer Film Das Geständnis den politischen Terror der Sowjetunion greifbar macht und für viele Intellektuelle in Frankreich und das Ehepaar selbst einen endgültigen Abschied von der Illusion eines menschlichen Sozialismus bedeutete.

Mehr noch als Sartre war Signoret, die selbst eine großartige Schriftstellerin war und mit Adieu Wolodja, einem Buch über das Leben jüdischer Immigranten in Paris, und der verspielten, sprachlich hochversierten Autobiografie Ungeteilte Erinnerungen zwei Bücher veröffentlichte, mit Albert Camus verwandt. Denn eine der großen Fragen ihres Schaffens, die sie beschrieb, thematisierte und vor allem bespielte, war das Gewissen. Die Frage, ob man gut und richtig gehandelt hat. Sie wählte ihre Rollen immer nach der Intention des Films aus. Einmal sagte sie, sie würde lieber eine Denunziantin in einem Anti-Nazi-Film spielen als eine wundervoll komplexe Dame in einem faschistischen Film. Die Blicke, die sie am Anfang von Goldhelm auf sich zieht, beinhalten auch jene, die sie beurteilen, beneiden oder bewundern. Sie verstand ihre Arbeit moralisch.

Nicht nur in diesem Sinn ist eine ihrer größten Rollen sicherlich jene der Untergrundkämpferin in

Simone Signoret in Das Geständnis von Costa-Gavras (I/F 1970) (© Warner Bros.)

Simone Signoret in ARMEE IM SCHATTEN von Jean-Pierre Melville (F 1969) (© StudioCanal)

Jean-Pierre Melvilles ARMEE IM SCHATTEN (1969). Eine Rolle, die sie so ähnlich schon 1948 im deutlich unbekannteren AGAINST THE WIND von Charles Crichton spielte. Mit Krawatte und Uniform, strategisch planend, federführend und lange nicht mehr auf die altbekannten, von Männern geschätzten Geheimnisse festgelegt, sondern auf jene, die Leben oder Tod bedeuten. Es gibt aus bekannten Gründen nicht viele Schauspielerinnen, die man sich in einer dunklen Ecke mit Lino Ventura oder ähnlichen Herren der Zunft vorstellen kann, ohne dass es dabei um romantische oder sexuelle Dynamiken geht, sondern um strategische Planungen und geteilte Ideale.

Die Schauspielerin, die sich zum Alter bekannte

Dass das Leben wichtiger ist als das Kino, gehört zur inspirierenden Philosophie Signorets, die nicht alles ihrer Karriere unterordnen wollte. Sie zitierte gern Jean Giraudoux in ihrer Angst, dass «ihr Leben sich ohne sie entwickeln würde». Dass sie sich deshalb nicht ganz so strengen Lebensweisen unterwarf und sichtbarer alterte als viele ihrer Kolleginnen, verhalf ihr später in der Karriere zu aufregenderen Rollen. Sie bekannte sich zu den Falten, die Mensch und Geschichten vereinen und nutzte ihren körperlichen Verfall, statt ihn zu verstecken. Aber es ist nicht unbedingt das Altern, das sie interessant macht, sondern das Leben, das aus ihr spricht. Vielleicht liegt es auch daran, dass Signoret wortlose Szenen füllte wie kaum eine andere. Der unvergessliche Mord in DIE TEUFLISCHEN, ein stummer, alles sagender Blickwechsel mit Jean Gabin in DIE KATZE und all der versteckte Schmerz in DER WEG NACH OBEN, für den sie 1960 den «Oscar» gewann. Der Film zählt sicher nicht zu ihren besten, aber es ist Signoret, die ihn sehenswert macht. Es sagt viel, wenn Regisseur Jack Clayton sagte, dass er keine britische Schauspielerin finden konnte, die eine ältere Liebhaberin spielen konnte.

Signoret ist eine Schauspielerin, die sich ohnedies nur schwer auf eine Filmkultur festlegen lässt und die es schaffte, im Ausland nicht auf die Rolle der «Französin» festgelegt zu werden. Französisches Mainstreamkino, Hollywood, engagiertes Politkino, amerikanisches TV (sie gewann unter anderem einen «Emmy» für ihre Rolle in Stuart Rosenbergs A SMALL REBELLION), Dokumentarfilme, italienisches Kino und sogar DEFA-Produktionen finden sich in ihrem Œuvre. Neben DIE HEXEN VON SALEM nach Arthur Millers Hexenjagd war das der leider nie fertiggestellte MUTTER COURAGE UND IHRE KINDER von Wolfgang Staudte. Das Prestigeprojekt wurde von Bertolt Brecht gestoppt, der mit dem Appeal fürstlich entlohnter, internationaler Stars genauso wenig anfangen konnte wie mit dem auf Identifikation und Illusion beruhenden Ideen Staudtes.

Besser hätte Brecht wahrscheinlich Signorets Zusammenarbeit mit William Klein oder Chris Marker gefallen. Mit Klein drehte sie AUX GRANDS MAGASINS, ihre vielleicht augenscheinlichste feministische Arbeit. Sie dreht darin nicht unbedingt als Darstellerin auf, sondern als Interviewerin, die in einem großen Kaufhaus mit Frauen über deren Leben spricht. Das erinnert tatsächlich ein wenig an Markers DER SCHÖNE MAI, für den sie den englischen Voice-Over-Text einsprach. Marker und Signoret waren auch durch das tragische Schicksal von Signorets Bruder Alain Kaminker verbunden. Dieser ertrank während der Dreharbeiten seines einzigen eigenen Films LA MER ET LES JOURS vor der Küste der Île de Sein. Marker schrieb den Voice-Over-Kommentar für das Porträt der Bewohner der kleinen Atlantikinsel.

Marker ist es schließlich auch zu verdanken, dass Signoret zu den wenigen Schauspielerinnen gehört, zu denen ein wirklich sehenswerter Film existiert. Der nach ihrem Ableben entstandene ERINNERUNGEN AN SIMONE ist die zärtliche Annäherung eines Freundes und Bewunderers und gleichzeitig eine Auseinandersetzung mit den feinen Linien zwischen Leben und Fiktion, Erinnerung und Gegenwärtigkeit, Star-Dasein und Aufrichtigkeit, die Signorets Karriere prägten. Es gäbe noch viel mehr zu schreiben, aber Signoret entdeckt man am besten mit jeder Begegnung von Neuem. Sie wurde zwar keine 100 Jahre, aber ihre Wirkung hält lange darüber hinaus an.

7 Deutsches Kino – Interviews

Der König und der Hampelmann

Ein Interview mit Franz Rogowski zu GROSSE FREIHEIT

Von Margret Köhler

Der 1986 geborene Franz Rogowski ist in den letzten Jahren zu einem der meistbegehrten deutschen Darsteller geworden. Für Sebastian Meises Drama GROSSE FREIHEIT, das am 18.11.2021 in die Kinos kam, wurde er für den «Europäischen Filmpreis» nominiert. Darin spielt er den Homosexuellen Hans Hoffmann, der wegen des berüchtigten Strafrechtsparagrafen 175 immer wieder ins Gefängnis kommt. Ein Gespräch über Freiheitsvorstellungen und einen ungewöhnlichen Werdegang.

Haben Sie sofort zugesagt bei der Rolle des Hans Hoffmann oder brauchten Sie Bedenkzeit?
Franz Rogowski: Ich habe da ziemlich schnell zugesagt. Das Drehbuch und die Figuren waren ein Geschenk. Mir gefiel auch, dass ich die Hauptrolle spielen sollte. Hier hat sich alles gefügt.
Der Film heißt GROSSE FREIHEIT. Eine mehr philosophische Frage: Was ist Ihre Vorstellung von Freiheit?
Meine Vorstellung von Freiheit ist eine Mischung aus Sicherheit und Unabhängigkeit von dem, was Sicherheit erzeugt. Im Alltag funktionieren diese Gleichungen oft nicht so gut, aber das macht nichts. Für Hans besteht die Freiheit darin, das ihn unterdrückende System anzunehmen und nicht zu bekämpfen.
Wo bleibt da der Widerstand?
Einen Widerstand gibt es wohl, sonst gäbe es Hans ja gar nicht. Er hat eine Identität und bewegt sich im Leben. Dafür wird er ins Gefängnis gesteckt. Man könnte sagen, der Widerstand kommt hier vom System, in dem er lebt. Es ist ein bisschen eine Umkehrung von der Idee von Widerstand, die wir meistens haben. Hier ist ein Mensch, der ein in sich geschlossenes Wesen ist, und das System geht dazu in den Widerstand. Hans lebt sein Leben im Widerstand des Systems, das ihn umgibt. Er kommt nicht raus aus diesem Raum, und so richtet er sich häuslich ein in diesen Mauern.

Der § 175 ist Vergangenheit, aber sind Vorurteile gegen Schwule wirklich ausgeräumt?
Ich glaube, Vorurteile sind im Allgemeinen nicht ausgeräumt. Auch nicht gegen Schwule. Das «Gute» an Vorurteilen ist, dass man nicht immer alles von vorne durchdenken muss. Das empfinden wir als angenehm, und ich bin auch selber täglich mit eigenen Vorurteilen konfrontiert, mit denen ich mir die Welt vereinfache. Man sollte nur nicht den Fehler begehen und die eigene Beschränktheit zum Gesetz erklären.
Die gleichgeschlechtliche Ehe ist seit 2017 in Deutschland möglich. Aber können wir uns zufrieden zurücklehnen, wenn auf den Schulhöfen «Du Schwuler» oder «Du Schwuchtel» gängige Schimpfworte sind?
Gleichgeschlechtliche Beziehungen werden in den meisten Teilen der Welt unterdrückt, selbst in Europa, nehmen Sie Ungarn oder Polen.
Zurück zum Film: Wie ist es, wenn zwei Schauspiel-Schwergewichte wie Sie und Georg Friedrich aufeinandertreffen? Misst man sich aneinander, wächst man aneinander?
Wir haben Billard gespielt. Mit Georg Friedrich zu arbeiten, war eine große Freude und Inspiration. Neben so einem Schauspieler wird es einem leicht gemacht, die eigene Figur lebendig werden zu lassen.
Sie kehren zwischendurch immer wieder zum Theater zurück, wie zu den Münchner Kammerspielen, wo Sie drei Jahre festes Ensemblemitglied waren.

Franz Rogowski in GROSSE FREIHEIT von Sebastian Meise (D 2021) (© Freibeuterfilm/Rohfilm)

Franz Rogowski in GROSSE FREIHEIT von Sebastian Meise (D 2021) (© Freibeuterfilm/Rohfilm)

Was bietet Ihnen das Theater, was das Kino nicht kann, oder auch umgekehrt?
Das Theater hat diesen echten Ort, an dem sich Menschen treffen. Die Leinwand bleibt eine Leinwand. Beide haben ihre eigenen Potenziale – Theater wird es immer geben – ein Raum, wo sich Leute treffen, wo einer etwas Verrücktes macht, stellvertretend für die anderen. Eine Geschichte, so alt wie die Menschheit. Das Tolle am Kino ist, dass man eben diesen Theaterraum verlassen und rausgehen kann in die Welt.
Und wie unterscheidet sich die Zusammenarbeit mit den Regisseuren?
Als Tänzer im Theater und später Performer und Schauspieler habe ich die großen Hauptrollen nie bekommen. Ich war da eher mit Regisseuren konfrontiert, die sich auf Performancetheater oder Konzeptinstallationstheater fokussierten. Da war man dann ein Teil eines kollektiven Körpers. Das gucke ich mir gerne an. Ich glaube auch, dass ich mehr Hoffnung und Einsichten für mein Leben und unsere Zukunft im Theater gefunden habe als im Kino, auch der Kunst war das oft näher. Aber nach zehn Jahren solcher Arbeit bin ich heilfroh, dass ich da rausgekommen bin. Die kollektiven Körper eines Scheinkollektivs zerfallen irgendwann wieder in ihre Einzelschicksale, und dann bleiben da die Namen des Regisseurs, des Dramaturgen und des Intendanten. Und der Rest ist Geschichte. Ich hoffe, das wird nicht falsch verstanden. Was ich sagen will, ist: Die meisten Theater sind voll mit großartigen Schauspielern und Schauspielerinnen, die in prekären Verhältnissen täglich Höchstleistungen erbringen sollen. Ich kann von Glück reden, nicht mehr Teil dieser Struktur zu sein.
Wenn man wie Sie vom Tanz kommt, von der nonverbalen Ausdruckskunst, setzt man da im Film mehr auf Körperlichkeit oder suchen Sie sich solche Rollen eher zufällig aus?
Da steckt ein bisschen Mythos dahinter. Jede Figur geht von A nach B, liebt und lebt und scheitert, man lacht und weint und rennt gegen Wände. Das alles ist mit körperlichen Zuständen verbunden. Ich halte es auch für einen Mythos, dass ich Körperlichkeit besonders ausstrahle.
Aber Sie schlurfen nicht gerade über die Leinwand.
Privat schlurfe ich viel, im Film versuche ich, das möglichst zu vermeiden, es sei denn, die Rolle erfordert es. Ich versuche, mich zu reduzieren, sodass die einzelne Handlung einen erkennbaren Raum bekommt. Wenn einfache Bewegungen etwas über das Innenleben der Figur erzählen, muss ich meine Gefühle auch nicht so stark verbalisieren, dann reicht oft ein Blick, eine Geste. In diesem Rahmen wird der Körper dann vielleicht auch mehr wahrgenommen.
Sie haben mit sehr unterschiedlichen Regisseuren gearbeitet wie Michael Haneke, Jakob Lass, Angela Schanelec oder Terrence Malick. Die einen lassen Improvisation zu, die anderen geben ganz klar alles vor, wie Haneke. Was gefällt Ihnen mehr?
Je besser und ausgefeilter ein Drehbuch ist und je mehr man dem Regisseur vertraut, umso besser nimmt man auch seine Vorgaben an. Aber meistens ist es so, dass sich gemeinsam etwas entwickeln lässt, was stärker ist als die einzelnen Fantasien der Beteiligten. Da tauscht man sich im Vorfeld aus, schreibt zum Teil Szenen noch einmal um, begibt sich gemeinsam auf die Suche, bei jeder Einstellung eine Form zu finden, die funktioniert. Aber es gibt natürlich auch Regisseure, die mit sich selbst so hart ins Gericht gehen, dass dabei eine vollendete Form entsteht, bevor man überhaupt angefangen hat zu drehen. Blöd nur, dass die Schauspieler oft so unberechenbar sind.
Fehlt Ihnen manchmal der Besuch der Schauspielschule oder sind Sie froh, nicht in dieser Maschinerie gelandet zu sein?
Ich weiß es nicht. Ich habe schon ein Stück weit diese klassische Ausbildung verpasst, ich nutze manchmal vielleicht einen anderen Weg, einen Monolog zu erarbeiten, als jemand von der Schauspielschule. Andererseits gibt es manchmal an Schulen eine Tendenz, die Schüler so zu bewerten, dass die Lehrer das Ganze gut finden können. Lehrer sind leider meistens nur für Grundlagen gut, aber nicht für die eigene Handschrift. Sonst wird daraus schnell Schönschrift und das muss nicht unbedingt gut sein.
Sind Sie eitel?
Ich bin eitel.
National und international sind Sie gefragt, die Regisseure reißen sich um Sie. Packt Sie manchmal die Angst bei diesem Höhenflug?

Ab und zu verfolgt mich diese Angst, weil man als Schauspieler immer angewiesen ist auf neue Drehbücher. Und die Angebote müssen ja auch zu einem passen. Ich bin auf der Suche nach Stoffen mit einem Mehrwert. Das erzeugt eine gewisse Unsicherheit, die dann paradoxerweise teilweise noch zunimmt, je mehr man im Rampenlicht steht, weil der Druck von außen sich erhöht. Im ersten Jahr der Pandemie fehlte mir eine Perspektive, das war sehr unangenehm. Im Moment kann ich dagegen gar nicht alle Angebote annehmen. Es läuft gut für mich. Aber ich darf mir da keine Illusionen machen, nach drei schlechten Filmen hintereinander ist erst einmal die Luft raus.

Sie verkörpern meistens keine unbeschwerten Figuren. Könnten Sie sich vorstellen, auch mal in einer Komödie den fröhlichen Kerl zu mimen?
Den mime ich ihnen gerne mal, den fröhlichen Typen.

Sie haben gerade die Dreharbeiten zu Disco Boy beendet mit dem italienischen Regisseur Giacomo Abbruzzese. Über ein neues Projekt mit einem New Yorker Regisseur und internationaler Besetzung in Paris dürfen Sie noch nichts sagen. Gefällt Ihnen das Nomadenleben?
Ja, das ist schön. Aber noch lieber bin ich zu Hause. Ich liebe feste Tagesabläufe und meine Kaffeemaschine.

Wie finden Sie immer wieder auf den Boden zurück, erden sich selbst?
Ich bin nicht besonders geerdet.

Sollten Schauspieler eine Vorbildfunktion haben?
Ich empfehle niemandem, mich zum Vorbild zu nehmen. Wer in der Öffentlichkeit steht, wird mehr beurteilt und auch mehr verurteilt.

Also meiden Sie lieber die Öffentlichkeit?
Manche Kollegen sind gut darin, permanent in der Öffentlichkeit zu stehen. Ich bin nicht der Typ Selbstvermarkter, ziehe mich eher zurück.

Also sind Instagram und Co. nichts für Sie?
Ich bin auf Instagram und schaue da jeden Tag rein. Oft ist es die erste App, die ich morgens öffne, mir die Werbung reinziehe und meine eigenen Fotos angucke. Ich würde gerne damit aufhören, aber ich bin süchtig.

Als junger Mann galten Sie als Querulant. Kommt es Ihnen jetzt seltsam vor, auf der Erfolgswelle zu schwimmen?
Heute ist mein Leben schon anders als vielleicht vor zehn Jahren. Manchmal fühle ich mich wie ein König und manchmal wie ein Hampelmann.

Macht Sie Erfolg glücklich?
Nur kurz, in fünf Minuten ist es vorbei. Dann dominieren wieder Fragen des Alltags. Erfolg ist keine Grundlage, auf der man leben kann. Dieses Festhalten an dem, was schon passiert ist, liegt mir nicht. Im Freuen über Vergangenes bin ich nicht so gut.

....

Bildungs-Utopie

Ein Gespräch mit Maria Speth über Herr Bachmann und seine Klasse

Von Ralf Schenk

In ihrem Dokumentarfilm Herr Bachmann und seine Klasse taucht die Regisseurin Maria Speth in den Unterricht der multikulturell zusammengesetzten 6b in der hessischen Kleinstadt Stadtallendorf ein. Über die dreieinhalb Stunden Länge des Films werden die Entwicklungen der Schüler und die sanften Methoden des unkonventionellen Lehrers Dieter Bachmann beobachtet. Ein Gespräch über das außergewöhnliche Projekt, das auf der «Berlinale» 2021 den «Preis der Jury» gewann.

Ich würde Sie zunächst gern zur Genesis Ihres Films Herr Bachmann und seine Klasse befragen: Was war zuerst da, das Thema oder der Mensch?
Maria Speth: Ich kenne Dieter Bachmann privat schon sehr lange. Fast dreißig Jahre. Ich glaube, er hat etwa 2001 angefangen, als Lehrer in Stadtallendorf zu arbeiten. Er erzählte im Verlauf der Jahre immer wieder von diesem für ihn fast «exotischen» Ort, der wie Berlin-Kreuzberg in der hessischen Provinz wirke und eine ganz besondere Geschichte habe, die in der Stadt auch überall noch sichtbar sei. Schließlich habe ich mir den Ort angesehen und Dieters Faszination hat sich auf mich übertragen.

Eine Stadt der Kontraste und Gegensätze. Auf der einen Seite die gigantisch anmutenden Industrien, um die sich Wohnblocks gruppieren, auf der anderen die dörflichen Fachwerk-Bauernhäuser. Türkisch dominierte Einkaufsstraßen und bungalowartige Gewerbebauten aus den 1930er-Jahren mit Flachdächern, auf denen Kiefern und Birken wachsen. Eine irritierende Form von Dachbegrünung. Architektonische Spuren, die in die NS-Zeit zurückreichen. Bis 1938 war Allendorf ein kleines Bauerndorf. Dann errichtete das NS-Regime dort die größten Sprengstoffproduktionsstätten Europas. 17.000 Fremd- und Zwangsarbeiter wurden eingesetzt. Da die Anlagen im Krieg nicht zerstört wurden, siedelten sich Anfang der 1950-Jahre neue Industrien an. Anfang der 1960er-Jahre kamen dann die Gastarbeiter aus Ita-

Maria Speth (© Wolfgang Borrs)

lien, Griechenland, der Türkei. Der Migrationsanteil der Bevölkerung liegt bei 70 Prozent. Bei meinen filmischen Projekten geht der Impuls häufig von der Begegnung oder Erfahrung mit bestimmten Menschen aus. In diesem Falle war es aber tatsächlich das Phänomen dieser Stadt.

Für mich stellte sich die Frage, wie man diese besondere Vergangenheit der Stadt mit der Gegenwart filmisch zusammenbringen kann. Und dafür schien mir die Schule der geeignete Ort zu sein, um die Bevölkerungsstruktur und die Lebenswirklichkeit der Menschen abzubilden. In der folgenden, längeren Recherchephase hat sich mein Interesse dann doch wieder stärker auf Personen konzentriert, die ich in diesem Prozess kennenlernte. Das Konzept verschob sich von der Begleitung eines Schüler-Theater-Projekts von 15-Jährigen unterschiedlicher Herkunft mit dem Thema «Erste Liebe» hin zu Dieter Bachmann und seiner Klasse und deren Schulalltag.

Hatten Sie von Anfang an ein Langzeitprojekt geplant – oder sollte es zunächst eine Augenblicksstudie werden?
Ich habe es von Anfang an als Langzeitprojekt gedacht. Zunächst hat mich interessiert, diese Stadt in unterschiedlichen Jahreszeiten zu erleben. Aber auch für die Beobachtung des Klassenlebens schien es mir notwendig, einen längeren Zeitraum wahrzunehmen. Um die Schülerinnen und Schüler in ihrer Entwicklung zu begleiten, auch um der Vielschichtigkeit ihrer Persönlichkeiten gerecht zu werden. Wir haben uns daher über ein halbes Jahr hinweg an etwa dreißig Drehtagen in der Klasse aufgehalten. Jeden Tag im Durchschnitt sechs bis acht Stunden.

Welche Reaktionen löste Ihr Wunsch, einen Film zu drehen, bei Dieter Bachmann und seinen Schülern und Schülerinnen aus? Wie viel Überredungskraft bedurfte es, um sie für das Filmprojekt zu öffnen?
Bachmann war derjenige, der den Impuls zu dem Film gegeben hat; das heißt, ihn musste ich nicht überzeugen. Und man muss sehen, dass Lehrer auch immer Performer sind, die Klasse ihre Bühne ist. Was die Schülerinnen und Schüler betrifft, waren einige zunächst skeptisch und konnten nicht nachvollziehen, was an ihrem schulischen Alltag so interessant sein soll. Aber wir hatten das Glück, dass es viel Zeit gab, sich in der Vorbereitung der Dreharbeiten kennenzulernen und Vertrauen aufzubauen, was die wichtigste Voraussetzung ist, um unauffällig und beobachtend drehen zu können. In dieser Hinsicht war es sicher auch hilfreich, dass der Kameramann und ich Freunde ihres Klassenlehrers waren. Wir sind den Kindern mit Respekt und auf Augenhöhe begegnet und wurden so sehr schnell ein Teil dieser Gemeinschaft. Wir haben neben den Dreharbeiten vieles gemeinsam gemacht: gegessen, musiziert, bei den Hausaufgaben geholfen und vor allem viel geredet. Überhaupt habe ich das als etwas sehr Besonderes empfunden, dass Dieter in der Klasse so einen Freiraum geschaffen hat, um alles zu besprechen, was den Kindern auf der Seele brennt, sie herausfordert, eine eigene Meinung zu vertreten, und dadurch überhaupt so etwas wie eine Gesprächskultur etabliert.

Welche Verabredungen trafen Sie mit Ihrem Kamerateam? Die Kamera musste ja versuchen, sich im Raum bisweilen unsichtbar zu machen.
Zwei Kamerapersonen. Ein Tonmann. Eine Filmemacherin. Also war immer ein Team von vier Personen im Klassenzimmer anwesend. Die können physisch nicht unsichtbar sein, sondern nur dadurch, dass sie zu einem selbstverständlichen Teil der Klassengemeinschaft werden, dem die Kinder keine spezielle Beachtung mehr schenken und von denen sie sich dann auch nicht eingeschränkt oder eingeschüchtert fühlen.

Gab es von Seiten der Schülerinnen und Schüler Momente der «Öffnung», die Sie überraschten? Hatte die Anwesenheit der Kamera Auswirkungen auf das Verhalten, vielleicht sogar auf die Persönlichkeitsentwicklung einzelner Schülerinnen und Schüler?
Die Offenheit der Schülerinnen und Schüler war grundsätzlich eine Überraschung für mich. Ihre direkte und emotional unverstellte Art. Vermutlich haben diese Kinder auf Grund ihres Alters noch keine sozialen Maskierungstechniken entwickelt und auf

HERR BACHMANN UND SEINE KLASSE (D 2021) (© Madonnen Film)

Grund ihrer Herkunft kein großes Interesse an Selbstinszenierung. Mich hat auch erstaunt, wie freundlich und respektvoll die Kinder nicht nur mit uns, sondern auch im Umgang mit anderen waren. Das war auch so, wenn die Kameras nicht liefen. Vielleicht hat die Anwesenheit der Kamera den Schülerinnen und Schülern ein wenig Stolz vermittelt, dass sie so «wichtig» sind, dass ein Film über sie gedreht wird. Manchen zumindest.

Rabia zum Beispiel, die zu Beginn der Dreharbeiten noch tief versunken in ihrer Kapuzenjacke war, wurde im Verlauf unserer Dreharbeiten immer sichtbarer und hat ihren Schutzraum immer häufiger verlassen und sich zu Wort gemeldet. Das ist aber sicher auch der «familiären» Atmosphäre im Klassenzimmer geschuldet, die Dieter Bachmann schafft, wo sich die Kinder so zeigen können, wie sie sind und wo Diskriminierung und Beleidigung verhindert werden, indem sie thematisiert werden. Das macht dann auch Glücksausrufe wie «Ich habe meine Klasse lieb» und Körperlichkeit in Form von Umarmungen zwischen Schülerinnen, Schülern und Lehrern möglich.

Wie viel Material lag am Ende der Drehzeit vor? Bedauern Sie, dass die eine oder andere starke Szene dem Schnitt zum Opfer fallen musste?

Wir hatten über zweihundert Stunden Material gedreht. Das lag zum einen daran, dass wir entschieden hatten, beobachtend zu drehen und auf Interviews zu verzichten. Zum anderen haben wir überwiegend Unterricht gedreht, wir wussten also nie, was passieren wird, ob überhaupt Interessantes passiert, wohin sich ein Moment entwickelt oder wie eine Situation ausgehen wird. So waren wir gezwungen, die Kameras mehr oder minder ununterbrochen laufen zu lassen und wach und aufmerksam für den Augenblick zu sein. Bei der Montage habe ich zunächst jede dieser Unterrichtseinheiten auf 30 oder 20 Minuten gekürzt, um zu sehen, welche Themenkomplexe es gibt und wie sich die Protagonisten im Verlauf dieses halben Jahres entwickeln, welche dramaturgischen Linien sich abzeichnen. Die erste Schnittfassung war mehr als 20 Stunden lang, die habe ich im nächsten Schritt auf rund acht und dann auf fünfeinhalb Stunden verdichtet. Diese Fassung wäre für mich auch als finale denkbar gewesen. Bei einer Sichtung vor ausgewähltem Publikum gab es viele Reaktionen in dieser Richtung.

Daraus ist ersichtlich, dass ich mich im Prozess dieser Verdichtung von vielen starken und schönen Momenten trennen musste. Andererseits wollte ich aber unbedingt diese besondere Energie, die in der Klasse herrschte, bewahren. Ebenso die kleinen Running Gags, diese Wiederholungen, die eine schläft, die andere isst. Ich wollte die Charaktere erkennbar werden lassen, auch in ihrer Komplexität. Die Zuschauer sollten sich erinnern können, an Stefi, Hasan, Ayman, Ferhan. Das braucht Filmzeit. Und ich wollte auch das Multithematische nicht verlieren. Die Stadt, die Geschichte, die Industrie, die Religionen etc. Die 3,5-Stunden-Fassung ist nach meinem Eindruck sehr kompakt geworden.

Der Film ist rhythmisiert wie ein Jazzkonzert, eine Jamsession. Bachmann musiziert ja selbst für sein Leben gern. Hat Musik zur Findung des richtigen Rhythmus eine Rolle gespielt?

Die Analogie mit einer Jamsession oder Improvisation finde ich interessant. – Die Länge des Films lässt daran denken, bei oberflächlicher Betrachtung vielleicht auch der Eindruck von Beliebigkeit im Ablauf. Wie beim Jazz ist das aber auch bei meinem Film nicht so. Es gibt die Chronologie des Schuljahres als übergeordnetes Bauprinzip. Dann die Setzung unterschiedlicher Themen, der Unterricht, einzelne Schülerinnen und Schüler, die im Fokus stehen, die Unterrichtsaktivitäten jenseits des Lehrplans, die kulturelle Diversität der Klasse, das Schulsystem, die Stadt, ihre Geschichte. Themen, die man verlässt und dann immer wieder zu ihnen zurückkehrt. Die Wiederholung, nicht des ewig Gleichen, sondern in Variationen, die dann in der Addition oder Schichtung ein neues Ganzes erscheinen lassen. Nur so lassen sich zum Beispiel die «Figuren» des Films in ihrer Komplexität erzählen. Immer wieder neue Facetten dem gleichen Thema hinzufügen. Diese Struktur hat sich aber aus dem Material heraus ergeben. Der Stoff selbst hat zu dieser Organisation gedrängt, nicht die Analogie zur Musik.

Musik ist aber natürlich ein wichtiges «Thema» für den Film, vor allem für den Unterricht von Herrn Bachmann, der seine Gitarre immer griffbereit hat. Oder in den «bunten Stunden», das ist eine Unterrichtseinheit, in der jedes Kind frei arbeiten oder musizieren darf, kleine «Freestyle-Konzerte» in der Klasse. Für mich war es faszinierend zu beobachten, wie die Klasse aus einem anfänglich scheinbaren Chaos in «Einklang» kommt, und das nicht nur musikalisch. Und Musik ist ein wichtiges Kommunikationsmittel, um sprachliche, kulturelle oder soziale Barrieren zu überwinden.

Zum Beispiel beim Elterngespräch mit Stefi und ihrem Vater, der kein Wort Deutsch spricht. In dieser Szene kann man erleben, wie Musik das «Eis brechen» kann und eine Situation, die vielleicht ansonsten wegen der sprachlichen Barrieren beklemmend, steif oder sogar unangenehm hätte werden können, zu einem kleinen emotionalen Feuerwerk wird. Musik ist eine Sprache, die jeder verstehen kann. Und somit hilft sie den Kindern in Bachmanns Klasse, die noch gar nicht oder sehr wenig Deutsch sprechen und gibt ihnen die Möglichkeit, sich neben den schulischen Anforderungen auch anders zu beweisen. Beispielsweise Hasan, der in Bulgarien ein guter Schüler war, dem aber hier die Schule in der fremden Sprache schwerfällt: Für ihn war es wichtig, dass er die Möglichkeit bekommen hat, Schlagzeug und Gitarre zu lernen, um so zu erfahren, dass er trotz seiner weniger guten schulischen Leistungen wertvoll ist. Gerade in dieser Phase, in der sich die Identitäten dieser jungen Menschen bilden, ist die Entwicklung von Selbstwertgefühl wichtig. Das Musizieren hilft aber auch dabei, den Kindern Themen nahezubringen, beispielsweise wenn Herr Bachmann mit der Klasse über gleichgeschlechtliche Liebe singt und dann spricht. Und manchmal wird in den Pausen einfach nur Musik gemacht, um sich zu entspannen...

Ahnten Sie von Beginn an, dass der Film – und die Unterrichtsmethoden Ihrer Hauptfigur – als Parabel auf eine Utopie wirken könnten? Die Utopie einer gerechteren Gesellschaft, einer «besseren» Bildung, die ja auch Muße, Einfühlungsvermögen, Geduld erfordert?

Nein, das ahnte ich nicht. Diese Wirkung – falls sie tatsächlich so ist – war von mir auch nicht beabsichtigt, obwohl ich andererseits durchaus damit einverstanden bin, dass der Film so wahrgenommen werden kann. Dadurch dass ich mich entschieden hatte, beobachtend zu drehen, konnte und wollte ich keiner zielsetzenden «Arbeitshypothese» folgen, sondern mich dem ausliefern, was in dieser Klassengemeinschaft im Verlauf dieses halben Jahres geschehen oder sich zeigen würde. Sicher habe ich diese Klasse und ihren Lehrer ausgewählt, weil ich die Art von Unterricht und die kulturelle Zusammensetzung der Klasse interessant fand. Aber was am Ende dieses Prozesses sichtbar würde, wusste ich nicht. Die filmische Arbeit war ergebnisoffen.

Am Ende Ihres Films geht Herr Bachmann in den Ruhestand. Die Hoffnung geht in Rente. Aus dem Film spricht für mich der Wunsch nach vielen Bachmanns an vielen deutschen Schulen – und zugleich die Einsicht, dass Bachmann eine höchst individuelle Figur bleibt, die es nicht zweimal gibt. Wie gehen Sie mit dieser Dialektik um?

Sie beschreiben in Ihrer Frage wieder sehr schön eine mögliche Lesart oder Wirkung des Films auf den Zuschauer. Aber auch hier gilt: Das ist keine von mir vorausgesetzte Absicht oder Zielsetzung der dokumentarischen Arbeit, die den sozialen Mikrokosmos einer Klasse beobachtet. Ob diese beiden Aspekte dialektisch zu vermitteln sind, weiß ich nicht. Vielleicht muss man sie einfach als Widerspruch aushalten.

Hatten Sie für Ihren Film Vorbilder – im Spiel- oder im Dokumentarfilm? Herr Bachmann könnte ja so etwas sein wie die alt gewordene «Karla» aus dem DEFA-Spielfilm von Herrmann Zschoche. Andererseits scheinen mir Berührungen zu Nicolas Philiberts SEIN UND HABEN und Frederick Wisemans HIGH SCHOOL unübersehbar.

In frühen Phasen der Stoffentwicklung, bei der Findung der wesentlichen Ansatz- oder «Zugriffs»-Punkte habe ich SEIN UND HABEN und einige Filme von Wiseman gesehen. Nicht als Vorbilder im Sinne der möglichen Nachbildung, sondern als vorausgehende Filme, als Filme, die es in diesem thematischen Feld bereits gibt. Zur Verortung und Selbstfindung. Das Interesse Wisemans ist aber sehr stark auf gesellschaftliche oder institutionelle Strukturen gerichtet. Auf die Funktionsweise von Systemen. Mein Fokus liegt mehr bei den konkreten Personen, bei den Protagonisten, bei den besonderen Charakteren. SEIN UND HABEN ist daher auch der Film, der meinem Film näherstehst. Wobei mein Interesse nicht so stark auf die Lehrerfigur konzentriert ist wie bei Philibert und Stadtallendorf kein romantischer Ort ist, der im Verschwinden begriffen ist, sondern eine durchschnittliche, deutsche, industriell geprägte Kleinstadt.

Deutsches Kino - Interviews

Die Welt aus den Fugen

Ein Gespräch mit Dominik Graf über FABIAN ODER DER GANG VOR DIE HUNDE

Von Josef Schnelle

Fabian – Die Geschichte eines Moralisten ist Erich Kästners meisterliches Zeitgeistporträt von 1931. Die Geschichte eines Werbetexters für eine Zigarettenfirma, der nachts das Berlin der 1920er-Jahre als zynischer «unmoralischer Moralist» unsicher macht, wurde damals stark verändert und gekürzt. Das Buch gehörte trotzdem zu denen, die die Nazis 1933 ins Feuer der Bücherverbrennung warfen. Erst 2013 erschien die rekonstruierte Ausgabe *Der Gang vor die Hunde*. Anders als Wolf Gremm in der ersten Verfilmung 1980 bezieht sich Dominik Graf nun in seinem neuen Film auf diese härtere und präzisere Variante des Textes. Sie gehörte im Frühjahr 2021 zu den deutschen Beiträgen im Wettbewerb der «Berlinale» und startete am 5.8.2021 deutschlandweit in den Kinos. FABIAN ODER DER GANG VOR DIE HUNDE ist ein langjähriges Lieblingsprojekt des Münchener Filmregisseurs. Im Interview berichtet er von seiner Auseinandersetzung mit der Vorlage aus der Perspektive der Gegenwart.

Was hat Sie an Kästners Vorlage gereizt, dazu gebracht, diesen Roman ausgerechnet jetzt, hier und heute zu realisieren?
Dominik Graf: Es gab schon mal einen Versuch mit Andreas Bareis vor sechs, sieben Jahren. Ich habe damals auch das Gefühl gehabt, dass der Roman auf eine ähnliche Bruch- und Endzeit zustrebt, wie wir sie heute erleben. Das ergibt schon eine besondere Stimmigkeit, finde ich. Berlin damals, allein die Formulierung: «Der Gang vor die Hunde» und der fröhlich-pessimistisch-fatalistische Lebensausdruck von Fabian: Das ist angesichts dessen, was Kästner damals schon vorausgesehen und teilweise auch schon erlebt hatte – das eine oder andere Nazi-Gegröle bereits inbegriffen – sehr verwandt zu dem, was heute passiert. Es gab solche Momente auch beim Drehen. In Görlitz drehten wir an einem Freitag Szenen in der Wohnung von Fabian, wir hatten das Fenster offen, und plötzlich brüllten auf der Straße rechts orientierte Jugendliche, als hätten wir sie als Komparsen gerufen. Die Welt dreht sich plötzlich in demselben Winkelgrad, als würde sie an einen bestimmten Punkt im Koordinatensystem der Geschichte zurückkehren. Und deshalb ist der Roman jetzt schon seit ein paar Jahren aus der Zeit, in der Wolf Gremm ihn damals mit Hans Peter Hallwachs verfilmt hat, wieder rausgewachsen. Das wurde bei Gremm damals auf liebenswerte Art eine Art West-Berlin meets «Golden Twenties»-Happening. Ich habe eine Einstellung daraus als Hommage an Wolf Gremm zitiert. Aber jetzt gerade dreht sich die Welt explizit politisch in denselben Koordinaten, Längen- und Breitengraden der Mentalitäten wie in den Zwanzigern: Totalitäre Führer allüberall, dumme Politiker allenthalben, Krieg – eigentlich sowohl mentaler Krieg als auch echter Krieg: «Die Welt aus den Fugen.» Es gibt so viele Zitate aus *Fabian*, in denen von Dingen gesprochen wird, die man alle eins zu eins auf die Jetztzeit übertragen kann.

Die Aktualität ist das eine. Aber Fabian ist ja überhaupt eine tolle Figur. Ich kenne ganz viele Leute, die sagen, das ist ihr Lieblingsroman. Was bedeutet das für die Verfilmung?
Gott, das ist ja wieder eine Verantwortung! Meine Tochter hat ihn gelesen, gerade als wir angefangen haben zu schreiben, und kam täglich mit irgendeiner Szene an: Jetzt bin ich da und da. Ist die Szene drin? Nein! Hast du die Szene im Zeitungsverlag drin? Nein, hab' ich nicht. Was haste denn überhaupt drin? Ja, wir erzählen schon das, was der Roman vorgibt. Es gibt aber auch Veränderungen. Constantin Lieb und ich haben uns ein paar Abbiegungen in einen anderen Grundton erlaubt, glaube ich. Es gibt sehr viel Sehnsucht und Melancholie. Die Liebesgeschichte

Dominik Graf (© Caroline Link)

Saskia Rosendahl und Albrecht Schuch in FABIAN ODER DER GANG VOR DIE HUNDE (D 2021) (© Lupa Film Hanno Lentz DCM)

hat einen großen Raum, endet auch nicht so abrupt wie bei Kästner, sie hat noch einen Nachhall. Das Ende ist grundsätzlich so, wie es im Roman ist, aber ich hatte bei ein paar Szenen auch das Gefühl, wenn ich sie alle in den Film nehme, dann wiederholen sich die Zeitdiagnosen und das Surreale zu sehr, die in ihnen stecken. Die Figur des «Erfinders» habe ich zum Beispiel rausgenommen. Auch andere bizarre Figuren, die dann immer Fabians Weg kreuzen und mit hinunter in die Katastrophe gezogen werden. Es fehlen auch einige Episoden. Ein paar haben wir verändert. Vor allem Fabians Verhältnis zu den Frauen. Sie kommen zwar alle vor. Sie kommen auch teilweise genauso vor wie im Roman. Aber es gibt einen Satz, den im Roman Cornelia schon bei der ersten Begegnung sagt, ein Satz über die Beziehung der Männer zu den Frauen, was sie wünschen und ersehnen. Dieser grausame Satz taucht jetzt im Film relativ weit hinten auf und ist nun eine der letzten Äußerungen von der Figur Labude. Er beschreibt das Elend der Frauen nach dem Ersten Weltkrieg, die völlige materielle Abhängigkeit. Sie hatten nur die Wahl zwischen Hure und Gosse. Das hat Kästner viel besser ausgedrückt, als ich das jetzt zusammenfasse, und Albrecht Schuch als Labude spricht diese Passage auch toll. Es ist auch nicht immer nur materielles Elend, denn manchen Frauen geht's ja in der Abhängigkeit ganz gut, vor allem dann vielleicht, wenn sie einen im Tee haben, scheint ihnen die Welt für einen Moment lang in Ordnung. Aber es ist natürlich eine Welt, in der die Frauen auch seelisch gnadenlos ausgebeutet werden. Das hat bei Kästner einen gewissen Zynismus. Und dann kommt da in den Puff ein alter Mann, der todkrank ist, nur ein Bein hat und bald sterben wird. Er kommt, um gegen Geld ein Mädchen schlagen zu dürfen. Das sieht man nicht, aber man ahnt, was geschehen ist, als das Mädchen hinterher zu seinen Freundinnen ins Lokal wankt. Was für ein Abgrund aus diesem Ersten Weltkrieg entstanden ist, der solche Anti-Empathie in den Männern zurückgelassen hat und den Frauen nur eine katastrophal chancenlose Opferrolle überlässt. Im Film sollten diese Szenen so markant sein, als hätte ich sie mit Rotstift in den Zeilen des Drehbuchs angemalt. Alles natürlich total unzeitgemäß verglichen mit dem heutigen gesellschaftlichen Denken, aber gerade deshalb muss man es so zeigen, glaube ich. Die Härte der vergangenen Zeiten darf man im Film nicht manipulieren. Man darf dem heutigen Publikum die Vergangenheit nicht «modernisieren», das ist, als ob man Grimms Märchen umschreibt. Was ein Frevel ist, sowohl literarisch als auch an unserer eigenen kollektiven Psyche. Die einzige weibliche Figur, die sich aus der Abhängigkeit von Männern Szene für Szene aktiv zu emanzipieren versucht, ist Irene Moll, gespielt von Meret Becker.

Nun denkt man ja gleich: Eine andere Zeit – so viel Aufwand. So viel teure Gestaltungselemente. Wie kriegt man das passabel hin?
Wir hatten weniger Geld als für DIE GELIEBTEN SCHWESTERN. Dafür ist der Film aber auch wieder relativ lang geworden, weil er die üppigeren Stimmungen im Detail ausspielen darf: Das «Kabarett der Anonymen», die Kneipen, die Cafés, das hat dem Film schon von der Idee her eine gewisse Breite gegeben. Kästner selbst hat gesagt, sein Roman habe keine Geschichte, nein, er ist keine Netflix-Serie mit mechanisierten Plot-Points und Cliffhangern, er ist eine Perlenkette von Situationen. Ich wollte ihn möglichst getreu verfilmen, auch Kästners Sprache – bis auf die erwähnten dramaturgischen Änderungen in der Liebe von Fabian und Cornelia. Teilweise haben wir mit Super-8 gedreht. Das ist dann auch eine Art «kleiner schmutziger Film» geworden – dieser Alexander-Kluge-Begriff, den ich immer sehr geliebt habe. Klein, schmutzig und lang. Auf der großen Leinwand.

Erich Kästner hat auch jede Menge tiefsinnige Feuilletons verfasst und nicht zuletzt Fabian belegt, dass er ein großer Autor ist.
Er war auch ein großer Lyriker, und wenn Marcel Reich-Ranicki Kästners Roman als «schlecht geal-

tert» und in seinen Sex-Eskapaden spießig bezeichnete, dann spricht daraus auch vielleicht nur der Neid.
Und der hatte ja eine bestimmte, sehr hermetische Sicht, was überhaupt ein Roman ist und was auf keinen Fall ein Roman sein kann. Ich finde, Kästner ist ein großer Stilist.
Absolut, seine Dialoge, die immer erfindungsreich, pointensicher und ein wenig vorlaut daherkommen, die muss man schon sprechen können.
Kästner wird gemeinhin arg unterschätzt. Er ist eher bekannt als Kinderbuchautor, dabei hat er mit seinem «Erwachsenen»-Roman ein vielschichtiges Zeitporträt hinterlassen. Steht das einem bei der Arbeit an so einem Film nicht ein bisschen im Wege?
Am Anfang habe ich auch gedacht: Der Roman ist ein bisschen «überschlau» in den Dialogen. Auch der Fabian-Darsteller Tom Schilling fand das. Diese nach außen gedrehte Moral. Immer das Sprechen über die «Anständigkeit», obwohl er selbst ja nicht wirklich anständig ist. Aber immer mit beißender Ironie: «Und jetzt frag ich Sie, Frau Hohlfeld, hat die Welt noch Talent zur Anständigkeit?», sagt er zu seiner Vermieterin, nachdem er ihr eine jugendliche Mörderbanden-Story aus der Morgenzeitung vorgelesen hat und sie ihn an die fällige Miete erinnert.
Am schönsten wäre es natürlich, wenn man diesen Roman ganz und gar verfilmen würde. Ich bin ja sowieso dafür, dass Literaturverfilmungen lang sein sollen. Eigentlich sollen sie so lang dauern, wie es dauert, den Roman zu lesen. Aber irgendwo ist dann natürlich Feierabend, reicht das Geld nicht. Man muss sich auch mal beherrschen können. Wenn man den Stoff etwas stärker auf das Dreieck beschränkt: Labude, Cornelia, Fabian – dann spürt man natürlich ab dem Moment, in dem Cornelia das Terrain betritt, eine unglaubliche Emotionalität, aber früh mit einem

Tom Schilling und Meret Becker in FABIAN ODER DER GANG VOR DIE HUNDE (D 2021)
(© Lupa Film Hanno Lentz DCM)

«Kipper» zur Verzweiflung hin. Fabian ahnt ja schon von Anfang an, dass das nicht gutgehen kann. Er ist so gebaut, dass er in dem Moment, als er Cornelia kennenlernt, sie sich schon wieder verabschieden sieht. Dann passiert das auch tatsächlich noch zu einem Zeitpunkt, wo es ihn in der Art und Weise, wie es passiert, total überrascht. Er wird überrumpelt davon, er meint, die vorübergehende Trennung sei vielleicht sogar für die Zukunft gut. Das scheinheiligste, hinterhältigste Klischee aller Schönrednereien von Katastrophen: «Wir müssen uns ändern, damit es gleich bleibt.» Fabian und Cornelia – es ist eine ganz tolle Art von Liebesgeschichte, in der eigentlich auch völlig klar ist, dass der arme Labude da nichts drin zu suchen hat. Der hat ja noch eine andere Welt, noch ein anderes Unglück, das Ausgestoßen-Sein von seinen Eltern. Und so sind die drei im Film doch emotional sehr stark zusammengezogen, «zusammengeschoben» gewissermaßen im Leid. Ich finde, sie ergeben in den Situationen, die Drehbuchautor Constantin Lieb geschrieben hat, dann zusammen eine ein wenig andere Leidens-Gemeinschaft, als sie im Roman ist.

....

Die Wiederbelebung des Scheintoten

Interview mit Alexander Kluge zu ORPHEA

Von Simon Hauck

Auch mit annähernd 90 Jahren ist Alexander Kluge weiterhin vielfältig als Autor und Regisseur unterwegs. Sein Film ORPHEA ist die zweite Zusammenarbeit mit dem philippinischen Filmemacher Khavn de la Cruz: Eine assoziationsreiche Umkehrung des «Orpheus und Eurydike»-Mythos. Ein Gespräch über den Segen von kooperativer Arbeit und die Pflichten eines Poeten.

Warum haben Sie sich als Filmemacher gerade dem «Orpheus und Eurydike»-Mythos zugewandt? Und stand für Sie von vornherein fest, dass Sie diesen Film unbedingt wieder mit dem philippinischen Künstler, Sänger und Regisseur Khavn als Partner drehen möchten? Sie sollen sich bereits bei der Premiere Ihres ersten gemeinsamen Films HAPPY LAMENTO in Venedig intensiv darüber unterhalten haben.
Alexander Kluge: Dass wir mit HAPPY LAMENTO gerade in Venedig unsere Premiere feiern konnten, bedeutete mir sehr viel, da diese Filmfestspiele quasi meine Heimat sind. Wir saßen damals tatsächlich bis in den Abend hinein zusammen beim Essen und unterhielten uns eifrig über verschiedene Dinge. Dabei griffen wir schnell wieder unsere Grundidee auf, einen Stummfilm mit Musik machen zu wollen. Denn einerseits lieben wir beide die Musik ungemein. Andererseits interessieren wir uns sehr für die Zeit, bevor der Tonfilm mit all seinen neuen Dramaturgien aufkam. Dieser kleine Teil der Freiheit des Films, bevor die Worte so wichtig wurden, fasziniert uns. Natürlich liebe ich als Poet grundsätzlich das Wort und bin ihm in meiner Arbeit keinesfalls feind. Doch in unserem filmischen Verständnis können mehrere Dinge zusammen besonders poetisch sein: Bilder, Musik und Worte. Deshalb empfinden wir auch die 1920er-Jahre als wirkliche Glanzzeit des Films. Von da aus kamen wir gedanklich sehr schnell auf die Musik und insbesondere auf Monteverdi und dessen erste Oper: *Orfeo*. Dabei waren wir aber mit seiner Version inhaltlich unzufrieden, weil dieser Orpheus in der Oper nichts zustande bringt. Ich meine all diese Verrücktheiten in diesem Stoff: Er darf sich nicht umwenden, was aber völlig natürlich ist, wenn ich jemanden sehen mag, den ich liebe. So erfahre ich schließlich, ob er mir folgt und ob es wahr ist, dass ich ihn jetzt rette. Mehrere dieser Elemente in Monteverdis Orpheus-Geschichte gefielen uns aber gar nicht. Abgesehen davon, dass dieser «Orfeo» schon viel zu oft erzählt worden ist.

In Ihrem gemeinsamem Musik-Film wird aus dieser mythischen Gestalt nun eine weibliche Protagonistin: Orphea. Warum?
Für uns stammt die Musik aus der Rippe Evas: Sie ist eine weibliche Erscheinung. Das ist für uns ähnlich wie in Kleists kürzester Novelle *Die heilige Cäcilie oder die Gewalt der Musik*. Sie ist beheimatet in der Ursituation, wenn die Mutter ihrem Kind ins Ohr flüstert. Das Ohr ist schließlich das Organ der Sprache, des Gleichgewichts und der Musik. In dieser intimen Konstellation stecken alle Zärtlichkeiten, aber auch Abweisungen, die wir als Menschen kennen lernen können. Das Auge ist dagegen nur ein sanftes Ablenkungs- und Orientierungsmittel: im Grunde eine Art Fluchtsignal. Ich kenne keine großen Seher aus der Antike. Wenn, dann schon Verkünderinnen wie Kassandra, die über ein gewisses Ahnungsvermögen verfügen.

Wie haben Sie in der Zusammenarbeit mit Khavn aus diesem mythischen Stoff eine neue Geschichte gesponnen?
Indem wir sie uns in Venedig und auch später immer wieder neu erzählt haben. Das war im Grunde die Ausgangsgeschichte zu unserem ORPHEA-Film. Was würde sie gerne in diesem Film machen? Was möchte sie in unserer Version erreichen? Wie lassen sich zum Beispiel die Toten wiederbeleben? Diese Gedankenspiele gab es schon oft, wie zum Beispiel in der Russischen Revolution von 1917, als man versuchte, die Vorfahren wiederzubeleben. Nur war dafür kein Platz bis nach Sibirien vorhanden, und so brauchte man den Weltraum.

Wie halten Sie es mit Ihren Ahnen? Und welche geistigen Väter prägen Sie bis heute? Steht beispielsweise das *Passagen-Werk* Walter Benjamins für Sie Pate?
Ich kann diesen modernen Mythos grundsätzlich gut verstehen, denn auch ich fühle mich meinem Vater dankbar verbunden. Genauso wie ich meinen geistigen Vätern immer wieder danke. Dazu gehört Walter Benjamin ganz wesentlich, der 1929 meinte, dass wir die Elemente des 19. Jahrhunderts, die unverstanden sind, unbedingt sammeln müssen. Dazu muss der Autor ein Stück weit zurücktreten. Wir sollten in diesem Sinne überhaupt mehr Sammlungen machen und die Materialien ehren, anstatt immer kühn sagen zu wollen: Wir gestalten jetzt alles.

Ich arbeite sozusagen an ihren Werken wie in einem Bergwerk weiter und bohre und gärtnere herum. Das hat in ORPHEA wie auch im übertragenen Sinn sehr viel mit der Wiederbelebung von etwas Scheintotem zu tun: So arbeitet nun mal die Poetik.

Und so arbeite ich in der Literatur bis heute an Ovid. Übertragen auf den Film gibt es darin weiterhin sehr viele liegengebliebene Grundstücke, die wir als Filmemacher beackern.

Im Falle von ORPHEA mit einer ebenso überzeugenden wie wandlungsfähigen Hauptdarstellerin: Lilith Stangenberg.
Lilith Stangenberg ist so ein frischer Geist! Das hat uns bei ihr sofort gefallen. Sie ist vom Typ her immer neugierig, aber auch kritisch. Daher macht sie auch nicht automatisch alles, was ihr die Regisseure sagen. Stattdessen überprüft sie jedes Mal das Gesagte. Bei der Arbeit an ORPHEA trichterte sie uns dann Folgendes ein: Wenn man egozentrisch ist, wird man das Geliebte nicht retten können. Das ist wie bei Beethovens Oper *Leonore*...

...in der die Frau am Ende ihren Mann aus dem Kerker holt...
Aus dem Abgrund, ja. Dazu gibt es auch diesen Freiheitschor. Das beruht auf Altruismus und nicht auf Egoismus. Gleichzeitig sehen wir zurzeit im Silicon Valley, wie dort unglaublich viel Geld für Wiederbelebungsversuche ausgegeben wird. Da ist er wieder: dieser Traum vom ewigen Leben, den es von Leonardo da Vinci über die Russische Revolution bis nach Kalifornien gibt.

Wie reiht sich dieser thematisch komplexe wie formal-ästhetisch außergewöhnliche Film in Ihr gesamtes Œuvre ein? Mit Ihren vielen parallelen Film-, Literatur- oder Ausstellungsprojekten sind Sie nach wie vor ungemein produktiv. Fühlen Sie sich im Hinblick auf Ihre geistigen Väter wie ein «Last Man Standing» innerhalb des Kulturbetriebs?
Gerade diese ORPHEA liebe ich sehr! Dieser Film ist mir momentan der allerliebste: Ich hänge wirklich sehr stark an ihm. Überhaupt versuche ich, noch so viele Filme wie möglich zu machen. Es gibt da zum Beispiel einen weiteren 90-Minüter mit Lilith Stangenberg, den ich bereits vorbereitet habe. Er heißt: DIE LIEBE STÖRT DER KALTE TOD und setzt im Prinzip unsere letzte Arbeit fort: Diese ORPHEA hat also schon ein Junges bekommen. Ebenso möchte ich die Arbeit an meinen «Minutenopern» weiterführen. Dadurch ist diese ORPHEA sicherlich nicht mein letzter oder definitiver Film. Trotzdem transportiert er im Rückblick genau das, was meine Seele im Innersten bewegt. Wie ein «Last Man Standing» fühle ich mich überhaupt nicht. Ich sehe mich eher in einer Reihe mit Poeten aus den USA oder China: Wang Bing gehört da auf jeden Fall dazu. Viele von ihnen arbeiten ganz ähnlich. Das Schöne ist, dass wir heute über Skype binnen Sekunden in einem Konferenzraum sitzen können.

Könnte aus diesem filmischen Doppel HAPPY LAMENTO und ORPHEA also bald eine Trilogie werden und möchten Sie Ihre weiteren Filme nur noch im Kollektiv drehen?

Alexander Kluge (© Simon Hauck)

Ohne zu lügen, weiß ich natürlich, dass ich über die Kraft der Oper und die Macht der Liebe sicherlich noch zehn weitere Filme machen könnte. Das hat bereits mit dem Medium zu tun, weil der Film der Musik am nächsten verwandt ist. Er bewegt sich in der Zeit und hängt nicht still an der Wand. Für mich ist der Film kein Monument. Ob man das nun mit den Augen oder Ohren verfolgt, ist ziemlich egal: Das ist eine Konstellation wie unter Geschwistern. In meiner Arbeitsweise liebe ich es, diese Sammlungen zu machen. Dieses Verfahren haben schon die Gebrüder Grimm angewandt, die sagten: Wir müssen zuerst einmal die Sprache und die Märchen sammeln. Man muss sie neu schreiben und sich zum Herrn der Narration machen. Wenn jeder einen Schritt zurücktritt, ist eine erneute Zusammenarbeit stets möglich. Die Senkung der Ich-Schranke ermöglicht es, sich mit anderen Ichs zu verbünden. Deshalb haben Sie das völlig richtig erkannt, wenn Sie vom zweiten Band des *Passagen-Werks* sprechen, in dem die Sammlungen sind. Bei Benjamin konnte die Frage nach der Hauptstadt des 19. Jahrhunderts noch mit Paris beantwortet werden. Wenn Sie mich nach der des 20. Jahrhunderts fragen, weiß ich keine Antwort mehr. Und welche wird es im 21. Jahrhundert sein? Wahrscheinlich ist es gar keine Stadt mehr, sondern eher ein Konglomerat oder einfach das Netz.

In Ihrem Film scheint das Konzept Liebe die letzte Utopie zu sein. Interpretiere ich das richtig? Und welche Macht hat sie im Zusammenspiel mit der Musik? Insbesondere im Verweis auf die vielen Formen von Trauergesängen, die in ORPHEA zu hören sind.
Ein zentraler Begriff wie die Liebe bekommt schnell einen Hut aufgesetzt. In meinen Büchern und Filmen geht es mir darum, dahin zu sehen, was unter diesen Hüten steckt. Ich möchte diesen Begriffen etwas zurückgeben. In Bezug auf Liebe heißt das: Ich berühre etwas oder ich vermeide diese Berührung. Liebe kann Produktion sein, und damit meine ich nicht nur die Produktion von Kindern. Davon müsste man auch noch einmal die Liebesfähigkeit unterscheiden.

Entspricht dieses faszinierende Zusammenspiel aus Formen und Inhalten in ORPHEA dem philosophischen Begriff der Rhizome, wie man ihn von Gilles Deleuze und Félix Guattari kennt?
Es geht darum, zusammen ein Netz zu bilden. Das ist so in der Evolution, wenn Sie etwa bei Pilzen an die kilometerlangen Wurzeln unterhalb der Erde denken. Das war zugleich bei einem einsamen Mönch im Mittelalter nicht anders, der in seinem Studierzimmer saß und die Welt verstehen wollte. Da bildeten alle Klöster zusammen Rhizome.

Was dabei fehlt, ist der Blick in die Zukunft, der uns anscheinend immer weiter abhandenkommt. Im Gegensatz zu Ihrem Film DER GROSSE VERHAU von 1971, der im Jubiläumsprogramm der «Berlinale» 2020 zu sehen war.
Ich glaube schon noch an die Zukunft. Der Mensch trägt immer einen Hoffnungsfunken in sich. So mache ich mir natürlich auch darüber Gedanken, was meine Kinder im Jahr 2042 tun werden. Es gibt da diesen amerikanischen Schlager, in dem es heißt: «Whatever will be, will be». Das empfindet jeder Mensch anders, ist aber im Grunde sehr philosophisch. Nur gibt es dafür in der Öffentlichkeit keine Stelle, wo man das äußern kann. Ich finde das sehr wichtig, auch wenn es dafür keine Teach-ins gibt und man Sie mit diesem Thema in einer Vorstandssitzung lächerlich machen würde. Im kalifornischen Silicon Valley ist es inzwischen aber so, dass die dort denken, dass sie die Zukunft sind. Dadurch haben sie auch die Macht, auszugrenzen. Die sind in der Lage zu sagen: Das ist zu kompliziert. Das Geschirr reicht nur für zwölf weiße Frauen im Land wie im Märchen von Dornröschen. Die 13. Fee schließen wir als nicht erzählbar aus, weil sie nicht in Null und Eins auflösbar ist. Da müssen wir als Poeten sagen: Wir sind die Anwälte der 13. Fee.

Der Beruf des Anwalts ist nur eine Ihrer vielen Professionen...
Das ist ein wesentliches Motiv meiner Arbeit; ich bin von Haus aus Rechtsanwalt. So arbeite ich als poetischer Anwalt für die 13. Fee, die ausgegrenzt wird. Mit der Folge, dass das Schloss nicht in tausendjährigen Schlaf verfällt. Es lohnt sich, unsere poetischen Kräfte zu sammeln, um auf Augenhöhe mit Silicon Valley zu gelangen. Wir müssen selbstbewusst sein, Mut entwickeln, auch in absurden Situationen, und an den Grundgedanken der Aufklärung zurückdenken: Habe den Mut, dich deines eigenen Verstandes zu bedienen! Und weitergeführt: dich deiner eigenen Wünsche zu bedienen. Denn sonst ist jede Angst der Beginn einer neuen Irrfahrt.

Wie sehr fehlen Ihnen inzwischen künstlerische «Kameraden» wie Christoph Schlingensief?
Ihn habe ich in der Tat einen «Kameraden» genannt; umgekehrt war es genauso. Er fehlt mir unendlich! Zum Glück habe ich aber noch Helge Schneider, denn ich bilde weiterhin gerne Allianzen. Das war früher schon so mit meiner verstorbenen Schwester Alexandra oder mit Peter Berling. Ein Kamerad hält schließlich dem anderen den Rücken frei. Im Grunde meint das, dass ich mit dir, meinem Kameraden, in derselben Kammer wohne. Deshalb gefällt mir dieses Wort so gut. Es gibt dazu übrigens auch eine Dada-Version von Hans Jürgen von der Wense, «Ich hatt' einen Kameraden», aus dem Jahr 1919: Das ist überwältigend gute moderne Musik. Ich glaube, dass es immer noch genügend Menschen mit dem Freiheitsbewusstsein von Christoph Schlingensief gibt oder mit der Widersässigkeit von Heiner Müller. Ich bin davon überzeugt, dass die Zahl der Menschen, die aufsässig und eigensinnig sind, immer gleich hoch bleibt. Deren Kunst im Ergativ gefällt mir außerordentlich. Denn sie schritten voran!

Inwieweit sehen Sie sich noch als Autorenfilmer? Was ist von diesem Konzept geblieben, wofür das deutsche Kino in den 1970er-Jahren im Ausland gefeiert wurde?
Im deutschen Autorenfilm steckte bereits die Idee von Kooperation. Anders wäre ein Film wie DEUTSCHLAND IM HERBST nie entstanden. An einem Film wie ROM, OFFENE STADT ist ebenfalls bereits die ganze Generation nach Roberto Rossellini in verschiedenen Formen beteiligt. Als Autor geht das nur im Vertrauen auf gegenseitige Beteiligung, was in völligem Gegensatz zu den Mitarbeitern im Silicon Valley steht: Das ist keine Autorenfilmer-Konstellation. Deren Wettbewerbssystem ist ein Korallenriff. Als Autorenfilmer müssen Sie früh aufstehen und sich verbünden: Das ist mein Hauptpunkt.

Im gegenwärtigen deutschen Film scheint es eher gegeneinander als miteinander zu gehen.
Ich arbeite deshalb gerade wieder mit Edgar Reitz zusammen. Wir sehen uns an, welche Filme uns nicht gelungen sind, und machen uns daran, sie zu realisieren. Da ist sie wieder: unsere Idee von Kooperation

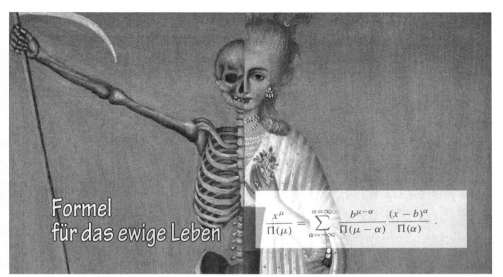

ORPHEA (D 2020) (© Kairos)

zum Beispiel im Hinblick auf einen Eisenstein-Film mit einem Drehbuch von James Joyce. Ich hatte immer schon ein starkes Interesse daran, zu kooperieren. Das setzt sich bis zu ORPHEA fort. Wir Künstler bringen diese Dinge zusammen. Ich mache das alles nie allein. Meine Leistung besteht darin, das alles zusammenzufügen. Ich habe dabei gelernt, mich ein- und auszuklinken. Die Arbeit geht mir dennoch nie aus, aber ich halbiere sie auch gerne.

Inwieweit hat sich Ihr Leben durch die Corona-Pandemie verändert?

Wir haben dadurch das Netz noch einmal völlig neu kennengelernt und wissen jetzt, dass man trotzdem weiterarbeiten kann und nicht aufhören muss. Das Phänomen dieser Pandemie ist Folgendes: Da klopft ein fremdes Lebewesen, das uns nach dem Atem greift und uns töten kann, plötzlich an unsere Tür. Es stellt uns sofort vor die Gewissensfrage: Wie leben wir zusammen? Das hat mich sehr stark bewegt, denn in diesem Sinne kritisiert uns dieses Virus. Vielleicht leben wir alle ein bisschen zu dicht aufeinander und haben es uns zu gemütlich gemacht. Es hat unser Leben so heftig durcheinandergerüttelt, weil dadurch alles wie bei einem Musikinstrument «resettet» wurde. Das bringt uns automatisch zum Nachdenken und sorgt gleichzeitig für eine große Pause. In unserem Genom stecken allerdings unzählige kleine Informationen, das sind alles kleine Dichter, die uns helfen. Diese Faszination steckt in der Kunst wie in der Wissenschaft. Wie schwachsinnig sind dagegen unsere Schlager am Samstag. Das ist im Prinzip wieder dasselbe Phänomen wie in ORPHEA, in dem die Musik ein Ewigkeitsbild erschafft: Wie Sterne im Kosmos. Das, was alle unsere Ahnen und Kindeskinder zusammenhalten wird, ist die Musik. Das ist die ganze Botschaft des Films. So wird die Oper des 21. Jahrhunderts irgendwann einmal Film heißen.

Essenz des Lebens

Ein Interview mit Janna Ji Wonders über WALCHENSEE FOREVER

Von Bettina Hirsch

Die Filmemacherin Janna Ji Wonders porträtiert in ihrem Dokumentarfilm WALCHENSEE FOREVER ein Jahrhundert ihrer Familiengeschichte: Von der Urgroßmutter, die 1920 ein Ausflugscafé am bayrischen Walchensee eröffnete, über die pflichtbewusste Großmutter sowie Mutter und Tante, die sich in den 1960er-Jahren auf Selbstfindung begaben, bis zu sich selbst und ihrer Tochter. Ein Gespräch über eine faszinierende Chronik weiblicher Emanzipation und Vergangenheitsaufarbeitung zwischen Schmerz und Befreiung.

Der Walchensee – still, dunkel und unergründlich liegt er da. Er ist einer der tiefsten und größten Alpenseen Deutschlands. Wie ein unsterblicher Chronist überdauert der See alle Zeiten und bietet im Film die Kulisse, vor der sich eine Familiengeschichte über vier Generationen abspielt. Womit haben Sie bei der Recherche gerechnet und was war überraschend?
Janna Ji Wonders: Die Arbeit am Film war ein langer

Janna Ji Wonders (© Michael Reusse)

Prozess. Eigentlich habe ich den Film schon angefangen, als ich ein Kind war. Nur wusste ich das damals noch nicht. Meine Mutter hat mich oft mit ihrer Videokamera gefilmt und mir Fragen gestellt. Für mich war das wie ein Spiel, ich wollte dann oft selbst hinter die Kamera und ihr Fragen stellen. Erst nach der Filmhochschule war ich bereit, diesen Film zu machen, weil ich auch wusste, dass es emotional eine große Herausforderung wird.

Frauke, die verstorbene Schwester meiner Mutter, war der Schlüssel zu diesem Film. Sie starb auf mysteriöse Weise, bevor ich auf die Welt kam. Frauke war wie ein Irrlicht, das über unserer Familie schwebte, und das habe ich als Kind schon gespürt. Erst durch die Arbeit am Film wurden mir ihre exzessive Suche, ihre Sehnsucht im Leben und auch ihr Tod bewusster. **Die Geschichte bleibt ganz im Privaten. Sie setzen viel Hintergrundwissen über die gesellschaftlichen Verhältnisse im 20. Jahrhundert voraus. War das eine bewusste Entscheidung?**
Ja, es ist eine sehr persönliche Geschichte. Es war für mich auch ein Forschen nach den eigenen Wurzeln. Die Verbundenheit von Müttern und Töchtern und die generationsübergreifenden Verstrickungen. Die Suche der Frauen in meiner Familie hat mich geprägt. Aber ich habe auch versucht, die Geschichte universell zu erzählen, in der Hoffnung, dass Menschen sich selbst darin wiederfinden können. Ich denke, dass es so etwas wie ein Familiengedächtnis gibt, das sich fortschreibt. Und dass wir es oft gar nicht bemerken, wenn wir innerhalb dieses Familiengedächtnisses handeln. Aber ich glaube, dass die Hoffnung darin liegt, sich dies bewusst zu machen, um dadurch seinen eigenen Weg zu finden.
Wie und wo haben Sie diese Unmengen an Dokumentationsmaterial gefunden? Und welcher Anstrengung bedurfte es, Struktur in die einzelnen Erzählstränge zu bekommen?
Im Dachboden des Cafés meiner Großmutter war das private Archivmaterial in Kisten und Schuhschachteln gelagert, völlig unsortiert. Ich habe erstmal alle Materialien digitalisiert und nach Jahreszahl und Namen der Familienmitglieder geordnet. Bevor es an den Schnitt ging, habe ich die komplette Familienchronologie aufgeschrieben. Während meine Editorin, Anja Pohl, sich schon mal im Schneideraum an einen Teil des Materials herangetastet hat, habe ich am Walchensee noch gedreht. Wir haben uns ständig ausgetauscht darüber, was noch fehlt, sei es an Gesprächen mit meiner Mutter, an Fotos, die ich noch gezielt rausgesucht habe, oder Brief-Auszügen,

WALCHENSEE FOREVER (D 2020) (© Flare Film)

immer im Hinblick darauf, was der Geschichte dient. Dadurch, dass es ja meine eigene Familiengeschichte ist, war Anja ein ganz wichtiger Gradmesser für das Wesentliche. Ihr klarer und konzentrierter Blick von außen hat uns auch davor bewahrt, in den großen Materialbergen zu versinken.

Für das Konzept zum Film erhielten Sie 2016 den «Berlinale»-Förderpreis «Made in Germany». 2020 kehrte der fertige Film zurück zur «Berlinale» in die Sektion «Perspektive Deutsches Kino». Es folgte der «Bayerische Filmpreis» als bester Dokumentarfilm. Ihr fulminantes Langfilmdebüt zeigt, dass diese Geschichte erzählt werden musste. Für wen macht man einen solchen Film?

Für mich hat sich nicht die Frage gestellt, für wen ich den Film mache, sondern ich musste diesen Film machen. Auch für mich. Ich bin reingewachsen in eine Familie, die sich ständig selbst dokumentierte. Und ich war nun diejenige, die die losen Fäden zusammenzieht und ein Bild vervollständigt, das vor ewigen Zeiten begonnen wurde.

Im Fokus ist die Sicht der Frauen. Jede geht ihren eigenen Weg, dabei ist die persönliche Unabhängigkeit ein zentrales Bedürfnis und wird zur Auseinandersetzung mit patriarchalen Strukturen. Dokumentiert der Film eine Emanzipationsgeschichte?

Ja, in gewisser Weise dokumentiert der Film am Beispiel der vier Generationen von Frauen eine Emanzipationsgeschichte. Im Mittelpunkt des Films stehen die Frauen, die das Café in bald 100 Jahren zu einem kleinen Matriarchat werden ließen. Ich konzentriere mich dabei vor allem auf die Sicht der Frauen, von denen jede auf ihre Weise den patriarchalen Strukturen ihrer Zeit trotzt.

Die Frau, die alles zusammenhält, ist die Großmutter. Dieser damaligen Pflichterfüllung hat sich die nachfolgende Generation entzogen. Sie sind in den USA geboren, Ihre Mutter ist allein mit Ihnen zurück nach Deutschland gekehrt und hat mit Ihnen bis zu Ihrem 17. Lebensjahr im «Harem» von Rainer Langhans gelebt, sich als Fotografin etabliert und von allem emanzipiert. Und jetzt? Wie geht es mit der nächsten, Ihrer Generation weiter? Welche Mauern müssen da noch eingerissen werden?

Meine Großmutter hat ihr Leben pflichtbewusst im Café am See verbracht, ganz hermetisch mit harter körperlicher Arbeit, symbolisch von äußeren Mauern umgeben. Die einzige kleine Rebellion gegen ihre Eltern war die Wahl ihres Ehemannes, der ja Künstler war. Im Gegensatz zu meiner Großmutter wollte sich meine Mutter dann aus der Enge des Dorfes befreien und ist als Fotografin und Musikerin um die Welt gereist. Der Walchensee hat aber auch sie nie ganz losgelassen. Ich wiederum habe heute eigentlich alle Freiheiten. Und ich habe das Gefühl, dass ich keine äußeren Mauern einreißen muss, sondern eher innere Mauern, um mich weiterzuentwickeln.

**Männer gibt es auch, und die stehen im Schatten. Rainer Langhans kommt als einziger zu Wort. Er eröffnet als Wegbegleiter Ihrer Mutter und deren Schwester den Blick von außen. Einer, der wegging, ist der Großvater, im Film ein Schlüsselerlebnis. Ein zitierter Brief an seine Frau, die Großmutter, beschreibt, wie er schlussendlich gehen muss, weil er

WALCHENSEE FOREVER (D 2020) (© Flare Film)

Das Prinzip Mutter-Tochter wird in Ihrem Film mehrfach durchgespielt. Ergänzend zum Archivmaterial zeichnen Sie Gespräche mit Ihrer Mutter auf, die manchmal bis an die Schmerzgrenze gehen. Wie kam es dazu, diese persönlichen und emotionalen Geständnisse mit der Kamera festzuhalten?
Wir waren immer kreativ. Sei es Fotografieren, Filmen, Schreiben, Musik. Und da war nie eine Trennung zwischen Kunst und Privatem. Meine Mutter war gewohnt, dass ich sie filme, aber bei diesem Filmprojekt ahnte sie, dass es ans Eingemachte geht. Es war für sie eine große Herausforderung, sich so zu zeigen. Erst nach vielen Gesprächen hat sie sich darauf eingelassen und wurde durchlässiger. Und als ich dann ganz allein, ohne Team, mit ihr gedreht habe, war da wieder diese Offenheit und das Spielerische, so wie früher.

Sie sind auch Musikerin. Ein Lied Ihrer Band YA-HA! heißt «Frei» und das von Ihnen produzierte Musikvideo passt perfekt in die Chronologie des Films. Hat sich durch den Film ein Knoten gelöst?
Natürlich war auch die Angst da, was die Arbeit am Film emotional mit mir macht, aber im Nachhinein ist es ein befreiendes Gefühl, den Film gemacht zu haben. Am Ende war meine Mutter auch überwältigt, im fertigen Film so klar die Essenz ihres Lebens zu sehen. Verdrängte Dinge wurden ins Bewusste gehoben. Wir sind beide froh, diesen Weg gegangen zu sein.

Die neue Generation könnte schon wieder die Kamera in die Hand nehmen. Ist der Titel WALCHENSEE FOREVER zukunftsweisend?
Walchensee Forever? Natürlich ist da auch ein Fragezeichen. Vor allem im Hinblick auf meine Tochter. Der Film ist für sie und gleichzeitig auch ein Versuch, sich von den generationsübergreifenden Verstrickungen zu befreien. Der Stab wird weitergereicht, und was meine Tochter daraus macht, ist ihre Sache.

in dieser Familie keine Perspektive für sich sieht. An dieser spannenden Stelle vermisse ich den Großvater im Gespräch. Wo bleibt seine Stimme?
Was meinen Großvater betrifft, habe ich kaum eine Erinnerung an ihn, er ist gestorben, als ich ein Kind war. Daher kommt er im Film nur durch seine Briefe zu Wort. Die Männer waren in meiner Kindheit und Jugend größtenteils abwesend, und deshalb sind sie auch im Film so abwesend. Es waren die Frauen, die mich geprägt haben.

8 Internationales Kino – Interviews

Ein Rätsel mit ausgefülltem Leben

Ein Interview mit der ungarischen Regisseurin Ildikó Enyedi über ihre Romanadaption
DIE GESCHICHTE MEINER FRAU

Von Michael Ranze

Die ungarische Regisseurin Ildikó Enyedi hat sich nach ihrem «Berlinale»-Gewinn 2017 mit KÖRPER UND SEELE für ihren Film DIE GESCHICHTE MEINER FRAU einen bekannten Roman als Vorlage ausgesucht. Darin entfaltet sich ein Panorama der 1920er-Jahre um einen Kapitän, der über eine spontane Wette zum Ehemann einer Frau wird und von ihrem rätselhaften Verhalten überfordert ist.

Für gewöhnlich schreiben Sie Ihre eigenen Drehbücher. Dieses Mal haben Sie jedoch den Roman eines anderen Autors, Milán Füst, adaptiert. Was gefiel Ihnen so sehr an dem Roman?
Ildikó Enyedi: Es ist bestimmt das erste und das letzte Mal, dass ich eine fremde Vorlage adaptiere. Das war eine Ausnahme. Als Teenager war ich sehr beeindruckt von diesem Buch. Mehrmals in meinem Leben kam es zu mir zurück als etwas sehr Aktuelles, immer mit einem anderen Sinn. Das Buch behandelt Dinge von einem sehr bestimmten Gesichtspunkt aus. Darum dachte ich mir, dass man eine dreistündige Werbung drehen könnte, nicht so sehr für den Roman, aber für den Schriftsteller und seine Gedanken. Die deutsche Übersetzung soll nicht so gut sein, sie ist schon sehr alt. Ich kann also das deutsche Publikum nicht ermuntern, das Buch zu lesen. Trotzdem ist dies mein eigentliches Anliegen: dass die Menschen auch das Buch lesen.

Was sind die Herausforderungen, wenn man die Arbeit eines anderen adaptiert?
Zuerst die Vorteile: Wenn man ein Drehbuch selbst schreibt, hat man zunächst einige vage Ideen. Man versucht sie in eine Geschichte einzubinden. Dann versteckt man in der Geschichte all die Energie, die

Léa Seydoux, Gijs Naber und Louis Garrel in DIE GESCHICHTE MEINER FRAU (HU/D/I/F 2021) (© Alamode)

einen zu dem Projekt angetrieben hat. Man muss alles von Beginn erarbeiten. Jeder Schritt ist sehr persönlich und sehr schwierig. Wenn man aber so einen tollen Roman wie diesen hier hat, von einem so guten Autor, der höchst komplexe Charaktere entwirft, dann ist das so, als würde man von einer Holzhütte im Wald in ein Luxushotel ziehen, wo es Zentralheizung und elektrisches Licht gibt. Man fühlt den ganzen Komfort, den man sonst nicht gehabt hätte. Allerdings bin ich nicht die Einzige, die den Roman liebt. Es kommt also die Angst vor den Erwartungen der Leser hinzu. Jeder hat seinen eigenen Film im Kopf, so wie ich – bis zur Realität, die ich kreiert habe. Nach all den Previews und Premieren, bei denen der Film bislang gezeigt wurde, scheint mir aber, dass das Publikum mit meiner Übertragung auf die Leinwand ganz zufrieden ist.

Sie haben den Film in mehrere Kapitel mit Überschriften eingeteilt.
Der Roman ist ein langer, ununterbrochener Monolog des Kapitäns – ohne Kapitelunterteilung. Viele Aspekte, die Eifersucht, die Liebesgeschichte, das Privatleben, sind über Seiten hinweg entwickelt. Ich entschied mich für einen anderen Weg, allerdings erst nach langem Zögern. Ich wollte beim Publikum bestimmte Fragen aufwerfen, die der Roman behandelt. Der Raum, das Licht, die Fotografie, die Unterschiede zwischen Meer und Land – darüber soll man sich Gedanken machen. Die Kapitelnamen sind deshalb Startpunkte. Für eine Sekunde hat man innerhalb dieses langen Epos eine Pause und man kann sich Rechenschaft darüber ablegen, was man bis dahin erfahren hat oder was das nächste Kapitel bereithalten könnte, nicht so sehr vom Inhalt her, sondern mit Blick auf den Gehalt. Man soll die Geschichte nicht nur von der Handlung her beurteilen. Das war meine Absicht.

Der Kapitän Jakob Störr ist sehr kompetent und umsichtig auf See und sehr unsicher an Land. Wie würden Sie ihn beschreiben?
Er hat ein solides Arsenal an Fähigkeiten und Regeln, wie man sein Leben führen soll. Dann trifft er eine andere Person, und diese andere Person ist nicht so einfach. Er will verstehen, was passiert, aber die Fähigkeiten und Regeln, die er sich angeeignet hat, sind zu alt. Ich hatte Gespräche mit einer Reihe von Männern, die guten Willens sind, darunter auch mit meinem Sohn. Wundervolle, nette Männer. Aber sie sind wirklich unsicher darüber, was richtig ist und was nicht, wie sie sich verhalten sollen. Was eine Beleidigung ist und was ein Flirt? Ist der Flirt freundlich oder belästigend? Ich wollte das Augenmerk auf diesen Moment des Widerspruchs legen. Jakob Störr ist alles andere als perfekt. Und doch ist er auch ein liebenswerter Kerl.

Ich mag die Szene, wenn auf dem Schiff Feuer ausbricht und er einfach geduldig wartet, bis es zu regnen beginnt, während alle anderen ihn zur Eile antreiben, endlich etwas zu tun.
Im Buch ist die Szene ein wenig anders. Als Kapitän fühlt er sich auf dem Frachtschiff äußerst unwohl, auch gegenüber seinem eleganten Ersten Offizier, der ihn möglicherweise verachtet. Im Roman verliert er seine Sicherheit; er denkt sogar an Selbstmord. Im Film hatte er eigentlich alles verloren, was ihm wichtig war. Aber tief in ihm scheint noch etwas zu funktionieren.

Warum haben Sie Léa Seydoux für die Rolle der Frau ausgewählt? Welche Qualitäten schätzen Sie an ihr?
Erst hatte ich Zweifel, ob Léa Seydoux wirklich die richtige Schauspielerin für eine Figur wie Lizzy ist. Sie ist bewundernswert, ein wundervoller Mensch. Sie ist sehr aktiv, dynamisch, freimütig. Lizzy sollte aber eine stille Macht ausstrahlen. Sie ist keine Femme fatale, aber ein komplexer Charakter, den man entdecken soll. Als ich Léa Seydoux zum ersten Mal treffen sollte, saß ich schon im Café, während sie noch den Bürgersteig entlangging und nicht wusste, dass ich sie beobachtete. Das ist das Magische beim Casting: Ich sah eine schöne Stille und Stärke in ihr und die Verletzlichkeit, die ich für Lizzy brauchte. Als sie dann das Café betrat, war für mich klar: Diese verborgenen Farben soll auch das Publikum sehen. Ich wollte, dass Léa Seydoux etwas zeigt, was sie bislang versteckt hatte.

Mir gefiel sehr, dass Lizzy ein sehr enigmatischer Charakter ist. Ich kann bis zum Schluss nicht sagen, warum sie tut, was sie tut.
Das Publikum folgt zunächst dem Kapitän und befindet sich darum auf demselben Level wie er. Er ist, wie so viele von uns, nicht so gut darin, Fragen zu stellen oder eine andere Person zu entschlüsseln. Jemand anderes kann nicht in seiner Gänze entdeckt werden. Lizzy mag zwar ein Rätsel sein, aber sie ist ein Rätsel mit einem ausgefüllten Leben. Das muss das Publikum genauso herausfinden wie Jakob.

Die Idee, die erste Frau zu heiraten, die durch die Tür kommt – das ist doch ein sehr romantischer Gedanke. Aber ist er nicht auch gefährlich?
Zu Beginn glaubt der Kapitän, dass man zwischenmenschliche Beziehungen genauso behandeln kann wie alles andere auf seinem Boot. Er ist guter Laune, er will spielen. Ist dann aber sehr überrascht, dass er auf eine andere Spielerin trifft. Im ersten Drittel des Films, nach ihrer Begegnung, ist es keine emotionale Beziehung. Es ist ein Handel zwischen ihnen: «Lass es uns versuchen.» Eine Neugier verbindet sie, beide sind voneinander beeindruckt, zum einen, weil der andere so verschieden ist, zum anderen, weil das Gegenüber auch ein Spieler ist. Erst sehr viel später wird es emotional. Als der Verdacht aufkommt, dass

Gijs Naber und Léa Seydoux in DIE GESCHICHTE MEINER FRAU (HU/D/I/F 2021) (© Alamode)

Lizzy Affären haben könnte, entscheidet Jakob für sich, daraus kein Drama zu machen. Lizzy versteht diese Geste. Sie sieht in Jakob eine großzügige Person. Erst dann wird es romantisch. Dann gibt es diese Tangoszene. Ich bat den Choreografen, daraus keine Tanzszene zu machen, sondern eine Unterhaltung. Von dem Moment an können wir die Beziehung eine romantische Liebe nennen.

Ihr Film ist in den 1920er-Jahren angesiedelt, vor fast 100 Jahren also. Was sind die Herausforderungen, wenn man eine vergangene Zeit wieder aufleben lässt?

Ich wollte diese beiden Menschen in einer Situation zeigen, die uns allen vertraut ist, aber in einer anderen Welt wurzelt. Lizzy ist keine Revolutionärin. Sie ist eine autonome, souveräne Person. Sie kämpft nicht für die Rechte der Frauen. Sie ist in ihrer Gegenwart zuhause, so wie wir auch. Wir müssen sehr, sehr wichtige Fragen beantworten, damals wie heute. Was die Wiederbelebung einer vergangenen Ära betrifft: Ich wollte korrekt sein, eine Realität erschaffen, aber natürlich, weich und locker, sowohl in den Kostümen als auch in den Drehorten. Hamburg ist eine wundervolle, natürliche Verkörperung all der Werte, die Jakob Störr schätzt. Man sieht diese Gebäude in der Speicherstadt und fühlt sich ihm gleich näher, seinen Werten, seinen Gedanken, seinem Lebensstil. Es zerreißt einem das Herz, wenn man sieht, dass er schon so verloren ist in diesem Labyrinth, dass er in Hamburg nicht mehr auf einem Schiff anheuert, sondern einen ruhigen und auch demütigenden Job als Sekretär annimmt. Das soll zeigen, wie sehr er seine Konturen verloren hat.

Haben Sie sehr eng mit ihrer Set-Designerin zusammengearbeitet?

Absolut. Mit Imola Láng habe ich schon bei KÖRPER UND SEELE gedreht. Wir hatten die schwierige Aufgabe, mit wenigen Objekten, der Blaupause eines Appartements, die innere Verfassung einer Person auszudrücken. Wie immer, wenn wir zusammenarbeiten, wollen wir nicht einen korrekten Sinn kreieren oder ein schönes Dekor. Der verborgenste und wichtigste Aspekt des Films über die Charaktere und deren Psychologie ist in jedem kleinen Objekt enthalten. Imola Láng ist wirklich fantastisch. In dem Zusammenhang möchte ich auch Noemi Hampel erwähnen. Sie ist die Sound-Designerin. Es war eine wunderbare Erfahrung, mit ihr zusammenzuarbeiten. Sie wollte keinen korrekten, netten und reichen Ton-Hintergrund schaffen. Sie brannte so leidenschaftlich für die Geschichte, sie liebte die Figur des Jakob so sehr. Sie fand sehr ungewöhnliche, eigenartige und beklemmende Geräusche und arbeitete mit ihnen. Allein schon die quietschenden Töne des Frachtschiffs Aquitania: Sie nahm nicht nur die natürlichen Geräusche auf, das wäre zu einfach gewesen, sondern fügte noch einen weiteren Level mit Meeresklängen hinzu. Das gleiche gilt für die Dekors und die Fotografie. Da steckt ganz viel Energie drin, und doch bleiben die beiden Protagonisten im Vordergrund.

Wo Sie gerade auch die Kamera erwähnt haben: Mir gefiel eine Einstellung besonders, in der Jakob durch das Fenster eines Cafés blickt und auf der gegenüberliegenden Straßenseite eine Verkäuferin anschaut, die gerade eine Zigarettenpause macht.
Das ist meine Tochter! Ich war auf der Suche nach einer jungen Schauspielerin mit einer starken Ausstrahlung. Ich habe mehr als zwanzig Frauen vorsprechen lassen. Dies ist ja bloß eine weitere Erscheinung. Und doch muss man als Zuschauer fürchten, dass der Kapitän zurück im Leben ist, bevor Lizzy ankommt. Meine Tochter ist Lehrerin an einer Waldorf-Schule. Sie hat nichts mit dem Filmemachen zu tun. Ich freue mich aber, dass sie diese Einstellung bemerkenswert finden. Im Roman geht diese Szene über 120 Seiten. Jakob überlegt sich, wieder eine Beziehung einzugehen. An dem Tag, an dem er wieder heiraten will, steht Lizzy wieder vor ihm.

Gibt es mit DIE GESCHICHTE MEINER FRAU auch eine Verbindung zu Ihren anderen Filmen, vielleicht zu KÖRPER UND SEELE, in dem es auch um das Wesen der Liebe geht?
Die Frage habe ich mir auch gestellt. Viele US-amerikanische Kritiker haben angemerkt, dass dies nicht der Fall sei, weil DIE GESCHICHTE MEINER FRAU klassisch sei. Ich finde, dass alle meine Filme an der Oberfläche ein wenig verschieden sind. MEIN 20. JAHRHUNDERT, der vor 30 Jahren zum Teil auch in Hamburg entstand, in schwarz-weiß, ist stilistisch sehr anders. Aber ich muss für mich Rechenschaft ablegen, was meine Persönlichkeit in diesen Filmen ausmacht. Ich suche stets nach Empathie, nicht nach dem, was uns trennt, sondern nach dem, was uns verbindet.

....

Komödie ist ein Überlebenselixier

Interview mit Anders Thomas Jensen zu HELDEN DER WAHRSCHEINLICHKEIT – RIDERS OF JUSTICE

Anders Thomas Jensen (© Splendid / Neue Visionen)

Von Margret Köhler

Als Drehbuchautor ist der Däne Anders Thomas Jensen für die Auseinandersetzung mit existenziellen Grenzsituationen wie auch für seinen schwarzen Humor bekannt. In dem von ihm auch selbst inszenierten Film HELDEN DER WAHRSCHEINLICHKEIT erzählt er von einem U-Bahn-Unglück, das die Familie eines Soldaten auseinanderreißt und einen exzentrischen Mathematiker und dessen Hacker-Freunde mit einer Verschwörungstheorie auf den Plan ruft. Ein Gespräch über Wahrscheinlichkeiten, Spiele mit Genre-Grenzen und den Wert von Humor.

Zufall oder Schicksal? An was glauben Sie?
Anders Thomas Jensen: An den Zufall, das macht Sinn. Ich habe bisher keinen Beweis für das Schicksal gefunden. Die Idee, dass da eventuell ein Gott die Fäden ziehen würde, versetzt mich in Angst. Es ist allerdings nicht einfach zu akzeptieren, dass sogar unsere eigene Existenz vom Zufall bestimmt ist.

Was war der Ursprung dieser doch sehr skurrilen Geschichte?
Die von Mads Mikkelsen gespielte Figur des Markus. Ein Typ, der völlig fertig ist und nicht mehr weiß, was das Ganze soll, der seine Gefühle unter Verschluss hält und seinen Glauben verloren hat. In ihm konnte ich mich wiederfinden. Natürlich muss man abstrahieren: Ich war nie im Krieg und habe auch meine Frau nicht bei einem Zugunglück verloren. Ich habe

für den Film alles dramatisiert. Aber wie alle Männer durchlebte ich eine Midlife-Krise mit vierzig, wo man sich fragt: Ist das alles? Manche geraten in eine tiefe Depression. Da versucht man, die Kräfte zu sammeln, das Gehirn wieder einzuschalten und seinen Weg zurück zu sich selbst zu finden.

Was hat Ihnen geholfen?
Das ganze Programm: Liebe, Familie, Freunde, Therapie, Medikamente. Der einzige Weg.

In der Corona-Zeit war es mit Kontakten schwierig. Wie haben Sie die Monate überstanden?
In Dänemark waren zwar die Grundschulen geschlossen, aber wir hatten keinen richtig harten Lockdown. Ich habe viel gearbeitet und viel Zeit mit der Familie verbracht, lange Spaziergänge im Wald unternommen. Die Natur übt eine positive Wirkung auf mein Gemüt aus.

Andrea Heick Gadeberg und Mads Mikkelsen in HELDEN DER WAHRSCHEINLICHKEIT – RIDERS OF JUSTICE (DK 2020) (© 2020 Zentropa Entertainments3 ApS & Zentropa Sweden AB)

Kehren wir zu unseren Gewohnheiten zurück oder werden wir unser Leben ändern?
Ich glaube, wir finden zu unserer Normalität zurück. Natürlich wird die ältere Dame, die früher im Supermarkt einkaufte und jetzt das Internet entdeckt hat, wohl kaum wieder den Laden aufsuchen. Netflix hat von der Pandemie profitiert und noch mehr Zuschauer gesammelt. Der Streamingdienst wird seine Position ausbauen, was dem Kino schadet. Aber wir werden alles nachholen. Als der Tsunami die thailändischen Küsten überrollte, schien entspannter Strandurlaub für die Zukunft tabu. Das juckt heute niemanden mehr; Teenager erinnern sich nicht, was der Tsunami angerichtet hat. Das Verdrängen und Vergessen des Negativen liegt in der menschlichen Natur. Ich habe vor Corona immer geschimpft über die vielen Reisen. Jetzt möchte ich nur noch reisen.

Viele Ihrer Kollegen arbeiten für Netflix. Reizt es Sie, beim Streaming-Giganten einzusteigen?
Ich habe nichts gegen diese Plattform, da gibt es gute Projekte. Für einen Drehbuchautor ist es vielleicht schwieriger, sich davon fernzuhalten. Aber ich mag es, wenn die Leute ins Auto oder aufs Rad steigen oder zu Fuß ins Kino kommen, sich also aktiv entscheiden. Das ganze soziale Drumherum ist für mich wichtig, dass man etwas gemeinsam unternimmt, Gefühle teilt, statt sich auf dem Bett zu fläzen und Filme oder Serien reinzuziehen und zu konsumieren, weil es einfach ist.

Mads Mikkelsen steht zum fünften Mal für Sie vor der Kamera. Was macht ihn so besonders?
Er ist einfach perfekt. Ein Blick von ihm, und man weiß, was Sache ist. Er ist toll in Dialogen und Gefühlen, in der Psychologie, in seiner Körperlichkeit. Ein Teamplayer, der sich für das ganze Projekt verantwortlich fühlt. Mads hat als internationaler Star immer noch seine Wurzeln in Dänemark, wo er gerne interessante Rollen übernimmt, weil es diese Art von Filmen in Hollywood eben nicht gibt.

Schon in Ihren Kurzfilmen und Ihrem ersten Spielfilm FLICKERING LIGHTS dominierten Männer mit Macken. Auch das Trüppchen von Nikolaj Lie Kaas, Lars Brygmann und Nicolas Bro ist durchgeknallt, aber Sie kompromittieren das Trio nicht.
Das sind emotional benachteiligte Menschen, auf der Suche nach einem Sinn im Leben. Der Weg dahin kann sehr unterschiedlich sein, auch Rache ist eine Option. Sie schaffen sich einen kleinen Mikrokosmos und geben sich gegenseitig Halt. Hier handelt es sich um Personen, die immer auf der falschen Seite stehen, für mich aber normal sind. Wobei ich fragen müsste: Was ist normal? Diese Kerle haben meine volle Sympathie und ich verteidige sie auch; ich erzähle in meinen Filmen lieber von ihnen als von diesen adretten Normalos, den angepassten Spießern oder den bürgerlich Braven. Man trifft auf diese Eigenbrötler im Bus oder am Bahnhof, immer allein, sie gehen allein nach Hause.

Leben wir jeder in seiner Blase?
Ich bemühe mich, über den Tellerrand zu schauen. Sie und ich, wir gehören zu einer privilegierten Minderheit und wissen nicht, was Hunger heißt, kein Dach über dem Kopf zu haben, keine Sicherheit. Wir betrachten diese Figuren als Exoten, das ist schlimm. Dabei sind Einsamkeit und Traurigkeit ja auch uns nicht fremd. In den USA habe ich oft mit Obdachlo-

Der Regisseur in der Mitte seiner Schauspieler: Nicolas Bro, Lars Brygmann, Anders Thomas Jensen, Mads Mikkelsen, Andrea Heick Gadeberg und Nikolaj Lie Kaas (v.l.n.r.) (© 2020 Zentropa Entertainments3 ApS & Zentropa Sweden AB)

sen gesprochen und mir ihre teilweise schrecklichen Geschichten angehört. Nicht nur als Drehbuchautor, sondern aus Interesse an ihnen. Manche stehen trotz Gegenwind immer wieder auf. Vor diesen Menschen ziehe ich den Hut. Wir jammern auf hohem Niveau, das ist in Anbetracht des Elends und der Ungerechtigkeit lächerlich.

Sie waren einer der Drehbuchautoren der «Dogma»-Bewegung mit all den antibürgerlichen Idealen. Was fällt Ihnen heute beim Begriff «Dogma» ein?

Im «Dogma 95»-Manifest gab es schon sehr langweilige und strenge Regeln, aber auch einige sehr gute. Die Essenz lag darin, sich auf Charaktere und Geschichte zu fokussieren. Die Bewegung und ihre Ästhetik hat Spuren hinterlassen, nicht nur im Film, sondern auch in anderen Kunstbereichen. Irgendwann musste man aber auch mit diesen Regeln wieder brechen.

Bilden die einstigen «Dogma»-Regisseure immer noch eine Gemeinschaft?

Die Produktionsfirma Zentropa fungiert als Sammelbecken für uns, eine Art Film-Community mit Lars von Trier, Thomas Vinterberg und einer ganzen Reihe von Regisseuren. Wir sind ja nicht so zahlreich, deshalb können wir uns leichter austauschen und gegenseitig helfen. Das Zusammengehörigkeitsgefühl dieser Gemeinschaft macht die Stärke des dänischen Films aus.

Gibt es einen speziellen skandinavischen Humor?

Das höre ich immer wieder. Aber wenn ich die Filme begleite, merke ich, dass die Zuschauer oft an denselben Stellen lachen, auch hier in Deutschland. Das hängt weniger vom Land als dem Einzelnen ab. Vielleicht sind wir auf dem Weg zu einem speziellen Humor.

Was meinen Sie damit?

Wenn ich den Trend zur «Cancel Culture» betrachte, entdecke ich einen freien Platz für den nicht politisch korrekten Humor. Eine Supersache! Ich registriere zunehmend eine starke Angst, übereinander zu lachen.

Nimmt die «Cancel Culture» auch in Dänemark zu?

Dem Himmel sei Dank, nein. Ich hoffe, dass dieser Trend bald vorbeigeht. Diese Verbotskultur ist ja nicht ganz neu. Natürlich sollte man über sich selbst und andere lachen dürfen. Wenn man sich über eine Gruppe von Menschen nicht lustig machen darf, halte ich das sogar für stigmatisierend. Nur über den einen frotzeln zu dürfen und nicht über den anderen, das bedeutet eine Form von Ausgrenzung. Es geht nicht um beleidigen. Wer will, kann sich jeden Tag beleidigt fühlen. Ich habe meine Kinder dazu erzogen, nicht sofort emotional zu reagieren, wenn sie mal glauben sollten, dass sie beleidigt wurden. Daran muss man arbeiten.

Sie sind nicht nur als Regisseur bekannt, sondern auch als Drehbuchautor für andere Filmemacher wie Susanne Bier, Lone Scherfig oder Nikolaj Arcel. Gibt es einen methodischen Unterschied, wenn Sie für den eigenen Film schreiben?

Normalerweise entwickele ich eine Struktur und schreibe danach das Drehbuch. Bei meinen eigenen Filmen gehe ich anders vor, ich arbeite mehr aus dem Bauch heraus. Das war bei HELDEN DER WAHRSCHEINLICHKEIT besonders wichtig, mit den vielen Figuren, unterschiedlichen Themen und Ebenen, da sollte nichts zu vorgezeichnet oder zu schematisch wirken.

Wie bringen Sie Gewalt, Humor und Slapstick zusammen?
Ich habe versucht, drei Filme in einem zu machen: ein Action-Movie, ein Drama und eine überdrehte Komödie. Eine kniffelige Angelegenheit, die viel Zeit in Anspruch nahm, aber ich liebe schwarzen Humor. Trotz aller Peinlichkeit habe ich selten so gelacht wie auf Beerdigungen. Komödie ist ein Überlebens-Elixier, wenn alles um uns zusammenfällt. Man geht ein Stück zurück und gewinnt dadurch Distanz. Mit einem humorlosen Menschen möchte ich noch nicht einmal ein Bier trinken.

Was gefällt Ihnen so am Genre-Mix?
Ein Genre programmatisch abarbeiten, halte ich für tödlich langweilig und von gestern. Genre-Einteilungen bedienen nur Erwartungen und fungieren deshalb auch als ein Verkaufsargument für Verleihfirmen. Viele wollen heute nicht mehr überrascht werden. Wenn man im Vorfeld festlegt, dass ein Film ein Drama, eine Komödie oder Horrorfilm ist, dann wäre das so, wie im Restaurant gezielt Sushi, Pizza oder Burger zu bestellen. Nichts anderes. Nur keine Experimente! Keine Neugier! Das Publikum weiß dann im Voraus: Ich lache, weine oder grusele mich. Wo bleibt da die Überraschung? Warum immer das Erwünschte servieren und alles in Schubladen stecken? Sich bequem zurücklehnen, ist nicht meine Sache. Filmemachen bedeutet für mich auch, Grenzen auszutesten. Ich ziehe das Spiel mit dem Zuschauer, das Spiel mit Erwartungen und Wahrscheinlichkeiten. Ich lasse mich auch als Zuschauer gerne aufs Glatteis führen. Das ist Kino.

Gift in den Herzen

Ein Interview mit Jasmila Žbanić zu QUO VADIS, AIDA?

Von Margret Köhler

In QUO VADIS, AIDA? erzählt die bosnische Filmemacherin Jasmila Žbanić von den dramatischen Tagen vor dem Massaker in Srebrenica im Juli 1995, bei dem 8.000 Zivilisten von der bosnisch-serbischen Armee unter Ratko Mladić ermordet und in Massengräbern verscharrt wurden. Die bei der Stadt stationierten niederländischen UN-Soldaten gewährten nur wenigen in ihrem Lager Schutz. Im Mittelpunkt des «Oscar»-nominierten Dramas steht die Übersetzerin Aida, die für die UN arbeitet und versucht, ihre Familie und andere Menschen zu retten.

Im Juli jährte sich das Massaker von Srebrenica zum 26. Mal. Ist Ihr Film ein Fanal gegen das Vergessen?
Jasmila Žbanić: Mich hat vor allem die menschliche Seite interessiert, weniger das Datum. Ich habe von so viel Leid gehört und versucht, den Bogen zu unserer heutigen Welt zu schlagen. Wir wussten auch nicht, wann wir fertig sein würden oder ob überhaupt. Die Finanzierung war sehr schwierig, insgesamt dauerte die Arbeit fünf Jahre, allein das Drehbuch habe ich x-mal umgeschrieben. Aber wenn mein Film Menschen an das schreckliche Ereignis erinnern kann und zu Fragen motiviert, wie so etwas in Europa passieren konnte – umso besser. Mir ging es darum, die Reise der Menschen zu zeigen, die das alles durchlitten haben. Keine bosnische Geschichte, sondern eine globale.

Jasmila Žbanić (© Deblokada / Imrana Kapetanovic)

Jasna Ðuričić in QUO VADIS, AIDA? (BIH/D/F/A/PL/RO/NL/N 2020) (© Deblokada/Christine A. Maier)

Mir scheint, dieser Krieg wurde bewusst aus dem Gedächtnis getilgt. Andererseits wollen Leute auch vergessen, sonst können sie kein neues Leben anfangen.
Wir haben ein sehr komplexes und in der Region immer noch sehr politisches Thema aufgegriffen. Ich wusste, dass ich mich in die Nesseln setzen würde. Politisch wird das Massaker geleugnet und verdrängt, ein Tabu. Auch weil viele Politiker in die Entscheidungen eingebunden waren und jetzt nichts mehr davon wissen, nicht mehr darüber reden wollen. Sogar Bosnier wissen wenig darüber. Mich beschäftigt die Frage, wie die Entscheidungen heute ausfallen würden, und bin da nicht sehr optimistisch.

Könnte so eine «ethnische Säuberung», so ein Genozid wieder stattfinden?
Nach dem Zusammenbruch Jugoslawiens hetzte man muslimische, serbische und kroatische Menschen aufeinander, Nachbarn, die friedlich miteinander gelebt hatten, waren plötzlich Feinde. Ausgrenzung ist immer der Anfang. Für mich fehlt es heute an Solidarität, am Glauben an humanistische Werte, die nur für bestimmte Privilegierte existieren, nicht für alle. Und wenn ich sehe, wie faschistische Strukturen und rechte Regierungen in Europa und im Rest der Welt, auch der USA, zunehmen, macht mir das Sorgen. Bestimmte Worte und Begriffe in manchen Reden erinnern mich an den Beginn des Jugoslawienkrieges. Das Gift frisst sich langsam in Herzen und Hirn und setzt sich dort fest.

Ist die Geschichte fiktional oder gibt es einen wahren Hintergrund?
Wir hatten die Rechte an Hasan Nuhanovićs autobiografischem Buch gekauft, er war damals Übersetzer. Mit den fiktionalen Charakteren haben wir uns bemüht, den Ereignissen und Gefühlen treu zu bleiben. Eine ziemliche Gratwanderung zwischen dokumentarischen und fiktionalen Aspekten und den ambivalenten Figuren. Die üblichen bekannten Fernsehbilder reichten mir nicht, ich wollte einen stärkeren emotionalen Zugang schaffen.

Ich kann mir vorstellen, dass die Recherchen schwierig waren, die Gespräche mit Überlebenden.
Je mehr ich recherchierte, umso schockierter war ich, was im modernen Europa der 1990er-Jahre passieren konnte. Die meisten Überlebenden sind traumatisiert, bei vielen Schicksalen möchte man nur weinen. Ich habe eine Frau getroffen, die 60 Menschen verloren hatte, den Vater, Brüder, Söhne, männliche Verwandte. Eine andere Frau sucht seit 25 Jahren nach den Überresten von Mann und Söhnen. Über 1.000 Leichen wurden noch nicht gefunden. Das Leid und den Schmerz kann man nicht visualisieren. Einmal im Jahr treffen sich Überlebende am Srebrenica Memorial, ich weiß nicht, wie sie das alles verarbeiten, woher sie die Kraft nehmen und diese Humanität. Es gibt nicht einen einzigen Rachefall in Bosnien. In vielen Organisationen sind Frauen vertreten, sie sitzen nicht in der Ecke und weinen, sondern machen weiter, auch damit die Welt von dem Unrecht erfährt. Hausfrauen, Arbeiterinnen, Akademikerinnen. Für all diese Kämpferinnen steht Aida.

Wie haben Sie die Figur der Aida entworfen? Eine wirkliche Kämpferin zwischen all den Männern.
Ich brauchte eine Identifikationsfigur. Vieles, was ich erfahren habe, inspirierte mich für die Figur. Deshalb

Raymond Thiry und Jasna Đuričić in Quo vadis, Aida? (BIH/D/F/A/PL/RO/NL/N 2020) (© Deblokada/Christine A. Maier)

ist Quo vadis, Aida? vor allem die Geschichte einer Frau, die ihren Mann und ihre zwei Söhne retten will. Ich bin Feministin. Der weibliche Blick auf den Krieg ist ein ganz anderer als der männliche. Ich versuche, alles Spektakuläre und Spekulative zu vermeiden. Diese oft kindliche Freude von Männern an Panzern und Kriegsgerät ist mir fremd. Als wir endlich einen Panzer zur Verfügung hatten, gerieten die männlichen Teammitglieder aus dem Häuschen und ließen sich vor dem Trumm fotografieren. Sogar Antikriegsfilme vermitteln oft einen bestimmten Eros oder irgendeine Lust am Krieg. Für mich hat Krieg nichts Faszinierendes, sondern nur etwas Abstoßendes. Das merkt man dem Film hoffentlich an. Es ist ein sehr persönlicher Film.

Wie haben Sie die wunderbare Jasna Đuričić für die Aida gefunden?
Ich hatte schon mit ihr gearbeitet, hatte sie aber nicht auf dem Schirm. Aber nach der letzten Drehbuchversion wusste ich, es kann nur Jasna sein.

Was sagen Sie zu dem Vorwurf, Sie hätten General Ratko Mladić überzeichnet?
Um genau diesen Vorwurf von Mladić-Anhängern zu entkräften, haben wir seine Worte übernommen und nichts erfunden. Er ist ein Kriegsverbrecher, in Srebrenica wurde unter seinem Kommando Völkermord begangen. Dass er Süßigkeiten an Kinder verteilte, ist in diesem Zusammenhang zynisch.

Waren die niederländischen UN-Soldaten wirklich so hilflos? Hätten Sie das Massaker nicht doch verhindern können?
Mein Film wendet sich nicht gegen die UN. Aber die sollte keine politischen Interessen verfolgen, sondern sich den Menschenrechten verpflichtet fühlen. Die 400 Blauhelme hätten sicherlich die vor dem Camp wartenden Menschen aufnehmen oder sie irgendwohin transportieren können. Ich bin überzeugt, hätte es sich nicht um Muslime, sondern um Katholiken gehandelt, wären die Reaktionen anders ausgefallen. Da gab es schon Vorurteile und Animositäten. Die Niederländer weisen alle Schuld von sich. Aber warum haben sie nicht durchgegriffen oder zurückgeschossen? Nicht eine einzige Kugel wurde abgefeuert. Oberstleutnant Thomas Karremans hatte die Möglichkeit, NEIN zu Mladić zu sagen, es gibt immer einen Weg. Ein Foto zeigt die beiden bei einem gemeinsamen Trinkspruch. Der Report nach dem Genozid attestiert den Niederländern mangelnde Vorbereitung, sie hausten in ihrem Camp weit weg von der Bevölkerung, wussten nicht, was draußen vorging. Viele der sehr jungen Soldaten, die erstmals im Ausland eingesetzt wurden, waren total überfordert. Auch von ihnen sind viele traumatisiert. Bei meinen Gesprächen hatte ich den Eindruck, sie waren froh, mal alles rauszulassen, viele machen sich Vorwürfe.

Sie sagen, es gab keine Racheakte seitens der Opfer. Aber wie leben die Menschen heute miteinander? Das muss doch furchtbar sein, den Mörder seines Mannes als Nachbarn zu haben.
Ich zähle zu meinen Freunden Juden, Kroaten, Serben ... Hass ist nicht per se da, sondern wird gesät. Politiker bestimmen das Verhalten, sie schüren Angst, um ihrer Pfründe nicht verlustig zu gehen, die Wiederwahl zu gewinnen. Nicht wenige würden ihren Job verlieren, wenn es zu einer ehrlichen Aufarbeitung käme. Der Bürgermeister von Srebrenica

leugnet immer noch den Genozid, erkennt die internationale Gerichtsbarkeit nicht an. Wir durften auch nicht dort drehen. Die Kinder gehen gemeinsam zur Schule, aber es herrscht eine bedrückende Stille. Die Eltern schweigen. Wir wollen die Gesellschaft nicht spalten, aber es wäre besser, offen miteinander zu reden und zu verstehen, zu versuchen, unsere Wunden zu heilen. Vielleicht kann die junge Generation in Zukunft etwas ändern. Das ist meine einzige Hoffnung.

Sinnsuche im Wein

Gespräch über das mehrfach preisgekrönte Drama DER RAUSCH um Alkohol, Rausch und die Sehnsucht nach dem vollen Leben

Von Simon Hauck

Thomas Vinterbergs DER RAUSCH gehört mit mehreren Europäischen Filmpreisen und einem «Oscar» zu den höchstdekorierten Kinohighlights der letzten Monate; der Dreh war indes überschattet von einer persönlichen Tragödie des dänischen Regisseurs, sein internationaler Start von der Corona-Pandemie. Im Interview spricht der Filmemacher auch darüber, wie er mit Krisen umgeht und wie sich das in seiner Arbeit niederschlägt.

Herr Vinterberg, seit 2020 bestimmen die gewaltigen Ausmaße der Corona-Pandemie weitgehend unseren Lebens- und Arbeitsalltag. Und ein wirkliches Ende der Misere ist nach wie vor nicht in Sicht. Wie sind Sie bisher durch diese besonders herausfordernde Zeit gekommen?
Thomas Vinterberg: Natürlich hat diese große Pandemie auf einen Schlag sehr viel verändert. Das war in Dänemark genauso wahrzunehmen wie in vielen anderen europäischen Nachbarländern. Auch bei Ihnen in Deutschland war die erste Welle ja sehr heftig. Diese unmittelbaren Folgen habe ich daher in meinem Familien- und Arbeitsleben ebenfalls sofort gespürt: Wie geht es jetzt weiter?

Damit einhergehend wurden auch die Kinos in Deutschland im Gegensatz zu denen in Ihrer dänischen Heimat bald geschlossen, sodass der deutsche Kinostart Ihres Films DER RAUSCH hierzulande immer wieder verschoben wurde. Ursprünglich hätte er seine Weltpremiere in Cannes feiern sollen. Wie frustriert waren Sie, als Sie von der Absage des Festivals erfuhren?
Ich hoffe zuerst einmal, dass er jetzt wirklich auch in Deutschland zu sehen ist. Bei mir zu Hause ging das zum Glück im letzten Jahr zuerst noch ganz gut: Da waren die Kinos richtig voll, was mich sehr freute, weil all meinen Film sehen wollten. Das war wirklich ein riesiger Erfolg. Und die abgesagten Filmfestspiele von Cannes? Ja, das war ärgerlich, aber es ging eben nicht anders. Diese Pandemie ist im Grunde nichts Kontrollierbares und stellt uns weiterhin vor gewaltige Herausforderungen. Deshalb hat sie viele von uns auch so stark aus ihrer Komfortzone gerissen.

Dabei ereignete sich die größte Tragödie Ihres Lebens bereits ein Jahr vor dem Ausbruch der Corona-Pandemie. Genauer gesagt während des Drehbeginns von DER RAUSCH als am vierten Tag Ihre Tochter Ida bei einem tragischen Autounfall ums Leben kam. Sie hätte darin eigentlich die Tochter von Mads Mikkelsen spielen sollen. Wie hat Sie diese schreckliche Katastrophe als Mensch verändert? Und was haben Sie für sich als Künstler wie als Familienmensch aus dieser absoluten Extremsituation gelernt?

Thomas Vinterberg (© Anders Overgaard)

Lars Ranthe, Mads Mikkelsen, Thomas Bo Larsen und Magnus Millang (v.l.n.r.) in DER RAUSCH (DK/S/NL 2020)
(© Henrik Ohsten / 2020 Zentropa Entertainments3 ApS, Zentropa Sweden AB, Topkapi Films B.V. & Zentropa Netherlands B.V.)

Das ist in der Tat eine sehr schwierige Frage. Ich weiß auch gar nicht, ob ich sie «richtig» beantworten kann. Aber ich möchte es folgendermaßen versuchen: Zuerst einmal habe ich in dieser unglaublich schweren Zeit sehr viel übers Trauern gelernt. Und dabei erkannt, wie notwendig diese Trauerarbeit für alle Betroffenen ist. Dabei konnte mir auch meine Frau, die Pastorin ist, immer wieder helfen. Dazu zählt für mich als Erkenntnis die Tatsache, dass man sein eigenes Leben wirklich beim Schopfe packen muss! Alle unsere Existenzen sind schließlich etwas sehr Wertvolles. Denn im Leben kann auf einen Schlag alles aus und vorbei sein! Das habe ich mir zusammen mit meiner Familie in dieser harten und sehr traurigen Zeit immer wieder vor Augen geführt. Zudem habe ich den Wert eines glücklichen Ortes mit vielen lieben Menschen um einen herum noch einmal von Neuem schätzen gelernt.

Sie haben Ihrer verunglückten Tochter Ihren bereits rund um die Welt gefeierten Film gewidmet. Wie sehr fehlt Sie Ihnen? Und wie haben Sie es am Set geschafft, nicht sofort alles über den Haufen zu werfen und depressiv zu werden?

Das liegt in erster Linie an der unvergleichlichen Liebe, die ich und meine Frau von ihr erfahren durften. Das hat uns beide stark gemacht und uns als Familie sicherlich noch einmal enger zusammengeschweißt.

Natürlich fehlt sie uns! Und das wird auch immer so sein. Daran besteht kein Zweifel. Trotzdem haben wir in der Zwischenzeit irgendwie versucht, das zu akzeptieren, obwohl es eigentlich überhaupt nicht möglich ist ... Während des Drehs hat mich mein Hauptdarsteller Mads Mikkelsen, und überhaupt das wunderbare Team, sofort dazu ermutigt, unbedingt weiterzumachen und bloß nicht aufzugeben, auch wenn das verdammt schwer war und ich am Anfang auch nicht weiterwusste. An diese extremen Umstände denke ich bis heute oft zurück. Als Filmregisseur habe ich in diesem schwierigen Prozess gelernt, dass es für mich seitdem wichtig ist, nur noch relevante Filme zu drehen. Das heißt: Filme zu machen, hinter denen ich zu hundert Prozent stehe, weil ich sie ganz bewusst mit einer Bedeutung auflade. Das soll alles nicht umsonst sein! Meine Filme sollen den Menschen etwas geben. Darum geht es mir.

Inwieweit kann die Liebe zum Kino und zur kreativen Arbeit am Film wie am Drehbuch unter diesen extremen Umständen sogar ein Rettungsanker sein?

Die Fortsetzung der Dreharbeiten hat mich auf jeden Fall davor bewahrt, verrückt zu werden. Der freie Fall war da ganz nah. Das habe ich damals auch sofort gespürt: Wie kann ich mit all dem umgehen? Wie kann ich das überhaupt je verarbeiten? Das muss ich für mich seitdem jeden Tag aufs Neue herausfinden.

Ich weiß auch gar nicht, ob man «lernen» kann, wie man mit dieser Situation umgeht: Es ist einfach unglaublich herausfordernd. Mir wurde in dieser Zeit mit auf den Weg gegeben, dass ich durch dieses Tal hindurchkommen, aber im Grunde niemals wirklich darüber hinwegkommen werde. Und so sehe ich das im Wesentlichen bis heute. Ich muss jetzt einfach beständig versuchen, das irgendwie zu akzeptieren, auch wenn es verdammt hart ist.

Den Umgang mit ernsthaften Problemen und Tragik wie Komik im Leben fokussieren Sie auch im Plot Ihres Films. Dabei spielt der Themenkomplex «Sucht und Abhängigkeit» wie eine generelle Sinnsuche im lethargischen Leben Midlife-Crisis-geplagter Männer eine zentrale Rolle. Wie kam dieser Filmstoff überhaupt zu Ihnen? Und warum haben Sie für das Drehbuch bereits zum vierten Mal mit Tobias Lindholm zusammengearbeitet? Was wollen Sie in der westlichen Gesellschaft mit diesem Film konkret anprangern? Ohne Alkoholkonsum wären schließlich viele Kunstwerke, Filme und Romane wahrscheinlich überhaupt niemals entstanden: Da reicht die Palette genialischer Süchtiger von Winston Churchill über Friedrich Schiller bis zu Ernest Hemingway oder Rainer Werner Fassbinder, die quasi immer Alkohol im Blut hatten.

Trinken kann schon mal die Lösung sein. Aber es ist niemals die einzige, so wie ich es auch in DER RAUSCH gezeigt habe. Viele von uns streben doch nach einem erfüllenden und inspirierenden Leben: Darum geht es doch im Kern. Woran leiden also diese vier männlichen Protagonisten gerade in unserer westlichen Gesellschaft? In Ländern wie Dänemark oder Deutschland geht es den meisten Männern doch recht gut. Trotzdem sehnen sich einige von ihnen deshalb erst recht nach mehr Risiko und einer gewissen Gefahr, um so dem eigenen Kreislauf aus Sicherheiten zu entkommen: Sie wollen etwas wagen. Viele von ihnen haben schließlich einen sicheren Arbeitsplatz, eine liebe Frau und feste Familienstrukturen, was sich aber auch zu einer emotionalen Wüste entwickeln kann. Diese vier Männer wollen zuallererst etwas erkunden und herausfinden. Damit begeben sie sich völlig bewusst auf dünnes Eis. Mir gefällt zum Beispiel, dass das englische Wort «spirit» für Geist und Sinn zugleich auch in dem Wort «inspiration» steckt, was sich im Bedeutungsspektrum auch mit Eingebung oder Erleuchtung übersetzen lässt. In dieser Logik starten die vier Männer dieses verrückte Alkohol-Experiment…

…wodurch Ihr Film DER RAUSCH zuerst als feuchtfröhliches Buddy-Movie beginnt, ehe sich alles zu einer berührenden Tragikomödie wandelt.

Ja, das gibt die gewaltigen Stimmungsumbrüche meines Films gut wieder, die mir in ihrer Lebendigkeit und Farbigkeit sehr wichtig waren. Einerseits ist DER RAUSCH ein Film übers gemeinsame Trinken und Feiern unter Männern. Trotzdem soll er andererseits aber auch in meinen Augen viele Menschen dazu ermuntern, in ihrem Leben nach neuer Inspiration zu suchen und dafür auch mal ungewöhnlichere Wege einzuschlagen. Wenn ich diese Neugierde bei möglichst vielen Zuschauern wecken kann, bin ich als Regisseur umso glücklicher.

In der Summe ist Ihnen mit diesen verschiedenen Genre-Zutaten ein geradezu berauschender Film-Cocktail gelungen.

Mir ging es dabei vor allem darum, dass mein Film an keiner Stelle limitiert ist. Er sollte möglichst frei sein! Diese Mischung macht ihn für mich auch so besonders. Natürlich wird in manchen Szenen geblödelt, während andere Passagen vor Zärtlichkeit und Wärme strotzen. Zusammen soll daraus in meinen Augen eine gewisse Aufrichtigkeit und Ehrlichkeit sprechen. So hatte ich auch von Anfang an mein Konzept für den Film angelegt. Und in vielen Reaktionen spüre ich, dass mir das offensichtlich bei vielen Zuschauern gelungen ist, worüber ich mich sehr freue. Es war schließlich alles andere als einfach, diesen Film zu drehen.

Sie arbeiteten in Ihrer Filmkarriere bereits mit verschiedenen Bildgestaltern wie Anthony Dod Mantle, Charlotte Bruus Christensen oder Jesper Toffner eng zusammen. Warum hatten Sie sich nun für DER RAUSCH für den norwegischen Kameramann Sturla Brandth Grøvlen entschieden? In Deutschland kennt man ihn beispielsweise durch seine Zusammenarbeit mit Sebastian Schipper. Für dessen One-Shot-Berlinale-Hit VICTORIA wurde er 2015 mit einem «Silbernen Bären» für eine herausragende künstlerische Leistung prämiert. Worin liegen seine besonderen Qualitäten?

Zuerst einmal lag es an seiner Arbeit für genau diesen Film, weshalb ich ihn für DER RAUSCH engagieren wollte. Ich schätze an Sturla, dass er über eine hohe Sensibilität und ein ausgesprochenes Feingefühl verfügt. Das hat mir auch während des Drehs sofort imponiert. So schafft er es, mich mit seiner Kameraführung sofort zu fesseln und gleichzeitig innerlich zu bewegen, wenn er Bilder kreiert. Er versteht es am Set außerdem, eine besonders fruchtbare Atmosphäre für die Schauspieler zu schaffen, in der sie regelrecht nach oben gehievt werden und so über sich hinauswachsen können. Auf diese Weise haben wir sowohl den Filmlook wie die Grundstimmung von DER RAUSCH konzipiert: von geschmeidig-leichtfüßig zu radikal-dramatisch, bis am Schluss der große Moment der Ekstase einsetzt…

…wenn Ihr Hauptdarsteller Mads Mikkelsen eine unvergessliche Tanzeinlage vor den Augen seiner Schüler und Freunde hinlegt.

Ja, da hatten wir es dann wirklich geschafft, weil am

Magnus Millang, Lars Ranthe und Mads Mikkelsen (v.l.n.r.) in DER RAUSCH (© Henrik Ohsten / 2020 Zentropa Entertainments3 ApS, Zentropa Sweden AB, Topkapi Films B.V. & Zentropa Netherlands B.V.)

Set auch noch ausgelassen weitergetanzt wurde, als Sturlas Kamera längst ausgeschaltet war. Somit ist es am Ende ein Film von zwei Künstlern geworden. Wir hatten beide den Mut, einfaches Alltagsleben mit einer großen Sensitivität anzugehen und neben unterhaltsamen Faktoren auch auf ruhige wie ausgelassene Momente zu setzen, was im Zusammenspiel sehr gut aufgegangen ist.

Sie hatten im letzten Jahr noch das Pech, dass DER RAUSCH wie erwähnt zuerst nicht in Cannes und dann auch nicht in allen EU-Ländern gleichzeitig starten konnte. Wie beurteilen Sie den aktuellen Filmmarkt sowie die generelle Situation der Kinos? Wo steht der europäische Autorenfilm angesichts des rapiden Wachstums diverser Streaming-Plattformen?
Ich bin in diesem Bereich ein Optimist – und bleibe es auch! Allein in meinem kleinen Heimatland sind letztes Jahr schließlich 800.000 Zuschauer in die Kinos gerannt, um meinen Film zu sehen. Zur gleichen Zeit hatte ich von einem Kinoexperten erfahren, dass es mehr als eine Pandemie benötigen würde, um die Sehgewohnheiten der Menschen vollkommen zu verändern. Das müsste dann schon ein Weltkrieg sein oder ein weiteres globales Drama in allernächster Zeit, was ich mir persönlich nicht vorstellen kann. Ich bin aber schon dahingehend beunruhigt, dass viele Menschen nach der schlimmsten Phase der Pandemie sofort wieder in ihre Routine zurückfallen werden. Und dann zum Beispiel wieder in Flugzeuge steigen, um damit rund um die Welt zu fliegen, was nicht gut sein kann. Wenn ich dieses Muster auf die Akzeptanz und den Status des Kinos übertrage, bin ich ebenfalls fest davon überzeugt, dass alle wieder möglichst schnell zurück in die Kinosessel stürmen werden. Hier in Dänemark kann ich das in der Zeit der Corona-Pandemie genauso erleben: Da herrscht eine unglaublich große Lust, wieder gemeinsam ins Kino zu gehen.

Stichwort Zukunft abseits der Corona-Pandemie: Woran arbeiten Sie im Moment und welches Film- oder Serienprojekt wollen Sie als nächstes angehen?
Zurzeit arbeite ich an einer Serie fürs Fernsehen, die ich auch selbst schreibe. Außerdem lese ich im Augenblick sehr viele Drehbücher, die mir angeboten wurden. Am liebsten ist es mir aber, wenn ich im nächsten Jahr erst einmal diese Serie inszenieren kann. Gerne wieder mit all meinen Lieblingsschauspielern! Darauf habe ich wirklich große Lust.

....

Lerne, dich zu lieben

Ein Gespräch mit der spanischen Filmemacherin Icíar Bollaín über Rosas Hochzeit

Von Wolfgang Hamdorf

Die spanische Filmemacherin Icíar Bollaín wurde mit intensiven Beziehungs- und Gesellschaftsdramen bekannt. Mit Rosas Hochzeit inszenierte sie eine Tragikomödie, in der eine Frau nach jahrzehntelanger Zurückhaltung den Aufstand probt. Statt weiter für Familie und Kolleginnen die Dienstbotin zu geben, will sie endlich ihre eigenen Träume verwirklichen und sich zuvor in einer speziellen Zeremonie selbst heiraten. Ein Gespräch über Freude und Last der Familie und den Unterschied von Selbstermächtigung und Individualismus.

Mit Rosas Hochzeit sind Sie zu Ihren kreativen Anfängen zurückgekehrt, zu einem sehr persönlichen Ton, der sich aber immer auch auf einen konkreten gesellschaftlichen Hintergrund bezieht. Wie ist die Figur der Rosa entstanden?
Icíar Bollaín: Ich hatte einen Artikel im *Guardian* gelesen. Der Titel war «Alles, nur kein Bräutigam» und es ging um eine Agentur, die in Japan Hochzeiten mit sich selbst organisiert. Alicia Luna, meine Co-Autorin, und ich fingen an zu recherchieren; die Gründe, warum Menschen so heiraten, halfen uns, die Figur der Rosa zu erschaffen – eine Frau, die ihren Raum braucht, einmal gut zu sich selbst sein muss, sich selbst Zeit und Aufmerksamkeit widmen will. Frauen in diesem Alter mit bestimmten Aufgaben oder einem bestimmten Charakter, so wie Rosa, die eine Art geborene Pflegerin ist, die entscheiden sich für so einen Akt. Natürlich hätte es auch ein Mann sein können, aber in unserer Kultur wird diese Selbstaufopferung immer noch als weibliche Eigenschaft betrachtet. Man kann verstehen, dass eine Frau in der Lebensmitte, bei der sich der Vater in der Wohnung einnisten will, plötzlich auf die Bremse tritt und sagt: «Moment mal! Wann werde ich denn jemals Zeit für mich haben? Soll mein Leben ewig so weitergehen?» Aus den Gesprächen, die wir untereinander hatten, aus Interviews mit Frauen, die diese «Ehe mit sich selbst» geschlossen haben, entstand so langsam die Figur von Rosa. Und dann kamen die Familienangehörigen hinzu.

Ist Rosas Familie eine sehr spanische Familie? Hat die Familie in Spanien, sowohl als Freude wie auch als Last, eine größere Bedeutung als anderswo?
Ich glaube, dass die Familie im Guten wie im Schlechten in Spanien mehr Gewicht besitzt. In Deutschland ist es wahrscheinlich normal, dass ein junger Mann mit 18 bei der Familie auszieht, um etwa zu studieren. Aber in Spanien passiert das sehr selten; es ist fast undenkbar. Du musst schon sehr weit wegziehen, damit das akzeptiert wird. Das Positive an der Familie ist, dass sie wie ein Netz funktionieren kann. In der großen Wirtschaftskrise 2008 konnten sich viele nur durch die Familienangehörigen, die Rente der Großeltern und Eltern retten. Ein kultureller Unterschied besteht auch darin, dass wir viel mehr in den privaten Bereich des anderen eindringen; wir respektieren die Privatsphäre nicht besonders. In Großbritannien lässt man sich einfach mehr Raum, sogar innerhalb der Familie. Man fragt vorher, wenn man den anderen besucht und taucht nicht einfach mit Koffern im Haus der Tochter auf, ohne sich anzumelden, wie es Rosas Vater macht. Das sind kulturelle Unterschiede. Ich bin sehr gespannt, wie der Film in Deutschland ankommt oder in Frankreich und anderen Ländern. In Lateinamerika wird man ihn wahrscheinlich sehr gut verstehen, da respektieren sie die Privatsphäre noch weniger als bei uns.

Unsere Gesellschaft bietet im religiösen und im nicht-religiösen Bereich verschiedene Einführungsrituale für junge Erwachsene an. Warum gibt es keine Feiern, in denen sich ältere Individuen gegenüber der Gesellschaft als Individuum bestätigen können?
Also eine Art Bestätigung der Reife, mit sich selbst zurechtzukommen? Dann gäbe es wahrscheinlich keine Psychologen mehr, wenn wir lernen könnten, mit uns selbst in Frieden zu leben. Das würde uns viel Geld und Kopfschmerzen ersparen. Ich glaube, dass das in Spanien und in anderen Ländern, die sehr stark religiös geprägt sind, viel mit der Schuld zu tun hat. Es ist hässlich, sich nur um sich selbst zu kümmern; man muss doch für die anderen da sein! Das gilt als sehr weiblich. Dabei ist das Wichtigste doch erst einmal, zu lernen, sich selbst zu lieben! Mit dir selbst bist du dein ganzes Leben zusammen. Du trägst dich dein ganzes Leben mit dir herum, also lerne dich zu lieben, dich zu respektieren, du selbst zu sein. Aber das akzeptiert die Gesellschaft nicht; die Eltern erwarten etwas von dir, die Gesellschaft erwartet etwas von dir, auch deine Firma, du sollst Erfolg haben. Du hast wenig Zeit und Gelegenheit, in Kontakt mit dir selbst zu sein.

Aber die kapitalistische Konsumgesellschaft unterstreicht doch dauernd die Wichtigkeit des Individuums.
Ja, das stimmt. Um du selbst zu sein, musst du konsumieren. Du musst die Hose kaufen, die dich definiert, und die Musik hören, die deine Art zu leben widerspiegelt. Aber mit einem selbst hat das wenig zu tun. Religiös orientierte Medien, die mich inter-

viewt haben, fragten öfter: «Ist der Film ein Statement für den Individualismus?» Nein, es geht um die Liebe sich selbst gegenüber, und das heißt nicht unbedingt Individualismus. Der Individualismus führt direkt in den Konsumismus, weil dann heißt es: *Ich* habe das Riesenauto, *ich* habe die und die Klamotten.

Aber der Markt umfasst ja alles, auch die Spiritualität oder die Gesundheit. Immer streichelt der Markt das Ich.

Das ist Selbstbefriedigung durch Konsum. Tu dir was Gutes, gönn dir etwas! In Wahrheit heißt das: «Kauf dir etwas!» Aber nie: «Hör mal in dich selbst hinein! Bleib eine Zeit mit dir allein!

Nathalie Poza und Candela Peña in ROSAS HOCHZEIT (E 2021) (© Piffl / Natxo Martinez)

Frag dich, was du wirklich willst!» Das ist alles gratis! An Rosas Hochzeit mag ich besonders, dass sie sehr einfach ist und keines großen Aufwandes bedarf. Dazu braucht es niemanden außer einem selbst und einigen Zeugen und den Willen, es durchzuziehen. Das hat nichts mit unserer Konsumkultur zu tun.

Gibt es einen Unterschied zwischen Rosa und ihrer Schwägerin Marga? Marga will auch mehr Zeit für sich haben und nicht einfach nur Sklavin ihrer Familie sein.

Da gibt es keinen Unterschied. Marga hat sich irgendwie auch mit sich selbst verheiratet, nur eben nicht öffentlich. Rosa aber möchte ihre Familie in ihre Entscheidung einbeziehen. Sie ist einfach ein guter Mensch und will niemanden enttäuschen oder im Stich lassen. Sie knallt die Tür nicht einfach zu.

Rosa weiß, was sie will; ihre Geschwister aber sorgen sich nur um ihr Image in der Gesellschaft. Welche Gesellschaft zeigt der Film?

Rosas Hochzeit reißt dem Kaiser die Kleider runter. Denn sie versucht, ihre Situation zu verbessern. Durch Rosas Hochzeit wird den anderen ihr Scheitern bewusst. Wenn es einen zweiten Teil geben würde, dann müsste der erzählen, ob und wie sich ihr Leben nach Rosas Hochzeit verändert. Unsere Gesellschaft basiert darauf, dass wir immer Anerkennung von außen suchen. Da gibt es viel Druck; der ist uns oft bewusst, manchmal auch nur unterbewusst. In der Welt der «Likes» oder «Don't Likes» zu bestehen, schafft einen großen Druck. Wir hören uns sehr wenig zu. Wir lieben uns alle, auch in Rosas Familie. Aber keiner hört den anderen zu, nicht mal sich selbst. Die Pandemie hat nun wirklich nicht viel Gutes, aber positiv war ist, dass wir in einer verordneten Pause zuhause saßen. Viele haben angefangen zu denken, und viele haben mir gesagt: «Was habe ich für ein Leben geführt! Was für eine Raserei, wo doch das Wichtige hier liegt! Wo doch das Wichtige ist, mit meinen Kindern zu teilen, was sie im Moment in der Schule lernen. Wichtig ist, nicht mehr zu hetzen, einfach mal etwas zu kochen und es mit meiner Familie zu teilen. Nicht mehr mit Menschen zusammen zu sein, die mich überhaupt nicht interessieren!» Eine Erfahrung aus der Pandemie, von der immer wieder berichtet wird, ist, dass plötzlich die Zeit wieder einen Wert bekam. Das hat der Film seltsamerweise vorweggenommen. Er erzählt von einer Frau, die Ruhe in ihr Leben bringen will. Das haben wir im Lockdown alle machen müssen.

Was für ein Gefühl hatten Sie, gerade angesichts dieser Veränderung der Gesellschaft durch die Pandemie, bei der Premiere des Films?

Ich hatte wirklich Angst, dass mein Film nach diesem ganzen Covid-19-Trauma oberflächlich wirken würde. Nach allem, was passiert ist, von einer Frau zu erzählen, die sich mit sich selbst verheiraten will! Aber er war anders: Wir haben eine nostalgische Sehnsucht, nach einem Leben vor Corona, nach der Art zu feiern, zusammen zu sein, uns zu berühren, eine Art, einfach frei zu sein. Die haben wir im Moment verloren. Ich hoffe sehr, dass wir sie bald wiedergewinnen. Der Film kommt gut an, weil er Lebensfreude vermittelt. Das brauchen wir in diesen unsicheren Zeiten auch deshalb, weil das alles auch in einer wirtschaftlichen Katastrophe enden kann.

Rosas Geschichte könnte auch ein düsterer Film im skandinavischen Stil sein: mit feindlichen Geschwistern, dem verwitweten Vater und existenziellen Aufbrüchen und Neuorientierungen. Warum haben Sie das als Tragikomödie inszeniert?

Ich habe mich dafür mit Schauspielern umgeben, die alle ein großes Talent für das Komische haben, doch

Candela Peña in ROSAS HOCHZEIT (E 2021) (© Piffl / Natxo Martinez))

ich musste dabei stets das Gleichgewicht finden. Das war schon beim Drehbuchschreiben so: Das Komische in einer Szene herausarbeiten, ohne dass das Tiefe, Ernste oder auch das Tragische verlorengehen. Wenn wir zu leicht und lustig wurden, mussten wir uns selbst bremsen und sagen: Aufgepasst, hier müssen wir wieder Tiefe und Gewicht gewinnen, sonst geht etwas Wichtiges verloren, das wir unbedingt erzählen müssen. Wir haben immer auch Momente gesucht, in denen die Protagonisten in ihrer Einsamkeit und ihren Sorgen zu sehen sind, in denen sie sich die Maske vom Gesicht nehmen können. Ganz kleine Momente, wenn etwa die Schwester Violeta allein vor ihrem Schicksal sitzt, also vor ihrem Weinglas. Sergi López ist ein großartiger Komödiendarsteller. Gerade deshalb haben wir Augenblicke geschaffen, in denen er wirklich traurig wirkt, in denen wir sehen, dass er die Frau, die er liebt, verloren hat. Das haben wir bei allen versucht, auch mit Ramón Barea, wenn er sich am Ende des Flurs auf einen Stuhl setzt. Da musste der Film langsamer werden. Es muss zu sehen sein, dass dieser Mann einsam ist, danach kann es wieder fröhlich weitergehen.

9 In memoriam – Nachrufe

Leidenschaft und Energie:
Die Dramaturgin und Dokumentaristin Tamara Trampe (4.12.1942–4.11.2021)

Von Ralf Schenk

Ohne die Dramaturgin und Regisseurin Tamara Trampe wäre der deutsche Dokumentarfilm der letzten Jahrzehnte nicht möglich gewesen. Als viel gefragte und hoch geschätzte Beraterin stand sie vor allem jungen Dokumentarfilmschaffenden zur Seite. Zugleich drehte sie filmische Essays, die stets aus persönlicher Betroffenheit und Anteilnahme resultierten. 2018 erhielt sie den Preis der DEFA-Stiftung für herausragende Leistungen im deutschen Film, und im September 2021 wurde sie mit dem Ehrenpreis des Verbandes der deutschen Filmkritik ausgezeichnet. Im November 2021 ist sie nach langer schwerer Krankheit verstorben.

Die erste Einstellung: ein langer Schwenk über fest verschlossene Tore, ein gespenstisches Universum, abweisend, undurchdringbar. Dann, nach einem Schnitt, fährt die Kamera an endlosen Regalen entlang, auf denen sich Papierberge häufen. Akten der Staatssicherheit, Spitzelberichte, Verhörprotokolle, Zeugnisse eines zur Bedrohungsmaschinerie gewordenen, staatlich sanktionierten Verfolgungswahns. So beginnt DER SCHWARZE KASTEN, ein Dokumentarfilm, mit dem sich Tamara Trampe 1992 in die nunmehr wieder vereinte deutsche Filmgeschichte einschrieb. Gemeinsam mit ihrem Lebenspartner, dem Kameramann und Co-Regisseur Johann Feindt, hatte sie sich vorgenommen, einen der «Schreibtischtäter» des Ministeriums für Staatssicherheit, einen Psychologiedozenten, der für die Ausbildung junger «Kader» zuständig war, zu den Motiven seiner Arbeit zu befragen. Und so saßen sie sich gegenüber: Tamara, die kleine, rothaarige und sommersprossige, emotional engagierte Frau, und der glatte, kalt wirkende Mann, der sich in Selbstmitleid rettet und nicht begreifen will, welche Schuld er auf sich geladen hat.

Der Film endet in einem langen gemeinsamen Schweigen: eine Aussöhnung ist nicht möglich. DER SCHWARZE KASTEN war Ausdruck eines gnadenlosen Zorns, der zu Tamara Trampe ebenso gehörte wie im umgekehrten Falle die unbedingte Bereitschaft zu lieben und zu verzeihen.

Dramaturgin im DEFA-Spielfilmstudio

Als DER SCHWARZE KASTEN entstand, hatte Tamara Trampe schon mehr als zwanzig Jahre im Filmgeschäft hinter sich. Nach ihrem Studium der Germanistik, Slawistik und Kunstgeschichte an der Universität Rostock war sie zunächst in der Redaktion der Ostberliner Studentenzeitschrift Forum angestellt. Doch als sie 1968 Flugblätter gegen den Einmarsch der Warschauer-Pakt-Truppen in die Tschechoslowakei verteilte, war sie ihren Job los. Sie kellnerte in einem Gartenlokal und lernte zwei Regisseure kennen, die sie ans Arbeitertheater in Eisenhüttenstadt vermittelten. Dann holte sie ein Dramaturg des DEFA-Studios für Spielfilme nach Babelsberg. Gemeinsam mit dem Kameramann Hans-Eberhard Leupold, einem der «Väter» der Filmreihe über die KINDER VON GOLZOW, entstanden ihre ersten beiden Dokumentarfilme, ICH KOMME AUS DEM TAL – BEGEGNUNGEN MIT EINEM GEORGISCHEN JUNGEN und KAUKASISCHE PASTORALE (beide 1973), zärtliche Annäherungen an eine faszinierende Kultur und Landschaft.

Aus ihrer Zeit als Dramaturgin im DEFA-Spielfilmstudio erinnerte sie später vor allem jene Filme, die darüber reflektierten, welche Rolle die offiziell viel beschworene Emanzipation der Frau in der Alltagsrealität der DDR tatsächlich spielte: ALLE MEINE MÄDCHEN (1979) von Iris Gusner über eine Frauenbrigade im Berliner Glühlampenwerk oder BÜRGSCHAFT FÜR EIN JAHR (1981) von Herrmann Zschoche, der von einer

Tamara Trampe (© privat)

alleinerziehenden Mutter handelt, die von der staatlichen Fürsorge betreut werden musste.

Manche dieser Projekte wurden gegen erhebliche Widerstände durchgeboxt; Tamara Trampe stritt gern und leidenschaftlich für Stoffe, die sie für den gesellschaftlichen Diskurs als dringend notwendig erachtete. Dazu gehören auch Werke für ein junges Publikum, etwa MAX UND SIEBENEINHALB JUNGEN (1980) von Egon Schlegel, der Erziehungsrituale kritisch befragte und dafür plädierte, neue, unkonventionelle Wege zur Vermittlung antifaschistischer Werte zu suchen.

Freischaffend nach der Wende

Zu ihrem Œuvre gehören nicht zuletzt auch filmische Experimente wie JUNGE LEUTE IN DER STADT (1985) von Karlheinz Lotz, DER STRASS (1990) von Andreas Höntsch oder die Endzeitparabel MIRACULI (1992) von Ulrich Weiß. Trampe wirkte auch an DER ÜBERGANG (1978) mit, einer Arbeit des chilenischen Emigranten Orlando Lübbert. Andere Projekte, an denen ihr Herz hing, blieben auf der Strecke, so ein großer, für die DEFA viel zu teurer Strindberg-Film von Ulrich Weiß oder die Literaturadaption DIE JUDENBUCHE von Egon Schlegel. Zwischen all den Spielfilm-Projekten drehte sie meinen zu einen kurzen Dokumentarfilm, ICH WAR EINMAL EIN KIND (1986), Alltagsbeobachtungen in einem Kindergarten.

Wie die meisten der künstlerischen Mitarbeiterinnen und Mitarbeiter wurde auch Tamara Trampe 1991/92 aus der DEFA entlassen. Als nunmehr freischaffende Dramaturgin lernte sie neue Arbeitspartner kennen, Helga Reidemeister zum Beispiel oder Didi Danquart. Mit DER SCHWARZE KASTEN begann gleichsam eine Art zweites Leben – für den und mit dem Dokumentarfilm. Oft wieder als dramaturgische Beraterin, bei Hannes Schönemann, Eduard Schreiber, Lars Barthel, Elwira Niewiera und Piotr Rosolowski und vielen anderen.

Ihre sehr persönlichen eigene Filme gerieten dann zu assoziativen, philosophischen Essays, komplex montiert jenseits konventioneller Erzählstrukturen, «mit Rückbezügen, Verweisen und Variationen des Grundthemas» (Cornelia Klauß): WEISSE RABEN – ALPTRAUM TSCHETSCHENIEN (2005) über junge russische Soldaten, die physisch und psychisch tief verletzt aus dem ersten Tschetschenienkrieg heimkehrten, oder WIEGENLIEDER (2009) über Kindheitserinnerungen von sehr unterschiedlichen Menschen ihrer Berliner Nachbarschaft. In MEINE MUTTER, EIN KRIEG UND ICH (2013) erzählte sie schließlich die Geschichte ihrer eigenen Kindheit: «eine Versöhnung mit meiner Mutter und mit mir».

«Außer dir selbst kann dir keiner helfen»

Geboren wurde Tamara Trampe 1942 in Russland, bei Woronesh. Ihre Mutter war mit Beginn des Krieges als Krankenschwester an die Front gegangen, die Tochter kam «bei 16 Grad Minus auf einem Schneefeld» zur Welt. Bis zur Befreiung der Ostukraine blieb Tamara teils bei der Mutter im Lazarett, teils bei den Ammen. Mit elf Monaten wurde sie von ihrer Großmutter aufgenommen, einer gütigen alten Frau, «die wichtigste Person in meinem Leben». Als Tamara sieben Jahre war, zog die Familie aus der Sowjetunion nach Ostberlin. Manchmal fabulierte die Mutter von ihrer Geburt: «Hast überlebt, stell dir mal vor! Das ist das Wunder deines Lebens. Das hab' ich behalten. Ich weiß ganz genau: strampeln, strampeln, strampeln! Außer dir selbst kann dir keiner helfen.»

Am 4. November ist Tamara Trampe nach langer schwerer Krankheit in Berlin gestorben.

....

Le Magnifique: Jean-Paul Belmondo (9.4.1933–6.9.2021)

Von Marius Nobach

Sein breites Lächeln und ein ungebrochener Tatendrang kennzeichneten den französischen Schauspieler Jean-Paul Belmondo bis ins hohe Alter, auch eine sympathische Herzlichkeit und der kleine Schalk in den Augenwinkeln. Der Draufgänger verzauberte mit seiner locker-dreisten Art Filmkunst- wie Unterhaltungsregisseure und spielte sich in die Herzen des Publikums. Am Montag, 6. September 2021, ist er im Alter von 88 Jahren in Paris gestorben.

Adrien Dufourquet ist eigentlich komplett im Ferienmodus. Acht Tage Urlaub hat der Soldat, die er mit seiner Verlobten Agnès in Paris verbringen will, doch aus der Erholung wird nichts. Als Agnès von Entführern in ein Auto gezerrt wird, hechtet der Augenzeuge Adrien aus einem Fenster auf die Straße, braust ihnen mit einem Motorrad hinterher – und wird für den Rest von Philippe de Brocas ABENTEUER IN RIO permanent in Bewegung sein. Nach dem Motorrad sind es Autos, Flugzeuge und Fahrräder, auf denen sich Jean-Paul Belmondo in oft wahnwitzigem Tempo in diesem Film vorwärtsbewegt. Er springt mit dem Fallschirm ab und balanciert auf Baustellen oder an Hauswänden entlang über schwindelnde Abgründe, wenn er nicht gerade die Verfolgung beziehungsweise Flucht schwimmend oder rennend fortsetzen muss.

ABENTEUER IN RIO war 1964 der Film, der das Star-Image des jungen Jean-Paul Belmondo zementierte: Ein niemals stillstehender Draufgänger, der auf der Leinwand in einer Weise hyperaktiv agierte, wie es wohl seit Douglas Fairbanks in der Stummfilmzeit kein Schauspieler mehr gezeigt hatte, dazu wie dieser bereit, seine tollkühnen Stunts auch noch selbst auszuführen. Zugleich aber machte Belmondo nie den Eindruck, als würde er in der Tradition von Fairbanks oder Errol Flynn diese Herausforderung auf die leichte Schulter nehmen; sein Held Adrien – und auch das wurde mit diesem Film ein Markenzeichen – wirkt vielmehr beständig überrascht von all den Widrigkeiten auf dem Weg zu seinem Ziel. Oft sieht er sogar alles andere als heldenhaft aus, wenn es ihn mit einem seiner Fahrzeuge aus Kurven reißt, er sich mühsam über Mauern wuchtet, durch Staub wälzt und immer wieder erschöpft eine Station erreicht, wo ihn alsbald die nächste anstrengende Aufgabe erwartet; unverdrossen ist allein das breite Lächeln, mit dem er dem Publikum signalisiert, dass es sich auf seinen ungebrochenen Tatendrang weiterhin verlassen kann.

Jean-Paul Belmondo in DER TEUFEL MIT DER WEISSEN WESTE von Jean-Pierre Melville (F/I 1962) (© StudioCanal)

Das Schauspielern lag ihm im Blut

Das außergewöhnlich körperliche Spiel lag Jean-Paul Belmondo offenkundig im Blut. Die frühen Träume des 1933 geborenen Sohns des Bildhauers Paul Belmondo von einer Karriere als Boxer lebte der Schauspieler vor der Kamera aus, wo er regelmäßig auch die Fäuste sprechen ließ. Doch auch seine Art, in einem historischen Abenteuerfilm wie de Brocas CARTOUCHE, DER BANDIT (1962) mit dem Degen umzugehen, war kaum mit seinen heroischen Leinwand-Vorgängern zu vergleichen. Bei Belmondo wurden Fechtszenen zu frechen, ironischen Demonstrationen einer Fertigkeit, die man einem offensichtlich nicht dem Adel, sondern dem einfachen Volk entstammenden Heißsporn gar nicht zugetraut hätte. Der augenzwinkernde Kontakt zum Publikum war dabei kein Bruch der Illusion, sondern quasi unabdingbar, die immer weitere Steigerung – bis hin zur bewussten Selbstparodie späterer Belmondo-Filme wie LE MAGNIFIQUE (1973) und EIN IRRER TYP (1977) – konsequente Zuspitzung.

Wie wichtig dem Schauspieler Jean-Paul Belmondo die Gunst der Zuschauer war, hat er in zahlreichen Interviews betont. Nicht nur in seinen populären Unterhaltungsfilmen, sondern auch in seiner Zusammenarbeit mit einigen der angesehensten Filmkünstlern Frankreichs war das ebenso unübersehbar. Wenn er in Jean-Luc Godards Filmen AUSSER ATEM (1960) und ELF UHR NACHTS (1965) die «vierte Wand» durchbricht und vorgeblich das Publikum im Kinosaal anspricht, ihm Fragen stellt oder es auch beleidigt, ist das weit mehr als ein ironischer Bruch mit den Kino-Gepflogenheiten.

Während der direkt in die Kamera gerichtete Blick von Jean-Pierre Léaud am Ende von SIE KÜSSTEN UND SIE SCHLUGEN IHN (1959) für die sensible Seite der gerade aufkommenden «Nouvelle Vague» stand, spiegelten Belmondos locker-dreiste Art und seine schnoddrigen Sprüche deren raue, anarchistische Elemente wider, ohne dass Belmondo – und damit auch die hinter ihm stehende filmische Bewegung – dabei unsympathisch gewirkt hätten. Sein unbekümmerter Lebenskünstler nahm schnell für sich ein, wozu sein auffallendes Gesicht viel beitrug. Die als Folge seiner Boxambitionen gebrochene Nase, die wulstigen Lippen und die etwas schiefstehenden Augen waren von seinen Lehrern auf der Schauspielschule noch als Hindernis betrachtet worden, jemals Liebhaber- oder überhaupt Hauptrollen spielen zu können; das Aufbruchskino ab den späten 1950er-Jahren, das keine glatten Helden mehr wollte, fand in Belmondos charismatischem Aussehen hingegen die optimale Verkörperung.

Rasante Karriere, großes Rollenspektrum

So gelang Jean-Paul Belmondo nach einigen Jahren als Nebendarsteller – etwa als Störenfried einer bourgeoisen Familie in Claude Chabrols SCHRITTE OHNE

Jean-Paul Belmondo mit Emmanuelle Riva in EVA UND DER PRIESTER von Jean-Pierre Melville (F 1961) (© StudioCanal)

SPUR (1959) – mit dem ikonischen Auftritt als kleiner Ganove und Bogart-Verehrer in AUSSER ATEM 1960 der Durchbruch. Von da an schien er ein Jahrzehnt lang nicht mehr zur Ruhe zu kommen, so begehrt war er unter Filmemachern. Neben den Nouvelle-Vague-Filmern spannten ihn auch Vertreter des Publikumskinos ein, etwa Henri Verneuil, der in EIN AFFE IM WINTER (1962) mit Belmondo und Jean Gabin die Stars zweier Generationen zum höchst effektiven Duo vereinte, aber auch Philippe de Broca oder Jacques Deray.

Zugleich war Jean-Paul Belmondo zu Beginn seiner Karriere sehr daran interessiert, sich nicht auf einen Rollentyp festzulegen. Schon Claude Sautets DER PANTHER WIRD GEHETZT (1960), nur wenige Wochen nach AUSSER ATEM gestartet, bot ihm eine andere Spielart des jungen Möchtegern-Ganoven; im selben Jahr erschien er als bebrillter Intellektueller neben Sophia Loren in UND DENNOCH LEBEN SIE, 1961 bewies er in Jean-Pierre Melvilles EVA UND DER PRIESTER als Geistlicher im Glaubenskampf mit einer atheistischen Kommunistin die Gabe für sensibles, zurückhaltendes Spiel, auf die Melville auch bei zwei weiteren gemeinsamen Filmen setzen konnte. 1966 war Belmondo in Louis Malles DER DIEB VON PARIS ein nachdenklicher Einbrecher aus Leidenschaft, 1969 für Truffaut ein überraschend passiver der von Catherine Deneuve verkörperten Glücksritterin gegenüberstehender Unternehmer in DAS GEHEIMNIS DER FALSCHEN BRAUT. In den 1970er-Jahren fand er mit Alain Resnais in STAVISKY (1974) für das Porträt des gleichnamigen Finanzbetrügers zusammen, das ihm eine faszinierende Variation seiner energetischen Leinwandauftritte erlaubte: Eine Figur voller Charme und großer Gesten, die sich selbst von dem Eindruck blenden lässt, den sie auf andere machen will, und die vorgetäuschte Größe für echt hält.

Zu diesem Zeitpunkt hatte Jean-Paul Belmondo die Zahl seiner Filmauftritte im Vergleich zu den 1960er-Jahren bereits stark reduziert; zudem hatte er mit «Cerito Films» eine eigene Produktionsfirma gegründet. Beides machte ihn noch sensibler für das Verhalten der Zuschauer und ließ ihn finanzielle Einbußen – etwa mit STAVISKY – stärker empfinden. Als Reaktion wurden seine Rollen nun gleichförmiger, mit dem vorherrschenden Typus von Teufelskerlen, denen bei zahlreichen Großstadt-Western ab ANGST ÜBER DER STADT (1974) oder in Weltkriegs-Abenteuern wie DAS AS DER ASSE (1982) auch die unmöglichsten Herausforderungen spielend gelangen. Damit konnte Belmondo lange darauf zählen, nicht nur die Verbrecher der Filme einzufangen, sondern auch seine Zuschauer.

Rückkehr ans Theater

Als die Reihe der Kassenerfolge mit dem Flop von DER PROFI 2 (1986) ein abruptes Ende nahm, kehrte der Schauspieler nach über 25 Jahren ans Theater zurück und gewann mit den Paraderollen als Jean-Paul Sartres Kean und als Cyrano de Bergerac sein Publikum wieder. Auch seine letzten prägnanten Kinoauftritte waren Männer, die fast aufgegeben hatten, sich dann aber doch noch mal ins Leben zurückkämpften, wie in den Filmen von Claude Lelouch, DER LÖWE (1988) und LES MISÉRABLES (1995).

Gesundheitliche Probleme, insbesondere ein schwerer Schlaganfall im Jahr 2001, führten dazu, dass Jean-Paul Belmondo sich aus dem Kinogeschäft zurückzog. Ein letztes Mal trat er 2008 für EIN MANN UND SEIN HUND vor die Kamera, fand damit aber keine Gnade mehr bei Kritikern und Fans. Von denen brauchte er aber auch keine neuen mehr, denn die Verehrung des liebevoll «Bébel» genannten Schauspielers war nicht nur in seinem Heimatland ungebrochen. In seinen letzten Jahren erhielt er zahlreiche Ehrungen für sein Lebenswerk, unter anderem bei den Festivals von Cannes und Venedig sowie bei den «Césars». Bei öffentlichen Auftritten zeigte Jean-Paul Belmondo noch immer sein markantes Lächeln und seine Herzlichkeit. Am 6. September 2021 starb der ewig energiegeladene Darsteller in Paris.

Die Feministin: Filmemacherin und Produzentin Tatjana Turanskyj (27.7.1966–18.9.2021)

Von Esther Buss

Die Filmemacherin, Autorin und Produzentin Tatjana Turanskyj (27.7.1966–18.9.2021) war eine Ikone des feministischen Filmschaffens, die von ihrem Spielfilmdebüt EINE FLEXIBLE FRAU (2010) an die Zwänge und Widersprüche thematisierte, in denen sich Frauen in der heutigen Gesellschaft wiederfinden. Mit der von ihr mitgegründeten Initiative «ProQuote Film» stieß sie wichtige Diskussionen innerhalb des deutschen Fördersystems an.

Geschmeidigkeit zählt nicht zu den Eigenschaften, mit denen die Frauenfiguren in den Filmen von Tatjana Turanskyj groß herauskommen. Zu kantig und rau für den Flow des flexiblen Kapitalismus, bekommen sie schnell Probleme: mit Arbeitgeberinnen und Kunden, mit Freundinnen und Kollegen und allen möglichen Menschen, die ihnen auf ihren holprigen Wegen begegnen. «An expert in crisis», nennt sich Greta (Mira Partecke) in Turanskyjs Langfilmdebüt EINE FLEXIBLE FRAU (2010). Schon ziemlich betrunken pöbelt sie den Satz eher heraus, als dass sie ihn sagt; er klingt nach einer Drohung, aber auch die Bitterkeit dahinter ist unüberhörbar.

Mit ihrer Mischung aus Widerspenstigkeit, Anpassungswillen und Sabotagelust gehört die arbeitslose Architektin, die keinen Fuß mehr in die Tür der neoliberalen Dienstleistungsökonomie bekommt und beim Billigjob im Callcenter fast das Sprechen verlernt, zu den ikonischsten Frauenfiguren des jüngeren – nicht nur feministischen – deutschen Kinos.

Ohne symbolischen Mehrwert

Ungeschmeidig zeigt sich Greta aber auch dann, wenn es darum geht, ihr Schlingern für eine emanzipative Antiheldinnen-Erzählung in den Dienst zu nehmen. Schließlich hatte es sich die Filmemacherin, Autorin, Produzentin und Aktivistin Tatjana Turanskyj zur Aufgabe gemacht, in ihren Arbeiten von den Verstrickungen und Widersprüchen zu erzählen, in denen Frauen sich in der heutigen Gesellschaft wiederfinden. Die Rolle der unflexiblen Frau hat sich Greta nicht selbst auf den Leib geschrieben, sie will ja arbeiten, Geld verdienen, teilhaben und in den Augen ihres Sohnes kein «Loser» sein. Ihre Ambivalenz hat auch keinerlei symbolischen Mehrwert; dazu ist sie einfach auch nicht hip genug.

Das Widerspenstige ist bei Turanskyj – gewollt, aber auch in Folge prekärer Produktionsbedingungen in einem Filmförderungssystem, das Kunst und Experiment für Betriebsfehler hält – auch eine Eigenschaft der Form. Ihre Filme, die mit absurd wenig Geld entstanden sind, sind voller Brüche und Unebenheiten; manches daran rumpelt und knirscht. Die Forderung nach mehr «Professionalität», die sich Greta beim Bewerbungscoaching wiederholt anhören muss, wird in den Filmen in aller Ungeschmeidigkeit selbst ausgetragen.

Tatjana Turanskyj kam über Umwege zum Film. Ihre Biografie liest sich ähnlich brüchig wie die ihrer Figuren. Sie studierte Soziologie, Literatur- und Theaterwissenschaft, machte Theater und Perfomance-Kunst, arbeitete in der Werbung und war Mitbetreiberin der OK-GIRL$ Gallery. Mit dem Künstlerinnenkollektiv Hangover Ltd. (neben ihr waren das Christine Groß, Sophie Huber, Ute Schall, Claudia Splitt), das im Umfeld der Volksbühne aktiv war, entstanden so anarchisch-schillernde Filme wie PETRA (2003) und REMAKE (2004). Der Einsatz des eigenen Körpers, die Rolle von Bühne, Kostümen (und Kostümwechseln), aber auch die Form des improvisierten, entfesselten Spiels verband die Performance-Kunst mit einem Begriff von Film, der das Bewegtbild wörtlich und umfassend verstand: als eine Bewegung von Körpern, Dingen, von Sprachmaterial und Stereotypen. Die Bezüge waren – unter anderem – Fassbinder, Cassavetes und lesbische Pornos.

Schon bei den Hangover-Projekten standen die Dynamiken und Machtverhältnisse zwischen Frauen im Vordergrund – PETRA etwa adaptierte und hysterisierte den Mythos vom Fassbinders System aus Genie und Tyrannei, wobei verschiedene Weiblichkeitsbilder so exzessiv durchgespielt wurden, dass nicht mehr viel von ihnen übrigblieb.

Sanders, Ottinger, Frauen und Film

Nach der Auflösung der Gruppe suchte Turanskyj nach einer eigenen filmischen Sprache, eine Art zeitgenössisches Diskurs-Kino mit einem großen Gedächtnis für die Kämpfe und Errungenschaften ihrer Wegbereiterinnen. In ihren Filmen führen die Spuren erkennbar zu Helke Sanders DIE ALLSEITIG REDUZIERTE PERSÖNLICHKEIT (1977), zu Ulrike Ottingers BILDNIS EINER TRINKERIN (1979) und der Zeitschrift *Frauen und Film*, aber auch zu WORKING GIRLS (1986), dem seinerzeit wegweisenden Porträt eines Bordellbetriebs von Lizzie Borden, öffnet sich ein Fenster.

Theoretische Referenzen fand Turanskyj in der feministischen, aber auch soziologischen Theorie: etwa bei Richard Sennett und Angela McRobbie. Mit der Lektüreerfahrung dieser und anderer Texte befasste

Mira Partecke in EINE FLEXIBLE FRAU (D 2010) (© B/Film / Filmgalerie 451)

sie sich in EINE FLEXIBLE FRAU (2010) und TOP GIRL ODER LA DÉFORMATION PROFESSIONELLE (2014) mit Fragen der Emanzipation und der Dienstleistungsarbeit in der neoliberalen Ökonomie; der zusammen mit Marita Neher entstandene Film ORIENTIERUNGSLOSIGKEIT IST KEIN VERBRECHEN (2016) kreist vor dem Hintergrund von Migration und Sicherheitspolitik um das prekäre Verhältnis von Systemkritik und Privilegien.

Turanskyjs Filme sind witzig und plakativ, wissend und manchmal auch ein wenig ratlos. Bei aller Kritik an patriarchalen Strukturen zeigen sie wenig Interesse daran, ihre Energie in auffallend misogyne Männerfiguren zu investieren; überhaupt spielen Männer – selbst in TOP GIRL, dem «Bildnis einer Sexarbeiterin» – allenfalls eine Nebenrolle. Lieber schaute sie dorthin, wo Frauen sich zu Komplizinnen des «Systems» machen – etwa wenn sich eine Schönheitschirurgin die Errungenschaften des Feminismus auf die Fahnen schreibt, um bei ihren «Schwestern» für Vaginal-Operationen zu werben, oder wenn eine Casting-Agentin von der Schauspielerin Helena (Julia Hummer) verlangt, eine notgeile Frau auf Prosecco zu spielen, und dieselbe Helena als Sexarbeiterin dann ihrem besten Kunden für dessen Belegschaft ein sehr spezielles Jagdritual ausrichtet.

Kampf um Geschlechtergerechtigkeit

Turanskyj hatte auch einen genauen Blick für die Fragilität von Allianzen, die aus lauter Angst vor dem Verlust des «guten Bildes» abrupt aufgekündigt werden. In EINE FLEXIBLE FRAU fällt die Mitarbeiterin vom Jobcenter vorübergehend aus ihrer Rolle, solidarisiert sich und gibt sogar einen Schnaps aus ihrer Thermoskanne aus, um die Antragstellerin Greta dann aber umso überhasteter wieder aus ihrem Büro zu bitten. In einer anderen Szene wird eine Freundin plötzlich sehr ungemütlich, als Greta sich nach einem Job im Architekturbüro ihres Ehemannes erkundigt. Turanskyj wird wie «wir alle» solche oder zumindest ähnliche soziale Formen und Deformationen in ihrem eigenen Alltag erfahren haben.

Dass mit der filmischen Arbeit ein Engagement in der feministischen Filmpolitik einherging, wirkt zwingend. 2014 gehörte Turanskyj zu den Gründerinnen von «Pro Quote Regie», die sich für Geschlechtergerechtigkeit in der deutschen Filmindustrie einsetzt (seit 2018 «Pro Quote Film»). 2025, so die Vision, sollte sich die Initiative selbst abgeschafft haben, dann seien die Ziele erreicht: «Die bundesweiten Filmfördermittel gehen zu 50 Prozent an Frauen. Die Quote ist kein Thema mehr, Vielfalt und Diversität spiegeln sich im Fernsehen in den Förderentscheidungen.»

Die schizophrene Verbindung aus Emanzipations- und Anpassungsdruck, die auch im Filmsystem spürbar wird, bildet sich in Turanskyjs Arbeiten mitunter sehr unmittelbar ab. Ihr Kino ist jedoch nicht nur eines der lehrstückhaften Passagen, des agitatorischen Drives und der so hässlichen Wörter wie Coaching oder Agentpool. Es gibt darin auch Platz für Bach-Kantaten, Herrengedecke und merkwürdige Tänze auf dem Teufelsberg, für alkoholisierte Zustände und orientierungsloses Umherschweifen. Der Diskursfilm schließt die Emotion nicht aus. Als ich mir Turanskyjs Arbeiten im Juni im Rahmen der Werkschau im Arsenal 3 noch einmal ansah, war ich überrascht, wie sehr sie mich berührten. Frauen wie Greta, Helena und Lena sind keine abstrakten Modelle, sondern lebendige Figuren, die immer auch einen gründlichen Schmerz mit sich herumtragen.

Im dritten Teil ihrer Trilogie zu FRAUEN UND ARBEIT wollte sich die Filmemacherin, die seit dem Wintersemester 2020 auch an der HfG Offenbach lehrte, mit dem Komplex Frauen und Militär befassen. Den Film konnte sie traurigerweise nicht mehr machen und auch nicht all die anderen Dinge, die sie im Leben noch vorhatte. Am 18. September 2021 ist Tatjana Turanskyj gestorben.

....

Ganz Kind. Ganz Herz: Richard Donner (24.4.1930–5.7.2021)

Von Josef Schnelle

Der Fernseh- und Filmemacher Richard Donner hat sich zu Lebzeiten durch die Etablierung zukunftsweisender Arbeitsweisen in Film und Fernsehen wie auch mit populären Superhelden- oder Actionfilmen einen Namen gemacht. Nun ist der als «bester Handwerker Hollywoods» prämierte Filmemacher am 5. Juli 2021 im Alter von 91 Jahren verstorben.

Als Richard Donner in den 1970er-Jahren anfing, Filme für das Kino zu drehen, war er schon ein erfahrener Serien-Regisseur im US-amerikanischen Fernsehen. Er hatte Krimi-Episoden von PERRY MASON, DIE STRASSEN VON SAN FRANCISCO, KOJAK, vor allem aber für die fantastischen Fälle aus den Grenzbereichen der menschlichen Wahrnehmung in THE TWILIGHT ZONE inszeniert. Und so machte er 1976 weiter, mit dem Gruselklassiker DAS OMEN, in dem ein kleiner Junge kein geringerer als der Sohn des Teufels ist, der am Ende vielversprechend in die Kamera grinst. Dieser ebenso umstrittene wie extrem erfolgreiche Film blieb in Donners Werk ein Einzelstück; er drehte die anvisierte Fortsetzung nicht mehr. Denn als erster und vor allen anderen hatte er entdeckt, dass die überaus beliebten Superhelden-Comics ein idealer Stoff sind, aus dem publikumsaffine Realfilme gemacht werden können.

Inspiration einer ganzen Filmemacher-Generation

Heute ist das der erfolgreiche Mainstream unter den Kassenknüllern; so sehr, dass man glauben könnte, etwas anderes gibt es gar nicht mehr. Doch 1978 markierte SUPERMAN mit Christopher Reeves in der Titelrolle und Marlon Brando als dessen Urvater Jor-El nicht nur die Geburt des Genres, sondern war neben DER WEISSE HAI und KRIEG DER STERNE einer der Filme, die das Konzept des Blockbusters in Hollywood etablierten.

Dabei stand Donner, das Kind des Fernsehens, mit seinen familienfreundlichen Grundregeln und seiner sanften, allgemeinverständlichen Action-Dramaturgie Seite an Seite mit der neuen Generation von Filmemachern wie Steven Spielberg und George Lucas, die damals die Form des Unterhaltungsfilms neu definierten. «Mit ihm Zeit zu verbringen war, als arbeite man mit seinem Lieblingstrainer, dem klügsten Professor, dem wildesten Motivator, dem liebenswertesten Freund und treusten Verbündeten zusammen», sagte Spielberg. Als Freund und Verbündeter drehte Donner nach einer Geschichte von Spielberg 1985 einen seiner größten Erfolge, den Jugendabenteuerfilm DIE GOONIES, der heute noch wie eine kinderfreundliche Variante von JÄGER DES VERLORENEN SCHATZES wirkt. Zu dieser Zeit muss ihm der Grundansatz seiner tatsächlich größten Erfolgsserie schon im Kopf herumgespukt haben: LETHAL WEAPON – ZWEI STAHLHARTE PROFIS.

Weichensteller des modernen Buddy-Actionfilms

Mel Gibson und Danny Glover bilden in vier Filmen ein ungewöhnlich verrücktes, knallhartes Kumpelduo im Polizeidienst. Gibsons «Riggs» kugelt sich manchmal absichtlich die Schulter aus, um umso gestählter zurückzukommen, während Glovers «Murtaugh» noch familienfreundlich an der nächsten Dachkonstruktion seines Hauses herumhämmert. Sie nehmen es mit der Mafia und anderen skrupellosen Killern auf und hauen zugleich die Oneliner-Scherze im Sekundentakt heraus.

Die im Comic-Stil übertriebene Gewalt des Films ist nur deshalb denkbar, weil sie mit Humor abgefedert wird, was zu einer Grundregel künftiger Actionfilme wurde. Für Mel Gibson definierte diese Rolle außerdem seine Kinopersönlichkeit als verletzlicher, aber gewitzter Held so sehr, dass Donner 1994 mit

Corey Feldman, Sean Astin, Jonathan Ke Quan und Jeff Cohen (v.l.n.r.) in DIE GOONIES (USA 1985) (© Warner Bros.)

MAVERICK – DEN COLT AM GÜRTEL, EIN ASS IM ÄRMEL – einer Paraphrase auf die gleichnamige Fernsehserie, an der Donner noch mitgearbeitet hatte – diese Figur noch einmal in ein völlig anderes Ambiente versetzen konnte.

Richard Donner sah sich nie als Filmkünstler, aber er war einer der besten Handwerker der Filmmetropole Hollywood seit den 1970er-Jahren. Schließlich kam er aus der Bronx. Da galten Weisheiten ohnehin nicht viel. Weniger jedenfalls als Freundschaften. Die besonders freundschaftlichen Bande zu Steven Spielberg hat er beispielsweise bis zuletzt gepflegt. Weswegen gerade Spielberg die prägnanteste Zusammenfassung seines Lebens gelungen ist. Seine Trauer bekundend, schreibt er: «Er war ganz Kind. Ganz Herz. Die ganze Zeit.»

Einmal Prinzessin, immer Prinzessin: Libuše Šafránková (7.6.1953 – 9.6.2021)

Von Ralf Schenk

Mit der Titelrolle in der liebevoll-ironischen Märchenadaption DREI HASELNÜSSE FÜR ASCHENBRÖDEL spielte sich die tschechische Schauspielerin Libuše Šafránková schon als 19-Jährige für ewig in die Filmgeschichte ein, was sie zur verehrten Aktrice, aber ein wenig auch zur Gefangenen der Prinzessinnenrolle machte, die sie fortan kaum mehr loswurde. Im Alter von 68 Jahren ist sie am 9. Juni 2021 in Prag gestorben.

«Dieser Film gehört zu meinem Leben. Aber Aschenbrödel ist nicht mein Leben.» Mit diesem Satz ging die tschechische Schauspielerin Libuše Šafránková auf freundlichen Abstand zu ihrem erfolgreichsten Kinoauftritt. Als 19-Jährige war sie von Regisseur Václav Vorlíček für die Titelrolle in DREI HASELNÜSSE FÜR ASCHENBRÖDEL ausgewählt worden. Diese Adaption eines Kunstmärchens von Božena Němcová, eine Co-Produktion zwischen dem Prager Filmstudio Barrandov und der DEFA, avancierte schnell zum Kultobjekt und blieb es für mehrere Generationen von Zuschauern bis heute. Kein anderer Märchenfilm wird in der Weihnachtszeit im deutschen Fernsehen häufiger ausgestrahlt. Eine Ausstellung im sächsischen Schloss Moritzburg, wo 1972/73 ein Teil der Dreharbeiten stattfand, läuft seit Jahren mit nicht nachlassendem Erfolg.

Das dort gezeigte Kleid, das Libuše Šafránková als Prinzessin trug, ein Traum aus Rosa und Blau, besetzt mit Brokat, wurde sogar Opfer eines Diebstahls. Doch weil sich das gute Stück als nahezu unverkäuflich erwies, brachten es die Räuber klammheimlich wieder zurück. Das Gesicht von Libuše Šafránková ziert Tassen, Teller und zahlreiche weitere Devotionalien, die im Moritzburger Museumsshop zu kaufen sind. Es ist, als würden die Fans niemals müde, «ihren» Märchenprinzessin zu feiern. Umso größer war die Bestürzung, als am 9. Juni der Tod der Darstellerin gemeldet wurde.

Eine moderne, selbstbewusste Frau

Libuše Šafránková, geboren am 7. Juni 1953 in Brno, hatte an der dramaturgischen Abteilung des Konservatoriums in ihrer Heimatstadt studiert und mit 18 Jahren ihre erste Filmrolle übernommen. Für die Titelfigur in DREI HASELNÜSSE FÜR ASCHENBRÖDEL war sie zunächst nicht vorgesehen; Vorlíček wollte die Rolle vielmehr mit der fünf Jahre älteren Jana Preissová besetzen. Doch die war schwanger und

Libuše Šafránková mit Pavel Trávníček in DREI HASELNÜSSE FÜR ASCHENBRÖDEL (ČSSR/DDR 1973) (© DRA/Edel)

stand für langwierige und anstrengende Dreharbeiten nicht zur Verfügung. So entschied sich der Regisseur nach einem Casting von rund 30 Kandidatinnen für Libuše Šafránková. Es mag sein, dass dabei die vorhandenen Reitkünste der jungen Schauspielerin den Ausschlag gaben; tatsächlich musste sie bis auf eine einzige Szene, den Sprung auf dem Pferd über einen Baumstamm, nicht gedoubelt werden.

Vorlíček und seine Aktrice legten das Aschenbrödel keineswegs als liebliches Märchenwesen aus ferner Vergangenheit, sondern als moderne, selbstbewusste junge Frau an. Dieses Mädchen weiß sich zu behaupten, und das nicht nur gegenüber der bösen Stiefmutter oder den beiden nichtsnutzigen Halbschwestern, sondern auch gegenüber dem Prinzen, den sie nicht sogleich anhimmelt, sondern ihn erst einmal prüft, bevor sie sich an ihn bindet. Dieses Aschenbrödel gefiel auch dem von Rolf Hoppe gespielten Filmkönig ausnehmend gut, der seinen Filmsohn nur dazu ermuntern konnte, sich das Mädchen aus dem Volk – jenseits aller Klassenunterschiede – zur Frau zu nehmen.

Libuše Šafránková wirkt freundlich und bescheiden, klug und zuvorkommend, gut zu Menschen und Tieren, ohne Arg, offen für die Schönheiten der Welt und der Liebe. Sie strahlte eine Erotik der Unschuld aus. Und konnte außerdem noch mit der Armbrust umgehen.

Segen und Fluch einer prägenden Rolle

Doch das Aschenbrödel erwies sich für die Darstellerin nicht nur als Segen, sondern ein wenig auch als Fluch. Einmal Prinzessin – immer Prinzessin, etwa in Folgefilmen wie DIE KLEINE SEEJUNGFRAU (1976), PRINZ UND ABENDSTERN (1978), DER DRITTE PRINZ (1982) oder DER SALZPRINZ (1983). Die Liste ihrer Kinomärchen reicht bis ELIXIR A HELIBELA (2001), in dem sie eine charmante Hexenmutter spielte. Dass sie in insgesamt 90 anderen Filmen und Fernseharbeiten zu sehen war, bald in Mütter-, dann auch in Großmütterrollen, ging zumindest in Deutschland weitgehend unter. In viele diese Rollen brachte sie eine sanfte Bodenständigkeit ein, ganz gleich ob als Land- oder Stadtfrau. Der Regisseur Jiří Menzel, der sie bereits 1985 in seiner Komödie HEIMAT, SÜSSE HEIMAT besetzt hatte, wagte es sechs Jahre später sogar, sie in der PRAGER BETTLEROPER mit der Rolle der Hure Jenny zu betrauen. Auch in tschechischen Erfolgsfilmen der 1990er-Jahre, so in Jan Svěráks DIE VOLKSSCHULE (1991) oder dem Melodram KOLYA (1996), ebenfalls von Jan Svěrák, war sie dabei.

Von den Theaterbühnen hatte sich Libuše Šafránková da schon weitgehend zurückgezogen. Seit Anfang der 2000er-Jahre machte sie sich auch mit anderen öffentlichen Auftritten rar. Auf Galas war sie selten zu sehen; Autogramme gab sie so gut wie keine mehr. Ein Grund mögen verleumderische Artikel in der Boulevardpresse gewesen sein. So hatte ein Prager Magazin behauptet, sie sei Alkoholikerin und tyrannisiere ihren Mann, den Schauspieler Josef Abrhám, mit dem sie seit 1976 verheiratet war. Die Šafránková klagte, gewann den Prozess, und der Herausgeber des Blattes wurde zu einer Bewährungsstrafe verurteilt. 2008 gehörte die Schauspielerin zum Ensemble der Fernsehserie DAS KRANKENHAUS AM RANDE DER STADT – DIE NEUE GENERATION, 2017 war sie in einer Fernsehkomödie mit dem Titel ZUHAUSE MIT DONALD TRUMP zu erleben.

Zu dieser Zeit litt sie bereits an Lungenkrebs. Ihre Erkrankung war bekannt geworden, als ihre Schwester, die Schauspielerin Miroslava Šafránková, sie bei der Verleihung der tschechischen Verdienstmedaille vertreten musste. Nur kurze Zeit nach einer erneuten Krebsoperation ist Libuše Šafránková, nur zwei Tage nach ihrem 68. Geburtstag, in Prag verstorben.

....

Der ewige Reisende: Monte Hellman (12.7.1929–20.4.2021)

Von Michael Kienzl

Im amerikanischen Filmschaffen war Monte Hellman ein außergewöhnlicher Freigeist, der sich nicht nur von den Hollywood-Studios abgrenzte, sondern auch als unabhängiger Regisseur völlig für sich stand. Von seinen nihilistischen Western und Außenseiter-Balladen der 1960er- und 1970er-Jahre bis zu seinem letzten Kurzfilm von 2013 näherte er sich auf eine ganz eigene Weise festgefahrenen Erzählstrukturen an und interpretierte diese kompromisslos neu.

Monte Hellmans letzter Film dauert nicht einmal zwei Minuten. Neben zahlreichen anderen namhaften Regisseuren drehte er 2013 einen kurzen Beitrag für den 70. Geburtstag des Filmfestivals von Venedig. VIVE L'AMOUR spielt in einem Café und zeigt ein Paar unmittelbar nach der Trennung. Als der Mann unangenehm berührt den Tisch verlässt, zoomt die Kamera langsam auf das Gesicht der Frau. Während sie mit den Tränen kämpft, wechselt das Bild zunehmend von schwarz-weiß zu Farbe. Auch nachdem der Regisseur (Hellman) «Cut» gerufen hat, ringt die

Schauspielerin noch um Fassung. Es ist, als wäre sie in der Fiktion gefangen.

In diesem unscheinbaren Film verdichten sich viele Merkmale des gerade mit 91 Jahren verstorbenen Regisseurs: Das einfache Setting, die formale Klarheit und leise Emotionalität, die geheimnisvolle Atmosphäre sowie das offene Ende. Auch nachdem die Kamera in Vive L'Amour aus ist, bleibt die Welt, die sie geschaffen hat, bestehen.

Der Hellman-Touch

Hellman war immer ein Outsider. Eine große Karriere blieb ihm versagt, was zumindest teilweise mit verpassten Chancen zu tun gehabt hat. Aber auch wenn er, wie ursprünglich geplant, statt Sam Peckinpah Pat Garrett jagt Billy the Kid (1973) inszeniert hätte oder ein lange geplantes, aber nie verwirklichtes Projekt mit Francis Ford Coppola, kann man ihn sich nur schlecht als Star-Regisseur vorstellen. Selbst in der Independent-Szene blieb er ein Außenseiter, weil seine Filme zu ruhig, unspektakulär und eigensinnig waren. Ob Exploitationfilm, New Hollywood, Arthouse oder Billighorror, am Ende war jedes seiner meist mühsam realisierten Projekte ein Film mit dem besonderen Hellman-Touch.

Wie Martin Scorsese, Jonathan Demme, Joe Dante und viele andere begann Hellman seine Karriere in der B-Movie-Schmiede von Roger Corman. Hier konnte man nicht nur praktische Erfahrungen sammeln und lernen, mit niedrigen Budgets umzugehen, sondern genoss bei den ersten filmischen Gehversuchen auch ungewohnte künstlerische Freiheit. Nach seinem Debüt mit dem Monsterfilm Beast from Haunted Cave (1959) drehte Hellman einige Genrefilme, an denen auch der damals noch unbekannte Jack Nicholson als Schauspieler, Drehbuchautor und Produzent beteiligt war.

Einer von ihnen ist der psychedelisch-nihilistische Western Das Schiessen (1966). Mit Mut zum Experiment inszenierte Hellman einen Fiebertraum mit desolaten Helden. Doch er, der viel Wert auf gutes Handwerk und historische Authentizität legte, sah darin keinen modernistischen Bruch, sondern eine Fortführung der Western-Tradition. Hellman war zwar gewissermaßen Klassizist, beschritt aber auch neue Wege. Seine sehr amerikanischen, aber am internationalen Autorenkino geschulten Filme wurden noch am ehesten in Europa gewürdigt. Auch Das Schiessen fand in den USA kaum Beachtung, war dafür aber ein Hit in Pariser Arthouse-Kinos.

Alles sollte offenbleiben

Selbst Hellmans berühmteste Regiearbeit war wegen mangelnder Werbung und mäßiger Zuschauerresonanz schon kurz nach ihrem Erscheinen wieder verschwunden. Das Road Movie Asphaltrennen (1971) handelt von zwei jungen Straßenrennfahrern, die in ihrem 1955er Chevrolet die Route 66 entlang reisen und dabei Einheimische zu illegalen Drag Races provozieren. Mit einer Tramperin und einem unbedarften Schwätzer bilden sie kurzzeitig eine Gemeinschaft, die jedoch so lose und unverbindlich ist wie alles in diesem von der rauen Poesie der amerikanischen Provinz lebenden Films. Die Figuren heißen lediglich «Fahrer», «Mechaniker» und «Mädchen». Sie sind keineswegs unpersönlich, aber sie bleiben rastlos und ungebunden, verschreiben sich ganz dem flüchtigen Moment.

In Romuald Karmakars sehenswertem Interviewfilm Hellman Rider (1988) sagt Hellman, dass im klassischen Hollywoodkino am Ende entweder geheiratet oder gestorben wird. Bei ihm soll dagegen alles offenbleiben. Asphaltrennen endet tatsächlich sehr abrupt, als sich während eines Rennens plötzlich das Filmbild auflöst. Was im Kino wie ein Vorführfehler gewirkt haben muss, wirft uns nicht nur auf unsere Rolle als Zuschauer zurück, sondern legt auch nahe, dass der Film ohne uns weiterläuft. Ein konsequenteres Ende für einen von ständiger, zielloser Bewegung bestimmten Film kann man sich kaum vorstellen.

Interessant an der Produktionsgeschichte von Asphaltrennen ist, dass Hellman für seinen Film aufstrebende Schauspieler wie Jon Voight und Robert De Niro hätte haben können, sich stattdessen aber für zwei Rockmusiker ohne Leinwanderfahrung entschied. James Taylor sowie Dennis Wilson von den Beach Boys verleihen dem Film eine spröde, authentische Präsenz. Auch sonst zeigte sich Hellman wenig interessiert an angeberischem Schauspiel. In seinem letzten Spielfilm, dem Noir-Vexierspiel Road to Nowhere (2010), wird dazu eine Anekdote von den Dreharbeiten zu Samuel Fullers Tokio-Story (1955) erzählt. Hauptdarsteller Robert Stack wollte wissen, wie er seine Rolle spielen solle, worauf der Regisseur nur erwiderte: «Gar nicht.»

Zu einem sehr markanten Schauspieler zog es Hellman jedoch immer wieder. Wäre der auf abgehalfterte Charakterrollen spezialisierte Warren Oates nicht schon 1982 gestorben, hätte Hellman mit ihm gerne noch deutlich mehr als nur vier Filme gedreht. So kontrolliert Hellmans Inszenierung manchmal wirkt, mag ihm an Oates gerade die Unzähmbarkeit gefallen haben. Das Vermächtnis dieser Zusammenarbeit ist die vom Krimi-Autor Charles Willeford geschriebene Außenseiter-Ballade Cockfighter (1974). Oates spielt darin einen Hallodri, der sich ganz dem Hahnenkampf verschrieben hat. Wie der Fahrer aus Asphaltrennen ist auch er eine fast asoziale Figur, die für ihre Besessenheit alles aufs Spiel setzt. Besonders wegen seines fast dokumentarischen Blicks für das Milieu und den spektakulären Hahnenkampfszenen in Zeitlupe gilt COCKFIGHTER als einer von Hellmans gelungensten Filmen. Für Cormans Produktionsfirma New World Pictures war es allerdings der einzige Flop in den 1970er-Jahren.

Brüche selbst beim Abenteuer- und Slasherfilm

Einer völlig anderen Welt widmet sich der düstere historische Abenteuerfilm KAMPF AUF DER TODESINSEL (1988). Das Geld kam hier überwiegend aus Europa sowie auch einige der Darsteller. Unüblich für das Genre ist, dass der Film weder monumental noch actionreich sein will. Das Schauspiel ist reduziert, die Kameraarbeit behutsam und die Inszenierung der erschütternden Geschichte ganz aufs Wesentliche konzentriert.

Basierend auf Alberto Vasquez-Figueroas Roman Der Leguan erzählt der Film von Oberlus (Everett McGill), der wegen seines verunstalteten Gesichts von seiner Umwelt verstoßen wird. Nachdem er auf eine einsame Insel geflohen ist, erklärt er dort der gesamten Menschheit den Krieg. Gestrandete werden von ihm getötet oder versklavt. Moral, Gnade, Freundschaft haben inmitten der kargen Landschaft keine Bedeutung mehr. Warum sollte man sich auch an humanistische Leitsätze halten, wenn man selbst nie wie ein Mensch behandelt wurde? Aber auch unerbittliche Rache wird diese verwundete Seele nicht mehr heilen.

Die bemerkenswerteste Figur aus KAMPF AUF DER TODESINSEL ist die Sklavin Carmen (Maru Valdivielso), die von Oberlus eingesperrt und regelmäßig vergewaltigt wird, dabei aber auch eine gewisse Zuneigung zu ihm entwickelt. Obwohl wir sie am Anfang noch in vermeintlich trauter Zweisamkeit mit ihrem Geliebten gesehen haben, gibt sie preis, dass sie sich schon damals wie eine Gefangene fühlte. Ihre schwere Fessel bezeichnet sie als Schmuckstück, ihren Peiniger sieht sie als Leidensgenossen. In einer verqueren Welt, in der Unterdrückte zu Diktatoren werden, verwundert es auch nicht, wenn der Gegensatz zwischen Gut und Böse aufgehoben scheint.

Nicht nur aus Budgetgründen verzichten Hellmans Filme weitgehend auf starke Oppositionen, typische Schauwerte oder melodramatische Exzesse. Seine in dieser Hinsicht wohl ungewöhnlichste Regiearbeit ist die für den Videomarkt entstandene dritte Fort-

Jack Nicholson und Warren Oates in DAS SCHIESSEN (USA 1966) (© Paragon Movies)

setzung des Slashers STILLE NACHT – HORROR NACHT (1984). Die Reihe dreht sich um einen traumatisierten Jungen, der im Weihnachtsmannkostüm sein mörderisches Unwesen treibt. Doch SILENT NIGHT, DEADLY NIGHT III: BETTER WATCH OUT! (1989) zeigt sich weder sonderlich an dieser Vorgeschichte interessiert noch an blutigen Effekten oder herkömmlicher Spannung. Die Handlung dreht sich um eine blinde Frau, die im Rahmen eines sprachpsychologischen Experiments in die Gedankenwelt des mittlerweile im Koma liegenden Killers eindringen soll. Als dieser erwacht, sucht er sie am Weihnachtsabend heim.

Die für das Genre etwas seltsame, aber nicht ungewöhnliche Handlung wird wie ein Skelett präsentiert. Hellman bezeichnete den Film einmal als Satire aufs Horrorgenre, und tatsächlich wirken die üblichen Spannungsmomente durch die offensive Langsamkeit ausgestellt und ihrer Wirkung beraubt. Der Mörder ist hier fast schon eine bemitleidenswerte Frankenstein-Figur, die sich wie auf Valium fortbewegt. Überhaupt wirkt hier alles seltsam unwirklich und entgrenzt: Es wird über Träume kommuniziert, Verstorbene geben wertvolle Ratschläge und am Schluss, wenn der Killer sich noch einmal zu Wort meldet, wird sogar die vierte Wand durchbrochen.

Durchlässige Ebenen

Laut Hellman wollen Kinozuschauer häufig lieber an das Unmögliche glauben, als sich mit der Wirklichkeit zu konfrontieren. In seinen Filmen scheinen dagegen ohnehin alle Ebenen durchlässig zu sein. Aufschlussreich ist eine Anekdote über die Darstellerin aus dem bereits erwähnten Kurzfilm VIVE L'AMOUR. Drehbuchautor Steven Gaydos wurde auf Shannyn Sossamon aufmerksam, als er mitbekam, wie sie in einem Café eine Szene probte. Aus einem realen Erlebnis wurde somit ein Film, der wiederum erzählt, wie die Fiktion in die Wirklichkeit ragt.

Sossamon verkörperte bereits die Hauptrolle in ROAD TO NOWHERE, der, wie der Titel verrät, von einer weiteren, ziellosen Reise erzählt. Ein Nachwuchsregisseur will Sossamon darin in seinem neuen Film besetzen, der auf einem Kriminalfall beruht, in den sie, wie sich mit der Zeit herausstellt, auch tatsächlich verwickelt war. Ständig wechselt Hellman dabei zwischen der Rahmenhandlung und dem Film-im-Film, ohne dabei immer erkennbar zu machen, wo wir uns gerade befinden.

Gerade in den Momenten größter Verwirrung fühlt man sich bei Hellman aber oft besonders wach. So ist es auch in der Schlussszene von DAS SCHIESSEN, in der Warren Oates endlich die Identität seines mysteriösen Verfolgers lüftet und sich schließlich selbst in die Augen sieht. Das Drehbuch hat dafür zwar eine logische, wenn auch etwas umständliche Erklärung, aber was bleibt, ist doch vor allem dieser erschütternde Moment zwischen Schock und Erkenntnis.

Ein niemals untätiger Filmemacher

Bis ROAD TO NOWHERE beim Filmfestival von Venedig seine Premiere feierte, vergingen 21 Jahre, in denen Hellman keinen einzigen Spielfilm realisieren konnte. Untätig war er jedoch nie. In HELLMAN RIDER bezeichnet er Hollywood als ungemein verschwenderisches System, in dem nur ein Bruchteil der geplanten Projekte auch verwirklicht würde. Einer wie er musste da nicht nur viele Rückschläge verkraften, sondern auch enorm geduldig sein. Vielleicht war es Hellmans Rettung vor der Verbitterung, dass er zwar als Regisseur kompromisslos blieb, bei der Wahl seiner Stoffe aber ebenso pragmatisch war wie bei den zahlreichen unterschiedlichen Filmjobs, die er immer wieder übernahm.

Er drehte etwa LAWINENEXPRESS (1979) für den verstorbenen Regisseur Mark Robson fertig, war am Schnitt von Mike Newells DAS ERWACHEN DER SPHINX (1980) beteiligt sowie Second-Unit-Regisseur bei Samuel Fullers THE BIG RED ONE (1980) und Paul Verhoevens ROBOCOP (1987). Und er war einer der ausführenden Produzenten von RESERVOIR DOGS (1992). Dessen Regisseur Quentin Tarantino ist nur einer von vielen jüngeren Filmemachern, die ihn verehren.

Das ständige Hangeln zwischen verschiedenen Jobs und Projekten bezeichnete Hellman als ewiges Unterwegssein. Manchen seiner ebenso leidenschaftlichen wie unermüdlich improvisierenden Helden war er darin nicht unähnlich. Auch wenn Monte Hellmans Reise nun abgeschlossen ist und sein Abschied vom Kino gewissermaßen ein letztes «Cut» war, fühlt es sich doch nur wie ein weiteres offenes Ende an.

....

Der die Filmkunst nach Deutschland holte: Hanns Eckelkamp (28.2.1927–5.8.2021)

Von Josef Schnelle

Er war Filmkaufmann, Kinokettenbesitzer, Rechtehändler, Filmverleiher und Produzent. Einer, der das bundesdeutsche Nachkriegskino nachhaltig geprägt hat. Doch vor all seinen vielen Verdiensten war Hanns Eckelkamp einer, der Filme und das Kino leidenschaftlich liebte und nie müde wurde, sich neue kreative Ideen auszudenken, um es den Menschen nahezubringen. Im Alter von 94 Jahren ist er 2021 in Berlin gestorben.

Stets erinnert man sich zuerst an die Schauspieler und an die Filmregisseure, die Kinogeschichte geschrieben haben. Doch irgendwer muss die Filme ja auch mit Leidenschaft und Engagement unter die Menschen bringen. Einer der wichtigsten Protagonisten der bundesdeutschen Nachkriegszeit war in dieser Hinsicht der Münsteraner Filmkaufmann Hanns Eckelkamp (geboren am 28.2.1927), der im großen Tanzsaal der Gastwirtschaft «Gertrudenhof» in Münster 1946 mit dem Film DIE FRAU MEINER TRÄUME und Marika Rökk als Revuestar den Neustart des Kinos in Deutschland einläutete. Ein Nierenschaden hatte Eckelkamp davor bewahrt, zum Ende des Krieges als «Kanonenfutter» verheizt zu werden. Stattdessen hatte er miterlebt, wie der «Gertrudenhof» für die Deportation von Juden missbraucht wurde. Gegenüber seinem Vater, einem Münsteraner Großgastronomen, beharrte er darauf, dass er die Menschen nicht einfach mit Alkohol «abfüllen» wollte. Obwohl er parallel sein erstes juristisches Staatsexamen anstrebte, wollte er den Beweis antreten, dass «Filme als Kunst» ernst zu nehmen seien.

Gerne erzählte Eckelkamp davon, wie er 12 UHR MITTAGS (1952) von Fred Zinnemann als «Western mit moralischen Grundfragen» bewarb und damit Ende der 1950er-Jahre doppelt so viele Zuschauer erzielte wie andere Verleiher, die ihn einfach als «Cowboyfilm» bezeichneten. Mit sicherem Gespür für das große Geschäft hatte er die bundesweiten Verleihrechte für den Film erworben. Nachdem er auf der Basis dieses Erfolgs eine kleine Kinokette mit mehreren Häusern in Münster und Duisburg aufgebaut hatte, gründete er den «Atlas Filmverleih», machte aus den «Dick und Doof»-Filmen für Kinder mit einer neuer Musik eine anspruchsvolle «Laurel & Hardy»-Reihe und brachte später Arthouse-Klassiker wie Akira Kurosawas DIE SIEBEN SAMURAI, KINDER DES OLYMP von Marcel Carné oder Charlie Chaplins GOLDRAUSCH ins Kino.

Um seinen Wahlspruch «Das ist alles Kunst» zu unterstreichen, ließ er anspruchsvolle neue Plakate von anerkannten Künstlern gestalten, unter anderem von Heinz Edelmann, der später als Art-Director des Beatles-Zeichentrickfilms YELLOW SUBMARINE berühmt wurde. Wenn Eckelkamp im «Gertrudenhof» eine Open-Air-Veranstaltung plante, ließ er schon mal einen Fesselballon mit Werbung aufsteigen. Anlässlich von GOLDRAUSCH erfand er spektakuläre Rundumplakate für Litfaßsäulen. Mit seiner charakteristischen sonoren Stimme warb Eckelkamp im Radio für Filmpremieren und verschickte eine Weile auch *Filmbriefe*, eine eigene kleine Zeitschrift, um seine Fans über die nächsten Projekte zu informieren. Das Geschäft als Kinomann besaß für ihn viele Gemeinsamkeiten mit der Tätigkeit eines Zirkusdirektors, und der muss manchmal eben die Peitsche knallen lassen.

Eine Bewährungsprobe: DAS SCHWEIGEN

Seine große Bewährungsprobe kam für den bekennenden Katholiken mit dem Skandal um Ingmar Bergmans DAS SCHWEIGEN, den er in Deutschland herausbrachte und der 1964 sogar zu einer hitzigen Bundestagsdebatte führte. In der WDR-Sendung ERLEBTE GESCHICHTE berichtete er noch im Jahr 2010 davon, wie er sich von der Kanzel herunter auf «den tiefsten Grund der Hölle» verbannt gefühlt habe. Doch die damals rekordverdächtigen Einnahmen in Höhe von mehr als 10 Millionen Mark werden ihn getröstet haben.

Hanns Eckelkamp war nicht vor Fehleinschätzungen bis hin zum Größenwahn gefeit. Bei Jerzy Kawalerowiczs PHARAO stieg er 1966 wider jeden kommerziellen Rat mit hohem Risiko ein und verteilte in Cannes schon goldene Skarabäen mit kleinen Billanten. Der Film überdauert als künstlerisch gänzlich ungewöhnlicher Pharaonenfilm ohne Happy End die Zeit, doch an der Kinokasse floppte er wie viele andere von Eckelkamps ehrgeizigen Projekten, weshalb er 1967 Insolvenz anmelden musste.

Mit großer Leidenschaft hatte er das im Vorgriff des Videozeitalters so enorm wichtige Feld des

Hanns Eckelkamp (© Privatarchiv Norbert Aping)

16-mm-Schmalfilmverleihs für die nicht-kommerzielle Nutzung seiner Filmbestände in Schulen und Bildungseinrichtungen betreiben. Mit «Atlas-Maritim» entdeckte er die Marktlücke der Filmversorgung für deutsche Handelsschiffe und war ab 1980 alleiniger Lieferant für die «Inflight-Kinos» der Lufthansa in ihren Flugzeugen. Das war eine der vielen neuen kreativen Ideen, mit denen Eckelkamp neue Zuschauerschichten für Filme erschloss. Finanziell erholt stieg Eckelkamp – wie auch schon 1963 bei Will Trempers DIE ENDLOSE NACHT – immer häufiger in aktuelle Filmproduktionen ein. Etwa bei Rainer Werner Fassbinders DIE EHE DER MARIA BRAUN (1979) oder bei DER BULLE UND DAS MÄDCHEN von Peter Keglevic mit Jürgen Prochnow, zuletzt bei Dani Levys ROBBYKALLEPAUL (1988), mit dem neben der Karriere von Levy auch die von Maria Schrader begann.

So manches ist nicht zustande gekommen, wie etwa Fassbinders Plan zu einem Rosa-Luxemburg-Film, zu dem Eckelkamp schon ein Drehbuch entworfen hatte. Auch ein Remake von IMMENSEE nach Theodor Storm plante Eckelkamp, wofür er Romy Schneider in Paris zwar begeistern, aber letztlich nicht gewinnen konnte.

Seine Kreativität kannte keine Grenzen

Mit 94 Jahren ist Hanns Eckelkamp Anfang August in Berlin gestorben. Seine Filmbegeisterung trug ihn durch sein ganzes Leben, mit enormen Folgen fürs

Kinopublikum auch abseits der roten Teppiche des Glamours. Ihn lediglich als wichtigen und geschäftstüchtigen Strippenzieher des deutschen Nachkriegskinos zu bezeichnen, würde entschieden zu kurz greifen. Zwar war er im Wesentlichen Händler mit Filmrechten, Kinobetreiber, Verleiher und Produzent, aber sein Beitrag zum Kino resultierte aus der Kombination von großer Leidenschaft, einem bildungsbeflissenen Sendungsbewusstsein und dem sicheren Gefühl für die neusten Tendenzen des Filmmarktes.

Was er vom Siegeszug der Streamingdienste als Herausforderung der Kinos als Live-Erlebnis gedacht hat, ist nicht bekannt. Bestimmt wäre ihm auch dazu etwas Neues eingefallen.

....

Die Erlaubnis zum Träumen: Cicely Tyson (19.12.1924–28.1.2021)

Von Till Kadritzke

Weil sie die erste war, wird es nie eine letzte geben. Mit 96 Jahren ist die große afroamerikanische Schauspielerin Cicely Tyson gestorben. Ihre Biografie ist nicht nur eine beeindruckende Geschichte des 20. Jahrhunderts, sie verrät auch viel über die noch immer existierenden Fallstricke der Repräsentationspolitik.

Der Mann in Handschellen, der Hund angeschossen, die Kinder verzweifelt. Ganz schön viel muss dieses Close-up aushalten. Cicely Tyson aber sieht stoisch nach vorn, dem Mann hinterher, der auf der Ladefläche des Sheriff-Wagens abtransportiert wird, während sich die Kinder an ihre Hüften klammern. Der Verzweiflung nachzugeben, das kann sie sich nicht erlauben. Würdevoll, so haben vor allem diejenigen Tyson gern beschrieben, die in ihre Fußstapfen getreten sind. Und Würde, das war auch für Tyson das Wichtigste; das, was sie schwarzen Frauenfiguren auf der Bühne und der Leinwand schenken wollte.

In Martin Ritts Film SOUNDER von 1972 geht es um eine Familie von Farmpächtern während der Großen Depression. Vater Nathan (Paul Winfield) stiehlt einen Schinken und muss für ein Jahr ins Gefängnis; der älteste Sohn David wird in dieser Zeit, im Deutschen heißt der Film DAS JAHR OHNE VATER, selbst zum Mann, lernt aber ein progressive Schule kennen, die einen Ausweg aus dem Elend verspricht. Und zwischen dem Vater im Gefängnis und dem Sohn mit einer Chance: Cicely Tyson als Rebecca. Am Tag nach der Verhaftung marschiert sie zum Sheriff, der ihr mit Verweis auf Regeln, für die er nichts könne, das Besuchsrecht verweigert. «Was für einen bescheuerten Job Sie haben», keift sie ihn an, nachdem sie das Flehen aufgegeben hat. Ihr Changieren zwischen strategischer Contenance und aufgestauter Wut im Angesicht weißer Knastherrschaft hallt angesichts historischer Kontinuitäten in unzähligen Szenen gegenwärtigen Filmschaffens wider, von KiKi Laynes Darstellung der Tish in BEALE STREET bis zum Dokumentarfilm TIME (2020).

Schon damals erkannte Tyson ihre Rolle als Novum. «Es gab schwarze Frauen, die für ihren Mann gekämpft haben und alles, aber niemals ein wirklich positives Bild mit einem kompletten Alltagsleben, mit Mutter- und Vaterfiguren, mit Wärme, Schönheit, Liebe und Verständnis», erklärte sie gegenüber der *New York Times*. Für einen Teil des Publikums zu Anfang der 1970er-Jahre war so viel Menschlichkeit ein Schock. Als politisches Erweckungserlebnis beschrieb Tyson so auch stets eine Situation auf einer Werbetour für den Film, bei der ein weißer Journalist gestand, er hätte es komisch gefunden, dass der Junge im Film «Daddy» zu seinem Vater sagt, das sage schließlich sein eigener Sohn zu ihm. «Wir sind wohl wirklich keine Menschen für sie», hat Tyson da gedacht, während sie dem Journalisten freundlich antwortete.

Sie konnte nicht einfach nur Schauspielerin sein

Fortan, so erzählt es Tyson – zuletzt in ihrer Autobiografie *Just as I Am*, die nun zwei Tage vor ihrem Tod erschienen ist –, konnte sie nicht einfach nur Schauspielerin sein. «Mein Schaffen musste die Zeit reflektieren und zugleich vorantreiben», und dafür musste sie Rollen jenseits üblicher Klischees finden. Im damaligen Hollywood gar nicht so einfach. Angesichts jahrzehntelang manifestierter negativer Stereotype war Komplexität nicht unbedingt gefragt, ein Dilemma, von dem Sidney Poitier ein Lied singen konnte: «Gern würde ich den Bösewicht spielen», erklärte dieser einmal. «Aber das kann ich zu diesem Zeitpunkt nicht, nicht wenn es gerade mal einen schwarzen Schauspieler gibt, der regelmäßig Rollen bekommt.»

Während sich die Filmindustrie langsam für etwas öffnete, das man heute als Diversität bezeichnen würde, konnte sie sich vom eigenen Erbe ebenso trennen wie von der rassistischen Gesellschaft um sie herum abkoppeln. Zur gleichen Zeit wie SOUNDER sucht das Blaxploitation-Kino einen Ausweg aus der Repräsentationsfalle. Für Tyson aber tappte es dabei direkt in die nächste. In seiner Absage an das devote

Bemühen um Respektabilität, das am rassistischen Status quo ja doch nichts geändert hat, romantisiere das Blaxploitation-Kino nur Sex & Crime, und die Selbstermächtigung schwarzer Männer gehe wiederum zu Lasten komplexer Frauenfiguren, erzählt Tyson in ihrem Buch. Als Tyson ihre neue Berufung findet, sich schwört, nur noch würdevolle Rollen auszuwählen, um damit eine progressive Repräsentationspolitik voranzutreiben, ist sie bereits 48 Jahre alt. Nur hat sie auf Raten eines Agenten früh entschieden, sich stets als zehn Jahre jünger auszugeben. Geboren wird sie 1924 in New York, als Tochter von Einwander:innen aus der Karibik, einer Gruppe, die in Darstellungen der Great Migration aus den Südstaaten in die Metropolen des Nordens zu Beginn des 20. Jahrhunderts oft vergessen werden, obwohl sie 1930 fast ein Viertel der schwarzen Bevölkerung New Yorks ausmachten.

Cicely Tyson in SOUNDER von Martin Ritt (USA 1972) (© 20th Century Fox)

Jean Genet, Miles Davis und Miss Jane Pittman

Als Sekretärin wird es ihr schnell langweilig, schwarze Lifestyle-Magazine wie *Jet* oder *Ebony* entdecken sie als Model, über diesen Umweg kommt sie schließlich zur Schauspielerei. Gleich am ersten Tag auf der Schauspielschule wird sie von Leiter Paul Mann sexuell belästigt, erst in den 1980er-Jahren muss dieser sich für ähnliche Fälle vor Gericht verantworten. Doch Tyson macht weiter und wird Teil der Künstler:innenszene New Yorks. 1961 gehört sie zur ersten Besetzung von Jean Genets Stück *The Blacks*, zusammen mit James Earl Jones und Maya Angelou. Ein paar Jahre ziert sie das Cover von Miles Davis' Album *Sorcerer*, in den 1980er-Jahren wird sie sogar eine Zeit lang mit dem Musiker verheiratet sein.

Zwei Jahre nach SOUNDER spielt sie dann die Titelrolle in der TV-Produktion THE AUTOBIOGRAPHY OF MISS JANE PITTMAN, die Geschichte einer ehemaligen Sklavin vom Ende des Bürgerkriegs bis in die 1950er-Jahre. Ein junges Mädchen sieht den Film im Fernsehen und kann nicht glauben, dass hier dieselbe Schauspielerin die junge wie die alte, am Ende über 100-jährige Figur spielt. Das junge Mädchen heißt Viola Davis und schreibt 45 Jahre später das Vorwort für Tysons Autobiografie. «Mit dieser einen grandiosen Leistung, mit dieser ergreifenden Darstellung dieser Figur, hat Ms. Tyson mir die Erlaubnis zum Träumen erteilt», schreibt Davis.

Noch während diese ihre eigene Karriere beginnt, spielt auch Tyson unermüdlich weiter. Davis lernt sie zunächst auf dem Set von THE HELP kennen, später treffen sich die beiden wieder, als Tyson in der Serie HOW TO GET AWAY WITH MURDER die Mutter der von Davis gespielten Annelise Keating spielt. Und Shonda Rimes, die Showrunnerin der Serie, hielt Anfang 2020 anlässlich Tysons Aufnahme in die «Television Hall of Fame» eine rührende Laudatio, würdigt sie ein letztes Mal als große Pionierin: «Weil du die erste warst, wird es nie EINE letzte geben.»

....

Außerdem trauen Filmfans um ...

Barbara Shelley (13.2.1932–3.1.2021)

Die Britin war in den 1960er-Jahren ein Star des britischen Horrorfilms, die als «Queen of Hammer» bekannt wurde. Neben von Vampiren und ähnlichen Monstern verfolgten Schönheiten gelangen ihr dabei auch anspruchsvollere Studien wie als Mutter eines der unheimlichen Alien-Kinder in DAS DORF DER VERDAMMTEN.

Michael Apted (10.2.1941–7.1.2021)

Wie viele britische Regisseure seiner Generation begann er im Fernsehen, wo er u. a. die Langzeitdokumentation UP (1964–2019) ins Leben rief und betreute. Im Kino erwies er sich als vielseitiger Spielfilm-Regisseur, der mit NASHVILLE LADY und GORILLAS IM NEBEL herausragende Filmbiografien ebenso drehte wie Thriller (GORKY PARK) und das James-Bond-Spektakel Die Welt ist nicht genug.

Jean-Pierre Bacri (24.5.1951–18.1.2021)
Den Ehrentitel «Der große Nörgler» verdiente sich der französische Schauspieler redlich mit vielen Rollen, in denen er Unzufriedenheit, mühsam kontrollierte Genervtheit und Enttäuschung verkörperte. Seine Vielseitigkeit bewies er aber nicht zuletzt als Drehbuchautor intelligenter, espritgeladener Filme unter der Regie von Alain Resnais (Das Leben ist ein Chanson), Cédric Klapisch (Un air de famille) und seiner Schreib- und Lebenspartnerin Agnès Jaoui (Lust auf Anderes).

Walter Bernstein (20.8.1919–23.1.2021)
Der politisch links orientierte Drehbuchautor wurde in den 1950er-Jahren durch die Kommunistenjagd zur Arbeit unter Pseudonym gezwungen, was er später in Der Strohmann (1976) verarbeitete. Daneben schrieb er anspruchsvolles Spannungskino wie Der Zug (1963), Komödien wie Zwei ausgebuffte Profis (1977) und dramatisierte historische Sujets wie Yanks – Gestern waren wir noch Fremde (1979).

Hal Holbrook (17.2.1925–23.1.2021)
Der US-amerikanische Darsteller Hal Holbrook flößte mit seinem aristokratischen Aussehen und einer sonoren Stimme Respekt ein und war im Kino immer wieder als Autoritätsfigur zu sehen. Seine wohl berühmteste Leinwandrolle spielte er im Halbschatten als Watergate-Informant in Die Unbestechlichen, daneben glänzte der Verehrer und langjähriger Interpret von Mark Twain aber auch in zwielichtigen Parts oder präsentierte sich anrührend wie als alter Witwer in Into the Wild.

Gunnel Lindblom (18.12.1931–24.1.2021)
Die schwedische Schauspielerin wurde in den 1950er-Jahren Teil von Ingmar Bergmans Filmfamilie und spielte ihre berühmteste Rolle in seinem Skandalerfolg Das Schweigen. In Filmen ihrer Kollegin Mai Zetterling nutzte sie die Chance, um konventionelle Frauenrollen aufzubrechen, und setzte mit ambitionierten Inszenierungen eigene Akzente im schwedischen Kino.

Cloris Leachman (30.4.1926–27.1.2021)
Die US-Schauspielerin wurde nach einem Einstand als verschrecktes Mordopfer in Rattennest erst im mittleren Alter zum Star, als ihr die Studie einer einsamen Gattin eines Football-Trainers in Die letzte Vorstellung den «Oscar» einbrachte. Genauso denkwürdig gelangen ihr in den folgenden Jahrzehnten zahlreiche Auftritte in Sitcoms, groteske Schurkinnen-Karikaturen bei Mel Brooks oder eigenwillige Großmütter-Rollen.

Christopher Plummer (13.12.1929–5.2.2021)
Als einer der bedeutendsten Interpreten des amerikanischen Theaters schätzte der kanadische Schauspieler das Kino als Spielbühne, um in kleinen und großen Auftritten unterschiedlichste Charaktere zu zeichnen. Von seinem Publikumserfolg in Sound of Music über hinreißende Leinwandschurken bis zu grandiosen Altersrollen wie in Beginners prägte er das Kino über knapp sechs Jahrzehnte.

Giuseppe Rotunno (19.3.1923–7.2.2021)
Der italienische Kameramann setzte die überschäumende Fantasie von Federico Fellini bei acht gemeinsamen Filmen in farbenprächtige Bilder um, ähnliche Dienste leistete er Luchino Visconti (Der Leopard) und Vittorio de Sica (Gestern, heute und morgen), aber auch Amerikanern wie Bob Fosse (Hinter dem Rampenlicht) und Terry Gilliam (Die Abenteuer des Baron Münchhausen).

Jean-Claude Carrière (19.9.1931–8.2.2021)
Der Franzose war einer der großen Kino-Auteurs des 20. Jahrhunderts, der zuerst Anfang der 1960er-Jahre zum Co-Autoren beim Spätwerk von Luis Buñuel wurde. Unter den weiteren der nahezu 100 Filme, bei denen er an den Büchern beteiligt war, stachen die wiederholten Zusammenarbeiten mit Schlöndorff (u. a. Die Blechtrommel), Malle (Viva Maria!), Godard (Rette sich, wer kann (das Leben)) und Philippe Garrel (Im Schatten der Frauen) hervor.

Lynn Stalmaster (17.11.1927–12.2.2021)
Der amerikanische Casting Director war ein Star in seinem Metier, der rund 400 Filme und Fernsehserien betreute und als bislang einziger Vertreter seines Berufsstandes einen «Ehrenoscar» erhielt. Filmdebütanten wie Dustin Hoffman, Ned Beatty oder Christopher Reeve profitierten ebenso von seinem Auge für Talente wie zahllose Regie-Routiniers von Billy Wilder und George Stevens bis Sydney Pollack und Hal Ashby.

Alan Robert Murray (30.7.1954–24.2.2021)
Der US-Tontechniker war in seinem Beruf hochangesehen und hatte bei über 100 Filmen Anteil am Tonschnitt. Für zwei seiner Arbeiten für Clint Eastwood (Letters from Iwo Jima und American Sniper) erhielt er den «Oscar», weitere acht Mal war er für seine Arbeit nominiert.

Leon Gast (1.3.1936–8.3.2021)
Der US-Dokumentarfilmer drehte Mitte der 1970er-Jahre über 400 Stunden Material über den WM-Boxkampf zwischen Muhammad Ali und George Foreman in Zaire, konnte den Film aber wegen Geldproblemen erst 1996 als When We Were Kings

fertigstellen und den «Oscar» gewinnen. In weiteren Werken porträtierte er die Geschichte des Basketballs und den Paparazzo Ron Galella.

Peter Patzak (2.1.1945-11.3.2021)
Der österreichische Filmemacher erwarb sich ab den 1970er-Jahren Ruhm als Gestalter der Krimireihe KOTTAN ERMITTELT, die Gesellschaftskritik, Satire und Illusionsbrüche als festen Bestandteil in ihre Episoden integrierte. Auch als Spielfilm-Regisseur experimentierte er mit den Genres und ließ mit seiner Studie KASSBACH (1979) über einen Neonazi-Sympathisanten, dem Noir-geschulten Krimi DER JOKER (1986) oder der Romanadaption DIE WASSERFÄLLE VON SLUNJ (2002) immer wieder aufmerken.

Yaphet Kotto (15.11.1939-15.3.2021)
Der New Yorker Schauspieler brach ab Ende der 1960er-Jahre immer wieder aus dem stereotypen Rollenprofil von Afroamerikanern aus und zog dankbare Aufgaben wie als Polizist in STRASSE ZUM JENSEITS, Mechaniker in BLUE COLLAR oder Gefängnisinsasse in BRUBAKER an Land. Populär wurde er auch als Mitglied der Raumschiff-Crew in ALIEN und durch die Polizeiserie HOMICIDE: LIFE ON THE STREET.

George Segal (13.2.1934-23.3.2021)
Der US-Schauspieler stieg in den 1960er-Jahren in den Rollen teils selbstgefälliger, teils gegängelter junger Männer zum Star auf, der als einer der ersten Hollywood-Darsteller seine jüdische Herkunft nicht verbarg. Die Theateradaption WER HAT ANGST VOR VIRGINIA WOOLF? brachte ihm eine «Oscar»-Nominierung, in den 1970ern bewährte er sich neben emanzipierten Partnerinnen wie Barbra Streisand und Glenda Jackson. Nach einem Karriere-Durchhänger war er ab den 1990er-Jahren in Nebenrollen wieder präsent, der als liebenswert-überforderter Charakter in FLIRTING WITH DISASTER oder der Sitcom DIE GOLDBERGS neue Fans gewann.

Jessica Walter (31.1.1941-24.3.2021)
Die Schauspielerin empfahl sich als Teil der College-Freundinnen-Schar in der Bestseller-Verfilmung DIE CLIQUE (1965) und als Stalkerin eines Radio-DJs in Clint Eastwoods SADISTISCO (1970) für weitere Hauptrollen, die sie danach aber vor allem im Fernsehen fand. Als respektheischende Matriarchin feierte sie einen späten TV-Triumph in der satirischen Sitcom ARRESTED DEVELOPMENT (2003-19).

Larry McMurtry (3.6.1936-25.3.2021)
Der Texaner wurde für seine unverklärten Romane über Vergangenheit und Gegenwart des amerikanischen Westens von der Literaturkritik gelobt und lieferte Kino und Fernsehen etliche Vorlagen für erfolgreiche Filme (DIE LETZTE VORSTELLUNG, ZEIT DER ZÄRTLICHKEIT) und Miniserien (WEG IN DIE WILDNIS). Hochgelobt und mit Preisen geehrt wurde er auch als Drehbuchautor des Cowboy-Liebesdramas BROKEBACK MOUNTAIN.

Bertrand Tavernier (25.4.1941-25.3.2021)
Der französische Regisseur stellte als europäischer Humanist und Cinephiler die Kraft des Kinos ganz in den Dienst von Erinnerung und Versöhnung. Der Verehrer des US-amerikanischen Genre-Kinos und des französischen «Qualitätsfilms» begann in der Filmkritik und drehte bitter-ironische Historienfilme (DER RICHTER UND DER MÖRDER), Abrechnungen mit nationalen Mythen (DAS LEBEN UND NICHTS ANDERES) und scharfsichtige Gegenwartsdramen (AUF DER STRASSE) genauso wie vielschichtige Krimis (DER UHRMACHER VON ST. PAUL). In Dokumentationen und Büchern sowie als Präsident des Institut Lumière in Lyon machte sich Tavernier zudem um die Erinnerung an die Filmgeschichte verdient.

Richard Rush (15.4.1929-8.4.2021)
Der US-Regisseur durchlief eine wechselhafte Karriere, die mit Independent-Filmen mit Nouvelle-Vague-Anleihen begann, mehrere Biker- und andere Gegenkultur-Werke der 1960er umfasste und mit dem Erotik-Flop COLOR OF NIGHT 1994 ein abruptes Ende fand. Kritikerlob und Zuspruch bedeutender Kollegen erhielt er für das Porträt eines Lehrers, der in den revolutionären Zeitgeist gerät, in GETTING STRAIGHT (1970) und die hintergründige Hollywood-Reflexion DER LANGE TOD DES STUNTMAN CAMERON (1980).

Helen McCrory (17.8.1968-16.4.2021)
Die britische Darstellerin war eine Spezialistin für spitzzüngige Frauenfiguren wie die Premierminister-Gattin Cherie Blair in DIE QUEEN, eine missgünstige Parlamentarierin in SKYFALL oder als Teil eines Gangsterclans in der Serie PEAKY BLINDERS. Daneben blieb sie als unerwartet warmherzige Gattin von Stummfilmpionier Georges Méliès in Scorseses HUGO CABRET und vielschichtig-schillernd als Narcissa Malfoy in den HARRY POTTER-Filmen in Erinnerung.

Anthony Powell (2.6.1935-16.4.2021)
Der britische Designer war vor allem bei schwelgerischen Kostümdramen gefragt und entwarf die verschwenderische Kleiderpracht zweier INDIANA JONES-Filme, des starbesetzten Krimis TOD AUF DEM NIL und der Zeichentrick-Realverfilmung 101 DALMATINER. Eine lange Zusammenarbeit verband ihn auch mit Roman Polanski, für dessen Historienroman-Adaption TESS er einen von drei «Oscars» gewann.

Mari Töröcsik (23.11.1935–16.4.2021)

Die ungarische Schauspielerin gehörte in ihrer Heimat zu den größten Kino- und Theaterstars, die in über 150 Filmen auftrat. Von Anfang an arbeitete sie dabei mit bedeutenden Regisseuren wie Zoltán Fábri zusammen und schloss an ihre vitalen Rollen junger Frauen nahtlos mit komplexen Charakterparts an, für die sie u. a. mehrfach in Cannes und Karlovy Vary prämiert wurde. Zuletzt beeindruckte sie als alte Frau mit tiefem Trauma in Márta Mészáros' AURORA BOREALIS – NACHTLICHT (2017).

Anna Justice (16.5.1962–18.4.2021)

Die deutsche Regisseurin drehte überwiegend für das Fernsehen, inszenierte aber auch zwei sensible Filme über jüdische Menschen in Deutschland: Dramaturgisch komplex sprach sie die Wunden des Holocaust in DIE VERLORENE ZEIT an, während sie im anspruchsvollen Jugendfilm MAX MINSKY UND ICH aktuelle Sinn- und Glaubensfragen aufgriff.

Thomas Fritsch (16.1.1944–21.4.2021)

Im jungen Alter eiferte der deutsche Schauspieler dem unbeschwerten Rollentypus seines Vaters Willy Fritsch nach und spielte in Liebeskomödien wie DAS SCHWARZ-WEISS-ROTE HIMMELBETT romantisch veranlagte Schüler und Studenten. Nachdem er lange vor allem in Theater und Fernsehen arbeitete, war er ab den 1990er-Jahren im Kino mit seiner sonoren Stimme wieder dauerpräsent, die er Erzählern ebenso lieh wie Zeichentrick-Charakteren (DER KÖNIG DER LÖWEN) und Schauspielern wie Russell Crowe und William Hurt.

Norbert Gescher (14.12.1938–30.4.2021)

Der Berliner Schauspieler war ein bemerkenswert vielseitiger Rezitator und Sprecher, der über Jahrzehnte auch in der Synchronarbeit brillierte. Hochironische Schurken wie Charles Dance in LAST ACTION HERO gestaltete er dabei in den deutschen Filmfassungen ebenso köstlich wie die sympathische Überforderung von Beau Bridges in DIE FABELHAFTEN BAKER BOYS und anderen Filmen, außerdem war er u. a. Stammsprecher von Steve Martin und Richard Dreyfuss.

Olympia Dukakis (20.6.1931–1.5.2021)

Jahrelang war die Tochter griechischer Einwanderer eine erfolgreiche Theateraktrice, die im Kino nur kleine Auftritte hatte. Ihre Szenen stehlende Mutterrolle in der romantischen Komödie MONDSÜCHTIG verhalf der US-Darstellerin jedoch zum «Oscar» und zur späten Kinokarriere, die komödiantische Aufgaben (MAGNOLIEN AUS STAHL) ebenso beinhaltete wie dramatische (AN IHRER SEITE).

Norman Lloyd (8.11.1914–11.5.2021)

Der US-Schauspieler kam über Theaterarbeit mit Orson Welles nach Hollywood und debütierte als nur vermeintlich unscheinbarer Schurke in Alfred Hitchcocks SABOTEURE (1942). Mit dem Spannungsmeister arbeitete er noch mehrfach zusammen und inszenierte auch Folgen von dessen Fernsehproduktionen, außerdem spielte er prägnante Nebenrollen für Chaplin, Renoir und andere. Nach einer jahrelangen Schauspielpause sah man ihn im Alter u. a. als autoritären Schuldirektor in DER CLUB DER TOTEN DICHTER (1989) und real wie fiktional als 100-Jährigen in DATING QUEEN (2015).

Charles Grodin (21.4.1935–18.5.2021)

Der vor allem in Komödien erfolgreiche US-Darsteller verkörperte vor allem Neurotiker und Jedermänner, deren Charaktere er mit zurückhaltenden Mitteln ausstaffierte. Erfolge hatte er dabei mit PFERDEWECHSEL IN DER HOCHZEITSNACHT und MIDNIGHT RUN, aber auch in prominenten Nebenrollen wie in DAVE oder als gestresster Familienvater und Bernhardiner-Besitzer in EIN HUND NAMENS BEETHOVEN.

Jean Penzer (1.10.1927–20.5.2021)

Der französische Kameramann war ein Allround-Talent, der im gut gemachten Unterhaltungskino ebenso zuhause war wie bei den Werken von Jacques Demy, Chantal Akerman und Bertrand Blier. Spezielle Begabung bewies er darin, die zwielichtige Atmosphäre von Thrillern wie NEUN IM FADENKREUZ und MÖRDERISCHER ENGEL ins Bild zu setzen.

Marcell Jankovics (21.10.1941–29.5.2021)

Der ungarische Animationskünstler verband in seinen Werken die Grundstrukturen von Volkssagen und Mythen mit Bilderwelten zwischen Holzschnitt und psychedelischen Eruptionen. Neben Kurzfilmen fanden auch seine spielfilmlangen Werke wie HELD JANOS (1973) und SOHN DER WEISSEN STUTE (1981) internationale Beachtung.

Gavin MacLeod (28.2.1931–29.5.2021)

Der frühzeitig kahl gewordene US-Schauspieler war beginnend mit UNTERNEHMEN PETTICOAT (1959) ein Favorit des Regisseurs Blake Edwards, der für Kino-Komödien und Fernsehprojekte auf ihn zurückgriff. In den 1970er-Jahren wurde er als sarkastischer Nachrichten-Autor in THE MARY TYLER MOORE SHOW und als freundlicher Kapitän in LOVE BOAT zum Fernsehserien-Star.

Clarence Williams III (21.8.1939–4.6.2021)

Der afroamerikanische Schauspieler stand in den 1960er-Jahren der Gegenkultur nahe, was sich in der

Mitwirkung bei Shirley Clarkes «New American Cinema»-Beitrag THE COOL WORLD ebenso zeigte wie in der populären Fernsehserie THE MOD SQUAD als Undercover-Cop mit Afrofrisur. Später spielte er Charakterrollen wie als Vater von Prince in PURPLE RAIN oder Jazzmusiker Jelly Roll Morton in DIE LEGENDE VOM OZEANPIANISTEN.

Rudolf Freund (15.1.1938-9.6.2021)
Der Filmhistoriker gestaltete als Mitarbeiter des Staatlichen Filmarchivs der DDR fast dreißig Jahre lang das Programm des legendären Ost-Berliner Archivfilmtheaters «Studio Camera». Zugleich offerierte er den Filmclubs der DDR ein anspruchsvolles Verleihangebot an klassischen Filmen aus aller Welt und schrieb zahlreiche Artikel und Bücher.

Ned Beatty (6.7.1937-13.6.2021)
Im US-Kino gehörte der Schauspieler mit der Aura eines gewieften Verkäufers ab den 1970er-Jahren zu den beliebtesten Nebendarstellern. John Boorman (BEIM STERBEN IST JEDER DER ERSTE), Robert Altman (NASHVILLE), Sidney Lumet (NETWORK) und zahlreiche andere Filmemacher profitierten von Charme und Vielseitigkeit des rundlichen Darstellers aus Kentucky, der Verwundbarkeit und Autorität, Liebenswürdigkeit und Bedrohlichkeit beherrschte.

Helmuth Ashley (17.9.1919-2.7.2021)
Der Österreicher war im bundesdeutschen Kino zuerst ein gefragter Kameramann, der Melodramen und Krimis ebenso in (meist schwarz-weiß gehaltene) Form brachte wie «kritische Gegenwartsfilme» à la NASSER ASPHALT und den Kriegsfilm HUNDE, WOLLT IHR EWIG LEBEN? Mit DAS SCHWARZE SCHAF (1960) wechselte er zur Regie, wo er bei einigen Kolportagefilmen und vielen Fernsehstoffen bis in die 1990er-Jahre hinein tätig war.

Desmond Davis (24.5.1926-3.7.2021)
Der britische Regisseur steuerte in den 1960er-Jahren Filme wie DIE ERSTE NACHT und DER ONKEL zum «Free Cinema» bei, das realistische Abbilder der Zeit anbot. Später drehte er das Mythenspektakel KAMPF DER TITANEN (1980) und Literaturverfilmungen fürs Fernsehen.

Luminita Gheorghiu (1.9.1949-4.7.2021)
Die Theaterdarstellerin profitierte mit Mitte 50 vom Aufkommen der «Rumänischen Neuen Welle», zu der sie denkwürdige Frauenporträts als fürsorgliche Krankenschwester (DER TOD DES HERRN LAZARESCU), angepasste Akademiker-Frau im Ceausescu-Regime (4 MONATE, 3 WOCHEN UND 2 TAGE) und rücksichtslose Übermutter (MUTTER UND SOHN) beisteuerte.

Dilip Kumar (11.12.1922-7.7.2021)
Der indische Schauspieler war eine der Legenden des Bollywood-Kinos, der über einen Zeitraum von sechs Jahrzehnten vor allem in dramatischen und tragischen Parts reüssierte, Elemente des Method Acting in seinen Stil einfließen ließ und mit seinen Filmen etliche Kassenrekorde brach.

Pilar Bardem (14.3.1939-17.7.2021)
Die spanische Schauspielerin gehörte zu einer berühmten Familie von Filmschaffenden und nahm darin den Part der Matriarchin ein. Das prägte auch viele ihrer Filmrollen in einer fünfzigjährigen Karriere, die vom verbotenen neorealistischen Drama EL MUNDO SIGUE (1965) über Almodóvars LIVE FLESH (1997) bis zum Historienepos ALATRISTE (2006) reichte. Bekannt war sie in Spanien auch als engagierte Aktivistin in gesellschaftlichen Streitfragen.

Françoise Arnoul (3.6.1931-20.7.2021)
Die Französin wurde in den 1950er-Jahren mit frivolen und freizügigen Rollen populär, bewies aber bei Renoir (FRENCH CAN CAN), Verneuil (VERBOTENE FRUCHT) oder Decoin (DIE KATZE) auch beachtliches Schauspieltalent. Ab den 1960er-Jahren reduzierte sie ihre Kino-Arbeit auf gelegentliche Charakterauftritte.

Herbert Köfer (17.2.1921-24.7.2021)
Als Nachrichtensprecher und Moderator, vor allem aber als Film-, Theater-, Fernseh- und Rundfunkkomiker wurde der Berliner in der DDR zum Publikumsliebling. Daneben überzeugte er aber auch in ernsten Rollen wie als SS-Mann in NACKT UNTER WÖLFEN. Nach der Wende war er mit Gastauftritten weiter aktiv und galt bei der Feier seines 100. Geburtstags als «ältester aktiver» Schauspieler der Welt.

Jean-François Stévenin (23.4.1944-27.7.2021)
Der rundliche, fast kahle französische Schauspieler gehörte zu den begehrtesten Nebendarstellern seiner Heimat. Gelegentlich zog er dabei auch größere Aufgaben wie den Lehrer in TASCHENGELD (1976) und den Helfer einer sich mit Drogendealern anlegenden Barfrau in SCHNEE (1981) an Land, war aber auch in kurzen Auftritten stets markant. Dreimal trat er auch mit eigenen Regiearbeiten hervor, die ihm in Frankreich Achtungserfolge bescherten.

Jane Withers (12.4.1926-7.8.2021)
Schon als kleines Mädchen war die US-Amerikanerin im Showgeschäft aktiv, als 8-Jährige spielte sie den verwöhnten Widerpart der liebreizenden Shirley Temple in BRIGHT EYES. Mit zahlreichen weiteren Auftritten als aufgeweckt-freche Göre wurde sie zum Kinderstar und konnte sich auch als Jugendliche in

Filmen behaupten. Nach einem Leinwand-Rückzug mit 21 Jahren meldete sie sich mit Gastrollen, Werbespots und Sprechertätigkeiten ab und an wieder zurück.

Peter Fleischmann (26.7.1937–11.8.2021)
Der deutsche Filmemacher war ein pfälzischer Kosmopolit, der die Leidenschaft für lebendige Bilder mit in den «Neuen deutschen Film» brachte. JAGDSZENEN AUS NIEDERBAYERN beschrieb mit hohem Authentizitätsanspruch den feindseligen Umgang der deutschen Provinz mit Außenseitern, DIE HAMBURGER KRANKHEIT zeigte die Überforderung Europas mit einem rätselhaften Virus, ES IST NICHT LEICHT, EIN GOTT ZU SEIN versuchte sich an einer veritablen Science-Fiction-Dystopie.

Sonny Chiba (23.1.1939–19.8.2021)
Der japanische Schauspieler wurde mit Karatefilmen berühmt, von denen ab den 1960er-Jahren weit über 100 Stück entstanden. Sein Fan Quentin Tarantino verhalf ihm mit einer Rolle in KILL BILL (2003) zu einer Alterskarriere mit weiteren Kino-Gastauftritten.

Edward Asner (15.11.1929–29.8.2021)
Der untersetzte Schauspieler mit den kräftigen Augenbrauen wirkte in seinen Rollen oft bärbeißig und leicht erregbar, was ihn zunächst für Cops (GUNN) und Schurken (EL DORADO) zu prädestinieren schien. In der Rolle eines strengen, aber äußerst gutherzigen Journalisten wurde er in der Sitcom THE MARY TYLER MOORE SHOW (1970–77) zum Star und transferierte seine Figur Lou Grant erfolgreich in die nach ihr benannte Drama-Zeitungsserie (1977–82). Weitere Erfolge hatte der auch in der Schauspielergewerkschaft aktive Darsteller in Miniserien wie ROOTS (1977), als Anwalt vermeintlicher Sowjetspione in DANIEL (1983), mehrfach als Weihnachtsmann in Spielfilmen sowie als Papst Johannes XXIII. im Fernsehfilm EIN LEBEN FÜR DEN FRIEDEN (2002).

Michael Constantine (22.5.1927–31.8.2021)
Der griechisch-stämmige US-Schauspieler spielte ab den späten 1950er-Jahren Charakterparts jeglicher Ausrichtung in Filmen und Fernsehserien. Zur Rolle seines Lebens wurde der liebenswerte Patriarch einer anstrengenden Großfamilie in der Komödie MY BIG FAT GREEK WEDDING (2001) und ihren sämtlichen Fortsetzungen in Film- und Serienform.

Mikis Theodorakis (29.7.1925–2.9.2021)
Der griechische Komponist war ein weltweit anerkannter Protagonist der zeitgenössischen Musik und in seiner Heimat auch durch sein kontroverses politisches Engagement berühmt. Zu seinen zahlreichen Filmmusiken gehörten insbesondere Werke von Costa-Gavras (Z) und Michael Cacoyannis, wobei vor allem seine Arbeit für ALEXIS SORBAS Filmgeschichte schrieb.

Lutz Stützner (14.4.1957–6.9.2021)
Der Dresdner Trickfilmer und Cartoonist gehörte zur letzten Regie-Generation des DEFA-Studios für Trickfilme in Dresden. Mit einigen seiner um 1989/90 entstandenen satirischen Animationsfilme schaffte er es sogar ins New Yorker Museum of Modern Art, außerdem war er Mitbegründer und Wegbegleiter des Deutschen Instituts für Animationsfilm Dresden.

Michael K. Williams (26.11.1966–6.9.2021)
Eine große Gesichtsnarbe als Folge eines Barkampfes war das Markenzeichen des US-Schauspielers, der als homosexueller Ghetto-Räuber Omar Little zu einer der markantesten Figuren der gefeierten Serie THE WIRE (2002–08) wurde. In weiteren Fernsehserien wie BOARDWALK EMPIRE und LOVECRAFT COUNTRY hatte er vergleichbar intensive Rollen, im Kino gestaltete er selbst kurze Auftritte (THE ROAD, 12 YEARS A SLAVE) erinnerungswürdig.

Jane Powell (1.4.1929–16.9.2021)
Die lebhafte US-Tänzerin und -Sängerin erhielt schon als Jugendliche einen Filmvertrag bei MGM und belebte viele Routine-Musicals, bevor sie sich in den 1950er-Jahren dank des begnadeten Regisseurs Stanley Donen mit KÖNIGLICHE HOCHZEIT und EINE BRAUT FÜR SIEBEN BRÜDER auch in späteren Klassikern des Genres bewährte.

Mario Camus (20.4.1935–18.9.2021)
Der spanische Regisseur war ein nüchterner Filmemacher, der nichts von Schnörkeln und Experimenten hielt. Obwohl er in den 1960er-Jahren zum «Nuevo Cine Español» gerechnet wurde und durchaus erfolgreich Musikfilme oder Italo-Western inszenierte, ist sein Name vor allem mit Literaturverfilmungen verbunden. Für DER BIENENKORB gewann er 1982 bei der «Berlinale» den «Goldenen Bären».

Melvin Van Peebles (21.8.1932–21.9.2021)
Der afroamerikanische Aktivist, Autor, Schauspieler und Regisseur begründete 1971 mit seinem Film SWEET SWEETBACKS LIED das Exploitation-Genre und bewahrte sich auch bei weiteren Regiearbeiten den Ruch eines eigenwilligen Geistes im Filmgeschäft. Neben Gastauftritten in Mainstream-Filmen trat er auch für seinen Sohn Mario regelmäßig vor die Kamera.

Roger Michell (5.6.1956–22.9.2021)
Der britische Regisseur tat sich in verschiedenen Genres hervor, wobei ihm Literaturverfilmungen (VERFÜHRUNG) und stille Dramen (DIE MUTTER) am

meisten lagen. Sein größter Publikumserfolg wurde allerdings die romantische Komödie NOTTING HILL.

Helmut Herbst (2.12.1934-9.10.2021)
Der Rheinländer war in den 1960er- und 1970er-Jahren ein Protagonist des «Anderen Kinos» und positionierte sich mit Animations- und Experimentalfilmen über Kunstrevolutionen in die Tradition von Foto- und Malerei-Avantgardisten. Neben langer Lehrtätigkeit entstanden bis in die 1990er-Jahre weitere eigenwillige Werke.

Leslie Bricusse (29.1.1931-19.10.2021)
Der britische Komponist schrieb fürs Kino zahlreiche Filmmusiken und einprägsame Songs, wobei seine Bandbreite von Bond-Titelliedern wie GOLDFINGER (Text) bis zu Musicals wie WILLY WONKA UND DIE SCHOKOLADENFABRIK und VICTOR/VICTORIA reichte.

Alexander Rogoschkin (3.10.1949-23.10.2021)
Der russische Regisseur hatte mit seinem Spielfilm DIE WACHE 1990 auf der «Berlinale» seinen internationalen Durchbruch. Hier und in weiteren Filmen, vor allem der Burleske DIE BESONDERHEITEN DER RUSSISCHEN JAGD (1995), wurde er zum schonungslosen Analysten postsowjetischer Befindlichkeiten, der sich in «Friedensfilmen» wie KUKUSHKA – DER KUCKUCK (2002) auch gegen vergangene und gegenwärtige Kriege positionierte.

Dean Stockwell (5.3.1936-7.11.2021)
Der US-amerikanische Schauspieler durchlebte eine Karriere mit mehreren Erfolgsphasen, die von langen Durststrecken unterbrochen wurden. In den 1940er-Jahren zeigte er schon als Kind herausragendes Talent neben Stars wie Gene Kelly und Gregory Peck, als junger Erwachsener glänzte er mit sensiblen Porträts in DER ZWANG ZUM BÖSEN und SÖHNE UND LIEBHABER. Ab Mitte der 1980er-Jahre war er schließlich ein vielseitiger Charakterdarsteller in Filmen wie PARIS, TEXAS und BLUE VELVET sowie der Fernsehserie ZURÜCK IN DIE VERGANGENHEIT.

Marie Versini (10.8.1940-22.11.2021)
Die aparte Französin wurde schon mit 17 Jahren an der Comédie-Française aufgenommen, erwarb ihren größten Ruhm aber als Darstellerin in deutschen Abenteuerfilmen, insbesondere als Winnetous Schwester Nscho-tschi. Neben weiteren Karl-May-Verfilmungen spielte sie auch im Weltkriegsdrama KENNWORT: REIHER (1963), in Frankreich war sie vor allem in Fernsehproduktionen zu sehen.

Stephen Sondheim (22.3.1930-26.11.2021)
Der US-amerikanische Musical-Komponist stieg in der zweiten Hälfte des 20. Jahrhunderts zur Legende seiner Zunft auf, der für seine komplexen Rhythmen und seine hochintelligenten Texte gerühmt wurde. Viele seiner Bühnenarbeiten wurden mit unterschiedlichem Erfolg verfilmt, originäre Filmmusik komponierte Sondheim für Alain Resnais (STAVISKY) und Warren Beatty (REDS), für den er auch die Songs von DICK TRACY verfasste. Daneben floss seine Vorliebe für Wortspiele und Rätsel auch ins Drehbuch zur Krimikomödie SHEILA ein.

Roger Fritz (22.9.1936-26.11.2021)
Als Schauspieler blieb er nicht zuletzt durch seine Auftritte in Filmen von Rainer Werner Fassbinder in Erinnerung; seine Karriere war darüber hinaus aber sehr vielseitig; er arbeitete als Fotograf und Reporter und war auch als Regisseur aktiv. Fürsprecher seiner ohne Anbiederung ans intellektuelle «Neue deutsche Kino» gedrehten Werke wie MÄDCHEN, MÄDCHEN und MÄDCHEN... NUR MIT GEWALT fand er eher bei nachfolgenden Generationen.

David Gulpilil (1.7.1953-29.11.2021)
Der Angehörige der indigenen Aborigenes bewies schon in seinem Filmdebüt in Nicolas Roegs WALKABOUT (1973) Talent und Charisma und hinterließ als Schauspieler starken Eindruck in Filmen angesehener australischer Regisseure wie Peter Weir (DIE LETZTE FLUT), Phillip Noyce (LONG WALK HOME) und Rolf de Heer (CHARLIE'S COUNTRY).

Helga Reidemeister (4.2.1940-29.11.2021)
In vielen ihrer Dokumentarfilme wie VON WEGEN SCHICKSAL und MIT STARREM BLICK AUFS GELD verknüpfte die Filmemacherin Privates und Politisches. Ihr Kino wider die Tabus erzählte von Gewalterfahrung, Wurzellosigkeit und dem trügerischen Streben nach Geld, aber doch immer wieder auch von der Hoffnung und der Überlebenskraft, Energie aus den Unbilden des Alltags zu schöpfen. Zuletzt drehte sie mehrere Filme über die Lage in Afghanistan.

Antony Sher (14.6.1949-2.12.2021)
Für seine Bühnenpräsenz in Stücken von Shakespeare und anderen wurde der geborene Südafrikaner von der englischen Theaterkritik regelmäßig gefeiert. Im Kino fand er weniger fordernde Aufgaben, stach jedoch auch hier u. a. im AIDS-Drama ALIVE & KICKING, als Benjamin Disraeli in IHRE MAJESTÄT MRS. BROWN und als elisabethanisches Pendant eines Psychiaters in SHAKESPEARE IN LOVE hervor.

Roland Dressel (26.4.1932-5.12.2021)
Der Kameramann fotografierte in den 1970er- und 1980er-Jahren einige der bedeutendsten DEFA-Filme. Regisseure wie Rainer Simon, Roland Gräf oder Ulrich Weiß schätzten ihn für seine Bilderwelten, die

sich den Geschichten unterordneten, aber zugleich mit immer neuen artifiziellen Einfällen aufwarteten.

Lina Wertmüller (14.8.1928–9.12.2021)
Die einer adligen Schweizer Familie entstammende italienische Filmemacherin begann als Assistentin von Federico Fellini und inszenierte ab den 1960er-Jahren eigene Filme. Fantasievoll-freche Zugriffe waren ebenso ihr Markenzeichen wie provokante Positionen zu Geschlechter- und Klassenkampf. Für SIEBEN SCHÖNHEITEN (1975) wurde sie als erste Frau überhaupt für den Regie-«Oscar» nominiert.

Cara Williams (29.6.1925–9.12.2021)
Die US-Schauspielerin bewährte sich in den 1950er-Jahren mit temperamentvollen Nebenrollen in Musicals wie VIVA LAS VEGAS oder der Sängerinnen-Biografie EIN LEBEN IM RAUSCH. Als alleinerziehende junge Mutter, deren Handeln in FLUCHT IN KETTEN zur Bewährungsprobe für zwei Ausbrecher mit unterschiedlicher Hautfarbe wird, wurde sie für den «Oscar» nominiert.

Sergej Solowjew (25.8.1944–13.12.2021)
Der russische Regisseur trat zuerst mit Literaturverfilmungen nach Tschechow, Gorki und Puschkin hervor. Für die zartfühlende Liebesgeschichte zweier Jugendlicher in HUNDERT JAHRE NACH DER KINDHEIT (1975) wurde er in Berlin ausgezeichnet, auch spätere Filme wie DIE FREMDE WEISSE (1986) zeichneten sich durch sensible Blicke auf junge Menschen in der Sowjetunion aus. Daneben schrieb Solowjew zahlreiche filmhistorische Werke und leitete russische Festivals und Filmemachervereinigungen.

Verónica Forqué (1.12.1955–13.12.2021)
Die spanische Schauspielerin machte als Jugendliche in den Filmen von Jaime de Armiñán (MI QUERIDA SEÑORITA) erstmals auf sich aufmerksam, ab den 1980er-Jahren vertrauten u. a. Fernando Trueba (DAS JAHR DER AUFKLÄRUNG) und Pedro Almodóvar (KIKA) der munteren Aktrice lohnende Aufgaben an.

Jean-Marc Vallée (9.3.1963–25.12.2021)
Der frankokanadische Regisseur erweckte mit seinem Film C.R.A.Z.Y. (2005) über das Großwerden eines homosexuellen Jugendlichen in einer konservativen Familie in den 1960er-/1970er-Jahren auch jenseits seines Heimatlandes Aufmerksamkeit. Während seine weiteren kanadischen Filme eher lokale Erfolge blieben, inszenierte er in den USA das intensive AIDS-Drama DALLAS BUYERS CLUB (2013) und die Aussteiger-Geschichte WILD (2014) und fürs Fernsehen die erste Staffel der Miniserie BIG LITTLE LIES (2017) sowie SHARP OBJECTS (2018).

■ Kinotipp der katholischen Filmkritik

In der Ausgabe vom 8.3.1988 veröffentlichte das Filmmagazin FILMDIENST erstmals den «Kinotipp der katholischen Filmkritik», mit dem die katholische Filmarbeit die Tradition der Filmempfehlung wieder aufnahm. Auch nach 30 Jahren und rund 400 «Kinotipps» bleibt es ein Ziel dieser besonderen Form der Empfehlung, auf Filme aufmerksam zu machen, die auf bemerkenswerte Weise ethische und humanistische Fragestellungen aufgreifen und dies mit einer herausragenden künstlerischen Qualität verbinden. Der «Kinotipp» erscheint in unregelmäßigen Abständen. Im Jahr 2021 wurden die folgenden 11 Filme als «Kinotipp der katholischen Filmkritik» ausgewählt:

A
A BLACK JESUS
ADAM

D
DOCH DAS BÖSE GIBT ES NICHT

G
GROSSE FREIHEIT

I
ICH BIN DEIN MENSCH

M
MATERNAL

N
NAHSCHUSS
NOMADLAND
NOWHERE SPECIAL

Q
QUO VADIS, AIDA?

R
DER RAUSCH

■ «Sehenswert» 2021

Bei den Rezensionen des von 1947 bis 2017 erschienenen Filmmagazins FILMDIENST und des im Jahr 2018 daraus hervorgegangenen Online-Portals www.filmdienst.de werden Filme, die «den Durchschnitt ihrer Gattung anerkennenswert übertreffen» als «sehenswert» gekennzeichnet. Dieser Hinweis kann wegen der Verschiedenheit von Alter, Erwartung und Wissen bei den Zuschauern nicht als allgemeine Empfehlung verstanden werden, sondern lediglich als ein Signal für diejenigen, denen die betreffende Filmgattung nach eigener Erfahrung zusagt. Als «sehenswert» in diesem Sinne sind in diesem Jahrbuch die nachfolgenden Filme ausgezeichnet worden:

A
A BLACK JESUS
A COLONY
A FAMILY TOUR
A SYMPHONY OF NOISE
ACASA, MY HOME
ACHTUNG LEBENSGEFAHR! – LGBT IN TSCHETSCHENIEN
ADAM
AIR CONDITIONER
ALEPH
ALL DIE TOTEN
ALLES IST EINS. AUSSER DER 0.
AMAZONIA UNDERCOVER – DER KAMPF DER MUNDURUKU
AMEXICA – GRENZWELTEN
AMMONITE
ANMASSUNG
ANNETTE
ARLO, DER ALLIGATORJUNGE
DER ATEM DES MEERES
AUSLEGUNG DER WIRKLICHKEIT – GEORG STEFAN TROLLER
AZNAVOUR BY CHARLES

B
BEGINNING
BERGMAN ISLAND
DAS BLUBBERN VON GLÜCK

DIE BLUMEN VON SHANGHAI
BORGA

C
CLASSMATES MINUS
COLORFUL
COURAGE
CRY MACHO
CRYPTOZOO
CURVEBALL – WIR MACHEN DIE WAHRHEIT

D
DEAR EVAN HANSEN
DESTERRO
DOCH DAS BÖSE GIBT ES NICHT
DRIVE MY CAR
DRIVEWAYS

E
EIGHTH GRADE
EIN BISSCHEN BLEIBEN WIR NOCH
EINFACH SCHWARZ
ERDMÄNNCHEN UND MONDRAKETE
EUCH ZU LIEBEN IST MEIN LEBEN

F
DIE FABELHAFTE REISE DER MARONA
FABIAN ODER DER GANG VOR DIE HUNDE
DER FALL EL-MASRI

FIRST COW
FOR THE TIME BEING
FOR THOSE WHO CAN TELL NO TALES
FRAU IM DUNKELN
FRÜHLING IN PARIS

G
GELIEFERT
DIE GESCHICHTE MEINER FRAU
GHOST TROPIC
GORBATSCHOW. PARADIES
GRENZLAND
GROSSE FREIHEIT
GUNDA

H
HEIMAT NATUR
HERE WE ARE
HERR BACHMANN UND SEINE KLASSE
HINTER DEN SCHLAGZEILEN
HOME
HONGKONG – EINE STADT IM WIDERSTAND
HOPE

I
ICH BIN DEIN MENSCH

J
JAUJA

Josep
Jugend

K
Kabul Kinderheim
Ein Kind wie Jake
Königreich der Bären
Königsmacherin
Kuessipan
Kunst kommt aus dem Schnabel wie er gewachsen ist

L
Das Land meines Vaters
Lauras Stern
Lene und die Geister des Waldes
Liebe Last Lust
Liebe war es nie
Lieber Thomas
Lift Like a Girl – Stark wie ein Mädchen
Little Big Women
Lobster Soup – Das entspannteste Café der Welt
Los conductos
Luca
Das Mädchen und die Spinne

M
Maigret – Um eines Mannes Kopf
Makala
Malikas Königreich
Malmkrog
Martin Eden
Der Masseur
Maternal
Matthias & Maxime
May, die dritte Frau
Milestone
Minari – Wo wir Wurzeln schlagen
Die Mitchells gegen die Maschinen
Moleküle der Erinnerung – Venedig, wie es niemand kennt
Moskau Einfach!
Moving On

N
Nahschuss
Nestwochen
Neubau
Neues aus der Welt
1986
Nixen

Nö
Nomadland
Notes of Berlin
Nowhere Special

O
Ohne ein Wort zu sagen
One Night in Miami
Orphea

P
Platzspitzbaby – Meine Mutter, ihre Drogen und ich
Polizeiruf 110 – An der Saale hellem Strande
Promising Young Woman

Q
Quo vadis, Aida?

R
Der Rausch
Röntgenbild einer Familie
Rosas Hochzeit
Rückkehr nach Reims

S
Scars
Der schrille Klang der Freiheit
Der Schüler
Schwanengesang
Schwarze Adler
Die Seelen der Toten – Mingshui
Shiva Baby
Sie ist der andere Blick
Silence Radio
Sommer 85
Ein Sommer zum Verlieben
Songs My Brother Taught Me
Speer goes to Hollywood
Der Staat gegen Mandela und andere
Summer Of Soul (… Or, When the Revolution Could Not Be Televised)
Sweet & Sour
Szenen meiner Ehe

T
Tanz der Unschuldigen
The Bacchus Lady
The Father
The Green Knight
The Last Forest
The Last Note – Sinfonie des Lebens
The Lost Leonardo
The Painted Bird
The Painter and the Thief
The Power of the Dog
The Scarecrows
The Tragedy of Macbeth
The Trouble with Being Born
Die tiefe Sehnsucht der Götter
Tito and the Birds
Die Töchter der Revolution
Eine total normale Familie
Treasure Island

U
Die Unschuldigen
Unter einem Dach
Uppercase Print
Uta

V
Vater – Otac
Die Verdammten der Pariser Kommune
Die Vergesslichkeit der Eichhörnchen
Die Verschwundene
Victoria
Vom Planet der Menschen
Vor mir der Süden

W
W. – Was von der Lüge bleibt
Walchensee Forever
Die Wand der Schatten
Wenn Tiger träumen – Eine Geschichte aus dem Nord-Iran
Where to?
Who's Afraid of Alice Miller?
Der Wilde Wald – Natur Natur sein lassen
Winter's Night
Wir
Wood and Water

Y
Youth Unstoppable – Der Aufstieg der globalen Jugend-Klimabewegung
Die Zähmung der Bäume – Taming the Garden

Z
Zana
Der Zorn der Bestien – Jallikattu
Zustand und Gelände

■ «Diskussionswert» 2021

Das Online-Portal www.filmdienst.de kann, wie zuvor das Filmmagazin FILMDIENST, Filmen auch das Prädikat «diskussionswert» zuerkennen. Damit werden überdurchschnittliche Filme ausgezeichnet, die Themen von gesellschaftlicher, ethischer oder allgemein menschlicher Bedeutung in einer Weise aufgreifen, die zur weiteren, vertiefenden Diskussion über die Filme und die darin behandelten Fragen und Antworten einladen. Als «diskussionswert» in diesem Sinne sind in diesem Jahrbuch die nachfolgenden Filme ausgezeichnet worden:

A
A Crooked Somebody
À la Carte! – Freiheit geht durch den Magen
A Quiet Place 2
A Taxi Driver
A Yellow Animal
Aalto – Architektur der Emotionen
About Some Meaningless Events
Accidental Luxuriance of the Translucent Watery Rebus
80.000 Schnitzel
Die Adern der Welt
African Mirror
Alice and the Mayor
All the pretty little horses
Am Leben sein und darum wissen
Amin
Amur senza fin
An seiner Seite
Anne at 13,000 ft
Anni Da Cane
Anything for Jackson
Ashcan – Das geheime Gefängnis
Atlantis
Atomkraft Forever
Aufschrei der Jugend – Fridays for Future Inside
Aus der Küche ins Bundeshaus – Der lange Weg zum Frauenstimmrecht
Die aussergewöhnliche Reise der Celeste Garcia

B
Bad Nazi – Good Nazi
Bambi
Be Natural – Sei du selbst
Beasts Clawing at Straws
Being Thunder
Bellingcat – Truth in a Post-Truth World
Benedetta
Beyto
Bhagwan – Die Deutschen und der Guru
Bilder (m)einer Mutter
Bis an die Grenze
Black Mother
Bloody nose, empty pockets
Blue
Bombay Rose
Bori

C
Cash Truck
Catweazle
CHADDR – Unter uns der Fluss
Clifford der grosse rote Hund
Coda
Complicity
Convergence: Mut in der Krise
Corona – Die eingesperrten Alten
Cosmos
Coup
Cousteau

D
Daft Punk's Electroma
Dark Justice – Du entscheidest!
De Oost
Dead Pigs
Dear Future Children
Deutschland 9/11
Displaced
Die Dohnal

E
Ein Doktor auf Bestellung
Dürer
Eastern Plays
Eden für jeden
Elise und das vergessene Weihnachtsfest
Encanto
Das Ende des Schweigens
Endjährig
Engel – Wenn Wünsche wahr werden
Die Erlösung der Fanny Lye
Es war einmal ein kleines Schiff
Etwas das lebt und brennt
Etwas Schönes bleibt – Wenn Kinder trauern
Every Time I Die

F
Falling
Fantastische Pilze – Die magische Welt zu unseren Füssen
Fast Color – Die Macht in Dir
Finch
Ein Fisch, der auf dem Rücken schwimmt
Der Fluch des Tunnels
Found
Die Frau aus Brest
Frau Oyu
Eine Frau, von der man spricht
Freistaat Mittelpunkt
French Exit
Freunde

G
Garagenvolk
Ein gefährliches Leben
Gefangen
Das Geheimnis des Ballettänzers
Genderation
Genus Pan
Ghofrane – Eine Frau im tunesischen Frühling
Ghosts
Gipfel der Götter
GlassBoy
Glücklich bin ich, wenn Du schläfst
Göring, Brueghel und die Shoah

Grand Cru
Das grosse Abenteuer des kleinen Vampir
Die Grube (2019)
Die Grube (2020)
Gruber geht

H
Ham on Rye
Hartwig Seeler – Ein neues Leben
Heimat to Go – Vom Glück im Schrebergarten
Die Heimsuchung
Helden der Wahrscheinlichkeit
Helmut Lachenmann – My Way
Herr Mo
Die Herrin von Atlantis
Hervé Guibert – Anschreiben gegen den Tod
Hinterland
Hippokrates und ich
Hochwald
Der Hochzeitsschneider von Athen
Hoffmanns Erzählungen
Höhenflüge
Holz Erde Fleisch
Homo Communis – Wir für Alle
Ein Hund namens Palma
Hyperland

I
I Feel Good
Im Ring
Immer noch Frau
In den Uffizien
In meinem nächsten Leben
In Paris
In the Heights
Infection
Ivie wie Ivie

J
Jackie & Oopjen – Kunstdetektivinnen
Jackpot
Jack's Ride
Das Jahr, das unsere Erde veränderte
Jelnja – Stadt des Ruhms
Jiyan
Joe Bell
Johannes Brahms – Die Pranke des Löwen
Judas and the Black Messiah
Jungleland

K
Kabul, City in the Wind
Kaiserschmarrndrama
Kala Azar
Karottenkopf
Keine Zeit zu sterben
Kinder der Hoffnung – One Of Us
Die Klasse von 09/11 – 20 Jahre danach
Klassenkampf

Knerten und die Seeschlange
König der Raben
Der Königsmacher: Mit den Waffen der Werbung
Krabi, 2562
Kultourhelden

L

Labyrinth of Cinema
Landretter
Landschaft des Widerstands
Le Prince
Leben ohne Erinnerung
Leitfaden für die perfekte Familie
Lemebel
Die letzte Familie
Das letzte Land
Die letzte Stadt
Die letzten Reporter
Die Liebe des Hans Albers
Lievalleen
Lina from Lima
Lionhearted – Aus der Deckung
Los Reyes – Königliche Streuner
Lost in Face – Die Welt mit Carlottas Augen
Love and Monsters
Love around the World

M

Made in Bangladesh
Madison – Ungebremste Girlpower
Die Mafia ist auch nicht mehr das, was sie mal war
Magic Roads – Auf magischen Wegen
Making Waves: The Art of Cinematic Sound
Malcolm & Marie
Maquinaria Panamericana
Mare
Mary Bauermeister – Eins und Eins ist Drei
Maya
Meanwhile on Earth
Meeresleuchten
Mein Bruder, der Superheld
Mein Opa, Karin und ich
Mein Vietnam
Meine Wunderkammern
Memory – Über die Entstehung von Alien
Microhabitat
Miss Beautiful
Mister Radio
Mit der Kraft des Windes
Mitgefühl
Mitra
Moffie
Monte Verità – Der Rausch der Freiheit
Moskau 1941 – Stimmen am Abgrund
Moxie. Zeit, zurückzuschlagen

N

Ein nasser Hund
Nenn mich Marianna
1982 – Neunzehnhundertzweiundachtzig
Nicht dein Mädchen
Der Nomade – Auf den Spuren von Bruce Chatwin
Now
Nur der Teufel lebt ohne Hoffnung – Politische Gefangene in Usbekistan
Nur ein einziges Leben

O

Oasis

Oliver Sacks – Sein Leben
Once upon a time in Bethlehem
Operation Hyakinthos
Opium
Our Memory Belongs to Us
Out of Place

P

Pariah
Die Party ist vorbei
Der Passierschein
Percy
Die perfekte Ehefrau
Die Pfefferkörner und der Schatz der Tiefsee
Pieces of a Woman
Plötzlich so still
Ein Polizei-Film
Polizeiruf 110 – Bis Mitternacht
Pray Away
Promare
Proxima – Die Astronautin

R

Red Moon Tide
Rémi – sein grösstes Abenteuer
Respect
Ron läuft schief
Die rote Kapelle
Ruhe! Hier stirbt Lothar

S

Schachnovelle
Die Schlacht um die Schelde
Der Schmerz
Schocken – Ein deutsches Leben
Seaspiracy
Seitenwechsel
Sequin in a Blue Room
Shattered – Reise in eine stille Vergangenheit
She Dies Tomorrow
Sicherheit
7 Gefangene
Der Siebzehnte
Slahi und seine Folterer
Soldaten
Sole
Sommer-Rebellen
Sonja – The White Swan
Sörensen hat Angst
Space Sweepers
Spaceship Earth
Spion(e)
Stillwater – Gegen jeden Verdacht
Stowaway – Blinder Passagier
Super-GAU – Die letzten Tage Luxemburgs
Supernova
Sweat

T

Tage wie Nächte
Tagebuch einer Biene
Die Tanzenden
Tatort – Borowski und der gute Mensch
Tatort – Die dritte Haut
The Cloud in Her Room
The Dissident
The Eagles – Himmel und Hölle Kaliforniens
The First Lap
The Forgiven
The French Dispatch
The Guilty

The Hand of God
The Harder They Fall
The Last Black Man in San Francisco
The Legend of Hei – Die Kraft in Dir
The Nest – Alles zu haben ist nie genug
The Night of the Beast
The Secrets We Keep – Schatten der Vergangenheit
The Soul
The Sparks Brothers
The Twentieth Century
The Velvet Underground
The Water Man
The Winter Guest
Tides
Tiger
Tina
Titane
Töchter des Feuers
Tolo Tolo – Die grosse Reise
Tonsüchtig – Die Wiener Symphoniker von Innen
Tragic Jungle
Trans – I Got Life
Tunnel
Tunnel der Freiheit
Die Unbeugsamen

U

Unter den Sternen von Paris

V

Valley of Souls
Vento Seco
Die Verlobten
Verplant – Wie zwei Typen versuchen, mit dem Rad nach Vietnam zu fahren
Das Versprechen
Vincents Welt
Viral Dreams – Die ausgebremste Generation
Visit, or Memories and Confessions

W

Walter Kaufmann – Welch ein Leben!
Waren einmal Revoluzzer
Was uns bindet
Das Wattenmeer – Leben zwischen Land und See
Weihnachten im Zaubereulenwald
Die Welt jenseits der Stille
Die Welt steht still
Wem gehört mein Dorf?
West Side Story
Wife of a Spy
Wir alle. Das Dorf
Wir sind alle deutsche Juden
Wonders of the Sea
Wood

Y

Yes, God, Yes – Böse Mädchen beichten nicht
You Deserve a Lover

Z

Das Zelig
Zimmer 212 – In einer magischen Nacht
Zu schön um wahr zu sein – Die JT LeRoy Story
Zuhause
Zurück in die Eiszeit: Die Zimov-Hypothese
Zwerg Nase
12 Tage Sommer

Lexikon der Filme 2021

Die Kurzkritiken dieses Lexikons informieren über Inhalt und Bedeutung der Spiel- und Dokumentarfilme, die im Berichtszeitraum erstmals in den deutschen Kinos, im Fernsehen, auf DVD und Blu-ray und bei Streaming-Anbietern gezeigt beziehungsweise vertrieben wurden. Das Lexikon enthält auch Kurzkritiken von Filmen, die im Online-Filmportal www.filmdienst.de aus unterschiedlichen Gründen nicht erfasst werden konnten. Die Altersangaben am Ende des jeweiligen Textes (ab 6, ab 8, ab 10, ab 12, ab 14, ab 16, ab 18) bezeichnen die Tragbarkeit für die entsprechenden Altersstufen nach Meinung der Katholischen Filmkommission.

Der Berichtszeitraum beginnt mit dem 1. Januar 2021 und endet mit dem 31. Dezember 2021. Dies entspricht den im FILMDIENST-Onlineportal veröffentlichten Kritiken unter den laufenden Nummern 47495 bis 48296. In einigen wenigen Fällen können auch Filme mit höherer FILMDIENST-Nummer auftauchen; hier wurde dann dem Erstaufführungsdatum Vorrang gegenüber dem Erscheinen der Kritik beim FILMDIENST eingeräumt.

Das Lexikon informiert mit wenigen Ausnahmen über Filme, die eine Laufzeit von mindestens 60 Minuten haben. Bei im Kino gezeigten Filmen sowie bei auf DVD und/oder Blu-ray veröffentlichten Filmen gilt – sofern der Film zur Prüfung vorgelegen hat – die von der Freiwilligen Selbstkontrolle der Filmwirtschaft (FSK) angegebene Länge. Längenangaben zu den nicht von der FSK freigegebenen Filmen beruhen auf Informationen aus den Presseheften und/oder anderem Archivmaterial. Bei im Fernsehen sowie bei Streaming-Anbietern gezeigten Filmen war die Redaktion bemüht, die eigentliche Laufzeit des Films zu ermitteln. Falls die Kinolänge der im Fernsehen ausgestrahlten Filme nicht eindeutig ermittelt werden konnte, wird die Sendelänge genannt; ist der Unterschied zwischen Kino- und Sendelänge größer als der durch technische Gründe erklärbare Spielraum, werden in der Regel zwei Längen angegeben. Dies deutet auf eine gegenüber der Kinofassung veränderte Fernseh-, DVD- oder Blu-ray-Fassung hin.

Die alphabetische Reihenfolge richtet sich nach dem ersten Wort des Titels ohne Berücksichtigung des bestimmten oder unbestimmten Artikels. Steht der Artikel jedoch im Wes-, Wem- oder Wen-Fall, so ist der Artikel, nicht das folgende Wort maßgebend. Bestimmend für die Reihenfolge ist ferner das erste Wort des Titels ohne Heranziehung des zweiten («Anbausystem»). In Fällen, in denen ein fremdsprachiger Titel auch der deutsche ist, gilt der Artikel als Teil des Titels – ist im Alphabet also unter dem entsprechenden Buchstaben zu suchen. So finden sich Filme, die auch hierzulande mit dem englischen Artikel «The» beginnen, unter «T»; Filme, die mit den französischen Artikeln «Le», «La» oder «Les» beginnen, unter «L» usw. Ausländische Filmtitel, die mit einer Ziffer beginnen, sind in der Regel unter dem deutschen Zahlwort zu finden, in Ausnahmefällen unter dem englischen; wenn der Originaltitel eines fremdsprachigen Films mit einer arabischen Ziffer beginnt, wird der Film, numerisch eingeordnet, im Verzeichnis der Originaltitel noch vor dem ersten Buchstaben des Alphabets, also vor «A», platziert.

Abkürzungen

Am Ende jeder Kurzkritik stehen in folgender Ordnung Angaben (soweit sie zu ermitteln waren) über
- die technische Ausführung des Films (bei farbigen Filmen im Normalformat erfolgt kein gesonderter Hinweis, ansonsten wird mit «3D», «Scope», «Schwarzweiß» oder «Teils schwarzweiß» die Ausführung charakterisiert)
- das Ursprungsland (bei Co-Produktionen die Ursprungsländer)
- das Produktionsjahr
- den Kinoverleih (bei Kooperationen in der Auswertung die Kinoverleihe) (**KI**)
- den DVD-Anbieter (**DVD**). In Klammern werden die technischen Details in folgender Reihenfolge spezifiziert: Hinweise auf die angebotenen Bildformate (anamorphe Bildabtastung im Format 16:9; FF = Full Frame / Vollbild (in der Regel 1.33:1)); die Bildformate sind Näherungswerte, so werden etwa 2.35:1 äquivalent für CinemaScope-Formate verwendet, die im tatsächlichen Bildschirmformat zwischen 2.30:1 und 2.40:1 schwanken können; Tonformate (Mono, DD = Dolby Digital von 2.0 bis 6.1, wobei stets immer nur das «höchste» Tonformat angegeben wird; DTS = Digital Theatre Sound); bei den verschiedenen Sprachversionen (in der Regel sind dt. Untertitel vorauszusetzen, lediglich Abweichungen werden erwähnt) werden, neben der deutschen Tonspur, lediglich die im Original gesprochenen Sprachen berücksichtigt. Werden die Sprachfassungen durch ein «&» verbunden, so werden auf der gleichen Tonspur mehrere Sprachen gesprochen.
- den Blu-ray-Anbieter (**BD**). Grundsätzlich sind die Angaben analog denen der DVD-Anbieter (siehe

oben). Nur beim Tonformat gibt es signifikante Änderungen. Hier unterscheidet man zwischen folgenden Tonformaten: Unkomprimiert (PCM – in der Regel 5.1, andere Boxenverteilung, etwa 2.0, werden gesondert vermerkt). PCM stellt eine exakte Replikation des Audiomaster dar. Verlustfrei komprimiert (Dolby TrueHD [DTrueHD], dts-HD, DTS HD Master Audio [dts-HDMA] – wenn nicht anders vermerkt in 5.1). Mit Ausnahme von dts-HD sind die Tonformate hier «lossless», d. h. identisch zum decodierten Studiomaster. Schließlich verlustbehaftet komprimiert (DD, dts) analog dem DVD-Ton. Seit Herbst 2014 gibt es zudem noch das Tonformat Dolby Atmos. Mit spezieller Hardware ist hier eine Art Raumklang reproduzierbar, der in der Regel sieben Surroundboxen, eine Bassbox sowie vier in der Höhe angebrachte Lautsprecher (7.1.4) involviert. Grundsätzlich ist das Tonsystem abwärtskompatibel, d. h. wird durch Verstärker auf 7.1- respektive 5.1-Tonformate heruntergerechnet. Ähnliche Formate anderer Firmen wären AURO oder DTS:X.
- 4K UHD: Als Nachfolger respektive Ergänzung wird seit 2016 von der Industrie ein neues Trägerformat angeboten, das aufgrund der gesteigerten Speicherfähigkeit Filme auch in 4K-Auflösung anbieten kann. Dieses mit dem herkömmlichen DVD/BD-Format nur abwärts kompatible System ermöglicht gesteigerte Qualität in Bild und Ton, Dynamikraten, Farbtiefen und Kontrastumfang (HDR). 4K UHD ist mit Stereoskopie (3D) per definitionem inkompatibel und wird für den Heimkinomarkt nicht kombiniert.
- Regie (**R**)
- Drehbuchautoren (**B**)
- Verweis auf die Buch-, Theaterstück- oder anderweitige Vorlage (**Vo**)
- Kamera (**K**)
- Musik (**M**)
- Schnitt (**S**)
- Szenenbild (**Sb**)
- Kostümbild (**Kb**)
- Hauptdarsteller mit Rollennamen (**D**)
- die Laufzeit in Minuten (**L**). Die Längenangaben der DVD ergeben sich durch die Abtastung von 25 Bildern/Sekunde (B/s). Im Kino sowie auf Blu-ray (BD) haben Filme grundsätzlich identische Längen, da sie jeweils mit 24 Bildern/Sekunde zur Ausstrahlung gelangen. Die Reihenfolge der Längenangaben korrespondiert mit der Reihenfolge im Feld «Erstaufführungen».
- den Freigabeentscheid der Freiwilligen Selbstkontrolle der Filmwirtschaft (**FSK**). Seit der Neufassung des Jugendschutzgesetzes vom 1.4.1985 existieren die Kategorien o. A. (freigegeben ohne Altersbeschränkung), ab 12, ab 16, nicht unter 18 (hier als ab 18) sowie feiertagsfrei (f) oder nicht feiertagsfrei (nf). Die Altersfreigabe «Nicht freigegeben unter 18» änderte sich mit dem Jugendschutzgesetz vom 1.4.2003 in «Keine Jugendfreigabe» (KJ). Seit dem 30.12.2008 gilt anstelle der Angabe «o. A.» die FSK-Kennzeichnung ab 0; für die Angabe «KJ» wurde zu diesem Zeitpunkt wieder die FSK-Bezeichnung «ab 18» eingeführt. Eine Feiertagsregelung gilt nicht für die Freigabe von Filmen auf Video/DVD/BD. Der bei DVD- und BD-Veröffentlichungen mögliche «SPIO/JK»-Vermerk verweist auf ein von der FSK nicht freigegebenes, aber von einer Juristen-Kommission der Spitzenorganisation der Filmwirtschaft (SPIO) als strafrechtlich unbedenklich attestiertes Produkt. Im Gegensatz zu den freigegebenen Veröffentlichungen (etwa «KJ») kann eine solche DVD indiziert, u. U. auch beschlagnahmt werden. Seit Oktober 2007 gilt die Unterscheidung in «SPIO/JK geprüft: keine schwere Jugendgefährdung» (SPIO/JK I) und «SPIO/JK geprüft: strafrechtlich unbedenklich» (SPIO/JK II). Letztere hat schärfere Vertriebs- und Werbebeschränkungen zur Folge. Als «ungeprüft» bezeichnete DVDs wurden der FSK nicht zur Bewertung vorgelegt und sind mitunter in Österreich und der Schweiz veröffentlicht worden.
- das Prädikat der Filmbewertungsstelle Wiesbaden (**FBW**): «wertvoll» (w) oder «besonders wertvoll» (bw)
- das Erstaufführungsdatum (**E**) in Deutschland beziehungsweise bei Premieren im deutschen Fernsehen das Datum der Erstausstrahlung. Bei Filmen auf DVD und Blu-ray sowie bei Filmen bei Streaming-Anbietern wird das möglichst präzise Datum der ersten Veröffentlichung des Films genannt.
- die laufende Nummer der ausführlichen FILM-DIENST-Kritik (**fd**)
- 🄳 Bei einigen Filmen informiert ein zusätzlicher DVD/BD-Text über die jeweilige Heimkino-Ausgabe, sofern diese neben dem Film auch herausragende Extras enthält.
- Die Sterne-Bewertungen der Filme hinsichtlich ihrer künstlerischen Qualität erfolgen in sechs Abstufungen:
  - ★★★★★ herausragend, ein Meisterwerk
  - ★★★★ sehr gut, ambitioniert, lohnenswert
  - ★★★ solide und interessant
  - ★★ wenig aufregend, Mittelmaß
  - ★ verschenkt, enttäuschend
  - ☆ ärgerlich, anstößig, eine Zumutung

A BLACK JESUS (© Road Movies / Luca Lucchesi)

A BLACK JESUS ★★★★

In dem sizilianischen Städtchen Siculiana finden sich die Menschen seit langer Zeit Anfang Mai zu einer großen Prozession zusammen, bei der ein Kruzifix mit einer schwarzen Jesusfigur durch die Straßen getragen wird. Als ein 19-jähriger Flüchtling aus Ghana als Kreuzträger daran teilnehmen will, geraten die Gemüter in Wallung. Mit großem Gespür für Stimmen und Stimmungen fängt der in malerischem CinemaScope gefilmte Dokumentarfilm die Gemengelage ein und formt daraus ein offenes Werk, das zum Weiterdenken animiert und die vielfältigen Widersprüche der Gegenwart in schmerzhafte Zeitbilder gießt. – **Sehenswert ab 14.**
Scope. Deutschland 2020 **KI** Filmwelt **R** Luca Lucchesi **B** Hella Wenders, Luca Lucchesi **K** Luca Lucchesi **M** Roy Paci **S** Luca Lucchesi, Edoardo Morabito **L** 96 **FSK** ab 0; f **E** 20.5.2021 VoD (Filmwelt) fd 47512

A CALIFORNIA CHRISTMAS: ★★
CITY LIGHTS

A CALIFORNIA CHRISTMAS: CITY LIGHTS
Fortsetzung des Liebesfilms A CALIFORNIA CHRISTMAS: Nachdem der Sprössling einer reichen Unternehmer-Familie und eine Farmerstochter zusammengekommen sind, wird das ländliche Liebes-Idyll der beiden gestört, als sich der Mann gezwungen sieht, sich um die Firma seiner Familie zu kümmern. Zusammen mit seiner Braut kehrt er dafür nach San Francisco zurück; dort soll spontan an Weihnachten auch die Hochzeit des Paares stattfinden. Doch seine Dandy-Vergangenheit droht ihn in Form einer eifersüchtigen Exfreundin einzuholen und mit fiesen Intrigen das Glück zu zerstören. Routinierte, genüsslich-kitschige Weihnachtsromanze. – **Ab 14.**
USA 2021 **R** Shaun Paul Piccinino **B** Lauren Swickard **K** Brad Rushing **M** Jamie Christopherson **S** Brett Hedlund **Sb** Michael Cooper **Kb** Elizabeth Jett **D** Lauren Swickard (Callie), Josh Swickard (Joseph), Amanda Detmer (Wendy), Emelia Hartford (Lindsey), David Del Rio (Manny) **L** 90 **E** 16.12.2021 digital (Netflix) fd -

A CASTLE FOR CHRISTMAS ★
A CASTLE FOR CHRISTMAS
Eine US-Bestsellerautorin fährt zum Urlaub nach Schottland, wo ihr Vater als Sohn eines Schloss-Hausmeisters aufwuchs. Da sie spontan das alte Gemäuer ins Herz schließt und der Schlossherr mit finanziellen Problemen kämpft, beschließt sie, es zu kaufen, zum Leidwesen des Besitzers, der die Amerikanerin gerne wieder loswerden würde. Doch bald entwickeln sich unerwartete Gefühle. Eine romantische Komödie, die Adels-Glamour und Weihnachtskitsch formelhaft vermischt. Dabei punktet die Film mit seinem malerischen Setting, krankt aber daran, dass die dramaturgischen Steine, die er dem Paar in den Weg legt, dermaßen fadenscheinig sind, dass keinerlei Spannung aufkommt. – **Ab 12.**
Scope. USA 2021 **R** Mary Lambert **B** Kim Beyer-Johnson, Ally Carter, Neal H. Dobrofsky, Tippi Dobrofsky **K** Michael Coulter **M** Jeff Rona **S** Suzy Elmiger **Sb** Pat Campbell **Kb** Alison Mitchell, Katy Taylor **D** Cary Elwes (Myles), Brooke Shields (Sophie Brown), Vanessa Grasse (Lexi), Suanne Braun (Mrs. D), Lee Ross (Thomas) **L** 98 **E** 26.11.2021 digital (Netflix) fd -

A CLASSIC HORROR STORY ★★★
A CLASSIC HORROR STORY
Nach einer Autopanne irgendwo in der Wildnis Kalabriens gerät eine Reisegruppe an eine obskure und blutrünstige Kult-Gemeinschaft. Zwar gelingt es den Reisenden zunächst, sich in der Kapelle der Gruppe zu verbarrikadieren, doch ihre Peiniger finden trotzdem Mittel und Wege, sie nach und nach zu dezimieren. Wie sein Titel verspricht, liefert der Film zunächst klassischen, nicht gerade originellen, aber handwerklich solide umgesetzten Backwood-Horror; im letzten Drittel bekommt die Handlung dank einer radikalen Wendung und als eindrückliche Kritik an filmischer und medialer Leidens-Schaulust eine zusätzliche Intensität. – **Ab 16.**
Italien 2021 **R** Roberto De Feo, Paolo Strippoli **B** Roberto De Feo, Paolo Strippoli, Lucio Besana, Milo Tissone, David Bellini **K** Emanuele Pasquet **M** Massimiliano Mechelli **S** Federico Palmerini **Sb** Roberto Caruso **Kb** Sabrina Beretta **D** Matilda Lutz (Elisa), Francesco Russo (Fabrizio), Peppino Mazzotta (Riccardo), Will Merrick (Mark), Yuliia Sobol (Sofia) **L** 95 **E** 14.7.2021 VoD (Netflix) fd 47881

A COLONY ★★★★
UNE COLONIE
Ein schüchternes Mädchen in der sechsten Klasse muss sich entscheiden, ob sie mit einem Jungen aus einem Reservat befreundet sein oder ob sie sich wie die Clique um eine coole Anführerin verhalten will, in der sich

Mädchen schminken und mit ersten sexuellen Erfahrungen prahlen. Das bildstark und mit einfühlsamer Kamera erzählte Debüt handelt von der Sehnsucht eines Kindes an der Schwelle zur Jugendlichen, das Teil einer Gemeinschaft werden will, und von der Schwierigkeit, sich selbst treu zu bleiben. Der Jugendfilm überzeugt dabei sowohl als Coming-of-Age-Geschichte als auch als vielschichtige Erzählung über Zugehörigkeit, Regelkonformität und Individualität. – **Sehenswert ab 14.**

Kanada 2018 **R+B** Geneviève Dulude-De Celles **K** Léna Mill-Reuillard, Étienne Roussy **M** Mathieu Charbonneau **S** Stéphane Lafleur **Sb** Eric Barbeau **Kb** Eugénie Clermont **D** Émilie Bierre (Mylia Bonneau), Irlande Côté (Camille), Cassandra Gosselin-Pelletier (Jacinthe), Jacob Whiteduck-Lavoie (Jimmy), Robin Aubert (Henri) **L** 102 **E** 15.3.2021 VoD (Mubi) **fd** 47618

A Cop Movie siehe: **Ein Polizei-Film**

A Crooked Somebody ★★★
A Crooked Somebody
Ein Mann, der als vermeintliches Medium mit den Toten kommunizieren kann, zieht mit dieser Masche erfolgreich von Stadt zu Stadt. Eines Tages jedoch erweckt er die Aufmerksamkeit eines Psychopathen, der den Geisterbeschwörer kurzerhand entführt. Als Gefangener versucht dieser alles, um zu verbergen, dass er nur ein Betrüger ist. Kleiner, feiner Thriller mit klar ausgearbeiteten Charakteren, gut abgewogenem Satire- und Drama-Verhältnis und einer Handlung, die durchweg Aufmerksamkeit erzeugt. Zudem profitiert der Film von einer bis in die Nebenrollen exzellenten Besetzung. – **Ab 16.**

USA 2017 **DVD** Studio Hamburg **BD** Studio Hamburg **R** Trevor White **B** Andrew Zilch **K** Robert Lam **M** Andrew Hewitt **S** Craig Dewey **Sb** Jacqueline Glynn **Kb** Alyssa Tull **D** Rich Sommer (Michael Vaughn), Joanne Froggatt (Chelsea Mills), Ed Harris (Sam Vaughn), Clifton Collins jr. (Nathan), Amanda Crew (Stacy) **L** 102 **FSK** ab 12 **E** 9.7.2021 DVD & BD **fd** –

A Dark Song ★★★
A Dark Song
In einem Landhaus möchte eine Frau mithilfe eines jähzornigen Okkultisten Kontakt zu ihrem verstorbenen Sohn aufnehmen. Auch nach dem langwierigen und erschöpfenden Reinigungsritual wollen sich die Erscheinungen nicht einstellen. Der Film widmet sich den mystischen Zeremonien und den zunehmenden Spannungen zwischen den Protagonisten zunächst nüchtern und lässt die Existenz des Übernatürlichen im Unklaren. Die dramatischeren und psychologischeren Passagen bleiben wegen der holzschnittartigen Figuren zunächst oberflächlich, doch am Ende gipfelt die Erlösungssuche der Heldin in einem bildgewaltigen und gruseligen Finale. – **Ab 16.**

Die Extras umfassen u. a. ein längeres Interview mit Darstellerin Catherine Walker (9 Min.), ein Feature mit im Film nicht verwendeten Szenen (10 Min.), ein Feature mit Storyboards (14 Min.) sowie die Kurzfilme Day of Reckoning (2002, 13 Min.), Shooting Blanks (2003, 11 Min.) und Sunshower (2009, 14 Min.).

Scope. Irland/Großbritannien 2016 **KI** Drop-Out **DVD** Camera Obscura (16:9, 2.35:1, DD5.1 engl./dt.) **BD** Camera Obscura (16:9, 2.35:1, DD5.1 engl./dt.) **R+B** Liam Gavin **K** Cathal Watters **M** Ray Harman

S Anna Maria O'Flanagan **Sb** Conor Dennison **Kb** Kathy Strachan **D** Steve Oram (Joseph Solomon), Catherine Walker (Sophia), Susan Loughnane (Victoria), Mark Huberman (Neil Hughes), Nathan Vos (Jack) **L** 100 **FSK** ab 16; f **E** 7.10.2021 / 3.12.2021 DVD & BD **fd** 48092

A Family Tour ★★★★
Zi You Xing
Eine chinesische Filmemacherin ist mit ihrer Arbeit beim Regime so angeeckt, dass sie sich zum Exil in Hongkong gezwungen sah. Als ihre Mutter einer schweren Operation entgegensieht, versucht ihre Familie, ein Wiedersehen in Taiwan zu organisieren, im Dunstkreis eines Filmfestivals, in dem der umstrittene Film der Frau gezeigt wird. Der seinerseits seit einem regimekritischen Film im Exil lebende Regisseur Ying Liang verarbeitet in seinem Drama autobiografische Erfahrungen zu einem leisen, von unterschwelligem Zorn über die politischen Verhältnisse in China befeuerten Film, der zwischen bitterer Satire und menschlichem Drama die Leiderfahrung des Exils spürbar macht. – **Sehenswert ab 16.**

Taiwan/Hongkong 2018 **R** Liang Ying **B** Chan Wai, Liang Ying **K** Ryuji Otsuka **M** Fang **S** Liu Yue-Xing **Sb** Lin Wu **D** Gong Zhe (Yang Shu), An Nai (Chen Xiaolin), Pete Teo (Cheung Ka-Ming), Tham Xin-Yue (Yue-Yue) **L** 108 **E** 25.1.2021 VoD (Mubi) **fd** –

A Hard Day ★★★
Kkeut-Kka-Ji-Gan-Da
Ein südkoreanischer Cop durchlebt eine schlechte Phase: Seine Mutter ist verstorben, und er und ein Kollege sind wegen Korruptionsverdacht ins Visier interner Ermittlungen geraten. Zu allem Elend überfährt er eines Abends auch noch einen Menschen, will den Unfall vertuschen und versteckt die Leiche im Sarg der Mutter. Eine Kurzschlussreaktion mit Folgen, die bald wie ein Tsunami über den Cop hereinbrechen. Ein schwarzhumoriger Thriller, dessen Inszenierung es auf beachtliche Weise gelingt, atemlose Spannung und Gelächter zu verbinden. Eine makaber-mitreißende Moritat darüber, dass ein Unglück selten allein kommt. – **Ab 16.**

Scope. Südkorea 2014 **DVD** Busch Media (16:9, 2.35:1, DD5.1 korea./dt.) **BD** Busch Media (16:9, 2.35:1, dts-HDMA korea./dt.) **R+B** Kim Seong-hun **K** Kim Tae-seong **M** Mok Young-jin **S** Kim Chang-ju **Sb** Lee Mi-kyoung **Kb** Ko Hee-jung **D** Lee Sun-kyun (Det. Ko Gun-soo), Jo Jin-woong (Park

A Hard Day (© Busch Media)

Chang-min), Jeong Man-sik (Det. Choi), Shin Jeong-geun (Einsatzgruppenleiter), Joo Suk-Tae (Det. Nam) **L** 111 **FSK** ab 16 **E** 14.5.2021 DVD & BD & digital   **fd** -

À LA CARTE! – FREIHEIT GEHT DURCH DEN MAGEN ★★★★
DÉLICIEUX

In der vorrevolutionären französischen Gesellschaft verliert ein ausgezeichneter Koch durch eine Eigenmächtigkeit im Jahr 1788 die Stelle bei seinem herzoglichen Herrn. Zurück in seiner heimatlichen Provinz, wartet er auf ein Einlenken des Herzogs und beginnt, zuerst zögerlich, in einer Poststation Speisen für die Reisenden anzubieten, unter denen sich seine Kochkünste bald herumsprechen. Kultivierte Komödie über die (fiktive) Entstehung des ersten französischen Restaurants, die sich vor allem über intime Szenen mit präzis geformten Charakteren entfaltet. Kreativität und Variation werden dabei nicht nur beim Kochen als bessere Alternative zu Stagnation und unreflektierter Traditionspflege hervorgehoben. – **Ab 14.**

Frankreich/Belgien 2021 **KI** Neue Visionen **R** Éric Besnard **B** Éric Besnard, Nicolas Boukhrief **K** Jean-Marie Dreujou **M** Christophe Julien **S** Lydia Decobert **Sb** Bertrand Seitz **Kb** Madeline Fontaine **D** Grégory Gadebois (Pierre Manceron), Isabelle Carré (Louise), Benjamin Lavernhe (Duc de Chamfort), Guillaume De Tonquédec (Hyacinthe), Lorenzo Lefèbvre (Benjamin Manceron) **L** 113 **FSK** ab 0; f **E** 25.11.2021   **fd** 48163

A PLEASURE, COMRADES! ★★
PRAZER, CAMARADAS!

Eine Gruppe von Migranten, die 1975 nach der Nelkenrevolution nach Portugal gereist ist, um dort an neu entstandenen Kooperativen mitzuwirken, kehrt fast 50 Jahre später dorthin zurück. In den utopischen Räumen ihrer Vergangenheit spielen sie die Erfahrungen ihres jüngeren Selbst nach. Was nach einem anregenden Experiment klingt, erweist sich schnell als relativ kraftlose Reflexion über Stärken und blinde Flecken der europäischen 68er-Generation. Herausgearbeitet wird vor allem der Machismo der männlich dominierten Genossenschaft, aber auch die Diskrepanz zwischen bürgerlichen Großstädtern und der lokalen Landbevölkerung. – **Ab 14.**

Portugal 2019 **KI** Wolf Kino **R+B** José Filipe Costa **K** Hugo Azevedo **S** João Braz **L** 105 **E** 9.12.2021   **fd** 48244

A QUIET PLACE 2 (© Paramount)

A PURE PLACE ★★
A PURE PLACE

Auf einer griechischen Insel hat ein Sektenführer eine strenge Gesellschaftsordnung zwischen schmutzigen Arbeitern und einer sauberen, in weiße Kleider gehüllten Oberschicht etabliert. Als ein Mädchen zu den Reinen aufsteigen darf, gerät die Hierarchie zunehmend ins Wanken. Mit sehr stilisierten, videoclipartigen Bildern entwirft der Film eine ins Groteske verzerrte Dystopie, die sich lose an reale Sekten und ihre Mythologien anlehnt. Für ihre Anflüge von Sozialkritik ist sie aber zu grob gezeichnet und hält durch Absurditäten überdies auf sichere Distanz. – **Ab 16.**

Deutschland/Griechenland 2019 **KI** Koch Films **R** Nikias Chryssos **B** Nikias Chryssos, Lars Henning Jung **K** Yoshi Heimrath **M** John Gürtler, Jan Miserre **S** Carsten Eder, Stephan Bechinger **Sb** Marcel Beranek **Kb** Anna Wübber **D** Sam Louwyck (Fust), Claude Heinrich (Paul), Greta Bohacek (Irina), Daniel Sträßer (Siegfried), Daniel Fripan (Albrich) **L** 91 **FSK** ab 12; f **E** 25.11.2021   **fd** 48222

A QUIET PLACE 2 ★★★★
A QUIET PLACE PART II

Eine Familie überlebte eine Alien-Invasion, weil sie entdeckte, dass die fremden Wesen blind sind und sich über ihr Gehör orientieren. In der Fortsetzung muss sie ein neues Zuhause suchen, was vor allem auf den Schultern der beiden Heranwachsenden ruht, die die Aufgaben des vermissten Vaters übernehmen. Der klug konzipierte Horrorthriller baut die totalitäre Stille zu einem psychosomatischen Ereignis aus, verwandelt das Sequel aber auch in ein verblüffendes Komplementärstück mit gegenläufigen Überlebensstrategien und gewandelten familiären Verpflichtungen. – **Ab 16.**

🄳 Die BD enthält eine Audiodeskription für Sehbehinderte, allerdings nur in englischer Sprache.

Scope. USA 2020 **KI** Paramount **DVD** Paramount (16:9, 2.35:1, DD5.1 engl./dt.) **BD** Paramount (16:9, 2.35:1, dolby_Atmos engl., DD5.1 dt.) **R+B** John Krasinski **K** Polly Morgan **Vo** Scott Beck (Filmcharaktere), Bryan Woods (Filmcharaktere) **M** Marco Beltrami **S** Michael P. Shawver **Sb** Jess Gonchor **Kb** Kasia Walicka-Maimone **D** Emily Blunt (Evelyn Abbott), Millicent Simmonds (Regan Abbott), Noah Jupe (Marcus Abbott), Cillian Murphy (Emmett), Djimon Hounsou (Mann auf der Insel) **L** 97 **FSK** ab 16; f **E** 1.7.2021 / 30.9.2021 DVD & BD & 4K UHD (plus BD)   **fd** 46956

A STORMY NIGHT ★★
A STORMY NIGHT

Ein junger katalanischer Dokumentarfilmer strandet auf dem Weg zur Premiere seines Debüts mit einem Start-up-Mitarbeiter in dessen New Yorker Appartement, wo dieser in einer Wohngemeinschaft lebt. Im Laufe einer gemeinsam verbrachten Nacht kommen sich die zwei jungen Männer in tastenden, unsicheren Gesprächen näher, trotz ihrer sehr unterschiedlichen Weltsichten. Ein in jeder Hinsicht statisches Kammerspiel, das unaufgeregt in Schwarz-Weiß-Bildern von der Unentschlossenheit seiner Figuren erzählt. Trotz der soliden Darsteller erzeugt angesichts des lei-

A TAXI DRIVER (© Koch)

denschaftslosen Drehbuchs die zwischenmenschliche Reibung, von der der Film erzählen will, keine rechten Funken. – **Ab 16**.
Spanien 2020 **R+B** David Moragas **K** Alfonso Herrera-Salcedo **M** Ángel Pérez **S** Bernat Aragonés **Sb** Juliana Barreto Barreto **D** Jacob Perkins (Alan), David Moragas (Marcos), Jordan Geiger (Tristan), Marc DiFrancesco (Sergi) **L** 74 **FSK** ab 12; f **E** 21.5.2021 VoD (GMfilms)   **fd** 47727

A SYMPHONY OF NOISE   ★★★★
Über zehn Jahre lang begleitet der Film die Arbeit des britischen Musikers und Sampling-Artisten Matthew Herbert, der mit selbst gesampelten Alltagstönen intellektuelle Tanzmusik erschafft, mit der er das Bewusstsein der Zuhörer schärfen will. Im Kern geht es dabei ums konzentrierte und genauere Hören, aus dem politische Konsequenzen erwachsen. Ein äußerst sorgfältig gemachter Film über Neugier, Sorgfalt und Kreativität, die sich Alltagsgeräuschen mit derselben Aufmerksamkeit widmet wie etwa dem Spätwerk von Gustav Mahler. – **Sehenswert ab 14**.
Deutschland 2021 **KI** Rise and Shine Cinema **R** Enrique Sánchez Lansch **B** Jim Birmant, Johannes Stjärne Nilsson, Ola Simonsson **K** Charlotta Tengroth **M** Fred Avril, Magnus Börjeson **S** Stefan Sundlöf, Andreas Jonsson Hay, Ola Simonsson, Johannes Stjärne Nilsson **Sb** Cecilia Sterner **Kb** Gabriella Dinnetz **L** 101 **FSK** ab 0; f **E** 2.9.2021   **fd** 48001

A TASTE OF HUNGER
siehe: DINNER FOR TWO

A TAXI DRIVER   ★★★
TAEKSI WOONJUNSA
Ein deutscher Journalist will im Mai 1980 Gerüchten über ein gewaltsames Vorgehen des südkoreanischen Militärs gegen Demonstranten in der Stadt Gwangju auf den Grund gehen. Ein Taxifahrer, aus dessen Sicht das Geschehen des Films geschildert wird, soll ihn von Seoul aus dorthin fahren. Die unpolitische Sicht des einfachen Mannes wird dabei zusehends erschüttert, weil er vor dem Unrecht nicht mehr die Augen verschließen kann. Die Kontrastierung einer anfangs leichtfüßigen Komödie mit den Gräueln des Massakers von Gwangju verdeutlicht zugleich, wie trügerisch die Normalität in Zeiten politischer Repression ist. – **Ab 16**.
Scope. Südkorea 2017 **DVD** Koch (16:9, 2.35:1, DD5.1 korea./dt.) **BD** Koch (16:9, 2.35:1, dts-HDMA korea./dt.) **R** Jang Hun **B** Eom Yu-na **K** Go Nak-seon **M** Jo Yeong-wook (= Cho Young-wuk) **S** Kim Jae-beom **Sb** Jeong Yi-jin, Jo Hwa-seong **Kb** Jo Sang-gyeong **D** Thomas Kretschmann (Jürgen Hinzpeter), Song Kang-ho (Kim Man-seob), Yoo Hae-jin (Hwang Tae-sul), Ryu Jun-yeol (Gu Jae-sik), Park Hyuk-kwon (Reporter Choi) **L** 132 **FSK** ab 16 **E** 9.9.2021 digital (Koch) / 23.9.2021 DVD & BD   **fd** 48039

A WEEK AWAY   ★★
A WEEK AWAY
Ein verwaister, straffällig gewordener Jugendlicher hat die Wahl, an einem christlichen Sommercamp teilzunehmen, um einer Haftstrafe zu entgehen. Der Aufenthalt wird zur prägenden Erfahrung, nicht zuletzt, weil er einen guten Freund findet und Gefühle für die Tochter des Campleiters entwickelt. Ein Coming-of-Age-Film mit Musical-Elementen und – nicht zuletzt in den Songs vermitteltem – Bekenntnis zum (christlichen) Glauben. Die Geschichte der Läuterung eines «Bad Boys» durch positiv erlebte Gemeinschaft, Liebe und Gnade versucht, auch jugendlichen Unsicherheiten Raum zu geben, diese wie die religiösen Botschaften werden aber nur höchst knapp und oberflächlich angeschnitten. – **Ab 12**.
USA 2021 **R** Roman White **B** Alan Powell, Gabe Vasquez, Kali Bailey **K** James King **M** Benjamin Backus **S** Parker Adams **Kb** Ciciley Hoffman, Jena Moody **D** Kevin Quinn (Will), Bailee Madison (Avery), David Koechner (David), Jahbril Cook (George), Sherri Shepherd (Kristin) **L** 94 **E** 26.3.2021 VoD (Netflix)   **fd** –

A WEEK AWAY (© Richard Peterson / Netflix)

A YELLOW ANIMAL ★★★★
UM ANIMAL AMARELO

Ein junger brasilianischer Filmemacher heftet sich an die Fersen seines Großvaters, um mit Hilfe eines zotteligen Biests, das für die Geister der Vergangenheit steht, die Geschichte seiner Familie und damit auch seines Landes zu erkunden. Er begibt sich nach Mosambik, verbündet sich dort mit einem disparaten Trio und landet schließlich in Lissabon. Ein faszinierender Hybrid aus Geisterfilm-Reflexion und Film-im-Film, der erzählerisch in der Mitte ausfranst, aber dank der betörenden Bilder optisch ein Genuss ist. – **Ab 16**.
Brasilien/Portugal 2020 **R** Felipe Bragança **B** Felipe Bragança, João Nicolau **K** Glauco Firpo **M** Nicolas Becker **S** Marina Meliande, Karen Black **Kb** Ana Carolina Lopes **D** Higor Campagnaro (Fernando), Isabél Zuaa (Catarina), Catarina Wallenstein (Susana), Tainá Medina (Luiza), Sophie Charlotte (Sofia) **L** 115 **E** 31.5.2021 VoD (Sooner) fd 47748

ABENTEUER 'OHANA (© Chris Moore / Netflix)

AALTO – ARCHITEKTUR DER EMOTIONEN ★★★
AALTO

Dokumentarfilm über das finnische Architekten-Ehepaar Alvar und Aino Aalto, die mit ihren Bauten und Design-Entwürfen das 20. Jahrhundert prägten. Mit einer großen Fülle an Fotografien und privaten Filmaufnahmen des Paares zeichnet der Film das intensive Familien- und Arbeitsleben des Paares nach und würdigt den oft übersehenen Anteil Aino Aaltos an der Arbeit ihres Mannes. Eine Rolle spielt auch die Zeit nach ihrem Tod 1949, als Alvar erneut eine Designerin heiratete und mit ihr ein zweites Mal durchstartete, wobei er auch in Deutschland wichtige Gebäude errichtete. – **Ab 14**.
Finnland/Frankreich 2020 **Kl** Salzgeber DVD Salzgeber (16:9, 1.78:1, frz.) **R** Virpi Suutari **B** Jussi Rautaniemi, Virpi Suutari **K** Heikki Färm, Jani Kumpulainen **M** Sanna Salmenkallio **S** Jussi Rautaniemi **L** 103 (TV auch: 52) FSK ab 0; f **E** 5.2.2021 DVD & VoD (Salzgeber) / 10.2.2021 arte (Kurzfassung) fd 47317

ABENTEUER 'OHANA ★★★
FINDING OHANA

Eine Zwölfjährige aus New York ist wenig angetan, als sie mit ihrer Mutter und ihrem älteren Bruder den Sommer in der alten Heimat der Familie, auf der hawaiianischen Insel O'ahu, beim erkrankten Großvater verbringen soll. Als sie jedoch in einem Tagebuch Hinweise auf einen versteckten Schatz findet, begibt sie sich mit einigen anderen Kindern auf eine waghalsige Suche in einem mysteriösen Höhlensystem. Ein humorvoller Kinder-Abenteuerfilm auf den Spuren der Goonies, der die liebevolle Reminiszenz ans Abenteuerkino der 1980er-Jahre mit hawaiianischer Folklore und Spiritualität sowie einer Geschichte über familiären Zusammenhalt und die Entdeckung der eigenen kulturellen Wurzeln verbindet. – **Ab 10**.
USA 2021 **R** Jude Weng **B** Christina Strain **K** Cort Fey **M** Joseph Trapanese **S** Priscilla Nedd-Friendly (= Priscilla Nedd) **Sb** Nigel Phelps **Kb** Lisa Lovaas **D** Kea Peahu (Pili), Alex Aiono (Ioane), Lindsay Watson (Hana), Owen Vaccaro (Casper), Kelly Hu (Leilani) **L** 123 **E** 29.1.2021 VoD (Netflix) fd -

ABOUT SOME MEANINGLESS EVENTS ★★★★
DE QUELQUES ÉVÉNEMENTS SANS SIGNIFICATION

Im Casablanca des Jahres 1973 sucht ein Filmemacher, der ein Filmprojekt angehen will, nach neuen Impulsen und fragt Menschen auf der Straße, was sie sich vom marokkanischen Kino erhoffen und erwarten; auch in der Filmcrew wird diskutiert, wie ein unabhängiges marokkanisches Kino aussehen könnte. Dann stolpern die Filmleute jedoch unversehens über eine Gewalttat, bei der ein Arbeiter seinen Vorgesetzten tötet, wodurch sich ihr Fokus verändert. Eine selbstreflexive Auseinandersetzung mit den Mitteln und Möglichkeiten des Mediums. – **Ab 16**.
Marokko 1974 **R+B** Mostafa Derkaoui **K** Abdelkrim Derkaoui **M** Nahorny, Nouredine Gounnajjar **S** Mostafa Derkaoui **L** 78 **E** 25.1.2021 VoD (Mubi) fd -

ABSEITS DES LEBENS ★★★
LAND

Eine Frau trennt sich von allen Bestandteilen ihres Großstadtlebens, um in den Rocky Mountains über ihre schmerzhafte Vergangenheit hinwegzukommen. Da sie die Gefahren in der Wildnis unterschätzt hat, droht sie an Hunger und Kälte zu sterben, wird jedoch von einer Ärztin und einem Jäger gerettet. Zu dem ebenfalls schmerzbeladenen Mann entsteht eine zarte Freundschaft. Das Regiedebüt der US-Schauspielerin Robin Wright wartet mit beeindruckenden Landschaftsaufnahmen auf und ist hervorragend gespielt, allerdings fehlt es der Charakterentwicklung an Tiefe. Während die Handlung vorhersehbar bleibt, entstehen starke Momente aus den emotionalen Zwischentönen. – **Ab 14**.
USA 2020 **Kl** UPI DVD EuroVideo **R** Robin Wright **B** Jesse Chatham, Erin Dignam **K** Bobby Bukowski **M** Ben Sollee, Time for Three **S** Anne McCabe, Mikkel E. G. Nielsen **Sb** Trevor Smith **Kb** Kemal Harris **D** Robin Wright (Edee Mathis), Demián Bichir (Miguel), Kim Dickens (Emma), Warren Christie (Adam), Brad Leland (Colt) **L** 90 FSK ab 6; f **E** 5.8.2021 / 17.2.2022 DVD fd 47898

ACASA – MEIN ZUHAUSE
siehe: ACASA, MY HOME

ACASA, MY HOME ★★★★
ACASA, MY HOME

Dokumentarfilm über eine elfköpfige Roma-Familie, die viele Jahre abseits

der Zivilisation in der Natur lebte, dann aber auf behördliche Anordnung der rumänischen Hauptstadt Bukarest umgesiedelt wurde. Der Film reflektiert den Kulturschock der Familienangehörigen, die größtenteils mit den neuen Lebensumständen kaum zurechtkommen, und weitet sich zu einer Betrachtung über das Dasein in einer modernen Gesellschaft. Ohne Urteile zu fällen, verbindet er sensible Blicke auf die Familie mit kritischen Perspektiven auf verweigerte Selbstverwirklichung und ruhiger, dezent poetisch anmutender Bildsprache. – **Sehenswert ab 14.**
Rumänien/Deutschland/Finnland 2020 **K** Glotzen Off **R+B** Radu Ciorniciuc **K** Radu Ciorniciuc, Mircea Topoleanu **M** Codrin Lazar, Gaute, Yari **S** Andrei Gorgan **L** 84 **E** 13.5.2021 / 27.11.2021 arte fd –

ACCIDENTAL LUXURIANCE OF ★★★★
THE TRANSLUCENT WATERY REBUS
ACCIDENTAL LUXURIANCE OF THE
TRANSLUCENT WATERY REBUS
In einer fiktiven Welt, in der Zeitreisen möglich sind, versucht ein Mann sich dem Zugriff eines unterdrückerischen Regimes zu entziehen. Ein mit verschiedenen Techniken wie Rotoskopie, Found Footage und Collage arbeitender, durch eine lyrische Erzählerstimme begleiteter, experimenteller Animationsfilm, dessen zwischen Dystopie und Film noir, Realität und (Alb-)Traum changierende Story sich vor allem über die visionären Bilder entfaltet. – **Ab 16.**
Kroatien 2020 **R+B** Dalibor Baric **M** Dalibor Baric, Dalibor Baric **L** 81 **E** 17.11.2021 VoD (Mubi) fd –

ACHTUNG LEBENSGEFAHR! – ★★★★
LGBT IN TSCHETSCHENIEN
WELCOME TO CHECHNYA
In der autonomen russischen Republik Tschetschenien wurden Homosexuelle und andere LGBT-Menschen 2016 vom erzkonservativen Staatschef Ramsan Kadyrow praktisch für vogelfrei erklärt. Seitdem kam es zu zahllosen Fällen von Verhaftungen und Folter sowie zu Morden, deren Täter straffrei blieben. Der investigative Dokumentarfilm begleitet russische Aktivisten, die bedrohte Tschetschenen und ihre Familien aus dem Land schaffen und lässt Betroffene – verfremdet u. a. durch eine digitale Technik zur Gesichtsveränderung – ihre erschütternden Geschichten erzählen. Vor allem durch Archivmaterial brutaler Übergriffe teilweise kaum

erträglich, würdigt der Film packend den Mut der Helfer und fordert auf, das Schweigen über die Zustände in Tschetschenien zu brechen. – **Sehenswert ab 18.**
USA 2019 **R** David France **K** Askold Kurov **M** Evgueni Galperine, Sacha Galperine **S** Tyler H. Walk **L** 103 **E** 18.5.2021 arte fd –

18+ DEUTSCHLAND ★★★
Dokumentarfilm über fünf junge Menschen aus unterschiedlichen Gegenden Deutschlands und mit unterschiedlicher Herkunft, die alle gerade volljährig geworden sind und 2021 erstmals bei der Bundestagswahl wählen dürfen. Der Film strebt – ohne konkrete politische Bekenntnisse – einen Querschnitt aktueller junger Befindlichkeiten in Deutschland an, was ihm trotz der geringen Zahl an Porträtierten durch gelungene Kontraste und Parallelsetzungen auch glückt. Zwischen die Wortbeiträge sind kurze Bildeindrücke aus dem Alltag der fünf jungen Erwachsenen eingefügt, die deren knappe Lebensdarstellungen pointiert ergänzen. – **Ab 14.**
Deutschland 2021 **R** Lukas Ratius, Philipp Majer **B** Lukas Ratius, Philipp Majer **K** Philipp Majer **M** Don114, Philipp Datashock, Oliver Achatz, Paul Ziesche **S** Philipp Majer **L** 88 **E** 23.8.2021 ARD fd –

80.000 SCHNITZEL ★★★★
Ihr Leben lang hat eine Wirtin in der Oberpfalz Schnitzel zubereitet, doch jetzt droht ihr verschuldetes Anwesen zwangsversteigert zu werden. Bis plötzlich ihre Enkelin, eine Molekularbiologin, den Hof übernehmen will, dokumentiert von deren Schwester, die den Neuanfang mit viel Skepsis aus dem Off kommentiert. Aus dem bunten Geflirr an Erinnerungsfetzen, Momentaufnahmen, Home-Videos und stillen Landschaftsbildern erwächst eine dramaturgisch geschickt arrangierte Familienchronik über harte Arbeit, innere Sehnsüchte und zerplatzte Träume aus dezidiert weiblicher Perspektive. Zugleich ein facettenreicher Diskursfilm über disparate Generationsentwürfe und neue Geschlechterrollen. – **Ab 14.**
Deutschland 2020 **R+B** Hannah Schweier **K** Stefanie Reinhard **M** Ella Zwietnig **S** Romy Steyer **L** 102 **E** 15.3.2021 ZDF
fd 47605

ADAM ★★★★
ADAM
Eine schwangere Fremde strandet in den Gassen von Casablanca, wo sie

ihr Kind gebären und zur Adoption freigeben will. Auf der Suche nach Arbeit trifft sie auf eine alleinerziehende Bäckerin, aus deren Leben alle Freude gewichen ist. In malerischen, aber nie ungebrochenen Nahaufnahmen von Händen, Gesichtern und Backwaren hält das souveräne von überflüssigen Dialogen und dramaturgischen Vorhersehbarkeiten entschlackte Kammerspiel bis zum Schluss die Spannung über die Frage, ob sich Erstarrtes lösen und Geschenktes annehmen lässt. – **Sehenswert ab 14.**
Marokko/Frankreich/Belgien 2019 **KI** Grandfilm **R+B** Maryam Touzani **K** Virginie Surdej **S** Julie Naas **D** Lubna Azabal (Abla), Nisrin Erradi (Samia), Douae Belkhaouda (Warda), Aziz Hattab (Slimani), Hasna Tamtaoui (Rkia) **L** 101 **FSK** ab 6; f **E** 9.12.2021 fd 48206

DIE ADDAMS FAMILY 2 ★★
THE ADDAMS FAMILY 2
Die morbide Monsterfamilie Addams begibt sich auf eine Urlaubsreise, um ihr Zusammengehörigkeitsgefühl zu stärken. Doch der Riss wird nicht kleiner, als ein Wissenschaftler mit finsteren Absichten behauptet, der wahre Vater der Addams-Tochter zu sein. Deren Verstand hat er allerdings ebenso unterschätzt wie den Familieninstinkt des Clans. Zweiter Teil einer Trickfilm-Adaption der bissigen Comicvorlagen, die betont harmlos daherkommt und es über Reiseanekdoten versäumt, eine interessante Geschichte zu erzählen. Allenfalls die junge Filmheldin sticht als mögliches rebellisches Vorbild heraus. – **Ab 10.**
USA 2021 **KI** UPI **R** Greg Tiernan, Conrad Vernon, Laura Brousseau, Kevin Pavlovic **B** Dan Hernandez, Benji Samit, Ben Queen, Susanna Fogel **Vo** Charles Addams (Charaktere) **M** Jeff Danna, Mychael Danna **S** Ryan Folsey **L** 93 **FSK** ab 6; f **E** 18.11.2021
fd 48197

DIE ADERN DER WELT ★★★
Ein junger Nomade wächst in der mongolischen Steppe in traditionellen Verhältnissen heran. Sein Traum, bei einem Gesangswettbewerb im Fernsehen aufzutreten, scheint vergessen, als sein Vater bei einem Unglück ums Leben kommt und der Junge dessen Kampf gegen die Zerstörung der Umwelt durch Minengesellschaften fortführen will. Das bildmächtige Jugenddrama wirkt streckenweise inhaltlich etwas überladen und unterstreicht seine politischen Anliegen mitunter zu sehr. Doch die dokumentarische

Grundierung, sein Sinn für die Rituale und Lebenspraktiken der Menschen, überzeugende Darsteller und spektakulär-ruhige Landschaftspanoramen nehmen für das Spielfilmdebüt ein. – **Ab 12.**

 Die Edition enthält eine Audiodeskription für Sehbehinderte.

Scope. Deutschland/Mongolei 2019 **KI** Pandora **DVD** Pandora (16:9, 2.00:1, DD5.1 mongol./dt.) **R+B** Byambasuren Davaa **K** Talal Khoury **M** John Gürtler, Jan Miserre **S** Anne Jünemann **Sb** Batjargal Navaandamba **Kb** Tumenkhuu Tsagaanzagas **D** Bat-Ireedui Batmunkh (Amra), Enerel Tumen (Zaya), Yalalt Namsrai (Erdene), Algirchamin Baatarsuren (Altaa), Ariunbyamba Sukhee (Huyagaa) **L** 96 **FSK** ab 0; f **E** 29.7.2021 / 3.12.2021 DVD & digital
          fd 47470

AFRICAN MIRROR ★★★★
AFRICAN MIRROR

Der Schweizer Reiseschriftsteller und Dokumentarfilmer René Gardi (1909–2000) prägte in den 1960er- und 1970er-Jahren mit seinen populären Veröffentlichungen das Afrika-Bild vieler Menschen. Die sorgfältige Re- und Dekonstruktion seiner Arbeit stützt sich neben den veröffentlichten Werken auf Fotos, Briefe, Notizen und Berichte aus Gardis Archiv. Der aufmerksame Film zeichnet das Bild eines überheblichen Weißen, der sein Bild von «Afrika» inszenierte, aber dennoch die vielfältigen Folgen des Kolonialismus registrierte. Obwohl Gardis Schaffen sozial- oder kulturgeschichtlich nur wenig kontextualisiert wird, verdeutlicht der Film anschaulich, wie sehr auch fotografische Abbildungen der Welt subjektive Komponenten enthalten. – **Ab 14.**

Schweiz 2019 **R+B** Mischa Hediger **M** Rutger Zuydervelt **S** Mischa Hediger, Philipp Diettrich **L** 85 **E** 16.5.2021 VoD (Sooner)   **fd** 47736

AFTER LOVE ★
AFTER WE FELL

Dritte Verfilmung aus der AFTER-Reihe von Anna Todd um ein Liebespaar, das endlos mit Schwierigkeiten zu kämpfen hat. Die Frau muss sich zunächst um ihren alkoholkranken und obdachlosen Vater kümmern, den sie seit Jahren nicht gesehen hat. Dann nimmt sie einen gutdotierten Job in einem Verlagshaus an, muss dafür aber nach Seattle ziehen, ohne ihren Partner. Doch die Fernbeziehung führt zu Missverständnissen und Eifersüchteleien. Eine oberflächliche Romanze, die mit der Vielzahl der konstruierten Konflikte und den überstrapazierten Melodram-Klischees die Geduld strapaziert. – **Ab 14.**

AFTER LOVE (© Constantin)

Scope. USA 2021 **KI** Constantin **DVD** Constantin (16:9, 2.20:1, DD5.1 engl./dt.) **BD** Constantin (16:9, 2.20:1, dts-HDMA engl./dt.) **R** Castille Landon **B** Sharon Soboil **K** Joshua Reis **Vo** Anna Todd (Roman After Love) **M** George Kallis **S** Morgan Halsey **Sb** Orlin Grozdanov **Kb** Anna Bingemann **D** Hero Fiennes Tiffin (Hardin Scott), Josephine Langford (Tessa), Louise Lombard (Trish), Chance Perdomo (Landon), Rob Estes (= Robert Estes) (Ken) **L** 99 **FSK** ab 12; f **E** 2.9.2021 / 13.1.2022 DVD & BD **fd** 48003

AFTERMATH ★★
AFTERMATH

Ein junges Paar steckt in einer Krise. Als sich die Gelegenheit ergibt, günstig an ein Haus zu kommen, beschließen die beiden, dorthin umzuziehen und gemeinsam einen neuen Anfang zu wagen. Das Haus hat allerdings eine hässliche Vergangenheit, und bald geschehen darin seltsame, beunruhigende Dinge. Als Haunted-House-Thriller angelegter Film, der erst eher ein etwas dürftiges Beziehungsdrama ist, sich aber dann doch noch auf konventionellen Spuk besinnt. Diesen bedient er halbwegs routiniert, aber ohne Originalität. – **Ab 16.**

USA 2021 **R** Peter Winther **B** Dakota Gorman, Peter Winther **K** Tom Camarda **M** Sacha Chaban **S** Robin Gonsalves **Sb** Travis Zariwny **D** Ashley Greene (Natalie Dadich), Shawn Ashmore (Kevin Dadich), Sharif Atkins (Officer Richardson), Juliette Jeffers (Dr. Sasner), Britt Baron (Dani) **L** 114 **E** 4.8.2021 digital (Netflix)   **fd** -

A-HA – THE MOVIE ★★★
A-HA – THE MOVIE

Dokumentarfilm über das norwegische Pop-Trio a-ha, dem 1985 mit «Take on Me» der Durchbruch gelang und das zehn Studioalben und mehrere Trennungen später immer noch erfolgreich tourt. Mit Interviews, Archivmaterial und verspielten Animationen wird die Bandgeschichte chronologisch und manchmal etwas arg ausführlich rekonstruiert. Der Detailreichtum des Films gewährt aber auch interessante Einblicke in die Musikindustrie, den künstlerischen Schöpfungsprozess und einen von Kompromissen geprägten Bandalltag. – **Ab 14.**

Norwegen/Deutschland 2021 **KI** Salzgeber **R** Thomas Robsahm, Aslaug Holm **B** Thomas Robsahm **K** Aslaug Holm **S** Hilde Bjørnstad **L** 108 **FSK** ab 0; f **E** 14.9.2021
          fd 48031

A.I. RISING ★★★
A.I. RISING

Im Jahr 2048 hat ein neues sozialistisches System den Kapitalismus ersetzt und die Menschheit hat angefangen, Kolonien auf anderen Planeten zu errichten. Ein Kosmonaut wird auf eine Mission nach Alpha Centauri geschickt, begleitet von einem weiblichen Androiden, der darauf programmiert ist, ihm zu assistieren, emotionale und sexuelle Bedürfnisse zu erfüllen, und ohne dass der Mann das zunächst weiß, ihn zu überwachen. Ein packendes, kammerspielartiges Science-Fiction-Drama in den Fußspuren von SOLARIS und BLADE RUNNER, das die Frage nach dem Verhältnis Mensch-Maschine mit einer kritischen Reflexion männlicher Frauenbilder zwischen Degradierung und romantischer Projektion verbindet. – **Ab 16.**

Serbien 2018 **DVD** Lighthouse **BD** Lighthouse **R** Lazar Bodroza **B** Dimitrije Vojnov **K** Kosta Glusica **Vo** Zoran Neskovic (Erzählungen) **M** Nemanja Mosurovic **S** Milena Z. Petrovic **Sb** Aljosa Spajic **Kb** Senka Kljakic **D** Sebastian Cavazza (Milutin), Stoya (Nimani 1345) **L** 83 **FSK** ab 16; f **E** 12.8.2021 digital / 27.8.2021 DVD & BD **fd** –

AINBO – HÜTERIN DES AMAZONAS ★★
AINBO: SPIRIT OF THE AMAZON

Ein ängstliches Mädchen träumt davon, die beste Jägerin im Amazonas-Gebiet zu werden. Um einen Fluch des Dämons Yacuruna aufzuheben, der die gesamte Region mit einer ökologischen Katastrophe bedroht, muss sie sich mit zwei Tier-Geistern in den Regenwald wagen und eine Wurzel finden. Der peruanische Animationsfilm will lokale Mythen und Sagen mit einem Plädoyer für den Schutz der Umwelt zu verbinden, stülpt der Geschichte aber eine formelhafte Ästhetik und Erzählweise über, die keinen eigenen Stil erkennen lässt, und ebnet damit jegliche Originalität ein. – **Ab 10.**

Scope. Peru/Niederlande 2021 **KI** Telepool **DVD** EuroVideo (16:9, 2.35:1, DD5.1 engl./dt.) **BD** EuroVideo (16:9, 2.35:1, dts-HD-MA engl./dt.) **R** José Zelada, Richard Claus **B** Richard Claus, Brian Cleveland, Jason Cleveland, Larry Wilson, José Zelada **M** Vidjay Beerepoot **S** Job ter Burg **L** 85 **FSK** ab 0; f **E** 20.5.2021 / 28.10.2021 DVD & BD **fd** 47805

AIR CONDITIONER ★★★★
AR CONDICIONADO

In Angolas Hauptstadt fallen plötzlich die Klimaanlagen aus den Häuserblocks. Ein reicher Anwalt will den Verlust nicht akzeptieren und beauftragt seine Haushaltshilfe, den Lüfter reparieren zu lassen. Während das Gerät im Laden eines Mechanikers verschollen bleibt, folgt die Kamera den Protagonisten durch die Nischen und Gassen von Luanda. In kurzen Begegnungen und surrealen Exkursen entwickelt der Film nicht nur eine Vision der Gegenwart, sondern wirft mit seiner grellbunten, avantgardistischen Ästhetik einen Blick in Richtung einer bereits von der Klimakatastrophe geprägten Zukunft. – **Sehenswert ab 16.**

Angola 2020 **R** Fradique **B** Ery Claver, Fradique **K** Ery Claver **M** Aline Frazão **S** Zeno Monyak **D** Filomena Manuel (Zézinha), José Kitecculo (Matacedo), David Caracol (Mino), Tito Spyck (Tito), Sacerdote (Kudurista) **L** 72 **E** 26.8.2021 VoD (Mubi) **fd** 47980

AKSEL ★★★
AKSEL – THE STORY OF AKSEL LUND SVINDAL

Doku über den norwegischen Skirennläufer Aksel Lund Svindal, der zu den erfolgreichsten Wintersportlern seiner Generation zählte. Als Allrounder gewann er mehrfach den Skiweltcup und zwei Mal auch den Gesamtweltcup; 2010 und 2018 holte er bei Olympia Gold, einmal im Super-G, einmal in der Abfahrt; fünf Mal gewann er den Titel eines alpinen Skiweltmeisters. 2019 beendet er seine Karriere, die er trotz eines schweren Sturzes 2016 in Kitzbühel bis über die Olympischen Winterspiele in Pyeongchang 2018 fortführte. Die Dokumentation begleitet ihn, seine Familie und sein Team während der letzten Saison auf allen Höhen und Tiefen eines außergewöhnlichen Sportlerlebens. – **Ab 14.**

Scope. Norwegen 2021 **KI** Panda Film **R** Filip Christensen, Even Sigstad **B** Filip Christensen **K** Filip Christensen, Espen Saur **M** Kristoffer Lo, Fay Wildhagen **S** Mathias Brendsrud, Charles Griffin Gibson, Even Sigstad **L** 110 **FSK** ab 0; f **E** 2.12.2021 **fd** –

ALADIN – TAUSENDUNDEINER ★★★
LACHT!
LES NOUVELLES AVENTURES D'ALADIN

Ein junger Dieb bricht als Weihnachtsmann verkleidet in ein Kaufhaus ein, gerät aber an eine Gruppe von Kindern, die ihn nötigen, ihnen eine Geschichte zu erzählen. Er entscheidet sich für das orientalische Märchen von Aladin, das er allerdings sehr frei interpretiert und mit Elementen aus seinem eigenen Leben und diversen popkulturellen Referenzen wild ausschmückt. Ein parodistisch-klamaukiger Filmspaß, bei dem zwar einige Gags plump ausfallen, der aber insgesamt als knallbunt-bollywoodeske, mit zahllosen Anspielungen und schrägem Humor arbeitende Aktualisierung des Märchens vom fantastischen Aufstieg eines Underdogs, der mit Hilfe eines Dschinns sein Glück macht, charmant unterhält. – **Ab 12.**

Frankreich/Belgien 2015 **DVD** Leonine **BD** Leonine **R** Arthur Benzaquen **B** Daive Cohen **K** Pierre Aïm **M** Maxime Desprez, Michaël Tordjman **S** Brian Schmitt **Kb** Agnès Beziers, Yves Capelle **D** Kev Adams (Aladin/Sam), Jean-Paul Rouve (der Wesir), Vanessa Guide (Prinzessin Shallia/Sofia), William Lebghil (Khalid), Audrey Lamy (Rababa/Barbara) **L** 102 **FSK** ab 12; f **E** 2.9.2021 digital / 10.9.2021 DVD & BD **fd** –

ALADIN – WUNDERLAMPE VS. ★★
ARMLEUCHTER
ALAD'2

Fortsetzung einer französischen Komödie um den Märchenhelden Aladin, der sowohl gegen die Langeweile als auch einen neuen Nebenbuhler um das Herz der Prinzessin kämpft. Dieser sichert sich ebenfalls die Hilfe eines Flaschengeistes, um sich einen Vorteil zu verschaffen, sodass auch die Dschinnis sich aneinander messen müssen. Auch der zweite Teil wartet noch mit einigen netten Gags auf, tut sich aber wesentlich schwerer damit, in Schwung zu kommen. Auch die Rahmung der Geschichte, die sich eigentlich nur in der Vorstellung eines kleinen Diebes in der modernen Welt abspielt, wird stark eingegrenzt, wodurch sich der Film selbst eine Reflexionsebene raubt. – **Ab 12.**

Scope. Frankreich 2018 **DVD** Leonine **BD** Leonine **R** Lionel Steketee **B** Daive Cohen **K** Stéphane Le Parc **M** Maxime Desprez, Michaël Tordjman **S** Frédérique Olszak **Sb** Maamar Ech-Cheikh **Kb** Sandrine Bernard **D** Kev Adams (Aladin/Sam), Jamel Debbouze (Shah Zaman/Marco), Vanessa Guide (Prinzessin Shallia/Sofia), Eric Judor (Aladins Flaschengeist), Ramzy Bedia (Shah Zamans Flaschengeist) **L** 94 **FSK** ab 12; f **E** 19.11.2021 DVD & BD **fd** –

ALBTRÄUMER ★

Eine 17-jährige Jugendliche stürzt nach dem Selbstmord ihres Bruders in eine tiefe Depression. Erst über den besten Freund des Toten findet sie einen Zugang zu ihrem Schmerzen und verliebt sich in ihn. Doch ausgerechnet bei haben ihre Eltern und der Rest des Dorfes als Schuldigen am Tod ihres Bruders ausgemacht. Langatmige Stilmischung aus Drama-, Horror-, Mystery- und Coming-of-Age-Elementen, die nie zu einer Einheit zusammenfinden. Der blutarme Film erreicht nie mehr als aufgesetzte Theatralik und eine oberflächliche Nabelschau zwischen den Generationen. – **Ab 16.**

Deutschland 2020 **KI** UCM.ONE **DVD** Artkeim²/UCM.ONE **R** Philipp Klinger **B** Simon Thummet **K** Adrian Langenbach **M** Francesco Wilking, Patrick Reising **S** Bastian Epple **Sb** Cosima Vellenzer **Kb** Teresa Crosser **D** Sarah Mahita (Rebekka), Béla Gabor Lenz (Vincent), Stephan Szász (Michael), Birge Schade (Christine), Andreas Warmbrunn (Dennis) **L** 93 **FSK** ab 12; f **E** 12.8.2021 / 28.11.2021 SWR / 21.1.2022 DVD & digital fd 47936

ALEPH ★★★★
ALEPH

Die Filmemacherin Iva Radivojevic lässt sich von der Erzählung *Aleph* von Jorge Luis Borges anregen, die vom ersten Buchstaben des Alphabets als Hort des menschlichen Wissens ausgeht. Sie unternimmt eine Weltreise, bei der sie bei Menschen aus zehn Ländern auf fünf Kontinenten Gedanken, Ideen und Träume festhält und diese miteinander verknüpft. Ihre Montage beschwört durchgängig faszinierende Sequenzen herauf, die durch Bildpoesie ebenso bestechen wie durch die frei fließenden Gedankenassoziationen. Nicht zuletzt durch zahlreiche Filmreferenzen ein reizvolles, oft verblüffendes intellektuelles Vergnügen. (O.m.d.U.) – **Sehenswert ab 16**.
USA 2019 **R+B** Iva Radivojevic **K** Jimmy Ferguson **S** Iva Radivojevic **L** 85 **E** 18.10.2021 arte fd -

ALICE – MEIN LEBEN ALS ESCORT ★★★
ALICE

Eine Frau führt ein vermeintlich glückseliges Leben mit Ehemann und kleinem Sohn, als ihr Gatte plötzlich verschwindet und sie mit hohen Schulden zurücklässt, da er Stammkunde bei teuren Escort-Services war. Aus Geldnot fängt sie selbst dort an und lernt rasch, die Vorteile ihrer neuen Tätigkeit zu schätzen. Weit hergeholtes Drama, das versucht, der Prostitution den Ruch des Anstößigen zu nehmen und sie als normale Arbeit darzustellen, allerdings zu dem Preis einer beschönigenden Darstellung, die Unangenehmes weitgehend ausblendet. Gute Detailbeobachtungen und eine mutige Darbietung in der Hauptrolle machen den Film trotzdem zu einem Drama, das weniger auf erotische Szenen, sondern auf die mitfühlende Studie des Schicksals der Hauptfigur setzt. – **Ab 16**.
Scope. Großbritannien/Australien/Frankreich 2019 **DVD** Tiberius/Sony (16:9, 2.35:1, DD5.1 frz./dt.) **BD** Tiberius/Sony (16:9, 2.35:1, dts-HDMA frz./dt.) **R+B** Josephine Mackerras **K** Mickael Delahaie **M** Alexander Levy Forrest **S** Marsha Bramwell **D** Emilie Piponnier (Alice Ferrand), Martin Swabey (François Ferrand), Chloé Boreham (Lisa), Jules Milo Levy Mackerras (Jules Ferrand), Ariana Rodriguez Giraldo (Ariana) **L** 105 **FSK** ab 16; f **E** 8.7.2021 DVD & BD fd -

ALICE AND THE MAYOR ★★★★
ALICE ET LE MAIRE

Der Bürgermeister von Lyon ist nach über 30 Jahren in der Politik ausgelaugt und stellt deshalb eine junge Philosophin ein, um Impulse für neue Ideen zu erhalten. Die Beraterin verfügt zwar über keinerlei Erfahrung im politischen Geschäft, dafür aber über einen kreativen Kopf, sodass sie im Ansehen des Stadtoberhauptes bald steigt, womit sich allerdings das politische Establishment düpiert fühlt. Eine elegant inszenierte Tragikomödie mit zwei glänzenden Hauptdarstellern und lebhaften Dialogen, die intellektuelle Mittelmäßigkeit und Routinedenken aufspieße. Dabei geht es dem Film weniger um die aktuelle französische Gesellschaft als um einen Vorstoß, ein erstarrtes politisches System aufzubrechen. – **Ab 14**.
Frankreich/Belgien 2019 **R+B** Nicolas Pariser **K** Sébastien Buchmann **M** Benjamin Esdraffo **S** Christel Dewynter **Sb** Wouter Zoon **Kb** Anne-Sophie Gledhill **D** Anaïs Demoustier (Alice Heimann), Fabrice Luchini (Paul Théraneau), Nora Hamzawi (Mélinda), Léonie Simaga (Isabelle Leinsdorf), Antoine Reinartz (Daniel) **L** 103 **E** 14.7.2021 VoD (Mubi) fd 47865

ALICE IM WEIHNACHTSLAND ★★
Eine Hamburger Köchin willigt ein, Weihnachten bei der Familie ihres Freundes in Bayern zu verbringen. Dieser wird jedoch aufgehalten, sodass sie zuerst allein anreist, aber darum nicht weniger herzlich aufgenommen wird. Während sie die Ankunft ihres Freundes erwartet, wird die junge Frau allerdings dazu veranlasst, ihre Gefühle zu überprüfen. Herzschmerz-Liebesfilm mit absurden Verwicklungen und Missverständnissen, die das romantische Glück aufhalten. Die sympathische Besetzung und einiger äußerer Aufwand sorgen immerhin für routinierte Unterhaltung für bescheidene Ansprüche. – **Ab 12**.
Deutschland 2021 **R** Petra K. Wagner **B** Claudia Matschulla, Arnd Mayer **K** Peter Polsak **M** Hannah von Hübbenet (= Hansen & Jansen), Raphael Schalz-Bender **S** Nicola Undritz **Sb** Jost Brand-Hübner **Kb** Astrid Möldner **D** Aybi Era (Alice Cordes), Jochen Matschke (Jakob Huber), Daniel Gawlowski (Nicolas Huber), Jutta Speidel (Hanna Huber), August Schmölzer (Toni Huber) **L** 88 **E** 12.12.2021 ZDF fd -

ALINE – THE VOICE OF LOVE ★
ALINE – THE VOICE OF LOVE

Die fiktionale Biografie von Céline Dion zeichnet das Leben und die Karriere der 1968 als letztes von 14 Kindern in Quebec geborenen Popsängerin nach, die mit ihrer kraftvollen und hohen Stimme zum Weltstar aufstieg. Ein konventionell inszeniertes, in seiner Konfliktscheu fast schon anti-dramatisches Biopic, das vor allem Fans von Céline Dion ansprechen soll. Die Protagonistin wird dabei in allen Lebensstadien, auch als Kind, von der Regisseurin persönlich verkörpert, deren distanzlose Hommage nicht nur hier mitunter ans Lächerliche grenzt. – **Ab 12**.
Scope. Kanada/Frankreich 2020 **KI** Weltkino **R** Valérie Lemercier **B** Brigitte Buc, Valérie Lemercier **K** Laurent Dailland **S** Jean-François Elie **Sb** Emmanuelle Duplay **Kb** Catherine Leterrier **D** Valérie Lemercier (Aline Dieu), Sylvain Marcel (Guy-Claude Kamar), Danielle Fichaud (Sylvette Dieu), Roc Lafortune (Anglomard Dieu), Antoine Vézina (Jean-Bobin Dieu) **L** 128 **FSK** ab 6; f **E** 23.12.2021 fd 48245

ALL DIE TOTEN ★★★★
TODOS OS MORTOS

Im Brasilien der Wende vom 19. zum 20. Jahrhundert haben sich eine alte, kranke Frau und ihre zwei Töchter, ehemals Sklavenbesitzer mit großem Landbesitz, nach Abschaffung der Sklaverei in eine Stadtwohnung zurückgezogen und kämpfen mit dem Leben ohne die vertrauten Privilegien, vor allem, als ihre schwarze Haushälterin verstirbt. Aus Sorge um die kranke Mutter suchen die Frauen Hilfe bei einer ehemaligen Sklavin. Ein vielschichtiges, Parallelen zur Gegenwart ziehendes Drama um den sozialen Wandel in Brasilien aus der Perspektive weiblicher Figuren. Mit einer bildgewaltigen visuellen Umsetzung und überzeugenden Darstellern spielt der Film unterschiedlichste Genres an, die er zu einem fesselnden Ganzen verbindet. – **Sehenswert ab 14**.
Brasilien/Frankreich 2019 **R** Caetano Gotardo, Marco Dutra **B** Caetano Gotardo, Marco Dutra **K** Hélène Louvart **M** Salloma Salomão **S** Juliana Rojas, Caetano Gotardo, Marco Dutra **D** Mawusi Tulani (Iná), Clarissa Kiste (Maria), Carolina Bianchi (Ana),

ALONE – DU KANNST NICHT ENTKOMMEN (© Koch)

Thaia Perez (Isabel), Agyei Augusto (João)
L 120 **E** 18.2.2021 VoD (Mubi) **fd** –

ALL MY FRIENDS ARE DEAD
siehe: **MEINE FREUNDE SIND ALLE TOT**

ALL THE DEAD ONES
siehe: **ALL DIE TOTEN**

ALL THE PRETTY LITTLE HORSES ★★★
MIKRA OMORFA ALOGA
Ein Paar mit Kind scheint in einem eleganten Anwesen in Küstennähe ein idyllisches Leben zu führen, doch der Schein trügt: Das Haus gehört nicht der Familie, sondern der Mann kümmert sich als Hausmeister darum; er und seine Frau machen nach einem bösen Erlebnis schwierige Zeiten durch, auch finanziell. So zu tun, als würden sie in das von Wohlstand zeugende Haus wirklich hineingehören, ist äußerst verführerisch. Ein kühldistanziertes Drama um den Verlust von sozialer Sicherheit und sozialem Status sowie die Schere zwischen Arm und Reich im Griechenland nach der Finanzkrise. Die visuell durchdachte Bildsprache schafft es bestens, ein Gefühl von Entfremdung und Beklemmung zu vermitteln. – **Ab 16**.
Scope. Deutschland/Belgien/Griechenland 2020 **DVD** EuroVideo/Neue Visionen (16:9, 2.35:1, DD5.1 griech.) **R+B** Michalis Konstantatos **K** Giannis Fotou **M** Liesa Van der Aa **S** Myrto Karra, Yorgos Mavropsaridis **Sb** Danai Elefsinioti **Kb** Vassilia Rozana **D** Yota Argyropoulou (Alice), Dimitris Lalos (Petros), Alexandros Karamouzis (Panayiotis), Efthalia Papacosta (Lita) **L** 102 **FSK** ab 16; **f E** 30.4.2021 digital (Neue Visionen) / 6.5.2021 DVD **fd** –

ALLE REDEN VON JAMIE siehe:
EVERYBODY'S TALKING ABOUT JAMIE

ALLES AUF ROT ★★★
Ein früherer, auf Abwege geratener Polizist wird aus dem Gefängnis entlassen, nähert sich wieder seiner Frau an und übernimmt einen Job als Barkeeper. Seine Vergangenheit lässt ihn aber nicht los, da ein Zellengenosse will, dass er den Mörder von dessen Tochter findet, und eine Staatsanwältin den einst korrupten Polizisten abhören lässt. Vierter und abschließender Teil einer fatalistischen Polizeifilm-Reihe, der ihrer Geschichte um Korruption und zwei raue Polizisten ein würdiges Finale bereitet. Die melancholische Stimmung wird noch einmal gekonnt heraufbeschworen, um die Themen Moral und Vertrauen auszuloten. – **Ab 16**.
Deutschland 2021 **R+B** Lars Becker **K** Felix Novo de Oliveira **M** Hinrich Dageför, Stefan Wulff **S** Sanjeev Hathiramani, Alexander Schnell **Sb** Daniela Herzberg **Kb** Katrin Aschendorf **D** Fritz Karl (Erich Kessel), Jessica Schwarz (Claire Kessel), Nicholas Ofczarek (Mario Diller), Melika Foroutan (Soraya Nazari), Kida Khodr Ramadan (= Kida Ramadan) (Walid Schukri) **L** 90 **E** 12.11.2021 arte **fd** –

ALLES IST EINS. AUSSER DER O. ★★★★
Einfallsreicher Dokumentarfilm über die Geschichte des 1981 ins Leben gerufenen Chaos Computer Clubs und seines Mitgründers Wau Holland. Mit viel Witz, Schwung und Tempo erzählt er von subversiven Pionieren, die als digitale Bürgerrechtler die Vision einer demokratischen Netzwelt vertra-

ten. Der Handlungsbogen spannt sich so unterhaltsam wie intelligent von den wilden 1980er-Jahren inklusive Punkbewegung und Neuer Deutscher Welle bis in die Gegenwart, prall gefüllt mit Zeitgeist, Informationen und Denkanstößen. – **Sehenswert ab 14**.
Deutschland 2020 **KI** Neue Visionen **R** Klaus Maeck, Tanja Schwerdorf **B** Klaus Maeck, Tanja Schwerdorf **K** Hervé Dieu **M** Alexander Hacke **S** Andreas Grützner **L** 96 **FSK** ab 6; **f E** 29.7.2021 **fd** 47746

ALLMEN UND DAS GEHEIMNIS ★★★
DER EROTIK
Der Lebemann und Kunstdieb/-detektiv Allmen wird nach dem beobachteten Diebstahl eines Fabergé-Eis gezwungen, eine wertvolle Porzellansammlung zu stehlen. Dies wird für ihn zum Auftakt eines neuen Falles, bei dem neben dem gestohlenen Porzellan auch mehrere Morde seine Kombinationsgabe fordern. Vierte Adaption der *Allmen*-Romane von Martin Suter, wieder angelegt als gewandte Krimikomödie, die solide unterhält. Die eher betuliche Erzählweise und die amüsanten Dialoge zeigen allerdings inzwischen deutliche Anzeichen der Routine. – **Ab 14**.
Deutschland 2020 **R** Thomas Berger **B** Martin Rauhaus **K** Frank Küpper **Vo** Martin Suter (Roman *Allmen und die Erotik*) **M** Fabian Römer, Matthias Hillebrand-Gonzalez (= Matthias Hillebrand) **S** Lucas Seeberger **Sb** Albrecht Konrad **Kb** Natascha Curtius-Noss **D** Heino Ferch (Johann Friedrich von Allmen), Samuel Finzi (Carlos), Andrea Osvárt (Joelle Hirt), Isabella Parkinson (Maria Moreno), Devrim Lingnau (Jasmin Sterner) **L** 88 **E** 27.3.2021 ARD **fd** –

ALONE – DU KANNST NICHT ★★
ENTKOMMEN
ALONE
Eine junge Frau verstaut ihre Habseligkeiten in einem Anhänger und verlässt ihre Heimat Portland im US-Staat Oregon. Während ihrer Fahrt wird sie von einem namenlosen Autofahrer bedrängt, der sie entführt und in einem Keller töten will. Doch der Frau gelingt die Flucht, was zu einer Odyssee durch die Wildnis führt. Die Protagonistin setzt sich in dem packenden, entschlossen erzählten Survival-Thriller geschickt zur Wehr, wobei sie mit Mut und Klugheit ihre jeweilige Umgebung nutzt. Die Einführung einer dritten Figur und wortreiche Psychospielchen wirken allerdings konstruiert und untergraben überdies die Spannung. – **Ab 16**.

Das Mediabook enthält als Extras ein 24-seitiges Booklet mit Texten zum Film sowie den Film NIGHT HUNT – DIE ZEIT DES JÄGERS (Schweden 2011, R: Mattias Olsson, 94 Min.).
Scope. USA 2020 **DVD** Koch (16:9, 2.35:1, DD5.1 engl./dt.) **BD** Koch (16:9, 2.35:1, dts-HDMA engl./dt.) **R** John Hyams **B** Mattias Olsson **K** Federico Verardi **M** Nima Fakhrara **S** John Hyams, Scott Roon **Sb** Cait Pantano **Kb** Ashley Russell **D** Jules Willcox (Jessica), Marc Menchaca (Mann), Anthony Heald (Robert), Jonathan Rosenthal (Eric) **L** 94 **FSK** ab 16 **E** 25.3.2021 DVD & BD & Mediabook (BD) fd 47601

ALS EIN STERN VOM HIMMEL FIEL ★★★
O VÁNOČNÍ HVEZDE

Ein Lehrer ist unglücklich in eine Prinzessin verliebt und erhält Hilfe von unerwarteter Seite: Ein als unerwünschte Konkurrentin in Liebesangelegenheiten vom Himmel herabgestoßener weiblicher Stern will ihn mit der Königstochter zusammenbringen. Ihre Rivalin um die Gunst eines begehrten Stern-Mannes reist jedoch ebenfalls zur Erde, um den Plan zu sabotieren. Ein liebevoll gestalteter tschechisch-deutscher Märchenfilm, der zwar eine gewöhnliche Geschichte von der Kraft der Liebe und dem Sieg über das Böse erzählt, dies aber in einen dezent humorvollen Rahmen integriert. Zudem bietet der Film einigen Schauspielern Gelegenheit zu hübschen Kabinettstückchen. – **Ab 6.**
Tschechien/Slowakei/Deutschland 2020 **R** Karel Janák **B** Karel Janák, Michal Čunderle **K** Martin Sácha **M** Ales Brezina **S** Petr Stanek **Sb** Jirí Sternwald **Kb** Michaela Horácková Horejsí **D** Vojtech Kotek (Vasek), Leonie Brill (= Leonie Charlotte Brill) (Prinzessin), Tereza Ramba (= Tereza Vorísková) (Tagesstern), Anna Geislerová (Proxima), Ondrej Sokol (Sirius) **L** 91 **E** 3.1.2021 KiKA fd -

ALVAR AALTO – FINNLANDS GROSSER ARCHITEKT siehe: AALTO – ARCHITEKTUR DER EMOTIONEN

AM LEBEN SEIN UND DARUM ★★★★ WISSEN
ÊTRE VIVANT ET LE SAVOIR

Tagebuchartiger Film des französischen Filmemachers Alain Cavalier (Jahrgang 1931), der auf sein langes Leben zurückschaut und seinem Ende entgegensieht. Mit der befreundeten Schriftstellerin Emmanuèle Bernheim will er deren Buch über den Freitod ihres Vaters verfilmen, doch dann erkrankt die Freundin und muss sich einer Therapie unterziehen. Eine andere Vertraute, auch sie betagt und schwer krank, verabschiedet sich ebenfalls von ihm und aus dem Leben. Cavalier nähert sich der eigenen Person und den Menschen um ihn herum über markante Großaufnahmen und verdichtet sein Film-Journal durch intim vorgetragene Textpassagen. – **Ab 16.**
Frankreich 2019 **R** Alain Cavalier **B** Alain Cavalier, Emmanuèle Bernheim **K** Alain Cavalier, Emmanuèle Bernheim **Vo** Emmanuèle Bernheim (Sachbuch *Tout s'est bien passé*) **S** Françoise Widhoff **L** 82 **E** 30.11.2021 arte fd -

AMAZONIA UNDERCOVER – ★★★★ DER KAMPF DER MUNDURUKU
AMAZÔNIA: SOCIEDADE ANÔNIMA

Seit die Abholzung des Regenwaldes in den letzten Jahren intensiviert wurde, haben in Brasilien auch Landraub und Konflikte um Ländereien zugenommen. Betroffen davon sind insbesondere indigene Völker, die sich dem aber nicht tatenlos ergeben wollen und sich zunehmend organisieren. Die über sechs Jahre entstandene investigative Dokumentation zeigt Ausmaß und Methodik der kriminellen und umweltpolitisch verheerenden Praktiken, porträtiert Beispiele des Widerstands und arbeitet auch heraus, dass die auf Koexistenz ausgerichteten indigenen Traditionen durchaus auch für den Kampf gegen den Klimawandel wichtige Impulse liefern könnten. – **Sehenswert ab 14.**
Brasilien 2019 **R+B** Estevão Ciavatta **K** Dudu Miranda, Daniel Venosa **M** Berna Ceppas **S** Fernando Acquarone, Bernardo Pimenta **L** 84 **E** 3.8.2021 arte fd -

AMERICA: DER FILM ★★
AMERICA: THE MOTION PICTURE

Im Jahr 1776 will der Überläufer Benedict Arnold in Neu-England die Kolonie wieder der Kontrolle des britischen Königs unterstellen und richtet unter den Gründervätern der späteren USA ein Massaker an. Nur einer überlebt: George Washington. Zusammen mit einer Gruppe schlagkräftiger Mitstreiter rüstet er zum Gegenschlag. Der Animationsfilm rollt mit viel Gewalt und zahllosen popkulturellen Referenzen eine absurde Neuinterpretation der US-Geschichte auf. Der vulgäre Nonsens-Humor hat durchaus gesellschaftskritische Töne und will der Gegenwart mit einer radikalen Kur zu Leibe rücken, scheitert aber, weil die Gags flach bleiben. – **Ab 16.**
Scope. USA 2021 **R** Matt Thompson **B** Dave Callaham **M** Mark Mothersbaugh **S** Christian Danley **L** 98 **E** 30.6.2021 VoD (Netflix) fd 47827

AMERICAN TRAITOR: ★★ THE TRIAL OF AXIS SALLY
AMERICAN TRAITOR: THE TRIAL OF AXIS SALLY

Die in Deutschland lebende Amerikanerin Mildred Gillars (1900–1988) wurde während des Zweiten Weltkriegs zur berüchtigten Figur, weil sie im Auftrag und unter direkter Anleitung von Joseph Goebbels Nazipropaganda über den Rundfunk verbreitete. Nach dem Krieg wurde ihr wegen Landesverrats der Prozess gemacht. Der biografische Film spielt auf zwei Zeitebenen und wechselt zwischen Kriegs- und Gerichtsdrama, entwickelt aber keine Haltung zu den Figuren und lässt die Fragen nach Schuld und Loyalität in der Luft hängen. Trotz einiger formaler Spielereien fällt er auch handwerklich und darstellerisch durchwachsen aus. – **Ab 16.**
Scope. USA 2021 **DVD** EuroVideo **BD** EuroVideo **R** Michael Polish **B** Vance Owen, Darryl Hicks, Michael Polish **K** Jayson Crothers **Vo** William E. Owen / Vance Owen (Roman *Sally Confidential*) **M** Kubilay Uner (= Kubilay Üner) **S** Raúl Marchand Sánchez **Sb** Mailara Santana **Kb** Julia Michelle Santiago **D** Meadow Williams (Mildred Gillars), Al Pacino (James J. Laughlin), Carsten Nor-

AMERICA: DER FILM (© Netflix)

AMMONITE (© Tobis/Leonine)

gaard (Max Otto Koischwitz), Marcus Rafinski (Charlie), Swen Temmel (Billy Owen) **L** 105 **FSK** ab 16 **E** 23.11.2021 DVD & BD **fd** -

AMEXICA – GRENZWELTEN ★★★★
AMEXICA

Die Fotografin Marie Baronnet dokumentiert seit 2009 in Fotoreportagen den Alltag an der amerikanisch-mexikanischen Grenze und eine eigene «amexikanische» Kultur. Für einen Dokumentarfilm verbringt sie besonders viel Zeit mit zwei Familien, die in die USA emigrieren wollen beziehungsweise dies schon geschafft haben und nun versuchen, trotz Abschiebungsgefahr ein normales Leben zu führen. In diese poetischen, sehr persönlichen Momente fügen sich Momentaufnahmen von beiden Seiten der Grenze ein, die von der Ablehnung und Ausnutzung der Migranten künden, aber auch von deren Mut und Hoffnungen, sodass sich ein vielfältiges Gesellschaftspanorama darbietet. – **Sehenswert ab 14.**
Frankreich 2020 **R+B+K** Marie Baronnet **M** Marc Ribot **S** Catherine Rascon **L** 92 **E** 12.1.2021 VoD (arte) / 6.4.2021 arte **fd** -

AMIN ★★★
AMIN

Ein Bauarbeiter hat seine Heimat Senegal verlassen, um in Frankreich zu arbeiten; seine Familie mit drei Kindern hat er zurückgelassen und kann sie nur selten besuchen, worunter besonders die Beziehung zu seiner Frau leidet. Als der sonst verantwortungsbewusste Mann eine Affäre mit einer Französin beginnt, vergrößert er die innere Distanz zu seiner Heimat noch weiter. Milieugenaues Drama über die Probleme des Migrantenlebens in Frankreich, das das Gefühl der Zwischenexistenz präzise erfasst. Etwas holprig im Versuch, die individuelle Geschichte zu verallgemeinern, zeigt der Film doch akkurat wiederkehrende Muster auf. – **Ab 14.**
Frankreich 2018 **R** Philippe Faucon **B** Philippe Faucon, Mustapha Kharmoudi, Yasmina Nini-Faucon **K** Laurent Fénart **M** Amine Bouhafa **S** Sophie Mandonnet **Sb** Manuel Swieton **Kb** Charlotte David **D** Moustapha Mbengue (Amin Sow), Emmanuelle Devos (Gabrielle), Marème N'Diaye (Aïcha), Noureddine Benallouche (Abdelaziz), Moustapha Naham (Ousmane) **L** 88 **E** 2.6.2021 arte **fd** -

AMMONITE ★★★★
AMMONITE

Die Britin Mary Anning (1799–1847) gehörte Anfang des 19. Jahrhunderts zu den Pionieren auf dem Gebiet der Paläontologie. Doch eine wissenschaftliche Anerkennung blieb ihr lange verwehrt. Als sie sich widerstrebend von einem Geologen engagieren lässt, lernt sie dessen Gattin kennen, die nicht nur ihre Passion für Fossilien teilt, sondern mit der sich auch eine wechselvolle Liebesgeschichte entwickelt. Die reale Begegnung von Anning mit der Geologin Charlotte Murchison nimmt das Historiendrama zum Anlass für eine biografische Fiktion. Die glänzenden Darstellerinnen erschaffen in ihrem Zusammenspiel ein glühendes Zentrum inmitten der kalten englischen Gesellschaft des Viktorianischen Zeitalters. – **Sehenswert ab 14.**
Großbritannien 2020 **KI** Tobis **DVD** Leonine **BD** Leonine **R+B** Francis Lee **K** Stéphane Fontaine **M** Volker Bertelmann, Dustin O'Halloran **S** Chris Wyatt **Sb** Sarah Finlay **Kb** Michael O'Connor **D** Kate Winslet (Mary Anning), Saoirse Ronan (Charlotte Murchison), Gemma Jones (Molly Anning), Fiona Shaw (Elizabeth Philpot), Claire Rushbrook (Eleanor Butters) **L** 118 **FSK** ab 12; f **E** 4.11.2021 / 7.1.2022 DVD & BD **fd** 48150

AMOR FATI ★
AMOR FATI

Von der Behauptung ausgehend, dass jeder Mensch im Leben seine bessere Hälfte sucht, widmet sich der Dokumentarfilm verschiedenen Paarbeziehungen zwischen Liebenden, Verwandten oder Haustieren und ihren Besitzern. In Alltagsszenen kristallisieren sich dabei Facetten des Zusammenseins heraus. Trotz treffender Beobachtungen wirkt der strenge Konzeptfilm schwammig und fördert nur wenige Erkenntnisse zutage, zumal er sich auch nur oberflächlich für seine Protagonisten interessiert. – **Ab 14.**
Teils schwarz-weiß. Portugal/Schweiz/Frankreich 2020 **KI** Wolf Kino **R+B+K** Cláudia Varejão **S** João Braz, Cláudia Varejão **L** 102 **E** 11.11.2021 **fd** 48180

AMUR SENZA FIN ★★★
AMUR SENZA FIN

Da bei einem Ehepaar in einem Dorf in den Bündner Bergen nach zwanzig Jahren Routine eingezogen ist, wendet sich die Frau dem neuen, aus Indien stammenden Gemeindepfarrer. Dieser empfiehlt ihr unorthodoxe Methoden der Liebeskunst, die allerdings erst mal nicht zur Anwendung kommen, als die Frau eine Affäre ihres Mannes entdeckt. Während sie sich in der alten Kaffeestube des Dorfes selbstverwirklichen will, wenden sich auch andere Frauen an den Pfarrer. Auf rätoromanisch gedrehte Dorfkomödie, die sich durch fein gezeichnete Hauptfiguren und flottes Tempo auszeichnet. Sympathisch wird ein Aufbruch beschworen, gegen den konservative Kräfte machtlos sind. (O.m.d.U.) – **Ab 14.**
Schweiz 2018 **R** Christoph Schaub **B** Sabine Pochhammer **K** Pierre Mennel **M** Balz Bachmann **S** Gion-Reto Killias **Sb** Peter Scherz **Kb** Angelika Götz **D** Rebecca Indermaur (Mona), Bruno Cathomas (Gieri), Tonia Maria Zindel (Giulia), René Schnoz (Silvio), Marietta Jemmi (Carla) **L** 91 **E** 2.12.2021 3sat **fd** -

AN AMERICAN PICKLE ★★
AN AMERICAN PICKLE

Ein jüdischer Migrant ist Anfang des 20. Jahrhunderts gerade dabei, sich mit seiner Frau eine neue Existenz in den USA aufzubauen, als er in ein Gurkenfass stürzt und mehr als 100 Jahre später wieder erwacht. Im modernen New York begegnet er seinem Urenkel, einem erfolgreichen App-Designer, mit dem er wegen dessen leichtlebigem und religiös-

fernem Dasein bald über Kreuz liegt. Eine Zeitsprungkomödie mit einer Doppelrolle für Hauptdarsteller Seth Rogen, der über weite Strecken eine One-Man-Show abliefert. Das Material erweist sich jedoch als etwas dünn, zudem ist der Film wenig konsequent entwickelt. – **Ab 14.**
USA 2020 **R** Brandon Trost **B** Simon Rich **K** John Guleserian **Vo** Simon Rich (Kurzgeschichte *Sell Out*) **M** Nami Melumad **S** Lisa Zeno Churgin **Sb** William Arnold **Kb** Brenda Abbandandolo **D** Seth Rogen (Herschel Greenbaum / Ben Greenbaum), Sarah Snook (Sarah Greenbaum), Molly Evensen (Clara), Eliot Glazer (Christian), Kalen Allen (Kevin) **L** 85 **FSK** ab 12; f **E** 15.9.2021 digital (Warner) **fd** -

AN SEINER SEITE ★★★★
Die Ehefrau eines berühmten Dirigenten hat ihrem Mann zuliebe die eigene Karriere als Konzertpianistin aufgegeben. Als beide nach einem langen Nomadenleben in ausländischen Metropolen zurück nach München ziehen, erhofft sie sich einen Neuanfang. Doch ein anklagender Brief ihrer erwachsenen Tochter und die Begegnung mit einem freundlichen, lebensklugen Witwer veranlassen sie, ihr Leben zu hinterfragen. Ein leises, unspektakuläres und sensibel erzähltes Drama, das vor allem durch die Leistungen der drei Hauptdarsteller, aber auch durch präzise Dialoge und die beiden gegensätzlichen, sorgfältig gezeichneten Milieus besticht. – **Ab 14.**
Deutschland 2021 **R** Felix Karolus **B** Florian Iwersen, Felix Karolus **K** Wolfgang Aichholzer **M** Renzo Vitale **S** Gerald Slovak **Sb** Verena Barros de Oliveira **Kb** Silke Schmelzer **D** Senta Berger (Charlotte Kler), Peter Simonischek (Walter Kler), Thomas Thieme (Martin Scherer), Antje Traue (Viola Frankenberg), Marlene Morreis (Grit Scherer) **L** 89 **E** 7.5.2021 arte **fd** 47688

ANGELS IN NOTTING HILL ★★
ANGELS IN NOTTING HILL
Ein weiblicher Engel wird auf die Erde beordert, um einem Mann Trost und Lebensmut zu verschaffen, der über den Tod seiner Freundin nicht hinwegkommt und diese damit zu einem Geisterdasein verdammt hat. Im Londoner Stadtteil Notting Hill kommt es zwischen der Engelsfrau und ihrem widerwilligen Klienten zu einer skurrilen Liebesgeschichte. Märchenhafte Fantasy-Komödie zwischen Trash und Groteske, deren Hauptattraktion die letzte (Sprecher-)Mitwirkung von Christopher Lee bei einem Kinofilm ist. (O.m.d.U.) – **Ab 14.**
Großbritannien 2015 **DVD** absolutMEDIEN (16:9, 1.78:1, DD2.0 engl.) **R+B** Michael Pakleppa **K** Steve Kendrick, Olivier Kolb, Frank Van Vught, Thomas Willke, Michael Pakleppa **M** Moritz Freise, Freqman, Dorne Hendry, Hans Holzer, Simon Horrocks, Setuniman, Claus Zundel **S** Michael Pakleppa **D** Selma Boyd (Joy), Ryan Mercier (Geoffrey), Tina Gray (Miss Maple), Stefanie Wallis (Suzie), Renée Castle (Rebecca) **L** 111 **E** 23.7.2021 DVD & VoD **fd** -

ANMASSUNG ★★★★
In einem dokumentarischen Projekt nähern sich die beiden Filmemacher Chris Wright und Stefan Kolbe einem Frauenmörder. Sein Wunsch nach Anonymität forciert ein filmisches Nachdenken über die Grenzen des Darstellbaren und die szenischen Möglichkeiten dokumentarischen Arbeitens. Gemeinsam mit Puppenspielerinnen werden Ausführungen des Täters reinszeniert und Bilder für biografische Fragmente entwickelt. Auch die Therapeuten im Strafvollzug kommen dabei zu Wort. Mit betonter Selbstreflexivität begleitet der Film den Resozialisierungsprozess und wirft dabei ein Netz von Andeutungen aus, die sich nie auf die Anmaßung einer abschließenden Erklärung einlassen. – **Sehenswert ab 16.**
Deutschland 2021 **KI** GM Films **R** Chris Wright, Stefan Kolbe **B** Chris Wright, Stefan Kolbe **K** Stefan Kolbe **M** Johannes Winde **S** Chris Wright **L** 115 **FSK** ab 16; f **E** 22.7.2021 **fd** 47863

ANNA UND HERR GOETHE ★★
Eine junge obdachlose Frau streunt betrunken und Gedichte von Goethe zitierend durch Berlin. Als sie auf eine einsame Bibliothekarin stößt, glaubt sie eine verwandte Seele gefunden zu haben, kann aber mit der aufkeimenden Intimität nicht umgehen. Erst im Kontakt mit einem Jugendfreund wird ihr Trauma eines jahrelangen Missbrauchs als Heimkind in schwarz-weißen Rückblenden sicht- und erlebbar. Das raue Drama kreist um die emotionalen Hochs und Tiefs der Hauptfigur, deren seelische Verstörung glaubhaft nachvollziehbar ist, während jedoch die Genesung durch ein abruptes Happy End allzu behauptet bleibt. – **Ab 16.**
Teils schwarz-weiß. Deutschland 2018 **KI** Sodawasser Pictures **R+B** Kati Thiemer **K** Keren Chernizon, Javier Blanco Chiocchio **M** Benedict Goebel **S** Moritz Neumayr **Kb** Kati Thiemer **D** Kati Thiemer (Anna), Patricia Grove (Lucy), Laurean Wagner (Daniel), Jelena Baack (Gerda), Heleen Joor (Sophie) **L** 66 **E** 25.11.2021 **fd** 48218

ANNE AT 13,000 FT ★★★★
ANNE AT 13,000 FT
Eine junge Frau ist mit 27 Jahren gerade dabei, sich in ihrem Leben einzurichten. Vor kurzem hat sie eine eigene Wohnung bezogen und arbeitet als Erzieherin in einer Tagesstätte, in der auch Kinder mit sozialen oder psychischen Problemen betreut werden. Außerdem beginnt sie, sich fürs Fallschirmspringen zu begeistern. Allerdings zeichnet sich ab, dass die Protagonistin selbst, wie einige ihrer Schützlinge, psychisch instabil ist. Der nahe bei der ausdrucksstark gespielten Hauptfigur bleibende Film entfaltet ein als faszinierendes, in den Psycho-Horror changierendes Porträt einer Frau, der beim Hineinwachsen in die Unabhängigkeit eine diffuse Angststörung im Weg steht. – **Ab 16.**
Kanada/USA 2019 **R+B** Kazik Radwanski **K** Nikolay Michaylov **S** Ajla Odobašic **D** Deragh Campbell (Anne), Matt Johnson (Matt), Dorothea Paas (Sarah), Lawrene Denkers (Mum) **L** 75 **E** 29.9.2021 VoD (Mubi) **fd** -

ANNETTE ★★★★★
ANNETTE
Nach der Geburt ihrer Tochter scheint das Glück eines Stand-up-Komikers und einer Opernsängerin vollkommen. Der Hang des Mannes zu Ausbrüchen lässt jedoch seine Karriere scheitern, und auch die Ehe findet ein gewaltsames Ende. Fortan ganz auf seine Tochter konzentriert, entdeckt er ihre überirdische Gesangsstimme und schlachtet diese als Manager aus, kann sich dadurch aber erst recht nicht mehr vom Fluch seiner Taten befreien. Das düstere Musical-Märchen, in dem auch die Dialoge fast alle gesungen werden, greift zahllose künstlerische Dilemmata um Erfolgsstreben, Ruhm und den Umgang mit Talent auf, die in den vielschichtigen Charakteren einen intensiven Ausdruck finden. Eine Vielzahl melodiöser Songs und eine virtuose Inszenierung fügen selbst vermeintlich disparate Elemente zum filmischen Gesamtkunstwerk zusammen. – **Sehenswert ab 16.**
Frankreich/Deutschland/Belgien 2021 **KI** Alamode **R** Léos Carax **B** Ron Mael, Russell Mael **K** Caroline Champetier

M Ron Mael, Russell Mael **S** Nelly Quettier **Sb** Florian Sanson **Kb** Pascaline Chavanne, Ursula Paredes Choto **D** Adam Driver (Henry McHenry), Marion Cotillard (Ann Desfranoux), Simon Helberg (der Dirigent), Devyn McDowell (Annette), Rila Fukushima (Krankenschwester) **L** 140 **FSK** ab 12; f **E** 16.12.2021 **fd** 48256

Anni Da Cane ★★★★
Anni Da Cane

Eine kreative, aber auch ungeschickte und leicht zynische Jugendliche hat sich die Idee in den Kopf gesetzt, dass sie an ihrem 16. Geburtstag sterben wird. Zuvor will sie noch eine Liste an wichtigen Dingen abarbeiten, wozu unter anderem auch der erste Sex gehört, und geht mit Hilfe ihrer zwei Freunde eilends daran, die Punkte abzuarbeiten. Eine ungewöhnlich einfühlsame Coming-of-Age-Komödie, die ihre Protagonistin auch in deren weniger sympathischen und störrischen Eigenheiten jederzeit ernst nimmt. Die grundlegend bekannte Handlung des Films wird mit originellen Ideen und unerwarteten melancholischen Momenten ausbalanciert. – **Ab 14.**
Italien 2021 **R** Fabio Mollo **B** Alessandro Bosi, Mary Stella Brugiati **K** Martina Cocco **S** Filippo Maria Montemurro, Francesco Panetta **Sb** Mauro Vanzati **Kb** Sara Fanelli **D** Aurora Giovinazzo (Stella), Federico Cesari (Matte), Isabella Mottinelli (Nina), Luca Maria Vannuccini (Giulio), Sabrina Impacciatore (Rita) **L** 94 **FSK** ab 12 **E** 26.11.2021 digital (Amazon Prime) **fd** -

Anónima – Nachricht von Unbekannt ★★
Anónima

Eine romantische Teenie-Komödie um einen Jungen und ein Mädchen, zwischen denen sich durch Textnachrichten eine Romanze entspinnt, ohne dass die beiden ahnen, wer in der Realität hinter dem virtuellen Chatpartner steckt – und dass sie sich eigentlich längst kennen. Die teilweise etwas sehr einfache Handlungsentwicklung schwelgt in Schulzeit-Nostalgie und drapiert wenig originelle Figuren rund um das zentrale Paar, in der konsequenten Lieblichkeit des Films steckt aber durchaus ein gewisser Reiz. – **Ab 14.**
Mexiko 2021 **R** Maria Torres **B** Alexandro Aldrete, Daniela Gómez **K** Erwin Jaquez **Vo** Wendy Mora (Roman *Anónima*) **S** Jorge Macaya **D** Annie Cabello (Valeria), Ralf (Alex), Estefi Merelles (Regina), Harold Azuara (Ritchie), Alicia Vélez (Lina) **L** 100 **E** 10.12.2021 digital (Netflix) **fd** -

Anonymous Animals ★★★
Les Animaux Anonymes

Experimenteller Horrorfilm, der ohne Dialoge und Erklärungen eine Gruppe Menschen zeigt, die von ihren «Herren» wie Tiere gehalten werden. Verstörend wird das mittellange Regiedebüt nicht nur durch seine mehr atmosphärisch-andeutende als explizite Ästhetik der Grausamkeit, sondern auch durch den Umstand, dass die Aggressoren zwar in Menschengestalt erscheinen, aber mit Tierköpfen versehen sind. Die Kritik an der Bestialität der Menschheit, die mit dieser das Mensch-Tier-Verhältnis umkehrenden und gerade dadurch entlarvenden Motivik einhergeht, bleibt zwar sehr schlicht und vage, dennoch gelingt inszenatorisch ein in seiner Radikalität bemerkenswertes Schauerstück. – **Ab 18.**
🅳 Die FSK-Freigabe «ab 18» der Editionen bezieht sich auf das Bonusmaterial (Trailer etc.), der Film selbst hat eine Freigabe «ab 16».
Scope. Frankreich 2021 **KI** UCM.One **DVD** UCM.ONE (16:9, 2.35:1, DD5.1) **BD** UCM.ONE (16:9, 2.35:1, dts-HDMA) **R+B** Baptiste Rouveure **K** Kevin Brunet, Emmanuel Dauchy, Baptiste Rouveure **M** Damien Maurel **S** Baptiste Rouveure **D** Thierry Marcos, Pauline Guilpain, Aurélien Chilarski, Emilien Lavaut **L** 64 **FSK** ab 16; f **E** 13.5.2021 / 18.6.2021 DVD & BD **fd** 47850

Another Round siehe: **Der Rausch**

Antarktika – Die gefrorene Zeit ★★★
Ein bildgewaltiger Dokumentarfilm über das Rossmeer in der Antarktis, eine der letzten naturbelassenen Regionen des südlichen Eiskontinentes. Während der mit grandiosen Luftaufnahmen arbeitende Film die biologische Vielfalt des Rossmeers ins Bild rückt, verweist er auch auf die deutlich sichtbaren Spuren des Klimawandels und blendet mit Computeranimationen auf die Entdeckungsgeschichte der Antarktis zurück. Dabei zieht er alle Register der Spannungsdramaturgie, tut im bedeutungsvoll raunenden Kommentar mitunter aber des Guten zu viel. – **Ab 12.**
Deutschland 2021 **R+B** Tuan Lam **K** Peter Thompson, Alexander Campbell **M** Eike Hosenfeld, Ingo Ludwig Frenzel (= Ingo Frenzel), Moritz Denis **S** Oliver Szyza **L** 87 **E** 17.4.2021 arte **fd** -

Anti-Life – Tödliche Bedrohung ★
Breach

Im Jahr 2242 dezimiert eine Seuche die Menschen auf der Erde; an Bord eines Raumschiffs werden rund 300.000 Überlebende evakuiert, um auf einem anderen Planeten den Fortbestand der Spezies zu sichern. Doch bald stellt sich heraus, dass auch ein parasitäres, tödliches Wesen an Bord gelangt ist. Die Besatzung des Schiffs, die die im Kryoschlaf befindlichen Siedler in ihre neue Heimat bringen soll, muss um ihr Leben kämpfen. Ein epigonischer Alien-Verschnitt, dessen Low-Budget-Effekte dem Sujet ebenso wenig neues

Anti-Life – Tödliche Bedrohung (© Koch)

Leben einhauchen können wie die durchweg ideenlose Story oder Bruce Willis in einer Nebenrolle. – **Ab 16**.
Scope. Kanada 2020 **DVD** Dolphin/Koch (16:9, 2.35:1, DD5.1 engl./dt.) **BD** Dolphin/Koch (16:9, 2.35:1, dts-HDMA engl./dt.) **R** John Suits **B** Edward Drake, Corey Large **K** Will Stone **M** Scott Glasgow **Sb** David Dean Ebert, Melissa Woods **Kb** Kimberly Matela **D** Bruce Willis (Clay), Cody Kearsley (Noah), Rachel Nichols (Chambers), Kassandra Clementi (Hayley), Johnny Messner (Blue) **L** 89 **FSK** ab 16 **E** 4.10.2021 digital / 21.10.2021 DVD & BD & 4K UHD **fd** –

ANTLERS ★★
ANTLERS

ANTLERS (© Walt Disney Company (Germany) GmbH)

Eine ehemalige Bergbaustadt in Oregon wird von einer bizarren Mordserie erschüttert. Die einzige Spur deutet auf eine übernatürliche Präsenz im Haus eines Schülers hin. Dessen Lehrerin vermutet hinter seinen grotesken Zeichnungen allerdings einen ähnlichen Fall von Kindesmissbrauch, wie er ihr in ihrer Kindheit selbst widerfuhr. Der auf einer Erzählung basierende Horrorfilm legt sein Genre-Instrumentarium allerdings durch eine gesellschaftskritische Bestandsaufnahme allzu sehr an die Leine, deren Wirkung durch allzu viele Problemfelder obendrein verpufft. – **Ab 16**.
USA 2021 **Kl** Walt Disney **R** Scott Cooper **B** Henry Chaisson, Nick Antosca, Scott Cooper **K** Florian Hoffmeister **Vo** Nick Antosca (Kurzgeschichte *The Quiet Boy*) **M** Javier Navarrete **S** Dylan Tichenor **Sb** Tim Grimes **Kb** Karin Nosella **D** Keri Russell (Julia Meadows), Jesse Plemons (Paul Meadows), Jeremy T. Thomas (Lucas Weaver), Graham Greene (Warren Stokes), Scott Haze (Frank Weaver) **L** 100 **FSK** ab 16; f **E** 28.10.2021 / 5.1.2022 digital (Disney+) **fd** 48139

ANYTHING FOR JACKSON ★★★★
ANYTHING FOR JACKSON
Aus Trauer um ihre Tochter und um ihren Enkel, die bei einem Unfall ums Leben gekommen sind, sucht ein älteres Ehepaar Zuflucht beim Okkulten. Mit Hilfe eines satanistischen Rituals hoffen die beiden, ihrem Enkel eine zweite Lebenschance zu eröffnen; dafür entführen sie eine Schwangere, um die Seele des toten Jungen in den Körper des ungeborenen Kindes zu bannen. Damit aber öffnen sich auch etwas Höllischem Tür und Tor. Der Horrorfilm macht den okkulten Stoff zu einem höchst beklemmenden Blick in den Abgrund, den der Verlust geliebter Menschen bedeutet.

Neben der eindrucksvoll-grausigen Inszenierung jenseitiger Schrecken ist sein Herzstück die starke Leistung der Hauptdarstellerin. – **Ab 16**.
Scope. Kanada 2020 **DVD** Splendid **BD** Splendid **R** Justin G. Dyck **B** Keith Cooper **K** Sasha Moric **M** John McCarthy **S** Vincent Whiteman **Sb** Daniel Markworth **Kb** Tina Razian **D** Sheila McCarthy (Audrey), Julian Richings (Henry), Konstantina Mantelos (Becker), Josh Cruddas (Ian), Yannick Bisson (Rory) **L** 93 **FSK** ab 16 **E** 30.7.2021 DVD, BD & digital **fd** –

APEX ☆
APEX
Um das Jahr 2200 werden fünf Elitejäger von einem Milliardär gedrungen, auf einer Insel Jagd auf einen ehemaligen Polizisten zu machen. Dieser dreht den Spieß jedoch um, sodass die Jäger selbst zu Gejagten werden. Schwacher Actionthriller mit einem völlig aus der Luft gegriffenen Science-Fiction-Element, das womöglich die Einfallslosigkeit von Handlung und Umsetzung kaschieren sollte. Der ehemalige Star Bruce Willis lässt sich überwiegend von Body-Doubles vertreten, während die Figuren sämtlich konturlos bleiben. – **Ab 16**.
USA 2021 **DVD** EuroVideo **BD** EuroVideo **R** Edward Drake **B** Edward Drake, Corey Large **K** Wai Sun Cheng **M** Hugh Wielenga **S** Justin Williams **Sb** Frederica Hodgkinson, Duncan Star-Boszko **Kb** Nataliya Fedulova **D** Neal McDonough (Rainsford), Bruce Willis (Malone), Corey Large (Carrion), Alexia Fast (West), Lochlyn Munro (Lyle) **L** 90 **FSK** ab 16 **E** 23.11.2021 DVD & BD **fd** –

ARE WE LOST FOREVER ★★
ARE WE LOST FOREVER
Zwei Männer trennen sich nach einer langen Beziehung. Der eine ist erleichtert, weil er zu oft verletzt und enttäuscht wurde, der andere zutiefst schockiert, weil er das Ende nicht kommen sah und nun nicht weiß, wie er weiterleben soll. In den folgenden Wochen treffen sich die beiden gelegentlich, mal verabredet, mal zufällig. Selbst als sie neue Partner finden, kann der Verlassene seine große Liebe nicht vergessen. Das anspruchsvolle Beziehungsdrama setzt am Ende der gemeinsamen Geschichte an und streicht damit die Unsicherheit in der Liebe heraus. Einige irritierende Momente und die statisch-angestrengte Inszenierung laufen der beabsichtigten Wirkung allerdings entgegen. – **Ab 16**.
Scope. Schweden 2020 **Kl** Salzgeber **R+B** David Färdmar **K** Johannes Stenson, Robert Lipic, Camilla Topuntoli **Vo** David Färdmar (Kurzfilm Vi FINNS INTE LÄNGRE) **M** Per-Henrik Maenpaa **S** Christoffer Seveholt **Sb** David Färdmar **Kb** Sara Pertmann **D** Jonathan Andersson (Hampus), Björn Elgerd (Adrian), Micki Stoltt (Rasmus), Nemanja Stojanovic (Julian) **L** 103 **FSK** ab 16 **E** 1.3.2021 VoD (Salzgeber Club) **fd** 47608

ARLO, DER ALLIGATORJUNGE ★★★★
ARLO THE ALLIGATOR BOY
Ein Junge, der zwar auf zwei Beinen geht und spricht wie ein Mensch, aber grün ist und die Schnauze eines Alligators hat, wurde als Baby in New York ausgesetzt und gelangte in die Sümpfe Louisianas, wo ihn eine alte Frau fern von anderen Menschen großzog. Als sie ihm das Geheimnis seiner Herkunft enthüllt, zieht er los, um seinen Vater zu finden. Dabei gerät er in Gefahr, findet aber auch Freundschaft und Unterstützung bei anderen Außenseitern. Ein in charmant-nostalgischem 2D-Look gestal-

ARLO, DER ALLIGATORJUNGE (© Netflix)

tetes Animations-Musical, das mit skurrilem Humor glänzt und sich über die einfühlsame Geschichte um das Gefühl des Andersseins und die Sehnsucht nach Zugehörigkeit gegen jede Form von Ausgrenzung wendet. – **Sehenswert ab 6**.
USA 2021 **R** Ryan Crego **B** Ryan Crego, Clay Senechal **M** Alex Geringas **L** 90 **E** 16.4.2021 VoD (Netflix) fd 47670

ARMY OF THE DEAD ★★★
ARMY OF THE DEAD
Als Las Vegas von Zombies heimgesucht wird, soll es mit einer Atombombe dem Erdboden gleichgemacht werden. Ein Ex-Söldner soll zuvor aber mit einer wüst zusammengewürfelten Truppe 200 Millionen Dollar aus dem Safe eines Casinos retten. Handwerklich beeindruckender, bombastischer Action-Zombiefilm, der mit seinem Bankräuber-Plot, popkulturellen Referenzen sowie Anleihen aus der griechischen Mythologie frischen Wind ins Untoten-Genre bringt. – **Ab 16**.
Scope. USA 2021 **R** Zack Snyder **B** Zack Snyder, Shay Hatten, Joby Harold **K** Zack Snyder **M** Junkie XL **S** Dody Dorn **Sb** Julie Berghoff **Kb** Stephanie Portnoy Porter **D** Dave Bautista (Scott Ward), Ella Purnell (Kate Ward), Omari Hardwick (Vanderohe), Ana de la Reguera (Maria Cruz), Theo Rossi (Burt Cummings) **L** 148 **E** 21.5.2021 VoD (Netflix) fd 47732

ARMY OF THIEVES ★
ARMY OF THIEVES
Prequel des Zombie-Actionfilms ARMY OF THE DEAD um die Figur eines deutschen Tresorknackers. Dieser lässt sich von einer mysteriösen Frau dazu verlocken, bei Raubzügen quer durch Europa mitzuwirken; dabei muss er sein Können an verschiedenen Hochsicherheits-Safes messen. Der Film liefert eine wenig originelle und inszenatorisch weitgehend reizlose Variante von Kriminal-Stereotypen, und auch der große Coup, auf den die Handlung zusteuert, ist allzu einfallslos umgesetzt. Zudem erweist sich der von Regisseur Matthias Schweighöfer gespielte Protagonist, der nach seinem Auftritt in ARMY OF THE DEAD nun zur Hauptfigur wird, in dieser Rolle als nicht tragfähig. – **Ab 14**.
Deutschland/USA 2021 **R** Matthias Schweighöfer **B** Shay Hatten **K** Bernhard Jasper **M** Steve Mazzaro, Hans Zimmer **S** Alexander Berner **Sb** Christian Eisele **Kb** Stephanie Portnoy Porter **D** Matthias Schweighöfer (Ludwig Dieter), Nathalie Emmanuel (Gwendoline), Ruby O. Fee (Korina), Stuart Martin (Brad Cage), Guz Khan (Rolph) **L** 129 **E** 29.10.2021 VoD (Netflix) fd 48161

AROUSED BY GYMNOPEDIES
siehe: **KLANG DER VERFÜHRUNG**

ASAKUSA KID ★
ASAKUSA KID
Biografisches Porträt der künstlerischen Lehrjahre des japanischen Schauspielers, Entertainers und Filmemachers Takeshi Kitano, der Anfang der 1970er-Jahre von einem Striplokal-Betreiber und Komiker unter seine Fittiche genommen wird. Nachdem sich Kitano selbst etabliert hat, kommt es jedoch zum Bruch mit seinem Mentor. Die geradlinig entwickelte Filmbiografie bedient den Mythos um den beliebten Künstler, ohne Widersprüchlichkeiten und Spannungen zuzulassen, wie sie zwischen dem Comedian Kitano mit Fernsehshows wie TAKESHI'S CASTLE und dem Regisseur Kitano mit seinen virtuosen und knallharten Gangsterfilmen bestehen. So erschöpft sich der Film in kitschiger Heldenverehrung vor dem Hintergrund eines weichgezeichneten Milieus sowie in melodramatischen Effekten. – **Ab 14**.
Japan 2021 **R+B** Gekidan Hitori **K** Fûta Takagi **Vo** Takeshi Kitano (Roman Asakusa Kid) **M** Takashi Ohmama **S** Junnosuke Hogaki **Kb** Mari Miyamoto **D** Yûya Yagira (Takeshi Kitano), Mugi Kadowaki (Chiharu), Yô Oizumi (Senzaburo Fukami), Morio Kazama (Jun Tayama), Hiroyuki Onoue (Hachiro Azuma) **L** 122 **E** 6.12.2021 digital (Netflix) fd 48274

ASHCAN – DAS GEHEIME GEFÄNGNIS ★★★
ASHCAN
2017 wurde ein Theaterstück nach den sogenannten «Protokollen von

ARMY OF THE DEAD (© Clay Enos / Netflix)

Ashcan» aufgeführt, in denen es um Verhöre hochrangiger Nazi-Verbrecher wie Göring oder Dönitz durch US-Offiziere 1945 in einem geheimen Gefängnis in Luxemburg geht. Der Dokumentarfilm verbindet Aufnahmen von den Proben zur Aufführung des Stücks mit Reflexionen der Autorin und der Darstellenden; auch Historiker und einer der Verhörer kommen zu Wort. Die wechselseitige Durchdringung der Ebenen hält bleibende Schwierigkeiten in der Aufarbeitung der NS-Verbrechen fest, wirkt mitunter aber auch wie ein Ausweichen vor einem konsequenteren Zugriff. – **Ab 16.**
Teils schwarz-weiß. Belgien/Luxemburg/Deutschland 2018 **R+B** Willy Perelsztejn **K** Carlo Thiel **M** André Mergenthaler **S** Ewin Ryckaert **L** 89 **E** 13.1.2021 arte   fd -

Asphalt Börning ★
Børning 3
Teil 3 einer norwegischen Auto-Actionkomödienreihe mit getunten Autos und ironisch gebrochenem Fast and Furious-Flair. Aus einer geplanten Hochzeit in den norwegischen Bergen wird nichts, weil ein Autonarr und Hobby-Rennfahrer sich dummerweise auf die Herausforderung eingelassen hat, um seine Verlobte ein Rennen zu bestreiten. Schon die Reise zum Nürburgring, wo das Rennen stattfinden soll, gestaltet sich als Abenteuer, in dessen Verlauf es der Mann mit allerlei anderen PS-besessenen Gestalten und der Polizei zu tun bekommt. Ein sowohl in der Gestaltung der Actionszenen als auch in Sachen Gags enttäuschender Film, den auch zahlreiche Cameoauftritte deutscher Stars nicht aufmöbeln können. – **Ab 14.**
Norwegen 2020 **KI** Tobis **R** Hallvard Bræin **B** Christopher Grøndahl, Kjetil Indregard **K** Askild Edvardsen **M** Johannes Ringen **S** Perry Eriksen, Patrick Larsgaard, Martin Stoltz **Sb** Bertram Strauß **Kb** Sofie Rage Larsen **D** Anders Baasmo Christiansen (Roy), Alexandra Maria Lara (Robyn), Ruby O. Fee (Romy), Peter Kurth (Kurt), Kostja Ullmann (Tyske Roy) **L** 96 **FSK** ab 12; f **E** 2.1.2021 VoD (Netflix)   fd -

Assassins ★★★
Assassins
Ein Dokumentarfilm um die Ermordung von Kim Jong-nam (1971–2017), dem ältesten Sohn des nordkoreanischen Machthabers Kim Jong-il. Der Film rekapituliert seinen Tod am Flughafen Kuala Lumpur in Malaysia durch den Nervenkampfstoff VX, den ihm zwei junge Frauen ins Gesicht spritzten, und argumentiert, dass diese den Mord nicht wissentlich, sondern als Opfer einer aufwändigen Täuschungsaktion nordkoreanischer Agenten begingen. Daneben beleuchtet er Kim Jong-nams Rolle in der Kim-Dynastie sowie die Lebensumstände der beiden sich als Arbeitsmigrantinnen durchschlagenden Frauen. Eine erhellende, wenn auch aufgrund überreicher Detailfülle etwas ausschweifende True-Crime-Story. – **Ab 14.**
USA 2020 **DVD** Ascot Elite **BD** Ascot Elite **R+B** Ryan White **K** John Benam **M** Blake Neely **S** Helen Kearns **L** 104 **FSK** ab 12 **E** 17.2.2021 DVD & BD   fd -

Asteroid-A-Geddon – ★
Der Untergang naht
Asteroid-A-Geddon
Weltweite Abstimmungsversuche angesichts eines gefährlichen Asteroiden, der auf die Erde zusteuert, münden ins Chaos. Die Tochter eines Milliardärs heuert deshalb selbst ein Team an, um den Asteroiden zu zerstören. Billiger und langweiliger Katastrophen-Humbug, mit dem die Trash-Schmiede The Asylum einmal mehr das Asteroiden-Filmuntergenre zu melken versucht. Die schlecht getricksten Weltall-Actionmomente stehen dabei nicht einmal im Vordergrund, sondern sind zweitrangig hinter endlos banalen Dialog-Sequenzen. – **Ab 14.**
Scope. USA 2020 **DVD** EuroVideo **BD** EuroVideo **R+B** Geoff Meed **K** Noah Luke **M** Christopher Cano, Chris Ridenhour, Mikel Shane Prather **S** Cameron Ames **Kb** Joyce Tatler **D** Eric Roberts (General Quinn), Veronika Issa (Alexandra Svoboda), Jennifer Lee Wiggins (Himari), Craig Gellis (Malachi), Terry Woodberry (Vorsitzender Pleasance) **L** 84 **FSK** ab 12 **E** 27.7.2021 Tele 5/19.8.2021 DVD & BD   fd -

Der Atem des Meeres ★★★★
Silence of the Tides
Ein Dokumentarfilm über das Wattenmeer zwischen den Niederlanden und Dänemark, der die von den Gezeiten geprägte Küste imposant in Szene setzt. Im ausgeklügelten Wechsel von pittoresken Totalen und teils extremen Naheinstellungen werden Flora und Fauna in mitunter unwirklich schönen Bildern eingefangen, ohne die Natur spirituell oder sonst wie zu überhöhen. Dasselbe gilt für die Bewohner dieser Region, deren Alltag ohne Verklärung erscheint. Eine bildgewaltige, poetische Liebeserklärung an einen vordergründig unspektakulären Landstrich, die auf Filmmusik verzichtet, dafür aber auf ein grandioses Soundkonzept setzt. – **Sehenswert ab 12.**
Deutschland/Niederlande 2020 **KI** Real Fiction **R** Pieter-Rim de Kroon **B** Pieter-Rim de Kroon, Michiel Beishuizen **K** Pieter Harrewijn **M** Birgit Wildeman **S** Erik Disselhoff **L** 106 **FSK** ab 6; f **E** 29.7.2021   fd -

Atlantis ★★★★
Atlantis
Eine dystopische Vision über die Auswirkungen des Krieges im Donbas in der Ostukraine. Einem ehemaligen Soldaten, der an einer posttraumatischen Belastungsstörung leidet, fällt es schwer, sich der neuen Realität anzupassen und seine Heimat in Trümmern liegen zu sehen. Eines Tages schließt er sich einer Gruppe von Freiwilligen an, die sich um die Exhumierung der Leichen aus den Schuttbergen kümmert. Dort lernt er eine junge Frau kennen, mit der eine bessere Zukunft möglich scheint. Mit klar komponierten Bildern und zahlreichen äußerst düsteren Sequenzen fordert der Film in seiner Trostlosigkeit heraus, findet daneben aber auch Zeit für Momente der Ruhe und sogar von bizarrer Komik. – **Ab 18.**
Scope. Ukraine 2019 **R+B+K** Walentin Wasjanowitsch **S** Walentin Wasjanowitsch **Sb** Wlad Odudenko **Kb** Karolina Scheremeta **D** Andri Rimaruk (Serhi), Ljudmila Bileka (Katja), Wasil Antoniak (Iwan), Lily Hyde (Ketrin), Philip Paul Peter Hudson (Ausländischer Vertreter) **L** 104 **E** 4.5.2021 VoD (Mubi)   fd -

Atomkraft Forever ★★★
Seitdem der Klimawandel die öffentliche Diskussion bestimmt, mehren sich Stimmen, die den Ausstieg aus der Kernkraft in Deutschland für einen Fehler halten. Der Dokumentarfilm bilanziert nüchtern, aber mit bestechenden Bildern den Stand der Diskussion. Er beobachtet Arbeiter in Greifswald beim Rückbau des Atomkraftwerkes, hört Menschen in Gundremmingen zu, die wirtschaftliche Einbußen befürchten, verfolgt das Tun von Mitarbeitern der Bundesagentur für Endlagerung und wirft einen Blick nach Frankreich. Ein unaufgeregter, genauer Blick auf die Kosten der Atomenergie und die ungelöste Frage der Endlagerung. – **Ab 14.**
Deutschland 2020 **KI** Camino **R+B** Carsten Rau **K** Andrzej Krol **M** Ketan Bhatti, Vivan

Bhatti **S** Stephan Haase **L** 98 **FSK** ab 0; f **E** 16.9.2021 **fd** 48036

ATTACK OF THE UNKNOWN – EARTH INVASION ★★
ATTACK OF THE UNKNOWN
Ein SWAT-Agent wird mit seinem Team beim Transport eines Mafia-Bosses von einer Alien-Invasion überrascht. Angesichts der Gefahr müssen sich Einsatztruppe und Kriminelle zusammenschließen, um gegen die bluthungrigen Aliens anzukämpfen. Actionreicher Science-Fiction-Shooter, der keinen Hehl aus seinem Status als billiges B-Movie macht, das hemmungslos von Vorbildern der 1950er- bis 1980er-Jahre abgekupfert ist. Dieses Selbstbewusstsein bewirkt solide Unterhaltung für Genrefans, auch wenn der Mangel jeglichen Anspruchs mit zunehmender Dauer Ermüdungserscheinungen hervorruft. – **Ab 16**.
Scope. USA 2020 **DVD** Tiberius/Sony (16:9, 2.35:1, DD5.1 engl./dt.) **BD** Tiberius/Sony (16:9, 2.35:1, dts-HDMA engl./dt.) **R+B** Brandon Slagle **K** Michael Su **M** Scott Glasgow **Sb** Sean Costello **D** Richard Grieco (Vernon), Jolene Andersen (Hannah), Douglas Tait (Maddox), Robert LaSardo (Hades), Tara Reid (Elizabeth) **L** 99 **FSK** ab 16; f **E** 3.6.2021 digital / 1.7.2021 DVD & BD **fd** -

AUF ALLES, WAS UNS GLÜCKLICH MACHT ★★
GLI ANNI PIÙ BELLI
Vier Jugendfreunde finden und verlieren sich in der italienischen Geschichte ab den 1980er-Jahren. Von der unbeschwerten, nostalgisch verbrämten Jugend an folgt die von Tragik angehauchte Komödie den Höhepunkten der vier Lebensläufe, die dunkle Familien-Erlebnisse ebenso hinter sich lassen wie diverse Einbindungen in die sich wandelnde Gesellschaft. Der wie ein nostalgisches Fotoalbum aufgebaute Film findet als melancholischer und durch die Persönlichkeiten der Hauptfiguren gefärbter Rückblick jedoch keine stimmige dramaturgische Kontur; dem beliebig wirkenden Aneinanderreihen biografischer Höhepunkte mangelt es an Vertiefungen. – **Ab 14**.
Scope. Italien 2020 **KI** Prokino **DVD** Prokino (16:9, 2.35:1, DD5.1 ital./dt.) **R** Gabriele Muccino **B** Gabriele Muccino, Paolo Costella **K** Eloi Molí **M** Nicola Piovani **S** Claudio di Mauro **Sb** Tonino Zera **Kb** Patrizia Chericoni **D** Pierfrancesco Favino (Giulio), Kim Rossi Stuart (Paolo), Claudio Santamaria (Riccardo), Micaela Ramazzotti (Gemma), Nicoletta Romanoff (Margherita) **L** 135 **FSK** ab 12; f **E** 14.10.2021 / 3.2.2022 DVD & digital **fd** 48100

AUF DER SPUR DES GELDES ★★★
CORRECTIV ist ein seit 2014 bestehendes Team von deutschen Investigativ-Journalisten, die Geheimnisse und kriminelle Machenschaften aufdecken. Der Dokumentarfilm begleitet sie bei zwei Recherchen zu einer mutmaßlichen Millionenspende für die AfD und zu illegalen Steuergeschäften zwischen europäischen Staaten. Auch wenn er mit Spannungsmitteln arbeitet, ist der Film durchweg sachlich und seriös und würdigt die Verdienste der Reporter, ohne zu heroisieren. Zugleich zeigt er die nicht immer einheitliche Balance zwischen belastender Arbeit und motivierenden Erfolgsmomenten auf. – **Ab 14**.
Deutschland 2021 **R** Susanne Binninger, Britt Beyer **B** Susanne Binninger, Britt Beyer **K** Tobias Müller, Marcus Lenz, Frank Amann, Mitja Hagelücken, Steffen Bohnert **M** Marius Kirsten **S** Chris Wright **L** 87 **E** 9.11.2021 arte **fd** -

AUF DÜNNEM EIS ★★★
Eine alleinerziehende Frau, die als Köchin arbeitet, fährt im Winter einen Obdachlosen an. Da sie sich für den Mann verantwortlich fühlt, nimmt sie ihn bei sich auf und versucht ihm zu helfen, doch die zusätzliche Belastung wächst ihr bald gänzlich über den Kopf. Das (Fernseh-)Drama nimmt die Perspektive einer Frau unter extremen Bedingungen ein und blickt damit nur von außen auf das Leben auf der Straße. So erfasst es allerdings bei allen Glättungen und einigen Vereinfachungen durchaus den Umgang der Gesellschaft mit Obdachlosen und hat den Mut, die Geschichte nicht auf simple Art aufzulösen. – **Ab 14**.
Deutschland 2021 **R** Sabine Bernardi **B** Silke Zertz **K** Bernhard Keller **M** Daniel Sus, Matthias Klein **S** Renata Ivancan (= Renata Salazar Ivancan) **Sb** Petra Albert **Kb** Nicole Stoll **D** Julia Koschitz (Ira Rosenthal), Carlo Ljubek (Markus Konrad), Bruno Grüner (Lukas), Markus Gertken (Bernhard), Gudrun Gabriel (Karen) **L** 88 **E** 20.9.2021 ZDF **fd** -

AUF NACH CHINA ★★★
NA CHINA
Die chinesische Wirtschaft übt einen seit Jahren wachsenden Einfluss auf afrikanische Staaten aus, was auch zu Gegenreaktionen führt: Afrikanerinnen und Afrikaner machen sich ihrerseits daran, als Unternehmer in China Fuß zu fassen. Der Dokumentarfilm folgt sechs Frauen aus Kamerun, Nigeria und Ruanda, die trotz der Trennung von ihren Familien und der Gefahr, ausgewiesen zu werden, von China aus Geschäfte betreiben. Der teilweise mit versteckter Kamera gedrehte Film vertraut weitgehend seinem Thema und hält sich mit Analysen zurück, ist durch seinen Blick auf die Konfrontation von Individuen mit einer globalen Kraft aber durchweg von Interesse. – **Ab 14**.
Frankreich/China/Kamerun 2019 **R+B** Marie Voignier **K** Thomas Favel **S** Rodolphe Molla **L** 71 **E** 28.6.2021 arte **fd** -

AUF TOUR – Z'FUASS ★★★
Im Corona-Sommer 2020 wandern die Musiker Johannes Bär und Matthias Schriefl durch die Vorarlberger Alpen bis ins Oberallgäu und geben auf Bergalmen, Dorfplätzen und am Wegesrand zahlreiche Konzerte. Der Dokumentarfilm huldigt der Kraft ihrer Klangexperimente und dem gemeinsamen Musizieren, das die unterschiedlichsten Stile vereint und alle Differenzen überwindet. Eine sympathische musikalische Pilgerreise, die auch für die Töne des Lebens sensibilisiert. – **Ab 14**.
Scope, teils schwarz-weiß. Deutschland 2021 **KI** Konzept+Dialog **R** Walter Steffen, Michael Baumberger **K** Michael Baumberger **S** Steffen Mühlstein, Gabriel Ahrndsen **L** 90 **E** September 2021 **fd** 47943

AUFSCHREI DER JUGEND – FRIDAYS FOR FUTURE INSIDE ★★★
Schon wenige Wochen nach Greta Thunbergs erstem Protest gegen die Untätigkeit der Politik beim Kampf gegen den Klimawandel entstand eine weltweite Bewegung vornehmlich junger Menschen. Der Dokumentarfilm begleitet die Aktivitäten der Berliner «Fridays for Future»-Gruppe von der anfänglichen Euphorie und dem Stolz über die öffentliche Resonanz bis zum Corona-Schock und ernüchternden Erfahrungen mit dem Alltag in Arbeitsgruppen oder dem beträchtlichen Aufwand bei der Organisation der Demonstrationen. Eine filmisch unspektakuläre, aber äußerst informative Studie über das Innenleben der jungen Klimabewegung. – **Ab 14**.
Deutschland 2020 **KI** W-film **DVD** W-film **R+B** Kathrin Pitterling **K** Boris Fromageot, Christian Friedel, Patrick Mikulski

M Olafur Arnalds, Henrik Schwarz, Gogo Penguin, Konstantin Kupprion, Christian Meyer, Ulrike Haage, Arnold Kasar, Nils Frahm S Alexander Fisch, Benedikt Vollmer L 93 FSK ab 6; f E 18.11.2020 ARD / 28.10.2021 / 25.3.2022 DVD & VoD
        fd 48137

Aus der Küche ins Bundeshaus – Der lange Weg zum Frauenstimmrecht ★★★★
DE LA CUISINE AU PARLEMENT: EDITION 2021

In Fortführung seines Dokumentarfilms AUS DER KÜCHE INS BUNDESHAUS aus dem Jahr 2011 über den steinigen Weg der Schweizer Frauen zu Gleichberechtigung und politischer Mitbestimmung untersucht der Filmemacher Stéphane Goël den Mentalitätswandel eines Jahrhunderts. Politikerinnen und Aktivistinnen wie Elisabeth Kopp, Ruth Dreifuss, Tamara Funiciello, Marina Carobbio und Amélia Christinat beschreiben ihren Kampf für die egalitäre Sache. Ein vergnüglicher und zugleich tiefschürfender Einblick in den Kampf ums Frauenstimmrecht, mit reichlich Archivmaterial, aber auch aktuellen Wortmeldungen von Bürgerinnen und Bürgern. – **Ab 14**.
Teils schwarz-weiß. Schweiz 2021 R+B Stéphane Goël K Nicolas Veuthey S Janine Waeber L 90 E 8.3.2021 3sat fd -

Die Ausgrabung ★★★
THE DIG

1939 beauftragt im englischen Suffolk eine Witwe einen Amateur-Archäologen, eine alte Grabstätte auf ihren Ländereien zu untersuchen. Dabei stoßen die beiden auf einen sensationellen Fund. Als professionelle Archäologen davon Wind bekommen und in der Gegend einfallen, bringen sie allerlei emotionale Verwicklungen mit. Ein altertümlich anmutendes Drama über Zeit, Landschaft und Geschichte. Das reduzierte Erzähltempo und eine überschaubare Handlung verschaffen vor der Folie der ostenglischen Küstengegend und des heraufziehenden Zweiten Weltkriegs guten Darstellern Gelegenheit, literarische Figuren zu modellieren; das Erzählgewebe bleibt allerdings etwas schlicht. – **Ab 14**.
Großbritannien 2020 R Simon Stone B Moira Buffini K Mike Eley Vo John Preston (Roman The Dig) M Stefan Gregory S Jon Harris Sb Maria Djurkovic Kb Alice Babidge D Ralph Fiennes (Basil Brown), Carey Mulligan (Edith Pretty), Lily James (Peggy Preston), Johnny Flynn (Rory Lomax), Ben Chaplin (Stuart Piggott) L 112 E 29.1.2021 VoD (Netflix) fd 47532

Auslegung der Wirklichkeit – Georg Stefan Troller ★★★★
AUSLEGUNG DER WIRKLICHKEIT – GEORG STEFAN TROLLER

Der 1921 geborene österreichische Journalist und Dokumentarfilmer Georg Stefan Troller interviewte in seinen Arbeiten fürs Fernsehen zahllose Prominente und entwickelte einen einzigartigen subjektiven Stil. Zum 100. Geburtstag nähert sich ein Dokumentarfilm seinem Leben und seinem Berufsethos an, indem er Trollers Arbeitsprinzipien kongenial bei ihm selbst anwendet und ihm nuancierte Aussagen entlockt. Neben einem Querschnitt durch seine Karriere bezieht der Film auch das Schicksal als jüdischer Flüchtling vor den Nazis ein, indem er Troller an Stätten seiner Kindheit begleitet, insbesondere seine Arbeit aber auch in diesem Punkt befragt und schlüssige Interpretationen anbietet. – **Sehenswert ab 14**.
Teils schwarz-weiß. Österreich 2021 R+B Ruth Rieser K Volker Gläser S Karin Hammer L 120 E 13.12.2021 3sat fd -

Die aussergewöhnliche Reise der Celeste Garcia ★★★
EL VIAJE EXTRAORDINARIO DE CELESTE GARCÍA

Eine 60-jährige Kubanerin, die früher einmal Lehrerin war, jetzt aber Touristen und Schulkinder durch das Planetarium in Havanna führt, sehnt sich nach einer grundlegenden Veränderung in ihrem Leben. Als sie durch einen Zufall in ein Trainingslager für Freiwillige gerät, die sich auf eine Reise ins Weltall vorbereiten, findet sie viel Zeit und Muße, über sich, ihr Leben und ihre Wünsche nachzudenken. Im Gewand einer futuristisch angehauchten Gesellschaftskomödie geht der humorvolle Film der grundlegendsten Frage auf Kuba nach: Bleiben oder Fortgehen – und was dies für Konsequenzen für den Inselstaat und seine Bewohner hat. – **Ab 14**.
Kuba/Deutschland 2018 KI Kairos R+B Arturo Infante K Javier Labrador Deulofeu M Magda Rosa Galván, Juan Antonio Leyva S Joanna Montero Sb Alain Ortiz Kb Celia Ledon D María Isabel Díaz (Celeste), Omar Franco (Augusto), Néstor Jiménez (Hector Francisco), Yerlín Pérez (Perlita), Tamara Castellanos (Mirta) L 92 E 23.9.2021 fd 48030

AUFSCHREI DER JUGEND (© W-film)

Automotive – Arbeit Auto Zukunft ★★★

Ein Dokumentarfilm über eine Hilfsarbeiterin beim Auto-Hersteller Audi, die Autoteile für die Roboter am Fließband vorsortiert, und eine Headhunterin, die potenzielle Fachkräfte für die Automatisierung von Arbeitsschritten befragt. Die Geschichten der zwei jungen Frauen, deren Tätigkeiten in absehbarer Zeit ganz von Maschinen übernommen worden sein werden, verbinden sich zu einer Betrachtung des digitalen Zeitalters in der Autoindustrie. Der einfühlsame Blick auf die Protagonistinnen kontrastiert aufschlussreich mit Zeichen der Entmenschlichung in der Arbeitswelt, auch wenn der Film in seinen Aussagen mitunter offene Türen einrennt. – **Ab 14**.
Deutschland 2019 R+B+K Jonas Heldt M Philip Hutter S Miriam Märk, Frank Müller, Jonas Heldt L 76 E 24.3.2021 BR fd -

Awake ★★
AWAKE

Aus mysteriösen Gründen fallen weltweit die elektronischen Geräte aus; außerdem können die Menschen nicht mehr schlafen. Eine Ex-Soldatin, die nach Drogenproblemen ihr Leben und ihre Beziehung zu zwei Kindern wieder in den Griff zu bekommen versucht, kämpft mit den beiden ums Überleben. Der Endzeit-Thriller hat mit der innere Spannungen gezeichneten Kleinfamilie interessant angelegte Figuren, holt inszenatorisch aber weder aus den psychischen Zerrüttungen durch den

DIE AUSGRABUNG (© Larry Horricks / Netflix)

Schlafentzug noch aus den Konflikten innerhalb der Familie viel heraus. Stattdessen mündet er in ausgetretene Genre-Pfade, in denen die Figuren in einer zunehmend gewalttätigen Welt diversen Feinden die Stirn bieten. – **Ab 16.**
USA 2020 **R** Mark Raso **B** Joseph Raso, Mark Raso **K** Alan Poon **M** Antonio Pinto **S** Michele Conroy **Sb** Andrew M. Stearn **Kb** Michelle Lyte **D** Gina Rodriguez (Jill), Ariana Greenblatt (Matilda), Lucius Hoyos (Noah), Shamier Anderson (Dodge), Jennifer Jason Leigh (Dr. Murphy) **L** 96 **E** 9.6.2021 VoD (Netflix) fd -

AWAKEN ★★
AWAKEN
Eine audiovisuelle Reise durch über 30 Länder mit Aufnahmen von Natur, Tieren und Menschen, wobei Techniken wie die Zeitraffer-Fotografie, die Entwicklungen auf wenige Sekunden verdichtet, und unterschiedlichste Perspektiven von Unterwasserbildern bis hin zu Vogelperspektive-Aufnahmen sich zu einer Feier der Schönheit des Planeten und seiner Bewohner runden sollen. Ein pseudophilosophisch raunender Off-Kommentar und eine pathosgetränkte Musikuntermalung können den eklektizistischen Bilderreigen, der zwar attraktiv anzusehen ist, aber von keinerlei tragender Idee zusammengehalten wird, allerdings auch nicht sinnstiftend strukturieren. – **Ab 12.**
Scope. Vereinigte Arabische Emirate/ USA 2018 **DVD** Busch Media (16:9, 1.78, DD5.1 engl./dt.) **BD** Busch Media (16:9, 1.78, dts-HDMA7.1, dolby_Atmos dt.) **R+B+K** Tom Lowe **M** Joseph Trapanese **S** Tom Lowe **L** 83 **FSK** ab 0 **E** 10.9.2021 DVD & BD & 4K UHD fd -

AWARE – REISE IN DAS BEWUSSTSEIN ★★
AWARE – GLIMPSES OF CONSCIOUSNESS
Lange Zeit galt es als ausgemacht, dass es das (Selbst-)Bewusstsein ist, das den Menschen von allen anderen Kreaturen unterscheidet. Der Dokumentarfilm hinterfragt diese Wahrnehmung und lässt Hirn- und Pflanzenforscher, buddhistische Mönche, Philosophen und Mediziner zu Wort kommen, die durch halluzinogene Pilze oder Meditation von anderen Erfahrungen berichten. Eine spirituell angehauchte Mixtur aus Rationalitäts- und Zivilisationskritik, die visuell häufig mit imposanten Landschaftstotalen angereichert wird und vom Sinn des Lebens über den Einklang mit der Natur bis zur Unsterblichkeit viele Themen streift. – **Ab 14.**
Deutschland/USA 2020 **KI** Pifl Medien **R** Frauke Sandig, Eric Black **B** Frauke Sandig, Eric Black **K** Eric Black **M** Zoe Keating **S** Franziska von Berlepsch, Rune Schweitzer **L** 106 **FSK** ab 6; **f E** 2.9.2021 fd 48074

AYA UND DIE HEXE ★★
ĀYA TO MAJO
Eine zehnjährige Waise wächst in einem Kinderheim auf und fühlt sich dort pudelwohl, weil sie es spielend schafft, andere Kinder und das Personal um den Finger zu wickeln. Doch dann taucht eines Tages ein Paar auf, dass die Kleine adoptiert; der Mann entpuppt sich als Dämon und die Frau als Hexe, der das Mädchen fortan assistieren muss, insgeheim aber die Flucht plant. Der erste 3D-computeranimierte Film des japanischen Studios Ghibli fällt mit steril-plastikhaftem Look drastisch gegenüber den visuellen Qualitäten älterer Ghibli-Filme ab. Auch erzählerisch gelingt es nur ansatzweise, die liebenswerte Story und ihre Figuren originell-charmant zum Leben zu erwecken. – **Ab 6.**
3D. Japan 2020 **DVD** Leonine **BD** Leonine **R** Goro Miyazaki **B** Keiko Niwa, Emi Gunji **Vo** Diana Wynne Jones (Roman *Earwig and the Witch*) **M** Satoshi Takebe **L** 83 **FSK** ab 6 **E** 24.9.2021 DVD & BD fd -

AZNAVOUR BY CHARLES ★★★★
LE REGARD DE CHARLES
Ein erfrischend unkonventioneller Essayfilm über das Leben, die Karriere und die Reisen von Charles Aznavour (1924–2018), der sich zu weiten Teilen aus dem Fundus privater 8-mm-Filme speist, mit denen der berühmte Chansonnier und Schauspieler die Welt und sich selbst dokumentierte. In den achronologisch montierten und melancholisch-poetisch verdichteten Ausschnitten werden Privates und Berufliches mit Archivmaterialien und Reise-Impressionen gemischt, wobei es jedoch weniger um die Star-Persona als vielmehr um sein ruheloses, «vagabundierendes» Ich geht. – **Sehenswert ab 14.**
Frankreich 2019 **KI** Arsenal **DVD** Arsenal (16:9, 1.78:1, DD5.1 frz.) **R** Marc di Domenico **B** Marc di Domenico, Charles Aznavour (Dialoge & Interviews) **K** Charles Aznavour (Heimvideos) **Vo** Charles Aznavour (Heimvideos) **S** Didier D'Abreu, Catherine Libert, Fred Piet **L** 75 **FSK** ab 0; **f E** 17.6.2021 / 22.10.2021 DVD fd 47782

BAD LUCK BANGING OR LOONY PORN (© Silviu Ghetie / Micro Film / Neue Visionen)

BABY JANE ★★★
BABY JANE
Zwei Frauen in Helsinki führen eine Zeitlang eine stürmische Liebesbeziehung, bis die psychische Krankheit der einen sich derart äußert, dass sie nicht mehr mit Medikamenten oder Therapien bekämpft werden kann. Auch die Hilfe ihrer Freundin lehnt die Kranke rigoros ab. Das gesellschaftskritische Psychodrama erzählt eine im Kern einfach Geschichte von Eifersucht, Streit und Trennung und reißt dabei viele Themen an. Dabei fehlt dem Film allerdings die finale Konsequenz, seinen Entwurf zu Ende zu denken oder ins Politische zu weiten. – **Ab 16**.
Finnland 2019 **KI** Salzgeber **DVD** Salzgeber (16:9, 1.78:1, DD5.1 fin.) **R** Katja Gauriloff **B** Veera Tyhtilä, Katja Gauriloff **K** Heikki Färm **Vo** Sofi Oksanen (Roman *Baby Jane*) **M** Salla Luhtala **S** Hanna Kuirinlahti **Sb** Sattva-Hanna Toiviainen **Kb** Tiina Wilén **D** Roosa Söderholm (Jonna), Maria Ylipää (Piki), Nelly Kärkkäinen (Bossa), Lauri Tilkanen (Joonatan), Niko Saarela (Eero) **L** 94 **FSK** ab 16 **E** 26.3.2021 DVD   fd 48097

BAC NORD – BOLLWERK GEGEN DAS VERBRECHEN ★★★
BAC NORD
Im Jahr 2012 gehören drei Polizisten einer Brigade an, die versucht, der grassierenden Kriminalität im Norden von Marseille Herr zu werden. Um die Erfolgsquote zu erhöhen, unterschlagen sie beschlagnahmte Drogen, mit denen sie einen Informanten bezahlen könnten, bringen sich damit aber in eine höchst brenzlige Lage. Geradliniger Polizeithriller mit einer dichten Inszenierung, eindrucksvollen Sequenzen und guten Darstellern. Der Plot geht allerdings nicht über den vieler Vorbilder hinaus und streift die aufgeworfenen Fragen zum Einsatz illegaler Mittel gegen das Verbrechen lediglich, statt sie auszuformulieren. – **Ab 16**.
Scope. Frankreich 2020 **R** Cédric Jimenez **B** Audrey Diwan, Cédric Jimenez **K** Laurent Tangy **M** Guillaume Roussel **S** Simon Jacquet **Sb** Jean-Philippe Moreaux **Kb** Stéphanie Watrigant **D** Gilles Lellouche (Greg Cerva), Karim Leklou (Yass), François Civil (Antoine), Adèle Exarchopoulos (Nora), Kenza Fortas (Amel) **L** 105 **E** 17.9.2021 VoD (Netflix) fd –

BACKSTAGE WIENER STAATSOPER ★★★
BACKSTAGE WIENER STAATSOPER
Ein Dokumentarfilm über das Treiben hinter den Kulissen der berühmten Wiener Staatsoper, wo zahllose Mitarbeiter hinter, neben, über und unter der Bühne dafür sorgen, dass Sänger, Dirigenten und Musiker ins rechte Licht gerückt werden. Der Film nutzt den Rahmen der Inszenierung einer Oper von Saint-Saëns, um die verschiedenen Abteilungen über humorvolle Anekdoten und Informationen vorzustellen. Dabei verbirgt er nicht seine Anlage als Feierstunde der Staatsoper, bleibt als solche aber sorgfältig und gemahnt überzeugend an die Kraft des Musiktheaters. – **Ab 14**.
Österreich 2018 **R** Stephanus Domanig **B** Martina Theininger, Stephanus Domanig **K** Eva Testor **S** Ulrike Kofler **L** 90 **E** 6.2.2021 3sat   fd –

BAD HAIR ★★★
BAD HAIR
1989 will eine junge Afroamerikanerin aus Los Angeles eine Karriere im florierenden Musikfernsehen starten, doch dafür muss sie, wie ihr die neue Leiterin eines Musiksenders klarmacht, ihr Aussehen verändern und ihre Frisur mittels Haarverlängerung generalüberholen. Das scheint ihr auch einige Türen zu öffnen, allerdings mit bösen Nebenwirkungen, denn die neue Haarpracht entwickelt ein Eigenleben und einen beunruhigenden Blutdurst. Eine Horrorkomödie, die die gesellschaftliche Geringschätzung von schwarzen Frauen zwar nur ziemlich oberflächlich als Aufhänger für kuriosen Haar-Horror nimmt und wenig echten satirischen Biss hat, als schräges Gruselstück aber durchaus unterhält. – **Ab 16**.
USA 2020 **DVD** Leonine **BD** Leonine **R+B** Justin Simien **K** Topher Osborn **M** Kris Bowers **S** Phillip J. Bartell, Kelly Matsumoto **Sb** Scott Kuzio **Kb** Ceci **D** Elle Lorraine (Anna Bludso), Vanessa Williams (= Vanessa L. Williams) (Zora), Jay Pharoah (Julius), Lena Waithe (Brook-Lynne), James van der Beek (Grant Madison) **L** 98 **FSK** ab 16 **E** 25.6.2021 DVD & BD & VoD   fd –

BAD LUCK BANGING OR LOONY PORN ★★★
BABARDEALA CU BUCLUC SAU PORNO BALAMUC
Wegen eines Sex-Videos gerät eine rumänische Lehrerin an den Rand des Nervenzusammenbruchs und muss sich überdies vor wütenden Eltern verantworten, die ihre Entlassung fordern. Eine gutwillige, während der Corona-Pandemie gedrehte Mischung aus provokativer Satire und Essayfilm, die mit Abschweifungen zu Religion, Sex, Kapitalismus und Politik ein un-

rühmliches Bild von Rumänien zeichnet. Die anregend offene, assoziative Erzählweise gipfelt in einer Posse, in der etwas zu plump und selbstgenügsam gegen die von Ressentiments geprägte Elite geschossen wird. – **Ab 18**.

💿 Die Extras umfassen u. a. ein längeres Interview mit dem Regisseur & Drehbuchautor Radu Jude (19 Min.).
Scope, teils schwarz-weiß. Rumänien/Luxemburg/Kroatien/Tschechien 2021 **KI** Neue Visionen **DVD** Neue Visionen/EuroVideo (16:9, 2.35:1, DD5.1 rum./dt.) **R+B** Radu Jude **K** Marius Panduru **M** Jura Ferina, Pavao Miholjevi **S** Cătălin Cristuțiu **Sb** Cristian Niculescu **Kb** Ciresica Cuciuc **D** Katia Pascariu (Emi), Claudia Ieremia (Schuldirektorin), Olimpia Mălai (Frau Lucia), Nicodim Ungureanu (Lt. Gheorghescu), Alexandru Potocean (Marius Buzdrugovici) **L** 106 **FSK** ab 18; f **E** 8.7.2021 / 23.11.2021 DVD   fd 47579

Bad Nazi – Good Nazi ★★★★
BAD NAZI. GOOD NAZI. / YOMANO SHEL NAZI
Ein Dokumentarfilm über den Wehrmachtsoffizier Wilm Hosenfeld (1895–1952), der sich vom überzeugten NS-Anhänger zum stillen Widerständler wandelte, durch den Spielfilm DER PIANIST (2001) als Retter des Pianisten Wladyslaw Szpilman bekannt gemacht wurde und in Yad Vashem als einer der Gerechten unter den Völkern geehrt wird. Sein hessischer Heimatort tut sich dagegen schwer mit dem Gedenken an einen lange linientreuen Nazi, wie der knappe, aber klug verdichtete Film ebenso zeigt wie den Umgang von Szpilmans Nachfahren mit der Vergangenheit. Ein beachtlicher Versuch, den nach wie vor ambivalenten Charakter der Erinnerung an die NS-Zeit in seiner Komplexität zu erfassen. – **Ab 12**.
Israel 2020 **R+B** Chanoch Ze'evi **K** Yoram Millo **M** Ophir Leibovitch **S** Yoni Kohen **L** 60 **E** 11.11.2021 3sat   fd -

Baden gegen Württemberg ★★
Doku-Drama über die Gründung des Bundeslandes Baden-Württemberg, das 1952 nach heftigem politischem Ringen aus den Nachkriegsstaaten Württemberg-Baden, (Süd-)Baden und Württemberg-Hohenzollern hervorging. Während der ehemalige NS-«Frauenfunk» aus Stuttgart emanzipierte Ratschläge für das tägliche Überleben in der Nachkriegszeit ausstrahlte, waren die führenden Politiker um Reinhold Maier (FDP), Gebhard Müller (CDU) und Leo Wohleb (parteifrei) mit weitreichenden Plänen und Intrigen beschäftigt. Der Film zeichnet historisch redlich nach, wie die drei Staaten zusammenfanden, dämpft seine Wirkung aber mit plakativen Spielszenen. – **Ab 14**.
Deutschland 2021 **KI** Camino **R** Andreas Köller **B** Heike Rübbert **K** Till Beckert **M** Christian Barth **S** Alexander Menkö **Sb** Stephanie Strecker, Tina Andric **Kb** Tanja Gierich **D** Christian Pätzold (Reinhold Maier), Stefan Preiss (Leo Wohleb), Richard Sammel (Gebhard Müller), Laura Schwickerath (Valentine Müller), Stephan Baumecker (Theodor Eschenburg) **L** 94 **FSK** ab 12; f **E** 25.11.2021   fd -

Badland ★★★
BADLAND
Gut eine Dekade nach dem Ende des Sezessionskriegs in den USA wird ein Detektiv der Pinkerton-Agentur von einem afroamerikanischen Senator, der einst ein Sklave war, damit beauftragt, entgangene Kriegsverbrecher der Konföderierten aufzuspüren. Der toughe Ermittler macht sich auf in die berüchtigten Badlands, stößt bei seinen Missionen, die sich in unterschiedlichen Kapiteln entfalten, aber nicht nur auf verstockte Verbrecher. Ein solide umgesetzter «Old school»-Western, der nicht zuletzt von einem guten Ensemble profitiert. – **Ab 16**.
Scope. USA 2019 **DVD** Lighthouse **BD** Lighthouse **R+B** Justin Lee **K** Idan Menin **M** Jared Forman **S** Michael Tang **Sb** Christian Ramirez **Kb** Toby Bronson **D** Kevin Makely (Mathias Breecher), Trace Adkins (General Corbin Dandridge), Mira Sorvino (Sarah Cooke), Bruce Dern (Reginald Cooke), Matthew James McCarthy (Big John) **L** 112 **FSK** ab 16 **E** 27.8.2021 DVD & BD   fd -

Baghdad in My Shadow ★
BAGHDAD IN MY SHADOW
In einem Londoner Café treffen sich irakische Migranten unterschiedlichster Couleur, etwa eine ehemalige Architektin, die jetzt als Kellnerin arbeitet, ein Schriftsteller und ein homosexueller IT-Techniker, aber auch ein junger Mann, der unter dem Einfluss radikaler Islamisten steht. Das Panorama einer postmigrantischen Gesellschaft fällt recht schematisch aus. Viele der Protagonisten repräsentieren politische Diskurse, ohne als Figuren entfaltet zu werden. Die dialoglastige Dramaturgie unterstreicht zusätzlich den Anspruch, eine große Vielfalt unterschiedlichster Anschauungen, Einstellungen und Erfahrungen zu vermitteln, was dem filmischen Eintauchen in die komplexe Lebensrealität des Exils aber zuwiderläuft. – **Ab 14**.
Schweiz 2019 **KI** Arsenal **R** Samir **B** Samir, Furat al Jamil **K** Ngo The Chau **M** Walter Mair (= Walter Christian Mair) **S** Jann Anderegg **Sb** Fabian Lüscher **Kb** Ulrike Scharfschwerdt **D** Haitham Abdul-Razzaq (Taufiq Jasim), Zahraa Ghandour (Amal), Waseem Abbas (Muhannad), Shervin Alenabi (Nasseer), Awatif Naeem (Samira) **L** 104 **FSK** ab 16; f **E** 30.9.2021   fd 48068

Der Ball der 41 ★★★
EL BAILE DE LOS 41
Zwischen historischen Fakten und Spekulation wird die Geschichte eines mexikanischen Kongressbeamten erzählt, der Ende des 19. Jahrhunderts wegen seiner Homosexualität ein Doppelleben führt. Seine politische Karriere und seine lieblose Ehe setzt er dabei zunehmend durch Ausflüge in einen geheimen Club für schwule Männer aus der Oberschicht und eine leidenschaftliche Affäre aufs Spiel. Die bewährte melodramatische Er-

DER BALL DER 41 (© Netflix)

zählung, in der das persönliche Begehren von gesellschaftlichen Zwängen unterdrückt wird, überzeugt mit historisch akkurater Ausstattung, ambitionierter Kameraarbeit und interessanten Nebenfiguren. – **Ab 16.**
Mexiko/Brasilien 2020 **R** David Pablos **B** Monika Revilla **K** Carolina Costa **M** Carlo Ayhllon, Andrea Balency-Béarn **S** Soledad Salfate **Sb** Daniela Schneider **D** Alfonso Herrera (Ignacio de la Torre), Emiliano Zurita (Evaristo Rivas), Mabel Cadena (Amada Díaz), Fernando Becerril (Porfirio Díaz), Rodrigo Virago (Felix Díaz) **L** 93 **E** 12.5.2021 VoD (Netflix) fd 47710

BAMBI ★★★★
BAMBI
Ein Porträt des Revuestars Bambi alias Marie-Pierre Pruvot, einer Pionierin der Transsexuellen-Bewegung: 1935 in einem algerischen Dorf als Jean-Pierre Pruvot geboren, ließ sie in den 1950er-Jahren Algerien und das Leben in einer als falsch empfundenen männlichen Rolle hinter sich, um in der französischen Hauptstadt als Frau zu leben und auf den Music-Hall-Bühnen der Metropole zu reüssieren. Die Dokumentation lässt die zur Entstehung des Films 77-jährige Künstlerin ihre von Verwirrungen und Rückschlägen, aber auch großer Willenskraft gezeichnete Lebensgeschichte ausbreiten; reichhaltiges Archivmaterial wird ergänzt von einer Reise zurück an die Orte der Kindheit. (O.m.d.U.) – **Ab 16.**
Frankreich 2013 **R+B** Sébastien Lifshitz **K** Sébastien Buchmann **S** Tina Baz **L** 58 **E** 27.5.2021 VoD (Salzgeber) fd -

BANDEN VON MARSEILLE ★★
BRONX
Eine unangepasste Polizeieinheit aus Marseille kennt keine Skrupel bei der Verfolgung von Verbrechern und will mit diesen Methoden auch ein Massaker zwischen kriminellen Banden aufklären. Dabei stehen ihnen jedoch nicht nur die Vertreter des organisierten Verbrechens, sondern auch Konkurrenten aus anderen Polizeiabteilungen gegenüber. Äußerst harter, testosterongesättigter Polizeithriller, der ein fatalistisches Hauen und Stechen ohne Momente der Entspannung ausspinnt. Handlung und Figuren sind allerdings nur mäßig ausgearbeitet und wecken neben den Actionsequenzen kaum Interesse. – **Ab 18.**
Scope. Frankreich 2020 **DVD** Splendid **BD** Splendid **R+B** Olivier Marchal **K** Denis Rouden **M** Erwann Kermorvant **S** Camille Delprat, Raphaele Urtin **Sb** Arnaud Putman **D** Lannick Gautry (Richard Vronski), Stanislas Merhar (Willy Kapelian), Kaaris (Max Beaumont), Jean Reno (Ange Leonetti), David Belle (Zach Damato) **L** 116 **FSK** ab 18 **E** 28.5.2021 DVD & BD & VoD fd -

BAY OF SILENCE – ★
AM ENDE DES SCHWEIGENS
THE BAY OF SILENCE
Eine Fotografin, die bereits zwei Töchter aus einer früheren Beziehung hat, und ihr neuer Ehemann bekommen einen kleinen Sohn; die Geburt des Babys wird für die Mutter überschattet von dem Glauben, dass sie eigentlich mit zwei Kindern schwanger gewesen sei und das Schicksal des zweiten Babys vor ihr geheim gehalten würde, wofür sie ihrem Mann schwere Vorwürfe macht und ihn schließlich mit den Kindern verlässt. Er folgt ihr mit Hilfe eines mysteriösen Hinweises und kommt einem düsteren Geheimnis in ihrer Vergangenheit auf die Spur. Trotz guter Darsteller und stimmungsvoller Settings gerät die Handlung des Mystery-Thrillers dermaßen konfus, dass sich kaum Spannung einstellt. – **Ab 16.**
Scope. Großbritannien 2020 **DVD** Tiberius/Sony **BD** Tiberius/Sony **R** Paula van der Oest **B** Caroline Goodall **K** Guido van Gennep **Vo** Lisa St. Aubin de Terán (Roman *The Bay of Silence*) **M** John Swihart **S** Paul Tothill, Sander Vos **Sb** Harry Ammerlaan **Kb** Celia Yau **D** Claes Bang (Will), Olga Kurylenko (Rosalind), Brian Cox (Milton), Assaad Bouab (Pierre Laurent), Alice Krige (Vivian) **L** 90 **FSK** ab 16; f **E** 5.8.2021 DVD & BD fd -

BE NATURAL – DIE UNERZÄHLTE
GESCHICHTE VON ALICE GUY-BLACHÉ
siehe: **BE NATURAL – SEI DU SELBST**

BE NATURAL – SEI DU SELBST: ★★★
DIE FILMPIONIERIN ALICE GUY-BLANCHÉ
BE NATURAL: THE UNTOLD STORY OF ALICE GUY-BLACHÉ
Die Französin Alice Guy-Blaché (1873–1968) war als Regisseurin, Produzentin und Drehbuchautorin eine Filmpionierin der allerersten Stunde. Sie drehte den mutmaßlich ersten fiktionalen Film in der Geschichte des Kinos und galt auch auf dem Gebiet der Filmtechniken als Vorreiterin, wurde von der Filmgeschichtsschreibung aber lange ignoriert und verdrängt. Der mit viel Aufwand umgesetzte Dokumentarfilm versucht verdienstvoll, Alice Guy-Blaché wieder ins öffentliche Bewusstsein zu rücken. Das eigentliche Werk der Filmemacherin droht dabei allerdings in der Fülle an Informationen über ihre Person und an Effekten etwas unterzugehen. – **Ab 14.**
USA 2018 **KI** Filmperlen **DVD** Filmperlen **R** Pamela B. Green **B** Pamela B. Green, Joan Simon **M** Peter G. Adams **S** Pamela B. Green **L** 103 **FSK** ab 0; f **E** 5.8.2021 / 10.12.2021 DVD fd 47914

BEASTS CLAWING AT STRAWS ★★★★
JIPURAGIRADO JABGO SIPEUN JIBSEUNGDEUL
Ein kleiner Angestellter in einer Hafenstadt im Nordwesten Südkoreas stößt in einem Spind auf eine Designer-Tasche voller Geld; weil er und seine Frau mit finanziellen Problemen kämpfen, ist die Versuchung groß, den Fund zu behalten. Der Beginn von jeder Menge Ärger, denn seine Geschichte kreuzt sich mit der eines Mannes, der jede Menge Schulden samt einem brutalen Schuldeneintreiber am Hals hat, und einer Prostituierten, die ebenfalls Geld braucht, um sich aus einer schwierigen Lebenssituation zu befreien. Mord und Totschlag sind die Folge. Ein schwarzkomödiantisch-absurder Thriller um die fatale Macht des Geldes, temporeich und stilsicher inszeniert. – **Ab 16.**
Scope. Südkorea 2020 **R+B** Kim Yong-hoon **K** Kim Tae-Sung **Vo** Keisuke Sone (Roman *Waranimosugaru Kemonotachi*) **M** Nene Kang **S** Han Mee-yeon **D** Jeon Do-yeon (Yeon-hee), Jung Woo-sung (Tae-young), Bae Sung-woo (Joong-man), Youn Yuh Jung (= Yun Yeo-jong) (Soon-ja), Jung Man-sik (Park Doo-man) **L** 109 **E** 30.11.2021 VoD (Mubi) fd -

BEASTS THAT CLING TO THE STRAW
siehe: **BEASTS CLAWING AT STRAWS**

BEAUTY WATER ★★
GIGIGOEGOE SEONGHYEONGSU
Eine junge, korpulente Frau versucht mit Hilfe einer neuen Wunderkosmetik ihren Körper dem gesellschaftlichen Schönheitsideal anzugleichen. Das Produkt ermöglicht es, Haut, Fleisch und sogar Knochen beliebig neu zu formen. Die Anime-Adaption eines populären Webcomics verwischt die Grenze zwischen Selbstoptimierung und Body Horror mit arg dazugehöriger Drastik. Die darin liegende Tragik wird aber wie das sichtbare Grauen von einer allzu hölzernen und groben Ästhetik bis in die Belanglosigkeit geglättet. – **Ab 16.**
Südkorea 2020 **KI** Kazé **R** Cho Kyunghun **M** Hong Dae-Sung **L** 86 **FSK** ab 16; f **E** 28.12.2021 fd 48291

BECAUSE OF MY BODY ★★
BECAUSE OF MY BODY

Eine junge Italienerin aus den Abruzzen ist durch eine Fehlbildung beeinträchtigt und hat mit Anfang 20 noch keine Erfahrungen mit dem anderen Geschlecht gemacht. Im Projekt eines Therapeuten arbeitet sie daran, mehr über ihre Sexualität herauszufinden, entwickelt aber durch die Intimität verbotene Gefühle für den männlichen Helfer. Das dokumentarische Porträt will vorführen, dass sexuelle Gefühle ein universales Bedürfnis sind, und verfolgt hautnah den emotionalen Prozess der Protagonistin. Dabei ist der Film zwar frei von Voyeurismus, wirkt aber dramaturgisch recht kalkuliert auf Effekte hin getaktet. – **Ab 16**.
Italien 2020 **R** Francesco Cannavà **B** Francesco Cannavà, Andrea Paolo Massara **K** Eugenio Cinti Luciani **M** Giuseppe De Francesco **S** Andrea Montesano **L** 83 **E** 3.5.2021 arte fd –

BECKENRAND SHERIFF ★★★

Ein von allen gehasster Bademeister einer bayerischen Kleinstadt sieht sich mit der Schließung seines Freibads konfrontiert und versucht, ein Bürgerbegehren auf die Beine zu stellen, wozu er sich zum Sympathieträger wandeln muss. Das bringt beständige Kollisionen und jede Menge Slapstick mit sich. Die launige Mischung aus Komödie und Tragödie kreist um viele Originale und schmuggelt auch gesellschaftspolitische Reizthemen mit in die Demontage deutscher Tugenden, dreht beim erfrischenden Schlagabtausch mitunter aber auch leer und landet schließlich bei einer Ode ans kindliche Ich. – **Ab 12**.

🄳 Die BD-Edition enthält eine Audiodeskription für Sehbehinderte.
Scope. Deutschland 2021 **KI** Leonine **DVD** Leonine (16:9, 2.35:1, DD5.1 dt.) **R** Marcus H. Rosenmüller (= Marcus Hausham Rosenmüller) **B** Marcus Pfeiffer **K** Torsten Breuer **M** Andrej Melita **S** Georg Söring **Sb** Doerthe Komnick **Kb** Walter Schwarzmeier **D** Milan Peschel (Karl), Dimitri Abold (Sali), Sebastian Bezzel (Albert Dengler), Rick Kavanian (Dr. Rieger), Sarah Mahita (Lisa) **L** 114 **FSK** ab 6; f **E** 9.9.2021 / 28.1.2022 DVD & BD & digital fd 48020

BECKETT ★★★
BECKETT

Ein afroamerikanischer Tourist verliert während eines Urlaubs in Griechenland zur Zeit der Euro-Krise seine Frau durch einen Unfall und wird in eine politische Intrige verwickelt. Verfolgt von dubiosen Gegnern, hetzt er durchs Land und die Hauptstadt Athen, die von politischen Protesten und Unruhen erschüttert wird. Der Thriller nutzt das Motiv des unschuldig Verfolgten, der sich durch ein undurchschaubares Netz von Gefahren und Bedrohungen kämpfen muss, und bindet es in die politischen Auseinandersetzungen in Griechenland ein; der Gesinnungswandel des Helden, der vom unbeteiligten Beobachter zum politisierten Kämpfer wird, ist allerdings etwas oberflächlich entwickelt. – **Ab 16**.
Italien/Brasilien/Griechenland/USA 2021 **R** Ferdinando Cito Filomarino **B** Kevin Rice **K** Sayombhu Mukdeeprom **M** Ryuichi Sakamoto (= Ryūichi Sakamoto) **S** Walter Fasano **Sb** Elliott Hostetter **Kb** Giulia Piersanti **D** John David Washington (Beckett), Alicia Vikander (April), Boyd Holbrook (Tynan), Vicky Krieps (Lena), Yorgos Pirpassopoulos (Karras) **L** 108 **E** 13.8.2021 VoD (Netflix) fd 47964

BECKMAN – IM NAMEN DER RACHE ★
BECKMAN

Seit er zum Glauben gefunden hat, hat ein Auftragskiller seinem blutigen Handwerk den Rücken gekehrt und ist zu einem Mann der Kirche geworden. Doch dann wird eine junge Frau, derer er sich väterlich angenommen hat, von einem bösartigen Sekten-Oberhaupt entführt und soll für ein dubioses Ritual missbraucht werden. Anlass genug für den Gottesmann, wieder zur Waffe und hart durchzugreifen. Eine Produktion des «faith based movie»-Anbieters Pure Flix, die durch die dümmlich-brachiale Verbrämung ihrer epigonalen Rache- und Selbstjustizstory mit christlichen Werten verärgert. – **Ab 16**.
Scope. USA 2020 **DVD** Tiberius/Sony (16:9, 2.35:1 engl./dt.) **BD** Tiberius/Sony (16:9, 2.35:1, dts-HDMA engl./dt.) **R** Gabriel Sabloff **B** Tommy Blaze, Steven Keller, Gabriel Sabloff **K** James Codeglia, Gabriel Sabloff **M** Will Musser **S** Gabriel Sabloff **Kb** Jacqueline Garvey **D** David A. R. White (Aaron Beckman), William Baldwin (Reese), Burt Young (Salvatore), Jeff Fahey (Philip), Brighton Sharbino (Tabitha) **L** 90 **FSK** ab 16; f **E** 3.6.2021 DVD & BD fd –

BEFLÜGELT – EIN VOGEL NAMENS PENGUIN BLOOM ★★★
PENGUIN BLOOM

Eine Australierin ist nach einem Unfall von der Brust an abwärts gelähmt; die passionierte Surferin und Familienmutter droht angesichts dieser Einschränkung in eine tiefe Depression abzugleiten. Doch mit Unterstützung einer verwundeten Elster, die die Familie bei sich aufnimmt und aufpäppelt, findet sie einen Weg zurück ins Leben. Der optimistische, auf wahren Begebenheiten beruhende Feel-Good-Film manövriert trotz seiner etwas aufdringlichen symbolischen Verbindung von menschlicher und tierischer Heilungsgeschichte dank überzeugender Darstellerleistungen haarscharf am Kitsch vorbei. – **Ab 12**.
Scope. USA/Australien 2020 **KI** Leonine **DVD** Leonine (16:9, 2.35:1, DD5.1 engl./dt.) **BD** Leonine (16:9, 2.35:1, dts-HDMA engl./dt.) **R** Glendyn Ivin **B** Shaun Grant, Harry Cripps **K** Sam Chiplin **Vo** Cameron Bloom / Bradley Trevor Greive (Roman *Penguin Bloom – Der kleine Vogel, der unsere Familie rettete*) **M** Marcelo Zarvos **S** Maria Papoutsis **Sb** Annie Beauchamp **Kb** Joanna Mae Park **D** Naomi Watts (Sam Bloom), Andrew Lincoln (Cameron Bloom), Rachel House (Gaye Hatfield), Jacki Weaver (Jan), Gia Carides (Megan) **L** 96 **FSK** ab 6; f **E** 19.8.2021 / 10.12.2021 DVD & BD & digital fd 47949

BEGINNING ★★★★
BEGINNING

In einem georgischen Bergdorf begegnet die christlich-orthodoxe Mehrheit einer Gemeinde der Zeugen Jehovas zunehmend feindlicher, was in einem Brandanschlag auf deren Gemeindehaus kulminiert. Bei der Frau des Vorstehers führt das zu einer existenziellen Verunsicherung, die allmählich alle Lebensbereiche und auch ihren Glauben erfasst. Eine weitere Gewalterfahrung spitzt die Ereignisse zur Tragödie von antiker Wucht zu. Ein fulminantes Filmdebüt mit spiritueller Grundierung, das die Machtverhältnisse innerhalb des Dorfes präzise ausleuchtet und deren Wirkung auf die Figuren mit einer artifiziell überhöhten, ungemein suggestiven Bild- und Tonsprache transparent macht. – **Sehenswert ab 16**.
Frankreich/Georgien 2020 **R** Dea Kulumbegashvili **B** Dea Kulumbegashvili, Rati Oneli **K** Arseni Khachaturan **M** Nicolas Jaar **S** Matthieu Taponier **D** Ia Sukhitashvili (Yana), Rati Oneli (David), Kakha Kintsurashvili (Alex), Saba Gogichaishvili (Giorgi) **L** 130 **E** 29.1.2021 VoD (MUBI) fd 47520

BEHIND YOU ★★
BEHIND YOU

Zwei Schwestern kommen nach dem Tod der Mutter bei ihrer Tante unter, die sich nicht sehr kinderfreundlich gibt und in deren Haus es zahlreiche Regeln einzuhalten gilt. Das Verbot, den Keller zu betreten, weil es dort angeblich Ratten gibt, ist freilich eher eine Provokation, genau das zu tun, und als eines der Mädchen dort auf einen seltsamen Spiegel stößt und ein Wesen freisetzt, das darin gefangen ist, hat das üble Folgen. Ein Haunted-House-Horrorfilm, der zwar mit keinerlei originellen Ideen oder markanten Figuren, dafür aber mit einer soliden visuellen Umsetzung aufwartet. – **Ab 16.**

Scope. USA 2020 **DVD** Tiberius/Sony **BD** Tiberius/Sony **R** Andrew Mecham, Matthew Whedon **B** Andrew Mecham, Matthew Whedon **K** Benjamin Allred **M** Christian Davis **S** Andy Matthews, Aaron Tharp **Sb** Justin Partridge **Kb** Emily Jacobson **D** Addy Miller (Olivia), Elizabeth Birkner (Claire), Jan Broberg (Beth), Philip Brodie (Charles), Aimee-Lynn Chadwick (Camilla) **L** 83 **FSK** ab 16; f **E** 2.9.2021 DVD & BD fd –

BEING THE RICARDOS ★★★
BEING THE RICARDOS

Filmbiografie über das einflussreiche Hollywood-Paar Lucille Ball und Desi Arnaz, das in den 1950er-Jahren mit der Sitcom I LOVE LUCY und dem Studio Desilu Productions TV-Geschichte schrieb. Der Film fokussiert auf eine Woche, in der das Ehepaar beim Dreh einer Folge nicht nur mit Beziehungsproblemen ringt, sondern auch mit anderen Faktoren, die dem Erfolg der beiden schaden könnten. Der Film übernimmt sich etwas, indem er eine Vielzahl biografischer Facetten und Hintergründe aus der McCarthy-Ära auf zwei Stunden verdichten will. Dank guter Darsteller und sorgfältiger Rekonstruktion der damaligen Arbeitsprozesse entsteht aber doch ein

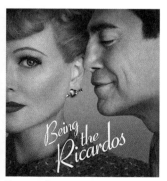

BEING THE RICARDOS (© Amazon)

BEKENNTNISSE DES HOCHSTAPLERS FELIX KRULL (© Warner Bros.)

bereichernder Einblick in ein Stück TV-Geschichte. – **Ab 14.**

USA 2021 **R+B** Aaron Sorkin **K** Jeff Cronenweth **M** Daniel Pemberton **S** Alan Baumgarten **Sb** Jon Hutman **Kb** Susan Lyall **D** Nicole Kidman (Lucille Ball), Javier Bardem (Desi Arnaz), J. K. Simmons (William Frawley), Nina Arianda (Vivian Vance), Tony Hale (Jess Oppenheimer (jung)) **L** 126 **FSK** ab 12 **E** 21.12.2021 digital (Amazon Prime)
fd 48267

BEING THUNDER ★★★
BEING THUNDER

Ein US-amerikanischer Teenager aus dem indigenen Volk der Narragansett fühlt sich gleichermaßen als Junge und Mädchen. Der Versuch, diese Identität auszuleben, trifft auf Widerstand in seinem Volk, insbesondere in seiner unmittelbaren Familie aber auch auf Unterstützung. Der Dokumentarfilm porträtiert den Kampf des Jugendlichen um seine Selbstfindung, die auch verwoben ist in das Erbe der indigenen Kultur. Filmisch konventionell und mit einigen irritierenden ästhetischen Ideen, zeichnet sich der Film durch die Nähe zu den Porträtierten und seine mitfühlende Beobachtungsgabe aus. – **Ab 14.**

Frankreich 2020 **R+B+K** Stéphanie Lamorré **M** Nicolas Baby **S** Aël Dallier Vega **L** 85 **E** 8.11.2021 arte fd –

BEKENNTNISSE DES HOCHSTAPLERS FELIX KRULL ★★★

Neuverfilmung des unvollendeten Romans von Thomas Mann um einen charmanten, gut aussehenden jungen Mann aus zerrütteten bürgerlichen Verhältnissen, dem durch sein Talent für falsche Identitäten Ende des 19. Jahrhunderts erfolgreich der Einstieg in die Sphäre der Reichen und des Adels gelingt. Die aufwändige Adaption wählt klug aus der Vorlage aus, entwickelt diese mit Blick auf ein zeitgemäßes Verständnis oft schlüssig weiter und bietet durchaus schauspielerische Glanzlichter. Im Versuch, die einzelnen Aspekte zusammenzuführen, ist der Film hingegen weniger erfolgreich und bleibt mitunter interpretatorisch unverbindlich. – **Ab 14.**

Deutschland 2021 **KI** Warner Bros. **R** Detlev Buck **B** Daniel Kehlmann **K** Marc Achenbach **Vo** Thomas Mann (Roman *Bekenntnisse des Hochstaplers Felix Krull*) **M** Helmut Zerlett **S** Peter R. Adam **Sb** Josef Sanktjohanser **Kb** Frauke Firl **D** Jannis Niewöhner (Felix Krull), Liv Lisa Fries (Zaza), David Kross (Marquis Louis de Venosta), Joachim Król (Professor Kuckuck), Maria Furtwängler (Madame Houpflé) **L** 114 **FSK** ab 12; f **E** 2.9.2021 fd 47999

BELLE FILLE – PLÖTZLICH SCHWIEGERTOCHTER ★★★
BELLE FILLE

Eine Frau will die Untreue ihres Ehemanns bei einem Urlaub auf Korsika vergessen. Dazu gehört auch die Liebesnacht mit einem attraktiven jungen Mann, der allerdings am nächsten Morgen zu ihrem Schrecken verstorben ist. Damit sind ihre Probleme aber nicht vorbei, da die Mutter des Toten sich ihr aufdrängt, weil sie in ihr die ihr nie vorgestellte Schwiegertochter sieht. Eine mal einfühlsame, mal bis ins Groteske überzogene Komödie, deren Stärke die weiblichen Figuren sind. Die Handlung fällt hin-

gegen einfacher aus, als das kompli-zierte Szenario nahelegt. – **Ab 14.**
Scope. Frankreich 2020 **DVD** Lighthouse **BD** Lighthouse **R** Méliane Marcaggi **B** Méliane Marcaggi, Christophe Duthuron, Clément Michel **K** Pierric Gantelmi d'Ille **M** Thomas Dutronc **S** Samuel Danési **Sb** Maamar Ech-Cheikh **Kb** Salomé Koumetz **D** Alexandra Lamy (Louise), Miou-Miou (Andréa Lucciani), Jonathan Zaccaï (Anto Lucciani), Thomas Dutronc (Florent Lucciani), Patrick Mille (Marc) **L** 92 **FSK** ab 12 **E** 26.11.2021 DVD & BD fd -

BELLINGCAT – TRUTH IN A POST-TRUTH WORLD ★★★★
BELLINGCAT – TRUTH IN A POST-TRUTH WORLD
2014 rief der Brite Eliott Higgins das investigative Recherchenetzwerk Bellingcat ins Leben, das mit einer kleinen Gruppe Freiwilliger seitdem das Internet nach Fotos und Videos durchforstet und Manipulationen und Widersprüche in Nachrichtenmeldungen öffentlich macht. Der Dokumentarfilm begleitet die weltweite Tätigkeit des Netzwerks und stellt dessen bemerkenswerte Erfolge in Kontrast mit der oft unspektakulären Existenz der Mitglieder. Auch wenn kritische Reflexionen über die Struktur- und Arbeitsprinzipien der Gruppe fehlen, gelingt dem Film ein informativer und optimistischer Blick auf den Effekt der integren Aufklärungsarbeit. – **Ab 16.**
Niederlande 2018 **R+B+K** Hans Pool **M** Binkbeats **S** Simon Barker **L** 89 **E** 16.2.2021 arte fd -

BENEDETTA ★★★★
BENEDETTA
Frei nach der wahren Geschichte der Nonne Benedetta Carlini erzählt der Film, wie eine junge Frau im Italien des frühen 17. Jahrhunderts von religiösen Visionen sowie ihrem aufkeimenden lesbischen Verlangen gequält wird. Als sie sich mit einem Bauernmädchen einlässt und Stigmata bekommt, versuchen ihre Gegner sie als Scharlatanin auf den Scheiterhaufen zu bringen. Ebenso provokantes und freizügiges, aber auch klug analytisches Drama über den Widerstreit zwischen Frivolität und Frömmigkeit sowie die von Heuchelei und Profitgier geprägte Kirche der damaligen Zeit. Die Protagonistin wird dabei weder zum Opfer noch zur emanzipatorischen Freiheitskämpferin stilisiert, sondern als kaltblütige Femme fatale gezeichnet, die sich an ihrem repressiven Umfeld rächt. – **Ab 16.**
Scope. Frankreich/Niederlande 2021 **KI** Capelight **DVD** Koch **BD** Koch **R** Paul Verhoeven **B** David Birke, Paul Verhoeven **K** Jeanne Lapoirie **Vo** Judith C. Brown (Historische Biografie *Schändliche Leidenschaften. Das Leben einer lesbischen Nonne in Italien zur Zeit der Renaissance*) **M** Anne Dudley **S** Job ter Burg **Sb** Katia Wyszkop **Kb** Pierre-Jean Larroque **D** Virginie Efira (Benedetta Carlini), Charlotte Rampling (Felicita), Lambert Wilson (Nuntius), Daphne Patakia (Bartolomea), Olivier Rabourdin (Alfonso Cecchi) **L** 131 **FSK** ab 16; f **E** 2.12.2021 / 18.1.2022 digital / 24.2.2022 DVD & BD fd 48241

BENNY LOVES YOU ★★
BENNY LOVES YOU
Ein wenig selbstständiger Spielzeug-Designer will mit Mitte dreißig endlich mit seiner Kindheit abschließen und entsorgt dabei auch sein liebstes Stofftier. Dieses erwacht daraufhin jedoch als mordbereites Geschöpf zum Leben und macht sich daran, seinen Besitzer vor allem Ärger zu beschützen, was bald zu einer wachsenden Reihe von Toten führt. Äußerst makabre Splatterkomödie, die ganz auf den Gegensatz zwischen niedlichem Stofftier und blutig-überzogenen Morden setzt. In den Effekten halbwegs kreativ, reitet der Film seine Idee durch permanente Wiederholungen allerdings auf Dauer zu Tode. – **Ab 18.**
Die Extras umfassen u. a. einen Audiokommentar mit Regisseur Karl Holt und Koproduzent John Bowe, ein Feature mit im Film nicht verwendeten Szenen (19 Min.) sowie eine abendfüllende «Behind the Scenes»-Kompilation (90 Min.). Das Mediabook umfasst zudem ein 24-seitiges Booklet mit Texten zum Film.
Scope. Großbritannien 2020 **DVD** Pierrot Le Fou (16:9, 2.35:1, DD5.1 engl./dt.) **BD** Pierrot Le Fou (16:9, 2.35:1, dts-HDMA engl./dt.) **R+B** Karl Holt **K** John Bowe, Karl Holt **S** Karl Holt **D** Karl Holt (Jack), Claire Cartwright (Dawn), George Collie (Richard), James Parsons (Ron), Anthony Styles (böser Cop) **L** 90 **FSK** ab 18; f **E** 16.7.2021 DVD & BD & Mediabook (BD plus DVD) fd -

BERGMAN ISLAND ★★★★
BERGMAN ISLAND
Die schwedische Ostseeinsel Fårö ist untrennbar mit Ingmar Bergman und seinem Werk verbunden. Wie viele Kreative zuvor reist auch ein Filmemacher-Paar eines Sommers dorthin, um sich inspirieren zu lassen. Während der Mann allerdings schnell in einen Schaffensrausch kommt, leidet die Frau an einer Schreibblockade, bis sie auf eine selbstreflexive Idee verfällt. Ein autofiktionales Drama, das fließend und eher skizzenhaft Reflexionen über die Beziehungstur bürgerlicher Menschen und den kreativen Prozess des Filmemachens mit einer Hommage an Ingmar Bergman verbindet. Das Offene und Unabgeschlossene lässt sich dabei als Statement für die Durchlässigkeit von Leben und Werk verstehen. – **Sehenswert ab 16.**
Frankreich 2020 **KI** Weltkino **R+B** Mia Hansen-Løve **K** Denis Lenoir **S** Marion Monnier **Sb** Mikael Varhelyi **Kb** Judith de Luze, Julia Tegström **D** Tim Roth (Tony), Vicky Krieps (Chris), Mia Wasikowska (Amy), Anders Danielsen Lie (Joseph), Joel Spira (Jonas) **L** 113 **FSK** ab 12; f **E** 4.11.2021 fd 48151

BERLIN IZZA BITCH ★★★
Ein gescheiterter Kunstfälscher hält sich durch Kontakte zu reichen Frauen über Wasser, besonders mit einer alten Witwe ist er eng befreundet. Als er jedoch mit deren Kindern bekannt wird, gerät der Lebenskünstler in eine unsichere Lage: Der Sohn stirbt nach einem Sturz in die Spree, während seine Schwester sich als unberechenbare und aggressive Zeitgenossin erweist. Die sommerliche Komödie von Klaus Lemke erfüllt einmal mehr kaum

BERGMAN ISLAND (© Weltkino)

konventionelle Ansprüche an einen Plot, sondern löst sich in zahlreiche Abschweifungen auf. Neben einigem Leerlauf ergeben sich dabei immer wieder amüsante und hintersinnige Sequenzen. – **Ab 16.**
Deutschland 2021 **R+B** Klaus Lemke **K** Paulo da Silva **M** Malakoff Kowalski, Eric D. Clark, Maya Schenk **S** Florian Kohlert **D** Lea Mornar (Lea), Henning Gronkowski (Henning), Birgitt Jänisch-Strempler (Witwe), Maya Schenk (Maya), Sarah Riesz (Sarah) **L** 71 **E** 26.10.2021 WDR fd -

BERTI'S TAGEBUCH
siehe: BERTS KATASTROPHEN

BERTS KATASTROPHEN ★★
BERTS DAGBOK
Ein 13-jähriger schwedischer Schüler verliebt sich Hals über Kopf in eine attraktive 15-jährige Mitschülerin. Um ihr nahezukommen, macht er sich an ihre jüngere Schwester heran, muss sich aber der Übergriffe des Schulrowdys erwehren, der seine Pläne durchkreuzt und ihn drangsaliert. Der in der Gegenwart spielende Kinderfilm beruht auf einer populären Buchreihe aus den 1980er-Jahren. Durch die absehbare Story, flache Gags und den wenig sympathischen Protagonisten hält sich der Unterhaltungswert der turbulenten romantischen Komödie in engen Grenzen. – **Ab 10.**
Schweden 2020 **KJ** Der Filmverleih **R** Michael Lindgren **B** Tapio Leopold **K** Erik Vallsten **Vo** Anders Jacobsson / Sören Olsson (Roman-Reihe *Berts universum*) **S** Joakim Tessert-Ekström **Kb** Sarah Mae White **D** Hugo Krajcik (Bert), Julia Pirzadeh (Amira), Frank Dorsin (Åke), Yussra El Abdouni (Leila), Arvid Bergelv (Lill-Erik) **L** 89 **E** 2.9.2021 / 14.1.2022 KiKA fd 47946

BESSER WIRD'S NICHT ★★
RAMS
Zwei Brüder und Schafszüchter aus der australischen Provinz haben sich voneinander entfremdet und reden seit Jahren nicht mehr miteinander. Als bei einem Bock aber eine gefährliches Virus festgestellt wird und alle Tiere in der Umgebung getötet werden sollen, sind die beiden Männer gleichermaßen betroffen und gezwungen, ihre Feindschaft in Frage zu stellen. Das Remake des isländischen Films STURE BÖCKE erzählt in leisen Tönen von einer ländlichen Gemeinde, die durch die Gefährdung ihrer Zuchttradition die Lebensgrundlage zu verlieren droht. Der Film beweist ein gutes Gespür für seine Figuren,

BESSER WIRD'S NICHT (© Koch)

nur die Konfrontation zwischen Farmern und Behörden ist arg plakativ und klischeebehaftet. – **Ab 12.**
Scope. Australien 2020 **DVD** Koch (16:9, 2.35:1, DD5.1 engl./dt.) **BD** Koch (16:9, 2.35:1, dts-HDMA engl./dt.) **R** Jeremy Sims **B** Jules Duncan **K** Steve Arnold **M** Antony Partos **S** Marcus D'Arcy **Sb** Clayton Jauncey **Kb** Tess Schofield **D** Sam Neill (Colin), Michael Caton (Les), Miranda Richardson (Kat), Asher Keddie (Angela), Leon Ford (De Vries) **L** 118 FSK ab 12 **E** 22.4.2021 DVD & BD fd 47672

BETE WEG siehe: PRAY AWAY

BEUTOLOMÄUS UND DIE VIERTE ★★★
ELFE
Der Weihnachtsmann und sein sprechender Jutesack Beutolomäus sind kurz vor Weihnachten guter Dinge, als die Schwester ihrer drei helfenden Weihnachtselfen sich für einen lange zurückliegenden Streit rächen will und Elfen und Weihnachtsmann in Kinder verwandelt. Da sie dadurch ihrer Kräfte beraubt sind, ist es an Beutolomäus, einen Ausweg zu finden. Kurzweiliger Weihnachtsfilm für Kinder um die beliebte Beutolomäus-Figur, der zielgruppengerecht Festtagsstress und Geschwisterrivalität thematisiert. Lustvoll überspielt, aber neben Klamauk auch mit ruhigen Momenten, ist der Film trotz kurzer Laufzeit durchaus vielschichtig. – **Ab 6.**
Deutschland 2021 **R** Alex Schmidt **B** Alex Schmidt, Valentin Mereutza **K** Felix Leiberg **M** Felix Raffel **S** Michael Timmers **Sb** Jörg Möhring **Kb** Till Fuhrmann **D** Wayne Carpendale (Weihnachtsmann), Hanna Plaß (Rosalinde), Ramona Krönke (Rosalie),

Annette Strasser (Rosalba), Anna Fischer (Rosabella) **L** 59 **E** 17.12.2021 KiKA fd -

BEVOR DAS LICHT ERLISCHT ★★★
BEFORE THE DYING OF THE LIGHT
In Form einer Collage aus Film-, Foto- und anderem Bildmaterial gestalteter Dokumentarfilm über die 1970er-Jahre in Marokko: Eine Zeit der Studenten- und Arbeiterproteste und ihrer gewaltsamen Unterdrückung, aber auch der künstlerischen Kreativität. Gewährspunkt ist dafür unter anderem die Entstehung des Films ABOUT SOME MEANINGLESS EVENTS (1974), der die Stimmung der Zeit musterhaft einfing, vom Staat aber mit gewaltsamen Sanktionen bedacht wurde. Eine vielstimmige und aufschlussreiche Erinnerung an eine weitgehend vergessene Form des Aufbruchs. Teils schwarz-weiß. Frankreich 2019 **R+B** Ali Essafi **S** Chaghig Arzoumanian **L** 68 **E** 22.2.2021 arte fd -

BEYOND THE LAW ★
BEYOND THE LAW
Ein desillusionierter Ex-Cop will Rache nehmen, nachdem sein von ihm entfremdeter Sohn ermordet wurde. Im Visier hat er den Sprössling eines Gangsterbosses, gegen den auch schon ein ehemaliger Kollege des Mannes ermittelt. Ein fader Thriller mit formelhaftem, etwas träge entwickeltem Rache-Plot und mittelmäßig inszenierten Actionszenen. – **Ab 16.**
Scope. USA 2019 **DVD** Koch (16:9, 2.35:1, DD5.1 engl./dt.) **BD** Koch (16:9, 2.35:1, dts-HDMA engl./dt.) **R** James Cullen Bressack **B** Chad Law, Johnny Martin Walters **K** Alex Brendea, David Newbert **M** Charlie Wilkins **S** Stephen Kaiser-Pendergrast **Sb** Anthony Pearce **Kb** Christine Costanza **D** Johnny Messner (Frank Wilson), DMX (Ray Munce), Steven Seagal (Augustino «Finn» Adair), Bill Cobbs (Swilley), Zack Ward (Desmond Packard) **L** 89 FSK ab 16 **E** 18.2.2021 digital (Koch) / 25.3.2021 DVD & BD fd -

BEYTO ★★★
BEYTO
Ein junger Schweizer mit türkischen Wurzeln ist auf dem Weg, ein erfolgreicher Schwimmer zu werden. Als seine Eltern erkennen, dass er sich zu Männern hingezogen fühlt und er mit seinem Schwimmtrainer eine Affäre hat, verheiraten sie ihn während des Sommerurlaubs in der Türkei mit einer Freundin aus Kindertagen. Zurück in der Schweiz, fühlt sich sein Geliebter düpiert und die frischge-

backene Ehefrau verraten. Eine mit Feingefühl inszenierte romantische Komödie um drei junge Menschen, die mit leichter Hand gesellschaftliche Reizthemen aufgreift und geschickt diskutiert. – **Ab 14.**
Schweiz 2020 **KI** Salzgeber **R+B** Gitta Gsell **K** Peter Guyer **Vo** Yusuf Yesilöz (Roman *Hochzeitsflug*) **M** Ben Jeger **S** Bernhard Lehner **D** Burak Ates (Beyto), Dimitri Stapfer (Mike), Beren Tuna (Narin), Serkan Tastemur (Seyit), Zeki Bulgurcu (Metin) **L** 98 **FSK** ab 12; **f E** 1.7.2021 fd –

BEZIEHUNGSWEISE – ★★★
HERZ ÜBER KOPF
ACQUAINTED

Ein junger Mann und eine Frau begegnen sich zufällig und verbringen einen wunderbaren Abend miteinander. Die zwischen ihnen aufflammende Liebe stürzt sie allerdings in tiefe Zweifel, weil beide schon mit anderen Partnern fest liiert sind und nun damit hadern, ob sie ihre langjährigen Beziehungen aufgeben sollen. Die kanadische Romanze lässt in diesem Konflikt nicht wie eine klassische romantische Komödie von Anfang an ahnen, welches Töpfchen auf welches Deckelchen passt, sondern geht mit den Figuren gemeinsam durch Unsicherheiten und Spannungen. Ein unterhaltsamer Blick auf die Zumutung der Freiheit, bei Lebensmodellen und Lebenspartnern die Wahl zwischen verschiedenen Optionen zu haben. – **Ab 14.**
Scope. Kanada 2018 **DVD** Lighthouse **R+B** Natty Zavitz **K** Ian Macmillan **M** Daniel Caesar **S** Kat Webber **Sb** Lucas Gentilcore **Kb** Murphy McDonald-Rea **D** Giacomo Gianniotti (Drew), Laysla De Oliveira (Emma), Rachel Skarsten (Claire), Jonathan Keltz (Allan), Adelaide Kane (Cheri) **L** 97 **FSK** ab 12 **E** 24.9.2021 DVD & VoD fd –

BHAGWAN – DIE DEUTSCHEN ★★★
UND DER GURU

Ein Dokumentarfilm über den indischen Guru Bhagwan Shree Rajneesh (1931–1990), der ab den 1970er-Jahren mit seinen Lehren um Meditation, freie Liebe und die Abkehr von statischen Systemen zahlreiche Anhänger fand, durch die sektenartige Struktur seiner Neo-Sannyas-Bewegung und Konflikte mit Behörden und Staaten bis hin zu Gewalttaten aber auch höchst umstritten war. Der Film befragt Anhänger des Philosophen nach ihren Gründen, ihm gefolgt zu sein beziehungsweise noch immer an seiner Lehre festzuhalten. Konventionell in den Wortbeitragspassagen, lebt er durch aufrüttelndes Archivmaterial auf und bietet trotz mancher Auslassung eine insgesamt informative Collage. – **Ab 16.**
Teils schwarz-weiß. Deutschland 2021 **R+B** Jobst Knigge **K** Jean Schablin **M** Hush Hush **S** Stefanie Reichel **L** 90 **E** 15.2.2021 ARD fd –

DIE BIBEL – TEIL 1: ALTES TESTAMENT ★
THE BIBLE: A BRICKFILM – PART ONE

Episodisch aneinandergereihte Geschichten aus dem Alten Testament, verfilmt als sogenannter «Brickfilm» mit Legofiguren. Dabei entfalten die Macher in ihren filmischen Mitteln ebenso wenig Kreativität und Könnerschaft wie in der Herangehensweise an den biblischen Stoff; die Aufbereitung der altbekannten, aber aus heutiger Sicht teils schwer zugänglichen Geschichten beschränkt sich darauf, die Handlung in naiv-hölzerne Dialoge aufzulösen, sodass es sich eher um eine kindische statt um eine kindgerechte Bibel-Vermittlung handelt. – **Ab 16.**
USA 2020 **DVD** EuroVideo/Great Movies **R** Josh Carroll **B** Dave Carroll, Josh Carroll **L** 113 **FSK** ab 6 **E** 11.11.2021 DVD fd –

BIGFOOT JUNIOR – EIN TIERISCH ★★★
VERRÜCKTER FAMILIENTRIP
BIGFOOT FAMILY

Ein Teenager hat seinen totgeglaubten Vater, den legendären Bigfoot, wiedergefunden. Das familiäre Miteinander wird durch die Popularität des Vaters allerdings immer mehr in Frage gestellt, seitdem der sich für Ökologie und Umweltschutz engagiert. Als er beim Versuch, die Machenschaften eines Ölkonzerns in Alaska aufzudecken, spurlos verschwindet, macht sich der Sohn erneut auf die Suche. Der temporeich und dynamisch erzählte Animationsfilm ist mit seinen liebenswerten Figuren um eine pro-ökologische, kapitalismuskritische Botschaft zentriert, bleibt insgesamt aber doch zu berechenbar, um aus dem Gros vergleichbarer Produktionen herauszuragen. – **Ab 8.**
Scope. Belgien/Frankreich 2020 **KI** Splendid **DVD** WVG Medien (16:9, 2.35:1, DD5.1 dt.) **BD** WVG Medien (16:9, 2.35:1, dts-HD-MA dt.) **R** Ben Stassen, Jérémie Deguson **B** Cal Brunker, Bob Barlen **Vo** Cal Brunker (Charaktere), Bob Barlen (Charaktere) **M** Puggy **L** 89 **FSK** ab 6; **f E** 26.8.2021 / 10.12.2021 DVD & BD fd 47695

BIGGER – DIE JOE WEIDER STORY ★
BIGGER

Ein biografischer Film über den kanadisch-jüdischen Bodybuilding-Pionier Joe Weider (1919–2013), der schon in jungen Jahren eine Zeitschrift zum Thema Bodybuilding veröffentlichte, 1946 zusammen mit seinem Bruder die «International Federation of Bodybuilding & Fitness» gründete und schließlich als früher Förderer von Arnold Schwarzenegger indirekt mit dem von ihm propagierten Körperkult auch das Actionkino beeinflusste. Die filmische Rekapitulation seines Lebens und Wirkens bleibt als allzu hagiografisches und bruchloses, bis auf einige anfängliche Verschachtelungen weitgehend bieder aufgerolltes Porträt des Mannes wie auch seines Sports arg blutarm. – **Ab 14.**
USA 2018 **BD** Studio Hamburg **R** George Gallo **B** Andy Weiss, George Gallo, Brad Furman, Ellen Brown Furman **K** Michael Negrin **M** Jeff Beal **S** Sophie Corra **Sb** Stephen J. Lineweaver **Kb** Melissa Vargas **D** Tyler Hoechlin (Joe Weider), Aneurin Barnard (Ben Weider), Julianne Hough (Betty Weider), Victoria Justice (Kathy Weider), Calum Von Moger (Arnold Schwarzenegger) **L** 107 **FSK** ab 12 **E** 22.1.2021 BD fd –

BIKING BORDERS – EINE ETWAS ★★★
ANDERE REISE

Reise-Dokumentarfilm über zwei befreundete Studenten, die 2018/19 eine Fahrradtour von Berlin bis Peking unternahmen, um Spenden für eine Schule in Guatemala zu sammeln. Der professionell gestaltete Film umfasst ihre Erlebnisse und Eindrücke auf der 249-tägigen Fahrt und lebt von den launigen Kommentaren der Protagonisten, die als passionierte Radfahrer sind. Beobachtungen zu Land und Leuten bleiben zwar oberflächlich, Freuden und Strapazen der Reise vermitteln sich aber leicht. – **Ab 12.**
Deutschland 2019 **R** Maximilian Jabs **K** Nono Konopka, Maximilian Jabs **M** Amadeus Indetzki **S** Felix Koster **L** 89 **E** 19.2.2021 VoD / 29.6.2021 ARD alpha fd –

BILDER (M)EINER MUTTER ★★★★

Aus der Fülle privater Filmaufnahmen ihres Vaters montiert die Regisseurin Melanie Lischker einen dokumentarischen Essay, um sich der Geschichte ihrer Mutter anzunähern. Diese wollte

sich im Zuge der Emanzipationsbewegung in den 1970er-Jahren von ihrer konservativen Herkunft lösen, ging dann aber mit ihren eigenen Kindern auf die gleiche herrische Art um, die sie bei ihrer Mutter erlebt hatte. Die psychologischen Rückschlüsse der Filmemacherin sind mitunter etwas thesenhaft, doch die phänomenale Montage des (auto)biografischen Materials entfaltet eine große emotionale und analytische Kraft. Hinzu kommen Auszüge aus den Tagebüchern der Mutter, die intensiv vom Ringen um einen eigenen Raum erzählen. – **Ab 14.**
Deutschland 2021 **KI** Koberstein Film **R+B** Melanie Lischker **K** Thomas Lischker **M** Jens Heuler, Freya Arde (= Franziska Henke) **S** Mechthild Barth, Melanie Lischker **L** 78 **FSK** ab 0; f **E** 25.11.2021   fd 48232

BILLIE – LEGENDE DES JAZZ ★★★
BILLIE

Doku über die Jazz-Sängerin Billie Holiday (1915–1959). Sie fußt auf den Tonbändern der Journalistin Linda Lipnack Kuehl, die in den 1970er-Jahren viele Interviews für eine Biografie der eigenwilligen Musikerin führte. Der zurückhaltend bebilderte Film versammelt schlaglichtartig Impressionen von vielfältiger Diskriminierung und Unterdrückung, die sich zu einer erschütternden Milieustudie über Rassismus und gewaltsame Geschlechterverhältnisse verbinden. Offen bleibt, ob diese Umstände nicht gerade Anlass für die schmerzhaft verbindliche Kunst von Billie Holiday waren. – **Ab 14.**
Teils schwarz-weiß. Großbritannien 2019 **KI** Prokino **DVD** Prokino **R+B** James Erskine **M** Hans Mullens **S** Avdhesh Mohla **L** 98 **FSK** ab 12; f **E** 11.11.2021 / 17.2.2022 DVD & digital   fd 48184

BILLIE – LEGENDE DES JAZZ (© Prokino)

BINGO HELL ★★
BINGO HELL

Eine befreundete Gruppe älterer Menschen ist entsetzt, als auch ihre geliebte Bingohalle der Gentrifizierung anheimfällt und unter seltsamer neuer Leitung neueröffnet wird. Als deren neuer Politik der exklusiven Preise die ersten gierigen Bewohner der Stadt zum Opfer fallen, sagen die Senioren dem diabolischen Spiel den Kampf an. Eine Horrorkomödie mit ungewöhnlichem Personal und einigen interessanten Ideen, die sich aber durch ein unterentwickeltes Drehbuch auf Dauer nicht entfalten können. Die Inszenierung versucht mit einem Mehraufwand an Stilisierung weitgehend vergeblich, die innere Leere des Films zu kaschieren. – **Ab 16.**
Scope. USA 2020 **R** Gigi Saul Guerrero **B** Shane McKenzie, Gigi Saul Guerrero, Perry Blackshear **K** Byron Werner **M** Chase Horseman **S** Andrew Wesman **Sb** Ryan Martin Dwyer **Kb** Eulyn Colette Hufkie **D** L. Scott Caldwell (Dolores), Adriana Barraza (Lupita), Joshua Caleb Johnson (Caleb), Richard Brake (Mr. Big), Clayton Landey (Morris) **L** 82 **FSK** ab 16 **E** 1.10.2021 VoD (Amazon Prime)   fd –

BIOS siehe: FINCH

BIS AN DIE GRENZE ★★★★
POLICE

Drei Polizisten eines Pariser Reviers erhalten den Auftrag, einen abgewiesenen tadschikischen Asylbewerber zum Flughafen zu transportieren. Auf der Fahrt brechen zwischen der Frau und den beiden Männern moralische Konflikte auf, ob sie den Befehl befolgen oder den Gefangenen die Flucht ermöglichen sollen. Das überwiegend in einem Polizeiwagen spielende Drama gewinnt seine Effektivität weniger aus Positionen und Dialogen als den vielschichtig gespielten Figuren. Die ethischen Dilemmata im Umgang mit Flüchtlingen strahlen dabei auf die individuellen Konflikte der Protagonisten zurück, die durch den Druck der Situation zur Entscheidung gezwungen werden. – **Ab 14.**
Scope. Frankreich 2019 **KI** StudioCanal **R** Anne Fontaine **B** Anne Fontaine, Claire Barré **K** Yves Angelo **Vo** Hugo Boris (Roman *Police / Die Polizisten*) **S** Fabrice Rouaud **Sb** Arnaud de Moleron **Kb** Emmanuelle Youchnovski **D** Omar Sy (Aristide), Virginie Efira (Virginie), Grégory Gadebois (Erik), Payman Maadi (= Peyman Moadi) (Tohirov), Elisa Lasowski (Sonia) **L** 99 **FSK** ab 12; f **E** 30.9.2021   fd 47485

BLACK AS NIGHT ★★
BLACK AS NIGHT

Im von den Folgen des Hurrikans Katrina und sozialen Missständen geprägten New Orleans entdeckt eine unsichere Jugendliche eines Sommers, dass auch Vampire in der Stadt ihr Unwesen treiben, denen neben anderen auch die Mutter des Mädchens zum Opfer fällt. Zusammen mit drei Freunden nimmt sie den Kampf gegen die untoten Blutsauger auf. Mit gesellschaftskritischen Ideen hantierender Horrorfilm, der Sturmtrauma, Armut und Rassismus einbezieht. Diese versteht er aber nicht mit dem recht einfallslos aufgegriffenen Vampir-Motiv zu verbinden, sodass er eher didaktisch als spannend ausfällt. – **Ab 16.**
Scope. USA 2020 **R** Maritte Lee Go **B** Sherman Payne **K** Cybel Martin **M** Jacques Brautbar **S** Tim Mirkovich **Sb** Ryan Martin Dwyer **Kb** Eulyn Colette Hufkie **D** Asjha Cooper (Shawna), Keith David (Babineaux), Fabrizio Guido (Pedro), Mason Beauchamp (Chris), Abbie Gayle (Granya) **L** 84 **FSK** ab 16 **E** 1.10.2021 VoD (Amazon Prime)   fd –

BLACK BEACH ★★
BLACK BEACH

Ein spanischer Unterhändler reist im Auftrag eines US-Ölkonzerns nach Afrika, um über die Freilassung eines entführten Ingenieurs zu verhandeln, der angeblich in der Hand von Terroristen ist. Vor Ort stellt der knallharte Profi allerdings fest, dass er es tatsächlich mit einer Widerstandsgruppe zu tun hat, die mit Hilfe des Ingenieurs und brisanter Dokumente Menschenrechtsverletzungen in dem Land aufdecken will. Das allerdings läuft dem Interesse seines Auftraggebers zuwider, der einen lukrativen Deal mit dem Regime plant. Der spanische Thriller will postkoloniale Unrechts- und Korruptionsstrukturen aufdecken, verliert durch einen arg konfus entwickelten Plot aber an Wirkung. – **Ab 16.**
Scope. Spanien/Belgien/USA 2020 **DVD** Koch (16:9, 2.35:1, DD5.1 span./dt.) **BD** Koch (16:9, 2.35:1, dts-HDMA span./dt.) **R** Esteban Crespo **B** Esteban Crespo, David Moreno **K** Ángel Amorós **M** Arturo Cardelús **S** Miguel Doblado **Sb** Montse Sanz **D** Raúl Arévalo (Carlos), Paulina García (Elena), Candela Peña (Ale), Claude Musungayi (Graham), Babou Cham (General Guillermo Mba) **L** 110 **FSK** ab 16 **E** 15.7.2021 DVD & BD   fd –

BLACK WIDOW (© Walt Disney Company)

BLACK BOX – ★★★
GEFÄHRLICHE WAHRHEIT
BOÎTE NOIRE
Nach dem Absturz eines Passagierflugzeugs in den Alpen soll eine Behörde für Flugunfälle die Ursache herausfinden. Die Auswertung der Black Box scheint zunächst einen islamistischen Terroranschlag nahezulegen, doch einer der Analytiker argwöhnt, dass die Tonspuren manipuliert wurden, und sucht weiter. Der Thriller entwickelt die vertraute Geschichte eines Einzelgängers, der auf eine Verschwörung stößt, mit inszenatorischer Routine und gekonnter Spannungszuspitzung. In seiner Faszination für den Kosmos der Flugbehörde widmet er sich diesem zu ausführlich, stellt aber nachdrücklich die Frage nach der Bereitschaft zu Abstrichen bei der Sicherheit unter kapitalistischen Wettbewerbsbedingungen. – **Ab 14.**
Scope. Frankreich 2020 **KI** StudioCanal **R** Yann Gozlan **B** Nicolas Bouvet, Yann Gozlan, Simon Moutairou, Jérémie Guez **K** Pierre Cottereau **M** Philippe Rombi **S** Valentin Féron (= Valentin Feron) **Kb** Olivier Ligen **D** Pierre Niney (Mathieu Vasseur), Lou de Laâge (Noémie Vasseur), André Dussollier (Philippe Rénier), Sébastien Pouderoux (Xavier Renaud), Olivier Rabourdin (Victor Pollock) **L** 130 **FSK** ab 12; f **E** 28.10.2021 **fd** –

BLACK FOX ★★
BLACKFOX
Die Nachfahrin von Ninja-Kämpfern wird an ihrem 16. Geburtstag Zeugin der Ermordung ihres Vaters, eines Roboter-Wissenschaftlers. Bei der Suche nach dem Verantwortlichen kommt ihr das kämpferische Erbe zupass. Das Anime erzählt routiniert und handwerklich gelungen von der Entwicklung einer jungen maskierten Actionheldin, hebt sich aber nur bedingt originell von vergleichbaren Erzählungen ab. Auch die Beschäftigung mit Motiven wie Familienerbe, Verlust, Unsicherheit und Rachegefühlen fällt oft nur oberflächlich aus. – **Ab 16.**
Japan 2019 **DVD** Kazé (16:9, 1.78:1, DD5.1 jap./dt.) **BD** Kazé (16:9, 1.78:1, dts-HDMA jap./dt.) **R** Keisuke Shinohara **B** Naoki Hayashi **K** Yu Wakabayashi **M** Kana Hashiguchi, Masaru Yokoyama **S** Go Sadamatsu **L** 86 **FSK** ab 12; f **E** 17.6.2021 DVD & BD / 10.9.2021 Pro7 MAXX **fd** –

BLACK MOTHER ★★★★
BLACK MOTHER
Eine poetische Bildcollage über die Insel Jamaika, die Folgen des Postkolonialismus und die Suche nach Identität angesichts prekärer Lebensumstände. Der mit unterschiedlichsten Stilmitteln inszenierte Film eines Fotografen wagt eine experimentelle Annäherung an das Wesen des Inselstaats, die in Form eines assoziativen Gedankenstroms historische Marksteine, gegenwärtige Problemfelder, Fragen der Identität und Jenseits-Vorstellungen streift. Ein Konzentration erforderndes Experiment, das mit eindringlich-rauer Ästhetik belohnt. (O.m.d.U.) – **Ab 18.**
Teils schwarz-weiß. USA 2018 **R+B+K** Khalik Allah **M** 4th Disciple **S** Khalik Allah **L** 74 **E** 18.1.2021 arte **fd** –

BLACK WIDOW ★★
BLACK WIDOW
Die Superheldin Black Widow wird von ihrer Vergangenheit als Agentin eines sowjetischen Trainingsprogramms eingeholt, bei dem junge Mädchen zu willenlosen Killermaschinen erzogen werden. Um die Organisation und ihren Leiter endgültig auszuschalten, braucht Black Widow die Hilfe einer ramponierten Kleinfamilie, mit der sie längst abgeschlossen hatte. Der Solo-Superhelden-Abenteuerfilm setzt auf die bewährte Mischung aus spektakulärer Action und ironisch-komödiantischer Auflockerung, die allerdings das dramatisch-düstere Potenzial der Story verwässert. Anstatt das «Marvel Cinematic Universe» interessant zu erweitern, wirkt der Film wie eine wenig originelle Variation bekannter Standards. – **Ab 14.**
Die Extras enthalten u. a. ein Feature mit neun im Film nicht verwendeten Szenen (14 Min.).
3D, Scope. USA 2020 **KI** Walt Disney **DVD** Walt Disney (16:9, 2.35:1, DD5.1 engl./dt.) **BD** Walt Disney (16:9, 2.35:1, dts-HDMA7.1 engl., DD7.1 dt.) **4K:** Walt Disney (16:9, 2.35:1, dolby_Atmos engl., DD7.1 dt.) **R** Cate Shortland **B** Eric Pearson **K** Gabriel Beristain **Vo** Stan Lee (Comics), Don Heck (Comics), Don Rico (Comics) **M** Lorne Balfe **S** Leigh Folsom Boyd **Sb** Charles Wood **Kb** Jany Temime **D** Scarlett Johansson (Natasha Romanoff / Black Widow), Florence Pugh (Yelena Belova), Rachel Weisz (Melina Vostokoff), David Harbour (Alexei Shostakov / Red Guardian), O. T. Fagbenle (Rick Mason) **L** 134 **FSK** ab 12; f **E** 8.7.2021 / 9.7.2021 VoD (Disney+) / 23.9.2021 DVD & BD & 4K UHD (plus BD) **fd** 47821

BLISS ★★★
BLISS
Ein Mann lebt in Scheidung und führt ein freudloses Leben, bis er just an dem Tag, an dem er auch noch seinen Job verliert und unfreiwillig den Tod eines Menschen verursacht, in einer Bar eine mysteriöse Schöne trifft, die ihm einen Ausweg eröffnet. Sie verhilft ihm zum «Erwachen» in einer ungleich angenehmeren Welt an ihrer Seite, doch erscheint dem Mann zweifelhaft, ob es sich tatsächlich um eine alternative Realität handelt. Ein zwischen Suchtdrama und Fantasy changierender Film, der als Versuch, in eine destabilisierte Psyche einzutauchen, etwas substanzlos bleibt, durch einen guten Hauptdarsteller aber doch zu fesseln versteht. – **Ab 14.**
Scope. USA 2021 **R+B** Mike Cahill **K** Markus Förderer **M** Will Bates **S** Troy Takaki **Sb** Kasra Farahani **Kb** Annie Bloom, Sara Rose **D** Owen Wilson (Greg Wittle), Salma Hayek (Isabel Clemens), Madeline Zima (Doris), Nesta Cooper (Emily Wittle), Jorge Lendeborg jr. (Arthur Wittle) **L** 100 **FSK** ab 12; f **E** 5.2.2021 VoD (Amazon Prime) **fd** –

Blood on My Name ★★★
Blood on Her Name

Die Geschäftsführerin einer Autowerkstatt hat scheinbar in Notwehr einen Einbrecher getötet. Doch statt zur Polizei zu gehen, legt sie die Leiche im Schuppen der Familie des Getöteten ab und hinterlässt eine anonyme Nachricht. Mit der Tat sind weitere Personen verwoben: der vorbestrafte Sohn der Frau, ihr im Gefängnis einsitzender Ex-Ehemann und ihr korrupter Vater, ein Cop, der vor Jahren einen Verdächtigen erschoss und dann die Leiche verschwinden ließ. Ein zu Beginn spannender und visuell anspruchsvoller Neo-Noir-Thriller, der sich allerdings in immer komplizierteren Wendungen verliert, auf die nur spärliche und zu spät ausgestreute Momente hindeuten. – **Ab 16.**
Scope. USA 2020 **DVD** Koch (16:9, 2.35:1, DD5.1 engl./dt.) **BD** Koch (16:9, 2.35:1, dts-HDMA engl./dt.) **R** Matthew Pope **B** Don M. Thompson, Matthew Pope **K** Matthew Rogers **M** Brooke Blair, Will Blair **S** M. R. Boxley **Sb** Russ Williamson **Kb** Dana Konick **D** Bethany Anne Lind (Leigh Tiller), Will Patton (Richard Tiller), Elisabeth Röhm (Dani Wilson), Jared Ivers (Ryan Tiller), Jimmy Gonzales (Reynoso Dias) **L** 80 **FSK** ab 16 **E** 25.3.2021 DVD & BD   **fd** 47599

Blood Red Sky ★★★
Blood Red Sky

Eine junge Mutter und ihr Sohn werden auf einem Transatlantikflug Teil einer Flugzeugentführung. Um den Sohn und die anderen Passagiere zu retten, muss die Mutter den Kampf gegen ihre unterdrückte Seite aufnehmen, die sie als Krankheit wahrnehmen: Sie ist ein Vampir. Den Vampirismus anzunehmen, bedeutet jedoch zugleich, ihre Menschlichkeit aufzugeben. Eine blutige Mixtur aus Horror, Thriller und Actionfilm, die als an Schauwerten orientiertes B-Movie kaum überzeugt. Gelungen ist die von der Hauptdarstellerin getragene Geschichte über Selbstaufopferung und die Reflexion darüber, was Menschsein und Monster definiert. – **Ab 16.**
Scope. Deutschland/USA 2021 **R** Peter Thorwarth **B** Stefan Holtz, Peter Thorwarth **K** Yoshi Heimrath **M** Dascha Dauenhauer **S** Knut Hake **Sb** Uwe Stanik **Kb** Dvorakova Terezie **D** Peri Baumeister (Nadja), Carl Koch (Elias), Alexander Scheer (Eightball), Kais Setti (Farid), Graham McTavish (Col. Alan Drummond) **L** 123 **E** 23.7.2021 VoD (Netflix)   **fd** 47904

Blood Red Sky (© Netflix)

Bloody Hell – One Hell of a Fairy Tale ★★★
Bloody Hell

Ein ehemaliger Soldat hat eine Gefängnisstrafe verbüßt; nach seiner Entlassung kehrt er den USA den Rücken und reist nach Finnland. Dort jedoch gerät er in die Fänge einer wunderlichen Hinterwäldler-Familie, die Frischfleisch für ihren mutierten kannibalischen Sprössling braucht. Hilfe könnte von der Tochter des Clans kommen, die ihm freundlich gesonnen ist – und von der coolen Version seiner selbst, die der Gefangene herbeiimaginiert und die ihm mit Kommentaren und Ratschlägen zur Seite steht. Die Horrorkomödie spielt exaltiert-blutig mit den Genrebausteinen des Backwood-Slashergenres und punktet damit mit einer Fülle schräger Ideen. – **Ab 18.**
Australien/USA 2020 **DVD** Splendid **BD** Splendid **R** Alister Grierson **B** Robert Benjamin, Alister Grierson **Sb** Michael Rumpf **Kb** Lucinda McGuigan **D** Ben O'Toole (Rex), Meg Fraser (Alia), Caroline Craig (Mutter), Matthew Sunderland (Vater), Travis Jeffery (Gael/Gideon) **L** 90 **FSK** ab 18; f **E** 24.9.2021 DVD & BD   **fd** -

Bloody Nose, Empty Pockets ★★★
Bloody Nose, Empty Pockets

24 Stunden vor der endgültigen Schließung einer Bar in Las Vegas versammeln sich die Stammgäste, um das «Roaring 20s» ein letztes Mal hochleben zu lassen. Der semidokumentarische Film sucht nach der Essenz dieses Ortes, der für viele Wohnzimmer- und Familienersatz in einem ist. Fast alle Protagonisten spielen sich dabei selbst und füllen den nur lose vorgegebenen Erzählrahmen mit Wortwitz und schlagfertigen Sprüchen. Ein wehmütiges Liebeslied auf alle Spelunken und Bars, das als authentisches Kammerspiel die Aufrichtigkeit und Wahrhaftigkeit dieser Zufluchtsorte beschwört. – **Ab 16.**
USA 2019 **KI** UCM.ONE **R** Bill Ross, Turner Ross **B** Bill Ross, Turner Ross **K** Bill Ross, Turner Ross **M** Casey Wayne McAllister **S** Bill Ross **L** 99 **FSK** ab 12; f **E** 2.12.2021 **fd** 48236

Bloom Up – Hautnah ★★
Bloom Up: A Swinger Couple Story

Dokumentarfilm über ein italienisches Ehepaar, das tagsüber eine Tierhandlung betreibt und sich nachts seiner Leidenschaft hingibt. Seit vier Jahren sind die beiden in der Swingerszene aktiv und leben ihre sexuellen Begierden in ungewöhnlichen Begegnungen mit unterschiedlichsten Partnern aus. Der Film beobachtet seine Protagonisten im Alltag wie bei den polyamoren Praktiken und nimmt diesen so konsequent den Ruch des Randständigen, dass sie stattdessen vor allem in ihrer Häufung fast banal erscheinen. Auch die weiterreichenden Folgen für die Beziehung werden allenfalls gestreift. – **Ab 18.**
Scope. Italien 2020 **KI** Nameless Media **R**+**B**+**K** Mauro Russo Rouge **M** Christian Loeffler, Hexlogic **S** Davis Alfano **L** 78 **FSK** ab 16; f **E** 4.11.2021   **fd** -

Das Blubbern von Glück ★★★★
H is for Happiness

Eine höchst aufgeweckte 12-Jährige wird in ihrem Optimismus herausgefordert, als die Trauer um ihre un-

BLUE MIRACLE (© Netflix)

erwartet verstorbene Schwester und ein Streit zwischen Vater und Onkel ihre Familie bedrohen. Neben dem Projekt, das Familienglück wiederherzustellen, hält sie auch ein neuer Mitschüler auf Trab, der glaubt, aus einer anderen Dimension zu stammen. Einfallsreicher und bunter, dabei aber ernsthafter Jugendfilm, der seine gewichtigen Themen mit leichter Hand vermittelt. Dabei gibt es zwar einige Vereinfachungen, doch zeigt der Film einfühlsam und mitunter sehr komisch, dass sich Glück nicht erzwingen lässt und wie wichtig Freundschaft, Zusammenhalt und Liebe sind. – **Sehenswert ab 12.**
Australien 2019 **DVD** EuroVideo **R** John Sheedy **B** Lisa Hoppe **K** Bonnie Elliott **Vo** Barry Jonsberg (Roman *My Life as an Alphabet*) **M** Nerida Tyson-Chew **S** Johanna Scott **Sb** Nicki Gardiner **Kb** Terri Lamera **D** Daisy Axon (Candice Phee), Richard Roxburgh (Jim Phee), Emma Booth (Claire Phee), Joel Jackson (Onkel Brian), Deborah Mailman (Penelope Benson) **L** 98 **FSK** ab 6 **E** 27.3.2021 KiKA / 22.4.2021 DVD & VoD fd 47612

BLUE ★★★★
BLUE

Die Fischbestände in den Ozeanen schwinden durch die Umweltverschmutzung rapide, zudem geht der WWF davon aus, dass es 2050 mehr Plastik als Fische im Meer geben wird. Der wissenschaftsfundierte, informationsreiche und bildgewaltige Dokumentarfilm reist zu Stellen auf der Erde, wo die Situation besonders frappierend ist. Dabei präsentiert er die verheerenden Folgen von Überfischung und Umweltverschmutzung unverhüllt und in einem angemessen dringlichen Tonfall, belässt es aber nicht bei der Klage, sondern stellt Initiativen für Lösungen der akuten Gefahren für den Wasser-Lebensraum vor. – **Ab 12.**
Scope. Australien 2017 **R+B** Karina Holden **K** Jody Muston, Jon Shaw **M** Ash Gibson Greig **S** Vanessa Milton **L** 73 **E** 19.1.2021 arte fd -

BLUE MIRACLE ★★★
BLUE MIRACLE

Ein konventionelles und weitgehend vorhersehbares, aber souverän umgesetztes Feel-Good-Movie über Waisenkinder und den Betreiber eines Waisenhauses in Mexiko, die mit Hilfe eines abgerissenen Kapitäns bei einem lukrativen Angelturnier über sich hinauswachsen. Die Inszenierung macht aus der märchenhaften Geschichte, die auf realen Ereignissen beruht, einen formelhaften, aber warmherzigen Familienfilm mit soliden Hauptdarstellern und einer aufmunternden, humanistischen Botschaft, ohne allzu stark in rührseliges Fahrwasser abzudriften. – **Ab 10.**
Mexiko/USA 2021 **R** Julio Quintana **B** Chris Dowling, Julio Quintana **K** Santiago Benet Mari **M** Hanan Townshend **Sb** Mailara Santana **D** Dennis Quaid (Wade), Jimmy Gonzales (Omar), Bruce McGill (Wayne Bisbee), Anthony Gonzalez (Geco), Raymond Cruz (Hector) **L** 95 **E** 27.5.2021 VoD (Netflix) fd 47741

DIE BLUMEN VON SHANGHAI ★★★★
FLOWERS OF SHANGHAI /
HAI SHANG HUA

Ende des 19. Jahrhunderts leben die Kurtisanen in Shanghai in äußerlich luxuriösen Verhältnissen und haben oft jahrelange Beziehungen zu den wohlhabenden Kunden ihrer Häuser, stehen aber in völliger Abhängigkeit von den Bordellbesitzern und ihren Liebhabern. Als eine von ihnen für eine jüngere Leidensgenossin fallengelassen wird, nimmt die Frau trotz ihres Ärgers das Angebot ihres Geliebten an, sie freizukaufen, doch beide werden nicht glücklich mit dem Arrangement. Diesen und weitere Handlungsstränge verknüpft das Historienmelodram mit hoher Kunstfertigkeit und Sensibilität zu einer subtilen Studie der Abhängigkeiten und Hoffnung auf Befreiung. Der Plot entfaltet sich in Gesprächen und ruhigen Beobachtungen, in denen sich die Tragik der Schicksale unsentimental, aber voller Mitgefühl enthüllt. (O.m.d.U.) – **Sehenswert ab 16.**
Taiwan/Japan 1998 **R** Hou Hsiao-hsien **B** Chu Tien-Wen **K** Mark Lee Ping-bin (= Lee Ping-bin) **Vo** Han Ziyun (Roman *Hai shang hua*) **M** Yoshihiro Hanno, Tu Duu-Chih **S** Liao Ching-song **Sb** Huang Wen-Ying **D** Tony Leung Chiu-wai (Wang), Michiko Hada (Karmesin), Carina Lau Ka Ling (= Carina Lau) (Perle), Michelle Reis (Smaragd), Jack Kao (Luo) **L** 109 **E** 1.11.2021 arte fd -

DAS BLUTROTE KLEID ★★★
IN FABRIC

Eine alleinerziehende Bankangestellte, die mit ihrem erwachsenen Sohn und dessen Freundin unter einem Dach lebt, kauft sich für ein Blind Date ein verführerisches Abendkleid. Doch der blutrote Stoff entwickelt ein diabolisches Eigenleben. Der Versuch, es wieder loszuwerden, entwickelt sich für die Frau wie für ihr berufliches Umfeld zu einer ebenso grotesken wie mörderischen Tour de Force. Ein betörend fotografiertes, opulent ausgestattetes und mit Filmzitaten gespicktes Schauermärchen, das sich als Hommage an das italienische Schocker-Kino der 1970er-Jahre sowie den britischen Horrorfilm versteht. – **Ab 18.**

💿 Die Extras enthalten u. a. ein Feature mit im Film nicht verwendeten Szenen (12 Min.) sowie längere Interviews mit Regisseur Peter Strickland (19 Min.) und Kostümbildnerin Jo Thompson (14 Min.).
Scope. Großbritannien 2018 **DVD** Koch (16:9, 2.35:1, DD5.1 engl./dt.) **BD** Koch (16:9, 2.35:1, dts-HDMA engl./dt.) **R+B** Peter Strickland **K** Ari Wegner **M** Cavern of Anti-Matter **S** Matyas Fekete **Sb** Paki Smith **Kb** Jo Thompson **D** Sidse Babett Knud-

sen (Jill), Marianne Jean-Baptiste (Sheila), Gwendoline Christie (Gwen), Hayley Squires (Babs), Julian Barratt (Stash) **L** 118 **FSK** ab 16 **E** 27.5.2021 DVD & BD & digital
fd 47734

Blutroter Himmel
siehe: Blood Red Sky

Der Boandlkramer und die ★
ewige Liebe
In der Fortsetzung des Films Die Geschichte vom Brandner Kasper rückt die Figur des «Boandlkramers» ins Zentrum. Weil sich der leibhaftige Tod in eine sterbliche Frau verliebt und von dem ihm unbekannten Gefühlschaos völlig überfordert wird, richtet er allerlei Verwirrungen an, um seine Auserwählte für sich zu gewinnen. Der Film entfaltet sich als Sammelsurium flüchtig angerissener Ideen, das zwar mit einigen schönen szenischen Einfällen aufwartet, insgesamt über zahnlosen Klamauk aber nicht hinauskommt. – **Ab 10.**
Deutschland 2019 **KI** Leonine **DVD** Concorde **BD** Concorde **R** Joseph Vilsmaier **B** Ulrich Limmer, Marcus H. Rosenmüller (= Marcus Hausham Rosenmüller) **K** Joseph Vilsmaier **M** Marvin Miller **S** Max Zandanel (= Maximilian Zandanel), Alexander Dittner **D** Michael Herbig (Boandlkramer), Hannah Herzsprung (Gefi), Hape Kerkeling (Teufel), Josef Staber (Maxl), Sebastian Bezzel (Gumberger) **L** 87 **FSK** ab 6; **f E** 14.5.2021 VoD (Amazon Prime) / 3.12.2021 DVD & BD
fd 47706

Bob Ross: Glückliche Unfälle, ★★
Betrug und Gier
Bob Ross: Happy Accidents, Betrayal & Greed
Dokumentarfilm über den US-Maler und Fernseh-Star Bob Ross (1942–1995), der mit seiner Tele-Malkurs-Serie The Joy of Painting (1983–94) als Kreativ-Guru zu einem Kultphänomen wurde. Der Film spannt den biografischen Hintergrund des «Do-it-Yourself»-Malers auf und gibt Informationen über die spezifische Maltechnik seiner naiv-postimpressionistischen Landschaften preis. Daneben gibt er an, jenseits der sympathischen Fassade von Ross auch auf die Schattenseiten seines Geschäftsimperiums blicken zu wollen, die sich allerdings als reichlich trivial erweisen. – **Ab 12.**
USA 2021 **R+B** Joshua Rofé **K** Ronan Killeen **M** H. Scott Salinas **S** Allan Duso **L** 92 **E** 25.8.2021 VoD (Netflix) **fd** 47790

Bombay Rose ★★★
Bombay Rose
Ein Hindu-Mädchen aus Bombay erwägt, den Verlockungen eines Freundes nachzugeben, der sie für viel Geld nach Dubai vermitteln will, um damit den Schulbesuch ihrer jüngeren Schwester zu finanzieren. Doch dann eröffnet die Zuneigung zu einem jungen Muslim eine andere Perspektive. Ein märchenhaft zwischen Bollywood-Melodram und harscher Gesellschaftskritik changierender Animationsfilm, der versucht, mit expressivem Pinselstrich und surrealer Attitüde ein Stück Utopie in eine harte Realität zu bringen, ohne dabei seinen grimmigen Blick auf die Welt aufzugeben. – **Ab 14.**
Indien/Frankreich/Großbritannien/Katar 2019 **R** Gitanjali Rao **B** Nadja Dumouchel, Asad Hussain, Gitanjali Rao **M** Cyli Khare, Yoav Rosenthal **S** Gitanjali Rao **L** 93 **E** 8.3.2021 VoD (Netflix) **fd** 47620

Books of Blood ★★
Books of Blood
Horrorfilm aus drei Segmenten, die gegen Ende miteinander verzahnt werden: Ein Killer sucht nach einem mysteriösen, wertvollen Buch; eine nach einem traumatischen Vorfall labile junge Frau findet bei einem älteren Ehepaar Unterschlupf und gerät in neue Schrecken; eine Professorin trauert um ihren an Leukämie verstorbenen Sohn und lässt sich auf einen jungen Mann ein, der sich als Medium ausgibt. Der Film rund um Todesangst, Todessehnsucht und die Frage nach einem Dasein nach dem Tod wartet mit einigen interessanten Figuren und Konflikten auf, diese haben aber zu wenig Raum, um stimmig entwickelt zu werden; stattdessen zieht sich die Inszenierung auf formelhafte Genre-Schrecken zurück. – **Ab 16.**
USA 2020 **R** Brannon Braga **B** Adam Simon, Brannon Braga **K** Michael Dallatorre **Vo** Clive Barker **M** Joel J. Richard **S** John Duffy **Sb** Matt Likely, Giles Masters **Kb** Megan Oppenheimer **D** Britt Robertson (= Brittany Robertson) (Jenna), Anna Friel (Mary), Rafi Gavron (Simon), Yul Vazquez (Bennet), Freda Foh Shen (Ellie) **L** 107 **E** 29.10.2021 digital (Disney+) **fd** -

Borga ★★★★
Borga
Im Westen von Ghanas Hauptstadt Accra liegt eine riesige Elektroschrottdeponie. Dort lebt ein ghanaischer Junge mit seiner Familie, der mit zehn Jahren seine Heimat verlässt, um es in Europa als «Borga» zu Wohlstand zu bringen. Doch als er nach langer Odyssee strandet, muss er sich mühsam mit Aushilfsjobs und kleinkriminellen Geschäften durchbringen. Das Drama meidet das Elends-Motiv afrikanischer Slums, sondern gibt der ghanaischen Kultur und ihrer fröhlichen Art ein Gesicht. Die europäische Arroganz gegenüber afrikanischen Immigranten wird durch den Wechsel zwischen den Handlungsorten in Ghana und Deutschland aufgebrochen, da es an beiden Seiten Probleme gibt. – **Sehenswert ab 14.**
Deutschland/Ghana 2021 **KI** Across Nations **R** York-Fabian Raabe **B** York-Fabian Raabe, Toks Körner **K** Tobias von dem Borne **M** Tomer Moked, Ben Lukas Boysen **S** Bobby Good, Kaya Inan, Edd Maggs **Sb** Anthony Tomety **Kb** Afriyie Frimpong, Henrike Luz **D** Eugene Boateng (Kojo), Adjetey Anang (Vater), Christiane Paul (Lina), Lydia Forson (Mutter), Joseph Otsiman (Nabil) **L** 108 **FSK** ab 12; **f E** 28.10.2021 **fd** 47840

Bori ★★★
Na-Neun-Bo-Ri
Ein elfjähriges Mädchen aus Südkorea wünscht sich nichts sehnlicher, als genauso taub zu sein wie seine Eltern und sein jüngerer Bruder. Doch die Versuche der Kleinen, der Außenseiterrolle in ihrer Familie zu entkommen, scheitern, bis sie nach einem Badeunfall vorgibt, ebenfalls das Gehör verloren zu haben. Ein einfühlsames Porträt einer kindlichen Identitätssuche, das auf charmante Weise mit der Beschreibung eines harmonischen Zusammenlebens von Behinderten und Nicht-Behinderten verknüpft ist. Der ruhig erzählte Film punktet mit soliden Darstellern und einem Plädoyer für Inklusion, setzt mitunter aber auf allzu lange Einstellungen und trägt auch inhaltlich gelegentlich etwas zu dick auf. – **Ab 10.**
Südkorea 2018 **KI** Landfilm **R+B** Kim Jin-yu **K** Jonguk Seo **M** Manseon Choi, Youngchul Choi **S** Dohyeon Lee **D** Kim Ah-song (Bori), Lynha Lee (Jung Woo), Kwak Jin-seok (Vater), Ji Na Heo (Mutter), Yoo Rim Hwang (Eun Jung) **L** 110 **FSK** ab 6; **f E** 16.9.2021 **fd** 48021

Born a Champion ★★
Born a Champion
Ein Mixed-Martial-Arts-Kämpfer wird bei einem harten Fight schwer verletzt, zieht sich aus dem Sport zurück und findet sein Glück als Familienvater. Jahre später findet er jedoch heraus, dass er seinerzeit nur durch

BOSS BABY – SCHLUSS MIT KINDERGARTEN (© Universal)

Betrug verloren hat. Unterstützt von seinen Anhängern geht er daran, sich auf einen Revanche-Kampf vorzubereiten. Solides Sportlerdrama als Hommage an die Jiu-Jitsu-Kampfkunst und mit reichlich melodramatischen Augenblicken. Der Versuch, einschlägige Vorbilder wie ROCKY zu imitieren, ist unmissverständlich, führt aber auch zu einer Masse an Klischees. – **Ab 16**.
Scope. USA 2021 **DVD** Capelight (16:9, 2.35:1, DD5.1 engl./dt.) **BD** Capelight (16:9, 2.35:1, dts-HDMA engl./dt.) **R** Alex Ranarivelo **B** Sean Patrick Flanery, Alex Ranarivelo **K** Reuben Steinberg **M** Austin Wintory **S** Brett Hedlund **Sb** Chantal Massuh **Kb** Elizabeth Jett **D** Sean Patrick Flanery (Mickey), Dennis Quaid (Mason), Katrina Bowden (Layla), Costas Mandylor (Dimitris), Currie Graham (Burchman) **L** 107 **FSK** ab 16; f **E** 8.7.2021 digital / 9.7.2021 DVD & BD & 4K UHD   fd -

BORN FOR KORN ★★
Eine Familie betreibt in Schleswig-Holstein einen traditionellen Bauernhof, den der 20-jährige Sohn gemeinsam mit seinem Bruder in nicht allzu ferner Zeit übernehmen will. Der unkommentierte Dokumentarfilm begleitet den Alltag des Jungbauern über einen längeren Zeitraum und lässt ihn seine Sicht der Dinge erläutern. Seine Aussagen drehen sich jedoch vornehmlich um landwirtschaftliche Belange, sodass die Dokumentation der Figur nicht wirklich nahekommt. Zudem fällt der Film jenseits von ein paar atmosphärischen Stillleben auch visuell wenig originell aus. – **Ab 14**.
Deutschland 2019 **KI** Barnsteiner **R** Niclas Reed Middleton, Rainer Heesch, Elmar Szücs **B** Rainer Heesch (Idee) **K** Niclas Reed Middleton **M** Henning Fuchs, Lorenz Dangel **S** Elmar Szücs **L** 77 **FSK** ab 0; f **E** 5.8.2021   fd 47903

BOSS BABY – SCHLUSS MIT KINDERGARTEN ★
THE BOSS BABY: FAMILY BUSINESS
Fortsetzung des Animationsfilms BOSS BABY: Inzwischen erwachsen geworden, werden zwei höchst unterschiedlich sozialisierte Brüder von der im Verborgenen agierenden «Baby Corp.»-Organisation akquiriert und wieder zu Kindern verjüngt, um eine mysteriöse Bildungsorganisation zu observieren, deren Leiter Weltherrschaftsambitionen hegt. Der zweite Teil der Reihe kommt als actionbepackte Animationskomödie daher und versteht es nicht, seine mit dramaturgischen Nebenschauplätzen völlig überladene Geschichte zu einem harmonischen Ganzen zu ordnen. – **Ab 10**.
◉ Die Extras der BD umfassen u. a. einen englisch untertitelbaren Audiokommentar des Regisseurs Tom McGrath, des Produzenten Jeff Hermann und des Produktionsdesigners Raymond Zibach sowie ein kommentiertes Feature mit im Film nicht verwendeten Szenen (3 Min.).
3D, Scope. USA 2021 **KI** UPI **DVD** Universal (16:9, 2.35:1, DD5.1 engl./dt.) **BD** Universal (16:9, 2.35:1, dolby_Atmos engl./dt.) **R** Tom McGrath **B** Michael McCullers **Vo** Marla Frazee (Buchreihe) **M** Steve Mazzaro, Hans Zimmer **S** Mary Blee, Mark A. Hester **L** 107 **FSK** ab 6; f **E** 14.10.2021 / 6.1.2022 digital / 20.1.2022 DVD & BD & 3D BD (plus BD) & 4K UHD   fd 48110

BOSS LEVEL ★★
BOSS LEVEL
Direkt nach dem Aufwachen wird ein Mann angegriffen; wann immer er einen Gegner besiegt oder ihm entkommt, wartet gleich die nächste Konfrontation, bis er irgendwann unterliegt und getötet wird – nur um wieder aufzuwachen und mitzuerleben, wie das Ganze in veränderter Form von Neuem losgeht, wie auf einem Level eines brutalen Action-Videospiels. Die Zeitschleife scheint mit den Forschungen seiner Exfrau und deren obskurem Boss in einem geheimen Regierungsprojekt zusammenzuhängen. Versuche, den Stoff mit Elementen eines Familiendramas auch emotional zu unterfüttern, scheitern zwar an der oberflächlichen Figurenzeichnung; als reines Actionfeuerwerk unterhält der Film jedoch solide. – **Ab 16**.
Scope. USA 2020 **DVD** Leonine **BD** Leonine **R** Joe Carnahan **B** Chris Borey, Eddie Borey, Joe Carnahan **K** Juan Miguel Azpiroz **M** Clinton Shorter **S** Kevin Hale **Sb** Jon Billington **Kb** Jayna Mansbridge **D** Frank Grillo (Roy Pulver), Mel Gibson (Clive Ventor), Naomi Watts (Jemma Wells), Will Sasso (Brett), Annabelle Wallis (Alice) **L** 94 **FSK** ab 16 **E** 23.4.2021 DVD & BD   fd –

BREAKING NEWS IN YUBA COUNTY (© Constantin)

Breaking News in Yuba County ★★★
BREAKING NEWS IN YUBA COUNTY
Eine unscheinbare und vom Leben übergangene Ehefrau vertuscht den Tod ihres Mannes und tischt der Polizei wie den Medien die absurdesten Lügen über sein Verschwinden auf. Damit zieht sie kurzzeitig die Aufmerksamkeit auf sich, die sie mit immer weiteren Ausschmückungen um jeden Preis aufrechterhalten will. Eine wilde, satirische Achterbahnfahrt durch die Bigotterie der US-amerikanischen Vorstadtidylle, glänzend besetzt und gespielt. Das überfrachtete Drehbuch lässt die Story bisweilen allerdings in viele Einzelauftritte zerfallen, ohne den Spannungsbogen wahren zu können. – **Ab 16.**
Scope. Großbritannien/USA 2021 **KI** Constantin **DVD** Highlight/Universal (16:9, 2.35:1, DD5.1 engl./dt.) **BD** Highlight/Universal (16:9, 2.35:1, dts-HDMA engl./dt.) **R** Tate Taylor **B** Amanda Idoko **K** Christina Voros **M** Jeff Beal **S** Lucy Donaldson **Sb** Bruce Curtis **Kb** Olga Mill **D** Allison Janney (Sue Buttons), Mila Kunis (Nancy), Regina Hall (Cam Harris), Awkwafina (= Nora Lum) (Mina), Wanda Sykes (Rita) **L** 96 **FSK** ab 16; f **E** 24.6.2021 / 4.11.2021 DVD & BD **fd** 47810

Breeder – Die Zucht ★★
BREEDER
In der Beziehung eines jungen Paares kriselt es. Der Mann evaluiert das Unternehmen einer Ärztin, die nach einem Mittel forscht, das Altern abzuwenden, und ist davon ganz in Beschlag genommen – umso mehr, als er in die dubiosen Machenschaften der Wissenschaftlerin hineingezogen wird. Als ihm seine Frau eines Abends heimlich zu einer mysteriösen Industrieanlage folgt, erfährt sie auf schreckliche Weise, worum es dabei geht: In der Anlage werden zahlreiche Menschen als Versuchskaninchen missbraucht. Ein vor allem in der zweiten Hälfte ungemein harter, in den Horror changierender Thriller als beißende Kritik an einem Menschenbild, das den Körper zum Material degradiert. – **Ab 18.**
Scope. Dänemark 2020 **DVD** Tiberius/Sony **BD** Tiberius/Sony **R** Jens Dahl **B** Sissel Dalsgaard Thomsen **K** Nicolai Lok **M** Peter Kyed, Peter Peter **S** Jakob Juul Toldam **Sb** Kristine Køster **Kb** Nanna Bernholm **D** Sara Hjort Ditlevsen (Mia Lindberg), Anders Heinrichsen (Thomas Lindberg), Signe Egholm Olsen (Dr. Isabel Ruben), Morten Holst (der Hund), Eeva Putro (Nika) **L** 107 **FSK** ab 18 **E** 11.2.2021 DVD & BD **fd** -

BRIGHT SAMURAI SOUL (© Netflix)

Bright: Samurai Soul ★★
BRIGHT: SAMURAI SOUL
In der Meiji-Ära in der zweiten Hälfte des 19. Jahrhunderts, in einem Japan, in dem es neben Menschen auch Fabelwesen gibt, versuchen ein Ronin und ein Ork, ein Elfenmädchen mit besonderen Fähigkeiten und einen mächtigen Zauberstab vor dem Zugriff von Finsterlingen zu retten, die einen dunklen Lord erwecken wollen. Ein Anime, das Motive des Fantasyfilms BRIGHT (2017) variiert und in den japanischen Kulturraum verlegt. Dieser Transfer tut dem Stoff gut, der stimmiger und stilistisch reizvoller wirkt. Allerdings kann auch das nicht verbergen, dass die Charaktere und die Geschichte um den Kampf von Gut und Böse arg formelhaft sind; auch bleibt die Animation etwas arm an Details und Textur. – **Ab 16.**
USA/Japan 2021 **R** Kyohei Ishiguro **B** Michiko Yokote **L** 80 **E** 12.10.2021 digital (Netflix) **fd** -

Bring Me Home ★★★
BRING ME HOME
Sechs Jahre lang ist das Kind eines jungen Paares bereits vermisst, als der Mann – noch immer auf der Suche nach seinem Sohn – bei einem Autounfall ums Leben kommt. Das folgende Medienecho führt die Mutter in ein abgelegenes Fischerdorf. Der angeblich hier gesichtete, vermisste Junge erlebt hier einen grausamen Alltag zwischen Gewalt und Missbrauch. Im ständigen Perspektivwechsel zwischen dem Leid des Kindes und der verzweifelten Suche der Mutter entfaltet der Thriller mit formaler wie gesellschaftsanalytischer Unerbittlichkeit eine Geschichte des Verlusts. – **Ab 16.**
Scope. Südkorea 2019 **DVD** Busch Media (16:9, 2.35:1, DD5.1 korea./dt.) **BD** Busch Media (16:9, 2.35:1, dts-HDMA korea./dt.) **R+B** Kim Seung-woo **K** Lee Mo-gae **M** Lee Ji-soo **S** Kim Chang-ju **D** Yoo Jae-myung (Hong Kyeong-jang), Lee Yeong-ae (= Lee Young-ae) (Jung-yeon), Park Hae-joon (Myeong-guk), Lee Won-geun (Seung-hyeon), Heo Dong-won (Myeong-deuk) **L** 104 **FSK** ab 16 **E** 29.1.2021 DVD & BD **fd** 47526

Bring mich nach Hause ★★
Eine ältere Frau fällt nach einem Sturz ins Koma, medizinisch besteht keine Wahrscheinlichkeit, dass sie sich wieder erholt. Ihre beiden Töchter – eine Religionslehrerin und eine Naturwissenschaftlerin – kommen zu einer vorläufigen Einigung über das Vorgehen. Doch als sie beschließen, die Mutter von den lebenserhaltenden Maschinen zu trennen, kommt es zu einem Konflikt mit dem Pflegeheim. Ein Fernsehdrama, das sich Werbung für Patientenverfügungen auf die Fahnen geschrieben hat und dieser Absicht Positionen, Dialoge und Figurenzeichnung durchweg unterordnet. Das Spiel der Darstellerinnen entschädigt immerhin teilweise für die papierene Anlage des Films. – **Ab 14.**
Deutschland 2021 **R** Christiane Balthasar **B** Britta Stöckle **K** Hannes Hubach **M** Johannes Kobilke **S** Andreas Althoff **Sb** Jérôme Latour **Kb** Dorothée Kriener **D** Silke Bodenbender (Ulrike Gerlach), Anneke Kim Sarnau (Dr. Sandra Hartwig), Hedi Kriegeskotte (Martina Hartwig), Christian Erdmann (Matthias Gerlach), Camille Loup Moltzen (Simon Gerlach) **L** 88 **E** 25.10.2021 ZDF **fd** -

Brings – Nix för lau ★★
Anfang der 1990er-Jahre sorgte die Band Brings für Furore, weil sie köl-

sche Mundart mit fetziger Rockmusik verband. Doch der Erfolg währte nicht lang. Anfang des neuen Jahrtausends ließen sich die Musiker dann aber zu Auftritten im Karneval überreden, und seitdem gehört Brings zu den festen Größen des närrischen Treibens. Die Dokumentation zeichnet dreißig Jahre Bandgeschichte mit einer Fülle von teils privaten Archivbildern, Statements und Konzertmitschnitten nach. Die Musiker sprechen dabei offen über Krisen und den Spagat zwischen Stimmungskapelle und Rockband. – **Ab 14.**
Deutschland 2021 **KI** mindjazz **R** Andreas Fröhlich, Wilm Huygen **B** Andreas Fröhlich, Wilm Huygen **K** Andreas Fröhlich, Martin Sundara **S** Ana Shorn **L** 89 **FSK** ab 12; f **E** 28.10.2021   fd 48146

BRUISED   ★★
BRUISED
Eine abgetakelte «Mixed Martial Arts»-Sportlerin erhält nach längerer Pause die Chance auf einen Titelkampf, muss sich aber plötzlich um ihren sechsjährigen Sohn kümmern, den sie als Baby beim inzwischen verstorbenen Vater zurückließ. Ihre Karriere wiederzubeleben und zugleich eine Verbindung zu dem traumatisierten Kind aufzubauen, wird für die Frau zum Ansporn, über sich hinauszuwachsen und selbstdestruktive Gewohnheiten hinter sich zu lassen. Ein Außenseiterdrama, das Elemente des Sport- und Familiendramas verknüpft. Das Regiedebüt der Schauspielerin Halle Berry punktet mit starken Darstellerleistungen, bleibt in Drehbuch und Inszenierung allerdings arg formelhaft. – **Ab 16.**
USA 2020 **R** Halle Berry **B** Michelle Rosenfarb **K** Frank G. DeMarco, Joshua Reis **M** Terence Blanchard **S** Jacob Craycroft **Sb** Elizabeth J. Jones **Kb** Mirren Gordon-Crozier **D** Halle Berry (Jackie Justice), Adan Canto (Desi), Sheila Atim (Bobbi Buddhakan Berroa), Stephen McKinley Henderson (Pops), Shamier Anderson (Immaculate) **L** 129 **E** 24.11.2021 VoD (Netflix)   fd 48211

BUDDY GAMES   ★
BUDDY GAMES
Eine Freundesgruppe, die sich einst an pubertären Wald-, Schlamm- und Saufspielen erfreute, überredet ihren früheren Anführer, der jetzt unter schweren Depressionen leidet, zu einer Neuauflage ihrer alten Leidenschaften. Doch das Revival trägt nicht gerade zur Harmonie unter den Mittvierzigern bei. Die Ode an das US-amerikanische Buddy-Wesen scheitert an fehlenden Pointen, mangelndem Timing sowie dem Desinteresse an den Figuren, deren ausgelassene Albereien nur mühsam eine infantile Weltflucht kaschieren. – **Ab 16.**
USA/Kanada 2020 **KI** Paramount **R** Josh Duhamel **B** Bob Schwartz, Jude Weng, Josh Duhamel **K** Luke Bryant **M** Alex Wurman **S** Kenneth Marsten **Sb** Daren Luc Sasges **Kb** Valerie Halverson **D** Josh Duhamel (Bob), Dax Shepard (Durfy), Olivia Munn (Tiffany), Kevin Dillon (Doc), Dan Bakkedahl (Shelly) **L** 97 **FSK** ab 16; f **E** 12.8.2021   fd 47947

BULLETS OF JUSTICE   ★
BULLETS OF JUSTICE
Im Zuge eines Dritten Weltkriegs hat die US-Regierung ein Forschungsprojekt zur Züchtung von Super-Soldaten betrieben, wobei menschliches Erbgut mit dem von Schweinen gekreuzt wurde; doch der Versuch geriet außer Kontrolle. Ein Vierteljahrhundert später haben die sogenannten «Schnauzen» die Menschen von der Spitze der Nahrungskette verdrängt und unterdrücken diese grausam. Ein ehemaliger Kopfgeldjäger und seine Schwester ziehen los, um die Mutanten zu vernichten, was zur äußerst blutigen Mission gerät. Ein trashiger Endzeit-Actionfilm, bei dem es primär um drastische Gore-Effekte, Verfolgungsjagden und Schießereien geht und die konfus entwickelte Story ziemlich untergeht. – **Ab 18.**
💿 Das Mediabook enthält eine Bonusdisk (DVD) u. a. mit dem Kurzfilm PIGS (6 Min.) sowie einem längeren Interview mit Produzent und Hauptdarsteller Timur Turisbekov (26 Min.).
Scope. Bulgarien/Kasachstan 2019 **DVD** Busch Media (16:9, 2.35:1, DD5.1 engl./dt.) **BD** Busch Media (16:9, 2.35:1, dts-HDMA engl./dt.) **R** Valeri Milev **B** Timur Turisbekov, Valeri Milev **K** Orlin Ruevski **M** Timur Turisbekov **Kb** Nikolai Kirilov **D** Timur Turisbekov (Rob Justice), Doroteya Toleva (Raksha), Danny Trejo (Robs Vater), Yana Marinova (Nina), Neli Andonova (Liudmila) **L** 77 **FSK** ab 18 **E** 11.6.2021 DVD & BD & Mediabook (BD) & VoD   fd -

BUNDESTAG – DEMOKRATIE ALS   ★★
ARBEIT
Dokumentarfilm über die Arbeit im Deutschen Bundestag, der hinter die Kulissen der Politik blickt. Indem er über eineinhalb Jahre vier Abgeordnete aus unterschiedlichen Fraktionen begleitet, nimmt er an offiziellen Auftritten wie an persönlichen Momenten teil und erfasst die Porträtierten als Persönlichkeiten durchaus genau. Da der Film allerdings keine Einordnung vornimmt oder Schwerpunkte setzt, wirkt er letztlich beliebig und ohne klare Linie, sodass der Gesamteindruck zwiespältig ausfällt. – **Ab 14.**
Deutschland 2021 **R+B** Hendrik Reichel **K** Sebastian Fremder, Moritz Friese **S** Zubin Sethna **L** 79 **E** 8.9.2021 rbb   fd -

CASH TRUCK (© StudioCanal)

CANDYMAN ★★★
CANDYMAN

Ein bildender Künstler zieht mit seiner Freundin in ein früheres Sozialbauviertel Chicagos, das mittlerweile gentrifiziert ist. Dort erfährt er von der Geschichte eines untoten Sklaven, der Jahrhunderte nach seiner Ermordung als Rächer zurückkehrte, folgt auf der Suche nach Inspiration dessen blutigen Spuren und wird mit einer neuen Mordserie konfrontiert. Reaktivierung einer Horrorfilm-Reihe aus den 1990er-Jahren, die unmittelbar daran anschließt, die Motive aber aus afroamerikanischer Perspektive uminterpretiert zur Geschichte über schwarze Identität. Die Meta-Erzählung bläht den Film mitunter stark auf, doch findet dieser immer wieder in die Spur zurück. – **Ab 18.**

 Neben einigen wenig ergiebigen Featurettes umfassen die Extras der BD u. a. ein Feature mit drei im Film nicht verwendeten Szenen plus eines alternativen Filmendes (9 Min.) sowie eine interessante Diskussionsrunde zum Thema «The Impact of Black Horror» mit Darsteller Colman Domingo, Buchautorin Tananarive Due, Wissenschaftlerin Wendy Ashley, Schriftsteller Yolo Akili Robinson und Soziologe Lorenzo Lewis (20 Min.).

Scope. Kanada/USA 2020 **KI** UPI **DVD** Universal (16:9, 2.35:1, DD5.1 engl./dt.) **BD** Universal (16:9, 2.35:1, dolby_Atmos engl./dt.) **R** Nia DaCosta **B** Jordan Peele, Win Rosenfeld, Nia DaCosta **K** John Guleserian **Vo** Bernard Rose (Drehbuch CANDYMAN'S FLUCH (1992)), Clive Barker (Kurzgeschichte *The Forbidden*) **M** Robert A.A. Lowe **S** Catrin Hedström **Sb** Cara Brower **Kb** Lizzie Cook **D** Yahya Abdul-Mateen II (Anthony McCoy), Teyonah Parris (Brianna Cartwright), Nathan Stewart-Jarrett (Troy Cartwright), Colman Domingo (William Burke), Kyle Kaminsky (Grady Cartwright) **L** 91 **FSK** ab 16; f **E** 26.8.2021 / 6.1.2022 DVD, BD & 4K UHD **fd** 48000

CAPONE ★★★
CAPONE

Im Alter von 48 Jahren zieht sich Al Capone, bereits schwer von der Syphilis gezeichnet, nach Florida zurück. Umgeben von Familie und Freunden verbringt der legendäre Gangsterboss seine Tage damit, auf sein riesiges Grundstück hinauszustarren und sich in einem Delirium aus Erinnerungen und Visionen zu verlieren. Das biografische Drama nutzt die Albträume des Mobsters nicht dazu, um die kriminelle Vergangenheit zu konstruieren, sondern trägt sie Stück für Stück ab. Nicht alle Leitmotive des Films greifen; dennoch schafft er es in der Fragmentierung von Verstand und Vergangenheit, Capone zu vermenschlichen, ohne ihn zur Sympathiefigur zu machen. – **Ab 16.**

Scope. Kanada/USA 2020 **DVD** Leonine **BD** Leonine **R+B** Josh Trank **K** Peter Deming **M** El-P **S** Josh Trank **D** Tom Hardy (Fonse), Matt Dillon (Johnny), Kyle MacLachlan (Doktor Karlock), Linda Cardellini (Mae), Kathrine Narducci (Rosie) **L** 100 **FSK** ab 16; f **E** 26.3.2021 DVD & BD **fd** 47415

CARMILLA – FÜHRE UNS NICHT ★★
IN VERSUCHUNG
CARMILLA

Im England des 18. Jahrhunderts lebt ein Mädchen mit seinem verwitweten Vater abgeschieden und unter Aufsicht einer strengen Gouvernante. Neugierde und erwachende Sexualität werden von Angst einflößenden übernatürlichen Erzählungen im Zaum gehalten. Als der Unfall einer Kutsche eines Nachts eine geheimnisvolle junge Frau ins Haus bringt, finden ihre verborgenen Wünsche plötzlich ein Ventil. Eine Verfilmung der gleichnamigen Schauergeschichte von Joseph Sheridan Le Fanu, in der die Charakterstudie des heranwachsenden Mädchens in den Vordergrund rückt. Die Idee des Übernatürlichen als das unterdrückte «Andere» ist jedoch allzu schwach formuliert, um überzeugen zu können. – **Ab 16.**

Scope. Großbritannien 2019 **KI** Busch Media Group **DVD** Busch Media (16:9, 2.35:1, DD5.1 engl./dt.) **BD** Busch Media (16:9, 2.35:1, dts-HDMA engl./dt.) **R+B** Emily Harris **K** Michael Wood **Vo** Sheridan Le Fanu (Novelle *Carmilla*) **M** Phil Selway **S** Rebecca Lloyd **Sb** Alexandra Walker **Kb** John Bright **D** Hannah Rae (Lara), Devrim Lingnau (Carmilla), Tobias Menzies (Dr. Renquist), Jessica Raine (Miss Fontaine), Greg Wise (Mr. Bauer) **L** 95 **FSK** ab 16 **E** 19.3.2021 VoD / 23.4.2021 DVD & BD **fd** 47633

CASH TRUCK ★★★★
WRATH OF MAN

Ein verschlossener Einzelgänger heuert in Los Angeles bei einer Geldtransportfirma an, die zuletzt von straff organisierten Überfällen gebeutelt wurde. Als der Neuling bei einem erneuten Überfall dann die Gangster kaltblütig außer Gefecht setzt, wird deutlich, dass er ganz andere Absichten verfolgt. Bis zum Schluss packender, komplex inszenierter Thriller, der

CATWEAZLE (© Tobis)

die Handlung in mehrere Zeitebenen und Schauplätze aufsplittert und so dem Geheimnis der Hauptfigur erst allmählich auf die Schliche kommt. In der Hauptrolle wortkarg und unbewegt als gefühlloser, gnadenloser Antiheld perfekt von Jason Statham verkörpert. – **Ab 16.**
Scope. USA/Großbritannien 2021 **Kl** StudioCanal **DVD** StudioCanal (16:9, 2.35:1, DD5.1 engl./dt.) **BD** StudioCanal (16:9, 2.35:1, dts-HDMA engl., dts-HDAM7.1 dt.) **R** Guy Ritchie **B** Guy Ritchie, Ivan Atkinson, Marn Davies **K** Alan Stewart **Vo** Nicolas Boukhrief / Éric Besnard (Drehbuch CASH TRUCK) **M** Christopher Benstead **S** James Herbert **Sb** Martyn John **Kb** Stephanie Collie **D** Jason Statham (H), Scott Eastwood (Jan), Jeffrey Donovan (Jackson), Josh Hartnett (Boy Sweat Dave), Niamh Algar (Dana) **L** 119 **FSK** ab 16; f **E** 29.7.2021 / 11.11.2021 DVD & BD & 4K UHD (plus BD) fd 47880

CAT SICK BLUES ★
CAT SICK BLUES
Eine Frau, die um ihre verstorbene Katze trauert, lernt in einem Selbsthilfekurs einen Einzelgänger kennen, der ebenfalls den Tod seines geliebten Vierbeiners nicht verwinden kann. Was sie nicht ahnt: Der Mann ist ein Killer, der dem Wahn verfallen ist, dass das Opfer von neun Menschenleben seinen Liebling zurückbringen könnte, und sich nun fleißig mit Katzen-Maske durch die weibliche Bevölkerung metzelt. Abstruser Exploitation-Horror, der sein niedriges Budget mit inszenatorischem Geschick wettmacht, sich aber erzählerisch weitgehend auf Suhlen in grotesken Gewaltfantasien beschränkt. – **Ab 18.**

Der Film ist in einer «Uncut»-Version mit SPIO-JK-Freigabe «keine schwere Jugendgefährdung» versehen. Eine von der FSK prädikatisierte «FSK ab 18»-Version ist nicht in den Handel gelangt.
Die Extras umfassen u. a. ein kurzes Porträt über den Regisseur (13 Min.). Das umfangreichere Mediabook enthält zudem die Kurzfilme CAT SICK BLUES (10 Min.; die Vorlage zum gleichnamigen Langfilm), KAPPA (5 Min.) und GACHA GACHA (15 Min.) sowie die Kurzserien SERVING UP SCRAB (17 Min.) und FEVER DREAMS (38 Min.).
Scope. Australien 2015 **DVD** Busch Media (16:9, 2.35:1, DD5.1 engl./dt.) **BD** Busch Media (16:9, 2.35:1, dts-HDMA engl./dt.) **R** Dave Jackson **B** Andrew Gallacher, Dave Jackson **K** Daniel Cowan **M** Matthew Revert **S** Dave Jackson **Sb** Harley Hoshi **D** Matthew C. Vaughan (Ted), Meg Spencer (Laura), Jeni Bezuidenhout (Steph), Danae Swinburne (Kitty), Rob Alec (DJ Jonno) **L** 91 **FSK** SPIO JK I **E** 6.8.2021 DVD & BD & Mediabook (BD) fd -

CATS & DOGS 3 – PFOTEN VEREINT! ★
CATS & DOGS 3: PAWS UNITE
Nach langem Zwist haben sich Hunde und Katzen auf eine Kooperation geeinigt und arbeiten gemeinsam daran, die besten Freunde der Menschen zu sein. Neues Ungemach entsteht jedoch durch einen Papagei, der mit anderen Tieren darauf aus ist, mittels einer Maschine Zwietracht zwischen Hund und Katze zu säen und deren Platz als menschliche Favoriten einzunehmen. Dritter Teil einer schlichten Komödienreihe mit teilanimierten Tieren, die das junge Zielpublikum durchweg mit schwachen Gags und lahmem Slapstick abspeist. Auch die charmefreie Zeichnung der Tiercharaktere und ein überflüssiger Nebenstrang mit menschlichen Figuren künden von der Einfallslosigkeit der Macher. – **Ab 8.**
USA 2020 **Kl** Warner Bros. **DVD** Warner (16:9, 1.85:1, DD5.1 engl./dt.) **R** Sean McNamara **B** Scott Bindley **K** Adam Sliwinski **M** John Coda **S** Simon Davidson **Sb** Daren Luc Sasges **Kb** Valerie Halverson **D** Callum Seagram Airlie (Max), Sarah Giles (Zoe), Kirsten Robek (Susan) **L** 84 **FSK** ab 6; f **E** 24.6.2021 / 30.9.2021 DVD fd 47815

CATWEAZLE ★★★★
Kinoadaption der gleichnamigen britischen Fernsehserie aus den 1970er-Jahren um einen zauseligen Zauberer, der zusammen mit seiner Kröte Kühlwalda aus dem Jahr 1022 in die Gegenwart katapultiert wird, wo sich eine raffgierige Antiquitätenhändlerin seines Zauberstabs bemächtigt. Die temporeiche, mit großem Aufwand inszenierte Komödie entwirft einen großen, darstellerisch und visuell bunt ausgemalten Bilderbogen, in dem Sentiment und Witz hübsch ausbalanciert werden. Die ganz auf den Hauptdarsteller Otto Waalkes zugeschnittene Figur des Magiers tritt streckenweise aber in den Hintergrund, weil auch Nebenfiguren mit viel Liebe zum Leben erweckt werden. – **Ab 8.**

Die Editionen enthalten eine Audiodeskription für Sehbehinderte.
Die Extras umfassen u. a. längere Interviews mit Darsteller Henning Baum (9 Min.) und Regisseur Sven Unterwaldt Jr. (16 Min.).
Scope. Deutschland 2021 **Kl** Tobis **DVD** Tobis/Leonine (16:9, 2.35:1, DD5.1 dt.) **BD** Tobis/Leonine (16:9, 2.35:1, dts-HDMA dt.) **R** Sven Unterwaldt **B** Otto Waalkes, Bernd Eilert, Claudius Pläging, Sven Unterwaldt **K** Bernhard Jasper **Vo** Richard Carpenter (Charaktere) **M** Philipp Noll **S** Zaz Montana **Sb** Thomas Pfau **Kb** Christine Zahn **D** Otto Waalkes (Catweazle), Julius Weckauf (Benny Lenz), Katja Riemann (Dr. Katharina Metzler), Henning Baum (Robert Lenz), Gloria Terzic (Lisa Trautmann) **L** 96 **FSK** ab 0; f **E** 1.7.2021 / 2.12.2021 digital (Tobis) / 10.12.2021 DVD & BD & 4K UHD (plus BD) fd 47784

CAUGHT BY A WAVE
siehe: **MIT DEN WELLEN**

CENOTE ★★★
TS'ONOT
Die Cenotes sind Wasserlöcher im Norden Yucatáns, die für das indigene Volk der Maya als Quelle wie auch als heilige Stätten besondere Bedeutung hatten. Ihrem Glauben zufolge

stellten sie auch eine Verbindung von Diesseits und Jenseits dar. Der experimentelle Film nimmt die Mythologie und Traditionen der Maya auf und taucht mit der Kamera in die Cenotes hinab, begleitet von Stimmen im Soundtrack und einem sehr präsenten Sound-Design aus Wasserklängen. Dabei prägen sich neben beeindruckenden Bildern auch die kontemplative Reflexion ein, wenn diese auch zu Wiederholungen neigt. – **Ab 16.**
Japan/Mexiko 2019 **R+B+K** Kaori Oda **S** Kaori Oda, Takeshi Hata **L** 75 **E** 1.2.2021 VoD (Mubi) **fd** –

CENSOR ★★
CENSOR

Großbritannien in den 1980ern: Mit dem Video-Zeitalter hat die Blütephase des Horror-Heimkinos begonnen und prompt Gegenwind von besorgten Bürgern erfahren, die eine moralisch zersetzende Wirkung der blutigen Filmfantasien befürchten. Eine Zensorin steht unter Druck: Ein von ihr zugelassener Film wird mit einem Mord in Verbindung gebracht. In einem anderen Horrorvideo glaubt sie, ihre verschollene Schwester zu entdecken. Während der Recherche entgleitet ihr nach und nach die Realität, die Trennlinie zwischen Film und Wirklichkeit wird löchrig. Ein Horrorfilm mit origineller Prämisse, aber thematisch und formal unentschlossen. Gerade das Kernthema der Zensur wird übermäßig plakativ und wenig subtil behandelt. – **Ab 18.**
Scope. Großbritannien 2021 **KI** Kinostar **R** Prano Bailey-Bond **B** Prano Bailey-Bond, Anthony Fletcher **K** Annika Summerson **M** Emilie Levienaise-Farrouch **S** Mark Towns **Sb** Paulina Rzeszowska **Kb** Saffron Cullane **D** Niamh Algar (Enid Baines), Nicholas Burns (Sanderson), Vincent Franklin (Fraser), Sophia La Porta (Alice Lee), Adrian Schiller (Frederick North) **L** 84 **FSK** ab 16; f **E** 29.7.2021 **fd** 47854

CHADDR – UNTER UNS DER ★★★★ FLUSS

Ein Vater begleitet seine 18-jährige Tochter im Winter auf einem lebensgefährlichen Trampelpfad aus der nordindischen Himalaja-Region in die Kreisstadt Leh, wo sie ein Internat besucht. Im Wechsel zwischen Schulweg, Internat und Dorfleben erzählt der Film detailreich vom entbehrungsreichen Dasein, das durch den Klimawandel noch beschwerlicher wird, aber auch von der Hoffnung auf Bildung, die ein besseres Leben eröffnen soll. – **Ab 14.**

CHAOS WALKING (© StudioCanal)

Deutschland 2020 **KI** Film Kino Text **R** Minsu Park **B** Gregor Koppenburg **K** Minsu Park **S** Ulrike Tortora **L** Festival: 77 / Kino: 90 **FSK** ab 0; f **E** 19.8.2021 **fd** 47952

CHAOS WALKING ★★
CHAOS WALKING

Eine junge Astronautin muss auf einem fremden Planeten notlanden, der bereits von Menschen besiedelt ist. Allerdings leben in einem nahegelegenen Dorf keine Frauen mehr, während die Männer damit zu kämpfen haben, dass man ihre Gedanken jederzeit hören kann. Ein junger Bauernsohn hilft der Raumfahrerin bei der Flucht vor dem Bürgermeister und seinem Mob. Die geradlinig erzählte und actionbetonte Mischung aus Western und Science Fiction beruht auf dem ersten Teil einer Romantrilogie und bezieht sich lose auf Vorbilder wie «E.T.» oder STARMAN. Während die actionbetonte Flucht solide inszeniert ist, hat der Film für naheliegende soziale und philosophische Fragen keinen Sinn. – **Ab 14.**

⊙ Die Extras der BD umfassen u. a. einen dt. untertitelbaren Audiokommentar des Regisseurs Doug Liman, der Produzentin Alison Winter und des Schnittmeisters Doc Crotzer, ein kommentiertes Feature mit im Film nicht verwendeten Szenen (45 Min.) sowie eine Sammlung mit sechs kurzen, aber differenzierten Featurettes zum Film (gesamt: 57 Min.).
Die BD-Editionen sind mit dem Silberling 2021 ausgezeichnet.
Scope. USA/Kanada 2021 **KI** StudioCanal **DVD** StudioCanal (16:9, 2.35:1, DD5.1 engl./dt.) **BD** StudioCanal (16:9, 2.35:1, dolby_Atmos engl./dt.) **R** Doug Liman **B** Patrick Ness, Christopher Ford (= Christopher D. Ford) **K** Ben Seresin **Vo** Patrick Ness (Roman The Knife of Never Letting Go / New World – Die Flucht) **M** Marco Beltrami, Brandon Roberts **S** Doc Crotzer **Sb** Dan Weil **Kb** Kate Hawley **D** Tom Holland (Todd), Daisy Ridley (Viola), Demián Bichir (Ben), David Oyelowo (Aaron), Kurt Sutter (Cillian) **L** 109 **FSK** ab 12; f **E** 17.6.2021 / 14.10.2021 DVD & BD & 4K UHD (plus BD) **fd** 47777

CHASING BULLITT – MAN. MYTH. ★★ MCQUEEN
CHASING BULLITT

Anfang der 1970er-Jahre erlebt Hollywood-Star Steve McQueen einen Karriereknick und verfolgt eine persönliche Obsession: Er droht seinem Agenten, erst dann wieder eine Rolle anzunehmen, wenn der Agent ihm dabei hilft, das Auto aus seinem Action-Hit BULLITT in seinen Besitz bringen. Dies erfordert allerdings einen Road-Trip quer durch die USA. Was McQueen auch die Möglichkeit bietet, auf sein Leben zurückzuschauen. Unabhängig produzierte Filmbiografie, die vor allem eine Hommage an Steve McQueens Persona sein will. Der Star wird jedoch psychologisch wenig überzeugend auf Coolness sowie Vorlieben für Frauen und Autos reduziert. – **Ab 14.**
Scope. USA 2018 **DVD** Lighthouse (16:9, 2.35:1, DD5.1 engl./dt.) **BD** Lighthouse (16:9, 2.35:1, dts-HDMA engl./dt.) **R+B** Joe Eddy **K** Daniel Stilling **S** Harvey Mushman **D** Andre Brooks (Steve McQueen), Jan Broberg (Julian), Dorian Cirillo-Murray (Bob), Crystal Miel Cossey (Lovely),

City of Lies (© Koch)

Anthony Dilio (Batista) **L** 90 **FSK** ab 12 **E** 26.2.2021 DVD & BD fd -

Chasing Paper Birds ★
Chasing Paper Birds

In einer Sommernacht erleben drei Menschen aus Berlin Formen des Liebesleids: Eine DJane ist unerwartet schwanger und flüchtet auf Partys, eine Tänzerin sieht Beziehung und beruflichen Traum scheitern, ein Videoperformance-Künstler gibt sich Selbstmordgedanken hin, als sein angebeteter Mann den Kontakt abbricht. Das Drama überantwortet sich dem Rhythmus der Partystadt und will einen möglichst dokumentarischen Blick auf junge Menschen mit festem Glauben an die Liebe werfen. Die Figuren erhalten jedoch kaum Konturen, sodass es bei einer bloßen Zustandsbetrachtung bleibt. – **Ab 16.**
Scope. Deutschland/Österreich 2020 **KI** déjà-vu film **R+B** Mariana Jukica **K** Jonas Schmager, Matthias Halibrand **S** Lisa Zoe Geretschläger, Julia C. Weber **Sb** Kai Bagsik **Kb** Elise Balleger, Theresa Wölle **D** Vladimir Burlakov (Ian), Lucie Aron (Mia), Henrike von Kuick (Keks), Florian Bartholomäi (Flo), Pit Bukowski (Jimmy) **L** 123 **E** 4.11.2021 fd 48233

Cherry – Das Ende aller Unschuld ★★
Cherry

Als ein junger US-Amerikaner Anfang der 2000er-Jahre von seiner Freundin verlassen wird, heuert er bei der US-Army an, wird zum Soldaten ausgebildet und zum Einsatz in den Irak geschickt. Nach seiner Rückkehr leidet er unter den psychischen Folgen des Krieges, wird drogenabhängig und zum Bankräuber. Die Adaption eines autobiografischen Romans setzt auf stylischen Überschwang, pendelt inhaltlich aber unentschlossen zwischen Drogendrama und Kriegsfilm und verknüpft harte Abstürze mit komödiantischen Momenten. Das Anliegen, auf die psychischen Folgen von Kriegseinsätzen hinzuweisen, scheitert an der wirren Erzählung und der fehlenden Haltung. – **Ab 16.**
Scope. USA 2021 **R** Anthony Russo, Joe Russo **B** Angela Russo-Otstot, Jessica Goldberg **K** Newton Thomas Sigel **Vo** Nico Walker (Roman *Cherry*) **M** Henry Jackman **S** Jeff Groth **Sb** Philip Ivey **Kb** Sara Sensoy **D** Tom Holland (Cherry), Michael Rispoli (Tommy), Ciara Bravo (Emily), Jack Reynor (Pills & Coke), Jeff Wahlberg (Jimenez) **L** 150 **E** 12.3.2021 VoD (AppleTV+) fd 47566

Chick Fight – Hit Like a Girl ★★
Chick Fight

In einer Frau hat sich durch den Tod ihrer Mutter und einen Brand, der ihr Café und damit ihre Lebensgrundlage vernichtet hat, jede Menge Kummer und Frust aufgestaut. Als ihre Freundin sie in einen illegalen Fight Club für Frauen mitnimmt, ist sie zunächst kritisch, findet dann aber großen Gefallen daran, sich zu prügeln und dabei Dampf abzulassen. Die härteste Kämpferin des Clubs hat es allerdings auf den Neuling abgesehen – ein Showdown ist unvermeidlich. Ein etwas unausgegorener Versuch, Boxfilm-Action, Feel-Good-Comedy und eine feministische Leswise unter männlich dominierten Genres unter einen Hut zu bringen. – **Ab 16.**
USA 2020 DVD Splendid BD Splendid **R** Paul Leyden (= Paul A. Leyden) **B** Joseph Downey **K** Steven Holleran **M** Benson Taylor **S** Kevin Armstrong **Sb** Mailara Santana **Kb** Keira Bounds **D** Malin Akerman (Anna), Bella Thorne (Olivia), Dulcé Sloan (Charleen), Kevin Connolly (Dr. Roy Park), Kevin Nash (Ed) **L** 97 **FSK** ab 16 **E** 5.3.2021 DVD & BD fd -

Cinderella ★
Cinderella

Neuauflage des Märchenklassikers um das Waisenkind, das trotz missgünstiger Verwandtschaft zur Prinzessin aufsteigt. In der als Musical inszenierten Verfilmung ist jetzt sogar die «böse» Stiefmutter über jeden moralischen Zweifel erhaben; stattdessen sind primär die Männer dafür verantwortlich, dass das Leben im Königreich im Argen liegt. Unangetastet bleibt trotz der Emanzipationsgeschichte die naive Vorstellung einer heilen Prinzessinnenwelt sowie das zuckersüße Wunschbild vom devot dienenden Märchenprinzen. Die stakkatohafte Abfolge einfallsloser Choreografien zu mäßig gecoverten Pop-Oldies bewirkt zudem, dass der Film kaum über das Niveau hinlänglich bekannter «Barbie»-Animationen hinausreicht. – **Ab 8.**
USA 2021 **R+B** Kay Cannon **K** Henry Braham **M** Jessica Weiss **S** Stacey Schroeder **Sb** Paul Kirby **Kb** Ellen Mirojnick **D** Camila Cabello (Cinderella), Idina Menzel (Stiefmutter), Nicholas Galitzine (Prinz), Pierce Brosnan (König), Minnie Driver (Königin) **L** 113 **FSK** ab 6 **E** 3.9.2021 digital (Amazon Prime) fd -

City of Lies ★★★
City of Lies

Ein Journalist und ein Ex-Polizist aus Los Angeles nehmen die Ermittlungen in einer Reihe von ungelösten Mordfällen – unter anderem an zwei namhaften Rappern – aus den 1990er-Jahren wieder auf. Dabei stoßen sie auf eine Mauer des Schweigens. Der Neo-Noir-Film führt die Protagonisten an ihre physische wie psychische Belastbarkeitsgrenze und stellt ihre moralische Integrität auf die Probe. Trotz dramaturgischer Unzulänglichkeiten durch die Vielzahl an Fällen gelingt ein spannender, gesellschaftlich eindringlicher Thriller. – **Ab 16.**

⊙ Die Extras umfassen u. a. einen Audiokommentar von Regisseur Brad Furman und Autor Randall Sullivan sowie ein Feature mit im Film nicht verwendeten Szenen (10 Min.).

Scope. Großbritannien/USA 2018 **DVD** Koch (16:9, 2.35:1, DD5.1 engl./dt.) **BD** Koch (16:9, 2.35:1, dts-HDMA engl./dt.) **R** Brad Furman **B** Christian Contreras **K** Monika Lenczewska **Vo** Randall Sullivan (Sachbuch City of Lies) **M** Christ Hajian **S** Leo Trombetta **Sb** Clay A. Griffith **Kb** Denise Wingate **D** Johnny Depp (Russell Poole), Forest Whitaker (Jack Jackson), Toby Huss (Detective Fred Miller), Dayton Callie (Lieutenant O'Shea), Neil Brown jr. (Rafael Perez) **L** 107 **FSK** ab 16 **E** 11.8.2021 VoD / 26.8.2021 DVD & BD   fd 47959

CLASSMATES MINUS ★★★★
CLASSMATES MINUS
Vier ehemalige Schulfreunde, ein Regisseur, ein Büroangestellter, ein Verwaltungsbeamter und ein Handwerker, ringen in ihren mittleren Jahren mit den Enttäuschungen ihres Lebens. Dabei geht es weniger um Midlife Crisis als vielmehr um das Scheitern an sich, um das Ringen mit dem Glück, das immer in Griffweite und doch gleichzeitig unerreichbar scheint. Ein autobiografisches, auch metafiktionales Generationenporträt, das den dargestellten Ereignissen einen kritisch kommentierenden Erzähler gegenüberstellt. Wo die unterschiedlichen Handlungsstränge zusammenfinden, erzählen sie von der Utopie und den Grenzen der Freundschaft. – **Sehenswert ab 16.**
Scope. Taiwan 2021 **R+B** Huang Hsin-yao **K** Chung Mong-Hong **M** Ko Ren-chien, Eddie Tsai **S** Lai Hsiu-hsiung **Sb** Chao Shih-hao **D** Chen Yi-wen, Cheng Jen-Shuo, Liu Kuan-Ting, Lin Na-Dou, Ada Pan **L** 122 **E** 20.2.2021 VoD (Netflix)   fd 47557

CLAUDIA UND IHR SEXUALASSISTENT
siehe: BECAUSE OF MY BODY

CLIFFORD DER GROSSE ROTE ★★★
HUND
CLIFFORD – THE BIG RED DOG
Einem aufgeweckten, an der neuen Schule aber gemiedenen Mädchen läuft ein kleiner roter Welpe zu, den ein Magier über Nacht auf Zimmergröße wachsen lässt. Da seine alleinerziehende Mutter gerade auf Dienstreise ist, sollen sein Onkel und ein Mitschüler helfen, das tollpatschige Tier wieder auf normale Größe zurückzuverwandeln. Doch auch die Pharmaindustrie interessiert sich für den riesigen Hund. Der nach einem Bilderbuch entstandene Kinderfilm entwickelt zwar keine ganz stimmige Geschichte, erfreut aber durch trockenen Witz, unkonventionelle Action,

CLIFFORD DER GROSSE ROTE HUND
(© Paramount)

gutes Timing und vergnüglichen Slapstick. Außerdem ermutigt er dazu, sich seiner Auffälligkeiten nicht zu schämen. – **Ab 6.**
USA 2021 **KI** Paramount **DVD** Paramount **BD** Paramount **R** Walt Becker **B** Jay Scherick, David Ronn, Blaise Hemingway **K** Peter Lyons Collister **Vo** Norman Bridwell (Kinderbuch-Charaktere) **M** John Debney **S** Sabrina Plisco (= Sabrina Plisco-Morris) **Sb** Naomi Shohan **Kb** Susan Lyall **D** Darby Camp (Emily Elizabeth Howard), Jack Whitehall (Onkel Casey Howard), David Alan Grier (Packard), Izaac Wang (Owen Yu), John Cleese (Mr. Bridwell) **L** 97 **FSK** ab 0; f **E** 2.12.2021 / 17.2.2022 digital (Paramount) / 3.3.2022 DVD & BD   fd 48257

DER CLUB DER HÄSSLICHEN ★★★
KINDER
DE CLUB VAN LELIJKE KINDEREN
In einer dystopischen Gesellschaft beschließt der Präsident eines totalitären Staats, sämtliche hässliche Kinder in Lager bringen zu lassen. Einem Jungen gelingt es jedoch zu fliehen, unterzutauchen und sich mit anderen Kindern zu einer Widerstandsbewegung zusammenzuschließen. Mit den Mitteln des Science-Fiction-Films und auf den Spuren großer Vorbilder erzählt das Literaturverfilmung für ein junges Publikum über Diskriminierung, macht Strategien der Ausgrenzung sichtbar und fordert eine moralische Haltung ein. Allerdings kann sich das Plädoyer für Akzeptanz letztlich selbst nicht völlig von dominanten Schönheitsidealen lösen. – **Ab 10.**

Niederlande 2019 **R** Jonathan Elbers **B** Jeroen Margry **K** Thijmen Doornik **Vo** Koos Meinderts (Kinderbuch De Club van Lelijke Kinderen) **M** Vidjay Beerepoot **S** Jurriaan van Nimwegen **Sb** Nora van der Steeg **Kb** Maxa van Panhuis **D** Sem Hulsmann (Paul de Witt), Faye Kimmijser (Sara), Narek Awanesyan (Kai Rigo), Jeroen van Koningsbrugge (Filidor de Witt), Jelka van Houten (Pauls Mutter) **L** 91 **E** 23.4.2021 KiKA   fd 47673

CODA ★★★★
CODA
Eine 17-Jährige wächst als einziges hörendes Mitglied einer gehörlosen Familie in einer Hafenstadt in Massachusetts auf; für die Verständigung der Familie mit der Außenwelt ist sie unentbehrlich. Diese Konstellation gerät jedoch ins Wanken, als sie ihre Leidenschaft fürs Singen entdeckt und ermuntert wird, in Boston auf ein Musik-College zu gehen. Das Remake des französischen Films VERSTEHEN SIE DIE BÉLIERS? verbindet klassisches Coming-of-Age-Elemente mit dem klanglich und musikalisch eindrucksvoll umgesetzten Porträt einer Eltern-Kind-Beziehung am Schnittpunkt zwischen den Welten der Gehörlosen und der Hörenden. Überzeugend ist der emotionale Film auch dank eines Ensembles mit mehreren gehörlosen Darsteller*innen. – **Ab 12.**
USA 2021 **R+B** Sian Heder **K** Paula Huidobro **Vo** Éric Lartigau / Thomas Bidegain (Drehbuch VERSTEHEN SIE DIE BÉLIERS?) **M** Marius de Vries **S** Geraud Brisson **Sb** Diane Lederman **Kb** Brenda Abbandandolo **D** Emilia Jones (Ruby Rossi), Marlee Matlin (Jackie Rossi), Troy Kotsur (Frank Rossi), Daniel Durant (Leo Rossi), Eugenio Derbez (Bernardo Villalobos) **L** 111 **E** 13.8.2021 VoD (Apple TV+)   fd 47997

COLORFUL ★★★★
KARAFURU
Einer Seele, die zu Lebzeiten eine unverzeihliche Sünde begangen hat, wird das Jenseits verweigert. Im Körper eines 14-jährigen Selbstmörders erhält sie jedoch noch einmal eine Chance, es besser zu machen. Familienprobleme, das Außenseitertum des Jungen und eine für ihn enttäuschende Entdeckung bei einem angehimmelten Mädchen machen der Seele jedoch den Auftrag, einen weiteren Selbstmordversuch zu verhindern, denkbar schwer. Sorgfältig gestalteter Animationsfilm, der eine schwere Thematik respektvoll und sensibel aus der buddhistischen Vorstellung

der Wiedergeburt heraus entwickelt. Die Vielfarbigkeit betrifft dabei nicht nur die filmische Farbpalette, sondern auch die Lektion über den menschlichen Charakter. – **Sehenswert ab 14.**
Japan 2010 **DVD** Koch **BD** Koch **R** Keiichi Hara **B** Miho Maruo **K** Kôichi Yanai **Vo** Eto Mori (Roman *Karafuru*) **M** Kô Otani (= Kô Ôtani) **S** Toshihiko Kojima **L** 126 **FSK** ab 12 **E** 22.4.2021 DVD & BD / 28.1.2022 Pro7 MAXX fd -

COME BACK, MR. DUNDEE! ★★
THE VERY EXCELLENT MR. DUNDEE
Der gealterte CROCODILE DUNDEE-Darsteller Paul Hogan soll von der englischen Königin zum Ritter geschlagen werden, als er sich mehrere Fauxpas leistet, die seinen Ruf ruinieren. Entschlossen geht er an den Versuch, sein Image wiederaufzupolieren, tritt aber trotz der Schützenhilfe von prominenten Freunden erst einmal nur in weitere Fettnäpfchen. Mockumentary um den australischen Altstar, der sich ebenso selbst auf die Schippe nehmen will wie Kollegen aus der Showbranche. Da dem Film der Biss fehlt, bleibt er eine eher fade Angelegenheit, die nur gelegentlich reflektiven Witz aufblitzen lässt. – **Ab 14.**
Australien/USA 2020 **DVD** EuroVideo **BD** EuroVideo **R** Dean Murphy **B** Robert Mond, Dean Murphy **K** Roger Lanser **M** John Foreman **S** Peter Carrodus, Robert Mond **Sb** Ralph Moser **Kb** Jeanie Cameron **D** Paul Hogan (Paul), Shane Jacobson (Neville Dundee), Olivia Newton-John (Olivia), Chevy Chase (Chevy), John Cleese (John) **L** 85 **FSK** ab 6; **f E** 9.12.2021 DVD & BD & digital fd -

COME PLAY ★★★
COME PLAY
Ein Junge tut sich wegen einer autistischen Störung schwer im Umgang mit anderen Menschen und hat sich weitgehend in die digitale Welt zurückgezogen. Eines Tages taucht ein mysteriöses E-Book über ein «missverstandenes Monster» auf, das einen «Freund» sucht und sich, angelockt von der Einsamkeit des Kindes, einen Weg in dessen Realität sucht, was schließlich die überforderte Mutter auf den Plan ruft. Ein Horrorfilm in den Spuren von DER BABADOOK, der zwar in dem, was er mittels des Horrors über innerfamiliäre Spannungen erzählt, weniger ambitioniert ist, aber doch als hintersinniges, geschickt inszeniertes Schauerstück über den Schrecken sozialer Isolation aus Kinderperspektive soliden Grusel verbreitet. – **Ab 16.**
Scope. USA 2020 **DVD** Universal (16:9, 2.35:1, DD5.1 engl./dt.) **BD** Universal (16:9, 2.35:1, dts-HDMA engl., dts dt.) **R+B** Jacob Chase **K** Maxime Alexandre **Vo** Jacob Chase (Kurzfilm COME PLAY) **M** Roque Baños **S** Gregory Plotkin **Sb** David J. Bomba **Kb** Marcia Scott **D** Azhy Robertson (Oliver), Gillian Jacobs (Sarah), John Gallagher jr. (Marty), Winslow Fegley (Byron), Jayden Marine (Mateo) **L** 97 **FSK** ab 16 **E** 19.8.2021 DVD & BD fd -

COMING OUT ★★★
COMING OUT
In den letzten Jahren haben Jugendliche es vermehrt auf sich genommen, sich via Videoaufnahmen als homo-, bi- oder transsexuell zu outen und ihre Verwandten in diese Eröffnung einzubeziehen. Der Film formt einige dieser im Internet veröffentlichten Dokumente zu einer Collage, in der den Herausforderungen und Anfeindungen, aber auch den Chancen eines Coming-outs in der heutigen Zeit erzählt. Dabei bildet die Auswahl eine große soziale, kulturelle und ethnische Vielfalt ab und entfaltet ohne weiteren Kommentar allein durch die Stärke der individuellen Videobeiträge ihre für Akzeptanz eintretende Wirkung. – **Ab 14.**
Frankreich 2019 **R** Denis Parrot **S** Denis Parrot **L** 64 **E** 21.6.2021 arte fd -

COMPLICITY ★★★★
COMPLICITY
Ein illegaler chinesischer Einwanderer in Japan tritt unter falscher Identität einen Job als Gehilfe in einem traditionellen Soba-Restaurant an; dort lebt er sich bald ein und wird von seinem Chef unter die Fittiche genommen, der ihn rasch als Ersatzsohn betrachtet. Zudem verliebt sich der Immigrant in eine junge Künstlerin. Dem privaten Glück und beruflichen Erfolg steht jedoch die Lüge im Weg, die ihm die Tür zu seiner neuen Existenz geöffnet hat. Eine subtile Charakterstudie, die vor dem Hintergrund der illegalen Immigration zeigt, wie Freundschaft und Vertrauen bei der Überwindung von Vorurteilen helfen und die Völkerverständigung fördern können. – **Ab 14.**
China/Japan/Frankreich 2018 **R+B** Kei Chikaura **K** Yutaka Yamazaki **S** Kei Chikaura **Sb** Kyôko Heya **D** Lu Yulai (Chen Liang), Tatsuya Fuji (Hiroshi Inoue), Sayo Akasaka (Hazuki Nakanishi), Kio Matsumoto (Kaori Inoue), Fusako Urabe (Schwiegertochter) **L** 116 **E** 17.6.2021 VoD (Sooner) fd 47801

CONCRETE COWBOY ★★★
CONCRETE COWBOY
Nachdem ein 15-Jähriger in Detroit wieder mal von der Schule fliegt, verfrachtet ihn seine Mutter zu seinem Vater nach Philadelphia, den der Junge kaum kennt. Der Mann gehört zur Cowboy-Subkultur, die eine Art Gegenpol zu der um sich greifenden Kriminalität bildet. Bald sieht sich der Teenager zwischen Drogenkriminalität und den Stadt-Cowboys hin- und hergerissen. Die Romanverfilmung überzeugt durch eine präzise Milieuzeichnung, die prekäre Lebensumstände von Afroamerikanern am Rand von Philadelphia beleuchtet, sowie den eindringlich geschilderten Vater-Sohn-Konflikt. – **Ab 14.**
USA/Großbritannien 2020 **R** Ricky Staub **B** Ricky Staub, Dan Walser **K** Minka Farthing-Kohl **Vo** Greg Neri (Roman *Ghetto Cowboy*) **M** Kevin Matley **S** Luke Ciarrocchi **Sb** Timothy W. Stevens **Kb** Teresa Binder Westby **D** Idris Elba (Harp), Lorraine Toussaint (Nessie), Caleb McLaughlin (Cole), Jharrel Jerome (Smush), Method Man (Leroy) **L** 111 **FSK** ab 12 **E** 2.4.2021 VoD (Netflix) fd 47642

CONJURING 3: IM BANNE DES TEUFELS ★★★
THE CONJURING: THE DEVIL MADE ME DO IT
Anfang der 1980er-Jahre recherchiert das Exorzisten-Ehepaar Ed und Lorraine Warren im Fall eines besessenen Mannes, der behauptet, dass ihm ein Dämon die Hand beim Mord an seinem Vermieter führte. Im Zuge der Gerichtsverhandlung kommt das Geisterjäger-Paar einer Teufelssekte auf die Spur. Im dritten Teil der stilbildenden Geisterhorror-Reihe um das reale Ehepaar wird erneut ein spektakuläres Gerichtsverfahren mit unheimlichen Sequenzen ausgeschmückt. Der im Detail recht gruselige Film bewegt sich jedoch allzu sehr auf den Pfaden des Spektakelkinos, weshalb er das Bedrohungspotenzial der Vorgängerfilme nicht ganz erreicht. – **Ab 16.**

🕪 Die BD enthält eine Audiodeskription für Sehbehinderte.

Scope. USA 2020 **KI** Warner Bros. **DVD** Warner (16:9, 2.35:1, DD5.1 engl./dt.) **BD** Warner (16:9, 2.35:1, dolby_Atmos engl., DD5.1 dt.) **R** Michael Chaves **B** David Leslie Johnson-McGoldrick (= David Leslie Johnson) **K** Michael Burgess **M** Joseph Bishara **S** Peter Gvozdas, Christian Wagner (= Christian Adam Wagner) **Sb** Jennifer Spence **Kb** Leah Butler **D** Vera Farmiga

(Lorraine Warren), Patrick Wilson (Ed Warren), Julian Hilliard (David Glatzel), Sarah Catherine Hook (Debbie Glatzel), Ruairi O'Connor (Arne Cheyenne Johnson) **L** 112 **FSK** ab 16; f **E** 1.7.2021 / 2.8.2021 digital (Warner) / 7.10.2021 DVD & BD & 4K UHD (plus BD) **fd** 47812

Contamination – Tödliche Parasiten ★★★
Yeong-Ga-Si

Zwei Brüder, ein Polizist und ein Angestellter einer Pharma-Firma, kämpfen beide nach Aktienspekulationen mit finanziellen Problemen. Doch diese treten in den Hintergrund, als in Südkorea eine rätselhafte Epidemie auftritt, als deren Ursache sich eine mutierte Form des Spulwurms entpuppt: Befallene entwickeln enormen Hunger und Durst und sterben schließlich doch an Auszehrung. Als auch die Familie des Angestellten erkrankt, sucht dieser ein Medikament; der Polizist wiederum stößt auf eine perfide Intrige hinter der Katastrophe. Ein bis auf einige Längen solide-spannender Seuchen-Thriller, der sein Genre-Szenario als bittere Kritik an Gier und dem Diktat des Geldes nutzt. – Ab 16.

Scope. Südkorea 2012 **DVD** Busch Media (16:9, 2.35:1, DD5.1 korea./dt.) **BD** Busch Media (16:9, 2.35:1, dts-HDMA korea./dt.) **R+B** Park Jeong-woo **K** Gi Se-hun **M** Jo Yeong-wook (= Cho Young-wuk) **S** Park Gok-Ji **D** Kim Myeong-min (Jae-hyeok), Moon Jung-hee (Gyeong-sun), Kim Dong-wan (Jae-pil), Honey Lee (Yung-joo) **L** 109 **FSK** ab 16 **E** 12.3.2021 DVD & BD **fd** -

Contamination – Tödliche Parasiten (© Busch Media)

Contra ★★
Ein zynischer Juraprofessor der Uni Frankfurt muss eine aus prekären Verhältnissen stammende, aber hochbegabte Studentin für einen Debattierwettbewerb coachen, weil er sie rassistisch beleidigt hat. Die Neuverfilmung einer französischen Tragikomödie setzt unspektakulär auf die Dramaturgie eines sich zusammenraufenden Teams und bietet kaum Überraschungen. Trotz guter Darsteller fehlt es an Reibung und Widerhaken, an deren Stelle sich Vereinfachungen und Stereotypen breitmachen. Statt scharfer dialogischer Finessen oder politischer Untertöne erschöpft sich der Film in einer unterhaltsam-versöhnlichen Wohlfühlgeschichte. – Ab 14.

Scope. Deutschland 2020 **KI** Constantin **R** Sönke Wortmann **B** Doron Wisotzky **K** Holly Fink **Vo** Yvan Attal / Noé Debré / Yaël Langmann / Victor Saint Macary (Drehbuch Die brillante Mademoiselle Neïla) **M** Martin Todsharow **S** Martin Wolf **Sb** Cordula Jedamski **Kb** Annegret Stössel **D** Christoph Maria Herbst (Richard Pohl), Nilam Farooq (Naima), Hassan Akkouch (Mo), Ernst Stötzner (Präsident Prof. Dr. Alexander Lamprecht), Stefan Gorski (Benjamin) **L** 104 **FSK** ab 12; f **E** 28.10.2021 **fd** 48082

Convergence: Mut in der Krise ★★★
Convergence: Courage in a Crisis

Ein dokumentarischer Film über die Covid-19-Krise und Menschen aus verschiedensten gesellschaftlichen Bereichen, die mit ihrer Arbeit zur Meisterung und Überwindung der Pandemie beitragen, wobei Protagonisten aus acht Ländern im Fokus stehen, u. a. aus den USA, Indien, China, Brasilien und Peru. Der Film arbeitet die heroischen Aspekte des Engagements heraus, ohne die Porträtierten übermäßig zu verklären, würdigt aber in erster Linie die Individuen und lässt größere politische Zusammenhänge unberührt. Sympathisch macht ihn, dass er inmitten der bedrohlichen Pandemielage gute Gründe für Hoffnung aufspürt. – Ab 14.

USA 2021 **R** Orlando von Einsiedel **K** Mohammad Reza Eyni **M** Patrick Jonsson **S** Karen Sim, Raphael Pereira **L** 113 **E** 12.10.2021 digital (Netflix) **fd** -

Copilot siehe: Die Welt wird eine andere sein

Corona – Die eingesperrten Alten ★★★
Vieillir Enfermés

Während der ersten Corona-Welle im März 2020 infizieren sich in einem Pariser Seniorenheim zahlreiche der 120 Bewohner. Der einfühlsam beobachtende Dokumentarfilm nimmt an den Bemühungen der Pfleger teil, den alten Menschen beizubringen, dass sie ihre Zimmer nicht mehr verlassen dürfen, weil sie erkrankt sind oder sich schützen müssen, und keinen Besuch mehr empfangen dürfen. Dabei zeigt er nicht nur präzise die verheerenden, gerade auch emotionalen Folgen der Pandemie, sondern läuft auch immer wieder auf die bittere Erkenntnis hinaus, wie sehr Versäumnisse in der Gesundheitspolitik zur Verschlimmerung der Lage beitragen. – Ab 16.

Frankreich 2020 **R+B+K** Eric Guéret **M** Pierre Fruchard, Etienne Bonhomme **S** Isabelle Szumny **L** 60 **E** 3.2.2021 arte **fd** -

Corporate Accountability ★★★
Responsabilidad Empresarial

Zur Zeit der argentinischen Militär-Diktatur von 1976 bis 1983 nutzten

Contra (© Constantin)

viele Unternehmen, darunter auch internationale Konzerne, die Gunst der Stunde, um unliebsame Mitarbeiter auszuliefern. Tausende Menschen kamen auf diese Weise ums Leben. Der Dokumentarfilm zeigt den Regisseur vor rund 25 Fabriken dieser Firmen, vor denen er Auszüge aus den Untersuchungsberichten zur Verstrickung in die Verbrechen der Diktatur vorliest. Der äußerst einfache Ansatz birgt zwar die Gefahr der Ermüdung durch die sich wiederholenden Muster, macht allerdings gerade dadurch auch das Ausmaß der Untaten bewusst. – **Ab 16.**
Argentinien 2020 **R+B+K** Jonathan Perel **S** Jonathan Perel **L** 68 **E** 13.10.2021 VoD (Mubi) fd –

Cosmic Sin – Invasion im All ★
Cosmic Sin

Um das Jahr 2500 hat es die von einer Allianz regierte Menschheit geschafft, Kolonien auf fremden Planeten zu errichten. Auf einem dieser Planeten kommt es zum ersten Kontakt mit einer außerirdischen Spezies, der nicht gerade freundlich ausfällt. Das ruft alsbald das Militär auf den Plan: Eine Truppe um einen hartgesottenen Ex-General bricht auf, um die Alien-Zivilisation mit einer Superwaffe zu vernichten, bevor sie der Menschheit gefährlich werden kann. Martialisch-xenophober Science-Fiction-Trash, dessen Action-Inszenierungen und Effekte zu dürftig bleiben, um der kruden Story wenigstens etwas Reiz zu verleihen. – **Ab 16.**
Scope. USA 2020 **DVD** Koch (16:9, 2.35:1, DD5.1 engl./dt.) **BD** Koch (16:9, 2.35:1, dts-HDMA engl./dt.) **R** Edward Drake **B** Edward Drake, Corey Large **K** Brandon Cox **M** Scott Glasgow **S** Justin Williams **Sb** David Dean Ebert **Kb** Nataliya Fedulova **D** Frank Grillo (General Ryle), Bruce Willis (James Ford), Brandon Thomas Lee (Braxton Ryle), Corey Large (Dash), C.J. Perry (Sol Cantos) **L** 88 **FSK** ab 16 **E** 12.5.2021 DVD & BD & 4K UHD & digital fd 47656

Cosmos ★★★
Cosmos

Ein verträumter Student freundet sich mit einem Modeassistenten an und mietet sich gemeinsam mit ihm in einer Pension ein. Dort werden sie nicht nur mit dem exzentrischen Besitzer-Ehepaar und verwirrenden jungen Frauen konfrontiert, sondern auch mit einer Serie unerklärlicher Gewalttaten an Tieren. Als surrealistischer Thriller angelegter Film, der Rätsel ohne Auflösung, absurde Sprachverrenkungen, plakative Symbolik und zahlreiche Kino- und Literaturzitate zu einer amüsanten, bewusst unverständlichen Szenenabfolge verbindet. Obwohl nicht ohne Längen und Redundanzen, bleibt er durch seine exzentrische Machart durchweg von cineastischem Interesse. (O.m.d.U.) – **Ab 16.**
Frankreich/Portugal 2015 **R+B** Andrzej Zulawski **K** André Szankowski **Vo** Witold Gombrowicz **M** Andrzej Korzynski **S** Julia Gregory (= Julia Grégory) **Sb** Paula Szabo **D** Sabine Azéma (Madame Woytis), Jean-François Balmer (Léon), Jonathan Genet (Witold), Johan Libéreau (Fuchs), Victória Guerra (Lena) **L** 98 **E** 29.4.2021 arte fd –

Coup ★★★★

In den 1980er-Jahren erleichtert ein junger Bankangestellter aus Hamburg seinen Arbeitgeber durch eine bürokratische Sicherheitslücke um über zwei Millionen Mark. Mit einem besten Freund flieht er nach Australien, schafft es aber nicht, ein Leben im Luxus zu führen, sondern laboriert an der Trennung von Frau und Kind. Eine genre- und gattungsübergreifende Mischung aus Spiel-, Dokumentar- und Animationsfilm, in der die wahre Geschichte als verschmitzt zurückblickende Erzählung dargeboten wird. Die sympathisch schrullige Tragikomödie erzählt von verpassten Chancen und dem Wunsch, der kleinbürgerlichen Konformität zu entgehen. – **Ab 14.**
Deutschland 2019 **KI** Salto Film/imFilm **R+B+K** Sven O. Hill **S** Sven O. Hill, Hendrik Maximilian Schmitt **Sb** Johnny Haussmann **Kb** Alin Pilan **D** Daniel Michel (Rüdi), Tomasz Robak (Tobi), Leonard Kunz (Speedy), Fabienne Elaine Hollwege (Madame de Junker), Laurens Walter (Dedel) **L** 81 **FSK** ab 6; **f E** 26.8.2021 fd 47998

Courage ★★★★

Ein Dokumentarfilmer begleitet drei oppositionelle Schauspieler in der belarussischen Hauptstadt Minsk im Sommer 2020 während der Massenproteste gegen den Diktator Lukaschenko. Die Kamera bleibt eng bei ihnen, zeigt Szenen aus ihrem Privatleben und von Demonstrationen auf den Straßen, was die existenziellen Folgen der staatlichen Repressionen hautnah greifbar macht. Der Film besticht durch Aktualität wie Universalität und arbeitet spürbar undemonstrativ das Schwanken der Stimmung zwischen Hoffnung und Angst heraus. – **Sehenswert ab 14.**
Scope. Deutschland 2021 **KI** Rise and Shine Cinema **R+B** Aliaksei Paluyan **K** Tanja Hauriltschik, Jesse Mazuch **S** Behrooz Karamizade **L** 90 **FSK** ab 12; **f E** 1.7.2021 fd 47762

Cousteau ★★★★
Becoming Cousteau

Dokumentarisches Porträt des Meeresforschers, Filmemachers und Umweltschützers Jacques-Yves Cousteau (1910–1997). Die umfassende Lebens- und Karrierechronik. Der Film kann auf eine Fülle an restauriertem Material zurückgreifen und unterlegt dies mit Stimmen, die über Interviewausschnitte und eingesprochene Tagebuchaufzeichnungen Einblicke in Cousteaus Unternehmungen und seine (Denk-)Welt eröffnen. Daraus entsteht nicht nur eine mitreißende filmische Hommage auf die Dokumentarfilm-Ikone und ihre Fähigkeit, Generationen von Zuschauern mit der Leidenschaft fürs Meer und seine Bewohner anzustecken, sondern auch ein spannender «Bildungsroman», der Cousteaus Entwicklung vom enthusiastischen Entdecker und Meeresfilmer-Pionier zum engagiert-kritischen Umweltschützer nachzeichnet. – **Ab 10.**
USA 2021 **R** Liz Garbus **B** Mark Monroe, Pax Wassermann **M** Danny Bensi, Saunder Jurriaans **S** Pax Wassermann **L** 94 **E** 24.11.2021 VoD (Disney+) fd –

Crime Game ★★
Way Down

Ein britischer Schatzsucher will zusammen mit vier Spezialisten bei der «Bank of Spain» in Madrid drei Münzen rauben, die er zuvor in einem alten Schiffswrack geborgen hatte und die dann vom spanischen Zoll konfisziert wurden. Doch der Tresor ist der sicherste der Welt, nicht zuletzt, weil ihn ein Ex-Militär mit allen Mitteln bewacht. Nur leidlich spannender Krimi, der vor allem auf die Versatzstücke des Heist-Movies verlässt und mit der Attraktion seiner Bilder angibt. Der komplexen Topografie des auszuraubenden Gebäudes wird der Film aber nicht gerecht, zudem verliert er durch die ausufernde Vorstellung der einzelnen Charaktere an Spannung. – **Ab 14.**
Spanien 2021 **DVD** SquareOne **BD** SquareOne **R** Jaume Balagueró **B** Rafa Martínez, Andrés M. Koppel, Borja Glez. Santaolalla, Michel Gaztambide, Rowan Athale **K** Dani-

el Aranyó **M** Arnau Bataller **S** David Gallart **Sb** Patrick Salvador **Kb** Marian Coromina **D** Freddie Highmore (Thom), Astrid Bergès-Frisbey (Lorraine), Sam Riley (James), Liam Cunningham (Walter), José Coronado (Gustavo) **L** 114 **FSK** ab 12; **f E** 11.6.2021 DVD & BD & VoD   **fd** 47776

CRISIS ★★★
CRISIS

Ein US-Ermittler versucht das Netzwerk eines in der USA und Kanada tätigen Drogenhändlers zu infiltrieren; eine Mutter, deren Sohn an einer Überdosis starb, spürt den Hintergründen seines Todes nach; ein Wissenschaftler gerät mit einem Pharmakonzern aneinander, in dessen Auftrag er ein Schmerzmittel getestet hat. Anhand unterschiedlicher, teilweise sich kreuzender Handlungsstränge beleuchtet der spannende Thriller unterschiedliche Facetten der Opioid-Drogenproblematik in den USA und geht mit den Profiteuren hart ins Gericht. Dank guter Darsteller und einer dramaturgisch stimmigen Orchestrierung der Erzählstränge gelungene Unterhaltung. – **Ab 16**.
Scope. Canada/Belgien 2021 **DVD** Capelight (16:9, 2.35:1, DD5.1 engl./dt.) **BD** Capelight (16:9, 2.35:1, dts-HDMA engl./dt.) **R+B** Nicholas Jarecki **K** Nicolas Bolduc **M** Raphael Reed **S** Duff Smith **Sb** Jean-André Carrière **Kb** Simonetta Mariano **D** Gary Oldman (Dr. Tyrone Brower), Armie Hammer (Jake Kelly), Evangeline Lilly (Claire Reimann), Michelle Rodriguez (Garrett), Greg Kinnear (Dean Talbot) **L** 114 **FSK** ab 16; **f E** 21.5.2021 DVD, BD & digital
fd 47719

DIE CROODS – ALLES AUF ANFANG ★★★
THE CROODS – A NEW AGE

Fortsetzung des Films DIE CROODS. Das Sequel schickt die titelgebenden Ex-Höhlenmenschen, die im ersten Teil ihre Heimat verlassen mussten, auf die Suche nach einem neuen Zuhause. Das scheinen sie auch zu finden, nur wird dies bereits von einer Familie bewohnt, die die Croods primitiv findet und sie bald wieder loswerden will. Die Story spielt clever auf zeitgeistige Konflikte rund um Migration und den Klimawandel an, die jedoch in einem Dauerrauschen aus bunten Farben, lautem Geschrei und Slapstick unterzugehen drohen. Die visuelle Umsetzung, einmal mehr exzellent und voll eigenem Witz, hat angesichts des hohen Erzähltempos

Mühe, richtig zur Geltung zu kommen. – **Ab 12**.
🄳 Die Extras umfassen u. a. einen Audiokommentar mit dem Regisseur Joel Crawford, dem Produzent Mark Swift, Januel Mercado (Head of Story) und James Ryan (Schnitt), die Kurzfilme LIEBES TAGEBUCH: DIE ERSTEN STREICHE DER WELT (3 Min.), FAMILIEN-FILMABEND: BRONANENBROTKÄPPCHEN (4 Min.) und AN GERARD (7 Min.) sowie ein Feature mit drei im Film nicht verwendeten Szenen (5 Min.).
3D, Scope. USA 2020 **KI** UPI **DVD** Universal (16:9, 2.35:1, DD5.1 engl./dt.) **BD** Universal (16:9, 2.35:1, dolby_Atmos engl./dt.) **R** Joel Crawford **B** Kevin Hageman, Dan Hageman, Paul Fisher, Bob Logan **M** Mark Mothersbaugh **S** James Ryan **L** 96 **FSK** ab 0; **f E** 8.7.2021 / 18.11.2021 DVD & BD & 3D BD (plus BD) & 4K UHD (plus BD)
fd 47842

CROSS THE LINE – DU SOLLST NICHT TÖTEN ★★
NO MATARÁS

Nachdem ein schüchterner junger Mann lange seinen kranken Vater gepflegt hat, muss er nach dessen Tod sich selbst neu entdecken und plant eine Reise. Doch die Begegnung mit einer schönen Fremden torpediert das. Was wie eine romantische Nacht beginnt, eskaliert durch eine Reihe von Ereignissen allerdings zum Albtraum. Ein spanischer Film, der wie ein Familiendrama beginnt und sich schließlich zum Thriller entwickelt, wobei die absurden Haken, die die Handlung schlägt, nicht gerade glaubwürdig ausfallen, aber dank des guten Hauptdarstellers als irre Odyssee eines entscheidungsschwachen Helden doch unterhalten. – **Ab 16**.
Scope. Spanien 2020 **DVD** Ascot Elite **BD** Ascot Elite **R** David Victori **B** David Victori, Jordi Vallejo, Clara Viola **K** Elías M. Félix **M** Adrian Foulkes, Federico Jusid **S** Alberto Gutiérrez **Sb** Balter Gallart **Kb** Irantzu Campos, Olga Rodal **D** Mario Casas (Dani), Milena Smit (Mila), Elisabeth Larena (Laura), Fernando Valdivielso (Ray), Javier Mula (Berni) **L** 92 **FSK** ab 16 **E** 5.3.2021 DVD & BD   **fd** -

CRUELLA ★★★
CRUELLA

Ein rebellisches Mädchen wächst in London in der Obhut zweier diebischer Brüder auf. Als junge Frau steigt es in die Modebranche ein, muss jedoch erkennen, dass ihre ehrgeizige Chefin rücksichtslos die Ideen ihrer Mitarbeiter ausbeutet, und

wird darüber zu deren Konkurrentin. Eine komödiantische Erzählung des Werdegangs der Erzschurkin Cruella de Vil aus dem Zeichentrickfilm 101 DALMATINER, die sich vom missverstandenen Kind zur genialisch-diabolischen Mode-Ikone entwickelt. Der schauprächtige Film kann die Wandlung der Protagonistin psychologisch nur bedingt glaubhaft machen, besticht aber durch ein Feuerwerk an Attraktionen, das sich eher an Erwachsene richtet. – **Ab 12**.
🄳 Die BD enthält eine Audiodeskription für Sehbehinderte, allerdings nur in englischer Sprache.
Die Standardausgabe (DVD) enthält keine erwähnenswerten Extras. Die BD enthält indes sechs kürzere «Making of»-Featurettes (insgesamt 42 Min.) sowie ein Feature mit zwei im Film nicht verwendeten Szenen (2 Min.).
USA 2021 **KI** Walt Disney **DVD** Walt Disney (16:9, 1.85:1, DD5.1 engl./dt.) **BD** Walt Disney (16:9, 1.85:1, dts-HDMA7.1 engl., DD7.1 dt.) **4K**: Walt Disney (16:9, 1.85:1, dolby_Atmos engl., DD7.1 dt.) **R** Craig Gillespie **B** Dana Fox, Tony McNamara **K** Nicolas Karakatsanis **Vo** Dodie Smith (Roman *The Hundred and One Dalmatians / Hundertundein Dalmatiner*) **M** Nicholas Britell **S** Tatiana S. Riegel **Sb** Fiona Crombie **Kb** Jenny Beavan **D** Emma Stone (Estella / Cruella de Vil), Emma Thompson (Baroness von Hellman), Mark Strong (Boris), Joel Fry (Jasper Badun), Paul Walter Hauser (Horace Badun) **L** 134 **FSK** ab 6; **f E** 27.5.2021 / 28.5.2021 VoD (Disney+) / 19.8.2021 DVD & BD & 4K UHD (plus BD) **fd** 47735

CRY MACHO ★★★★
CRY MACHO

Ein gealterter Cowboy soll den Sohn seines ehemaligen Chefs aus Mexiko, wo dieser mit seiner Mutter lebt, entführen und zu ihm nach Texas bringen. Das gelingt überraschend reibungslos, doch erfordert die Verfolgung durch die Bundespolizei und durch von der Mutter angeheuerte Schergen, dass sich die beiden Flüchtenden in einer Kleinstadt verstecken. Der Film von Clint Eastwood verweigert sich als eigenwilliges Spätwerk konsequent den klassischen Spannungskurven von Entführung, Annäherung und Flucht. Mit beeindruckender Ruhe erzählt er stattdessen im mexikanischen Hinterland eine sanfte und berührende Geschichte von Familie, Herkunft und Erlösung. – **Sehenswert ab 14**.
🄳 Die BD-Editionen enthalten eine Audiodeskription für Sehbehinderte.
Scope. USA 2021 **KI** Warner Bros. **DVD** War-

Cry Macho (© Warner Bros.)

ner (16:9, 2.35:1, DD5.1 engl./dt.) **BD** Warner (16:9, 2.35:1, dts-HDMA engl., DD5.1 dt.) **R** Clint Eastwood **B** Nick Schenk, N. Richard Nash **K** Ben Davis **Vo** N. Richard Nash (Roman *Cry Macho*) **M** Mark Mancina **S** David S. Cox, Joel Cox **Sb** Ron Reiss (= Ronald R. Reiss) **Kb** Deborah Hopper **D** Clint Eastwood (Mike Milo), Dwight Yoakam (Howard Polk), Eduardo Minett (Rafael «Rafo» Polk), Natalia Traven (Marta), Fernanda Urrejola (Leta) **L** 104 **FSK** ab 12; f **E** 21.10.2021 / 13.1.2022 DVD & BD & 4K UHD fd 48123

Cryptozoo ★★★★
Cryptozoo

In den späten 1960er-Jahren fängt eine Zoowärterin Fabelwesen ein, die von der Öffentlichkeit abgelehnt und gefürchtet und von Söldnern und Soldaten gejagt werden, um sie in einem Zoo in Sicherheit zu bringen. Als sich ein junges Hippiepaar jedoch dort Zutritt verschafft, kommt es zu einem Massenausbruch. Der Zeichentrickfilm erzählt eine durchdachte Ökoparabel rund um Artenvielfalt und das Recht aller Lebewesen, vom Menschen nicht aus ihrer Lebenswelt verdrängt zu werden. Visuell umgesetzt ist der Film in einem betont artifiziellen Zeichenstil aus ausgelaufenen Farben und psychedelischen Mustern, der sich stilistisch vor der Hippie-Ära verbeugt. – **Sehenswert ab 16.**
USA 2021 **R+B** Dash Shaw **M** John Carroll Kirby **S** Lance Edmands, Alex Abrahams **L** 95 **E** 22.10.2021 VoD (Mubi) fd 48125

Cucuy – Der Butzemann
siehe: **Cucuy – The Boogeyman**

Cucuy – The Boogeyman ★★
Cucuy: The Boogeyman

Eine Jugendliche wird für einen Angriff auf die Peiniger ihrer gehörlosen Schwester zu monatelangem Hausarrest verurteilt und vertreibt sich die Zeit, indem sie mit einem Fernrohr ihre Nachbarschaft beobachtet. Als eine Reihe von Kindern in der Stadt verschwindet, argwöhnt sie, dass ein Monster aus mexikanischen Legenden dahintersteckt und stellt sich diesem mutig entgegen. Fürs Fernsehen entstandener, vergleichsweise zahmer Horrorfilm, dessen mutige Teenager-Heldin sein originellster Aspekt ist. Der Plot wird konventionell abgespult, ohne dass das Monster und seine Opfer viel Anteilnahme wecken. – **Ab 16.**
USA 2018 **R+B** Peter Sullivan **K** Eitan Almagor **M** Matthew Janszen **S** Brian Brinkman, Joshua Toomey **Sb** Ryan Kaercher **Kb** Jennifer Garnet Filo **D** Marisol Nichols (Rebecca Martin), Brian Krause (Kieran Martin), Jearnest Corchado (Sofia Martin), Bella Stine (Amelia Martin), Pedro Correa (Milo Murphy) **L** 94 **E** 26.5.2021 Tele 5 fd -

Curveball – Wir machen die Wahrheit ★★★★

Anfang 2000 wendet sich ein Asylbewerber an den Bundesnachrichtendienst und behauptet, im Irak an der Herstellung von Anthrax beteiligt gewesen zu sein. Aus einer Mischung aus Minderwertigkeitsgefühlen, Paranoia und blindem Stolz macht die unglaubwürdige Behauptung die Runde und dient der USA schließlich als Grund für ihren Kriegszug 2003 gegen den Irak. In knappen, scharfen Dialogen, mit trockenen Slapstick-Anflügen und einem melancholisch grundierten schwarzen Humor verwandelt der Film die reale Geschichte in ein modernes Trauerspiel, in dem Geltungsdrang und gekränkte Eitelkeiten die große Weltpolitik bewegen. – **Sehenswert ab 14.**
Deutschland 2020 **KI** Filmwelt **DVD** EuroVideo **R** Johannes Naber **B** Oliver Keidel, Johannes Naber **K** Sten Mende **M** Johannes Naber **S** Anne Jünemann **Sb** Tamo Kunz **Kb** Juliane Maier, Christian Röhrs **D** Sebastian Blomberg (Wolf), Dar Salim (Rafid Alwan), Virginia Kull (Leslie), Michael Wittenborn (Retzlaff), Thorsten Merten (Schatz) **L** 109 **FSK** ab 12; f **E** 9.9.2021 / 10.3.2022 digital (EuroVideo) / 17.3.2022 DVD fd 47585

Cut Throat City – Stadt ohne Gesetz ★★★
Cut Throat City

Als vier Freunde nach den Verheerungen durch den Hurrikan Katrina, der 2005 New Orleans heimsucht, in die Stadt zurückkehren, bieten sich ihnen dort kaum noch berufliche Perspektiven, und so lassen sie sich darauf ein, für einen Gangster zu arbeiten und ein Casino zu überfallen. Doch der Raubzug läuft nicht gut, und bald haben die Freunde einen korrupten Cop sowie ihren Auftraggeber im Nacken. Der Film nimmt sich Zeit, seine Figuren und ihr Milieu einzuführen, und kreist um systemischen Rassismus, von Machismo geprägte afroamerikanische Männerbilder und einen daraus resultierenden Kriminalitäts-Teufelskreis, den der Film als Mischung aus brutalem Actionfilm und Sozialdrama nachzeichnet. – **Ab 18.**
USA 2020 **R** RZA **B** P.G. Cuschieri **K** Brandon Cox **M** Dhani Harrison, Paul Hicks **S** Joe D'Augustine **Sb** Nate Jones **Kb** Gina Ruiz **D** Shameik Moore (Blink), Demetrius Shipp Jr. (Miracle), Tip «T.I.» Harris (Lorenzo «Cousin» Bass), Terrence Howard (The Saint), Ethan Hawke (Jackson Symms) **L** 124 **FSK** ab 18 **E** 30.11.2021 digital fd -

Dancing Queens (© Jan Tove / Netflix)

D'Artagnan und die drei Musketiere ★★
D'ARTACÀN Y LOS TRES MOSQUEPERROS
Ein furchtloser Hund bricht nach Paris auf, um sich den berühmten Musketieren anzuschließen. Dank seines Mutes gelingt ihm dies bald und im Dienst der Königin bekämpfen sie die Intrige des Premierministers Kardinal Richelieu und seiner ruchlosen Komplizen. Weitere Verfilmung des berühmten Romans von Alexandre Dumas, zugleich eine neue Version der populären japanisch-spanischen Kinder-Zeichentrickserie aus den 1980er-Jahren in 3D-Computeranimation. Im Vergleich mit deren 26 Folgen ist die Handlung des Films allerdings arg zusammengestaucht, was weder den Figuren noch dem Humor guttut. Auch die Animation wirkt eher flach. – **Ab 8.**
Spanien 2021 **DVD** Koch (16:9, 1.78:1, DD5.1 dt.) **BD** Koch (16:9, 1.78:1, dts-HDMA dt.) **R** Toni Garcia **B** Douglas Langdale **Vo** Alexandre Dumas (Roman *Die drei Musketiere*) **M** Manel Gil-Inglada **Sb** Bárbara R. Gragirena **L** 88 **FSK** ab 0 **E** 9.12.2021 DVD & BD & digital   fd –

Da scheiden sich die Geister ★★
BLITHE SPIRIT
Remake von David Leans GEISTERKOMÖDIE (1946): Im England des Jahres 1937 soll ein erfolgreicher Schriftsteller seinen letzten Bestseller zu einem Filmdrehbuch adaptieren. Auf der Suche nach Inspiration lädt er ein exzentrisches Medium in seine Villa ein, um eine Séance abzuhalten. Prompt erscheint seine erste, bei einem Reitunfall verstorbene Frau als Geist, sichtbar nur für ihn, was zu allerlei Verwirrung, auch erotischer Art, führt. In den Hauptrollen gut gespielte, allerdings nur durchschnittliche Komödie, der es nicht gelingt, die Leichtigkeit und Verrücktheit des Vorgängers einzufangen. Der Abstecher in die Filmwelt fügt der Geschichte nichts Neues hinzu. – **Ab 16.**
Scope. Großbritannien 2020 **KI** Koch Films **DVD** Koch (16:9, 2.35:1, DD5.1 engl./dt.) **BD** Koch (16:9, 2.35:1, dts-HDMA engl./dt.) **R** Edward Hall **B** Nick Moorcroft, Meg Leonard, Piers Ashworth **K** Ed Wild **Vo** Noël Coward (Bühnenstück *Blithe Spirit*) **M** Simon Boswell **S** Paul Tothill **Sb** Caroline Smith **Kb** Charlotte Walter **D** Dan Stevens (Charles Condomine), Isla Fisher (Ruth Condomine), Judi Dench (Madame Cecily Arcati), Aimee-Ffion Edwards (Edith), Michele Dotrice (Edna) **L** 99 **FSK** ab 12; f **E** 22.7.2021 / 25.11.2021 DVD & BD   fd 47845

Daft Punk's Electroma ★★★★
ELECTROMA / DAFT PUNK'S ELECTROMA
Zwei Roboter träumen davon, zu Menschen zu werden, und unterziehen sich in einem Labor in der Wüste einer Operation. Doch ihre Transformation stößt bei ihren Artgenossen auf gewaltsamen Widerstand. Ein dialogloser, provozierend langsam inszenierter Avantgarde-Film von Thomas Bangalter und Guy-Manuel de Homem Christo, den maskierten Köpfen hinter der French-House-Band Daft Punk, die mit selbstironischem Gestus und nahe am psychedelischen Kino der 1970er-Jahre von Maschinenwesen erzählen, die sich nach dem Menschlichen sehen. – **Ab 14.**
Frankreich/USA 2006 **R** Guy-Manuel de Homem Christo, Thomas Bangalter **B** Guy-Manuel de Homem Christo, Thomas Bangalter, Cédric Hervet, Paul Hahn **K** Thomas Bangalter **M** Steven Baker **S** Cédric Hervet **Kb** Lisa Harris **D** Peter Hurteau (Hero #1), Michael Reich (Hero #2), Ritche Lago Bautista (Robot Groomsman), Daniel Doble (Robot Pastor), Athena Stamos (Robot Waitress) **L** 74 **E** 28.5.2021 arte   fd –

Daido Moriyama – The Past is Always New, the Future is Always Nostalgic ★★★
THE PAST IS ALWAYS NEW, THE FUTURE IS ALWAYS NOSTALGIC: PHOTOGRAPHER DAIDO MORIYAMA
Der 1938 geborene japanische Fotograf Daido Moriyama gilt als «König der Schnappschüsse», der sich häufig auch in verrufenen Milieus oder an den Rändern der Gesellschaft bewegte. Anlässlich der Neuauflage eines seiner revolutionären Fotobücher, dem Band *Japan, ein Theater* aus dem Jahr 1968, begleitet ein Dokumentarist den Künstler, der bei seinen Streifzügen durch Tokio noch heute stets die Kamera bei der Hand hat. Dabei gewährt er großzügig Einblicke in seine spezielle Arbeitsweise, die sich zur interessanten Annäherung aus respektvoller Distanz verdichten. – **Ab 14.**
Japan 2019 **KI** Rapid Eye Movies **R+B+K** Gen Iwama **M** Kazunori Miyake **S** Gen Iwama **L** 108 **FSK** ab 0; f **E** 28.10.2021 fd –

Dancing Queens ★★★
DANCING QUEENS
Eine junge Frau von einer Insel in den Bohuslän-Schären leidet unter der

Trauer um ihre verstorbene Mutter und hat darüber fast ihre Passion fürs Tanzen verloren; trotzdem lässt sie sich von ihrer Großmutter überreden, für ein Vortanzen in die Stadt zu reisen. Aus dem Vortanzen wird zwar nichts, doch landet sie durch einige Verwicklungen bei der Show eines Drag-Clubs, weil der dortige Tanzstar und Choreograf auf ihr Können aufmerksam wird. Als angeblicher junger Mann in Drag bringt sie neuen Schwung in die Truppe und in ihr eigenes Leben, doch nicht nur ihre Lüge bezüglich ihres Geschlechts, sondern auch ihr Verlust machen ihr noch zu schaffen. Der Film verbindet das Tanzmotiv stimmig mit dem Thema der Trauerarbeit und amalgamiert Genreelemente des Tanzfilms, des Dramas und der Verwechslungskomödie zu einer stimmigen Einheit, die durch das gute Darstellerensemble geerdet wird. – **Ab 12.**
Schweden 2021 **R** Helena Bergström **B** Helena Bergström, Denize Karabuda **K** Peter Mokrosinski **M** Gaute Storaas **S** Philip Puljak **Sb** Kristoffer Andersson **Kb** Camilla Thulin **D** Molly Nutley (Dylan Pettersson), Fredrik Quinones (Victor), Marie Göranzon (Margareta), Claes Malmberg (Tommy La Diva), Christopher Wollter (Micke Seth) **L** 110 **E** 3.6.2021 VoD (Netflix) fd 47747

Danger Park - Tödliche Safari ★
Endangered Species
Eine Familie macht Safari-Urlaub in Kenia, allerdings herrschen von Anfang an Spannungen zwischen den Mitgliedern. Doch als sie in der Wildnis verschollen gehen und sich plötzlich gegen allerlei Raubtiere und Wilderer ihrer Haut zu erwehren haben, müssen sie sich notgedrungen zusammenraufen. Der Film punktet mit schönen Aufnahmen der afrikanischen Landschaft und Tierwelt, verdümpelt allerdings bald in einem Plot, der unausgegoren Familiendrama und Survival-Abenteuer zu kombinieren versucht. Blass gezeichnete Figuren und schlecht umgesetzte CGI-Effekte für die Gestaltung der Tier-Attacken schwächen den Film zusätzlich. – **Ab 16.**
USA/Kenia 2021 **DVD** SquareOne **BD** SquareOne **R** M.J. Bassett **B** M.J. Bassett, Isabel Bassett **K** Brendan Barnes **M** Scott Shields **S** Andrew MacRitchie **Sb** Vittoria Sogno **Kb** Mona May **D** Rebecca Romijn (Lauren Halsey), Philip Winchester (Jack Halsey), Isabel Bassett (Zoe Halsey), Michael Johnston (Noah Halsey), Chris Fisher (Billy Mason) **L** 98 **FSK** ab 16; f **E** 7.10.2021 digital (SquareOne) / 15.10.2021 DVD & BD fd -

Dark Day ★★★
Am 11. September 2001 erhält ein Mann in einem Keller über eine spezielle Telefonleitung eine Warnung der russischen Regierung vor Flugzeugentführungen. In zunehmend dramatischen Gesprächen mit den USA und Russland versucht er zu vermitteln und einen Krieg zu verhindern. Ein als Ein-Mann-Produktion entstandenes Kammerspiel, das über 140 Minuten zahlreiche Wendungen nimmt und als konsequent umgesetztes Experiment durchaus eindrucksvoll ist. – **Ab 14.**
Deutschland 2021 **R+B+K** Farhad Shahed **S** Farhad Shahed **Sb** Farhad Shahed **D** Farhad Shahed **L** 140 **E** 16.5.2021 VoD (Vimeo) fd –

Dark Justice - Du entscheidest! ★★
Justice Dot Net
Vier junge Aktivisten entführen in Montreal vier einflussreiche Personen aus Politik und Wirtschaft, um sie bei einem Tribunal, das live im Internet gestreamt wird, für ihre Verbrechen an der Umwelt zur Rechenschaft zu ziehen. Währenddessen heften sich die Schergen eines privaten Sicherheitsdienstes an die Fersen der Entführer. Eine spannende Mischung aus Gerichtsdrama und Politthriller, die brisante und hochaktuelle Probleme thematisiert. Für die Fragen, die die Kluft zwischen den hehren Motiven der Aktivisten und ihren brutalen Methoden sowie dem damit einhergehenden Verlust der Rechtsstaatlichkeit aufwerfen, zeigt der Film aber wenig Sensibilität. – **Ab 14.**
Luxemburg/Kanada 2018 **DVD** EuroVideo **BD** EuroVideo **R** Pol Cruchten **B** Thom Richardson **K** Jerzy Palacz **S** Jean-Luc Simon **D** Martin McCann (Jake De Long), Désirée Nosbusch (Priscila Spencer-Kraft), Pascale Bussières (Hélène Langelier), Astrid Roos (Valerie Gauthier), Danny Ashok (Declan Patel) **L** 83 **FSK** ab 12 **E** 14.1.2021 DVD & BD fd 47507

Dark Web: Cicada 3301 ★★
Dark Web: Cicada 3301
Ein internetaffiner Barkeeper stößt im Dark Web auf Hinweise zu einer ominösen Organisation, die eine abenteuerliche Schnitzeljagd durchführt. Gemeinsam mit Freunden jagt er den Hinweisen hinterher, die bald auch in die reale Welt führen und ihn damit konfrontieren, dass auch Geheimdienste hinter der Organisation her sind. Ein Cyber-Actionfilm ohne große Realitätsanbindung und mit einer altmodischen Vorstellung der bedrohlichen Netzwelt. Da er sich selbst nicht ernst nimmt, besitzt er bescheidenen Unterhaltungswert, allerdings auch zahlreiche fragwürdige Gags. – **Ab 16.**
Die Extras umfassen u. a. einen Audiokommentar des Regisseurs Alan Ritchson, des Produzenten D.J. Viola und des Produzenten/Szenenbildners Burns Burns sowie ein Feature mit im Film nicht verwendeten Szenen (11 Min.).
Scope. USA 2021 **DVD** Capelight (16:9, 2.20:1, DD5.1 engl./dt.) **BD** Capelight (16:9, 2.20:1, DD5.1 engl./dt.) **R** Alan Ritchson **B** Joshua Montcalm, Alan Ritchson **K** Michael Galbraith **M** Sergei Stern **S** Marc Bach **Sb** Burns Burns **Kb** Anne Dixon **D** Jack Kesy (Connor), Conor Leslie (Gwen), Ron Funches (Avi), Alan Ritchson (Agent Carver), Andreas Apergis (Agent Sullivan) **L** 101 **FSK** ab 16; f **E** 30.9.2021 digital / 8.10.2021 DVD, BD & 4K UHD fd –

David und die Weihnachtselfen ★★
Dawid I Elfy
Ein Junge zieht vom Land in die polnische Metropole Warschau. Für die idyllischen Weihnachtsfeste, die er im Haus seiner Großeltern so gerne feierte, scheinen seine Eltern dort wenig Zeit noch Sinn zu haben, doch dann fällt ihm ein Weihnachtself vor die Füße, der mit seiner Aufgabe als Santas Helfer hadert und aus dessen Reich ausgebüxt ist. Gemeinsam versuchen die beiden, den Geist der Weihnacht wiederzufinden. Der Weihnachts-Familienfilm setzt sich durchaus berührend mit der Rolle von Weihnachten als Familienfest und satirisch mit dessen Kommerzialisierung und «Amerikanisierung» auseinander; der komödiantische Zusammenprall des Elfs mit der Menschenwelt bleibt allerdings etwas lasch und ideenarm. – **Ab 8.**
Polen/USA 2021 **R** Michal Rogalski **B** Marcin Baczynski, Mariusz Kuczewski **K** Maciej Lisiecki **M** Pawel Lucewicz **S** Jaroslaw Kaminski **Sb** Joanna Kaczynska **Kb** Paulina Sieniarska **D** Cyprian Grabowski (David), Jakub Zajac (Elf Albert), Cezary Zak (Santa Claus), Monika Krzywkowska (Mrs. Claus), Anna Smolowik (Hania) **L** 105 **E** 6.12.2021 digital (Netflix) fd –

Dawn of the Felines - ★★
Sündiges Tokio
Mesunekotachi
Drei Prostituierte in Tokios Rotlichtbezirk kämpfen mit diversen Alltags-Problemen, nicht zuletzt in ihren

Beziehungen zu den Männern, mit denen sie zu tun bekommen: Der Vorsatz, Gefühle bei der Begegnung mit Kunden außen vor zu lassen, erweist sich mitunter als schwer haltbar. Der Film ist Teil eines «Roman Porno Reboot Project», mit der das japanische Studio Nikkatsu seinen «Roman Pornos» aus den 1970ern und 1980ern huldigt, softpornografischen Filmen, die eine bestimmte Menge an Nackt- und Sexszenen enthalten mussten, bei denen die Filmemacher ansonsten aber freie Hand hatten. Der Film lehnt sich an NIGHT OF THE FELINES (1972) an und nutzt das «Roman Porno»-Konzept für eine Art «Slice of Life»-Eintauchen in Leben der Sexarbeiterinnen, die zu durchaus interessanten Charakteren ausgebaut werden. – **Ab 16.**
Scope. Japan 2017 **DVD** Busch Media (16:9, 2.35:1, DD5.1 jap./dt.) **BD** Busch Media (16:9, 2.35:1, dts-HDMA jap./dt.) **R** Kazuya Shiraishi **K** Takahiro Haibara **M** Takuji Nomura **S** Hitomi Katô **D** Juri Ihata (Masako), Satsuki Maue (Yui), Michié (Rie), Kazuko Shirakawa (Madame des SM-Clubs), Ken Yoshizawa (Kaneda) **L** 85 **FSK** ab 16 **E** 12.3.2021 DVD & BD   fd –

DE OOST ★★★
DE OOST
Im Zweiten Weltkrieg wurde Indonesien, die damalige Kolonie «Niederländisch-Indien», von den Japanern erobert. Nach dem Ende der Besatzung erklärte sich das Land für unabhängig, was die Niederlande nicht akzeptierten. Der Kriegsfilm kreist um einen jungen Niederländer, der mit einem Elitetrupp die koloniale Macht auf brutale Weise wiederherstellen soll, zunehmend aber moralische Zweifel an seiner Mission hegt. Ein schonungsloser Blick auf ein Stück späte Kolonialgeschichte der Niederlande, wobei der Film mit bitterer Ironie konstatiert, dass das Land unmittelbar nach dem Ende der eigenen Besatzung durch die Nazis in Übersee eine Politik im Sinne von deren Rassenideologie praktizierte. – **Ab 16.**
Scope. Niederlande/Belgien/USA/Indonesien 2021 **R** Jim Taihuttu **B** Jim Taihuttu, Mustafa Duygulu **K** Lennart Verstegen **M** Gino Taihuttu **S** Mieneke Kramer, Emiel Nuninga **Sb** Lieke Scholman **Kb** Retno Damayanti, Catherine Marchand **D** Martijn Lakemeier (Johan de Vries), Marwan Kenzari (Raymond Westerling), Jonas Smulders (Mattias Cohen), Abel van Gijlswijk (Charlie), Coen Bril (Eddy) **L** 135 **FSK** ab 16; f **E** 15.7.2021 VoD (Amazon Prime)   fd –

DEAR EVAN HANSEN (© UPI)

DEAD PIGS ★★★
DEAD PIGS
Buntes Gesellschaftspanorama um lose miteinander verwobene Einzelgänger im Shanghai der Gegenwart. Die Besitzerin eines Friseursalons wehrt sich gegen den Abriss ihres Hauses, ein Schweinefarmer droht seine Lebensgrundlage zu verlieren, ein armer Kellner und eine Tochter aus reichem Hause verlieben sich. Ein facettenreicher Blick auf die Veränderungen in einer rapide wachsenden Metropole, in der die Kluft zwischen Gewinnern und Verlierern immer größer wird. Die amüsant-beschwingte Pop-Schrulligkeit der Inszenierung steht allerdings im Widerspruch zum gesellschaftskritischen Thema. – **Ab 16.**
China 2018 **R+B** Cathy Yan **K** Federico Cesca **M** Andrew Orkin **S** Alex Kopit **Kb** Athena Wang **D** Mason Lee (Wang Zhen), Meng Li (Xia Xia), Archibald C. McColl (Phil Johnson), David Rysdahl (Sean Landry), Vivian Wu (Candy Wang) **L** 122 **E** 15.2.2021 VoD (Mubi)   fd 47537

DEAR EVAN HANSEN ★★★★
DEAR EVAN HANSEN
Ein an Sozialer Phobie leidender Jugendlicher wird durch ein Missverständnis für den Freund eines Mitschülers gehalten, der sich das Leben genommen hat. Als vermeintlich einfachste Lösung klärt er den Irrtum nicht auf, was zu engeren Banden zur Familie des Toten führt, aber auch mehr öffentliche Aufmerksamkeit auf ihn lenkt. Ein dramatisches Musical, in dem die Probleme eine realistische Basis bilden, während die intimen Gesangsszenen die unterdrückten Gefühle zum Ausdruck bringen. Die pietätvolle Haltung hebt den Film ebenso aus dem Genre heraus wie die komplexen Figuren, exzellente Darsteller und das Vermeiden einfacher Zuschreibungen und Auflösungen. – **Sehenswert ab 14.**
Scope. USA 2021 **KI** UPI **R** Stephen Chbosky **B** Steven Levenson **K** Brandon Trost **Vo** Steven Levenson (Musical-Libretto Dear Evan Hansen) **M** Benj Pasek (Songs), Justin Paul (Songs) **S** Anne McCabe **Sb** Beth Mickle **D** Ben Platt (Evan Hansen), Kaitlyn Dever (Zoe Murphy), Amandla Stenberg (Alana Beck), Julianne Moore (Heidi Hansen), Amy Adams (Cynthia Murphy) **L** 137 **FSK** ab 12; f **E** 28.10.2021   fd 48136

DEAR FUTURE CHILDREN ★★★★
DEAR FUTURE CHILDREN
Drei junge Frauen aus Chile, Uganda und Hongkong kämpfen mit großem Einsatz und durchaus wehrhaft für Demokratie und Meinungsfreiheit, soziale Gerechtigkeit und eine lebenswerte Umwelt. Der Film heftet sich an ihre Fersen und stürzt sich mit ihnen mitten in Demonstrationen und andere Aktionen. Jenseits von Sensationshascherei und Agitation finden die aufwühlenden Porträts eine authentische Ebene, die das Engagement der drei Frauen begreiflich macht, ohne sie zu heroisieren. – **Ab 14.**
Deutschland/Großbritannien 2021 **KI** Camino **R** Franz Böhm **K** Friedemann Leis **M** Hannes Bieber, Leonard Küßner **S** Daniela Schramm Moura **L** 92 **FSK** ab 12; f **E** 14.10.2021   fd 48074

DEAR SON ★★★
WELDI
Ein vor der Pension stehender tunesischer Hafenarbeiter hat gemeinsam

mit seiner Frau sein bescheiden-arbeitsreiches Leben ganz darauf ausgerichtet, den einzigen Sohn bestmöglich zu versorgen und zu fördern. Dann verschwindet der 19-Jährige eines Tages nach Syrien: Er hat sich einer Dschihadisten-Gruppe angeschlossen. Der Vater folgt ihm, um ihn zurückzuholen. Das Drama entfaltet sich weniger als Geschichte einer Radikalisierung denn als Porträt des Auseinanderbrechens einer Familie. Eindringlich gespielt, aber mit einigen dramaturgischen Längen und fest verankert im kleinbürgerlichen Milieu, erzählt der Film von scheiternden Hoffnungen auf eine bessere Zukunft. – **Ab 14**.
Tunesien/Belgien/Frankreich/Katar 2018 **R+B** Mohamed Ben Attia **K** Frédéric Noirhomme **M** Omar Aloulou **S** Nadia Ben Rachid **D** Mohamed Dhrif (Reyadh Saïdi), Mouna Mejri (Nazli Saïdi), Zakaria Ben Ayyed (Sami Saïdi), Imen Cherif (Samah) **L** 100 **E** 18.8.2021 digital (Mubi)/ 23.2.2022 arte **fd** 47965

Deine Farbe ★★★
Your Color

Zwei junge Männer mit unterschiedlichen sozialen und kulturellen Hintergründen wollen nach dem Schulabschluss das Leben in Deutschland hinter sich lassen und in Barcelona neu anfangen. Doch auch in der katalanischen Metropole ist der Alltag nicht eitel Sonnenschein, sie stoßen auf Schwierigkeiten, und die Freunde drohen, sich immer mehr auseinanderzuleben. Ein in warme Farben getauchtes Drama über eine Freundschaft, die weniger durch äußere Umstände als durch den bloßen Fortlauf der Zeit abzunehmen droht. Die Geschichte ist zwar nicht neu, findet in den Details aber zu einer lohnenden eigenständigen Perspektive. – **Ab 16**.
USA/Deutschland 2018 **R** Maria Diane Ventura **B** Maria Diane Ventura, Hella Wenders **K** Hillarion Banks **M** Fennek Justus Ratzke **S** Luca Lucchesi **Sb** Chloe Reisen **D** Nyamandi Adrian (Albert Klippert), Jannik Schümann (Karl Vogel), Juan Lo Sasso (Julio), Anna Bullard (Kara), Romina Küper (Kristina) **L** 82 **E** 22.2.2021 VoD (Amazon Prime) **fd** -

Deliver Us From Evil ★★
Daman Akeseo Goohasoseo

Einen pensionierten Profikiller erreicht der Hilferuf seiner Ex-Freundin: Er soll in Bangkok nach ihrer entführten gemeinsamen Tochter suchen. Diese Mission führt nicht nur in die abgründige Welt des Kinder- und Organhandels, sondern wird zusätzlich durch einen Yakuza erschwert, der auf Rache für den Mord an seinem Bruder sinnt. Das eigenwillig inszenierte Duell bietet reichlich physisches Actionkino, bewegt sich dramaturgisch aber immer wieder im Leerlauf und findet in den halbherzig entfalteten Hintergrundgeschichten der Figuren nie einen emotionalen Halt. – **Ab 18**.
Das Mediabook enthält als Bonusfilm den Thriller Veteran – Above the Law (Südkorea 2015, R: Ryoo Seung-wan, 124 Min.) sowie ein 20-seitiges Booklet mit Texten zum Film.
Scope. Südkorea 2020 **DVD** Splendid (16:9, 2.35:1, DD5.1 korea./dt.) **BD** Splendid (16:9, 2.35:1, dts-HDMA korea./dt.) **R+B** Hong Won-Chan **K** Hong Kyung-pyo (= Kyung-pyo Hong) **M** Mowg **S** Kim Hyungjoo **Sb** Jo Hwa-seong **D** Hwang Jung-min (In-nam), Lee Jung-jae (Ray), Park Jung-min (Yoo-yi), Choi Hee-seo (Young-joo), Vithaya Pansringarm (Ran) **L** 108 **FSK** ab 18 **E** 5.2.2021 DVD & BD & Mediabook (BD) **fd** 47529

Demonic ★★
Demonic

Seit ihre Mutter ein schreckliches Verbrechen beging, hat deren erwachsene Tochter keinen Kontakt zu ihr; dann aber lässt sie sich auf ein wissenschaftliches Experiment an der im Koma liegenden alten Frau ein. Das Bewusstsein der Tochter soll mit dem der Mutter gekoppelt werden, um zu klären, was ihre Beweggründe waren. Ein trotz geringem Budget ansprechend inszenierter Horrorfilm, der indes zunehmend an einem steifen, über weite Strecken ziellosen Drehbuch krankt, dem es nicht gelingt, das Mutter-Tochter-Drama und einen reichlich grotesken Dämonenjagd-Plot zu einem organischen Ganzen zu verbinden. – **Ab 16**.
Scope. USA/Kanada 2021 **DVD** Koch **BD** Koch **R+B** Neill Blomkamp **K** Byron Kopman **M** Ola Strandh **S** Austyn Daines **Sb** Richard K. Simpson **D** Carly Pope (Carly), Chris William Martin (Martin), Michael J. Rogers (Michael), Nathalie Boltt (Angela), Terry Chen (Daniel) **L** 100 **FSK** ab 16 **E** 31.12.2021 DVD & BD **fd** 48264

Deranged siehe: Contamination – Tödliche Parasiten

Deseo – Karussell der Lust ★
Deseo

Episodenfilm nach Arthur Schnitzlers Bühnenstück *Der Reigen*, verlegt ins moderne Mexiko, wo die zufällige Begegnung einer jugendlichen Prostituierten mit einem Soldaten zu einer Kette an weiteren erotischen Begegnungen führt. Die in Telenovela-Optik gefilmten Softsex-Episoden vermögen allerdings kaum zu fesseln und bleiben jeden Beweis ihres angedeuteten gesellschaftsrelevanten Impetus schuldig. Die einstmals skandalösen Aspekte der Vorlage wirken in dieser prätentiösen Adaption besonders banal. – **Ab 16**.
Mexiko 2013 **DVD** Busch Media (16:9, 1.78:1, DD5.1 span./dt.) **BD** Busch Media (16:9, 1.78:1, dts-HDMA span./dt.) **R+B** Antonio Zavala Kugler **K** Esteban de Llaca **Vo** Arthur Schnitzler (Bühnenstück *Reigen*) **M** Franz Zavala **S** Franz Zavala **Sb** Theresa Watcher **Kb** Patricia Delgado, Viviana Lopez Rothfuss **D** Christian Bach (die Frau), Ari Borovoy (der junge Mann), Pedro Damián (der Ehemann), Paulina Gaitan (die Jugendliche), Edith González (die Schauspielerin) **L** 103 **FSK** ab 16 **E** 2.7.2021 DVD & BD **fd** -

Desterro ★★★★
Desterro

Poetisch-experimentelles Drama über das Scheitern einer Beziehung, das durch überschwänglichen formalistischen Gestaltungswillen eine eigentlich simple Erzählung aufbricht und immer neue Perspektiven auf dieselbe Situation entwirft. Über die Frage nach dem undefinierbaren Unglück im Leben von Menschen eröffnet der Film ein breites Gesellschaftspanorama. Verhärteten Strukturen in Bürgertum und Politik wird dabei mit einer flirrenden Vielzahl an filmischen Mitteln begegnet, die als unruhige Textur gegen die Erstarrung des modernen Lebens rebellieren. – **Sehenswert ab 16**.
Brasilien/Portugal/Argentinien 2020 **Kl** Wolf Kino **R+B** Maria Clara Escobar **K** Bruno Risas **S** Patrícia Saramago **Sb** Juliana Lobo **D** Carla Kinzo (Laura), Otto Jr. (Israël), Rômulo Braga (Julio), David Lobo (Lucas), Clarissa Kiste (Marta) **L** 123 **E** 25.11.2021 **fd** 48214

Detective Dee und das ★★ Geheimnis des Rattenfluchs
Di Gong Mie Shu

Ein Gefängnis in einer chinesischen Stadt zur Zeit der Tang-Dynastie wird von einer mysteriösen Rattenplage und der Pest heimgesucht. Ein General stellt deshalb die ganze Stadt unter Quarantäne. Während sich der Bürgermeister und seine Truppen mit Vorräten verschanzen, drohen den

Bürgern die Seuche und der Hungertod – doch Detective Dee von der Ermittlungsbehörde lässt sie nicht im Stich und forscht nach den Ursachen der Plage. Ein weiterer Beitrag zum populären «Detective Dee»-Franchise, der neben den drei spektakulären Beiträgen von Tsui Hark inszenatorisch stark abfällt. Trotzdem reicht es für ein solides Fantasy-Abenteuer, dessen schaurig ausgemaltes Pestszenario mit den kollektiven Seuchen-Ängsten spielt, die im Jahr der Covid-19-Pandemie virulent sind. – **Ab 16.**
China 2020 **R** Zhu Jiang **D** Chan Ho-Man (Di Renjie/Detective Dee), Zhang Dong (Lu Siniang), Yuen King-Tan (Lu Zhiyuan), Benny Chan, Kingdom Yuen **L** 82 **FSK** ab 16 **E** 21.10.2021 VoD (Koch) **fd** –

DEUTSCHLAND 9/11 ★★★★
Zum 20. Jahrestag der New Yorker Terroranschläge vom 11. September 2001 spannt ein Dokumentarfilm verschiedene deutsche Perspektiven auf den Tag, die Vorgeschichte der Attentate und die Folgen wie den Afghanistankrieg auf. Dabei stehen Aussagen von Angehörigen eines deutschen Opfers des Terrors neben denen von Politikern, Justiz- und Medienvertretern, was in der Summe einen reflektierten und auch augenöffnenden Querschnitt der Aspekte eines einschneidenden historischen Moments ergibt. Trotz einiger Verkürzungen und überdramatisierender Musik entsteht auf diese Weise ein ungewöhnlich dichter und berührender Rückblick. – **Ab 14.**
Deutschland 2021 **R** Jan Peter, Daniel Remsperger **B** Jan Peter, Daniel Remsperger **K** Jürgen Rehberg **M** Roman Keller **S** Susanne Schiebler **L** 89 **E** 10.9.2021 ARD **fd** –

DIAVLO – AUSGEBURT DER HÖLLE ★★
DIAVLO
Eine junge Krankenschwester wird von einer Familie eingestellt, um einen bettlägerigen alten Mann zu pflegen, der früher als Medium auftrat. In dem Haus und auch mit der Person ihres Pfleglings scheint es jedoch alles andere als mit rechten Dingen zuzugehen. Ein mit Ehrgeiz und formaler Gewandtheit inszenierter Horrorfilm, der allerdings eine konfuse Erzählweise hat und seine Wirkung mit unlogischen Entwicklungen aufs Spiel setzt. Auch scheint er sich nicht zwischen Haunted-House-, Vampir- und Teufelsspuk entscheiden zu können. – **Ab 16.**
Scope. Kolumbien 2021 **DVD** Lighthouse **BD** Lighthouse **R+B** David Bohorquez

K Mauricio Vergara **M** Sebastian Mejia **S** David Bohorquez **Sb** Pepper González Forero **Kb** Pepper González Forero **D** Maria Camila Perez (Cherry), Fiona Horsey (Naomi), Marvens Passiano (Dwayne), Alison Sullivan (Sara), Franciscca Tevez (Maria) **L** 85 **FSK** ab 16 **E** 24.9.2021 DVD & BD **fd** –

DIE IN A GUNFIGHT ★
DIE IN A GUNFIGHT
Ein Mann und eine Frau aus zwei rivalisierenden, steinreichen Familien und Medienimperien waren schon als Teenager ineinander verliebt; als Mittzwanzigerin kommt die Frau, nachdem sie lange Zeit in Frankreich verbracht hat, wieder nach Hause zurück, um einen anderen Mann zu heiraten, hält aber an ihrer Jugendliebe fest, und auch ihr Liebster hat noch Gefühle für sie. Die Familien aber wollen die Verbindung mit aller Macht verhindern. Eine als Action-Liebesfilm angelegte *Romeo und Julia*-Variation, die die bekannte Story cool-stylish neu beleben will, aber inszenatorisch so plump gestaltet und erzählerisch so dümmlich ist, dass von den Qualitäten des Stoffs nichts bleibt. – **Ab 16.**
USA 2021 **DVD** Constantin **BD** Constantin **R** Collin Schiffli **B** Andrew Barrer, Gabriel Ferrari **K** Magdalena Górka **M** Ian Hultquist **S** Amanda C. Griffin **Sb** Caity Birmingham **Kb** Muska Zurmati **D** Diego Boneta (Ben Gibbon), Alexandra Daddario (Mary Rathcart), Justin Chatwin (Terrence Uberahl), Wade Allain-Marcus (Mukul), Emmanuelle Chriqui (Barbie) **L** 92 **FSK** ab 16; f **E** 14.10.2021 DVD & BD **fd** –

DINNER FOR TWO ★★★
SMAGEN AF SULT
Ein Ehepaar möchte sich mit seinem eigenen Restaurant den Traum von einem Michelin-Stern erfüllen. Im Zentrum des Charakterdramas stehen zwei Figuren, die vom Ehrgeiz angetrieben sind und ihrem Traum alles andere unterordnen. Das bekommen nicht nur die beiden Kinder zu spüren, sondern es belastet auch die Beziehung des Paars. Das Drama blickt entlarvend hinter die Kulissen der hohen Koch-Künste und glitzernden Michelin-Sterne und kreist um einen Perfektionsdruck, der die Leidenschaft der Figuren für ihre Kochkunst mehr und mehr überlagert. Herausragend besetzt in den Hauptrollen, weiß der Film auch ästhetisch zu überzeugen. – **Ab 14.**
Scope. Dänemark/Schweden 2021 **DVD** Koch (16:9, 2.35:1, DD5.1 dän./dt.)

BD Koch (16:9, 2.35:1, DD5.1 dän./dt.) **R** Christoffer Boe **B** Christoffer Boe, Tobias Lindholm **K** Manuel Alberto Claro **M** Anthony Lledo, Mikkel Maltha **S** Janus Billeskov Jansen, My Thordal **Sb** Nikolaj Danielsen **Kb** Anette Hvidt **D** Katrine Greis-Rosenthal (Maggi), Nikolaj Coster-Waldau (Carsten), Flora Augusta (Chloe), Charlie Gustafsson (Frederik), August Vinkel (August) **L** 99 **FSK** ab 12; f **E** 2.12.2021 digital / 9.12.2021 DVD & BD **fd** 48277

DISPLACED ★★★
Dokumentarische Spurensuche einer jungen jüdischen Filmemacherin aus Berlin, die in Deutschland, Israel und Polen die Geschichte ihrer jüdischen Familie erkundet. Die melancholisch gestimmte Familienchronik thematisiert das Unbehagen, das die Regisseurin in Deutschland empfindet, und versucht diesem auf den Grund zu gehen. Zugleich stellt sie eindringliche Fragen nach der Vergangenheitsbewältigung jenseits der offiziellen Erinnerungskultur und setzt sich für einen ehrlichen Dialog zwischen jüdischen und nicht-jüdischen Deutschen ein. – **Ab 14.**
Deutschland 2020 **KI** Tondowski Films **R+B** Sharon Ryba-Kahn **K** Omri Aloni **M** Dascha Dauenhauer **S** Evelyn Rack **L** 90 **FSK** ab 6 **E** 4.11.2021 **fd** 48153

DOCH DAS BÖSE GIBT ES NICHT ★★★★
SHEYTAN VOJUD NADARAD
Vier Episoden über Menschen im Iran, die direkt oder indirekt mit der Todesstrafe konfrontiert sind: Ein liebender Familienvater geht nach einem ganz normalen Tag nachts seiner grausamen Arbeit nach. Ein Soldat weigert sich, einen zum Tode verurteilten Mann zu töten. Ein anderer Soldat reist in die Provinz, um seiner Geliebten einen Heiratsantrag zu machen. Doch der Tod eines hingerichteten Freundes überschattet das Vorhaben. Eine iranische Studentin besucht ihren Onkel in den einsamen Bergen Irans, wo sie eines Geheimnisses innewird, das sie erschüttert. Der aufrüttelnde Film kreist um das Verhältnis von Moral und Zwang, Widerstand und Überleben in einer despotischen Welt. Trotz aller Kritik an der politischen Führung des Irans ist der Film aber auch eine Ode an das Land, seine Landschaften und seine Bewohner. – **Sehenswert ab 16.**
Iran/Deutschland/Tschechien 2019 **KI** Grandfilm **DVD** Grandfilm/absolutMEDIEN (16:9, 1.78:1, DD5.1 dt.) **R+B** Mohammad Rasoulof **K** Ashkan Ashkani **M** Amir Molookpour

Doch das Böse gibt es nicht (© Grandfilm)

S Mohammadreza Muini, Meysam Muini D Ehsan Mirhosseini (Heshmat), Shaghayegh Shourian (Razieh), Kaveh Ahangar (Pouya), Alireza Zareparast (Hasan), Salar Khamseh (Salar) L 152 FSK ab 12; f E 19.8.2021 / 3.12.2021 DVD   fd 46941

Dog Years siehe: Anni Da Cane

Dogs Don't Wear Pants ★★★
Koirat Eivät Käytä Housuja
Ein alleinerziehender Chirurg, der seit dem Unfalltod seiner Frau in einer gefühllosen Tristesse gefangen ist, entdeckt durch Zufall die Lust des Schmerzes und der Erniedrigung, als er in einem Tattoo-Studio die Welt einer Domina betritt. Das kunstvoll inszenierte Drama verharrt nicht an der Oberfläche sexueller Reize, wenngleich der Film sich durchaus zum Voyeurismus und einer Reise in die Abgründe menschlicher Sexualität bekennt. Doch im gleichen Maße geht es auch um eine ernsthafte Auseinandersetzung mit Trauer und bedingungsloser Zuneigung. – **Ab 18**.
Finnland/Lettland 2019 KI Drop-Out R Jukka-Pekka Valkeapää B Juhana Lumme, Jukka-Pekka Valkeapää K Pietari Peltola M Michal Nejtek S Mervi Junkkonen Sb Kaisa Mäkinen Kb Sari Suominen D Pekka Strang (Juha), Krista Kosonen (Mona), Ilona Huhta (Elli), Jani Volanen (Pauli), Oona Airola (Satu) L 105 FSK ab 18 E 23.9.2021   fd 48052

Die Dohnal ★★★★
Die Dohnal – Frauenministerin/ Feministin/Visionärin
Johanna Dohnal (1939–2010) gilt als erste Feministin, die Teil einer europäischen Regierung war. In ihrer Funktion als erste Frauenministerin Österreichs von 1990 bis 1995 schob die SPÖ-Politikerin gegen alle Widerstände zahlreiche Gesetze für eine moderne Frauenpolitik an. Das vielschichtige Porträt über Dohnals Werdegang verbindet Archivmaterial und Interviews mit ehemaligen Wegbegleiterinnen sowie einer jüngeren Generation von Feministinnen, die ihr Nachwirken in der Gegenwart beleuchten. Ein wichtiges Stück Geschichtsschreibung über eine radikale Frau, die nichts von ihrer Vorbildfunktion verloren hat. – **Ab 14**.
Teils schwarz-weiß. Österreich 2019 KI eksystent distribution DVD eksystent (16:9, 1.78:1, DD2.0 dt.) R+B Sabine Derflinger K Christine A. Maier S Niki Mossböck L 112 FSK ab 0; f E 29.7.2021 / 10.9.2021 DVD   fd 47164

Ein Doktor auf Bestellung ★★★
Docteur?
Ein älterer, knurriger Arzt wird an Weihnachten, während er Bereitschaftsdienst hat, von einem Hexenschuss lahmgelegt und fürchtet negative berufliche Folgen, sollte er die Nacht nicht durchhalten. Kurzerhand heuert er einen jungen Essenslieferant an. Zunächst soll dieser nur ein Rezept für ihn ausliefern, doch daraus wird bald ein kurioses Teamwork, bei dem der Lieferant stellvertretend für den Arzt Hilfe leistet. Eine von einem vortrefflichen Darsteller-Duo getragene weihnachtliche Komödie, hinter deren pointierter Situations- und Dialogkomik eine respektvolle Verneigung vor der Leistung jener Menschen spürbar wird, die in der medizinischen Notfallversorgung arbeiten. – **Ab 12**.
Frankreich 2020 DVD SquareOne BD SquareOne R Tristan Séguéla B Jim Birmant, Tristan Séguéla K Frédéric Noirhomme M Grégoire Hetzel S Grégoire Sivan Sb Emmanuel de Chauvigny Kb Elfie Carlier D Michel Blanc (Serge Mamou-Mani), Hakim Jemili (Malek Aknoun), Solène Rigot (Rose Malaparte), Chantal Lauby (Suzy), Franck Gastambide (Grisoni) L 86 FSK ab 12; f E 30.7.2021 DVD & BD   fd –

Don't Breathe 2 ★★
Don't Breathe 2
Acht Jahre nach einem Einbruch in sein Haus, bei dem er sich erfolgreich und brachial seiner Haut erwehrte, führt ein blinder Kriegsveteran mit seiner jungen Adoptivtochter ein zurückgezogenes Leben. Als eine Bande Unbekannter versucht, sie zu entführen, muss der ehemalige US-Elitesoldat erneut um sein und ihr Leben kämpfen. Die Fortführung eines blutigen Horrorthrillers setzt weniger auf die ausgedehnten Spannungsmomente des ersten Teils als auf klassische B-Movie-Schauwerte, ist aber weiterhin elegant entlang der Blindheit des Protagonisten inszeniert. – **Ab 18**.
⊙ Die Extras der BD umfassen u. a. zwei dt. untertitelbare Audiokommentare mit dem Regisseur Rodo Sayagues beziehungsweise mit dem Regisseur, dem Drehbuchautor/Produzenten Fede Alvarez & dem Kameramann Pedro Luque sowie ein Feature mit einem alternativen Filmende (1 Min.).
Scope. USA 2021 KI Sony DVD Sony (16:9, 2.35:1, DD5.1 engl./dt.) BD Sony (16:9, 2.35:1, dts-HDMA engl./dt.) 4K: Sony (16:9, 2.35:1, dolby_Atmos engl., dts-HDMA dt.) R Rodo Sayagues B Fede Alvarez, Rodo Sayagues K Pedro Luque M Roque Baños S Jan Kovac Sb Sonja Nenadic Kb Carlos Rosario D Stephen Lang (der Blinde), Madelyn Grace (Phoenix), Brendan Sexton III (Raylan), Bobby Schofield (Jared), Christian Zagia (Raul) L 99 FSK ab 8; f E 9.9.2021 / 9.12.2021 DVD & BD & 4K UHD (plus BD)   fd 48032

Don't Look Up ★★
Don't Look Up
Eine Astronomin entdeckt einen Kometen, der laut den Berechnungen ihres Professors in sechs Monaten auf die Erde einschlagen wird. Die Warnung vor der drohenden Apokalypse interessiert jedoch weder Politik noch Öffentlichkeit. Die prominent

besetzte satirische Annäherung an die Klimakatastrophe kürzt die komplexen Widersprüchlichkeiten des drohenden Weltuntergangs eher zu einem Feel-Bad-Movie als zu einer schwarzen Komödie zusammen. Die satirische Kraft des Films bleibt hinter der spöttischen Eitelkeit zurück, mit der er der US-amerikanischen Gesellschaft den moralischen Bankrott erklärt. – **Ab 14.**
Scope. USA 2021 **KI** Netflix **R+B** Adam McKay **K** Linus Sandgren **M** Nicholas Britell **S** Hank Corwin **Sb** Clayton Hartley **Kb** Susan Matheson **D** Leonardo DiCaprio (Dr. Randall Mindy), Jennifer Lawrence (Kate Dibiasky), Timothée Chalamet (Yule), Melanie Lynskey (June Mindy), Jonah Hill (Jason Orlean) **L** 142 **FSK** ab 12 **E** 9.12.2021 / 24.12.2021 VoD (Netflix)   fd 48262

Don't Look Up (Niko Tavernise / Netflix)

Don't Read This on a Plane ★★
Don't Read This on a Plane
Eine junge Autorin hofft mit ihrem gerade erschienenen dritten Roman endlich den ersehnten Erfolg zu landen und ist hocherfreut, als sie auf eine große Promotion-Lesereise quer durch Europa geschickt wird. Doch schon an der ersten Station erfährt sie, dass die Tournee geplatzt ist, weil ihr Verlag bankrottgegangen ist. Sie beschließt trotzdem, die Reise mit ihren spärlichen eigenen Mitteln fortzusetzen, indem sie trampt und da übernachtet, wo sich eine günstige Möglichkeit auftut. Der Film punktet mit einer charmanten, gut gespielten Hauptfigur, entwickelt aber zu wenig Ideen, um das Road Movie mit fesselnden Begegnungen und Erlebnissen zu füllen, sodass sich einige Längen einstellen. – **Ab 14.**
Scope. Australien/Rumänien/Frankreich/Deutschland/Griechenland/Ungarn/Italien/Niederlande/Portugal 2020 **DVD** Lighthouse **BD** Lighthouse **R+B** Stuart McBratney **K** Scott Devitte **M** Stuart McBratney **S** Stuart McBratney **D** Sophie Desmarais (Jovana Fey), Victor von Schirach (Elias), Dorotheea Petre (Ksenia), Susanna Dekker (Lanka), Nicolas Bravos (Brad) **L** 84 **FSK** ab 12 **E** 23.7.2021 DVD, BD & digital   fd –

Doors – A World Beyond ★★
Doors
Überall auf der Erde tauchen von einem Moment auf den anderen mysteriöse Türen außerirdischen Ursprungs an und lassen Menschen verschwinden. Die übrige Menschheit nähert sich an verschiedenen Orten den Türen an und wird in existenzverändernde Erfahrungen versetzt. In vier Episoden aufgeteilter Science-Fiction-Film mit inhaltlichen Ambitionen, die weitgehend an mangelhafter Ausführung und langweiligen Charakteren scheitern. Ansprechend erscheint im Wesentlichen die suggestive Kameraarbeit. – **Ab 14.**
Scope. USA 2021 **DVD** Lighthouse **BD** Lighthouse **R** Jeff Desom, Saman Kesh, Dugan O'Neal **B** Saman Kesh, Jeff Desom, Ed Hobbs, Dugan O'Neal, Chris White (= Christopher White) **K** Todd Banhazl, John Schmidt, Starr Whitesides **M** John Beltrán **S** Chad Van Horn, Chris Coupland **Sb** Jessica Garrison **D** Kathy Khanh (Ash), Julianne Collins (Liz), Aric Generette Floyd (Jake), Rory Anne Dahl (Rory), Josh Peck (Vince) **L** 81 **FSK** ab 12 **E** 8.10.2021 DVD & BD   fd –

Down Terrace ★★★
Down Terrace
Ein kriminelles Vater-Sohn-Gespann aus dem englischen Badeort Brighton wird nach einer Haftstrafe aus dem Gefängnis entlassen. Zuhause bei der Mutter versucht der Vater herauszubekommen, wer aus seinen kriminellen Kreisen ihn verraten hat. Der Sohn fühlt sich derweil in seiner Familie zunehmend unwohl. Als seine Freundin auftaucht und sich herausstellt, dass sie schwanger ist, aber Zweifel darüber bestehen, ob das Kind von ihm ist, nehmen die Dinge eine hässlich-brutale Wendung. Ein vorwiegend von Laiendarstellern getragener, weitgehend kammerspielartig inszenierter Low-Budget-Krimi, der britischen «Kitchen Sink»-Realismus mit einer grotesk-schwarzhumorigen Thrillerhandlung verbindet. – **Ab 16.**
Großbritannien 2009 **R** Ben Wheatley **B** Ben Wheatley, Robin Hill **K** Laurie Rose **M** Jim Williams **S** Robin Hill **D** Robin Hill (Karl), Robert Hill (Bill), Julia Deakin (Maggie), David Schaal (Eric), Kerry Peacock (Valda) **L** 93 **E** 30.12.2021 VoD (Mubi)   fd 48296

Dream Horse ★★
Dream Horse
In einem walisischen Dorf dominiert langweilige Alltäglichkeit, bis eine Verkäuferin auf die Idee verfällt, ein Rennpferd zu züchten. Sie trommelt ein Dutzend Gleichgesinnter zusammen, die sich ohne Erfahrung, aber mit umso mehr Begeisterung auf das Unternehmen einlassen. Bald wird das Pferd namens «Dream Alliance» von einem erfahrenen Coach trainiert und nimmt an walisischen Rennen teil. Der auf realen Begebenheiten beruhende Film setzt auf bekannte Stars, reichlich Lokalkolorit und eine starke Emotionalität, bewegt sich aber in vorhersehbaren Bahnen. Dennoch überzeugt die Hauptdarstellerin als patente Persönlichkeit, deren Beziehung zu ihrem tierischen Schützling anrührend geschildert ist. – **Ab 12.**
Scope. Großbritannien 2020 **KI** Weltkino **DVD** Weltkino (16:9, 2.35:1, DD5.1 engl./dt.) **BD** Weltkino (16:9, 2.35:1, dts-HDMA engl./dt.) **R** Euros Lyn **B** Neil McKay **K** Erik Wilson **M** Benjamin Woodgates **S** Jamie Pearson **Sb** Dan Taylor **Kb** Sian Jenkins **D** Toni Collette (Jan Vokes), Damian Lewis (Howard Davies), Nicholas Farrell (Philip Hobbs), Owen Teale (Brian Vokes), Karl Johnson (Kerby) **L** 114 **FSK** ab 6; f **E** 12.8.2021 / 19.11.2021 DVD & BD & digital   fd 47933

DREAMLAND – FLUCHT INS LEBEN ★★★
DREAMLAND

Texas, 1935: In einem Landstrich, der von der Großen Depression ebenso gebeutelt ist wie von der anhaltenden Trockenheit, lebt ein junger Mann auf der Farm seiner Mutter und seines Stiefvaters ein eintöniges Leben – bis er auf eine berüchtigte Bankräuberin stößt, die sich auf der Flucht vor der Polizei verletzt in einer Scheune versteckt hat. Anstatt sie zu verraten, versucht er, der faszinierenden Schönen zur Flucht zu verhelfen. Das Krimi-Drama tritt etwas einfallslos in die Fußstapfen von Terrence Malicks Frühwerken BADLANDS und IN DER GLUT DES SÜDENS, weiß durch eine suggestive Kameraarbeit und eine charismatisch-schillernde Hauptdarstellerin aber trotzdem zu fesseln. – **Ab 16.**
Scope. USA 2019 DVD Paramount R Miles Joris-Peyrafitte B Nicolaas Zwart K Lyle Vincent M Patrick Higgins S Abbi Jutkowitz, Brett M. Reed Sb Meredith Lippincott Kb Rachel Dainer-Best D Finn Cole (Eugene Evans), Margot Robbie (Allison Wells), Travis Fimmel (George Evans), Kerry Condon (Olivia Evans), Darby Camp (Phoebe Evans) L 98 E 9.4.2021 digital (Paramount)   fd -

DREI EIER IM GLAS ★★
DREI EIER IM GLAS

Drei vom Leben gebeutelte Männer finden einander in einem Saxophonkurs und gründen eine Wohngemeinschaft. Als schräges Trio geraten sie immer wieder auf seltsame Abwege, durch ihr Zusammensein kommt allerdings auch rasch wieder mehr Schwung in ihr Dasein. Skurrile, unbekümmert mäandernde Komödie, die ihren minimalistischen Nonsens-Humor ins Extrem zu treiben versucht. Damit unterlaufen die komödiantisch geschulten Darsteller allerdings letztlich auch ihre eigentlichen Stärken, zumal die zündenden Einfälle des Films sich doch in Grenzen halten. – **Ab 16.**
Österreich 2015 R Antonin Svoboda B Christoph Grissemann, Dirk Stermann, Heinz Strunk, Antonin Svoboda K Martin Gschlacht M Parov Stelar S Joana Scrinzi Sb Katharina Wöppermann Kb Tanja Hausner D Christoph Grissemann (Dragan «Drakuhl» Kuhl), Dirk Stermann (Bernhard «Barney» Schweinheimer), Heinz Strunk (Michael Kiesel), Ingrid Burkhard (Mutter Drakuhl), Davis O. Nejo (Richard Song) L 88 E 6.6.2021 3sat   fd -

DREI HASELNÜSSE FÜR ★★
ASCHENBRÖDEL
TRE NØTTER TIL ASKEPOTT

Eine junge Frau leidet unter dem drakonischen Regime ihrer Stiefmutter, bis eines Tages die königliche Familie ihr Anwesen besucht und eine zufällige Begegnung mit dem Prinzen, drei Zaubernüsse sowie ihre eigene Courage das Leben der Heldin zum Besseren wenden. Norwegische Neuverfilmung des tschechischen Märchenfilmklassikers frei nach Aschenputtel. Die Adaption hält sich bis in Details ans Original und setzt nur wenig eigene Akzente; Ansätze dazu, Figuren neu zu interpretieren, etwa die Stiefschwester der Heldin, bleiben rudimentär. Das Ergebnis ist ein durchaus charmantes Wintermärchen, das allerdings für Fans des Originals mehr überflüssige Wiederholung als spannende Variation ist. – **Ab 6.**
Norwegen/Litauen 2021 R Cecile A. Mosli B Anna Bache-Wiig, Karsten Fullu, Kamilla Krogsveen, Siv Rajendram Eliassen (= Siv Rajendram) K Trond Tønder Vo Bozena Nemcová (Kurzgeschichte Drei Haselnüsse für Aschenbrödel) M Gaute Storaas S Perry Eriksen, Jens Christian Fodstad Sb Siri Langdalen Kb Flore Vauville D Astrid Smeplass (Aschenbrödel), Cengiz Al (Prinz), Ellen Dorrit Petersen (Stiefmutter), Ingrid Giæver (Dora), Bjørn Sundquist (Alfred) L 83 FSK ab 6; f E 20.12.2021 digital (Amazon Prime)   fd -

3 1/2 STUNDEN ★★

Am 13. August 1961 werden die Passagiere eines Zuges von München nach Berlin von der Nachricht des Mauerbaus überrascht. Innerhalb weniger Stunden müssen sie eine existenzielle Entscheidung treffen, ob sie aussteigen und damit ihr Leben im Osten zurücklassen oder ob sie in die Unfreiheit der DDR zurückkehren. Viele Einzelschicksale bündelndes Drama zum 60. Jahrestag des Mauerbaus, aufwändig produziert und mit ausgezeichneter Kameraarbeit. Die zahlreichen Figuren bleiben jedoch mehrheitlich profillos und unglaubhaft, der Aufbau insgesamt zu melodramatisch. – **Ab 14.**
Deutschland 2021 DVD Studio Hamburg R Ed Herzog B Robert Krause, Beate Fraunholz K Ngo The Chau M Stefan Will S Simon Blasi Sb Benedikt Herforth Kb Katharina Ost D Jeff Wilbusch (Sascha Goldberg), Alli Neumann (Carla Engel), Jan Krauter (Gerd Kügler), Susanne Bormann (Marlis Kügler), Luisa-Céline Gaffron (Edith Salzmann) L 96 FSK ab 12 E 7.8.2021 ARD / 3.9.2021 DVD   fd -

398 TAGE – GEFANGENER DES IS ★★★
SER DU MÅNEN, DANIEL

Im Jahr 2013 gerät der junge dänische Fotojournalist Daniel Rye im bürgerkriegsgebeutelten Syrien in die Hände des Islamischen Staats, der für den Entführten Lösegeld erpressen will. Während der Däne versucht, den katastrophalen Bedingungen seiner Gefangenschaft bis hin zur Folter zu trotzen und bei anderen westlichen IS-Gefangenen Unterstützung findet, kämpft seine Familie mit Hilfe eines Unterhändlers verzweifelt um seine Freilassung. Ein biografisches Drama nach einem Sachbuch, das wenig an politischem Kontext einbezieht, sondern das Martyrium des Protagonisten und die Bemühungen des Unterhändlers und der Familie zum spannungsvollen Thriller einer Rettung verdichtet. – **Ab 16.**
Scope. Dänemark 2019 DVD Pandastorm BD Pandastorm R Niels Arden Oplev B Anders Thomas Jensen K Eric Kress Vo Puk Damsgård (Buch Ser du månen, Daniel / Geisel des IS: Die wahre Geschichte einer 13-monatigen Gefangenschaft) M Johan Söderqvist S Lars Therkelsen, Anne Østerud Sb Knirke Madelung Kb Stine Thaning D Esben Smed (= Esben Smed Jensen) (Daniel Rye), Anders W. Berthelsen (Arthur), Sofie Torp (Anita), Sara Hjort Ditlevsen (Signe), Christiane Gjellerup Koch (Susanne) L 133 FSK ab 16 E 26.11.2021 DVD, BD & VoD / 5.2.2022 One   fd -

33 TAGE UTOPIE ★★★

1980 errichteten Atomkraftgegner beim am Atommülllager ausgewählten Ort Gorleben in Niedersachsen ein Dorf, das nach 33 Tagen geräumt und zerstört wurde. Ausgehend von den Ausgrabungen eines Archäologen im Jahr 2018 fragt der Dokumentarfilm – als siebtes Werk der Wendländischen Filmkooperative und der Regisseurin Roswitha Ziegler – nach den bleibenden und den verlorenen Aspekten des Anti-Atomkraft-Widerstands. Dabei zeugt er zwar auch von den enttäuschten Hoffnungen von fast vier Jahrzehnten, die Bilanz fällt aber überwiegend positiv aus und vollzieht einen Brückenschlag zur Gegenwart. – **Ab 14.**
Deutschland 2019 R+B Roswitha Ziegler K Niels Bolbrinker (= Niels C. Bolbrinker), Dirk Drazewski, Gerhard Ziegler, Roswitha Ziegler S Roswitha Ziegler L 84 E 23.8.2021 arte   fd -

DRIVE MY CAR ★★★★
DORAIBU MAI KA

Ein japanischer Theaterregisseur, der auch zwei Jahre nach dem plötzlichen Tod seiner Frau innerlich erstarrt ist, soll in einem Theater in Hiroshima das Tschechow-Stück *Onkel Wanja* inszenieren. Mit der Hauptrolle betraut er ausgerechnet einen Schauspieler, den er verdächtigt, ein ehemaliger Liebhaber seiner Frau gewesen zu sein. Das kunstvoll komponierte und filigran inszenierte Drama kreist um die heilende Kraft von Kunst und Sprachen, die auch mächtige Kommunikationsbarrieren, etwa soziale Klassen, Nationalität, Behinderung, Schuld und Traumata, überwinden helfen. – **Sehenswert ab 16.**

Japan 2021 **Kl** Rapid Eye Movies **R** Ryûsuke Hamaguchi **B** Takamasa Oe, Ryûsuke Hamaguchi **K** Hidetoshi Shinomiya **Vo** Haruki Murakami (Kurzgeschichte) **M** Eiko Ishibashi **S** Azusa Yamazaki **Sb** Seo Hyeon-Seon **Kb** Haruki Koketsu **D** Hidetoshi Nishijima (Yūsuke Kafuku), Tōko Miura (Misaki Watari), Reika Kirishima (Oto, Kafukus Frau), Masaki Okada (Kōji Takatsuki), Park Yurim (Lee Yoon-A) **L** 177 **FSK** ab 12; f **E** 23.12.2021 **fd** 48268

DRIVE MY CAR (© Rapid Eye Movies)

DRIVEWAYS ★★★★
DRIVEWAYS

Drama um eine alleinerziehende Mutter, die den Haushalt ihrer verstorbenen Schwester in einer anderen Stadt auflösen muss, was schmerzhafte Wunden aufreißt. Währenddessen trifft ihr achtjähriger Sohn beim Streunen in der Umgebung auf einen grummeligen Witwer, mit dem er sich anfreundet. Der ganz aus stillen Momenten heraus entwickelte Film verzichtet auf große Konfliktfelder, sondern erzählt zärtlich von der Wichtigkeit der Verständigung und von Abschieden. Im wunderbaren Spiel der Darsteller werden dabei subtil auch winzige emotionale Verschiebungen registriert. – **Sehenswert ab 14.**

USA 2019 **Kl** Tobis **R** Andrew Ahn **B** Hannah Bos, Paul Thureen **K** Ki Jin Kim **M** Jay Wadley **S** Katherine McQuerrey **Sb** Charlotte Royer **Kb** Matthew Simonelli **D** Hong Chau (Kathy), Lucas Jaye (Cody), Brian Dennehy (Del), Christine Ebersole (Linda), Jerry Adler (Rodger) **L** 85 **FSK** ab 0; f **E** 6.5.2021 VoD **fd** -

DRY WIND siehe: VENTO SECO

DSCHUNGEL-BEAT: DER FILM ★★★
JUNGLE BEAT: THE MOVIE

Ein Animationsfilm um die Abenteuer von Dschungeltieren, bei denen ein Außerirdischer auftaucht. Er gehört zu einer Spezies, die die Welt erobern will, und ist mit seinem Schiff abgestürzt. Zum Glück für die Dschungeltiere, die dank der Alien-Technologie plötzlich sprechen können, ist der kleine blaue Kerl ein wenig aus der Art geschlagen, zeigt wenig Eroberer-Ambitionen und hat Heimweh. Die Tiere freunden sich mit ihm an und wollen ihm helfen. Die Filmfortsetzung einer beliebten Cartoon-Serie erzählt zwar eine eher konventionelle Geschichte, ist durch liebenswerte Figuren und eine detailreiche Animation aber gelungene, jederzeit kindgerechte Unterhaltung. – **Ab 8.**

Scope. Mauritius 2020 **R** Brent Dawes **B** Brent Dawes, Sam Wilson **K** Charl Collocott **M** Andries Smit **S** Clea Mallinson, Ryno Ritter **L** 89 **E** 14.5.2021 VoD (Netflix) **fd** -

DU SIE ER & WIR ★★

Zwei Paare aus Hamburg verabreden ein Experiment: Vier Wochen, in denen jede/jeder mit dem Partner/der Partnerin des/der anderen zusammenlebt, aber ohne Sex. Als sich die vier Mittzwanziger danach treffen, stehen die kriselnden Liebesbeziehungen auf dem Prüfstand. Die kammerspielartige, turbulente Beziehungskomödie punktet mit einem spielfreudigen deutschen Star-Ensemble und überraschenden Wendungen, schöpft ihr Potenzial aber nicht aus, weil existenzielle Krisen ausbleiben und das Finale allzu konstruiert wirkt. – **Ab 14.**

Deutschland 2021 **R** Florian Gottschick **B** Florian Gottschick, Florian von Bornstädt **K** Lukas Steinbach, Christof Wahl **S** Christoph Dechant **Sb** Micky Psiorz **Kb** Kaya Kürten **D** Jonas Nay (Nils), Nilam Farooq (Janina), Paula Kalenberg (Maria), Louis Nitsche (Ben), Tim Oliver Schultz (Anton) **L** 88 **E** 15.10.2021 VoD (Netflix) **fd** 48111

DER DUFT VON WILDEM THYMIAN ★★★
WILD MOUNTAIN THYME

Eine irische Farmerin hat ein Auge auf ihren Nachbarn geworfen, doch dieser scheint zu sehr von seinen Problemen und Unsicherheiten in Beschlag genommen, um seinerseits einen Annäherungsversuch zu wagen: Sein kauziger Vater will die Familienfarm an seinen Neffen aus den USA verkaufen. Die Frage, wer wohin und zu wem gehört, sorgt für allerlei Wirrungen. Eine romantische Komödie, die viele Irland-Romantik-Klischees samt des Filmklassikers DER SIEGER zitiert, um von familiären Reibereien und der Sehnsucht nach Zugehörigkeitsgefühlen zu erzählen. Dank eines gut austarierten Figurenensembles und einer ausgewogenen Mischung aus Komik und Herzschmerz solide Genre-Unterhaltung. – **Ab 14.**

Irland/Großbritannien 2020 **DVD** Capelight (16:9, 1.85:1, DD5.1 engl./dt.) **BD** Capelight (16:9, 1.85:1, dts-HDMA engl./dt.) **R+B** John Patrick Shanley **K** Stephen Goldblatt **Vo** John Patrick Shanley (Theaterstück *Outside Mullingar*) **M** Amelia Warner **S** Ian Blume **Sb** Anna Rackard **Kb** Triona Lillis **D** Emily Blunt (Rosemary), Jamie Dornan (Anthony), Christopher Walken (Tony), Jon Hamm (Adam), Dearbhla Molloy (Aoife Muldoon) **L** 99 **FSK** ab 12; f **E** 21.5.2021 digital / 28.5.2021 DVD & BD **fd** 47744

DER DUFT VON WILDEM THYMIAN (© Capelight)

DUNE ★★★
DUNE

In einer fernen Zukunft übernimmt das Adelshaus Atreides die Herrschaft auf dem Wüstenplaneten Arrakis, um den Abbau eines kostbaren Rohstoffs zu überwachen. Doch der Auftrag erweist sich als tödliche Falle, was dramatische Ereignisse in Gang setzt, in deren Zug der junge Thronfolger der Atreides nach seiner Bestimmung sucht. Dabei spielen die indigenen Bewohner des Wüstenplaneten, die auf die Ankunft eines Messias warten, eine wichtige Rolle. Der erste Teil einer Neuverfilmung des gleichnamigen Science-Fiction-Romans von Frank Herbert entfaltet rund um die «Heldenreise» seiner jugendlichen Hauptfigur ein intrigenreiches und gewaltvolles Drama mit dem Pathos einer griechischen Tragödie. Das monumentale Set-Design, der dröhnende Soundtrack und spektakuläre Kampfszenen befeuern ein megalomanisches Spektakel-Kino, in das Themen wie Kolonialismus, kapitalistische Ausbeutung und religiöse Heilssehnsucht einfließen. – Ab 14.

⊙ Die Editionen enthalten eine Audiodeskription für Sehbehinderte.

Die Standardausgabe (DVD) enthält keine erwähnenswerten Extras. Die Extras der BD umfassen indes u. a. eine Sammlung von Kurzfeaturettes, die in ihrer Gesamtzeit (72 Min.) einen ausführlichen Überblick über Genese, Dramaturgie und die technischen Besonderheiten des Projektes bieten. Die bestechende audiovisuelle Qualität offenbart sich im gelungenen Transfer der 4K UHD (plus BD). Sämtliche BD-Editionen sind mit dem Silberling 2021 ausgezeichnet.
3D, Scope. USA 2020 **KI** Warner Bros. **DVD** Warner (16:9, 2.35:1, DD5.1 engl./dt.) **BD** 2D & 4K: Warner (16:9, 2.35:1, dolby_Atmos engl./dt.) **3D:** Warner (16:9, 2.35:1, dts-HDMA engl./dt.) **R** Denis Villeneuve **B** Jon Spaihts, Denis Villeneuve, Eric Roth **K** Greig Fraser **Vo** Frank Herbert (Roman *Dune – Der Wüstenplanet*) **M** Hans Zimmer **S** Joe Walker **Sb** Patrice Vermette **Kb** Jacqueline West **D** Timothée Chalamet (Paul Atreides), Rebecca Ferguson (Lady Jessica), Oscar Isaac (Herzog Leto Atreides), Josh Brolin (Gurney Halleck), Stellan Skarsgård (Baron Vladimir Harkonnen) **L** 156 **FSK** ab 12; f **E** 16.9.2021 / 23.12.2021 DVD & BD & 3D BD (plus BD) & 4K UHD (plus BD) **fd** 48027

DÜRER ★★★★
Der deutsche Maler Albrecht Dürer (1471–1528) war schon zu Lebzeiten ein höchst erfolgreicher und einflussreicher Renaissance-Künstler, der Genie mit Geschäftssinn verband. Das Dokudrama verbindet Experten-Interviews zur bleibenden Faszinationskraft von Dürer mit gut besetzten Spielszenen, die wenig bekannte Fakten über den Maler mit einer schlüssigen Annäherung an seine Persönlichkeit verbinden. Die aufmerksame Gestaltung und der hohe Informationswert machen aus dem Film ein Muster seiner Gattung, ohne interpretatorische Ausschließlichkeit zu beanspruchen. – Ab 14.
Deutschland 2021 **R+B** Marie Noëlle **K** Jonas Römmig **M** Christian Wilckens **S** Frank J. Müller (= Frank Müller) **Sb** Andreas Lupp **Kb** Tanja Wagner, Pamela Somasundaram **D** Wanja Mues (Albrecht Dürer), Hannah Herzsprung (Agnes Dürer), Anika Mauer (Barbara Dürer), Gedeon Burkhard (Vater Albrecht Dürer), Sascha Gersak (= Sascha Alexander Gersak) (Willibald Pirckheimer) **L** 89 **E** 4.12.2021 arte **fd** –

DYNASTY WARRIORS ★★
DYNASTY WARRIORS

Ein Film nach der gleichnamigen Computerspiel-Reihe rund um Kriege, Scharmützel und Intrigen während der Han-Dynastie, der Phase der «Drei Reiche». Die Zeit der Han-Dynastie neigt sich dem Ende zu, Rebellionen und kriegerische Auseinandersetzungen sorgen für Unruhe. Verschiedene Krieger und militärische Führer werden ins Ringen um die Macht verwickelt. Das effektgestützte Schlachtenspektakel ist nur in den akrobatischen Kampfszenen gelungen. Handlung und Figurenzeichnung dagegen begnügen sich mit einem Spar-Angebot. – Ab 16.
China/Hongkong/Japan 2021 **R** Roy Hin Yeung Chow **B** To Chi-long **K** Kenny Tse **Vo** Luo Guangzhong (Roman *Romance of the Three Kingdoms*) **M** Yusuke Hatano **S** Cheung Ka-Fai **D** Louis Koo (Lu Bu), Kai Wang (Cao Cao), Ray Lui (Yuan Shao), Justin Cheung (Zhang Fei), Carina Lau (Schlossherrin) **L** 118 **E** 1.7.2021 VoD (Netflix) **fd** –

EAT BRAINS LOVE (© Splendid)

EARWIG AND THE WITCH
siehe: AYA UND DIE HEXE

EASTERN PLAYS ★★★★
IZTOCHNI PIESI
Das Porträt zweier entfremdeter Brüder: In einem trostlosen Plattenbau am Rand von Sofia lebt der jüngere der beiden mit dem Vater in einer lieblosen Zweckgemeinschaft und wendet sich Halt suchend einer Gruppe von Neonazis zu. Bei einem Angriff auf eine türkische Urlauberfamilie trifft er unerwartet auf seinen älteren Bruder, der versucht, die Familie zu schützen. Dieser ist Künstler, arbeitet in einer Werkstatt und kämpft mit Drogenproblemen. Ein eindrucksvolles Sozialdrama über die Sehnsucht nach Lebensperspektiven in einer Umgebung, die davon nur wenig zu bieten hat. Der Film lebt vor allem von seinen eindringlichen, glaubwürdigen Charakterzeichnungen. – **Ab 16.**
Bulgarien 2009 R+B Kamen Kalev K Julian Atanassov M Jean-Paul Wall S Kamen Kalev, Stefan Piryov D Christo Christov (Itso), Ovanes Torosian (Georgi), Saadet Aksoy (= Saadet Isil Aksoy) (Isil), Nikolina Iancheva (Niki) L 85 E 1.3.2021 VoD (arte)   fd -

EAT BRAINS LOVE ★★
EAT BRAINS LOVE
Ein Jugendlicher wird durch einen sexuell übertragenen Virus zum Zombie, ebenso wie ein Mädchen, das er insgeheim anhimmelt. Da der Hunger auf Menschenfleisch bei den Betroffenen nur gelegentlich erwacht, versuchen sie gemeinsam, sich mit dem Zombiedasein zu arrangieren, während sich eine junge Agentin an ihre Fersen heftet. Eine Mischung aus High-School-Romanze und Horrorkomödie mit derbem, sich nicht um Geschmack oder Tabus scherendem Humor. Zwar ohne sonderliche Originalität, arrangiert der Film seine stereotypen Versatzstücke immerhin kurzweilig, sodass er Splatter-Fans durchaus unterhält. – **Ab 18.**
Scope. USA 2019 DVD Splendid BD Splendid R Rodman Flender B Mike Herro, David Strauss K Tarin Anderson Vo Jeff Hart (Roman *Eat, Brains, Love*) M Chad Fischer S Josh Ethier Sb Angela Gail Schroeder Kb Sandra Algood D Jake Cannavale (Jake Stephens), Angelique Rivera (Amanda Blake), Sarah Yarkin (Cass), Jim Titus (Tom), Patrick Fabian (Alastaire) L 87 E 29.10.2021 DVD & BD   fd -

EDEN FÜR JEDEN ★★★
EDEN FÜR JEDEN
Eine Studentin, die mit ihrer leicht dementen Oma zusammenlebt, beschließt kurzerhand, mit der alten Frau in deren Schrebergartenparzelle zu ziehen, wo es diese ohnehin immer wieder hintreibt. Damit ecken sie bei dem strikten Präsidenten des Schrebergartens an, vor allem die kesse junge Frau geht jedoch daran, den konservativen Kern der dortigen Gesellschaft aufzumischen. Sympathische, von pointiert gezeichneten Charakteren bevölkerte Komödie des Schweizer Altmeisters Rolf Lyssy, die mit versöhnlicher Stimmung den Wert von Multikulturalität betont. Der satirische Blick auf das Schrebergartenmilieu bleibt mild, sorgt durch seinen Einfallsreichtum aber dennoch für gehobene Unterhaltung. (O.m.d.U.) – **Ab 14.**
Schweiz 2020 R Rolf Lyssy B Dominik Bernet, Rolf Lyssy K Elia Lyssy M Adina Friis S Cécile Welter Sb Dominique Steiner-Studinka Kb Verena Haerdi D Steffi Friis (Nelly), Heidi Diggelmann (Rose-Marie), Marc Sway (Paolo Cesar), Suly Röthlisberger (Hanni), René Ander-Huber (Casper) L 89 E 24.11.2021 3sat   fd -

DIE EHRE DER FAMILIE ★★★
HONOUR
Eine 20-jährige Kurdin, die mehrfach erfolglos bei der Polizei um Schutz gebeten hat, ist verschwunden. Die Ermittlungen einer Londoner Inspektorin führen rasch zur konservativen Familie der Vermissten, die sich durch deren Trennung von ihrem gewalttätigen Ehemann entehrt sah. Ein stellenweise fast dokumentarisches Krimidrama, bei dem sich aus der Perspektive der Inspektorin die bedrückende Gewissheit über die Hintergründe des Mordes an einer jungen emanzipierten Frau vermittelt. Neben der verheerenden traditionalistischen Starrheit prangert der Film auch rassistische Strukturen in der britischen Polizei an. – **Ab 14.**
Großbritannien 2020 R Richard Laxton B Gwyneth Hughes K Laurens De Geyter M Matthew Herbert S David Blackmore Sb Christina Moore Kb Lauren Miller D Keeley Hawes (Caroline Goode), Buket Komur (Banaz Mahmod), Michael Jibson (Stuart Reeves), Mark Stanley (Andy Craig), Moe Bar-El (Rahmat Suleimani) L 89 E 26.2.2021 arte   fd -

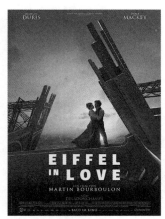

EIFFEL IN LOVE (© Constantin)

EIFFEL IN LOVE ★★★
EIFFEL

Die Geschichte vom Bau des Eiffelturms, verbunden mit einer unglücklichen Romanze. 1860 verliebt sich der französische Ingenieur Gustave Eiffel in eine Frau aus reichem Haus, doch ihre Eltern sind gegen die Liaison. 26 Jahre später trifft er sie zufällig wieder, als er den Auftrag für den Turm übernommen hat, der 1889 zur Weltausstellung in Paris fertig sein soll. Der Film verschränkt die Bauarbeiten unter vielen Rückschlägen mit einer tragischen Liebesgeschichte, die sich nicht erfüllen darf. Die Romanze bleibt allerdings forciert melodramatisch und berührt wenig, während der Turmbau für spannende Szenen sorgt. – **Ab 14.**
Frankreich 2021 **KI** Constantin **R** Martin Bourboulon **B** Caroline Bongrand **K** Matias Boucard **M** Alexandre Desplat **S** Virginie Bruant, Valérie Deseine **Sb** Stéphane Taillasson **Kb** Thierry Delettre **D** Romain Duris (Gustave Eiffel), Emma Mackey (Adrienne Bourgès), Pierre Deladonchamps (Antoine Restac), Armande Boulanger (Claire Eiffel), Andranic Manet (Adolphe Salles) **L** 109 **FSK** ab 6; **f E** 18.11.2021 fd 48134

EIGHTH GRADE ★★★★
EIGHTH GRADE

Eine 14-jährige Junior-High-School-Schülerin und ihr Vater versuchen die letzten Wochen dieser wohl fragilsten Phase des Teenager-Daseins zu meistern. Sie flüchtet, wann immer möglich, in die digitalen Welten von YouTube und Instagram, er fängt sie, wann immer möglich, in der wirklichen Welt auf. Zwischen Komik und schneidender Schonungslosigkeit porträtiert der Film mit viel Empathie den Lebensabschnitt an der Schwelle von der Kindheit ins Dasein als Jugendliche plus die dazugehörigen Social-Media-Dynamiken der Millennial-Generation. – **Sehenswert ab 14.**
USA 2018 **R+B** Bo Burnham **K** Andrew Wehde **M** Anna Meredith **S** Jennifer Lilly **Sb** Sam Lisenco **Kb** Mitchell Travers **D** Elsie Fisher (Kayla Day), Josh Hamilton (Mark Day), Emily Robinson (Olivia), Jake Ryan (Gabe), Daniel Zolghadri (Riley) **L** 94 **E** 5.2.2021 VoD (Netflix) fd 47536

EIN BISSCHEN BLEIBEN WIR ★★★★
NOCH
OSKAR & LILLI

Die beiden Kinder einer von der Abschiebung nach Tschetschenien bedrohten Migrantenfamilie in Wien werden nach einem Selbstmordversuch der Mutter getrennt und in sehr unterschiedlichen Pflegefamilien untergebracht. Der Junge und das Mädchen sind aber nicht bereit, die Situation hinzunehmen und versuchen, den Aufenthaltsort ihrer Mutter in Erfahrung zu bringen. Ambitionierte, packende Literaturverfilmung, die ihre Geschichte nicht als Sozialdrama, sondern aus der Perspektive der betroffenen Kinder erzählt. Das ermöglicht eine Vielzahl von Tonlagen zwischen Satire, Realismus und märchenhafter Poesie, ohne den Blick vor den Abgründen der Geschichte zu verstellen. – **Sehenswert ab 12.**
Scope. Österreich 2019 **KI** Film Kino Text **DVD** 375 Media/Film Kino Text (16:9, 2.35:1, DD5.1 dt.) **R+B** Arash T. Riahi **K** Enzo Brandner (= Heinz Brandner) **Vo** Monika Helfer (Roman *Oskar und Lilli*) **M** Karwan Marouf **S** Julia Drack, Stephan Bechinger **Sb** Katrin Huber, Gerhard Dohr **Kb** Monika Buttinger **D** Leopold Pallua (Oskar), Rosa Zant (Lilli), Christine Ostermayer (Erika), Alexandra Maria Nutz (Lehrerin), Markus Zett (Lehrer) **L** 102 **FSK** ab 6; **f E** 2.9.2021 / 28.1.2022 DVD fd 47989

EINER WIE KEINER ★★
HE'S ALL THAT

Remake der High-School-Komödie EINE WIE KEINE (1999), die den Stoff um das Thema der sozialen Medien ergänzt: Eine beliebte Schülerin und einflussreiche Influencerin wird von ihrem Freund betrogen und in der digitalen Öffentlichkeit gedemütigt. Sie will sich rächen, indem sie einen Jungen, der an der Schule ein sozialer Außenseiter ist, zum Prom-King-Anwärter aufbaut. Ein Kampf um Beliebtheit beginnt, bei dem aber bald echte Liebe mitschwingt. Eine routiniert abgespulte Teenie-Romanze mit klischeehaften Figuren, die dem alten Stoff immerhin durch satirische Stiche gegen den digitalen Selbstdarstellungswahn neue Seiten abgewinnt. – **Ab 12.**
USA 2021 **R** Mark Waters (= Mark S. Waters) **B** R. Lee Fleming jr. **M** Rolfe Kent **Sb** Maria Caso **Kb** Denise Wingate **D** Addison Rae (Padgett Sawyer), Tanner Buchanan (Cameron Kweller), Madison Pettis (Alden), Rachael Leigh Cook (Anna Sawyer), Matthew Lillard (Rektor Bosch) **L** 91 **E** 27.8.2021 VoD (Netflix) fd –

EINFACH SCHWARZ ★★★★
TOUT SIMPLEMENT NOIR

Der französische Komiker Jean-Pascal Zadi will auf die Diskriminierung von «People of Color» in Frankreich aufmerksam machen und plant dafür einen großen Protestmarsch mitten durch Paris. Auf der Suche nach prominenten Unterstützern kommt es aber immer wieder zu Streitereien, denn die Perspektiven auf das, was Schwarzsein im gegenwärtigen Frankreich bedeutet, und wie man gegen die Ungleichbehandlung vorgehen könnte, gehen weit auseinander. Mit satirischem Gestus seziert das Mockumentary gesellschaftliche Missstände und nimmt auch die Doppelmoral der Medienwelt ins Visier. Eine geradezu subversive Burleske, in der Szenen ungelenker Komik fließend in beklemmende Bilder realer Unterdrückung übergehen. – **Sehenswert ab 14.**
Frankreich 2020 **R** Jean-Pascal Zadi, John Wax **B** Jean-Pascal Zadi, Kamel Guemra **K** Thomas Brémond **M** Christophe Chassol **S** Samuel Danési **Sb** Flavia Marcon **Kb** Emmanuelle Youchnovski **D** Jean-Pascal Zadi (JP), Caroline Anglade (Camille), Fary, Tonton Marcel, Juliette Fiévet **L** 90 **E** 17.3.2021 VoD (Netflix) fd 47659

EINE EINSAME STADT ★★

Momentaufnahmen von Menschen unterschiedlichster Berufe und Altersgruppen, die in Berlin leben und aus verschiedenen Gründen einsam sind. Die anekdotisch miteinander verwobenen Porträts erzählen, wie die Protagonisten mit ihrem Alleinsein umgehen. Dabei sind die Geschehnisse und die Offenheit, mit der darüber gesprochen wird, zwar erfrischend normal, kommen aber über die bloße Bestandsaufnahme nicht hinaus. Auch der durch den Filmtitel sug-

gerierte Kausalzusammenhang zwischen Berliner Großstadtleben und Einsamkeitsgefühlen bleibt vage. – **Ab 14.**
Deutschland 2020 **KI** Real Fiction **R+B** Nicola Graef **K** Philip Koepsell, Alexander Rott **M** George Kochbeck **S** Kai Minierski **L** 94 **FSK** ab 0; f **E** 14.10.2021   **fd** 48098

ELISE UND DAS VERGESSENE WEIHNACHTSFEST ★★★★
SNEKKER ANDERSEN OG DEN VESLE BYGDA SOM GLØMTE AT DET VAR JUL
In ganz Norwegen freuen sich die Menschen auf das Weihnachtsfest und beginnen mit den Vorbereitungen, nur in einem kleinen Dorf passiert gar nichts, da dessen Bewohner ständig alles vergessen. Nur ein Mädchen ahnt, dass der 24. Dezember eine besondere Bedeutung haben könnte, und macht sich mit einem Tischler daran, den Weihnachtsmann zu finden. Ein bezaubernder Kinderfilm, der seine absurde Prämisse für unterhaltsamen Slapstick und lakonischen Humor nutzt. Stilistisch ebenso märchenhaft wie fantasievoll inszeniert, lässt er die kindliche Freude am Fest und die Gemeinschaft hochleben. – **Ab 6.**
Norwegen 2019 **KI** Capelight **DVD** Capelight (16:9, 2.35:1, DD5.1 norw./dt.) **BD** Capelight (16:9, 2.35:1, dts-HDMA norw./dt.) **R** Andrea Eckerbom **B** John Kåre Raake **K** Nico Poulsson **Vo** Alf Prøysen (Kinderbuch Den vesle bygda som glømte at det var jul) **M** Stein Johan Grieg Halvorsen, Eyvind Andreas Skeie **S** Elise Solberg **Sb** Koja **Kb** Sofie Rage Larsen **D** Miriam Kolstad Strand (Elise), Trond Espen Seim (Tischler Andersen), Anders Baasmo Christiansen (Weihnachtsmann), Christian Skolmen (Elises Vater), Aleksander Ottesen-Kaalstad (Børre) **L** 70 **FSK** ab 0; f **E** 11.11.2021 / 10.12.2021 DVD & BD   **fd** 47318

ELLIE & ABBIE ★★★
ELLIE & ABBIE (& ELLIE'S DEAD AUNT)
Eine 17-jährige Australierin verliebt sich in eine Mitschülerin und will mit dieser zum Abschlussball gehen. Von ihrer Mutter fühlt sie sich bei ihrem Coming-out allerdings nur unzureichend unterstützt, als wirklich störend erweist sich aber eine andere Ratgeberin: Ihre längst verstorbene Tante, die zwanzig Jahre zuvor eine lesbische Aktivistin war. Eine Tragikomödie mit leichtem Fantasy-Einschlag, in der alltägliche Probleme von Jugendlichen mit dem gewandelten Stand der Akzeptanz von Homosexualität in unterschiedlichen Generationen zusammenkommen. Im Humor mitunter flach und derb, insgesamt aber liebenswert umgesetzt und überzeugend gespielt. (O.m.d.U.) – **Ab 14.**
Australien 2020 **DVD** Salzgeber **R+B** Monica Zanetti **K** Calum Stewart **M** David Chapman **S** Nicole Thorn **Sb** Jamie Cranney **Kb** Elizabeth Franklin **D** Sophie Hawkshaw (Ellie), Zoe Terakes (Abbie), Marta Dusseldorp (Erica), Rachel House (Patty), Julia Billington (Tara) **L** 79 **FSK** ab 12; f **E** 29.10.2021 DVD & VoD   **fd** -

EMBATTLED ★★
EMBATTLED
Ein 18-Jähriger will professioneller MMA-Kämpfer werden wie sein Vater, der die Familie vor Jahren verlassen hat und nun als Weltmeister in Saus und Braus lebt. Der Vater übernimmt zwar persönlich die Ausbildung des Sohnes, doch neben dem Training muss dieser auch seine finanziell gebeutelte Mutter sowie seinen geistig behinderten Bruder unterstützen. Ein Sportlerdrama mit stereotyper Familienkonflikt-Aufhängung, die durch blasse Figuren und unnötige Nebenhandlungen verwässert wird. Lediglich die Kämpfe sind anschaulich inszeniert, und Stephen Dorff überzeugt in der Rolle des Rabenvaters als knallharter Macho-Kampfsportler. – **Ab 16.**
Scope. USA 2020 **DVD** Universal (16:9, 2.35:1, DD5.1 engl./dt.) **BD** Universal (16:9, 2.35:1, dts-HDMA engl., dts dt.) **R** Nick Sarkisov **B** David McKenna **K** Paul Ozgur **M** Michael Brook **S** Mark Sanger **Sb** Michael Perry **Kb** Megan Spatz **D** Darren Mann (Jett), Stephen Dorff (Cash), Elizabeth Reaser (Susan), Drew Scheid (Brian), Donald Faison (Mr. Stewart) **L** 113 **FSK** ab 16 **E** 29.7.2021 DVD & BD & digital   **fd** -

ENCANTO (© Walt Disney Company)

ENCANTO ★★★
ENCANTO
Seit langem wacht eine magische Kerze über die Geschicke einer kolumbianischen Familie, deren Mitglieder mit wundersamen Gaben gesegnet sind, die sie zum Wohle eines Bergdörfchens nutzen. Als die Macht der Kerze zu schwinden scheint, ist es an einem Mädchen, das als einziger Spross der Familie keine erkennbare Wunderkraft besitzt, sein Zuhause zu retten. Farbenprächtiges animiertes Musical-Märchen, das auf mitreißend-fantastische Weise ein Hohelied auf die lateinamerikanische Großfamilie anstimmt. Auch wenn der Film weitgehend auf emotionale Zwischentöne verzichtet, nimmt er mit wunderbaren Momenten für sich ein. – **Ab 8.**
USA 2021 **KI** Walt Disney **R** Jared Bush, Byron Howard, Charise Castro Smith (Co-Regie) **B** Jared Bush, Charise Castro Smith **M** Germaine Franco **S** Jeremy Milton **L** 103 **FSK** ab 0; f **E** 24.11.2021   **fd** 48200

ENCOUNTER ★★★
ENCOUNTER
Ein labiler US-Marine entführt nachts seine beiden Söhne, um sie vor einer drohenden Alien-Invasion zu beschützen, was er den Kindern verheimlicht. Jedoch entdeckt der ältere Junge bald die wahren Beweggründe seines Vaters. Der Film bettet sein intimes Familiendrama in eine spannende Science-Fiction-Rahmenhandlung ein, wobei er den Fokus feinfühlig auf das emotionale Geflecht des Dreiergespanns legt. Zwar deutet er zu früh seine finale Auflösung an, was die zweite Filmhälfte spannungstechnisch hemmt. Trotzdem trägt die authentische Kernthematik den Film, gestützt von einer stark aufspielenden Besetzung. – **Ab 16.**

Das Ende des Schweigens (© GM Films)

USA/Großbritannien 2021 **R** Michael Pearce **B** Joe Barton, Michael Pearce **K** Benjamin Kracun **M** Jed Kurzel **S** Maya Maffioli **Sb** Tim Grimes **Kb** Emma Potter **D** Riz Ahmed (Malik Khan), Lucian-River Chauhan (Jay), Aditya Geddada (Bobby), Octavia Spencer (Hattie), Rory Cochrane (Shep) **L** 108 **E** 10.12.2021 digital (Amazon Prime) **fd** 48276

Das Ende des Schweigens ★★
In den sogenannten «Frankfurter Homosexuellenprozessen» der Jahre 1950/1951 standen schwule Männer vor Gericht, denen insbesondere «Unzucht mit Jugendlichen» vorgeworfen wurde. Als Grundlage diente der berüchtigte Paragraf 175. Das gut recherchierte Doku-Drama arbeitet eindringlich heraus, dass es vor allem ehemalige NS-Juristen waren, die die Verfolgung von Homosexuellen in der Adenauer-Ära forcierten. Schlecht inszenierte Spielszenen konterkarieren jedoch die Intentionen des inhaltlich sehenswerten, formal aber verunglückten Films. – **Ab 14.**
Deutschland 2021 **KI** GM Films **R** Van-Tien Hoang **B** Holger Heckmann, Van-Tien Hoang **K** Dennis Dudda, Tim Lota **M** Frank Moesner **S** Tim Lota **L** 82 **FSK** ab 12; f **E** 2.12.2021 **fd** 48237

Endjährig ★★★
Mitte des 21. Jahrhunderts hat die Überalterung der deutschen Gesellschaft sich dramatisch verschärft: radikale Machthaber unterdrücken die Versorgung alter Menschen und setzen eine Zwangssterbehilfe mit 80 Jahren ein, junge Bürger halten sie dagegen massiv zum Kinderkriegen an. Ein Familienplanungsberater gerät in eine Zwickmühle, als ihn sein alternder Vater um Hilfe bittet. Dystopisches Science-Fiction-Drama, das nur dezent technischen Fortschritt einbeziehen und sich auf Thema und Figuren konzentriert. Atmosphärisch packend und in den zentralen Konflikten intensiv, lässt der Film etwas die Weitung vom Privaten ins Gesellschaftliche vermissen. – **Ab 16.**
Deutschland 2020 **R+B** Willi Kubica **K** Rafael Starman **M** Andreas Pfeiffer **S** Moritz Poth **Sb** Susanne Gartner **Kb** Teresa Grosser **D** Matthias Lier (Karl Wisniewski), Peter Meinhardt (Milo Wisniewski), Mina Özlem Sagdic (= Özlem Sagdic) (Lena), Hede Beck (Magda), Joscha Eißen (Jungbrunnler) **L** 72 **E** 29.11.2021 ZDF **fd** –

Endlich Tacheles ★★
Ein in Berlin aufgewachsener junger Jude distanziert sich vom Erbe des Holocaust und plant zusammen mit zwei deutschen Freunden ein Videospiel um einen SS-Mann und ein jüdisches Mädchen, das mit den herkömmlichen Opfer-Täter-Rollen bricht. Die zunehmende Beschäftigung mit der Vergangenheit seiner Familie führt jedoch zu Zweifeln an der Angemessenheit der Idee. Der Dokumentarfilm beobachtet die Entwicklungen der Protagonisten, fällt dabei aber zunächst oft oberflächlich aus. Erst in der zweiten Hälfte wird er konzentrierter, wenn es stärker um die Familiengeschichte geht, und damit auch packender. – **Ab 14.**
Deutschland 2020 **KI** Real Fiction **R** Jana Matthes, Andrea Schramm **B** Jana Matthes, Andrea Schramm **K** Lars Barthel, Johannes Thieme **M** The Notwist, Bernd Jestram **S** Julia Wiedwald **L** 109 **FSK** ab 12; f **E** 14.10.2021 **fd** 48103

Engel – Wenn Wünsche ★★★ wahr werden
Engel
Ein elfjähriges Mädchen ist etwas schüchtern und gehört in seiner Klasse nicht zu den coolen Kindern. Eines Tages gelangt es an eine magische Taschenuhr, die die Fähigkeit hat, alle Wünsche zu erfüllen. Das sorgt zuerst für viel Spaß, offenbart aber auch eine weniger schöne Kehrseite, als andere von der Uhr erfahren und durch einige Turbulenzen auch ein Keil in die Freundschaft zwischen dem Mädchen und seiner besten Freundin gerät. Eine als Fantasy-Drama gestaltete Kinderbuch-Adaption rund um das, was echte Freundschaft ausmacht. Mit viel Feingefühl, aber auch sanftem Humor lotet der Film die Unsicherheiten seiner Protagonistin und ihre Sehnsucht nach Zugehörigkeit aus. – **Ab 10.**
Niederlande 2020 **DVD** Koch (16:9, 1.78:1,

Engel – Wenn Wünsche wahr werden (© Koch)

DD5.1 niederl./dt.) **R** Dennis Bots **B** Ellen Barendregt **K** Sal Kroonenberg **Vo** Isa Hoes (Roman *Engel*) **M** Mattijs Kieboom **S** Boelie Vis **Kb** Marion Boot, Evelien Klein Gebbink **D** Liz Vergeer (Engel), Mila van Groeningen (Keesje), Yenthe Bos (Britt), Gürkan Kücüksertürk (Lehrer Mimoun), Pim Muda (Onkel Tobias) **L** 97 **FSK** ab 6 **E** 15.7.2021 DVD **fd** –

ERDMÄNNCHEN UND MONDRAKETE ★★★★
MEERKAT MAANTUIG

Nach dem Tod seines Vaters muss ein 13-jähriges Mädchen aus Südafrika vorübergehend zu seinen Großeltern aufs Land ziehen. Dort lernt die ängstliche, sich selbst als verflucht fühlende Jugendliche einen lebensfrohen, scheinbar furchtlosen Jungen kennen, der mit einer selbstgebauten Rakete zu einer Reise ins All aufbrechen will. Der stimmungsvoll inszenierte Jugendfilm erzählt sensibel von der Überwindung existenzieller Ängste, vom Tod und dem Abschiednehmen. Ernsthaft und altersgerecht gelingt es dem Film, auch schwierige Themen aufzugreifen und am Ende dennoch Mut zu machen. – **Sehenswert ab 12**. Scope. Südafrika 2017 **KI** Landfilm/Barnsteiner **R+B** Hanneke Schutte **K** Willie Nel **Vo** Riana Scheepers (Roman *Blinde Sambok*) **M** Clare Vandeleur **S** Warwick Allan **Sb** Waldemar Coetsee **Kb** Mary-Sue Morris **D** Anchen du Plessis (Gideonette de la Rey), Rika Sennett (Oma Koekie Joubert), Pierre van Pletzen (Opa Willem Joubert), Thembalethu Ntuli (Bhubesi), Hanlé Barnard (Mathilda Johanna de la Rey) **L** 97 **FSK** ab 12; f **E** 15.7.2021 **fd** 47871

ERIC CLAPTON: LEBEN MIT DEM BLUES ★★★
ERIC CLAPTON: A LIFE IN 12 BARS

Der britische Blues- und Rockmusiker Eric Clapton etablierte sich ab den 1960er-Jahren als einer der angesehensten Künstler seiner Zunft. Zugleich kämpfte er jedoch jahrelang mit Alkohol- und Drogenproblemen sowie diversen persönlichen Schicksalsschlägen. Der umfangreiche Dokumentarfilm bietet exklusives Bildmaterial und lässt den Musiker selbst seinen Werdegang kommentieren, bei dem insbesondere seine Frühzeit zur Sprache kommt. Im Tonfall durchaus selbstkritisch, gerät der Film teilweise auch etwas hymnisch, findet jedoch insbesondere durch die analytische Betrachtung der Musik zu höchst einprägsamen Momenten. – **Ab 12**. Teils schwarz-weiß. Großbritannien 2017 **R** Lili Fini Zanuck **B** Stephen «Scooter» Weintraub, Larry Yelen **M** Gustavo Santaolalla **S** Chris King **L** 126 **E** 8.1.2021 arte **fd** –

DIE ERLÖSUNG DER FANNY LYE (© Alamode)

DIE ERLÖSUNG DER FANNY LYE ★★★★
FANNY LYE DELIVER'D

England 1657. Eine Bäuerin führt mit ihrem Ehemann und dem kleinen Sohn auf einem abgelegenen Hof ein Leben in puritanischer Strenge. Eines Tages bieten zwei ungebetene Besucher Zuflucht in ihrer Scheune, die das Leben der Familie mit ihrer ketzerisch-sinnlichen Weltauffassung auf den Kopf stellen. Eine ungewöhnliche Mischung aus Historiendrama, Thriller und Horrorfilm, die in langen, ruhigen Einstellungen und eleganten Kamerafahrten die sich langsam verschiebenden Machtverhältnisse zwischen Hausherrn und Eindringlingen einfängt. Im Zentrum stehen Diskussionen über puritanische Gottgläubigkeit und die Freuden körperlicher Liebe, die schließlich zur Selbstermächtigung der Titelfigur führen. – **Ab 18**.
Die Edition enthält eine Audiodeskription für Sehbehinderte. Die Extras umfassen u. a. eine Diskussionsrunde (30 Min.) mit Charles Dance, Freddie Fox, Tanya Reynolds und Thomas Clay, die 2020 während des Online-Filmfestivals in Edinburgh geführt wurde. Scope. Großbritannien/Deutschland 2019 **DVD** Alamode (16:9, 2.35:1, DD5.1 engl./dt.) **BD** Alamode (16:9, 2.35:1, dts-HDMA engl./dt.) **M** Thomas Clay **K** Giorgos Arvanitis **M** Thomas Clay **S** Thomas Clay **Sb** Nenad Pecur **Kb** Michael O'Connor **D** Maxine Peake (Fanny Lye), Charles Dance (John Lye), Freddie Fox (Thomas Ashbury), Tanya Reynolds (Rebecca Henshaw), Zak Adams (Arthur Lye) **L** 110 **FSK** ab 18 **E** 26.2.2021 DVD & BD **fd** 47558

ERSTES KÖNIGREICH ★★★
PREMIER ROYAUME

Die schwere Krankheit und der nahende Tod seiner Mutter bewegen den französischen Regisseur Ioanis Nuguet dazu, sich in Form eines filmischen Essays mit Sterblichkeit und Trauer auseinanderzusetzen. Dabei fließen der Umgang mit dem Tod in Christentum und Hinduismus ebenso in den Film wie Betrachtungen des Meeres vor Bali, in dem der Vater des Regisseurs vor Jahren bei einem Tauchunfall starb. Über die Bildebene entsteht so eine intime, berührende Meditation, während die Zurückhaltung in sprachlicher Reflexion eher auf Distanz hält. (O.m.d.U.) – **Ab 16**. Teils schwarz-weiß. Frankreich 2021 **R** Ioanis Nuguet **B** Ioanis Nuguet, Adrien Nuguet **K** Ioanis Nuguet **S** Ioanis Nuguet **L** 92 **E** 9.8.2021 arte **fd** –

ES IST NUR EINE PHASE, HASE ★★
Ein Schriftsteller in der Midlife- und Schaffenskrise wäre gerne noch einmal jung, wild und unvernünftig. Doch als seine Frau nach einem One-Night-Stand eine Beziehungspause vorschlägt, stürzt er in eine tiefe Depression, aus der ihm weder Medikamente noch seine Freunde heraushelfen. Auf der Basis eines Bestsellers erzählt das als burleske Komödie aufgezogene Beziehungsdrama von «Alterspubertierenden», die in ihrer Fünfziger Bilanz ziehen und nach verpassten Chancen fragen. Eine hohe Gag-Dichte, viele prominente Gastauftritte und ein drastischer Humor täuschen nicht darüber hinweg, dass manches abgedroschen wirkt und die Vorlage um einiges differenzierter ausfiel. – **Ab 16**.
Deutschland 2021 **KI** Majestic **DVD** Majestic/Universal **BD** Majestic/Universal **R** Florian Gallenberger **B** Malte Welding, Florian Gallenberger **K** Christian Rein **Vo** Maxim Leo / Jochen Gutsch (Sachbuch *Es ist nur eine Phase, Hase*) **M** Enis Rotthoff **S** Sven Budelmann **Sb** Ina Timmerberg **Kb** Genoveva Kylburg, Ute Pfaffendorf **D** Christoph Maria Herbst (Paul), Christiane Paul (Emilia), Jürgen Vogel (Theo), Emi-

ETERNALS (© Walt Disney Company)

lia Nöth (Fe), Bella Bading (Marie) **L** 105 **FSK** ab 12; **f E** 14.10.2021 / 24.3.2022 DVD & BD **fd** 48075

Es war einmal ein kleines Schiff ★★★★
Il était un petit navire

Für die belgische Regisseurin Marion Hänsel (1949–2020) waren Erinnerungen und ihre persönliche Wahrnehmung der Welt ein wichtiger Fundus, aus dem sie für ihre Arbeiten schöpfte. In ihrem letzten Film erinnert sich die Filmemacherin als im Krankenhaus liegende Frau an kostbare Erlebnisse und verpasste Chancen. Alte Videos sowie Bilder vom Meer, von Wüsten oder Schneelandschaften werden in den intimen Selbstporträt mit einem poetischen Text unterlegt, der die Themen der Erinnerung und der verstreichenden Zeit aufgreift. Eine wehmütige, aber nie weinerliche Liebeserklärung ans Leben. – **Ab 16.**
Teils schwarz-weiß. Belgien 2019 **R+B** Marion Hänsel **K** Antoine-Marie Meert **M** René-Marc Bini **S** Michèle Hubinon **L** 64 **E** 4.1.2021 arte **fd** -

Escape Room 2: No Way Out ★★
Escape Room 2 / Escape Room: Tournament of Champions

Ein gesichtsloser Weltkonzern richtet insgeheim moderne Gladiatorenkämpfe aus, in denen sich unwissende Mitspieler durch tödliche Spielräume kämpfen müssen. Zwei Überlebende wollen dem Konzern im zweiten Teil der Reihe das Handwerk legen, werden jedoch direkt in das nächste Spiel verwickelt. Der protzig ausgestattete, inszenatorisch aber durchaus kreative Horrorthriller lässt den traumatisierten Protagonisten kaum Zeit zum Verschnaufen, verpasst dem kurzweiligen Spektakel mit einer gehetzten Abfolge von zumeist tödlichen Rätseln aber einen merklichen Dämpfer. – **Ab 16.**

Die BD enthält die Kinofassung und den sog. «Extended Cut».
Scope. USA 2020 **KI** Sony **DVD** Sony (16:9, 2.35:1, DD5.1 engl./dt.) **BD** Sony (16:9, 2.35:1, dts-HDMA engl./dt.) **R** Adam Robitel **B** Bragi F. Schut, Maria Melnik **K** Marc Spicer **M** John Carey, Brian Tyler **S** Steve Mirkovich **Sb** Edward Thomas **Kb** Reza Levy **D** Taylor Russell (Zoey Davis), Logan Miller (Ben Miller), Deborah Ann Woll (Amanda Harper), Thomas Cocquerel (Nathan), Holland Roden (Rachel) **L** Kinofassung: 89 / Extended Cut: 96 **FSK** Kino: ab 12; f / DVD & BD: ab 16; nf (Extended Cut) **E** 19.8.2021 / 4.11.2021 DVD & BD **fd** 47968

Espen und die Legende vom goldenen Schloss ★★★
Askeladden – I Soria Moria Slott

Fortsetzung des Fantasyfilms Espen & die Legende vom Bergkönig: Nachdem er die Prinzessin gerettet hat, wird der Bauernsohn Espen zu deren Geburtstagsfeier eingeladen. Doch ein Giftanschlag versetzt das Königspaar ins Koma, und Espens Brüder landen als vermeintlich Schuldige im Kerker. Espen und die Prinzessin machen sich auf die Suche nach einem sagenhaften goldenen Schloss und dem Wasser des Lebens; dabei haben sie einen Trupp ruppiger Dänen im Nacken, der hinter dem Anschlag steckt. Erneut gelingt eine ebenso spannende wie humorvolle Neuinterpretation norwegischer Volksmärchen-Motive entlang einer klassischen Heldenreise-Dramaturgie, wobei sagenhafte Gestalten, Orte und Kreaturen einmal mehr fantasievoll-bezaubernd zum Leben erweckt werden. – **Ab 12.**
Norwegen 2019 **R** Mikkel Braenne Sandemose **B** Aleksander Kirkwood Brown **K** Trond Tønder **M** Ginge Anvik **S** Christoffer Heie **Sb** Merete Boström **Kb** Karen Fabritius Gram **D** Vebjørn Enger (Espen), Eili Harboe (Prinzessin Kristin), Mads Sjøgård Pettersen (Per), Elias Holmen Sørensen (Pål), Thorbjørn Harr (Espens Vater) **L** 97 **FSK** ab 12 **E** 5.8.2021 DVD & BD **fd** -

Eternals ★★★
The Eternals

Von mächtigen Schöpfer-Wesen wurde einst die Gruppe der alterslosen, von kosmischer Energie beseelten «Eternals» auf die Erde geschickt, um die Menschheit vor den monströsen «Deviants» zu beschützen. Als diese nach Jahrhunderten wieder auftauchen, treten die Eternals ihnen erneut entgegen. Innere Konflikte und eine Offenbarung, die ihr Welt- und Selbstbild radikal in Frage stellt, gefährden jedoch den Zusammenhalt. Die Comicverfilmung nutzt den Stoff, um bildgewaltig eine alternative Schöpfungs- und Menschheitsgeschichte zu entwerfen und verbindet eine zwischen souveräner Action und melodramatischen Verwicklungen changierende Geschichte mit einer Liebeserklärung an den Planeten Erde. – **Ab 14.**
3D, Scope. USA 2021 **KI** Walt Disney **R** Chloé Zhao **B** Kaz Firpo, Chloé Zhao, Patrick Burleigh, Ryan Firpo **K** Ben Davis **Vo** Jack Kirby (Comic) **M** Ramin Djawadi **S** Dylan Tichenor, Craig Wood **Sb** Eve Stewart **Kb** Sammy Sheldon **D** Angelina Jolie (Thena), Gemma Chan (Sersi), Salma Hayek (Ajak), Richard Madden (Ikaris), Barry Keoghan (Druig) **L** 156 **FSK** ab 12; f **E** 3.11.2021 / 12.1.2022 digital (Disney+) **fd** 48147

Etwas das lebt und brennt ★★★
Quelque chose qui vit et brûle

Meditatives Dokumentarfilm-Essay in Erinnerung an Männer und Frauen aus verschiedenen europäischen Staaten, die zwischen 1941 und 1945 als Widerstandskämpfer gegen den Faschismus hingerichtet wurden. Der Film verwebt die Sprache ihrer von Laien aus dem Off vorgetragenen Briefe mit Bildern von heute. Dabei entstehen durch die Kraft der originalen Zeugnisse viele eindrückliche Momente, die mit der Bildauswahl aber immer nicht optimal zusammenfließen. Manche Abbildung bleibt beliebig und droht ab und sogar, von den Texten abzulenken. – **Ab 16.**
Teils schwarz-weiß. Frankreich/Italien 2020 **R+B** Giovanni Donfrancesco **K** Giovanni Donfrancesco, Federico Cavicchioli **S** Giovanni Donfrancesco, Francesca Ginepri **L** 76 **E** 14.9.2021 arte **fd** -

Etwas Schönes bleibt – Wenn Kinder trauern ★★★★
BEAUTIFUL SOMETHING LEFT BEHIND / BAG SKYERNE / AN ELEPHANT IN THE ROOM

Die US-amerikanische Organisation Good Grief nimmt sich Kindern an, deren Eltern oder Geschwister gestorben sind. Der Dokumentarfilm folgt in kleinen Vignetten den Bemühungen der Trauerhelfer, den Kindern Raum zu geben, über den Verlust zu sprechen und Angst, Vermissen und Wut zu formulieren. Dabei konzentriert sich der Film auf die Reaktionen der jungen Trauernden und ihre Strategien, mit ihrem Schmerz fertigzuwerden, wobei er Heilprozesse ebenso einfängt wie Ohnmacht. Trotz eines gewissen Hangs zu Bildsymbolik überzeugt er dabei auch im Versuch, kreative Formen der Trauerarbeit aus dem Alltag einzufangen. – **Ab 12.**
Dänemark 2020 **R** Katrine Philp **K** Adam Morris Philp (= Adam Philp) **M** Povl Kristian **S** Signe Rebekka Kaufmann (= Signe Kaufmann), Dan Loghin **L** 58 (TV, Kinofassung: 88) **E** 1.7.2021 arte (Kurzfassung)　　fd -

Euch zu lieben ist mein Leben ★★★★
C'EST ÇA L'AMOUR

Ein Mann aus einer ostfranzösischen Kleinstadt muss sein Leben neu ausrichten, als seine Frau die Familie verlässt, um sich selbst zu finden. Seine beiden jugendlichen Töchter machen ihm dabei mit ihren Ansprüchen und ihrem Freiheitsdrang ebenso zu schaffen wie zunehmend verzweifelte Versuche, wieder Kontakt zu seiner Frau herzustellen. Ein einfühlsames, detailgenaues Drama über einen Vater, der sich bemüht, inmitten einer Krise das Richtige zu tun, und über die schwierige emotionale Befindlichkeit seiner Töchter. Mit außerordentlicher Sensibilität erforscht der Film den Schmerz und kurze Glücksmomente der Figuren, die sich insbesondere im subtilen Mienenspiel der Darsteller abzeichnen. – **Sehenswert ab 14.**
Scope. Frankreich 2017 **R+B** Claire Burger **K** Julien Poupard **S** Claire Burger, Laurent Sénéchal **Sb** Pascale Consigny **Kb** Isabelle Pannetier **D** Bouli Lanners (Mario), Justine Lacroix (Frida), Sarah Henochsberg (Niki), Cécile Rémy-Boutang (Armelle), Antonia Buresi (Antonia) **L** 93 **E** 17.11.2021 arte　　fd 48192

EVERY TIME I DIE (© I-On New Media)

Every Time I Die ★★★★
EVERY TIME I DIE

Ein Sanitäter wird immer wieder von Albträumen und Blackouts geplagt. Bei einem Ausflug mit Freunden wird er getötet. Doch sein Bewusstsein lebt weiter und dringt in die Freunde ein, um sie vor dem Täter zu warnen. Der Film mischt auf originelle Weise Genre-Versatzstücke aus Mystery-Thriller und Drama, um vom Finden der eigenen Identität zu erzählen. Dafür werden stilistisch eigenwillig die Ebenen zwischen Traum und Realität verwischt, was auch durch eine entfesselte Kamera unterstrichen wird. – **Ab 16.**
USA 2019 **I**-On New Media/WVG Medien **BD** I-On New Media/WVG Medien **R** Robi Michael **B** Gal Katzir, Robi Michael **K** Tal Lazar **M** Ran Bagno **S** Gal Katzir **Sb** Kierra Jordan **Kb** Christina Kim **D** Drew Fonteiro (Sam), Marc Menchaca (Jay), Melissa Macedo (Mia), Tyler Dash White (Tyler), Michelle Macedo (Poppy) **L** 98 **FSK** ab 16 **E** 30.4.2021 DVD, BD & VoD　　fd 47677

Everybody's Talking About Jamie ★★
EVERYBODY'S TALKING ABOUT JAMIE

Ein Jugendlicher aus der nordenglischen Stadt Sheffield macht kein Geheimnis aus seiner Homosexualität und erlebt deswegen in der Schule ständige Anfeindungen. Die angespannte Lage droht zu eskalieren, als er ankündigt, Drag-Queen werden und auch in Frauenkleidern zum Abschlussball kommen zu wollen, doch findet er auch Helfer bei der Umsetzung seines Traums. Beschwingtes Musical mit sympathischer Toleranzbotschaft, die allerdings von Sentimentalität überdeckt wird und eine in ihrem Umfang kaum glaubhafte Versöhnlichkeit ansteuert. Auch die Hauptfigur erscheint wenig facettenreich und trägt die Geschichte weit weniger als einige hervorstechende Nebencharaktere. – **Ab 14.**
Scope. USA/Großbritannien 2020 **R** Jonathan Butterell **B** Tom MacRae **K** Christopher Ross **Vo** Jonathan Butterell / Tom MacRae / Dan Gillespie Sells (Bühnenmusical *Everybody's Talking about Jamie*) **M** Dan Gillespie Sells, Anne Dudley **S** Mark Everson **Sb** Jane Levick **Kb** Guy Speranza **D** Max Harwood (Jamie New), Lauren Patel (Pritti Pasha), Richard E. Grant (Hugo Battersby / Loco Chanelle), Sharon Horgan (Miss Hedge), Sarah Lancashire (Margaret New) **L** 116 **FSK** ab 12; **f E** 17.9.2021 VoD (Amazon Prime)　　fd -

Ex-Girlfriend siehe: The Ex – Du kannst ihr nicht entkommen

Fast & Furious 9 (© Universal)

Die fabelhafte Reise der Marona ★★★★
L'EXTRAORDINAIRE VOYAGE DE MARONA
Kurz vor ihrem Tod lässt eine Hündin ihr Leben vor ihrem inneren Auge Revue passieren. Sie erzählt von Liebe und Enttäuschungen, dem Finden und Verlieren von Freunden und vor allem vom Glück. Formal herausragender Animationsfilm, der meisterhaft die stetige Möglichkeit der Veränderung einsetzt und mit Formen und Farben spielt, ohne die Geschichte aus den Augen zu verlieren. Anhand betörend einfacher Situationen gelingt es, große philosophische Fragen zu stellen und zum Nachdenken anzuregen. – **Sehenswert ab 10.**
Frankreich/Rumänien/Belgien 2019 **KI** Luftkind **R** Anca Damian **B** Anca Damian, Anghel Damian **M** Pablo Pico **S** Boubkar Benzabat **L** 92 **FSK** ab 0; f **E** 30.9.2021 fd 48072

Fabian oder Der Gang vor die Hunde ★★★★
Ein Werbetexter schlägt sich Anfang der 1930er-Jahre in Berlin mehr schlecht als recht durchs Leben und sammelt Notizen für einen Roman, bis er sich in eine junge Frau verliebt. Doch die Weltwirtschaftskrise untergräbt immer mehr die Pfeiler der Zeit. Der nach der ursprünglichen Fassung des gleichnamigen Romans von Erich Kästner entwickelte Film mischt Melancholie und Hedonismus zu einem bittersüßen Porträt einer vergangenen Epoche, die im Guten wie im Schlechten der Gegenwart auffällig gleicht. Glänzende Darsteller, eine tanzende Kamera, zeitgenössische dokumentarische Einsprengsel und zahlreiche Bezüge zum Weimarer Kino verbinden sich zu einer meisterhaften Hommage auf Berlin und eine im Fallen begriffene Zeit. – **Sehenswert ab 16.**
Die Extras umfassen u. a. einen Audiokommentar des Regisseurs sowie ein gewinnbringendes, wenn auch kurzes «Making of» (22 Min.).
Teils schwarz-weiß. Deutschland 2021 **KI** DCM **DVD** Leonine/DCM (FF, DD5.1 dt.) **BD** Leonine/DCM (FF, dts-HDMA dt.) **R** Dominik Graf **B** Constantin Lieb, Dominik Graf **K** Hanno Lentz **Vo** Erich Kästner (Roman *Fabian. Die Geschichte eines Moralisten*) **M** Sven Rossenbach, Florian van Volxem **S** Claudia Wolscht **Sb** Claus Jürgen Pfeiffer (= Claus-Jürgen Pfeiffer) **Kb** Barbara Grupp **D** Tom Schilling (Jakob Fabian), Saskia Rosendahl (Cornelia Battenberg), Albrecht Schuch (= Albrecht Abraham Schuch) (Stephan Labude), Meret Becker (Irene Moll), Michael Wittenborn (Justizrat Labude) **L** 186 **FSK** ab 12; f **E** 5.8.2021 / 14.1.2022 DVD & BD fd 47571

Fabricated City ★★
JOJAKDOEN DOSI
Ein passionierter Gamer ist in der realen Welt zwar alles andere als erfolgreich, virtuell dafür aber ein echtes Alphamännchen. Als er durch missliche Verstrickungen unschuldig des Mordes und der Vergewaltigung angeklagt und verurteilt wird, muss er es zum ersten Mal auch mit handfesten realen Gegnern aufnehmen. Es gilt zunächst im harten Knastmilieu zu überleben, dann zu fliehen und mit Hilfe von Gamer-Freunden die eigene Unschuld zu beweisen. Der Thriller hangelt sich zwar etwas konfus durch seinen Plot, kann dank gut inszenierter Actionszenen aber trotzdem leidlich unterhalten. – **Ab 18.**
Scope. Südkorea 2017 **DVD** Splendid **BD** Splendid **R** Park Kwang-Hyun **B** Park Myeong-chan **K** Nam Dong-geun **M** Kim Tae-seong **S** Kim Jin-oh **D** Ji Chang-wook (Kwon YU), Shim Eun-kyung (Yeo-wool), Ahn Jae-hong (DEMOlition), Oh Jeong-se (Min Cheon-sang), Kim Sang-ho (Ma Deok-soo) **L** 122 **FSK** ab 16; f **E** 28.5.2021 DVD & BD fd -

Der Fall el-Masri ★★★★
Der Deutschlibanese Khaled el-Masri wurde 2003 als vermeintlicher islamistischer Terrorist in Mazedonien von der CIA entführt, nach Afghanistan verschleppt, gefoltert und eingesperrt. Nach seiner Freilassung kämpfte er jahrelang vergeblich für eine Anerkennung seiner Unschuld und des erlittenen Unrechts bei deutschen und US-amerikanischen Behörden. Der gut recherchierte Dokumentarfilm rekonstruiert präzise el-Masris Schicksal und arbeitet den politischen Skandal heraus, dass sich insbesondere die deutschen Strafbehörden dem Druck der Regierung gebeugt und rechtsstaatliche Grundsätze außer Kraft gesetzt haben. – **Sehenswert ab 14.**
Deutschland 2021 **R+B** Stefan Eberlein **K** Thomas Bresinsky, Stefan Sick, Jordan Bryon, Manuel Fenn **M** Gregor Hübner, Felizitas Hübner **S** Robert Vakily **L** 97 **E** 31.8.2021 arte fd 48002

Falling ★★★
FALLING
Ein homosexueller Ex-Pilot kümmert sich in Kalifornien um seinen dementen, streng konservativen Vater. Er

nimmt ihn bei sich und seinem Lebensgefährten auf, was überfallartige Erinnerungen an seine Kindheit wachruft. Auch wenn der Vater seine Ablehnung von Lebensstil und liberalen Ansichten des Sohnes unverblümt ausspricht, entstehen immerhin kleine Momente gegenseitigen Respekts. Die originell montierte und intensiv gespielte Charakterstudie über zwei Männer aus unterschiedlichen Epochen mischt analytische Klarheit mit gefühligen Motiven. Für die Kluft zwischen den Protagonisten findet sie filmisch allerdings keine adäquate Form. – Ab 16.

Die Extras umfassen u. a. eine Interviewrunde mit Werner Herzog, Viggo Mortensen, Laura Linney und Lance Henriksen (45 Min.) sowie ein längeres Interview mit Viggo Mortensen (11 Min.). Scope. Kanada/Großbritannien 2020 KI Prokino DVD Prokino (16:9, 2.35:1, DD5.1 engl./dt.) R+B Viggo Mortensen K Marcel Zyskind M Viggo Mortensen S Ronald Sanders Sb Carol Spier Kb Anne Dixon D Viggo Mortensen (John Peterson), Lance Henriksen (Willis), Sverrir Gudnason (junger Willis), Laura Linney (Sarah), Hannah Gross (Gwen) L 113 FSK ab 12; f E 12.8.2021 / 9.12.2021 DVD　　fd 47449

FALTENFREI　　★★★
Eine erfolgreiche Beauty-Beraterin erleidet persönliche Rückschläge und spürt zusehends ihr Alter; nach einem Unfall unterzieht sie sich einer Schönheitsoperation. Diese hat aber ungeahnte Folgen: Die Frau kann auf einmal alles hören, was andere denken. Der Film variiert das in WAS FRAUEN WOLLEN erprobte Komödien-Thema, um bissig den Schönheits- und Selbstoptimierungswahn auf die Schippe zu nehmen, und profitiert dabei von einer Hauptdarstellerin, die mit Gusto erst die Oberflächlichkeit ihrer Figur und dann deren langsame Läuterung herausarbeitet. Das moralische Ende mildert zwar etwas den bösen Humor vom Anfang, trotzdem ist der Film im Ganzen intelligent-pointierte Unterhaltung. – Ab 14.
Deutschland 2021 R Dirk Kummer B Uli Brée K Mathias Neumann M Stefan Bernheimer S Simon Quack Sb Maike Althoff Kb Diana Dietrich D Adele Neuhauser (Stella), Henriette Richter-Röhl (Fiona), Olga von Luckwald (Johanna), Thomas Limpinsel (Georg), Sibylle Canonica (Betty) L 89 E 17.11.2021 ARD　　fd -

FAMILIE IST EIN FEST – TAUFALARM　　★
Ein deutsch-persisches Paar sieht sich nach der Geburt seines Sohnes unterschiedlichen Vorstellungen der Großeltern ausgesetzt: Die muslimischen Eltern des Mannes drängen auf eine Beschneidung, die Eltern der Frau erwarten eine Taufe. Der Versuch, sich mit den Traditionen der Familien zu arrangieren, ohne Streit vom Zaun zu brechen, bringt auch ihre Beziehung an den Rand einer Zerreißprobe. Seichte Culture-Clash-Komödie mit vielen Turbulenzen und karikatures überzeichneten Figuren, aber kaum gelungenen komischen Momenten. Die Konflikte werden einer unglaubhaften Harmonieseligkeit geopfert. – Ab 14.
Deutschland 2021 R Sebastian Hilger B Julie Fellmann, Stefani Straka K Birgit Gudjonsdottir M Stefan Benz S Achim Seidel Sb Sabine Kasch Kb Kaya Kürten D Amelie Kiefer (Viola Helmrich), Reza Brojerdi (Faraz Mandipur), Sima Seyed (Anoushe Mandipur), Ramin Yazdani (Masud Mandipur), Victoria Trauttmansdorff (Beatrice Helmrich) L 88 E 4.11.2021 ARD　　fd -

FANTASTISCHE PILZE – DIE MAGISCHE WELT ZU UNSEREN FÜSSEN　　★★★★
FANTASTIC FUNGI
Bildgewaltiger Dokumentarfilm über das Universum der Pilze, die als pflanzliche Lebewesen die Erde bevölkern und in vielerlei Hinsicht von großer Bedeutung für den Fortbestand des Lebens sind. Der Film öffnet mit Bildern von nahezu unwirklicher Schönheit und makelloser Perfektion den Blick für eine weitgehend unbekannte Welt und verbindet den visuellen Genuss mit einem hohen Informationsgehalt. Etwas übertrieben wirkt er lediglich in Zukunftsvisionen, die die Pilze zu Allheilmitteln für globale Krisen und schwere Krankheiten hochstilisieren. – Ab 14.

Die Extras umfassen u. a. ein längeres von Thomas Schmelzer geführtes Experten-Gespräch mit Autor, Ethnobotaniker und Kulturanthropologe Dr. Wolf-Dieter Storl zum Film und der Welt der Pilze.
USA 2019 KI Polyband DVD Polyband (16:9, 1.78:1, DD5.1 engl./dt.) BD Polyband (16:9, 1.78:1, dts-HDMA engl./dt.) R Louie Schwartzberg B Mark Monroe K Louie Schwartzberg M Adam Peters K Kevin Klauber, Annie Wilkes L 80 FSK ab 12; f E 9.9.2021 / 28.1.2022 DVD & BD　　fd 47993

FARBEN DER LEIDENSCHAFT　　★★★
MI-IN-DO
Ein Mädchen studiert im Korea des 18. Jahrhunderts an der königlichen Kunstschule – als Junge getarnt, weil eine Karriere als Hofmaler Männern vorbehalten ist. Das Erwachen der Sexualität und die Neugier auf die verdrängte Weiblichkeit werden für die junge Frau zur künstlerischen Inspiration, bringen sie aber zugleich in Gefahr. Der Film vereint eine sinnlich-bildgewaltige Hommage an die traditionelle koreanische Kunst mit einem sensibel entwickelten Frauenporträt um den Versuch einer künstlerischen, emotionalen und sexuellen weiblichen Selbstfindung in einer patriarchalischen Gesellschaft. – Ab 16.
Südkorea 2008 DVD Busch Media (16:9, 1.85:1, DD5.1 korea./dt.) BD Busch Media (16:9, 1.85:1, dts-HDMA korea./dt.) R Jeon Yun-su B Han Su-ryeon, Jeon Yun-su K Park Hui-ju M Hwang Sang-joon S Park Gok-Ji D Kim Min-seon (Shin Yoon-bok), Kim Yeong-Ho (Kim Hong-do), Kim Namgil (Kang-moo), Chu Ja-hyeon (Seol-hwa), Han Myung-goo (Jeong-jo) L 105 FSK ab 16 E 27.8.2021 DVD & BD　　fd -

FAST & FURIOUS 9　　★★
FAST & FURIOUS 9
Eine in alle Himmelsrichtungen zerstreute Autonarren-Truppe muss erneut zusammenfinden, um zu verhindern, dass ein Computervirus die Welt gefährdet. Dabei müssen sie es unter ihren skrupellosen Gegnern ausgerechnet mit einem abtrünnigen Familienmitglied des Truppen-Anführers aufnehmen. Neunter Teil einer immer absurder werdenden Action-Filmreihe, die sich mit angeberischen Effekten endgültig von jedem tieferen Sinn verabschiedet. Die comichafte Action wird zudem von albernem Humor verwässert, der sich mit dem Pathos der verschworenen kleinen Gruppe denkbar schlecht verträgt. – Ab 16.

Der Film ist auf BD in der Kinofassung (143 Min.) und im Director's Cut (150 Min.) enthalten.
Die Extras der BD umfassen u. a. einen Audiokommentar des Regisseurs sowie diverse kurze Marketing-Featurettes.
Scope. USA 2021 KI UPI DVD Universal (16:9, 2.35:1, DD5.1 engl./dt.) BD Universal (16:9, 2.35:1, Dolby_Atmos engl./dt.) R Justin Lin B Daniel Casey, Justin Lin K Stephen F. Windon M Brian Tyler S Greg D'Auria, Dylan Highsmith, Kelly Matsumoto Sb Jan Roelfs Kb Sanja Milkovic Hays D Vin Diesel (Dominic Toretto), Michelle Rodriguez (Letty Ortiz), Tyrese Gibson (Roman Pearce), Chris «Ludacris» Bridges (Tej Parker), John Cena (Jakob Toretto) L 143 / Director's Cut: 150 FSK ab 12; f E 15.7.2021 / 7.10.2021 DVD & BD & 4K UHD (plus BD)　　fd 47889

FAST COLOR (© Lighthouse)

FAST COLOR – DIE MACHT IN DIR ★★★★
FAST COLOR

In einer nahen Zukunft herrscht im Mittleren Westen der USA eine bedrohliche Dürre. Eine junge Frau mit besonderen Fähigkeiten wird von Regierungsseite verfolgt, weil man hofft, ihre Kräfte nutzbringend einsetzen zu können. Die Frau allerdings ringt damit, dass sie ihre Macht nicht richtig unter Kontrolle hat, sowie mit dem Versuch, ihrer Mutter und ihrer kleinen Tochter wieder nahezukommen, die über ähnliche Kräfte verfügen. Ein außergewöhnlicher Zugriff aufs Superhelden-Genre, der durch seinen detailgenauen, realitätsnahen Entwurf einer dystopischen Zukunft fesselt und das Thema der superheldischen Kräfte stimmig mit einem von guten Darstellerinnen getragenen Familiendrama verbindet. – **Ab 12**.
USA 2018 **DVD** Lighthouse **BD** Lighthouse **R** Julia Hart **B** Julia Hart, Jordan Horowitz **K** Michael Fimognari **M** Rob Simonsen **S** Martin Pensa **Sb** Gae S. Buckley **Kb** Elizabeth Warn **D** Gugu Mbatha-Raw (Ruth), David Strathairn (Ellis), Christopher Denham (Bill), Lorraine Toussaint (Bo), Saniyya Sidney (Lila) **L** 101 **FSK** ab 12 **E** 26.3.2021 DVD & BD   fd -

FATHERHOOD ★★★
FATHERHOOD

Als eine junge Mutter kurz nach der Geburt ihres Babys stirbt, sieht sich der trauernde Vater mit der Aufgabe konfrontiert, das Töchterchen allein großzuziehen. Familie, Kollegen und Freunde stehen ihm hilfreich zur Seite. Acht Jahre später hat sich die Kleine zu einem aufgeweckten Mädchen entwickelt, und eine neue Frau ist ins Leben des Vaters getreten. Der Film spielt auf zwei Zeitebenen und geht nicht allzu sehr in die Tiefe im Ausloten der Trauerarbeit, sondern versteht sich als warmherzige Tragikomödie, die sich auf die Chemie zwischen ihrem Vater-Tochter-Gespann verlässt und vom Glauben an die Kraft von Liebe und Solidarität auch angesichts von Schicksalsschlägen getragen wird. – **Ab 12**.
USA 2021 **R** Paul Weitz **B** Dana Stevens, Paul Weitz **K** Tobias Datum **Vo** Matt Logelin (Buch *Two Kisses for Maddy: A Memoir of Loss and Love*) **M** Rupert Gregson-Williams **S** Jonathan Corn (= Jon Corn) **D** Kevin Hart (Matthew «Matt» Logelin), Melody Hurd (Maddy Logelin), Alfre Woodard (Marion), Lil Rel Howery (Jordan), DeWanda Wise (Lizzie Swan) **L** 109 **E** 18.6.2021 VoD (Netflix)   fd -

FATIMA – EIN KURZES LEBEN ★★★
Ein Dokumentarfilm über einen grausamen Todesfall, der die Gesellschaft in Marokko aufwühlte: Eine Jugendliche, Tochter einer armen, kinderreichen Bauernfamilie, die als Dienstmädchen für eine reiche Familie arbeitete, erfuhr dort brutale Misshandlungen, bis sie schließlich ermordet wurde. Der Film arbeitet über Gespräche mit der Familie der Toten deren Umfeld heraus, sieht über die individuelle Tragödie hinaus aber gesamtgesellschaftliche Missstände in der Verantwortung. Sorgfältig recherchiert und sachlich argumentiert, gemahnt er an die erschreckende Gegenwärtigkeit überwunden geglaubter Formen der Sklaverei. – **Ab 16**.
Deutschland 2019 **KI** Real Fiction **R** Hakim El-Hachoumi, Andrei Schwartz **B** Hakim El-Hachoumi, Andrei Schwartz **K** Susanne Schüle **M** Alaa Zuiten, Moris Denis **S** Mechthild Bardt **L** 77 **FSK** ab 12; **f E** 12.6.2021   fd -

FAUCI ★★★
FAUCI

Ein dokumentarisches Porträt des US-Mediziners und Immunologen Anthony Stephen Fauci (geb. 1940), seit 1984 Direktor des «National Institute of Allergy and Infectious Diseases» und seit 2021 «Chief Medical Advisor» von Präsident Joe Biden. Der Film beleuchtet die lange Karriere Faucis, nicht zuletzt aber auch seine öffentliche Rolle während der Covid-19-Pandemie, bei der er sich als unbeugsame Stimme der Vernunft präsentierte und auf feindselige Angriffe gelassen reagierte. In der Dramaturgie mitunter holprig und in seiner klaren Sympathiesetzung auch angreifbar, gelingt doch ein durchaus vielschichtiges Bild einer bemerkenswerten Persönlichkeit. – **Ab 14**.
USA 2021 **R** Janet Tobias, John Hoffman **B** John Hoffman, Janet Tobias **K** Claudia Raschke **M** Daniel Hart **S** Brian Chamberlain, Amy Foote **L** 104 **E** 20.10.2021 digital (Disney+)   fd -

FEAR OF RAIN – DIE ANGST IN DIR ★★
FEAR OF RAIN

Eine Jugendliche leidet an Schizophrenie; nach einem Aufenthalt in einer psychiatrischen Klinik versucht sie, wieder in den Alltag hineinzufinden. In der Schule ist sie eine Außenseiterin, findet aber in einem neuen Mitschüler jemanden, der sie akzeptiert. Dann allerdings wird das Mädchen mehr und mehr geängstigt von dem Verdacht, dass seine Nachbarin eine Kidnapperin ist und ein Kind gefangen hält. Der Thriller arbeitet mit arg reißerischen Vorstellungen von seelischer Erkrankung; als Genrefilm, der mit einer unzuverlässigen Erzählerperspektive konsequent Zweifel daran schürt, was an den Ängsten seiner Hauptfigur real begründet und was Psychose ist, unterhält er aber solide. – **Ab 16**.
USA 2021 **DVD** Leonine **BD** Leonine **R** Castille Landon, Castille Landon **B** Castille Landon **K** Joshua Reis **M** Jamie Muhoberac **S** Morgan Halsey **Sb** Shawn Carroll **Kb** Fernando Rodriguez **D** Madison Iseman (Rain Burroughs), Israel Broussard (Caleb), Katherine Heigl (Michelle Burroughs), Harry Connick jr. (John Burroughs), Eugenie Bondurant (Dani McConnell) **L** 92 **FSK** ab 16 **E** 26.3.2021 DVD & BD   fd -

FEAR STREET – TEIL 1: 1994 ★★★
FEAR STREET: 1994

Auftaktfilm zur FEAR STREET-Horrortrilogie, die lose auf R. L. Stines Jugendbuchreihe basiert und eine Gruppe Jugendlicher begleitet, die gegen einen jahrhundertealten Fluch kämpft, der auf ihrem Städtchen liegt und sich in immer neuen Mordserien äußert. Solider Slasherfilm, der nur einige Elemente der beliebten Schauerromane übernimmt und sich ansonsten an Genre-Vorbildern wie SCREAM und an den Figurentypen aus High-School-Filmen bedient, wobei sich Letzteres mit den sehr drastisch-blutigen Mordszenen beißt, die auf ein erwachsenes Publikum abzie-

len. Nichtsdestotrotz gelingt dank einer effektiven Inszenierung und dem bunt durchmischten Figurenensemble ein kurzweiliger Film. (Fortsetzungen: FEAR STREET – TEIL 2: 1978; FEAR STREET – TEIL 3: 1666) – **Ab 18**.
USA 2021 **R** Leigh Janiak **B** Phil Graziadei, Leigh Janiak **K** Caleb Heymann **Vo** R. L. Stine (Romanreihe) **M** Marco Beltrami, Anna Drubich, Marcus Trumpp **S** Rachel Goodlett Katz **Sb** Scott Kuzio **Kb** Amanda Ford **D** Kiana Madeira (Deena), Olivia Scott Welch (Samantha «Sam» Fraser), Benjamin Flores Jr. (Josh), Fred Hechinger (Simon), Julia Rehwald (Kate) **L** 105 **E** 2.7.2021 VoD (Netflix) **fd** 47857

FEAR STREET – TEIL 2: 1978 ★
FEAR STREET: 1978
Der Mittelteil einer Trilogie von Teen-Slasherfilmen um eine Stadt, in der immer wieder grausame Morde geschehen, seit sie im 17. Jahrhundert von einer Hexe verflucht wurde, führt in die Vorkommnisse in einem Sommercamp in den 1970er-Jahren. Ein plumper Abklatsch von Vorbildern wie FREITAG DER 13TE, der durch unsympathische Figuren und fehlende Spannungsbögen als stupider Übergangsteil und zum Weiterführen des etablierten Hexenmythos dient. Einzig die brutal in Szene gesetzten Morde bieten für Genrefans blutiger Slasherfilme einen gewissen Unterhaltungswert. – **Ab 18**.
USA 2021 **R+B** Leigh Janiak **K** Caleb Heymann **Vo** R. L. Stine (Romanreihe) **M** Marco Beltrami, Brandon Roberts **S** Rachel Goodlett Katz **Sb** Scott Kuzio **Kb** Amanda Ford **D** Kiana Madeira (Deena), Olivia Scott Welch (Samantha «Sam» Fraser), Benjamin Flores Jr. (Josh), Gillian Jacobs (C. Berman), Sadie Sink (Ziggy Berman) **L** 109 **E** 9.7.2021 VoD (Netflix) **fd** -

FEAR STREET – TEIL 3: 1666 ★
FEAR STREET: 1666
Finale einer Trilogie von Teen-Slasherfilmen nach der gleichnamigen Jugendbuchreihe von R. L. Stine um eine Stadt, in der immer wieder grausame Morde geschehen, seit sie im 17. Jahrhundert von einer Hexe verflucht wurde. Schlecht geschriebene Zusammenführung der in den Vorgängern ausgelegten Fäden, die das Pionierzeit-Setting im 17. Jahrhundert wie ein amateurhaftes Reenactment wirken lässt und die Auflösung um den Hexenmythos in der Gegenwart mit absolut vorhersehbaren und plumpen Wendungen vorantreibt, bis endlich der erlösende Abspann das Grauen beendet. – **Ab 18**.
USA 2021 **R** Leigh Janiak **B** Phil Graziadei, Leigh Janiak, Kate Trefry **K** Caleb Heymann **Vo** R. L. Stine (Romanreihe) **M** Marco Beltrami, Anna Drubich **S** Rachel Goodlett Katz **Sb** Scott Kuzio **Kb** Amanda Ford **D** Kiana Madeira (Deena / Sarah Fier), Olivia Scott Welch (Samantha «Sam» Fraser / Hannah Miller), Benjamin Flores Jr. (Josh/Henry), Gillian Jacobs (C. «Ziggy» Berman), Ashley Zukerman (Nick Goode / Solomon Goode) **L** 112 **E** 16.7.2021 VoD (Netflix) **fd** -

FEAR THE VIPER ★★★
INHERIT THE VIPER
Drei erwachsene Geschwister schlagen sich in einer wirtschaftlich maroden Stadt in Ohio als Dealer durch. Während der ältere Bruder deswegen moralische Skrupel hat, hält die Schwester als eisernes Rückgrat der Familie alles am Laufen, und der jüngere Bruder würde gerne aktiver einsteigen. Als dieser auf eigene Faust einen gefährlichen Deal einfädelt, spitzen sich die Ereignisse zu. Ein ruhig entwickelter, melancholisch-pessimistischer Thriller, der Krimi-Elemente mit denen eines Sozial- und Familiendramas mischt. Vor allem die eindrücklich gespielte, spröde weibliche Hauptfigur verkörpert eindringlich die innere Verhärtung, die die prekären Verhältnisse generieren. – **Ab 16**.
Scope. USA 2019 **DVD** Koch (16:9, 2.35:1, DD5.1 engl./dt.) **BD** Koch (16:9, 2.35:1, dts-HDMA engl./dt.) **R** Anthony Jerjen **B** Andrew Crabtree **K** Nicholas Wiesnet **M** Patrick Kirst **S** Gordon Antell, Kiran Pallegadda **Sb** Tracy Dishman **Kb** Emily Batson **D** Margarita Levieva (Josie Conley), Josh Hartnett (Kip Conley), Owen Teague (Boots Conley), Chandler Riggs (Cooper), Tara Buck (Eliza) **L** 90 **FSK** ab 16 **E** 22.7.2021 DVD & BD **fd** -

FERDINAND VON SCHIRACH: FEINDE ★
Die Tochter einer reichen Familie wird entführt. Im Verhör gegen den Verdächtigen setzt der ermittelnde Kommissar auch Folter ein, um das Versteck des Mädchens zu erfahren, das nur noch tot aufgefunden werden kann. Im nachfolgenden Prozess nimmt der Strafverteidiger den Kommissar wegen des Foltereinsatzes ins Kreuzverhör. Ein auf zwei Fernsehdramen (GEGEN DIE ZEIT, DAS GESTÄNDNIS) aufgeteilter Justizkrimi, der den Fall einmal aus Sicht des Polizisten und einmal aus der des Anwalts ausbreitet sowie beides in einem dritten, kürzeren Film (DER PROZESS) noch einmal zusammenführt. Dieser Aufwand wird durch das Ergebnis aber in keiner Weise gerechtfertigt, das in allen Versionen gleichermaßen holzschnittartig und plakativ bleibt. – **Ab 16**.
Deutschland 2020 **R** Nils Willbrandt **B** Nils Willbrandt, Jan Ehlert **K** Sebastian Edschmid **Vo** Ferdinand von Schirach (Konzept) **M** Richard Ruzicka **S** Simone Bräuer **Sb** Gabi Pohl **Kb** Caterina Czepek **D** Klaus Maria Brandauer (Konrad Biegler), Bjarne Mädel (Peter Nadler), Franz Hartwig (Georg Kelz), Katharina Schlothauer (Judith Lansky), Alix Heyblom (Lisa von Bode) **L** 179 (+45: DER PROZESS) **E** 3.1.2021 ARD, One & Dritte Programme **fd** -

FERRY ★★★
FERRY
Ein Gangster arbeitet in Amsterdam für einen mächtigen Drogen-Boss. Dieser trägt ihm auf, an den Schuldigen Rache zu üben, als sein Sohn bei einem Überfall schwer verletzt wird. Die Spur führt nach Brabant, in die Gegend, aus der der Gangster ursprünglich stammt. Das Wiedersehen mit seiner Heimat, aus der er einst fliehen musste, und die Bekanntschaft mit einer faszinierenden Frau beginnen allerdings, seine Prioritäten zu verschieben, was seiner Rache-Mission in die Quere kommt. Ein Film-Prequel der Noir-Serie UNDERCOVER, die den Spannungs- und Humorlevel nahekommt und die Charaktere ansprechend vertieft. – **Ab 16**.
Belgien/Niederlande 2021 **R** Cecilia Verheyden **B** Nico Moolenaar, Bart Uytdenhouwen **K** Menno Mans **S** Gert Fimmers **Sb** Philippe Bertin **Kb** Manu Verschueren **D** Frank Lammers (Ferry Bouman), Elise Schaap (Daniëlle van Marken), Huub Stapel (Brink), Raymond Thiry (John Zwart), Monique Hendrickx (Claudia Zwart) **L** 106 **E** 14.5.2021 VoD (Netflix) **fd** -

DAS FESTIVAL ★★
THE FESTIVAL
Nachdem ihm seine Freundin bei der Uni-Abschlussfeier den Laufpass gegeben hat, ist ein junger Mann am Boden zerstört. Um ihn wieder aufzuheitern, schleppt ihn sein Kumpel mit zu einem großen Musikfestival, wo die beiden drei Tage feiern wollen und in allerhand peinliche Situationen geraten. Eine visuell ambitionslose britische Komödie mit kindischem Humor, der sich überwiegend aus Ekel- und Fremdscham-Momenten speist. Ein gewisser Enthusiasmus der Darsteller und das authentisch eingefangene Festival-Gefühl heben den Film etwas nach oben. – **Ab 16**.

Großbritannien 2018 R Iain Morris B Keith Akushie, Joe Parham K Simon Tindall M Rael Jones S Charlie Fawcett, William Webb Sb Amanda McArthur Kb Claire Finlay-Thompson D Joe Thomas (Nick), Hannah Tointon (Caitlin), Hammed Animashaun (Shane Stubbs), Hugh Coles (Rex), Lizzy Connolly (Lucy) L 98 E 14.4.2021 VoD fd –

Ein Festtag ★★
MOTHERING SUNDAY
Eine erfolgreiche britische Schriftstellerin erinnert sich im Alter an jenen Sonntag im März des Jahres 1924, als sie die Gunst des Augenblicks nutzte und sich aus dem Dasein eines Dienstmädchens befreite und ihr Leben in die eigenen Hände nahm. Der nach einem bekannten Roman inszenierte Film verbindet in elliptischen Rückblenden drei Zeitebenen miteinander und entwirft ein nostalgisches Panorama der englischen Gesellschaft und eines Frauenlebens. Die gefällige Adaption schwelgt in melancholischen Details, verliert darüber aber jede sozialkritische Schärfe. – **Ab 14.**
Großbritannien 2021 KI Tobis R Eva Husson B Alice Birch K Jamie Ramsay Vo Graham Swift (Roman) M Morgan Kibby S Emilie Orsini Sb Helen Scott Kb Sandy Powell D Odessa Young (Jane Fairchild), Josh O'Connor (Paul Sheringham), Olivia Colman (Mrs. Niven), Colin Firth (Mr. Niven), Emma D'Arcy (Emma) L 105 FSK ab 12; f E 23.12.2021   fd 48271

Feuerprobe der Unschuld – Wage es zu träumen ★
MOUNTAIN TOP
Ein ehemaliger Anwalt hat zum Glauben gefunden, seinen Beruf aufgegeben und arbeitet als Pastor. Eines Tages wird er jedoch wieder in einer juristischen Frage um Hilfe gebeten: Ein alter Mann soll Gelder seiner Kirche veruntreut haben. Zuerst misstraut der Ex-Anwalt dem Beklagten, der behauptet, Visionen von Gott zu erhalten, sieht sich zusehends aber gedrängt, seine Meinung zu ändern. Naive Mischung aus Glaubens- und Justizdrama, die über ihren Verkündigungsabsichten die Zeichnung von Figuren und Handlung vernachlässigt, formal nur Durchschnitt erreicht und auch die passable Besetzung unterfordert. – **Ab 14.**
Scope. USA 2017 DVD Gerth Medien R Gary Wheeler B Gary Wheeler, Robert Whitlow K Rob Givens Vo Robert Whitlow (Roman Mountain Top) M Rob Pottorf S Jonathan Olive Sb Matthew Petersen Kb Amber Givens D Coby Ryan McLaughlin (Mike Andrews), Barry Corbin (Sam Miller), Valerie Azlynn (Peg Andrews), Lin Shaye (Muriel Miller), Danny Vinson (Braxton Hodges) L 99 FSK ab 12; f E 26.2.2021 DVD   fd –

Feuerwehrmann Sam – Helden fallen nicht vom Himmel ★
FIREMAN SAM: NORMAN PRICE AND THE MYSTERY IN THE SKY
Weiteres animiertes Kinoabenteuer um die feuerlöschenden Titelhelden, der sein Dorf Pontypandy retten muss, weil ein Experiment mit einem fliegenden Anzug schiefläuft und die halbe Siedlung in Brand setzt. Dahinter steckt eine verrückte Wissenschaftlerin, die ihre Misserfolge durch eine gestohlene Superbatterie und den mysteriösen Anzug kaschieren will, damit aber viel Unheil anrichtet. Wie die Vorgänger sind Figuren wie Hintergründe reichlich schlicht animiert und entbehrt die Geschichte jeden Anspruchs, sodass selbst einige charmante Einfälle sich nicht entfalten können. – **Ab 6.**
Großbritannien 2020 KI justbridge R Greg Richardson B Laura Beaumont, Paul Larson Vo Rob Lee (Charaktere) L 61 FSK ab 0; f E 30.9.2021   fd –

Fever Dream siehe: Das Gift

Das Fieber – Der Kampf gegen Malaria ★
DAS FIEBER – DER KAMPF GEGEN MALARIA
Die durch einen Parasiten übertragene Krankheit Malaria ist nach wie vor eine Seuche, der jedes Jahr mehrere Hunderttausend Menschen, insbesondere in Afrika, zum Opfer fallen. Medikamente werden dagegen überwiegend in Europa und Asien produziert, was eine Dokumentation zum Anlass nimmt, nach alternativen Behandlungsmethoden aus Afrika selbst zu fragen. Diesen nachvollziehbaren Ansatz torpediert der Film jedoch durch seine gänzlich unseriöse Haltung, die jede Behauptung, afrikanische Naturheilmittel könnten die Krankheit in Kürze bezwingen, unhinterfragt lässt und in billiger Verschwörungsrhetorik gegenüber westlichen Medizinorganisationen gipfelt. – **Ab 14.**
Österreich/Deutschland/Schweiz 2019 KI W-film DVD W-film R+B Katharina Weingartner K Siri Klug M Ayub Ogada, Cinderella Sanyu S Andrea Wagner L 99 FSK ab 6 E 25.4.2021 VoD / 25.6.2021 DVD   fd –

15 Years ★★★
15 YEARS
Die Schwangerschaft seiner besten Freundin stellt unerwartet den Lebensstil eines homosexuellen israelischen Architekten in Frage, als sein Partner ebenfalls Kinderwünsche anmeldet. Da er sich dem instinktiv entziehen will, stößt er seine Umwelt vor den Kopf und stellt sich mehr und mehr auch die Frage nach seiner eigenen Identität. Dramatische Beziehungsstudie mit Hang zu melodramatischen Momenten und einigem Leerlauf in einem nicht sonderlich abwechslungsreichen Plot. In der Spur halten den Film die Darsteller und die verhaltene Spannung. – **Ab 16.**
Scope. Israel 2019 DVD Pro-Fun (16:8, 2.35:1, DD5.1 hebrä.) R+B Yuval Hadadi K Yaniv Linton M Daniel Meir S Tal Shefi D Oded Leopold (Yoav), Udi Persi (Dan), Ruti Asarsai (Alma), Dan Mor (Gur), Tamir Ginsburg (Evyatar) L 89 FSK ab 16 E 16.4.2021 VoD (Pro-Fun) & DVD   fd –

Finch ★★★★
FINCH
Nachdem eine Naturkatastrophe die Erdoberfläche nahezu unbewohnbar gemacht hat, hat sich ein Ingenieur mit seinem Hund unter die Erde zurückgezogen; als weiteren Gefährten konstruiert er einen Roboter. Doch dann sieht er sich gezwungen, zusammen mit den beiden den Bunker zu verlassen und eine neue Bleibe zu suchen. Ein apokalyptisches Road Movie, das weniger auf typische Spannungsmomente aus dem Endzeit-Genres setzt, als primär aus den Abenteuern der drei ungleichen Geschöpfe eine Erforschung dessen macht, was Menschsein bedeutet. Mit viel Witz, einem guten Hauptdarsteller, überzeugender Tricktechnik und einer großen Portion Menschlichkeit gelingt ein warmherziger Familienfilm. – **Ab 10.**
Großbritannien/USA 2020 KI UPI R Miguel Sapochnik B Craig Luck, Ivor Powell K Jo Willems M Gustavo Santaolalla S Tim Porter Sb Tom Meyer Kb Kurt and Bart D Tom Hanks (Finch), Caleb Landry Jones (= Caleb Jones) (Jeff), Lora Martinez-Cunningham (Mutter), Marie Wagenman (Tochter), Oscar Avila (LKW-Fahrer) L 115 E 5.11.2021 VoD (Apple TV+)   fd 48158

First Cow ★★★★★
FIRST COW
Im frühen 19. Jahrhundert treffen in Oregon zwei Neusiedler aufeinander: Ein einzelgängerischer Koch und ein Chinese. Die beiden ziehen zusam-

men und entwickeln eine Geschäftsidee mit köstlichem süßem Gebäck, das von den anderen Siedlern begeistert angenommen wird. Dabei spielen die beiden allerdings ein Spiel mit dem Feuer, da sie die wichtigste Zutat Milch heimlich von einer Kuh abzapfen, die dem mächtigsten Mann in der Siedlung gehört. Ein mit meisterlicher Ruhe entwickelter, von sanftem Humor und zärtlichem Blick getragener und sich in der zweiten Hälfte dramatisch verdichtender Film über eine außergewöhnliche Freundschaft, die in dem historischen Ambiente fast utopisches Potenzial entwickelt. Indem er die Unabdingbarkeit von Kooperation und Offenheit als Bedingung fürs Überleben beschwört, erzählt er zudem eine erfrischend andere Gründungsgeschichte der USA. – **Sehenswert ab 14.**
Scope. USA 2019 **KI** Peripher **R** Kelly Reichardt **B** Jonathan Raymond, Kelly Reichardt **K** Christopher Blauvelt **Vo** Jonathan Raymond (Roman *First Cow*) **M** William Tyler **S** Kelly Reichardt **Sb** Anthony Gasparro **Kb** April Napier **D** John Magaro (Cookie), Orion Lee (King-Lu), Toby Jones (Anführer), Scott Shepherd (Captain), Ewen Bremner (Lloyd) **L** 122 **FSK** ab 6; **f E** 9.7.2021 VoD (Mubi) / 18.11.2021   fd 47855

Finch (© AppleTV+ / UPI)

Ein Fisch, der auf dem Rücken schwimmt ★★★

Ein Vater und sein Sohn lieben die gleiche Frau. Die Erzieherin für Kinder mit Trisomie 21 bringt neues Leben, aber auch eine gefährliche Leidenschaft in das noch immer vom traumatischen Verlust der Ehefrau und Mutter gezeichnete Familienleben, da beide Männer sich um sie miteinander konkurrieren. Ein zwischen Erotikthriller und Familiendrama aufgespannter Film, der mitunter allzu sehr den Mustern der Genres folgt, aber auch mit großer Umsicht die Fragilität der Figuren auslotet und diese behutsam aufs Terrain des Erotischen ausweitet. – **Ab 16.**
Scope. Deutschland 2019 **KI** missingFILMs **R+B** Eliza Petkova **K** Constanze Schmitt **M** Hannes Marget, Les Voda **S** Eliza Petkova **Sb** Miren Oller **Kb** Nuria Heyck, Anna Philippa Müller **D** Nina Schwabe (Andrea), Theo Trebs (Martin), Henning Kober (Philipp), Leon Ullrich (Kommissar Dreyer), Anna Manolova (Nadya) **L** 103 **E** 1.7.2021 / 1.10.2021 arte-Mediathek   fd 47590

Five Senses of Eros ★★
Ogamdo

Ein südkoreanischer Anthologiefilm aus fünf Kurzfilmen unterschiedlicher Regisseure rund um Sex und Liebe in unterschiedlichen Tonarten von tragisch bis skurril. Eher dezent in Sachen Erotik, schwanken die Beiträge qualitativ; trotz einzelner stärkerer Teile bleibt der Film als Gesamterlebnis zerfahren und ohne eine wirklich überzeugende thematische Linie. Dass die künstlerisch stärksten Beiträge (His Concern; I'm Right Here) direkt am Anfang stehen und die letzten drei Episoden im Vergleich eher abfallen, tut dem Film dramaturgisch auch nicht gut. – **Ab 18.**
Scope. Südkorea 2009 **DVD** Busch Media (16:9, 2.35:1, DD5.1 korea./dt.) **BD** Busch Media (16:9, 2.35:1, dts-HDMA korea./dt.) **R** Daniel H. Byun, Hur Jin-ho, Min Kyu-dong, Oh Ki-hwan, Yoo Young-sik **B** Daniel H. Byun, Lee Jeong-hwa, Kim Gyeong-mi, Yoo Young-sik, Min Kyu-dong, Oh Ki-hwan **K** Kim Mu-yu, Yun Ji-woon, Go Nak-seon, Kim Byeong-seo, Kim Jun-young, Kim Yeong-heung **M** Choi Man-sik, Choi Yong-rak, Kim Jun-seong **S** Hahm Sung-won, Choi Jae-geun, Sung Soo-a **D** Cha Hyeon-jeong (Han Ji-Won), Kim Nan-Hee (Frau des älteren Bruders), Cha Soo-Yeon (Ahn Hye-Rim), Bae Chong-Ok (Hwa Ran), Hwang Jung-min (Jae In) **L** 130 **FSK** ab 16 **E** 21.5.2021 DVD & BD & digital   fd -

Flashback ★★★
The Education of Fredrick Fitzell

Mystery-Drama um einen jungen Mann, der seine Künstler-Ambitionen zugunsten einer lukrativeren Karriere geopfert hat, nun inmitten seines routinierten Alltags plötzlich auf Erinnerungen an eine alte Mitschülerin stößt und ihr damals spurloses Verschwinden recherchiert. Der Film tendiert zunächst zu einem arg träge entwickelten, mittelmäßigen Kriminalfilm mit geheimnisvollen Verknüpfungen, bis zur Filmmitte der Knoten platzt und mittels eines unerwarteten Kniffs buchstäblich die Grenzen zwischen Raum und Zeit einreißen. Die Hauptfigur wird dadurch auf einen visuell beeindruckenden wie moralisch fordernden Albtraumtrip à la Requiem for a Dream oder Trainspotting geschickt. – **Ab 16.**

💿 Die Extras enthalten u.a. ein Feature mit im Film nicht verwendeten Szenen (4 Min.).
Scope. USA 2020 **DVD** Capelight (16:9, 2.35:1, DD5.1 engl./dt.) **BD** Capelight (16:9, 2.35:1, dts-HDMA engl./dt.) **R+B** Christopher MacBride **K** Brendan Steacy **S** Matt Lyon **Sb** Jennifer Morden **Kb** Sarah Millman **D** Dylan O'Brien (Fred), Hannah Gross (Karen), Maika Monroe (Cindy), Liisa Repo-Martell (Mrs. Fitzell), Donald Burda (Dr. Phillips) **L** 97 **FSK** ab 16; **f E** 12.8.2021 digital / 27.8.2021 DVD & BD   fd -

Flora & Ulysses ★★★
Flora & Ulysses

Eine Zehnjährige ist schon vom Leben desillusioniert, seit ihre Eltern sich getrennt haben. Das ändert sich durch ein Eichhörnchen mit erstaunlichen Kräften. Der pelzige Miniatur-Superheld, hinter dem ein übereifriger Verfolger her ist, verwickelt das Mädchen, seine Eltern und Nachbarsjungen in turbulente Abenteuer, die den Nebeneffekt haben, dass sich das entzweite Ehepaar wieder näherkommt. Im satirischen Spiel mit Motiven des Superhelden-Genres kreist der Film um die kindliche Sehnsucht nach einer heilen Familie. Dabei bleiben die menschlichen Figuren ein bisschen blass, im Zentrum stehen Slapstick-Action und die possierliche Animation der tierischen Hauptfigur. – **Ab 6.**

Flora & Ulysses (© Walt Disney Company)

USA 2021 **R** Lena Khan **B** Brad Copeland **K** Andrew Dunn **Vo** Kate DiCamillo (Roman *Flora und Ulysses – Die fabelhaften Abenteuer*) **M** Jake Monaco **S** Jamie Gross **Sb** Michael Fitzgerald **Kb** Mona May **D** Matilda Lawler (Flora), Alyson Hannigan (Phyllis Buckman), Ben Schwartz (George Buckman), Benjamin Evan Ainsworth (William Spiver), Kate Micucci (Rita) **L** 95 **E** 19.2.2021 VoD (Disney+) fd –

Der Fluch des Tunnels ★★★★
A Tunnel

Ein chinesisches Unternehmen lässt in Georgien eine Eisenbahnstrecke bauen, für die erheblich in die natürlichen Gegebenheiten eingegriffen wird. Die Bewohner eines Dorfes stehen dem Großprojekt skeptisch, wenn auch teils mit vagen Hoffnungen auf eine Besserung ihrer Lebensumstände gegenüber, resignieren aber zusehends angesichts der fehlenden Informationspolitik und der Rücksichtslosigkeit der chinesischen Verantwortlichen. Der Dokumentarfilm beobachtet die Entwicklungen mit ruhigem Blick und verzichtet bewusst auf Einblicke in Hintergründe. Durch den Verzicht auf wohlfeile Erklärungen macht er die Unsicherheit der Einheimischen ebenso greifbar wie den Fortschrittsaspekt des Bauprojekts. – **Ab 14.**
Deutschland/Georgien 2019 **R** Nino Orjonikidze, Vano Arsenishvili **B** Nino Orjonikidze, Vano Arsenishvili **K** Vano Arsenishvili **M** K.S. Elias (= Karim Sebastian Elias) **S** Nino Orjonikidze, Vano Arsenishvili **L** 87 **E** 10.3.2021 arte fd –

Fly ★★
Eine junge Strafgefangene schließt sich im Gefängnis widerstrebend dem Resozialisierungsprojekt einer Tanzgruppe an, in der sie ein charismatischer Tänzer bald in seinen Bann zieht. Die vorhersehbare Story wird mit vielen Figuren- und Situationsklischees aufgebauscht, glänzt aber mit einer begnadeten Hauptdarstellerin und furios choreografierten Tanzeinlagen. Statt sich auf ihre Stärken zu besinnen und auf einen reinen Tanz- und Musikfilm zu setzen, schielt die Inszenierung allzu sehr auf ein großes Publikum. – **Ab 14.**
Scope. Deutschland 2021 **KI** StudioCanal **R** Katja von Garnier **B** Daphne Ferraro, Katja von Garnier **K** Torsten Breuer **M** Ketan Bhatti, Vivan Bhatti **S** Claus Wehlisch, Alexander Dittner, Sven Budelmann, Robert Eyssen **Sb** Susann Bieling **Kb** Mika Braun **D** Svenja Jung (Bex), Ben Wichert (Jay Winter), Jasmin Tabatabai (Ava), Nicolette Krebitz (Sara), Katja Riemann (Dr. Goldberg) **L** 110 FSK ab 6; f **E** 14.10.2021 fd 48093

For the Time Being ★★★★
Tal Día Hizo un Año

Eine Frau besucht im Sommer zusammen mit ihren beiden Söhnen in der Sierra Morena in Andalusien ihre Schwiegermutter; auf deren Farm wartet die Familie, während in der Region Hitzefeuer für Unruhe sorgen, auf den Vater, den sie dort treffen wollte. Doch dessen Ankunft verzögert sich, und immer mehr lasten Schatten auf der sommerlichen Stimmung. Ein still-intensives, langsam erzähltes Familiendrama, ganz konzentriert auf seine Protagonisten, die im Haus der Schwiegermutter wie in einer Art Limbus ausharren, und die sie umgebende, die Atmosphäre und Menschen prägende Landschaft und Natur. – **Sehenswert ab 16.**
Deutschland/Spanien/Schweiz 2019 **R+B** Salka Tiziana **K** Tom Otte **M** plastiq **S** Salka Tiziana **D** Melanie Straub (Larissa), Pilar del Pino (Pilar), Amalia Amián del Pino (Amalia), Jon Bader (Jon), Ole Bader (Ole) **L** 71 **E** 4.2.2021 VoD (Mubi) fd –

For Those Who Can Tell No Tales ★★★★
For Those Who Can Tell No Tales

Eine australische Performance-Künstlerin fliegt als Touristin nach Bosnien-Herzegowina, um Land und Leute kennenzulernen. Dabei kommt sie auch nach Višegrad, wo sie in einem Hotel unerklärlicherweise nicht schlafen kann. Bei ihren Nachforschungen entdeckt sie, dass im Bosnienkrieg hier 200 muslimische Frauen interniert, gefoltert, vergewaltigt und getötet wurden. Einige Monate später kehrt sie in die Stadt zurück, um die Hintergründe der Gräuel aufzudecken. Ein beklemmendes Drama, das

Fly (© StudioCanal)

aus der Perspektive einer Außenstehenden an das Massaker von Višegrad im Jahr 1992 erinnert. Der sorgfältig inszenierte Film kommt ohne drastische Gewaltszenen aus und legt Stück für Stück die kollektive Verdrängung offen. **– Sehenswert ab 14.**
Scope. Bosnien-Herzegowina 2013 **R** Jasmila Žbanić **B** Zoran Solomun, Kym Vercoe, Jasmila Žbanić **K** Christine A. Maier **S** Yann Dedet **Kb** Lejla Hodzic **D** Kym Vercoe (Kym Vercoe), Boris Isakovic (Polizei-Inspektor), Simon McBurney (Tim Clancy), Leon Lucev (= Leon Lučev) (Veljko), Jasna Duricic (Edina) **L** 82 **E** 16.4.2021 VoD (Sooner) fd 47674

FORTE ★
FORTE
Raue Komödie um eine übergewichtige junge Französin, die darunter leidet, von ihrem Umfeld nicht als sexuelles Wesen wahrgenommen zu werden. Bis sie die Sinnlichkeit des Poledance für sich entdeckt und mit Hilfe einer hartnäckigen Trainerin lernt, sich und ihren Körper zu akzeptieren. Die Geschichte einer weiblichen Selbstermächtigung wirkt durch stereotype Figuren und eine vorhersehbare Dramaturgie allerdings recht altbacken. Auch irritiert eine oberflächliche Fixierung auf erotischen Erfolg, hinter der sich allem demonstrativen weiblichen Selbstbewusstsein zum Trotz eine anti-feministische Haltung verbirgt. **– Ab 16.**
Frankreich 2020 **R** Katia Lewkowicz **B** Melha Bedia, Frédéric Hazan, Katia Lewkowicz, Anthony Marciano **K** Jacques Ballard **S** Yann Malcor **Kb** Sonia Philouze **D** Melha Bedia (Nour), Valérie Lemercier (Sissi), Alison Wheeler (Axelle), Bastien Ughetto (Steph), Nanou Garcia (Nadia) **L** 91 FSK ab 12; f **E** 20.1.2021 VoD (Amazon Prime) fd 47522

FOUND ★★★
FOUND
Ein Dokumentarfilm über drei junge US-Amerikanerinnen mit chinesischen Wurzeln, die alle als Kinder adoptiert wurden und über eine Internet-Plattform für DNA-Tests feststellen, dass sie blutsverwandt sind. Zusammen machen sie sich auf eine Suche nach ihren chinesischen Wurzeln, während der Film zugleich die Unterschiede zwischen den dreien zeigt, die sich durch die kulturelle Prägung ihrer Adoptivfamilien ergeben. Abwechslungsreich und sehr einfühlsam inszeniert, belässt er es allerdings bei den individuellen Schicksalen; eine tiefergehende Auseinandersetzung mit Chinas Ein-Kind-Politik zwischen 1976 und 2015 bleibt ausgespart. **– Ab 14.**
USA 2021 **R+B** Amanda Lipitz **K** Casey Regan **M** Toby Chu **S** Penelope Falk **L** 97 **E** 20.10.2021 digital (Netflix) fd –

FRAMING BRITNEY SPEARS ★★
FRAMING BRITNEY SPEARS
Dokumentation über Leben und Karriere der Pop-Ikone Britney Spears (geb. 1981), die mit ihren ersten beiden Alben ... *Baby One More Time* (1999) und *Oops!... I Did It Again* (2000) zum internationalen Star wurde. Dabei geht es nicht zuletzt auch um den Rechtsstreit der Sängerin um die 2008 in Folge psychischer Probleme über sie verhängte Vormundschaft (die einige Monate nach Erscheinen des Films aufgehoben wurde). Der Film zeichnet Britney Spears als Opfer von Musikgeschäft und Boulevardpresse und belegt dies mit Archivmaterial, gerät darin aber einseitig und auch oberflächlich, sodass er das Ziel einer Rehabilitation der Sängerin verfehlt. **– Ab 14.**
USA 2021 **R** Samantha Stark **K** Emily Topper **M** John E. Low **S** Geoff O'Brien, Pierre Takal **L** 75 FSK ab 12 **E** 5.4.2021 VoD (Amazon Prime) fd –

DIE FRAU AUS BREST ★★★
LA FILLE DE BREST
Eine bretonische Ärztin stellt nach mehreren Fällen von Patienten mit Herzklappenfehlern fest, dass diese alle ein bestimmtes Diabetes-Medikament eingenommen haben. Mit einem Kollegen macht sie sich an eine Studie, um das Produkt vom Markt zu nehmen, erfährt aber reichlich Gegenwind von der Pharmaindustrie und den Behörden. Biografisches Drama um den Kampf der Ärztin Irène Frachon, die mit Entschlossenheit und Hartnäckigkeit einen Pharmaskandal aufdeckte. Der Film setzt auf etwas simple Schwarzweiß-Fronten, profitiert aber von einer energetischen Hauptdarstellerin. **– Ab 16.**
Scope. Frankreich 2016 **R** Emmanuelle Bercot **B** Séverine Bosschem, Emmanuelle Bercot **K** Guillaume Schiffman **Vo** Irène Frachon (Buch *Médiator 150 mg: sous-titre censuré*) **M** Martin Wheeler **S** Julien Leloup **Sb** Éric Barboza **Kb** Pascaline Chavanne **D** Sidse Babett Knudsen (Dr. Irène Frachon), Benoît Magimel (Antoine Le Bihan), Charlotte Laemmel (Patoche), Gilles Treton (Dr. Yannick Jobic), Lara Neumann (Anne Jouan) **L** 121 **E** 27.10.2021 arte fd –

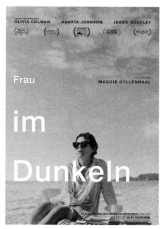

FRAU IM DUNKELN (© Netflix)

FRAU IM DUNKELN ★★★★
THE LOST DAUGHTER
Eine Literaturwissenschaftlerin macht Urlaub auf einer griechischen Insel und genießt die Zeit am Strand, bis eine Großfamilie auftaucht und ihre Ruhe stört. Insbesondere die Präsenz einer jungen Mutter und deren kleiner Tochter wecken Erinnerungen an ihre eigene Vergangenheit. Die Adaption des gleichnamigen Romans von Elena Ferrante changiert elegant zwischen zwei Zeitebenen und verwebt diese zum Porträt einer Frau, die sich von klassischen Rollenbildern löst, dafür aber die Bürde latenter Scham mit sich trägt. Der Film arbeitet eindringlich die ungleichen Verhältnisse zwischen den Geschlechtern heraus sowie den Druck, der dadurch auf der fulminanten weiblichen Protagonistin lastet. **– Sehenswert ab 14.**
USA/Großbritannien/Griechenland/Israel 2021 **KI** Netflix **R+B** Maggie Gyllenhaal **K** Hélène Louvart **Vo** Elena Ferrante (Roman *La figlia oscura*) **M** Dickon Hinchliffe **S** Affonso Gonçalves **Sb** Inbal Weinberg **Kb** Edward K. Gibbon **D** Olivia Colman (Leda), Dakota Johnson (Nina), Peter Sarsgaard (Prof. Hardy), Jessie Buckley (Junge Leda), Paul Mescal (Will) **L** 117 FSK ab 12 **E** 16.12.2021 / 31.12.2021 VoD (Netflix) fd 48283

FRAU OYU ★★★
OYŪ-SAMA
Eine Witwe kann sich wegen ihrer traditionalistischen Familie nicht wiederverheiraten. Als sich ein Mann in sie verliebt, der ihre jüngere Schwester heiraten soll, geraten

alle drei in ein Dilemma: Die Ehe wird zwar geschlossen, doch stellt sich kein Glück ein, da die Jüngere der Liebe der beiden anderen nicht im Wege stehen will, der Mann und die Witwe aber ihre Beziehung nicht offen zu leben wagen. Eine tragische Dreiecksgeschichte als kritischer Gesellschaftskommentar zum Japan der 1950er-Jahre. Etwas zu melodramatisch im Tonfall, aber mit formaler Meisterschaft inszeniert und gut gespielt. (O.m.d.U.) – **Ab 16**.
Schwarz-weiß. Japan 1951 **R** Kenji Mizoguchi **B** Yoshikata Yoda **K** Kazuo Miyagawa **Vo** Junichiro Tanizaki (Roman *Ashikari*) **M** Fumio Hayasaka **S** Mitsuzo Miyata **Sb** Hiroshi Mizutani **Kb** Shima Yoshizane **D** Kinuyo Tanaka (Oyū Kayukawa), Nobuko Otowa (Shizu), Yūji Hori (Shinnosuke Seribashi), Kiyoko Hirai (Osumi), Reiko Kongō (Otsugi Kayukawa) **L** 90 **E** 15.7.2021 VoD (arte) **fd** -

EINE FRAU, VON DER MAN SPRICHT ★★★★
UWASA NO ONNA
Eine Witwe leitet ein Geisha-Haus in Tokio und ist mit einem jungen Arzt verbandelt. Ein Konflikt eröffnet sich, als sich zwischen diesem und der Tochter seiner Geliebten, die das Metier der Mutter strikt ablehnt, eine Romanze entwickelt. Ein feinfühliges Drama des Japaners Kenji Mizoguchi, der seine Charaktere genau erfasst und das Milieu dezent und mit ambivalentem Blick behandelt. Melodramatische Momente in der Handlung werden durch die aufmerksame, sensible Inszenierung und die effektfreie Darstellung weitgehend zurückgedrängt. (O.m.d.U.) – **Ab 16**.
Schwarz-weiß. Japan 1954 **R** Kenji Mizoguchi **B** Masashige Narusawa, Yoshikata Yoda **K** Kazuo Miyagawa **M** Toshirô Mayuzumi **S** Kanji Suganuma **Sb** Hisakazu Tsuji **Kb** Ayako Hasegawa **D** Kinuyo Tanaka (Hatsuko Mabuchi), Tomeomon Otani (Dr. Keiji Matoba), Yoshiko Kuga (Yukiko Mabuchi), Eitaro Shindô (Yasuichi Harada), Bontarô Miake (Kobayashi) **L** 80 **E** 15.7.2021 VoD (arte) **fd** -

FREAK CITY ★★★
Um seine Ex-Freundin zu beeindrucken, nimmt ein Teenager an einem Gebärdensprachenkurs teil, verliebt sich dort aber in eine gehörlose Jugendliche. Eine leichte Komödie in gemächlichem Erzähltempo, die ohne Gags und peinliche Situationen auskommt, sondern den Fokus auf die Authentizität des Alltags der Jugendlichen legt. Meist erfrischend natürlich gespielt, erzählt der Film von dem Aufeinanderprallen der Welt der Gehörlosen und der Hörenden, wobei er sich genug Zeit nimmt, den Blick auf beide dieser Welten zu richten. – **Ab 12**.
Deutschland 2020 **KI** Leyendas Filmproduktion **R** Andreas Kannengiesser **B** Birgit Stauber, Andreas Kannengiesser **K** Andreas Kannengiesser **Vo** Kathrin Schrocke (Roman *Freak City*) **M** Matthias Petsche **S** Sebastian Stoffels, Andreas Kannengiesser **D** Luke Piplies (Mika), Dana Cermane (Lea), Julia Müller (Sandra), Sophia Schilling (Iris), Judith Hoersch (Jutta) **L** 108 FSK ab 12; f E 19.10.2021 VoD (Sooner) **fd** 48105

FREAKSCENE – THE STORY OF DINOSAUR JR. ★★★
FREAKSCENE: THE STORY OF DINOSAUR JR.
Materialreiche Aufbereitung der seltsamen Karriere der US-Indie-Band Dinosaur Jr., von den Anfängen in der US-Hardcore-Szene in den 1980er-Jahren über den Aufstieg unter der Ägide des «SST»-Labels und bandinterne Verwerfungen bis hin zum Comeback in Originalbesetzung viele Jahre später. Mit einschlägiger Szene-Prominenz und viel lakonischer Achselzucken werden die Konflikte des Trios ausgebreitet, aber nicht weiter vertieft, sodass jede Verdichtung zu verallgemeinerbaren Aussagen vermieden wird. – **Ab 14**.
Deutschland/USA 2020 **KI** Rapid Eye Movies **DVD** Rapid Eye Movies (16:9, 1.85:1, DD5.1 engl.) **R+B+K** Philipp Virus **L** 86 FSK ab 6; f E 9.9.2021 / 25.3.2022 DVD **fd** 48018

FREAKY – KÖRPERTAUSCH MIT BLUTRAUSCH ★★★
FREAKY
Durch einen antiken Dolch gelingt es einem älteren Serienmörder, mit einer gemobbten Teenagerin den Körper zu tauschen. Fortan bleiben dem Mädchen nur 24 Stunden, um seine Freunde von seiner wahren Identität zu überzeugen und die Verwandlung rückgängig zu machen. Eine mit popkulturellen Referenzen gespickte Mischung aus Slasherfilm und High-School-Komödie, die manchmal ein wenig überfrachtet wirkt, aber ein gutes Händchen für Slapstick hat und die Ansprüche des Genres schlüssig mit einer gesellschaftlich progressiven Richtung zu vereinen weiß. – **Ab 16**.
Die Extras der BD umfassen u. a. einen Audiokommentar des Regisseurs sowie ein Feature mit drei im Film nicht verwendeten Szenen (6 Min.).

Scope. USA 2020 **KI** UPI **DVD** Universal (16:9, 2.35:1, DD5.1 engl./dt.) **BD** Universal (16:9, 2.35:1, dts-HDMA engl., dts dt.) **R** Christopher Landon **B** Michael Kennedy, Christopher Landon **K** Laurie Rose **M** Bear McCreary **S** Ben Baudhuin **Sb** Hillary Andujar **Kb** Whitney Anne Adams **D** Vince Vaughn (The Butcher), Kathryn Newton (Millie), Celeste O'Connor (Nyla), Misha Osherovich (Josh Detmer), Emily Holder (Sandra) **L** 102 FSK ab 16; f E 24.6.2021 / 4.11.2021 DVD & BD **fd** 47778

FREE GUY ★★★
FREE GUY
Die Figur eines Bankangestellten aus einem Online-Multiplayer-Game verliebt sich in den Avatar einer Spielerin und erwacht darüber zu einem Wesen, das sich seinem Algorithmus in wachsendem Maße entzieht. Die Schöpfer des Spiels wollen es deshalb vom Netz nehmen, während der Kassierer sich und seine Mitfiguren zu retten versucht. Die mit hektischer Digitalästhetik aufgedonnerte Liebeskomödie zwischen zwei Welten nimmt genüsslich Serialität und Selbstoptimierungswahn aufs Korn und unterwirft die künstliche Intelligenz einem vergnüglichen Erfahrungsparcours, wahrt trotz von der Grenzen der Physik befreiter Actionsequenzen aber die Grenze zwischen virtuellem Code und physischem Bewusstsein. – **Ab 14**.

Die BD enthält eine Audiodeskription für Sehbehinderte, allerdings nur in englischer Sprache.
Die Standardausgabe (DVD) enthält keine erwähnenswerten Extras.
Die Extras der BD enthalten indes u. a. ein Feature mit so im Film nicht verwendeten Szenen (6 Min.) sowie eine Sammlung von sechs kurzen «Making of»-Featurettes (55 Min.).

Scope. USA 2021 **KI** Walt Disney **DVD** Walt Disney (16:9, 2.35:1, DD5.1 engl./dt.) **BD** Walt Disney (16:9, 2.35:1, dts-HDMA7.1 engl., DD7.1 dt.) **4K:** Walt Disney (16:9, 2.35:1, dolby_Atmos engl., DD7.1 dt.) **R** Shawn Levy **B** Matt Lieberman, Zak Penn **K** George Richmond **M** Christophe Beck **S** Dean Zimmerman **Sb** Ethan Tobman **Kb** Marlene Stewart, Marlon Mizrahi **D** Ryan Reynolds (Guy), Jodie Comer (Milly / Molotov Girl), Joe Keery (Keys), Taika Waititi (Antoine), Lil Rel Howery (Buddy) **L** 115 FSK ab 12; f E 12.8.2021 / 7.10.2021 DVD & BD & 4K UHD (plus BD) **fd** 47939

FREISTAAT MITTELPUNKT ★★★★
Filmische Aufbereitung der Recherche zur Biografie von Ernst Otto Karl

Grassmé, den die Nationalsozialisten in den 1930er-Jahren als schizophren diagnostizieren und zwangssterilisieren ließen. Seiner Ermordung entging er, weil er sich in einer Moorlandschaft versteckte und dort das Dritte Reich überlegte. Doch auch in der Nachkriegszeit blieb ihm eine Wiedergutmachung verwehrt. Durch den assoziativen Umgang mit Bild und Ton gelingt eine formal hochinteressante Mischung aus Porträt, Historie, Alltags- und Kulturgeschichte. – **Ab 14.**
Deutschland 2019 **KI** Kai Ehlers Film **R+B+K** Kai Ehlers **M** Chris Hirson **S** Kai Ehlers, Fausto Molina **L** 83 **FSK** ab 12; f **E** 9.9.2021   fd 48024

FRÜHLING IN PARIS (© Filmagentinnen)

FRENCH EXIT ★★★★
FRENCH EXIT

Der nahende Bankrott bringt eine New Yorker Lebedame dazu, ihr versnobtes Domizil in Manhattan zu verlassen und samt Sohn und Kater sowie einer letzten Tasche voller Geld nach Paris zu flüchten. Im Kreise exzentrischer neuer Bekanntschaften versuchen sie in der unbekannten Stadt, ihren Lebensstil aufrechtzuerhalten. Eine lakonisch erzählte Chronologie eines Abgangs, die von virtuos intonierten Augenblicken voller skurriler Details, bissigen Dialogen und einem Darstellerensemble lebt, das den anstrengenden Figuren nie die Würde versagt. – **Ab 14.**

⊙ Die Extras enthalten u. a. ein Feature mit vier im Film nicht verwendeten Szenen (7 Min.).

Scope. Kanada/Irland 2021 **KI** Sony DVD Sony (16:9, 2.35:1, DD5.1 engl./dt.) **R** Azazel Jacobs **B** Patrick DeWitt **K** Tobias Datum **Vo** Patrick DeWitt (Roman French Exit) **M** Nick deWitt **S** Hilda Rasula **Sb** Jean-André Carrière **Kb** Jane Petrie **D** Michelle Pfeiffer (Frances Price), Lucas Hedges (Malcolm Price), Valerie Mahaffey (Mme Reynard), Imogen Poots (Susan), Susan Coyne (Joan) **L** 113 **FSK** ab 12; f **E** 2.9.2021 / 2.12.2021 DVD & digital   fd 48006

FREUNDE ★★★

Ein Mann ist nach dem Tod seiner Frau gerade im Begriff, sich das Leben zu nehmen, als ein alter Freund bei ihm auftaucht, den er seit mehr als 30 Jahren nicht gesehen hat. Das Wiedersehen setzt alte Erinnerungen frei und konfrontiert sie mit den Gründen für ihre damalige Trennung und den gegensätzlichen Erfahrungen der vergangenen Jahrzehnte. Ein auf sorgfältigen Dialogen und vorzüglicher Darstellungskunst aufgebautes Zweipersonen-Drama um gegensätzliche Lebensverläufe. Zwar dringt der Film nicht zu bahnbrechenden Erkenntnissen vor, vermittelt aber doch einiges über das existenzielle Bedürfnis nach Mitgefühl und Freundschaft. – **Ab 14.**
Deutschland 2021 **R** Rick Ostermann **B** David Ungureit **K** Leah Striker **M** Stefan Will **S** Stefan Blau **Sb** Anette Reuther **Kb** Katharina Schnelting **D** Ulrich Matthes (Malte Klingsor), Justus von Dohnányi (= Justus von Dohnanyi) (Patrick Laubenstein) **L** 91 **E** 20.10.2021 ARD   fd –

DIE FREUNDIN DER HAIE ★★★
PLAYING WITH SHARKS: THE VALERIE TAYLOR STORY

Eine Dokumentation über die Taucherin, Unterwasserfilmerin und Naturschützerin Valerie Taylor und ihre Erfahrungen im Umgang mit wilden Haien. 1935 geboren, war sie eine erfolgreiche Speerfischerin und drehte gemeinsam mit ihrem Mann Ron Taylor Unterwasserszenen u. a. für Steven Spielbergs DER WEISSE HAI, bevor sich beide zu Aktivisten für den Schutz der Meereswelt wandelten. Der Film bildet solide, wenn auch etwas einseitig Taylors Werdegang ab und fasziniert durch sein Archivmaterial. Punkten kann er auch durch den Beitrag der humorvoll erzählenden Protagonistin. – **Ab 14.**
Australien 2021 **R+B** Sally Aitken **K** Ron Taylor, Michael Latham, Judd Overton, Nathan Barlow, Toby Ralph **M** Caitlin Yeo **S** Adrian Rostirolla **L** 95 **E** 23.7.2021 VoD (Disney+)   fd –

FRIENDS AND STRANGERS ★★★
FRIENDS AND STRANGERS

Ein junger Mann aus Sydney begleitet eine junge Frau, für die sich interessiert, auf einen Camping-Ausflug, sie zeigt sich allerdings nicht allzu beeindruckt von ihm. Wieder zurück in der Großstadt, kaut er an der Zurückweisung und übernimmt den Auftrag, in einer Villa am Meer eine Hochzeit zu filmen. Ein mit seiner ein sich selbst kreisenden Hauptfigur durch verschiedene Situationen mäanderndes Porträt eines Mittelklasse-Millennials, der es nicht recht schafft, richtig mit seiner Umwelt und anderen Menschen in Beziehung zu treten. Dabei entfaltet der Film in Vignetten eine «Comedy of Manners», in die sich zwischendurch surreal-beunruhigende Töne einschleichen. – **Ab 16.**
Australien 2021 **R+B** James Vaughan **K** Dimitri Zaunders **S** James Vaughan **Sb** Milena Stojanovska **Kb** Olivia Simpson **D** Emma Diaz (Alice), Fergus Wilson (Ray), Victoria Maxwell (Diana), Greg Zimbulis (David), David Gannon **L** 82 **E** 10.11.2021 VoD (Mubi)   fd –

FRÜHLING IN PARIS ★★★★
16 PRINTEMPS

Eine 16-jährige Pariserin fühlt sich im Kreis ihrer Altersgenossen zunehmend gelangweilt. Als sie auf dem Weg zur Schule einem Schauspieler begegnet, entwickelt sie eine Faszination für den 35-jährigen Mann, die dieser bald erwidert. Es kommt zu Treffen, bei denen sie vertrauter miteinander werden, bis das Mädchen zu fürchten beginnt, das ganz normale Leben seiner Altersklasse zu verpassen. Eine lyrische Ode an die Liebe, die vom schmerzhaft schönen Übergang zwischen den Freuden der Kindheit und dem Aufbruch ins Erwachsenenleben erzählt. Der selbstbewusst inszenierte Debütfilm erinnert an den frischen Wind der Nouvelle Vague,

entfaltet aber eine ganz eigene stilistische Brillanz. – **Sehenswert ab 14.**
Scope. Frankreich 2020 **K**I Filmagentinnen **DVD** MFA+ (16:9, 2.35:1, DD5.1 engl./dt.) **R+B** Suzanne Lindon **K** Jérémie Attard **M** Vincent Delerm **S** Pascale Chavance **Sb** Caroline Long Nguyên **Kb** Julia Dunoyer **D** Suzanne Lindon (Suzanne), Arnaud Valois (Raphaël Frei), Frédéric Pierrot (Suzannes Vater), Florence Viala (Suzannes Mutter), Rebecca Marder (Marie) **L** 78 **FSK** ab 0; f **E** 17.6.2021 / 22.10.2021 DVD **fd** 47773

Fucking with Noboby ★★
Fucking with Nobody
Eine junge Filmemacherin wird bei der Vergabe der Regie für einen feministischen Horrorfilm von einem männlichen Kollegen und früheren Partner ausgebootet. Frustriert über die weibliche Repräsentation in der Branche, fasst sie den Entschluss, eine erfundene Romanze in den sozialen Medien auf die Beine zu stellen, um Gender-Verhältnisse und verlogene Social-Media-Selbstdarstellungen zu entlarven. Der Film, in dem die Regisseurin sich selbst spielt, jongliert mit verschiedenen Wirklichkeitsebenen und entfaltet sich als kurzweilige, aber auch etwas verwirrende Collage aus Videomaterial, Instagram-Posts, Fotos, Emojis etc. Mit seinem etwas derben Humor entwickelt der Film als Satire allerdings keinen rechten Biss und bleibt oberflächlich. – **Ab 16.**
Finnland 2020 **R** Hannaleena Hauru **B** Hannaleena Hauru, Lasse Poser **K** Jan-Niclas Jansson, Lasse Poser **S** Hannaleena Hauru **Kb** Aino Havu **D** Hannaleena Hauru (Hanna), Lasse Poser (Ekku), Samuel Kujala, Sara Melleri, Anna Kuusamo **L** 102 **E** 9.9.2021 digital (Mubi) **fd** -

Führerschein und nichts wie weg ★★
La bonne Conduite
Ein strenger Marineoffizier kehrt nach Jahren in seine heimatliche Lille zurück, als sein Vater schwer erkrankt. Dort übernimmt er aus Pflichtgefühl dessen Fahrschule, merkt aber, dass die aus unterschiedlichsten Kulturen stammenden Schüler mit seinem militärischen Gefühl für Disziplin nicht in den Griff zu bekommen sind. Eine Komödie mit dramatischen Elementen, die eine Milieustudie mit diversen unbewältigten Verwandtschaftsbeziehungen koppeln will. Die Figurenzeichnung erschöpft sich allerdings zu oft in Stereotypen, um über oberflächliche Charaktere hinauszukommen. – **Ab 14.**
Frankreich 2021 **R+B** Arnaud Bédouet **K** Marc Romani **M** Philippe Miller **S** Isabelle Dedieu **D** Alban Lenoir (Pierre), Olivier Saladin (Félix), André Wilms (Serge), Aïmen Derriachi (Rachid), Nailia Harzoune (Yasmina) **L** 95 **E** 17.12.2021 arte **fd** -

Fukushima – Die Welt am Abgrund ★
Fukushima 50
Ein schweres Erdbeben verursachte am 11. März 2011 im Nordosten Japans einen verheerenden Tsunami, dessen Flutwellen mehrere Reaktorblöcke des Atomkraftwerks Fukushima-Daiichi zerstörten und einen Super-GAU auslösten. Die semidokumentarisch inszenierte, aber pathetisch überfrachtete Rekonstruktion schildert die Ereignisse aus Sicht von 50 Arbeitern, die ihr Leben riskierten, um noch größeren Schaden zu verhindern. Unfreiwillig komische Dialoge und eine blutleere Inszenierung verbinden sich zu einem unkritischen Katastrophendrama am Rande eines Imagefilms. – **Ab 14.**
Scope. Japan 2020 **DVD** Capelight (16:9, 2.35:1, DD5.1 jap./dt.) **BD** Capelight (16:9, 2.35:1, dts-HDMA jap./dt.) **R** Setsurô Wakamatsu (= Setsurou Wakamatsu) **B** Yoichi Maekawa, Ryûshô Kadota **M** Tarô Iwashiro **D** Ken Watanabe (Masao Yoshida), Kôichi Satô (Toshio Izaki), Hidetaka Yoshioka (Takumi Maeda), Naoto Ogata (Shoichi Nojiri) **L** 122 **FSK** ab 12 **E** 26.2.2021 digital / 11.3.2021 DVD & BD **fd** 47617

Für immer Eltern ★★★
Ein junger Referendar scheint auf dem besten Weg ins Berufsleben, als ihm seine WG kündigt. Bereitwillig nehmen ihn seine Eltern wieder auf, bereuen dies jedoch bald, als immer klarer wird, dass der Sohn nicht an auf seinem beruflichen Weg zu scheitern droht. Temporeiche Komödie über die Konfrontation gutmütiger Eltern mit ihrem tiefenentspannten Filius, die alle Figuren zwingt, ihre Lebensauffassung zu überdenken. In der Beschäftigung mit den Generationengräben eher versöhnlich, zeichnet sich der Film durch ausgezeichnete Darsteller und eine beschwingte Musik aus. – **Ab 14.**
Deutschland 2021 **R** Florian Schwarz **B** Peter Probst **K** Philipp Sichler **M** Florian van Volxem, Sven Rossenbach **S** Vera van Appeldorn **Sb** Gabi Pohl **Kb** Mo Vorwerck **D** Devid Striesow (Michael Wagner), Anja Schneider (Anja Wagner), Max Schimmelpfennig (Niklas Wagner), Pauline Fusban (Stella Wagner), Anouk Elias (Alina) **L** 88 **E** 19.3.2021 arte **fd** -

Für immer Sommer 90 ★★
Ein Investmentbanker wird durch eine anonyme Nachricht aufgestört, ihm ihn vorgeworfen wird, 30 Jahre zuvor eine Frau vergewaltigt zu haben. Da er eine Intrige vermutet, sich aber auch nicht an alle Details aus dem Sommer der Fußball-WM 1990 erinnert, sucht er seine Freunde von damals auf, um die Wahrheit herauszufinden. Mit improvisierten Szenen arbeitendes Road Movie, das neben der Frage nach der Schuld der Hauptfigur in den Gesprächssituationen auch den Wandel in der Gesellschaft einbezieht. Dabei gelingen den Darstellern einige eindrückliche Momente, insgesamt aber kratzt der Film allenfalls an der Oberfläche der Themenkomplexe. – **Ab 16.**
Deutschland 2020 **R** Jan Georg Schütte, Lars Jessen **B** Charly Hübner, Lars Jessen, Jan Georg Schütte **K** Moritz Schultheiß **M** Jakob Ilja **S** Sebastian Thümler, Heike Gnida, Ulf Albert **Sb** Dorle Bahlburg **Kb** Susann Günther **D** Charly Hübner (Andy Brettschneider), Lisa Maria Potthoff (= Lisa Potthoff) (Bea), Walfriede Schmitt (Ingrid Brettschneider), Deborah Kaufmann (Katrin), Roman Knižka (= Roman Knizka) (Sven) **L** 94 **E** 6.1.2021 ARD **fd** -

GARAGENVOLK (© missingFILMS)

GAIA – GRÜNE HÖLLE ★★★
GAIA

Eine Rangerin in einem südafrikanischen Nationalpark verletzt sich bei einem Einsatz und wird von einem verwilderten Vater-Sohn-Gespann aufgenommen und versorgt. Ihre Retter erweisen sich jedoch bald als zwielichtige Gesellen, die sich von der Zivilisation losgesagt haben und einer Pilzgottheit huldigen. Umweltkritischer Horrorfilm mit effektvoller visueller Gestaltung, die das Dschungel-Setting kongenial für eine unheimliche Atmosphäre ausnutzt. Der philosophische Unterbau bleibt etwas simpel, dennoch funktioniert der Film auch im Heraufbeschwören einer zornig zurückschlagenden Natur. – **Ab 16**.
Südafrika 2021 **DVD** SquareOne **BD** SquareOne **R** Jaco Bouwer **B** Tertius Kapp **K** Jorrie van der Walt **M** Pierre-Henri Wicomb **S** Leon Visser **Sb** Rocco Pool **Kb** Mariechen Vosloo **D** Monique Rockman (Gabi), Carel Nel (Barend), Alex van Dyk (Stefan), Anthony Oseyemi (Winston) **L** 93 **FSK** ab 16; f **E** 24.9.2021 DVD & BD   fd –

GARAGENVOLK ★★★

Irgendwo auf der russischen Kola-Halbinsel steht eine Garagensiedlung, die auf den ersten Blick ein trostloser Ort zu sein scheint, an dem die Zeit stillsteht. Der Dokumentarfilm begleitet die Eigentümer dieser Hütten bei ihren stoischen Tätigkeiten: beim Funken, Schrottsammeln, Buddeln. Im gemächlichen Tempo dieses seltsamen Ortes wird nach und nach aber deutlich, dass die Garagen keine desolaten Behausungen, sondern Hobby- und Rückzugsräume für die Männer sind, die hier einen Großteil ihrer Freizeit verbringen. Der Film eröffnet einen Blick in einen Mikrokosmos, der in seiner Abgeschlossenheit viel über das postsowjetische Russland wie über das Menschsein an sich erzählt. – **Ab 14**.
Deutschland 2020 **KI** missingFILMs **R+B** Natalija Yefimkina **K** Axel Schneppat **S** Nicole Fischer, Lucia Gerhardt, Markus Schmidt, Barbara Toennieshen **L** 95 **E** 16.9.2021   fd 48046

GASMANN ★★

Ein junger Schauspieler aus St. Pauli übernimmt eine Nebenrolle in einem Theaterstück über zwei SS-Soldaten, die Menschen in einer fahrbaren Gaskammer töten. Doch bei den strapaziösen Proben kommt er ebenso wenig voran wie im Privatleben, das zwischen Unterhaltsstreit, Affäre und Stammtisch festhängt. Als Persiflage auf einen Kulturbetrieb, der um Eitelkeiten kreist, statt die eigene Geschichte einzukreisen, zieht der Film durchaus Energie aus dem allgemeinen Stillstand. Allerdings zeigt er selbst wenig Interesse an den Figuren und ihrem mit viel Anlauf ins Nichts abgleitenden Privatleben. – **Ab 14**.
Deutschland 2019 **KI** missingFILMs **R** Arne Körner **B** Arne Körner, Akin Sipal **K** Martin Prinoth, Max Sänger **M** Sebastian Gille **S** Arne Körner **Sb** Martina Mahlknecht **Kb** Katja Eva Waffenschmied, Ada Oehrlein, Sophia Richartz **D** Rafael Stachowiak (Bernd), Gala Othero Winter (Isa), Peter Ott (Frank Winter), Dietrich Kuhlbrodt (Uli), Kristof Van Boven (Mathis) **L** 86 **FSK** ab 12; f **E** 22.7.2021   fd 47894

GAZA MON AMOUR ★★★
GAZA MON AMOUR

Im Gazastreifen verliebt sich ein älterer Fischer in eine verwitwete Schneiderin, kommt aber über schüchterne Annäherungen nicht hinaus. Als er eine antike Statue mit erigiertem Penis aus dem Meer fischt, löst das Ereignis ein neues sexuelles Erwachen bei ihm aus, er sieht sich aber auch der Verfolgung durch die örtlichen Behörden ausgesetzt. Neben der sich anbahnenden Liebesgeschichte widmet sich der Film den prekären Lebensbedingungen und entlarvt die Doppelmoral der Institutionen. Trotz des dramatischen Settings ist die romantische Komödie, abgesehen von einigen etwas aufdringlich lieblichen Momenten, unaufgeregt und leicht inszeniert. – **Ab 14**.
Scope. Palästinensergebiete/Frankreich/Deutschland/Portugal/Katar 2020 **KI** Alamode **DVD** Alamode (16:9, 2.35:1, DD5.1 arab./dt.) **R** Tarzan Nasser, Arab Nasser **B** Tarzan Nasser, Arab Nasser **K** Christophe Graillot **M** Andre Matthias **S** Véronique Lange **Kb** Hamada Atallah **D** Salim Daw (= Salim Dau) (Issa), Hiam Abbass (Siham), Maisa Abd Elhadi (Leila), George Iskandar (Samir), Manal Awad (Manal) **L** 88 **FSK** ab 12; f **E** 22.7.2021 / 26.11.2021 DVD   fd 47891

GEFÄHRLICHE WAHRHEIT ★★★

Bei einem Feuer in einer heruntergekommenen Wohnanlage sterben mehrere Menschen, darunter auch ein 14-jähriger Junge. Die Reporterin einer finanziell schwer angeschlagenen Lokalzeitung stößt auf Hinweise auf eine Brandstiftung, in die auch Politiker verwickelt scheinen. Ihre Suche nach der Wahrheit wird für die Zei-

tung zur existenzbedrohenden Herausforderung. Ein Thriller vor dem Hintergrund des Zeitungsauflagenschwundes, der in der Konzentration auf die mutige Reporterin die Nebenfiguren etwas aus dem Blick verliert. Trotz einiger unglaubhafter Wendungen eine solide Genrearbeit. – **Ab 16**.
Deutschland 2021 **R** Jens Wischnewski **B** Frauke Hunfeld, Silke Zertz **K** Dominik Berg **M** Peter Thomas Gromer (= Peter Gromer) **S** Falk Peplinski **Sb** Silke Buhr **Kb** Teresa Grosser **D** Lisa Maria Potthoff (= Lisa Potthoff) (Maren Gehrke), Ulrike Kriener (Paula Oberländer-Schaffrath), Uwe Preuss (Hans Buttke), Christoph Letkowski (Benno Frick), Almila Bagriacik (= Almila Bagriaçik) (Sarah Karimi) **L** 89 **E** 15.10.2021 arte   fd -

Ein gefährliches Leben ★★★★
Une Vie violente
Ein Korse kehrt 2001 nach dem Tod eines alten Freundes aus seinem Pariser Versteck in seine Heimat zurück, wo er in den 1990er-Jahren Terroranschläge verübte. Die für ihn gefährliche Reise führt zu Erinnerungen an die Zeit, als er sich von seiner bürgerlichen Herkunft löste, mit nationalistischen Organisationen in Berührung kam und sich zunehmend radikalisierte. In einer Ära der zersplitterten Gruppen und Zwisten mit der Mafia angesiedeltes Drama über die Genese von Gewalt aus einer beständig von allen Seiten aufgeheizten Gemengelage. Präzise wird die Aggressionsspirale in langen Szenen entfaltet, die sich durch eine distanzierende Haltung der verklärenden Überhöhung verweigern. – **Ab 16**.
Frankreich 2017 **R** Thierry de Peretti **B** Guillaume Bréaud, Thierry de Peretti **K** Claire Mathon **S** Marion Monnier **Sb** Manon Lutanie **Kb** Rachel Raoult **D** Jean Michelangeli (Stéphane), Henri-Noël Tabary (Christophe), Cédric Appietto (Michel), Marie-Pierre Nouveau (Jeanne), Délia Sepulcre-Nativi (Raphaëlle) **L** 106 **E** 17.5.2021 arte   fd -

Gefangen ★★★★
Ein erfahrener Polizist wird Zeuge eines Autounfalls, bei dem eine vierköpfige Familie ums Leben kommt. Auch weil er dem Vater am Tag zuvor zufällig bei einer Verkehrskontrolle begegnet war, lässt ihn die Erinnerung an die Unfallopfer nicht los. Während er insbesondere die Nähe zum verwaisten Haus der toten Familie sucht, wird sein Verhalten immer irritierender. Als Kriminaldrama beginnender Film, bei dem sich die Ebene der vermeintlich eindeutigen Ereignisse zusehends aufweicht. Auch wenn er sich letztlich nicht ganz der erzählerischen Offenheit überlässt, hebt er sich wohltuend von standardisierter Fernsehkost ab. – **Ab 14**.
Deutschland 2021 **R+B** Elke Hauck **K** Patrick Orth **M** Tobias Wagner **S** Beatrice Babin **Sb** Sonja Jovanovic, Petra Klimek **Kb** Manfred Schneider **D** Wolfram Koch (Harry), Antje Traue (Ellen), Lola Liefers (Vicky), Sebastian Schwarz (René Kopacek), Godehard Giese (Ronald Schneider) **L** 87 **E** 7.4.2021 ARD   fd -

Gefangen im Netz ★★
V Síti
Drei volljährige Schauspielerinnen eröffnen in sozialen Netzwerken ein Fake-Profil, geben sich als zwölfjährige Mädchen aus, posten ein unverfängliches Bild und warten ab, was passiert. Die Reaktionen protokolliert der Dokumentarfilm in teilweise quälender Länge. Es sind schockierende und aufrüttelnde Einblicke in die Abgründe des sogenannten «Cybergroomings», beim dem sich Erwachsene in Missbrauchsabsicht gezielt Kontakt zu Minderjährigen suchen. Als gekürzte Schulversion und medienpädagogisch begleitetes Schulprojekt vermag der Film im Idealfall einen Beitrag dazu zu leisten, Jugendliche auf unterschätzte Gefahren im Internet hinzuweisen und ihre Medienkompetenz zu stärken. Die Kinoversion lässt sich mitunter jedoch zu sehr von der fragwürdigen Faszination mitreißen, den Missbrauch gleichsam «live» mitzuschneiden. – **Ab 16**.
⊙ Die DVD-Edition enthält die Kinofassung und die auf eine jüngere Altersgruppe abgestimmte und eingekürzte «Schulfassung».
Die Extras enthalten u. a. ein Feature mit im Film nicht verwendeten Szenen (15 Min.).
Tschechien 2020 **KI** Filmwelt DVD Euro-Video (16:9, 1.78:1, DD5.1 tschech./dt.) **R** Barbora Chalupová, Vít Klusák **B** Barbora Chalupová, Vít Klusák **K** Adam Krulis **M** Jonatán Pastircák **S** Vít Klusák **L** 105 (Schulfassung: 67) **FSK** ab 16; f (Schulfassung: ab 12; f) **E** 24.6.2021 / 27.6.2021 digital / 14.10.2021 DVD   fd 47728

Geheimes Magieaufsichtsamt ★★★
Secret Magic Control Agency
Als der König eines Märchenlandes mit magischen Mitteln entführt wird, setzt die dafür zuständige Behörde, das «Geheime Magieaufsichtsamt», die junge, ehrgeizige Agentin Gretel auf den Fall an. Der Haken dabei: Gretel soll zusammen mit ihrem Bruder Hänsel ermitteln, der sich auf magische Betrügereien spezialisiert hat. Gemeinsam nehmen die Geschwister die Fährte auf, wobei ihr Zwist an Fahrt aufnimmt, als sie durch eine Panne auf zauberische Weise äußerlich wieder zu Kindern werden. Eine vor skurrilen Einfällen strotzende, temporeich-witzige Kreuzung aus Märchen-Parodie und Agenten-Action, emotional angetrieben von einem humorvollen Bruder-Schwester-Konflikt. – **Ab 8**.
Russland/USA 2021 **R** Alexej Zizilin **B** Analisa LaBianco, Wladimir Nikolajew, Jeffery Spencer, Alexej Zizilin, Alexej Samislow **M** Gabriel Hays, Brad Breeck **S** Alexej Zizilin **L** 103 **E** 25.3.2021 VoD (Netflix)   fd -

Das Geheimnis der Mumie ★★
Under Wraps
Drei Kinder beleben unbeabsichtigt eine Mumie wieder, die sich als freundlicher Zeitgenosse herausstellt. So müssen sie sich nicht vor der Mumie fürchten, sondern sie im Gegenteil eher beschützen. Remake eines harmlosen Grusel-Kinderfilms um eine sympathische Version eines Leinwand-Monsters, mit routinierten Slapstick- und Actionszenen, die das Zielpublikum solide unterhalten, für erwachsene Zuschauer aber meist zu albern ausfallen. Auch die Toleranzbotschaft entwickelt letztlich kaum Verbindlichkeit, um sich einzuprägen. – **Ab 10**.
USA 2021 **R** Alex Zamm **B** William Robertson, Alex Zamm **K** Bobby Lam **Vo** Don Rhymer (Drehbuch Das Geheimnis der Mumie (1997)) **M** Jamie Christopherson, Oleksa Lozowchuk **S** Alison Grace **Sb** James C. D. Robbins **Kb** Odessa Bennett **D** Phil Wright (Harold), Malachi Barton (Marshall), Jordana Largy (Diane), Christian J. Simon (Gilbert), Sophia Hammons (Amy) **L** 91 **E** 31.10.2021 Disney Channel   fd -

Das Geheimnis des Balletttänzers ★★★
Match
Ein einst als Tänzer gefeierter New Yorker Ballettlehrer wird um ein Interview über die Geschichte des Tanzes in den 1960er-Jahren gebeten, doch das Gespräch mit der Journalistin und deren Ehemann mündet nach anregender Plauderei zunehmend in eine intensive, ebenso aufwühlende wie schmerzhaften Lebensinventur. Ein in den Hauptrollen grandios gespieltes, intensives Kammerspiel, vom Regisseur auf der Grundlage seines eigenen Theaterstücks mit sanftem Humor, aber auch einigem Pathos inszeniert. – **Ab 14**.
USA 2014 **DVD** Meteor **R+B** Stephen Belber **K** Luke Geissbühler **Vo** Stephen Belber (Bühnenstück Match) **M** Stephen Trask **S** Madeleine Gavin **Sb** Chris Trujillo **Kb** Sarah Mae Burton **D** Patrick Stewart (Tobi Powell), Carla

DAS GEHEIMNIS DES BALLETTTÄNZERS
(© Meteor)

Gugino (Lisa Davis), Matthew Lillard (Mike Davis), Jamie Tirelli (Raul), Maduka Steady (Taxifahrer) **L** 89 **FSK** ab 12; **f** E 13.8.2021 VoD & DVD   **fd** 47977

Geheimsache – Rote Kapelle
siehe: Die rote Kapelle

Der Geist im Glas ★
Eine junge Frau befreit versehentlich einen Geist, der in ein Glas eingesperrt wurde und den ihr Dorf noch in schlechter Erinnerung hat, da dieser vor seiner Gefangensetzung einem Tyrannen diente. Die Frau und ein Freund wollen das Dorf vor Unheil bewahren und den Geist wieder einfangen. Die Märchenadaption frei nach den Brüdern Grimm weiß mit der Geschichte wenig anzufangen und erschöpft sich in lahmen Effekten und vor allem in den Nebenrollen heftig chargierendem Spiel. Auch die musealen Kulissen werden einfallslos eingefangen, ohne sie für die Handlung nützen zu können. – **Ab 6.**
Deutschland 2021 **R** Markus Dietrich **B** Anette Schönberger **K** Christoph Iwanow **Vo** Jakob Ludwig Karl Grimm (Märchen), Wilhelm Karl Grimm (Märchen) **M** André Feldhaus **S** Lucas Seeberger **Sb** Veronika Große, Sebastian Demuss **Kb** Anna Scholich **D** Sofie Eifertinger (Sophia), Pablo Grant (Jakob), Neshe Demir (Eda), Holger Daemgen (Mercurius), Matthias Redlhammer (Gutsherr Veith) **L** 59 **E** 25.12.2021 ARD   **fd** –

Gelbe Katze ★★★
Scheltaja Koschka
Ein Kleinkrimineller und glühender Cineast kommt nach einer längeren Haftstrafe frei und versucht, seinen Traum vom ersten Kino im ländlichen Kasachstan zu verwirklichen. Zur Seite steht ihm eine junge Prostituierte, doch er muss immer wieder gegen die Widerstände der korrupten Landbevölkerung ankämpfen. Mittels schwarzen Humors zeichnet der Film ein pessimistisches Porträt seines Heimatlandes, das mit Frauenfeindlichkeit und Gewalt durchsetzt ist. Der tragikomische Film greift gekonnt auf Western-Elemente und Versatzstücke von französischen und US-amerikanischen Gangsterfilmen zurück und verbindet sie zu einer schön komponierten Ode an die Cinephilie, die zum Mittel einer träumerischen Selbstbehauptung inmitten einer Welt ohne Gnade wird. – **Ab 16.**
Kasachstan/Frankreich 2020 **R** Adilchan Jerschanow **B** Adilchan Jerschanow, Inna Smailowa **K** Jerkinbek Ptjralijew **M** Alim Sairow, Iwan Sintsow **S** Adilchan Jerschanow **D** Azamat Nigmanow (Kermek), Kamila Nugmanowa (Eva), Sanjar Madi (Schambas), Jerschan Schamankulow, Jerken Gubaschew **L** 89 **E** 1.9.2021 VoD (Mubi)   **fd** 48004

Geliefert ★★★★
Ein alleinerziehender Vater lässt sich als Paketbote ausbeuten, schafft es aber trotzdem kaum, sich und seinen Sohn zu versorgen. Um die kriselnde Beziehung zu retten und angesichts zusätzlicher Belastungen, lässt sich der integre Mann zusehends auf undurchdachte, vermeintlich sorgenbefreiende Aktionen ein. Detailgenau und glaubwürdig entwickeltes, in der Hauptrolle herausragend gespieltes Drama über die verzweifelten Versuche, sich ein würdevolles Leben unter prekären Bedingungen zu erhalten. Die soziale Ungerechtigkeit wird dabei pointiert, aber ohne plakative Verzeichnungen benannt. – **Sehenswert ab 14.**
Deutschland 2020 **R** Jan Fehse **K** Michael Wiesweg **M** Arash Safaian **S** Christian Lonk **Sb** Michael Köning **Kb** Esther Amuser **D** Bjarne Mädel (Volker), Nick Julius Schuck (Benny), Anne Schäfer (Lena), Stefan Merki (Konrad), Ivan Shvedoff (Vladi) **L** 89 **E** 27.8.2021 arte   **fd** –

Genderation ★★★
Fortsetzung des Dokumentarfilms GENDERNAUTS (1999), der zwanzig Jahre später nach San Francisco, das damalige Zentrum der amerikanischen Transgenderszene, zurückkehrt. Dabei blickt der Film nie zurück auf die Pionierzeit, sondern auf eine gentrifizierte und kommerzialisierte Gegenwart. Die Lebensentwürfe der Protagonistinnen stehen trotz der verflogenen Aufbruchsstimmung noch immer für den ständigen Wandel von sexueller, geschlechtlicher und gemeinsamer Identität. Der Film entwirft ohne formale Experimente und den Drang, Schicksale untereinander abzugleichen, ein intimes Porträt der genderqueeren Pionierinnen. – **Ab 16.**
Deutschland 2021 **KI** Salzgeber **R+B** Monika Treut **K** Elfi Mikesch **M** Pearl Harbour, Annette Humpe, Mona Mur **S** Margot Neubert-Maric (= Margot Neubert), Angela Christlieb **L** 91 **FSK** ab 0; **f** E 21.10.2021   **fd** 48114

Generation Beziehungsunfähig ★
Ein junger Mann, der stolz auf seinen ungebundenen Beziehungsstatus ist und dies auch als Autor in einem Buch verarbeitet hat, gerät in eine Krise, als es mit dem Nachfolgewerk nicht laufen will und er mit einer Frau zusammenkommt, die von Bindungen jenseits von Sex ebenso wenig zu halten scheint wie er. Ganz gegen seine Natur dringt er auf mehr Romantik, doch seine Liebespartnerin will davon zuerst nichts wissen. Wenig erheiternde romantische Komödie mit krampfhaftem Humor und einer im Grunde höchst biederen Auffassung von Beziehungen. Auch in der Beschäftigung mit angeblichen Zeitgeistphänomen besitzt der seichte Film kaum Aussagewert. – **Ab 14.**
Deutschland 2021 **KI** Warner Bros. **R** Helena Hufnagel **B** Hilly Martinek, Helena Hufnagel **K** Andreas Berger **Vo** Michael Nast (Sachbuch *Generation Beziehungsunfähig*) **M** Matthias Hauck, Nepomuk Heller, Florian Kiermaier **S** Frank J. Müller (= Frank Müller) **Sb** Christiane Zingelmann **Kb** Carolin Schreck, Anke Winckler, Laura Fries **D** Frederick Lau (Tim), Luise Heyer («Ghost»), Henriette Confurius (Charlie), Maximilian Brückner (Andreas), Verena Altenberger (Martha) **L** 84 **FSK** ab 12; **f** E 29.7.2021   **fd** 47919

Genus Pan ★★★★
Lahi, Hayop
Ein junger Arbeiter in einer Goldmine schließt sich nach der anstrengenden Monatsschicht zwei Kollegen auf dem Heimweg zur Insel Hugaw an, wo er und seine Familie leben. Doch unterwegs brechen sich immer wieder Konflikte zwischen den Männern Bahn, bei denen es nicht zuletzt ums Geld geht. Mit Anleihen bei Kammerspiel und Road Movie entfaltetes Drama des philippinischen Regisseurs

Lav Diaz, das für seine Verhältnisse fast geradlinig entwickelt ist. Gleichwohl bezieht es einmal mehr Mythen und Glaubenssätze ein und kreist mit formaler Präzision um das Verhältnis von Mensch und Natur. – **Ab 16**.
Schwarz-weiß. Philippinen 2020 **R+B+K** Lav Diaz **M** Lav Diaz **S** Lav Diaz **D** Bart Guingona (Paulo), Don Melvin Boongaling (Andres), Nanding Josef (Baldo), Hazel Orencio (Mariposa), Joel Saracho (Inggo) **L** 157 E 7.9.2021 VoD (Mubi) fd –

GEORGETOWN
GEORGETOWN ★★★

Auf realen Vorbildern beruhendes Drama über einen exzentrischen Hochstapler, der als angeblicher Diplomat eine ältere Dame heiratet und so Einlass in die High Society von Washington D. C. findet. Als die Frau nach einem Galadinner im gemeinsamen Haus ermordet aufgefunden wird, fällt der Verdacht auf den Ehemann und wird vor allem von der Tochter der Toten forciert. Das routinierte und unterhaltsam inszenierte Porträt eines Außenseiters zeichnet über zahlreiche Rückblicke die Begegnung der Hauptfiguren bis zum gewaltsamen Ende der Frau nach, wobei weniger die zahlreichen Wendungen als die herausragenden Darsteller überzeugen. – **Ab 14**.
USA 2019 **R** Christoph Waltz **B** David Auburn **K** Henry Braham **Vo** Franklin Foer (Magazin-Artikel «The Worst Marriage in Georgetown») **M** Lorne Balfe **S** Brett M. Reed **Sb** Andrew Berry **Kb** Claire Nadon, Charlene Chuck Seniuk **D** Christoph Waltz (Ulrich Mott), Vanessa Redgrave (Elsa Breht), Annette Bening (Amanda Breht), Corey Hawkins (Daniel Volker), Laura de Carteret (Eleanor Price) **L** 99 E 1.9.2021 digital (Sky) fd 48053

DIE GERINGSTEN UNTER IHNEN – DIE ★★ WAHRE GESCHICHTE EINES MÄRTYRERS
THE LEAST OF THESE – THE GRAHAM STAINES STORY

Ein indischer Journalist wird in den 1990er-Jahren auf einen australischen Missionar angesetzt, der angeblich mit fragwürdigen Mitteln Leprakranke zum Christentum bekehrt. Seine Nachforschungen belehren den Reporter eines Besseren, doch kann er nicht verhindern, dass der Missionar und seine Söhne von radikalen Hindus ermordet werden. Ein Glaubensdrama nach der wahren Geschichte von Graham Staines (1941–1999), das melodramatisch von Selbstlosigkeit und Barmherzigkeit erzählt und etliche Vorgänge trivialisiert. Interessant ist die Bereitschaft, Perspektive und Glauben der indischen Figuren durchweg mit Respekt zu behandeln. – **Ab 14**.
USA/Indien 2019 **DVD** Best Ent. (Gerth Medien) **R** Aneesh Daniel **B** Andrew Matthews **K** Jayakrishna Gummadi **M** Bruce Retief **S** Steven H. Bernard (= Steven Bernard) **Sb** Bhupesh R. Bhupathi **D** Stephen Baldwin (Graham Staines), Sharman Joshi (Manav Banerjee), Shari Rigby (Gladys Staines), Manoj Mishra (Mahendra), Prakash Belawadi (Kedar Mishra) **L** 104 FSK ab 12 E 23.4.2021 DVD fd –

EIN GESCHENK VON BOB ★★★
A GIFT FROM BOB /
A CHRISTMAS GIFT FROM BOB

In der Vorweihnachtszeit erzählt ein ehemaliger Drogenabhängiger, der inzwischen mit autobiografischen Büchern zum erfolgreichen Schriftsteller aufgestiegen ist, einem Straßenmusiker die Geschichte seines Weihnachtsfestes ein Jahr zuvor. Damals wollte ihm das Tierschutzamt seinen Kater wegnehmen, dem er die Rettung aus der Drogensucht verdankte. Der unterhaltsame Film setzt die Geschichte von BOB DER STREUNER fort und knüpft erneut sentimentale, nachdenkliche und skurrile Episoden aneinander. Der Tendenz zur Rührseligkeit wirken dabei vor allem die skeptischen Blicke der beiden Hauptfiguren auf das plötzliche öffentliche Interesse entgegen. – **Ab 12**.
Großbritannien 2020 **KJ** Leonine **DVD** Leonine **BD** Leonine **R** Charles Martin Smith **B** Garry Jenkins **K** David Connell **Vo** James Bowen (Biografische Romane A Gift from Bob & The Little Book of Bob) **M** Patrick Neil Doyle **S** Chris Blunden **Sb** Antonia Lowe **Kb** Lucia Santa Maria **D** Luke Treadaway (James Bowen), Anna Wilson-Jones (Arabella), Kristina Tonteri-Young (Bea), Nina Wadia (Anika), Tim Plester (Leon) **L** 92 FSK ab 6; f E 22.12.2021 DVD & BD & digital fd 47721

DIE GESCHICHTE EINER FRAU ★★★★
A FELESÉGEM TÖRTÉNETE

Der Kapitän eines Frachtschiffes wettet aus einer Laune heraus, dass er die erstbeste Frau, die durch die Tür des Kaffeehauses tritt, zur Heirat überreden könne. Das gibt seinem Leben eine unerwartete Wendung. Nach dem gleichnamigen Roman von Milán Füst skizziert der Film die Geschichte einer Suche nach Nähe und der mit ihr verbundenen Angst vor Kontrollverlust. Das in den 1920er-Jahren angesiedelte Beziehungsdrama entwirft einen vielschichtigen Blick auf Geschlechterverhältnisse und die ihnen zugrunde liegenden Macht- und Ohnmachtsfantasien, die nicht nur von privaten, sondern auch gesellschaftlichen Dynamiken bestimmt werden. – **Sehenswert ab 16**.
Ungarn/Deutschland/Italien/Frankreich 2021 **KI** Alamode **R+B** Ildikó Enyedi **K** Marcell Rév **Vo** Milán Füst (Roman A feleségem története / Die Geschichte meiner Frau) **M** Ádám Balázs **S** Károly Szalai **Sb** Imola Láng **Kb** Andrea Flesch **D** Léa Seydoux (Lizzy), Gijs Naber (Jakob Störr), Louis Garrel (Dedin), Jasmine Trinca (Viola), Luna Wedler (Grete) **L** 169 FSK ab 12; f E 4.11.2021 fd 48152

GESCHLECHTERKRISE ★

Ein mit magischem Haar gesegneter Mann zieht Frauen und Männer hypnotisch an, bis sich eine Femme fatale seiner Mähne bemächtigt und dadurch selbst verführerische Kräfte erlangt. Ihre Macht über andere ist allerdings nur von kurzer Dauer, da das Geheimnis bald gelüftet wird und einen Reigen dunkler Begehrlichkeiten weckt. Die als Stummfilm inszenierte Samson-und-Delilah-Geschichte setzt auf experimentierfreudige Darsteller und eine inspirierende Musik, erschöpft sich inhaltlich aber ziemlich sinnfrei in einem unentwegten Wechsel der Schauplätze in Köln. – **Ab 16**.
Deutschland 2021 **KI** Unfiltered Artists **R+B** Malte Wirtz **K** Francisco de la Torre, Antje Heidemann **M** Wilhelm Friedmann **S** Malte Wirtz **D** Taisiya Schumacher (die Frau), Rostyslav Bome (Simson), Keziban Inal (Lilah), Timo Jacobs (Don Gigi), Anna Maria Böhm (die Frau am Fluss) **L** 80 E 16.9.2021 fd 48063

GESCHMACK DER VERSUCHUNG
siehe: DINNER FOR TWO

GHOFRANE – EINE FRAU IM ★★★★ TUNESISCHEN FRÜHLING
GHOFRANE ET LES PROMESSES DU PRINTEMPS

Eine 25-jährige Tunesierin kandidiert 2019 bei den Parlamentswahlen, um sich auf der politischen Bühne aktiv für ihr wichtiges Anliegen, den Kampf gegen den Rassismus, einsetzen zu können. Der Dokumentarfilm verfolgt ihre Kandidatur vor dem Hintergrund des schweren Standes von Frauen in dem nordafrikanischen Land, aber auch der generell schwierigen Situation rund ein Jahrzehnt nach dem mit großen Hoffnungen verbundenen «Arabischen Frühling». Getragen von der Energie der Protagonistin, zeigt der Film überdies einen erhellenden Querschnitt durch die nach wie vor ambivalente Stimmungslage in Tunesien. – **Ab 14**.

Frankreich 2020 **R+B** Raja Amari **K** Karine Aulnette **M** Nicolas Becker, Cengiz Hartlap **S** Sébastien de Sainte Croix, Elise Fievet **L** 84 **E** 23.11.2021 arte **fd** -

GHOST TROPIC ★★★★
GHOST TROPIC

Eine Putzfrau schläft nach ihrer Nachtschicht-Arbeit in der U-Bahn auf dem Weg nach Hause ein, verpasst ihre Haltestelle und steigt erst am anderen Ende der Stadt aus. Der Beginn einer Odyssee durchs nächtliche Brüssel, wobei die Mittfünfzigerin mit maghrebinischen Wurzeln sich gezwungen sieht, zu Fuß zu gehen, weil sie kein Geld für ein Taxi hat. Unterwegs trifft sie auf mehrere andere Menschen. Ein mit nur wenig Dialog auskommender, ruhig entwickelter Film, der anhand der Bewegung seiner Protagonistin ein Porträt Brüssels in Vignetten entwirft, wobei die bestechende Bildsprache den sozialrealistischen Tonfall um ein poetisches Flair ergänzt, das die Schönheit im Alltäglichen entdeckt. – **Sehenswert ab 16.**
Belgien/Niederlande 2019 **R+B** Bas Devos **K** Grimm Vandekerckhove **M** Brecht Ameel **S** Bas Devos, Dieter Diependaele **Sb** Jonathan Van Essche, Quinten Van Essche **Kb** Manon Blom **D** Saadia Bentaïeb (Khadija), Laurent Kumba (Kollege), Jovial Mbenga (Kollege), Sara Sampelayo (Kollegin), Mieke De Groote (Kollegin) **L** 85 **E** 16.11.2021 digital (Mubi) **fd** -

GHOSTBUSTERS: LEGACY ★★★
GHOSTBUSTERS: AFTERLIFE

In der Fortschreibung des GHOSTBUSTERS-Stoffes aus dem Jahr 1984 stoßen die Enkel eines der damaligen Geisterjäger in einem kleinen Städtchen in Oklahoma auf dessen Hinterlassenschaften und geraten prompt in eine Situation, in der sie die alten Utensilien im Kampf gegen mysteriöse Kräfte dringend brauchen. Die mit viel Enthusiasmus und kindlichem Vergnügen inszenierte Fantasy-Komödie bedient sich vieler Originalzitate und filmischer Versatzstücke, die sich primär Fans erschließen. Der Film hat aber auch ein junges Publikum im Blick, dessen altersrelevante Themen ohne erzieherisch erhobenen Zeigefinger mitthematisiert werden. – **Ab 14.**
Scope. USA 2020 **KI** Sony **DVD** Sony (16:9, 2.35:1, DD5.1 engl./dt.) **BD** Sony (16:9, 2.35:1, dts-HDMA engl./dt.) **4K:** Sony (16:9, 2.35:1, dolby_Atmos, dts-HDMA dt.) **R** Jason Reitman **B** Jason Reitman, Gil Kenan **K** Eric Steelberg **M** Rob Simonsen **S** Dana E. Glauberman, Nathan Orloff **Sb** François

GHOSTBUSTERS: LEGACY (© Sony)

Audouy **Kb** Danny Glicker **D** Finn Wolfhard (Trevor), Danny Glicker, Mckenna Grace (Phoebe), Carrie Coon (Callie), Sigourney Weaver (Dana Barrett), Bill Murray (Dr. Peter Venkman) **L** 124 **FSK** ab 12; **f E** 18.11.2021 / 10.2.2022 DVD & BD & 4K UHD (plus BD) **fd** 48167

GHOSTS ★★★★
HAYALETLER

Die Wege von vier Personen aus den Randbezirken von Istanbul kreuzen sich mehrfach an einem Tag, an dem die Stadt nach einem Stromausfall weitgehend lahmgelegt ist. Eine junge Tänzerin und ihre Freundinnen, eine politische Aktivistin und die Mutter eines Häftlings werden zwischen dem Druck der repressiven Gesellschaft und dem Traum von individueller Freiheit aufgerieben; ein Immobilienspekulant steht auf der anderen Seite. Das mit experimenteller Leichtigkeit und treibender Energie inszenierte Sozialporträt erstarrt trotz aller unverblümter Härte nicht in Hoffnungslosigkeit, sondern zeichnet ein vielschichtiges Porträt der türkischen Gesellschaft. – **Ab 16.**
Scope. Türkei/Frankreich/Katar 2020 **KI** Antiheld Filmverleih **R** Azra Deniz Okyay **B** Azra Deniz Okyay, Ali Eren Sayar **K** Baris Özbiçer **M** Ekin Uzeltuzenci **S** Ayris Alptekin **Sb** Erdinç Aktürk **Kb** Burcu Karakaş, Sedat Çiftçi **D** Dilayda Günes (Dilem), Beril Kayar (Ela), Nalan Kuruçim (Iffet), Emrah Ozdemir (Rasit), Baran Çakmak (Kaan) **L** 90 **E** 7.10.2021 **fd** 48081

GIBT ES EIN LEBEN NACH DER PARTY? ★
AFTERLIFE OF THE PARTY

Übersinnliche Komödie um eine feierwütige Party-Queen, die unerwartet das Zeitliche segnet und vor dem endgültigen Übertritt ins Jenseits eine letzte Chance bekommt, Fehler gutzumachen. Sollte ihr das nicht binnen weniger Tage gelingen, droht die Hölle. Neben ihrem Verhältnis zu ihren Eltern ist es ihre beste Freundin, mit der sie kurz vor ihrem Tod ein Zerwürfnis hatte, um die sie sich kümmern muss. Die allzu oberflächlich-klischeehafte Zeichnung der Charaktere und ihrer Konflikte lassen kaum Anteilnahme an dieser Läuterungsgeschichte aufkommen, und auch den Pannen, die die Hauptfigur beim Eingewöhnen in ihr Weiterexistieren nach dem Tod durchmacht, mangelt es an Originalität. – **Ab 14.**
USA 2021 **R** Stephen Herek **B** Carrie Freedle **K** Michael Swan **M** Jessica Weiss **S** Maysie Hoy **Sb** Franz Lewis **D** Victoria Justice (Cassie), Adam Garcia (Howie), Midori Francis (Lisa), Spencer Sutherland (Koop), Timothy Renouf (Max) **L** 109 **E** 2.9.2021 digital (Netflix) **fd** -

DAS GIFT ★★★
DISTANCIA DE RESCATE

Über einem Ort irgendwo in der Pampa scheint ein Fluch zu liegen; eine tödliche Bedrohung sucht die Menschen und speziell die Kinder heim. Eine Heilerin versucht mit übernatürlichen Methoden, diese zu retten. Im Zentrum des Films stehen die seltsam verschachtelten Beziehungen zweier ungleicher Mütter zu ihren Kindern, während sich in ländlicher Idylle eine gewaltige Naturkatastrophe Bahn bricht. Eine ins Fantastisch-Surreale spielende Romanadaption, inspiriert durch reale Umwelt-Missstände in Lateinamerika: Ein raffiniert montiertes, synästhetisch aufgeladenes und clever inszeniertes Mysterydrama, das lustvoll mit dem Topos des

GIPFEL DER GÖTTER (© Julianne Films / Folivari / Mélusine Productions / France 3 Cinéma / AuRA Cinéma)

Unheimlichen sowie den natürlichen Urängsten von Eltern spielt. – **Ab 16**.
Chile/Spanien/USA 2021 **R+B** Claudia Llosa **K** Oscar Faura **Vo** Samanta Schweblin (Roman *Distancia de rescate / Das Gift*) **M** Natalie Holt **S** Guillermo de la Cal **Sb** Estefania Larrain **Kb** Felipe Criado **D** María Valverde (Amanda), Guillermina Sorribes Liotta (Nina), Guillermo Pfening (Marco), Emilio Vodanovich (David), Germán Palacios (Omar) **L** 93 **E** 13.10.2021 VoD (Netflix) fd 48148

GIPFEL DER GÖTTER ★★★★
LE SOMMET DES DIEUX
Ein Fotoreporter sucht nach der Kamera des siebzig Jahre zuvor auf dem Mount Everest verschwundenen Bergsteigers George Mallory (1886–1924). Die Suche führt ihn zusammen mit einem von einem Trauma gezeichneten Bergsteiger, dessen Risikobereitschaft den Fotografen zunehmend fasziniert. Die Manga-Adaption schafft vorzüglich den Transfer von der Bilderzählung ins Medium des Animationsfilms, weil die Vorzüge beider Medien kunstvoll zusammengeführt werden. Die bildgewaltige Abenteuergeschichte wird zu einer Reflexion über die paradoxe Faszination des Hochgebirges, das nicht trotz, sondern wegen seiner Lebensfeindlichkeit zum Fluchtpunkt menschlicher Sehnsüchte und Ambitionen wird. – **Ab 14**.
Luxemburg/Frankreich 2021 **R** Patrick Imbert **B** Patrick Imbert, Magali Pouzol **Vo** Baku Yumemakura / Jirô Taniguchi (Manga *Kamigami no Itadaki*) **M** Amin Bouhafa **S** Benjamin Massoubre, Camillevis Théry **L** 90 **E** 30.11.2021 VoD (Netflix) fd 48247

GIRLS LIKE US ★★★
FABULEUSES
Eine angehende Journalistin wird nach einem Praktikum bei einem Magazin nicht übernommen, weil sie nicht genug Social-Media-Reichweite hat. Kurz darauf lernt sie zufällig die erfolgreiche Influencerin kennen, die an ihrer Stelle von dem Magazin angeheuert wurde, und lässt sich auf eine für beide Seiten vorteilhafte Freundschaft ein: Sie unterstützt die Influencerin als Texterin und kommt ihrerseits zu mehr Followern. Für den Erfolg fliegen allerdings die Authentizität und allerhand Ideale über Bord. Eine satirische, warmherzige Komödie um Selbstfindung im Zeitalter der Sozialen Netzwerke, in der weibliche Solidarität und echte Frauenfreundschaft über den Druck der Likes und Followerzahlen triumphieren. – **Ab 14**.
Kanada 2019 **DVD** Lighthouse **BD** Lighthouse **R** Mélanie Charbonneau **B** Mélanie Charbonneau, Geneviéve Pettersen **K** Ariel Methot-Bellemare **M** David Rancourt, Antoine Rochette **S** Isabelle Malenfant **Sb** Eric Barbeau **Kb** Guillaume Laflamme **D** Noémie O'Farrell (Laurie), Juliette Gosselin (Clara Diamond), Mounia Zahzam (Élisabeth), Mikhail Ahooja (Tommy), Adrien Bletton (Sébastien) **L** 104 FSK ab 12 **E** 23.7.2021 DVD, BD & VoD fd -

GLASSBOY ★★★
GLASSBOY
Ein elfjähriger Junge darf wegen seiner Bluter-Krankheit das Haus nicht verlassen. Bücher, Spiele und sein Talent als Zeichner helfen ihm zwar über das Alleinsein hinweg, doch seine Einsamkeit verfliegt erst, als er in einer gleichaltrigen Kinderbande endlich Freunde findet. Als er sich dabei aber in Rivalitäten mit älteren Jungs einmischt, gerät er in Gefahr. Die Adaption eines italienischen Kinderbuchs übertreibt es mitunter dramaturgisch und stützt sich auf Kinderstereotype, punktet aber durch ein überzeugendes junges Ensemble, den Wechsel von Erzähl- und Tonlagen sowie einen unaufdringlich vermittelten humanistischen Wertekanon. – **Ab 8**.
Italien/Österreich/Schweiz 2021 **KI** Der Filmverleih **R** Samuele Rossi **B** Samuele Rossi, Josella Porto, Rolando Colla **K** Ariel Salati **Vo** Fabrizio Silei (Roman *Il bambino di vetro*) **M** Giuseppe Cassaro **S** Marco Guelfi **Sb** Stefano Giambanco, Maria Gruber **Kb** Sabrina Beretta **D** Andrea Arru (Pino), Rosa Barbolini (Mavi), Mia Polemiari (Mei Ming), Stefano Trapuzzano (Ciccio), Luca Cagnetta (Gianni) **L** 90 **E** 28.10.2021 fd 48145

GLEICHUNG MIT EINEM ★★
UNBEKANNTEN
ÉQUATION À UN INCONNU
Ein mit leiser Melancholie ausgestatteter Porno aus dem Jahr 1980, der nach fast 40 Jahren wiederentdeckt und neu restauriert wurde. Erzählt wird der Alltag einer Gruppe junger Männer aus der Pariser Vorstadt, die Fußball spielen, in der Fabrik arbeiten, auf dem Moped herumgondeln. Die Hauptfigur fährt eine Yamaha mit pinkfarbenem Tank, das Milieu ist unausgestellt proletarisch. Es gibt durchgehend Sex in expliziten Bildern, die aber im Gegensatz zur herkömmlichen kommerziellen Pornografie jener Zeit von einem starken Stilwillen geprägt sind. – **Ab 18**.
Frankreich 1980 **KI** Salzgeber **DVD** Salzgeber (16:9, 1.78:1, DD5.1 frz.) **R+B** Dietrich de Velsa **K** François About **S** Nina Sabroguine **D** Gianfranco Longhi (die Hauptfigur), Jean-Jacques Loupmon (der braunhaarige Fußballer), Reinhard Montz (der blonde Fußballer), Tony Weber (Tankwart), Jamie Sutherland (Kawasaki-Fahrer) **L** 99 **E** 14.1.2021 VoD (Salzgeber Club) & DVD fd 47517

GLÜCK/BLISS ★★★
In einem Berliner Bordell entdecken zwei Prostituierte eine tiefe Nähe zueinander, aus der sich eine intensive Liebesbeziehung entwickelt. Auf die Hochgefühle folgen aber auch Ängste vor Selbstverlust und Schutzlosigkeit. Ihre Arbeit mit dem eigenen Körper als Ware und eingespielte Distanzmechanismen erschweren eine dauerhafte Bindung. Ein intensiv gespieltes Drama, das sich allerdings zu wenig auf die Vertiefung der Charaktere und ihrer Motive einlässt. Stattdessen bemüht sich der Film sehr, die Sexarbeit als Form der Selbstermächtigung zu deuten, spricht dabei in vielen Szenen aber eine andere Sprache. – **Ab 16**.
Deutschland 2021 **KI** Salzgeber **DVD** Salzgeber **R+B** Henrika Kull **K** Carolina Steinbre-

cher M Dascha Dauenhauer S Henrika Kull Sb Theresa Bischof, Katherine Halbach, Theresa Reiwer Kb Wiebke Lebus D Katharina Behrens (Sascha), Adam Hoya (Maria), Nele Kayenberg (Scarlett), Jean-Luc Bubert (Maik), Petra Kauner (Petra) L 90 E 22.7.2021 / 31.1.2022 DVD fd 47878

GLÜCKLICH BIN ICH, WENN DU SCHLÄFST ★★★★

Dokumentarfilm über zwei chinesische Grundschulkinder, die in einer Gesellschaft aufwachsen, die permanenten Leistungsdruck praktiziert. Da der Weg zu einer Elite-Universität über eine entsprechend exzellente Mittelschule führt, wollen die Eltern die Weichen dafür so früh wie möglich stellen und treiben ihre Kinder teils vehement zu mehr Einsatz an. Der beobachtende Film fängt bedrückende Bilder einer fremdgeplanten Kindheit ein und ruft nachdrücklich die Frage nach der weiteren Entwicklung der gedrillten Kinder auf. Zugleich ist er ein erhellender Einblick ins moderne China und die fragwürdigen Methoden beim Aufstieg zur geistigen Weltmacht. (O.m.d.U.) – **Ab 14.**
Deutschland/China 2021 R Lola Jia Liu B Lola Jia Liu, Hendrik Neukäter K Kan Zhu, Lola Jia Liu M Bertolt Pohl S Johannes Hiroshi Nakajima L 95 E 27.9.2021 ZDF fd -

GOD OF WAR – KRIEG DER DREI REICHE ★
GOD OF WAR: ZHAO ZILONG

Kriegsfilm um die Auseinandersetzungen der drei chinesischen Reiche im 3. Jh. n. Chr. mit Fokus auf den «Tigergeneral» genannten Krieger Zhao Zilong. Dieser schließt sich einem Kriegsherrn an, der mit dem Sieg über die anderen Königreiche das Land wiedervereinen will, und führt seine Truppen schließlich in die entscheidende Schlacht. Die pathetische Umsetzung des Films stellt rasch eine Distanz zum Geschehen her, die durch lustlos interpretierte Figuren und aseptische, CGI-dominierte Kampfszenen weiterbefördert wird. – **Ab 16.**
China 2020 DVD Splendid BD Splendid R Luo Ye B Xun Zhou K Li Hai M Hong Yu D Mike He (Zhao Zilong), Li Tianye (Guan Yu), Nan Sikai (Xiahou En), Yang Shufeng (Liu Bei), Wang Liyun L 93 FSK ab 16; f E 26.11.2021 DVD & BD fd -

GODZILLA VS. KONG ★★
GODZILLA VS. KONG

Während sich Riesenaffe Kong und Monsterechse Godzilla zum finalen Kampf um die Vorherrschaft auf der Erde rüsten, plant ein skrupelloser Magnat unter dem Deckmantel der Weltrettung mit einem Hightech-Mechagodzilla das Ende der Titanen aus Fleisch und Blut, um die Energie des Erdinneren ausbeuten zu können. Eine rechtschaffene Wissenschaftlerin und ihre Adoptivtochter erkennen (fast) zu spät, was dabei auf dem Spiel steht. Die mit ärgerlichen Sidekicks als billigen Pointengebern überladene Geschichte des Monsterspektakels dient dem Genre entsprechend primär der Befriedigung kindlicher Lust an Zerstörung. Die meisten durch den Plot angerissenen Fragen werden aber nicht beantwortet und auf potenzielle Nachfolgerfilme vertagt. – **Ab 12.**

Die BD enthält eine Audiodeskription für Sehbehinderte.
Die Extras der BD umfassen u. a. einen Audiokommentar des Regisseurs sowie kurze Featurettes über die drei im Film agierenden Monster Godzilla (16 Min.), Kong (27 Min.) und Mechagodzilla (7 Min.). 3D, Scope. USA 2021 KI Warner Bros. DVD Warner (16:9, 2.35:1, DD5.1 engl./dt.) BD Warner (16:9, 2.35:1, dolby_Atmos engl./dt.) R Adam Wingard B Eric Pearson, Max Borenstein K Ben Seresin M Junkie XL S Josh Schaeffer Sb Tomas S. Hammock, Owen Paterson Kb Ann Foley D Alexander Skarsgård (Nathan Lind), Millie Bobby Brown (Madison Russell), Rebecca Hall (Ilene Andrews), Brian Tyree Henry (Bernie Hayes), Shun Oguri (Ren Serizawa) L 114 FSK ab 12; f E 1.7.2021 / 29.7.2021 digital / 30.9.2021 DVD & BD & 4K UHD (plus BD) fd 47832

GOETHES FAUST ★★

Ein begnadeter junger Hacker wird von Selbstzweifeln geplagt, experimentiert mit Drogen und geht einen Pakt mit einer Frauenerscheinung ein, die sich ihm als leibhaftiger Teufel vorstellt. Als er sich in eine junge Frau verliebt, verlässt er sich fatalerweise auf die Hilfe seiner Böses im Schilde führenden Begleiterin. Die in die Moderne verlegte Adaption von Goethes Bühnentragödie *Faust*, die weitgehend mit deren Originaltexten arbeitet und diese mit einer fiebrigen Kameraarbeit und renitent-grellen Bildern verschränkt. Das sorgt für einige starke Momente, ist aber letztlich weder als inszeniertes Theater noch als genuiner Film überzeugend. – **Ab 14.**
Deutschland 2019 R+B Karsten Prühl K Daniel Goede Vo Johann Wolfgang von Goethe (Bühnenstück *Faust*) M Seth Schwarz, Justin Wall S Karsten Prühl D Bernardo Arias-Porras (Faust), Runa Pernoda Schäfer (Meph), Helena Siegmund-Schultzee (Gretchen), David Halina (Valentin), Maria Luisa Leypold (Lieschen) L 107 E 18.10.2021 mdr fd -

GOLDJUNGS ★★

In den 1970er-Jahren starten junge Devisenhändler bei einer Kölner Privatbank mit wilden Spekulationen, die nach erstem Geldsegen einen raschen Fall bewirken und am Ende den Bankrott der Bank herbeiführen. Nach der wahren Geschichte der Pleite der Privatbank Herstatt 1974 strebt der Fernsehfilm eine satirische Auseinandersetzung mit entgleisendem Kapitalismus an, erzählt aus der Perspektive einer fiktiven Sekretärin, die ihr geringes Vermögen ebenfalls den spekulierenden Überfliegern anvertraut. Der stimmig ausgestattete Film bietet einige sprühende satirische Überzeichnungen, bleibt aber an der unterhaltsamen Oberfläche und verlässt sich oft zu sehr auf Klischees. – **Ab 14.**
Deutschland 2021 R Christoph Schnee B Eva Zahn, Volker A. Zahn K Armin Golisano S Günter Schultens Sb Julian Augustin Kb Sarah Raible, Minsun Kim D Michelle Barthel (Marie Breuer), Tim Oliver Schultz (Mick Sommer), Ulrich Friedrich Brandhoff (= Ulrich Brandhoff) (Ferdinand von Broustin), Jan Krauter (Uwe Lennartz), Waldemar Kobus (Iwan C. Herstatt) L 89 E 5.5.2021 ARD fd -

GOOD ON PAPER ★★
GOOD ON PAPER

Eine junge Schauspielerin schlägt sich in L. A. als Stand-up-Komikerin durch. Eines Tages begegnet sie einem Mann, mit dem sie sich auf Anhieb versteht; aus Freundschaft wird bald eine Liebesbeziehung. Doch dann macht ihre beste Freundin sie auf zahlreiche Ungereimtheiten an dem Mann aufmerksam. Eine Komödie von und mit einer Komikerin, die ganz auf deren Bühnen-Persona und ihren satirischen, um die Tücken des Lebens als Frau kreisenden Humor angelegt ist. Während das erst gut funktioniert, macht sich in der zweiten Hälfte störend bemerkbar, dass die Nebenfiguren eher lieblos gezeichnet sind und mehr als Vorlagen für bissige Attacken der Heldin denn als glaubhafte Charaktere erscheinen. – **Ab 14.**
USA 2021 R Kimmy Gatewood B Iliza Shlesinger K Giles Dunning M Jonathan Sanford S Kyla Plewes Sb Paris P. Pickard

Kb Erica Rice **D** Iliza Shlesinger (Andrea), Ryan Hansen (Dennis), Margaret Cho (Margot), Rebecca Rittenhouse (Serrena), Matt McGorry (Brett) **L** 92 **E** 23.6.2021 VoD (Netflix) fd -

GORBATSCHOW. PARADIES ★★★★
GORBACHEV. HEAVEN

Der russische Regisseur Witali Mansky besucht den knapp 90-jährigen früheren Sowjetpräsidenten Michail Gorbatschow in dessen Haus in Moskau. In ihren Gesprächen forscht er nach der Vergangenheit Gorbatschows, dem Zerfall der Sowjetunion und den Erinnerungen an dessen verstorbene Frau, aber auch nach dessen jetziger Sicht der Dinge. Behutsam und respektvoll gefilmter, intimer Dokumentarfilm, der voller Empathie ist, durchaus aber auch nach kritischen Momenten in Gorbatschows Vita und nach philosophischen Grundierungen sucht. So wird der sensible Filmessay zum Requiem eines bedeutenden Staatsmannes. – **Sehenswert ab 14.**
Lettland/Tschechien 2020 **R+B** Witali Mansky (= Vitalij Manskij) **K** Alexandra Iwanowa **M** Karlis Auzans **S** Jewgeni Rybalko **L** 100 **E** 17.8.2021 arte fd 47366

GÖRING, BRUEGHEL UND DIE SHOAH ★★★
LE CATALOGUE GOERING – UNE COLLECTION D'ART ET DE SANG

Der NS-Funktionär Hermann Göring war ein exzessiver Sammler von Kunstwerken und brachte im Zweiten Weltkrieg mehrere tausend Kunstschätze als Raubkunst in seinen Besitz. Nach dem Krieg setzte eine jahrzehntelange Suche nach den rechtmäßigen Besitzern ein, von denen viele mit einer Entschädigung kämpften. Der Dokumentarfilm zeichnet die Geschichte der Raubkunst-Sammlung als spannende Spurensuche nach und weist auf die Bedeutsamkeit von Kunsthistorikern in dem Prozess hin, die aus erlittenem Unrecht entstandenen seelischen Wunden der betroffenen Familien zu heilen. – **Ab 14.**
Teils schwarz-weiß. Frankreich/Belgien 2019 **R** Laurence Thiriat, François Gonce **B** Laurence Thiriat, Jean-Marc Dreyfus **K** Christophe Trarieux **M** Siegfried Canto **S** Lionel Delebarre **L** 90 **E** 28.3.2021 arte fd -

GOTTLOS ABENDLAND ★★★
GOTTLOS ABENDLAND

In Gestalt einer Frau macht sich der Kontinent Europa auf, um nach seiner eigenen heutigen Identität zu suchen. In verschiedenen Ländern entdeckt Europa Widersprüche, Ängste, vor allem aber Vielfalt und sucht stets auch nach Ansatzpunkten für Zusammenhalt und die Gegenwart Gottes. Ein experimenteller Filmessay mit poetisch-subjektiven Texten, die von tiefgründig bis banal reichen und ein zutiefst pessimistisches Fazit zur Lage Europas ziehen. Zusammengehalten wird der Film von der sogartigen Wirkung assoziativ angeordneter, einprägsamer Sinnbilder. – **Ab 16.**
Schweiz/Frankreich 2019 **R+B** Felix Tissi **K** Pierre Reischer **M** Joana Aderi, Joy Frempong **S** Felix Tissi **L** 70 **E** 5.4.2021 arte fd -

GRAND CRU ★★★★
Dokumentarfilm über ein Familienunternehmen von Weinbauern im Médoc im Südwesten Frankreichs, das den Spagat zwischen Tradition und Neuinvestitionen angesichts der Herausforderungen der Moderne zu meistern versucht. Der Film setzt vor allem auf Beobachtungen der Erntehelfer sowie von Bauarbeitern, die mit Abriss und Neubau des Familien-Châteaus zugange sind, und verbindet dies mit der Begleitung des Patrons. Vor allem dessen Reflexionen sorgen für eine gelungene Balance zwischen Erinnerung und Neuaufbruch, zumal auch die bewegte Familiengeschichte souverän einbezogen wird. – **Ab 14.**
Deutschland/Frankreich 2021 **R+B+K** Siegfried Ressel **S** Hannes Richter **L** 91 **E** 20.12.2021 3sat fd -

GREGS TAGEBUCH: VON IDIOTEN UMZINGELT ★★★
DIARY OF A WIMPY KID

Ein Junge blickt etwas ängstlich auf den anstehenden Wechsel von der Grund- zur Mittelschule. Sorgen bereitet ihm nicht zuletzt sein noch ziemlich kindlicher bester Freund. Tatsächlich kommt es nach Schulbeginn zu allerlei Turbulenzen, die die Freundschaft der Jungs auf eine harte Probe stellen. Animierte Adaption des ersten Bandes einer populären Comicroman-Reihe. Die visuelle Umsetzung spielt nur sporadisch mit dem reduzierten Strichmännchen-Look der Vorlage und überführt ihn weitgehend in konventionelle, plastisch-bunte Computeranimation. Der schräge Humor, der mit Feingefühl für die Befindlichkeiten der jungen Zielgruppe einhergeht, kommt nichtsdestotrotz auch im Film gut zur Geltung. – **Ab 6.**
USA 2021 **R** Swinton O. Scott III **B** Jeff Kinney **Vo** Jeff Kinney (Comic-Roman *Gregs Tagebuch*) **M** John Paesano **L** 58 **E** 3.12.2021 VoD (Disney+) fd -

GRENZLAND ★★★★
GRENZLAND

Dreißig Jahre nach seinem ersten GRENZLAND-Film nähert sich der Dokumentarist Andreas Voigt erneut dem deutsch-polnischen Grenzgebiet an Oder und Neiße, dessen Bewohnern und Landschaften. In seinen knappen biografischen Porträts interessiert er sich für Auf- und Umbrüche, beobachtet vorwiegend Menschen in Bewegung, sucht in deren Geschichten nach historischen und politischen Zusammenhängen. Dabei werden Spuren jener Verwerfungen sichtbar, die sich sowohl vom Ende des Zweiten Weltkrieges als auch vom Ende der DDR bis in die Gegenwart ziehen. Der Film verzichtet auf einen Autorenkommentar und verlässt sich auf atmosphärische Bilder und behutsame Interviews. – **Sehenswert ab 14.**
Deutschland/Polen 2020 **KI** missingFILMs **R** Andreas Voigt **K** Maurice Wilkerling, Marcus Lenz **S** Ina Tangermann **L** 97 **FSK** ab 0; f **E** 8.7.2021 fd 47859

GRITT ★★★
GRITT

Eine junge norwegische Künstlerin hat vergeblich versucht, in der unabhängigen Theaterszene von Los Angeles, Berlin und in Dänemark Fuß zu fassen; zurück in Oslo versucht sie, Anschluss an eine experimentelle Theatergruppe um den Schauspieler, Regisseur und Autor Lars Øyno zu finden. Das scheint auch zunächst zu klappen, doch als sie bei einem Projekt zu eigenmächtig arbeitet, kommt es zum Bruch, wobei die Frau viele Erwartungen enttäuscht und mehr und mehr mental den Boden unter den Füßen verliert. Ein von einer charismatischen Hauptdarstellerin getragenes Porträt einer faszinierend sperrigen Künstlerinnen-Figur, deren Rücksichtslosigkeit im Verfolgen ihrer Ideen ebenso irritiert wie beeindruckt. – **Ab 16.**
Norwegen 2021 **R+B** Itonje Søimer Guttormsen **K** Patrik Säfström **M** Erik Ljunggren **S** Itonje Søimer Guttormsen, Michal Leszczylowski, Geir Ørnholt **Sb** Nina Buer Brun, Marianne Stranger, Ann-Kristin Talleraas **D** Birgitte Larsen (Gritt), Marte Wexelsen Goksøyr (Marte), Lars Øyno (Lars), Andrine Sæther (Tante Rakel), Maria Grazia Di Meo (Frida) **L** 118 **E** 15.12.2021 VoD (Mubi) fd -

GROLL ★★
KIN

Ein angesehener Istanbuler Polizeichef, der kurz vor einer großen Beförderung steht, tötet in Notwehr einen Unbekannten und verheimlicht diese Tat. Doch der Tote hängt am nächsten Morgen an einem Kran hoch über der Stadt vor dem Polizeipräsidium. Während der Polizeichef versucht, die Ermittlungen zu lenken und zu behindern, macht er sich gleichzeitig auf die Suche nach denjenigen, die die Leiche so öffentlich drapiert haben und ihren Motiven. Dabei verstrickt er sich in immer komplexere Verwicklungen. Stellenweise effektvoller und spannender Polizeithriller, dem es allerdings an Glaubwürdigkeit und inszenatorischer Raffinesse mangelt. – **Ab 16.**
Türkei 2021 **R** Turkan Derya **B** Yılmaz Erdoğan (= Yılmaz Erdogan) **K** Serkan Güler **M** Ahmet Kenan Bilgiç **D** Yılmaz Erdoğan (= Yilmaz Erdogan) (Harun), Ahmet Mümtaz Taylan (Cevat), Cem Yiğit Üzümoğlu (Tuncay/Emre), Rüzgür Aksoy (Yadigar), Duygu Sarışın (Güldeam) **L** 106 **E** 8.10.2021 VoD (Netflix) **fd** -

DAS GROSSE ABENTEUER DES KLEINEN VAMPIR (© StudioCanal)

DAS GROSSE ABENTEUER DES KLEINEN VAMPIR ★★★
PETIT VAMPIRE

Ein kleiner Junge, der mit seiner Mutter vor 300 Jahren in einen Vampir verwandelt wurde, sehnt sich nach Veränderungen und den Freuden und Leiden eines normalen Lebens mit Freunden und Schulalltag. Doch nicht nur das Vampirsein hindert ihn daran, sondern auch ein geisterhafter Jäger, der außerhalb seines geschützten Domizils Jagd auf Untote macht. Der fantasievolle, dramaturgisch ein wenig holprige Animationsfilm glänzt durch seinen mitreißenden, vor Originalität sprühenden Stil und entführt in eine Welt voller skurriler Gestalten, die ähnliche Probleme bewältigen müssen wie normale Menschen. – **Ab 10.**
Scope. Frankreich/Belgien 2021 **KI** StudioCanal **R** Joann Sfar **B** Sandrina Jardel, Joann Sfar **K** Hugues Espinasse (Spielfilmhandlung) **Vo** Joann Sfar (Comic) **M** Olivier Daviaud **S** Benjamin Massoubre, Christophe Pinel **Sb** Arnaud Le Roch **L** 85 **E** 9.12.2021 **fd** 48258

DER GROSSE FAKE – DIE WIRECARD-STORY ★★★

Dokudrama über den Skandal um den Finanzdienstleister Wirecard, der Ende der 1990er-Jahre als Start-up begann und sich als Treuhänder bei Transaktionen mit EC-Karten einen Namen machte. Mit wagemutigen Dienstleistungen und Geschäften stieg das Unternehmen kometenhaft auf, wurde in eine Aktiengesellschaft umgewandelt, die es sogar in den DAX schaffte, ehe 2020 ein Defizit von 1,9 Milliarden Dollar aufgedeckt wurde und die Insolvenz besiegelte. Der als eine Art «Doku-Thriller» spannend inszenierte Film mischt Spielszenen mit vielen Interviews, die Licht in die undurchsichtigen Praktiken der Firma bringen. – **Ab 14.**
Deutschland 2021 **R** Raymond Ley **B** Hannah Ley (= Hannah Schröder), Raymond Ley **K** Philipp Kirsamer, Dirk Heuer **M** Hans P. Ströer (= Hans Peter Ströer) **S** David Kuruc **Sb** Axel Nocker **Kb** Markus Maria Ernst **D** Christoph Maria Herbst (Markus Braun), Franz Hartwig (Jan Marsalek), Nina Kunzendorf (Maria Sager), Hannah Ley (= Hannah Schröder) (Claudia Mersch), Konstantin Lindhorst (Albert Lippert) **L** 96 **E** 31.3.2021 VoD (TVNow) **fd** 47663

GROSSE FREIHEIT ★★★★
GROSSE FREIHEIT

Wegen seiner ausgelebten Homosexualität wandert ein deutscher Mann zwischen 1945 und 1969 dreimal ins Gefängnis. Dort trifft er jedes Mal auf einen Mitgefangenen, der ihm beim ersten Kontakt mit homophober Feindseligkeit begegnet, was im Laufe der Zeit aber in mehr Verständnis und eine ungewöhnliche Freundschaft mündet. Ein kammerspielartiges Drama, das aus dem Mikrokosmos einer Strafvollzugsanstalt heraus von der Kriminalisierung schwuler Männer durch den berüchtigten Paragrafen 175 erzählt. Dank der beiden herausragenden Hauptdarsteller entfaltet der Film höchst eindringlich die Geschichte einer Annäherung vor einem düsteren Zeitpanorama. – **Sehenswert ab 16.**
Deutschland/Österreich 2021 **KI** Piffl Medien **R** Sebastian Meise **B** Sebastian Meise, Thomas Reider **K** Crystel Fournier **M** Nils Petter Molvaer, Peter Brötzmann **S** Joana Scrinzi **Sb** Michael Randel **Kb** Tanja Hausner, Andrea Hölzl **D** Franz Rogowski (Hans), Georg Friedrich (Viktor), Anton von Lucke (Leo), Thomas Prenn (Oskar), Ulrich Faßnacht (Sanitärraum-Wärter) **L** 116 FSK ab 16; f E 18.11.2021 **fd** 48189

GROWL – ER RIECHT DEINE ANGST ★★★
CORDES

Eine junge Frau ist seit einem Unfall querschnittsgelähmt; ihr Vater will mit den Mädchen und einem Schäferhund, der dafür ausgebildet ist, Menschen mit Behinderung zu helfen, einige Zeit in einem Landhaus verbringen. Doch dort wird dieser von einer Fledermaus gebissen und mit einer tollwutartigen Krankheit infiziert. Noch bevor er das Tier zu einem Arzt bringen kann, erleidet der Vater einen Infarkt, und das gelähmte Mädchen muss allein dem zur Bestie gewordenen Tier trotzen. Der Film wertet sein schlichtes Tier-Horror-Szenario durch eine packende Figurenzeichnung und eine atmosphärische, visuell wie akustisch durchdachte Inszenierung zu überdurchschnittlichem Spannungskino auf. – **Ab 16.**
Scope. Spanien 2019 **DVD** Pierrot Le Fou/Al!ve **BD** Pierrot Le Fou/Al!ve **R** José Luis Montesinos **B** Yako Blesa, José Luis Montesinos **K** Marc Zumbach **M** Arnau Bataller **S** Luis de la Madrid **Sb** Dolors Company **Kb** Rocío Pastor **D** Paula del Río (Elena/Vera), Miguel Ángel Jenner (Miguel), Jordi

GUNDA (© Filmwelt)

GUNDA ★★★★
GUNDA

In eindringlichen Schwarz-weiß-Aufnahmen werden Hausschweine, Hühner und Kühe auf norwegischen Bauernhöfen abseits der Massentierhaltung gefilmt. Durch die kunstvoll gestaltete Nähe zu den tierischen Protagonisten entsteht eine hohe Sensibilität für deren Eigensinn, ohne die Tiere dabei zu vermenschlichen. Ein stummes Plädoyer für das Recht jedes Wesens auf ein gewaltfreies Leben, das durch seine filmische Gestaltung zugleich die Möglichkeiten des dokumentarischen Erzählens erweitert. – **Sehenswert ab 12.**

⊙ Die Extras umfassen ein längeres Interview mit Regisseur Victor Kossakovsky (15 Min.) sowie das Feature «Joaquin Phoenix (Ausführender Produzent) im Gespräch mit Victor Kossakovsky» (9 Min.).

Schwarz-weiß. Norwegen/USA 2019 **KI** Filmwelt **DVD** Filmwelt (16:9, 1.78:1, DD5.1) **R** Victor Kossakovsky (= Viktor Kossakowski) **B** Victor Kossakovsky (= Viktor Kossakowski), Ainara Vera **K** Egil Håskjold Larsen, Victor Kossakovsky (= Viktor Kossakowski) **S** Victor Kossakovsky (= Viktor Kossakowski), Ainara Vera **L** 93 **FSK** ab 0; f **E** 19.8.2021 / 30.11.2021 digital (Download) / 9.12.2021 DVD & VoD   **fd** 47954

Aguilar (Salva), Ana Terrasa (Elena (Kind)), Irene Terrasa (Vera (Kind)) **L** 87 **FSK** ab 16 **E** 7.5.2021 DVD, BD & digital   **fd** –

DIE GRUBE (2019) ★★★★
Am bulgarischen Goldstrand existiert seit Urzeiten eine heiße Therme, die beständig genutzt wird, selbst in der Kälte des Winters. Tagsüber finden sich Rentner ein, nachts bieten junge Männer an der Quelle Sex gegen Bezahlung an. Der Dokumentarfilm porträtiert die Menschen, die an der Therme zusammenkommen, mit viel Sympathie und schafft in seinen Vignetten amüsante wie tragikomische Porträts. Indem er auch Themen wie Immigration, Integration, Einsamkeit und die drohende Kommerzialisierung der Therme in den Blick nimmt, gelingt ihm auch ein vielschichtiger Einblick in die heutige bulgarische Gesellschaft. – **Ab 16.**
Scope. Deutschland 2019 **R+B** Hristiana Raykova **K** Johannes Greisle **M** Marcus Sander **S** Kai Eiermann **L** 73 **E** 4.8.2021 rbb   **fd** –

DIE GRUBE (2020) ★★★★
BEDRE
Ein Junge lebt bei seiner Großmutter auf dem Land und wird im Dorf zum Außenseiter, als er einem Mädchen einen bösen Streich spielt. Die Freundschaft mit einem mysteriösen Eremiten stärkt sein Selbstwertgefühl, doch sind auch diese Bande durch die Missgunst seiner Umwelt gefährdet. Inhaltlich wie formal gleichermaßen packendes lettisches Drama um ein sensibles, auch künstlerisch begabtes Kind, das in die Mühlen einer ignoranten Gemeinschaft gerät. Dabei geht es insbesondere um die Unterdrückung von Gefühlen und darum, sich als Individuum zu behaupten, einen Konflikt, den der Film zu einer überzeugend optimistischen Lösung führt. – **Ab 14.**
Scope. Lettland/Finnland 2020 **KI** Arsenal **R** Dace Puce **B** Dace Puce, Monta Gagane, Peteris Rozitis **K** Gatis Grinbergs **Vo** Jana Egle (Erzählungen) **M** Valters Puce **S** Antti Jääskeläinen, Jussi Rautaniemi **Sb** Laura Dislere **Kb** Liene Bite **D** Damir Onackis (Markuss), Dace Eversa (Solveiga), Indra Burkovska (Seemann), Egons Dombrovskis (Roberts), Tomass Tiliks (Renars) **L** 104 **E** 23.10.2021 NDR   **fd** –

GRUBER GEHT ★★★
GRUBER GEHT
Ein egozentrischer Marketing-Mann führt mit Mitte 30 ein Leben auf der Überholspur, bei dem er persönliche Bindungen oder verantwortungsbewusstes Verhalten zurückweist. Als er eine Krebsdiagnose erhält, wirft ihn das aus der Bahn, zumal eine Frau, mit der er sich zuletzt nur eine flüchtige Affäre haben wollte, von seiner Krankheit weiß und ihm auch noch eröffnet, dass sie von ihm schwanger ist. Ein zwar in absehbaren Bahnen verlaufendes Drama über Krankheit und Läuterung, das sich aber den moralischen Zeigefinger ebenso erspart wie Sentimentalität. Stattdessen dominiert ein tragikomischer Tonfall, den der Film konsequent durchhält. – **Ab 14.**
Österreich/Deutschland 2015 **R+B** Marie Kreutzer **K** Leena Koppe **Vo** Doris Knecht (Roman Gruber geht) **M** Florian Blauensteiner, Florian Horwath **S** Ulrike Kofler **Sb** Martin Reiter **Kb** Monika Buttinger **D** Manuel Rubey (John Gruber), Bernadette Heerwagen (Sarah), Doris Schretzmayer (Kathi), Patricia Hirschbichler (Mutter), Thomas Stipsits (Philipp) **L** 92 **E** 9.6.2021 3sat   **fd** –

GUNPOWDER MILKSHAKE ★
GUNPOWDER MILKSHAKE
Die Tochter einer Profikillerin tritt in die Fußstapfen ihrer seit 15 Jahren verschollenen Mutter. Bei einem Auftrag tötet sie unwissend den Sohn eines Mafiabosses und wird fortan von ihm und den Schergen ihres ehemaligen Auftraggebers gejagt. Unerwartete Hilfe findet sie jedoch in den Frauen, die früher zur Killerinnen-Geheimgesellschaft ihrer Mutter gehörten. Das Action-Potpourri stützt sich auf ein prominentes weibliches Ensemble und ist einigermaßen kompetent inszeniert, findet aber weder dramaturgisch noch emotional einen Halt. – **Ab 18.**
Scope. Großbritannien/Deutschland/USA/Frankreich 2021 **KI** StudioCanal **R** Navot Papushado **B** Navot Papushado, Ehud Lavski **K** Michael Seresin **M** Frank Ilfman (= Frank Ilfman) **S** Nicolas de Toth **Sb** Mark Rosinski **Kb** Louise Frogley **D** Karen Gillan (Sam), Lena Headey (Scarlet), Carla Gugino (Madeleine), Michelle Yeoh (Florence), Angela Bassett (Anna May) **L** 115 **FSK** ab 18; f **E** 2.12.2021   **fd** 48242

Eine Handvoll Wasser (© JIP)

Hail Satan? ★★★
Hail Satan?

Dokumentarfilm über die Entstehung und den Aufstieg der Organisation «The Satanic Temple», die 2013 von Lucien Greaves und Malcolm Jarry gegründet wurde. Der Gruppe geht es nicht um satanistisch-okkulte Praktiken, sondern um eine Form des Widerstands im Namen von Empathie und Vernunft gegen den in den USA grassierenden christlichen Fundamentalismus. In ihren Aktionen ähneln sie anderen aktivistischen Gruppierungen, die absurde und menschenfeindliche Verhaltensweisen durch gezielte Provokation entlarven wollen, was dem Film amüsante Momente beschert, während er sich vor jeder Analyse drückt, inwiefern die Popularität dieser «Satanisten» diese selbst zum Teil des Establishments macht. – **Ab 16.**
USA 2019 **R+B** Penny Lane **K** Naiti Gámez **M** Brian McOmber **S** Amy Foote, Aaron Wickenden **L** 95 **E** 26.9.2021 digital (Mubi) **fd** -

Haldern Pop – Dorf mit Festival ★★★
Im niederrheinischen 5000-Seelen-Dorf Haldern findet seit 1987 jährlich im August ein international beachtetes Popmusik-Festival statt. Der Dokumentarfilm begibt sich auf die Suche nach den Gründen für den dauernden Erfolg des Festivals, als die er vor allem den gelebten Gemeinschaftsgedanken der Ortsbewohner und ihre allgemeine Begeisterung für Musik, die sich auch in Chorgesang und Bläserbegleitung von Schützenfesten äußert, ausmacht. Dabei ist er in der Abfolge von Organisations-, Interview- und Musikszenen nicht unbedingt abwechslungsreich, arbeitet aber stimmig heraus, wie viel leidenschaftliches Engagement zu bewegen vermag. – **Ab 14.**
Deutschland 2020 **R+B** Monika Pirch **K** Dieter Stürmer, Stefanie Gartmann **M** Kai Blankenberg **S** Oliver Held, Monika Pirch **L** 85 **E** 28.7.2021 WDR **fd** -

Halloween Kills ★
Halloween Kills

Erneute Fortsetzung der endlosen Horrorfilmreihe, die unmittelbar an den Vorgänger Halloween (2018) anschließt. Der maskierte Mörder Mike Myers ist einmal mehr dem Tod entronnen und sucht nun erneut eine US-Kleinstadt heim. Angesichts der neuen Gewalt verwandeln sich die zornigen Bürger in einen tobenden Mob, der den Killer zur Strecke bringen will, sich dabei aber bemerkenswert kopflos anstellt. Der Film ist nicht mehr als eine Aneinanderreihung wahlloser blutiger Morde an Figuren ohne jegliches Profil. Im Motiv der mordbereiten Bürgerwehr klingt eine Kritik daran an, wie Gewalt Angst und Angst neue Gewalt erzeugt; dieser Ansatz bleibt indes vage und wird nicht konsequent verfolgt. – **Ab 18.**
Scope. USA 2020 **KI** UPI **DVD** Universal **BD** Universal **R** David Gordon Green **B** David Gordon Green, Danny McBride (= Danny R. McBride), Scott Teems **K** Michael Simmonds **Vo** John Carpenter (Charaktere), Debra Hill (Charaktere) **M** John Carpenter, Cody Carpenter, Daniel A. Davies **S** Timothy Alverson **Sb** Richard A. Wright **Kb** Emily Gunshor **D** Anthony Michael Hall (Tommy Doyle), Jamie Lee Curtis (Laurie Strode), Judy Greer (Karen), Kyle Richards (Lindsey Wallace), Andi Matchiak (Allyson) **L** 106
FSK ab 18; f **E** 21.10.2021 / 24.2.2022 DVD & BD & 3K UHD (plus BD) **fd** 48112

Ham on Rye ★★★★
Ham on Rye

Das Porträt von Teenagern in einer typischen amerikanischen Kleinstadt rund um ein Tanz-Event in einem lokalen Diner, wobei der Film von Gruppe zu Gruppe mäandert und verschiedene Erlebnisse, Rituale etc. beobachtet. Sich im Titel auf Charles Bukowskis gleichnamigen Roman rückbeziehend, setzt er sich mit US-Mythen des Erwachsenwerdens auseinander und zitiert gängige Stereotypen des Coming-of-Age-Kinos, verweigert sich aber gänzlich deren Dramaturgie und emotionaler Dynamik; dabei entwickelt der Film, der in der Ausstattung kaum auf eine konkrete zeitliche Verortung abzielt, ein schwebend-zeitloses Flair. Eine wunderliche, höchst ungewöhnliche, auf distanzierte Weise zärtliche Einlassung auf die Seltsamkeit des Erwachsenwerdens bzw. seiner gesellschaftlichen und popkulturellen Formung in den USA. – **Ab 16.**
USA 2019 **R** Tyler Taormina **B** Tyler Taormina, Eric Berger **K** Carson Lund **S** Kevin Anton **D** Haley Bodell (Haley), Audrey Boos (Gwen), Gabriella Herrera (Trish), Adam Torres (Matrick), Luke Darga (Tommy) **L** 85 **E** 11.1.2021 VoD (Mubi) **fd** -

Die Hand Gottes
siehe: The Hand of God

Eine Handvoll Wasser ★★★
A Handful of Water

Ein verbitterter Rentner lebt nach dem Tod seiner Frau allein in seinem

Haus. Eines Tages bricht ein jemenitisches Mädchen bei ihm ein, das vor der Abschiebung geflohen ist und Hilfe sucht. Widerwillig nimmt er sich des Kindes an. Nach und nach entsteht eine Freundschaft, von der beide Seiten profitieren. Das Drama bemüht sich mit viel gutem Willen um politische Themen, handelt diese aber so milde ab, dass man nicht allzu sehr herausgefordert wird. Profitieren kann der Film von seinem Hauptdarsteller, der mit sensiblem Spiel viele Unebenheiten des Drehbuchs vergessen macht. – **Ab 12.**
Deutschland/Großbritannien 2020 **K** JIP Film **R** Jakob Zapf **B** Marcus Seibert, Ashu B. A., Jakob Zapf **K** Tristan Chenais **M** Markus Paichrowski **S** Sanjeev Hathiramani, Alexander Schnell **Sb** Mike Schäfer **Kb** Susanne Roggendorf **D** Jürgen Prochnow (Konrad Hausnick), Milena Pribak (Thurba Al-Sherbini), Pegah Ferydoni (Amal Al-Sherbini), Anja Schiffel (Ingrid Hausnick), Anke Sevenich (Polizistin) **L** 99 **FSK** ab 12; f **E** 11.11.2021 **fd** 48133

EINE HANDVOLL WORTE ★★
THE LAST LETTER FROM YOUR LOVER

Eine junge Journalistin stößt auf romantische Briefe aus den 1960er-Jahren: Einst verliebte sich eine unglücklich verheiratete Frau in einen Mann, ein Unfall verhinderte die Vereinigung. Die Journalistin will wissen, was aus den Liebenden wurde und beginnt mit Hilfe eines Archivars zu recherchieren, wobei es auch zwischen den beiden funkt. Ein auf zwei Zeitebenen spielender Liebesfilm, in dem der Gegenwart Elemente der romantischen Komödie, der Vergangenheit die des Melodrams zugeordnet sind. Während erstere auch dank der guten Hauptdarsteller noch einigen Charme entfaltet, erstickt die zweite Ebene in gezierter Kostümfilm-Künstlichkeit; die Figuren bleiben leblos und klischeehaft. – **Ab 12.**
Scope. USA 2020 **R** Augustine Frizzell **B** Nick Payne, Esta Spalding **K** George Steel **Vo** Jojo Moyes (Roman *The Last Letter from Your Lover / Eine Handvoll Worte*) **M** Daniel Hart **S** Melanie Oliver **Sb** James Merifield **Kb** Anna Robbins **D** Shailene Woodley (Jennifer Stirling), Felicity Jones (Ellie Haworth), Joe Alwyn (Lawrence Stirling), Callum Turner (Anthony O'Hare), Nabhaan Rizwan (Rory McCallan) **L** 109 **FSK** ab 6; f **E** 23.7.2021 VoD (Netflix) **fd** –

HANNELORE ELSNER – OHNE ★★★
SPIEL IST MIR DAS LEBEN ZU ERNST

Die Schauspielerin Hannelore Elsner (1942–2019) gehörte zu den größten deutschen Kino- und Fernsehstars. Zahlreiche Weggefährten sowie ihr Sohn Dominik tragen für ein dokumentarisches Porträt persönliche Erinnerungen an die Darstellerin zusammen, das durch gut eingebundenes Material aus ihren Filmen und Interviews ergänzt wird. Respektvoll und vielseitig in der Herangehensweise, bindet der Film seine einzelnen Elemente zu einer Würdigung zusammen, die Hannelore Elsner als widersprüchliche Persönlichkeit wie als anspruchsvolle Schauspielerin pointiert erfasst. – **Ab 14.**
Deutschland 2021 **R+B** Sabine Lidl **K** Filip Zumbrunn, Thomas Riedelsheimer, Simon Seliger **S** Catrin Vogt, Anette Fleming **L** 60 **E** 25.4.2021 arte **fd** –

HANNES ★★
Zwei Freunde sind mit den Motorrädern in den Bergen unterwegs, als einer von ihnen schwer verunglückt. Der andere weicht im Krankenhaus nicht von seiner Seite und hofft inständig, dass der Verletzte aus dem Koma erwacht. Ganz auf die Rührung der Zuschauer hin konzipiertes, mit vielen Rückblenden erzähltes Drama, das mit melodramatischer Wucht und mitunter nahe am Kitsch um Freundschaft, Schuld und Sterben kreist, aber den Blick auch auf die skurrilen Momente des Lebens richtet. – **Ab 14.**
Deutschland 2021 **K** StudioCanal **R** Hans Steinbichler **B** Dominikus Steinbichler **K** Christian Marohl **Vo** Rita Falk (Roman *Hannes*) **M** Arne Schumann, Josef Bach **S** Charles Ladmiral, Wolfgang Weigl **Sb** Heike Lange **Kb** Caroline Sattler **D** Johannes Nussbaum (Hannes), Leonard Scheicher (Moritz), Lisa Vicari (Nele), Heiner Lauterbach (Dr. Klaus), Hannelore Elsner (Frau Stemmerle) **L** 91 **FSK** ab 12; f **E** 25.11.2021 **fd** 48173

HAPPILY – GLÜCK IN DER EHE, ★★
PECH BEIM MORD
HAPPILY

Ein Paar ist bereits seit 14 Jahren glücklich verheiratet und unverändert verrückt nacheinander, bis das Glück eines Tages durch den Besuch eines mysteriösen Fremden mit einem Aktenkoffer abrupt in Frage gestellt wird. Beim nächsten Treffen mit ihrem Freundeskreis erkennen sie, dass sie insgeheim gehasst werden, was eine Lawine schockierender Enthüllungen lostritt. Schwarzhumorige romantische Komödie, die ihren Humor mit zunehmendem Verlauf aufgibt und in Psychohorror-Gefilde abdriftet, ohne zu einer überzeugenden Lösung zu finden. Die angestrebte Mischung aus Leichtigkeit und Verstörung wird trotz williger Darsteller klar verfehlt. – **Ab 16.**
Scope. USA 2021 **DVD** Splendid **BD** Splendid **R+B** BenDavid Grabinski **K** Adam Bricker **M** Joseph Trapanese **S** Spencer Houck **Sb** Jennifer Moller **Kb** Sarah Fleming **D** Kerry Bishé (Janet), Joel McHale (Tom), Al Madrigal (Arthur), Natalie Zea (Karen), Paul Scheer (Val) **L** 92 **FSK** ab 16; f **E** 30.7.2021 DVD & BD **fd** –

HAPPY FAMILY 2 ★
Fortsetzung eines Animationsfilms um eine US-amerikanische Vorstadtfamilie, die sich durch einen Zauberstein erneut in Werwolf, Mumie, Frankenstein-Monster und Vampirella verwandeln, nachdem die Tochter eines Superhirn-Paares sich daranmacht, auf Geheiß der Eltern die wichtigen Monster der Zeitgeschichte zu entführen. Der Film kümmert sich allerdings wenig um eine stringente Geschichte, sondern mäandert zwischen atemloser Tollpatsch-Action und kindgerechten Botschaften von Zusammenhalt, Selbstwert und dem Fluch des Größenwahns ziellos hin und her. Weder interessiert sich der Film für die Handlung noch für die planlos agierenden Charaktere, die, aus dem Setting des ersten Teils entrissen, im neuen Superhelden-Ambiente wie Fremdkörper wirken. – **Ab 10.**
3D, Scope. Deutschland/Großbritannien/ USA 2021 **K** Warner Bros. **R** Holger Tappe **B** Abraham Katz, David Safier **L** 103 **FSK** ab 0; f **E** 4.11.2021 **fd** 48157

HARALD NAEGELI – ★★★
DER SPRAYER VON ZÜRICH

Der als «Sprayer von Zürich» berüchtigte Schweizer Street-Art-Künstler Harald Naegeli blickt als 81-jähriger «Utopist» auf sein Leben zurück und mit seinem jüngsten Werk, einem tanzenden Skelett am Münster in Zürich, in die nähere Zukunft voraus. Der Dokumentarfilm verbindet die Stationen seines «querulantischen» Werdegangs mit einer eigenwilligen Collage aus Architekturaufnahmen und wenigen Archivbildern. Im Gespräch rekapituliert der Künstler mal mit lautem Pathos, mal poetisch-verhuscht seine Motive und Motivationen und prangert stets aufs Neue die kapitalistischen Strukturen an. – **Ab 14.**
Deutschland/Schweiz 2021 **K** missing-FILMs **R+B** Nathalie David **K** Nathalie David, Adrian Stähli **M** Sophie Hunger,

Andrina Bollinger **S** Nathalie David **L** 102
FSK ab 0; **f E** 2.12.2021　　　　**fd** 48219

Hard Hit
BALSINJEHAN　　　　★★★

Als ein Banker seine Kinder in die Schule fahren will, informiert ihn ein anonymer Anrufer darüber, dass sich eine Bombe unter den Sitzen befindet, die explodiert, sobald jemand das Fahrzeug verlässt. Um zu überleben, muss der Familienvater innerhalb kurzer Zeit einen Millionenbetrag überweisen, ohne sich vom Steuer zu bewegen. Minimalistischer, fast ausschließlich im Inneren des Autos angesiedelter Thriller, der sich mit der Zeit zu einer melodramatischen Schuld-und-Sühne-Geschichte entwickelt. Trotz grob gezeichneter Figuren und abenteuerlich konstruierter Wendungen gelingt es dem Film immer wieder, aus seiner ausweglosen Situation dichte Genremomente zu schaffen. – **Ab 16**.
Südkorea 2021 **DVD** Capelight **BD** Capelight **R+B** Kim Changju **K** Kim Tae-soo **Vo** Alberto Marini (Drehbuch ANRUFER UNBEKANNT) **M** Kim Tae-seong **S** Kim Changju **D** Jo Woo-jin (Sung Gyu), Ji Changwook (Jin Woo), Kim Ji-ho (Yeon Soo), Kyung Jin (Ban), Lee Jae-in (Lee Hye-in) **L** 91 **FSK** ab 16; **f E** 16.12.2021 digital / 21.1.2022 DVD & BD　　　　**fd** 48328

Hard Kill
HARD KILL　　　　★

Ein CEO heuert einen kleinen Trupp Söldner an, um ihm im Kampf gegen einen Superterroristen beizustehen. Dieser hat die Tochter des Unternehmers und deren geniale Erfindung, eine avancierte künstliche Intelligenz, in die Hände bekommen; sollte er auch noch das Passwort für deren Aktivierung bekommen, könnte die Welt im Chaos enden. Die Söldner nehmen trotz anfänglichen Zögerns den Kampf auf und sehen sich mit einer Übermacht konfrontiert. Es kommt zum Kräftemessen in einem leerstehenden Fabrikgebäude. Ein sowohl inszenatorisch als auch vom Plot her völlig uninspirierter Actionfilm, der auch durch einen lustlosen Bruce Willis in einer Nebenrolle nichts an Substanz gewinnt. – **Ab 16**.
Scope. USA 2020 **DVD** EuroVideo **BD** EuroVideo **R** Matt Eskandari **B** Chris LaMont, Joe Russo **K** Bryan Koss **M** Rhyan D'Errico **S** R. J. Cooper **Sb** Daniel Adan Baker **Kb** Zachary Sheets **D** Jesse Metcalfe (Derek Miller), Bruce Willis (Chalmers), Lala Kent (Eva Chalmers), Natalie Eva Marie (Sasha Zindel), Texas Battle (Nick Fox) **L** 98

HAUNTED CHILD (© EuroVideo/Nameless)

FSK ab 16 **E** 13.5.2021 digital / 20.5.2021 DVD & BD　　　　**fd** 47705

Hartwig Seeler – Ein neues Leben　　　　★★★

Eine befreundete Polizistin bittet den Privatdetektiv Hartwig Seeler um Hilfe: Angesichts der Freilassung eines Schwerverbrechers, der sie einst als Geisel nahm, will sie in Malta ein neues Leben anfangen. Als sie verschwindet und kurz darauf die Leiche ihres Peinigers auftaucht, glaubt der Detektiv, womöglich getäuscht worden zu sein. Krimidrama mit einem sensiblen Ermittler, wobei dem Plot Einfühlsamkeit und zwischenmenschliche Empfindungen wichtiger sind als vordergründige Spannung. Dank bemerkenswerter Darsteller und zurückhaltender Regie vermittelt der Film eindringlich seinen humanen Blick auf die Geschehnisse. – **Ab 14**.
Deutschland 2020 **R+B** Johannes Fabrick **K** Helmut Pirnat **M** Manu Kurz **S** Hana Fabrick **Sb** Söhnke Noé **Kb** Birgitta Lohrer-Horres **D** Matthias Koeberlin (Hartwig Seeler), Emily Cox (Tascha), Lasse Myhr (Lasse), Maximilian Brauer (Gerald Metzner), Maximilian Grill (Pittner) **L** 89 **E** 10.4.2021 ARD　　　　**fd** -

Hast du jemals Glühwürmchen gesehen?　　　　★★★
SEN HIC ATES BÖCEGI GÖRDÜN MÜ?

Eine mathematisch hochbegabte alte Frau wird von einem jungen Youtuber besucht, der einen Film über ihre Rechenkünste machen will. Daraus wird ein Gespräch über ihre Lebensgeschichte, die in langen Rückblenden entfaltet wird: Aufgewachsen als Tochter einer bürgerlichen Familie, eckt das eigenwillig-rebellische, lebenslustige Mädchen immer wieder an und will sich nicht den Konventionen fügen; Entfaltungsmöglichkeiten sind für es indes rar gesät. Balancierend zwischen satirischer Komödie mit gesellschaftskritischem Biss und anrührendem Melodram verwebt der Film das Schicksal der Protagonistin immer wieder mit den historischen Entwicklungen in der Türkei. (O.m.d.U.) – **Ab 14**.
Türkei 2021 **R** Andaç Haznedaroglu **B** Yilmaz Erdogan **Vo** Yilmaz Erdogan (Theaterstück) **D** Ecem Erkek (Gülseren), Engin Alkan (Nazif, Gülserens Vater), Devrim Yakut (Iclal, Gülserens Mutter), Merve Dizdar (Izzet), Ushan Çakir (Onkel Hazim) **L** 113 **E** 9.4.2021 VoD (Netflix)　　　　**fd** -

Haunted Child
HJEMSØKT　　　　★★★

Nach dem Tod ihres Vaters will eine Norwegerin ihr Elternhaus auf dem Land verkaufen und reist zu dem alten Anwesen, um vor Ort einen Makler zu suchen. Befremdliche Andeutungen von Nachbarn über die Vergangenheit ihrer Familie, ein rätselhaftes kleines Mädchen und seltsame Geräusche im Haus bereiten ihr jedoch zunehmend Unbehagen. Der Mysteryfilm entwickelt seinen Grusel weniger aus genretypischen Schauer-Elementen als aus der Persönlichkeit seiner Hauptfigur, deren kühl-beherrschte Fassade mehr und mehr von irrationalen Reaktionen durchlöchert wird. Trotz einiger Längen entfaltet der zwischen Psycho-Drama und Haunted-House-Stoff oszillierende Film, der im Kern um von Gewalt infizierte Mutter-Kind-Beziehungen kreist, große Spannung. – **Ab 16**.
Scope. Norwegen 2017 **DVD** EuroVideo/ Nameless (16:9, 2.35:1, DD5.1 norw./dt.) **BD** EuroVideo/Nameless (16:9, 2.35:1, dts-HDMA norw./dt.) **R** Carl Christian Raabe **B** Maja Lunde **K** Philip Øgaard **M** Ray-

mond Enoksen **S** Jonas Aarø, Thomas Trælnes **D** Synnøve Macody Lund (Cathrine), Ebba Steenstrup Såheim (Daisy), Ken Vedsegaard (Marcus), Jorunn Kjellsby (Birgit), Robert Skjaerstad (Makler) **L** 81 **FSK** ab 16 **E** 17.6.2021 DVD & BD   fd -

Das Haus ★★★
Ein desillusionierter Journalist, dem eine rechtsgerichtete Regierung ein Berufsverbot erteilt hat, zieht sich mit seiner Frau in ein Wochenendhaus am Meer zurück. Als bei einem Bombenanschlag viele Menschen umkommen, spitzt sich die latente Bedrohung weiter zu, zumal auch das hochmoderne Smart Home ein Eigenleben führt. Das kühl durchdachte Kammerspiel entfaltet ein paranoides Polit- und Beziehungsgeflecht mit etwas Psychologie und viel fein dosiertem Stilbewusstsein. Ein dystopischer Thriller nach einer Kurzgeschichte, der aktuelle Fragen anspielt und durch eine zurückgenommene Inszenierung glänzt. – **Ab 16.**
Scope. Deutschland 2021 **KI** notsold **R** Rick Ostermann **B** Rick Ostermann, Patrick Brunken **K** Stefan Ciupek, Matthias Bolliger **Vo** Dirk Kurbjuweit (Kurzgeschichte *Das Haus*) **M** Stefan Will **S** Christoph Wermke **Sb** K. D. Gruber **D** Tobias Moretti (Johann Hellström), Valery Tscheplanowa (Lucia Hellström), Max von der Groeben (Alexander Roesch), Lisa Vicari (Layla Kolter), Hans-Jochen Wagner (Chefredakteur Paschke) **L** 92 **FSK** ab 12; **f E** 7.10.2021 / 10.12.2021 arte   fd 48073

Have You Ever Seen Fireflies
siehe: **Hast du jemals Glühwürmchen gesehen?**

Heart ★★★
HEART
Eine südkoreanische Komödie um eine junge Filmemacherin, die einem einstigen Liebhaber auf die Pelle rückt und von ihm Ratschläge zu ihrer aktuellen Affäre mit einem verheirateten Mann haben will. Etwas überrumpelt von ihrer Dreistigkeit, lässt er sich auf ein langes Gespräch mit ihr ein, was zu peinlich-entlarvenden und zugleich verwirrenden Entwicklungen führt. Eine mit der Grauzone zwischen Fiktion und wirklichem Leben spielende Meta-Komödie ums Chaos des Begehrens. – **Ab 16.**
Südkorea 2019 **R+B** Jeong Ga-Young **K** Kim Seon-Hyeong **M** Kim Sun-Woo **S** Gwon Eun-Ji **Sb** Park Su-Min **D** Choi Tae-Hwan (Seong-bum), Jeong Ga-Young (Ga-young), Lee Seok-Hyeong, Song Myung-Jin **L** 70 **E** 8.11.2021 (VoD (Mubi))   fd -

Die Heilquelle ★★
O LIECIVEJ VODE / O LÉCIVÉ VODE
In einem Märchenreich leben die Menschen in harmonischer Nachbarschaft mit der Herrscherin über das Land des Wassers, die dem König auch hilft, als seine Tochter schwer erkrankt. Das heilende Wasser, das sie dafür erhalten, weckt jedoch auch die Begehrlichkeit menschlicher Bösewichte. Solides Märchen ohne erzählerische Raffinessen und mit eher schwachen Trickeffekten, das nur bescheidenen Unterhaltungswert besitzt. Kindgerechte Botschaften vom Teilen von Wohltaten werden betulich und mit überzogenem Spiel vermittelt. – **Ab 8.**
Slowakei/Tschechien 2020 **DVD** Studio Hamburg **R** Ján Sebechlebský **B** Michal Pusztay, Ján Sebechlebský **K** Tomáš Juríček (= Tomas Juricek) **M** Vladimir Martinka **S** Michal Kondrla, Alena Spustová **Sb** Tomáš Berka **Kb** Ján Kocman **D** Darija Pavlovicová (Prinzessin Hanka), Stella Vidanová (Prinzessin Hanka mit 8 Jahren), Jakub Spisák (Jakub), Nikolas Leo Nikodemus Streda (Jakub mit 14 Jahren), Marian Mitas (König Juraj) **L** 89 **FSK** ab 6 **E** 10.12.2021 DVD   fd -

Heimat Natur ★★★★
Eine filmische Reise durch Deutschlands Biotope von den Alpen bis ans Meer: Jan Hafts Dokumentarfilm bietet grandiose Bilder, gut recherchierte Informationen und spannende Geschichten aus der Welt der Pflanzen und Tiere und darüber hinaus eine Momentaufnahme der «Gesundheitszustandes» der heimischen Natur. Positive und negative Entwicklungen werden gegenübergestellt, und das Ergebnis gibt zumindest ansatzweise Grund zu leisem Optimismus. Was der Film mit dem Appell verbindet, dass es an den Menschen ist, Vielfalt und die Qualität der Umwelt und damit die eigene Lebensgrundlage zu erhalten. – **Sehenswert ab 10.**
Scope. Deutschland 2020 **KI** Polyband **DVD** Polyband **BD** Polyband **R+B** Jan Haft **K** Jan Haft, Kay Ziesenhenne, Alexandra Sailer, Steffen Sailer, Jonathan Wirth, Jonas Blaha, Tobias Friedrich **M** Dominik Eulberg, Sebastian Schmidt **S** Jan Haft, Eva Becker **L** 100 **FSK** ab 0; **f E** 15.7.2021 / 25.2.2022 DVD & BD   fd -

Heimat to Go - Vom Glück im Schrebergarten ★★★★
HEIMAT TO GO - VOM GLÜCK IM SCHREBERGARTEN
Über mehrere Monate hinweg entstandener, vielstimmiger Dokumentarfilm über das spezifisch deutsche Phänomen des Schrebergartens, der in einige der mehr als 900.000 Kleingärten im Land schaut. Dabei erkundet der Film unaufdringlich, aber pointiert, mit Sympathie und auf Augenhöhe die Besitzer der Parzellen, die sich zwischen Traditionalismus und Zeitgeist, Flucht- und Sehnsuchtsgefühlen verorten. Skurrile, oft für sich stehende Momente wechseln mit nachdenklichen Passagen, Eindrücke der Harmonie mit vorhandenem Konfliktpotenzial, wobei immer wieder die Präzision der Beobachtung ins Auge fällt. – **Ab 14.**
Österreich 2020 **R+B** Stanislaw Mucha **K** Enno Endlicher **S** Annett Ilijew, Emil Rosenberger **L** 89 **E** 23.2.2021 NDR   fd -

Die Heimsuchung ★★★★
Ein BKA-Beamter überlebt nur knapp einen Einsatz und fährt zur Erholung in seinen Heimatort. Dort erfährt er, dass ein Kinderfreund, den er bei einem Unfall ums Leben gekommen wähnte, als Wachkomapatient im Krankenhaus liegt. Mit Hilfe seiner als Neurologin arbeitenden Freundin versucht er in das Bewusstsein des Komatösen vorzudringen und stößt dabei auf Geheimnisse aus der Vergangenheit. Mit viel formaler Raffinesse inszenierter Thriller, in dem herausragende Kameraarbeit und Montage eine beklemmende Atmosphäre erschaffen. Dabei besitzt der Film auch eine erzählerische Klasse, die sich in der Zuspitzung bis zur überraschenden Auflösung immer mehr offenbart. – **Ab 16.**
Deutschland 2021 **R** Stephan Rick **B** Thorsten Wettcke **K** Pascal Schmit **M** Enis Rotthoff **S** Vessela Martschewski **Sb** Olaf Rehahn **Kb** Nici Zinell **D** Kostja Ullmann (Ben), Kristin Suckow (Marion), Deborah Kaufmann (Anke), Martin Feifel (Ralph), Michael Witte (Herr Seibach) **L** 89 **E** 25.9.2021 ARD   fd -

Helden der Wahrscheinlichkeit ★★★
RIDERS OF JUSTICE / RETFÆRDIGHEDENS RYTTERE
Bei einem Zugunglück in Dänemark kommt eine Frau zu Tode, die eine jugendliche Tochter und einen Ehemann hinterlässt, der als Soldat gerade im Ausland kämpft. In die Trauer der beiden platzt ein Trio, das Zweifel an der Unfalltheorie sät und von einem Anschlag ausgeht, hinter dem eine Rockerbande stecken soll. Gemeinsam holt das Männer-Quartett zum Gegenschlag aus. Die grimmige Rachegeschichte

mischt Elemente des Genrekinos mit schwarzem Humor und philosophischen Subtexten, um die Frage nach dem Sinn von Leid mit Kausalitätsüberlegungen erträglicher zu machen. Das Resultat ist gehaltvolles, mitunter aber auch provokant geschmackloses Unterhaltungskino. – **Ab 16.**
Scope. Dänemark/Schweden 2020 Kl Splendid/Neue Visionen DVD Splendid (16:9, 2.35:1, DD5.1 dän./dt.) BD Splendid (16:9, 2.35:1, dts-HDMA dän./dt.) R+B Anders Thomas Jensen K Kasper Tuxen M Jeppe Kaas S Anders Albjerg Kristiansen Kb Vibe Knoblauch Hededam D Mads Mikkelsen (Markus), Nikolaj Lie Kaas (Otto), Andrea Heick Gadeberg (Mathilde), Lars Brygmann (Lennart), Nicolas Bro (Emmenthaler) L 116 FSK ab 16; f E 23.9.2021 / 28.1.2022 DVD & BD   fd 48050

HELMUT LACHENMANN – ★★★★
MY WAY
HELMUT LACHENMANN – MY WAY
Der 1935 in Stuttgart geborene Komponist Helmut Lachenmann gehört mit seinen Werken, die Hörgewohnheiten herausfordern, zu den bekanntesten zeitgenössischen Vertretern seiner Kunst. Der Dokumentarfilm begleitet ihn bei seinen schöpferischen Prozessen sowie bei der Probenarbeit mit Musikern und Dirigenten und vermittelt Energie und kreative Überlegungen hinter den Kompositionen. Dabei wird Lachenmanns Werk auf diese Weise bemerkenswert zugänglich, zumal die Herangehensweise des Films von sanftem Humor bestimmt wird. – **Ab 14.**
Teils schwarz-weiß. Deutschland/Italien/Schweiz 2020 R+B Wiebke Pöpel K Michael Zimmer, Wiebke Pöpel S Wiebke Pöpel L 90 E 8.7.2021 SWR   fd -

HERE WE ARE ★★★★
HINE ANACHNU
Ein Vater hat sein ganzes Leben auf die Erziehung seines mittlerweile erwachsenen autistischen Sohnes ausgerichtet und lebt mit ihm in einer quasi symbiotischen Beziehung mit eigenen Ritualen und fast ohne Interaktion mit anderen. Doch als der junge Mann einen Platz in einem Heim bekommt, soll er das väterliche Haus verlassen. Der israelische Familienfilm schildert einfühlsam, nuanciert und ohne gängige Klischees über autistische Menschen, wie die beiden mit dieser Situation umgehen. Zwischen intimem Drama und Road Movie schwankend, lotet der Film mit überzeugenden Darstellern die Entwicklung einer Eltern-Kind-Liebe von gegenseitiger Abhängigkeit zur Emanzipation aus. – **Sehenswert ab 14.**
Israel/Italien 2020 R Nir Bergman B Dana Idisis K Shai Goldman M Matteo Curallo S Ayala Bengad Kb Liron Cohen D Shai Avivi (Aharon), Noam Imber (Uri), Smadar Wolfman (= Smadi Wolfman) (Tamara), Efrat Ben Zur (Effi), Amir Feldman (Amir) L 92 E 30.9.2021 VoD (Sooner)   fd 48117

HERE WE MOVE HERE WE ★★★
GROOVE
HERE WE MOVE HERE WE GROOVE
Der Bosnier Robert Šoko kam während der Balkankriege in den 1990er-Jahren nach Berlin und etablierte sich als DJ mit der Erfindung des «Balkan Beats»-Musikstils. Nach Jahren des Erfolgs befindet er sich jedoch in einer Sinnkrise, kehrt temporär in seine Heimat zurück und sammelt dort neue Inspiration durch die Zusammenarbeit mit Migranten. Der Dokumentarfilm ist kein klassisches Musikerporträt, sondern eine vielschichtige Reflexion über Flucht und Exil, multikulturelle Welten und Vielsprachigkeit im Alltag wie in der Musik. Beobachtet werden dabei neben Šoko auch andere Musiker auf der Suche nach ihrer künstlerischen Identität. – **Ab 14.**
Niederlande 2020 Kl Rise and Shine Cinema R Sergej Kreso B Sergej Kreso, Harmen Jalvingh K Wiro Felix M Robert Soko, Uros Petkovic S Gys Zevenbergen L 93 FSK ab 0 E 7.10.2021   fd 48102

HEROES DON'T DIE ★★
LES HÉROS NE MEURENT JAMAIS
Ein junger Pariser wird zutiefst verunsichert durch eine kuriose Begegnung: Ein Unbekannter glaubt in ihm einen bosnischen Soldaten wiederzuerkennen, der just an dem Tag im Jahr 1983 zu Tode kam, an dem der junge Mann geboren wurde. Um den Umständen nachzuspüren, reist der Mann mit zwei Freundinnen nach Bosnien. Die französische Tragikomödie nutzt das Reinkarnations-Thema als Aufhänger, um ihr Figurentrio auf eine Reise in ein fremdes Land und eine Spurensuche in dessen Vergangenheit zu schicken. Changierend zwischen Road Movie, einem Drama über Kriegstraumata, «Fish out of Water»-Komödie und metaphysischen Elementen findet der Film dabei keinen rechten Fokus. – **Ab 14.**
Scope. Frankreich/Belgien 2019 R+B Aude-Léa Rapin K Paul Guilhaume S Juliette Alexandre D Adèle Haenel (Alice), Jonathan Couzinié (Joachim), Antonia Buresi (Virginie), Hasija Boric (Hajra), Vesna Stilinovic (Ana Tadic) L 85 E 21.1.2021 VoD (Mubi)   fd -

HERR BACHMANN UND ★★★★★
SEINE KLASSE
In der hessischen Gemeinde Stadtallendorf gehören Menschen aus anderen Herkunftsländern untrennbar zur Geschichte des Ortes. Während des Zweiten Weltkriegs wurden in der örtlichen Sprengstoffproduktion Zwangsarbeiter eingesetzt. Anfang der 1960er-Jahre kamen Gastarbeiter, um in den Fabriken zu arbeiten, die sich auf dem Industriegelände niedergelassen hatten. Heute sitzen Kinder und Jugendliche der dritten Einwanderergeneration und neu Zugewanderte in der Klasse des Pädagogen Dieter Bachmann. Mit großer Geduld, viel Empathie und noch mehr Musik versucht er ihnen über alle kulturellen, sozialen und sprachlichen Unterschiede hinweg das Gefühl zu geben, gesehen und in ihren Fähigkeiten wertgeschätzt zu werden. Über dreieinhalb Stunden hinweg porträtiert der Film die Klasse 6b an der Georg-Büchner-Schule als einen sich ständig weiterentwickelnden Organismus von offenen und neugierigen Menschen. Ein meisterlicher, ebenso berührender wie fesselnder Dokumentarfilm, der modellhaft gelingendes gesellschaftliches Handeln sichtbar macht. – **Sehenswert ab 12.**
Deutschland 2021 KI Grandfilm DVD 375 Media/Grandfilm (16:9, 1.78:1, DD2.0 dt.) R Maria Speth B Maria Speth, Reinhold Vorschneider K Reinhold Vorschneider S Maria Speth L 217 FSK ab 0; f E 16.9.2021 / 18.2.2022 DVD   fd 47597

HERR MO ★★★
Ein verwitweter Friseur erfährt, dass er Krebs hat. Mit einem selbst geschriebenen Kurzfilm versucht er seine Routinen und die mittlerweile selbstverständliche Einsamkeit aufzubrechen und überdies eine Verbindung zu seinem Sohn wiederherzustellen, der als Regisseur in Seoul nicht Fuß fassen kann. Das Kino wird in dieser lakonischen, mitunter allzu beherrschten, aber doch rührenden Tragikomödie zur einzigen Möglichkeit einer Verbindung. Die Dreharbeiten und der fertige Film fungieren als Ersatz für die kaum noch denkbare familiäre Harmonie. – **Ab 14.**
Schwarz-weiß. Südkorea 2016 Kl Tricorder Universe R+B Lim Dae Hyung K Moon

Myung-Hwan **M** Ha Heon-jin **S** Park Se-Young **D** Gi Ju-Bong (Mo Geum-San), Go Won-Hee (Ye-Won), Oh Jung-hwan (Stephen), Jeon Yeo-bin (Ja-young), Kim Jeong-young (Frau Park) **L** 101 **E** 23.9.2021 **fd** 48057

Die Herrin von Atlantis ★★★
L'Atlantide

Stummfilm-Adaption des gleichnamigen Romanklassikers von Pierre Benoît um einen französischen Fremdenlegionär, der in Nordafrika eine mysteriöse Enklave in der Wüste findet und deren tödlich-faszinierender Königin verfällt. Der Film greift die orientalistischen Motive und Moden aus dem 19. Jahrhundert auf und verwebt sie zu einer üppigen kolonialistischen Fantasie um das «Andere», in der Orient, Weiblichkeit und Tod ebenso verlockend wie beängstigend ineinander schillern. Der Film hat dramaturgische Längen und darstellerische Schwächen, beeindruckt aber mit üppigen Sets und atmosphärischen, in Nordafrika gedrehten Wüstenpanoramen. – **Ab 14**.
Schwarz-weiß. Frankreich 1921 **R+B** Jacques Feyder **K** Victor Morin, Amédée Morrin, Georges Specht **Vo** Pierre Benoît (Roman L'Atlantide) **D** Jean Angelo (Hauptman Morhange), Stacia Napierkowska (Königin Antinea), Georges Melchior (Leutnant de Saint-Avit), Marie-Louise Iribe (Tanit-Zerga) **L** 163 **E** 7.1.2021 VoD (arte) **fd** 47510

Hervé Guibert – ★★★★
Anschreiben gegen den Tod
Hervé Guibert, la mort propagande

1991 starb der französische Journalist, Schriftsteller und Fotograf Hervé Guibert 36-jährig an den Folgen eines Suizidversuchs aufgrund seiner AIDS-Erkrankung. Der elegische Dokumentarfilm wertet zum 30. Todestag Guiberts Fotos, Super-8-Filme aus seiner Kindheit und das Rohmaterial des testamentarischen Videofilms La Pudeur ou l'Impudeur aus, um in Kombination mit dessen Texten an den früh verstorbenen Künstler zu erinnern. Die sensible Montage vermittelt ohne Sentimentalität eine Haltung von Trauer und Respekt, die sich auf alle Opfer der AIDS-Epidemie ausdehnt. – **Ab 16**.
Teils schwarz-weiß. Frankreich 2021 **R+B** David Teboul **K** Martin Roux **Vo** Hervé Guibert (Texte) **S** Caroline Detournay **L** 64 **E** 1.12.2021 arte **fd** –

Heute stirbt hier Kainer ★★

Ein todkranker Einsiedler, der sich früher als Auftragsmörder verdingte, will in einem hessischen Dorf seine letzten Tage erleben. Der ruhige Abschied wird jedoch hintertrieben, als er für einen Mafiakiller gehalten wird und in Auseinandersetzungen zwischen Dorfbewohnern und allerhand gewaltbereiten Widersachern hineingezogen wird. Eine überzeichnete Provinzposse mit schwarzem Humor und Western-Anleihen, die durch abrupte Stimmungswechsel und äußeren Aufwand auffällt. Der Umgang mit den formalen Versatzstücken bleibt allerdings recht durchwachsen, sodass das Ergebnis eher zwiespältig ist. – **Ab 16**.
Deutschland 2020 **R** Maria-Anna Westholzer **B** Maria-Anna Westholzer, Michael Proehl **K** Armin Dierolf **M** Matti Rouse **S** Stefan Blau **Sb** Anette Reuther **Kb** Katharina Schnelting **D** Martin Wuttke (Ulrich Kainer), Britta Hammelstein (Marie), Justus von Dohnányi (= Justus von Dohnanyi) (Kommissar Decker), Alexander Hörbe (Rainer Bratsche), Michele Cuciuffo (Cesare) **L** 89 **E** 21.4.2021 ARD **fd** –

Hey There! ★★★
Seni Buldum Ya!

Während des weltweiten Corona-Lockdowns nehmen zwei Trickbetrüger in Istanbul andere Menschen aus. Die meisten lassen sich von den Anrufen einer vermeintlichen Regierungsbehörde täuschen, die sie mit vergangenen Untaten konfrontiert. Eine der Erpressten wittert allerdings bald den Betrug. Eine größtenteils aus Aufnahmen von Computerbildschirmen und Videochats zusammengesetzte Satire, die auf mitunter bitterböse Weise nach Schein und Sein im digitalen Zeitalter fragt. Auch wenn der Film ästhetisch wenig Neues bietet, sind einzelne Episoden durchaus klug und unterhaltsam. – **Ab 14**.
Türkei 2021 **R+B+K** Reha Erdem **S** Reha Erdem **D** Ezgi Mola (Seçkin), Taner Birsel (Cemil), Serkan Keskin (Felek), Esra Bezen Bilgin (Tuba), Ecem Uzun (Ceren) **L** 82 **E** 13.3.2021 VoD (Mubi) **fd** 47600

Hilfe, die Kinder sind zurück! ★★★
Chacun chez soi

Ein französisches Ehepaar aus der gutsituierten Mittelschicht hat sich im Ruhestand voneinander entfremdet. Eine ersehnte Weltreise kommt nicht zustande, weil der Mann seine Bonsai-Zucht nicht alleinlassen will. Als ihre ältere Tochter mitsamt Freund bei den beiden wieder einzieht, heizen sich die latenten Konflikte schnell weiter auf. Die sympathische Komödie lebt von unterhaltsamen Dialogen und einem dynamischen Darstellerensemble, begnügt sich beim gesellschaftlichen Kontext aber mit paar Andeutungen und Stichworten. – **Ab 14**.
Scope. Frankreich 2020 **KI** StudioCanal **R** Michèle Laroque **B** Julien Colombani, Stéphane Ben Lahcene, Michèle Laroque **K** Pierric Gantelmi d'Ille **M** Maxime Desprez, Michaël Tordjman **S** Jeanne Kef **Sb** Hervé Gallet **Kb** Emmanuelle Youchnovski **D** Michèle Laroque (Catherine), Stéphane De Groodt (Yann), Alice de Lencquesaing (Anna), Olivier Rosemberg (Thomas), Laurence Bibot (Mylène) **L** 84 **FSK** ab 12; **f E** 18.11.2021 **fd** 48227

Hilfe, ich hab meine Freunde geschrumpft ★★

Im dritten Teil der Kinderfilmreihe werden die Freunde eines inzwischen zum Teenager gereiften Schülers auf Miniaturgröße geschrumpft. Der Junge hat sich in das neue Mädchen in seiner Klasse verliebt, das allerdings ein falsches Spiel spielt und ihn in emotionale Turbulenzen stürzt, in denen er immer mehr Fehler macht. In dem als Coming-of-Age-Komödie angelegten Kinderspaß aus Comedy, Fantasy, Abenteuer und Spukhausstory geht es ums erste Verliebtsein, Freundschaft und Vertrauen. Allerdings braucht der Film lange, bis er in die Gänge kommt, punktet dann aber zumindest mit Action und einigen originellen Tricks. – **Ab 10**.
Deutschland/Italien/Österreich 2020 **KI** DCM **DCM BD** DCM **R** Granz Henman **B** Gerrit Hermans **K** Marcus Kanter **M** Anne-Kathrin Dern **S** Ingo Recker **Sb** Ayhan Vanelli **Kb** Birgit Hutter **D** Oskar Keymer (Felix Vorndran), Lina Hüesker (Ella Borsig), Anja Kling (Frau Dr. Schmitt-Gössenwein), Axel Stein (Peter Vorndran), Andrea Sawatzki (Hulda Stechbarth) **L** 98 **FSK** ab 0; **f E** 2.9.2021 / 14.1.2022 digital / 4.2.2022 DVD & BD **fd** 47991

Himmel über dem Camino – ★★
Der Jakobsweg ist Leben!
The Camino Skies

Dokumentarfilm über eine lose Gruppe neuseeländischer Jakobsweg-Pilger, die auf ihrer beschwerlichen Wanderung Richtung Santiago de Compostela begleitet werden. Der Film wartet zwar mit sympathischen Protagonisten und schönen Landschaftsaufnahmen auf, dringt aber über die bekannten Klischees hinaus nicht zu tieferen Dimensionen vor. Stattdessen wird den Wanderern viel Redezeit eingeräumt und auch die wenigen Momente der Ruhe und

Kontemplation sind mit Musik unterlegt. – **Ab 14.**
Neuseeland 2019 **KI** Ascot Elite **DVD** Ascot Elite (16:9, 1.85:1, DD5.1 engl./dt.) **BD** Ascot Elite (16:9, 1.85:1, dts-HDMA engl./dt.) **R** Fergus Grady, Noel Smyth **K** Noel Smyth **M** Tom McLeod **S** Ramon Watkins **L** 81 **FSK** ab 0; f **E** 29.7.2021 / 26.11.2021 DVD & BD & digital fd 47883

Ein himmlischer Plan für die Liebe ★★
HOME SWEET HOME

Eine junge, flirtwütige Frau, die mit Religion nichts am Hut hat, meldet sich freiwillig für ein soziales Hausbau-Projekt einer christlichen Gruppe und spielt die überzeugte Christin, um den attraktiven Projektleiter um den Finger zu wickeln. Das Zusammensein mit den anderen Helfern und diverse Vorfälle ändern aber ihre Einstellung zum Leben, zu sich selbst und zum Glauben. Der Versuch, eine spirituell-religiöse Selbstfindungsgeschichte mit den Erzählmustern einer romantischen Komödie zu kreuzen, leidet unter klischeehaften Figuren und bleibt, wo es explizit um Glauben und Gottesbilder geht, auf betulichem Sonntagsschul-Niveau. Mit seinem Plädoyer für Nächstenliebe und soziales Engagement transportiert der Film immerhin eine respektable Botschaft. – **Ab 12.**
USA 2020 **DVD** Meteor **BD** Meteor **R** Juan Mas **B** Lesley Ann McDaniel **K** Peter N. Green **S** Travis Berry **Kb** Dakota Keller **D** Natasha Bure (Victoria Tremont), Krista Kalmus (Joy), Ben Elliott (Jason Holman), Juli Erickson (Mrs. Chambers), Josephine Keefe (Shelby Bertone) **L** 80 **FSK** ab 0; f **E** 12.2.2021 DVD & BD fd -

Hinter den Schlagzeilen ★★★★
Dokumentarfilm über die Arbeit der beiden investigativen Journalisten Frederik Obermaier und Bastian Obermayer von der Süddeutschen Zeitung, die über einen längeren Zeitraum bei ihren Recherchen begleitet werden. Sie treffen Edward Snowden, spüren einem Waffenhändler und dem Mord an der maltesischen Journalistin Daphne Caruana Galizia hinterher. Am Beispiel der «Ibiza-Affäre» um den FPÖ-Politiker Heinz-Christian Strache verfolgt der Film detailgenau mit, wie seriöser Enthüllungsjournalismus auch in brisanten Fällen verantwortbar bleibt, und warnt davor, welchen Gefährdungen und Einflussnahmen er gleichermaßen ausgesetzt ist. – **Sehenswert ab 14.**
Scope. Deutschland 2021 **KI** Real Fiction

HILFE, ICH HAB MEINE FREUNDE GESCHRUMPFT (© DCM)

R Daniel Sager **B** Marc Bauder, Daniel Sager **K** Börres Weiffenbach, Daniel Sager, Anne Misselwitz, Frank Pfeiffer **M** Hannah von Hübbenet (= Hansen & Jansen), John Gürtler **S** Hannes Bruun **L** 88 **FSK** ab 6; f **E** 16.9.2021 fd 47685

Hinterland ★★★★
HINTERLAND

Ein schwer traumatisierter Polizeikommissar kehrt einige Jahre nach dem Ende des Ersten Weltkriegs aus russischer Gefangenschaft nach Wien zurück. Dort stößt er auf die Verlierer und Gewinner der nach dem Zusammenbruch der k.-u.-k.-Monarchie fragmentierten Gesellschaft und soll einen Serienmörder stoppen, der ehemalige Kameraden brutal ermordet. Ein optisch und erzählerisch gewagter Genre-Mix aus anspruchsvollem Antikriegsfilm und düsterem Serienmörder-Thriller, der vor allem durch seine artifizielle Optik beeindruckt, die zwischen Videospielästhetik und expressionistischen Stummfilmen schwankt. – **Ab 16.**
Scope. Deutschland/Belgien/Luxemburg/Österreich 2021 **KI** SquareOne/Paramount **R** Stefan Ruzowitzky **B** Robert Buchschwenter, Hanno Pinter, Stefan Ruzowitzky **K** Benedict Neuenfels **M** Kyan Bayani **S** Oliver Neumann **Sb** Andreas Sobotka, Martin Reiter **Kb** Uli Simon **D** Murathan Muslu (Peter Perg), Liv Lisa Fries (Dr. Körner), Marc Limpach (Victor Renner), Max von der Groeben (Paul Severin), Maximillien Jadin (Konzipist Gert Hoffmann) **L** 99 **FSK** ab 16; f **E** 7.10.2021 fd 48069

Hippokrates und ich ★★★★
HIPPOCRATE

Ein junger Assistenzarzt tritt seine erste Stelle in einem Pariser Krankenhaus an. Seine Motivation erlebt jedoch bald erste Einbrüche, als er die Notstände in der Klinik, den Dauerstress und das Leid von Patienten und Angehörigen am eigenen Leib erfährt. Im Umgang mit einem algerischstämmigen Kollegen erlebt er zudem hautnah die Ungerechtigkeit der Krankenhaushierarchie. Authentisch und glaubhaft entwickelte Sozial- und Charakterstudie, die ihre Vielzahl an Themen überzeugend verzahnt und Missstände im französischen Gesundheitssystem benennt. Auch dank ausgezeichneter Darsteller gelingt eine intensive Auseinandersetzung mit Glanz und Elend des Arztberufs. – **Ab 14.**
Scope. Frankreich 2014 **R** Thomas Lilti **B** Thomas Lilti, Baya Kasmi, Julien Lilti, Pierre Chosson **K** Nicolas Gaurin **M** Alexandre Lier, Sylvain Ohrel, Nicolas Weil **S** Christel Dewynter **Sb** Philippe Van Herwijnen **Kb** Cyril Fontaine **D** Vincent Lacoste (Benjamin), Reda Kateb (Abdel), Jacques Gamblin (Barois), Marianne Denicourt (Denormandy), Félix Moati (Stéphane) **L** 98 **E** 13.10.2021 arte fd -

Hochwald ★★★★
HOCHWALD

Ein junger Außenseiter aus einem Südtiroler Bergdorf versucht immer wieder, aus der Enge seiner Heimat auszubrechen. Doch jeder Anlauf bleibt aufs Neue ohne dauerhaften Erfolg. Homosexualität, Heroin und Sympathie für Moslems machen seine Lage nicht einfacher, lehren ihn aber einen anderen Blick auf die Welt. Der Film entwirft eine Zustandsbeschreibung, die vom Pathos jugendlicher Verweigerung lebt, und von deren stetem Scheitern. Dabei verweigert er sich

simplen Negativklischees, zeigt aber dennoch bedrängend enge Verhältnisse, in denen nur manchmal ein Hauch von Optimismus spürbar ist. – **Ab 16**.
Österreich/Belgien 2020 **KI** Salzgeber **R+B** Evi Romen **K** Martin Gschlacht, Jerzy Palacz **M** Florian Horwarth **S** Karina Ressler **Sb** Katharina Wöppermann **Kb** Cinzia Cioffi **D** Thomas Prenn (Mario), Noah Saavedra (Lenz), Josef Mohamed (Nadim), Ursula Scribano-Ofner (Marina), Lissy Pernthaler (Olga) **L** 108 **FSK** ab 16; f **E** 7.10.2021
fd 48078

Hochzeit Down Under ★★
Top End Wedding

Eine junge australische Anwältin mit Aborigine-Wurzeln, die mit ihrem britischen Liebsten in Adelaide lebt, will ihre Hochzeit mit ihrer Familie feiern. Doch ausgerechnet da verschwindet die von einer Midlife-Crisis geschüttelte Mutter. Kurzerhand reisen die Tochter und der Bräutigam in den Norden Australiens zu den Tiwi-Inseln nach, was zur bereichernden Begegnung mit den kulturellen Wurzeln wird. Eine zunächst relativ konventionelle, etwas klamaukige romantische Komödie über Turbulenzen rund um eine Hochzeit, die erst in der zweiten Hälfte durch die Verlagerung des Fokus auf die Mutter-Tochter-Beziehung und die Kultur der Aborigines im Northern Territory an Eigenständigkeit gewinnt. – **Ab 12**.
Australien 2018 **DVD** Lighthouse **BD** Lighthouse **R** Wayne Blair **B** Joshua Tyler, Miranda Tapsell **K** Eric Murray Lui **M** David McCormack, Antony Partos **S** Chris Plummer **Sb** Amy Baker **Kb** Heather Wallace **D** Miranda Tapsell (Lauren Ford), Gwilym Lee (Ned Pelton), Brooklyn Doomadgee (junge Daffy), Ursula Yovich (Daffy Ford), Huw Higginson (Trevor Ford) **L** 98 **FSK** ab 12 **E** 22.1.2021 DVD & BD / 28.2.2021 ZDF
fd -

Die Hochzeit meines Bruders ★★
Pleasure of Your Presence

Eine Frau hadert mit ihrem bevorstehenden 40. Geburtstag; dass ihr Bruder seine Hochzeit mit einer wesentlich jüngeren, höchst attraktiven Französin ausgerechnet auf diesen Tag verlegt hat, passt ihr gar nicht. Schlechte Voraussetzungen für eine entspannte Teilnahme an den Hochzeitsfeierlichkeiten, wo es bald jede Menge Reibereien zwischen Braut und Schwägerin gibt, die durch allerlei Pannen die Heirat zu sabotieren versucht. Die romantische Komödie nutzt das Chaos-Hochzeit-Motiv für eine Story um die Schwierigkeit, das eigene Älterwerden zu akzeptieren. Dabei entfaltet die Inszenierung allerdings nicht gerade zündenden Witz, sondern liefert nur durchschnittliche Unterhaltung. – **Ab 14**.
USA 2020 **DVD** Tiberius/Sony (16:9, 1.85:1, DD5.1 engl./dt.) **BD** Tiberius/Sony (16:9, 1.85:1, dts-HDMA engl./dt.) **R+B** Amy Miller Gross **K** Charles Libin **M** Jay Lifton **S** Abbi Jutkowitz **Sb** Eve McCarney **Kb** David Anthony Crowley **D** Alicia Silverstone (Audrey), Tom Everett Scott (Ethan), Jake Hoffman (Liam), Julie Engelbrecht (Bernetta), Mathilde Ollivier (Clemence) **L** 88 **FSK** ab 12; f **E** 3.6.2021 DVD & BD
fd -

Der Hochzeitsschneider ★★★★ von Athen
Raftis

«Erwachsener» Coming-of-Age-Film über einen vereinsamten Herrenschneider, der mangels Nachfrage in der Wirtschaftskrise seinen Laden in Athen aufgeben muss. Notgedrungen fertigt der 50-Jährige mit Hilfe einer handwerklich talentierten Nachbarin preiswerte Brautkleider und gewinnt so in den ärmeren Vorstädten Athens neue Kundschaft. Vor dem Hintergrund der schweren Wirtschaftskrise schildert der charmante Debütspielfilm in leisen komödiantischen Szenen den Aufbruch eines Außenseiters, der sich noch einmal neu erfindet, wobei er teils märchenhafte Töne anschlägt. – **Ab 14**.
Scope. Griechenland/Deutschland/Belgien 2020 **KI** Neue Visionen **DVD** Good Movies **R** Sonia Liza Kenterman **B** Sonia Liza Kenterman, Tracy Sunderland **K** Giorgos Mihelis **M** Nikos Kypourgos **S** Dimitris Peponis **Sb** Pinelopi Valti, Daphne Koutra

Der Hochzeitsschneider von Athen
(© Neue Visionen)

Kb Julie Lebrun **D** Dimitris Imellos (Nikos), Tamilla Koulieva (Olga), Thanasis Papageorgiou (Thanasis), Stathis Stamoulakatos (Kostas), Daphne Michopoulou (Victoria) **L** 101 **FSK** ab 0; f **E** 26.8.2021 / 27.12.2021 digital / 13.1.2022 DVD
fd 47846

Hoffmanns Erzählungen ★★★
Hoffmanns Erzählungen

Stummfilm-Version der Oper von Jacques Offenbach und der dieser zugrunde liegenden Erzählungen *Der Sandmann*, *Rat Krespel* und *Die Geschichte vom verlornen Spiegelbilde* von E.T.A. Hoffmann. Die Adaption des umtriebigen Regisseurs Max Neufeld betont die düsteren Elemente von Hoffmanns «Schwarzer Romantik» und zeichnet sich vor allem durch für die Entstehungszeit beachtliche Trickeffekte aus. Der nur in einer französischen Exportversion erhaltene Film wurde digital restauriert, Johannes Kalitzke komponierte für die Fernsehausstrahlung 2021 eine neue Musik. – **Ab 12**.
Schwarz-weiß. Österreich 1923 **R** Max Neufeld **B** Josef B. Malina **K** Josef Besci, Gaston Grincault **Vo** Jules Barbier (Opern-Libretto *Hoffmanns Erzählungen*), E.T.A. Hoffmann (Erzählungen) **M** Johannes Kalitzke (Neukomposition 2021) **D** Max Neufeld (E.T.A. Hoffmann), Kitty Hulsch (Olympia), Robert Valberg (Schlemihl), Paul Askonas (Dr. Mirakel), Lola Kneidinger (Giulietta/Antonia) **L** 79 **E** 22.1.1924 / 25.10.2021 arte
fd -

Hoffnung siehe: Hope

Höhenflüge ★★★★

Ausgehend von einem ehemaligen schwäbischen Fliesenleger, der durch sein Brieftaubenzüchter-Hobby zum Millionär wurde, beschäftigt sich ein Dokumentarfilm mit den bizarren Ausmaßen, die der Taubensport etwa in China und Dubai angenommen hat. Demgegenüber stehen Porträts von Taubenzüchtern, die in der Beschäftigung mit den Vögeln Trost oder einen friedlichen Zeitvertreib gefunden haben. Der visuell bestechende und hervorragend montierte Film nimmt sich des Phänomens mit tiefem Bewusstsein für dessen Skurrilität an und ordnet dieses pointiert einem außer Kontrolle geratenen Kapitalismus zu. Die Protagonisten werden dabei unverblümt gezeigt, ohne sie vorzuführen. – **Ab 14**.
Scope. Deutschland 2019 **R+B** Lena Leonhardt **K** Sebastian Bäumler **M** Christian Halten **S** Sven Kulik **L** 87 **FSK** ab 0; f **E** 7.4.2021 ARD
fd -

HOLY BEASTS ★★★
LA FIERA Y LA FIESTA

Zusammen mit anderen ehemaligen Mitstreitern des ermordeten dominikanischen Regisseurs, Drehbuchautors und Produzenten Jean-Louis Jorge (1947–2000) will eine gealterte Schauspielerin ein unveröffentlichtes Drehbuch des Underground- und B-Movie-Ikone verfilmen. Doch das Vorhaben wird bald von Konflikten und seltsam-unheimlichen Vorfällen in der Gruppe überschattet. Eine ins Surreale spielende Huldigung an Jean-Louis Jorge in Form eines fiktiven Film-übers-Filmemachen-Dramas, in dem es weniger konkret um sein Werk als um die Heraufbeschwörung von Stimmungen und suggestiven Bildern geht. – **Ab 16.**
Dominikanische Republik/Argentinien/Mexiko 2019 **R** Laura Amelia Guzmán, Israel Cárdenas **B** Israel Cárdenas, Laura Amelia Guzmán **K** Israel Cárdenas **M** Leandro de Loredo **S** Andrea Kleinman, Israel Cárdenas, Pablo Chea **Sb** Mónica de Moya **Kb** Laura Guerrero **D** Geraldine Chaplin (Vera), Udo Kier (Henry), Luis Ospina (Martin), Jaime Piña (Victor), Jackie Luduena (Yony) **L** 90 **E** 13.12.2021 VoD (Mubi) **fd** -

HOLZ ERDE FLEISCH ★★★★
HOLZ ERDE FLEISCH

Der österreichische Dokumentarfilmer Sigmund Steiner will mehr über seine bäuerliche Herkunft und das gestörte Verhältnis zu seinem Vater herausfinden. So begleitet er einen Forstwirt, einen Gemüsebauern und einen Schafzüchter, die Einblicke in ihr Ethos geben, das vom Verbundensein mit ihrem Grundbesitz und der Arbeit zeugt, aber auch von Sorge um die Zukunft, da ihre Söhne sich dem Erbe nicht mehr verpflichtet fühlen. Der nachdenkliche, bedächtig inszenierte Filmessay räumt den Befragten viel Raum ein und entwickelt sich zur intensiven Auseinandersetzung mit einem Generationskonflikt. Die Naturverbundenheit wird dabei kongenial über Cinemascope-Tableaus vermittelt. – **Ab 14.**
Scope. Österreich 2016 **R+B** Sigmund Steiner **K** Michael Schindegger **M** Bernhard Fleischmann **S** Sigmund Steiner **L** 70 **E** 26.4.2021 3sat **fd** -

HOME ★★★★
HOME

Ein Häftling wird nach 17 Jahren entlassen und kehrt nach Hause zurück. Dort erwarten ihn seine schwer kranke, pflegebedürftige Mutter und eine

HONEST THIEF (© Leonine)

fast ausschließlich feindselige Stadt, die seine Tat nicht vergessen hat. In einem mühseligen Prozess versucht der Mann, der selbst noch immer unter seinem Verbrechen leidet, wieder Anschluss an die Gesellschaft zu finden. Mit viel Gespür für Atmosphäre und das Unausgesprochene inszeniertes Drama, das sensibel die Frage der Vergebung in den Blick nimmt. Die langsame Reparation des Sozialen vollzieht sich dabei ebenso unaufdringlich wie berührend. – **Sehenswert ab 14.**
Scope. Deutschland/USA 2020 Weltkino DVD Weltkino/Leonine (16:9, 2.35:1, DD5.1 engl./dt.) **R+B** Franka Potente **K** Frank Griebe **M** Volker Bertelmann, Raffael Seyfried (Co-Musik) **S** Antje Zynga **Sb** Cora Pratz **Kb** Alette Kraan **D** Jake McLaughlin (Marvin Hacks), Kathy Bates (Bernadette), Aisling Franciosi (Delta Flintow), Derek Richardson (Wade), James Jordan (Russell) **L** 100 **FSK** ab 12; f **E** 29.7.2021 / 24.12.2021 DVD & digital **fd** 47901

HOMO COMMUNIS – ★★★
WIR FÜR ALLE

Von der Wiege bis zur Bahre ist der Mensch ein Gemeinschaftswesen: Er braucht den Schutz und die Fürsorge der anderen, besonders am Beginn und am Ende seines Lebens. Der Dokumentarfilm stellt verschiedenste Formen und Möglichkeiten eines aktiven, solidarischen Miteinanders vor – ohne zu bewerten und dennoch mit viel couragiertem Engagement. Dabei bietet der zu Beginn etwas spröde Film im Verlauf immer intensivere Einblicke in Gegenentwürfe zum Streben nach individuellem Wohlstand, zu Konsumzwang und Konkurrenzdenken. In einer Zeit der globalen Krisen werden hier Lösungsmöglichkeiten gezeigt, die mindestens zum Diskurs anregen und vielleicht hier und da sogar zum Umdenken beitragen könnten. – **Ab 12.**

Deutschland 2020 **KI** mindjazz/SeeMoreFilm **R+B** Carmen Eckhardt **K** Gerardo Milsztein **M** Konstantin Wecker, Bernd Keul **S** Martin Hoffmann **L** 97 **FSK** ab 0 **E** 8.7.2021 **fd** 47851

HONEST THIEF ★★
HONEST THIEF

Ein älterer Mann hat eine erfolgreiche Karriere als Bankräuber hinter sich, ohne je gefasst worden zu sein. Als er spät im Leben die große Liebe findet, will er sich von seiner kriminellen Vergangenheit lossagen: Er stellt sich dem FBI und bietet an, gegen ein reduziertes Strafmaß die Millionen, die er erbeutet hat, zurückzugeben. Zwei junge FBI-Agenten nutzen jedoch die Chance, sich das Geld selbst unter den Nagel zu reißen, töten einen älteren Kollegen und belasten den ehrlichen Dieb, der nun zum Gejagten wird. Ein mittelmäßiger Action-Thriller, der sich ganz aufs Charisma seines Hauptdarstellers verlässt und seinem guten Ensemble in Sachen Charakterentwicklung wenig zu tun gibt. – **Ab 14.**
Scope. USA 2020 DVD Leonine BD Leonine **R** Mark Williams **B** Steve Allrich, Mark Williams **K** Shelly Johnson **M** Mark Isham **S** Michael P. Shawver **Sb** Tom Lisowski **Kb** Deborah Newhall **D** Liam Neeson (Tom Dolan), Kate Walsh (Annie Wilkins), Jai Courtney (John Nivens), Jeffrey Donovan (Sean Meyers), Anthony Ramos (Ramon Hall) **L** 99 **FSK** ab 12 **E** 1.4.2021 DVD & BD & VoD **fd** -

DAS HONEYMOON-EXPERIMENT ★★
THE HONEYMOON PHASE

Ein junges Paar ist zwar noch nicht verheiratet, schmuggelt sich aber trotzdem um des Geldes willen in eine Studie für Ehepaare, bei der durch ein soziales Experiment untersucht werden soll, wie und warum sich Beziehungen während der Honey-

moon-Phase verändern: Die beiden sollen einen Monat, permanent überwacht von künstlicher Intelligenz, isoliert in einem Haus verbringen. Zunächst scheint alles harmonisch, doch dann beginnt das Verhalten ihres Partners der Frau verdächtig vorzukommen, bis die Zweisamkeit wird zum Horrortrip. Kammerspielartiger Psychothriller, der von einer guten Hauptdarstellerin solide getragen wird, aber auch einige Längen und Logik-Löcher aufweist. – **Ab 16.**
Scope. USA 2019 **DVD** Tiberius/Sony **BD** Tiberius/Sony **R+B** Phillip G. Carroll Jr. **K** Joe Staehly **M** Chris Ryan **Sb** David Zhou **Kb** Julie Bennett, Diamond Holland **D** Chloe Carroll (Eve), Jim Schubin (Tom), François Chau (Direktor), Tara Westwood (Beraterin), Mike Sutton (John) **L** 89 FSK ab 16 E 8.4.2021 DVD & BD fd –

HONGKONG – EINE STADT IM WIDERSTAND ★★★★
WHEN A CITY RISES

Die Furcht vor einer zunehmenden Einflussnahme des totalitären chinesischen Regimes führte im Jahr 2019 zu Protesten der Demokratiebewegung in Hongkong, gegen die der Staat mit unnachgiebiger Härte vorging. Der Dokumentarfilm porträtiert mehrere junge Aktivisten, die ihre Rolle im Widerstand suchen und Freiheit und Leben riskieren. Der unter schwierigen Bedingungen gedrehte Film zeigt die komplexe Struktur der Proteste auf und entfaltet durch eine bezwingende Montage die Wirkung eines Thrillers. Zugleich dokumentiert er umfassend eine Bewegung, in der Hoffnungen und Ängste, Optimismus und Resignation Seite an Seite existieren. – **Sehenswert ab 16.**
Hongkong/Großbritannien 2021 **R** Han Yan Yuen, Cathy Chu, Iris Kwong, Ip Kar Man, Huang Yuk-kwok, Evie Cheung, Jenn Lee **B** Han Yan Yuen **K** Yuling Chow, Amy Ip, Cathy Chu, Sharon Yeung, Han Yan Yuen **M** Adrian Leung **S** Huang Yuk-kwok, Jenn Lee **L** 103 E 13.7.2021 arte fd –

HOPE ★★★★
HÅP

Eine lebensbedrohliche Krebsdiagnose wirft das kontrollierte Leben einer erfolgreichen Theaterregisseurin aus der Bahn. In den wenigen Wochen bis zur Notoperation durchlebt sie in ihrer Patchwork-Familie und einer entfremdeten Partnerschaft ein Wechselbad der Gefühle. Ihre Hilflosigkeit ist jedoch ein Wendepunkt. Auf der Basis ihrer eigenen Geschichte entwickelt die norwegische Regisseurin Maria Sødahl ein bewegendes Beziehungsdrama voller Zwischentöne, das Krankheit und Tod einer existenziellen Erfahrung von Hoffnung und Verbundenheit gegenüberstellt. – **Sehenswert ab 16.**
Norwegen/Schweden 2019 **KI** Arsenal R+B Maria Sødahl **K** Manuel Alberto Claro **S** Christian Siebenherz **Sb** Jørgen Stangebye Larsen **Kb** Ellen Dæhli Ystehede **D** Stellan Skarsgård (Tomas), Andrea Bræin Hovig (Anja), Elli Rhiannon Müller Osbourne (Julie), Alfred Vatne Brean (Erlend), Daniel Storm Forthun Sandbye (Isak) **L** 120 FSK ab 12; f E 25.11.2021 fd 48223

HOPE RANCH ★
RIDING FAITH

Eine Pferderanch-Besitzerin und ihre Tochter stehen mit einem Mal allein da, als ihr Mann respektive Vater nicht von einem Militäreinsatz zurückkehrt. Ihr Zusammenhalt, Glauben und das Zutrauen zu einem besonderen Pferd helfen ihnen jedoch in der Krise. Melodramatischer Familienfilm mit unbedarftem christlichem und patriotischem Einschlag statt vielschichtiger Charaktere. Das steife Spiel und die einfallslose Dramaturgie machen den Film zur argen Geduldsprobe. – **Ab 12.**
USA 2020 **DVD** Studio Hamburg **R** Paco Aguilar **B** Simon K. Parker **K** Seo Mutarevic **M** Thomas Andrew Gallegos **S** Tuffy Williams **Sb** Eddie Inda **D** John Schneider (Mike), Grace Van Dien (Grace), T.C. Stallings (Pastor Williams), Marisa Brown (Rebecca), Carter Roy (Luke Stark) **L** 81 FSK ab 6 E 1.10.2021 DVD fd –

HOPFEN, MALZ UND BLEI ★★★

Ein Trupp junger Bierbrauer aus den bayrischen Alpen will sich mit Überfällen das nötige Geld für eine eigene Brauerei besorgen. Als sie von einem Revolverhelden engagiert werden, um eine Musikerin zu entführen, geraten sie nicht nur mit deren Partner aneinander, sondern auch mit zwei Indianern, die eigene Pläne verfolgen. Im bayrischen Dialekt gefilmte Experimental-Westernkomödie, die mit viel Lust und einigem Einfallsreichtum Genremotive in den Alpen verlegt. Dabei entsteht manchmal reiner Unfug, manchmal aber auch eine hintersinnige Auseinandersetzung mit Klischees und Erwartungen. – **Ab 14.**
Scope. Deutschland 2021 **KI** Camgaroo **R** Mark Lohr **B** Corinna Blädel, Mark Lohr, Tobias Marschall **K** Mark Lohr **M** Johannes Rauscher, Artur Murawskij **S** Mark Lohr **D** Corinna Blädel (Babsi), Mario Pruischütz (Anton), Lea Liebhart (Jackie), Florian Blädel (Done), Joel Akgün (Krasses Zapfzeug) **L** 108 FSK ab 12; f E 11.11.2021 fd 48196

HORIZON LINE ★★
HORIZON LINE

Eine Frau kehrt anlässlich der Hochzeit einer Freundin auf eine tropische Insel zurück, auf der sie einst einen Geliebten hinter sich ließ. Diesem begegnet sie nun wieder, alte Gefühle hochbeschwört. Als sie mit ihm in einem Kleinflugzeug zum Ort der Feier unterwegs ist, erleidet der Pilot einen Herzanfall und stirbt. Mit minimaler Flugerfahrung versucht die Frau, sicheres Festland zu finden, bevor den beiden über dem Meer der Treibstoff ausgeht. Eine Mischung aus Liebesfilm und Survival-Thriller, deren Figuren in der arg an den Haaren herbeigezogenen Abfolge von Gefahren etwas blass bleiben. Immerhin hebelt der Film alte Geschlechterrollen aus und zeigt primär die Frau in der Retterinnen-Rolle. – **Ab 14.**
Scope. Schweden 2020 **KI** Constantin **DVD** Constantin **R** Mikael Marcimain **B** Josh Campbell, Matthew Stuecken **K** Flavio Martínez Labiano **M** Jon Ekstrand, Carl-Johan Sevedag **S** Mark Swan **Sb** Tom Conroy, Gary McGinty **D** Allison Williams (Sara), Alexander Dreymon (Jackson), Pearl Mackie (Pascale), Jumayn Hunter (Samuel), Keith David (Freddy Wyman) **L** 92 FSK ab 12 E 26.8.2021 DVD & BD fd –

HOT SUMMER NIGHTS ★★
HOT SUMMER NIGHTS

Ein Teenager zieht 1991 in eine Kleinstadt an der US-Ostküste und fühlt sich in dem elitären Milieu zunächst als Außenseiter, bis ihn der coolste Junge der Gegend zum Kompagnon seiner Drogendeals macht. Die kriminellen Aktivitäten drohen bald einen ebenso unguten Ausgang zu nehmen wie seine Schwärmerei für die Schwester des neuen Freundes. Ein nostalgisches Sommerdrama, das Coming-of-Age-Elemente mit Versatzstücken des Neo-Noir-Genres mischt. Obwohl auf der audiovisuellen Ebene die Balance zwischen den unterschiedlichen Grundstimmungen gelingt, bleibt die Handlung vorhersehbar und die Charaktere flach. – **Ab 16.**
Scope. USA 2017 **DVD** Koch (16:9, 2.35:1, DD5.1 engl./dt.) **BD** Koch (16:9, 2.35:1, dts-HDMA engl./dt.) **R+B** Elijah Bynum **K** Javier Julia **M** Will Bates **S** Jeff Castelluccio, Tom Costantino, Dan Zimmerman **Sb** Kay

Lee **Kb** Carol Cutshall **D** Timothée Chalamet (Daniel), Maika Monroe (McKayla), Alex Roe (Hunter), Emory Cohen (Dex), Thomas Jane (Sergeant Calhoun) **L** 107 **FSK** ab 16 **E** 25.3.2021 DVD & BD **fd** 47622

HOTEL ROCK'N'ROLL ★★★
HOTEL ROCK'N'ROLL
Als eine Frau ein heruntergekommenes Hotel erbt, will sie dieses mit zwei befreundeten Hobby-Musikern zum Rock'n'Roll-Hotel umgestalten. Bei der Umsetzung des Plans kommen ihr jedoch die hohe Verschuldung des Gebäudes sowie einige chaotische Ganoven in die Quere. Burleske österreichische Komödie als Schlussteil einer Trilogie um eine schräge Loser-Truppe. Inszenatorisch weniger extravagant als die Vorgänger NACKTSCHNECKEN (2004) und CONTACT HIGH (2009), entfesselt der Film durch den Einsatz von Darstellern, Szenen- und Kostümbildnern dennoch seinen Irrwitz, der Tabubrüche ebenso wenig scheut wie Klamauk. – **Ab 16**.
Österreich 2016 **R** Michael Ostrowski, Helmut Köpping **B** Michael Ostrowski, Michael Glawogger **K** Wolfgang Thaler **S** Alarich Lenz **Sb** Renate Martin, Andreas Donhauser **Kb** Martina List **D** Michael Ostrowski (Max), Pia Hierzegger (Mao), Gerald Votava (Jerry), Georg Friedrich (Schorsch), Detlev Buck (Harry) **L** 98 **E** 23.6.2021 3sat **fd** -

HOUSE OF GUCCI ★★
HOUSE OF GUCCI
In den 1970er-Jahren heiratet eine aus einfachen Verhältnissen stammende Frau in die Familie des Modeimperiums Gucci ein und macht sich daran, alle wichtigen Entscheidungen an sich zu ziehen. Dabei scheut sie auch vor illegitimen Mitteln nicht zurück und lässt 1995 sogar ihren eigenen Ehemann ermorden, nachdem der einen Großteil seiner Aktien an die Konkurrenz verkauft hat. Über ein Vierteljahrhundert entfaltet das epische Stil- und Zeitgeist-Panorama die Geschichte vom Niedergang einer Dynastie, ohne dem Stoff originelle Qualitäten abzugewinnen. Ein mit vielen Stars besetzter, aber seltsam unzeitgemäßer und viel zu langer Beitrag ohne eine durch die berühmten Namen fälschlicherweise hochgepuschte Familientragödie. – **Ab 16**.
Scope. Kanada/USA 2021 **KI** UPI **R** Ridley Scott **B** Becky Johnston, Roberto Bentivegna **K** Dariusz Wolski **Vo** Sara Gay Forden (Tatsachenroman *Die Guccis: Mode, Mord und Business*) **M** Harry Gregson-Williams **S** Claire Simpson **Sb** Arthur Max **Kb** Janty

HOUSE OF GUCCI (© UPI)

Yates **D** Adam Driver (Maurizio Gucci), Lady Gaga (Patrizia Reggiani), Jared Leto (Paolo Gucci), Al Pacino (Aldo Gucci), Jeremy Irons (Rodolfo Gucci) **L** 158 **FSK** ab 12; f **E** 2.12.2021 **fd** 48250

HOW I BECAME A SUPERHERO
siehe: WIE ICH EIN SUPERHELD WURDE

HOW IT ENDS ★★★
HOW IT ENDS
In Erwartung des bevorstehenden Weltuntergangs macht sich eine Frau an ihrem letzten Tag gemeinsam mit ihrem nur für sie sichtbaren jüngeren Ich zu Fuß durch Los Angeles auf, um alte Freundinnen, Liebhaber und Familienmitglieder zu besuchen und sich mit ihnen auszusöhnen. Eigenwillige, skurrile Komödie, die vor allem durch die zwischen Komik und Verletzlichkeit wechselnde Ausstrahlung der Hauptdarstellerin getragen wird. Die Dramaturgie des Films wird durch die Begegnungen mit den unterschiedlichsten Figuren bestimmt, die einzelnen Vignetten bewegen sich zwischen sehr witzig und manchmal auch oberflächlich. – **Ab 14**.
USA 2020 **KI** Kinostar **R** Daryl Wein, Zoe Lister-Jones **B** Zoe Lister-Jones, Daryl Wein **K** Daryl Wein **M** Ryan Miller **S** Daryl Wein, Libby Cuenin **D** Zoe Lister-Jones (Liza), Cailee Spaeny (junge Liza), Olivia Wilde (Alay), Fred Armisen (Manny), Helen Hunt (Lucinda) **L** 85 **FSK** ab 12; f **E** 12.8.2021 **fd** 47905

DIE HÜGEL VON ISTANBUL ★★★
In Istanbul wird der Müll der Großstadt noch vor der städtischen Entsorgung von Menschen nach Verwertbarem durchwühlt, die damit ihr Leben und das ihrer Familien bestreiten. Der Film begleitet zwei von ihnen, einen Roma und einen Kurden, über mehrere Jahre hinweg. Die Protagonisten lassen die Kamera ungewöhnlich nahe an sich heran, wie ihnen auch der Film mit großem Respekt begegnet. Auch jenseits der privaten Schicksale eröffnen sich aufschlussreiche Einblicke in ein Land zwischen Tradition und Moderne. – **Ab 14**.
Deutschland 2020 **R** Ellen Rudnitzki **K** Ellen Rudnitzki **M** Hans Engel, Ali Riza Özkan **S** Anja Theismann **L** 90 **E** 26.2.2021 VoD **fd** 47882

8 RUE DE L'HUMANITÉ
siehe: STUCK TOGETHER

EIN HUND NAMENS PALMA ★★★
PALMA
Eine Schäferhündin wird von ihrem Besitzer an einem Flughafen zurückgelassen, wartet aber treu auf seine Rückkehr. Dabei erhält sie Hilfe von einem Jungen, der nach dem Tod seiner Mutter bei seinem Vater, einem Piloten, den er kaum kennt, leben muss, und durch das zutrauliche Tier neuen Lebensmut gewinnt. Herzliches Familiendrama, das sowjetische Klassiker des Genres zitiert und sich völlig in den Dienst sympathisch-anrührender Unterhaltung stellt. Während Schauspieler und Inszenierung auf den Punkt sind, verrennt sich die Handlung mitunter in Nebensträngen. – **Ab 8**.
Scope. Russland 2021 **DVD** Capelight (16:9, 2.35:1, DD5.1 russ./dt.) **BD** Capelight (16:9, 2.35:1, dts-HDMA russ./dt.) **R** Alexander Domogarow **B** Alexander Domogarow, Jekaterina Mawromatis **K** Sergej Dyschuk, Jewgeni Muratow **M** Iwan Burljajew **S** Alexander Domogarow, Maxim Smirnow, Andrej Solodownikow **Sb** Dawid Da-

dunaschwili **D** Wiktor Dobronrawow (Wjatscheslaw Lazarew), Leonid Basow (Kolja Lazarew), Walerija Fjodorowitsch (Nina), Wladimir Ilin (Tichonow), Jan Zapnik (Igor Polski) **L** 106 **FSK** ab 6; f **E** 26.8.2021 digital / 3.9.2021 DVD & BD **fd** -

Hundejahre siehe: Anni Da Cane

100% Coco in New York ★★
100% Coco New York

Eine junge niederländische Mode-Influencerin will die Sommerferien nutzen, um sich in New York neue Anregungen für ihre Kleidungstipps zu holen. Die US-Metropole erweist sich aber zuerst als Kulturschock für das Mädchen. Fortsetzung des munteren Jugendfilms 100% Coco, in der die einstige Außenseiterin an Selbstbewusstsein zugenommen hat, was das Hauptkonfliktfeld des Vorgängers stark verkleinert. Zwar ist auch der zweite Teil noch nette Unterhaltung, verlässt sich aber sehr auf New-York-Klischees, die jenseits der Teenager-Zielgruppe eher befremden. – **Ab 12.**
Scope. Niederlande 2019 **R** Ruud Schuurman **B** Anne-Louise Verboon, Anna Pauwels **K** Hidde Boorsma **Vo** Niki Smit (Roman 100% Coco New York) **M** Roel Gommans, Jules Reivers **S** Joost van de Wetering **Sb** Nora van der Steeg, Robin Vogel **Kb** Suzanne Eldering, Minke Lunter **D** Nola Kemper (Coco), Genelva Krind (Apple), Ethan Allington (Rocco), Valentijn Avé (Bruno), Lottie Hellingman (Cocos Mutter) **L** 82 **E** 29.12.2021 KiKA **fd** -

100% Wolf ★★★
100% Wolf

Ein Junge aus einer Werwolf-Familie sehnt sich nach seiner ersten Verwandlung und träumt davon, einmal das Rudel zu übernehmen. Als es endlich soweit ist, erlebt er aber eine böse Überraschung, weil er statt in einen Wolf in einen weißen Pudel verwandelt wird. Das führt zu allerlei Unbill. So verliert er sein Zuhause, muss bei anderen Hunden in die Lehre gehen und landet im Hundeknast. Der 3D-Animationsfilm setzt auf abenteuerliches Spektakel und charmante Späße, um von Loyalität, Hilfsbereitschaft und Toleranz zu erzählen. Insbesondere handelt er davon, dass man Feindbilder besser hinterfragt, anstatt sie zu übernehmen. – **Ab 8.**
3D. Australien 2020 **KI** Constantin **DVD** Constantin (16:9, 1.85:1, DD5.1 engl./dt.) **BD** Constantin (16:9, 1.85:1, dts-HDMA engl./dt.) **R+B** Alex Stadermann **K** Heidy Villafane **M** Ash Gibson Greig **S** Simon Klaebe **L** 96 **FSK** ab 0; f **E** 1.7.2021 / 4.11.2021 DVD & BD **fd** 47811

Hunted – Blutiges Geld ★★
Blood and Money

Ein Vietnam-Veteran mit Alkohol-Problem und einem verkorksten Verhältnis zu seiner Familie versucht bei der Jagd in winterlicher Einöde seine Sorgen hinter sich zu lassen. Als ihm statt eines Rehs aus Versehen eine Frau vor die Flinte läuft und sie erschießt, ist er mittendrin in neuen, tödlichen Schwierigkeiten: Bei der Leiche findet er eine Tasche mit Geld und hat bald eine Rotte Gangster am Hals, die die Beute wiederhaben wollen. Der Actionfilm hat mit Altstar Tom Berenger eine durchaus charismatische Hauptfigur und wartet mit schönen Landschaftsbildern auf, als Action-Thriller entfaltet sich das Ganze indes etwas zäh und spannungsarm. – **Ab 16.**
USA 2020 **DVD** Tiberius **BD** Tiberius **R+B+K** John Barr **M** Zak McNeil **S** Roger Cropley **Sb** Alan Petherick **Kb** Tasha Goldthwait **D** Tom Berenger (Jim Reed), Kristen Hager (Debbie Thibault), Paul Ben-Victor (Bill), Jimmy LeBlanc (George Thibault), Mark Sivertsen (Ray) **L** 90 **FSK** ab 16 **E** 4.3.2021 DVD & BD **fd** -

Hunted – Waldsterben ★
Hunted

Bei einem beruflichen Auftrag in einer abgelegenen Gegend wird eine junge Frau von einer Barbekanntschaft und seinem Handlanger entführt und in einen Wald verschleppt. Der Frau droht, wie vielen Opfern vorher, ein übles Schicksal, doch sie kann fliehen. Eine Jagd beginnt, bei der die Frau in der Natur und ihren animalischen Geschöpfen Verbündete im Kampf gegen den mörderischen Psychopathen findet. Mit Märchenmotiven spielender Genrefilm, der seine Garstigkeit wenig überzeugend mit weiblicher Selbstermächtigung und Kritik an gewalttätiger Männlichkeit legitimiert. – **Ab 16.**
Scope. Belgien/Frankreich/Irland 2020 **KI** Drop-Out **DVD** Pandastorm (16:9, DD5.1 engl./dt.) **BD** Pandastorm (16:9, 1.85:1, dts-HDMA engl./dt.) **R** Vincent Paronnaud **B** Vincent Paronnaud, Léa Pernollet **K** Joachim Philippe **M** Olivier Bernet **S** Nicolas Sarkissian **Sb** Laïos Hendrickx, Thomas Coqu, Caocao.be **Kb** Catherine Marchand **D** Lucie Debay (Ève), Arieh Worthalter (Mann), Ciarán O'Brien (Komplize), Ryan Brodie (Jeremy), Simone Milsdochter (Jägerin) **L** 81 **FSK** ab 16 **E** 21.5.2021 DVD & BD & digital / 15.7.2021 **fd** 47692

Hunter's Creek – Gefährliche Beute ★★
Rust Creek

Für ein Vorstellungsgespräch in Washington nimmt eine junge Frau eine längere Reise auf sich; sie verirrt sich jedoch und landet in einer abgelegenen Gegend in den Appalachen. Einheimischen, die illegalen Geschäften nachgehen, passt ihr Auftauchen dort gar nicht; die Frau ist allerdings zu schlau, um sich einfach hilflos von diesen aus dem Weg räumen zu lassen. Der Thriller versucht die schlichten Muster des Hinterwäldler-Horrors durch etwas undurchsichtigere Figurenzeichnungen zu variieren und statt auf blutige Slasher-Action mehr auf subtilere Spannung zu setzen. Dabei stellen sich allerdings einige Längen ein, und die Charaktere bleiben zu flach, um nachhaltig zu fesseln. – **Ab 16.**
Scope. USA 2018 **DVD** Koch (16:9, 2.35:1, DD5.1 engl./dt.) **BD** Koch (16:9, 2.35:1, dts-HDMA engl./dt.) **R** Jen McGowan **B** Julie Lipson **K** Michelle Lawler **M** H. Scott Salinas **S** David Hopper **Sb** Candi Guterres **Kb** Alexis Scott **D** Hermione Corfield (Sawyer), Jay Paulson (Lowell), Sean O'Bryan (O'Doyle), Micah Hauptman (Hollister), Daniel R. Hill (Buck) **L** 108 **FSK** ab 16 **E** 28.8.2021 DVD & BD **fd** -

Hyperland ★★★★

In der nahen Zukunft ist die Grenze zwischen der virtuellen Welt sozialer Netzwerke und der Realität fließend geworden; die Zustimmung der «Follower» entscheidet darüber, welche Arbeitsstellen, Wohnungen und sonstige Formen gesellschaftlicher Teilhabe einem offen stehen. Als eine junge Frau dabei auf «null» fällt, wird sie praktisch zum Geist und muss sich der Frage nach einem Leben jenseits des Netzwerks stellen. Das Science-Fiction-Drama verzahnt dies mit Rückblenden, wobei es neben Cyber-Mobbing auch um Frauenfeindlichkeit und «Rape Culture» geht. Dabei überzeugt der Film durch dramaturgische Finesse und visuellen Einfallsreichtum, der mit einfachen Mitteln ein stimmiges dystopisches Szenario entwirft. – **Ab 14.**
Deutschland 2021 **R+B** Mario Sixtus **K** Hajo Schomerus **M** Andreas Resch **S** Sandra Brandl **Sb** Katja Trambow **Kb** Laura Yen Alswede **D** Lorna Ishema (Cee), Samuel Schneider (Albert), Maximilian Pekrul (Marvin), Reza Brojerdi (Danny), Gerti Drassl (Meret) **L** 107 **E** 22.11.2021 ZDF **fd** -

I Care a Lot (© Seacia Pavao / Netflix)

I Care a Lot ★
I Care a Lot

Zwei durchtriebene US-Amerikanerinnen haben sich darauf spezialisiert, alleinstehende alte Frauen in die Psychiatrie einweisen zu lassen, um ihre Wohnungen und Ersparnisse zu plündern. Das Geschäft floriert, bis sie an eine Seniorin mit dubiosen Diamanten und Verbindungen zum organisierten Verbrechen geraten. Auch der auf den Plan gerufene, unbeherrschte Vertreter der Mafia kommt gegen die kühle Raffinesse des eiskalten Duos aber nicht an. Eine mäßig spannende Krimikomödie, die das Thema Pflegebetrug in der US-Single-Gesellschaft als dünne Folie für eine maue Betrugsgeschichte mit ein paar kapitalismuskritischen Spitzen missbraucht. – **Ab 16.**

Großbritannien 2020 **R+B** J Blakeson **K** Doug Emmett **M** Marc Canham **S** Mark Eckersley **Sb** Michael C. Stone **Kb** Deborah Newhall **D** Rosamund Pike (Marla Grayson), Eiza González (Fran), Dianne Wiest (Jennifer Peterson), Peter Dinklage (Roman Lunyov), Chris Messina (Dean Ericson) **L** 118 **E** 19.2.2021 VoD (Netflix) **fd** 47554

I Feel Good ★★★
I Feel Good

Ein notorischer Verlierer steht einmal mehr ohne Geld da und nistet sich bei seiner Schwester ein, die eine Einrichtung der wohltätigen Emmaus-Gemeinschaft leitet. Dort geht er unbeirrt seiner nächsten Geschäftsidee eines Unternehmens für billige Schönheitsoperationen in Bulgarien an und spannt dafür auch die Emmaus-Bewohner ein. Eine satirische Behandlung des Zusammenpralls von egoistischem Profitdenken und selbstlosem Altruismus, deren Gags nicht die im Kern humanistische Botschaft untergraben. Obwohl die Komödie mitunter in die Farce abdriftet, bleibt sie insbesondere durch den großartigen Hauptdarsteller in der Spur. (O.m.d.U.) – **Ab 14.**

Frankreich 2017 **R+B** Benoît Delépine, Gustave Kervern **K** Hugues Poulain **M** Hakim (= Hakim Amokrane), Mouss (= Moustapha Amokrane) **S** Stéphane Elmadjian **Sb** Madphil **Kb** Agnès Noden **D** Jean Dujardin (Jacques), Yolande Moreau (Monique), Joseph Dahan (Manu), Jana Bittnerova (Béatrice), Jean-Benoît Ugeux (Vincent) **L** 103 **E** 6.10.2021 arte **fd** -

Ich bin Alle ★★★
I Am All Girls

Eine Polizistin ermittelt gegen einen Ring aus Pädophilen und Menschenhändlern, der Mädchen entführen lässt, um sie sexuell zu missbrauchen und an Bordelle zu verschachern. Da die Verbrecher Verbindungen in höchste politische Kreise haben, ist die Frau zuerst erfolglos. Doch dann bringen Morde an den Tätern Bewegung in die Ermittlungen. Ein lose auf realen Ereignissen fußender Film, der eine Krimi-Handlung um die Jagd auf die Mädchenhändler mit dem persönlichen Drama zweier Frauen verbindet. Ein spannender und im Blick auf die Themen Kindesmissbrauch und Kinderhandel unter die Haut gehender Genrefilm, dessen unkritische Selbstjustiz-Darstellung als Lösungsansatz arg unterkomplex bleibt. – **Ab 16.**

Südafrika 2021 **R** Donovan Marsh **B** Marcell Greeff, Emile Leuvennink **K** Trevor Calverley **M** Brendan Jury **S** Lucian Barnard **Sb** Jan Walker **Kb** Pierre Vienings **D** Erica Wessels (Jodie Snyman), Hlubi Mboya (Ntombizonke Bapai), Deon Lotz (FJ Nolte), Brendon Daniels (Samuel Arendse), Mothusi Magano (George Mululeki) **L** 107 **E** 14.5.2021 VoD (Netflix) **fd** -

Ich bin dein Mensch ★★★★
Eine ebenso intelligente wie sarkastische Archäologin aus Berlin wird ausgewählt, um drei Wochen lang mit einem humanoiden Roboter zusammenzuleben, der als ihr idealer Partner programmiert wurde. Sie soll beurteilen, ob Maschinenwesen künftig Bürgerrechte erhalten können. Ein ebenso stiller wie feinsinniger Science-Fiction-Film mit leisem Humor. Mit einer sorgfältigen, auf kleinste Gesten, Blicke, Körperhaltungen und Sätze konzentrierten Inszenierung kreist er um die Frage, wo die Grenze zwischen Mensch und Maschine verläuft und findet unerwartete Antworten. – **Sehenswert ab 14.**

Die Edition enthält eine Audiodeskription für Sehbehinderte.
Die Extras umfassen u. a. ein längeres Interview mit Maria Schrader (13 Min.).

Deutschland 2021 **KI** Majestic **DVD** Majestic (16:9, 2.00:1, DD5.1 dt.) **BD** Majestic (16:9, 2.00:1, dts-HDMA dt.) **R** Maria Schrader **B** Jan Schomburg, Maria Schrader **K** Benedict Neuenfels **Vo** Emma Braslavsky (Erzählung Ich bin dein Mensch) **M** Tobias Wagner **S** Hansjörg Weissbrich **Sb** Cora Pratz **Kb** Anette Guther **D** Maren Eggert (Alma), Dan Stevens (Tom), Sandra Hüller (Mitarbeiterin), Hans Löw (Julian), Wolf-

Ich bin dein Mensch (© Christine Fenzl / Majestic)

gang Hübsch (Vater) **L** 108 **FSK** ab 12; f **E** 1.7.2021 / 23.9.2021 DVD & BD / 21.12.2021 ARD **fd** 47569

Ihr Wille geschehe – Die Geschichte eines Abtreibungsurteils
Roe vs. Wade

☆

Anfang der 1970er-Jahre streben Ärzte und Frauenrechtlerinnen die Aufhebung des Abtreibungsverbots in den USA an, das von konservativen Gruppen erbittert verteidigt wird. Der Streit mündet schließlich 1973 in einer Entscheidung des Obersten Gerichtshofs, welche die strikten Verbote für verfassungswidrig erklärt. Der Film rollt die Vorgeschichte des bahnbrechenden Urteils aus ultrakonservativer Sicht auf und stellt es als Folge von Verschwörung und Druck durch die Abtreibungsbefürworter dar. In seiner Konstruktion aus erfundenen Ereignissen und hysterischen Karikaturen der Liberalen eine mutwillige Geschichtsfälschung, zeigt sich der Film auch handwerklich auf höchst dürftigem Niveau. – **Ab 14.**

USA 2021 **DVD** Gerth Medien **R** Cathy Allyn, Nick Loeb **B** Cathy Allyn, Nick Loeb, Ken Kushner **K** Alan McIntyre Smith **M** Declan Hartigan **S** Jeffrey Canavan **Sb** Nicole LeBlanc **D** Nick Loeb (Bernard Nathanson), Stacey Dash (Mildred Jefferson), Jamie Kennedy (Lawrence Lader), Joey Lawrence (Robert Byrn), Greer Grammer (Sarah Weddington) **L** 107 **FSK** ab 12; f **E** 17.9.2021 DVD **fd** -

Im Feuer – Zwei Schwestern ★★★

Eine kurdischstämmige Soldatin der Bundeswehr holt erst ihre Mutter aus einem griechischen Flüchtlingslager nach Köln und begibt sich dann in den Nordirak, um ihre ältere Schwester zu suchen, die mit einer kurdischen Peschmerga-Einheit gegen die Terrormiliz IS kämpft. Das düstere Migrations- und Familiendrama schildert am Beispiel einer komplexen Biografie eindringlich Licht- und Schattenseiten von Integrationsbemühungen. Gleichzeitig werden die Folgen der Dauerkonflikte im Nahen Osten für die europäische Lebenswelt beleuchtet. – **Ab 14.**

Deutschland/Griechenland 2019 **KI** missingFILMs **R+B** Daphne Charizani **K** Falko Lachmund **M** Florian Tessloff **S** David J. Rauschning **Sb** Thomas Freudenthal, Yula Zoiopoulou **Kb** Jutta Krämer **D** Almila Bagriaçık (Rojda Xani), Zübeyde Bulut (Berivan), Maryam Boubani (Ferhat Xani), Christoph Letkowski (Alex Breidmeier), Gonca de Haas (Dilan) **L** 93 **FSK** ab 12; f **E** 15.7.2021 **fd** 47875

Im Herzen des Dschungels ★★★
Edge of the World

Im 19. Jahrhundert bereist der englische Abenteurer James Brooke

Im Herzen des Dschungels (© Koch)

(1803–1868) die Küstengebiete Borneos und wird zum ersten weißen Fürsten der Gegend ernannt. Sein Traum, eine Art Utopia eines naturnahen, einfachen Lebens zu schaffen, reibt sich allerdings an der Realität und den Interessen anderer. Das biografische Drama entfaltet ein ruhig erzähltes Porträt eines ambivalenten Mannes, der sich als Herrscher eines großen Dschungelreiches einen exotistischen Traum erfüllen wollte. Dramaturgisch mitunter holprig, lebt der Film von einem überzeugenden Hauptdarsteller und ausdrucksstarken Bildern. – **Ab 16.**

Scope. USA/Großbritannien/China/Malaysia 2021 **DVD** Koch (16:9, 2.35:1, DD5.1 engl./dt.) **BD** Koch (16:9, 2.35:1, dts-HD-MA engl./dt.) **R** Michael Haussman **B** Rob Allyn **K** Jaime Feliu-Torres **M** Will Bates **S** Marco Perez **Sb** Paul Hasham **Kb** Akma Suriati **D** Jonathan Rhys Meyers (= Jonathan Rhys-Meyers) (Sir James Brooke), Josie Ho (Madame Lim), Dominic Monaghan (Arthur Crookshank), Ralph Ineson (Sir Edward Beech), Hannah New (Elizabeth Crookshank) **L** 104 **FSK** ab 16 **E** 25.11.2021 DVD & BD & digital **fd** 48240

Im Netz der Camorra ★★★

Der Besitzer eines Weingutes in Südtirol wird unerwartet mit seiner Vergangenheit bei der Camorra konfrontiert. Einer aus diesen Kreisen will den Familienvater wieder ins kriminelle Geschäft verwickeln, doch der setzt sich zur Wehr. Ein überaus spannender und eindringlich gespielter Zweiteiler, der vor allem vom ungewöhnlichen Setting des Weingutes lebt. Der Thriller kreist um die Unmöglichkeit, sich abrupt von seiner Vergangenheit zu lösen, und spricht Fragen von Schuld und Sühne an. – **Ab 16.**

Deutschland 2021 **R** Andreas Prochaska **B** Ben von Rönne, Andreas Prochaska **K** Thomas W. Kiennast (= Thomas Kiennast) **M** Stefan Bernheimer **S** Karin Hartusch **Sb** Hans Jager **Kb** Elisabeth Fritsche **D** Tobias Moretti (Matteo DeCanin), Ursina Lardi (Stefania DeCanin), Fabrizio Romagnoli (Nino Sorrentino), Harald Windisch (Adrin Erlacher), Antonia Moretti (Laura DeCanin) **L** 177 **E** 6.9., 7.9.2021 ZDF (zwei Teile) **fd** 48008

Im Ring ★★★★
Ringside

In der von Gangmorden, Kriminalität und Polizeigewalt geprägten South Side von Chicago wachsen zwei begabte Nachwuchsboxer heran, die

von ihren Vätern trainiert, moralisch aufgebaut und vor den Gefahren des Viertels beschützt werden. Über acht Jahre verfolgt der Dokumentarfilm den Werdegang der beiden Faustkämpfer, die nach vielversprechendem Start mit großen Rückschlägen (eine verpasste Olympia-Teilnahme bzw. eine vierjährige Haftstrafe) fertigwerden müssen. Dabei lehnt er sich ans Muster inspirierender Sportfilme an, zeichnet sich aber durch emotionale Nähe und einen Mut machenden Optimismus aus. – **Ab 16**.
USA 2019 **R+B** André Hörmann **K** Tom Bergmann (= Thomas Bergmann) **M** Amanda Delores Patricia Jones **S** Vincent Assmann **L** 87 **E** 3.2.2021 WDR **fd** -

IMMER NOCH FRAU ★★★
LES DAMES

Ein sensibel fotografierter Dokumentarfilm über fünf Schweizerinnen im Alter zwischen 63 und 75, die ein Jahr lang durch ihren Alltag zwischen Aufbruch, Einsamkeit und der Erfahrung einer neuen Liebe begleitet werden. In den unprätentiösen Lebensphasengeschichten geht es um Trotz und Traurigkeit, aber auch um Charme und Coolness, Heiterkeit und Melancholie. Ein sympathisch unspektakuläres Werk, das ohne Voyeurismus und steile Thesen auskommt und sich stattdessen mit viel Empathie der Vielfalt weiblichen Erlebens widmet. – **Ab 14**.
Schweiz 2018 **KI** OVALmedia **R** Stéphanie Chuat, Véronique Reymond **B** Stéphanie Chuat, Véronique Reymond **K** Joseph Areddy **M** Nicolas Rabaeus **S** Karine Sudan **L** 81 **FSK** ab 0 **E** 26.11.2020 **fd** 47722

IN BEWEGUNG BLEIBEN ★★★

Tänzerinnen und Tänzer, die in der Endzeit der DDR zur Berliner Komischen Oper zählten, erinnern sich an Herkunft und Ausbildung, die Arbeit am Opernhaus und Gastspiele im Westen. Gegen Ende der 1980er-Jahre entschlossen sich mehrere Ensemblemitglieder zur Flucht. Der Filmemacher Salar Ghazi, der seit damals mit einigen von ihnen befreundet ist, lässt die Ereignisse Revue passieren. Erinnerungen und privates VHS-Material werden zu einem komplexen Bild verwoben, welches das ostdeutsche Lebensgefühl der Wendejahre transparent macht. Dabei verzichtet der Schwarz-Weiß-Film auf eine strenge Dramaturgie, mäandert durch Zeiten und Räume und erschließt neue Blickwinkel und Themen. – **Ab 14**.
Deutschland 2021 **R+B+K** Salar Ghazi **M** Gert Anklam, Beate Gatscha **S** Salar Ghazi **L** 140 **E** 9.12.2021 VoD (Sooner) **fd** 47574

IN DEINEN ARMEN ★★★
DIRT MUSIC

Eine Frau ist mit einem wohlhabenden Witwer liiert und lebt in einem von der Fischerei geprägten australischen Küstenort, ist dort aber nicht heimisch geworden. Als sie einen jungen Mann kennenlernt, der ebenfalls ein Außenseiter ist und früher Musiker war, verliebt sie sich in ihn. Doch die Feindseligkeit in dem Fischerort und der Ballast der Trauer des Mannes stehen dem gemeinsamen Glück im Weg. Die Romanverfilmung tut sich schwer damit, die innere Reise der Figuren dramaturgisch zu verdichten, doch dank überzeugender Hauptdarsteller, suggestiver Bilder und in die Handlung eingeflochtenen Songs gelingt trotzdem ein anrührendes Drama um den Heilungsprozess zweier Menschen. – **Ab 14**.
Die Extras umfassen u. a. längere Interviews mit Regisseur Gregor Jordan (18 Min.) und Darsteller Garrett Hedlund (10 Min.).
Scope. Australien/USA 2019 **DVD** Koch (16:9, 2.35:1, DD5.1 engl./dt.) **BD** Koch (16:9, 2.35:1, dts-HDMA engl./dt.) **R** Gregor Jordan **B** Jack Thorne **K** Sam Chiplin **Vo** Tim Winton (Roman *Dirt Music*) **M** Craig Armstrong **S** Pia di Ciaula **Sb** Michael Carlin **Kb** Anna Borghesi **D** Kelly MacDonald (Georgie), Garrett Hedlund (Lu Fox), David Wenham (Jim), Aaron Pedersen (Beaver), Dan Wyllie (Rusty) **L** 105 **FSK** ab 12 **E** 22.4.2021 DVD & BD **fd** -

IN DEN UFFIZIEN (© Piffl Medien)

IN DEN UFFIZIEN ★★★

Dokumentarfilm über die Uffizien, die als eines der bedeutendsten Kunstmuseen der Welt jährlich viele Tausend Besucher aus aller Welt anziehen. Der Film unternimmt mit dem aktuellen Museumsdirektor Eike Schmidt einen Streifzug durch die mehr als 50 Säle, nimmt an organisatorischen Entscheidungen teil, die Kultureinrichtung für die Moderne leistungsfähig zu machen, und stellt berühmte wie auch weniger bekannte Kunstwerke des Museums vor. Vielschichtig und lehrreich vermittelt er so einen Eindruck davon, warum die Uffizien noch immer Besuchermassen faszinieren. – **Ab 14**.
Deutschland 2020 **KI** Piffl Medien **R** Corinna Belz, Enrique Sánchez Lansch **B** Corinna

IN DEINEN ARMEN (© Koch)

In the Heights (© Warner Bros.)

Belz, Enrique Sánchez Lansch **K** Johann Feindt, Thomas Riedelsheimer **M** Christoph Kaiser, Julian Maas **S** Anne Fabini **L** 100 **FSK** ab 0; **f E** 25.11.2021 **fd** 48201

In meinem nächsten Leben ★★★★
La prochaine fois que je viendrai au Monde / In Another Life

Anfang der 1990er-Jahre begegnete der belgische Dokumentarist Philippe de Pierpont in Burundi sechs Straßenkindern und traf sich in den folgenden Jahren in Abständen immer wieder mit ihnen. Bei ihrer erneuten Begegnung 2018 sind drei der einstigen Kinder bereits verstorben, während die übrigen als 40-Jährige vor der Kamera ihr bisheriges Leben Revue passieren lassen und in die Zukunft blicken. Der Dokumentarfilm zieht eine Zwischenbilanz der außergewöhnlichen Langzeitbeobachtung und erzeugt mit ruhigen Beobachtungen und vielen stillen Passagen eine meditative Stimmung. Die Aussagen der Männer künden dabei von Ernüchterung wie auch von ungebrochener Hoffnung. (teils O.m.d.U.) – **Ab 14.**
Belgien/Frankreich 2018 **R+B** Philippe de Pierpont **K** Johan Legraie **M** George Van Dam **S** Quentin Jacques, Senjan Janser, Luc Plantier **L** 75 **E** 26.11.2021 arte **fd** -

In Paris ★★★
Dans Paris

Ein junger Mann hat sich von seiner Freundin getrennt und zieht mit einer schweren Depression wieder bei seinem Vater und seinem Bruder ein. Dieser scheint in seiner leichtlebigen Joie de vivre das genaue Gegenteil des Rückkehrers zu sein und setzt Ehrgeiz daran, den Bruder von seinen düsteren Gedanken zu befreien. Eine von der Leichtigkeit der Nouvelle Vague geprägte, in der Abbildung von Charakteren und der Stadt mal verspielte, dann wieder melancholische Komödie. In der Huldigung an Vorbilder sehr eingehend, gewinnt der Film vor allem durch ausgezeichnete Darsteller an Eigenständigkeit. – **Ab 14.**
Frankreich 2006 **R+B** Christophe Honoré **K** Jean-Louis Vialard **M** Alex Beaupain **S** Chantal Hymans **Sb** Samuel Deshors **Kb** Pierre Canitrot **D** Romain Duris (Paul), Louis Garrel (Jonathan), Guy Marchand (Mirko), Joana Preiss (Anna), Alice Butaud (Alice) **L** 92 **E** Januar 2016 VoD (Mubi) / 1.3.2021 VoD (arte-Mediathek) **fd** -

In Search of the Last Action Heroes ★★★
In Search of the Last Action Heroes

Ein Rückblick auf das Genre des 1980er-Jahre-Actionfilms, bei dem zahlreiche damals Beteiligte von vor und hinter der Kamera zu Wort kommen. Neben dem Aufstieg von Stars wie Arnold Schwarzenegger und Sylvester Stallone werden auch die Massenproduktion von Cannon und B-Movie-Helden gewürdigt. Durch die kenntnisreiche Zusammenstellung wird der besondere Status der Filme dieses Jahrzehnts kurzweilig, wenn auch nicht unbedingt tiefgreifend analytisch hervorgehoben. – **Ab 16.**
Großbritannien 2019 **DVD** Studio Hamburg **BD** Studio Hamburg **R** Oliver Harper **B** Oliver Harper, Timon Singh **K** Jim Kunz **M** Peter Bruce **S** Oliver Harper, Michael Peristeris **L** 141 **FSK** ab 12 **E** 4.6.2021 DVD & BD **fd** -

In the Heights ★★★★
In the Heights

Im überwiegend von Latino-Amerikanern bewohnten New Yorker Viertel Washington Heights überschneiden sich im Sommer 1993 die Schicksale einiger Bewohner: Ein Gemischtwarenhändler ringt mit seinem Geschäft und der Liebe, eine Studentin und ihr Vater streiten über die Finanzierung ihrer Ausbildung, die Nachbarschaft rätselt über einen Lotterie-Gewinner, ein Stromausfall erhitzt die Gemüter weiter. Die Verfilmung eines Bühnenmusicals ordnet die Alltagsszenen zur abwechslungsreichen Collage und besitzt vor allem musikalisch und choreografisch hohe Qualitäten. Zwar entwickelt sich keine große Dramatik, doch überzeugt der Film nicht zuletzt als detailgenaues Abbild einer oft marginalisierten Gemeinschaft. – **Ab 14.**
Scope. USA 2021 **Kl** Warner Bros. **R** Jon M. Chu **B** Marc Klein **K** Alice Brooks **Vo** Quiara Alegría Hudes (Libretto *In the Heights*) **M** Lin-Manuel Miranda, Alex Lacamoire, Bill Sherman **S** Myron I. Kerstein **Sb** Nelson Coates **Kb** Mitchell Travers **D** Anthony Ramos (Usnavi de la Vega), Corey Hawkins (Benny), Leslie Grace (Nina), Melissa Barrera (Vanessa), Olga Merediz (Abuela Claudia) **L** 143 **FSK** ab 6; **f E** 22.7.2021 **fd** 47874

In the Trap ★★★
In the Trap

Ein Junge wächst bei seiner strengen, sehr religiösen Mutter auf; als Kind wird er Zeuge, wie sich etwas Unheimliches seiner Schwester bemächtigt. Noch als junger Erwachsener traut er sich kaum aus der Wohnung; geistigen Beistand bekommt er von einem alten Pater. Dann verliebt er sich in eine Frau, diese steht ihm – und prompt scheint die mysteriöse Kraft auch von ihr Besitz zu ergreifen. Der Film zwischen Exorzismus-Horror und psychologischem Drama lässt lange offen, ob übersinnliche Gründe oder eine psychische Krankheit für das Grauen verantwortlich sind. Eine suggestive Inszenierung, nicht zuletzt dank eines gelungenen Soundtracks und Sounddesigns, sorgt effektiv für Beklemmung. – **Ab 16.**
Italien 2019 **DVD** Splendid **BD** Splendid **R** Alessio Liguori **B** Daniele Cosci **K** Luca Santagostino **M** Massimiliano Mechelli **S** Jacopo Reale **Sb** Miriam Judith Reichel **Kb** Jessica Materno **D** Jamie Christofersen (Philip), David Bailie (Pater Andrew), Sonya Cullingford (Catherine), Miriam Galanti (Sonia), Paola Bontempi (Rose) **L** 89 **FSK** ab 16 **E** 26.3.2021 DVD, BD & digital **fd** -

INFAMOUS ★★
INFAMOUS

Eine Kellnerin träumt davon, ihren Heimatort in Florida hinter sich zu lassen und berühmt zu werden. Auf zweifelhafte Weise gelingt ihr das: Sie lässt sich mit einem Kleinkriminellen ein, und ein versehentlicher Totschlag wird zum Ausgangspunkt für eine wilde Flucht durch die USA, wobei sie sich mit Raubüberfällen Geld verschaffen, ihre Aktionen filmen und ins Netz stellen. Eine ins Social-Media-Zeitalter übersetzte Bonnie-und-Clyde-Geschichte als zynisches Porträt einer mehr auf ihre virtuelle als auf ihre reale Existenz fokussierten Generation ohne moralische oder sonstige Bodenhaftung. Dabei bleibt der Film als Gesellschaftskritik ähnlich oberflächlich wie die Ambitionen seiner Figuren. – **Ab 16**.

Die Extras enthalten u. a. ein Feature mit drei im Film nicht verwendeten Szenen (6 Min.).

Scope. USA 2020 **DVD** Capelight (16:9, 2.35:1, DD5.1 engl./dt.) **BD** Capelight (16:9, 2.35:1, dts-HDMA engl./dt.) **R+B** Joshua Caldwell **K** Eve Cohen **M** Bill Brown **S** Will Torbett **Sb** Mark Bankins **Kb** Jillian Bundrick **D** Bella Thorne (Arielle), Jake Manley (Dean), Amber Riley (Elle), Michael Sirow (Kyle), Marisa Coughlan (Janet) **L** 100 **FSK** ab 16 **E** 9.4.2021 digital / 16.4.2021 DVD & BD   fd -

INFECTION ★★★★
INFECCIÓN

Ein mutiertes Tollwut-Virus verwandelt Infizierte in mörderische Bestien und breitet sich unaufhaltsam in Venezuela aus. Ein seit kurzem verwitweter Arzt versucht verzweifelt, durch das zunehmend im Chaos versinkende Land zu seinem kleinen Sohn zu gelangen, der bei den Großeltern auf dem Land ist. Eine fesselnde Variation des Zombie-Motivs, die weniger auf blutige Effekte als auf eine durchdachte Spannungsdramaturgie setzt. Vor allem aber nutzt der Film die Genreversatzstücke geschickt für einen bissigen Kommentar zur maroden wirtschaftlichen und politischen Lage Venezuelas unter dem Maduro-Regime – pointiert zugespitzt in einem Abspann, der auf die Massenemigration aus dem Land anspielt. – **Ab 16**.

Scope. Venezuela/Mexiko 2019 **DVD** Busch Media (16:9, 2.35:1, DD5.1 span./dt.) **BD** Busch Media (16:9, 2.35:1, dts-HDMA span./dt.) **R** Flavio Pedota **B** Yeimar Cabral, Flavio Pedota **K** Eduardo de Servello **M** Blake Matthew **S** Antonio Bribiesca Ayala, William Pacheco **Sb** Francisco Bugallo **D** Rubén Guevara (Adam vargas), Leonidas Urbina (Johhny), Magdiel González (Luis), Genna Chanelle Hayes (Lucy blake) **L** 100 **FSK** ab 16 **E** 1.4.2021 DVD & BD   fd -

INFIDEL ★★
INFIDEL

Ein christlicher Blogger wird bei einer theologischen Konferenz von der Hisbollah entführt und in den Iran verschleppt. Seine Ehefrau versucht ihn mit allen Mitteln zu befreien, auch gegen die Widerstände ihrer Vorgesetzten im US-Außenministerium. Ein träger Thriller, in dem religiöse Überzeugungen primär im Kontext von Macht und Loyalität thematisiert werden und Muslime tendenziell undurchsichtig und dubios gezeichnet werden. Hinter den unterschiedlichen Fundamentalismen scheint dabei die Angst vor dem inneren Zweifel als eigentliches Handlungsmotiv auf. – **Ab 16**.

USA 2019 **KI** Kinostar **R+B** Cyrus Nowrasteh **K** Joel Ransom **M** Natalie Holt **S** Paul Seydor **Sb** Marek Dobrowolski **Kb** Hamada Salah **D** Jim Caviezel (= James Caviezel) (Doug Rawlins), Claudia Karvan (Liz Rawlins), Hal Ozsan (Ramzi), Stelio Savante (Pierre Barthes), Isabelle Adriani (Maria Landi) **L** 109 **FSK** ab 16; f **E** 22.7.2021   fd 47814

INFINITE ★
INFINITE

Ein Mann hat sich seit langem mit der Diagnose einer schizophrenen Störung arrangiert und Medikamente eingenommen, um vermeintliche Halluzinationen unter Kontrolle zu bringen. Eines Tages erfährt er jedoch, dass er zu Menschen gehört, die immer wieder neugeboren und von Visionen früherer Leben heimgesucht werden. Damit droht ihm und seinen Leidensgenossen aber auch Gefahr durch eine Gruppe Fanatiker. Prätentiöser Fantasy-Actionfilm mit einer zusammengeschusterten Handlung, die auch nach weitschweifigen Erklärungen sinnfrei bleibt. Auch das Thema der Auserwähltheit wird ohne jede originelle Idee behandelt. – **Ab 16**.

USA/Großbritannien 2020 **R** Antoine Fuqua **B** Ian Shorr **K** Mauro Fiore **Vo** D. Eric Maikranz (Roman *The Reincarnationist Papers*) **M** Harry Gregson-Williams **S** Conrad Buff IV (= Conrad Buff) **Sb** Chris Seagers **Kb** Jill Taylor **D** Mark Wahlberg (Evan Michaels), Chiwetel Ejiofor (Bathurst 2020), Dylan O'Brien (Treadway), Sophie Cookson (Nora Brightman), Rupert Friend (Bathurst 1985) **L** 102 **FSK** ab 16; f **E** 23.9.2021 VoD (Amazon Prime)   fd -

INFINITE FOOTBALL ★★
FOTBAL INFINIT

Der rumänische Filmemacher Corneliu Porumboiu, selbst versierter Fußballer, porträtiert einen Bekannten aus Kindertagen, der einst eine Sportkarriere wegen einer Verletzung abbrechen musste, sich Gedanken über das Wesen des Fußballs macht und ein neues Regelwerk ausgetüftelt hat, das den Ball »befreien« und das Spiel attraktiver machen soll. Das Porträt entfaltet sich als Direct-Cinema-Dialog zwischen dem Regisseur und seinem Gegenüber, das als eine Art Don Quixote des Fußballs an seinem Ideengebäude baut, dessen Realisierung außer Frage steht. Dabei bleibt der Film indes zu saftlos, um die Tragikomik seiner Geschichte zum Strahlen zu bringen. – **Ab 14**.

Rumänien 2018 **R+B** Corneliu Porumboiu **K** Tudor Mircea **S** Roxana Szel **L** 70 **E** 3.5.2021 VoD (Sooner)   fd 47699

INNER DEMON – DIE HÖLLE AUF ERDEN ★★
INNER DEMON

Eine Jugendliche und ihre kleine Schwester werden von einem Serienkiller-Pärchen entführt, die Ältere kann jedoch entkommen. Auf ihrer Flucht erreicht sie ein Haus, muss jedoch feststellen, dass sie sich im Haus ihrer Peiniger befindet und jeden Moment der Entdeckung fürchten muss. Auf ein Minimum an Handlung und Dialogen reduzierter Horrorfilm, der die Lage der Hauptfigur solide zur Spannungssteigerung nutzt. Auf Dauer weiß er mit der gewählten Prämisse aber nichts anzufangen und erschöpft sich in faden Klischees. – **Ab 18**.

Australien 2015 **DVD** Splendid **BD** Splendid **R+B** Ursula Dabrowsky **K** Nima Nabili Rad **M** Michael Taylor **S** Cleland Jones **Sb** Theo Benton **D** Sarah Jeavons (Sam Durelle), Kerry Ann Reid (Denise), Andreas Sobik (Karl), Todd Telford (Wayne) **L** 80 **FSK** ab 18 **E** 24.9.2021 DVD & BD   fd -

DIE INSEL DER DELFINE ★★
DOLPHIN ISLAND

Eine Jugendliche lebt seit dem Tod ihrer Eltern bei ihrem Großvater auf einer paradiesischen Karibikinsel, bis ihre reichen Großeltern mütterlicherseits auf der Insel aufschlagen und das Mädchen nach New York holen wollen. Dieses aber setzt mit Hilfe menschlicher und tierischer Verbün-

deter alles daran, ihr glückliches Inselleben nicht aufgeben zu müssen. Familienfilm mit übersichtlichen Konflikten, schönen tropischen Bildern und einem liebenswerten Delfin als Attraktion. Story und Figuren sind allerdings simpel geraten, sodass es auf betulich-harmlose Unterhaltung hinausläuft. – **Ab 12.**
Bahamas 2021 **DVD** Tiberius/Sony (16:9, 1.78:1, DD5.1 engl./dt.) **R** Mike Disa **B** Shaked Berenson, Mike Disa, Rolfe Kanefsky **K** Shaun Hart **M** Chase Horseman **S** Steven C. Miller **Sb** Tyrie Moss **D** Tyler Jade Nixon (Annabel Coleridge), Peter Woodward (Jonah Coleridge), Bob Bledsoe (Robert Carbunkle), Aaron Burrows (Mateo Rolle), Dionne Lea (Desaray Rolle) **L** 91 **E** 5.8.2021 DVD fd –

INSIDE MAN: MOST WANTED ★★
INSIDE MAN: MOST WANTED
Bankräuber überfallen die US-amerikanische Notenbank in New York und nehmen alle Menschen in dem Gebäude als Geiseln. Eine FBI-Agentin und ein Verhandlungsexperte der Polizei werden zum Tatort beordert, um die Situation zu entschärfen, entdecken im Laufe ihres Einsatzes aber, dass der Fall nicht so klar ist, wie es scheint. Konventioneller Thriller mit sehr erwartbarem Ablauf und durchschnittlichen Leistungen in Regie und Besetzung. Als solides B-Movie erfüllt der Film immerhin seine überschaubaren Ansprüche. – **Ab 14.**
Scope. USA 2019 **R** M. J. Bassett **B** Brian Brightly **K** Manoel Ferreira **M** Sonya Belousova, Giona Ostinelli **S** Vanick Moradian **Sb** Sylvain Gingras **Kb** Neil McClean **D** Aml Ameen (Remy Darbonne), Rhea Seehorn (Dr. Brynn Stewart), Roxanne McKee (Ariella Barash), Urs Rechn (Joseph), Akshay Kumar (Ansh Ramachandra) **L** 105 **E** 12.5.2021 RTL NITRO fd –

INSTINCT – GEFÄHRLICHE BEGIERDE ★★
INSTINCT
Eine Gefängnispsychologin ist davon überzeugt, dass von einem verurteilten Sexualstraftäter noch immer Gefahr ausgeht. Bei der Erstellung eines Gutachtens, das über Entlassung auf Bewährung entscheiden soll, gerät sie in die Fänge eines erotischen Machtspiels, in dem ihr zunehmend die Kontrolle entgleitet. Der Debütfilm versucht sich an einem heiklen Sujet, dessen potenziellen Fallstricken er mit bemühter Nüchternheit begegnet. Als doppelbödiges Katz-und-Maus-Spiel entfaltet der Film vor allem in der ersten Hälfte einige Spannung, das Psychogramm einer zwischen professionellem Ethos und Begehren zerrissenen Frau bleibt jedoch letztlich unscharf und droht ins Klischee abzugleiten. – **Ab 16.**
Scope. Niederlande 2019 **DVD** Koch (16:9, 2.35:1, DD5.1 niederl./dt.) **BD** Koch (16:9, 2.35:1, dts-HDMA niederl./dt.) **R** Halina Reijn **B** Esther Gerritsen **K** Jasper Wolf **M** Ella van der Woude **S** Job ter Burg **Sb** Lieke Scholman **Kb** Minke Lunter **D** Carice van Houten (Nicoline), Marwan Kenzari (Idris), Marie-Mae van Zuilen (Marieke), Pieter Embrechts (Alex), Ariane Schluter (Direktorin) **L** 108 **FSK** ab 16 **E** 27.5.2021 DVD, BD & digital fd 47691

INTO THE ASHES ★
INTO THE ASHES
Ein ehemaliger Gangster hat in Alabama ein neues Leben angefangen, mit schöner Frau und gutem Job. Doch dann wird er von seiner Vergangenheit eingeholt, als der Boss seiner früheren Bande Beute und Vergeltung einfordert. Ein blutrünstiger und gewalttätiger Krimi, der Themen wie Gemeinschaft und Betrug, Freundschaft und Verrat für eine vorhersehbare Rachegeschichte vernachlässigt und interessante Ansätze sofort wieder fallen lässt. In der Hauptrolle ist zudem zu farblos gespielt, um Interesse an den Nöten der Figur zu erzeugen. – **Ab 16.**
Scope. USA 2019 **DVD** Koch (16:9, 2.35:1, DD5.1 engl./dt.) **BD** Koch (16:9, 2.35:1, dts-HDMA engl./dt.) **R+B** Aaron Harvey **K** John W. Rutland **M** James Curd **S** Richard Byard **Sb** Mark Bankins **Kb** Lindsay Zgonina **D** Frank Grillo (Sloan), Luke Grimes (Nick Brenner), James Badge Dale (Sal Porter), David Cade (Charlie), Marguerite Moreau (Tara Brenner) **L** 93 **FSK** ab 16 **E** 17.6.2021 digital / 24.6.2021 DVD & BD fd 47783

INTRUSION ★★★
INTRUSION
Nach einer überwundenen Krebserkrankung zieht eine junge Frau mit ihrem Mann in ein nobles, modernes Haus, das dieser, ein Architekt, selbst entworfen hat. Doch ein Schatten fällt auf das neue Glück des Paares, als in das Zuhause eingebrochen wird und in der Folge durch Seltsamkeiten im Verhalten ihres Mannes in der Frau der Keim eines Misstrauens gelegt ist, das ihr keine Ruhe mehr lässt und sie dazu bringt, eigene Nachforschungen anzustellen. Ein Psychothriller, der sich ganz auf das Beziehungsdreieck Mann-Frau-Haus konzentriert und trotz einer nicht allzu raffinierten Story durch zwei starke Hauptdarsteller und eine durchweg atmosphärische Inszenierung spannend unterhält. – **Ab 16.**
USA 2021 **R** Adam Salky **B** Chris Sparling **K** Eric Lin **M** Alex Heffes **S** Ben Baudhuin **Sb** Matt Hyland, Brandon Tonner-Connolly **Kb** Natalie O'Brien **D** Logan Marshall-Green (Henry Parsons), Freida Pinto (Meera Parsons), Robert John Burke (Det. Steven Morse), Sarah Minnich (Joanne Waterston), Mark Sivertsen (Dylan Cobb) **L** 93 **E** 22.9.2021 digital (Netflix) fd –

IVIE WIE IVIE ★★★★
Eine afrodeutsche Frau aus Leipzig wird unverhofft von ihrer unbekannten Halbschwester aus Berlin aufgesucht und mit der Nachricht vom Tod ihres gemeinsamen Vaters konfrontiert, der bald im Senegal beerdigt werden soll. Beide Schwestern kannten weder ihn noch einander und tun sich auch mit dem Gedanken schwer, seine Seite ihrer Familie kennenzulernen. Während sich die Geschwister langsam näherkommen, muss sich die Protagonistin zu ihren afrikanischen Wurzeln positionieren und nimmt darüber ihre Umwelt anders war. Ein nachdenklicher, fein ausbalancierter Film, der neben der Kritik am Alltagsrassismus auch von emotionalen Verletzungen und der Möglichkeit handelt, sich selbst neu zu finden. – **Ab 14.**
Deutschland 2021 **KI** Weydemann Bros. **R+B** Sarah Blaßkiewitz **K** Constanze Schmitt, David Schmitt **M** Jakob Fensch **S** Emma Alice Gräf **Sb** Maria Nickol **Kb** Clara Maria Kirchhoff **D** Haley Louise Jones (Ivie), Lorna Ishema (Naomi), Anne Haug (Anne), Anneke Kim Sarnau (Gabi), Maximilian Brauer (Ingo) **L** 117 **FSK** ab 12; f **E** 16.9.2021 fd 48049

DAS JAHR, DAS UNSERE ERDE VERÄNDERTE (© Apple TV+)

JACK'S RIDE ★★★
NO TÁXI DO JACK

Ein alter Mann fährt mit Anzug und Krawatte durch heruntergekommene Industriegebiete und hält bei Fabriken und Firmen, die längst nicht mehr rentabel sind. Er braucht einen Stempel fürs Arbeitsamt, der ihm bestätigt, dass er sich um einen neuen Job bemüht, um die kurze Zeit vor seinem Renteneintritt zu überbrücken. In den 1970er-Jahren emigrierte er einst nach New York, um dort als Taxifahrer und Chauffeur sein Glück zu suchen. Mit melancholischen Bildern folgt der Dokumentarfilm den Lebenserinnerungen, die verspielt zwischen Realität und Inszenierung mäandern und von einem bewegten Schicksal erzählen. – **Ab 14**.
Portugal 2021 **K**I Wolf Kino **R+B** Susana Nobre **K** Paulo Menezes **S** João Rosas, Susana Nobre **Kb** Nádia Henriques **L** 70 **E** 18.11.2021 **fd** 48171

JACKIE & OOPJEN – KUNSTDETEKTIVINNEN ★★★
JACKIE EN OOPJEN

Die zwölfjährige Tochter einer Angestellten vom Rijksmuseum in Amsterdam trifft dort eines Abends unvermittelt auf eine Frau, die aus einem Rembrandt-Gemälde gestiegen ist. Diese will das verschollene Porträt ihrer Schwester finden, muss aber zunächst einmal mit den Seltsamkeiten der modernen Welt zurechtkommen, während sie und das Mädchen nach dem Bild suchen. Muntere Jugendkomödie, die ihr junges Publikum auf unbeschwerten Wegen an Museen und Kunst heranführen will, vor allem aber auf die Konfrontation von Barock-Geist und Moderne, Slapstick und Turbulenz setzt. Trotz einiger schwächerer Einfälle nimmt der Film durch seine Fröhlichkeit und gute Darsteller für sich ein. – **Ab 12**.
Niederlande 2020 **R** Annemarie van der Mond **B** Myranda Jongeling **K** Lex Brand **M** Paleis van Boem **S** Jessica de Koning **Sb** Florian Legters **Kb** Heleen Heintjes **D** Frouke Verheijde (Jackie Meyer), Sarah Bannier (Oopjen Coppit), Karina Smulders (Mouna Meyer), Saar van Aken (Piek Meyer), Leny Breederveld (Mutter Vos) **L** 90 **E** 19.11.2021 KiKA **fd** -

JACKPOT ★★★★

Die Angestellte eines Abschleppdienstes findet in einem Auto eine Tasche mit über 600.000 Euro und nimmt sie an sich, um sich und ihrem gelähmten Freund ein besseres Leben zu ermöglichen. Allerdings will der Besitzer die Tasche unbedingt zurück und zeigt dabei, dass er keinerlei Spaß versteht. Spannender, anspruchsvoller Thriller über die Verführbarkeit des Geldes, der sich in erster Linie um die Beziehungen der originell gezeichneten Hauptfiguren dreht. Dabei verliert er aber die Krimihandlung nicht aus den Augen, sondern unterstreicht mit ihrer Hilfe die angeschnittenen Fragen von Moral und Schicksal. – **Ab 16**.
Deutschland 2020 **R** Emily Atef **B** Frédéric Hambalek **K** Bernhard Keller **M** Christoph M. Kaiser (= Christoph Kaiser), Julian Maas **S** Bernd Euscher **D** Rosalie Thomass (Maren Neue), Thomas Loibl (Henning Karoske), Friedrich Mücke (Dennis Neue), Artemis Chalkidou (Angeliki Karoske), Hilmar Eichhorn (Gerhard Schüler) **L** 88 **E** 24.3.2021 ARD **fd** 47610

DAS JAHR, DAS UNSERE ERDE VERÄNDERTE ★★★★
THE YEAR EARTH CHANGED

Ein Dokumentarfilm darüber, wie sich der Lockdown im Zug der Corona-Pandemie im Jahr 2020/2021 auf Ökosysteme weltweit ausgewirkt hat, etwa durch den reduzierten Reise-Verkehr zu Land, in der Luft und auf dem Wasser, der die Lebensbedingungen von Tieren und Faktoren wie Luft- und Wasserqualität beeinflusst hat. Dabei kommen Experten aus fünf Kontinenten zu Wort, vor allem aber setzt der Film auf starke Bilder und die Erzähler-Stimme von David Attenborough, der das Gezeigte einordnet und kommentiert. Es entsteht eine erfrischend andere Perspektive auf die Corona-Krise und ein ermutigender Blick auf die Möglichkeit positiver Veränderungen in Sachen Naturschutz; der Film ist aber auch ein mahnendes Plädoyer, nach der Pandemie nicht einfach zum Status quo zurückzukehren. – **Ab 6**.
Großbritannien 2021 **R** Tom Beard **M** Dan Skinner, Adam Skinner **S** Ben King, Doug Main **D** David Attenborough (Erzähler) **L** 48 **E** 16.4.2021 VoD (AppleTV+) **fd** -

JAMES BOND 007: KEINE ZEIT ZU STERBEN siehe: KEINE ZEIT ZU STERBEN

JAUJA ★★★★
JAUJA

Ende des 19. Jahrhunderts verdingt sich ein dänischer Landvermesser beim argentinischen Militär, das mit grausamer Brutalität gegen die indigene Bevölkerung agiert. Als die Tochter des Ingenieurs spurlos ver-

JE SUIS KARL (© Pandora)

schwindet, macht sich der Mann auf eine verzweifelte Suche, die aber zunehmend zu einer surreal-mystischen Suche nach sich selbst wird. Der mit großer ästhetischer Strenge und akustischer Meisterschaft inszenierte Film schlägt in Bann, wirkt aber auch distanzierend, weil er die kolonialen Erzählungen nicht dekonstruiert, sondern ignoriert. Statt die «Conquista del Desierteo» von 1878 bis 1885 historisch aufzuarbeiten, dient sie eher zur Entgrenzung von Identitäten und Gewissheiten. – **Sehenswert ab 16.**
Argentinien/Brasilien/Dänemark 2014 R Lisandro Alonso B Fabian Casas, Lisandro Alonso K Timo Salminen M Viggo Mortensen S Natalia López, Gonzalo del Val Kb Gabriela Fernandez D Viggo Mortensen (Gunnar Dinesen), Viilbjørk Malling Agger (Ingeborg), Ghita Nørby (= Ghita Nörby) (Frau in Höhle), Adrián Fondari (Pittaluga), Esteban Bigliardi (Angel Milkibar) L 105 E 10.11.2021 arte fd 48166

JAY AND SILENT BOB REBOOT ★★
JAY AND SILENT BOB REBOOT
Wiederbelebung des schrägen Buddy-Paars, das US-Regisseur Kevin Smith bereits in den 1990er-Jahren erfand und in zahllosen seiner Projekte aufführen ließ. Die beiden Taugenichtse wollen in dem Film ein Reboot ihrer Comic-Vorlage verhindern und machen sich deshalb auf den Weg nach Hollywood, geraten unterwegs aber auf vielfältige Weise vom Weg ab. Die mit Anspielungen vor allem auf Smiths eigenes Œuvre, aber auch zahllose andere Filme, und Cameo-Auftritten vollgepfropfte Komödie schielt auf unkritische Hardcore-Fans, während sie den übrigen Zuschauern nur ein mal inspiriertes, oft aber auch einfallsloses Spektakel offeriert. – **Ab 16.**

USA 2019 R+B Kevin Smith K Yaron Levy M James L. Venable S Kevin Smith Sb Nate Jones Kb Melissa Walker D Kevin Smith (Silent Bob), Jason Mewes (Jay), Shannon Elizabeth (Justice), Harley Quinn Smith (Milly), Jason Lee (Brodie) L 105 FSK ab 16 E 2.8.2021 digital (Amazon Prime) fd –

JE SUIS KARL ★
JE SUIS KARL
Nach einem Terroranschlag in Berlin, bei dem fast ihre ganze Familie ausgelöscht wurde, lernt eine traumatisierte Studentin einen charismatischen jungen Mann kennen. Sie folgt seiner Einladung zu einem Treffen junger Menschen in Prag und erkennt erst spät, dass es sich bei ihrem neuen Freund um einen diabolischen Rechtsextremisten handelt, der sie für seine Zwecke manipuliert. Der holzschnittartige, arg konstruierte Film über die junge rechte Szene in Europa will vor etwas warnen, das er nicht einmal ansatzweise zu zeigen wagt. Auch für die Gründe der Verführbarkeit einer politisch eher links sozialisierten Studentin findet er nur plakative Versatzstücke. – **Ab 16.**
Scope. Deutschland/Tschechien 2020 KI Pandora DVD Pandora BD Pandora R Christian Schwochow B Thomas Wendrich K Frank Lamm M Tom Hodge, Floex S Jens Klüber Sb Tim Pannen Kb Frauke Firl D Luna Wedler (Maxi), Jannis Niewöhner (Karl), Milan Peschel (Alex), Edin Hasanovic (Ante), Anna Fialová (Jitka) L 126 FSK ab 12; f E 16.9.2021 / 18.3.2022 DVD & BD fd 48037

JELNJA – STADT DES RUHMS ★★★★
UJESCHDNIJ GOROD JE
Ein Dokumentarfilm über die heutige Lage der russischen Kleinstadt Jelnja, 400 Kilometer westlich von Mos-

kau: Von Perspektivlosigkeit geprägt, klammern sich die Einwohner an das Gedenken des Sieges der Roten Armee gegen Hitlers Truppen im Zweiten Weltkrieg. In der Ära von Wladimir Putin hat diese patriotische Erinnerungskultur neuen Aufschwung erhalten und wird mittlerweile mit antiwestlichen Ausfällen verbrämt. Der Film greift nur gelegentlich auf einen Regie-Kommentar zurück und lässt die meisten Szenen für sich sprechen, wobei er unreflektierten Militarismus und Hass ebenso aufzeichnet wie berührende Momente der Erinnerung an Kriegsopfer. – **Ab 14.**
Russland 2019 R Dmitri Bogoljubow B Dmitri Bogoljubow, Anna Schischowa Bogoljubowa K Dmitri Bogoljubow S Phil Jandaly, Dimitris Polyzos, Simon Hajek L 88 E 14.4.2021 arte fd –

JEMAND IST IN DEINEM HAUS ★
THERE'S SOMEONE INSIDE YOUR HOUSE
An einer High School in Nebraska schreckt ein brutaler Mord die Schülerschaft auf, dem bald weitere Tötungen folgen: Ein Serienmörder treibt sein Unwesen, der Masken trägt, die den Gesichtern seiner Opfer nachgebildet sind; seine Taten erweisen sich als «Strafen» für dunkle Geheimnisse und verborgene Sünden, deren diese sich schuldig gemacht haben. Eine Schülerin, die ihrerseits auch ein Geheimnis hütet, und ihre Clique fürchten um ihr Leben. Die moralische Ambivalenz der Killer-Figur als Rächerin von Missständen verliert den Teen-Slasher schnell aus den Augen und beschränkt sich aufs Widerkäuen abgenutzter Genremuster. – **Ab 16.**
USA 2021 R Patrick Brice B Henry Gayden K Jeff Cutter Vo Stephanie Perkins M Zachary Dawes S Michel Aller Sb William Arnold Kb Jori Woodman D Sydney Park (Makani Young), Asjha Cooper (Alex), Théodore Pellerin (Oliver Larsson), Emilija Baranac (Haley Whitehall), Dale Whibley (Zachary Loup) L 96 E 6.10.2021 digital (Netflix) fd –

JESSICA FOREVER ★★
JESSICA FOREVER
In einer Welt, in der Waisenkinder von der Gesellschaft unnachgiebig verfolgt werden, sind diese gezwungen, sich mit ebensolcher Brutalität zu wehren. Als eine Frau sich einer Gruppe Jugendlicher annimmt, scheint dies eine Zeitlang einen Ausweg aus dem Teufelskreis der Gewalt zu bieten. An die Erzählweisen von Videospielen und Fantasy-Heldenromanen angelehntes Drama, des-

sen Weltenentwurf bemerkenswerte Details enthält, in erster Linie aber atmosphärisch überzeugt. Die Handlung bleibt minimalistisch, während die Inszenierung symbolüberfrachtet ist. (O.m.d.U.) – **Ab 16**.
Frankreich 2018 **R** Caroline Poggi, Jonathan Vinel **B** Caroline Poggi, Jonathan Vinel **K** Marine Atlan **M** Ulysse Klotz **S** Vincent Tricon **D** Aomi Muyock (Jessica), Sebastian Urzendowsky (Michael), Augustin Raguenet (Lucas), Lukas Ionesco (Julien), Paul Hamy (Raiden) **L** 91 **E** 22.9.2021 arte   fd –

JESUS ROLLS – NIEMAND ★★
VERARSCHT JESUS
THE JESUS ROLLS

Ein gerade aus dem Gefängnis entlassener Kleinkrimineller gerät schnell wieder auf die schiefe Bahn und kurvt mit einem Kumpel und einer Zufallsbekanntschaft in einem gestohlenen Wagen durch Kalifornien. In der Hauptfigur knüpft der Film an die Bowler-Figur Jesus Quintana aus THE BIG LEBOWSKI der Coen-Brüder an, folgt in der Handlung aber weitgehend Bertrand Bliers Komödie DIE AUSGEBUFFTEN aus dem Jahr 1974. Der mitunter recht drastische Film punktet durch eine namhafte Besetzung, funktioniert aber weder als schlüssige Erzählung im Coen-Universum noch als Remake und taugt auch nicht als Provokation. Stattdessen erzählt er viel über die Krise der Männlichkeit. – **Ab 16**.
USA 2019 **DVD** EuroVideo **BD** EuroVideo **R+B** John Turturro **K** Frederick Elmes **Vo** Bertrand Blier ∕ Philippe Dumarcay (Drehbuch DIE AUSGEBUFFTEN), Bertrand Blier (Roman *Les valseuses*) **M** Emilie Simon **S** Simona Paggi **Sb** Lester Cohen **Kb** Donna Zakowska **D** John Turturro (Jesus), Bobby Cannavale (Petey), Audrey Tautou (Marie), Susan Sarandon (Jean), Pete Davidson (Jack) **L** 85 **FSK** ab 12 **E** 25.3.2021 digital ∕ 8.4.2021 DVD & BD   fd 47623

JESUS SHOWS YOU THE WAY TO ★★★
THE HIGHWAY
JESUS SHOWS YOU THE WAY TO THE HIGHWAY

Ein CIA-Agent will sich zur Ruhe setzen, doch sein letzter Auftrag schlägt fehl. Beim Versuch, ein mächtiges Computervirus zu stoppen, bleibt er in einer virtuellen Welt gefangen. Ein Hybrid aus Genre- und Experimentalkino, das auf originelle Weise mit verschiedenen Ebenen von Realität und Simulation spielt und in der wilden Collage popkultureller Fragmente einer bestimmten Idee von abseitigem Kino huldigt. Aus den breitgefächerten filmischen Erzählstrategien und formalen Mitteln resultiert zwar kein Gesamtbild, doch gerade in seiner Fragmenthaftigkeit verströmt der Film eine verquere Schönheit. – **Ab 16**.

Bonusmaterial: 16-seitiges Booklet, Kurzfilme des Regisseurs, Making-of, Video Pitch, Audio-Interviews, Audiokommentare.
Spanien∕Estland∕Äthiopien∕Lettland∕Rumänien 2019 **KI** Rapid Eye Movies **BD** Rapid Eye Movies **R+B** Miguel Llansó **K** Michal Babinec, Erik Pollumaa, Israel Seoane **M** Atomizador, Bill Dixon, Grosgoroth **S** Velasco Broca **D** Daniel Tadesse (Agent D. T. Gagano), Guillermo Llansó (Stalin∕Roy Mascarone), Agustín Mateo (Palmer Eldritch∕Batfro), Gerda-Annette Allikas (Malin), Solomon Tashe (Batfro) **L** 76 **FSK** ab 16; f **E** 12.3.2021 BD   fd 47446

JFK REVISITED – DIE WAHRHEIT ★★
ÜBER DEN MORD AN JOHN F. KENNEDY
JFK REVISITED: THROUGH THE LOOKING GLASS

30 Jahre nach seinem umstrittenen Spielfilm JOHN F. KENNEDY – TATORT DALLAS greift der US-Regisseur Oliver Stone seine damalige Indizienkette, der zufolge hinter dem Mord an Präsident John F. Kennedy eine Verschwörung bis in Geheimdienst- und Regierungskreise stecke, für einen Dokumentarfilm erneut auf. Vorgeblich sachlich und visuell zurückhaltend inszeniert, fügt er den alten Indizien neue Akten und Forschungsergebnisse hinzu, die seine Täter-Theorien untermauern sollen. Daraus entsteht ein atemloses Plädoyer für weitere Ermittlungen im Kennedy-Mordfall, ohne dass der Film die Frage nach den «wahren» Tätern beantworten würde. – **Ab 14**.
USA 2021 **KI** DCM **DVD** Leonine∕DCM (16:9, 1.78:1, DD5.1 engl.∕dt.) **R** Oliver Stone **B** Oliver Stone, James DiEugenio **K** Robert Richardson **Vo** James DiEugenio (Sachbuch *The JFK Assassination*) **M** Jeff Beal **S** Brian Berdan, Kurt Mattila, Richard B. Molina **L** 118 **FSK** ab 12; f **E** 19.11.2021 ∕ 25.11.2021 VoD ∕ 10.12.2021 DVD   fd 48198

JIU JITSU ★
JIU JITSU

Alle sechs Jahre entbrennt auf der Erde ein Kampf zwischen einem mächtigen Alien-Krieger, der auf den Planeten einfällt, und einem Jiu-Jitsu-Orden. Als wieder eine solche Konfrontation ansteht, geht jedoch etwas schief, der Jiu-Jitsu-Kämpfer, der sich dem Alien entgegenstellen soll, verliert sein Gedächtnis und muss erst mit Hilfe von Verbündeten wieder auf Vordermann gebracht werden und zu seiner Mission finden. Eine krude Mischung aus Science-Fiction- und Martial-Arts-Action mit heillos konfusem Plot und weitgehend kläglichen Effekten; einzig einige Kampfchoreografien und teils sportliche, teils exzentrische Nebenrollen-Auftritte von Tony Jaa und Nicolas Cage unterhalten B-Movie-Fans. – **Ab 16**.
Scope. USA 2020 **DVD** Capelight (16:9, 2.35:1, DD5.1 engl.∕dt.) **BD** Capelight (16:9, 2.35:1, dts-HDMA engl.∕dt.) **R** Dimitri Logothetis **B** Dimitri Logothetis, Jim McGrath **K** Gerardo Madrazo **S** Daniel McDonald **Kb** Angela Schnoeke-Paasch **D** Alain Moussi (Jake), Nicolas Cage (Wylie), Frank Grillo (Harrigan), Tony Jaa (Kueng), Marie Avgeropoulos (Myra) **L** 102 **FSK** ab 16 **E** 5.3.2021 digital ∕ 12.3.2021 DVD & BD   fd –

JIYAN ★★★★
Eine hochschwangere Syrerin ist mit ihrem türkischen Mann vor dem Bürgerkrieg in Syrien geflohen, die beiden kommen in Deutschland bei seinem Onkel unter. Wegen ihrer kurdischen Wurzeln wird die Schwangere jedoch angefeindet; erst durch die Geburt eines Sohnes und eine Arbeitsstelle für den Mann scheint sich das Schicksal zu wenden. Doch dann verschwindet ihr Mann plötzlich. Eindringliches kammerspielartiges Drama, das von Vorurteilen innerhalb von Familien und entwürdigenden Lebensumständen erzählt. Der ruhig erzählte Film konzentriert sich auf die Sphäre des Privaten und kommt den Figuren dadurch sehr nahe. – **Ab 16**.
Deutschland 2019 **KI** Kairos **R+B** Süheyla Schwenk **K** Florian Wurzer **M** Berivan Ciya, Deniz Mahir Kartal **S** Süheyla Schwenk **D** Halima Ilter (Hayat), Füsun Demirel (Gülsüm), Baran Sükrü Babacan (Harun), Nizam Namidar (Irfan), Ali Ekbar (Riza) **L** 71 **E** 1.12.2021 digital (arteKino)   fd –

JOE BELL ★★★
JOE BELL

Ein Familienvater aus einer Kleinstadt in Oregon befindet sich auf einer Wanderung zu Fuß quer durch die USA, um sich an Schulen, bei Gemeindeveranstaltungen etc. gegen Mobbing starkzumachen. Rückblenden mischen sich in eine Gegenwart, in der der Mann darum ringt, durch seinen Marsch und sein öffentliches Auftreten eine Art Sühne für das Schicksal seines

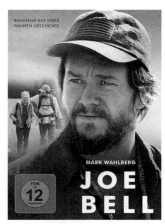

JOE BELL (© Leonine)

Teenager-Sohns zu leisten, der wegen seiner Homosexualität in der Schule und auch von ihm angefeindet wurde. Vor allem die Rückblenden bleiben etwas bruchstückhaft und reißen die Passionsgeschichte des Jungen eher an, als sie auszuloten; nichtsdestotrotz schafft es der Film, ein deutliches und berührendes Zeichen gegen Mobbing zu setzen. – **Ab 12.**
USA 2021 **DVD** Leonine **BD** Leonine **R** Reinaldo Marcus Green **B** Diana Ossana, Larry McMurtry **K** Jacques Jouffret **M** Antonio Pinto **S** Mark Sanger **Sb** Kelly McGehee **Kb** Susan Matheson **D** Mark Wahlberg (Joe Bell), Reid Miller (Jadin Bell), Connie Britton (Lola Lathrop), Maxwell Jenkins (Joseph Bell), Gary Sinise (Sheriff Westin) **L** 90 **FSK** ab 12 **E** 10.12.2021 DVD & BD & digital   fd –

JOHANNES BRAHMS – DIE PRANKE DES LÖWEN ★★★

1889 soll der Komponist Johannes Brahms vom österreichischen Kaiser geehrt werden. Während er im Vorzimmer wartet, erinnert er sich an sein Leben, die Beziehung zu Clara und Robert Schumann und den langen Weg bis zu seiner musikalischen Anerkennung. Ein sorgfältig und mit einigem Aufwand gestaltetes Dokudrama, das gut besetzt, wenn auch teils etwas zu ausführliche Spielszenen mit Aussagen von Musikexperten zum Werk und zur Bedeutung von Brahms mischt. Trotz aller Verknappung findet der Film einen guten Mittelweg zwischen Informationsgehalt und Dramatisierung. – **Ab 14.**
Deutschland 2021 **R** Annette Baumeister **B** Stefan Wilke **K** Johannes Straub **S** Ulrich Stein, Richard Krause **Sb** Iris Trescher **Kb** Stefanie Jauß **D** Gedeon Burkhard (Johannes Brahms, alt), Basil Eidenbenz (Johannes Brahms, jung), Finnlay Berger (Johannes Brahms, Kind), Esther Zimmering (Clara Schumann), Thomas Huber (Robert Schumann) **L** 90 **E** 10.10.2021 arte   fd –

JOLT ★★
JOLT

Eine Frau kämpft aufgrund einer neurologischen Störung mit krankhafter Wut und gewalttätigen Impulsen, was sie weitgehend isoliert hat. Als ein Mann, der sich auf sie eingelassen und ihr Herz erobert hat, ermordet wird, setzt sie alles daran, den Täter zu finden und ihren Liebsten zu rächen. Der Film gibt sich als cooler, schwarzhumoriger Thriller um eine schlagkräftige Heldin, die von Alltags-Nervensägen bis zum Gangsterboss alles handgreiflich in seine Schranken weist, was ihr dumm kommt. Stylisch in Szene gesetzt und solide in der Action, versinkt der Film durch die völlig oberflächliche Figurenzeichnung und eine dünne, wenig plausible Story insgesamt im Mittelmaß. – **Ab 16.**
Scope. USA 2021 **DVD** Concorde (16:9, 2.35:1, DD5.1 engl./dt.) **BD** Concorde (16:9, 2.35:1, dts-HDMA7.1 engl./dt.) **R** Tanya Wexler **B** Scott Wascha **K** Jules O'Loughlin **M** Dominic Lewis **S** Chris Barwell (= Christopher Barwell), Michael J. Duthie (= Michael Duthie), Carsten Kurpanek **Sb** Russell De Rozario **Kb** Carlos Rosario **D** Kate Beckinsale (Lindy), Jai Courtney (Justin), Stanley Tucci (Dr. Munchin), Bobby Cannavale (Detective Vicars), Laverne Cox (Detective Nevin) **L** 87 **FSK** ab 16; f **E** 23.7.2021 digital (Amazon Prime) / 3.12.2021 DVD & BD & 4K UHD (plus BD) & digital   fd –

DIE JÖNSSON BANDE ★★
SE UPP FÖR JÖNSSONLIGAN

Der Anführer eine Bande Kleinkrimineller muss nach seiner Haftentlassung zunächst ohne seine abtrünnigen Komplizen auskommen, ehe sie ihm schließlich doch helfen, im Zuge eines raffinierten Edelsteindiebstahls die Umsturzpläne zu durchkreuzen, die Finnland in eine Monarchie verwandeln wollen. Die schrullige Ganovenkomödie orientiert sich an der gleichnamigen schwedischen Filmreihe aus den 1980er-Jahren, von der Figuren wie erzählerische Elemente übernommen wurden. Doch der Plot ist abstrus, der Humor mitunter recht altbacken und die streckenweise recht langatmige Inszenierung allzu sehr an vermeintlichen Zuschauerinteressen orientiert. – **Ab 10.**
Schweden 2020 **KI** StudioCanal **R** Tomas Alfredson **B** Tomas Alfredson, Henrik Dorsin, Rikard Ulvshammar **K** Simon Rudholm **M** Hans Ek, Martin Jonsson, Mathias Venge **S** Rasmus Gitz-Johansen, Henrik Källberg **Sb** Charlotte Alfredsson **Kb** Cilla Rörby **D** Henrik Dorsin (Charles Ingvar «Sickan» Jönsson), Anders Johansson (Ragnar Vanheden), Hedda Stiernstedt (Doris), David Sundin (Dynamit-Harry), Anders Back (Stefan) **L** 122 **FSK** ab 6; f **E** 7.10.2021   fd 48077

JOSEP ★★★★
JOSEP

Der katalanische Maler und Zeichenkünstler Josep Bartolí (1910–1995) kämpfte im Spanischen Bürgerkrieg gegen die Faschisten und war mehrere Jahre in französischen Internierungslagern eingesperrt, bevor er nach Mexiko floh. Das animierte Filmporträt nutzt die visuelle Kraft des Zeichentricks, um mit aufs Wesentliche reduzierten Bildern die Härten des Lagerlebens, aber auch die Momente von Zusammenhalt und Solidarität wiederzugeben. Durch eine fiktive Erzählerfigur wird elegant die Unvollständigkeit der Erinnerung eingeflochten, zudem hebt die Anbindung an die Gegenwart Parallelen im Umgang mit Flüchtlingen und der Tatenlosigkeit gegenüber aufkeimendem Faschismus hervor. – **Sehenswert ab 16.**
Frankreich/Spanien/Belgien 2020 **R** Aurel **B** Jean-Louis Milesi **M** Sílvia Pérez Cruz **S** Thomas Belair **L** 80 **E** 15.1.2021 VoD (Mubi)   fd 47559

JUDAS AND THE BLACK MESSIAH ★★★★
JUDAS AND THE BLACK MESSIAH

Ende der 1960er-Jahre willigt ein Kleinkrimineller ein, für das FBI die Black Panther Party in Illinois auszuspionieren. Deren charismatischer Anführer Fred Hampton schmiedet Allianzen mit rivalisierenden Bürgerrechtsaktivisten und gerät so auf die Abschussliste des FBI. Der auf historischen Begebenheiten beruhende Politthriller zeichnet spannungsreich, aber zuweilen auch etwas plakativ die Entwicklung der beiden jungen schwarzen Männer nach und bettet sie in den historischen Kontext zwischen staatlicher Repression und Black Liberation ein. Dabei unterstreicht er das moralische Dilemma des Maulwurfs. – **Ab 14.**
USA 2021 **KI** Warner Bros. **R** Shaka King **B** Will Berson, Shaka King **K** Sean Bobbitt

M Craig Harris, Mark Isham S Kristan Sprague Sb Sam Lisenco Kb Charlese Antoinette Jones D Daniel Kaluuya (Fred Hampton), Lakeith Stanfield (= Keith Stanfield) (William O'Neal), Jesse Plemons (Roy Mitchell), Dominique Fishback (Deborah Johnson), Martin Sheen (J. Edgar Hoover) L 126 FSK ab 12; f E 1.7.2021 fd 47834

JUGEND ★★★★
ADOLESCENTES
Über fünf Jahre lang beobachtet die Langzeitdokumentation zwei heranwachsende Freundinnen aus Frankreich zwischen ihrem 13. und 18. Lebensjahr. Der Film konzentriert sich auf kleine Momentaufnahmen, die Alltagserfahrungen und das Älterwerden der Mädchen zeigen; auf spektakuläre Ereignisse wird verzichtet. Sein ruhiger Inszenierungsstil, die bemerkenswerte unaufdringliche Nähe zu den Protagonistinnen und die große Ehrlichkeit machen ihn zu einer eindrucksvollen Erzählung über das Erwachsenwerden, die am Rande auch bedeutende politische Ereignisse in Frankreich streift. – **Sehenswert ab 14.**
Scope. Frankreich 2019 R+B Sébastien Lifshitz K Paul Guilhaume, Antoine Parouty M Tindersticks S Tina Baz L 135 E 3.2.2021 VoD (Mubi) fd 47541

JUDAS AND THE BLACK MESSIAH (© Warner Bros.)

JULIA MUSS STERBEN ★
Gegen den Willen ihrer streng islamischen Familie bewirbt sich eine junge Frau mit irakischen Wurzeln an einer deutschen Schauspielschule. Auch beim Vorsprechen begegnet sie Vorurteilen, findet mit neuen Freunden aber auch den Mut, ihren Weg weiterzugehen. Eine mit zahllosen Klischees über das Künstler-Milieu und konservative Muslime operierende Komödie, die zwischen Typenkomik und Slapstick aber kaum zündende Gags aufweist. Auch die eingespeisten Botschaften zu Emanzipation und kultureller Diversität werden allzu einfach präsentiert, um Überzeugungskraft zu gewinnen. – **Ab 14.**
Deutschland 2019 KI Der Filmverleih R+B Marco Gadge K René Gorski M Konstantin Kemnitz S René Jacob Sb Maria Nickol, René Gorski Kb Sabrina Krämer D Sabrina Amali (Lya), Nellie Thalbach (Clara), Michel Diercks (Kasper), Stephan Grossmann (Bernhard), Mohammad-Ali Behboudi (Salim) L 95 E 29.7.2021 fd 47897

EIN JUNGE NAMENS WEIHNACHT ★★★
A BOY CALLED CHRISTMAS
Ein elfjähriger Junge folgt im verschneiten Lappland heimlich seinem Vater, der in eine sagenumwobene Region aufgebrochen ist, in der Wichtel leben und es alles im Überfluss gibt. Allerdings sind die grantigen Wesen auf Fremde nicht gut zu sprechen, sodass der Junge sich etwas einfallen lassen muss, um ihnen die Fröhlichkeit zurückzubringen. Der fantasievolle, liebevoll ausgestattete Weihnachtsfilm nach einem Kinderbuch-Bestseller erzählt von der Bewährung eines Heranwachsenden, der Misstrauen und Missgunst überwinden muss, um die Welt zu einem besseren Ort zu machen. – **Ab 8.**
Großbritannien 2021 KI StudioCanal R Gil Kenan VO Ol Parker, Gil Kenan K Zac Nicholson VO Matt Haig (Roman *A Boy Called Christmas / Ein Junge namens Weihnacht*) M Dario Marianelli S Richard Ketteridge, Peter Lambert Sb Gary Williamson Kb Ruth Myers D Henry Lawfull (Nikolas), Jim Broadbent (Vater Vodol), Sally Hawkins (Mutter Something), Toby Jones (Väterchen Topo), Michiel Huisman (Joel) L 104 FSK ab 6; f E 18.11.2021 fd 48168

JUNGE POLITIKERINNEN – ★★
YES SHE CAN
Ein dokumentarisches Porträt der vier jungen deutschen Politikerinnen Laura Isabelle Marisken, Aminata Touré, Gyde Jensen und Terry Reintke, die jede für sich den Aufstieg einer neuen Generation weiblicher Führungspersönlichkeiten repräsentieren. Der Film versucht den Stil und die Persönlichkeiten der vier als Inbegriff einer Politikgestaltung auf der Höhe der Zeit vorzuführen, kann aber nur ansatzweise ihre politischen Überzeugungen und Innovationen sichtbar machen. Stattdessen wird ihre Leistungen von einem zu Phrasen neigenden Kommentar vernebelt, der zudem dazu tendiert, die Porträtierten wiederum über Alter und Geschlecht zu definieren. – **Ab 14.**
Deutschland 2021 R+B Carolin Genreith K Philipp Baben der Erde, Dino von Wintersdorff, Janis Mazuch M Rafael Triebel, Fabian Saul S Maria Hemmleb L 89 E 31.3.2021 ARD fd -

JUNGLE CRUISE ★★
JUNGLE CRUISE
Eine Archäologin unternimmt im Jahr 1916 mit ihrem Bruder eine Expedition am Amazonas, um eine legendäre Blüte mit Heilkräften zu suchen. Im Dschungel heuern sie einen raubeinigen Flussschiffer für eine abenteuerreiche Reise an, auf der sie es mit alten Flüchen ebenso wie mit Verfolgern zu tun bekommen. Dabei kommen sich die Wissenschaftlerin und der Kapitän allmählich näher. Actionreiche Familienunterhaltung mit vielen Schauwerten und einem zentralen Duo im Fahrwasser des Klassikers AFRICAN QUEEN. Die Leidenschaft bleibt allerdings Behauptung und reiht sich wie manch andere überbetont zeitgemäße Setzung des Drehbuchs ins auf Massentauglichkeit schielende Kalkül des Films ein. – **Ab 12.**
Die Standardausgabe (DVD) enthält keine erwähnenswerten Extras. Die Extras der BD umfassen indes u. a. eine Sammlung von kürzeren »Making of«-Featurettes (gesamt: 47 Min.) sowie ein Feature mit elf im Film nicht verwendeten Szenen (15 Min.).
3D, Scope. USA 2021 KI Walt Disney DVD Walt Disney (16:9, 2.35:1, DD5.1 engl./dt.) BD Walt Disney (16:9, 2.35:1, dts-HD-MA7.1 engl., DD7.1 dt.) 4K: Walt Disney (16:9, 2.35:1, dolby_Atmos engl., DD7.1 dt.) R Jaume Collet-Serra B Glenn Ficarra, John Requa, Michael Green K Flavio Martínez Labiano M James Newton Howard S Joel Negron Sb Jean-Vincent Puzos Kb Paco

JUNGLE CRUISE (© Walt Disney Company)

Delgado **D** Dwayne Johnson (Frank Wolff), Emily Blunt (Lily Houghton), Edgar Ramírez (= Édgar Ramírez) (Aguirre), Jack Whitehall (MacGregor Houghton), Jesse Plemons (Prinz Joachim) **L** 128 **FSK** ab 12; f **E** 29.7.2021 / 30.7.2021 VoD (Disney+) / 21.10.2021 DVD & BD & 4K UHD (plus BD) fd 47910

JUNGLELAND ★★★★
JUNGLELAND

Zwei Brüder aus prekären Verhältnissen schlagen sich notdürftig als Boxer respektive Manager durch; seit einem krummen Deal halten sie sich mit Gelegenheitsjobs über Wasser. Um Schulden bei einem Gangster zu begleichen, sollen die Brüder auf dem Weg zum nächsten Turnier eine junge Frau in Reno abliefern, doch bald kommen Zweifel auf, ob sie den Auftrag durchziehen sollen. Eine Mischung aus Drama und Road Movie um Figuren, die in sozial desolaten Verhältnissen um Reste an Integrität und Perspektiven kämpfen, getragen von exzellenten Darstellern und einer atmosphärischen visuellen Gestaltung. – **Ab 16.**
Scope. Großbritannien/USA 2019 **DVD** Paramount **R** Max Winkler **B** Theodore Bressman, David Bronson Smith, Max Winkler **K** Damián García **M** Lorne Balfe **S** Tomas Vengris **Sb** Jeremy Reed **Kb** Michelle Thompson **D** Charlie Hunnam (Stanley Kaminski), Jack O'Connell (Walter «Lion» Kaminski), Jessica Barden (Sky), Jonathan Majors (Pepper), John Cullum (Yates) **L** 90 **E** 1.4.2021 digital (Paramount) fd –

JUST A GIGOLO ★★★
JUST A GIGOLO

Ein gealterter, aus der Form geratener Frauenheld wird von der reichen alten Dame abserviert, die ihm 25 Jahre lang ein sorgenfreies Leben finanziert hat. Plötzlich mittellos, geht er unverdrossen daran, eine neue Herzensdame zu suchen und spannt auch seinen jungen Neffen dafür ein. Eine ganz auf die Hauptfigur und die Fallhöhe zwischen Selbstüberschätzung und Außenwahrnehmung hin konzipierte Komödie, die dank eines famosen Hauptdarstellers und vieler Gags gut funktioniert, auch wenn manche faden Einfälle das Gesamtbild stören. – **Ab 16.**
Frankreich 2019 **DVD** Lighthouse **BD** Lighthouse **R** Olivier Baroux **B** Olivier Baroux, Kad Merad **K** Christian Abomnes **Vo** Chris Spain / Jon Zack (Drehbuch How to Be a Latin Lover) **M** Martin Rappeneau **S** Stephan Couturier **Kb** Camille Rabineau **D** Kad Merad (Alex), Anne Charrier (Sarah), Léopold Moati (Hugo), Pascal Elbé (Daniel), Thierry Lhermitte (Sammy) **L** 90 **FSK** ab 6 **E** 24.9.2021 DVD & BD fd –

JUST FOR THE SUMMER ★★
JUST FOR THE SUMMER

Eine Autorin trifft bei ihrem jährlichen Sommerurlaub im Haus der Großmutter auf ihren Kindheitsschwarm; die Wiederbegegnung verläuft zunächst frostig. Da beide von ihren Omas zur raschen Partnersuche gedrängt werden, schließen sie einen Pakt, bei dem sie vortäuschen, miteinander auszugehen. Harmlos-behäbige romantische Komödie, die in jeder Beziehung vorhersehbar und ohne Biss verläuft. Das größte Interesse sichert ihr nicht das Paar im Zentrum, sondern die amüsante Zeichnung der beiden Großmütter. – **Ab 12.**
Kanada 2019 **DVD** Studio Hamburg **R** David I. Strasser **B** Jennifer Edwards, Amy Taylor **K** Ryan Petey **M** Agustin Iacona, Ary Werthein **S** Emerson Hill **Sb** Moe Curtin **D** Brant Daugherty (Jason Humphrey), Hayley Sales (Pen Campbell), Linda Darlow (Großmutter Dot), Tasha Simms (Großmutter Josie), Emma Johnson (Annabeth Campbell) **L** 88 **FSK** ab 0 **E** 11.6.2021 DVD fd –

JUSTICE LEAGUE
siehe: ZACK SNYDER'S JUSTICE LEAGUE

JUSTICE SOCIETY: WORLD WAR II ★★★
JUSTICE SOCIETY: WORLD WAR II

Der Superheld Flash erlebt einen mysteriösen Zeitsprung und findet sich mitten im Zweiten Weltkrieg wieder. Gemeinsam mit Wonder Woman und anderen Helden geht er daran, den Alliierten beim Kampf gegen die Nazis zu helfen. Solider Animationsfilm um die bekannten Comic-Helden, der mit detailgenauem Stil und einer übersichtlichen Geschichte insbesondere Fans der Vorlagen anspricht. Auch Neueinsteiger werden durch die Verwendung seltener genutzter Nebenfiguren nicht außen vor gelassen. – **Ab 16.**

💿 Die Extras der BD umfassen u. a. die Kurzanimationen JUSTICE LEAGUE: LEGENDS – TEIL 1 & 2 (22 Min. & 22 Min.) und KAMANDI: DER LETZTE JUNGE AUF ERDEN (18 Min.) sowie das Feature «Die Drehbuchautoren von Justice Society: World War II» (30 Min.).
USA 2021 **DVD** Warner (16:9, 1.78:1, DD5.1 engl./dt.) **BD** Warner (16:9, 1.78:1, dts-HDMA engl., DD5.1 dt.) **R** Jeff Wamester **B** Meghan Fitzmartin, Jeremy Adams **M** Kevin Riepl **S** Bruce King **L** 84 **FSK** ab 16 **E** 27.4.2021 digital / 20.5.2021 DVD & BD fd –

KABUL, CITY IN THE WIND (© JIP Film)

KABUL, CITY IN THE WIND ★★★
KABUL, CITY IN THE WIND
Impressionistischer Dokumentarfilm über drei Brüder und einen älteren Busfahrer aus Kabul, die über eine längere Zeit in ihrem Alltag begleitet werden. Trotz der unübersehbaren Spuren der jahrzehntelangen Kriege, die sich wie ein melancholischer Schleier über die Stadt und ihre Bewohner gelegt haben, strahlen der Film und seine Protagonisten Lebensfreude und Optimismus aus. Stille Beobachtungen wechseln mit kurzen Interviews; lange Einstellungen verleihen dem Film fast eine meditative Atmosphäre. Eine Hymne aufs Trotzdem, auch wenn der nächste Anschlag nur eine Frage der Zeit ist. – **Ab 14.**
Niederlande 2018 **KI** JIP Film **R+B+K** Aboozar Amini **S** Barbara Hin **L** 93 **FSK** ab 12; f **E** 18.11.2021   fd 47444

KABUL KINDERHEIM ★★★★
PARWARESHGHAH
Ein 15-jähriger Junge lebt Ende der 1980er-Jahre auf den Straßen von Kabul, wo er sich mit Schwarzmarktgeschäften das Geld fürs Leben und vor allem fürs Kino verdient. Als er von den Behörden geschnappt wird, landet er im Waisenhaus, vermag sich aber auch da mit den Umständen zu arrangieren. Das Drama überzeugt mit fast dokumentarischem, ironisch durchbrochenem Realismus, spielerischen Elementen, einem klaren, elliptischen Erzählstil und guten Laiendarstellern. Mit einer mit Perfektion unbekümmerten Nonchalance zeichnet es jugendliches Erleben von Macht und Ohnmacht im sowjetisch besetzten Kabul Ende der 1980er-Jahre als cinematografisches Ur-Erlebnis. – **Sehenswert ab 12**.
Dänemark/Deutschland/Frankreich/Luxemburg/Afghanistan/Katar 2019 **KI** Wolf Kino **R+B** Shahrbanoo Sadat **K** Virginie Surdej **S** Alexandra Strauss **Kb** Anwar Hashimi **D** Qodratollah Qadiri (Qodrat), Sediqa Rasuli (Sediqa), Masihullah Feraji (Feraji), Hasibullah Rasooli (Hasib), Ahmad Fayaz Omani (Fayaz) **L** 90 **FSK** ab 12; f **E** 4.11.2021   fd 48129

KAISERSCHMARRNDRAMA ★★★★
Siebter Teil der Filmreihe um den niederbayerischen Dorfpolizisten Franz Eberhofer, bei dem die kriminalistische Handlung – der Mord an einem lokalen Erotik-Webcam-Girl – erneut nur eine untergeordnete Rolle spielt. Im Zentrum stehen die Irrungen und Wirrungen im Leben des tiefenentspannten Ermittlers, die einmal mehr durch Freunde und Familie munter vorangetrieben werden. Der vergnügliche Film ist ein Glanzstück in der Reihe nach den Kriminalromanen von Rita Falk. Neben dem pointensicheren Drehbuch und der flotten Inszenierung überzeugt einmal mehr das hervorragend aufeinander eingespielte Ensemble. – **Ab 14.**

🔊 Die Edition enthält eine Audiodeskription für Sehbehinderte.

Deutschland 2020 **KI** Constantin **DVD** Constantin (16:9, 1.85:1, DD5.1 dt.) **BD** Constantin (16:9, 1.85:1, dts-HDMA dt.) **R** Ed Herzog **B** Stefan Betz, Ed Herzog **K** Stefan Schuh **Vo** Rita Falk (Roman *Kaiserschmarrndrama*) **M** Martin Probst **S** Stefan Essl **D** Sebastian Bezzel (Franz Eberhofer), Simon Schwarz (Rudi Birkenberger), Eisi Gulp (Papa Eberhofer), Enzi Fuchs (Oma Eberhofer), Lisa Maria Potthoff (= Lisa Potthoff) (Susi) **L** 96 **FSK** ab 12; f **E** 5.8.2021 / 21.12.2021 DVD & BD   fd 47394

KAISERSPIEL – BISMARCKS REICHSGRÜNDUNG IN VERSAILLES
siehe: KAISERSPIEL IN VERSAILLES

KAISERSPIEL IN VERSAILLES ★★★
Doku-Drama über die deutsche Reichsgründung 1871, der nach dem absehbaren Sieg im Deutsch-Französischen Krieg dramatische Wochen vorausgingen, in denen der preußische Ministerpräsident Otto von Bismarck bei den deutschen Fürsten Überzeugungsarbeit leistete, den König von Preußen als Kaiser zu unterstützen. Der Film arbeitet die Ereignisse im gepflegten Fernsehstil mit erläuternden Passagen, Animationen und breiten Spielszenen mit bemerkenswerter Besetzung auf. Im Bemühen um eine temporeiche Präsentation wirkt die Fülle der Informationen mitunter allerdings etwas erschöpfend. – **Ab 14.**
Teils schwarz-weiß. Deutschland 2021 **R** Christian Twente **B** Dirk Kämper, Lothar Machtan **K** Martin Christ, Fabian Spuck **M** Rudi Moser **S** Josef van Ooyen **Sb** Irena Hradecká **Kb** Renata Janousková **D** Thomas Thieme (Otto von Bismarck), Peter Meinhardt (Wilhelm I.), Hubertus Hartmann (Napoleon III.), Anna Tenta (Eugénie de Montijo, die Jüngere), Marie Anne Fliegel (Eugénie de Montijo, die Ältere) **L** 89 **E** 27.11.2021 arte   fd -

KALA AZAR ★★★★
KALA AZAR
Das Spielfilmdebüt der Videokünstlerin Janis Rafa erzählt von einem

jungen Paar, das rund um eine griechische Stadt Tierkadaver einsammelt und sie zur Einäscherung in ein Tierkrematorium bringt. Dann passiert ein Unfall mit einem streunenden Hund, der das Miteinander aus dem Gleis bringt. Angesiedelt in einem von der Wirtschaftskrise gezeichneten, marode anmutenden Griechenland, begleitet der Film sinnlich-unmittelbar den Umgang des Mannes und der Frau miteinander und mit den Tierkörpern. Eine so enigmatische wie drastische Annäherung ans kreatürliche Leben und Sterben und eine faszinierende Reflexion übers Verhältnis von Mensch und Tier. – **Ab 16.**
Niederlande/Griechenland 2020 **R+B** Janis Rafa **K** Thodoros Mihopoulos **M** Gwil Sainsbury **S** Patrick Minks **Sb** Elena Vardava **Kb** Vassilios Barbarigos **D** Penelope Tsilika (Penelope), Dimitris Lalos (Dimitris), Michele Valley (Mutter), Tassos Rafailidis (Vater/Tassos) **L** 91 **E** 2.6.2021 VoD (Mubi) **fd** -

Der karierte Ninja ★★
Ternet Ninja
Ein zum Leben erwachter Stoffninja reist nach Dänemark, um dort einen skrupellosen Unternehmer für den Tod eines Kindes in einem thailändischen Sweatshop zur Verantwortung zu ziehen. Doch zunächst freundet er sich dort mit einem schüchternen Teenager an, der in Sachen Selbstbewusstsein etwas Nachhilfe braucht. Die mit viel Freude am anarchischen Witz und derbem Humor inszenierte, für die deutsche Auswertung gekürzte CGI-Animation funktioniert vor allem, solange sie das Zusammenspiel ihrer Figuren vor dem Hintergrund des Schulalltags in den Blick nimmt. Was die Inszenierung der katastrophalen Lebens- und Arbeitsbedingungen in Sweatshops angeht, mangelt es ihr aber massiv an Feingefühl. – **Ab 12.**
Dänemark 2018 **DVD** Splendid **BD** Splendid **R** Thorbjørn Christoffersen **B** Anders Matthesen **K** Niels Grønlykke **M** Christian Vinten **S** Kristian Håskjold **L** 78 **FSK** ab 12; f **E** 25.6.2021 DVD & BD **fd** 47808

Karma ★★
Karma
Nach dem Uniabschluss lässt sich ein junger Mann aus Geldnot heraus von seinem Schwiegervater überreden, zahlungsunfähige Mieter vor die Tür zu setzen. Als er die Warnung eines der Betroffenen ignoriert, durch sein Verhalten werde ein Dämon freigesetzt, sieht er sich alsbald mit unheimlichen Begebenheiten konfrontiert. Eher zahmer Horrorfilm mit routinierter Inszenierung, die ihr Soll an unheimlichen Sequenzen ohne handwerkliche Mängel, aber auch ohne Originalität abspult. In jeder Beziehung eine passable Durchschnittsproduktion, allerdings ohne höheren Erinnerungswert. – **Ab 16.**
USA 2018 **R** Nick Simon **B** Daniel Gilboy **K** Kevin Duggin **M** Cece Wen **S** Don Money **Sb** Molly Bailey **Kb** Jesi Johnson **D** Mandela Van Peebles (Manny Everett), Brytni Sarpy (Alicia Hudson), Kanoa Goo (Kevin Shan), Sandra Cevallos (Carmen Hudson), Tim Russ (Frank Hudson) **L** 82 **E** 9.6.2021 Tele 5 **fd** -

Karottenkopf ★★★★
Poil de Carotte
Ein kleiner Junge wird wegen seiner roten Haare verspottet und findet in seiner Familie keine Unterstützung, seine boshafte Mutter lässt an ihm sogar ebenfalls ihren Groll über ihre unglückliche Ehe aus, während er seinem Vater gleichgültig zu sein scheint. Bis er zu Unrecht des Diebstahls bezichtigt wird und die Eltern in Streit geraten. Stummfilmadaption eines Romans, mit der ihrem Regisseur Julien Duvivier der Durchbruch gelang und den er sieben Jahre später als Tonfilm selbst erneut verfilmte. Voller stilistischer Raffinesse zeigt der Film die Facetten menschlicher Grausamkeit am Schicksal des Kindes, wirkt mit absurdem Komik aber der Tristesse entgegen. – **Ab 10.**
Schwarz-weiß. Frankreich 1925 **R** Julien Duvivier **B** Julien Duvivier, Jacques Feyder **K** Ganzli Walter, André Dantan **Vo** Jules Renard (Roman *Poil de carotte*) **M** Gabriel Thibaudeau (Neukomposition 2007) **Sb** Fernand Delattre **D** Henry Krauss (Herr Lepic), Charlotte Barbier-Krauss (Frau Lepic), André Heuzé (François Lepic, genannt «Karottenkopf»), Fabien Haziza (Félix), Renée Jean (Ernestine) **L** 118 **E** 12.7.2021 arte **fd** 47852

Kate ★★
Kate
Eine Auftragskillerin gerät in Japan nach einem Mord auf die Abschlussliste mächtiger Gegner und wird vergiftet; bis zu ihrem Tod bleiben ihr nur rund 24 Stunden, um den Yakuza-Boss, in dem sie den Drahtzieher hinter dem Giftanschlag vermutet, zu finden und sich zu rächen. Sie kidnappt die junge Nichte des Mannes, um über das Mädchen an den Onkel zu kommen. Ein mit J-Pop verkleisterter Actionfilm, der einfallslos und mit einem Minimum an Charakterzeichnung Genreklischees abhakt. Immerhin liefert die mehrheitlich weibliche Hauptdarstellerin, während sie sich trotz der Folgen der Vergiftung durch einen blutig-brutalen Parcours an Zusammenstößen mit Scharen von Gangstern prügelt, intensives Körper-Kino. – **Ab 16.**
USA 2021 **R** Cedric Nicolas-Troyan **B** Umair Aleem **K** Lyle Vincent **M** Nathan Barr **S** Sandra Montiel, Elísabet Ronaldsdóttir **Sb** Dominic Watkins **Kb** Audrey Fisher **D** Mary Elizabeth Winstead (Kate), Woody Harrelson (Varrick), Miku Patricia Martineau (Ani), Amelia Crouch (Kate als Mädchen), Mari Yamamoto (Kanako) **L** 106 **E** 10.9.2021 digital (Netflix) **fd** -

Keine Zeit zu sterben ★★★★
No Time to Die
James Bond wird aus dem Ruhestand zurückbeordert, als in ein Labor des britischen Geheimdienstes MI6 eingebrochen wird. Es geht um Viren, die durch die DNA gesteuert werden und das Leben von Millionen Menschen gefährden. Der spannende Agententhriller kreist um Themen wie Misstrauen und wechselnde Koalitionen und stellt Verknüpfungen zur Vergangenheit der Serie her, macht aber auch Angebote für ihre Zukunft.

Kate (© Jasin Boland / Netflix)

Die Action ist weniger turbulent und gewalttätig, während Verfolgungsjagden, die Gadgets von Q und das Set-Design auf bewährte 007-Versatzstücke zurückgreifen. – **Ab 14**.

🎧 Die Bonusdisk der BD umfasst vier relativ unspektakuläre Kurzfeaturettes über Stunts, Drehorte und das Design des Films (gesamt: 37 Min.).

Die 4K UHD umfasst bemerkenswerterweise nicht nur die Extras der Bonus-Disk, sie enthält exklusiv als Feature noch die Mini-Dokumentation «Das Wesen von James Bond» (47 Min.) über die fünf Filme, die Hauptdarsteller Daniel Craig maßgeblich prägte.

Scope. USA/Großbritannien 2020 **KI** UPI **DVD** Universal (16:9, 2.35:1, DD5.1 engl./dt.) **BD** Universal (16:9, 2.35:1, dolby_Atmos engl./dt.) **R** Cary Joji Fukunaga **B** Neal Purvis, Robert Wade, Cary Joji Fukunaga, Phoebe Waller-Bridge **K** Linus Sandgren **Vo** Ian Fleming (Charaktere) **M** Hans Zimmer **S** Tom Cross, Elliot Graham **Sb** Mark Tildesley **Kb** Suttirat Anne Larlarb **D** Daniel Craig (James Bond), Rami Malek (Safin), Léa Seydoux (Dr. Madeleine Swann), Lashana Lynch (Nomi), Ben Whishaw (Q) **L** 164 **FSK** ab 12; f **E** 30.9.2021 / 16.12.2021 DVD & BD & 4K UHD (plus BD) **fd** 48071

KEINE ZEIT ZU STERBEN (© DANJAQ, LLC & MGM, Universal Pictures)

K. I. – DIE LETZTE ERFINDUNG ★

Ein Doku-Drama über die Chancen und Gefahren der Weiterentwicklung von Künstlichen Intelligenzen mit einer Spielhandlung und Kommentaren von Experten. Auf der fiktionalen Ebene will ein Mann die eigene Intelligenz mit einem implantierten Chip steigern, nachdem ihm eine KI bei der Arbeit vorgezogen wurde, eine Frau sucht mit Hilfe einer KI nach einem Heilmittel für die Krankheit ALS. Die steifen Informations- und die einfallslos inszenierten Science-Fiction-Teile des Films stehen sich allerdings gegenseitig im Weg, sodass er weder als Genrearbeit noch als Dokumentation funktioniert. – **Ab 14**.

Deutschland 2021 **R** Christian Twente **B** Florian Hanig, Tamar Baumgarten, Christian Twente **K** Martin Christ, Dominik Moos **M** Rudolf Moser **S** Ramin Sabeti **Sb** Eva Bertlings, Jörg Fahnenbruck **Kb** Lena Wolf, Christina Künstler **D** Lisa Bitter (Vida), Daniel Donskoy (Tom Müller), Halima Ilter (Mari Müller), Thomas Heinze (Prof. Mark Reinhardt), Hans Brückner (Cassius von Wittgenstein) **L** 89 **E** 6.11.2021 3sat **fd** –

KIDS CUP – DIE FUSSBALLMEISTERSCHAFT ★★
BORTEBANE

Der «Norwegen Cup» ist ein internationales Fußballturnier für Kinder und Jugendliche, bei dem 2000 Teams aus aller Welt gegeneinander antreten. Der Dokumentarfilm stellt fünf Kinder aus verschiedenen Ländern vor, die hart trainiert haben, um sich mit ihren Teams für das Turnier zu qualifizieren, und begleitet sie durch Siege und Niederlagen. Dabei entwickelt der Film solide, wenn auch vorhersehbare Spannungsdramatik in den Fußballszenen, bleibt aber oberflächlich, wo es um das Umfeld der jungen Kicker geht. Lediglich einige Szenen künden davon, dass der sportliche Ehrgeiz mit hohem äußerem Druck einhergeht. – **Ab 10**.

Norwegen 2021 **KI** Der Filmverleih **R+B** Line Hatland **K** Tore Vollan, Viggo Knudsen, Jónína Guðbjörg Guðbjartsdóttir, Håvard Fossum **M** Kate Havnevik **S** Matti Näränen, Katja Pällijeff, Mari Monrad Vistven **L** 88 **E** 3.7.2021 KiKA **fd** –

KIDS RUN ★★★

Ein junger Mann Ende zwanzig, Vater von drei Kindern und ehemaliger Boxer, lebt als Tagelöhner in ständiger Geldnot und ist für seine Kinder nur bedingt der gute Vater, der er sein will. Da er zudem noch Schulden hat, die er zurückzahlen muss, richtet er seine Hoffnung auf ein Amateur-Boxturnier. Anspruchsvolles, aber auch düsteres Drama, angesiedelt an durchweg lebensfeindlichen Orten, mit einem Vater, der das Richtige will, aber das Falsche tut. Dabei geht es auch stets um die Sicht der Kinder und die unmittelbaren emotionalen, wirtschaftlichen und sozialen Auswirkungen dieser Lebensumstände. – **Ab 16**.

🎧 Die Edition enthält eine Audiodeskription für Sehbehinderte.

Scope. Deutschland 2020 **KI** Farbfilm **DVD** Lighthouse/Farbfilm (16:9, 2.35:1, DD5.1 dt.) **R+B** Barbara Ott **K** Falko Lachmund **M** John Gürtler, Lars Voges, Jan Miserre **S** Halina Daugird **D** Jannis Niewöhner (Andi), Lena Tronina (Sonja), Eline Doenst (Nikki), Giuseppe Bonvissuto (Ronny), Carol Schuler (Isabel) **L** 104 **FSK** ab 16; f **E** 3.6.2021 / 17.12.2021 DVD **fd** 47396

KILLER'S BODYGUARD 2 ★★
HITMAN'S WIFE'S BODYGUARD

Aufgrund eines Missverständnisses rekrutiert die Frau eines Auftragskillers ausgerechnet dessen liebsten Feind, um ihren Ehemann aus den Fängen der Mafia zu befreien. Überdies werden die drei nach ihrer unfreiwilligen Reunion von Interpol genötigt, den Versuchen eines größenwahnsinnigen Schurken zuvorzukommen, Europa durch ein Internetvirus lahmzulegen. Gänzlich sinnfreie, im Kern aber von amüsanten Gags und einer Riege reiferer Filmstars belebte Actionkomödie, die ruppig, vulgär und tabulos, aber mit Herz versucht, die Konzepte von TOM & JERRY und JAMES BOND miteinander zu kombinieren. – **Ab 16**.

Scope. USA/Großbritannien 2021 **KI** Telepool/Paramount **DVD** EuroVideo (16:9, 2.35:1, DD5.1 engl./dt.) **BD** EuroVideo (16:9, 2.35:1, TrueHD7.1 engl., dolby_Atmos dt.) **R** Patrick Hughes **B** Tom O'Connor, Brandon Murphy, Phillip Murphy **K** Terry Stacey **Vo** Tom O'Connor (Charaktere) **M** Atli Örvarsson **S** Michael J. Duthie (= Michael Duthie), Jack Hutchings **Sb** Russell De Rozario **Kb** Stephanie Collie **D** Ryan Reynolds (Michael Bryce), Salma Hayek (Sonia Kincaid), Samuel L. Jackson (Darius Kincaid), Frank Grillo (Bobby O'Neill), Antonio Banderas (Aristotle Papadopoulos) **L** 117 **FSK** ab 16; f **E** 26.8.2021 / 9.11.2021 digital / 23.11.2021 DVD & BD & 4K UHD (plus BD) **fd** 47967

KILLING FIELD – DEIN LAND. ★
DEINE REGELN. DEIN KAMPF.
SURVIVING THE GAME

Zwei Polizisten müssen nach einer missglückten Drogenrazzia vor einer Gruppe Krimineller flüchten und landen auf der Farm eines Kriegsveteranen. Dieser schließt sich ihnen an, als die Verbrecher das Feuer eröffnen, sodass die drei es schaffen, der Überzahl Paroli zu bieten. Überraschungsloser Actionthriller mit viel hirnlosem Geballer und haarsträubenden Dialogpassagen, der selbst hartgesottene Genrefans auf eine harte Geduldsprobe stellt. – **Ab 16.**
USA 2021 **DVD** EuroVideo **BD** EuroVideo **R** James Cullen Bressack **B** Ross Peacock **K** Bryan Koss **M** Timothy Stuart Jones **S** R. J. Cooper **Sb** Peter Cordova **D** Chad Michael Murray (Eric), Bruce Willis (David), Swen Temmel (Cal), Michael Sirow (Frank), Kate Katzman (Violet) **L** 97 **FSK** ab 16 **E** 9.12.2021 DVD & BD & digital **fd** –

EIN KIND WIE JAKE ★★★★
A KID LIKE JAKE

Ein gutsituiertes Ehepaar aus Brooklyn sieht sich mit der Tatsache konfrontiert, dass ihr vierjähriger, lebhafter Sohn sich im Kindergarten gern Tüllröcke anzieht und als Aschenbrödel verkleidet. Eigentlich ist diese kindliche Zurückweisung einer maskulinen Geschlechterrolle kein Problem für die Eltern. Doch dann berichtet die Leiterin des Kindergartens, dass die Wutausbrüche und Trotzanfälle des Buben rapide zugenommen haben, die Aufnahme in eine Privatschule ist gefährdet. Ein behutsames und sensibles Drama mit überzeugenden Darstellern, das realitätsnah beleuchtet, wie die Erwachsenen im Umfeld des Kindes mit dessen Nicht-Hineinpassen in Gender-Schubladen umgehen. – **Sehenswert ab 12.**
Scope. USA 2018 **DVD** Koch (16:9, 2.35:1, DD5.1 engl./dt.) **BD** Koch (16:9, 2.35:1, dts-HDMA engl./dt.) **R** Silas Howard **B** Daniel Pearle **K** Steven Capitano Calitri (= Steve Calitri) **M** Roger Neill **S** Michael Taylor **Sb** Sara K. White **Kb** Amela Baksic **D** Claire Danes (Alex Wheeler), Jim Parsons (Greg Wheeler), Leo James Davis (Jake Wheeler), Octavia Spencer (Judy), Priyanka Chopra (Amal) **L** 92 **FSK** ab 0 **E** 17.6.2021 digital / 24.6.2021 DVD & BD **fd** 47796

KINDER DER HOFFNUNG – ★★★
ONE OF US
ONE OF US

Die 1980 geborene israelische Filmemacherin Yael Reuveny lebt seit vielen Jahren in Berlin. Sie wuchs mit einer Generation auf, deren Hoffnungen auf einen andauernden Frieden mit den Palästinensern Mitte der 1990er-Jahre jäh zerstört wurde. Sie begibt sich auf eine Reise in ihre frühere Heimat und befragt ehemalige Klassenkameraden in ihrer Geburtsstadt Petach Tikwa nach den Idealen ihrer Jugend und ihrem jetzigen Leben. Die offen zutage tretenden Unterschiede im Werdegang veranlassen die Regisseurin zu Reflexionen über Gehen und Bleiben, Familie und Zugehörigkeit sowie über hohe Ansprüche und zerbrochene Träume. – **Ab 14.**
Deutschland/Israel 2021 **KI** Film Kino Text **R+B** Yael Reuveny **K** Andreas Köhler **S** Nicole Kortlüke, Assaf Lapid **L** 88 **FSK** ab 0; f **E** 4.11.2021 **fd** 48154

KINDER DER KLIMAKRISE – ★★★
4 MÄDCHEN, 3 KONTINENTE, 1 MISSION

Ein Dokumentarfilm über vier Mädchen aus Indien, Australien, Indonesien und dem Senegal, die trotz unterschiedlicher nationaler und kultureller Bedingungen alle die Auswirkungen der weltweiten Umweltzerstörung am eigenen Leib erfahren und sich dem Kampf für eine Änderung verschrieben haben. Der Film zeigt, wie die vier aus ihrem jeweils eigenen Erfahrungshorizont herausdarangehen, für den Klimaschutz einzustehen, andere motivieren und der Auseinandersetzung selbst mit Politikern nicht scheuen. Obwohl Musik und Kamera die jungen Aktivistinnen dabei oft unnötig erhöhen, vermittelt sich eindrücklich ihre Einsatzbereitschaft und Entschlossenheit. – **Ab 12.**
Deutschland 2020 **R+B** Irja von Bernstorff **K** Sonam Rinzin **M** Siggi Müller, Jörg Magnus Pfeil (= Jörg Pfeil), Sebastian Haßler **S** Jonas Harmsen, Kinley Tshering **L** 88 **E** 17.4.2021 arte **fd** –

KINDSEIN – ICH SEHE WAS, ★★★
WAS DU NICHT SIEHST!

Zwei Sechsjährige und zwei Achtjährige aus Tokio, Havanna, Mumbai und Berlin wachsen in vollkommen verschiedenen Verhältnissen auf, begegnen ihrem jeweiligen Alltag jedoch mit Optimismus und Fantasie. Der Dokumentarfilm beobachtet die einzelnen Lebenswelten und stellt die Erfahrungen der Kinder nebeneinander, wobei Schwerpunkte auf ihrer Neugier, Begeisterungsfähigkeit und Kreativität

liegen. Der sorgfältig montierte Film ist in den Bildern oft eindrucksvoll, die Rückschlüsse auf universale Gemeinsamkeiten der Zeitspanne «Kindheit» bleiben allerdings eher vage. – **Ab 12.**
Scope. Deutschland 2017 **R+B+K** Lilian Nix **M** Max van Dusen, Dascha Dauenhauer **S** Martin Wunschick **L** 86 **E** 8.12.2021 rbb **fd** –

KING OTTO siehe: KÖNIG OTTO

KINGS OF HOLLYWOOD ★★
THE COMEBACK TRAIL

Ein erfolgloser Produzent von Exploitation-Filmen verpflichtet einen lebensmüden Westerndarsteller in der Hoffnung, dass der alte Mann während der Dreharbeiten bei einem der gefährlichen Stunts das Zeitliche segnet. Mit der dann fälligen Versicherungssumme soll das Studio gerettet werden. Leidlich unterhaltsames Remake von Harry Hurwitz' THE COMEBACK TRAIL (1982). Statt dem Zufälligen und Unfertigen des Trashfilms setzt die Regie auf Perfektion, was nicht so recht zum Flair des billigen Vorgängerfilms passen will; eine illustre Schauspielriege, teures Set-Design und aufwändige Actionsequenzen zeugen überdies von einem hohen Budget. – **Ab 14.**
🅓 Die Extras enthalten u. a. ein Feature mit im Film nicht verwendeten Szenen (6 Min.).
Scope. USA 2020 **KI** Telepool **DVD** EuroVideo (16:9, 1.78:1, DD5.1 engl./dt.) **BD** EuroVideo (16:9, 1.78:1, dts-HDMA engl./dt.) **R** George Gallo **B** George Gallo, Josh Posner **K** Lukasz Bielan (= Lucas Bielan) **Vo** Harry Hurwitz (Film THE COMEBACK TRAIL (1982)) **M** Aldo Shllaku **S** John M. Vitale **Sb** Joe Lemmon, Stephen Lineweaver **Kb** Melissa Vargas **D** Robert De Niro (Max Barber), Morgan Freeman (Reggie Fontaine), Tommy Lee Jones (Duke Montana), Zach Braff (Walter Creason), Emile Hirsch (James Moore) **L** 105 **FSK** ab 12; f **E** 24.6.2021 / 11.11.2021 DVD & BD **fd** 47755

KINOMANN ★★★

Dokumentarfilm über einen der letzten deutschen fahrenden Kinovorführer, der auch mit 75 Jahren in den Dörfern von Sachsen-Anhalt seinen Beruf weitertreibt. Der Film hängt sich an seinen redseligen Protagonisten und vermittelt dessen Leidenschaft fürs haptische Kino, aber auch seinen Starrsinn, wenn es um Vorlieben und Abneigungen bestimmter Werke geht. Dabei wirkt er gelegentlich etwas unkritisch gegenüber dem herben Umgangston zwischen dem Vorführer und seiner Frau wie auch gegenüber dem Provinzleben, zeichnet

sich aber als wehmütiges Porträt eines aussterbenden Berufs aus. – **Ab 12.**
Deutschland 2020 **KI** Kippelsteiner Filme **DVD** 375 Media (16:9, 1.78:1, DD2.0 dt.) **R+B+K** Matthias Ditscherlein **M** Götz Mathias **S** Matthias Ditscherlein **L** 93 **FSK** ab 0; f **E** 1.7.2021 / 27.8.2021 DVD **fd** –

Kipchoge: The Last Milestone ★★
Kipchoge: The Last Milestone
Ein Dokumentarfilm über den kenianischen Langstreckenläufer Eliud Kipchoge, der 2018 beim Berlin-Marathon einen neuen Weltrekord aufstellte und 2019 in Wien als erster Mensch die Marathondistanz in weniger als zwei Stunden lief. Der Film begleitet den Sportler bei seinen Vorbereitungen im Trainingslager in Kenia bis hin zu den Sport-Events in Europa und wirft darüber hinaus Schlaglichter auf das Leben des zum Volk der Nandi gehörenden Athleten. Dabei gewährt der Film interessante Einblicke in Kipchoges Karriere, allerdings aus einer unkritischen Fan-Perspektive, die mögliche Schattenseiten eines Ausreizens von Grenzen körperlicher Leistungsfähigkeit konsequent ausblendet. – **Ab 12.**
Großbritannien 2021 **R** Jake Scott **K** Thomas Dirnhofer **M** Simon Elms, Colin Smith **S** Struan Clay, Paul Trewartha **L** 87 **FSK** ab 0 **E** 23.8.2021 digital (Universal) **fd** –

Klang der Verführung ★★
Jimunopedi ni Midareru
Ein einst gefeierter Regisseur hat beruflich und privat den Halt verloren, seit seine Frau durch einen Unfall so schwer verletzt wurde, dass sie ins Koma fiel; mittlerweile schlägt er sich mit billigen Pornos durch. Dann gerät sein neuestes Projekt in Bedrängnis, und er driftet auf der Suche nach schnellem Sex und neuen Geldgebern durch die Nacht. Der Film ist Teil eines «Roman Porno Reboot Project», mit dem das japanische Studio Nikkatsu seine «Roman Pornos» aus den 1970ern und 1980ern aufleben lässt, softpornografische Filme, die eine bestimmte Menge an Nackt- und Sexszenen enthalten mussten, bei denen die Filmemacher ansonsten aber freie Hand hatten. Er versucht einen Brückenschlag zwischen Erotikfilm und Künstler-Drama; die seelischen Abgründe der Hauptfigur wirken allerdings etwas zu klischeehaft, um viel Anteil an ihrem Dilemma zu wecken. – **Ab 18.**
Scope. Japan 2019 **DVD** Busch Media (16:9, 2.35:1, DD5.1 jap./dt.) **BD** Busch Media (16:9, 2.35:1, dts-HDMA jap./dt.) **R** Isao Yukisada **B** Isao Yukisada, Anne Horizumi **K** Takahiro Imai **M** Meyna Co. **S** Tsuyoshi Imai **Sb** Naoki Soma **D** Itsuji Itao (Shinji Furuya), Sumire Ashina (Yuka), Izumi Okamura (Anri), Mayumi Tajima (Rinko), Yuko Miyamoto (Yukiko) **L** 83 **FSK** ab 18 **E** 12.3.2021 DVD & BD **fd** –

Die Klasse von 09/11 – ★★★
20 Jahre danach
9/11 Kids
Am Morgen der Terroranschläge des 11. September 2001 besuchte US-Präsident George W. Bush eine Grundschule in Florida. Ein Dokumentarfilm sucht knapp zwanzig Jahre danach die ehemaligen Schüler aus einkommensschwachen, überwiegend afroamerikanischen Familien auf und forscht nach, wie deren Leben verlaufen ist. Dabei werden harte Schicksale ebenso enthüllt wie überraschende Erfolgsgeschichten, die aber nicht von den grundlegenden Erfahrungen einer systemischen Diskriminierung ablenken. Eine ungewöhnliche filmische Perspektive auf die Folgen von «9/11», die zeigt, wie das Trauma der Terroranschläge sich auf die Vernachlässigung der Bildungsgleichheit in den USA auswirkte. – **Ab 14.**
Kanada/Deutschland 2018 **R+B** Elizabeth St. Philip **K** Chris Romeike **S** Greg West **L** 83 **E** 7.9.2021 arte **fd** –

Klassenkampf ★★★★
Der Filmemacher Sobo Swobodnik rekonstruiert mit experimentellen Mitteln seine Biografie als Beispiel für einen sozialen Aufstieg aus prekären Verhältnissen in ein großstädtisch-intellektuelles Milieu, in dem er nie richtig angekommen ist. Der formal einfallsreiche Essayfilm auf den Spuren einschlägiger soziologisch-literarischer Studien reflektiert über die schmerzhaften Folgekosten gesellschaftlicher Emanzipationsprozesse, wobei er verschiedene Haltungen durchspielt und Widersprüche, Zwänge und Ungleichzeitigkeiten sozialer Veränderungen offenlegt. – **Ab 16.**
Deutschland 2020 **KI** Partisan **R+B** Sobo Swobodnik **K** Elias Gottstein, Sobo Swobodnik **M** Elias Gottstein **S** Manuel Stettner **D** Margarita Breitkreiz, Lars Rudolph **L** 78 **E** 7.10.2021 **fd** 48089

Der Knall ★★
Dhamaka
Ein nach dem Scheitern seiner Ehe frustrierter Nachrichtensprecher vollzieht nur noch Dienst nach Vorschrift. Eines Tages jedoch meldet sich ein Mann bei ihm, der mit der Explosion einer Bombe droht und die Drohung tatsächlich wahrmacht. Der Nachrichtensprecher will den Anrufer um jeden Preis am Telefon halten – nicht um weitere Anschläge zu verhindern, sondern um seine Quoten wieder nach oben zu treiben. Ein Thriller mit kritischer Perspektive auf sensationshungrige Medien(vertreter), der zu dick aufträgt, um als ernsthafter Diskussionsanstoß gesehen zu werden. Die Übertreibung verschafft ihm allerdings immerhin eine Basis für solide Spannung. – **Ab 16.**
Indien 2021 **R** Ram Madhvani **B** Ram Madhvani, Puneet Sharma **K** Manu Anand **Vo** Kim Byung-woo (Film Deu tae-ro ra-i-beu) **M** Vishal Khurana **S** Monisha R. Baldawa **Sb** Nidhi Rungta **D** Kartik Aaryan (Arjun Pathak), Mrunal Thakur (Saumya Pathak), Amruta Subhash (Ankita Malaskar), Vishwajeet Pradhan (Subhash Mathur), Vikas Kumar (Praveen Kamath) **L** 103 **E** 19.11.2021 digital (Netflix) **fd** –

Knerten und die ★★★★
Seeschlange
Knerten og Sjøormen
Ein siebenjähriger Junge, sein großer Bruder und Holzmännchen Knerten

Knerten und die Seeschlange (© Polyband)

verbringen die Ferien mit der Tante in deren Sommerhaus auf einer Insel. Als der Junge ein Mädchen kennenlernt und sich von ihr dazu animieren lässt, einem kuriosen Seeschlangenexperten zu helfen, fühlt sich Knerten zurückgesetzt, zumal als er eines Tages beim Spielen am Strand vergessen wird. Der Kinderfilm schließt an den nostalgisch-verspielten Look und den skurrilen Humor der KNERTEN-Reihe an und verbindet einmal mehr ein kindgerechtes Abenteuer mit der einfühlsamen Schilderung kindlicher Befindlichkeiten. – **Ab 6.**
Norwegen 2020 **DVD** Polyband (16:9, 1.85:1, DD5.1 norw./dt.) **R** Tove Undheim **B** Tove Undheim, Aksel Kielland **K** Lukasz Zamaro **M** Erik Johannessen, Erlend Mokkelbost **S** Margrete Vinnem **Sb** Åsa Nilsson **Kb** Miriam Lien, Bella Leikanger Mork **D** Filip Mathias Eide (Lillebror), Sjur Vatne Brean (Großer Bruder Philip), Silje Storstein (Tante Thea), Mia Ålvik (Eddy), Espen Petrus Andersen Lervaag (Seeschlangenexperte Blegen) **L** 71 **FSK** ab 0 **E** 28.5.2021 DVD **fd** -

KOMM WIEDER, LIEBER WEIHNACHTSMANN siehe: ELISE UND DAS VERGESSENE WEIHNACHTSFEST

KÖNIG BANSAH UND SEINE TOCHTER ★★★
Céphas Bansah betreibt in Ludwigshafen seit Jahrzehnten eine kleine Kfz-Werkstatt. Zugleich ist er König für 200.000 Menschen in seiner Heimat Ghana, initiiert und finanziert dort Hilfsprojekte. Mit seiner Tochter Katharina, einer Künstlerin und Feministin, die die Thronfolge übernehmen soll, geht er wieder einmal auf die Reise zu seinem Volk. Eine geradlinige, freundliche Reportage über die Suche von Vater und Tochter nach Wurzeln und emotionaler Heimat. Die ebenso empathische wie sachliche Berichtsform ist nicht vom Willen zu politischer und soziologischer Analyse geprägt, sondern von Achtung, Zuneigung und mitunter auch Sentimentalität. – **Ab 14.**
Deutschland/Ghana 2020 **R+B** Agnes Lisa Wegner **K** Marcus Winterbauer **M** Ziggy Has Ardeur **S** Ulrike Tortora **L** 85 **E** 29.3.2021 ZDF **fd** 47606

KÖNIG DER RABEN ★★★★
Ein junger Mazedonier, der illegal in Deutschland lebt und sich nicht nur um seine kranke Mutter, sondern auch um zwei nicht weniger impulsive Freunde kümmert, verliebt sich in eine fragile Fotografin, die nur mit einem Bein im Leben steht. Teils realistisch, teils poetisch überhöht inszeniertes Sozialdrama aus dem Migrantenmilieu. Mit einer visuell auffälligen Bildsprache und einem überzeugenden Darstellerensemble vermittelt der ausgesprochen sinnliche Film Lebens- und Sichtweisen von Menschen am Rande der Gesellschaft. Realitätsnahe Milieuzeichnungen und dezidiert utopische Ausbruchsmomente fallen dabei zusammen. – **Ab 14.**
Scope. Deutschland 2020 **KI** Salzgeber **R** Piotr J. Lewandowski **B** Denise Langenhan, Carsten Strauch, Piotr J. Lewandowski, Finn-Ole Heinrich, Dan Olteanu **K** Jan Prahl **M** Lenny Mockridge **S** Dan Olteanu, Monika Schindler **Sb** Patrycja Walczak **Kb** Itamar Zechoval **D** Malik Blumenthal (= Malik Adan) (Darko), Antje Traue (Alina), Karim Günes (Yanoosh), Mert Dincer (Manolo), Danuta Stenka (Ramona) **L** 105 **FSK** ab 12; f **E** 19.8.2021 **fd** 47963

KÖNIG OTTO ★★★
KING OTTO
Ein Dokumentarfilm über den Weg der griechischen Nationalmannschaft zum Sieg bei der Fußball-Europameisterschaft 2004 in Athen. Das von dem deutschen Trainer Otto Rehhagel gecoachte Team galt zu Beginn des Turniers als krasser Außenseiter, unterwarf sich aber dann aber dessen defensiv ausgerichtetem Stil und schaffte den sensationellen Finalsieg. Der konventionell aufgebaute, aber informative und unterhaltsame Film lässt Rehhagel und andere Beteiligte noch einmal zu Wort kommen, wobei zwischen frohen Erinnerungen auch Motivationstechniken, Taktik und klug ausgewählte Mitarbeiter als Faktoren für den Triumph aufscheinen. – **Ab 12.**
Griechenland/USA/Großbritannien 2020 **KI** Piece of Magic Entertainment **DVD** EuroVideo (16:9, 1.78:1, DD5.1 dt.) **R+B** Christopher André Marks **K** Lefteris Agapoulakis, Yannis Kanakis, Stelios Pissas **M** Andrés Soto **S** Yann Heckmann, Chris Iversen **L** 91 **FSK** ab 0; f **E** 10.11.2021 / 18.11.2021 digital / 9.12.2021 DVD **fd** -

DIE KÖNIGIN DES NORDENS ★★★
MARGRETE DEN FØRSTE
Anfang des 15. Jahrhunderts hat die dänische Königin Margarethe (1353–1412) die nordischen Länder vereint und strebt gegen Preußen ein Militärbündnis mit England an. Bis plötzlich ein Mann auftaucht, der vorgibt, ihr totgeglaubter Sohn zu sein, und alle Pläne durcheinanderwirbelt. Packende Mischung aus mittelalterlichem Politdrama und Krimi, in dem sich eine Frau in einer von Männern beherrschten Welt durchsetzt und für Frieden sorgt. Neben den schauspielerischen Leistungen und dem Kostüm- und Set-Design beeindrucken vor allem die virtuosen Landschaftsaufnahmen. – **Ab 14.**
Scope. Dänemark/Schweden/Norwegen/Island/Tschechien/Polen 2021 **KI** Splendid **R** Charlotte Sieling **B** Jesper Fink, Maya Ilsøe, Charlotte Sieling **K** Rasmus Videbæk **M** Jon Ekstrand **S** Sverrir Kristjánsson **Sb** Søren Schwartzberg **Kb** Manon Rasmussen **D** Trine Dyrholm (Margrete), Søren Malling (Peder), Morten Hee Andersen (Erik), Jakob Oftebro (Olav, Mann von Graudenz), Bjørn Floberg (Asle Jonsson) **L** 121 **FSK** ab 12; f **E** 30.12.2021 **fd** 48279

DIE KÖNIGIN DES NORDENS (© Splendid)

DIE KÖNIGIN VON SPANIEN
siehe: THE QUEEN OF SPAIN

KÖNIGREICH DER BÄREN ★★★★
LA FAMEUSE INVASION DES OURS EN SICILE

Nachdem der Sohn des Bärenkönigs verschwunden ist, kommt es zum Krieg zwischen den Bären und dem Heer eines menschlichen Tyrannen. Als die Bären siegreich aus dem Konflikt hervorgehen, wendet sich jedoch nicht alles zum Besseren. Auch die neue Gemeinschaft wird durch die Gier nach Macht und durch Vorurteile bedroht. Mit einer eigenwillig flächigen Ästhetik erzählt der Animationsfilm nach einem italienischen Kinderbuchklassiker eine tiefgründige Geschichte und wechselt dabei geschickt die Erzählperspektive von Bären und Menschen. Dem Film mangelt es zwar an einer optimistischen Vision, wie das Zusammenleben unterschiedlicher Lebensformen gelingen kann, doch einen kleinen Hoffnungsschimmer lässt er durchaus zu. – **Sehenswert ab 8.**
Frankreich/Italien 2019 DVD Weltkino (16:9, 1.85:1, DD5.1 frz./dt.) R Lorenzo Mattotti B Thomas Bidegain, Lorenzo Mattotti, Jean-Luc Fromental Vo Dino Buzzati (Roman) M René Aubry S Sophie Reine L 82 FSK ab 6 E 26.3.2021 DVD & VoD
fd 47657

DER KÖNIGSMACHER: MIT DEN WAFFEN DER WERBUNG ★★★
INFLUENCE

Ende der 1970er-Jahre stieg die britische Werbeagentur Bell Pottinger mit ihrem Mitgründer Timothy Bell in die PR-Beratung ein und verhalf Margaret Thatcher zum Amt der Premierministerin. In den folgenden Jahrzehnten trat Bell Pottinger immer wieder mit PR-Schützenhilfe für umstrittene Politiker hervor und machte die Untergrabung demokratischer Prinzipien zur Marketingstrategie. Der Dokumentarfilm zeichnet den Aufstieg von Bell und seiner Agentur detailreich nach und wird der Fülle an Material mitunter nicht ganz Herr. Alles in allem arbeitet er jedoch eindrücklich Bell Pottingers verheerenden Anteil an fatalen politischen Entwicklungen der letzten Jahrzehnte heraus. – **Ab 14.**
Kanada/Südafrika 2019 R Richard Poplak, Diana Neille B Richard Poplak, Diana Neille K Glauco Bermudez, Mark Ó Fearghaíl (= Mark Ellam) M Florencia Di Concilio S Ryan Mullins L 84 E 5.10.2021 arte fd –

KÖNIGSMACHERIN ★★★★
THE KINGMAKER

Die Ära des philippinischen Diktatoren-Ehepaars Ferdinand und Imelda Marcos (1965–1986) stand für Menschenrechtsverletzungen, Extravaganz und die Ausplünderung des Volkes. Nach dem Tod ihres Mannes im Exil kehrte Imelda Marcos schon 1991 zurück und mischt seitdem wieder im politischen Geschäft mit. Der Dokumentarfilm bietet der 90-jährigen Diktatorenwitwe Raum für eine Selbstdarstellung als missverstandene «Mutter der Nation», entlarvt ihre Beschönigungen aber hellsichtig als Lügen. Während er so ihre Demaskierung betreibt, zeigt er mit einer ernüchternden Note zugleich, auf welch fruchtbaren Boden Imelda Marcos auf den Philippinen immer noch stößt. – **Sehenswert ab 16.**
USA/Dänemark 2019 DVD Studio Hamburg R+B Lauren Greenfield K Lars Skree, Shana Hagan M Jocelyn Pook S Per K. Kierkegaard L 101 FSK ab 12 E 27.4.2021 NDR / 11.6.2021 DVD fd –

DIE KONKUBINE ★★★
HOO-GOONG: JE-WANG-EUI CHEOB

Am koreanischen Königshof, irgendwann in der Frühzeit der Joseon-Dynastie: Die Tochter eines Ministers wird gegen ihren Willen dem kranken König zur Frau gegeben. Fünf Jahre später stirbt der Herrscher unter dubiosen Umständen, und sie und ihr kleiner Sohn werden zu Figuren in einem fatalen Spiel der Ränke und Leidenschaften, in dem vor allem die skrupellose Königinmutter die Fäden zieht. Ein kammerspielartiges Historiendrama um Macht, Mord, Intrige und Liebe, sinnlich in Szene gesetzt und von einem Ensemble und einer Inszenierung getragen, die die hinter der Fassade höfischer Sitten und Rituale schwelenden emotionalen Spannungen packend herausarbeiten. – **Ab 16.**
Südkorea 2012 DVD Capelight BD Capelight R Kim Dae-seung B Kim Dae-seung, Hwang Yoon-jeong, Kim Mi-jung, Kim Soo-Mi K Hwang Ki-seok M Jo Yeong-wook (= Cho Young-wuk) S Kim Jae-beom, Kim Sang-beom Sb Cho Geun-hyun Kb Jo Sang-gyeong D Jo Yeo-Jeong (= Cho Yeo-Jeong) (Hwa-Yeon), Kim Dong-wook (Sungwon), Kim Min-jun (Kwon-Yoo), Park Ji-Young (Königsmutter), Jo Eun-ji (Geum-Ok) L 117 FSK ab 16; f E 22.7.2021 digital (Capelight) / 30.7.2021 DVD & BD fd –

DAS KORALLENRIFF ★★★
LE RÉCIF DE CORAIL

Ein Australier tötet im Affekt einen anderen Mann und will auf einem Schiff nach Mexiko entkommen, wird aber kurz vor dem Ziel zu Unrecht als Dieb verdächtigt und in seine Heimat zurückgebracht. Die Verfolgung durch die Polizei fürchtend, flüchtet der Mann ins Landesinnere, wo er auf eine alleinlebende Frau trifft, die ebenfalls ihrer Vergangenheit entkommen will. Französisches Drama im Ende der 1930er-Jahre dominanten melancholischen Stil und mit viel Melodramatik, das durch ungewöhnliche Schauplätze und eine unerwartete Auflösung eher eigenständige Akzente setzt. Dank der Besetzung auch in schwächeren Momenten des Plots ansehnlich. (O.m.d.U.) – **Ab 14.**
Schwarz-weiß. Frankreich 1939 R Maurice Gleize B Charles Spaak K Jules Kruger Vo Jean Martet (Roman Le Récif de corail) M Henri Tomasi S Victor de Fast Sb Anton Weber Kb Tchimoukoff D Jean Gabin (Trott Lennard), Michèle Morgan (Lilian White), Pierre Renoir (Abboy), Saturnin Fabre (Hobson), Gina Manès (Maria) L 90 E 1.1.2021 VoD (arte) fd –

KOSMETIK DES BÖSEN ★
A PERFECT ENEMY

Ein Star-Architekt hat sich nach einer Sinnkrise auf soziales Bauen verlegt. Eines Tages drängt sich ihm bei einer Taxifahrt zum Flughafen eine junge Frau auf, die er nicht mehr loswird: In Form von drei Geschichten konfrontiert sie ihn schonungslos mit seinen Abgründen. Die Literaturverfilmung versucht im Fahrwasser altgedienter Psychothriller physische und ethische Fragen auszuloten. Das textlastige, um vorhersehbare und absurde Wendungen unbekümmerte Drehbuch verzichtet aber auf wirkliche Überraschungen und zeitgemäße Ebenen, sodass der Film trotz einiger Schauwerte vorhersehbar und banal bleibt. – **Ab 16.**
Scope. Spanien/Deutschland/Frankreich 2020 KI Koch Films/Central DVD Koch BD Koch R Kike Maíllo B Cristina Clemente, Kike Maíllo, Fernando Navarro K Rita Noriega Vo Amélie Nothomb (Roman Cosmétique de l'ennemi / Kosmetik des Bösen) M Alex Baranowski S Martí Roca Sb Roger Bellés Kb Paula Ventura D Tomasz Kot (Jeremiasz Angust), Athena Strates (Texel Textor), Dominique Pinon (Jean Rosen), Marta Nieto (Isabelle), Freyja Simpson (Feline) L 90 FSK ab 16; f E 4.11.2021 / 24.3.2022 DVD & BD fd 48130

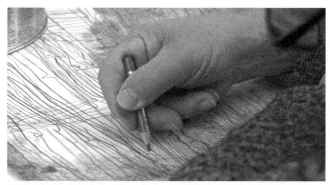

KUNST KOMMT AUS DEM SCHNABEL WIE ER GEWACHSEN IST (© Peripher / Sabine Herpich)

KRABI, 2562 ★★★★
KRABI, 2562
Satirisch angehauchtes dokumentarisches Porträt des Urlaubsparadieses Krabi an der Südwestküste Thailands, bei dem es nicht nur um Bilder der spektakulär schönen Landschaft geht, sondern auch um Überlegungen dazu, wie das Image solch eines touristischen Ortes und das seiner Geschichte und die Lebensrealität miteinander interagieren. Der hypnotische Film verbindet Fragmente einer Handlung mit Interviews und dokumentarischen Beobachtungen und stellt seine Verspieltheit offen heraus. Die teils rätselhaften Bilder und unerklärten Vorgänge machen dabei die aktive Mitarbeit der Zuschauer zur Grundvoraussetzung, Sinn in dem Konstrukt zu entdecken. – **Ab 16.**
Großbritannien/Thailand 2019 **R** Ben Rivers, Anocha Suwichakornpong **B** Ben Rivers, Anocha Suwichakornpong **K** Ming-Kai Leung, Ben Rivers **S** Aacharee Ungsriwong **L** 94 **E** 15.9.2021 digital (Mubi) fd -

KRASS KLASSENFAHRT ★
Eine Abiturklasse aus Berlin reist auf einer chaotischen Abschlussfahrt nach Kroatien, wo die Gymnasiasten allerlei Abenteuer und romantische Verwicklungen erleben. Die aufgekratzte Teenager-Komödie beruht auf einer gleichnamigen Webserie, deren Comedy- und Soap-Elemente auf Spielfilmlänge viel Leerlauf produzieren. Ohne Überraschungen oder künstlerische Ambitionen verknüpft der Film alberne Irrungen und Wirrungen mit überwiegend platten Gags zu einem seichten Urlaubsspektakel, das allenfalls hartgesottene Fans ansprechen dürfte. – **Ab 14.**
Scope. Deutschland 2021 **KI** Leonine **R** Felix Charin, **B** Felix Charin, Thore Fahrenbach **K** Jakob Creutzburg **Vo** Jonas Ems (Webserie), Jonas Wuttke (Webserie) **M** Liam Mour **S** Carola Sultan Keller (= Carola Sultan Bauermeister), **Kb** Anna Dobis **D** Jonas Ems (McLarry), Sydney Amoo (Cornelius), Vivien König (Alena), Kayla Shyx (Bella), Jamie Birrell (Georg) **L** 98 **FSK** ab 12; f **E** 11.11.2021 fd 48202

KUESSIPAN ★★★★
KUESSIPAN
Seit ihrer Kindheit kann nichts die tiefe Freundschaft zwischen zwei jungen Innu-Frauen erschüttern. Doch dann träumt die eine davon, das First Nations-Reservat zu verlassen und Schriftstellerin zu werden, die andere hingegen lebt in prekären Verhältnissen als junge Mutter und empfindet die Ambitionen der Freundin als Verrat. Der auf einem autobiografischen Roman beruhende Film erzählt klug von der Herausforderung, zwischen Tradition und Moderne zu vermitteln, kulturelle Identität zu bewahren und eine persönliche Identität zu entwickeln. Dabei verneigt er sich insbesondere vor der Leistung der Innu-Frauen und wird am Schluss zum emanzipatorischen Plädoyer. – **Sehenswert ab 14.**
Kanada 2019 **R** Myriam Verreault **B** Myriam Verreault, Naomi Fontaine **K** Nicolas Canniccioni **Vo** Naomi Fontaine (Roman Kuessipan) **M** Louis-Jean Cormier **S** Amélie Labrèche, Sophie Leblond, Myriam Verreault **D** Sharon Ishpatao Fontaine (Mikuan Vollant), Yamie Grégoire (Shaniss Jourdain), Étienne Galloy (Francis), Brigitte Poupart (Professor Mikuan), Douglas Grégoire (Greg) **L** 117 **E** 7.2.2021 VoD (Mubi)
fd 47643

KULTOURHELDEN ★★★
Mit ihren Kleintransportern fahren die Wanderkinobetreiber Erhard Göbelt und Klaus Friedrich seit den 1980er-Jahren durch Baden-Württemberg und zeigen Filme in kleineren Gemeinden, die keine Kinos mehr haben. So sorgen sie auch in Zeiten von Streamingdiensten für ein kulturelles Gemeinschaftserlebnis. Beide Vorführer sind Vollblut-Cineasten und zufrieden mit ihrem Leben, stehen aber kurz vor dem Rentenalter und haben keine Nachfolger in Aussicht. Der Dokumentarfilm über die beiden Wanderkino-Veteranen ist deshalb zugleich Reflexion ihrer Geschichte wie ihres Vermächtnisses und entpuppt sich als unterhaltsames Road Movie mit einer Prise Nostalgie. – **Ab 12.**
Deutschland 2021 **KI** Laser Hotline **R+B** Wolfram Hannemann **K** Hans-Joachim Pulli, Wolfram Hannemann **M** Robert Berger **S** Bettina Goldschmidt **L** 110 **FSK** ab 0; f **E** 5.8.2021 fd 47917

KUNST KOMMT AUS DEM ★★★★
SCHNABEL WIE ER GEWACHSEN IST
In der Kunstwerkstatt Mosaik in Berlin arbeiten Menschen mit Behinderung unter Anleitung von Begleiterinnen an Malereien, Zeichnungen und Skulpturen. Der Dokumentarfilm beobachtet mit Ruhe und Sorgfalt und stets auf Augenhöhe die Künstler bei der Herstellung ihrer Werke sowie deren Aufnahme in die Kunstwelt durch Führungen, Ausstellungen und Verkäufe. Dabei zeigt er den künstlerischen Prozess als etwas höchst Substanzielles und stellt auf diese Weise implizit den Dualismus zwischen «Außenseiterkunst» und anderer Kunst in Frage. Ein gerade in seiner unaufdringlichen Form außergewöhnliches Werk. – **Sehenswert ab 14.**
Deutschland 2020 **KI** Peripher **R+B+K** Sabine Herpich **S** Sabine Herpich **L** 106 **FSK** ab 0; f **E** 12.8.2021 fd 47925

DAS LAND MEINES VATERS (© Weltkino / Nord-Ouest Films)

L.A. REBELS ★★
GULLY

Drei Jugendliche wachsen gemeinsam in einem wenig glamourösen, von Kriminalität geprägten Viertel von Los Angeles auf, kämpfen mit schwierigen Familienverhältnissen und mangelnden Perspektiven und haben viel von der Aggressivität um sie herum auf die ein oder andere Weise verinnerlicht. Gemeinsam driften die drei ziellos durch die Stadt, suchen Ablenkung und Vergnügen und verwickeln sich in gewaltsame Zusammenstöße. Ein stylish umgesetztes, aber inhaltlich etwas dünnes Coming-of-Age-Drama mit Zügen einer Milieustudie, das zwar inszenatorisch durchaus Drive hat, aber ohne interessante Figurenentwicklungen trotzdem etwas lauwarm bleibt. – **Ab 14**.
USA 2019 **R** Nabil Elderkin **B** Marcus J. Guillory **K** Adriano Goldman **M** Daniel Heath **S** Damion Clayton **Sb** Jeremy Reed **Kb** Alana Morshead **D** Kelvin Harrison Jr. (Jesse), Jacob Latimore (Calvin), Charlie Plummer (Nicky), John Corbett (Mr. Charlie), Jonathan Majors (Greg) **L** 84 **E** 19.8.2021 Download (Paramount) / 2.9.2021 VoD (Paramount) fd -

LABYRINTH OF CINEMA ★★★★
LABYRINTH OF CINEMA

Das letzte Kino in einer japanischen Küstenstadt sieht seiner Schließung entgegen und veranstaltet noch einmal einen Film-Marathon. Diverse alte japanische Kriegsfilme werden an dem traurigen Abend präsentiert, doch kaum haben drei junge Männer im Saal Platz genommen, werden sie in einen Bild- und Tonstrudel geschleudert, in dem Film- und Realgeschichte, Groteskkomödie und herzzerreißendes Melodram, trashige Effekte und klassische Pathosgesten fröhlich nebeneinander existieren. Das finale Werk des japanischen Regie-Außenseiters Nobuhiko Ôbayashi bietet noch einmal alle Grenz- und Katalogisierungsverweigerungen seines Œuvres auf und feiert in seiner wilden Mischung nichts weniger als das Kino an sich. – **Ab 16**.
Japan 2019 **R+B** Nobuhiko Ôbayashi **K** Hisaki Sanbongi **M** Kôsuke Yamashita **S** Nobuhiko Ôbayashi, Hisaki Sanbongi **D** Tadanobu Asano (Lt. Sako), Takuro Atsuki (Mario), Yoshihiko Hosoda (Shigeru), Takahito Hosoyamada (Hosuke), Shinnosuke Mitsushima (Kameji) **L** 179 **E** 27.4.2021 VoD (Mubi) fd -

LADY DRIVER – MIT VOLLER FAHRT ★★ INS LEBEN
LADY DRIVER

Ein rebellisches junges Mädchen begeistert sich für Autos und Motoren, was sie im Autogeschäft ihres Onkels in den Ferien ausleben soll. Die Jugendliche geht mit Hilfe des Onkels jedoch weiter und setzt alles daran, bei einem «Dirt Track»-Autorennen teilnehmen zu können. Warmherziges Sport- und Coming-of-Drama, das Mut und Entschlossenheit der Hauptfigur in einer männlich dominierten Sportart preist. Die wenig originelle Erzählweise und einige herbe Logikausfälle lassen den Film allerdings nur mittelmäßig ausfallen. – **Ab 14**.
USA 2020 **DVD** Splendid **BD** Splendid **R** Shaun Paul Piccinino **B** John Ducey **K** Reuben Steinberg **M** Jamie Christopherson **S** Brett Hedlund **Sb** Rob Riutta **Kb** Elizabeth Jett **D** Grace Van Dien (Ellie Lansing), Sean Patrick Flanery (Tim Lansing), Christina Moore (Jessie Lansing Dickson), Casper van Dien (Elliot Lansing), Amanda Detmer (Loretta) **L** 100 FSK ab 6; f **E** 27.8.2021 DVD & BD fd -

LAHI, HAYOP siehe: **GENUS PAN**

LAISSEZ-PASSER
siehe: **DER PASSIERSCHEIN**

LAND ★★

In der industriellen Landwirtschaft kommen Menschen nur noch am Rande vor. In gigantischen Fabriken wird die Nahrung zum großen Teil ausschließlich maschinen- und computergesteuert produziert. Mit einer höchst ausgefeilten Bild- und Tonsprache seziert der experimentelle Dokumentarfilm die Mechanik hinter der auf Effizienz und Automatisierung getrimmten Produktionsweise, die auf die Menschen überzuspringen droht. Die abstrakte Logik der Ökonomie erscheint in dieser recht einseitigen Perspektive wie ein Verhängnis, in dem für die Würde von Tieren und Pflanzen und in der Konsequenz auch für Menschen kein Platz mehr ist. – **Ab 14**.
Scope. Deutschland 2020 **KI** Real Fiction **R+B+K** Timo Großpietsch **M** Vladislav Sendecki **S** Andreas von Huene, Timo Großpietsch **L** 76 FSK ab 12; f **E** 26.8.2021 / 9.11.2021 NDR fd 47994

DAS LAND MEINES VATERS ★★★★
AU NOM DE LA TERRE

Ein junger Bauer kehrt 1979 aus den USA in die französische Provinz zurück, um den väterlichen Hof zu übernehmen. Er und seine Frau bekom-

men zwei Kinder, geraten aber bald in existenzbedrohende finanzielle Nöte, die den Landwirt in Depressionen treiben und an den Grundfesten der Familie rütteln. Das auf autobiografischen Erfahrungen fußende Drama zeichnet das authentische Porträt einer zeitgenössischen Bauernfamilie, die zwischen hartem Arbeitsalltag und den bitteren, von der Agrarindustrie mitverschuldeten Zwängen aufgerieben wird. Der chronologisch erzählte Film verfolgt den Kampf über zwei Jahrzehnte hinweg und spart dabei nicht mit Seitenhieben auf Banken und die EU. – **Sehenswert ab 14.**
Scope. Frankreich/Belgien 2019 **Kl** Weltkino **R** Edouard Bergeon **B** Edouard Bergeon, Emmanuel Courcol, Bruno Ulmer **K** Éric Dumont **M** Thomas Dappelo **S** Luc Golfin **Sb** Pascal Le Guellec **Kb** Ariane Daurat **D** Guillaume Canet (Pierre Jarjeau), Veerle Baetens (Claire Jarjeau), Anthony Bajon (Thomas Jarjeau), Rufus (Jacques Jarjeau), Samir Guesmi (Mehdi) **L** 104 **FSK** ab 12; f **E** 18.11.2021 fd 48172

LANDRETTER ★★★
Wer bestimmt das Leben auf dem Land? Wie begegnet man ländlicher Strukturschwäche und ihren Folgeerscheinungen wie Landflucht oder Leerstand? Der Dokumentarfilm porträtiert vier Menschen, die sich in ihren Dörfern, aber auch bei der EU in Brüssel oder bei der UNESCO für sozialverträgliche und ökologische Strukturen einsetzen. Eine unaufgeregte Studie, die beispielhafte Zusammenhänge aufzeigt und mit einer Prise Humor Menschen begleitet, die sich gegen bürokratische Hürden oder die Macht der Großkonzerne zur Wehr setzen. – **Ab 14.**
Deutschland 2019 **Kl** Real Fiction **R+B** Gesa Hollerbach **K** Jennifer Günther **S** Carina Mergens **L** 88 **FSK** ab 0; f **E** 1.7.2021
fd 47380

LANDSCHAFT DES WIDERSTANDS ★★★★
PEJZAZI OTPORA / PAYSAGES RÉSISTANTS
Ein Dokumentarfilm über den Widerstand gegen den Faschismus. Zum einen berichtet die ehemalige serbische Partisanin Sonja Vujanovic über ihren Guerrilla-Kampf im Zweiten Weltkrieg und ihre Beteiligung an einer aktivistischen Gruppe im Konzentrationslager Auschwitz-Birkenau, zum anderen reflektieren die Filmautorinnen angesichts der zehn Jahre umfassenden Besuche bei der Ex-Partisanin über ihre eigenen Erfahrungen mit der Rückkehr des Faschismus. Der Film vertraut auf die Kraft der Sprache und verschränkt diese poetisch mit Landschaftsbildern, sodass ein eindringlicher Dialog der Generationen gelingt. – **Ab 16.**
Serbien/Frankreich 2020 **R** Marta Popivoda **B** Marta Popivoda, Ana Vujanovic **K** Ivan Markovic **S** Jelena Maksimovic **L** 94 **E** 6.9.2021 arte fd –

LANSKY – DER PATE VON LAS VEGAS ★★
LANSKY
1981 erhält ein Journalist in einer kreativen Durststrecke die Chance, den greisen Gangster Meyer Lansky zu interviewen, der vor seinem Tod seine eigene Sicht auf seinen Part im organisierten Verbrechen vermitteln will. Während der Reporter mehr und mehr über das Leben von Lansky erfährt, gerät er ins Visier des FBI, das mit dem Mobster noch keinesfalls abgeschlossen hat. Ein inszenatorisch durchwachsenes Gangsterdrama mit etlichen Klischees des Genres und zu vielen Rückblenden, die nicht über abgehakte Lebensstationen hinauskommen. Einen gewissen Reiz erhält der Film am ehesten durch das präzise Spiel von Harvey Keitel. – **Ab 16.**
Scope. USA 2021 **DVD** Koch (16:9, 2.35:1, DD5.1 engl./dt.) **BD** Koch (16:9, 2.35:1, dts-HDMA engl./dt.) **R+B** Eytan Rockaway **K** Peter Flinckenberg **M** Max Aruj **S** Martin Hunter, Steven Rosenblum **Sb** April Lasky **Kb** Laura Cristina Ortiz **D** Harvey Keitel (Meyer Lansky), Sam Worthington (David Stone), John Magaro (junger Meyer Lansky), Minka Kelly (Maureen Duffy), David Elliott (= David James Elliott) (Frank Rivers) **L** 115 **FSK** ab 16 **E** 28.10.2021 DVD & BD fd –

LANSKY – DER PATE VON LAS VEGAS (© Koch)

LAST NIGHT IN SOHO (© Universal)

LAST NIGHT IN SOHO ★★★
LAST NIGHT IN SOHO
Eine junge Modedesignerin zieht nach London, wo sie ihrer Leidenschaft für ausgefallene Stoffe und mutige Muster frönen kann; vor allem die wilden 1960er-Jahre haben es ihr dabei angetan. Immer wieder träumt sie sich in der Figur einer attraktiven Sängerin in diese Zeit, bis die Grenzen zwischen Traum und Wirklichkeit verschwimmen. Der ambitionierte Horrorfilm handelt von nostalgischer Flucht und Machtverhältnissen im Showgeschäft. Die Vorliebe für (filmische) Referenzen der Inszenierung fällt auf originelle Weise mit jener der Hauptfigur zusammen. Ein handwerklich überzeugender und motivisch beharrlicher Film, der im Umgang mit Genremustern aber ungelenk und auch zu gefällig wirkt. – **Ab 16.**
Die Extras der BD umfassen u. a. ein Sammlung von sieben kürzeren Featurettes über die Charakterisierung der Figuren sowie des visuellen und musikalischen Konzepts (gesamt: 66 Min.). Zudem finden sich Storyboards (13 Min.), ein Feature mit sechs im Film nicht verwendeten Szenen (9 Min.) sowie ein Audiokommentar mit Regisseur Edgar Wright, Schnittmeister Paul Machliss und Komponist Steven Price und ein weiterer Audiokommentar mit Regisseur und Autor Edgar Wright und Co-Autorin Krysty Wilson-Cairns. Die BD-Editionen sind mit dem Silberling 2021 ausgezeichnet.
Scope. Großbritannien 2021 **Kl** UPI **DVD** Universal (16:9, 2.35:1, DD5.1 engl./dt.) **BD** Universal (16:9, 2.35:1, dolby_Atmos engl./dt.) **R** Edgar Wright **B** Edgar Wright, Krysty Wilson-Cairns **K** Chung-hoon

Chung **M** Steven Price **S** Paul Machliss **Sb** Marcus Rowland **Kb** Odile Dicks-Mireaux **D** Anya Taylor-Joy (Sandy), Thomasin McKenzie (Eloise), Diana Rigg (Miss Collins), Matt Smith (Jack), Jessie Mei Li (Lara) **L** 117 **FSK** ab 16; **f E** 11.11.2021 / 13.1.2022 digital / 27.1.2022 DVD & BD & 4K UHD **fd** 48165

LAST SUMMER
siehe: DER LETZTE SOMMER

LAURAS STERN ★★★★
In der bezaubernden Realfilmversion des gleichnamigen Bilderbuchs und der Trickfilm-Adaption aus dem Jahr 2004 freundet sich ein kleines Mädchen mit einem magischen Stern an, der vom Himmel auf die Erde gefallen ist und Hilfe braucht. Die Abenteuer der beiden Gefährten werden mit viel Poesie und Herzenswärme erzählt, wobei sich Live-Action- und Animationselemente nahtlos miteinander verbinden. Durch sein ruhiges Tempo, seine überschaubare Geschichte und fantasievolle Einfälle richtet sich der Film bevorzugt an kleine Kinder, erfreut aber auch deren erwachsene Begleiter. – **Sehenswert ab 6.**
Deutschland 2020 **KI** Warner Bros. **R** Joya Thome **B** Claudia Seibl, Claudia Thieme **K** Daniela Knapp **Vo** Klaus Baumgart (Buch *Lauras Stern*), Piet de Rycker / Michael Mädel /Alexander Lindner (Drehbuch LAURAS STERN (2004)) **M** Hans Zimmer, Nick Glennie-Smith, Henning Lohner **S** Jamin Benazzouz **Sb** Frank Bollinger **Kb** Lucia Faust **D** Emilia Kowalski (Laura), Michel Koch (Tommy), Giuseppe Bonvissuto (Paul), Luise Heyer (Mutter), Ludwig Trepte (Vater) **L** 79 **FSK** ab 0; **f E** 9.12.2021 **fd** 48243

LE PRINCE ★★★★
Eine 45-jährige Kuratorin der Frankfurter Kunsthalle verliebt sich in einen schwarzafrikanischen Geschäftsmann, der Investoren für seine Diamantenmine im Kongo sucht, und hält gegen alle Widerstände und Vorurteile an der Beziehung fest. Ein authentisches Drama über eine schwierige Beziehung, über Rassismus in Deutschland sowie kulturelle und charakterliche Unterschiede. Die Protagonisten werden differenziert und mit all ihren Widersprüchen geschildert, die Leerstellen um den Mann, der oft lange Zeit aus dem Film verschwindet, muss man selbst füllen. In den beiden Hauptrollen beeindruckend gespielt. – **Ab 14.**
Deutschland 2021 **KI** Port-au-Prince **R** Lisa Bierwirth **B** Hannes Held, Lisa Bierwirth

DAS LEBEN IST WIE EIN STÜCK PAPIER (© Netflix)

K Jenny Lou Ziegel **S** Bettina Böhler **Sb** Marie-Louise Balzer **Kb** Sandra Ernst **D** Ursula Strauss (Monika), Passi Balende (Joseph), Alex Brendemühl (Peter), Victoria Trauttmansdorff (Ursula), Hanns Zischler (Michael Schmidt-Fournier) **L** 125 **FSK** ab 6; **f E** 30.9.2021 **fd** 48051

DAS LEBEN IST WIE EIN STÜCK PAPIER ★★
KAGITTAN HAYATLAR

In einem verarmten Viertel Istanbuls schlägt sich ein Mann, der mit einem Nierenleiden kämpft und auf eine Spenderniere wartet, als Müllsammler durchs Leben; trotz seiner eigenen schwierigen Lage zeigt er sich anderen gegenüber hilfreich und beschäftigt in seiner kleinen Sammelstelle notleidende Kinder und Jugendliche, nicht zuletzt, weil er selbst einst ohne Eltern aufgewachsen ist. Eines Tages findet er in einem Müllsack einen Achtjährigen, der bald wie ein Sohn für ihn wird. Ein warmherziges, allerdings dick auftragendes Sozial-Melodram um die Solidarität zwischen Ausgegrenzten; der Blick auf die Härten von deren Leben zielt weniger auf Gesellschaftskritik als auf rührselige Effekte ab. – **Ab 12.**
Türkei 2021 **R** Can Ulkay **B** Ercan Mehmet Erdem **K** Serkan Güler **M** Jingle Jungle, Ömer Özgür **Sb** Vahit Yazici **D** Çagatay Ulusoy (Mehmet), Emir Ali Dogrul (Ali), Ersin Arici (Gonzales), Turgay Tanülkü (Tahsin), Selen Öztürk (Mutter) **L** 96 **E** 15.3.2021 VoD (Netflix) **fd** –

LEBEN OHNE ERINNERUNG ★★★
Bei einem schweren Autounfall wurde das Gehirn eines jungen Mannes geschädigt, sodass sein Gedächtniszentrum nicht mehr funktioniert, er neue Informationen nicht lange abspeichern und auch keine dauerhaften neuen Freundschaften schließen kann. Die Dokumentarfilm begleitet über zwei Jahre den Versuch, sich in einem Leben zurechtzufinden, in dem die Erinnerungen fehlen, und das Dasein trotzdem wertzuschätzen. Durch die Offenheit des Mannes und seiner Partnerin entsteht dabei das intime Abbild einer Beziehung unter Dauerbelastung, die Tag für Tag Mut und Kraftanstrengung erfordert. – **Ab 14.**
Deutschland 2018 **R** Nadine Niemann, Mechtild Lehning **B** Nadine Niemann, Mechtild Lehning **K** Christoph Oldach **M** Ritchie Staringer **S** Friederike Weymar **L** 75 **E** 10.3.2021 arte **fd** –

LEBEN ÜBER KREUZ ★★★
Bei zwei schwer nierenkranken Menschen lodert Hoffnung auf, als sich die Möglichkeit auftut, eine Niere vom Partner des jeweils anderen gespendet zu bekommen. Dafür müssen die im Lebensstil völlig unterschiedlichen Paare jedoch eine Ethikkommission überzeugen, dass eine enge Freundschaft zwischen ihnen besteht – was zunächst kaum erreichbar scheint. Eine Tragikomödie über die gerade auch seelischen Belastungen, die mit einer Organspende verbunden sind, für die sie sich gleichwohl mit großem Einsatz starkmacht. Durch seichte Elemente und einige Ausrutscher im Humor bleibt der gut gespielte Film letztlich unter seinen Möglichkeiten. – **Ab 14.**
Deutschland 2021 **R** Dagmar Seume **B** Annika Tepelmann, Dagmar Seume **K** Friederike Heß **M** Fabian Römer, Steffen Kaltschmid **S** Benjamin Ikes, Ingo Recker **Sb** Ina Timmerberg **Kb** Brigitte Nierhaus **D** Benjamin Sadler (Sebi Blumberg), Christina Hecke (Caren Blumberg), Annette Frier (Birthe

Kempe), André Szymanski (Jan Kempe), Philip Noah Schwarz (Noah Blumberg) L 89 E 12.3.2021 arte fd -

LEGACY – TÖDLICHE JAGD ★★
LEGACY

Ein Mann und sein Sohn geraten bei einem Jagdausflug in der Wildnis ins Visier eines Auftragskillers, der auf Befehl eines Drogenbosses unliebsame Zeugen ausschalten soll. Zum Glück ist ein FBI-Agent hinter dem Killer her und kommt den beiden Jägern zu Hilfe. Es beginnt ein knallharter Kampf ums Überleben. Ein mit bescheidenen Mitteln, aber solide umgesetzter, schlichter Actionthriller. – **Ab 16**.
USA 2020 DVD Lighthouse BD Lighthouse R R. Ellis Frazier B Robert Orr K Edgar Luzanilla M Christopher Bezold S Stephen J. Murray Sb Fernando Valdes Kb Brenda M. Aranda D Luke Goss (Agent Gray), Louis Mandylor (Frank), Elya Baskin (Boranovic), Roberto Sanchez (Z), Marshal Hilton (Sheriff Ellis) L 99 FSK ab 16 E 26.2.2021 DVD & BD fd -

LEITFADEN FÜR DIE PERFEKTE ★★★★ FAMILIE
LE GUIDE DE LA FAMILLE PARFAITE

Eine gutbürgerliche vierköpfige Familie ringt mit den eigenen Ansprüchen an ein perfektes (Familien-)Leben. Vor allem die Tochter fühlt sich vom Vater und dessen Erwartungen unter Druck gesetzt. Da dieser seinerseits mit Problemen im Job kämpft, bleibt er viel zu lange blind für ihre Gefühle. Der frankokanadische Familienfilm kreist um die Tücken des Elterndaseins in Zeiten um sich greifenden (Selbst-)Optimierungswahns, der durch den Selbstdarstellungsdruck in den sozialen Medien und die Leistungsgesellschaft befeuert wird. Die Inszenierung balanciert elegant zwischen treffsicherer Satire und einfühlsamem Drama, wobei die differenzierte Vater-Tochter-Beziehung den Film emotional trägt. – **Ab 14**.
Kanada 2021 R Ricardo Trogi B François Avard, Jean-François Léger, Louis Morissette K Geneviève Perron M Frédéric Bégin S Yvann Thibaudeau D Louis Morissette (Martin Dubois), Emilie Bierre (Rose Dubois), Catherine Chabot (Marie-Soleil), Xavier Lebel (Mathis), Isabelle Guerard (Caroline) L 102 E 14.7.2021 VoD (Netflix) fd -

LEMEBEL ★★★★
LEMEBEL

Ein dokumentarisch-essayistischer Film über den chilenischen Künstler und Schriftsteller Pedro Lemebel (1952–2015), der mit seiner provozierenden Aktionskunst schon in Zeiten der Diktatur wagte, queere Identität zu thematisieren und sichtbar zu machen. Der Film verbindet Aufnahmen von Gesprächen mit dem Künstler, die die Filmemacherin ab 2007 führte, mit viel Archivmaterial; zudem machen Projektionen von Bildern von Lemebels Performances auf Gebäude im nächtlichen Santiago sein Werk lebendig. Eine stilistisch ambitionierte Annäherung. – **Ab 16**.
Chile/Kolumbien 2019 R+B Joanna Reposi K Niles Atallah M Camilo Salinas S Titi Viera-Gallo Chadwick L 96 E 7.6.2021 VoD (Mubi) fd -

LENA & SNOWBALL ★★★
LENA AND SNOWBALL

Nach der Trennung ihrer Eltern ist eine Dreizehnjährige mit ihrem Vater in einen neuen Ort gezogen; dort fühlt sich das Mädchen als Außenseiterin und wird von einer Gruppe von Jungs getriezt. Als es ein verlorenes weißes Löwenbaby findet und aufnimmt, freut es sich über den neuen tierischen Freund; außerdem distanziert sich einer der Jungs von der fiesen Gruppe und nähert sich ihr an. Allerdings sorgen zwei Gauner für Turbulenzen, die den kleinen Löwen fangen wollen. Der Kinderfilm spielt genüsslich mit der Niedlichkeit tierischer Helden, zeichnet aber auch die menschlichen Figuren liebevoll und verbindet die abenteuerliche Story mit der Thematisierung von jugendlichem Mobbing. – **Ab 6**.
USA 2021 DVD Koch R Brian Herzlinger B Sebastian Brummer, Werner Kienberger K Josh Maas M Mj Mynarski S Daniel Duncan Sb Jere Sallee Kb Jena Moody, Peri

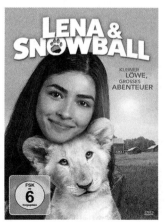

LENA & SNOWBALL (© Koch)

Richards D Melissa Collazo (Lena), Deborah Arrieta (Officer Ivie), Spencer Allport (Bobby), Robert Knepper (Percy), Michael Perl (Robert) L 90 FSK ab 6 E 17.6.2021 digital / 24.6.2021 DVD fd -

LENE UND DIE GEISTER DES ★★★★ WALDES

Ein siebenjähriges Mädchen aus Mecklenburg-Vorpommern und seine ältere Schwester verbringen die Sommerferien erstmals im Bayerischen Wald, wo sie Dorfkinder kennenlernen und bei abenteuerlichen Wanderungen durch den Wald viel über Pflanzen, Tiere und seltsame Gestalten erfahren. Der kurzweilige Dokumentarfilm wird konsequent aus der Perspektive der aufgeweckten Schülerin erzählt, die mit charmanter Neugier die Natur erkundet und so jungen Zuschauern spielerisch die Faszination des Waldes erschließt. – **Sehenswert ab 6**.
Deutschland 2019 KI Real Fiction R+B Dieter Schumann K Thomas Riedelsheimer, Rainer Schulz M Sven M. Brandt, Marc Bohnacker, Hans-Jörg Eberle S Philipp Schindler L 99 FSK ab 0; f E 25.11.2021 / 27.12.2021 NDR fd 47767

LES FILLES DU SOLEIL ★★
LES FILLES DU SOLEIL

Ein französischer Kriegsfilm nach wahren Begebenheiten über den Kampf von kurdischen Frauenbataillonen gegen den «Islamischen Staat»»: Die Kommandantin der «Töchter der Sonne»-Einheit verfolgt das Ziel, ihr Heimatdorf von Extremisten zu befreien und ihren Sohn wiederzufinden. Dokumentiert werden soll der Kampf durch eine französische Journalistin. Der Film will den weiblichen Widerstandsgeist würdigen, findet dafür aber nur rührselige Dialoge und simpel emotionalisierende Bilder bar jeder Ambivalenz. Der Kampf der Kurdinnen reduziert sich so auf eine tränenselige Kriegsepisode. – **Ab 16**.
Scope. Frankreich/Belgien/Georgien/Schweiz 2018 R+B Eva Husson K Mattias Troelstrup M Morgan Kibby S Emilie Orsini Sb David Bersanetti Kb Marine Galliano, Simon Matchabeli D Golshifteh Farahani (Bahar), Emmanuelle Bercot (Mathilde H.), Zübeyde Bulut (Lamia), Sinama Alievi (Guli), Mari Semidovi (Ararat) L 115 E 10.3.2021 VoD (Amazon Prime) fd -

DIE LETZTE FAMILIE ★★★★
OSTATNIA RODZINA

Ein Film über das Leben des polnischen Malers Zdzisław Beksiński

(1929–2005) von 1977 bis zu seiner Ermordung in der Nacht vom 21. zum 22. Februar 2005, fokussiert auf sein Zusammenleben mit seiner Familie. Vor allem das Verhältnis zu seinem psychisch labilen Sohn verlangt den Eltern viel ab. Der Vater dokumentiert mit einer Videokamera den Alltag und sich selbst bei der Arbeit. Der Film, der auf Videoaufnahmen und Aufzeichnungen von Beksiński aufbaut, versagt sich stilistische Annäherungen an dessen surrealistisch-phantasmagorische Kunst, sondern setzt auf ein sozialrealistisches, klaustrophobisch anmutendes Familienporträt und eine von einem starken Hauptdarsteller getragene Charakterstudie. – **Ab 16**.
Scope. Polen 2016 **R** Jan P. Matuszynski **B** Robert Bolesto **K** Kacper Fertacz **M** Atanas Valkov **S** Przemyslaw Chruscielewski **Sb** Jagna Janicka **Kb** Emilia Czartoryska **D** Andrzej Seweryn (Zdzislaw Beksinski), Dawid Ogrodnik (Tomasz Beksinski), Aleksandra Konieczna (Zofia Beksinska), Andrzej Chyra (Piotr Dmochowski), Zofia Perczynska (Stanislawa Beksinska) **L** 116 **E** 7.7.2021 arte **fd** -

Das letzte Land ★★★
Ein Jäger entdeckt auf einem Planeten einen Mann in einem abgestürzten Raumschiff. Statt ihn zu töten, startet er mit ihm zusammen ins All. Ihr von Misstrauen geprägter Weg ins Ungewisse wird von einer eigentümlichen Botschaft geleitet, die womöglich von der Erde stammen könnte. Formal ambitioniertes, in bleierner Dunkelheit spielendes Science-Fiction-Kammerspiel, das die Beschränkungen des geringen Budgets gekonnt für eine Atmosphäre der Bedrängung nutzt. Zwar nicht gerade innovatives, dennoch kreatives und audiovisuell überzeugendes Genre-Spannungskino. – **Ab 14**.
💿 Die Extras umfassen u. a. einen Audiokommentar des Regisseurs. Ebenfalls im Eigenverlag erhältlich ist eine «Limited 4-Disc Collector's Edition», die den Film auf DVD und BD enthält. Auf Bonus-Disks sind das «Kino+ Telekollektiv von und mit Daniel Schröckert und den Produzenten von Das letzte Land» (130 Min.) sowie ein ausführliches «Making of» (104 Min.) und ein Filmgespräch (50 Min.) enthalten. Zusätzlich ist ein 52-seitiges Booklet mit Texten zum Film beigelegt. Die «Limited 4-Disc Collector's Edition» ist mit dem Silberling 2021 ausgezeichnet.
Scope. Deutschland 2017 **KI** Drop-out **DVD** Indeed (16:9, 2.35:1, DD5.1 dt.) **BD** Indeed (16:9, 2.35:1, dts-HDMA dt.) **R+B+ K** Marcel Barion **M** Marcel Barion, Oliver Kranz **S** Marcel Barion **Sb** Johannes Bade, Massimo Müller, Philipp Bojahr **D** Torben Föllmer (Adem), Milan Pesl (Novak) **L** 113 **FSK** ab 12; f **E** 30.7.2021 DVD & BD / 5.8.2021 **fd** 47924

Der letzte Leonardo – Das teuerste Kunstwerk der Welt
siehe: **The Lost Leonardo**

Der letzte Sommer ★★
Gecep Yaz
Eine Gruppe von Jugendlichen im Süden der Türkei verbringt 1997 einen magischen Sommer miteinander; die Teenager erleben die erste Liebe, aber auch erste Enttäuschungen. Insbesondere ein 16-Jähriger, der sich nach ersten sexuellen Erlebnissen mit seinem Schwarm seit Kinderzeiten sehnt, muss erleben, dass er dabei Konkurrenz bekommt. Eine türkische Coming-of-Age-Romanze, die aus schönen Landschaftsbildern und guten Darstellern Attraktivität bezieht. Die Handlung allerdings bleibt recht erwartbar und ohne sonderlichen Einbezug des Zeitkolorits. – **Ab 14**.
Türkei 2021 **R** Ozan Açiktan **B** Ozan Açiktan, Sami Berat Marçali **K** Maciek Sobieraj **M** Serkan Celikoz, Oguz Kaplangi **S** Erhan Acar jr. **Kb** Secilay Dogan **D** Fatih Sahin (Deniz), Ece Çesmioglu (Asli), Aslihan Malbora (Ebru), Halit Özgür Sari (Burak), Eray Ertüren (Kaan) **L** 101 **E** 9.7.2021 VoD (Netflix) **fd** -

Die letzte Stadt ★★★★
Ein Archäologe, der früher ein Filmemacher war, erzählt seinem zum Waffendesigner umgeschulten Psychoanalytiker von einem Traum über eine Stadt ohne feste Koordinaten. Davon ausgehend setzt sich ein Kreislauf in Gang, der mit wechselnden Darstellern in wechselnden Rollen durch Be'er Sheva, Athen, Berlin, Hongkong und São Paulo führt. Im direkten Anschluss an seinen Film Streetscapes (Dialogue) (2017) stößt der Experimentalfilmer Heinz Emigholz ein wild wucherndes Gebilde exzentrischer Figuren, philosophischer wie metaphysischer Gedanken und städtischer Architektur an. Dabei legt er sein Werk assoziativ und nach allen Richtungen offen an, sucht aber auch die Berührung mit dem B-Movie. – **Ab 18**.
Deutschland 2020 **KI** Filmgalerie 451 **R+B** Heinz Emigholz **K** Heinz Emigholz, Till Beckmann **M** Alexander Paulick, Andreas Reihse **S** Heinz Emigholz, Till Beckmann **D** John Erdman (Archäologe, Be'er Sheva / Künstler, Athen), Jonathan Perel (Waffendesigner, Be'er Sheva / Kosmologe, São Paulo), Young Sun Han (junger Mann, Athen / Priester, Berlin), Dorothy Ko (Mutter, Berlin / chinesische Frau, Hongkong), Susanne Sachsse («japanische» Frau, Hongkong / Kuratorin, São Paulo) **L** 105 **FSK** ab 18; f **E** 21.10.2021 **fd** 47388

Die letzten Reporter ★★★
Der Dokumentarfilm begleitet drei Lokaljournalisten aus Norddeutschland in ihrem Berufsalltag bei Fußballspielen am Wochenende, Reportagen, Interviews und dem Redaktionsalltag, der durch die Digitalisierung nicht einfacher geworden ist. Die Journalisten sollen neben Texten und Fotos jetzt auch kleine Videos abliefern und die Regeln des «Digital Storytelling» berücksichtigen. In ihren Statements geben die Zeitungsleute wenig Privates preis, sondern sprechen vorwiegend über ihren Beruf. Zum Unterhaltungswert des aufschlussreichen, aber wenig spektakulären Films tragen vor allem realsatirische Sequenzen aus dem Berufsalltag bei. – **Ab 14**.
Deutschland 2020 **KI** imFilm **R+B** Jean Boué **K** Anne Misselwitz **M** Fredrik Kinbom, Hans-Jörn Brandenburg **S** Thomas Wellmann **L** 98 **FSK** ab 0; f **E** 24.6.2021 / 16.11.2021 NDR **fd** 47785

Die letzten Tage der Menschheit ★★★
Les derniers jours du monde
Angesichts einer von Katastrophen, Anschlägen und kriegerischen Auseinandersetzungen destabilisierten Welt macht sich ein Mann auf die Suche nach seiner früheren Geliebten, von der er sich ein Jahr zuvor getrennt hat. Während die Lage immer mehr eskaliert, folgt er den Spuren der Frau durch mehrere Länder, beginnt zugleich aber eine Affäre mit einer Anderen. Eine eigenwillige Mischung aus Road Movie, Endzeitfilm und schwarzer Komödie, die auf mehreren Zeitebenen von einem Verzweiflungsversuch handelt, einem Dasein im letzten Moment noch Sinn zu verleihen. Originelle Ideen überdecken dabei weitgehend offensichtliche Mängel des Drehbuchs in Struktur und Charakterzeichnung. – **Ab 16**.
Scope. Frankreich/Spanien 2008 **R** Arnaud Larrieu, Jean-Marie Larrieu **B** Arnaud Larrieu, Jean-Marie Larrieu **K** Thierry Arbogast **Vo** Dominique Noguez (Roman *Les derniers jours du monde*) **S** Annette Dutertre **Sb** Ana Alvargonzález, Riton Dupire-Clément

Kb Caroline Tavernier **D** Mathieu Amalric (Robinson), Catherine Frot (Ombeline), Karin Viard (Chloé), Sergi Lopez (= Sergi López) (Théo), Clotilde Hesme (Iris) **L** 126 **E** 25.8.2021 arte fd -

DIE LETZTEN, DIE SIE LEBEND SAHEN ★★★
GLI ULTIMI A VEDERLI VIVERE
Eine vierköpfige Familie von italienischen Olivenbauern bereitet sich an einem Sommertag auf die Hochzeit der Tochter vor, während die einzelnen Mitglieder hinter den Rücken der anderen mitunter ihre individuellen Rückzugsorte aufsuchen. Die Normalität des Ganzen steht jedoch für den Zuschauer unter dem Schatten der anfänglichen Information, dass die Familie am nächsten Tag ermordet worden sein wird. Der Film setzt diesem Wissen eine zunehmend bedrückende Gelassenheit entgegen, die zwar effektvoll ausfällt, auf Dauer aber auch etwas prätentiös wird. – **Ab 16.**
Deutschland 2019 **R+B** Sara Summa **K** Katharina Schelling **M** Ben Roessler **S** Sara Summa **Sb** Camille Grangé **Kb** Gabriella Martino **D** Canio Lancellotti (Renzo Durati), Pasquale Lioi (Matteo Durati), Barbara Verrastro (Dora Durati), Donatella Viola (Alice Durati), Massimiliano Bossa (Tommaso) **L** 79 **E** 1.12.2021 VoD (arteKino) fd -

DIE LIEBE DES HANS ALBERS ★★★★
Doku-Drama über den deutschen Schauspieler Hans Albers und seine Ehe mit Hansi Burg, die durch die jüdische Herkunft seiner Frau in der Nazi-Zeit schweren Belastungen ausgesetzt war. Dennoch kehrte sie nach ihrer Emigration 1946 nach Deutschland zurück und blieb bis zu Albers' Tod 1960 mit ihm zusammen. Der durch seine Perspektivwechsel überzeugend komplexe Film erzählt von dieser romantischen Liebe und würdigt Hansi Burgs Anteil am Aufstieg ihres Mannes. Zugleich hinterfragt er aber die Beziehung wie auch den Idol-Status von Hans Albers, wobei er insbesondere dessen mangelnde Abgrenzung zum Nationalsozialismus kritisch zeichnet. – **Ab 14.**
Deutschland 2020 **R** Carsten Gutschmidt **B** Dirk Eisfeld **K** Jürgen Rehberg **Vo** Nina Koshofer (Drehbuchvorlage) **M** André Feldhaus **S** Diana Matous **Sb** Frank Godt **Kb** Carola Raum **D** Ken Duken (Hans Albers), Picco von Groote (Hansi Burg), Dirk Martens (Josef Goebbels), Christian Aumer (Hans Hinkel), Sebastian Nakajew (Herbert Selpin) **L** 89 **E** 6.1.2021 ARD fd -

LIEBE HOCH 2 ★
MILOSC DO KWADRATU
Eine junge Lehrerin führt ein Doppelleben und jobbt heimlich als Model, um die Schulden ihres Vaters abbezahlen zu können. Bei Aufnahmen für einen Werbe-Clip eines Autokonzerns steht sie zusammen mit einem notorischen Frauenhelden vor der Kamera, dem sie als Lehrerin wiederbegegnet, weil er der Onkel einer ihrer Schülerinnen ist. Zwischen den beiden funkt es, ohne dass der Mann ahnt, dass Model und Lehrerin ein und dieselbe Person sind, was zu allerlei Verwicklungen und Missverständnissen führt. Eine romantische Komödie, deren hanebüchener Verwechslungsplot durch eine Dauerbeschallung mit Popsongs und trashige Versuche, mit der Welt der Models und schnellen Autos Glamour in die Geschichte zu bringen, nicht überzeugender wird. – **Ab 14.**
Polen 2021 **R** Filip Zylber **B** Wiktor Piatkowski, Marzanna Polit **K** Maciej Lisiecki **M** Michal Kush **S** Krzysztof Boron **Sb** Agata Lepacka, Ewa Solecka **Kb** Anna Meczynska **D** Adrianna Chlebicka (Monika/Klaudia), Mateusz Banasiuk (Enzo), Krzysztof Czeczot (Jacek Szczepanski), Wojciech Kalarus (Konzernchef), Tomasz Karolak (Schulrektor) **L** 133 **E** 11.2.2021 VoD (Netflix) fd -

LIEBE IST… ★
LOVE, WEDDINGS AND OTHER DISASTERS
Um eine Hochzeit herum ereignen sich unabhängig voneinander vier Liebesgeschichten: Die Hochzeitsplanerin fühlt sich zu einem Musiker hingezogen, ein erfahrener Caterer und eine blinde Frau nähern sich einander an, ein Mann verliebt sich bei einer bizarren Game-Show, und ein Bootsführer erlebt ein Liebesmärchen mit einer Unbekannten. Die parallel erzählten Romanzen sind sämtlich realitätsfern und vorhersehbar, als größeres Problem des Films erweisen sich jedoch eine unausgegorene Inszenierung und ihr plumper Humor, der auch billige Scherze auf Kosten von Minderheiten nicht scheut. Auch die prominenten Hauptdarsteller bleiben in dem witzlosen Szenario blass. – **Ab 14.**
USA 2020 **DVD** Leonine **BD** Leonine **R+B** Dennis Dugan **K** Nick Remy Matthews **M** Noah Needleman, Keaton Simons **S** Julie Garces **Sb** Michael C. Stone **Kb** Vanessa Porter **D** Diane Keaton (Sara), Jeremy Irons (Lawrence Phillips), Maggie Grace (Jessie), Diego Boneta (Mack), Andrew Bachelor (Captain Ritchie) **L** 94 **FSK** ab 12; f **E** 15.10.2021 DVD & BD fd -

LIEBE IST UNBERECHENBAR ★★★
Ein menschenscheuer Professor soll zusammen mit einer selbstbewussten Quereinsteigerin Schüler für Mathematik begeistern. Das sorgt zunächst für allerhand Streitpunkte zwischen den beiden, zumal auch noch der egozentrische Vater des Mannes als ehemaliger Komiker angestellt wird und das gestörte Verhältnis zu seinem Sohn befeuert. Romantische Fernsehkomödie mit gut harmonierenden Darstellern und einem gekonnten Spiel mit den Gegensätzen der Figuren. Ohne die leichte Stimmung zu gefährden, setzt der Film auch seine ernsten Elemente durchaus mit Umsicht ein. – **Ab 12.**
Deutschland 2020 **R** Ingo Rasper **B** Jörg Lühdorff **K** Tomas Erhart **M** Martina Eisenreich **S** Nicola Undritz, Nina Caspers **Sb** Monika Nix **Kb** Petra Wellenstein **D** Heino Ferch (Prof. Leonard Damovsky), Tanja Wedhorn (Judith Kreuzer), Michael Gwisdek (Franz Damovsky), Knut Berger (Stefan Bach), Karen Böhne (Dekanin Schumann) **L** 88 **E** 15.1.2021 ARD fd -

LIEBE LAST LUST ★★★★
LES DESTINÉES SENTIMENTALES
Ein 30 Jahre umspannendes Drama rund um eine Porzellanhersteller-Dynastie in Limoges vor und nach dem Ersten Weltkrieg. Der Erbe der wohlhabenden Familie hat sich von dem Familiengeschäft losgesagt und arbeitet als Pastor mit Frau und Kind auf dem Land; doch die Ehe geht in die Brüche. Er verliebt sich in eine andere Frau und übernimmt nach dem Tod des Vaters die Leitung des Porzellanwerks. Doch das neue Glück mit der Geliebten droht an gesellschaftlichen Ressentiments, den Zeitumständen sowie an der Unsicherheit des Mannes zu zerbrechen. Die Literaturverfilmung entfaltet ihre wechselvolle Geschichte als bestechendes Zeitbild der bürgerlichen Gesellschaft Anfang des 20. Jahrhunderts sowie als Reflexion über die Zerbrechlichkeit und Flüchtigkeit des Glücks. – **Sehenswert ab 14.**
Scope. Frankreich 2000 **R** Olivier Assayas **B** Jacques Fieschi, Olivier Assayas **K** Eric Gautier **Vo** Jacques Chardonne (Roman *Les destinées sentimentales*) **M** Guillaume Lekeu **S** Luc Barnier **Sb** Katia Wyszkop **Kb** Anaïs Romand **D** Emmanuelle Béart (Pauline), Charles Berling (Jean Barnery), Isabelle Huppert (Nathalie), Olivier Perrier (Philippe Pommerel), Dominique Reymond (Julie Desca) **L** 173 **E** 1.9.2021 arte fd 47972

LIEBE VIELE ★★★

Ein Dokumentarfilm über acht Frauen und Männer, die polyamore Leben führen und davon erzählen, warum gleichzeitige Beziehungen mit unterschiedlichen Partnern für sie funktionieren, aber auch welche Probleme sich für sie daraus ergeben. Hautnah an den Protagonisten gedreht, dringt der Film mitunter weit in deren Intimsphäre vor, stellt dem aber auch Momente der Distanz gegenüber. Wenn auch nicht ohne Längen und weniger zwingende Sequenzen, geht die Absicht eines vielseitigen Porträts polyamorer Lebensweisen überwiegend auf. – **Ab 16**.
Deutschland 2019 **R+B** Vera Drude **K** Laura Kansy, Rebecca Meining, Theresa «Toni» Maué **M** Henrik Ajax **S** Sophie Oldenbourg **L** 87 **E** 5.5.2021 BR   fd –

LIEBE WAR ES NIE ★★★★
AHAVA ZOT LO HAYTA

Die junge Jüdin Helena Citron wurde in den 1940er-Jahren nach Auschwitz deportiert, wo ein deutscher SS-Offizier, der im Lager als Sadist berüchtigt war, zu ihrem Beschützer wurde und ihr bis zur Befreiung des Konzentrationslagers zu überleben half. Dreißig Jahre später geriet Helena Citron in einen moralischen Zwiespalt, als sie vor einem Kriegsverbrechertribunal zugunsten des Mannes aussagen sollte. Der Dokumentarfilm arbeitet die komplexe Beziehung in all ihren Widersprüchen heraus und nutzt dazu unter anderem Fotomaterial, dessen Entstehung er hinterfragt und teils mit anderen Kontexten vergleicht. Darüber enthüllt er hellsichtig die Ambivalenz der Zuneigung zwischen Opfer und Täter, von der auch Interviews mit Holocaust-Überlebenden sowie Kindern der Betroffenen künden. – **Sehenswert ab 14**.
Teils schwarz-weiß. Israel/Österreich 2020 **R+B** Maya Sarfaty **K** Ziv Berkovich, Itay Gross **M** Paul Gallister **S** Sharon Yaish **L** 80 **E** 14.7.2021 ARD   fd –

LIEBER THOMAS ★★★★
LIEBER THOMAS

Mutiger, sehr offen gehaltener Film über Leben und Arbeiten des Schriftstellers, Filmemachers und Übersetzers Thomas Brasch (1945–2001), der erst in der DDR, dann aber auch in der BRD an den Widersprüchen der gesellschaftlichen Verhältnisse verzweifelte. Leben und Werk Braschs werden zu einem großen, aber stets fragmentarischen Erzählbogen verschränkt, der letztlich weniger auf die Biografie als vielmehr auf die Essenz seines Denkens zielt und damit auf die deutsche Geschichte und Kunst des 20. Jahrhunderts. Unbekümmert radikal erzählt, herausragend fotografiert und von einem großartigen Ensemble in Szene gesetzt. – **Sehenswert ab 16**.
Schwarz-weiß. Deutschland 2021 **KI** Wild Bunch **R** Andreas Kleinert **B** Thomas Wendrich **K** Johann Feindt **M** Daniel Kaiser **S** Gisela Zick **Sb** Myrna Drews **Kb** Anne-Gret Oehme **D** Albrecht Schuch (= Albrecht Abraham Schuch) (Thomas Brasch), Jörg Schüttauf (Vater / Erich Honecker), Jella Haase (Katharina Thalbach), Ioana Iacob (Sanda), Anja Schneider (Mutter) **L** 157 FSK ab 16; f **E** 11.11.2021   fd 48170

DAS LIED DES TOTEN MÄDCHENS ★★

Eine Journalistin entdeckt bei einem Mordfall in Köln einen Zusammenhang mit einer ähnlichen Tat 25 Jahre zuvor im Sauerland. Gemeinsam mit einem Kollegen, der über den damaligen Fall berichtete, fährt sie zum früheren Tatort, um die Angehörigen und Bekannten des Opfers zu befragen. (Fernseh-)Krimi mit attraktiven Bildern des Schauplatzes und einer soliden, allerdings auch ziemlich unoriginellen Geschichte. Insbesondere die Hauptfiguren wirken wenig profiliert und stechen kaum aus der Masse an TV-Ermittlern heraus. – **Ab 16**.
Deutschland 2021 **R** Felix Herzogenrath **B** Anna Tebbe (= Annette Reeker) **K** Stephan Wagner **Vo** Linus Geschke (Roman *Das Lied der toten Mädchen*) **M** Dominik Giesriegl **S** Vincent Assmann **Sb** Thomas Schmid **Kb** Eva Kantor **D** Torben Liebrecht (Jan Römer), Lara Mandoki (Stefanie «Mütze» Schneider), Kais Setti (Arslan Aksoy), Michael Specht (Lupe), Dirk Borchardt (Thomas Sonnefeld) **L** 88 **E** 6.11.2021 ARD   fd –

LIEVALLEEN ★★★

Der spätere Schriftsteller Peter Wawerzinek und seine Schwester wurden 1957 von ihren Eltern zurückgelassen, als diese aus der DDR flohen. Im Westen erklärten sie die Kinder für tot, die daraufhin im Kinderheim beziehungsweise in der Psychiatrie landeten. Der Dokumentarfilm begleitet die Geschwister, die zwischenzeitlich 15 Jahre getrennt wurden, bei der Spurensuche in ihrer Vergangenheit. Als Fortschreibung des autobiografischen Romans *Rabenliebe* macht er keinen Hehl aus seiner (selbst-)therapeutischen Anlage, wobei der Erinnerungskommentar des Autors in abstrahierten Spielszenen am eindrücklichsten gerät. – **Ab 14**.
Teils schwarz-weiß. Deutschland 2019 **R** Peter Wawerzinek, Steffen Sebastian **B** Peter Wawerzinek, Steffen Sebastian **K** Steffen Sebastian **M** Herbst in Peking, Bob Rutman (= Robert Rutman) **S** Andreas Preisner **Kb** Katja Pilgrim, Meike Schröder **L** 91 **E** 13.2.2020 Kinotour / 30.11.2021 NDR   fd –

LIFE ITSELF ★★★
LIFE ITSELF

Packender Dokumentarfilm über Roger Ebert, den wohl bekanntesten Filmkritiker der USA, der 2013 im Alter von 70 Jahren starb. Der Film begleitet den Schwerkranken in seinen letzten Lebenswochen und fächert mit Archivmaterial und Interviews das Porträt eines nicht immer einfachen, aber dem durch seine Ehefrau und sein Familienleben so etwas wie Zufriedenheit fand. Besonders unterhaltsam sind Ausschnitte aus der Fernsehshow «Sneak Previews», in der sich Ebert mit seinem Partner Gene Siskel kabbelt, wobei durchaus auch kritische Töne gegenüber dieser Form der Filmkritik mitklingen. – **Ab 14**.
USA 2014 **R+B** Steve James **K** Dana Kupper **M** Joshua Abrams **S** Steve James, David E. Simpson **L** 121 **E** 28.12.2021 VoD (Mubi)   fd 48282

LIFT LIKE A GIRL – STARK WIE ★★★★
EIN MÄDCHEN
LIFT LIKE A GIRL / ASH YA CAPTAIN

In einem Viertel von Alexandria trainiert ein alter Mann seit zwei Jahrzehnten junge Frauen im Gewichtheben. Trotz materieller Armut und sozialer Anfeindungen kann er seine Schützlinge immer wieder zu Hochleistungen animieren, darunter eine 14-jährige Schülerin, die mit eisernem Trainingswillen ihre Chancen auf die Weltspitze vorantreibt. Im Direct-Cinema-Stil begleitet die humanistisch grundierte und hautnah fotografierte Langzeitbeobachtung vier Jahre lang die junge Sportlerin. Über dieses Porträt hinaus stellt der Film unterschwellig auch die Geschlechterrolle in Ägypten zur Disposition. – **Sehenswert ab 14**.
Deutschland/Ägypten/Dänemark 2020 **R+B** Mayye Zayed **K** Mohamed El-Hadidi **M** Marian Mentrup **S** Sara Abdallah **L** 95 **E** 8.3.2021 ZDF   fd 47582

LINA FROM LIMA ★★★★
LINA DE LIMA

Eine Frau hat ihre Heimat Peru und ihren Sohn verlassen, um als Dienstmädchen bei einer chilenischen Familie Geld zu verdienen. Vor dem Wiedersehen mit dem Jungen flieht sie vor ihren Sorgen, indem sie sich vorstellt, die Heldin in einem Musical zu sein. Der Film über das Schicksal von Wanderarbeitern in Südamerika ist der erste Spielfilm einer Dokumentaristin, deren genau beobachtender Blick eine unerwartet effektvolle Kombination mit den einfallsreichen Musiksequenzen herbeiführt. Bei aller realistischen Darstellung ihrer Misere behauptet sich die Protagonistin eindrücklich als widerstandsfähige Figur, die sich ihre Lebenslust nicht rauben lässt. – **Ab 16**.
Chile/Peru/Argentinien 2019 **R+B** María Paz González **K** Benjamín Echazarreta **M** Cali Flores, Josè Manuel Gatica **S** Anita Remon **Sb** Susana Torres **Kb** Felipe Criado **D** Magaly Solier (Lina), Emilia Ossandon (Clara), Herode Joseph (Maurice), Betty Villalta (Betty), Exequiel Alvear (Exequiel) **L** 83 **E** 23.8.2021 VoD (Mubi)　　　fd –

LIONHEARTED – AUS DER DECKUNG ★★★

Der Münchner Boxtrainer Ali Cukur unterrichtet junge Menschen nicht nur in der Kunst des Faustkampfes, sondern coacht sie auch fürs Leben. Für viele seiner Schüler, unter ihnen viele Geflüchtete und Menschen mit schrecklichen Erfahrungen, wird er zu einer Art Ersatzvater, der sich mit Zuneigung und viel Engagement fürs Leben stärken will. Der stylische Dokumentarfilm filmt die Schüler und ihre erschütternden Biografien mit einer rauen Optik und viel Streetcredibility. Die fast hagiografisch anmutenden Bilder umweht mitunter ein gewisses Pathos, das allerdings zum Sujet passt. – **Ab 14**.
Teils schwarz-weiß. Deutschland 2019 **KI** Filmperlen **DVD** Filmperlen (16:9, 1.78:1, DD5.1 dt.) **R+B** Antje Drinnenberg **K** Janis Willbold **S** Anya Schulz **L** 93 **FSK** ab 0; f **E** 23.9.2021 / 28.1.2022 DVD　fd 48045

LITTLE ★★
LITTLE

Eine Fantasy-Komödie um eine knallharte, zu ihren Mitarbeitern ziemlich garstige Vorstandsvorsitzende eines großen Konzerns, die sich eines Morgens unversehens im Körper einer 13-Jährigen wiederfindet – ausgerechnet am Tag einer wichtigen Präsentation. Die erzwungene Rückkehr ins Teenager-Alter hilft ihr, ihre Prioritäten neu zu setzen. Eine wenig originelle Variation des Body-Swap-Motives, die dank der Darsteller halbwegs gut unterhält, aber zu selten zu komödiantischen Highlights aufläuft. – **Ab 10**.
USA 2019 **R** Tina Gordon **B** Tina Gordon, Tracy Oliver **K** Greg Gardiner **M** Germaine Franco **S** David Moritz **D** Regina Hall (Jordan Sanders), Issa Rae (April Williams), Marsai Martin (Little Jordan Sanders), Justin Hartley (Mr. Marshall), Tracee Ellis Ross (HomeGirl) **L** 109 **FSK** ab 6; f **E** 24.2.2021 VoD / 1.1.2022 RTL　　　fd –

LITTLE BIG WOMEN ★★★★
LITTLE BIG WOMEN

Zehn Jahre, nachdem ihr Ehemann sie ohne ein Wort verlassen hat, erfährt eine taiwanesische Restaurantbesitzerin, dass dieser gestorben ist und seine neue Partnerin bis zuletzt an seiner Seite war. Das führt dazu, dass sich die beiden Frauen bei der Organisation der Beerdigung absprechen müssen, zudem werden auch die drei Töchter des Mannes mit ihren Erinnerungen konfrontiert. Kontemplatives, behutsam entwickeltes Drama, das melodramatische Effekte sicher umschifft und sich auf die Rituale und Probleme des Familienkreises einlässt. Getragen wird der Film von ausgezeichneten Darstellerinnen, die facettenreich verschiedene Aspekte des Frauendaseins in Taiwan aufgreifen. – **Sehenswert ab 14**.
Taiwan 2020 **R** Joseph Chen-Chieh Hsu **B** Joseph Chen-Chieh Hsu, Maya Huang **K** Jon Keng **M** Blaire Ko **S** Chen Chun-Hung, Liao Ching-Sung **Sb** Julie Chen Ying-Te **Kb** Emma Lin, Su Ting-Huei **D** Chen Shu-fang (Lin Shoying), Hsieh Ying-Xuan (Ching), Vivian Hsu (Yu), Sun Ke-fang (Jiajia), Ding Ning (Tsai Meilin) **L** 123 **E** 5.2.2021 VoD (Netflix)　　　fd –

LOBSTER SOUP – ★★★★
DAS ENTSPANNTESTE CAFÉ DER WELT
LOBSTER SOUP

Im Bryggjan-Café am Hafen von Grindavík im Süden Islands haben zwei in die Jahre gekommene Brüder einen Ort der Begegnung geschaffen, wo sich die Einheimischen treffen, um miteinander zu reden, zu schweigen oder Musik zu machen. Doch inzwischen zählt das Café unweit der Blauen Lagune zu den bekanntesten Touristen-Orten der Insel, was viele Veränderungen nach sich zieht. Der feinsinnige Film erzählt mit großer Gelassenheit von den Betreibern und ihren Gästen, die sich nicht länger

LOBSTER SOUP – DAS ENTSPANNTESTE CAFÉ DER WELT (© Nameless Media / 24 Bilder)

gegen die Veränderungen wehren. Bei aller Vergänglichkeit und melancholischen Nostalgie behält ihr knorriger Humor jedoch die Oberhand. – **Sehenswert ab 14**.
Scope. Island/Spanien/Litauen 2020 **KI** Nameless Media **R** Pepe Andreu, Rafael Molés **B** Pepe Andreu, Arunas Matelis, Rafael Molés, Ólafur Rögnvaldsson **K** José Luis González Iglesias **M** Alberto R. Lucendo **S** Sara Marco **L** 102 **FSK** ab 0; f **E** 14.10.2021　　　fd 48090

LOCKDOWN MIT HINDERNISSEN ★★
THE END OF US

Ein konfliktgebeuteltes junges Paar hat gerade beschlossen, sich zu trennen, als die Covid-19-Pandemie die Welt heimsucht und ein strenger Lockdown die junge Frau dazu veranlasst, ihren Ex doch nicht sofort aus der Wohnung zu werfen. Der Beginn eines spannungsvollen Hin und Her zwischen endgültiger Entfremdung und neuer Nähe. Als noch ein anderer Mann ins Spiel kommt, für den sich die Frau interessiert, ist das Gefühlschaos perfekt. Die romantische Komödie nutzt das Pandemie-Szenario als Aufhänger, versucht ansonsten aber weniger, die Ausnahmesituation zu durchleuchten, sondern entfaltet ein relativ konventionelles Szenario der Liebeswirren und zwischengeschlechtlichen Reibungen. – **Ab 14**.
Scope. USA 2021 **DVD** Splendid **BD** Splendid **R** Steven Kanter, Henry Loevner **B** Steven Kanter, Henry Loevner **K** Steven Kanter, Henry Loevner **S** Steven Kanter, Henry Loevner **Sb** Claudia Restrepo **D** Ben Coleman

(Nick Boal), Alison G. Vingiano (Leah Russo), Derrich Joseph DeBlasis (Tim), Gadiel Del Orbe (Hector), Kate Peterman (Lois) **L** 88 **FSK** ab 12; **f E** 26.11.2021 **DVD & BD** **fd** -

LOCKED DOWN ★★★
LOCKED DOWN
Eine Werbemanagerin und ihr Lebensgefährte, der gelegentlich als Paketbote arbeitet, müssen sich während der ersten Corona-Welle in London mit den Folgen des Lockdowns herumschlagen. Das führt immer häufiger zu Streitereien und Missverständnissen. Doch als sich ihnen die Gelegenheit bietet, im fast leeren Luxuskaufhaus Harrods einen Diamanten zu stehlen, schweißt sie die Planung des Coups neu zusammen. Eine wortreich ausgetragene Beziehungskomödie mit melancholischen Untertönen, die mit ihren bravourösen Darstellern die Folgen des Lockdowns für die Paar-Dynamik erkundet, um im letzten Drittel ins Fahrwasser eines leichtgewichtigen Heist-Movies zu münden. – **Ab 14.**
USA 2021 **R** Doug Liman **B** Steven Knight **K** Remi Adefarasin **M** John Powell **S** Saar Klein **Sb** Laura Conway-Gordon **Kb** Lucy Bowring **D** Anne Hathaway (Linda), Chiwetel Ejiofor (Paxton), Dulé Hill (David), Jazmyn Simon (Maria), Katie Leung (Natasha) **L** 118 **FSK** ab 12; **f E** 1.8.2021 Download (Warner)/ 8.9.2021 VoD (Warner) **fd** 47958

LOOK ME OVER – LIBERACE ★★★
Der US-amerikanische Pianist Liberace (1919–1987) war ein höchst erfolgreicher Entertainer und begnadeter Selbstdarsteller. Der aus einfachen Verhältnissen stammende Künstler lebte den amerikanischen Traum und stieg zu einer unverwechselbaren Marke auf, dennoch war sein Leben stets von der Furcht überschattet, als homosexuell geoutet zu werden, was seine Karriere in den 1950er- und 1960er-Jahren beendet hätte. Der Dokumentarfilm über das Leben von Liberace ist stilistisch eher konventionell, arbeitet aber gekonnt die widersprüchliche Persönlichkeit zwischen Charisma, Selbstverleugnung und öffentlichem Druck heraus. – **Ab 14.**
Deutschland 2020 **KI** Salzgeber **R+B** Jeremy J. P. Fekete **K** Rasmus Sievers **M** Carsten Rocker **S** Christian R. Timmann **L** 94 **FSK** ab 12; **f E** 5.8.2021 **fd** 47915

LOS CONDUCTOS ★★★★
LOS CONDUCTOS
Ein experimentelles Spielfilmdebüt über einen drogenabhängigen Aussteiger aus einer Sekte, der jegliche zeitliche, örtliche und moralische Orientierung verloren hat. Der Film begleitet die Figur, die in einer leeren Lagerhalle in Medellín haust und sich mit dem Bedrucken gefakter Marken-T-Shirts durchschlägt, durch einen Alltag, in den sich Erinnerungsschnipsel und Halluzinationen mischen. Die offene und fragmentarische Form der Erzählung deckt sich mit der verzerrten Wahrnehmung des Protagonisten und seiner Sicht auf ein korruptes Land. Ein ebenso herausfordernder wie fesselnder Film. – **Ab 16.**
Frankreich/Kolumbien/Brasilien 2019 **R+B** Camilo Restrepo **K** Guillaume Mazloum **M** Arthur B. Gillette **S** Camilo Restrepo **D** Luis Felipe Lozano (Pinky), Fernando Úsaga Higuíta (Desquite) **L** 70 **E** 6.5.2021 VoD (Mubi) **fd** 47693

LOS REYES – KÖNIGLICHE ★★★★
STREUNER
LOS REYES
Ein Skatepark in Santiago de Chile bietet zwei streunenden Hunden ebenso ein Zuhause wie einer Gruppe Jugendlicher aus prekären Verhältnissen, die hier Zeit totschlagen. Mit gleichschwebender Aufmerksamkeit und viel Sinn für Details entfaltet der Film die Ethnografie eines gemeinsamen Lebensraumes von Mensch und Tier. Durch seine indirekte Beobachtung, die Informationen über die menschlichen Protagonisten nur über Stimmen aus dem Off preisgibt, vermittelt er einen Ausschnitt der Klassenunterschiede in der chilenischen Gesellschaft. – **Ab 14.**
Chile/Deutschland 2018 **KI** UCM.One **R** Bettina Perut, Iván Osnovikoff **K** Pablo Valdés, Adolfo Mesías **M** Michael Fakesch **S** Bettina Perut, Iván Osnovikoff **L** 75 **E** 8.7.2021 **fd** 47740

LOST GIRLS & LOVE HOTELS ★★★
LOST GIRLS AND LOVE HOTELS
Eine Amerikanerin hat sich auf der Flucht vor ihrer Vergangenheit in Tokio niedergelassen und unterrichtet angehende Flugbegleiterinnen in Englisch; allabendlich betäubt sie eine diffuse Sehnsucht und Ruhelosigkeit in einer Bar und mit unverbindlichen SM-Sexaffären, bis sie einen Yakuza kennenlernt. Zwischen beiden entsteht eine emotionale Nähe, die sie zutiefst verunsichert. Mehr Drifter-Drama als Erotikthriller, zeichnet die Romanverfilmung ein faszinierendes Porträt einer seelisch lädierten, selbstzerstörerischen weiblichen Hauptfigur, wozu neben dem von der Romanautorin verfassten Drehbuch und einer atmosphärischen Bildsprache auch die versierte Hauptdarstellerin beiträgt. – **Ab 16.**
USA/Japan 2020 **DVD** Capelight (16:9, 1.85:1, DD5.1 engl./dt.) **BD** Capelight (16:9, 1.85:1, dts-HDMA engl./dt.) **R** William Olsson **B** Catherine Hanrahan **K** Kenji Katori **Vo** Catherine Hanrahan (Roman Lost Girls and Love Hotels) **M** Ola Fløttum **S** Sarah Flack **Sb** Arad Sawat **Kb** Tony Crosbie **D** Alexandra Daddario (Margaret), Takehiro Hira (Kazu), Misuzu Kanno (Nakamura), Andrew Rothney (Liam), Carice van Houten (Ines) **L** 97 **FSK** ab 16 **E** 8.1.2021 digital (Capelight)/ 15.1.2021 **DVD & BD** **fd** -

LOST IN FACE – DIE WELT MIT ★★★
CARLOTTAS AUGEN
Der Neurowissenschaftler Valentin Riedl stieß bei seiner Forschung über menschliche Wahrnehmung auf eine künstlerisch begabte Frau, die an einer seltenen kognitiven Störung leidet und Menschen nicht an ihren Gesichtern erkennen kann. Mit der Kamera forscht er ihren Erfahrungen in ihrem Lebensgeschichte nach und übersetzt ihre Traumtagebücher in animierte Sequenzen. Darüber entsteht das berührende Porträt einer wundersamen Außenseiterin, das nahelegt, dass das Gehirn keine Black Box ist, sondern aus einem vielschichtigen Zueinander von Individuum und sozialer Umwelt erwächst. – **Ab 14.**
Deutschland 2019 **KI** Cine Global **R** Valentin Riedl **B** Valentin Riedl, Frédéric Schuld **K** Doro Götz **M** Antimo Sorgente **S** Ivan Morales jr. **L** 84 **FSK** ab 0; **f E** 30.9.2021 **fd** 48070

LOVE AGAIN – JEDES ENDE IST ★★
EIN NEUER ANFANG
ENDINGS, BEGINNINGS
Eine Frau hat eine schmerzhafte Trennung hinter sich und ihren Job gekündigt; für einen Neuanfang will sie sich von Affären und Alkohol fernhalten. Doch dann lernt sie gleich zwei attraktive Männer kennen und findet sich in einer Dreiecksbeziehung wieder, die noch komplexer wird, weil ihre Liebhaber miteinander befreundet sind. Ein Liebesdrama, in dem es weniger um Leidenschaft als um die Verunsicherung der Heldin angesichts eines (Liebes-)Lebens mit vielen Optionen, aber nur wenig Bereitschaft zur Verbindlichkeit geht. Obwohl die Kamera dicht bei der Hauptfigur bleibt, lässt das aus elliptischen Szenen und gelegentlichen Erinnerungsfetzen ge-

LOVE AND MONSTERS (© Bettina Strauss / Netflix)

webte Porträt zu viele Leerstellen, um ihr wirklich nahezukommen. – **Ab 16**.
USA/Südkorea 2019 **DVD** Capelight (16:9, 1.85:1, DD5.1 engl./dt.) **BD** Capelight (16:9, 1.85:1, dts-HDMA engl./dt.) **R** Drake Doremus **B** Jardine Libaire, Drake Doremus **K** Marianne Bakke **M** Philip Ekström **S** Garret Price **Sb** Almitra Corey **Kb** Christie Wittenborn **D** Shailene Woodley (Daphne), Jamie Dornan (Jack), Sebastian Stan (Frank), Matthew Gray Gubler (Adrian), Lindsay Sloane (Billie) **L** 113 **FSK** ab 12 **E** 12.2.2021 DVD & BD   fd -

LOVE AND MONSTERS   ★★★★
LOVE AND MONSTERS
Nach dem missglückten Versuch, einen Asteroiden abzuwehren, haben die wechselwarmen Tiere der Erde monströse Mutationen durchgemacht und binnen kurzem 95 Prozent der Menschen vernichtet. Trotz aller Gefahren nimmt ein junger Mann jedoch das Risiko auf sich, die 150 Kilometer bis zu seiner alten Liebe zu überwinden. Neben diversen kuriosen Monstern findet er auf seiner Reise auch unerwartete Hilfe. Ein charmantes Fantasy-Spektakel als augenzwinkerndes Helden-Abenteuer. Der Film glänzt nicht nur durch sein kreatives Creature Design, sondern auch durch sympathische Figuren und einen bei aller postapokalyptischen Dramatik erstaunlich unbefangenen Blick auf Mensch und Tier. – **Ab 16**.
Scope. Kanada/USA 2020 **R** Michael Matthews **B** Brian Duffield, Matthew Robinson **K** Lachlan Milne **M** Marco Beltrami, Marcus Trumpp **S** Debbie Berman, Nancy Richardson **Sb** Dan Hennah **Kb** Luis Sequeira **D** Dylan O'Brien (Joel), Jessica Henwick (Aimee), Michael Rooker (Clyde), Dan Ewing (Cap), Ariana Greenblatt (Minnow) **L** 109 **E** 14.4.2021 VoD (Netflix)   fd 47662

LOVE AROUND THE WORLD   ★★★
LOVE AROUND THE WORLD
Nachdem ein kroatisches Filmemacher-Paar einander das Jawort gegeben hatte, reisten die beiden rund um die Welt und führten mit Menschen aus unterschiedlichsten Ländern und Kulturkreisen Interviews über deren Beziehungen und das Thema Liebe. Die Collage aus den Aussagen der 150 Interviewten, die sämtlich frontal in ihrer häuslichen Umgebung gefilmt wurden, ist abwechslungsreich und durchaus vielschichtig. Ohne zusätzlichen Kommentar wirkt der Film durch den Kontrast der Aussagen und lässt traditionelle und kultureigene Beziehungsformen ebenso gelten wie moderne Vorstellungen gleichwertiger Partnerschaft. – **Ab 14**.
Deutschland/Kroatien 2020 **R** Andela Rostuhar, Davor Rostuhar **B** Andela Rostuhar, Davor Rostuhar **K** Davor Rostuhar **M** Nenad Kovacic **S** Ivan Zivalj **L** 75 **E** 14.2.2021 arte   fd -

LOVE HARD   ★★★
LOVE HARD
Eine Online-Journalistin aus Los Angeles verliebt sich via Dating-App in einen Mann von der Ostküste und überrascht ihn zu Weihnachten mit einem Besuch. Doch statt eines Traumtypen trifft sie einen schüchtern-unscheinbaren Normalo, der ein falsches Profil erstellt hat. Dieser schafft es jedoch, sie zu überreden, über die Feiertage zu bleiben und ihn als angebliche Freundin zu seiner Familie zu begleiten. Eine weihnachtliche Liebeskomödie, die nach Schema F funktioniert, dieses aber mit pointiertem Dialogwitz und warmherzigen Figuren auftrischt. Zudem eine charmante, satirische Auseinandersetzung mit der Neigung, bei der Partnersuche nicht auf das eigene Ich zu vertrauen. – **Ab 12**.
Scope. USA 2021 **R** Hernan Jimenez **B** Daniel Mackey, Rebecca Ewing **K** Shane Hurlbut **M** Mark Orton **S** Priscilla Nedd-Friendly (= Priscilla Nedd) **Sb** Patrick M. Sullivan Jr. **Kb** Caroline Cranstoun **D** Nina Dobrev (Natalie Bauer), Jimmy O. Yang (Josh Lin), Darren Barnet (Tag), James Saito (Bob Lin), Takayo Fischer (June Lin) **L** 104 **E** 5.11.2021 digital (Netflix)   fd -

LUCA   ★★★★
LUCA
Ein Seeungeheuer-Junge lebt mit seiner Familie vor der Küste Italiens, ist aber von seinem eintönigen und abenteuerarmen Leben genervt. Als er auf einen Artgenossen trifft, der sich an die als gefährlich geltende Meeresoberfläche und in menschlicher Tarnung sogar aufs Festland wagt, schnuppert er erstmals Freiheit. Mit seinem Freund macht er sich daran, von einem Fischerdorf aus die Welt zu erobern. Ein technisch brillantes und emotional berührendes Animationsabenteuer über Freundschaft, Akzeptanz, Familie und das Überwinden von Brücken. Vitalität und Tiefsinn sind in der Coming-of-Age-Geschichte meisterlich ausbalanciert. – **Sehenswert ab 6**.

LOVE HARD (© Netflix)

🔘 Die BD enthält eine Audiodeskription für Sehbehinderte, allerdings nur in englischer Sprache.
Die Extras enthalten u. a. ein Feature mit sieben im Film nicht verwendeten Szenen inklusive eines alternativen Filmanfangs und Filmendes (31 Min.).
USA 2021 **DVD** Walt Disney (16:9, 1.85:1, DD5.1 engl./dt.) **BD** Walt Disney (16:9, 1.85:1, dts-HDMA7.1 engl., DD7.1 dt.) **R** Enrico Casarosa **B** Jesse Andrews, Mike Jones **K** David Juan Bianchi, Kim White **M** Dan Romer **S** Catherine Apple, Jason Hudak **Sb** Daniela Strijleva **L** 101 **FSK** ab 0; f **E** 18.6.2021 VoD (Disney+) / 9.9.2021 DVD & BD   fd 47788

LUCA (© Walt Disney Company)

LUCIA UND DER WEIHNACHTSMANN 2 – DER KRISTALL DES WINTERKÖNIGS
★★★
JULEMANDENS DATTER 2

Die Tochter des Weihnachtsmanns hat es als erstes Mädchen an die Weihnachtsschule geschafft. Als ihr bester Freund beschuldigt wird, einen magischen Kristall gestohlen zu haben, setzt sie sich für ihn ein und gefährdet damit auch ihre eigene Position. Allein auf sich gestellt, nehmen die beiden Kinder die Spur des Kristalls auf und treffen auf eine geheime Bruderschaft. Der zweite Teil eines sympathischen Kinder-Weihnachtsfilms besitzt nicht ganz den Schwung und Charme des Vorgängers, dennoch bietet er wieder zauberhafte Einfälle und bekräftigt die kindgerecht vermittelte Botschaft der Gleichberechtigung. – **Ab 8.**
Scope. Dänemark 2020 **DVD** Koch (16:9, 2.35:1, DD5.1 dän./dt.) **R** Christian Dyekjær **B** Uffe Rørbæk Madsen, Lars T. Therkildsen **K** Mads Thomsen **M** Alma Agger, Kristian Eidnes Andersen, Nicklas Schmidt **S** Frederik Strunk **Sb** Erik Peitersen **Kb** Anne-Dorthe Eskildsen, Grith Rahbek **D** Ella Testa Kuck (Lucia), Bertil Smith (Oscar), Martin Buch (Weihnachtsmann), Mia Lyhne (Claudia), Ulf Pilgaard (Rektor) **L** 91 **FSK** ab 6; f **E** 21.10.2021 DVD   fd –

LUCKY CHAN-SIL
★★★
CHANSILINEUN BOKDO MANHJI

Eine Filmproduzentin verliert durch den unerwarteten Tod ihres Stammregisseurs ihre Arbeit und steht mit einem Mal ohne Perspektive da. Als Putzfrau bei einer jungen Schauspielerin versucht sie sich in einem neuen Leben außerhalb der gewohnten Kunstsphäre zurechtzufinden. Das von tiefer Liebe zum Kino getragene Drama ist das Regiedebüt der langjährigen Produzentin von Hong Sang-soo, dessen ruhigen, auf Wiederholungen setzenden Stil sie aufgreift, aber auch variiert und mit eigenen Stilmitteln charmant weiterentwickelt. – **Ab 16.**
Südkorea 2019 **R+B** Kim Cho-hee **K** Ji Sang-bin **M** Jeong Jung-Yeop **S** Son Yeon-ji **Sb** Kim Jin-young **Kb** Kang Dong-yul **D** Kang Mal-Geum (Lee Chan-sil), Youn Yuh-jung (= Yun Yeo-jong) (Großmutter), Kim Young-min (Jang Gook-yeong), Yoon Seung-ah (Sophie), Bae Yoo-ram (Kim-yeong) **L** 96 **E** 19.10.2021 VoD (Mubi)   fd –

LÜGEN HABEN KURZE BEINE
★★★
FOURMI

Ein talentierter Jungfußballer aus der französischen Provinz könnte es einmal weit bringen, wie sein Vater, ein arbeitsloser Alkoholiker, meint, der seinen Sohn über alles liebt, aber nach der Scheidung in Depressionen verfallen ist. Als ein Scout des FC Arsenal bei einem Spiel auftaucht, täuscht der Junge ein Interesse des Profliclubs vor, was seinen Vater aufblühen lässt und in der ganzen Region für Furore sorgt, ihn selbst aber in die Bredouille bringt. Der Jugendfilm setzt auf märchenhafte realistische Elemente, handelt im Kern aber von einem innig-schwierigem Vater-Sohn-Verhältnis. Dramaturgisch und inszenatorisch ist der nach einer Comicvorlage entstandene Film allerdings recht konventionell. – **Ab 10.**
Belgien/Frankreich 2019 **Kl** Landfilm/Barnsteiner **R+B** Julien Rappeneau **K** Pierre Cottereau **Vo** Artur Laperla / Mario Torrecillas (Graphic Novel *Dream Team*) **M** Martin Rappeneau **S** Stan Collet **D** François Damiens (Laurent), Maleaume Paquin (Théo), Ludivine Sagnier (Chloé), André Dussollier (Claude), Laetitia Dosch (Sarah) **L** 105 **FSK** ab 6; f **E** 19.8.2021   fd 47969

LUX AETERNA
★★
LUX AETERNA

Am Filmset eines Hexenfilms werden die Regisseurin und die Hauptdarstellerin an ihren Grenzen gebracht, bis die geplante Szene einer Hexenverbrennung schließlich im Chaos endet. Das Konzept des nur 50-minütigen Films von Gaspar Noé versucht auf Handlungs- und Metaebene Femizid, Filmdreh und Ekstase zu verknoten, bringt dabei aber ein ungutes Gemisch hervor, das nicht kohärent zusammenfließt, sondern im Rausch flickernder Farben zergeht. – **Ab 16.**
🔘 Die Extras des Mediabooks umfassen u. a. ein 24-seitiges Booklet mit analytischen Texten, so «Lux Æterna – Auf dass das Kino ewig flimmere» von Leonhard Elias Lemke und ein Interview mit Regisseur Gaspar Noé.
Scope. Frankreich 2019 **DVD** Alamode (16:9, 2.35:1, DD5.1 frz./dt.) **BD** Alamode (16:9, 2.35:1, dts-HDMA frz./dt.) **R+B** Gaspar Noé **K** Benoît Debie **S** Jerome Pesnel **D** Charlotte Gainsbourg (Charlotte), Béatrice Dalle (Béatrice), Clara 3000 (Clara 3000), Mica Arganaraz (Mica), Yannick Bono (Yannick) **L** 51 **FSK** ab 16; f **E** 14.5.2021 DVD & BD & Mediabook (BD plus DVD) & digital   fd 47711

MADAME CLAUDE (© Netflix)

MACBETH
siehe: THE TRAGEDY OF MACBETH

MADAME CLAUDE ★★★
MADAME CLAUDE
In den 1960er-Jahren steigt eine Frau als Chefin eines Nobel-Callgirl-Rings zur Größe im Prostitutionsgeschäft auf und gerät auch ins Fadenkreuz von Geheimdiensten und Polizei, weil ihre Mädchen mit allerlei Größen aus Politik, Wirtschaft und Mafia verkehren. Der biografische Film beruht auf dem Leben von Fernande Grudet (1923–2015). Obwohl Krimielemente und Sexszenen eine Rolle spielen, geht es weniger um die reißerischen Aspekte von deren Vita, sondern um das Psychogramm einer Frau, die sich in einer männerdominierten Gesellschaft deren frauenverachtende Spielregeln zu eigen gemacht hat, um selbst zum mächtigen Player im Sexgeschäft aufzusteigen und sich aus der Opferrolle zu befreien. – **Ab 18**.
Frankreich 2021 **R+B** Sylvie Verheyde **K** Léo Hinstin **M** Nousdeuxtheband **S** Christel Dewynter **Sb** Thomas Grézaud **Kb** Isabelle Pannetier **D** Karole Rocher (Madame Claude), Roschdy Zem (Jo Attia), Garance Marillier (Sidonie), Pierre Deladonchamps (Serge), Annabelle Belmondo (Kate) **L** 112 **E** 2.4.2021 VoD (Netflix) fd 47650

DAS MÄDCHEN DEINER TRÄUME ★★
I MET A GIRL
Ein aufstrebender australischer Singer-Songwriter möchte gute Musik machen und normal sein, leidet aber seit seinem zwölften Lebensjahr an Schizophrenie und wird von Stimmen verfolgt. Als sein Bruder und dessen Frau ein Kind erwarten, soll er fortan für sich selbst sorgen. Das wirft ihn aus der Bahn, doch genau da verliebt er sich in eine junge Frau, die am nächsten Tag scheinbar spurlos verschwunden ist. Eine bonbonfarbene Mischung aus Road Movie und Märchen, die von Perth bis Sydney quer über den Kontinent führt und das Thema Schizophrenie wohltuend entdämonisiert, aber auch ein Stück banalisiert. – **Ab 14**.
Australien 2020 **KI** Splendid **DVD** Splendid (16:9, 2.35:1, DD5.1 engl./dt.) **BD** Splendid (16:9, 2.35:1, dts-HDMA engl./dt.) **R** Luke Eve **B** Glen Dolman **K** Patrick O'Sullivan **M** Matteo Zingales **S** Melanie Annan **Sb** Carlo Crescini **Kb** Lien See Leong **D** Brenton Thwaites (Devon), Lily Sullivan (Lucy), Joel Jackson (Nick), Anita Hegh (Patricia), Zahra Newman (Olivia) **L** 108 **FSK** ab 12; f **E** 24.6.2021 / 29.10.2021 DVD & BD fd 47819

MÄDCHEN IN NOT ★★★
L'AMANTE SEGRETA
Eine junge Frau wird früh zur Waise und steht völlig mittellos da. Als Modell ist sie gezwungen, erniedrigende Situationen zu ertragen, bis sie eines Tages einen unglücklich verheirateten Mann kennenlernt. Italienisches Melodram der 1940er-Straße, bei dem im Stil der Zeit ein Schicksalsschlag nach dem anderen auf die Heldin niederprasselt. Dank der sicheren Leistung von Darstellern und Regie ist der Film weitgehend erfolgreich in dem Bemühen, die klischeehafte Handlung erträglich zu machen. – **Ab 16**.
Schwarz-weiß. Italien 1941 **DVD** Media Target **R** Carmine Gallone **B** Gherardo Gherardi **K** Václav Vich **Vo** Alfred Heller (Roman Mädel in Not) **M** Felice Montagnini **Sb** Guido Fiorini **Kb** Fernando Ferranti **D** Alida Valli (Renata Croci), Fosco Giachetti (Giorgio Amholt), Vivi Gioi (Diana Ponzio), Camillo Pilotto (Giacomo Mori), Osvaldo Valenti (Valenti) **L** 82 **E** 14.8.1942 / 12.3.2021 DVD fd -

DAS MÄDCHEN UND DIE SPINNE ★★★★
DAS MÄDCHEN UND DIE SPINNE
Als eine junge Frau aus der Wohngemeinschaft mit ihrer Freundin auszieht, bricht eine über Jahre gewachsene Einheit auf und hinterlässt auch im Leben benachbarter Figuren Risse. Ein elaboriertes Beziehungskarussell, in dem Menschen, Tiere, Dinge, Blicke, Handlungen, Worte, Klänge und Farben wie Scharniere ineinandergreifen. Eine mal komische, mal abgründige Erzählung über fehlbare Beziehungen, unerfülltes Begehren, Nähe und Einsamkeit. – **Sehenswert ab 16**.
Schweiz 2021 **KI** Salzgeber **DVD** Salzgeber (16:9, 1.78:1, DD5.1 dt.) **R** Ramon Zürcher, Silvan Zürcher **B** Ramon Zürcher, Silvan Zürcher **K** Alexander Haßkerl **M** Philipp Moll **S** Ramon Zürcher, Katharina Bhend **D** Henriette Confurius (Mara), Liliane Amuat (Lisa), Ursina Lardi (Astrid), Flurin Giger (Jan), André Hennicke (Jurek) **L** 94 **FSK** ab 16; f **E** 8.7.2021 / 30.11.2021 DVD fd 47575

EIN MÄDCHEN WIRD VERMISST ★★★
Eine talentierte 14-jährige Synchronschwimmerin verschwindet spurlos, unter Verdacht steht zunächst auch ihr Vater, der hohen Druck auf das Mädchen ausübte. Hinweise auf die wahren Umstände finden die Ermittler jedoch schließlich durch die DNA-

Spur eines Verstorbenen, die mit der des Täters in Verbindung gebracht werden kann. Dritter Beitrag zu einer auf tatsächlichen Fällen beruhenden Fernsehkrimi-Reihe, die sich der sorgfältigen Darstellung kleinteiliger Polizeiarbeit verschrieben hat. Das gelingt dem geradlinig inszenierten Film einmal mehr, auch wenn einige Hintergründe deutlicher ausgeleuchtet hätten werden können. – **Ab 16**.
Deutschland 2021 **R** Markus Imboden **B** Katja Röder, Fred Breinersdorfer **K** Michael Wiesweg **M** Florian Tessloff **S** Marco Baumhof **Sb** Bertram Strauß **Kb** Claudia Kühlke **D** Heino Ferch (Ingo Thiel), Ronald Kukulies (Winni Karls), Sina Bianca Hentschel (Conny Roth), Martin Lindow (Holger Sommer), Sandra Borgmann (Christa Sommer) **L** 89 **E** 17.9.2021 arte   **fd** -

Made in Bangladesh ★★★
Made in Bangladesh

Eine junge Frau arbeitet als Näherin in einer Textilfabrik in Dhaka, der Hauptstadt von Bangladesch. Als in der Fabrik ein Brand ausbricht und sie mehrere Wochen geschlossen bleibt, erhalten die Näherinnen kein Geld. Aus Protest will die junge Frau mit ihren Kolleginnen eine Gewerkschaft gründen und gibt den Kampf um ihre Rechte trotz massivem Gegendruck nicht auf. Vor dem Hintergrund von «Fast Fashion» und Billigmode erzählt das dokumentarische Drama von Kapitalismus und Ausbeutung, die vor allem die Frauen trifft. Der mitunter etwas schematische Film überzeugt durch seine politische und wirtschaftliche Brisanz und die realistische Lebendigkeit der Straßenszenen. (O.m.d.U.) – **Ab 14**.
Bangladesch/Frankreich/Dänemark/Portugal 2019 **KI** EZEF **R** Rubaiyat Hossain **B** Rubaiyat Hossain, Philippe Barriere **K** Sabine Lancelin **M** Tin Soheili **S** Raphaëlle Martin-Holger, Sujan Mahmud **Sb** Jonaki Bhattacharya, Majibur Rahma **D** Rikita Nandini Shimu (Shimu Akhtar), Novera Rahman (Daliya), Parvin Paru (Maya), Mayabe (Tania), Shahana Goswami (Nasima) **L** 95 **FSK** ab 12; **f E** 20.5.2021   **fd** 47703

Made in Italy ★★
Made in Italy

Ein junger Galerist aus London steht kurz vor der Scheidung. Um die Anteile seiner Ehefrau an der Galerie zu erwerben, will er das Ferienhaus seiner Eltern in der Toskana veräußern. Das Anwesen muss allerdings nicht nur von Grund auf renoviert werden, sondern Vater und Sohn müssen überdies ihre jahrelange Entfremdung überwinden. Ein in Postkartenbilder verpacktes Drama, das Themen wie Verlust und Schuld, Trauer und Vergebung nur oberflächlich streift und lieber Klischees von italienischer Lebensfreude und Stereotypen herzlicher Menschen präsentiert. – **Ab 14**.
Großbritannien/Italien 2020 **DVD** Leonine **BD** Leonine **R+B** James d'Arcy **K** Mike Eley **M** Alex Belcher **S** Anthony Boys, Mark Day **Sb** Stevie Herbert **Kb** Louise Stjernsward **D** Liam Neeson (Robert), Valeria Bilello (Natalia), Micheál Richardson (Jack), Lindsay Duncan (Kate), Marco Quaglia (Luigi) **L** 91 **FSK** ab 6; **f E** 20.5.2021 VoD / 25.6.2021 DVD & BD   **fd** 47226

Madison – Ungebremste Girlpower ★★★★
Madison

Eine verbissene 13-jährige Bahnradrennfahrerin muss die Sommerferien wider Willen in den Tiroler Bergen verbringen, wo sie über Gleichaltrige das Mountainbike-Fahren entdeckt. Getragen von neu gewonnener Lebensfreude erkennt sie, dass sie sich von ihrem dominanten Vater lösen muss, um ihren Platz im Leben zu finden. Der schwungvolle Coming-of-Age-Film setzt sich ernsthaft mit den Folgen des Leistungssports auf die Persönlichkeitsentwicklung von Heranwachsenden auseinander. Ohne erhobenen Zeigefinger und mit wenigen Vereinfachungen spricht er sich nachdrücklich für eine stärkere Selbstbestimmung von Kindern und Jugendlichen aus. – **Ab 10**.
Deutschland/Österreich 2020 **KI** Farbfilm **DVD** Farbfilm/Lighthouse **R** Kim Strobl **B** Kim Strobl, Milan Dor **K** Stefan Biebl **M** Karwan Marouf **S** Britta Nahler **Sb** Maike Althoff **Kb** Mo Vorwerck **D** Felice Ahrens (Madison), Florian Lukas (Timo), Maxi Warwel (Katharina), Valentin Schreyer (Andi), Emilia Warenski (Vicky) **L** 87 **FSK** ab 6; **f E** 16.9.2021 / 25.3.2022 DVD   **fd** 47908

Madres ★★
Madres

Eine Latino-Amerikanerin zieht mit ihrem Mann in den 1970er-Jahren nach Kalifornien, wo die Journalistin den Verdacht entwickelt, dass dort eingesetzte Pestizide für die Unfruchtbarkeit der Landarbeiterinnen verantwortlich sind. Als die schwangere Frau seltsame Symptome an sich bemerkt und von Visionen heimgesucht wird, argwöhnt sie, dass sie mit einem Fluch belegt wurde. Langsam entwickelter Horrorfilm, der seine guten Ideen nicht recht in packende Szenen umzusetzen versteht. Der Rückgriff auf angestaubte Spannungsmittel erscheint dabei eher als Ablenkung von den historischen Ungerechtigkeiten, die der Film in seinem Kern anklagt. – **Ab 16**.
USA 2020 **R** Ryan Zaragoza **B** Mario Miscione, Marcella Ochoa **K** Felipe Vara de Rey **M** Isabella Engman-Bredvik, Gerardo Garcia Jr. **S** Kristina Hamilton-Grobler (= Kristina Hamilton) **Sb** Ryan Martin Dwyer **Kb** Eulyn Colette Hufkie **D** Ariana Guerra (Diana), Tenoch Huerta (Beto), Elpidia Carrillo (Anita), Kerry Cahill (Schwester Carol), Jennifer Patino (Veronica) **L** 80 **FSK** ab 16 **E** 8.10.2021 VoD (Amazon Prime)   **fd** -

Die Mafia ist auch nicht mehr das, was sie mal war ★★★
La Mafia non è più quella di una volta

Der sizilianische Filmemacher Franco Maresco untersucht zusammen mit der Fotografin Laetizia Battaglia, wie in Palermo an die ermordeten Mafia-Jäger Giovanni Falcone und Paolo Borsellini gedacht wird. Sie stoßen dabei auf eine bizarre Mischung aus Gleichgültigkeit, offener Feindseligkeit oder absurden Ausweichmanövern. Eine Feier zu Ehren der Toten gerät zur reinen Farce. Auf absurd-komische und zugleich bitterböse Weise legt der Film eine Mentalität bloß, die das organisierte Verbrechen duldet und mitträgt. Seine provokativ-manipulierende Erzählweise konterkariert mitunter allerdings das Mentalitätsbild einer irrsinnigen Welt. – **Ab 14**.
Italien 2019 **KI** missingFILMs **R** Franco Maresco **B** Franco Maresco, Claudia Uzzo, Francesco Guttuso, Giuliano La Franca **K** Tommaso Lusena **M** Salvatore Bonafede **S** Edoardo Morabito, Francesco Guttuso **L** 105 **E** 26.8.2021   **fd** 47956

Magic Roads – Auf magischen Wegen ★★★
Konjok-Gorbunok

Neuverfilmung eines berühmten russischen Märchens: Ein einfältiger Bauernsohn wird von allen verlacht, findet aber in einem buckligen Fohlen mit Zauberkräften einen Gefährten. So meistert er auch eine an sich unlösbare Aufgabe des Zaren und gewinnt selbst das Herz der vom Herrscher als Braut bestimmten Prinzessin. Die aufwändige Adaption besticht durch eine liebevolle Ausstattung, gelungene Spezialeffekte und einprägsame Figuren. Witz und Spannung werden kindgerecht eingesetzt, während die

Satire des Originals dezent aktualisiert worden ist. – **Ab 8.**
Russland 2021 **DVD** Capelight (16:9, 1.85:1, DD5.1 russ./dt.) **BD** Capelight (16:9, 1.85:1, dts-HDMA russ./dt.) **R** Oleg Pogodin **B** Alexej Borodatschjow, Oleg Pogodin **K** Wladimir Baschta **Vo** Pjotr Jerschow (Märchen) **M** Iwan Burljajew, Konstantin Kuprijanow, Dmitri Noskow, Alexander Schewtschenko **S** Serik Beiseu **Sb** Isabela Tschitschonska, Anastasija Karimulina **Kb** Nadeschda Wasilewa **D** Anton Schagin (Iwan), Michail Jefremow (Zar), Paulina Andrejewa (Prinzessin), Oleg Taktarow (General), Jan Zapnik (Spalnik) **L** 107 FSK ab 6; f **E** 29.10.2021 DVD & BD   fd –

Die Magie der Träume ★★
Come Away

Zwei fantasiebegabte Kinder genießen es, sich spielerisch in Traumwelten zu versenken; ein reales Unglück, das ihre Familie trifft, droht der Idylle aber ein Ende zu setzen. Als sich auch noch finanzielle Probleme einstellen, suchen die Geschwister im viktorianischen London nach Abhilfe. Eine Mischung aus Fantasyfilm und Familiendrama, die lose die Titel-Charaktere aus *Peter Pan* und *Alice im Wunderland* aufgreift, zu Geschwistern erklärt und Abenteuer im Grenzbereich von Fiktion und Wirklichkeit erleben lässt. Ein auch dank guter Kinderdarsteller reizvolles Spiel mit den Vorlagen, dem es allerdings letztlich sowohl an großen Bildern fehlt als auch an einer konsistenten Neuinterpretation. – **Ab 8.**
Scope. Großbritannien 2020 **DVD** Splendid **BD** Splendid **R** Brenda Chapman **B** Marissa Kate Goodhill **K** Jules O'Loughlin **M** John Debney **S** Dody Dorn **Sb** Luciana Arrighi **Kb** Louise Stjernsward **D** Angelina Jolie (Rose Littleton), David Oyelowo (Jack Littleton), Jordan Nash (Peter Littleton), Keira Chansa (Alice Littleton), Michael Caine (Charlie) **L** 94 FSK ab 6 **E** 26.3.2021 DVD & BD & digital   fd –

Maigret – Um eines Mannes ★★★★ Kopf
La Tête d'un Homme

Ein hochintelligenter, skrupelloser Manipulator greift den Wunsch eines Spielers nach dem Tod seiner reichen Tante auf, tötet diese und schiebt die Schuld auf einen geistig beeinträchtigten Lieferburschen. Kommissar Maigret zweifelt jedoch an dem scheinbar eindeutigen Fall und verhilft dem Verdächtigen sogar zur Flucht, um den wahren Schuldigen unter Druck zu setzen. Eine stilistisch ausgefeilte frühe Simenon-Verfilmung mit ausgezeichneten Darstellern. Durch die meisterhaft wiedergegebene düstere Stimmung und die genaue Psychologie gehört der Krimi zu den besten Maigret-Adaptionen überhaupt. – **Sehenswert ab 16.**
Schwarz-weiß. Frankreich 1933 **R** Julien Duvivier **B** Julien Duvivier, Pierre Calmann, Louis Delaprée **K** Armand Thirard **Vo** Georges Simenon (Roman *La tête d'un homme / Maigret kämpft um den Kopf eines Mannes*) **M** Jacques Dallin (= Jacques Belasco) **S** Marthe Poncin **Sb** Georges Wakhévitch **D** Harry Baur (Kommissar Jules Maigret), Valéry Inkijinoff (= Waleri Inkischinoff) (Radek), Alexandre Rignault (Joseph Heurtin), Gina Manès (Edna Reichberg), Gaston Jacquet (Willy Ferrière) **L** 95 **E** 1.2.2021 arte   fd –

Major Grom: Der Pestdoktor ★★
Mayor Grom: Chumnoi Doktor

Ein Vigilant in der Verkleidung eines mittelalterlichen Pestdoktors bekämpft Korruption und soziale Ungerechtigkeit mit brutalen Mitteln, indem er Menschen eliminiert, die wegen Geld und Einfluss für Verbrechen ungestraft davongekommen sind. Ein Polizeimajor nimmt die Jagd nach dem Killer auf, obwohl er seinerseits auch Korruption und Justizversagen verachtet und oft regelwidrige Methoden einsetzt. Eine durchaus ambitionierte Auseinandersetzung mit dem Comic-Mythos des maskierten Rächers vor dem Hintergrund einer innerlich zerrissenen Gesellschaft mit versagenden Institutionen. Relativ holzschnittartige Figuren, erzählerische Längen und eine etwas blasse Inszenierung schmälern allerdings die Wirkung. – **Ab 16.**
Russland 2021 **R** Oleg Trofim **B** Jewgeny Jeronin, Wladimir Besedin **K** Maxim Schukow **M** Roman Seliwjorstow **S** Juri Karich **Kb** Anna Kudewitsch **D** Tichon Schisnewski (Igor Grom), Alexander Setejkin (Dima Dubin), Ljubow Axjonowa (Julia Pchelkina), Sergei Goroschko (Sergej Rasumowski), Alexej Maklakow (Inspektor Fjodor Prokopenko) **L** 136 **E** 7.7.2021 VoD (Netflix) fd –

Makala ★★★★
Makala

Ein Köhler aus einem Dorf im Süden der Demokratischen Republik Kongo hat den Traum, für seine Familie ein besseres Haus zu bauen. Seine einzige Möglichkeit, nötige Material zu besorgen, besteht jedoch im Verkauf von Holzkohle in der nächsten Stadt, was einen Transport über 50 Kilometer mit dem Fahrrad erfordert. Sorgfältig beobachtender Dokumentarfilm mit eindrücklicher Bildsprache. In seiner Dehnung der Erzählzeit und seiner äußerst zurückgenommen Inszenierung erfordert er die Bereitschaft der Zuschauer zur Einlassung und belohnt mit einer ungewöhnlich ausdrucksstarken Studie eines tapferen Kampfes gegen das Schicksal. – **Sehenswert ab 16.**
Frankreich 2017 **R+B+K** Emmanuel Gras **M** Gaspar Claus **S** Karen Benainous **L** 96 **E** 30.8.2021 arte   fd –

Making Waves: The Art ★★★★ of Cinematic Sound
Making Waves: The Art of Cinematic Sound

In Form einer umfassenden chronologischen Darstellung der Entwicklung des Tons im Film würdigt der Dokumentarfilm einen hochkomplexen und unverzichtbaren, aber selten hervorgehobenen Aspekt der Filmkunst. Neben der informativen und kurzweilig präsentierten Historie kommen zahlreiche Filmschaffende zu Wort, zudem werden einige Meister des Ton-Designs wie Walter Murch, Ben Burtt und Gary Rydstrom vorgestellt. Die versierte und für Laien wie Cinephile gleichermaßen reizvolle Dokumentation ist in ihrem Informationsgehalt vorbildlich und weist nur in der Beschränkung auf US-Beispiele Leerstellen auf. – **Ab 14.**
Teils schwarz-weiß. USA 2019 **R** Midge Costin **B** Bobette Buster **K** Sandra Chandler **M** Allyson Newman **S** David J. Turner **L** 89 **E** 12.2.2021 arte   fd –

Malasaña 32 – Haus des Bösen ★★
Malasaña 32

Ein Jahr nach Ende der Franco-Diktatur zieht eine Patchwork-Familie vom Land in eine Altbauwohnung in der Innenstadt von Madrid. Die ohnehin von Konflikten und finanziellen Problemen geplagte Familie wird bald vom Geist der Vormieterin heimgesucht. Der Spuk bleibt aber eine einfallslose Aneinanderreihung von Genreklischees, die keine Verbindung zu den etablierten Konflikten und Subtexten des Films aufgreift. Visuell ist der Film allerdings durchaus ansprechend. – **Ab 16.**
Scope. Spanien 2019 **KI** StudioCanal **DVD** StudioCanal (16:9, 2.35:1, DD5.1 span./dt.) **BD** StudioCanal (16:9, 2.35:1, dts-HDMA span./dt.) **R** Albert Pintó **B** Ramón Campos, Gema R. Neira, David Orea, Salvador S. Molina **K** Daniel Sosa Segura **M** Frank Montasell, Lucas Peire **S** Andrés

Federico González **Sb** Carlos de Dorremochea (= Carlos Dorremochea) **Kb** Eva Camino **D** Begoña Vargas (Amparo), Iván Marcos (Manolo), Bea Segura (Candela), Sergio Castellanos (Pepe), José Luis de Madariaga (Fermín) **L** 105 **FSK** ab 16; **f E** 17.6.2021 / 28.10.2021 DVD & BD   **fd** 47639

MALCOLM & MARIE   ★★★★
MALCOLM & MARIE

Ein afroamerikanischer Filmemacher hat bei der Premiere seines neuen Films vergessen, sich bei seiner Freundin zu bedanken. Zurück zu Hause entspinnt sich ein Streit über Teilhabe, Authentizität und Selbstbehauptung, sowohl in künstlerischen Teams als auch in der Beziehung des Paares. Das in fließenden Bildern auf schwarz-weißem 35-mm-Filmmaterial gedrehte Kammerspiel ist eine ästhetische Hommage an das alte Hollywood und in der Inszenierung afroamerikanischer Stars zugleich ein Update der Versäumnisse dieser Ära. Das selbstreflexive Muskelspiel lenkt bisweilen allerdings von der sehr intimen Analyse ab. – **Ab 16**.
USA 2021 **R+B** Sam Levinson **K** Marcell Rév **M** Labrinth **S** Julio Perez IV (= Julio C. Perez IV) **Sb** Michael Grasley **Kb** Samantha McMillen, Law Roach **D** Zendaya (Marie), John David Washington (Malcolm) **L** 106 **E** 5.2.2021 VoD (Netflix)   **fd** 47531

MALCOLM & MARIE (© Dominic Miller / Netflix)

MALIGNANT   ★★★
MALIGNANT

Eine junge Frau wird von grausamen Visionen geplagt, die sich als reale Mordfälle erweisen. Mit den Ermittlungen steigt die Gewissheit, dass der phantomartige Killer etwas mit ihrer Kindheit zu tun hat. Der als detektivische Traumabewältigung angelegte Horrorfilm baut zunächst auf souverän umgesetzte klassische Spannungsmomente und falsche Fährten. Das scheinbar sehr vertraute Terrain von Geister- und Slasher-Filmen verlässt er allerdings zunehmend zugunsten einer ebenso originellen wie entfesselten Genremischung voller exzessiver Effekte und comicartiger Actionszenen. – **Ab 16**.

🔊 Die BD-Edition enthält eine Audiodeskription für Sehbehinderte.
Scope. USA 2021 **KI** Warner Bros. **DVD** Warner (16:9, 2.35:1, DD5.1 engl./dt.) **BD** Warner (16:9, 2.35:1, dts-HDMA engl., DD5.1 dt.) **R** James Wan **B** Akela Cooper **K** Michael Burgess **M** Joseph Bishara **S** Kirk M. Morri **Sb** Desma Murphy **Kb** Lisa Norcia **D** Annabelle Wallis (Madison), Maddie Hasson (Sydney Lake), George Young (Kekoa Shaw), Michole Briana White (Regina Moss), Jean Louisa Kelly (Jane Doe / Serena) **L** 112 **FSK** ab 16; **f E** 2.9.2021 / 23.12.2021 DVD & BD   **fd** 48009

MALIKAS KÖNIGREICH   ★★★★
143 RUE DU DÉSERT

An einer Straße durch die Wüste Algeriens lebt eine Frau allein mit einer Katze und zwei Hunden und betreibt einen Imbiss. Ein Leben in vermeintlicher Einöde, doch kommt es immer wieder zu unerwarteten bemerkenswerten Begegnungen. Diskret und sehr behutsam gefilmt, steckt der episodische Dokumentarfilm voller Zärtlichkeit und Humor und hat in seiner Hauptfigur einen faszinierenden Ruhepunkt, der die Einsamkeit der Wüste mit Leben füllt. In seiner unaufdringlichen Herangehensweise hält er die Gründe für das Dasein in der Einöde offen und belässt der Porträtierten damit ihre Aura des Geheimnisvollen. (O.m.d.U.) – **Sehenswert ab 14**.
Frankreich/Algerien 2019 **R+B+K** Hassen Ferhani **S** Stéphanie Sicard, Nadia Ben Rachid, Nina Khada, Hassen Ferhani **L** 90 **E** 11.10.2021 arte   **fd** -

MALMKROG   ★★★★
MALMKROG

Fünf Männer und Frauen der besseren Gesellschaft treffen sich Ende des 19. Jahrhunderts auf einem noblen Landgut und verbringen einen Tag mit gemeinschaftlichem Essen, Plaudern und Streiten. Dabei verstricken sie sich in philosophische Debatten um Glauben und Moral, Krieg und die europäische Kultur im Verhältnis zu anderen Kulturen. Derweil gehen die Dienstboten des Hauses ihren Verrichtungen nach. Seltsame chronologische Verschiebungen und störende Momente aus einer latent bedrohlichen, winterlichen Außenwelt sorgen für Irritation. Eine fesselnde Auseinandersetzung mit einer Schrift des russischen Religionsphilosophen Wladimir Solowjow, die durch Auslassungen, Brüche und Verfremdungen eher wie das Dokument seiner Lektüre wirkt. Ein forderndes, in seiner Vielschichtigkeit und seinem Beziehungsreichtum aber auch ungemein reiches und bereicherndes Werk. – **Sehenswert ab 16**.
Rumänien/Serbien/Schweiz/Schweden/Bosnien-Herzegowina/Nordmazedonien 2019 **R+B** Cristi Puiu **K** Tudor Panduru **Vo** Wladimir Solowjow (Texte) **S** Dragoş Apetri, Andrei Iancu, Bogdan Zărnoianu **D** Frédéric Schulz-Richard (Nikolai), Agathe Bosch (Madeleine), Diana Sakalauskaité (Ingrida), Marina Palii (Olga), Ugo Broussot (Edouard) **L** 200 **E** 2.4.2021 VoD (Mubi)   **fd** 47641

MAMA   ★★★
MAMA

Sieben Tage im Leben einer armen Familie im ländlichen China, angesiedelt in den 1990ern und inspiriert durch autobiografische Erinnerungen der Filmemacherin: Eine Zwölfjährige wächst zusammen mit ihren Geschwistern, der Mutter und den Großeltern in einfachen Verhältnissen auf, während der Vater auswärts arbeitet; der Film verfolgt in langen Einstellungen die alltäglichen Tätigkeiten und Rhythmen des Zusammenlebens über kleine und größere Entwicklungen und Schicksalsschläge hinweg. Dialoge werden dabei sparsam eingesetzt; die Beziehungen und Charaktere der Figuren spiegeln sich eher in den präzise beobachteten Interaktionen zwischen den Zeilen. – **Ab 14**.
Frankreich/China 2020 **R+B** Li Dongmei

MARTIN EDEN (© Piffl Medien)

K Shen Xiaomin, Zhang Yalong **M** Hu Zijian, Zhang Yiyun **S** Huifeng Zhao, Zhang Zhongchen **Sb** Xu Dan **D** Cheng Shuqiong (Mutter), Ge Wendan (Xiaoxian), Xia Guoli (Xiaowei), Gong Yanxin (Xingxing), Tan Yuxiang (Großmutter) **L** 133 **E** 6.9.2021 digital (Mubi) **fd -**

MAQUINARIA PANAMERICANA ★★★★
MAQUINARIA PANAMERICANA

In einer alten Maschinenfabrik war bisher gut arbeiten; doch dann stirbt der freundliche Besitzer, und es stellt sich zum Schrecken der Angestellten heraus, dass dieser das marode, unrentable Unternehmen längst aus eigener Tasche finanzierte. Nun steht alles vor dem Aus. In ihrer Ratlosigkeit verfällt die Belegschaft darauf, sich in der Firma zu verbarrikadieren und die kapitalistisch-raue Außenwelt so gut es geht auszusperren. Visuell atmosphärisch mit dem Fabrik-Setting spielend, entfaltet sich der Film als Absurde tendierende Mischung aus Tragikomödie und Sozialsatire und setzt auf die Gruppendynamik zwischen seinen schrägen Charakteren. – **Ab 14.**
Mexiko/Polen 2016 **R** Joaquin del Paso **B** Joaquin del Paso, Lucy Pawlak **K** Fredrik Olsson **M** Christian Paris **S** Raúl Barreras **Sb** Lucy Pawlak **Kb** Yupanqui Ramos **D** Javier Zaragoza (Jesus Carlos), Ramiro Orozco (Ignacio), Irene Ramirez (Soledad), Edmundo Mosqueira (Celestino), Delfino López (Delfino) **L** 88 **E** 26.7.2021 VoD (Mubi) **fd -**

MARE ★★★★
MARE

Eine Frau lebt mit ihren drei Kindern und ihrem Mann in unmittelbarer Nähe des Flughafens in Dubrovnik. Sie liebt ihre Familie, sehnt sich aber auch nach einem Job und mehr Unabhängigkeit. Als sie einen aus Polen stammenden Arbeiter kennenlernt und eine Affäre beginnt, blüht sie auf und träumt von einem anderen Leben. Der ungeschönt raue Film besticht durch seine unaufgeregte Erzählweise und die sorgfältige Darstellung eines im Trott gefangenen Alltags sowie die einfühlsame Schilderung weiblicher Befindlichkeiten. – **Ab 16.**
Schweiz/Kroatien 2020 **R+B** Andrea Staka **K** Erol Zubcevic **M** Ephrem Lüchinger **S** Redzinald Simek, Thomas Imbach **Sb** Jana Plecas **Kb** Sara Giancane, Valentina Vujovic **D** Marija Skaricic (Mare), Goran Navojec (Duro), Mateusz Kosciukiewicz (Piotr), Mirjana Karanovic (Mares Mutter), Zdenko Jelcic (Mares Vater) **L** 84 **E** 3.11.2021 arte **fd 47793**

MARTHA & TOMMY ★★★
Eine alleinstehende alte Frau kümmert sich in einem Hamburger Mietshaus um die Kinder der Nachbarschaft, so auch um den kleinen Bruder eines Studenten. Dieser verdient sich sein Geld mit illegalen Schaukämpfen und fürchtet die Rückkehr seines verhassten Vaters, knüpft in dieser Notlage aber auch engere Beziehungen zu der Betreuerin, die hinter ihrem sozialen Engagement ein eigenes Trauma verbirgt. Wuchtiges Drama um den Wert von Freundschaft, dessen atmosphärische Bandbreite zwischen brutalen Boxszenen und sanfter Emotionalität liegt. Mitunter etwas überladen, lebt der Film von ausgezeichneten Darstellern. – **Ab 16.**
Deutschland 2020 **R** Petra K. Wagner **B** Holger Karsten Schmidt **K** Peter Polsak **M** Helmut Zerlett **S** Simone Klier **Sb** Monika Nix **Kb** Daniela Thomas **D** Senta Berger (Martha Bender), Jonathan Berlin (Tommy Skagen), Emile Chérif (Winnie Skagen), Peter Lohmeyer (Viktor Skagen), Uwe Kockisch (Max Lorenz) **L** 87 **E** 24.2.2021 ARD **fd -**

MARTIN EDEN ★★★★
MARTIN EDEN

Ein junger italienischer Arbeiter verliebt sich in eine Tochter aus gutem Hause. In seiner Leidenschaft entdeckt er auch die Kultur und speziell die Literatur für sich. Der Aufstieg der Figur, die aus dem autobiografischen Roman von Jack London in ein vergangenes, aber nie exakt historisch verortetes Neapel verlegt wird, trennt sie von ihren proletarischen Wurzeln. Die persönliche Tragödie wird zu einer Reflexion der Gegensätze zwischen Altruismus und Eigennutz, Kollektivismus und Individualismus, Land und Stadt, Kunst und Politik. Die in ästhetischer Zeitlosigkeit eingefrorene Charakterstudie wird so zum vielschichtigen Plädoyer gegen Neoliberalismus und Kulturindustrie. – **Sehenswert ab 14.**
Italien/Frankreich 2019 **KI** Piffl Medien **DVD** EuroVideo **BD** EuroVideo **R** Pietro Marcello **B** Maurizio Braucci, Pietro Marcello **K** Francesco Di Giacomo, Alessandro Abate **Vo** Jack London (Roman *Martin Eden*) **M** Marco Messina, Sacha Ricci, Paolo Marzocchi **S** Aline Hervé, Fabrizio Federico **Sb** Roberto De Angelis, Luca Servino **Kb** Andrea Cavalletto **D** Luca Marinelli (Martin Eden), Jessica Cressy (Elena Orsini), Denise Sardisco (Margherita), Vincenzo Nemolato (Nino), Carmen Pommella (Maria) **L** 129 **FSK** ab 6; **f E** 26.8.2021 / 10.3.2022 DVD & BD **fd 47637**

MARY BAUERMEISTER – ★★★★
EINS UND EINS IST DREI

Die 1934 geborene deutsche Künstlerin Mary Bauermeister wurde in den 1960er-Jahren zur Pionierin der Fluxus-Bewegung und arbeitet auch mit über 80 Jahren weiterhin in ihrem Atelier bei Köln. Der Dokumentarfilm nähert sich Bauermeister vor allem über ihre Arbeit an, fängt Höhenflüge und Rückschläge ein und vermeidet es dank der liebevoll-skeptischen Perspektive ihres Sohnes, allzu distanzlos in ihr Werk einzutauchen. Da der Film zudem die Gegenwart der Vergangenheit vorzieht, schwingt er sich zum wunderleichten Porträt auf, das Leben wie Denken der alternden Künstlerin liebevoll Reverenz erweist. – **Ab 14.**
Deutschland 2020 **KI** déjà-vu film **R+B** Carmen Belaschk **K** Raphael Hustedt **M** Simon Stockhausen **S** Brigitte Maria Schmidle **L** 102 **E** 2.9.2021 **fd 47992**

DER MASSEUR ★★★★
SNIEGU JUZ NIGDY NIE BEDZIE

In einer polnischen Villensiedlung taucht ein wortkarger ukrainischer

Masseur auf, der die Menschen zumindest für die Dauer einer halben Stunde von Einsamkeit, innerer Leere und dem Gefühl des Überdrusses befreit. Ein Trost spendendes zeitgenössisches Märchen, das auf eine Dramaturgie simpler Durchschaubarkeit verzichtet, sondern vieles im Bereich spiritueller Erkundungen belässt. Das symbolisch aufgeladene Drama greift dabei auch auf zahlreiche filmhistorische Anleihen zurück und ist eher von einem Gefühl umfassender Traurigkeit als von sarkastischer Distanz geprägt. – **Sehenswert ab 14**.
Scope. Polen/Deutschland 2020 **KI** Real Fiction **R** Malgorzata Szumowska, Michal Englert **B** Michal Englert, Malgorzata Szumowska **K** Michal Englert **S** Jaroslaw Kaminski, Agata Cierniak **Sb** Jagna Janicka **Kb** Katarzyna Lewinska **D** Alec Utgoff (Zhenia), Maja Ostaszewska (Maria), Agata Kulesza (Ewa), Weronika Rosati (Wika), Katarzyna Figura (Bulldoggen-Besitzerin) **L** 120 **FSK** ab 12; **f E** 19.8.2021 fd 47715

MATERNAL ★★★★
MATERNAL/HOGAR
Eine italienische Nonne kommt nach Buenos Aires, um ihr Noviziat zu beenden und ihre ewigen Gelübde abzulegen. Doch bei der Arbeit in einem Heim für minderjährige Mütter wird sie zur Bezugsperson eines kleinen Mädchens, dessen Mutter nach einem nächtlichen Ausflug nicht mehr zurückkehrt. Das löst in der Nonne unerwartete Gefühle und Bedürfnisse aus. Mit dokumentarischer Aufmerksamkeit beobachtet der Film einen rein weiblichen Mikrokosmos zwischen strenger Klosterordnung und dem quirligen Alltag zwischen Liebe, Schwangerschaft und Kindererziehung. Sehr subtil werden dabei unterschiedliche Facetten von Mutterschaft befragt, ohne einfache Lösungen zu präsentieren. – **Sehenswert ab 14**.
Italien/Argentinien 2019 **KI** missingFILMs **R+B** Maura Delpero **K** Soledad Rodríguez **S** Ilaria Fraioli, Luca Mattei **Sb** Yamila Fontan **Kb** Jam Monti **D** Lidiya Liberman (Schwester Paola), Denise Carrizo (Fatima), Agustina Malale (Luciana), Isabella Cilia (Nina), Alan Rivas (Michael) **L** 91 **FSK** ab 12; **f E** 11.11.2021 fd 47766

MATRIX RESURRECTIONS ★★★
THE MATRIX RESURRECTIONS
In der Fortsetzung der MATRIX-Trilogie ist der Protagonist Neo ein psychisches wie körperliches Wrack, obwohl er als einer der besten Spiele-Designer der Welt gilt. Als er in einer Weiterführung des Matrix-Spiels zu arbeiten beginnt, verstärken sich seine Ängste, nur in einer virtuellen Welt zu leben. Der Film spinnt das Thema der unterschiedlichen Sphären weiter und verbindet alte und neue Elemente geschickt miteinander. Ein visuell aufregender Science-Fiction-Fantasy-Film, der in den Actionszenen etwas zurückgenommener, aber nicht unorigineller ist als die Vorgänger-Filme. – **Ab 16**.
Scope. USA 2021 **KI** Warner Bros. **R** Lana Wachowski **B** Lana Wachowski, David Mitchell, Aleksandar Hemon **K** Daniele Massaccesi, John Toll **Vo** Lilly Wachowski (Charaktere), Lana Wachowski (Charaktere) **M** Johnny Klimek, Tom Tykwer **S** Joseph Jett Sally **Sb** Hugh Bateup, Peter Walpole **Kb** Lindsay Pugh **D** Keanu Reeves (Neo), Carrie-Anne Moss (Trinity), Yahya Abdul-Mateen II (Morpheus), Jessica Henwick (Bugs), Jada Pinkett Smith (= Jada Pinkett) (Niobe) **L** 148 **FSK** ab 16; **f E** 23.12.2021 fd 48284

MATTHIAS & MAXIME ★★★★
MATTHIAS ET MAXIME
Zwei junge Männer, die seit ihrer Kindheit eng befreundet sind, stehen beruflich wie privat vor neuen Lebensabschnitten, die mit einen Abschied verbunden sind. Auf einer Feier mit Freunden spielen sie in einem Kurzfilmprojekt mit, ohne zu ahnen, dass dies einen Kuss beinhaltet. Der scheinbar banale Akt löst bei ihnen widersprüchliche Gefühle aus. Mit großer Sensibilität und Genauigkeit entfaltet der Film die vielen Facetten von Homosexualität und -erotik, die in alle gleichgeschlechtlichen Beziehungen hineinspielen, auch wenn dies gesellschaftlicher Verdrängung unterliegt. Berührend und ernsthaft erzählt der Film auch vom Annehmen männlicher Verletzbarkeit. – **Sehenswert ab 16**.
Kanada 2019 **KI** Pro-Fun **DVD** Pro-Fun (16:9, 1.85:1, DD5.1 frz. & engl./dt.) **BD** Pro-Fun (16:9, 1.85:1, DD5.1 frz. & engl./dt.) **R+B** Xavier Dolan **K** André Turpin **M** Jean-Michel Blais **S** Xavier Dolan **Sb** Colombe Raby **Kb** Xavier Dolan, Pierre-Yves Gayraud **D** Xavier Dolan (Maxime), Gabriel D'Almeida Freitas (Matthias), Anne Dorval (Manon), Harris Dickinson (McAfee), Catherine Brunet (Lisa) **L** 116 **FSK** ab 12 **f E** 29.7.2021 / 3.12.2021 DVD & BD fd 47637

DER MAURETANIER ★★
THE MAURITANIAN
Der radikalen islamistischen Gruppen nahestehende Mauretanier Mohamedou Ould Slahi wurde 2002 von den

DER MAURETANIER (© Tobis)

Behörden seines Landes an die USA übergeben und bis 2016 ohne Beweise oder Anklage als angebliches al-Qaida-Mitglied in Guantanamo eingesperrt. Das Drama folgt den Versuchen Slahis, mit Hilfe US-amerikanischer Verteidiger die Unrechtmäßigkeit seiner Inhaftierung gerichtlich erweisen zu lassen. Die konventionelle Mischung aus Thriller und Filmbiografie räumt der Anwältin wie dem Ankläger dabei ähnlich viel Raum wie dem Gefangenen ein. Interessante ästhetische Entscheidungen und eine ungewöhnliche Besetzung gleichen die streckenweise biedere, oft etwas träge Inszenierung aber nicht aus. – **Ab 16**.
Großbritannien/USA 2021 **KI** Tobis **DVD** Tobis **BD** Tobis **R** Kevin Macdonald **B** M. B. Traven (= Michael Bronner), Rory Haines, Sohrab Noshirvani **K** Alwin H. Küchler (= Alwin Kuchler) **Vo** Mohamedou Ould Slahi (Autobiografie *Guantanamo Diary*) **M** Tom Hodge **S** Justine Wright **Sb** Michael Carlin **Kb** Alexandra Byrne **D** Tahar Rahim (Mohamedou Ould Slahi), Jodie Foster (Nancy Hollander), Shailene Woodley (Teri Duncan), Benedict Cumberbatch (Lt. Col. Stuart Couch), Zachary Levi (Neil Buckland) **L** 130 **FSK** ab 12; **f E** 10.6.2021 / 24.9.2021 DVD & BD fd 47749

MAY, DIE DRITTE FRAU ★★★★
THE THIRD WIFE
Eine Heranwachsende aus Vietnam wird im 19. Jahrhundert zur dritten Ehefrau eines deutlich älteren Besitzers einer Seidenplantage erkoren und in das Leben der Farm integriert. Das in schmerzhaft schönen Bildern fotografierte und von meditativ dahinfließenden Klängen umspielte

Drama erzählt auf verstörend lakonische Weise von Glück, Leid und Tod. Ein kraftvoll-poetischer Film, der sich scheinbar affirmativ auf die schicksalhafte Gleichförmigkeit von Unterdrückung und Gewalt im Leben der Frauen einlässt, aber gleichzeitig eine schlafwandlerische Distanz dazu hält. – **Sehenswert ab 14**.
Vietnam 2018 **Kl** JIP Film **R+B** Ash Mayfair **K** Chananun Chotrungroj **M** An Ton That **S** Julie Béziau **Sb** An Do Trang **Kb** Tran Phuong Thao **D** Phuong Tra My Nguyen (May), Hong Chuong Ngyuen (Ong Ba), Long Le Vu (Hung), Nguyen Nhu Quynh (Ba Lao), Tran Nu Yên-Khê (Ha) **L** 96 FSK ab 12; f **E** 10.6.2021 VoD (JIP Film, Vimeo) **fd** 47714

Maya ★★★
Maya

Ein französischer Kriegsberichterstatter kehrt aus islamistischer Gefangenschaft nach Paris zurück und findet doch nicht nach Hause. Deshalb fährt er nach Goa, wo er aufgewachsen ist, um nach seiner Mutter zu suchen, zu der er keinen Kontakt mehr hat. Dabei trifft er auf eine junge Inderin, deren Nähe ihm guttut. Doch er kann weder ihr noch seinen eigenen Ansprüchen gerecht werden. Das oft in grobkörnigen Einstellungen gefilmte Drama handelt von den Widersprüchen und Unsicherheiten des liberalen Bürgertums, das politische und zwischenmenschliche Verantwortung für sich proklamiert und sie doch nicht mehr übernehmen kann, weil es für sein eigenes Handeln keine überzeugenden Antworten mehr findet. – **Ab 16**.
Frankreich 2018 **Kl** Weltkino **R+B** Mia Hansen-Løve **K** Hélène Louvart **S** Marion Monnier **Sb** Mia Preli **Kb** Judith de Luze **D** Roman Kolinka (Gabriel Dahan), Aarshi Banerjee (Maya), Alex Descas (Fréderic), Judith Chemla (Naomi), Johanna Ter Steege (Johanna) **L** 107 **E** 11.11.2021 / 10.1.2022 arte **fd** 48212

Mayor Pete ★★★
Mayor Pete

Dokumentarischer Blick auf die Präsidentschaftskampagne des US-Demokraten Pete Buttigieg im Jahr 2020, der als jüngster Bewerber und erster offen homosexueller Kandidat in den Ring stieg. Nach überraschenden Erfolgen überließ er Joe Biden das Feld und wurde in dessen Kabinett Verkehrsminister. Der Dokumentarfilm begleitet Buttigieg sehr eng bei seiner Kampagne, kommt diesem allerdings nur so nahe, wie der selbstbewusste Medienprofi es zulässt. So entsteht kein detailliertes Profil eines Hoffnungsträgers der Demokratischen Partei, angesichts der vielfältigen vermeintlichen und echten Hindernisse auf seinem Weg aber doch eine tieferlotende Studie. – **Ab 14**.
USA 2021 **R** Jesse Moss **B** Jeff Seymann Gilbert, Amanda McBaine, Jesse Moss **K** Jesse Moss, Thorsten Thielow **S** Jeff Seymann Gilbert **L** 97 FSK ab 12 **E** 12.11.2021 digital (Amazon Prime) **fd** –

Meander – Survival Instinct ★★
Meander

Eine junge Mutter hat seit dem Tod ihres Kindes alle Lebenslust verloren; dann gerät sie auf einer abgelegenen Straße an einen verdächtigen Fremden; und bald darauf erwacht sie als Gefangene in einem Labyrinth aus engen Schächten, in denen tödliche Fallen installiert sind. Beim Versuch, einem schmerzhaften Tod zu entgehen, erwacht ihr Lebenshunger wieder. Ein Survival-Thriller in den Spuren von Cube, dessen pseudo-philosophischer Ansatz rund um den Wert des Lebens arg aufgesetzt wirkt und in dessen Aneinanderreihung von makabren Bedrohungen für die Protagonistin sich trotz einer atmosphärischen Inszenierung der klaustrophobischen Situation und einer guten Hauptdarstellerin einige Längen und Redundanzen einstellen. – **Ab 16**.
Frankreich 2020 **DVD** Splendid **BD** Splendid **R+B** Mathieu Turi **K** Alain Duplantier **M** Frédéric Poirier **S** Joël Jacovella (= Joel Jacovella) **Sb** Thierry Jaulin **Kb** Rachel Quarmby-Spadaccini **D** Gaia Weiss (Lisa), Peter Franzén (Adam), Romane Libert (Nina), Frédéric Franchitti (Adam) **L** 87 FSK ab 16; f **E** 27.8.2021 DVD & BD **fd** –

Meanwhile on Earth ★★★★
Samtidigt på Jorden

Dokumentarfilm über die schwedische Bestattungsindustrie und die speziellen Mechanismen, die nach dem Tod eines Menschen zum Einsatz kommen. Dem theatralischen Charakter der Beerdigungen stellt der distanziert inszenierte Film die routinierten Rituale der Arbeiter gegenüber, deren Metier der alltägliche Umgang mit den Verstorbenen ist. In einem nüchternen Charakter entmystifiziert er den Tod, ohne ihn zu trivialisieren, wobei die komponiert wirkenden Plateaus den Vorgängen einen leisen Humor entlocken. – **Ab 16**.
Schweden/Dänemark/Estland 2020 **R+B** Carl Olsson **K** Mathias Døcker Petersen, Jonathan Guldberg Elsborg **M** Sten Sheripov **S** Sofie Steenberger **L** 72 **E** 6.2.2021 VoD (Mubi) **fd** –

Meeresleuchten ★★★★

Der Tod seiner Tochter bei einem Flugzeugabsturz reißt einen Unternehmer aus seinem wohlgeordneten Dasein. Aus einer spontanen Eingebung kauft er nahe der Unglücksstelle ein Café und lässt sich dort nieder. Während er damit den Bruch mit seiner Frau riskiert, gewinnt er langsam das Vertrauen der Dorfbewohner und findet einen Weg, mit seiner Trauer umzugehen. Warmherziges Drama mit sorgfältig entworfenen Figuren und einer hervorragenden Besetzung, das nur wenige Zugeständnisse an Fernsehkonventionen macht. In der Beschäftigung mit dem Trauer-Motiv meidet der Film Rührseligkeit ebenso wie einfache Lösungen. – **Ab 14**.
Deutschland 2020 **R+B** Wolfgang Panzer **K** Ramunas Greicius **M** Lionius Treikauskas **S** Claudio di Mauro **Sb** Jurgita Gerdvilaite **Kb** Flore Vauvillé **D** Ulrich Tukur (Thomas Wintersperger), Sibel Kekilli (Nina Baselau), Ursina Lardi (Sonja Wintersperger), Kostja Ullmann (Matti Rosner), Carmen-Maja Antoni (Rena Eden) **L** 86 **E** 17.2.2021 ARD **fd** –

Eine Meerjungfrau in Paris ★★
Une Sirène à Paris

Ein melancholisch-verträumter Pariser, der in Sachen Frauen bindungsscheu ist, aber umso treuer an dem kleinen Club in einem Boot auf der Seine hängt, den er mit seinem Vater betreibt, nimmt sich eines Nachts einer verletzten Meerjungfrau an, deren Gesang Männern sonst den Verstand zu rauben und ihr Herz explodieren zu lassen pflegt. Ihr Retter scheint zunächst gegen den Zauber immun; und die Nixe, die er in seiner Badewanne gesund pflegt, kommen sich allmählich näher. Doch dann gerät die Meerjungfrau ins Visier einer narrsüchtigen Frau, deren Mann sie zum Verhängnis wurde. Die Fantasy-Romanze punktet mit liebevoll-nostalgischer Ausstattung und skurrilen visuellen Einfällen, versteigt sich aber auch immer wieder in Kitsch und liefert insgesamt eine recht zahnlose Neuinterpretation des Mythos der verführerischen Sirene. – **Ab 12**.
Scope. Frankreich 2020 **DVD** Capelight (16:9, 2.35:1, DD5.1 frz./dt.) **BD** Capelight (16:9, 2.35:1, dts-HDMA frz./dt.) **R** Mathias Malzieu **B** Stéphane Landowski, Mathias Malzieu **K** Virginie Saint-Martin **M** Dionysos, Olivier Daviaud **S** Thibault Hague **Sb** André Fonsny **Kb** Claudine Tychon **D** Ni-

colas Duvauchelle (Gaspard), Marilyn Lima (Lula), Tchéky Karyo (Camille), Rossy de Palma (Rossy), Romane Bohringer (Milena) **L** 102 **FSK** ab 6 **E** 21.5.2021 DVD, BD & digital **fd** -

Mein Bruder, der Superheld ★★★★
MIO FRATELLO RINCORRE I DINOSAURI
Ein Junge glaubt erst, dass es sich beim Down-Syndrom seines kleinen Bruders um eine Superkraft handelt und ist nach der Entdeckung der Wahrheit bitter enttäuscht. Zwar hängt er bald wieder an seinem Bruder, doch als er sich als Jugendlicher auf einer neuen Schule erstmals verliebt, will er dessen Existenz unbedingt geheim halten. Humorvoller Familienfilm, der einfühlsam von einer liebevollen Geschwisterbeziehung und der Furcht vor Ausgrenzung erzählt. Ohne Illusionen über die Herausforderungen des innerfamiliären Zusammenlebens zu verbreiten, wirbt der Film mit viel Herzlichkeit für die Überwindung von Vorurteilen und Ängsten. – **Ab 12.**
Scope. Italien/Spanien 2019 **DVD** WVG Medien (16:9, 2.35:1, DD5.1 ital./dt.) **R** Stefano Cipriani **B** Fabio Bonifacci **K** Sergi Bartrolí **Vo** Giacomo Mazzariol (Roman *Mio fratello rincorre i dinosauri*) **M** Lucas Vidal **S** Massimo Quaglia **Sb** Ivana Gargiulo **Kb** Gemma Mascagni **D** Alessandro Gassman (Davide), Isabella Ragonese (Katia), Rossy de Palma (Tante Dolores), Francesco Gheghi (Giacomo, gen. Jack), Lorenz Sisto (Giovanni) **L** 94 **FSK** ab 12; f **E** 20.3.2021 KiKA / 26.3.2021 DVD **fd** -

Mein Freund Poly ★★
POLY
Ein zehnjähriges Mädchen wird durch die Begegnung mit einem Zirkuspony darüber hinweggetröstet, dass sie in den Süden Frankreichs umziehen musste. Als sie erfährt, dass das Tier im Zirkus gequält wird, befreit sie es und will es vor dem brutalen Zirkusdirektor verstecken. Die Neuverfilmung der *Poly*-Kinderbücher von Cécile Aubry setzt als nostalgisch-warmherziger Abenteuerfilm auf kindgerechte Unterhaltung mit spannenden Verwicklungen, idyllischen Schauplätzen und einer Prise Klamauk, wirkt insgesamt aber auch etwas altbacken. – **Ab 10.**
Scope. Frankreich/Belgien 2020 **KI** Capelight **DVD** Capelight (16:9, 2.35:1, DD5.1 frz./dt.) **BD** Capelight (16:9, 2.35:1, dts-HDMA frz./dt.) **R** Nicolas Vanier **B** Maxime Giffard, Jérôme Tonnerre, Nicolas Vanier **K** Christophe Graillot **Vo** Cécile Aubry (Roman-Reihe) **M** Eric Neveux **S** Raphaele Urtin **Sb** Sébastien Birchler **Kb** Mahemiti Deregnaucourt **D** Elisa de Lambert (Cécile), François Cluzet (Victor), Julie Gayet (Louise), Patrick Timsit (Brancalou), Orian Castano (Pablo) **L** 102 **FSK** ab 0; f **E** 17.6.2021 / 29.10.2021 DVD & BD **fd** 47772

Mein Jahr in New York ★★★
MY SALINGER YEAR
Eine angehende Schriftstellerin verdingt sich in den 1990er-Jahren in New York in einer Literaturagentur. Im Auftrag ihrer launenhaften Chefin beantwortet sie die Fanpost des menschenscheuen Kultautors J. D. Salinger, setzt sich dabei aber bald über die befohlenen knappen Antworten hinweg und knüpft auch zu dem phantomhaften Salinger selbst Kontakt. Ein leichthändig inszeniertes Drama nach einem autobiografischen Roman, das mit viel Gefühl fürs Zeitkolorit ein warmherziges Bild der 1990er-Jahre zeichnet. Der Film trägt mitunter allerdings etwas dick auf und blendet den politisch-gesellschaftlichen Kontext zugunsten einer tagträumerischen Haltung aus. – **Ab 14.**
Kanada/Irland 2019 **DVD** Koch (16:9, 1.85:1, DD5.1 engl./dt.) **BD** Koch (16:9, 1.85:1, dts-HDMA engl./dt.) **R** Philippe Falardeau **K** Sara Mishara **Vo** Joanna Smith Rakoff (Autobiografie *My Salinger Year*) **M** Martin Léon **S** Mary Finlay **Sb** Elise de Blois **Kb** Patricia McNeil **D** Margaret Qualley (Joanna), Sigourney Weaver (Margaret), Douglas Booth (Don), Seána Kerslake (Jenny), Colm Feore (Daniel) **L** 97 **FSK** ab 0; f **E** 9.9.2021 / 23.9.2021 DVD & BD **fd** 48038

Mein lieber Sohn siehe: Dear Son

Mein Name ist Klitoris ★★★
MON NOM EST CLITORIS
Zwölf junge Frauen Anfang bis Mitte zwanzig geben Auskunft über ihre Sexualität und welche Erfahrungen sie damit gemacht haben. Im lockeren Gespräch mit den beiden Filmemacherinnen erzählen sie allein oder zu zweit ungezwungen und jugendfrei über die erste Periode und den ersten Sex, aber auch über Lust und sexuelles Erleben im weiteren Sinne bis zur mangelnden Aufklärung in Elternhaus und Schule. Gelegentliche Animationsclips und manche kurze Bildfolgen lockern die Interviews auf. Zielgruppe des informativen Films sind vor allem Jugendliche inklusive Schulklassen. – **Ab 14.**
Belgien 2019 **KI** Der Filmverleih **DVD** Meteor (16:9, 1.85:1, DD2.0 frz./dt.) **R** Daphné Leblond, Lisa Billuart-Monet **B** Daphné Leblond, Lisa Billuart-Monet **K** Lisa Billuart-Monet **M** Thibaud Lalanne **S** Lydie Wisshaupt-Claudel, Daphné Leblond **L** 78 **FSK** ab 12 **E** 16.9.2021 / 10.12.2021 DVD & digital **fd** 48026

Mein Opa, Karin und ich ★★★
Angesichts der zunehmenden körperlichen Schwäche seines Großvaters beobachtet der Dokumentarfilmer Moritz Springer, wie alte Gräben zwischen dem in NS-Zeit und Zweitem Weltkrieg verwurzelten Großvater und seiner Mutter, die schon früh nach alternativen Lebenskonzepten suchte, wiederaufbrechen. Dabei macht sich der Regisseur, der mit WGs, Kinderladen und antiautoritärer Erziehung aufwuchs, auch selbst zum Thema und dringt zu neuen Erkenntnissen über seine Familie vor. Ein insistierender, wunde Punkte präzise herausarbeitender Film, der jenseits der hohen persönlichen Note auch Allgemeingültiges über die Brüche zwischen den Generationen im 20. Jahrhundert verrät. – **Ab 14.**
Teils schwarz-weiß. Deutschland 2020 **R+B** Moritz Springer **K** Moritz Springer, Marcus Winterbauer **M** Beat Solèr **S** Nicole Winterbauer, Moritz Springer **L** 90 **E** 26.4.2021 ZDF **fd** -

Mein Sohn ★★
Ein junger Mann, der wegen seiner Künste auf dem Skateboard von Sponsoren umworben wird, erleidet bei einem Verkehrsunfall Verletzungen, deren Schwere er nicht wahrhaben will. Seine Mutter, zu der er ein schwieriges Verhältnis hat, setzt durch, dass sie ihn mit dem Auto zu einer Reha-Klinik in die Schweiz fahren kann. Der Weg dorthin steckt jedoch voller angespannter Situationen. Sensibles, in den Hauptrollen vielschichtig interpretiertes Mutter-Sohn-Drama in Form eines Road Movies, das die Annäherung der anfangs unvereinbaren Figuren beschreibt, aber mitunter arg zwischen Fremdscham und Eindrücklichkeit schwankt. Zudem fehlt es dem mäandernden Film vielfach an Konsequenz. – **Ab 14.**
Scope. Deutschland 2020 **KI** Warner Bros. **R+B** Lena Stahl **K** Friede Clausz, Tobias Tempel **M** Angela Aux, Cico Beck, Nicolas Sierig **S** Barbara Gies **Sb** Marcel Beranek **Kb** Waris Klampfer **D** Jonas Dassler (Jason), Anke Engelke (Marlene), Hannah Herzsprung (Sarah), Karsten Mielke (Sebastian), Golo Euler (Hubi) **L** 94 **FSK** ab 12; f **E** 18.11.2021 **fd** 48204

MEMOIR OF A MURDERER (© Busch Media)

MEIN VIETNAM ★★★★

Ein vietnamesisches Ehepaar lebt seit dreißig Jahren in Deutschland, arbeitet als Putzkräfte in Bürohäusern und hält in der Münchner Wohnung die Erinnerung an Vietnam aufrecht. Als die Frau beschließt, endlich richtig Deutsch zu lernen, und ihr Haus in der alten Heimat durch einen Sturm beschädigt wird, stellt sich die Frage nach ihrem wirklichen Zuhause mit neuer Dringlichkeit. Intimer, von der Tochter der Porträtierten mitinszenierter Dokumentarfilm, der über hautnahe Alltagsbeobachtung das gespaltene Leben von Einwanderern sensibel erfasst. – **Ab 14.**
Deutschland 2020 **R** Thi Hien Mai, Tim Ellrich **B** Tim Ellrich, Thi Hien Mai **K** Tim Ellrich **S** Tobias Wilhelmer **L** 70 (TV: 60) **E** 28.10.2021 SWR (Kurzfassung) & VoD (ARD-Mediathek) fd –

MEINE CHAOTISCHE HOCHZEIT
siehe: **HOCHZEIT DOWN UNDER**

MEINE FREUNDE SIND ALLE TOT ★★
WSZYSCY MOI PRZYJACIELE NIE ŻYJĄ
Am Neujahrstag finden zwei polnische Polizisten in einem Haus einen Haufen Leichen vor. In einer Rückblende wird aufgerollt, wie es zu dem Massaker gekommen ist: eine Gruppe junger Leute trifft sich, um den Jahreswechsel wild zu feiern; doch unter den Anwesenden kommt eine unselige Kette zufälliger Ereignisse in Gang, die schließlich wüst eskaliert. Die tiefschwarze Komödie sagt sich bewusst von jeder Logik oder Glaubwürdigkeit los und konzentriert sich auf die lustvoll übergezogene Steigerung von Gewaltausbrüchen, durchsetzt mit krudem Humor. Das Ergebnis ist allerdings auch mangels inszenatorischer Substanz ziemlich durchwachsen. – **Ab 16.**
Polen 2020 **R+B** Jan Belcl **K** Cezary Stolecki **M** Lukasz Targosz **S** Jan Belcl **Sb** Mela Melak **Kb** Kalina Lach **D** Julia Wieniawa (Anastazja), Monika Krzywkowska (Gloria), Mateusz Wieclawek (Filip), Adam Turczyk (Jordan), Kamil Piotrowski (Marek) **L** 96 **E** 3.2.2021 VoD (Netflix) fd –

MEINE GEISTREICHE FAMILIE ★★★
L'ESPRIT DE FAMILLE
Ein Autor fühlt sich bei einem Treffen mit seiner Familie einmal mehr von seinem Vater gegängelt, als dieser plötzlich vor seinen Augen stirbt. Eine Loslösung bedeutet das jedoch nicht: Der Vater bleibt als nur von diesem wahrnehmbarer Geist an der Seite seines Sohnes, was diesem weitere entnervte Momente beschert, aber auch der Beziehung zu seinen anderen Familienmitgliedern neues Leben einhaucht. Melancholische Tragikomödie, die neben erwartbarer Situationskomik und etwas Sentimentalität beachtliche Charakterporträts erlaubt, ohne allerdings wirklich tiefgreifende Erkenntnisse zu präsentieren. – **Ab 14.**
Frankreich 2019 **DVD** Leonine **BD** Leonine **R+B** Éric Besnard **K** Jean-Marie Dreujou **M** Christophe Julien **S** Christophe Pinel **Sb** Bertrand Seitz **Kb** Fabienne Katany **D** Guillaume De Tonquédec (Alexandre), François Berléand (Jacques), Josiane Balasko (Marguerite), Isabelle Carré (Roxane), Marie-Julie Baup (Sandrine) **L** 95 FSK ab 6; f **E** 24.9.2021 DVD & BD fd –

MEINE WUNDERKAMMERN ★★★★
Zwei Mädchen und zwei Jungen zwischen elf und 14 Jahren stellen in dem dokumentarisch geprägten Film ihre Wahrnehmung der Welt vor, die von Stress, Kontrolle, Mobbing und Rassismus geprägt ist; sie lassen an ihren Ängsten und Träumen teilhaben, in denen andere, gemeinschaftlich entwickelte Regeln gelten. Der skurril-fantasievolle Film integriert fiktionale Szenen und liebevoll animierte Zeichnungen, überrascht aber am meisten durch die Partizipation der Heranwachsenden bei Themenauswahl, Musik und Ausstattung. – **Ab 8.**
Deutschland 2021 **KI** eksystent distribution **R+B** Susanne Kim **K** Emma Rosa Simon **M** Cornelia Friederike Müller, Sylvia Gössel, Lukas Scheigenpflug **S** Marion Tuor **Sb** Thomas Weinhold **L** 78 FSK ab 0; f **E** 4.11.2021 fd 48159

MEMOIR OF A MURDERER ★★★
SALINJAUI GIEOKBEOB
Ein an Alzheimer erkrankter Serienmörder trifft auf einen Polizisten, den er ebenfalls für einen Serienmörder hält. Mit Fortschreiten seiner Krankheit verstrickt sich der mittlerweile mit seiner Tochter zusammenlebende Mann zunehmend in den Versuch, den Rivalen zu überführen, der dazu noch mit seiner Tochter anbandelt. Der Thriller zeichnet den geistigen Verfall in fragmentarischer Erzählform nach. Er erzählt, im Gegensatz zur Romanvorlage, jedoch nicht von persönlichen und gesellschaftlicher Amnesie der Verbrechen der diktatorischen Nachkriegszeit Südkoreas, sondern macht die Demenzkrankheit zur privaten Identitätskrise eines Mörders, der gleichzeitig versucht, ein Vater zu sein. – **Ab 16.**

🄳 Das Mediabook enthält die Kinofassung des Films (119 Min.) sowie den sogenannten «Director's Cut» (129 Min.). Die Extras umfassen u. a. ein 16-seitiges Booklet zum Film.
Scope. Südkorea 2017 **DVD** Busch Media (16:9, 2.35:1, DD5.1 korea./dt.) **BD** Busch Media (16:9, 2.35:1, dts-HDMA korea./dt.). **R** Won Shin-yeon **B** Hwang Jo-yun, Won Shin-yeon **K** Choi Yeong-hwan **Vo** Kim Young-ha (Roman Salinja-ui gieokbeop) **D** Sol Kyung-gu (Byung-su), Kim Nam-gil (Tae-ju), Kim Seol-hyun (Eun-hee), Oh Dal-su (An Byeong-man), Hwang Seok-jeong (Jo Yeon-joo) **L** Kinofassung 114 (= BD: 119) / Director's Cut (nur BD): 129 FSK ab 16 **E** 4.6.2021 DVD & BD & Mediabook (BD) fd 47752

MEMORY – ÜBER DIE ENTSTEHUNG VON ALIEN ★★★★
MEMORY: THE ORIGINS OF ALIEN
Dokumentarfilm über Ridley Scotts Science-Fiction-Meisterwerk ALIEN, der detailliert die Entstehungsgeschichte des Skript-Entwurfs «Memory» bis zum fertigen Drehbuch thematisiert und näher auf kulturelle Einflüsse bis zum unverwechselbaren Production-Design von H. R. Giger eingeht. Dabei zieht er ein Füllhorn unterschiedlichster Theorien zu Inspirationen und Kontexten von ALIEN heran und erweist sich auch filmhistorisch als kundig und offen für unerwartete Deutungen, die neue Perspektiven auf den Klassiker ermöglichen. – **Ab 16**.
USA/Schweiz 2019 **DVD** Atlas **BD** Atlas **R+B** Alexandre O. Philippe **K** Robert Muratore **M** Jon Hegel **S** Chad Herschberger **L** 93 **FSK** ab 16 **E** 3.9.2021 VoD / 12.11.2021 DVD & BD   fd –

MERRY CHRISTMAS MR. MO
siehe: HERR MO

MESSY CHRISTMAS ★★★
TWAS THE FIGHT BEFORE CHRISTMAS
Dokumentarfilm über einen kuriosen Nachbarschaftsstreit rund um die Art und Weise, wie Weihnachten gefeiert werden soll: Der Anwalt Jeremy Morris in Nord-Idaho kennt in seinem Enthusiasmus fürs Weihnachtsfest, wie es in den USA gefeiert wird, keine Grenzen; sein Plan, eine gewaltige Weihnachtsveranstaltung auf die Beine zu stellen, stößt allerdings bei seinen Nachbarn auf wenig Gegenliebe. Die Auseinandersetzung zeitigt immer bizarrere Auswüchse, die der Film süffisant registriert, während sich die Sympathiewerte mehrfach verschieben. – **Ab 14.**
USA 2021 **R+B** Becky Read **S** Nic Zimmermann **L** 91 **E** 26.11.2021 digital (AppleTV+)   fd –

METEOR MOON ★
METEOR MOON
Der Einschlag eines Meteors auf dem Mond reißt diesen aus seiner Achse und treibt ihn auf die Erde zu. Mutige Wissenschaftler versuchen zu retten, was zu retten ist, indem sie den Mond mit Hilfe eines künstlichen Schwarzen Lochs aufzuhalten versuchen. Weiterer Aufguss eines sattsam bekannten Bedrohungsszenarios durch die Trashfilm-Schmiede The Asylum, mit einem Minimum an formalem Aufwand bei der Umsetzung des lachhaften Plots. Darsteller, Dialoge, Kamera und Schnitt bewegen sich sämtlich auf unterem Laienniveau. – **Ab 14**.
Scope. USA 2020 **DVD** Great Movies **BD** Great Movies **R** Brian Nowak **B** Joe Roche **K** Marcus Friedlander **M** Christopher Cano, Chris Ridenhour, Mikel Shane Prather **S** Cameron Ames **Sb** Caitlin Laingen **Kb** Christine Costanza **D** Dominique Swain (General Hauser), Michael Broderick (Jim Lawson), Chris Boudreaux (Paul Lawson), Jeff Prater (Bob Foster), Gary Private (George) **L** 85 **FSK** ab 12 **E** 23.7.2021 DVD & BD / 24.8.2021 Tele 5   fd –

MICROHABITAT ★★★★
SOGONGNYEO
Eine junge Frau, die mit ihrem spärlichen Gehalt als Putzfrau gerade so über die Runden kommt, muss überlegen, wo sie ihre Ausgaben noch verringern kann, als ihre Miete drastisch erhöht wird. Als sie dafür keine zufriedenstellende Lösung findet, kapituliert sie, gibt ihre Wohnung auf und versucht, sich als Couch-Surferin bei einstigen Freunden und Bekannten durchzuschlagen. Der Beginn einer kleinen Odyssee durch verschiedene Facetten von Südkoreas Gesellschaft. Eine bestechende Miniatur übers Leben unter neoliberal-kapitalistischen Bedingungen. – **Ab 16**.
Südkorea 2017 **R+B** Jeon Go-Woon **K** Kim Tae-soo **S** Go Bong-gon **D** Esom (Mi-so), Ahn Jae-hong (Han-sol), Choi Jae-Hyun (Hyeon-jeongs Ehemann), Choi Deok-moon (Roki), Kim Guk-Hee (Hyeon-jeong) **L** 106 **E** 25.11.2021 VoD (Mubi)   fd –

MIDNIGHT IN THE SWITCHGRASS – AUF DER SPUR DES KILLERS ★
MIDNIGHT IN THE SWITCHGRASS
Eine FBI-Agentin und ihr älterer Partner auf der Spur eines Sexhandelsrings sowie ein Polizist aus Florida stoßen unabhängig voneinander auf Hinweise, dass eine Reihe brutaler Frauenmorde auf einen einzigen Täter zurückzuführen ist. Beim Versuch, diesem eine Falle zu stellen, gerät die Agentin selbst in Lebensgefahr. Der Serienkiller-Thriller bedient sich weidlich bei seinen zahllosen Vorbildern, fügt diesen aber keine originelle Variante hinzu. So erschöpft er sich in erzählerischen Klischees und sucht vergeblich Spannung mit Gewaltszenen zu generieren. – **Ab 16**.
Scope. USA 2021 **DVD** Splendid **BD** Splendid **R** Randall Emmett **B** Alan Horsnail **K** Duane Manwiller, Bradley Stonesifer **M** Robin Stout, Liam Westbrook **S** Colby Parker jr. **Sb** Mailara Santana, Travis Zariwny **Kb** Ana C. Ramirez Velez **D** Megan Fox (Rebecca Lombardi), Emile Hirsch (Byron Crawford), Bruce Willis (Karl Helter), Lukas Haas (Peter), Sistine Stallone (Heather) **L** 95 **FSK** ab 16; f **E** 29.10.2021 DVD & BD   fd –

MIDNIGHTERS ★★★
MIDNIGHTERS
Auf dem Weg von einer Silvesterparty überfährt ein Ehepaar einen Mann, dessen Leiche mit sich nach Hause nehmen, um dort das weitere Vorgehen zu besprechen. Als die Schwester der Ehefrau und ein vermeintlicher Detective auftauchen, steigern sich ihre Probleme erst recht. Trotz des wenig originellen Plots überzeugt der solide Thriller durch eine kammerspielartige Inszenierung, unvorhersehbare Volten und ein gut konturiertes Figurenquartett, dessen Geheimnisse und Konflikte bis zum Ende für Spannung sorgen. – **Ab 16**.
Scope. USA 2017 **DVD** Splendid **BD** Splendid **R** Julius Ramsay **B** Alston Ramsay **K** Alexander Alexandrov **M** Chris Westlake (= Christopher Westlake) **S** Julius Ramsay **D** Alex Essoe (Lindsey), Perla Haney-Jardine (Hannah), Dylan McTee (Jeff), Ward Horton (Smith), Andrew Rothenberg (Officer Verone) **L** 94 **FSK** ab 16 **E** 29.1.2021 DVD & BD   fd 47547

MILESTONE ★★★★
MEEL PATTHAR
Ein Gesellschaftsdrama aus dem indischen Arbeitermilieu. Im Fokus steht ein erfahrener Lkw-Fahrer, der in seinem privaten wie beruflichen Umfeld plötzlich vor erheblichen Herausforderungen steht. Die katastrophalen Arbeitsbedingungen fordern immer deutlicher ihren körperlichen Tribut. Zudem wird der seit kurzem verwitwete Mann auch noch ein junger Nachwuchsfahrer vor die Nase gesetzt, den er anlernen soll. Das in der Hauptrolle glänzend besetzte und dramaturgisch sublim verdichtete Sozialdrama erzählt vom Aufbäumen eines Einzelnen in der kapitalistisch komplexen und sozial ungerechten Gesellschaft Indiens. – **Sehenswert ab 14**.
Indien 2020 **R** Ivan Ayr **D** Ivan Ayr, Neel Manikant **K** Angello Faccini **S** Ivan Ayr **Sb** Donna Bose, Mukesh Kumar **Kb** Sapna Bansal **D** Suvinder Vicky (Ghalib), Lakshvir Saran (Pash) **L** 98 **E** 7.5.2021 VoD (Netflix)   fd 47700

MINARI – WO WIR WURZELN SCHLAGEN ★★★★
MINARI
Eine Familie koreanischer Herkunft zieht 1983 von Los Angeles in den Os-

MISS BEAUTIFUL (© SquareOne)

ten nach Arkansas, um dort ein neues Leben anzufangen. Der Vater will Farmer werden und koreanisches Gemüse anbauen. Doch seine Ehefrau sieht in seinem riskanten Unterfangen die Zukunft ihrer Kinder gefährdet, zudem wird die Familie nicht umstandslos akzeptiert. Mit enormer Empathie für seine Figuren erzählt der Film von der Suche nach dem gelobten Land und modernisiert subtil die Siedler-Geschichte Nordamerikas im Zeichen von Interkulturalität und neuen gesellschaftlichen Dynamiken. – **Sehenswert ab 14.**
Scope. USA 2020 **KI** Prokino **DVD** Prokino/EuroVideo (16:9, 2.35:1, DD5.1 korean. & engl./dt.) **BD** Prokino/EuroVideo (16:9, 2.35:1, dts-HDMA korean. & engl./dt.) **R+B** Lee Isaac Chung **K** Lachlan Milne **M** Emile Mosseri **S** Harry Yoon **Sb** Lee Yong Ok **Kb** Susanna Song **D** Steven Yeun (Jacob), Yeri Han (Monica), Youn Yuh-jung (= Yun Yeo-jong) (Soonja), Alan S. Kim (David), Noel Cho (Anne) **L** 116 **FSK** ab 6; f **E** 15.7.2021 / 11.11.2021 DVD & BD   fd 47771

MINJAN ★★★
MINYAN

Im New Yorker Stadtteil Brighton Beach befindet sich die größte jüdisch-russische Minderheit der westlichen Hemisphäre. Ein junger Homosexueller lebt hier zwischen jüdischer Gemeinde und Schwulenszene. Mit melancholischer Rastlosigkeit bewegt sich der Film durch beide Milieus, von denen keines dem Protagonisten Halt bietet. Die Inszenierung wirkt mitunter reichlich zerstreut, kreist in der scheinbaren Ziellosigkeit aber mit viel Empathie die Verheerungen der AIDS-Epidemie und die Traumata des Holocaust ein, ohne sie gegeneinanderzusetzen. (O.m.d.U.) – **Ab 16.**
USA 2019 **KI** Salzgeber **R** Eric Steel **B** Daniel Pearle, Eric Steel **K** Ole Bratt Birkeland **Vo** David Bezmozgis (Kurzgeschichte) **M** David Krakauer, Kathleen Tagg **S** Ray Hubley **D** Samuel H. Levine (David), Ron Rifkin (Josef), Christopher McCann (Herschel), Mark Margolis (Itzik), Richard Topol (Zalman) **L** 119 **FSK** ab 16; f **E** 1.2.2021 VoD (Salzgeber)   fd 47576

MISHA UND DIE WÖLFE ★★
MISHA AND THE WOLVES

1997 veröffentlichte die Belgierin Misha Defonseca ein Buch, in dem sie davon berichtete, wie sie als Kind jüdischer Eltern während des Zweiten Weltkriegs auf der Flucht vor den Nazis quer durch Europa wanderte und unter anderem mit Hilfe von Wölfen überlebte. Das Buch avancierte zum Bestseller, bis Zweifel an der Authentizität aufkamen und schließlich bewiesen wurde, dass die Geschichte erfunden war. Der Film arbeitet diese Enthüllung dokumentarisch auf, lässt sich von der Fiktion aber einmal mehr packen und hält die «Aufdeckung» mit stereotypen Spannungsmitteln zurück. Darüber vermag es die Frage nach den komplexen psychologischen Vorgängen hinter Defonsecas Fabel kaum anzusprechen. – **Ab 14.**
Großbritannien/Belgien 2021 **R+B** Sam Hobkinson **K** Will Pugh **M** Nick Foster **S** Peter Norrey **L** 87 **E** 23.11.2021 arte   fd –

MISS BEAUTIFUL ★★★★
MISS

Schon seit Kindertagen träumt ein androgyner junger Mann davon, am Schönheitswettbewerb «Miss France» teilzunehmen; als Erwachsener wagt er den Schritt, bewirbt sich unter einer falschen weiblichen Identität und schafft prompt die erste Hürde eines Regionaltitels. Der Wettbewerb zwingt ihn jedoch zur Frage, wer er eigentlich sein will. Die Tragikomödie nutzt das Sportfilm-Muster für eine Abrechnung mit normierten Körper- und Geschlechterbildern und verbindet die vielschichtige Geschichte einer Selbstfindung jenseits der binären Geschlechterordnung mit einem satirischen Blick auf Last und Lust mit der Weiblichkeit, wie sie durch Schönheitswettbewerbe und Castingshows postuliert wird. – **Ab 14.**
Frankreich/Belgien 2020 **DVD** SquareOne/Leonine **BD** SquareOne/Leonine **R** Ruben Alves **B** Elodie Namer, Ruben Alves **K** Renaud Chassaing **M** Lambert **S** Valérie Deseine **Sb** Philippe Chiffre **Kb** Isabelle Mathieu **D** Alex Wetter (Alex Dufresnoy), Pascale Arbillot (Amanda), Isabelle Nanty (Yolande), Thibault de Montalembert (Lola), Stéfi Celma (Miss PACA) **L** 103 **FSK** ab 12; f **E** 27.8.2021 DVD & BD   fd 47985

MISTER RADIO ★★★

Ein junger Ingenieur, der an einer Erfindung tüftelt, die Zusammenstöße von Zügen verhindern soll, wird zum Retter einer verunglückten Bergsteigergesellschaft und macht darüber die Bekanntschaft eines Bankiers, seiner Tochter und deren Gesellschaftsdame. Die Frauen setzen sich für den Erfinder ein, dessen Idee bei einem waghalsigen Experiment bewiesen werden soll. Ein Paradebeispiel eines Sensationsfilms aus dem Stummfilmzeitalter, der ohne Anspruch auf Realitätsnähe von rasanten Actionszenen und verblüffenden Stunts seines artistischen Hauptdarstellers Luciano Albertini lebt. – **Ab 12.**
Schwarz-weiß. Deutschland 1924 **R** Nunzio Malasomma **B** Ernest Bouthley, Nunzio Malasomma **K** Willy Großstück, Edoardo Lamberti **M** Bernd Thewes **Sb** W. A. Herrmann (= Willi Herrmann) **D** Luciano Albertini (Gaston de Montfort), Magnus Stifter (Joe Swalzen), Evi Eva (Marion), Fred Immler (Girondin), Agnes Nero (Gräfin Jeanne de Montgort) **L** 78 **E** 22.11.2021 arte   fd –

MISTER TWISTER – IN DEN WOLKEN ★★★
MEES KEES IN DE WOLKEN

Ein ungewöhnlicher Vertretungslehrer versucht seiner Freundin aus dem Weg zu gehen, da er ihr nicht gestehen will, dass er an Höhenangst leidet und ihr Geschenk einer Ballonfahrt nicht annehmen möchte. Zugleich gilt es, ein Schulfest mit Tanz zu organisieren und die Kinder dafür zu motivieren. Weiterer Jugendfilm um die liebenswerte Lehrerfigur, der immer noch sympathisch unterhält, auch wenn Routine und wiederkehrende Muster nicht mehr zu übersehen sind. Ohne dramatische Zuspitzung bleibt der Film ganz auf der Ebene alltagsnaher Problemstellungen und humorvoller Lösungen. – **Ab 10.**

Niederlande 2019 **R** Martijn Smits **B** Tijs van Marle **K** Philip Hering **Vo** Mirjam Oldenhave (Kinderbücher) **M** Herman Witkam **S** Michiel Boesveldt **Kb** Margriet Procee **D** Leendert de Ridder (Mister Twister), Raymonde de Kuyper (Mister Twisters Mutter), Sanne Wallis de Vries (Dreus), Jochen Otten (Hank), Imme Gerritsen (Tobias) **L** 72 **E** 25.6.2021 KiKA fd –

Mit den Wellen ★★
Sulla Stessa Onda

Im Sommer auf Sizilien verlieben sich zwei Jugendliche in einem Segelclub ineinander, wobei das Mädchen zunächst geheim hält, dass sie über kurz oder lang nicht mehr wird gehen können. Als der Junge davon erfährt, will er sie gegen den Willen ihrer Eltern dabei unterstützen, an einer regionalen Regatta teilzunehmen. Eine Jugendromanze um eine von Krankheit bedrohte junge Liebe als risikoscheuer Film, der brav die zu erwartenden Standards bedient. Bescheidene Ansprüche werden zwar bedient, insgesamt macht es sich das Drehbuch aber arg leicht mit Konflikten und Lösungen. – **Ab 14.**
Italien 2021 **R** Massimiliano Camaiti **B** Claudia Bottino, Massimiliano Camaiti **K** Michele Paradisi **M** Yakamoto Kotzuga **S** Sara Zavarise **Kb** Marta Passarini **D** Elvira Camarrone (Sara), Roberto Christian (Lorenzo), Vincenzo Amato (Antonio), Donatella Finocchiaro (Susanna), Corrado Invernizzi (Boris) **L** 99 **E** 25.3.2021 VoD (Netflix) fd –

Mit der Kraft des Windes ★★★
Les Héritières

Eine Jugendliche aus einem Pariser Vorort hat es auf eine Eliteschule geschafft und setzt alles daran, Ingenieurin zu werden. Durch Widerstände zuhause und den Außenseiterstatus als einzige Schwarze unter ihren Mitschülern gerät sie unter psychischen Druck und will ein Stipendium erlangen. Dafür muss sie jedoch eine renitente jüngere Schülerin überzeugen, sich von ihr Nachhilfe geben zu lassen. Engagiertes Jugenddrama, das mit überzeugenden Darstellern dafür wirbt, Talente trotz ungünstiger Voraussetzungen zur Entfaltung zu bringen. Der etwas didaktische Ansatz wird durch lebendige Milieubilder weitgehend ausgeglichen. – **Ab 14.**
Frankreich 2020 **R** Nolwenn Lemesle **B** Johanna Goldschmidt, Laure-Elisabeth Bourdaud **K** Léo Lefèvre **M** Ronan Maillard **S** Louise Decelle **Sb** Chloé Cambournac **Kb** Alice Cambournac **D** Tracy Gotoas (Sanou), Fanta Kebe (Khady), Lucie Fagedet (Valentine), Sam Chemoul (Raphaël), Augustin Ruhabara (Souleymane) **L** 80 **E** 4.6.2021 arte fd –

Mit eigenen Augen ★★
Doku über die 19-tägige Produktion eines Monitor-Politmagazins, das für betont seriösen Investigativ-Journalismus steht und im Wechsel mit anderen ARD-Magazinen alle drei Wochen ausgestrahlt wird. Der Film verfolgt das Entstehen einer Sendung zwischen unspektakulärer Internet-Recherche und regelmäßigen Redaktionskonferenzen. Inhaltlich bewegt die Redaktion im Sommer 2019 der Täter im Fall des ermordeten Kasseler Regierungspräsidenten Walter Lübcke sowie sexueller Missbrauch in einer Klinik. – **Ab 14.**
Deutschland 2020 **KI** Real Fiction **R+B** Miguel Müller-Frank **K** Laura Emma Hansen **S** Miguel Müller-Frank, Ivan Morales jr. **L** 115 **FSK** ab 12; f **E** 11.11.2021 fd 48188

Die Mitchells gegen die Maschinen ★★★★
The Mitchells vs. The Machines

Eine gemeinsame Reise mit dem Auto soll eine dysfunktionale Familie wieder zusammenbringen und insbesondere die schwierige Beziehung zwischen Vater und Tochter kitten. Doch bald bleibt ihnen gar nichts anderes übrig, als sich zusammenzuraufen, als eine Roboterarmee die gesamte Menschheit bedroht. Ein mit großer Freude an der Übertreibung und gutem Gespür für Komik wie fürs Zwischenmenschliche inszenierter Animationsfilm. Stilistisch besticht er durch seine Experimentierfreude und mischt reizvoll unterschiedlichste Animationstechniken und Bildquellen, die in Verbindung mit der Geschichte stehen. – **Sehenswert ab 10.**

💿 Die BD enthält die 110-minütige Standardfassung (Kino/Streaming) sowie die durch eine Einführung flankierte sogenannte Bonanza-Fassung (113 Min.), die durch synchronisierte Storyboard-Einblendungen erweitert wurde. Die Extras der BD umfassen u. a. das kurze Feature «Die Mitchells gegen die Maschinen oder: Wie eine Gruppe leidenschaftlicher Spinner einen großen Zeichentrickfilm machte» (13 Min.) über die Filmcrew, ein Feature mit acht im Film nicht verwendeten Szenen (25 Min.) sowie einen ebenso unterhaltsamen wie informativen, dt. untertitelbaren Audiokommentar mit Regisseur Michael Rianda, «Visual Effects»-Supervisor Miks Lasker, Productiondesigner Lindsey Olivares, Co-Regisseur Jeff Rowe, Produzent Kurt Albrecht, «Head of Animation» Alan Hawkins und «Head of Story» Guillermo Martinez.
Die BD ist mit dem Silberling 2021 ausgezeichnet.
USA 2021 **DVD** Sony (16:9, 1.85:1, DD5.1 engl./dt.) **BD** Sony (16:9, 1.85:1, dts-HD-MA engl./dt.) **R** Michael Rianda, Jeff Rowe **B** Michael Rianda, Jeff Rowe **M** Mark Mothersbaugh **S** Greg Levitan **Sb** Lindsey Olivares **L** Kino/Streamingfassung: 110 / Bonanza-Kinofassung: 113 **FSK** ab 6 **E** 30.4.2021 digital (Netflix) / 16.12.2021 DVD & BD fd 47682

Mitgefühl – Pflege neu denken ★★★★
It Is Not Over Yet

In dem dänischen Pflegeheim Dagmarsminde werden Wege in der Betreuung von alten, meist dementen Menschen beschritten, die zwar nicht ganz neu sind, aber deutlich radikaler als in den meisten anderen Institutionen das Wohl der Bewohner und ihre Bedürfnisse ins Zentrum stellen. Der einfühlsame Dokumentarfilm erzählt liebevoll und berührend davon, dass mit der Aufnahme in dieses Pflegeheim das Leben noch lange nicht vorbei ist. – **Ab 14.**
Dänemark/Deutschland 2020 **KI** Weltkino **R+B** Louise Detlefsen **K** Per Fredrik Sköld **S** Julie Winding **L** 100 **FSK** ab 0; f **E** 23.9.2021 fd 47884

Mitra ★★★
Mitra

Eine iranische Mutter muss 1981 hilflos mitansehen, wie ihre Tochter, vermutlich verraten von einer Freundin, von der Geheimpolizei verhaftet und später hingerichtet wird. 40 Jahre später erfährt sie im niederländischen Exil, dass die Verräterin von damals vielleicht in ihrer Nachbarschaft lebt. Endlich ergibt sich die Gelegenheit zur lang ersehnten Rache. Ein packendes, auf zwei Zeitebenen angesiedeltes Drama um Schuld und Sühne, Rache und Vergebung, aber auch um das Leid, dass der Verlust eines geliebten Menschen und der Heimat hervorruft. Ein großer Reiz des Films liegt dabei in der unterschiedlichen Bildgestaltung, um Vergangenheit und Gegenwart zu kennzeichnen. – **Ab 14.**
Scope. Niederlande/Deutschland/Dänemark 2021 **KI** Camino **R+B** Kaweh Modiri **K** Daan Nieuwenhuijs **M** Mohsen Namjoo **S** Carla Luffe **Sb** Anas Balawi, Sanne Schat **D** Jasmin Tabatabai (Haleh), Mohsen Namjoo (Mohsen), Shabnam Toloui (Sare/Leyla), Dina Zarif (Mitra), Sallie Harmsen (Clara) **L** 108 **FSK** ab 12; f **E** 18.11.2021 fd 48140

MIXTAPE ★★★
MIXTAPE
Eine zwölfjährige Waise, die bei ihrer Großmutter aufwächst, stößt im Spätjahr 1999 zufällig auf ein kaputtes Mixtape ihrer verstorbenen Eltern. Über die Suche nach den Songs fängt das Mädchen, das als Außenseiterin gilt, an, auf andere zuzugehen, wodurch es neue Freunde findet und nicht nur sich selbst, sondern auch seiner Großmutter dabei hilft, den Verlust der Eltern zu verarbeiten. Eine von liebenswerten Figuren und einem mitreißenden Soundtrack getragene Coming-of-Age-Tragikomödie, die nicht nur durch ihre leichthändige Herangehensweise an ein schweres Thema, sondern auch als Hommage an die «Kulturtechnik» des Mixtape-Erstellens aus der Ära der Magnetbänder für sich einnimmt. – **Ab 12.**
Scope. USA 2021 **R** Valerie Weiss **B** Stacey Menear **K** Matthew Clark **M** Tamar-kali **S** William Steinkamp **Sb** Maxwell Orgell **Kb** Mona May **D** Gemma Brooke Allen (Beverly Moody), Julie Bowen (Gail), Nick Thune (Anti), Audrey Hsieh (Ellen), Olga Petsa (Nicky) **L** 93 **E** 3.12.2021 digital (Netflix) fd -

MODERNE VERFÜHRUNG ★★
MODERN PERSUASION
Romantische Komödie frei nach Jane Austens Roman *Verführung*: Eine alleinstehende PR-Expertin in New York trifft bei einem lukrativen Auftrag wieder mit ihrem inzwischen vermögenden Ex-Freund zusammen. Obwohl dieser ihr kühl begegnet, ist sie entschlossen, noch einmal einen Vorstoß zu einer Romanze zu unternehmen. Die mäßig witzig erdachte Komödie fällt eher durch Umständlichkeit als durch durchdachte Liebeswirrungen auf und bleibt ganz an der Oberfläche der Dinge. Bis auf wenige Details bleibt auch die Zeichnung der Arbeitswelt unrealistisch. – **Ab 14.**
Scope. USA 2020 **DVD** Tiberius/Sony **R** Alex Appel, Jonathan Lisecki **B** Jonathan Lisecki, Barbara Radecki **K** Benjamin Rutkowski **Vo** Jane Austen (Roman *Verführung*) **M** Giancarlo Vulcano **Sb** Lauren Crawford **Kb** Amit Gajwani **D** Alicia Witt (Wren Cosgrove), Shane McRae (Owen), Daniella Pineda (Kate Carrera), Bebe Neuwirth (Vanessa), Dominic Rains (Sam) **L** 83 **FSK** ab 12; f **E** 2.9.2021 DVD fd -

MOFFIE ★★★
MOFFIE
Um gegen die von den Sowjets unterstützte Freiheitsbewegung in Angola zu kämpfen, werden junge weiße Südafrikaner 1981 zu militärischen Kampfmaschinen ausgebildet. Ein 18-jähriger Kadett versucht in diesem rauen Umfeld seine Homosexualität geheim zu halten, verliebt sich aber in einen anderen Rekruten. Das streckenweise an prominente Kriegsfilmen geschulte Drama über Selbstverleugnung und verhinderte Liebe wirkt durch den Einsatz stilisierter Bilder und klassischer Musik mitunter etwas bemüht poetisch. Seine ungeschönte Darstellung homophober Indoktrination und der brutale Drill des Militärs aber werfen pointierte Schlaglichter auf psychische Deformationen und lebenslange Traumata. – **Ab 16.**
Südafrika 2019 **R** Oliver Hermanus **B** Oliver Hermanus, Jack Sidey **K** Jamie D Ramsay **Vo** André Carl van der Merwe (Roman *Moffie*) **M** Braam du Toit **S** Alain Dessauvage, George Hanmer **Sb** Franz Lewis **Kb** Reza Levy **D** Kai Luke Brummer (Nicholas Van der Swart), Ryan de Villiers (Dylan Stassen), Matthew Vey (Michael Sachs), Stefan Vermaak (Oscar Fourie), Hilton Pelser (Sergeant Brand) **L** 104 **FSK** ab 16; f **E** 7.1.2021 VoD (Salzgeber) fd 47509

MOLEKÜLE DER ERINNERUNG – ★★★★
VENEDIG, WIE ES NIEMAND KENNT
MOLECOLE
Während des Lockdowns im Frühjahr 2020 filmte der Regisseur Andrea Segre das gespenstisch leere Venedig und forschte der fragilen Beziehung zwischen der Stadt und dem Wasser nach. Die melancholische Stimmung befördert außerdem persönliche Reflexionen über sein Verhältnis zu seinem verstorbenen Vater. Der Film entwickelt sich darüber zum polyphon-poetischen Essay über die Erfahrung von Verunsicherung und Verletzlichkeit, das in der Pandemie nicht nur Ohnmacht erkennt, sondern auch die Ermöglichung neuer Erfahrungen. – **Sehenswert ab 14.**
Italien 2020 **KI** Film Kino Text **R+B** Andrea Segre **K** Matteo Calore, Andrea Segre **M** Teho Teardo **S** Chiara Russo **L** 71 **FSK** ab 0; f **E** 30.12.2021 fd 48288

MOMÊ ★★
MOMÊ
Eine junge Kurdin lässt auf Bitte eines alten Freundes hin in ihrer Wohnung in Istanbul eine andere Frau übernachten, die als Überlebende eines Massakers das Land verlassen will. Während diese schnell wieder untertaucht, gerät ihre Gastgeberin unter Beobachtung durch den türkischen Geheimdienst, dessen Agenten durch ein Missverständnis bald eine Verbindung zu einer Terrorgruppe vermuten. Türkischer Politthriller, der beide Perspektiven aufgreift, um ein düsteres Bild der Türkei als Überwachungsstaat zu zeichnen. Dieses fällt durch fehlende Zuspitzung allerdings spannungsarm aus und bleibt auch in der Figurenzeichnung eher matt. (O.m.d.U.) – **Ab 16.**
Türkei 2019 **R+B** Rodi Güven Yalçinkaya **K** Ilker Berke **M** Cansun Küçüktürk **S** Rodi Güven Yalçinkaya **Kb** Kezban Bozan **D** Heja Türk (Arjin), Yavuz Akkuzu (Sidar), Rewsan Çeliker (= Revsan Celiker) (Leyla), Aram Dildar (Kenan), Aziz Çapkurt (Ismail) **L** 98 **E** 16.9.2021 WDR fd -

MOMENTS LIKE THIS NEVER LAST ★★
MOMENTS LIKE THIS NEVER LAST
Ein dokumentarisches Porträt des Künstlers Dash Snow (1981–2009), rebellischer Sohn einer wohlhabenden, kunstaffinen New Yorker Familie, der in den späten 1990ern u. a. als Graffiti-Sprayer unterwegs war und in den 2000er-Jahren mit Fotografien und anderen Arbeiten zum Star der New Yorker Kunstszene wurde, bevor er 2009 an einer Überdosis Drogen verstarb. Der Film bietet Leben und Werk Snows ein ein Porträt der New Yorker Bohème und liefert auf der Basis von älterem Videomaterial eine dynamisch montierte Materialsammlung, ohne sich an eine Interpretation des Werkes oder den Versuch einer wirklichen Annäherung an die Persönlichkeit des selbstdestruktiven Künstlers zu wagen. – **Ab 16.**
Kanada/USA 2020 **R** Cheryl Dunn **K** Cheryl Dunn **M** Brian DeGraw **S** Rebecca Adorno **L** 96 **E** 6.11.2021 VoD (Mubi) fd -

MONA & MARIE – EINE ETWAS ★★
ANDERE WEIHNACHTSGESCHICHTE
Eine an Luxus gewöhnte Frau wird kurz vor Weihnachten zur Witwe und muss erfahren, dass ihr verstorbener Mann sein ganzes Vermögen verschwendet hat. Zu ihrer Unterstützung reist ihre Alt-Hippie-Schwester an, mit der sie aber seit Jahren über Kreuz liegt, was bei der Wiederbegegnung erneut Anlass zu heftigem Geschwisterstreit gibt. Weihnachtskomödie, die aus wenig subtile Unterfangen, den umfassenden Wandel der selbstbezogenen Hauptfigur zu Mitgefühl und Menschlichkeit herbeizuführen. Während der Humor recht matt ausfällt, können die Darstellerinnen zumindest Akzente setzen. – **Ab 14.**
Deutschland 2021 **R** Marco Petry **B** Ma-

thias Klaschka **K** Stephan Schuh **M** Paul Eisenach **S** Renata Salazar Ivancan, Martin Wolf **Sb** Ellen Latz, Ingrid Henn **Kb** Andreas Janczyk **D** Maren Kroymann (Mona Berthold), Ulrike Kriener (Marie Decker), Susanne Bormann (Sophie Berthold), Max Bretscheider (Jonas Berthold), Ann-Kathrin Kramer (Chiara Ott) **L** 89 **E** 13.12.2021 ZDF **fd** –

Monster Family 2
siehe: Happy Family 2

Monster Hunter ★★★
Monster Hunter

Eine Gruppe Soldaten wird von einem Sandsturm in eine fremde, von Monstern bevölkerte Dimension geschleudert. Ihre Anführerin versucht an der Seite eines einheimischen Jägers, sich einen Weg zurück auf die Erde zu erkämpfen. Der bildgewaltige, formal an die Ästhetik des gleichnamigen Videospiels angelehnte Actionfilm überzeugt mit feinem Gespür für die geografische und architektonische Gestaltung einer fremden Welt und dem dazugehörigen Spektakel im Kampf gegen die Monster. – **Ab 16.**

⊙ Die Editionen enthalten eine Audiodeskription für Sehbehinderte. Die Extras enthalten u.a. ein Feature mit im Film nicht verwendeten Szenen (4 Min.). 3D, Scope. China/Deutschland/Japan/USA 2020 **KI** Constantin **DVD** Constantin (16:9, 2.35:1, DD5.1 engl./dt.) **BD** Constantin (16:9, 2.35:1, dts-HDMA engl./dt.) **R+B** Paul W.S. Anderson (= Paul Anderson) **K** Glen MacPherson **Vo** Kaname Fujoka (Videospielreihe) **M** Paul Haslinger **S** Doobie White **Sb** Edward Thomas **Kb** Danielle Knox **D** Milla Jovovich (Artemis), Tony Jaa (The Hunter), T.I. (= Tip «T.I.» Harris) (Link), Ron Perlman (Admiral), Jannik Schümann (Aiden) **L** 103 **FSK** ab 16; f **E** 1.7.2021 / 14.10.2021 DVD & BD & 3D BD & 4K UHD (plus 2D & 3D BD) **fd** 47831

Monster! Monster? ★★★
Monster

Ein afroamerikanischer Jugendlicher aus fürsorglichem bürgerlichem Elternhaus hat eine vielversprechende Zukunft vor sich und träumt davon, Filmemacher zu werden. Doch dann sieht er sich plötzlich einer Mordanklage gegenüber, die seine Perspektiven radikal zu zerstören droht. Eine engagierte Anwältin versucht, ihn in den Mühlen einer Justiz, die Afroamerikaner systematisch diskriminiert, zu verteidigen. Basierend auf einem Roman von 1999, aber durch die Debatten um Diskriminierung von Schwarzen mit neuer Brisanz aufgeladen, überzeugt der Film weniger durch seine schematische Figurenzeichnung als durch die glaubwürdigen Darsteller und gekonnten Einsatz von Kamera und Schnitt. – **Ab 14.**

USA 2018 **R** Anthony Mandler **B** Janece Shaffer, Colen C. Wiley **K** David Devlin **Vo** Walter Dean Myers (Roman *Monster*) **M** Harvey Mason Jr. **S** Joe Klotz **Sb** Jeremy Reed **Kb** Mobolaji Dawodu **D** Kelvin Harrison Jr. (Steve Harmon), Jennifer Hudson (Mrs. Harmon), Jeffrey Wright (Mr. Harmon), John David Washington (Richard «Bobo» Evans), Jharrel Jerome (Osvaldo) **L** 98 **E** 7.5.2021 VoD (Netflix) **fd** 47696

Monster Problems
siehe: Love and Monsters

Monte Verità – Der Rausch ★★★
der Freiheit
Monte Verità

Fiktive Geschichte um eine junge Wienerin, die Anfang des 20. Jahrhunderts aus der bedrückenden Enge ihrer bürgerlichen Ehe ausbricht und sich in die seinerzeit berühmt-berüchtigte Künstlerkolonie und Naturheilanstalt Monte Verità in der Schweiz absetzt. Der fesselnde Film zeichnet mit historischer Sorgfalt eine weibliche Emanzipationsgeschichte nach und lässt den Geist und die fortschrittlichen Ideen der Reformbewegung wieder aufleben. Die Überfülle der Figuren, Gedanken und Ideen bedingt allerdings eine gewisse Kurzatmigkeit, die einer Vertiefung der unterschiedlichen Aspekte mitunter im Weg steht. – **Ab 14.**

Scope. Deutschland/Österreich/Schweiz 2021 **KI** DCM **R** Stefan Jäger **B** Kornelija Naraks **K** Daniela Knapp **M** Volker Bertelmann **S** Noemi Katharina Preiswerk **Sb** Nina Mader, Katharina Wöppermann **Kb** Veronika Albert **D** Maresi Riegner (Hanna Leitner), Max Hubacher (Otto Gross), Joel Basman (Hermann Hesse), Hannah Herzsprung (Lotte Hatteme), Julia Jentsch (Ida Hofmann) **L** 116 **FSK** ab 12; f **E** 16.12.2021 **fd** 48255

Mord in der Familie – ★★
der Zauberwürfel

Der Sohn eines Bauunternehmers wird erschossen, auf seinen Vater wird ebenfalls ein Anschlag verübt. Die Ermittlungen konzentrieren sich zuerst auf den katastrophalen Einsturz eines von der Unternehmerfamilie gebauten Gebäudes, doch geraten auch Familienmitglieder unter Verdacht. Durch Rückblenden ausgedehnter Fernseh-Zweiteiler als Mischung aus Krimi und Familiendrama, das in der Figurenzeichnung nicht sonderlich raffiniert ausgefallen ist. Die Wirkung erschöpft sich deshalb in Einzelszenen und einer soliden Spannungsdramaturgie. – **Ab 14.**

Deutschland 2021 **R** Michael Schneider **B** Linda Ung **K** Andreas Zickgraf **M** Chris Bremus **S** Jörg Kroschel **Sb** Michaela Weniger **Kb** Matthias Voecking **D** Matthias Koeberlin (Thomas Becker), Heiner Lauterbach (Henry Becker), Lucas Gregorowicz (Eric Becker), Sabine Winterfeldt (Hauptkommissarin Barbara Falck), Katharina Lorenz (Marianne Becker) **L** 179 (89/90) **E** 20.12.2021 digital (ZDF-Mediathek) / 27./28.12.2021 ZDF **fd** –

Morgen gehört uns ★★★
Demain est à nous

Sieben Kinder aus Peru, Frankreich, Guinea, Indien und Bolivien setzen sich nachdrücklich für Umweltschutz, Obdachlose und Straßenkinder ein und wenden sich gegen Kinderehen und Ausbeutung. Indem sie teils mit Hilfe ihrer Eltern und mit alterstypischer Spontaneität klein und konkret beginnen, die Welt zu verändern, werden sie zu Vorbildern – für Jung und Alt. Engagierter Dokumentarfilm, der hingebungsvoll dem Mut und die Beharrlichkeit der jungen Protagonisten schildert, gegen Missstände aufzustehen und ihre Rechte geltend zu machen. Indem der Film Probleme und Widerstände weitgehend ausblendet, driftet er allerdings bisweilen in Gefilde pathetischer Glorifizierung ab. – **Ab 8.**

Scope. Frankreich 2019 **KI** Neue Visionen **DVD** Neue Visionen (16:9, 2.35:1, DD5.1 engl. & dt. & frz. & span./dt.) **R** Gilles de Maistre **B** Prune de Maistre **M** Marc Demais **S** Michèle Hollander **L** 85 **FSK** ab 0; f **E** 15.7.2021 / 16.11.2021 digital / 9.12.2021 DVD **fd** 47853

Mortal – Mut ist unsterblich ★★★
Mortal/Torden

Ein junger Mann versteckt sich in der Wildnis von Norwegen, um unbezähmbare Kräfte, die in ihm ruhen, am Ausbruch zu hindern. Als seine Vorsichtsmaßnahmen fehlschlagen, landet er in Haft bei einer Psychologin, mit deren wohlwollender Anleitung er bereit wird, den Ursprung seiner Eigenarten zu stellen. Reizvoller, unterhaltsamer Fantasy-Horrorthriller, der in seinem Mischmasch aus nordischen Mythen und Comic-Motiven nicht immer gelungen ist, als rustikales Gegenbild zu glatten Hollywood-Pendants aber Interesse weckt. – **Ab 16.**

Scope. Norwegen/USA/Großbritannien 2020 **DVD** Ascot Elite **BD** Ascot Elite **R** André Øvredal **B** André Øvredal, Norman Lesperance, Geoff Bussetil **K** Roman Osin **M** Marcus Paus **S** Patrick Larsgaard **Sb** Karl Júliusson **Kb** Anne Isene **D** Nat Wolff (Eric), Iben Akerlie (Christine), Per Frisch (Henrik), Per Egil Aske (Björn), Priyanka Bose (Hathaway) **L** 100 **E** 22.1.2021 DVD, BD & VoD fd –

Mortal Kombat ★★
Mortal Kombat

Eine Gruppe auserwählter Mixed-Martial-Arts-Athleten soll für einen Kampf gegen übermächtige Gegner vorbereitet werden, die ein verschlagener Zauberer der Außenwelt instruiert. Der Magier setzt allerdings schon vor der finalen Mortal-Kombat-Begegnung alles daran, die zunächst noch unbedarften irdischen Gegner zu eliminieren. Die neuerliche Verfilmung der ikonischen Videospiel-Reihe wagt mit hohem Budget und beachtlicher Starpower den Sprung ins Blockbusterkino. Allerdings vermag die filmische Optik über weite Strecken stupide und klischeehafte Spieledramaturgie nur bedingt zu kompensieren. – **Ab 18.**

Die BD-Editionen enthalten eine Audiodeskription für Sehbehinderte. Die Extras der BD enthalten u. a. ein Feature mit vier im Film nicht verwendeten Szenen (4 Min.).

Scope. USA 2021 **KI** Warner Bros. **DVD** Warner (16:9, 2.35:1, DD5.1 engl./dt.) **BD** Warner (16:9, 2.35:1, dolby_Atmos engl., DD5.1 dt.) **R** Simon McQuoid **B** Greg Russo, Dave Callaham **K** Germain McMicking **Vo** Ed Boon (Charaktere des Videospiels), John Tobias (Charaktere des Videospiels) **M** Benjamin Wallfisch **S** Scott Gray, Dan Lebental **Kb** Cappi Ireland **D** Lewis Tan (Cole Young), Jessica McNamee (Sonya Blade), Josh Lawson (Kano), Joe Taslim (Bi-Han aka Sub-Zero), Hiroyuki Sanada (Hanzo Hasashi aka Scorpion) **L** 110 **FSK** ab 18; f **E** 17.6.2021 / 22.7.2021 DVD & BD & 4K UHD (plus BD) fd 47787

Moskau Einfach! ★★★★
Moskau Einfach!

Ein braver Schweizer Polizeibeamter soll im Herbst 1989 im Schauspielhaus Zürich Informationen über linke und womöglich umstürzlerische Theaterleute sammeln. Da er an seiner Identität als angeblicher Schauspieler bald großen Gefallen findet und sich in eine Darstellerin verliebt, fallen seine Berichte so verständnisvoll aus, dass er selbst ins Visier seines Vorgesetzten gerät. Intelligenter Zusammenschluss von Komödie, Historienfilm, Romanze und Theatersatire mit einem hochkarätigen Ensemble und fantasievoller Ausstattung. Während die Zeitgeschichte mit origineller Fiktion geschickt verwoben wird, berührt der Film auch existenzielle Fragen nach einem «richtigen» Verhalten. – **Sehenswert ab 14.**

Schweiz 2020 **KI** Arsenal **DVD** 375 Media/Arsenal (16:9, 1.78:1, DD5.1 Schweizerdeutsch/dt.) **R** Micha Lewinsky **B** Plinio Bachmann, Barbara Sommer, Micha Lewinsky **K** Tobias Dengler **M** Ephrem Lüchinger **S** Bernhard Lehner **D** Philippe Graber (Viktor Schuler), Miriam Stein (Odile Lehmann), Mike Müller (Marogg), Michael Maertens (Carl Heymann), Eva Bay (Margot) **L** 94 **FSK** ab 12; f **E** 11.6.2021 DVD fd 47341

Moskau 1941 – Stimmen am Abgrund ★★★★

Nach dem deutschen Überfall auf die Sowjetunion geriet die Hauptstadt Moskau 1941 in große Gefahr, eine Eroberung konnte aber schließlich verhindert werden. Der Dokumentarfilm erinnert an die schicksalshaften Monate mit vorgelesenen Auszügen aus Briefen, u. a. des deutschen Diplomaten Friedrich Graf von der Schulenburg, sowie Bekanntmachungen und Tagebüchern, die zum größten Teil von normalen Bürgern Moskaus stammen. Der intime Chor aus bislang unbekannten Stimmen wird durch sorgsam ausgewähltes Bildmaterial unterstützt, das den Alltag sowie auch die staatliche Propaganda der Kriegsjahre zeigt. – **Ab 16.**

Schwarz-weiß. Deutschland/Russland 2021 **R+B** Artem Demenok **K** Oleg Stinski **M** Alva Noto, Ryuichi Sakamoto (= Ryūichi Sakamoto) **S** Sergej Range **L** 89 **E** 24.8.2021 arte fd –

(M)Other ★★

Die Dokumentaristin Antonia Hungerland setzt sich mit Vorstellungen vom Muttersein auseinander und zeigt die Ausdifferenzierung, die das Mutterbild mittlerweile erlebt hat. So kommen auch Eizellenspenderinnen, Leihmütter und gleichgeschlechtliche Frauen- und Männerpaare in ihrem Dokumentarfilm zu Wort. Dabei fehlt es der mäandernden Konstruktion allerdings an Aussageschärfe und wirklich erkenntnisträchtigen Ergebnissen, weil zu viel angeschnitten wird, ohne vertieft zu werden. Zudem kann die übergeordnete Absage an althergebrachte Rollenbilder kaum als sonderlich originell angesehen werden. – **Ab 14.**

Deutschland 2018 **R+B+K** Antonia Hungerland **M** Markus Zierhofer **S** Antonella Sarubbi **L** 85 **FSK** ab 6; f **E** 28.4.2021 rbb fd –

Moving On ★★★★
Nam-Mae-Wui Yeo-Reum-Bam

Ein Teenager-Mädchen und sein kleiner Bruder ziehen eines Sommers mit ihrem Vater ins Haus des Großvaters, als die Familie in finanzielle Schwierigkeiten gerät. Die Kinder werden langsam in dem alten Haus und der fremden Umgebung heimisch, wobei sich das Mädchen etwas schwertut; trotzdem wächst ihm der wortkarge Großvater langsam ans Herz und die Familie immer mehr zusammen, bis der Großvater pflegebedürftig wird und die kleine Wohngemeinschaft gefährdet ist. Ein ruhig entwickelter, feinfühliger und warmherziger Debütfilm, der dezent soziale Probleme eines wirtschaftlich angeschlagenen Mittelstandes in ein Familienporträt rund ums Verhältnis zwischen den Generationen einfließen lässt. – **Sehenswert ab 14.**

Südkorea 2019 **R+B** Yoon Dan-bi **K** Kim Gi-hyeon **S** Won Chang-Jae **D** Choi Jung-un (Ok-ju), Yang Heung-ju (Byeong-ki), Park Hyun-young (Mi-jeong), Park Seung-jun (Dong-ju), Kim Sang-dong (Großvater) **L** 105 **E** 14.12.2021 VoD (Mubi) fd 48273

Moxie. Zeit, zurückzuschlagen ★★★
Moxie

Die Begegnung mit einer neuen selbstbewussten Mitschülerin und mit Koffer aus der Jugend ihrer Mutter verändern eine zurückhaltende 16-Jährige. Mit einer anonymen Streitschrift protestiert sie gegen den an ihrer High School vorherrschenden Sexismus, was an der Schule zu einer kleinen Revolution führt. Mit den Mitteln der High-School-Komödie erzählt der Film zeitgemäß über Diskriminierung und Sexismus und zollt auch der Punk-Subkultur der 1990er-Jahre Tribut. Humor- und schwungvoll legt er den Blick auf die Missstände frei, auch wenn er zum Ende hin etwas zu konventionell und vereinfachend wirkt. – **Ab 14.**

USA 2021 **R** Amy Poehler **B** Tamara Chestna **K** Tom Magill **Vo** Jennifer Mathieu (Roman *Moxie*) **S** Julie Monroe **Sb** Erin Magill **D** Hadley Robinson (Vivian), Amy Poehler (Lisa), Lauren Tsai (Claudia), Patrick Schwarzenegger (Mitchell Wilson), Alycia Pascual-Pena (Lucy) **L** 112 **E** 3.3.2021 VoD (Netflix) fd 47581

Murali – Wie der Blitz ★★★
Minnal Murali

In einem indischen Dorf leidet der Sohn eines Schneiders darunter, dass seine Liebste sich mit einem anderen

verlobt hat; zugleich verzehrt sich ein anderer Mann, der in dem ländlichen Örtchen als sozialer Außenseiter gilt, ebenfalls vergeblich nach der Frau. Dann werden beide eines Nachts vom Blitz getroffen und entdecken in der Folge an sich erstaunliche Kräfte, die sie nutzen, um nach dem Vorbild von US-Comics zum «Superhelden» respektive «Schurken» zu werden. Die Fantasy-Komödie liefert eine reizvolle Verschmelzung von Superhelden-Motiven mit den Traditionen des indischen Malayalam-Kinos; simple, aber liebevoll gestaltete Effekte treffen dabei auf einen burlesken Dorf-Kosmos. – **Ab 12.**
Indien 2021 **R** Basil Joseph **B** Arun Anirudhan, Justin Mathew **K** Sameer Thahir **M** Shaan Rahman **S** Livingston Mathew **Kb** Melwy J. **D** Tovino Thomas (Jaison Varghese / Minnal Murali), Guru Somasundaram (Shibu), Benzi Mathews (Kumaran jr.), Mammukoya (Dr. Sambhashivan), Azees Nedumangad (Chandran) **L** 158 **E** 24.12.2021 digital (Netflix) **fd** -

MOXIE. ZEIT, ZURÜCKZUSCHLAGEN (© Colleen Hayes / Netflix)

MUSIC ★★
MUSIC

Ein autistisches Mädchen verliert seine Großmutter und wird im Anschluss von seiner Halbschwester, einer ehemaligen Drogenabhängigen, gepflegt. Diese ist zuerst völlig überfordert, bis sich ein Nachbar findet, der mit dem Mädchen umgehen kann und darüber auch deren neuer Betreuerin näherkommt. Eigenwilliges Regiedebüt der Sängerin Sia, das mit dem verspielten Einsatz von Musik und Tanz die andersartige Wahrnehmung der Hauptfigur aufgreift, diese aber zusehends aus dem Fokus verliert. Stattdessen häufen sich die Probleme der Halbschwester und des Nachbarn in Form eines oberflächlichen Sozialdramas. – **Ab 14.**
Scope. USA 2021 **DVD** Alamode (16:9, 2.35:1, DD5.1 engl./dt.) **BD** Alamode (16:9, 2.35:1, dts-HDMA engl./dt.) **R** Sia **B** Sia, Dallas Clayton **K** Sebastian Winterø **M** Craig Deleon **S** Matt Chesse, Curtiss Clayton, Dana Congdon **Sb** Tracy Dishman **Kb** Christine Wada **D** Maddie Ziegler (Music), Kate Hudson (Zu), Leslie Odom jr. (Ebo), Hector Elizondo (George), Mary Kay Place (Millie) **L** 103 **FSK** ab 12; f **E** 5.3.2021 DVD & BD **fd** 47533

MY BROTHER, MY SISTER ★★
MIO FRATELLO MIA SORELLA

Nach dem Tod des Vaters müssen zwei seit Jahrzehnten entfremdete Geschwister laut dem letzten Willen des Verstorbenen ein Jahr zusammenwohnen. Während der Bruder die letzten 20 Jahre abwesend war, kämpfte sich die Schwester mit ihrer rebellierenden Tochter und ihrem unter Schizophrenie leidenden Sohn durch den Alltag. Nach anfänglichen Spannungen und Querelen nähern sich die Figuren einander an und lernen, wieder eine Familie zu sein. Das mit leichtem Witz durchzogene Drama schreckt vor ernsten Themen nicht zurück. Es entwickelt dabei seine vorhersehbare Story mit manchen Längen, kann aber dank guter Darsteller mitunter berühren. – **Ab 14.**
Scope. Italien 2021 **R+B** Roberto Capucci **K** Andrea Arnone **M** Valerio Calisse **S** Francesco Galli **D** Alessandro Preziosi (Nick), Claudia Pandolfi (Tesla), Ludovica Martino (Carolina), Francesco Cavallo (Sebastiano), Stella Egitto (Emma) **L** 110 **E** 8.10.2021 VoD (Netflix) **fd** -

MY NAME IS PAULI MURRAY ★★★
MY NAME IS PAULI MURRAY

Ein Dokumentarfilm über die afroamerikanische Bürgerrechtlerin und Anwältin Pauli Murray (1910–1985), die bereits ab den 1940er-Jahren für die Aufhebung der diskriminierenden Gesetze in den USA kämpfte und bedeutende Vorarbeit zum Ende der «Rassentrennung» leistete. Zudem rang sie ein Leben lang mit ihrer nicht-binären Identität. Der Film hebt die Verdienste Murrays hervor und beeindruckt vor allem dort, wo er ihre eigenen Worte zur Illustration nutzt. Daneben montiert er eher konventionell Archivmaterial zur biografischen Studie einer zu Unrecht fast vergessenen Pionierin. – **Ab 14.**
USA 2021 **R** Betsy West, Julie Cohen **B** Betsy West, Julie Cohen **K** Claudia Raschke **M** Jongnic Bontemps **S** Cinque Northern **L** 94 **FSK** ab 12 **E** 1.10.2021 VoD (Amazon Prime) **fd** -

MYSTÈRE: VICTORIAS ★★★
GEHEIMNISVOLLER FREUND
MYSTÈRE

Ein Mädchen leidet unter dem Tod seiner Mutter. Als die Kleine gemeinsam mit dem Vater in die Berge des Cantal zieht, bekommt sie dort von einem alten Mann ein Wolfsjunges anvertraut, das sie sofort ins Herz schließt. Durch den neuen tierischen Freund findet sie wieder ihren Lebensmut, doch die Erwachsenen blicken weniger freundlich auf die Gegenwart des Tieres, zumal in der Gegend gerade Spannungen zwischen Tierschützern und Hirten darüber schwelen, ob Wölfe in der Gegend geduldet werden sollen oder nicht. Ein französischer Kinderfilm mit zwei herzigen Hauptfiguren und schönen Landschaftsbildern. Die Geschichte hebt sich kaum von zahllosen anderen Kind-Tier-Freundschaftsszenarien ab, vermittelt aber deutlich ihre Botschaften von Freundschaft, Trost und Toleranz und greift kindgerecht aktuelle Debatten um die Rückkehr von Wölfen in Gegenden, in denen sie lange ausgerottet waren, auf. – **Ab 6.**
Frankreich 2021 **R** Denis Imbert **B** Denis Imbert, Mathieu Oullion, Rémi Sappe, Stéphanie Vasseur **K** Fabrizio Fontemaggi **M** Armand Amar **S** Valérie Deseine, Vincent Zuffranieri **Sb** Herald Najar **Kb** Marie Credou **D** Shanna Keil (Victoria Dutel), Vincent Elbaz (Stéphane Dutel), Marie Gillain (Anna), Tchéky Karyo (Bruno), Éric Elmosnino (Thierry) **L** 84 **E** 24.12.2021 digital (Netflix) **fd** -

NAHSCHUSS (© Alamode)

NACHSAISON ★★★
BASSE SAISON
Ein verschuldetes Ehepaar hat sich in seine Ferienwohnung an der Côte d'Azur zurückgezogen, die es aber ebenso auch noch zu verlieren droht wie letzte moralische Schranken. Als ein alter Freund des Mannes auftaucht, der sich vor Gangstern versteckt, lassen sich die beiden auf einen gefährlichen Dienst für ihn ein, mit dem sie ihre Schulden loszuwerden hoffen. Augenzwinkernde Verknüpfung einer Komödie um sympathische Verlierer mit Thriller-Elementen, die den Schauplatz des außersaisonalen Ferienorts stimmungsvoll einbettet. Zwar bleibt im Plot einiges vage und unaufgelöst, doch entschädigen die Darsteller dafür mit lustvollem Spiel. – **Ab 14.**
Frankreich 2021 **R** Laurent Herbiet **B** Iris Wong, Laurent Herbiet **K** Dominique Bouilleret **S** Stéphane Mazalaigue **Sb** Christophe Thiollier **Kb** Bethsabée Dreyfus **D** Emmanuelle Devos (Carole), Eric Caravaca (Richard), Robert Plagnol (Michaux), Simon Abkarian (Anthony), Christophe Tek (Vasseur) **L** 85 **E** 26.11.2021 arte fd -

NACHSPIEL ★★★
Dritter und letzter Teil einer 1998 begonnenen Langzeitbeobachtung über junge Nachwuchstalente beim Fußballverein Borussia Dortmund, deren wechselhafte Karrieren im Abstand von jeweils einem Jahrzehnt bilanziert werden. Der Film handelt vom Leben nach dem Profifußball und den Übergängen in ein alltägliches Dasein, wobei die Resümees der ehemaligen Leistungssportler eher ernüchternd ausfallen. Dabei geht es nicht nur um die individuellen Schicksale, sondern auch um die Veränderungen des Profifußballs seit der Jahrtausendwende. – **Ab 14.**
Deutschland 2019 **KI** Real Fiction **R** Christoph Hübner, Gabriele Voss **B** Christoph Hübner, Gabriele Voss **K** Christoph Hübner **M** Jörg Follert **S** Gabriele Voss **L** 98 **FSK** ab 0; **f E** 12.8.2021 fd 47940

NADIA, BUTTERFLY ★★★
NADIA, BUTTERFLY
Nach der Teilnahme an den Olympischen Spielen in Tokio 2020 will eine 23-jährige kanadische Schwimmerin dem Profisport den Rücken kehren. Ihr Trainer, ihre Team-Mitglieder und die Medien zeigen sich enttäuscht von dem vorzeitigen Karriere-Aus, doch die junge Frau will Ärztin werden und braucht Zeit fürs aufwändige Studium. Im ungewöhnlichen 1,5:1-Format gedreht, distanziert sich der Film explizit von Sportfilm-Schauwerten und konzentriert sich weitgehend auf die Hauptfigur und ihre schwierige Transformation. Dass die Schwimmerin Katerine Savard in der Hauptrolle zwar physisch überzeugt, aber schauspielerisch nicht sehr ausdrucksstark ist, schränkt die Wirkung des Regiekonzepts ein. – **Ab 14.**
Kanada 2020 **R+B** Pascal Plante **K** Stéphanie Anne Weber Biron **S** Amélie Labrèche **D** Katerine Savard (Nadia), Ariane Mainville (Marie-Pierre), Pierre-Yves Cardinal (Sébastien), Hilary Caldwell (Karen), Cailin McMurray (Jess) **L** 106 **E** 1.7.2021 VoD (Mubi) fd -

NAHSCHUSS ★★★★
In den 1970er-Jahren wird ein junger Ingenieur in der DDR vom Ministerium für Staatssicherheit angeworben. Mit der Aussicht auf Privilegien und beruflichen Aufstieg verhält er sich anfangs linientreu, bis er die perfiden Methoden nicht mehr mittragen will. Beim Versuch, sich der Stasi zu entziehen, fliegt er jedoch auf und gerät in den gnadenlosen Justizapparat. Intensives Historiendrama mit beklemmender Bildsprache, das über die ambivalente, präzise verkörperte Hauptfigur die unabwendbare Verstrickung ins Netz des Regimes greifbar macht. Dabei wendet es sich mit dem rigiden Justizsystem und der Todesstrafe eindrücklich auch «blinden Flecken» der DDR-Aufarbeitung zu. – **Sehenswert ab 16.**
Deutschland 2020 **KI** Alamode **DVD** Alamode **BD** Alamode **R+B** Franziska Stünkel **K** Nikolai von Graevenitz **M** Karim Sebastian Elias **S** Andrea Mertens **Sb** Anke Osterloh **Kb** Ute Paffendorf **D** Lars Eidinger (Franz Walter), Devid Striesow (Dirk Hartmann), Luise Heyer (Corina Walter), Paula Kalenberg (Klara), Victoria Trauttmansdorff (Professorin Link) **L** 116 **FSK** ab 12; **f E** 12.8.2021 / 28.1.2022 DVD & BD fd 47921

NANGA PARBAT – ★★
MEIN SCHLÜSSELBERG
Der Tiroler Bergsteiger Reinhold Messner bezwang in seinem Leben alle Achttausender, zur Tragödie seines Lebens wurde jedoch die Besteigung des Nanga Parbat, bei der 1970 sein Bruder ums Leben kam. Zu seinem 70. Geburtstag reist Messner in Begleitung seines Sohns erneut zum Nanga Parbat und erzählt in einem Dokumentarfilm, der die neue Reise ebenso abbildet wie die damalige Expedition, welche Spuren das Unglück bei ihm hinterlassen hat. Dabei wartet der Film mit allen Spannungsmit-

teln des Expeditionsfilms und beeindruckenden Panoramen auf, strickt aber auch recht aufdringlich an der Legende von Messner weiter. – **Ab 14.**
Italien/Pakistan 2020 **R** Reinhold Messner, Simon Messner **B** Reinhold Messner, Simon Messner **K** Günther Göberl, Hubert Schönegger **M** Musicbed, Capitanata, Georg Freizeit **S** Jörg Achatz, Hannes Lercher **L** 80 **E** 1.7.2021 arte   fd -

Narren   ★★★
Dokumentarfilm über den Rottweiler Narrensprung, dem es dank einer einfühlsamen Erzählweise gelingt, erhellende Blicke hinter die Kulissen der zwischen Tradition und Moderne, Brauchtum und Kommerz mäandernden Fasnet zu werfen. Die eher wohlmeinende Hommage öffnet dennoch Resonanzräume für kontroverse Diskussionen, etwa über die Rolle der Frau in der Fastnacht. Kulturhistorische oder gesellschaftliche Analysen werden damit aber nicht verknüpft. – **Ab 14.**
Deutschland 2019 **KI** Edition Kassenfeger/Böller und Brot **R** Sigrun Köhler, Wiltrud Baier **B** Sigrun Köhler, Wiltrud Baier **K** Sigrun Köhler, Wiltrud Baier **S** Wiltrud Baier, Sigrun Köhler **L** 97 **FSK** ab 0; f **E** 11.11.2021   fd 48162

Ein nasser Hund   ★★★
Ein 16-jähriger Jugendlicher aus dem Iran zieht nach Berlin-Wedding und findet unter arabisch-, kurdisch- und türkischstämmigen Jugendlichen schnell Anschluss. Doch der Junge ist Jude und kommt mit dem Antisemitismus seiner neuen Freunde zunehmend weniger klar. Die Verfilmung einer Autobiografie rückt vor allem die Gang und ihre Gruppendynamik ins Zentrum und lässt die Auseinandersetzung mit dem Tabuthema Antisemitismus unter deutschen Muslimen etwas außen vor. Dennoch ist der erfrischend auf Dialogwitz setzende und mit unbekannten Darstellern besetzte Film interessant, weil er auf ein jüngeres Publikum zielt und auf Verständigung setzt, ohne den Grundkonflikt zu verharmlosen. – **Ab 14.**
Deutschland 2020 **KI** Warner Bros. **R+B** Damir Lukacevic **K** Sten Mende **Vo** Arye Sharuz Shalicar (Autobiografie *Ein nasser Hund ist besser als ein trockener Jude*) **M** Boris Bojadzhiev **S** Christoph Strothjohann **Sb** Jörg Prinz **Kb** Petra Kilian **D** Doguhan Kabadayi (Soheil), Mohammad Eliraqui (Husseyn), Derya Dilber (Selma), Omar Antabli (Fadi), Kida Khodr Ramadan (= Kida Ramadan) (Vater von Soheil) **L** 103 **FSK** ab 12; f **E** 9.9.2021   fd 48019

Nebenan   ★★★
In einer Eckkneipe im Prenzlauer Berg stoßen ein Underdog und ein Filmstar aufeinander, die eigentlich Nachbarn sind, auch wenn sie Welten trennen. Während der Schauspieler nur die Zeit bis zu einem Casting überbrücken will, outet sich der unscheinbare Underdog als Fan und Überwachungsfanatiker, der das Leben des anderen in- und auswendig zu kennen scheint. Was anfangs wie ein amüsantes Vexierspiel über Szene-Stars und Kiez-Klischees wirkt, wandelt sich immer mehr zum abgründigen Psychodrama. Eine unterhaltsame Paraphrase von Hitchcocks Das Fenster zum Hof. – **Ab 14.**
Deutschland 2021 **KI** Warner Bros. **R** Daniel Brühl **B** Daniel Kehlmann **K** Jens Harant **M** Moritz Friedrich, Jakob Grunert **S** Marty Schenk **Sb** Susanne Hopf **Kb** Lisy Christl **D** Daniel Brühl (Daniel), Peter Kurth (Bruno), Rike Eckermann (Wirtin), Aenne Schwarz (Clara), Gode Benedix (Micha) **L** 94 **FSK** ab 12; f **E** 15.7.2021   fd 47577

Necromancer – Stay Metal!   ★★★
Lad de Døde Hvile
Eine dänische Horror-Komödie um einen Teenager, der seit dem Tod seiner Mutter mit dem Okkulten liebäugelt und damit und mit seiner Vorliebe für Heavy Metal in seiner Klasse als Freak gilt, bis ihn ein neuer Mitschüler zu seinem besten Freund kürt. Der Versuch der zwei Jungs, mit einer Séance Mädchen zu beeindrucken, geht allerdings gründlich schief, als die Jugendlichen versehentlich eine dämonische Macht entfesseln. Der Low-Budget-Film macht seine optischen Defizite durch liebevoll-pointiert gezeichnete Charaktere und viel Sinn für skurrilen Humor wett. – **Ab 16.**
Scope. Dänemark 2018 **DVD** Meteor BD Meteor **R+B** Sohail A. Hassan **K** Adam Thulin **M** Jonas Frederik **S** Sohail A. Hassan **D** Jakob Hasselstrøm (Jimmy), Razi Irawani (Amir), Sidse Kinnerup (Louise), Maria Fritsche (Anna), Baard Owe (Bartholinus) **L** 104 **FSK** ab 16 **E** 15.1.2021 DVD & BD   fd -

Nein! Doch! Oh! –   ★★★
Die Louis-de-Funès-Story
La folle Aventure de Louis de Funès
Eine dokumentarische Würdigung des französischen Starkomikers Louis de Funès (1914–1983) anhand von privatem und öffentlichem Archivmaterial und vielen Filmszenen. Der Film würdigt dabei die Kunstfertigkeit und Vielseitigkeit von de Funès anhand seiner berühmtesten Rollen, stellt den Erfolgen aber auch die lebenslange Unsicherheit des Komikers angesichts einer schweren Kindheit und des späten Durchbruchs beim Kinopublikum gegenüber. Durch Kenntnisreichtum und gute Montage ist die Dokumentation für filmhistorisch Interessierte wie für Fans gleichermaßen lohnend. – **Ab 12.**
Frankreich 2020 **R+B** Lucie Cariès **M** Eric Slabiak **S** Fabienne Alvarez-Giro **L** 90 **E** 10.8.2021 RTL NITRO   fd -

Nenn mich Marianna   ★★★★
Mów mi Marianna
Erst mit über 40 Jahren stellte sich ein verheirateter Familienvater der bis dahin unterdrückten Gewissheit, eigentlich eine Frau in einem Männerkörper zu sein. Um ihre Geschlechtsumwandlung zu erreichen, verklagte sie erfolgreich ihre Eltern, verlor jedoch den Kontakt zu ihrer Familie. Der Dokumentarfilm folgt ihr beim Versuch, sich in ihrer neuen Existenzform zurechtzufinden, wozu auch ein Theaterstück über ihre Erfahrungen gehört. Dabei konzentriert er sich auf die psychologischen Prozesse und baut eine große Nähe zu seiner Protagonistin auf. – **Ab 16.**
Polen 2015 **R+B** Karolina Bielawska **K** Kacper Czubak **S** Daniel Gasiorowski **D** Marianna Klaczynska (Marianna), Mariusz Bonaszewski (Wojtek), Jowita Budnik (Kasia), Katarzyna Klapczynska (Kasia) **L** 75 **E** 1.12.2021 VoD (arteKino)   fd -

Nestwochen   ★★★★
Nachdem sich ein Paar zur Trennung entschlossen hat, treffen die beiden das Arrangement, die beiden Kinder weiter im bislang gemeinsamen Haus wohnen zu lassen und selbst nur noch wochenweise dort zu leben. Der gut gemeinte Plan geht jedoch nicht auf, da ihnen neue Beziehungen und nicht gelöste Probleme zu schaffen machen, was auch an den Kindern nicht spurlos vorbeigeht. Vergnügliche (Fernseh-)Komödie mit Gespür für Rhythmus und Timing sowie auch für die Ernsthaftigkeit der Grundkonstellation. Gute Darsteller sichern die Glaubwürdigkeit der Charaktere selbst angesichts manch überzogener Situation. – **Sehenswert ab 14.**
Deutschland 2021 **R** Tobi Baumann **B** Stefan Betz **K** Brendan Uffelmann **M** Helmut Zerlett **S** Stefen Rocker (= Stefen Schmitt), Christian Krämer **Sb** Frank Prümmer **Kb** Matthias Vöcking **D** Bettina Lamprecht (Julia Wegmann), Matthias Koeberlin (Robert Wegmann), Jasmin Schwiers

NEUES AUS DER WELT (© Bruce W. Talamon / Universal Pictures / Netflix)

(Florentine Riedle), Denis Moschitto (Enzo Schmid), Lola Höller (Marie Wegmann) **L** 88 **E** 19.8.2021 ZDF fd -

NEUBAU ★★★★
Ein junger Transmann in der brandenburgischen Provinz arbeitet auf einer Straußenfarm, kümmert sich um seine Großmütter und fantasiert immer wieder einen Trupp verkleideter, queerer Gestalten herbei. Als er sich in einen Fernsehtechniker verliebt, wächst die Sehnsucht, mit ihm nach Berlin zu ziehen. Ohne dramatisch zuzuspitzen, lässt das sanfte Drama in ausgeruhten und dennoch auf Nähe drängenden Bildern den szenischen Miniaturen von täglichen Verrichtungen viel Raum. Gerade dadurch vermittelt sich die Spannung zwischen Aufbruchslust und dem Wunsch anzukommen umso intensiver. – **Sehenswert ab 16.**
Deutschland 2019 **KI** Salzgeber **R** Johannes Maria Schmit **B** Tucké Royale **K** Smina Bluth **M** Nguyen Baly, Tara Transitory **S** Antonella Sarubbi **Sb** Louis Krüger, Maja Avnat **Kb** Louis Krüger, Maja Avnat **D** Tucké Royale (Markus Hawemann), Monika Zimmering (Sabine), Jalda Rebling (Alma), Minh Duc Pham (Duc) **L** 81 **FSK** ab 16; **f E** 12.8.2021 fd 47372

NEUES AUS DER WELT ★★★★
NEWS OF THE WORLD
Um 1870 tingelt ein US-Veteran der Konföderierten als Nachrichtenbote durch den von ideologischen Gräben des Bürgerkriegs gezeichneten Westen der USA. Als er in Texas auf ein zehnjähriges Mädchen stößt, das von Kiowas großgezogen wurde, will er die Kleine zu ihren Verwandten eskortieren. Während dieser gefahrvollen Reise nähern sich beide über die Sprachbarriere hinweg an. Im Gewand eines klassischen Westerns, jedoch angereichert mit aktuellen Bezügen zur innerlich zerrissenen US-Gegenwart, erzählt der Film eine Parabel über historische Verantwortung und die zentrale Rolle der Kommunikation für das Gelingen von Demokratie. – **Sehenswert ab 14.**
Scope. USA 2020 **R** Paul Greengrass **B** Luke Davies, Paul Greengrass **K** Dariusz Wolski **Vo** Paulette Jiles (Roman News of the World) **M** James Newton Howard **S** William Goldenberg **Sb** David Crank **Kb** Mark Bridges **D** Tom Hanks (Captain Kidd), Helena Zengel (Johanna), Neil Sandilands (Wilhelm Leonberger), Michael Angelo Covino (Almay), Fred Hechinger (John Calley) **L** 114 **FSK** ab 12 **E** 10.2.2021 VoD (Netflix) fd 47546

DIE NEUN LEBEN DES ★★★
OZZY OSBOURNE
THE NINE LIVES OF OZZY OSBOURNE
Als Sänger der Heavy-Metal-Gruppe Black Sabbath wurde der 1948 geborene britische Musiker Ozzy Osbourne in den 1970er-Jahren zum Star, später folgten eine erfolgreiche Solokarriere und eine Reality-TV-Serie. Bei all dem war sein Leben aber auch geprägt von irritierendem, teils gewalttätigem Verhalten und Alkohol- und Drogensüchten. Das unter starker Beteiligung von Osbourne und seiner Familie entstandene dokumentarische Porträt zieht mit Archivmaterial, Interviews und animierten Szenen eine versöhnliche Bilanz, die seine musikalische Bedeutung betont, während seine Verfehlungen mitunter etwas arg als Teil eines Gesamtkunstwerks verharmlost werden. – **Ab 16.**
Großbritannien 2020 **R+B** R. Greg Johnston **K** Cameron Glendenning **S** Stephen Lee Carr **L** 82 **E** 30.7.2021 arte fd -

1942: OSTFRONT ★★★
RSCHEW
Ein russischer Kriegsfilm um die Schlacht von Rschew, bei der sich zwischen Januar 1942 und März 1943 sowjetische und deutsche Truppen blutige Gefechte im Zweiten Weltkrieg lieferten. Die schon stark dezimierten sowjetischen Truppen erhalten den Befehl, ein Dorf um jeden Preis zurückzuerobern; angesichts der Übermacht der Wehrmacht droht dies jedoch zum Himmelfahrtskommando zu werden. Die von unnachgiebig naturalistischer Ausmalung der Brutalität getriebene Inszenierung ist vergleichsweise frei von Pathos und konzentriert sich auf die Kriegsrealität der kämpfenden (sowjetischen) Soldaten. Heldenbilder bleiben dabei allerdings nicht ganz aus. – **Ab 18.**
Scope. Russland 2019 **DVD** Capelight (16:9, 2.35:1, DD5.1 russ./dt.) **BD** Capelight (16:9, 2.35:1, dts-HDMA russ./dt.) **R+B** Igor Kopilow **K** Jewgeni Kordunski, Edgar Schamgarjan **M** Maxim Koschewarow, Alexander Majew **S** Witali Winogradow **Sb** Georgij Michri **D** Sergei Tscharkow (Kommandant), Iwan Batarew (Karzew), Oleg Gajanow (Matschichin), Arseni Semjonow (Politischer Unterweiser), Alexander Bucharow (Sisojew) **L** 113 **FSK** ab 18 **E** 22.1.2021 DVD & BD fd -

1982 – NEUNZEHNHUNDERT- ★★★
ZWEIUNDACHTZIG
1982
Am letzten Schultag vor den Sommerferien 1982 will ein elfjähriger Junge in Beirut seiner Klassenkameradin endlich sagen, wie er für sie empfindet. Doch der Einmarsch der israelischen Armee durchkreuzt diese Absicht ebenso wie die Romanze zwischen einem Lehrerliebespaar. Der autobiografisch geprägte Film beschreibt anhand der Ereignisse eines Tages die Folgen des libanesischen Bürgerkriegs für Kinder wie Erwachsene. Die kontemplative Inszenierung punktet mit soliden Darstellerleistungen und einer stimmigen Atmosphäre, lässt jedoch dramatische Zuspitzungen und eine Einbettung in den politischen Kontext vermissen. – **Ab 12.**
Libanon/USA/Norwegen/Katar 2019 **KI** Mec Film **R+B** Oualid Mouaness **K** Bri-

an Rigney Hubbard **M** Nadim Mishlawi **S** Jad Dani Ali Hassan, Sabine El Gemayel **Sb** César El Hayeck **Kb** Wael Boutros **D** Nadine Labaki (Yasmine), Mohamad Dalli (Wissam), Gia Madi (Joana), Rodrigue Sleiman (Joseph), Ghassan Maalouf (Majid) **L** 104 **FSK** ab 12; f **E** 4.11.2021 fd 48076

1986 ★★★★
Eine junge Studentin aus Minsk, die in einer unglücklichen Beziehung gefangen ist, steigt in die dubiosen Geschäfte ihres Vaters ein, der wegen Steuerschulden im Gefängnis sitzt. Sie verhökert Altmetall, das sie aus der kontaminierten Zone um das zerstörte Atomkraftwerk in Tschernobyl herbeischafft. Eine beklemmende Mischung aus Coming of Age, Gangsterfilm und Liebesgeschichte, die sich zu einer Studie über eine post-sozialistische Gesellschaft verdichtet und mit radikalen Zeitsprüngen und einer herausfordernden Bildgestaltung die Gleichzeitigkeit des Ungleichzeitigen betont. Das großartig gespielte, atmosphärisch-assoziative Drama mündet in einer Flucht, die nicht als Scheitern, sondern als Befreiung erscheint. – **Sehenswert ab 16.**
Deutschland 2019 **KI** déjà-vu film **R+B** Lothar Herzog **K** Philipp Baben der Erde **M** Fabian Saul, Rafael Triebel **S** Stefanie Kosik-Wartenberg (= Stefanie Kosik), Lothar Herzog **Sb** Kirill Galitsky **D** Daria Mureeva (Elena), Evgeni Dzhangaziev (Victor), Helga Filippova, Vitali Kotovitski (= Vitali Kotowizki), Vjacheslav Shakalido (= Wjatscheslaw Schakalido) **L** 77 **E** 9.9.2021 fd 48015

NEVER GONNA SNOW AGAIN
siehe: DER MASSEUR

NEW ORDER – DIE NEUE WELTORDNUNG ★★
NUEVO ORDEN
In einem dystopisch gezeichneten Mexiko zettelt die arme Bevölkerung eine blutige Revolution gegen die Oberschicht an. Doch der Aufstand wird niedergeschlagen und eine Militärdiktatur übernimmt die Macht, in der die Revolutionäre hingerichtet und die Reichen in einem Lager gefoltert werden. Anhand einiger Protagonisten aus der besseren Gesellschaft und ihrer Angestellten beobachtet der Film mit kühler Teilnahmslosigkeit ein gewalttätiges Schreckensszenario. Die drastischen Bilder verfehlen zwar nicht ihre Wirkung, doch der Erzählton wirkt zynisch und die Figuren bleiben überwiegend Mittel zum Zweck. – **Ab 16.**
Scope. Mexiko/Frankreich 2020 **KI** Ascot Elite **DVD** Ascot Elite (16:9, 2.35:1, DD5.1 span./dt.) **BD** Ascot Elite (16:9, 2.35:1, dts-HDMA span./dt.) **R+B** Michel Franco **K** Yves Cape **S** Óscar Figueroa, Michel Franco **D** Naian González Norvind (Marianne), Diego Boneta (Daniel), Mónica Del Carmen (Marta), Roberto Medina (Ivan Novello), Lisa Owen (Rebeca) **L** 86 **FSK** ab 16; f **E** 12.8.2021 / 11.11.2021 VoD (Ascot Elite) / 19.11.2021 DVD & BD fd 47934

1986 (© déja-vu film)

NICHT DEIN MÄDCHEN ★★★★
UN CONFINE INCERTO
Ein junger Mann hat vor Jahren ein kleines Mädchen entführt und fährt mit ihm im Wohnmobil durch Süddeutschland. Bei ihren Stopps in freier Natur macht er Fotos von ihr und dreht kleine Filme, die er anschließend auf einer Website für Kinderpornografie hochlädt. Währenddessen ist ihm eine Polizeikommissarin aus Rom auf den Fersen, die unter der Konfrontation mit den Gewaltbildern leidet. Ein beklemmendes Drama, das sein hochbrisantes Thema vielschichtig aufarbeitet. Dabei geht der Film sowohl auf die ambivalente Beziehung zwischen Opfer und Täter als auch auf die psychologischen Folgen für die Ermittler ein. – **Ab 16.**
Deutschland/Italien 2019 **KI** W-film **R+B** Isabella Sandri **K** Duccio Cimatti **M** Epsilon Indi **S** Rosella Mocci **Sb** Andrea Di Palma, Giuseppe M. Gaudino **Kb** Alessandra Torella Di Romagnano **D** Cosmina Stratan (Milia), Anna Malfatti (Magdalena), Moisé Curia (Richi), Heio von Stetten (Valentin), Valeria Golino (Paola Cristiani) **L** 119 **FSK** ab 12; f **E** 25.5.2021 VoD (W-film) fd 47723

NICHT SCHON WIEDER ALLEIN ZU HAUS ★
HOME SWEET HOME ALONE
Ein Zehnjähriger wird, als seine Großfamilie zum Weihnachtsurlaub aufbricht, zuhause vergessen. Als ein Ehepaar in das Anwesen einbrechen will, geht er einfallsreich und recht rabiat daran, sich und sein Heim zu verteidigen. Eine Familienkomödie in Anlehnung an den 1990er-Klassiker KEVIN ALLEIN ZU HAUS, die verstärkt die im Grunde harmlos-netten Einbrecher ins Zentrum stellt, hinter deren Tat nachvollziehbare Motive und ein Missverständnis stecken. Der anarchisch-cartoonhafte Humor des Originals prallt so auf eine süßliche Story um eine in Bedrängnis geratene Familie, ohne dass sich die eine stimmige Einheit ergibt. Auch die Inszenierung kann dem Vorbild kaum etwas Eigenständiges entgegenhalten. – **Ab 6.**
Scope. USA 2021 **R** Dan Mazer **B** Mikey Day, Streeter Seidell **K** Mitchell Amundsen **M** John Debney **S** David Rennie, Dan Zimmerman **Sb** Rusty Smith **Kb** Megan Oppenheimer **D** Archie Yates (Max), Ellie Kemper (Pam), Rob Delaney (Jeff), Timothy Simons (Hunter), Ally Maki (Mei) **L** 93 **E** 12.11.2021 VoD (Disney+) fd -

NIEMAND KOMMT HIER LEBEND RAUS ★★★
NO ONE GETS OUT ALIVE
Eine junge Mexikanerin gelangt als illegale Einwanderin nach Cleveland, wo sie in ein heruntergekommenes Apartment-Gebäude zieht. Dort manifestiert sich bald eine unheimliche Bedrohung, die nicht nur von dem zwielichtigen Vermieter-Brüderpaar ausgeht, sondern sich auch in seltsamen Träumen und Geräuschen äußert. Stilistisch mit einigem Aufwand inszenierter Horrorthriller, der solide Genrekost bietet, wenn er auch einige fragwürdige Wendungen zu viel hat. Die zweite, in sich durchaus packende Ebene des Einwandererschicksals findet allerdings nie stimmig mit dem Horrorelement zusammen. – **Ab 16.**
Großbritannien 2021 **R** Santiago Menghini

B Fernanda Coppel, Jon Croker **K** Stephen Murphy **Vo** Adam Nevill (Roman *No One Gets Out Alive*) **M** Mark Korven **S** Mark Towns **Sb** Chris Richmond **Kb** Ana Ioneci **D** Cristina Rodlo (Ambar), Marc Menchaca (Red), David Barrera (Beto), Joana Borja (Simona), David Figlioli (Becker) **L** 85 **E** 29.9.2021 digital (Netflix) fd –

Night in Paradise ★★★
Nak-Won-Eui-Bam

Nach einem von Rache motivierten Auftragsmord an einem südkoreanischen Mobster flieht ein junger Gangster auf Geheiß seines Bosses auf eine Insel, wo er bei einem Waffenhändler Unterschlupf findet. Dort lernt er dessen junge, ohne todkranke Nichte kennen, was beider Leben einen neuen Sinn zu verleihen scheint. Doch sowohl für ihn als auch für die Frau ist eine Existenz jenseits der Gewalt nicht mehr möglich. Ein existenzialistisches Neo-Noir-Drama vor paradiesischer Kulisse, das in seiner schonungslosen Gewaltästhetik als schmerzliches Bild eines verantwortungslosen Raubtier-Kapitalismus gelesen werden kann. – **Ab 18.**
Südkorea 2020 **R+B** Park Hoon-jung **K** Kim Young-ho **M** Mowg **S** Jang Lae-won **Sb** Choi Hyun-Souk, Jo Hwa-seong **Kb** Choi Se-yeon, Yoo Se-hee **D** Eom Tae-goo (Tae-gu), Jeon Yeo-bin (Jae-yeon), Cha Seung-won (Direktor Ma), Lee Gi-yeong (Kuto), Park Ho-san (Yang) **L** 131 **E** 9.4.2021 VoD (Netflix) fd 47664

Night Teeth ★
Night Teeth

In Los Angeles herrscht Waffenruhe zwischen Vampiren und Menschen; doch dann beschließt ein Vampir-Boss, dass es Zeit für den Umsturz ist. In die blutigen Auseinandersetzungen wird ein Student verwickelt, als er als Chauffeur eines Nachts zwei junge Frauen kutschiert: Diese entpuppen sich als Vampirinnen, die die Waffenruhe brechen und Vampir-Bosse aus anderen Stadtteilen eliminieren sollen. Der Vampirfilm punktet mit stylischen Bildern der Metropole Los Angeles und speziell einer Hommage an den latinoamerikanisch geprägten Stadtteil Boyle Heights; die Figuren bleiben jedoch blass und die fade Inszenierung kann weder als Schwarzromantik noch in Sachen Action Akzente setzen. – **Ab 16.**
USA 2021 **R** Adam Randall **B** Brent Dillon **K** Eben Bolter **M** Drum & Lace, Ian Hultquist **S** Dominic LaPerriere **Sb** Jeremy Reed **Kb** Donna Maloney **D** Jorge Lendeborg jr. (Benny), Debby Ryan (Blaire), Lucy Fry (Zoe), Alfie Allen (Victor), Sydney Sweeney (Eva) **L** 107 **E** 20.10.2021 VoD (Netflix) fd –

Nightbooks ★★★
Nightbooks

Ein Junge hat eine Leidenschaft fürs Gruselige und verfasst eigene Horrorgeschichten; deshalb gilt er jedoch als Außenseiter und ist drauf und dran, mit dem Schreiben aufzuhören. Dann aber fällt er einer Hexe in die Hände, die ihn zwingt, sie Abend für Abend mit einer neuen Schauergeschichte zu unterhalten. Zusammen mit einem Mädchen, das ebenfalls von der Hexe entführt wurde, versucht er, aus der Wohnung zu fliehen. Eine amüsante Teen-Gruselkomödie, die mit liebevoll-makabrer Ausstattung und einer Geschichte punktet, die eine Genre-Hommage mit Coming-of-Age-Befindlichkeiten koppelt, wobei es um die Angst vor sozialer Ausgrenzung und um den Mut geht, zu den eigenen Passionen zu stehen. – **Ab 12.**
USA 2021 **R** David Yarovesky **B** Mikki Daughtry, Tobias Iaconis **K** Robert McLachlan **Vo** J. A. White (Roman *Nightbooks*) **M** Michael Abels **S** Peter Gvozdas **Sb** Anastasia Masaro **Kb** Autumn Steed **D** Krysten Ritter (böse Hexe), Winslow Fegley (Alex), Lidya Jewett (Yasmin), Jess Brown (Alex' Mutter), Khiyla Aynne (Jenny) **L** 100 **E** 15.9.2021 digital (Netflix) fd –

Nixen ★★★★
Zwei einander symbiotisch verbundene Schwestern in ihren Dreißigern leben mit einem Kind in einem verwinkelten Bungalow samt Poolhaus, wo sie sich einen sinnlich-verträumten, aber auch kindlichen Kosmos aus Musik, Tanz, Wasser und magischen Denken geschaffen haben. Doch die Flucht vor den Ansprüchen des Erwachsenwerdens reibt sich zunehmend an eigenen Träumen und irrationalen Impulsen, die auf ein Ende der gegenseitigen Abhängigkeit hindrängen. Ein bestrickendes, herausragend gespieltes Drama über einen schmerzhaften Abnabelungsprozess kreiert aus formal strengen Einstellungen und fließenden Bildsequenzen eine ästhetische Kunstvolle Welt, die etwas Künstliches hat. – **Sehenswert ab 14.**
Deutschland 2017 **R+B** Katinka Narjes **K** Carmen Treichl **M** Maren Kessler, David Schwarz **S** Katinka Narjes **Sb** Daina Kasperowitsch **Kb** Thekla Onken **D** Odine Johne (Ava), Lucy Wirth (Nene), Emelie Harbrecht (Sabrina), Roland Bonjour (Alex) **L** 82 **E** 26.2.2021 VoD (Grandfilm on demand) fd 47560

Nö ★★★★
Ein Paar in den Dreißigern steht vor entscheidenden Fragestellungen: Zusammenbleiben, Kinder, Ehe. In 15 unterschiedlich langen, in sich geschlossenen und ungeschnittenen Episoden werden Momente in der Partnerschaft vergegenwärtigt. Die romantische Tragikomödie begleitet die beiden beim Elternwerden, aber auch in anderen Konstellationen als Kind, Schwester oder Bruder oder beim Wiedereinstieg in den Job. Formal wie inhaltlich ein äußerst reizvoller Kommentar zum Erwachsenwerden mit scharfzüngigen Dialogen, einem trockenen Humor und einer eleganten Inszenierung plus durchweg hervorragenden Darstellern. – **Sehenswert ab 14.**
Deutschland 2021 **KI** Filmwelt **DVD** Filmwelt **R** Dietrich Brüggemann **B** Anna Brüggemann, Dietrich Brüggemann **K** Alexander Sass **M** Dietrich Brüggemann **S** Vincent Assmann **Sb** Cosima Vellenzer **Kb** Juliane Maier **D** Alexander Khuon (Michael), Anna Brüggemann (Dina), Isolde Barth (Gertrud), Hanns Zischler (Joachim), Petra Schmidt-Schaller (Henriette) **L** 120 **FSK** ab 12; f **E** 30.9.2021 / 10.3.2022 DVD & VoD

fd 48061

No Kids siehe: Sin hijos

No Sudden Move ★★★
No Sudden Move

Detroit 1954: Drei Kleinganoven übernehmen den Auftrag, eine Familie als Geiseln zu halten, um den Vater zur Beschaffung wichtiger Papiere aus dem Firmensafe zu bewegen. Der Safe ist allerdings leer und bald darauf ist erster Toter zu beklagen. Überdies melden sich schwarzer Syndikatsboss und ein lokaler Gangster Ansprüche an. Der unterhaltsame Thriller mit komischen Einschüben fokussiert weniger auf das Thema des Gewalteinbruchs in eine Familie, sondern spinnt ein raffiniertes Netz aus Betrug und Täuschung. Die optisch stilsichere und mit einem detailfreudigen Set-Design sowie einem illustren Ensemble inszenierte Film droht mit zunehmender Komplexität aber das Publikum zu überfordern. – **Ab 16.**
USA 2021 **KI** Warner Bros. **R** Steven Soderbergh **B** Ed Solomon **K** Peter Andrews (= Steven Soderbergh) **M** David Holmes **S** Mary Ann Bernard (= Steven Soderbergh) **Sb** Merissa Lombardo **Kb** Marci Rodgers **D** Don Cheadle (Curt Goynes), Benicio Del Toro (Ronald Russo), Jon Hamm (Joe Finney), Ray Liotta (Frank Capelli), Kieran Culkin (Charley) **L** 116 **FSK** ab 12; f **E** 24.6.2021 / 21.1.2022 digital (Sky) fd 47806

NOBADI ★★★
NOBADI

Ein grimmiger österreichischer Rentner will seinen verstorbenen Hund im eigenen Garten begraben und heuert einen afghanischen Flüchtling an, der ihm für eine Mini-Entlohnung seine Hilfe anträgt. Als er diesen bald darauf verletzt wiedertrifft, entwickelt sich zwischen den beiden ein immer bizarrer werdendes Verhältnis. Unausgeglichenes Drama, das Anteilnahme, Humor und Düsternis unversehens aufeinanderfolgen lässt und seine Zwei-Personen-Geschichte mit Symbolen überfrachtet. Inmitten des skurrilen Plots kommt der bittere Kommentar zu Vergangenheit und Gegenwart Österreichs nicht immer zum Tragen. – **Ab 16**.
Österreich 2019 **DVD** Polar Film (16:9, 1.78:1, DD2.0 dt.) **R+B** Karl Markovics **K** Serafin Spitzer **M** Matthias Loibner **S** Alarich Lenz **Sb** Andreas Sobotka **Kb** Caterina Czepek **D** Heinz Trixner (Robert Senft), Borhanuddin Hassan Zadeh (Adib Ghubar), Sven Sorring (Baumarkt-Angestellter), Tala Al Deen (Samira), Simone Fuith (Kassiererin) **L** 85 FSK ab 16 E 10.6.2021 DVD fd –

NOBODY – UNTERSCHÄTZE NIEMALS EINEN NOBODY ★★
NOBODY

Ein ehemaliger Auftragskiller führt ein bürgerlich-langweiliges Leben in einer US-amerikanischen Vorstadt, bis er nach einem Einbruch seiner gewalttätigen Natur wieder freien Lauf lässt. Mit Hilfe seines Vaters und seines Halbbruders nimmt er es sogar mit einem russischen Gangster und dessen Gefolgschaft auf. Der temporeich inszenierte Actionfilm interessiert sich mehr für Krawall als für die Motive der Figuren und setzt mit einem ungewohnt alltäglichen Protagonisten auf brutale Kampfszenen und ironische Brechungen. – **Ab 18**.

🎧 Die Extras umfassen u. a. einen dt. untertitelbaren Audiokommentar des Regisseurs und einen ebenfalls dt. untertitelbaren Audiokommentar mit Regisseur und Hauptdarsteller Bob Odenkirk sowie ein Feature mit im Film nicht verwendeten Szenen (5 Min.). Des Weiteren enthält das Bonusmaterial eine Reihe kurzer Featurettes (gesamt: 37 Min.), die die Herangehensweise von Regisseur und Hauptdarsteller an den Film veranschaulichen. Sämtliche Editionen sind mit dem Silberling 2021 ausgezeichnet.
Scope. USA 2021 **KI** UPI **DVD** Universal (16:9, 2.35:1, DD5.1 engl./dt.) **BD** Universal (16:9, 2.35:1, dolby_Atmos engl./dt.) **R** Ilya Naishuller **B** Derek Kolstad **K** Pawel Pogorzelski **M** David Buckley **S** William Yeh, Evan Schiff **Sb** Roger Fires **Kb** Patricia J. Henderson **D** Bob Odenkirk (Hutch Mansell), Alexey Serebryakov (= Alexei Serebrjakow) (Julian Kusnezow), Connie Nielsen (Becca Mansell), Christopher Lloyd (David Mansell), Michael Ironside (Eddie Williams) **L** 92 FSK ab 16; f E 1.7.2021 / 11.11.2021 DVD & BD & 4K UHD (plus BD)   fd 47843

NOCTURNAL ★★★
NOCTURNAL

Eine Jugendliche kehrt nach einer Kindheit in Irland mit ihrer alleinerziehenden Mutter in ihre Heimat nach Yorkshire zurück, findet aber nicht so recht Anschluss und stürzt sich in ein intensives Leichtathletik-Training. Als sie einen Handwerker kennenlernt, freundet sie sich mit ihm an, ohne zu ahnen, dass der Mann ein Geheimnis vor ihr verbirgt. In dunklen Tönen inszeniertes Drama einer Annäherung inmitten eines trostlosen Working-Class-Milieus, das in der Dramaturgie etwas holpert, aber von zwei aufopferungsvollen Darstellern getragen wird. – **Ab 16**.
Großbritannien 2019 **R** Nathalie Biancheri **B** Olivia Waring, Nathalie Biancheri **K** Michal Dymek **M** Aaron Cupples **S** Andonis Trattos **Sb** Luke Moran-Morris **Kb** Rebecca Gore **D** Lauren Coe (Laurie), Cosmo Jarvis (Pete), Sadie Frost (Jean), Yasmin Monet Prince (Annie), Laurie Kynaston (Danny) **L** 84 E 1.12.2021 VoD (ArteKino)   fd –

DER NOMADE – AUF DEN SPUREN VON BRUCE CHATWIN ★★★★
NOMAD: IN THE FOOTSTEPS OF BRUCE CHATWIN

Der britische Schriftsteller und Journalist Bruce Chatwin (1940–1989) war ein ruheloser Reisender, der viele Bücher über seine Erkundungen an entlegenen Orten der Welt schrieb. Mit dem deutschen Filmemacher Werner Herzog war er lange befreundet und teilte mit ihm viele Vorlieben; zum 30. Todestag des Autors begibt sich Herzog auf eine Spurensuche in Wales, Australien und Patagonien und lässt die Berichte Chatwins mit eigenen Reflexionen in einen vielschichtigen und emotionalen Dialog treten. Jenseits konventioneller Filmbiografien würdigt der Film so eine eigenwillige Sichtweise der Welt und entwickelt sich zur respekt- und liebevollen Hommage. – **Ab 14**.
Teils schwarz-weiß. Großbritannien 2019 **R+B** Werner Herzog **K** Louis Caulfield, Mike Paterson **M** Ernst Reijseger **S** Marco Capalbo **L** 85 E 28.11.2021 arte   fd –

NOMADLAND ★★★★★
NOMADLAND

Seit sie im Zuge des wirtschaftlichen Niedergangs ihrer Heimatstadt ihr Zuhause und ihre Existenzgrundlage verloren hat, driftet eine ältere Frau in ihrem Van durch die USA, immer auf der Suche nach Arbeit. Dabei begegnet sie anderen Menschen, die ihr Schicksal teilen und findet Anschluss an kurzzeitige Gemeinschaften mit anderen modernen Nomaden, bevor sich ihre Wege wieder trennen. Das empathische, überwiegend von Laien besetzte Frauenporträt lenkt den Blick auf sozial marginalisierte Menschen und lebt von der durch sorgfältige Recherche hergestellten Authentizität. Mitfühlend, aber nie sentimental erforscht der Film die schwierigen Lebensumstände seiner Figuren und betont zugleich ihre Stärke und Würde. – **Sehenswert ab 14**.

💿 Die BD enthält eine Audiodeskription für Sehbehinderte, allerdings nur in englischer Sprache.
Die Extras enthalten u. a. ein Feature mit zwei im Film nicht verwendeten Szenen (3 Min.) sowie das Feature «Telluride Film Festival: Frances McDormand und Chloé Zhao stellen sich den Fragen» (15 Min.).
Scope. USA 2020 **KI** Walt Disney **DVD** Walt Disney (16:9, 2.35:1, DD5.1 engl./dt.) **BD** Walt Disney (16:9, 2.35:1, dts-HDMA engl., DD5.1 dt.) **R+B** Chloé Zhao **K** Joshua James Richards **Vo** Jessica Bruder (Buch *Nomadland: Surviving America in the 21st Century*) **M** Ludovico Einaudi **S** Chloé Zhao **Sb** Joshua James Richards **Kb** Hannah Logan Peterson **D** Frances McDormand (Fern), David Strathairn (Dave), Linda May (Linda), Swankie (Swankie), Bob Wells (Bob) **L** 108 FSK ab 0; f E 1.7.2021 / 30.9.2021 DVD & BD   fd 47665

NOTES OF BERLIN ★★★★

Ausgehend von Aushängen und Zetteln, die im Berliner Stadtraum überall zu finden sind, entfaltet ein kurzweiliger Film ein Panorama nur lose verbundener Erzählstränge. Mit einem herausragenden, von Episode zu Episode wechselnden Ensemble und gefilmt im intim unspektakulären 4:3-Format entsteht ein zwischen satirischer Überspitzung und Mumblecore changierender Realismus. Anstatt jede Geschichte zu einer Pointe oder gar These hinzuführen und am Ende alle Splitter zu einem Ganzen zu vereinen, setzt der Film mutig auf Fragment und Flüchtigkeit. Damit kommt er der realen, oft wenig spektakulären Lebenswirklichkeit in Berlin auf tro-

Nur ein einziges Leben (© EuroVideo)

ckene wie liebevolle Weise nahe. – **Sehenswert ab 14.**
Deutschland 2020 **KI** UCM.ONE **R** Mariejosephin Schneider **B** Mariejosephin Schneider, Thomas Gerhold **K** Carmen Treichl **M** Rafael Triebel, Fabian Saul **S** Inge Schneider **Sb** Greta Trütken, Nathalie Panther, Bohdan Adam Wozniak **Kb** Susanne Weiske, Julia Blazek **D** Matus I. Krajnak (Phillip), Katja Sallay (Rosa), Yeliz Simsek (Selma), Taneshia Abt (Hilal), Nisan Arikan (Alev) **L** 99 **FSK** ab 12; **f E** 9.9.2021   fd 47942

Notre Dame – Die Liebe ist eine Baustelle ★★★
Notre Dame

Eine Architektin hat in ihrem Privatleben mit zwei Kindern und einem lebensuntüchtigen Exmann ebenso Ärger wie im Beruf mit einem arroganten Chef. Eine einmalige Chance bietet ihr der Auftrag, den Platz vor der Kirche Notre Dame neuzugestalten, doch sorgt ihr Entwurf zunächst einmal für Entrüstung. Eine freche, beschwingte Komödie mit clownesken Humor und Momenten, die ins Märchen-, Fantasy- und Musicalhafte führen. Mal albern, mal ironisch und mal angriffslustig kreist der vergnügliche Film um die Unplanbarkeit des Lebens. – **Ab 14.**
Frankreich 2019 **KI** W-film **R** Valérie Donzelli **B** Valérie Donzelli, Benjamin Charbit **K** Lazare Pedron **M** Philippe Jakko, Matthieu Sibony **S** Pauline Gaillard **Sb** Gaëlle Usandivaras **Kb** Elisabeth Mehu **D** Valérie Donzelli (Maud Crayon), Pierre Deladonchamps (Bacchus Renard), Thomas Scimeca (Martial), Bouli Lanners (Didier), Samir Guesmi (Greg) **L** 90 **FSK** ab 12; **f E** 9.12.2021   fd 48199

Now ★★★
Mit unverhohlener Sympathie porträtiert der als Fotograf von Pop- und Rockstars bekannte Jim Rakete Anführer klimaaktivistischer Gruppen, die gegen die scheinbar unaufhaltsame Ausbeutung von Natur und Mensch protestieren. Der Dokumentarfilm gibt den Interviewten über Parolen hinaus viel Zeit für die Darlegung ihrer Erkenntnisse und Forderungen und zeigt sie dabei stets an individuellen Orten ihres Wirkens. Dabei erliegt er zwar selbst dem engagierten Gestus, informiert aber redlich auch über neue Denkansätze und praktische Konzepte gegen den Klimawandel. – **Ab 12.**
Deutschland 2020 **KI** W-film **DVD** W-film **R** Jim Rakete **B** Claudia Rinke **K** Philip Koepsell **M** Nils Strunk **S** Kjell Peterson **L** 79 **FSK** ab 6; **f E** 26.8.2021 / 25.2.2022 DVD & VoD   fd 47373

Nowhere Special ★★★★
Nowhere Special

Ein alleinerziehender Vater sucht für seinen kleinen Sohn eine Pflegefamilie, da er unheilbar erkrankt ist. Sein prekärer sozialer Status macht ihn glauben, dass er dem Kind nichts von Wert hinterlassen kann. Die Suche nach einer vermeintlich besseren Zukunft offenbart beiden jedoch den Wert gemeinsam geteilter Augenblicke. Ein subtiles Drama, das durch seinen poetischen Realismus und das authentische Zusammenspiel der Protagonisten tief berührt. Unaufdringlich und ohne falsche Sentimentalität erzählt der Film vom Tode her eine Geschichte über das augenblickliche Glück des Lebens. – **Sehenswert ab 12.**
Italien/Rumänien/Großbritannien 2020 **KI** Piffl Medien **R+B** Uberto Pasolini **K** Marius Panduru **M** Andrew Simon McAllister **S** Masahiro Hirakubo, Saska Simpson **Sb** Patrick Creighton **D** James Norton (John), Daniel Lamont (Michael), Eileen O'Higgins (Shona), Valerie O'Connor (Ella), Valene Kane (Celia) **L** 96 **FSK** ab 6; **f E** 7.10.2021   fd 48067

Nur der Teufel lebt ohne Hoffnung – Politische Gefangene in Usbekistan ★★★★
Endast Djävulen Lever Utan Hopp

In Usbekistan werden immer wieder Muslime als angebliche Terroristen ins Gefängnis gesperrt. Der Dokumentarfilm folgt dem Kampf einer Frau für ihren Bruder, der seit Ende der 1990er-Jahre eingesperrt ist. Da auch sie mit der übrigen Familie der Verfolgung ausgesetzt war, lebt diese seit 2008 im schwedischen Asyl, von wo aus die Aktivistin den Kampf fortsetzt und nach dem Tod des Diktators Karimow und der Freilassung politischer Gefangener neue Hoffnung schöpft. Packend, fast im Stil eines Thrillers inszeniert, erzählt der melancholische Film insbesondere von den zermürbenden psychischen Folgen des jahrelangen Kampfes. – **Ab 16.**
Schweden/Norwegen 2020 **R** Magnus Gertten **B** Magnus Gertten, Jesper Osmund **K** Caroline Troedsson **M** Ola Kvernberg **S** Jesper Osmund **L** 58 (Kino: 95) **E** 24.8.2021 arte (Kurzfassung)   fd -

Nur ein einziges Leben ★★★
Waiting for Anya

In einem Bergdorf in den Pyrenäen der frühen 1940er-Jahre stößt ein Hirtenjunge auf einen jüdischen Flüchtling, der den Nazis im besetzten Frankreich entkommen ist; nun harrt er seiner verschollenen Tochter und hilft derweil anderen jüdischen Kindern über die spanische Grenze. Der Junge solidarisiert sich mit dieser Mission, was höchst gefährlich wird, als ein Trupp deutscher Soldaten im Dorf stationiert wird. Der Film entfaltet sich zunächst als Coming-of-Age-Abenteuer, schafft dank interessanter Figurenzeichnungen aber einen Brückenschlag hin zu einem Historiendrama, das die anvisierte junge Zielgruppe zum Nachdenken über den Krieg im Allgemeinen und den Holocaust im Besonderen anregt. – **Ab 12.**
Großbritannien/Belgien 2020 **DVD** EuroVideo **BD** EuroVideo **R** Ben Cookson **B** Toby Torlesse, Ben Cookson **K** Gerry Vasbenter **Vo** Michael Morpurgo (Roman Waiting for Anya / Warten auf Anja) **M** James Seymour Brett **S** Chris Gill **Sb** Laurence Brenguier **Kb** Agnès Noden **D** Noah Schnapp (Jo), Jean Reno (Jos Großvater), Elsa Zylberstein (Jos Mutter), Anjelica Huston (Witwe Horcada), Thomas Kretschmann (deutscher Korporal) **L** 105 **FSK** ab 12; **f E** 25.2.2021 (digital) / 11.3.2021 DVD & BD   fd 47586

OLD (© Universal)

OASIS ★★★★
OAZA

Eine geistig behinderte junge Frau zieht in ein Wohnheim bei Belgrad, wo sie sich dank der Freundschaft zu einer Mitbewohnerin schnell heimisch fühlt. Als beide sich in einen schweigsamen jungen Mann verlieben, wird dies jedoch zur explosiven Belastungsprobe. Packendes, raues Drama, das trotz einzelner Ausbrüche von Gewalt einen ruhigen Rhythmus bewahrt. Authentizität erwächst auch durch die Besetzung mit tatsächlichen Bewohnern des Heims, die intensiv in ihren Rollen aufgehen. – **Ab 16.**
Scope. Serbien/Slowenien/Bosnien-Herzegowina 2020 **R+B** Ivan Ikic **K** Milos Jacimovic **S** Dragan von Petrovic **Sb** Dragana Bacovic **Kb** Milica Kolaric **D** Marijana Novakov (Marija), Marusa Majer (Betreuerin Vera), Tijana Markovic (Dragana), Valentino Zenuni (Robert), Goran Bogdan (Betreuer Vlada) **L** 122 **E** 1.12.2021 VoD (arteKino)   fd –

OHNE EIN WORT ZU SAGEN ★★★★
SPINA

Eine 17-jährige Schülerin wird von ihrem Mathematiklehrer vergewaltigt, zieht sich nach dem traumatischen Missbrauch völlig in sich selbst zurück und versucht sich umzubringen. Ihre verzweifelten Eltern bringen sie schließlich in der Psychiatrie unter, wo ihre Elektroschocktherapie ihr die Erinnerung an das Widerfahrene nehmen soll. Raues, in matten Farben gefilmtes Drama, das einfühlsam und präzise die mannigfachen seelischen Erschütterungen durch eine Vergewaltigung umfasst. Zudem übt der Film an einer überforderten Gesellschaft ebenso starke Kritik wie am rückständigen slowakischen Gesundheitssystem. – **Sehenswert ab 16.**
Slowakei/Tschechien 2017 **R** Tereza Nvotová **B** Barbora Namerova, Tereza Nvotová **K** Marek Dvorák **M** Pjoni **S** Jirí Brozek, Michal Lánsky, Jana Vlcková **Sb** Andrijana Trpkovic **Kb** Andrijana Trpkovic **D** Dominika Morávková (Lena), Anna Rakovska (Roza), Róbert Jakab (Robo), Anna Sisková (Lenas Mutter), Lubos Veselý (Lenas Vater) **L** 83 **E** 28.7.2021 arte   fd –

DIE OLCHIS – WILLKOMMEN IN SCHMUDDELFING ★★★

Die Olchis, kleine grüne Gestalten, die sich am liebsten auf einer Müllhalde aufhalten, wollen es sich in dem Städtchen Schmuddelfing gemütlich machen. Denn dort findet die siebenköpfige Familie in einer riesigen Deponie ein wahres Paradies. Doch ein Bauunternehmer will ihnen das madig machen und schmiedet teuflische Pläne. Die filmische Adaption der beliebten Kinderbuchreihe von Erhard Dietl ist für eine sehr junge Zielgruppe konzipiert und überzeugt durch Humor, Warmherzigkeit und ein Plädoyer für Gelassenheit. Filmästhetisch und animatorisch wirkt der 3D-Film allerdings sehr altmodisch. – **Ab 6.**
3D. Deutschland 2020 **KI** Leonine **DVD** Leonine (16:9, 1.78:1, DD5.1 dt.) **BD** Leonine (16:9, 1.78:1, dts-HDMA dt.) **R** Jens Møller, Toby Genkel **B** Toby Genkel, John Chambers **Vo** Erhard Dietl (Buchreihe *Die Olchis*) **M** Andreas Radzuweit **S** Paulo Jorge Rodrigues Marques, Sascha Wolff-Täger, Annette Kiener **L** 86 **FSK** ab 0; f **E** 22.7.2021 / 7.1.2022 DVD & BD   fd 47876

OLD ★★★
OLD

Eine Gruppe von Hotelgästen verbringt einen Tag an einem abgeschiedenen Strand, der sich als Falle erweist: Innerhalb kürzester Zeit altern die Menschen um Jahrzehnte, eine Möglichkeit, den Strand wieder zu verlassen, scheint es nicht zu geben. Als immer mehr von ihnen am Alter oder sich rasant verschlimmernden Krankheiten sterben, bröckelt zusehends die Allianz der Gefangenen. Weitgehend effektvoller Mystery-Thriller, der lustvoll die grotesken Elemente der Prämisse auskostet. Trotz ungelenker Dialoge und arg konstruierter Volten überzeugt der Film in seinem aufrichtigen Blick auf zwischenmenschliche Gesten als Bollwerk gegen die verrinnende Zeit. – **Ab 16.**

 Die Extras enthalten u. a. ein Feature mit zehn im Film nicht verwendeten Szenen (8 Min.).

Scope. USA 2021 **KI** UPI **DVD** Universal (16:9, 2.35:1, DD5.1 engl./dt.) **BD** Universal (16:9, 2.35:1, dolby_Atmos engl./dt.) **R+B** M. Night Shyamalan **K** Mike Gioulakis **Vo** Pierre-Oscar Lévy / Frederick Peeters (Graphic Novel *Château de sable / Sandburg*) **M** Trevor Gureckis **S** Brett M. Reed **Sb** Karen Frick **Kb** Caroline Duncan **D** Gael García Bernal (Guy), Vicky Krieps (Prisca), Rufus Sewell (Charles), Ken Leung (Jarin), Nikki Amuka-Bird (Patricia) **L** 109 **FSK** ab 16; f **E** 29.7.2021 / 26.11.2021 digital (Universal) / 9.12.2021 DVD & BD & 4K UHD (plus BD)   fd 47913

OLEG ★★★
OLEG

Ein Arbeitsmigrant aus Lettland beginnt in einer belgischen Fleischfa-

brik, wird aber wenig später wegen einer falschen Anschuldigung gefeuert. Seine aussichtslose Situation treibt ihn in die Arme eines polnischen Kleinkriminellen, der ihn zunehmend zum Leibeigenen macht. Mit dokumentarischer Ästhetik folgt der düstere Film dem unaufhaltsamen Abstieg seines passiven Helden. Die improvisiert wirkenden Szenen vermitteln dabei anschaulich die Demütigungen des Protagonisten. Allerdings wirken die Wandlung vom Sozialdrama zum Thriller wie auch der Einsatz religiöser Symbolik unausgegoren. – **Ab 16**.
Lettland/Litauen/Belgien/Frankreich 2019 **R** Juris Kursietis **B** Juris Kursietis, Liga Celma-Kursiete, Kaspars Odins **K** Bogumil Godfrejow **M** Jonas Jurkunas **S** Matyas Veress **Sb** Laura Dislere **Kb** Inese Kalva **D** Walentin Nowopolski (Oleg), Dawid Ogrodnik (Andrzej), Anna Próchniak (Malgosia), Guna Zarina (Zita), Adam Szyszkowski (Krzysztof) **L** 108 **E** 23.3.2021 VoD (Mubi)
fd 47621

OLIVER SACKS – SEIN LEBEN ★★★★
OLIVER SACKS – HIS OWN LIFE

Der britische Neurologe Oliver Sacks (1933–2015) war nicht nur in medizinischen Kreisen hoch angesehen, sondern wurde auch als Buchautor populär. Kurz vor seinem Tod entstand eine Dokumentation über sein Leben, bei der er noch selbst ein Fazit seines Wirkens ziehen konnte. Der Film versteht sich als Würdigung von Sacks' Verdiensten, die durch das Charisma des Porträtierten besondere Wärme und Überzeugungskraft erhält. Die Rückschläge in seinem Werdegang und schwierige private Momente werden gleichwohl nicht ausgespart, gehen aber in der Bilanz eines Mannes auf, der vollkommen mit sich im Reinen zu sein scheint. – **Ab 14**.
Teils schwarz-weiß. USA 2019 **R+B** Ric Burns **K** Buddy Squires **M** Brian Keane **S** Li-Shin Yu, Tom Patterson, Chih Hsuan Liang **L** 90 (Kurzfassung: 52) **E** 27.3.2021 arte (Kurzfassung) / 10.11.2021 WDR (Langfassung)
fd –

ONCE UPON A TIME IN BETHLEHEM ★★★
IL PRIMO NATALE

Ein pingeliger Priester und ein eitler Kunstdieb werden aus einem sizilianischen Dorf des Jahres 2019 ins Judäa des Jahres Null katapultiert und erleben dort Christi Geburt mit. Reale Gefahren, aber auch komische Verwicklungen und Verwechslungen nötigen das ungleiche Duo, sich zusammenzuraufen und gegenseitig wertzuschätzen. Der amüsant-versöhnliche Zeitreise- und Weihnachtsfilm ist nicht auf Tabubruch aus, kann von Gläubigen wie Nichtgläubigen gleichermaßen verstanden werden und übt dennoch dezente Gesellschaftskritik. – **Ab 12**.
Scope. Italien 2019 **KI** Der Filmverleih **R** Salvatore Ficarra (= Ficarra), Picone **B** Salvatore Ficarra (= Ficarra), Picone, Nicola Guaglianone, Fabrizio Testini **K** Daniele Ciprì **M** Carlo Crivelli **S** Claudio di Mauro **Sb** Francesco Frigeri **Kb** Cristina Francioni **D** Salvatore Ficarra (= Ficarra) (Salvo), Picone (Valentino), Massimo Popolizio (Erode), Roberta Mattei (Rebecca), Giacomo Mattia (Isacco) **L** 104 **FSK** ab 12; f **E** 9.12.2021
fd 48260

ONE LAST CALL ★★
THE CALL

Ein junger Mann lernt ein Mädchen kennen, das zusammen mit zwei befreundeten Brüdern eine Frau mit bösen Streichen malträtiert, weil es die ehemalige Erzieherin fürs Verschwinden seiner kleinen Schwester verantwortlich macht. Als die Frau Selbstmord begeht, lädt deren verbitterter Mann die Jugendlichen ins unheimliche Anwesen des Paares und zu einem sinistren Spiel ein. Der Teen-Horror-Film konfrontiert seine Protagonisten in der Tradition von Stephen Kings Es mit Manifestationen ihrer eigenen Ängste und Traumata; die lieblose Zeichnung der Figuren schafft es jedoch kaum, Empathie für sie zu erwecken, sodass die folgenden Geisterbahn-Effekte keinen nachhaltigen Grusel erzeugen. – **Ab 16**.
Scope. USA 2020 **DVD** EuroVideo **BD** EuroVideo **R** Timothy Woodward Jr. **K** Pablo Diez **M** Samuel Joseph Smythe **S** Wayne J. Liu **Sb** Markos Keyto **Kb** Chloee O'Hayon-Crosby **D** Lin Shaye (Edith Cranston), Tobin Bell (Edward Cranston), Chester Rushing (Chris), Erin Sanders (Tonya), Mike Manning (Zack) **L** 97 **FSK** ab 16 **E** 3.6.2021 digital / 17.6.2021 DVD & BD
fd –

ONE MAN & HIS SHOES ★★
ONE MAN AND HIS SHOES

Dokumentarfilm über die Zusammenarbeit des Schuhunternehmens Nike mit dem US-Basketball-Star Michael Jordan, die zur Zeit von dessen großen Erfolgen in den 1980er-Jahren einen sensationellen Werbecoup bewirkte. Der Film lässt sich weithin von den schillernden Aspekten der Zusammenarbeit fesseln und hinterfragt die gesellschaftlichen Folgen erst im letzten Drittel, wenn es um die Rolle der «Air Jordan»-Schuhe als Statussymbol geht, das einige ihrer Besitzer das Leben kostete. Die Andeutungen, Nike und Jordan dafür verantwortlich zu machen, fallen allerdings reichlich krude aus. – **Ab 14**.
Großbritannien 2020 **R+B** Yemi Bamiro **M** Baba Adefuye, Thomas Farnon **S** Michael Marden **L** 83 **E** 15.5.2021 digital (Ascot Elite)
fd –

ONE NIGHT IN MIAMI ★★★★★
ONE NIGHT IN MIAMI

Am Abend des 25. Februar 1964 wird der junge Boxer Cassius Clay in Miami Schwergewichtsweltmeister. Die Champion feiert mit dem Polit-Aktivisten Malcolm X, dem Musiker Sam Cooke und dem Football-Spieler Jim Brown, spricht mit ihnen über ihre Verantwortung als Vorbilder für die afroamerikanische Bürgerrechtsbewegung. Die Adaption eines Theaterstücks setzt nicht auf die Aura von Ikonen und große Reden, sondern sucht nach den Menschen hinter den Masken und Ideologien. Behutsam erweitert die Regie das Kammerspiel um filmische Elemente wie Rückblenden und kommentierende Rahmungen und legt so Schicht um Schicht die Emotionen der vier Männer frei. – **Sehenswert ab 14**.
Scope. USA 2020 **R** Regina King **B** Kemp Powers **K** Tami Reiker **Vo** Kemp Powers (Bühnenstück One Night in Miami...) **M** Terence Blanchard **S** Tariq Anwar **Sb** Barry Robison **Kb** Francine Jamison-Tanchuck **D** Kingsley Ben-Adir (Malcolm X), Aldis Hodge (Jim Brown), Leslie Odom jr. (Sam Cooke), Eli Goree (Cassius Clay), Lance Reddick (Kareem X) **L** 114 **FSK** ab 12; f **E** 15.1.2021 VoD (Amazon Prime) fd 47508

ONE NIGHT OFF ★★★

Ein frisch gebackener Vater soll zum ersten Mal alleine aufs Baby aufpassen, als seine Frau für eine Nacht verreisen muss. Dummerweise will ihn sein bester Kumpel just in dieser Nacht mitnehmen zum letzten Konzert in ihrem Stamm-Club, der kurz vor der Schließung steht; er kann nicht widerstehen und nimmt das Baby kurzerhand mit. Aus dem geplanten kurzen Abstecher wird eine zunehmend verrückte nächtliche Odyssee. Eine bei aller Lust an Übertreibung und Klamauk durchaus satirisch-treffende Komödie mit dem Einschnitt, den das Eltern-Werden in Biografien bedeutet. Etwas altbacken in den Gender-Rollen, aber dank eines mitreißenden Soundtracks trotzdem solide Unterhaltung. – **Ab 14.**

Deutschland 2021 **R** Martin Schreier **B** Murmel Clausen, Doron Wisotzky **K** Christof Wahl **S** Tobias Haas **Sb** Frank Bollinger **Kb** Peri de Bragança **D** Emilio Sakraya (Noah), Livia Matthes (Mimi), Béla Gabor Lenz (TJ), Andreas Helgi Schmid (Baumi), Martin Semmelrogge (Obdachloser) **L** 108 **FSK** ab 12; f **E** 29.12.2021 digital (Amazon Prime) fd -

ONLINE FÜR ANFÄNGER ★★★
EFFACER L'HISTORIQUE

Drei Nachbarn aus einer Wohnsiedlung haben sich in den Fallstricken der digitalen Welt verfangen und geraten immer tiefer in finanzielle und psychische Abhängigkeiten. Um ihre ärgsten Probleme aus der Welt zu schaffen, beschließen sie, ihre Daten bei den großen Internetkonzernen zu löschen, stoßen bei der Umsetzung ihres Plans jedoch auf schier unüberwindliche Schwierigkeiten. Eine durch eine Vielzahl von gelungenen Gags und spielfreudige Darsteller sehr unterhaltsame Satire auf digitale Hörigkeit und die Auswüchse des Online-Konsums. Die amüsanten Episoden verbinden sich allerdings nicht zu einem zusammenhängenden Entwurf, weshalb die Gesellschaftskritik recht vage bleibt. – **Ab 14.**

Frankreich/Belgien 2019 **Kl** X Verleih **R+B** Benoît Delépine, Gustave Kervern **K** Hugues Poulain **S** Stéphane Elmadjian **Sb** Madphil **Kb** Agnès Noden **D** Blanche Gardin (Marie), Denis Podalydès (Bertrand), Corinne Masiero (Christine), Vincent Lacoste (Sexvideo-Dreher), Benoît Poelvoorde (Alimazone-Bote) **L** 106 **FSK** ab 12; f **E** 28.10.2021 fd 48056

ONLY – LAST WOMAN ON EARTH ★★★
ONLY

Ein Virus wütet auf der Erde, das für Frauen tödlich ist und einen Großteil der weiblichen Bevölkerung dahinrafft. Ein junges Paar versucht, die Krankheit und den durch das Massensterben der Frauen ausgelösten zivilisatorischen Zusammenbruch zu überstehen, zunächst in der Isolation, dann auf der Flucht, wobei die überlebende Frau sich nicht nur davor fürchten muss, mit dem Virus infiziert zu werden, sondern auch vor marodierenden Männern, die Jagd auf die letzten Frauen machen. Ein postapokalyptisches Drama, das Thriller-Elemente dosiert einsetzt, vor allem auf die Dynamik des Paares fokussiert

und sein Seuchen-Szenario zur Kritik am Patriarchat und männlicher Übergriffe nutzt. – **Ab 16.**

Scope. USA 2019 **DVD** Lighthouse **BD** Lighthouse **R+B** Takashi Doscher **K** Sean Stiegemeier **M** John Kaefer, Michael Dean Parsons **S** Josh Land, David Pergolini **Sb** Erik Louis Robert **Kb** Dana Konick **D** Freida Pinto (Eva), Leslie Odom jr. (Will), Chandler Riggs (Casey), Jayson Warner Smith (Arthur), Joshua Mikel (Randall) **L** 98 **FSK** ab 16 **E** 11.6.2021 DVD & BD fd -

OPERATION HYAKINTHOS ★★★★
HIACYNT

Ein junger Polizist soll in den 1980er-Jahren in Warschau einen Mord in der schwulen Szene in Warschau aufklären. Als der Fall aus offensichtlich politischen Gründen ad acta gelegt wird, ermittelt der idealistisch gesinnte Mann heimlich weiter und entwickelt Sympathien für das Milieu. Ein vor dem Hintergrund der staatlichen Verfolgung Homosexueller in Polen entwickelter Thriller, der in düsterer Noir-Atmosphäre äußerst spannend von Wahrheitssuche und Identitätsfindung in einer politisch wie moralisch repressiven Gesellschaft handelt. – **Ab 16.**

Polen 2021 **R** Piotr Domalewski **B** Marcin Ciaston **K** Piotr Sobocinski Jr. **M** Wojciech Urbanski **S** Agnieszka Glinska **Sb** Jagna Janicka **Kb** Ola Staszko **D** Tomasz Ziętek (= Tomasz Zietek) (Robert), Hubert Miłkowski (Arek), Marek Kalita (Edward), Adrianna Chlebicka (Halinka), Tomasz Schuchardt (Wojtek) **L** 112 **E** 13.10.2021 VoD (Netflix) fd 48144

OPERATION PORTUGAL ★★
OPÉRATION PORTUGAL

Ein tollpatschiger Polizist wird für eine Drogenfahndung auf einer Baustelle als vermeintlicher Verwandter in die Familie des portugiesisch-stämmigen Betreiber eingeschleust. Angesichts ungenügender Vorbereitungen droht er jedoch immer wieder aufzufliegen. Die um die Kunstfigur eines radebrechenden Ausländers herum entwickelte Komödie bietet einem französischen Comedian Raum für seine bühnenerprobte Komik, füllt den Rest des Films aber mit durchwachsen mit Albernheiten, Klamauk und grobem Humor. In der ambitionsarmen Inszenierung kommt auch die warmherzige Zeichnung der portugiesischen Community nur ansatzweise zum Tragen. – **Ab 14.**

Scope. Frankreich 2021 **Kl** One **R** Frank Cimière **B** Frank Cimière, D'Jal **K** Matthieu-David Cournot **M** Maxime Desprez, Michaël Tordjman **S** Stéphanie Gaurier **D** D'Jal (Hakim), Sarah Perles (Julia), Pierre Azéma (Kommissar), Farida Ouchani (Aïcha), Carmen Santos (Avo Lena) **L** 91 **FSK** ab 12; f **E** 23.9.2021 fd 48013

OPIUM ★★★

Ein Gelehrter trifft beim Forschungsaufenthalt in China auf den Besitzer einer Opiumhöhle, der die Europäer hasst, seitdem einst seine Frau verführt wurde und ein uneheliches Kind zur Welt brachte. Der Gelehrte entkommt mit dem Mädchen nach Europa, verfolgt von dem Chinesen, der als übersinnliche bösartige Instanz dafür zu sorgen scheint, dass der Professor dem Opium verfällt und ins Unglück stürzt. Ein aufwändiger, verwickelter Stummfilm, in dem kolportagehafte Elemente, Melodram und die nachdrückliche Aufklärung über die Folgen von Drogenkonsum ineinanderfließen. Die einfallsreiche Inszenierung und Kameraarbeit sichern dem Film auch jenseits der historischen Bedeutung Interesse. – **Ab 14.**

Schwarz-weiß. Deutschland 1919 **DVD** Edition Filmmuseum **R+B** Robert Reinert **K** Helmar Lerski **M** Richard Siedhoff (Neukomposition 2018), Mykyta Sierov (Neukomposition 2018) **D** Eduard von Winterstein (Prof. Gesellius), Hanna Ralph (Maria Gesellius), Werner Krauss (Nung-Tschang), Conrad Veidt (Dr. Richard Armstrong), Sybil Morel (Sin/Magdalena) **L** 92 **FSK** - **E** 29.1.1919 / 7.5.2021 DVD fd -

ORPHEA ★★★★

In ihrem zweiten kooperativen Film unterziehen der deutsche Regisseur Alexander Kluge und sein philippinischer Kollege Khavn de la Cruz den Mythos von Orpheus und Eurydike einem Geschlechterwechsel und nehmen dies zum Anlass für einen Parforceritt quer durch die Kulturgeschichte und Mythologie von Troja über die Russische Revolution bis ins Silicon Valley, immer dem Traum vom ewigen Leben auf der Spur. Der assoziative Filmessay ist zwischen Theater und Kunstinstallation angelegt, feiert die Macht der Liebe und der Musik und bietet der Schauspielerin Lilith Stangenberg dabei die Gelegenheit zu einer performativen Tour de Force. – **Sehenswert ab 16.**

Teils schwarz-weiß. Deutschland 2019 **Kl** Rapid Eye Movies **R** Alexander Kluge, Khavn **D** Alexander Kluge, Khavn, Douglas Candano **K** Thomas Wilke, Albert Banzon,

OSS 117 – LIEBESGRÜSSE AUS AFRIKA (© Koch)

Gym Lumbera **M** Khavn, Tilman Wollf, Diego Mapa **S** Andreas Kern, Kajetan Forster, Roland Forster, Toni Werner, Lawrence Ang **Sb** Martin Yambao **Kb** Zeus Bascon, Kim Perez **D** Lilith Stangenberg (Orphea), Ian Madrigal (Euridiko) **L** 99 **FSK** ab 12; f **E** 22.7.2021 fd 47892

OSS 117 – LIEBESGRÜSSE AUS AFRIKA ★★★
OSS 117: ALERTE ROUGE EN AFRIQUE NOIRE Eigentlich in den Innendienst abgeschoben, kommt ein begnadeter, aber taktloser französischer Superspion zu Beginn der 1980er-Jahre doch wieder zum Außeneinsatz: Ein junger Kollege ist in einer afrikanischen Ex-Kolonie verschollen, während er einem mit Frankreich verbündeten Diktator im Kampf gegen kommunistische Umtriebe beistand. Die nicht durchweg stilsichere Agentenfilm-Parodie wartet mit vielen Bezügen auf die Ressentiments der Zeit gegenüber dem «Schwarzen Kontinent» auf, die sie drastisch überzeichnet. Für die gelungenen Pointen sorgen vor allem zwei lustvoll aufspielende Hauptdarsteller. – **Ab 16**.

🄳 Die Extras umfassen u. a. ausführliche Interviews mit Hauptdarsteller Jean Dujardin (19 Min.) und Drehbuchautor Jean-François Halin (20 Min.).
Scope. Frankreich/Belgien 2021 **DVD** Koch (16:9, 2.35:1, DD5.1 frz./dt.) **BD** Koch (16:9, 2.35:1, dts-HDMA frz./dt.) **R** Nicolas Bedos **B** Jean-François Halin, Nicolas Bedos **K** Laurent Tangy **M** Anne-Sophie Versnaeyen **S** Anny Danché **Sb** Stéphane Rozenbaum **Kb** Charlotte David **D** Jean Dujardin (Hubert Bonisseur de la Bath / OSS 117), Pierre Niney (Serge / OSS 1001), Fatou N'Diaye (Zéphyrine Sangawe Bamba), Natacha Lindinger (Micheline Pierson), Wladimir Yordanoff (Armand Lesignac) **L** 111 **FSK** ab 12; f **E** 9.12.2021 DVD & BD & digital fd 48246

OSTWIND – DER GROSSE ORKAN ★★★
Fünfter Teil der OSTWIND-Pferdefilmreihe, in dem ein reitbegabtes Mädchen in den Bann des Kunstreitens in einem Zirkus gerät. Der ihm anvertraute Hengst soll für den Pferdestar der artistischen Show einspringen, was zu weiteren Verwicklungen führt, da er sich nur von der Jugendlichen reiten lässt. Das Jugend- und Pferdedrama kombiniert bewährte Motive mit neuen Spielorten und bringt die Saga, die sich mit imposanten Tieraufnahmen und einer Portion Naturmystik vorrangig an junge Pferdefreundinnen richtet, zu einem sinnfälligen Ende. – **Ab 12**.
Scope. Deutschland 2019 **KI** Constantin **DVD** Constantin (16:9, 2.35:1, DD5.1 dt.) **BD** Constantin (16:9, 2.35:1, dts-HDMA dt.) **R+B** Lea Schmidbauer **K** Florian Emmerich **M** Annette Focks **S** Tobias Haas **Sb** Bettina Morell **Kb** Andrea Spanier **D** Luna Paiano (Ari), Hanna Binke (= Hanna Höppner) (Mika), Amber Bongard (Fanny), Marvin Linke (Samuel Kaan), Matteo Miska (Carlo) **L** 102 **FSK** ab 0; f **E** 29.7.2021 / 3.12.2021 DVD & BD fd 47896

OTTOLENGHI UND DIE VERSUCHUNGEN VON VERSAILLES ★★★
OTTOLENGHI AND THE CAKES OF VERSAILLES 2018 engagiert das New Yorker Metropolitan Museum of Art den israelischen Meisterkoch Yotam Ottolenghi für ein Live-Event auf den Spuren der Konditorkunst von Versailles. Für die Ausstellungseröffnung sucht dieser sich Backkünstler aus aller Welt zusammen, die ihre Kreationen auch als Kunstwerke betrachten. Der Dokumentarfilm begleitet die Vorbereitung in optischer Makellosigkeit und ist hochinformativ und unterhaltsam. Dabei fehlt ihm allerdings der Anspruch, die durchaus implizite Dekadenz des Ereignisses auch zu hinterfragen. – **Ab 14**.
USA 2020 **KI** MFA+ **DVD** MFA+ (16:9, 1.78:1, DD5.1 engl.) **R+B** Laura Gabbert **K** Judy Phu **M** Ryan Rumery **S** Philip Owens, Faroukh Virani **L** 78 **FSK** ab 0; f **E** 21.10.2021 / 19.11.2021 DVD fd 48119

OUR MEMORY BELONGS TO US ★★★★
TRO, HÅB OG ANDRE SYNDER
Ein Theaterregisseur konfrontiert drei miteinander befreundete Männer aus Syrien mit den Aufnahmen, die diese fast ein Jahrzehnt zuvor zu Beginn des Bürgerkriegs gemacht haben. Auf einer bis auf die Leinwand leeren Bühne in einem dunklen Raum stehend, wecken die Bilder bei ihnen die Erinnerungen an schreckliche Kriegserlebnisse und den Tod von Freunden. Der einfach gemachte, aber sehr wirkungsvolle Dokumentarfilm beobachtet diesen schmerzlichen Prozess einfühlsam und ordnet die persönlichen Erlebnisse in die übergeordnete Aufarbeitung des Krieges ein. (O.m.d.U.) – **Ab 16**.
Dänemark 2021 **R** Rami Farah, Signe Byrge Sørensen (Co-Regie) **B** Rami Farah **K** Henrik Bohn Ipsen (= Henrik Ipsen) **M** Kinan Azmeh **S** Gladys Joujou **L** 90 **E** 29.11.2021 arte fd –

OUT OF PLACE ★★★★
Im ländlichen Siebenbürgen in Rumänien leben als «schwer erziehbar» geltende deutsche Jugendliche in pädagogischen Einrichtungen, werden dort unterrichtet und arbeiten auf umliegenden Bauernhöfen. Über dieses Leben in Abgeschiedenheit und Disziplin sollen sie anschließend leichter wieder in Deutschland integriert werden. Der Dokumentarfilm begleitet drei Jugendliche bei ihren Fortschritten und Rückschlägen und dringt durch feinfühlige Beobachtung weit in ihre widersprüchlichen Gefühlswelten vor. Dabei wahrt er trotz seiner Nähe oft auch respektvoll Distanz und lässt die Szenen pointiert für sich sprechen. – **Ab 14**.
Deutschland 2019 **R+B** Friederike Güssefeld **K** Adrian Campean, Julian Krubasik

M Wolf-Maximilian Liebich S Miriam Märk, Sven Heussner L 85 E 14.7.2021 BR   fd -

OUTBACK ★★
OUTBACK

Der Australien-Urlaub eines jungen amerikanischen Paares wird überschattet durch Spannungen. Dann geraten sie in Lebensgefahr: Auf dem Weg Richtung Ayers Rock verirren sie sich; als sie ihr Auto verlassen, um sich von einem erhöhten Punkt aus Orientierung zu verschaffen, finden sie nicht mehr zu dem Fahrzeug zurück. Ein dramatischer Kampf gegen die lebensfeindlichen klimatischen Bedingungen und die gefährliche Fauna beginnt. Der Survival-Thriller irritiert damit, dass seine Prämisse auf einer Reihe fast schon unglaubwürdig naiv-leichtsinniger Fehlentscheidungen seiner Figuren beruht. Als schlichter Nervenkitzel rund um die Gefahren des Outbacks ist er aber durchaus effektiv umgesetzt. – **Ab 16.** Scope. Australien 2019 **DVD** Koch (16:9, 2.35:1, DD5.1 engl./dt.) **BD** Koch (16:9, 2.35:1, dts-HDMA engl./dt.) **R** Mike Green **B** Brien Kelly, Mike Green **K** Tim Nagle **M** Justin Bell **S** Alan Harca **Sb** Courtney Covey **Kb** Courtney Covey **D** Lauren Lofberg (Lisa Sachs), Taylor Wiese (Wade Kelly), Brendan Donoghue (Keith Coopers) **L** 83 **FSK** ab 16 **E** 18.11.2021 DVD & BD   fd -

OUTLAW – SEX UND REBELLION ★★
AUTLO

Ein russisches Drama um einen Jugendlichen, der heimlich in den beliebtesten Jungen an seiner Schule verliebt ist. Auf diesen meldet auch eine junge Frau Ansprüche an, die sich um keine Konventionen schert und zur Not mit Gewalt nimmt, was sie haben will. Parallel dazu erzählt der Film von der Liebe eines Generals zu einer Trans-Tänzerin in den 1980er-Jahren. Sehr ambitioniert inszeniert, besticht das Regiedebüt durch ausgefeilte Bildsprache, ist aber mitunter sehr ungeschliffen und ziellos. Mit expliziten homosexuellen Sexszenen und der positiven Sicht auf LGBT-Charaktere begehrt der Film gegen die homophoben Gesetze in Russland auf, greift jedoch auch auf Klischees zurück. – **Ab 18.** Scope. Russland 2019 **DVD** Donau Film

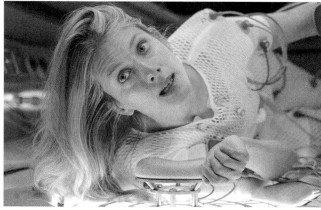

OXYGEN (© Shanna Besson / Netflix)

BD Donau Film **R+B** Xenia Ratuschnaja **K** Geworg Markosjan **M** Michael Barkowski, Nikita Tschipenko, Walentin Grudski, Andrej Romanow **S** Alexandra Korolewa **Sb** Jekaterina Dschagarowa **Kb** Tatjana Platonowa **D** Lisa Kaschinzewa (Outlaw), Wiktor Tarasenko (Nikita), Gleb Kaljuschni (Alpha), Jewgeni Schwartzman (Nina), Sergej Jepischew (Igor Wladislawowitsch) **L** 95 **E** 29.10.2021 DVD & BD   fd -

OUTSIDE THE WIRE ★
OUTSIDE THE WIRE

Ein US-Drohnenpilot wird in den 2030er-Jahren in eine gefährliche Militärzone in der Ukraine abkommandiert, wo ein nicht näher definierter Krieg mit Terroristen tobt. Dort soll er zusammen mit einem Offizier, der ein Android ist und für den Kampf perfektioniert ist, verhindern, dass ein Superterrorist eine alte russische Nuklearanlage wieder in Betrieb nimmt. Der Kriegsfilm poliert ein konfuses Konfliktszenario notdürftig mit Science-Fiction-Elementen auf; militärische Roboter und Androiden bleiben aber die einzigen Ideen dieses Zukunftsszenarios, das irgendwo zwischen alten Ostblock-Klischees und noch älteren moralphilosophischen Phrasen zum Stillstand kommt. – **Ab 16.** USA 2020 **R** Mikael Håfström **B** Rowan Athale, Rob Yescombe **K** Michael Bonvillain **M** Lorne Balfe **S** Rickard Krantz **Sb** Kevin Phipps **Kb** Caroline Harris **D** Damson Idris (Thomas Harp), Anthony Mackie (Leo), Emily Beecham (Sofiya), Michael Kelly (Eckhart), Kristina Tonteri-Young (Mandy Bale) **L** 114 **E** 15.1.2021 VoD (Netflix)   fd 47518

OXYGEN ★★★
OXYGÈNE

Eine Frau erwacht in einer sargähnlichen Röhre. Sie hat keine Erinnerung daran, wie sie in diese missliche Lage gekommen ist, und auch nur ein bruchstückhaftes Wissen über sich selbst. Als Ansprechpartner dient eine künstliche Intelligenz, die ihre Vitalfunktionen überwacht, doch dann wird der Sauerstoff knapper und die Lage immer brenzliger. Der Survival-Thriller verlässt sein klaustrophobisches Szenario fast bis zum Schluss nur für kurze Rückblenden und hält dank einer überragenden Hauptdarstellerin und eines cleveren Drehbuchs durchgehend die Spannung. Eine intelligente Reflexion über das von Projektionen geprägte Verhältnis von Mensch, Körper und Maschine. – **Ab 16.** Scope. Frankreich/USA 2021 **R** Alexandre Aja **B** Christie LeBlanc **K** Maxime Alexandre **M** Robin Coudert **S** Stéphane Roche **Sb** Jean Rabasse **Kb** Agnès Beziers **D** Mélanie Laurent (Elizabeth Hansen), Mathieu Amalric (Stimme M. I. L. O.), Malik Zidi (Léo Ferguson), Marc Saez (Ortiz), Laura Boujenah (Alice Hansen) **L** 100 **E** 12.5.2021 VoD (Netflix)   fd 47781

Paolo Conte – Via con me (© Prokino, Daniela Zedda)

Palm Springs ★★★
PALM SPRINGS

Eine Frau, die als Brautjungfer widerwillig an einer Hochzeit teilnimmt, trifft dort auf einen unbekümmerten Mann. Bald stellt sich heraus, dass dieser bereits seit längerem den Tag der Hochzeit immer wieder erlebt und nun auch die Frau in der Zeitschleife gefangen ist. Was die beiden dazu verleitet, sich ihr Schicksal mit wahnwitzigen Aktionen und makabren Einfällen etwas erträglicher zu machen. Schwarze Komödie um zwei wenig zimperliche Zeitgefangene, die dem Zeitschleifen-Motiv einige originelle neue Volten abgewinnt und sich im Kern als hochromantisch entpuppt. Auch darstellerisch beachtlich. – **Ab 16**.
Scope. USA 2020 **DVD** Leonine **BD** Leonine **R** Max Barbakow **B** Andy Siara **K** Quyen Tran **M** Matthew Compton **S** Andrew Dickler, Matt Friedman (= Matthew Friedman) **Sb** Jason Kisvarday **Kb** Colin Wilkes **D** Andy Samberg (Nyles), Christin Milioti (Sarah), J. K. Simmons (Roy), Peter Gallagher (Howard), Chris Pang (Trevor) **L** 86 **FSK** ab 16; f
E 4.6.2021 VoD / 9.7.2021 DVD & BD **fd** -

Palmer ★★★
PALMER

Ein Mann kehrt nach zwölf Jahren im Gefängnis in seine Heimatstadt zu seiner Großmutter zurück. Er leidet unter dem Misstrauen der Stadtbewohner, findet aber unerwartet eine neue Lebensperspektive, als er sich in Abwesenheit der drogenabhängigen Nachbarin um deren siebenjährigen Sohn kümmern muss. Ein dramaturgisch etwas holpriges Drama über eine zweite Chance für einen Geläuterten, das an Wahrhaftigkeit durch die gemeinsamen Szenen von Mann und Junge gewinnt. Auch wenn sich alles eher leicht auflöst, nimmt auch der sympathische Widerstand des Films gegen vorgefertigte Zuschreibungen für sich ein. – **Ab 14.**
USA 2021 **R** Fisher Stevens **B** Cheryl Guerriero **K** Tobias A. Schliessler **M** Tamar-kali **S** Geoffrey Richman **Sb** Happy Massee **Kb** Rachel April **D** Justin Timberlake (Eddie Palmer), Juno Temple (Shelly), June Squibb (Vivian Palmer), Alisha Wainwright (Maggie Hayes), Ryder Allen (Sam) **L** 110
E 29.1.2021 VoD (AppleTV+) **fd** -

Panamerican Machinery
siehe: **Maquinaria Panamericana**

Paolo Conte – Via con me ★★★
PAOLO CONTE, VIA CON ME

Eine materialreiche Hommage an den italienischen «Cantatore» Paolo Conte, der seit den 1960er-Jahren als Liedermacher wie als Jazzmusiker international berühmt wurde, obwohl er parallel noch lange als Anwalt arbeitete. Im Wechselspiel aus ironischen Interviews, historischen Konzertmitschnitten und den Kommentaren prominenter Weggefährten reflektiert die schwungvolle Musikdokumentation zugleich die Genese der italienischen Popkultur sowie die Geburt des ersten italienischen Fernsehstars. – **Ab 14**.
Italien 2020 **KI** Prokino **DVD** Prokino (16:9, 2.35:1, DD5.1 ital.) **R+B** Giorgio Verdelli **K** Federico Annicchiarico **S** Emiliano Portone, Matteo Bugliarello **L** 105 **FSK** ab 0; f
E 16.9.2021 / 9.12.2021 DVD **fd** 48033

Paper Lives siehe: Das Leben ist wie ein Stück Papier

Papitou ★★★
LA SIRÈNE DES TROPIQUES

Eine junge Tänzerin von den Antillen verliebt sich einen französischen Ingenieur, obwohl die mit einer anderen Frau liiert ist. Als der Mann nach Paris zurückkehrt, folgt sie ihm und steigt dort zum gefeierten Revuestar auf. Der exotische Stummfilm ist ganz auf das Schauspieldebüt der US-amerikanischen Tänzerin Josephine Baker ausgerichtet, die zusammen mit ihrem Filmpartner, dem französischen Tänzer Pierre Batcheff, in den 1920-Jahren zum Traumpaar der europäischen Popkultur aufstieg. – **Ab 14**.
Schwarz-weiß. Frankreich 1927 **R** Henri Étiévant, Mario Nalpas **B** Maurice Dekobra **K** Paul Cotteret, Albert Duverger, Maurice Hennebains **Sb** Eugène Carré, Pierre Schildknecht **D** Josephine Baker (Papitou), Pierre Batcheff (André Berval), Régina Dalthy, Georges Melchior, Regina Thomas **L** 86
E 1.1.2021 VoD (arte) **fd** -

Parfum des Lebens ★★★
LES PARFUMS

Ein Chauffeur, der um das Sorgerecht für seine neunjährige Tochter kämpft, muss eine arrogante Geruchsberaterin zu ihren Auftragsorten fahren. Nach anfänglich gegenseitiger Abneigung raufen sich Mann und Frau zunehmend zusammen und lernen voneinander. Leise Tragikomödie, die mit der Kreation von Düften und der Magie des Riechens vertraut macht, das Hauptgewicht aber auf die Interaktion zwischen den Charakteren

legt. Dabei macht sich der Film nie über seine Figuren lustig, sondern zeigt stets Verständnis für ihre Fehler und ihre Exzentrik. – **Ab 14.**
Scope. Frankreich 2019 **KI** Happy Entertainment **R+B** Grégory Magne **K** Thomas Rames **M** Gaëtan Roussel **S** Beatrice Herminie, Gwen Mallauran **Sb** Jérémy Duchier **Kb** Alice Cambournac **D** Emmanuelle Devos (Anne Walberg), Grégory Montel (Guillaume Favre), Zelie Rixhon (Léa Favre), Sergi López (Prof. Patrick Ballester), Gustave Kervern (= Gustave de Kervern) (Arsène Pélissier) **L** 105 **FSK** ab 6; f **E** 19.8.2021 / 16.1.2022 Servus TV **fd** 47480

Pariah ★★★★
PARIAH
Eine 17-jährige Afroamerikanerin fühlt sich zu Mädchen hingezogen und hat eine offen lesbische beste Freundin, zögert ihr eigenes Coming-out aber hinaus. Als ihre Mutter die Freundschaft mit der Tochter einer Bekannten fördern will, kommt es zwischen den beiden Jugendlichen zum ersten sexuellen Kontakt, was den Konflikt der Eltern um den Umgang mit der Situation eskalieren lässt. Hochintensives, in der Hauptrolle ausgezeichnet gespieltes Coming-of-Drama, das die Formung der jugendlichen Persönlichkeit hautnah erfahrbar macht. Trotz einiger Stereotype in der Milieuzeichnung ein auch in Kamera- und Musikeinsatz außergewöhnliches Spielfilmdebüt. – **Ab 16.**
USA 2011 **R+B** Dee Rees **K** Bradford Young **S** Mako Kamitsuna **Sb** Inbal Weinberg **Kb** Eniola Dawodu **D** Adepero Oduye (Alike), Pernell Walker (Laura), Aasha Davis (Bina), Charles Parnell (Arthur), Sahra Mellesse (Sharonda) **L** 86 **E** 16.9.2021 3sat **fd** -

Paris – Kein Tag ohne dich ★★★
Rasterfahndung, Terroristenangst, schlampig arbeitende Geheimdienste und übereifrige Journalisten haben das Leben der Filmemacherin Ulrike Schaz nachhaltig beeinflusst. In ihrem autobiografischen Dokumentarfilm rekapituliert sie ihre Geschichte, die damit beginnt, dass sie 1975 als 25-jährige Kunststudentin auf dieselbe Party wollte wie der Topterrorist Carlos. Eine inhaltlich, historisch und gesellschaftspolitisch interessante Etüde über eine Epoche, in der westliche Demokratien an ihre rechtsstaatlichen Grenzen gerieten. Formal ist der Film allerdings überambitioniert. – **Ab 14.**
Deutschland 2020 **KI** JIP Film **R+B** Ulrike Schaz **K** Jule Katinka Cramer (= Jule Cramer) **M** Roland Musolff **S** Magdolna Rokob **L** 107 **FSK** ab 6; f **E** 4.11.2021 **fd** 48155

Paris Forever
siehe: **Paris – Kein Tag ohne dich**

Die Party ist vorbei ★★★★
LA FÊTE EST FINIE
Eine 19-jährige Drogenabhängige ist von zuhause fortgelaufen und lebt auf der Straße, kommt aber nach einem Unfall in eine Entzugsklinik. Hier freundet sie sich mit einer anderen jungen Frau an und rebelliert mit ihr gegen die Regeln der Einrichtung. Ihr Verhältnis ist jedoch fragiler, als es ihnen zuerst scheint. Ein fiebriges französisches Sucht- und Freundschaftsdrama, das die Drogenabhängigkeit realitätsnah in den Blick nimmt und auch die Mängel standardisierter Behandlungsmethoden aufzeigt. Das energiegeladene Spiel der Darstellerinnen federt dabei auch didaktische Momente ab. (O.m.d.U.) – **Ab 16.**
Frankreich 2016 **R** Marie Garel Weiss **B** Marie Garel Weiss, Salvatore Lista **K** Samuel Lahu **M** Ferdinand Berville, Pierre Allio **S** Guerric Catala, Riwanon Le Beller **Sb** Guillaume Deviercy **Kb** Lou Carel, Mildred Giraud **D** Clémence Boisnard (Céleste), Zita Hanrot (Sihem), Marie Denarnaud (Célestes Mutter), Christine Citti (Catherine), Pascal Rénéric (Jean-Louis) **L** 89 **E** 18.3.2021 arte **fd** -

Der Passierschein ★★★★
LAISSEZ-PASSER
Im besetzten Frankreich des Jahres 1942 arbeitet die Filmproduktion unter deutscher Oberaufsicht weiter, was die Filmschaffenden in einen schwierigen Status zwingt. So steht der Regieassistent Jean Devaivre dem Widerstand nahe, nutzt aber die Möglichkeiten zum Aufstieg, der Drehbuchautor Jean Aurenche dagegen sucht einen Weg, Botschaften des Protestes in seine Skripte unterzubringen. Episches Panorama der französischen Filmbranche in den frühen 1940er-Jahren, das durch Detailfreude und sorgfältige Rekonstruktion der damaligen Kino-Arbeitslage seine Überlänge rechtfertigt. Zudem unterstreicht der Film nachdrücklich die gesellschaftspolitische Relevanz auch des Unterhaltungskinos. – **Ab 14.**
Der Film ist auf DVD bzw. Blu-ray nur als Teil der «Bertrand Tavernier Edition» erschienen.
Scope. Frankreich/Deutschland/Spanien 2002 **DVD** StudioCanal **BD** StudioCanal **R** Bertrand Tavernier **B** Jean Cosmos, Bertrand Tavernier **K** Alain Choquart **Vo** Jean Devaivre (Autobiografie *Action!*) **M** Antoine Duhamel **S** Sophie Brunet **Sb** Émile Ghigo **Kb** Valérie Pozzo di Borgo **D** Jacques Gamblin (Jean Devaivre), Denis Podalydès (Jean Aurenche), Marie Desgranges (Simone Devaivre), Charlotte Kady (Suzanne Raymond), Marie Gillain (Olga) **L** 164 **FSK** ab 12; f **E** 2.12.2021 DVD & BD (Teil der «Bertrand Tavernier Edition») / 3.1.2022 arte **fd** -

Passion Simple ★★★
PASSION SIMPLE
Eine alleinerziehende Mutter, die als Literaturdozentin arbeitet, lässt sich auf eine leidenschaftliche Affäre mit einem verheirateten russischen Botschaftsmitarbeiter ein. Sehnsüchtig wartete sie auf seinen Anruf und eilt hastig zu den kurzfristig vereinbarten Treffen. Sie wird zur Sklavin ihrer Leidenschaft, der Sex zur Flucht aus dem banalen Alltag. Das beklemmende Drama konzentriert sich ganz auf die Begegnungen zwischen Mann und Frau. Die Hauptdarstellerin lässt sich vorbehaltlos auf diese irritierende Figur ein und lotet das weibliche Begehren aus, während das Songs des Soundtracks das Geschehen wie ein griechischer Chor kommentieren. – **Ab 16.**
Frankreich/Belgien 2020 **KI** Wild Bunch **R+B** Danielle Arbid **K** Pascale Granel **Vo** Annie Ernaux (Roman *Passion simple / Eine vollkommene Leidenschaft: Die Geschichte einer erotischen Faszination*) **S** Thomas Marchand **Sb** Charlotte de Cadeville **Kb** Oriol Nogues **D** Laetitia Dosch (Hélène), Sergej Polunin (Alexandre), Lou-Teymour Thion (Paul), Caroline Ducey (Anita), Grégoire Colin (Hélènes Ex) **L** 99 **FSK** ab 16; f **E** 9.12.2021 **fd** 48251

Patrick ★
PATRICK
Ein hedonistischer, auf sein Äußeres bedachter junger Mann wird in Brüssel wegen Drogenbesitzes von der Polizei verhaftet. Beim Verhör stellt sich heraus, dass er vor zwölf Jahren als Junge in Portugal entführt wurde und seitdem als verschollen gilt. Die Behörden schicken ihn nach Portugal zurück, doch auch dort bleibt er ein Fremder. Das verrätselte, in seiner Vagheit frustrierende Drama wirft viele Fragen auf, ohne sie zu beantworten. Insbesondere der Zusammenhang von Missbrauch und Frauenhass irritiert, weil er nicht weiter erläutert wird. – **Ab 16.**
Portugal/Deutschland/Frankreich 2019

PERCY (© MFA+)

KI Real Fiction **R** Gonçalo Waddington **B** Gonçalo Waddington, João Leitão **K** Vasco Viana **M** Bruno Pernadas **S** Pedro Filipe Marques **Sb** Anna-Maria Otte, Nádia Santos Henriques **Kb** Peri de Bragança **D** Hugo Fernandes (Patrick), Alba Baptista (Marta Rodrigues), Teresa Sobral (Laura), Miguel Herz-Kestranek (Mark), Raphaël Tschudi (Thomas) **L** 108 FSK ab 16; f **E** 15.7.2021   fd 47745

PAW PATROL – DER KINOFILM ★★
PAW PATROL: THE MOVIE

Abendfüllende Kinoversion einer Animations-Serie für Kinder: Ein selbstverliebter Bürgermeister droht mit schlecht durchdachten Aktionen heilloses Unheil anzurichten. Eine Feuerwehr-ähnliche Eingreiftruppe aus einem aufgeweckten Jungen und sechs Hunden stellt sich ihm jedoch entgegen. Der technikverliebte Animationsfilm stellt vor allem seine vielen Gadgets heraus und driftet dabei oftmals ins Fantastische ab. Die Themen um Heldentum und Bewährung werden dabei viel zu brav und konfliktscheu gestreift, die Animation ist glatt und steril geraten. – **Ab 6.**
Scope. USA 2021 **KI** Paramount **DVD** Paramount/Universal (16:9, 2.35:1, DD5.1 engl./dt.) **BD** Paramount/Universal (16:9, 2.35:1, dolby_Atmos engl., DD5.1 dt.) **R** Cal Brunker **B** Bob Barlen, Cal Brunker, Billy Frolick **M** Heitor Pereira **S** Ed Fuller **L** 86 FSK ab 0; f **E** 19.8.2021 / 2.12.2021 DVD & BD & digital   fd 47906

PAYDIRT – DRECKIGE BEUTE ★★
PAYDIRT

Ein Verbrecher auf Bewährung wird nach einem längeren Knastaufenthalt auf freien Fuß gesetzt und tut sich prompt wieder mit seiner alten Crew zusammen, um eine einst verlorene Millionen-Beute wiederzufinden, die das Team einem mexikanischen Drogenkartell abgejagt hatte. Dabei hat die Gang jedoch nicht nur die Mexikaner, die das Geld auch gerne wiederhätten, sondern auch einen pensionierten Sheriff im Nacken. Ein weitgehend formelhafter, aber bis auf einige Längen und Plot-Löcher solide umgesetzter Thriller. – **Ab 16.**
Scope. USA 2020 **DVD** Lighthouse **BD** Lighthouse **R+B** Christian Sesma **K** Stefan Colson **M** Nima Fakhrara **S** Eric Potter **Sb** Russell Jones **D** Luke Goss (Damien), Val Kilmer (Sheriff Tucker), Mike Hatton (Geoff), Paul Sloan (Tony), Nick Vallelonga (Leo Cap) **L** 82 FSK ab 16 **E** 27.8.2021 DVD & BD   fd –

PELÉ ★★
PELÉ

Dokumentation über den brasilianischen Fußballstar Pelé, die mit Interviews und Archivmaterialien die Karriere des berühmten Sportlers und seinen Aufstieg zur nationalen Ikone von den späten 1950er- bis in die 1970er-Jahre beleuchtet. In raren Momenten entsteht dabei ein Gefühl für die Strahlkraft des Fußballs wie auch der von Pelé. Doch auch wenn ein kritischer Blick auf die Rolle des Sportlers während der Zeit der Militärdiktatur nicht fehlt, gelangt der Film nicht über eine konventionelle Heldengeschichte um eine aus armen Verhältnissen aufgestiegene nationale Ikone hinaus. – **Ab 12.**
Großbritannien 2021 **R** Ben Nicholas, David Tryhorn **K** Michael Latham **M** Felipe Kim **S** Matteo Bini, Andrew Hewitt **L** 108 **E** 23.2.2021 VoD (Netflix)   fd 47565

PERCY ★★★
PERCY / PERCY VS. GOLIATH

Die wahre Geschichte des kanadischen Farmers Percy Schmeiser, der 1998 vom Chemieriesen Monsanto beschuldigt wurde, heimlich den genmanipulierten Raps der Firma auf seinen Feldern ausgesät zu haben. Unterstützt von einem Anwalt und einer Umweltaktivistin zieht der alte Mann vor Gericht und kämpft gegen die falschen Behauptungen. Das zurückhaltend und unaufgeregt erzählte Drama beschreibt den ungleichen Kampf eines Einzelnen gegen einen übermächtigen Konzern, wobei es immer auch um die Beziehungen des Protagonisten zu seinem unmittelbaren Umfeld geht. In der Hauptrolle kongenial gespielt. – **Ab 14.**
Scope. Kanada 2020 **KI** MFA+ **DVD** MFA+ (16:9, 2.35:1, DD5.1 engl./dt.) **BD** MFA+ (16:9, 2.35:1, dts-HDMA engl./dt.) **R** Clark Johnson **B** Garfield Lindsay Miller, Hilary Pryor **K** Luc Montpellier **M** Steven MacKinnon **S** Susan Maggi, Maureen Grant, Geoff Ashenhurst **Sb** Sara McCudden **Kb** Sandra Soke **D** Christopher Walken (Percy Schmeiser), Christina Ricci (Rebecca Salcau), Zach Braff (Jackson Weaver), Luke Kirby (Peter Schmeiser), Roberta Maxwell (Louise Schmeiser) **L** 100 FSK ab 6; f **E** 1.7.2021 / 5.11.2021 DVD & BD   fd 47813

DIE PERFEKTE EHEFRAU ★★★★
LA BONNE ÉPOUSE

In einer elsässischen Hauswirtschaftsschule bricht sich Ende der 1960er-Jahre die gesellschaftliche Aufbruchstimmung Bahn: Die jungen Schülerinnen lassen sich von der neuen Freiheit anstecken. Nach dem Tod ihres Mannes erkennt auch die konservative Schuldirektorin, dass sie ihr bisheriges Leben hinterfragen muss. Die betont stilisierte Komödie überspitzt genüsslich die patriarchale Doppelmoral und den Konservativismus ihres Milieus, nimmt das Thema weibliche Unterdrückung und Emanzipation aber zugleich ernst. Grandios gezeichnete und gespielte Figuren, ein flottes Drehbuch mit präzisen Dialogen und die treffsichere Inszenierung sorgen für einen rundum vergnüglichen Film. – **Ab 14.**
Scope. Frankreich/Belgien 2020 **KI** One **R** Martin Provost **B** Martin Provost, Séverine Werba **K** Guillaume Schiffman **M** Grégoire Hetzel **S** Albertine Lastera **Sb** Thierry François **Kb** Madeline Fontaine **D** Juliette Binoche (Paulette Van der Beck), Yolande de Moreau (Gilberte Van der Beck), Noémie Lvovsky (Marie-Thérèse), Edouard Baer (André Grunvald), François Berléand (Robert Van der Beck) **L** 110 FSK ab 12; f **E** 5.8.2021   fd 47900

DAS PERFEKTE SCHWARZ ★★

Auf der Suche nach der Bestimmung und Interpretation der Farbe Schwarz befragt der Film sechs Menschen, darunter einen Astrophysiker, einen Tattoo-Künstler, eine Meeresforscherin und einen Kunstdrucker. Der in einem extrem kontrastreichen und glatten Schwarz-weiß gehaltene Dokumentarfilm versteht sich allerdings weniger als essayistische Betrachtung denn als Suche nach dem Sinn und der Faszination der Farbe Schwarz. Die Ausgangsfrage wie auch die Figuren geraten durch das dominante Bildkonzept mitunter in den Hintergrund. – **Ab 14**.
Schwarz-weiß. Deutschland 2019 **KI** Film Kino Text **R+B** Tom Fröhlich **K** Michael Throne **S** Tom Chapman **L** 78 **FSK** ab 0; f **E** 17.11.2021 fd 48169

PETER HASE 2 – EIN HASE MACHT SICH VOM ACKER ★★★
PETER RABBIT 2: THE RUNAWAY

Der abenteuerlustige Hasenjunge Peter ist durch die Geschichten seiner menschlichen Freundin berühmt geworden. Während diese droht, von einem geldgierigen Verleger übervorteilt zu werden, werden der Hase und seine Freunde von einer Tierbande in zwielichtige Pläne verstrickt. Der zweite Teil der teilanimierten freien Verfilmungen der Bücher von Beatrix Potter besitzt weniger innovativen Esprit und anarchistischen Humor wie der Vorgänger. Dank hervorragend choreografierter Action-Sequenzen und frecher Slapstick-Nummern weiß er jedoch weiterhin zu unterhalten. – **Ab 10**.
Scope. Australien/Indien/USA 2020 **KI** Sony **DVD** (16:9, 2.35:1, DD5.1 engl./dt.) **BD** Sony (16:9, 2.35:1, dts-HD-MA engl./dt.) **4K:** Sony (16:9, 2.35:1, dolby_Atmos engl., dts-HDMA dt.) **R** Will Gluck **B** Will Gluck, Patrick Burleigh **K** Peter Menzies jr. **Vo** Beatrix Potter (Kinderbuch The Tale of Peter Rabbit / Die Geschichte von Peter Hase) **M** Dominic Lewis **S** Matt Villa **Sb** Roger Ford **Kb** Lizzy Gardiner **D** Rose Byrne (Bea), Domhnall Gleeson (Thomas McGregor), David Oyelowo (Nigel Basil-Jones), Tara Morice (Beamtin) **L** 94 **FSK** ab 0; f **E** 1.7.2021 / 14.10.2021 DVD & BD & 4K UHD (plus BD) fd 47862

DIE PFEFFERKÖRNER UND DER SCHATZ DER TIEFSEE ★★★

Im zweiten PFEFFERKÖRNER-Kinofilm suchen die Hamburger Jungdetektive nach einer entführten Biologin und ermitteln gegen einen Recycling-Unternehmer, der Plastikmüll ins Meer kippt. Die spannende Kombination aus Kinderkrimi und Abenteuerfilm kombiniert auf gefällige Weise Verfolgungsjagden, Recherchen, Rettungsaktionen und eine Prise Humor, zeigt aber auch, wie wichtig echter Teamgeist ist. Im Windschatten jugendorganisierter Umweltbewegungen kritisiert der Film zugleich die Vermüllung der Ozeane, zeigt mit einer cleveren Erfindung aber auch mögliche Lösungswege auf. – **Ab 10**.
Deutschland 2020 **KI** Wild Bunch **R** Christian Theede **B** Dirk Ahner **K** Matthias Fleischer **M** Mario Schneider **S** Martin Rahner **Sb** Andreas Lupp **Kb** Didra Szugs **D** Emilia Flint (Alice), Caspar Fischer-Ortmann (Tarun), Leander Pütz (Johnny), Charlotte Martz (Clarissa), Linda Madita (Hanna) **L** 94 **FSK** ab 6; f **E** 30.9.2021 / 3.3.2022 digital / 17.3.2022 DVD & BD fd 47751

PICTURE A SCIENTIST – FRAUEN DER WISSENSCHAFT ★★★
PICTURE A SCIENTIST

Dokumentarfilm über die Ungleichbehandlung, die Frauen in der Wissenschaft gegenüber Männern erfahren, was bis heute eine weibliche Unterrepräsentation bewirkt. Der Film richtet sein Augenmerk speziell auf US-amerikanische Forscherinnen der Fächer Mathematik, Informatik, Naturwissenschaft und Technik und zeigt systemische Bedingungen auf, die Frauen den Aufstieg in der konservativen wissenschaftlichen Hierarchie erschweren, sowie die Häufigkeit sexueller Übergriffe. Dabei enthüllt er keine neuen Befunde, bietet aber eine informative Einführung in wichtige aktuelle Debatten. – **Ab 14**.
USA 2020 **KI** mindjazz **R** Ian Cheney, Sharon Shattuck **K** Emily Topper, Ian Cheney, Duy Linh Tu, Michael J. Murray, Kelly West **M** Martin Crane **S** Natasha Bedu **L** 97 **FSK** ab 12; f **E** 29.4.2021 fd –

PIECES OF A WOMAN (© Benjamin Loeb / Netflix)

PIECES OF A WOMAN ★★★
PIECES OF A WOMAN

Ein Paar aus Boston, das ein Baby erwartet, entscheidet sich für eine Hausgeburt. Als diese zur Tragödie wird, liegt das Leben der Mutter in Scherben; und sie muss nicht nur mit ihrer Trauer fertigwerden, sondern auch das angespannte Verhältnis zu ihrem Mann und ihrer Mutter aushalten. Zudem steht noch die juristische Aufarbeitung aus, als der Vater die Hebamme verklagt. Ein intensives Drama, das von Anfang an eine große Nähe zu den Figuren aufbaut und Reaktionen auf die Verletzlichkeit der menschlichen Existenz durch unkontrollierbare Zufälle auslotet. – **Ab 16**.
Kanada/Ungarn/USA 2020 **R** Kornél Mundruczó **B** Kata Wéber **K** Benjamin Loeb **M** Howard Shore **S** Dávid Jancsó **D** Vanessa Kirby (Martha), Shia LaBeouf (Sean), Ellen Burstyn (Elizabeth), Iliza Shlesinger (Anita), Benny Safdie (= Ben Safdie) (Chris) **L** 126 **E** 7.1.2021 VoD (Netflix) fd 47502

PIG ★★★
PIG

Ein ehemaliger Sternekoch lebt als Einsiedler in den Wäldern Oregons, zusammen mit einem Trüffelschwein als seinem einzigen Gefährten. Als ihm das Tier gestohlen wird, macht er sich mit ziemlich viel Wut im Bauch auf den Weg in die Zivilisation, um seinen animalischen Begleiter zurückzuholen. Der Rachethriller ist auf den Hauptdarsteller Nicolas Cage zugeschnitten, der einmal mehr Gelegenheit für einen exzentrischen Auftritt als rächender Wutbürger erhält. Darüber hinaus entfaltet sich

die Handlung etwas überraschungsarm. – **Ab 16**.
Scope. USA/Großbritannien 2021 **DVD** Leonine **BD** Leonine **R+B** Michael Sarnoski **K** Pat Scola **M** Alexis Grapsas, Philip Klein **S** Brett W. Bachman **Sb** Tyler Robinson **Kb** Jayme Hansen **D** Nicolas Cage (Rob), Alex Wolff (Amir), Cassandra Violet (Lori), Julia Bray (Bree), Elijah Ungvary (Scratch) **L** 87 **FSK** ab 16; f **E** 19.11.2021 digital, DVD & BD   **fd** 48220

P!NK: ALL I KNOW SO FAR   ★★
P!NK: ALL I KNOW SO FAR

Ein dokumentarisches Porträt der US-amerikanischen Sängerin und Songwriterin P!nk: Der Film begleitet den Star bei seiner «Beautiful Trauma»-Tour 2019 und hebt mittels Interviews, «Behind the Scenes»-Material und privaten Aufnahmen die verschiedenen Facetten zwischen Musiker-Karriere und Familienleben hervor. Dabei folgt er allerdings den Vorgaben der Künstlerin und stellt ihre Selbstinszenierung als toughe Frau, die wildesten Zeiten aber überwunden hat, nicht in Frage. Damit kommt er vor allem den Bedürfnissen von Fans der Sängerin entgegen. – **Ab 14**.
Teils schwarz-weiß. USA 2021 **R** Michael Gracey **B** Jory Anast, Michael Gracey, Cindy Mollo, Pink **S** Brad Comfort, Cindy Mollo, Larn Poland **L** 99 **FSK** ab 0 **E** 21.5.2021 VoD (Amazon Prime)   **fd** –

PITBULL – EXODUS   ★
PITBULL

Ein hartgesottener Ermittler, in seinen Methoden ebenso wenig zimperlich ist wie die von ihm verfolgten Kriminellen, nimmt es mit einem besonders skrupellosen Schwerverbrecher auf. Als sich jugendliche Einbrecher, darunter der Sohn des Kommissars, den Zorn des Ganoven zuziehen, setzt der Ermittler alles daran, sie mit Intrigen und Manipulation vor der organisierten Kriminalität zu schützen. Actionthriller aus einer in Polen erfolgreichen Filmreihe, die ein temporeiches Gewalt-Spektakel entfesselt. Brutalität und Gefühlskitsch gehen dabei eine fiese und blutige Verbindung ein. – **Ab 18**.
Polen 2021 **KI** Kinostar **R+B** Patryk Vega **K** Norbert Modrzejewski **M** Lukasz Targosz **S** Tomasz Widarski **Sb** Agata Strozynska **Kb** Malgorzata Bednarek **D** Andrzej Grabowski (Jacek Goc Gebels), Przemysław Bluszcz («Nase»), Tomasz Dedek («Pershing»), Dawid Czuprynski (Rafal), Julia Michalewska (Sandra) **L** 112 **FSK** ab 16; f **E** 18.11.2021   **fd** 48203

PLAN A – WAS WÜRDEST DU TUN?   ★★★
PLAN A

Kurz nach dem Zweiten Weltkrieg stößt ein NS-Überlebender auf eine Gruppe jüdischer Partisanen, die einen Giftanschlag gegen die Deutschen als Vergeltung für den Holocaust planen. Eigentlich sollte er die Untergrundorganisation im Auftrag der britischen Armee auskundschaften, um die Attentate zu vereiteln. Doch seine ungestillten Rachegelüste stürzen ihn in ein tragisches Dilemma. Der auf wenig bekannten historischen Ereignissen beruhende Film ist ein packendes Drama, das die moralischen Dimensionen der Geschichte trotz des Rückgriffs auf konventionelle Genreelemente nicht aus den Augen verliert. – **Ab 16**.
Deutschland/Israel 2020 **KI** Camino **R** Yoav Paz, Doron Paz **B** Doron Paz, Yoav Paz **K** Moshe Mishali **M** Tal Yardeni **S** Einat Glaser-Zarhin **Sb** Renate Schmaderer **Kb** Gudrun Leyendecker **D** August Diehl (Max), Sylvia Hoeks (Anna), Michael Aloni (Michael), Nikolai Kinski (Tzvi), Michael Brandner (Foreman) **L** 110 **FSK** ab 12; f **E** 9.12.2021   **fd** 48252

PLATZSPITZBABY –   ★★★★
MEINE MUTTER, IHRE DROGEN UND ICH
PLATZSPITZBABY

Mitte der 1990er-Jahre zieht eine Heranwachsende mit ihrer drogenabhängigen Mutter von Zürich aufs Land, um gemeinsam neu anzufangen. Doch die Hoffnung auf ein anderes Leben trügt, denn bald findet sich die co-abhängige Jugendliche in einem Teufelskreis aus Entzug und Absturz wieder. Das raue, ungeschönte Drama zeichnet eindringlich den Abnabelungsprozess einer Halbwüchsigen im Dunstkreis der Auflösung der offenen Zürcher Drogenszene nach. Die fiktive Handlung stützt sich dabei lose auf die Autobiografie einer Betroffenen. – **Sehenswert ab 14**.
Schweiz 2020 **KI** Alpenrepublik **DVD** EuroVideo **BD** EuroVideo **R** Pierre Monnard **B** André Küttel **K** Darran Bragg **Vo** Michelle Halbheer / Franziska K. Müller (Autobiografischer Roman *Platzspitzbaby*) **M** Matteo Pagamici **S** Sophie Blöchlinger **Sb** Georg Bringolf **Kb** Linda Harper **D** Sarah Spale (Sandrine), Luna Mwezi (Mia), Delio Malär (Franco), Jerry Hoffmann (André), Anouk Petri (Lola) **L** 100 **FSK** ab 12; f **E** 18.11.2021 / 19.3.2022 digita / 24.3.2022 DVD & BD   **fd** 47729

PLÖTZLICH SO STILL   ★★★

Eine Frau ist überglücklich nach der Geburt ihrer Tochter und erlebt intensive Wochen, während ihr fürs LKA arbeitender Ehemann bei einer Fortbildung im Ausland ist. Von einem Moment auf den anderen stirbt das Baby jedoch; die unter Schock stehende Frau entführt ein anderes Mädchen aus einem Auto und gibt dieses in ihrem Umfeld als ihre Tochter aus. Ihr Mann ermittelt derweil im Fall des verschwundenen Babys. Intensiv angelegtes Psychodrama um ein Trauma und eine Verzweiflungstat mit einigen eher melodramatischen Effekten, insgesamt aber zurückhaltend und wirkungsvoll durch hochpräzise Hauptdarsteller. – **Ab 16**.
Deutschland 2021 **R** Lars-Gunnar Lotz **B** Matthias Wehner **K** Eva Katharina Bühler **M** Matthias Weber **S** Anton Korndörfer **Sb** Iris Trescher-Lorenz **Kb** Astrid Möldner **D** Friederike Becht (Eva Ambach), Hanno Koffler (Ludger Ambach), Nadja Bobyleva (Stefanie Wolpert), Morgane Ferru (Charlotte), Katharina Behrens (Ariane Stödter) **L** 89 **E** 8.3.2021 ZDF   **fd** –

EIN POLIZEI-FILM   ★★★★
UNA PELÍCULA DE POLICÍAS

Ein Polizist und eine Polizistin aus Mexiko-Stadt sind ein Paar. Beide stammen aus einfachen indigenen Verhältnissen und haben diesen Job wegen familiärer Traditionen und aus Idealismus gewählt, aber auch, um dann ein festes Einkommen zu haben. Doch dann geraten sie mit einflussreichen Menschen in Konflikt und verlieren alle Illusionen. Ein semidokumentarischer Einblick in Alltag und Strukturen der Polizei von Mexiko-Stadt, bei dem Schauspieler in die Rollen der Protagonisten schlüpfen, sich ausbilden lassen und mehrere Monate mit auf den Straßen unterwegs sind. Der komplexe Film vermittelt darüber hinaus auch viel über die Widersprüche der mexikanischen Gesellschaft. – **Ab 14**.
Mexiko 2021 **R** Alonso Ruizpalacios **B** Alonso Ruizpalacios, David Gaitán **K** Emiliano Villanueva **S** Yibran Asuad (= Yibran Assaud) **Sb** Julieta Álvarez Icaza **Kb** Ximena Barbachano de Agüero **D** Mónica Del Carmen (Teresa), Raúl Briones (Montoya) **L** 107 **FSK** ab 12 **E** 5.11.2021 VoD (Netflix)   **fd** 47603

POLIZEIRUF 110 – AN DER   ★★★★
SAALE HELLEM STRANDE

Der Mord an einem Mann, der tot vor seiner Haustür gefunden wurde, gibt einem Ermittlerteam in Halle an der Saale Rätsel auf. Um voranzukommen, laden sie alle Menschen vor, die in der Mordnacht in der Nähe des

Tatorts telefoniert haben und stoßen auf eine Spur, die in die unmittelbare Nachbarschaft des Toten führt. Zum 50. Jubiläum der POLIZEIRUF 110-Reihe entstandener Film, der mit herausragenden Porträts gescheiterter Existenzen auf Ermittler- wie auf Verdächtigenseite weit über konventionelle Krimis hinausgeht. Fein ausbalanciert zwischen Humor und Gefühl, ist er in der Milieuzeichnung präzise und streut zudem kluge Reminiszenzen an Klassiker der Reihe ein. – **Sehenswert ab 16.**
Deutschland 2021 R Thomas Stuber B Clemens Meyer, Thomas Stuber K Nikolai von Graevenitz M Bert Wrede S Julia Kovalenko Sb Jenny Roesler Kb Sonja Hesse D Peter Kurth (Hauptkommissar Henry Koitzsch), Peter Schneider (Kommissar Michael Lehmann), Till Wonka (Maik Gerster), Hermann Beyer (Günther Born), Eva Weißenborn (Traudel Born) L 89 E 30.5.2021 ARD fd -

POLIZEIRUF 110 – BIS MITTERNACHT ★★★★
Nach der Festnahme eines mutmaßlichen Serienmörders steht Kommissarin Eyckhoff unter Zeitdruck. Da die Beweise fehlen, braucht sie innerhalb von zwei Stunden ein Geständnis, um den hochintelligenten Mann zu überführen, bevor er wieder auf freien Fuß gesetzt wird. Ihre Vorgesetzten bringen derweil ihren pensionierten Vorgänger ins Spiel, der das Verhör übernehmen soll. Hochkonzentrierter (Fernseh-)Krimi mit ausgezeichneten schauspielerischen Leistungen und versiertem Gespür für Spannungssteigerung. Das Kräftemessen zwischen Polizistin und Verdächtigem greift auf mehreren Ebenen zugleich den Kampf einer Frau um Anerkennung in einer männlich dominierten Welt auf. – **Ab 16.**
Deutschland 2021 R Dominik Graf B Tobias Kniebe K Hendrik A. Kley Vo Josef Wilfling (Sachbuch *Abgründe: Wenn aus Menschen Mörder werden*) M Florian van Volxem, Sven Rossenbach S Claudia Wolscht Sb Claus Jürgen Pfeiffer (= Claus-Jürgen Pfeiffer) Kb Barbara Grupp, Dorothee Hohndorf D Verena Altenberger (Bessie Eyckhoff), Thomas Schubert (Jonas Borutta), Michael Roll (Josef Murnauer), Emma Jane (Susanne Michl), Robert Sigl (Hansi Dorfmeister) L 89 E 5.9.2021 ARD fd -

POLIZEIRUF 110 – FRAU SCHRÖDINGERS KATZE ★★★
Die Münchner Oberkommissarin Eyckhoff lässt sich darauf ein, die entlaufene Katze einer alten Frau zu suchen. Dabei stößt sie unerwartet auf Zusammenhänge mit einem tödlichen Unfall mit Fahrerflucht und kriminellen Machenschaften, die auf das Vermögen der alten Dame abzielen. Ein weniger auf konventionellen Spannungsaufbau als auf unerwartete Zusammenhänge und hintergründige Dialoge ausgerichteter (Fernseh-)Krimi. Die Kreuzung aus schwarzem Humor und humanen Gesten geht nicht immer auf, reibt sich aber durchaus konstruktiv aneinander. – **Ab 14.**
Deutschland 2021 R Oliver Haffner B Clemens Maria Schönborn (= Clemens Schönborn) K Kaspar Kaven M Arash Safaian S Anja Pohl Sb Renate Schmaderer Kb Esther Amuser D Verena Altenberger (Elisabeth «Bessie» Eyckhoff), Ilse Neubauer (Johanna Schrödinger), Lilly Forgách (Karin Meyer), Ferdinand Dörfler (Michael Meyer), Stephan Zinner (Dennis Eden) L 89 E 20.6.2021 ARD fd -

POLIZEIRUF 110 – HERMANN ★★★
Eine Bauingenieurin wird tot im deutsch-polnischen Grenzgebiet aufgefunden, ermordet wurde sie jedoch in Cottbus, wo sie die Sanierung eines Wohnblocks beaufsichtigte. Kommissar Raczek reist an seine alte Wirkungsstätte und ermittelt mit einer Exkollegin in dem Fall, bei dem die ungeklärten Haus-Besitzverhältnisse zwischen einer alteingesessenen Bewohnerin und einem Holocaust-Überlebenden eine Rolle spielen. Sorgfältig entwickelter (Fernseh-)Krimi, der die schuldbeladene deutsche Vergangenheit recht geschickt als Thema aufgreift. Konventionelle Spannung ergibt sich daraus allerdings weniger als Anteilnahme. – **Ab 16.**
Deutschland 2021 R Dror Zahavi B Mike Bäuml K Gero Steffen M Jörg Lemberg S Fritz Busse Sb Gabriele Wolff D Lucas Gregorowicz (Adam Raczek), Gisa Flake (Alexandra Luschke), Monika Lennartz (Elisabeth Behrend), Dov Glickman (= Doval'e Glickman) (Zivi Spielmann), Sven-Eric Bechtolf (Karl Winkler) L 89 E 5.12.2021 ARD fd -

POLIZEIRUF 110 – MONSTERMUTTER ★★
Kommissarin Lenski hat ihren Dienst an der deutsch-polnischen Grenze quittiert, wird aber aus ihrem Resturlaub zurückbeordert, als eine Jugendamtsmitarbeiterin getötet wird. Als sie der Spur eines untergetauchten Verdächtigen folgt, gerät sie unversehens selbst in Lebensgefahr. Dramatischer (Fernseh-)Krimi, in dem Selbstzweifel und Einfühlungsvermögen der Hauptfigur noch einmal an einer extremen Kontrastfigur gerieben werden. Schauspielerisch herausragend und bereit, die Getriebenheit der Täterin nicht psychologisch herunterzubrechen, gelingt es dem Film nicht, die Vielzahl der Motive zusammenzuführen. – **Ab 16.**
Deutschland 2020 R+B Christian Bach K Namche Okon M Sebastian Pille S Kai Schröter Sb Wolfgang Arens Kb Christian Roehrs D Maria Simon (Olga Lenski), Lucas Gregorowicz (Adam Raczek), Luzia Oppermann (Louisa Bronski), Jule Böwe (Nicole Bronski), Sebastian Reusse (Enno) L 88 E 31.1.2021 ARD fd -

POLIZEIRUF 110 – SABINE ★
Eine in ihrem Leben beständig gedemütigte Alleinerziehende verliert nach dem Verlust ihrer Arbeit den letzten Halt und will Selbstmord begehen. Stattdessen tötet sie jedoch im Affekt einen Frauenschläger und beschließt daraufhin, sich auch an anderen Übeltätern schadlos zu halten. Die Rostocker Kommissare kommen bald auf ihre Spur, doch erweist sich die Frau als völlig unberechenbar. Ein auf Klischeebilder menschlichen Elends reduzierter (Fernseh-)Krimi, der die Vigilanten-Morde als Resultat sozialer Ausgrenzung verstanden wissen will. Damit entzieht er sich einer ernsthaften Auseinandersetzung mit den Problemlagen, zudem bleiben Figuren wie Plot durchweg unglaubwürdig. – **Ab 16.**
Deutschland 2020 R Stefan Schaller B Florian Oeller (= Florian Öller) K Tim Kuhn M Johannes Lehniger, Sebastian Damerius S Andrea Mertens Sb Sonja Strömer Kb Katja E. Waffenschmied D Anneke Kim Sarnau (Katrin König), Charly Hübner (Alexander Bukow), Uwe Preuss (Henning Röder), Luise Heyer (Sabine Brenner), Andreas Guenther (Anton Pöschel) L 88 E 14.3.2021 ARD fd -

DAS PORTAL – EINE REISE DURCH DIE ZEIT ★★
STOROSCHOWA SASTAWA
Ein ukrainisches Fantasy- und Coming-of-Age-Abenteuer um einen Teenager, den es bei einem Schulausflug durch ein magisches Portal in ein Mittelalter verschlägt, in dem Magie real ist. Dort verliebt er sich in ein junges Mädchen und wird in einen abenteuerlichen Kampf gegen finstere Mächte verstrickt, in dem er eine entscheidende Rolle spielen wird. Ein von der Handlung und den Figuren her arg blass-konventioneller, durch üppige Schauwerte sowie solide umge-

setzte Kampfszenen und Effekte aber ansehnlicher Genre-Beitrag. – **Ab 12**.
Scope. Ukraine 2017 **DVD** Capelight (16:9, 2.35:1, DD5.1 ukrain./dt.) **BD** Capelight (16:9, 2.35:1, dts-HDMA ukrain./dt.) **R** Juri Kowaljow **B** Alexander Dermanski, Juri Kowaljow, Jaroslaw Wojtschotschok **K** Juri Korol **S** Viktor Onysko **Sb** Wlad Odudenko **D** Iwan Denisenko (Tuharin), Georgi Derewjanski (Großvater Owsi), Danilo Kamenski (Vit'ko), Alexander Komarow (Dobrynia), Eva Koschowa (Olenka) **L** 107 **FSK** ab 12 **E** 12.2.2021 DVD & BD fd –

POSSESSOR ★★★
POSSESSOR
Futuristischer Body-Horrorfilm über eine Auftragskillerin, die sich ins Bewusstsein fremder Personen einnistet, um diese zu ihrem Mordwerkzeug zu machen. So kann sie ihrer Tätigkeit ungestört nachgehen, bis einer der Wirte ihr unerwartet Widerstand leistet. Die kühle Zukunftsvision mit bluttriefenden Bildern setzt ästhetisch auf eine Mischung aus Groteske und Poesie und meistert die Aufgabe, zwei Persönlichkeiten und ihre Kämpfe im Inneren eines Körpers darzustellen, durch großflächige Spezialeffekte. Dabei geht es unter der Hand immer wieder um die Frage, woran sich das Selbstverständnis einer Person festmacht, was das Unbehagen an den grausamen Morden etwas mildert. – **Ab 18.**
Kanada/Großbritannien 2020 **KI** Kinostar **R+B** Brandon Cronenberg **K** Karim Hussain **M** Jim Williams **S** Matthew Hannam **Sb** Rupert Lazarus **Kb** Aline Gilmore **D** Andrea Riseborough (Tasya Vos), Christopher Abbott (Colin Tate), Rossif Sutherland (Michael Vos), Tuppence Middleton (Ava Parse), Sean Bean (John Parse) **L** 104 **FSK** ab 18; f **E** 1.7.2021 fd 47789

PRAY AWAY ★★★
PRAY AWAY
Homosexualität sei eine Krankheit, die auf traumatische Kindheitserlebnisse zurückgehe und dementsprechend heilbar sei. Das glauben die Anhänger der sogenannten Konversionstherapie, die, vielfach unter Berufung auf die Bibel, eine «Heilung» in Aussicht stellt. Ehemals führende Köpfe einschlägiger «Pray the Gay Away»-Organisationen blicken in dem Dokumentarfilm kritisch auf ihr früheres Tun zurück. Archivbilder aus Talkshows, von Kongressen und Versammlungen ergänzen die Einblicke in eine krude Gehirnwäsche, der sich allein in den USA mehr als 700.000 Menschen unterzogen haben sollen. – **Ab 14.**
USA 2021 **R+B** Kristine Stolakis **K** Melissa Langer **M** Laura Karpman, Nora Kroll-Rosenbaum **S** Carla Gutierrez **L** 101 **E** 3.8.2021 digital (Netflix) fd 47937

PREY ★★
Ein Schuss unterbricht den Junggesellenabschied, den fünf junge Männer in einem Wald in Bayern ausklingen lassen. Unter dem ständigen Beschuss eines unbekannten Scharfschützen bricht der Zusammenhalt zwischen den Männern nach und nach auseinander. Der an einschlägige Vertreter des Backwood-Films angelehnte Thriller hat seine stärksten Momente in der vielversprechenden Exposition, folgt dann aber nur den allzu ausgetretenen Pfaden des Genres. Darüber hinaus verliert er sich immer wieder in den bürgerlichen Befindlichkeitskonflikten der zusehends ins Banale abdriftenden Figuren. – **Ab 16**.
Scope. Deutschland 2021 **R+B** Thomas Sieben **K** Andreas Berger **M** Michael Kamm, Maximilian Stephan **S** Robert Rzesacz **Sb** Agi Dawaachu **Kb** Sophie Klebba **D** David Kross (Roman), Hanno Koffler (Albert), Maria Ehrich (Eva), Robert Finster (Peter), Yung Ngo (Vincent) **L** 87 **E** 10.9.2021 digital (Netflix) fd 48022

PRIME TIME ★★
PRIME TIME
In der Nacht zum Millenniumswechsel 1999/2000 dringt ein verzweifelter junger Mann in ein TV-Studio ein, in dem gerade eine populäre Gameshow produziert wird, nimmt die Moderatorin und einen Sicherheitsmann als Geiseln und will den Sender zwingen, ihn live eine Nachricht an die Nation senden zu lassen. Das kammerspielartige polnische Thriller-Drama setzt dabei kaum auf Action, sondern inszeniert die Geiselnahme als Situation der Stagnation, während Geiselnehmer und Geiseln auf Entscheidungen der Verantwortlichen warten. Angelegt als Stimmungsbild der Frustration einer «Lost Generation», bleibt der Film als bittere Gesellschaftsparabel allzu vage und droht immer wieder im dramaturgischen Leerlauf stecken zu bleiben. – **Ab 16.**
Polen 2021 **R** Jakub Piatek **B** Jakub Piatek, Lukasz Czapski **K** Michal Luka **M** Teoniki Rozynek **S** Ula Klimek-Piatek, Jaroslaw Kaminski **Sb** Katarzyna Jedrzejczyk **Kb** Hanna Podraza **D** Bartosz Bielenia (Sebastian), Magdalena Poplawska (Mira Kryle), Andrzej Klak (Ochroniarz), Malgorzata Hajewska (Wydawczyni), Dobromir Dymecki (Dowódca) **L** 93 **E** 30.6.2021 VoD (Netflix) fd –

DER PRINZ AUS ZAMUNDA 2 ★★
COMING 2 AMERICA
30 Jahre nach seinem Aufenthalt in den USA macht ein afrikanischer König sich erneut in den New Yorker Stadtteil Queens auf, um seinen bis dahin unbekannten Sohn zu finden und nach Zamunda zu locken. Über der Frage der Thronfolge entspinnt sich in der Fortsetzung in dem fiktiven Staat eine spiegelverkehrte Neuauflage, deren allzu ausufernde Handlung jedoch weder mit den erstaunlichen Einsichten in die schwarzen Gemeinden von Queens noch mit dem überdrehten Klamauk der Vorlage punkten kann. Am besten funktioniert der Film, wenn er inmitten seiner Überfülle für Momente innehält. – **Ab 12.**
USA 2021 **R** Craig Brewer **B** Barry W. Blaustein, David Sheffield, Kenya Barris **K** Joe «Jody» Williams **Vo** Eddie Murphy (Charaktere) **M** Jermaine Stegall **S** David S. Clark, Billy Fox, Debra Neil-Fisher (= Debra Neil) **Sb** Jefferson Sage **Kb** Ruth E. Carter **D** Eddie Murphy (Akeem/Clarence/Saul/Randy Watson), Arsenio Hall (Semmi/Morris/Rev. Brown u. a.), Jermaine Fowler (Lavelle), Leslie Jones (Mary), Tracy Morgan (Reem) **L** 97 **FSK** ab 12; f **E** 5.3.2021 VoD (Amazon Prime) fd 47595

DIE PRINZESSIN UND DAS ★★★
HALBE KÖNIGREICH
PRINCEZNA A PUL KRÁLOVSTVÍ
Als ein Drache die einzige Tochter eines Königspaares verschleppt, verspricht der König dem Befreier der Prinzessin deren Hand sowie das halbe Königreich. Einem Bauernjungen gelingt es tatsächlich, die Aufgabe zu meistern, doch zeigt sich die Prinzessin von dem Versprechen ihres Vaters alles andere als begeistert. Sorgfältig inszenierter Märchenfilm, der zwar inhaltlich oft auf Nummer sicher geht, durch sympathische Figuren und witzige Einfälle aber gelungene Unterhaltung bietet und auch in den kindgerechten Botschaften nicht überzieht. – **Ab 8.**
Tschechien/Slowakei 2019 **DVD** Studio Hamburg **R** Karel Janák **B** Petr Hudský **K** Jan Stastny **M** Ales Brezina **S** Petr Stanek **Sb** Pavel Ramplé **Kb** Simona Ledererová **D** Matous Ruml (Honza), Eva Josefíková (Prinzessin), Marek Eben (Ritter Valerian), Jakub Prachar (Prinz Eugen), Maros Kramár (König) **L** 92 **FSK** ab 0 **E** 10.12.2021 DVD fd –

PRINZESSINNENTAUSCH 3: ★★
AUF DER JAGD NACH DEM STERN
THE PRINCESS SWITCH 3: ROMANCING
THE STAR
Im kleinen Königreich Montenaro wird eine festliche Weihnachtsgala vorbereitet; der Vatikan schickt zu dem Anlass als Leihgabe einen kostbaren, sagenumwobenen Christbaum-Stern. Als dieser kurz vor dem Fest gestohlen wird, sehen sich die Königin und ihre Freunde gezwungen, auf die einschlägige kriminelle Erfahrung der königlichen Cousine zurückzugreifen. Gemeinsam mit einem alten Freund kommt diese dem Dieb auf die Spur. Der dritte Teil der Liebeskomödien-Reihe setzt einmal mehr auf die bewährte Mischung aus Humor und hemmungslosem Kitsch, diesmal aufgepeppt mit Heist-Movie-Anleihen, die den Aufhänger für Spannungselemente und neue Verwechslungsspiele geben. – **Ab 12.**
Scope. USA 2021 **R** Mike Rohl **B** Robin Bernheim **K** Fernando Argüelles **M** Jina Hyojin An, Shirley Song **S** Lee Haxall **D** Vanessa Hudgens (Stacy/Margaret/Fiona), Nick Sagar (Kevin), Remy Hii (Peter Maxwell), Amanda Donohoe (Bianca Pembroke), Will Kemp (Jäger Cunard) **L** 106 **E** 18.11.2021 digital (Netflix) fd -

PRISONERS OF THE GHOSTLAND ★★
PRISONERS OF THE GHOSTLAND
In einer postapokalyptischen Welt zwingt der despotische Herrscher über eine Enklave Überlebender einen Bankräuber, sich auf die Jagd nach einer geflüchteten Sklavin zu machen: Kann er sie nicht innerhalb von drei Tagen zurückbringen, stirbt er. Im nuklear verseuchten «Ghostland» trifft der Mann auf Aussätzige und Oppositionelle und zettelt einen Aufstand an. In seinem ersten englischsprachigen Film tut sich der japanische Kultfilmemacher Sion Sono mit Schauspieler Nicolas Cage zusammen und bereitet diesem eine Bühne für sein überdreht-irrwitziges Spiel. Das Drehbuch tendiert jedoch dazu, sich in langen und wirr zusammengefügten Rückblenden zu verfranzen. – **Ab 16.**
USA 2020 **DVD** Falcom (16:9, 2.35:1, DD5.1 engl./dt.) **BD** Falcom (16:9, 2.35:1, dts-HDMA engl./dt.) **R** Sion Sono **B** Aaron Hendry, Reza Sixo Safai **K** Sôhei Tanikawa **M** Joseph Trapanese **S** Taylor Levy **Sb** Toshihiro Isomi **Kb** Chieko Matsumoto **D** Nicolas Cage (Held), Sofia Boutella (Bernice), Nick Cassavetes (Psycho), Bill Moseley (Gouverneur), Tak Sakaguchi (Ya-

PROMISING YOUNG WOMAN (© Universal)

sujiro) **L** 99 **FSK** ab 16 **E** 10.12.2021 DVD & BD & 4K UHD fd 48317

PRIVATE NETWORK: WHO KILLED MANUEL BUENDÍA?
siehe: **RED PRIVADA: WER HAT MANUEL BUENDÍA UMGEBRACHT?**

PROJECT RAINFALL ★★
OCCUPATION: RAINFALL
Seit zwei Jahren leidet Australien, wie der Rest der Welt, unter einer Alien-Invasion, die verheerende Verwüstungen angerichtet hat. Menschliche Widerständler und einige gutartige Aliens, die sich auf ihre Seite geschlagen haben, machen sich auf die Suche nach etwas, was ihnen bei der Verteidigung der Erde den entscheidenden Vorteil bescheren könnte. Ein australischer Science-Fiction-Film, der sich wenig originell, aber handwerklich solide im Fahrwasser von einschlägigen Hollywood-Spektakeln bewegt und mit überschaubarem Budget respektable Action-Schauwerte liefert. – **Ab 16.**
Scope. Australien 2020 **DVD** Splendid **BD** Splendid **R+B** Luke Sparke **K** Wade Muller **M** Frederik Wiedmann **S** Luke Sparke **Sb** Luke Sparke, John Andersen **Kb** Tracey Rose Sparke **D** Dan Ewing (Matt Simmons), Temuera Morrison (Peter Bartlett), Daniel Gillies (Commander Hayes), Lawrence Makoare (Gary, das Alien), Zachary Garred (Dennis) **L** 123 **FSK** ab 16; f **E** 30.7.2021 DVD & BD fd -

PROMARE ★★★★
PUROMEA
Vor 30 Jahren dezimierte eine Katastrophe die Menschheit, der «Great World Blaze», bei dem sich zahlreiche Menschen entzündeten; außerdem entwickelten einige Menschen aus mysteriösen Gründen die Fähigkeit, Feuer zu erschaffen und zu kontrollieren. Solche Mutanten gelten nun als gefährlich, und ein Team von mutigen Feuerwehrleuten von der «Burning Rescue» hat ihnen den Kampf angesagt. Ein junger Rekrut bekommt allerdings im Zuge abenteuerlicher Erlebnisse Zweifel daran, ob die Gut-Böse-Verhältnisse zwischen Menschen und den sogenannten «Burnish» wirklich so einfach sind. Ein visuell bombastisches Fantasy-Anime, das mit wilder Action und vielen absurden Ideen auftrumpft. – **Ab 14.**
Japan 2019 **R** Hiroyuki Imaishi **B** Kazuki Nakashima **K** Shinsuke Ikeda **M** Hiroyuki Sawano **S** Junichi Uematsu **L** 111 **FSK** ab 12 **E** 9.4.2021 VoD (Amazon Prime) / 7.1.2022 Pro7 MAXX fd -

PROMISING YOUNG WOMAN ★★★★
PROMISING YOUNG WOMAN
Eine junge Frau ist seit der Vergewaltigung einer Studienfreundin psychisch aus der Spur geraten. In einer Schleife aus Wut und Trauer lauert sie Männern in Clubs auf und zeigt ihnen mit einer List, dass sie allesamt nicht die guten Kerle sind, für die sie sich halten. Das packende Drama, das vielfältigste Erwartungen unterläuft, ist eine Rachefantasie gegen die «Rape Culture» und ein Plädoyer für mehrdimensionale und widersprüchliche Frauenfiguren im Film. Durch die glänzende Hauptdarstellerin bleibt das Gefühlschaos der Protagonistin auch in seiner satiri-

PROXIMA – DIE ASTRONAUTIN (© Koch Films)

schen Überspitzung lebensnah und nachvollziehbar. – **Sehenswert ab 16.**

⊙ Die BD enthält eine Audiodeskription für Sehbehinderte, allerdings nur in englischer Sprache.
Die Extras umfassen u. a. einen Audiokommentar der Regisseurin.
Scope. USA 2020 **KI** UPI **DVD** Universal (16:9, 2.35:1, DD5.1 engl./dt.) **BD** Universal (16:9, 2.35:1, dts-HDMA7.1 engl., dts-HDHR7.1 dt.) **R+B** Emerald Fennell **K** Benjamin Kracun **M** Anthony Willis **S** Frédéric Thoraval **Sb** Michael Perry **Kb** Nancy Steiner **D** Carey Mulligan (Cassie Thomas), Bo Burnham (Ryan Cooper), Alison Brie (Madison McPhee), Clancy Brown (Stanley Thomas), Jennifer Coolidge (Susan Thomas) **L** 114 **FSK** ab 16; f **E** 19.8.2021 / 18.11.2021 DVD & BD   fd 47957

PROXIMA – DIE ASTRONAUTIN ★★★★
PROXIMA

Eine französische Astronautin wird für eine einjährige Weltraummission zum Mars ausgewählt, was auch einen Abschied von ihrer kleinen Tochter bedeutet. Während ihrer strengen Vorbereitung, bei der sie an physische wie psychische Grenzen gerät, sucht sie nach einer Lösung für ihr Dilemma. Ebenso packendes wie bewegendes Drama, das die vor allem auch emotionalen Vorbereitungen zu einer Weltraummission aus weiblicher Perspektive beleuchtet und dabei auch die Folgen für die familiären Beziehungen einfühlsam in den Blick nimmt. – **Ab 14.**
Frankreich/Deutschland 2019 **KI** Koch Films **DVD** Koch (16:9, 1.85:1, DD5.1 frz./dt.) **BD** Koch (16:9, 1.85:1, dts-HDMA frz./dt.) **R** Alice Winocour **B** Alice Winocour, Jean-Stéphane Bron **K** Georges Lechaptois **M** Ryuichi Sakamoto (= Ryūichi Sakamoto) **S** Julien Lacheray **Sb** Florian Sanson **Kb** Pascaline Chavanne, Fanny Rappange **D** Eva Green (Sarah Loreau), Zélie Boulant (Stella Akerman Loreau), Matt Dillon (Mike Shannon), Lars Eidinger (Thomas Akerman), Sandra Hüller (Wendy Hauer) **L** 107 **FSK** ab 6; f **E** 24.6.2021 / 25.11.2021 DVD & BD   fd 47638

PSYCHO GOREMAN ★★
PSYCHO GOREMAN

Zwei Geschwister buddeln beim Spielen versehentlich ein uraltes, böses extraterrestrisches Wesen aus. Da sie zum Glück auch das magische Artefakt gefunden haben, mit der sich der grimmige Krieger kontrollieren lässt, beschränkt sich dessen Zerstörungspotenzial erst einmal auf Chaos in der Heimatstadt der Kinder. Als die Mächte, die das Wesen einst bändigten, spitzkriegen, dass es wieder erwacht ist, wird es allerdings brenzlig. Die als augenzwinkernde Hommage ans 1980er-Genrekino angelegte Horror-Komödie punktet mit einer liebevollen Ausstattung, handgemachten Effekten und schrägem Humor, hat allerdings etwas wenig Ideen, um den Plot auf Spielfilmlänge temporeich und spannend voranzutreiben. – **Ab 16.**

⊙ Die Extras umfassen u. a. einen unterhaltsamen und dennoch einen tiefen Einblick in die Genese des Low-Budget-Films gebenden Audiokommentar des Regisseurs Steven Kostanski, der optional deutsch untertitelt werden kann. Des Weiteren enthalten sind eine im Film nicht verwendete Szene (2 Min.) sowie ein längeres Interview mit dem Regisseur (15 Min.). Das wertige Mediabook enthält zudem ein 24-seitiges Booklet mit Texten zum Film. Die Editionen sind mit dem Silberling 2021 ausgezeichnet.
Scope. Kanada 2020 **DVD** Koch (16:9, 2.35:1, DD5.1 engl./dt.) **BD** Koch (16:9, 2.35:1, dts-HDMA engl./dt.) **R+B** Steven Kostanski **K** Andrew Appelle **M** Blitz//Berlin **S** Andrew Appelle, Steven Kostanski **Sb** Alexandra Pozdeeva **Kb** Madi Styles **D** Matthew Ninaber (Psycho Goreman), Kristen MacCulloch (Pandora), Rick Amsbury (Dennis), Adam Brooks (Greg), Nita-Josee Hanna (Mimi) **L** 99 **FSK** ab 16 **E** 25.2.2021 DVD & BD & Mediabook (BD plus DVD)   fd –

PUPPYLOVE – ERSTE VERSUCHUNG ★★
PUPPYLOVE

Eine einzelgängerische 14-Jährige wird durch ein neu in ihrer Nachbarschaft zugezogenes Mädchen von wildem Temperament in die Sphäre der Partys, Trink- und Sexerfahrungen hineingezogen. Dabei geht sie allmählich sogar über die Experimentierfreudigkeit ihrer neuen Freundin hinaus, da sie anders als diese ihre Grenzen nicht einschätzen kann. Sensibel interpretiertes Coming-of-Drama, das aber oft zu undurchdacht und gewollt provokant daherkommt, um als authentisches Porträt jugendlicher Gefühlsverwirrung durchzugehen. – **Ab 16.**
Scope. Belgien/Frankreich 2013 **DVD** Busch Media (16:9, 2.35:1, DD5.1 frz./dt.) **BD** Busch Media (16:9, 2.35:1, dts-HDMA frz./dt.) **R** Delphine Lehericey **B** Martin Coiffier, Delphine Lehericey **K** Sébastien Godefroy **M** Soldout **S** Ewin Ryckaert **Sb** Audrey Hernu **Kb** Uli Simon **D** Solène Rigot (Diane), Audrey Bastien (Julia), Vincent Perez (Christian), Vadim Goldberg (Marc), Theo Gladsteen (Antoine) **L** 84 **FSK** ab 16 **E** 7.5.2021 DVD, BD & digital   fd –

Quo vadis, Aida? (© Deblokada/Christine A. Maier)

Queen Bees – Im Herzen jung ★★
QUEEN BEES
Eine noch rüstige, aber vergessliche Witwe sieht sich gezwungen, wegen eines Küchenbrands für einige Wochen in ein Seniorenheim zu ziehen. Hier bekommt sie es mit der arroganten Clique der «Queen Bees» zu tun, die sich für etwas Besseres halten. Trotzdem wird die alte Frau bald in ihre Bridge-Runde aufgenommen. Und dann bahnt sich sogar eine Romanze mit einem hartnäckig-charmanten Neuzugang an. Eine leidlich unterhaltsame Komödie mit grob geschnitzten Charakteren, in der die unterschwelligen Themen über die Herausforderung des Alters, den Verlust von Angehörigen und der Selbstständigkeit nur oberflächlich gestreift werden. – **Ab 14**.
USA 2021 **KI** Kinostar **R** Michael Lembeck **B** Donald Martin **K** Alice Brooks **M** Walter Murphy **S** Sabine Hoffman **Sb** Dara Wishingrad **Kb** Cynthia Flynt **D** Ellen Burstyn (Helen Wilson), Jane Curtin (Janet Poindexter), Loretta Devine (Sally Hanson), Ann-Margret (Margot Clark), Christopher Lloyd (Arthur Lane) **L** 102 **FSK** ab 6; f **E** 19.8.2021   fd 47938

Quo vadis, Aida? ★★★★
QUO VADIS, AIDA?
Im Juli 1995 versucht eine bosnische Dolmetscherin der Blauhelme in einem UN-Auffanglager in Srebrenica ihren Ehemann und ihre beiden Söhne zu retten, als die serbischen Milizen des General Mladić immer näher rücken. Dabei gerät sie zunehmend zwischen die Fronten. Der erschütternde Film über das Massaker an 8000 muslimischen Bosniern macht aus Sicht einer Frau in einem von Männern geführten Krieg die Bedrohung der Menschen und die Unausweichlichkeit des Todes schmerzhaft spürbar. Dabei verzichtet er auf das Zeigen expliziter Gewaltszenen, ohne damit aber dem Geschehen den Schrecken zu nehmen. – **Sehenswert ab 16**.
Die Edition enthält eine Audiodeskription für Sehbehinderte.
Bosnien-Herzegowina/Österreich/Rumänien/Niederlande/Deutschland/Polen/Frankreich/Norwegen/Türkei 2020 **KI** Farbfilm **DVD** Farbfilm/Lighthouse (16:9, 2.35:1, DD5.1 bosn. & engl. & niederl./dt. & engl. & niederl.) **BD** Farbfilm/Lighthouse (16:9, 2.35:1, dts-HDMA bosn. & engl. & niederl./dt. & engl. & niederl.) **R+B** Jasmila Žbanić **K** Christine A. Maier **M** Antoni Lazarkiewicz **S** Jaroslaw Kaminski **Sb** Hannes Salat **Kb** Malgorzata Karpiuk, Ellen Lens **D** Jasna Duricic (Aida), Izudin Bajrovic (Nihad), Boris Ler (Hamdija), Dino Bajrovic (Sejo), Boris Isakovic (Ratko Mladic) **L** 104 **FSK** ab 12; f **E** 5.8.2021 / 10.12.2021 VoD / 17.12.2021 DVD & BD
fd 47562

RÄUBERHÄNDE (© Salzgeber)

RÄUBERHÄNDE ★★★
Zwei Freunde, die aus sehr unterschiedlichen Verhältnissen stammen, ringen nach dem Abitur mit der Zukunft und beschließen, gemeinsam nach Istanbul zu reisen, was ihre Beziehung auf eine harte Probe stellt. Die Adaption eines Jugendromans verzichtet gegenüber der Vorlage auf Zeitsprünge und setzt auf Linearität und äußeres Tempo. Das geht bisweilen auf Kosten der Nuanciertheit der Charaktere, denen es auch an Reibungsflächen fehlt, die über soziale Klischees hinausgehen. Dank überzeugender Hauptdarsteller und vor allem einer unaufdringlich virtuosen Bildgestaltung gelingt es dem Film jedoch, die Stimmungslage junger Menschen kurz nach dem Abitur treffend einzufangen. – **Ab 16**.
Deutschland 2020 **KI** Salzgeber **R** Ilker Çatak **B** Finn-Ole Heinrich, Gabriele Simon **K** Judith Kaufmann **Vo** Finn-Ole Heinrich (Roman *Räuberhände*) **S** Sascha Gerlach, Jan Ruschke **Sb** Christian Strang **Kb** Christian Roehrs, Juliane Maier **D** Emil von Schönfels (Janik), Mekyas Mulugeta (Samuel), Katharina Behrens (Irene), Godehard Giese (Jona), Nicole Marischka (Ella) **L** 93 **FSK** ab 16; f **E** 2.9.2021   fd 47988

DER RAUSCH ★★★★
DRUK
Vier Lehrer an einer dänischen Schule lassen sich von der Idee eines natürlichen Alkoholdefizits anstecken und versuchen ihre verbrauchte Lebensenergie mit Wein und anderen Aufputschmitteln wieder anzufachen. Das geht zumindest anfangs auf, steigert sich aber schnell bis zum Delirium. Die Tragikomödie seziert facettenreich die Bedingungen des Alkoholismus in Wohlstandsgesellschaften und wahrt dabei gleichermaßen Abstand zur sentimentalen Buddy-Komödie wie zum moralinsauren Drama. Ein glänzend inszenierter und gespielter Film über die sozialen und gesundheitlichen Gefahren des Alkohols. – **Sehenswert ab 14**.
Dänemark 2020 **KI** Weltkino **DVD** Weltkino/Leonine **BD** Weltkino/Leonine **R** Thomas Vinterberg **B** Thomas Vinterberg, Tobias Lindholm **K** Sturla Brandth Grøvlen **S** Janus Billeskov Jansen, Anne Østerud **Sb** Sabine Hviid **Kb** Ellen Lens, Manon Rasmussen **D** Mads Mikkelsen (Martin), Thomas Bo Larsen (Tommy), Lars Ranthe (Peter), Magnus Millang (Nikolaj), Maria Bonnevie (Anika) **L** 117 **FSK** ab 12; f **E** 22.7.2021 / 26.11.2021 DVD & BD   fd 47764

RAVAGE – EINER NACH DEM ANDEREN ★★
SWING LOW
Eine Naturfotografin wird, während sie in einem abgelegenen Tal ihrer Arbeit nachgeht, Zeugin eines Verbrechens. Den Tätern gelingt es zunächst, die Frau in ihre Gewalt zu bringen und sie zu quälen, doch dann kann sie fliehen und versucht, aus dem Tal zu entkommen. In freier Wildbahn erweist sie sich dank ihrer Outdoor-Erfahrung als zähe und zunehmend ihrerseits brutale Gegnerin für ihre Peiniger. Ein grimmiger, durchaus packender Survival- und Rache-Thriller, dessen Versuche, Gewalt und Rache zu problematisieren, allerdings in halbherzigen Ansätzen stecken bleiben. – **Ab 16**.
USA 2019 **DVD** Tiberius **BD** Tiberius **R+B** Teddy Grennan **K** Christopher Walters **M** Jacques Brautbar **S** Bennett Krishock, Eric Nagy **Sb** Jack Ryan **D** Bruce Dern (Mallincrkodt), Annabelle Dexter-Jones (Harper), Robert Longstreet (Ravener), Michael Weaver (Superintendent Slayton), Ross Partridge (Sheriff Pendergras) **L** 84 **FSK** ab 16 **E** 4.3.2021 DVD & BD   fd -

RAYA UND DER LETZTE DRACHE ★★★
RAYA AND THE LAST DRAGON
Infolge von Neid und Missgunst zerbricht das Drachenland Kumandra in fünf fortan verfeindete Provinzen; die Menschheit wird überdies durch Monster bedroht. Eine Prinzessin gibt sich die Schuld an dem Desaster und sucht jahrelang nach dem letzten, vermeintlich heilsbringenden magischen Drachen. Der aber entpuppt sich als zu naiv und tollpatschig, um dem Zwiespalt der Welt Einhalt zu gebieten; doch gemeinsam mit vielen Helfern ist der Traum vom Frieden dennoch nicht verloren. Der Animationsfilm erzählt von einer abenteuerlichen, erfrischend wenig stereotypen Rettung der Welt, bei der Freundschaft, Lebensfreude und unkonventionelle Entscheidungen die wichtigsten Faktoren sind. – **Ab 6**.

🄳 Die Extras der DVD umfassen u. a. den Kurzfilm NOCH EINMAL WIR (7 Min.).
Die BD-Editionen umfassen zudem u. a. ein Feature mit fünf im Film nicht verwendeten Szenen (19 Min.) sowie das Feature «Einblicke in die Storyboards – Entstehung mit John Ripa» (5 Min.).
3D, Scope. USA 2021 **KI** Walt Disney **DVD** Walt Disney (16:9, 2.35:1, DD5.1

engl./dt.) **BD** Walt Disney (16:9, 2.35:1, dts-HDMA7.1 engl., DD7.1 dt.) **R** Don Hall, Carlos López Estrada, Paul Briggs, John Ripa **B** Adele Lim, Qui Nguyen **M** James Newton Howard **Sb** Helen Mingjue Chen, Paul A. Felix **L** 107 **FSK** ab 0; f **E** 5.3.2021 VoD (Disney+) / 27.5.2021 DVD & BD **fd** 47518

DER REBELL - VON LEIMEN NACH WIMBLEDON ★★

Eine Filmbiografie über den Tennisspieler Boris Becker, der unter Anleitung und Hilfe von Eltern, Trainer und Manager bereits als 17-Jähriger in Wimbledon triumphieren konnte und zum besten deutschen Vertreter seiner Sportart wurde. Der Film konzentriert sich auf die Lehrjahre mit dem ersten Wimbledon-Sieg 1985 als Höhepunkt bis zur enttäuschenden Achtelfinal-Niederlage bei den Australian Open 1987 und spart spätere Karriere und private Probleme aus. Aufwändig gestaltet und ausgezeichnet besetzt, drückt sich der Film vor einer tiefergehenden Auseinandersetzung mit der Rolle eines Sportidols und feiert die 1980er-Jahre eher oberflächlich mit Hitsongs und Rampenlicht-Klischees ab. – **Ab 14**.
Deutschland 2021 **R** Hannu Salonen **B** Richard Kropf, Marcus Schuster **K** Felix Cramer **Vo** Fred Sellin (Autobiografie *Ich bin ein Spieler: Das Leben des Boris Becker*) **M** Michael Klaukien **S** Günter Schultens **Sb** Pierre Pfundt **Kb** Katharina Ost **D** Bruno Alexander (Boris Becker), Samuel Finzi (Günther Bosch), Misel Maticevic (Ion Tiriac), Christina Grosse (Elvira Becker), Thomas Huber (Karl-Heinz Becker) **L** 100 **E** 16.12.2021 RTL **fd -**

RED DOT ★★
RED DOT

Ein junges Ehepaar steckt in einer Krise; ein gemeinsamer Kurzurlaub in den winterlichen Bergen soll helfen, sich wieder nahezukommen. Unterwegs geraten der Ingenieur und seine schwangere Frau mit zwei einheimischen Jägern aneinander, ohne sich zunächst viele Sorgen deswegen zu machen. Doch als sie am Ziel angekommen und zu einer Wanderung aufgebrochen sind, werden sie nachts in ihrem Zelt plötzlich angegriffen. Eine panische Flucht durch die Wildnis beginnt. Ein schwedischer Survivalthriller, der zunächst stimmig seine Figuren und das Bedrohungsszenario aufbaut, sich aber gegen Ende nach einer überraschenden, aber arg überkonstruierten Wendung in absurden Zuspitzungen verrennt. – **Ab 16**.
Schweden 2021 **R** Alain Darborg **B** Alain Darborg, Per Dickson **K** Benjam Orre **M** Carl-Johan Sevedag **S** Magnus Häll **Sb** Christian Olander **D** Johannes Kuhnke (Einar), Nanna Blondell (Nadja), Anastasios Soulis (David), Kalled Mustonen (Jarmo) **L** 85 **E** 11.2.2021 VoD (Netflix) **fd -**

RED MOON TIDE ★★★★
LÚA VERMELLA

In überwältigend leuchtenden, hypnotischen Bildern inszeniertes Experimentaldrama über ein aus der Zeit gefallenes Dorf an der galizischen Küste. Als ein Fischer verschwindet, verstärkt dies die Gerüchte um ein Monster im Meer, bald darauf erscheinen drei fremde Frauen, die Hexen sein könnten und seltsamen Einfluss auf die Dorfbewohner ausüben. Der Film meditiert über die Grenzen von Erinnerung und Bewusstsein und lässt Ton und Bild als kaum verbundene Ebenen nebeneinander existieren. Die ästhetische Brillanz spiegelt sich dabei in einer beklemmenden Atmosphäre einer nicht fassbaren Bedrohung. – **Ab 16**.
Spanien 2019 **R+B+K** Lois Patiño **S** Pablo Gil Rituerto, Óscar de Gispert, Lois Patiño **Sb** Jaione Camborda **Kb** Judith Adataberna **D** Ana Marra (Meiga), Carmen Martínez (Meiga), Pilar Rodlos (Meiga), Rubio de Camelle (Rubio) **L** 84 **E** 20.4.2021 VoD (Mubi) **fd -**

RED NOTICE ★★
RED NOTICE

Ein FBI-Agent, der Verbrecher jagt, die von Interpol mit einer «Red Notice» zu den meistgesuchten Kriminellen weltweit erklärt wurden, gerät im Zuge eines Coups an einen genialen Kunstdieb und sieht sich gezwungen, mit diesem gemeinsame Sache zu machen, um der Rivalin des Diebs das Handwerk zu legen. Für die Jagd um die Welt, die in all ihrer Vielfalt erstaunlich gleichförmig inszeniert ist, werden alte Allianzen regelmäßig über den Haufen geworfen und neu geschmiedet. Das ist mitunter kurzweilig, doch kommt der Film nicht über ein ausgehöhltes Abenteuerfilm-Pastiche hinaus, in dem Meta-Witzeleien und Stereotypen den unmittelbaren Thrill des Abenteuerlichen erdrücken. – **Ab 14**.
Scope. USA 2021 **R+B** Rawson Marshall Thurber **K** Markus Förderer **M** Steve Jablonsky **S** Michael L. Sale, Julian Clarke **Sb** Andy Nicholson **Kb** Mary E. Vogt **D** Dwayne Johnson (John Hartley), Ryan Reynolds (Nolan Booth), Gal Gadot (der Läufer), Ritu Arya (Inspektorin Urvashi Das), Chris Diamantopoulos (Sotto Voce) **L** 113 **FSK** ab 12 **E** 12.11.2021 VoD (Netflix) **fd** 48178

RED PRIVADA: WER HAT MANUEL BUENDÍA UMGEBRACHT? ★★★
RED PRIVADA

Ein Dokumentarfilm über die Ermordung des mexikanischen Journalisten und politischen Kolumnisten Manuel Buendía (1926–1984). Dieser scheute sich als Investigativjournalist nicht, brisante Themen aufzugreifen und berichtete u. a. über verdeckte CIA-Operationen in Mexiko, rechtsextreme Gruppen im Land, Wirtschaftskriminalität und Korruption. Der seinerseits investigative Film forscht nach den Hintergründen der nie völlig aufgedeckten Tat und bindet Buendías Enthüllungen in den größeren Zusammenhang noch immer virulenter Probleme in Mexiko ein. – **Ab 16**.

RED NOTICE (© Netflix)

Mexiko 2021 **R** Manuel Alcalá **B** Manuel Alcalá, Pedro Alcalá López, Andrea Paasch **K** Rodrigo Sandoval **S** Yibran Asuad (= Yibran Assaud), Jonás García Fregoso **L** 100 **E** 14.7.2021 VoD (Netflix) fd –

RED SCREENING – BLUTIGE VORSTELLUNG ★★
AL MORIR LA MATINÉE

Montevideo in den 1990ern: In einem Kino artet die nächtliche Vorführung eines Horrorfilms auch vor der Leinwand zum blutigen Spektakel aus, weil ein Killer sich unters Publikum gemischt hat. Die Tochter des Filmvorführers, die für ihren Vater die Nachtschicht übernommen hat, tut ihr Bestes, um selbst zu überleben und möglichst viele Zuschauer vor dem Blutrausch zu retten. Eine mit diversen liebevollen Referenzen gespickte Splatterfilm-Hommage ans Giallo-Kino à la Dario Argento im Besonderen und ans Kino als Erlebnisort und Emotionsmaschine im Allgemeinen, mit viel (blutiger) Detailverliebtheit umgesetzt. – **Ab 18.**
Scope. Uruguay 2020 DVD Pierrot Le Fou BD Pierrot Le Fou **R** Maximiliano Contenti **B** Manuel Facal, Maximiliano Contenti **K** Benjamin Silva **M** Hernán González **S** Santiago Bednarik **Sb** Cristina Nigro **D** Luciana Grasso (Ana), Franco Duran (Tomas), Ricardo Islas (Come Ojos), Julieta Spinelli (Angela), Pedro Duarte (Mauricio) **L** 88 **FSK** ab 18 **E** 23.4.2021 DVD & BD fd –

REIF FÜR EINEN MORD ★★★
W JAK MORDERSTWO

Eine Frau aus gutbürgerlichen Verhältnissen findet eines Abends in einem Park die Leiche einer ermordeten Frau. Die krimiliebende Hausfrau und Mutter beginnt zu ermitteln und entdeckt einen Hinweis, dass der Mord etwas mit dem lange zurückliegenden Verschwinden einer guten Freundin zu tun haben könnte. Die Krimi-Komödie verquickt ein wendungsreiches «Murder Mystery» mit satirischen Stichen gegen bürgerlich-patriarchale Geschlechterbeziehungen und einer möglichst viele Emanzipationsgeschichte, untermalt von einem herrlich hollywoodesken Orchesterscore, der an US-Krimis der 1960er-Jahre erinnert. – **Ab 14.**
Polen 2021 **R** Piotr Mularuk **B** Piotr Mularuk, Katarzyna Gacek **K** Adam Bajerski **Vo** Katarzyna Gacek (Roman *W jak morderstwo*) **M** Pawel Lucewicz **S** Agnieszka Glinska **Sb** Natalia Giza **Kb** Dorota Roqueplo **D** Anna Smolowik (Magda Borowska), Przemyslaw Stippa (Tomasz), Pawel Domagala (Jacek), Jacek Knap (Doctor Walczak), Szymon Bobrowski (Jaroslaw Czerwinski) **L** 105 **E** 19.10.2021 VoD (Netflix) fd –

RÉMI – SEIN GRÖSSTES ABENTEUER ★★★
RÉMI SANS FAMILLE

Mit zehn Jahren wird ein Findelkind im 19. Jahrhundert von seinem Pflegevater an einen fahrenden Gaukler verkauft. An der Seite des im Kern gutherzigen Mannes zieht der Junge durch Frankreich und erlebt allerlei dramatische Abenteuer mit Mensch und Tier, bevor sich das Geheimnis seiner Herkunft klärt. Neuerliche Verfilmung eines vielfach adaptierten Romanstoffes als altmodisch unterhaltsamer, abwechslungsreicher Kinderfilm mit guter Besetzung. Die Inszenierung neigt mitunter zum Kitsch, doch findet der Film nicht zuletzt in der Thematisierung zeitloser Fragen um Armut, Flucht und Verfolgung einen kindgerechten Zugang. – **Ab 10.**
Scope. Frankreich/Belgien 2018 **KI** Der Filmverleih **R+B** Antoine Blossier **K** Stéphane Lacourbas **Vo** Hector Malot (Roman *Sans famille / Heimatlos*) **M** Romaric Laurence **S** Stéphane Garnier **Sb** Sébastien Inizan **Kb** Agnès Beziers **D** Daniel Auteuil (Vitalis), Maleaume Paquin (Rémi), Virginie Ledoyen (Frau Harper), Jonathan Zaccaï (Jérôme Barberin), Jacques Perrin (Rémi im Alter) **L** 109 **FSK** ab 6; **f E** 4.11.2021 fd 48106

REMINISCENCE ★★★
REMINISCENCE

In einer nicht allzu fernen Zukunft hat der Klimawandel den Meeresspiegel steigen lassen, Miami Beach ist inzwischen vollständig überschwemmt. Ein Privatdetektiv hilft dort zahlungswilligen Kunden, ihre Erinnerungen mit einer aufwändigen elektronischen Apparatur abzurufen und anschaulich erlebbar zu machen. Als eine schöne Frau um einen kleinen Gefallen bittet, gerät er in eine Verschwörung aus Mord und Verrat, Liebe und Obsession. Die klug konzipierte Mischung aus Dystopie, Verschwörungsthriller und Melodram überzeugt durch die Bilder einer katastrophal überfluteten Umwelt, regt aber auch zum Nachdenken über Erinnerung und Vergangenheit, Vergessen und Verdrängung an. – **Ab 16.**
  Die BD-Editionen enthalten eine Audiodeskription für Sehbehinderte.
Scope. USA 2021 **KI** Warner Bros. DVD Warner (16:9, 2.35:1, DD5.1 engl./ dt.) BD Warner (16:9, 2.35:1, dolby_Atmos engl., DD5.1 dt.) **R+B** Lisa Joy **K** Paul Cameron **M** Ramin Djawadi **S** Mark Yoshikawa **Sb** Howard Cummings **Kb** Jennifer Starzyk **D** Hugh Jackman (Nicolas «Nick» Bannister), Rebecca Ferguson (Mae), Thandie Newton (Emily «Watts» Sanders), Cliff Curtis (Cyrus Boothe), Marina de Chirac (Tamara Sylvan) **L** 116 **FSK** ab 12; **f E** 26.8.2021 / 9.12.2021 DVD & BD & 4K UHD (plus BD) fd 47962

RESET ★★
RESET

Sie stürzen sich auf Skiern durch vereiste Felsrinnen, sausen mit Gleitschirmen von Berggipfeln in die Tiefe, tauchen ohne Sauerstoff mit Walen oder surfen auf gigantischen Wellen. Der Dokumentarfilm folgt mehreren Extremsportlern rund um den Globus. Ihre spektakulären Aktionen werden dabei vielfach mit Drohnen- und Helmkameras eingefangen. Mitunter

REMINISCENCE (© Warner Bros.)

äußern sich die Protagonisten über ihre Motive, doch insgesamt bleibt es weitgehend bei einer Aneinanderreihung spektakulärer Actionsequenzen in teils grandiosen Szenerien. – **Ab 12.**
Frankreich 2021 **KI** Kinostar **R+B** Thierry Donard **M** Joris Voorn **L** 85 FSK ab 0; f **E** 5.8.2021 fd 47879

RESIDENT EVIL: WELCOME TO RACCOON CITY ★★
RESIDENT EVIL: WELCOME TO RACCOON CITY
Weitere Fortsetzung der Computerspiel-Adaptionen rund um die Machenschaften eines Pharmakonzerns, der mit Viren experimentiert, die Tote ins Leben zurückholen sollen. Eine junge Frau kehrt kurz vor der Jahrtausendwende in die Stadt des dubiosen Unternehmens zurück, wo sie als Kind in einem Waisenhaus aufwuchs. Dabei wird sie mit einer mysteriösen Seuche konfrontiert, die Menschen in aggressive Monster verwandelt. Der Horrorfilm ist akustisch und visuell bombastisch inszeniert, stützt sich inhaltlich aber auf die altbackenen Klischees des Genres und uninteressante Figuren. – **Ab 16.**
Scope. USA 2021 **KI** Constantin **DVD** Constantin **BD** Constantin **R+B** Johannes Roberts **K** Maxime Alexandre **M** Mark Korven **S** Dev Singh **Sb** Jennifer Spence **Kb** Jennifer Lantz **D** Kaya Scodelario (Claire Redfield), Hannah John-Kamen (Jill Valentine), Robbie Amell (Chris Redfield), Tom Hopper (Albert Wesker), Avan Jogia (Leon S. Kennedy) **L** 108 FSK ab 16; f **E** 25.11.2021 / 24.3.2022 DVD & BD & 4K UHD (plus BD) fd 48225

RESIDENT EVIL: WELCOME TO RACCOON CITY (© Constantin)

RÉSISTANCE – WIDERSTAND ★★★
RESISTANCE
Der berühmte Pantomime Marcel Marceau schließt sich während des Zweiten Weltkriegs der Résistance in Frankreich an und hilft, eine Gruppe jüdischer Waisenkinder vor den Nazis zu retten. Was als Geschichte über die Bedeutung von Kunst in Krisenzeiten beginnt, entwickelt sich zu einer actionreichen Befreiungsaktion sowie einem Katz-und-Maus-Spiel mit dem NS-Kriegsverbrecher Klaus Barbie. Allerdings ist der Film weniger an historischen Fakten als vielmehr an Spannung und großen Gefühlen interessiert. Das ist zwar teilweise fesselnd umgesetzt, wirkt mitunter aber auch recht kitschig und eindimensional. – **Ab 14.**
Scope. Großbritannien/Frankreich/Deutschland/USA 2020 **KI** Warner Bros. **R+B** Jonathan Jakubowicz **K** M. I. Littin-Menz (= Miguel Ioann Littin Menz) **M** Angelo Milli **S** Alexander Berner, Jonathan Jakubowicz **Sb** Tomas Voth **Kb** Katharina Ost **D** Jesse Eisenberg (Marcel Marceau), Clémence Poésy (Emma), Félix Moati (Alain), Vica Kerekes (Mila), Matthias Schweighöfer (Klaus Barbie) **L** 122 FSK ab 12; f **E** 14.10.2021 fd 47390

RESORT TO LOVE ★★
RESORT TO LOVE
An einem toten Punkt in ihrer Karriere und ihrem Privatleben lässt sich eine aufstrebende US-Sängerin auf ein Engagement in einem Luxushotel auf Mauritius ein. Ausgerechnet dort findet in dieser Zeit aber auch die Hochzeitsfeier jenes Mannes statt, der sie vor rund einem Jahr verließ und ihr damit das Herz brach. Der Plan, einander aus dem Weg zu gehen, will einfach nicht gelingen, und so entsteht ein verwirrendes Gefühlschaos, zumal mit dem Bräutigam auch noch dessen gutaussehender Bruder angereist ist. Die romantische Komödie wertet ihren 08/15-Plot mit einigen schönen Cover-Songnummern auf, vergreift sich in Sachen Comedy aber immer wieder im Ton und rutscht ins Schrill-Dümmliche ab. – **Ab 14.**
USA 2021 **R** Steven Tsuchida (= Steven K. Tsuchida) **B** Tabi McCartney, Dana Schmalenberg **K** Greg Gardiner **M** Laura Karpman **S** Emma E. Hickox **Sb** John Collins **Kb** Danielle Hollowell **D** Christina Milian (Erica Wilson), Jay Pharoah (Jason King), Sinqua Walls (Caleb King), Tymberlee Hill (Amber), Christiani Pitts (Beverly Strattford) **L** 101 **E** 29.7.2021 VoD (Netflix) fd -

RESPECT ★★★
RESPECT
Eine Filmbiografie über die US-Sängerin Aretha Franklin (1942–2018), die chronologisch ihren Aufstieg zur «Queen of Soul» in den 1960er-Jahren mitsamt den Hindernissen und Rückschlägen nacherzählt. In der feministischen Sichtweise des Films sind es vor allem die Männer, die die Sängerin zwar unterstützen, ihr aber auch immer wieder Gewalt antun. Die glänzende Retro-Ausstattung und die großartige Interpretation in der Hauptrolle glätten zwar Ecken und Kanten ihres Lebens, würdigen aber gleichzeitig die künstlerischen Errungenschaften von Aretha Franklin. – **Ab 14.**
Scope. USA 2020 **KI** UPI **DVD** Universal (16:9, 2.35:1, DD5.1 engl./dt.) **BD** Universal (16:9, 2.35:1, dolby_Atmos engl./dt.) **R** Liesl Tommy **B** Tracy Scott Wilson **K** Kramer Morgenthau **M** Kris Bowers **S** Avril Beukes **Sb** Ina Mayhew **Kb** Clint Ramos **D** Jennifer Hudson (Aretha Franklin), Forest Whitaker (C. L. Franklin), Audra McDonald (Barbara Franklin), Saycon Sengbloh (Erma Franklin), Hailey Kilgore (Carolyn Franklin) **L** 146 FSK ab 12; f **E** 25.11.2021 / 17.2.2022 DVD & BD fd 48215

RETTER DER MEERE – TÖDLICHE STRANDUNG ★
Eine Gruppe hingebungsvoller Meeresbiologen versucht auf Mauritius ein Korallenriff wiederaufzuforsten und eine Herde Wale zu retten. Dabei kommen Spannungen zwischen den beiden Gründern der Organisation auf, die in der Frage uneins sind, ob man eine Zusammenarbeit mit Politik und Wirtschaftskonzernen suchen soll. Dramaturgisch schlichtes Umweltdrama vor exotischer Kulisse, das auf eindrucksvolle Naturaufnahmen und ein Dauerfeuer an Spannungsmusik setzt. Die Figuren präsentieren sich frei von Subtilität und tragen

RIDE OR DIE (© Aiko Nakano / Netflix)

das ihre zur Effekthascherei des Films bei. – **Ab 14.**
Deutschland 2020 **R** Sven Fehrensen **B** Nils-Morten Osburg (= Nils-Marten Osburg) **K** Namche Okon **Vo** Hanno Raichle (Idee) **M** Christian Meyer **S** Susann Wetterich **Sb** Axel Hoebel **Kb** Filiz Ertas, Maria Hofmeyr **D** Daniel Roesner (Pit Wagner), Hannes Jaenicke (Dr. Reno Finnings), Haley Louise Jones (Dr. Manuela Hauser), Erik Madsen (Morten Solheim), Luka Omoto (Yuna Bartosch) **L** 88 **E** 6.2.2021 ARD **fd** -

DIE RETTUNG DER UNS BEKANNTEN WELT ★★

Ein unter manisch-depressiven Emotionsschüben leidender Jugendlicher wird schweren Herzens von seinem Vater in ein Therapiezentrum für psychisch kranke Jugendliche eingewiesen. Dort lernt er weniger, seine Krankheit in den Griff zu bekommen, als mit einer Mitpatientin aus den engen Strukturen auszubrechen, um gemeinsam das Leben als Chance zu begreifen. Die als unreflektierte Tragikomödie inszenierte Coming-of-Age-Geschichte blendet das reale Umfeld und die Konsequenzen des Krankseins gänzlich aus, um eine weltfremde und von Albernheiten gebrochene Liebesschnulze zu erzählen. Glaubwürdig daran wirkt allein der Hauptdarsteller. – **Ab 14.**
Deutschland 2020 **KI** Warner Bros. **R** Til Schweiger **B** Til Schweiger, Lo Malinke **K** René Richter **M** Martin Todsharow **S** Til Schweiger, Alexander Menkö, Constantin von Seld **Sb** Tim Tamke **Kb** Metin Misdik **D** Emilio Sakraya (Paul), Bettina Lamprecht (Anni), Til Schweiger (Hardy), Tijan Marei (Toni), Emma Schweiger (Winnie) **L** 136 FSK ab 12; f **E** 11.11.2021 **fd** 48183

RIDE OR DIE ★★★
RIDE OR DIE

Nachdem zwei ehemalige Schulfreundinnen den prügelnden Ehemann der einen ermordet haben, fliehen sie im Auto in die Provinz. Auf ihrer Reise müssen sie sich über ihre spannungsreiche Beziehung klarwerden, die von unerwiderter Liebe, Abhängigkeit, aber auch einer tiefen Zuneigung geprägt ist. Eigensinnig und ruhig erzählte Manga-Adaption, die über weite Strecken wie eine Fantasie wirkt, aber auch reale Probleme wie häusliche Gewalt und verinnerlichte Homophobie einfließen lässt. Der Film lebt von der nie ganz auserzählten Spannung zwischen seinen Protagonistinnen und unterläuft konsequent Erwartungen an herkömmliche Road Movies und Liebesgeschichten. – **Ab 16.**
Japan 2021 **R** Ryuichi Hiroki **B** Nami Kikkawa **K** Tadashi Kuwabara **Vo** Ching Nakamura (Manga *Gunjō*) **M** Haruomi Hosono **S** Minoru Nomoto **D** Kiko Mizuhara (Rei Nagasawa), Honami Satō (Nanae Shinoda), Maki Yoko (Mika), Shinya Niiro (Kotaro), Shunsuke Tanaka (Masato) **L** 142 **E** 15.4.2021 VoD (Netflix) **fd** 47667

DAS RIESENDING – 20.000 ★★★
METER UNTER DER ERDE

Die Riesending-Höhle bei Berchtesgaden ist mit 1000 Metern Tiefe und 20 Kilometern Länge die größte Schachthöhle Deutschlands. Der Dokumentarfilm begleitet fünf Forscher, die nach zwanzig Jahren Vorarbeit endlich den Ausgang der Höhle entdecken wollen und sich dafür weit in die engen und dunklen Gänge hineinwagen. Auch wenn er sachlich bleibt, birgt das Ambiente das Potenzial für einen spannenden Real-Abenteuerfilm, was die Inszenierung auch trefflich nutzen kann. Damit vermittelt er weniger wissenschaftliche Erkenntnisse von großer Tragweite als die Faszinationskraft der Höhlenwelten. – **Ab 12.**
Deutschland 2021 **KI** Filmwelt **DVD** EuroVideo **BD** EuroVideo **R** Freddie Röckenhaus, Petra Höfer **B** Freddie Röckenhaus, Petra Höfer **K** Robbie Shone, Thomas Matthalm, Katharina Bitzer **M** Boris Salchow **S** Johannes Fritsche **L** 94 FSK ab 0; f **E** 1.7.2021 / 2.12.2021 digital / 9.12.2021 DVD / 22.1.2022 arte **fd** -

ROAMERS – FOLLOW YOUR LIKES ★★★

Dokumentarfilm über vier digitale Nomaden, die bewusst ein geregeltes Leben aufgegeben haben, um sich auf der Suche nach Selbstbestimmung rund um den Globus treiben zu lassen: eine Weltumseglerin, ein Videoblogger, ein Immobilienmakler ohne festen Wohnsitz und ein Paar, das die eigenen Amateur-Pornos digital vermarktet. Geld verdienen sie auf diversen Social-Media-Plattformen und geraten immer wieder an die Grenzen der eigenen Träume. Die Stärke des Films liegt in der gelassenen Zurückhaltung der Inszenierung. Diese entlockt den Protagonisten immer wieder Momente der brutalen Ehrlichkeit und zeigt die Grenzen der Influencer-Geschäftsmodelle auf. – **Ab 16.**
Scope. Deutschland 2019 **KI** Camino **R+B** Lena Leonhardt **K** Sebastian Bäumler, Josua Stäbler **M** Christian Halten **S** Catrin Vogt, Henning Nolte-Tschofen **L** 101 FSK ab 16; f **E** 22.7.2021 **fd** 47885

ROCKFIELD, DAS STUDIO AUF ★★★
DEM BAUERNHOF
ROCKFIELD: THE STUDIO ON THE FARM

Zwei musikbegeisterte Brüder aus Wales bauten in den 1960er-Jahren auf dem familieneigenen Milchviehbetrieb eine Scheune zum Tonstudio aus. Über die folgenden Jahrzehnte zog diese ungewöhnliche Aufnahmestätte zahllose weltberühmte Bands von Black Sabbath und Queen bis Oasis und den Stone Roses an, die auf den Hof Songs und Alben aufnahmen. Der Dokumentarfilm arbeitet mit gleichermaßen faszinierenden Archivbildern und Interviews mit Musikern sowie mit dem Gründer die Geschichte des Studios auf, wobei beiläufig 50 Jahre Musikhistorie gestreift werden. – **Ab 14.**

Großbritannien 2017 R Hannah Berryman K Patrick Smith M Alexander Parsons S Rupert Houseman L 60 E 26.2.2021 arte **fd** -

RON LÄUFT SCHIEF ★★★★
RON'S GONE WRONG

Ein schüchterner Junge ist ein Außenseiter, nicht zuletzt, weil er im Gegensatz zu den anderen Kindern keinen kleinen Roboter besitzt, der ihn überall hinbegleitet. Das ändert sich erst, als sein Vater ein Exemplar findet, das vom Laster gefallen ist und deshalb nicht richtig funktioniert; trotz oder gerade wegen dieser Fehler werden der Junge und der Roboter aber unzertrennliche Freunde. Unterhaltsamer, detailfreudiger Animationsfilm um wahre Freundschaft mit liebevoll gestalteten Figuren. Nebenbei kritisiert er Ausgrenzung und die sozialen Medien mit all ihren Auswüchsen. – **Ab 10.**

Die BD enthält eine Audiodeskription für Sehbehinderte, allerdings nur in englischer Sprache.
Scope. USA 2021 KI Walt Disney DVD Walt Disney (16:9, 2.35:1, DD5.1 engl./dt.) BD Walt Disney (16:9, 2.35:1, dts-HDMA7.1 engl., DD7.1 dt.) R Sarah Smith, Jean-Philippe Vine, Octavio E. Rodriguez (Co-Regie) B Peter Baynham, Sarah Smith K David Peers M Henry Jackman S David Burrows, James Cooper, Sim Evan-Jones Sb Nathan Crowley, Aurélien Predal L 107 FSK ab 6; f E 28.10.2021 / 16.12.2021 DVD & BD
fd 48127

RÖNTGENBILD EINER FAMILIE ★★★★
RADIOGRAPH OF A FAMILY

Ein Dokumentarfilm über eine tiefgläubige Muslimin und einen weltlich orientierten Mann, die in den 1960er-Jahren im Iran heirateten. Während sie erst in der Schweiz ein unglückliches Leben führten, stellte die Rückkehr in den Iran die Beziehung vor neue Herausforderungen, als die islamische Revolution die von der Frau geteilten Überzeugungen gesellschaftlich verankerte. Der von der Tochter der beiden inszenierte Film taucht über den individuellen Glaubenskampf tief in die Zerrissenheit der iranischen Gesellschaft ein. Subtil verbinden sich persönliche Zeugnisse, Fotos und Home-Movie-Aufnahmen mit einem poetischen Kommentar zum Mosaik von Erinnerungen und Ereignissen. (O.m.d.U.) – **Sehenswert ab 14.**
Norwegen/Iran/Schweiz 2020 R+B Firouzeh Khosravani K Mohammad Reza Jahanpanah M Peyman Yazdanian S Farahnaz Sharifi, Rainer Maria Trinkler L 81 E 15.3.2021 arte **fd** -

ROSAS HOCHZEIT ★★★★
LA BODA DE ROSA

Eine Kostümbildnerin aus Valencia lässt sich von allen gerne und über die Maßen in Beschlag nehmen. Bis sie plötzlich in ihre Heimat ans Meer zieht, den Schneiderladen ihrer Mutter wiedereröffnet und ihre baldige Hochzeit ankündigt. Die Dramödie verbindet einen Wohlfühlfilm mit der Geschichte einer weiblichen Selbstermächtigung, die herkömmliche Erwartungen an Leistungsfähigkeit und heteronormative Glückserfüllung ad absurdum führt. Die in sich stimmige Mischung aus Komik und Gedankentiefe glänzt durch ein spielfreudiges Ensemble, das sowohl die leisen wie auch die komischen Töne pointiert zu treffen versteht. – **Sehenswert ab 14.**
Scope. Spanien 2020 KI Piffl Medien DVD EuroVideo (16:9, 2.35:1, DD5.1 span./dt.) BD EuroVideo (16:9, 2.35:1, dts-HDMA span./dt.) R Icíar Bollaín B Icíar Bollaín, Alicia Luna K Sergi Gallardo, Beatriz Sastre M Vanessa Garde S Nacho Ruiz Capillas Sb Laia Colet Kb Giovanna Ribes D Candela Peña (Rosa), Sergi López (Armando), Nathalie Poza (Violeta), Ramón Barea (Antonio), Paula Usero (Lidia) L 99 FSK ab 0; f E 1.7.2021 / 23.11.2021 DVD &BD
fd 47345

ROSE MARIE ★★★
ROSE MARIE

Eine kanadische Opernsängerin hält ihrem Bruder auch noch die Treue, als dieser als angeblicher Räuber ins Gefängnis kommt und auf der Flucht einen Polizisten tötet. Beim Versuch, ihn in den Wäldern Kanadas aufzuspüren, begegnet sie einem Mountie und verliebt sich in ihn, obwohl er sich als Verfolger ihres Bruders erweist. Lebhafte Verfilmung einer bekannten Operette mit zwei hervorragend harmonierenden Hauptdarstellern, die Tragik, Humor und viele romantische Musik-Sequenzen aufführt. – **Ab 14.**
Schwarz-weiß. USA 1936 KI MGM DVD Media Target R W. S. van Dyke B Frances Goodrich, Albert Hackett, Alice Duer Miller K William Daniels (= William H. Daniels) Vo Otto A. Harbach / Oscar Hammerstein II (Musical *Rose Marie*) M Herbert Stothart S Blanche Sewell Sb Cedric Gibbons Kb Adrian D Jeanette MacDonald (Marie de Flor), Nelson Eddy (Sergeant Bruce), Reginald Owen (R. O. Myerson), Allan Jones (Romeo), James Stewart (John Flower) L 99 E 7.7.1939 / 23.7.2021 DVD **fd** -

DER ROSENGARTEN DER ★★
MADAME VERNET
LA FINE FLEUR

Eine begnadete französische Rosenzüchterin kommt mit ihrer kleinen Gärtnerei kaum mehr über die Runden, will ihren Hof in Burgund aber nicht einem Großbetrieb in den Rachen werfen. Dafür akzeptiert sie sogar Hilfskräfte, die ihr das Sozialamt zur Resozialisierung schickt, und schreckt zur Not auch vor kriminellen Mitteln nicht zurück. Der visuell blumig ausladende Wohlfühlfilm handelt von Selbstfindung, Verantwortung und der Angst vor sozialem Abstieg, setzt die anfänglich leichtfüßig inszenierte Komödie aber durch holprig montierte Versatzstücke aus anderen Genres leichtfertig aufs Spiel. – **Ab 12.**
Scope. Frankreich 2021 KI Neue Visionen DVD EuroVideo/Neue Visionen (16:9, 2.35:1, DD5.1 frz./dt.) R Pierre Pinaud B Pierre Pinaud, Fadette Drouard K Guillaume Deffontaines M Mathieu Lamboley S Valérie Deseine, Loïc Lallemand Sb Philippe Chiffre Kb Élise Bouquet, Reem Kuzayli D Catherine Frot (Eve), Melan Omerta (Fred), Fatsah Bouyahmed (Samir), Olivia Côte (Véra), Marie Petiot (Nadège) L 96 FSK ab 6; f E 9.9.2021 / 10.1.2022 digital / 25.1.2022 DVD **fd** 48005

DER ROSENGARTEN DER MADAME VERNET (© Neue Visionen)

Die rote Kapelle ★★★★

Akribisch recherchierter Dokumentarfilm über das Widerstandsnetzwerk «Rote Kapelle», das im Zweiten Weltkrieg in Deutschland, Frankreich und Belgien gegen das NS-Regime kämpfte. Der vielgestaltige Filmhybrid entwirft aus Fotos, Wochenschau-Material, Interviews mit Hinterbliebenen und Historikern sowie Ausschnitten aus fiktionalen Filmen eine kaleidoskopische Chronik der Geschehnisse. Die aufwändige Rekonstruktion korrigiert dabei einseitige Darstellungen oder ideologisch geprägte Verfälschungen in Ost und West und leuchtet bisherige blinde Flecken aus. – **Ab 14.**
Teils schwarz-weiß. Deutschland/Belgien/Italien/Frankreich 2020 **KI** Farbfilm **DVD** Lighthouse/Farbfilm **R+B** Carl-Ludwig Rettinger **K** Lutz Reitemeier, Thomas Eirich-Schneider (= Thomas Schneider) **M** Eloi Ragot **S** Martin Kayser-Landwehr **L** 125 **FSK** ab 12; f **E** 26.8.2021 / 25.3.2022 DVD
                         fd 47955

Roter Hinweis siehe: Red Notice

Rückkehr nach Reims ★★★★
Retour à Reims (Fragments)

In seinem autobiografisch geprägten Sachbuch *Rückkehr nach Reims* (2009) beschrieb der Soziologe Didier Eribon ausgehend von seiner Familiengeschichte die Historie der französischen Arbeiterschaft im 20. und 21. Jahrhundert. Seine Texte bilden die Grundlage eines reichhaltigen und ausgezeichnet montierten Dokumentarfilms, der Eribons Ausführungen mit Archivmaterial und Filmausschnitten zu einer umfassenden Studie verbindet. Im ersten Teil eine berührende Annäherung an Eribons Großmutter und andere unterdrückte Frauen in einem patriarchalen System, ist der zweite sachliche und nennt Gründe für den politischen Umschwung vieler Arbeiter hin zu rechten Parteien. – **Sehenswert ab 14.**
Teils schwarz-weiß. Frankreich 2019 **R+B** Jean-Gabriel Périot **K** Julia Mingo **Vo** Didier Eribon (Sachbuch *Retour à Reims / Rückkehr nach Reims*) **M** Michel Cloup **S** Jean-Gabriel Périot **L** 82 **E** 23.11.2021 arte   **fd** –

Ruhe! Hier stirbt Lothar ★★★★

Der unfreundliche Besitzer eines Fliesengeschäftes erhält die Diagnose, dass er an einer tödlichen Krankheit leidet, und trennt sich deshalb von all seinem Besitz. Als sich herausstellt, dass den Ärzten ein Irrtum unterlaufen ist, steht er völlig mittellos da und muss noch einmal von vorne beginnen. Eine lakonisch-skurrile Tragikomödie mit einem überragenden Hauptdarsteller, der die Facetten des Sonderlings mit Hingabe auskostet. Nachdem zunächst unsentimental und lakonisch der nahe Tod thematisiert wird, schwenkt der Film zur unverhofften Konfrontation eines Menschenfeindes, der sich der Schönheit des Lebens stellen muss. – **Ab 14.**
Deutschland 2020 **R** Hermine Huntgeburth **B** Ruth Toma **K** Sebastian Edschmid **M** Julian Maas, Christoph M. Kaiser (= Christoph Kaiser) **S** Eva Schnare **Sb** Sabine Pawlik **Kb** Sabine Böbbis **D** Jens Harzer (Lothar), Elisa Plüss (Mira), Corinna Harfouch (Rosa), Vedat Erincin (Manfred Mehnert), Milena Dreißig (Elisabeth Fuhrmann) **L** 89 **E** 27.1.2021 ARD   **fd** 47525

Rummelplatz des Lebens ★★★
Merry-Go-Round

Ein verwöhnter österreichischer Adliger in den letzten Jahren der k.u.k.-Monarchie begegnet auf einem Jahrmarkt der Tochter eines Orgelspielers. Die beiden verlieben sich ineinander, können aber erst nach vielen schweren Erfahrungen wie dem Ersten Weltkrieg und den Nachstellungen eines Karussellbesitzers zusammenkommen. Ein atmosphärisch uneinheitlicher Stummfilm, dessen anfangs ironischer Kommentar zur Wiener Gesellschaft mehr und mehr in Kolportage und Groteske umkippt. Dennoch finden sich vor allem im ersten, weitgehend vom später gefeuerten Regisseur Erich von Stroheim inszenierten Teil noch etliche eindrucksvolle Momente. – **Ab 14.**
Schwarz-weiß. USA 1923 **R** Rupert Julian, Erich von Stroheim (ungenannt) **B** Finis Fox, Erich von Stroheim (ungenannt), Mary O'Hara (Zwischentitel) **K** William Daniels (= William H. Daniels), Charles Kaufman, Ben F. Reynolds (ungenannt) (= Ben Reynolds) **S** James McKay, Maurice Pivar (ungenannt) **Sb** E. E. Sheeley, Richard Day (ungenannt), Edgar G. Ulmer (ungenannt) **Kb** Richard Day (ungenannt), Erich von Stroheim (ungenannt) **D** Norman Kerry (Graf Franz Maximilian Von Hohenegg), Mary Philbin (Agnes Urban), Cesare Gravina (Sylvester Urban), Edith Yorke (Ursula Urban), George Hackathorne (Bartholomew Gruber) **L** 110 **E** 28.4.2021 VoD (Mubi)   **fd** –

Run – Du kannst ihr nicht entkommen ★★★
Run

Ein im Rollstuhl sitzendes 17-jähriges Mädchen wurde sein ganzes Leben zu Hause gepflegt und unterrichtet. Als sich die junge Frau für ein College bewirbt, wird ihr Misstrauen geweckt, wie sehr das innige Verhältnis zu ihrer Mutter von Abhängigkeiten geprägt ist und wie selbstlos deren Absichten tatsächlich sind. Ein Thriller über fehlgeleitete Mutterliebe, der mit minimalistischem Setting und zwei hervorragenden Hauptdarstellerinnen einen kindlichen Emanzipationsversuch als schweißtreibenden Kampf um Leben und Tod inszeniert. – **Ab 16.**
Scope. USA/Kanada 2020 **DVD** Leonine **BD** Leonine **R** Aneesh Chaganty **B** Aneesh Chaganty, Sev Ohanian **K** Hillary Spera **M** Torin Borrowdale **S** Will Merrick **D** Sarah Paulson (Diane Sherman), Kiera Allen (Chloe Sherman), Sara Sohn (Krankenschwester Kammy), Pat Healy (Tom), Erik Athavale (Arzt) **L** 86 **FSK** ab 16; f **E** 15.1.2021 DVD & BD   **fd** 47511

SAINT-NARCISSE (© Pro-Fun)

SAINT-NARCISSE ★★
SAINT-NARCISSE
In den frühen 1970er-Jahren sucht ein junger Biker in der kanadischen Provinz nach seiner leiblichen Mutter. Dabei trifft er auch auf einen Mönch, der in Wahrheit sein verschollener Zwilling ist und von dem eine starke erotische Faszination ausgeht. Der lose an der Sage von Narziss orientierte Film erzählt zwischen Trash und Hochkultur von einer polyamourösen Patchwork-Familie. Der mal augenzwinkernde, mal unaufgeregt selbstverständliche Umgang mit Tabuthemen hat durchaus Reiz, doch immer dann, wenn sich der Film einem konventionellen Drama annähert, wirkt er wie eine uninspirierte Pflichtübung. – **Ab 18**.
Kanada 2020 **KI** Cinemien/Pro-Fun **DVD** Pro-Fun (16:9, 1.85:1, DD5.1 engl./dt.) **R** Bruce LaBruce **B** Bruce LaBruce, Martin Girard **K** Michel La Veaux **M** Christophe Lamarche-Ledoux **S** Hubert Hayaud **Sb** Alex Hercule Desjardins **Kb** Valérie Gagnon-Hamel **D** Félix-Antoine Duval (Dominic/Daniel), Tania Kontoyanni (Mutter Beatrice), Alexandra Petrachuk (Irene/Agathe), Angèle Coutu (Marie Beauchamp), Andreas Apergis (Pater Andrew) **L** 103 **FSK** ab 16 **E** 25.11.2021 / 17.12.2021 DVD fd 48210

SARDARS ENKEL ★★
SADAR KA GRANDSON
Ein junger Mann kehrt aus den USA in seine Heimat Indien zurück, um den letzten Wunsch seiner geliebten Großmutter zu erfüllen: Die alte Frau möchte noch einmal das Haus in Lahore in Pakistan sehen, das sie einst dort zusammen mit ihrem verstorbenen Mann baute und zurücklassen musste, als Indien in den 1940ern geteilt wurde. Doch wegen eines Vorfalls vor Jahren darf sie nicht nach Pakistan einreisen. Der Familienfilm um die emotionalen Folgen der Teilung von Indien und Pakistan leidet darunter, dass er seine an sich melodramatische Geschichte mit allzu vielen und oft etwas plumpen komischen Elementen aufzulockern versucht. – **Ab 12**.
Indien 2021 **R** Kaashvi Nair **B** Anuja Chauhan, Kaashvi Nair **K** Mahendra Shetty **M** Tanishk Bagchi **S** Maahir Zaveri **Sb** Sriram Iyengar, Sujeet Sawant **Kb** Sheetal Sharma **D** Neena Gupta (Sardar), Arjun Kapoor (Amreek), Rakul Preet Singh (Radha), Kanwaljit Singh, John Abraham (Gurshir Singhji) **L** 139 **E** 18.5.2021 VoD (Netflix) fd -

SATANIC PANIC ★
SATANIC PANIC
Eine Pizzalieferantin stolpert auf der Jagd nach Trinkgeld nichtsahnend in die Schwarze Messe eines Satanskults; den reichen Anhängern kommt sie als Jungfrauenopfer gerade recht. Doch die Lieferheldin weiß sich zu wehren. Eine wenig originelle Horrorkomödie, die einerseits zu wenig Bedrohungspotenzial aufbaut, um Spannung zu entfalten, und andererseits in ihren Gags zu lauwarm bleibt, um als Komödie zu glänzen, sodass bis auf einige solide Effekte wenig Unterhaltsames bleibt. – **Ab 18**.
USA 2019 **DVD** Tiberius/Sony **BD** Tiberius/Sony **R** Chelsea Stardust **B** Grady Hendrix, Ted Geoghegan **K** Mark Evans **M** Wolfmen Of Mars **Sb** Bryan Walior **Kb** Rachel C. Wilson **D** Rebecca Romijn (Danica Ross), Arden Myrin (Gypsy Neumieir), Hayley Griffith (Samantha Craft), Ruby Modine (Judi Ross), AJ Bowen (Duncan Havermyer) **L** 85 **FSK** ab 18 **E** 8.4.2021 DVD & BD fd -

SAW: SPIRAL ★
SPIRAL: FROM THE BOOK OF SAW
Ein einzelgängerischer US-Detective soll zusammen mit einem neuen Kollegen einen Nachahmungstäter des Jigsaw-Mörders zur Strecke bringen, gerät dabei aber selbst in Verdacht. Denn die Opfer sind allesamt Polizisten, die den Cop wegen der Überführung eines Kollegen für einen Verräter halten. Der neuerliche Belebungsversuch der Splatter-Filmreihe Saw setzt anfangs auf einen Buddy-Cop-Film, mündet aber bald in einen blutigen Horrorthriller und verfällt dramaturgisch in eingefahrene Muster, die sich in grausamen seriellen Tötungen erschöpfen. – **Ab 18**.

 Die Extras umfassen u. a. einen Audiokommentar mit Regisseur Darren Lynn Bousman, Drehbuchautor Josh Stolberg und Filmkomponist Charlie Clouser, einen weiteren Audiokommentar mit den Produzenten Oren Koules und Mark Burg sowie ein marketinglastiges, aber ausführliches «Making of» (59 Min.).
Scope. USA 2020 **KI** StudioCanal **DVD** StudioCanal (16:9, 2.35:1, DD5.1 engl./dt.) **BD** StudioCanal (16:9, 2.35:1, dolby_Atmos engl./dt.) **R** Darren Lynn Bousman **B** Josh Stolberg, Peter Goldfinger **K** Jordan Oram **M** Charlie Clouser **S** Dev Singh **Sb** Anthony Cowley **Kb** Laura Montgomery **D** Chris Rock (Det. Zeke Banks), Max Minghella (Det. William Schenk), Marisol Nichols (Capt. Angie Garza), Samuel L. Jackson (Marcus Banks), Zoie Palmer (Kara Boswick) **L** 93 **FSK** ab 18; f **E** 16.9.2021 / 27.1.2022 DVD & BD & 4K UHD (plus BD) fd 48029

SCHACHNOVELLE (© StudioCanal)

SCARLET INNOCENCE ★★★
SCARLET INNOCENCE
Ein Literaturprofessor muss nach einem Skandal um eine Affäre mit einer Studentin in eine andere Stadt ziehen, wo er sich erneut mit einer jungen Frau einlässt, diese aber unversehens aufgibt und zu seiner Familie zurückkehrt. Einige Jahre später ist er fast erblindet und auf Hilfe angewiesen, sodass er seine frühere Geliebte nicht mehr erkennt, als diese wiederauftaucht und sich rächen will. Stilvoller Thriller, der zuerst eine zarte Liebesgeschichte zu erzählen scheint, bevor er in ein überzogenes Melodram umkippt. Im Wechsel der Tonlagen und manchem drastischen Einfall nicht immer gelungen, profitiert er von ausgezeichneten Hauptdarstellern. – **Ab 16**.
Scope. Südkorea 2014 **DVD** Busch Media (16:9, 2.35:1, DD5.1 korea./dt.) **BD** Busch Media (16:9, 2.35:1, dts-HDMA korea./dt.) **R** Yim Pil-sung **B** Jang Yoon-Mi, Yim Pil-sung **K** Lee Sung-je **M** Mowg **S** Kim Jae-beom, Kim Sang-bum **Sb** Yang Hong-sam **D** Jung Woo-sung (Hak-kyu), Esom (Deokee), Park So-young (Chungee), Yun Se-ah (Chungees Mutter), Kim Hee-won (Mr. Choi) **L** 109 **FSK** ab 16 **E** 20.8.2021 DVD & BD   fd -

SCARS ★★★★
SCARS
Eine einstige Kämpferin der Separatistenorganisation «Tamil Tigers» in Sri Lanka befragt nach ihrer Entlassung aus dem Gefängnis frühere Kameradinnen. In dem aus diesen Gesprächen entstehenden Buch sollen die bislang nie erzählten Biografien skizziert werden, Erinnerungen der oft gewaltsam rekrutierten Kämpferinnen, deren Leben von Verfolgung und Stigmatisierung geprägt ist. Der Dokumentarfilm nimmt an diesen Interviews als empathischer Beobachter teil und enthüllt eine zerrissene Gesellschaft, die unter den Wunden des Bürgerkriegs so sehr leidet wie unter dessen fehlender Aufarbeitung. Neben Archivmaterial werden dabei auch knappe artifizielle Spielszenen verwendet. – **Sehenswert ab 16**.
Deutschland/Polen/Niederlande 2020 **KI** Rise and Shine Cinema **R+B** Agnieszka Zwiefka **K** Kacper Czubak **M** Anselme Pau **S** Thomas Ernst **L** 79 **E** 22.4.2021 VoD (Kino-on-Demand)   fd 47652

SCHACHNOVELLE ★★★
Nach dem «Anschluss» Österreichs gerät ein jüdischer Anwalt in die Fänge der Gestapo, die Zugang zu den Konten des österreichischen Adels will. Als der Jurist sich weigert, wird er in einem Luxushotel über Monate in Isolationshaft gesteckt, wo ihm nur die Schachpartien aus einem Lehrbuch Abwechslung verschaffen. Die Neuverfilmung der berühmten Novelle von Stefan Zweig erweitert die Vorlage ins Fantastisch-Psychotische, wobei sie die Vorlage zugleich ins Bildungsbürgerliche verschiebt. Eine ambitionierte Literaturverfilmung, in der vor allem die Darsteller überzeugen. – **Ab 14**.
Scope. Deutschland 2020 **KI** StudioCanal **DVD** StudioCanal **BD** StudioCanal **R** Philipp Stölzl **B** Eldar Grigorian **K** Thomas W. Kiennast (= Thomas Kiennast) **Vo** Stefan Zweig (Novelle Schachnovelle) **M** Ingo Ludwig Frenzel (= Ingo Frenzel) **S** Sven Budelmann **Sb** Matthias Müsse **Kb** Tanja Hausner **D** Oliver Masucci (Dr. Josef Bartok), Albrecht Schuch (= Albrecht Abraham Schuch) (Franz-Josef Böhm/Mirki Czentovic), Birgit Minichmayr (Anna Bartok), Rolf Lassgård (Owen McConnor), Andreas Lust (Johann Prantl) **L** 107 **FSK** ab 12; f **E** 23.9.2021 / 10.3.2022 DVD & BD   fd 48025

SCHAU NICHT NACH OBEN
siehe: DON'T LOOK UP

DAS SCHAURIGE HAUS ★★
DAS SCHAURIGE HAUS
Ein Achtjähriger und sein sechzehnjähriger Bruder sind nach dem Unfalltod des Vaters mit ihrer Mutter in ein altes Haus in einem Dorf in Kärnten gezogen. Bald kommt den Jungen der Verdacht, dass in dem Domizil die Geister zweier dort verstorbener Kinder die wahren Umstände ihres Todes mitteilen wollen. Der Gruselfilm versucht, seine Geschichte möglichst kindgerecht zu halten, was allerdings dazu führt, dass durch den Einsatz von komödiantischen Brechungen der Grusel unterlaufen wird; stattdessen verschiebt sich die Handlung mehr und mehr auf eine Detektivgeschichte. Schlichte Effekte und eine wenig reizvolle Filmmusik sorgen zusätzlich dafür, dass kaum Atmosphäre aufkommt. – **Ab 12**.
Österreich/Deutschland 2020 **R** Daniel Prochaska **B** Marcel Kawentel, Timo Lombeck **K** Matthias Pötsch **Vo** Martina Wildner (Roman Das schaurige Haus) **M** Karwan Marouf **S** Alarich Lenz **Sb** Conrad Moritz Reinhardt **Kb** Elisabeth Fritsche **D** León Orlandianyi (Hendrik), Benno Roßkopf (Eddi), Julia Koschitz (Sabine), Marii Weichsler (Ida), Lars Bitterlich (Fritz) **L** 99 **E** 14.5.2021 VoD (Netflix)   fd -

SCHEIDUNG UM JEDEN PREIS – ★★★
TÜRKISCHE FRAUEN WEHREN SICH
DYING TO DIVORCE
In der Türkei ist häusliche Gewalt gegenüber Frauen noch immer weitverbreitet, bis hin zu Morden an Ehefrauen, die sich der Knute ihres Gatten entziehen und sich scheiden lassen wollen. Während diese Auswüchse von den repressiven Tendenzen der Regierung Erdogan unterstützt werden, wollen viele Frauen die Situation nicht mehr hinnehmen. Der Dokumentarfilm begleitet Betroffene sowie eine engagierte Anwältin im Kampf gegen frauenfeindliche Gewalt. In der Anlage eher konventionell mit Interviews und frappierendem Archivmaterial, beeindruckt er durch seinen aufklärenden Impetus und die uneingeschränkte Solidarität mit den Opfern. – **Ab 14**.

Großbritannien 2020 R+B Chloe Fairweather K Chloe Fairweather, Lilia Sellami M Andy Cowton S Andrea Cuadrado, Paul Dosaj L 80 E 9.3.2021 arte   fd -

Der Schein trügt ★
Nebesa

Episodenfilm um einen zunächst herzensguten serbischen Familienvater, der nach einem Unfall mit einem Heiligenschein erwacht. Als er den mit allen Mitteln wieder loszuwerden versucht, entpuppt sich der bislang unbescholtene Mann als skrupelloser Despot. Die überzeichnete, mit derb-grotesken Zuspitzungen inszenierte Parabel auf einen gefühllosen Turbokapitalismus, korrupte Priester und das Böse im Menschen irritiert mehr, als dass ihre provozierende Kritik verfangen würde. Übrig bleibt eine klamottige Satire mit einem mehr als fragwürdigen Frauenbild und jeder Menge unsympathischer Machos. – **Ab 16**.
Scope. Bosnien-Herzegowina/Deutschland/Kroatien/Montenegro/Nordmazedonien/Serbien/Slowenien 2020 KI Neue Visionen R+B Srdjan Dragojevic K Dusan Joksimovic Vo Marcel Aymé (Kurzgeschichten) M Aleksandar Buzadzic, Igor Perovic S Petar Markovic Sb Jovana Cvetkovic, Jelena Sopic Kb Tatjana Strugar Dragojevic D Goran Navojec (Stojan), Ksenija Marinkovic (Nada), Natasa Markovic (Julija), Bojan Navojec (Gojko), Danijela Mihajovic (Borka) L 128 FSK ab 16; f E 16.12.2021   fd 48261

Die Schlacht um die Schelde ★★★★
De Slag om de Schelde

Kriegsfilm über die verlustreiche Schlacht an der Schelde-Mündung, an der im Zweiten Weltkrieg die Schicksale eines britischen Segelfliegers, eines niederländischen Soldaten, der auf Seite der Nazis kämpft, und einer Widerstandskämpferin aufeinandertreffen. Einem realistischen, unromantischen Ansatz verpflichtet, löst der Film die Handlung in eine Reihe von Einzelsequenzen auf, in denen sich Brutalität und Unübersichtlichkeit des Kriegs intensiv vermitteln. Auch die Charaktere sind vielschichtig gezeichnet, ohne in übliche Klischees zu verfallen. – **Ab 16**.
Scope. Niederlande 2020 R Matthijs van Heijningen jr. B Paula van de Oest, Pauline van Mantgem, Reinier Smit, Matthijs van Heijningen jr. K Lennert Hillege M Emilie Levienaise-Farrouch S Marc Bechtold Sb Hubert Pouille Kb Margriet Procee D Gijs Blom (Marinus van Staveren), Jamie Flatters (William Sinclair), Susan Radder (Teuntje Visser), Jan Bijvoet (Dr. Visser), Tom Felton (Tony Turner) L 127 E 15.10.2021 VoD (Netflix)   fd -

Schlafend ins Glück ★★★
No Sleep 'Til Christmas

Eine Geschäftsfrau und ein Barmann, die beide an Schlaflosigkeit leiden, treffen durch Zufall aufeinander. Sie entdecken, dass sie Schlaf finden können, wenn sie nebeneinanderliegen, sodass sie ein Arrangement treffen, um sich gegenseitig bei ihrem Problem zu helfen. Verkompliziert wird es jedoch dadurch, dass die Frau es vor ihrem Freund geheim halten muss. Romantische Komödie mit einer etwas weit hergeholten Prämisse, die aber dank gut harmonierender Darsteller und netter Einfälle sympathische Unterhaltung ohne allzu viel Tiefgang bietet. – **Ab 14**.
USA 2018 R Phil Traill B Phil Traill, Steve Smith K Mark Irwin M Jeff Garber S James Renfroe, Edwin Ulysses Rivera Sb Peter Cosco Kb Shelley Mansell, Laura Montgomery D Odette Annable (= Odette Yustman) (Lizzie Hinnel), Dave Annable (Billy Wilson), Charles Michael Davis (Josh Wright), Alphonso McAuley (Andy), Sheryl Lee Ralph (Mrs. Wright) L 82 E 2.12.2021 Disney Channel   fd -

Die Schlange – Killer vs. Killer ★★
Le Serpent aux milles Coupures

Ein Mann mit senegalesischen Wurzeln, der mit Frau und Kind in einer Weinbau-Gegend im ländlichen Frankreich lebt, bekommt immer wieder rassistische Anfeindungen seiner Nachbarn zu spüren. Das ist allerdings nichts gegen den Ärger, den ihm ein Profikiller auf der Flucht ins Haus bringt, der sich mit einem Drogenkartell angelegt hat und hinter dem nun ein sadistisch-brutaler chinesischer Kollege her ist. Ein vom Drehbuch her etwas konfus-überfrachteter, inszenatorisch jedoch durchaus atmosphärisch und stilsicher umgesetzter harter Gangster-Thriller. – **Ab 18**.
Scope. Frankreich 2017 DVD Koch (16:9, 2.35:1, DD5.1 frz./dt.) BD Koch (16:9, 2.35:1, dts-HDMA frz./dt.) R Eric Valette B Herve Albertazzi, Eric Valette K Jean-François Hensgens M Christophe Boulanger, Mike Theis S Sébastien Prangère Sb Catherine Cosme Kb Frédérique Leroy D Cédric Ido (Omar), Tomer Sisley (der Biker), Terence Yin (Tod), Pascal Greggory (Massé du Réaux), Stéphane Debac (Jean-François Neri) L 104 FSK ab 18 E 28.1.2021 DVD & BD   fd -

Der Schmerz ★★★
La Douleur

Verfilmung des autobiografischen Romans von Marguerite Duras: 1945 wird der Mann der Schriftstellerin, Robert Antelme, als Widerstandskämpfer von der Polizei verhaftet. Verzweifelt versucht sie, über einen Kollaborateur an Informationen über Roberts Aufenthalt und Zustand zu kommen, doch dieser täuscht seinen Wissensstand nur vor. Als nach Kriegsende nur wenige Gefangene zurückkehren, beginnt eine weitere schmerzhafte Phase des Wartens und Hoffens. Der Film setzt die kühle Erzählweise des Romans konsequent in farbensättigte Bilder um, die die emotionale Beteiligung mitunter erschwert. Formale Gewandtheit zeichnet ihn allerdings ebenso aus wie eine kongeniale Hauptdarstellerin. – **Ab 16**.
Frankreich 2017 R+B Emmanuel Finkiel K Alexis Kavyrchine Vo Marguerite Duras (Roman La douleur / Der Schmerz) S Sylvie Lager, David Vranken Sb Pascal Le Guellec Kb Sergio Ballo, Anaïs Romand D Mélanie Thierry (Marguerite Duras), Benoît Magimel (Pierre Rabier), Benjamin Biolay (Dionys Mascolo), Emmanuel Bourdieu (Robert Antelme), Patrick Lizana (Georges Beauchamp) L 119 E 15.12.2021 arte   fd -

Schocken – Ein deutsches Leben ★★★

Der jüdische Unternehmer Salman Schocken (1877–1959) gründete 1901 zusammen mit seinen Brüdern eine Warenhauskette, deren Angebot sich an Arbeiter richtete und die schnell zu einem Imperium heranwuchs. Den wirtschaftlichen Erfolg nutzte Schocken als Philanthrop für vielfältigste Zwecke, unter anderem auch zur Gründung von Verlagen und als Mäzen. Die Dokumentation verfolgt den Lebensweg eines Unangepassten auch ins Exil nach Israel und in die USA und zeichnet das vielschichtige Bild einer visionären Persönlichkeit, die sich nie unterkriegen ließ. – **Ab 14**.
Deutschland/Israel 2020 KI Salzgeber R+B Noemi Schory K Uriel Sinai, Itay Vinograd M Boaz Schory S Michal Oppenheim L 85 FSK ab 6; f E 4.11.2021   fd 48160

Schockwellen – Nachrichten ★★
aus der Pandemie

Eine aus Nachrichten-Archivmaterial zusammengestellte Zwischenbilanz der ersten anderthalb Jahre der weltweiten Corona-Pandemie und ihrer medialen Begleitung zwischen An-

DIE SCHULE DER MAGISCHEN TIERE (© Leonine)

fang 2020 und Mitte 2021. Der Film zeigt die Reaktionen auf die Krankheit und die Bewertungen von Medizin-Experten, Politikern und anderen Menschen, wobei er sich jedes weiteren Kommentars enthält. In der Abfolge bekannter, durch die Montage aber mit neuer Wirkung versehener Schnipsel gelingt eine achtbare dokumentarische Annäherung an das gesellschaftliche Corona-Trauma, als Resümee ist der Film aber zu verkürzt und in der Schwerpunktsetzung durchweg angreifbar. – **Ab 14.**
Deutschland 2021 **R+B** Volker Heise **M** Ulrike Haage **S** Andrew Bird, Sven Heussner **L** 89 **E** 30.6.2021 ARD fd -

DER SCHÖNSTE JUNGE DER WELT ★★★
THE MOST BEAUTIFUL BOY IN THE WORLD / VÄRLDENS VACKRASTE POJKE
1971 spielte der 15-jährige Schwede Björn Andresen die Hauptrolle in Luchino Viscontis Verfilmung der Thomas-Mann-Novelle *Tod in Venedig* und erfuhr durch den Erfolg des Films weltweiten Ruhm, der zusehends bizarre Auswüchse annahm. So startete er in Japan eine Karriere als androgyner Popstar, dessen makellose Züge auch in Animes und Mangas vermarktet wurden. Der Film zeigt aus 50-jährigem Abstand, wie Andresen darum rang, die Kontrolle über sein Leben zurückzugewinnen. Dabei ist die Argumentation, die neben einer Anklage der brutalen Entertainment-Industrie schwierige Familienverhältnisse ignoriert, unscharf, während die Offenheit des Porträtierten beklemmende Einblicke gewährt. – **Ab 16.**
Schweden 2021 **R** Kristina Lindström, Kristian Petri **B** Kristina Lindström, Kristian Petri **K** Erik Vallsten **M** Anna von Hausswolff, Filip Leyman **S** Hanna Lejonqvist, Dino Jonsäter **L** 94 (TV-Fassung: 52) **E** 1.11.2021 arte (Kurzfassung) fd -

DER SCHRILLE KLANG DER FREIHEIT ★★★★
THE HOUSE OF TOMORROW
Ein schüchterner Teenager, der mit seiner Großmutter abgeschottet in einem spektakulären Kuppelgebäude in den Wäldern Minnesotas wohnt, freundet sich mit einem rebellischen Jugendlichen an und entdeckt über ihn seine Liebe zum Punkrock. Mit viel Herz und Humor erzählt der sensible Film zwischen Drama und Komödie vom Kampf um ein selbstbestimmtes Leben. Durch herausragende Schauspieler, eine gelungene Inszenierung und einen mit den Ikonen des Punkrock gespickten Soundtrack nimmt das Coming-of-Age-«Bromance» überdies für sich ein. – **Sehenswert ab 14.**
USA 2017 **DVD** Meteor **R+B** Peter Livolsi **K** Corey Walter **Vo** Peter Bognanni (Roman *The House of Tomorrow*) **M** Rob Simonsen **S** Brian Williams **Sb** Robb Buono **Kb** Carmen Grande **D** Asa Butterfield (Sebastian Prendergast), Alex Wolff (Jared Whitcomb), Nick Offerman (Alan Whitcomb), Ellen Burstyn (Josephine Prendergast), Maude Apatow (Meredith Whitcomb) **L** 85 **E** 25.6.2021 digital (Meteor) fd 47809

DIE SCHULE DER MAGISCHEN TIERE ★★
Eine Drittklässlerin muss sich in einer neuen Stadt und an einer Schule zurechtfinden. Das gelingt erst, als ihre Lehrerin den Schülern je ein magisches Tier zur Seite stellt, wofür die Klasse aber zur echten Gemeinschaft wachsen muss. Die Adaption des ersten Bandes einer gleichnamigen Kinderbuchreihe ist recht einfallslos inszeniert und weiß der Vorlage kaum etwas hinzuzufügen. Die eindimensionalen Figuren bleiben blass, den Dialogen fehlt Witz und Humor, stereotype Wendungen werden durch die platte Übersetzung in die bildliche Ebene verstärkt. Für Kinder im Grundschulalter besitzt der Film immerhin unterhaltsame Schauwerte. – **Ab 8.**
Deutschland 2020 **KI** Leonine **R** Gregor Schnitzler **B** Viola Maria Schmidt, John Chambers, Arne Nolting **K** Wolfgang Aichholzer **Vo** Margit Auer (Roman-Reihe) **M** Dominik Giesriegl, Konstantin Scherer, Yanek Stärk, Robin Haefs, Vincent Stein, Ali Zuckowski, Robin Kallenberger, Florian Riedl **S** Zaz Montana **Sb** Christoph Kanter **Kb** Esther Amuser **D** Emilia Maier (Ida Kronenberg), Loris Sichrovsky (Jo Wieland), Leonard Conrads (Benni Schubert), Milan Peschel (Mortimer Morrison), Nadja Uhl (Miss Mary Cornfield) **L** 93 FSK ab 0; f **E** 14.10.2021 fd 48095

DER SCHÜLER ★★★★
THE DISCIPLE
Ein junger Musiker versucht, eine fast vergessene Spielart klassischer indischer Musik am Leben zu halten, doch wirklich erfolgreich ist er damit nicht. Seine Hingabe an seine mit religiösem Eifer betriebene Mission bringt ihn in latente Spannung zum Leben im modernen Mumbai. Ein meditatives Drama über das Wesen von Ambitionen und eine Kulturlandschaft, die sich durch technologischen Fortschritt zunehmend verändert. Strenge Bildkompositionen erzählen von einem Leben zwischen gesellschaftlicher Anpassung und idealistischer Weltflucht. – **Sehenswert ab 16.**
Scope. Indien 2020 **R+B** Chaitanya Tamhane **K** Michal Sobocinski **S** Chaitanya Tamhane **Sb** Ravin D. Karde, Pooja Talreja **Kb** Sachin Lovalekar **D** Aditya Modak (Sharad Nerulkar), Arun Dravid (Guruji), Sumitra Bhave (Maai), Deepika Bhide Bhagwat (Sneha), Kiran Yadnyopavit (Sharads Vater) **L** 127 **E** 30.4.2021 VoD (Netflix) fd 47681

SCHUMACHER ★★
Dreißig Jahre nach Michael Schumachers Einstieg in die Formel 1 porträtiert ein Dokumentarfilm den siebenfachen Weltmeister. Dabei wird Schumachers Werk vom Beherrscher der Rennstrecken in den wichtigsten Stationen nachgezeichnet und mit vielen Interviews von Weggefährten seine Einzigartigkeit als Sportler gewürdigt. Negative Aspekte seines Fahrstils und Informationen zu seinem Zustand nach dem fatalen Skiunfall 2013

bleiben hingegen ausgespart, seine stärksten Momente hat der ansonsten konventionelle Film gleichwohl in emotional anrührenden Beiträgen seiner Familie. – **Ab 12.**

Deutschland 2021 **R** Hanns-Bruno Kammertöns, Vanessa Nöcker, Michael Wech **B** Hanns-Bruno Kammertöns, Vanessa Nöcker, Michael Wech **K** Reiner Bauer, Ilhan Coskun, Robert Engelke, Johannes Imdahl **M** Peter Hinderthür, Christian Wilckens **S** Susanne Ocklitz, Michael Scheffold, Olaf Voigtländer **L** 112 **E** 15.9.2021 digital (Netflix) **fd** -

SCHWANENGESANG ★★★★
SWAN SONG

Ein todkranker Grafiker möchte seiner schwangeren Frau und seinem jungen Sohn Verlust und Trauer ersparen und lässt sich klonen, damit sein genetischer Doppelgänger, in den auch seine Erinnerungen implementiert werden, an seine Stelle treten kann. Im Nachhinein kommen ihm aber schwere Bedenken. Das stilsichere Near-Future-Drama hält der Melodramatik des Plots einen elegant-kühlen Look entgegen, kippt nie in Weinerlichkeit und wird von brillanten Darstellern getragen. Der intelligente Science-Fiction-Stoff wirft spannende ethische Fragen auf nach Selbstbestimmung und Identität im transhumanen Zeitalter, nach Verantwortung und Rücksichtnahme und dem Wesen des Menschen und seiner Beziehungen. – **Sehenswert ab 14.**

USA 2021 **R+B** Benjamin Cleary **K** Masanobu Takayanagi **M** Jay Wadley **S** Nathan Nugent **Sb** Annie Beauchamp **Kb** Cynthia Ann Summers **D** Mahershala Ali (Cameron), Naomie Harris (Poppy), Glenn Close (Dr. Scott), Awkwafina (= Nora Lum) (Kate), Adam Beach (Dalton) **L** 116 **E** 17.12.2021 digital (AppleTV+) **fd** 48270

SCHWARM DER SCHRECKEN ★★★
LA NUÉE

Im Süden Frankreichs versucht eine verwitwete junge Farmbesitzerin mit zwei Kindern auf die Zucht von Heuschrecken als Proteinquelle der Zukunft zu setzen. Nicht sehr erfolgreich – bis sie durch Zufall bemerkt, dass die Tiere auf Blut als Nahrung ansprechen. Als sie dem Gedeihen ihres Schwarms weiter auf die Sprünge helfen will, zeitigt das unkontrollierbare Folgen. Eindrücklicher, in seiner realitätsnahen Anmutung verstörender Tierhorror, der nicht nur geschickt ökologische Bezüge und archaische Ängste vor einer biblischen Plage in überspitzt-vampirischer Form abruft, sondern auch mit interessanten Figuren punktet und mit zwischenmenschlichen Spannungen den Schrecken emotional anheizt. – **Ab 16.**

Frankreich 2020 **R** Just Philippot **B** Jérôme Genevray, Franck Victor **K** Romain Carcanade **M** Vincent Cahay **S** Pierre Deschamps **Kb** Charlotte Richard **D** Suliane Brahim (Virginie Hébrard), Marie Narbonne (Laura Hébrard), Raphael Romand (Gaston Hébrard), Sofian Khammes (Karim), Stéphan Castang (1. Züchter) **L** 101 **E** 6.8.2021 digital (Netflix) **fd** -

SCHWARZE ADLER ★★★★

Dokumentarfilm über schwarze Profifußballer in Deutschland und die Ausgrenzung, die sie bis heute erfahren. Mit einer Mischung aus Interviews und Archivmaterial wird das komplizierte Verhältnis zwischen den Sportlern und ihrer (Wahl-)Heimat erforscht. Dabei betont der Film einerseits die positiven Entwicklungen im Fußball, zeigt aber andererseits auch, wie wenig sich in den letzten 50 Jahren getan hat. Obwohl viele Themen nur angeschnitten werden, vermitteln die Erlebnisberichte anschaulich die alltägliche Belastung, der die Spieler privat und beruflich ausgesetzt sind. – **Sehenswert ab 12.** Teils schwarz-weiß. Deutschland 2021 **R+B** Torsten Körner **R** Johannes Imdahl **M** Edward Maclean, Hannah von Hübbenet (= Hansen & Jansen) **S** André Hammesfahr **Sb** Josef Steinbüchel **L** 102 **FSK** ab 6; f **E** 15.4.2021 VoD (Amazon Prime) / 18.6.2021 ZDF **fd** 47661

DAS SCHWARZE QUADRAT ★

Zwei amateurhafte Kunstdiebe stehlen Kasimir Malewitschs futuristisches Gemälde «Das schwarze Quadrat» und wollen es ausgerechnet an Bord eines Kreuzfahrtschiffes verhökern. Das geht gründlich schief und bedingt eine Kaskade von Imitationen und gefälschten Identitäten, die für zahllose Verwechslungen und Kollisionen sorgen. Die leichtgewichtige Krimikomödie setzt auf Schadenfreude, Klamauk und Fäkalhumor und präsentiert sich als eine Skurrilitäten-Show über den Kreuzfahrt-Kosmos, die jeden Sinn für das satirische Potenzial des Stoffes vermissen lässt. – **Ab 14.**

Deutschland 2021 **KI** Port-au-Prince **R+B** Peter Meister **K** Felix Novo de Oliveira **M** Andreas Lucas **S** Jan Ruschke **Sb** Tim Tamke **Kb** Katrin Aschendorf **D** Bernhard Schütz (Vincent Kowalski), Jacob Matschenz (Nils Forsberg), Sandra Hüller (Martha), Pheline Roggan (Mia), Christopher Schärf (Levi Staude) **L** 105 **FSK** ab 12; f **E** 25.11.2021 **fd** 48224

SCHWESTERN – ★★★
EINE FAMILIENGESCHICHTE
SŒURS

Drei französische Schwestern algerischer Herkunft leben seit Jahrzehnten mit dem Trauma des Verlustes ihres kleinen Bruders, den ihr Vater nach Algerien entführt hat. Als die Älteste ihre Kindheit zum Gegenstand eines autofiktionalen Dramas macht, geraten die verdrängten Gefühle zwischen den Schwestern und ihrer Mutter außer Kontrolle. Der Film erzählt auf unterschiedlichen Ebenen von Integration und Freiheitskampf, patriarchalen Strukturen und der Suche nach individuellen Wegen, mit den traumatischen Erlebnissen umzugehen. Ein berührendes, streckenweise aber auch etwas bemühtes Drama. – **Ab 14.** Scope. Frankreich/Algerien 2020 **KI** StudioCanal **R** Yamina Benguigui **B** Yamina Benguigui, Maxime Saada, Farah Benguigui, Jonathan Palumbo **K** Antoine Roch **M** Amine Bouhafa **S** Nadia Ben Rachid, Sean Sezgin **Sb** Jean-Jacques Gernolle, Saad Ould El Bachir **Kb** Malika Khelfa, Joséphine Gracia **D** Isabelle Adjani (Zorah), Rachida Brakni (Djamila), Maïwenn (= Maïwenn Le Besco) (Norah), Hafsia Herzi (Farah / Leïla mit 22 Jahren), Rachid Djaidani (Hassan/ Ahmed) **L** 100 **FSK** ab 12; f **E** 30.12.2021 **fd** 48285

SEA FOG ★★
HAEMOO

Eine erneute Fangflaute und die asiatische Finanzkrise von 1997 zwingen den in Not geratenen Kapitän eines südkoreanischen Fischerboots, sich als Schlepper zu versuchen. Die anfängliche Gastfreundschaft gegenüber den chinesischen Arbeitsmigranten, die er schmuggelt, findet mit einer Tragödie an Bord jedoch ein jähes Ende. Der auf realen Ereignissen beruhende Film bildet in den Mikrokosmos an Bord nationalistische Tendenzen und die gnadenlose Realität des globalkapitalistischen Drucks in aller Härte ab. Vor allem in der zweiten Hälfte, wenn der Thriller durch groteske Überzeichnungen Richtung Horror kippt, wirkt die Gesellschaftskritik allerdings arg reißerisch auf Effekt gebürstet. – **Ab 16.**

⊙ Die Extras enthalten u. a. ein Feature mit im Film nicht verwendeten Szenen (8 Min.).

Scope. Südkorea 2014 **DVD** Koch (16:9,

2.35:1, DD5.1 korea./dt.) **BD** Koch (16:9, 2.35:1, dts-HDMA korea./dt.) **R** Shim Sung-bo **B** Shim Sung-bo, Bong Joon-ho **K** Hong Kyung-pyo (= Kyung-pyo Hong) **Vo** Kim Minjung (Bühnenstück *Haemoo*) **M** Jaeil Jung **S** Kim Jae-beom, Kim Sang-beom **Sb** Lee Ha-jun **Kb** Choi Se-yeon **D** Kim Yoon-seok (Kapitän Kang Chul-joo), Park Yoo-chun (Dong-sik), Yeri Han (Hong-mae), Mun Seong-kun (Wan-ho), Kim Sang-ho (Ho-young) **L** 111 **FSK** ab 16 **E** 25.3.2021 DVD & BD
fd 47632

SEANCE ★★
SEANCE

Eine Jugendliche kommt an einem Mädcheninternat unter, nachdem eine Schülerin unter ominösen Umständen gestorben ist. Als Neue wird sie getriezt und fasst auch die Einladung zu einer Séance zuerst als Versuch eines Streiches auf. Als weitere Schülerinnen sterben, wird die Präsenz einer übernatürlichen Bedrohung aber immer mehr zur Gewissheit. Routiniert inszenierter Mystery-Thriller, der sich explizite Horrorszenen für das Ende aufspart. Der Film setzt durchaus Akzente als solide Genrekost im vertrauten Ambiente, hat aber letztlich zu wenig Mut, um wirklich Eigenständigkeit zu gewinnen. – **Ab 16.**
Scope. USA 2021 **DVD** Weltkino (16:9, 2.35:1, DD5.1 engl./dt.) **BD** Weltkino (16:9, 2.35:1, dts-HDMA engl./dt.) **R+B** Simon Barrett **K** Karim Hussain **M** Tobias Vethake **S** James Vandewater **Sb** Mars Feehery **Kb** Leslie Kavanagh **D** Suki Waterhouse (Camille Meadows), Madisen Beaty (Bethany), Inanna Sarkis (Alice), Ella-Rae Smith (Helina), Stephanie Sy (Yvonne) **L** 89 **FSK** ab 16; f **E** 22.10.2021 DVD & BD   fd –

SEASPIRACY ★★
SEASPIRACY

Ein Film über die Verheerung, die die Menschheit im Ökosystem der Weltmeere durch Überfischung und Verschmutzung anrichtet. Ziel der Dokumentation ist es bloßzulegen, wie Politik, (Fischerei-)Industrie und andere Akteure der Zerstörung der Meere als Lebensraum Vorschub leisten. Tatsächlich gelingt ein aufrüttelndes Pamphlet gegen den Missbrauch der Ozeane im Namen menschlicher Interessen; indem einzelne Beispiele nur sehr kurz abgehandelt werden, ist die Darstellung aber auch extrem verkürzt und oberflächlich. Im Film auftretende Experten und Organisationen haben im Nachhinein zudem kritisiert, dass aus dem Kontext gerissene Aussagen und veraltete Statistiken Eingang gefunden haben. – **Ab 14.**
USA 2021 **R** Ali Tabrizi, Lucy Tabrizi **B** Ali Tabrizi **K** Ali Tabrizi, Lucy Tabrizi **M** Benjamin Sturley **S** Ali Tabrizi **L** 89 **E** 24.3.2021 digital (Netflix)   fd –

SECHS AUF EINEN STREICH – DER GEIST IM GLAS siehe: DER GEIST IM GLAS

SECHZEHN STUNDEN EWIGKEIT ★★★
THE MAP OF TINY PERFECT THINGS

Ein Teenager-Junge erlebt denselben Tag immer und immer wieder. Um gegen die Langeweile anzukämpfen, hat er damit begonnen, die «Choreografie» der Abläufe zu perfektionieren, indem er etwa Missgeschicken seiner Mitbürger zuvorkommt und ihnen bei Problemen hilft. Als ein gleichaltriges Mädchen auftaucht, das offensichtlich sein Schicksal teilt, beginnen die beiden gemeinsam zu überlegen, wie sie mit der Situation umgehen können. Die sympathisch undramatische Fantasy-Dramödie nutzt ihr Zeitschleifen-Sujet für einen ideenreichen Lobgesang auf die oft übersehenen Schönheiten und Möglichkeiten des Alltags und ein Plädoyer für mehr Achtsamkeit. – **Ab 14.**
USA 2020 **R** Ian Samuels **B** Lev Grossman **K** Andrew Wehde **Vo** Lev Grossman (Kurzgeschichte *The Map of Tiny Perfect Things*) **M** Tom Bromley **S** Andrea Bottigliero **Sb** Kara Lindstrom **Kb** Abby O'Sullivan **D** Kathryn Newton (Margaret), Kyle Allen (Mark), Jermaine Harris (Henry), Josh Hamilton (Daniel), Al Madrigal (Mr. Pepper) **L** 99 **E** 12.2.2021 VoD (Netflix)   fd –

DIE SEELEN DER TOTEN – ★★★★
MINGSHUI
LES ÂMES MORTES

1957 startete die chinesische Regierung die sogenannte «Rechtsabweichler»-Kampagne, bei der vermeintliche Unangepasste, darunter viele Intellektuelle und Ingenieure, in Umerziehungslager in der Wüste Gobi gesperrt und misshandelt wurden; Tausende starben an Hunger oder verfielen in ihrer Verzweiflung auf Kannibalismus. Der chinesische Regisseur Wang Bing widmet sich dieser lange totgeschwiegenen Ära in einem über achtstündigen Dokumentarfilm, der neben erläuternden Passagen viele nie zuvor gehörte, ausführliche Berichte von Überlebenden enthält. Das ohne überflüssige Beigaben auskommende Mammutwerk tastet sich mit beispielhafter Sensibilität voran, gibt Trauer und Schmerz angemessenes Gewicht und leistet in der Zusammenführung der Geschichten überfällige Erinnerungsarbeit. – **Sehenswert ab 16.**
Schweiz/Frankreich 2018 **R+B** Wang Bing (= Bing Wang) **K** Wang Bing (= Bing Wang), Xiaohui Shan, Yang Song **S** Catherine Rascon **L** 503 (165/163/175) **E** 23./24./25.11.2021 arte (drei Teile)   fd –

SEHNSUCHT NACH EINER ★★★
UNBEKANNTEN HEIMAT

Ein junger Filmemacher begibt sich auf Spurensuche nach den Wurzeln seiner Familie und reist mit seinem Vater nach Rumänien. Für den Vater ist es nach Jahrzehnten das erste Wiedersehen mit seiner Heimat Siebenbürgen und er steht der Reise skeptisch gegenüber; allmählich öffnet er sich aber nicht nur seiner Vergangenheit, sondern auch seinem Sohn. Der autobiografische Dokumentarfilm erzählt eine authentische Familiengeschichte, bleibt aber lange an der Oberfläche. Erst gegen Ende findet er zu mehr Substanz, wenn er einfühlsam den Wandel in der Vater-Sohn-Beziehung erfasst. – **Ab 14.**
Deutschland 2021 **KI** Filmkultur **R** Holger Gutt **B** Tobias Schmidt, Michaela Smykalla, Tobias Drexel, Anita Hauch **K** Tobias Schmidt, Tobias Drexel, Holger Gutt, Anita Hauch, Marcel Chylla **M** Andreas Begert **S** Holger Gutt **L** 78 **FSK** ab 0; f **E** 15.7.2021
fd 47888

SEITENWECHSEL ★★★
PASSING

Eine in Harlem lebende Afroamerikanerin begegnet in den 1920-Jahren überraschend einer alten Freundin. Diese ist ebenfalls afroamerikanischer Herkunft, aber relativ hellhäutig, sodass sie sich als Weiße ausgeben kann und einen bekennenden Rassisten geheiratet hat. Die Begegnung weckt allerdings Sehnsüchte nach ihrer alten Identität. Die Romanverfilmung kommentiert den rassistischen Grundkonflikt in eleganten Schwarz-Weiß-Bildern durch scharfe Kontraste; die Hauptdarstellerinnen fächern sowohl die sozialen Konflikte als auch die persönlichen Auswirkungen der strukturellen Ungleichheiten auf. Der Handlungsbogen ist jedoch mitunter zu subtil, um die beiden Persönlichkeiten voll zu entfalten. – **Ab 14.**
Schwarz-weiß. USA 2020 **KI** Netflix **R+B** Rebecca Hall **K** Eduard Grau **Vo** Nella Larsen (Roman *Passing / Seitenwechsel*) **M** Devonté Hynes **S** Sabine Hoffmann (= Sabine

Hoffman) **Sb** Nora Mendis **Kb** Marci Rodgers **D** Tessa Thompson (Irene), Ruth Negga (Clare), André Holland (Brian), Alexander Skarsgård (John), Bill Camp (Hugh) **L** 98 **FSK** ab 12 **E** 28.10.2021 / 10.11.2021 VoD (Netflix) **fd** 48186

SELVA TRAGICA siehe: **TRAGIC JUNGLE**

SENTINELLE ★★
SENTINELLE

Eine Soldatin und Dolmetscherin für die französische Armee wird nach einem traumatischen Kriegseinsatz in Syrien nach Nizza versetzt, wo auch ihre Mutter und ihre Schwester leben. Dort arbeitet sie für eine Terrorpräventions-Truppe und ringt mit den psychischen Folgen der Kriegserfahrung. Als ihre Schwester brutal vergewaltigt und misshandelt wird, will sie den Täter bestrafen und legt sich mit einem mächtigen russischen Oligarchen an. Französisches Actiondrama, das zunächst durchaus interessant seine gebrochene Heldinnen-Figur einführt, dann aber das Thema «Posttraumatische Belastungsstörungen» allzu nonchalant unter den Teppich kehrt und zum konventionellen Rachethriller wird. – **Ab 16.**
Scope. Frankreich 2021 **R** Julien Leclercq **B** Julien Leclercq, Matthieu Serveau **K** Brecht Goyvaerts **S** Soline Guyonneau **Kb** Emmanuelle Youchnovski **D** Olga Kurylenko (Klara), Marilyn Lima (Tania), Michel Nabokoff (Leonod Kadnikow), Andrey Gorlenko (Yvan Kadnikov), Carole Weyers (Capitaine Catherine Muller) **L** 80 **E** 5.3.2021 VoD (Netflix) **fd** -

SEQUIN IN A BLUE ROOM ★★★★
SEQUIN IN A BLUE ROOM

Ein 16-Jähriger nutzt eine Dating-App, um zu anonymen sexuellen Treffen mit Männern zu kommen, die einmalige Begegnungen bleiben sollen. Das geht so lange gut, bis einer seiner Verabredungen ihn wiedererkennt und sich ihm aufdrängt. In dieser Situation hilft ein anderer Mann dem Jungen, der in der Folge nun selbst alles versucht, um seinem Retter wiederzubegegnen. In Form eines Thrillers entwickeltes Coming-of-Drama mit einer ausgefeilten Bildsprache in atmosphärischen Blautönen. Neben der präzisen Erfassung des speziellen Milieus der Handlung besticht der Film auch im einfühlsamen Blick aufs Teenageralter. (O.m.d.U.) – **Ab 16.**
Australien 2020 **DVD** Salzgeber (16:9, 1.78:1, DD5.1 engl.) **R** Samuel Van Grinsven **B** Jory Anast, Samuel Van Grinsven

SEITENWECHSEL (© Netflix)

K Jay Grant **M** Brent Williams **S** Tim Guthrie **Sb** Anna Gardiner **Kb** William Tran **D** Conor Leach (Sequin), Jeremy Lindsay Taylor (Dad), Anthony Brandon Wong (Virginia), Ed Wightman (B), Samuel Barrie (Edward) **L** 77 **FSK** ab 16; **f E** 3.9.2021 DVD **fd** -

SEQUOIA – HERRIN DER WILDNIS ★★★
SEQUOIA

Eine junge Frau, die mit ihrem Vater in den Bergen Kaliforniens lebt, rettet ein Pumababy und ein Rehkitz und zieht beide Tiere zusammen auf. Gegen ihre natürlichen Instinkte entsteht tatsächlich eine Freundschaft zwischen ihnen, doch die Größerwerden bedroht die Idylle ebenso wie Holzfäller und Jäger. Früher Hollywood-Tierfilm, in dem die Rahmenhandlung hinter den bemerkenswerten Landschaftsaufnahmen und den verblüffenden Tierszenen klar zurücktritt. Bemerkenswert auch durch seine frühe kritische Haltung zur Rolle des Menschen in der Natur. – **Ab 12.**
Schwarz-weiß. USA 1934 **DVD** Media Target **R** Chester M. Franklin **B** Ann Cunningham, Sam Armstrong, Carey Wilson **K** Chester Lyons **Vo** Vance Hoyt (Roman *Malibu*) **M** Herbert Stothart **S** Charles Hochberg **D** Jean Parker (Toni Martin), Russell Hardie (Bob Alden), Samuel S. Hinds (Dr. Matthew Martin), Paul Hurst (Bergman), Willie Fung (Sang Soo) **L** 67 **E** 23.7.2021 DVD **fd** -

SERENADE FÜR FANNY ★★★

Eine ursprünglich aus Kroatien stammende, nahe Stuttgart wohnende Frau genießt auch mit 91 noch immer das Leben und träumt davon, ihr Schlager-Idol Helene Fischer persönlich zu treffen. Ihre Enkelin möchte derweil als angehende Filmproduzentin bei der Verleihung der Studenten-«Oscars» ein von ihrer Oma geschneidertes Kleid tragen. Der warmherzige, launig kommentierte Dokumentarfilm verfolgt, wie sich die beiden Frauen aus unterschiedlichen Generationen gegenseitig helfen und trotz vieler Unterschiede ein vertrautes Verhältnis führen. Dabei werden in der Beziehung der beiden durchaus auch ernste Fragen, etwa zu Erwartungen an Frauen, gespiegelt. – **Ab 12.**
Teils schwarz-weiß. Deutschland 2018 **R** Monique Marmodée **B** Monique Marmodée, Alexandra Staib **K** Monika Plura **M** Veronika Pohl, Theresa Zaremba, Michael Lauterbach **S** Daniel Kundrat **L** 81 **E** 28.1.2021 SWR **fd** -

SGT. WILL GARDNER ★★
SGT. WILL GARDNER

Ein Irakkriegs-Veteran leidet an den körperlichen und insbesondere seelischen Folgen des Krieges, die ihm ein normales Leben in den USA unmöglich machen. Nach einem weiteren Rückschlag begibt er sich auf einen Motorrad-Trip mit dem Ziel, seinen Sohn wiederzusehen; auf dem Weg hat er zahlreiche Erlebnisse, die ihm mal neue Hoffnung einflößen, mal wieder zurückwerfen. Das Drama kritisiert gesellschaftliche Versäumnisse im Umgang mit Veteranen und kann durchaus nachdenkliche Akzente setzen. Sentimentale und fragwürdige Sequenzen mindern die Wirkung allerdings ebenso wie ein irritierendes Hin und Her zwischen Realität und Fantasiesequenzen. – **Ab 16.**
Scope. USA 2019 **DVD** Spirit Media **BD** Spirit Media **R+B** Max Martini **K** Corey Weintraub **S** Tim Silano **Sb** Jonathan Delaney Marsh **Kb** Mallory Hemerlein **D** Max Martini (Will «Ghost» Gardner), Omari Hardwick (Samuel «Top» Gallegos), Lily Rabe

SHANG-CHI AND THE LEGEND OF THE TEN RINGS (© Walt Disney Company)

(Mary-Anne Mackey), Robert Patrick (Tony), Elisabeth Röhm (Kimmy) **L** 120 **FSK** ab 16; f **E** 24.9.2021 DVD & BD **fd** -

SEVEN DAYS WAR ★★★
BOKURA NO NANOKAKAN SENSŌ
Ein 16-Jähriger ist heimlich in seine Klassenkameradin und Nachbarin verliebt, für die bald ein Umzug nach Tokio ansteht. Zusammen mit vier weiteren Schülern begeben sich auf einen letzten gemeinsamen Ausflug, der in eine waschechte Rebellion mündet: Sie verbarrikadieren sich in einem verlassenen Kohlewerk, um sich und einen illegalen Einwanderer vor den Behörden abzuschotten. Eine spannungsvolle Coming-of-Age-Geschichte um den Widerstand einer jungen Generation gegen die der Eltern, die eine die freie Entfaltung unterdrückende Sozialordnung und starre soziale Machtgefälle vertritt. Dabei greift die Inszenierung allerdings vor allem im Finale zu dick aufgetragenem Pathos. – **Ab 14**.

◉ Die Extras umfassen u. a. eine Interviewrunde mit Yuta Murano vom Frankfurter «Nippon Connection»-Filmfestival (32 Min.) sowie ein 16-seitiges Booklet mit Texten zum Film.
Japan 2019 **KI** Kazé **DVD** Kazé (16:9, 1.78:1, DD5.1 jap./dt.) **BD** Kazé (16:9, 1.78:1, dts-HDMA jap./dt.) **R** Yuuta Murano **B** Ichirō Ōkouchi **K** Toshiya Kimura **Vo** Osamu Sōda (Roman) **M** Jun Ichikawa **S** Rie Matsuhara, Takeshi Seyama **L** 88 **FSK** ab 12; f **E** 10.8.2021 / 19.8.2021 DVD & BD **fd** 47932

7 PRISONERS siehe: 7 GEFANGENE

SHADOW IN THE CLOUD ★★★
SHADOW IN THE CLOUD
Eine junge Frau verschafft sich 1943 auf dem Militärflugplatz in Auckland mit falschen Vorspiegelungen Zugang zu einem Bomber. Die männliche Crew ist wenig begeistert und verbannt sie in eine Gefechtskuppel unterhalb des Flugzeugs, wo sie es nicht nur mit japanischen Kampffliegern, sondern auch mit einem fliegenden Monster zu tun bekommt. Kuriose, gleichwohl unterhaltsame Mischung aus Weltkriegsepos, Monsterfilm und Frauenpower, die die bizarren Ideen des Drehbuches ins Extrem treibt und sich dabei an allerlei Genre-Vorbildern bedient. Die filmische Spielwiese einer resoluten Actionheldin versteht sich auch als Ehrung für alle Air-Force-Pilotinnen. – **Ab 16**.

◉ Ebenfalls als wertiges Mediabook (4K UHD plus BD) mit einem 24-seitigem Booklet zum Film erhältlich.
Scope. USA/Neuseeland 2020 **DVD** Capelight (16:9, 2.35:1, DD5.1 engl./dt.) **BD** Capelight (16:9, 2.35:1, dts-HDMA engl./dt.) **R** Roseanne Liang **B** Max Landis, Roseanne Liang **K** Kit Fraser **M** Mahuia Bridgman-Cooper **S** Tom Eagles **Sb** Gary Mackay **Kb** Kristin Seth **D** Chloë Grace Moretz (= Chloe Moretz) (Maude Garrett), Nick Robinson (Stu Beckell), Beulah Koale (Anton Williams), Taylor John Smith (Walter Quaid), Callan Mulvey (John Reeves) **L** 83 **FSK** ab 16 **E** 16.4.2021 digital / 30.4.2021 DVD & BD & Mediabook (4K UHD plus BD) **fd** 47683

SHANE ★★★
CROCK OF GOLD: A FEW ROUNDS WITH SHANE MACGOWAN
Der irische Punksänger, Texter und Komponist Shane MacGowan ist eine Musiklegende, ein Mensch mit vielen inneren und äußeren Blessuren. Seine Fans lieben ihn, seine Freunde ebenso. Er kann aber auch anecken und provozieren. Ein opulenter, zeitgeschichtlich reich kontextualisierter Bilderbogen über ein exzessives Künstlerleben, das zwischen musikalischem Genie und selbstzerstörerischem Furor auf einmalige Weise den Blick auf Irland und die irische Musik verändert hat. – **Ab 14**.
USA/Großbritannien/Irland 2021 **KI** Neue Visionen **DVD** Good Movies **R+B** Julien Temple **K** Steve Organ **M** Jocelyn Campbell, Jc Carroll **S** Caroline Richards **Kb** Anna Bevan **L** 130 **FSK** ab 12; f **E** 19.8.2021 / 20.12.2021 digital / 13.1.2022 DVD **fd** 47953

SHANG-CHI AND THE LEGEND ★★★
OF THE TEN RINGS
SHANG-CHI AND THE LEGEND OF THE TEN RINGS
Ein junger Sino-Amerikaner aus Los Angeles wird in die Machenschaften einer mysteriösen Organisation verwickelt. Hinter der steckt sein Vater in China, ein mit magischen Kräften ausgestatteter Imperator, der aus Trauer über den Tod seiner Frau die Welt in Brand zu setzen droht. Der an eine Marvel-Comicfigur angelehnte Fantasyfilm ist der erste Marvel-Solofilm um einen asiatischen Martial-Arts-Kämpfer, der über keine Superkräfte verfügt. Der hervorragend besetzte Film punktet insbesondere durch sein fantastisches Weltdesign sowie durch seine Anleihen beim asiatischen Kampfkunstkino, setzt mitunter aber allzu sehr auf CGI-Elemente und überstrapaziert mit einem bombastischen Finale. – **Ab 14**.

◉ Die BD-Editionen enthalten eine Audiodeskription für Sehbinderte, allerdings nur in englischer Sprache. Die Standardausgabe (DVD) enthält keine erwähnenswerten Extras.
Die Extras der BD umfassen indes u. a. einen leider nur englisch untertitelten Audiokommentar des Regisseurs Destin Daniel Cretton und Co-Autors Dave Callaham sowie ein Feature mit elf im Film nicht verwendeten Szenen (14 Min.).
3D, Scope. USA 2021 **KI** Walt Disney **DVD** Walt Disney (16:9, 2.35:1, DD5.1 engl./dt.) **BD** Walt Disney (16:9, 2.35:1, dts-HDAM7.1 engl., DD7.1 dt.) **4K**: Walt Disney (16:9, 2.35:1, dolby_Atmos engl., DD7.1 dt.) **R** Destin Daniel Cretton (= Destin Cretton) **B** Dave Callaham, Destin Daniel Cretton (= Destin Cretton), Andrew Lanham **K** Bill Pope (= William Pope) **Vo** Steve Englehart (Charaktere), Jim Starlin (Charaktere) **M** Joel P. West **S** Elísabet Ronaldsdóttir, Nat Sanders, Harry Yoon **D** Simu Liu (Shang-Chi), Awkwafina (= Nora Lum) (Katy), Tony Leung Chiu-wai (Wenwu), Michelle Yeoh (Ying Nan), Ben Kingsley (Trevor Slattery) **L** 133 **FSK** ab 12; f **E** 2.9.2021 / 12.11.2021 digital (Disney+) / 18.11.2021 DVD & BD & 4K UHD (plus BD) **fd** 47976

SHATTERED – REISE IN EINE ★★★
STILLE VERGANGENHEIT
SHATTERED
Der Filmemacher Walter Wehmeyer erforscht seine eigene Familiengeschichte nach Spuren der NS-Zeit.

Sein Großvater übernahm 1937 das Aachener Bekleidungsgeschäft seines jüdischen Freundes Curt Lion, kurz bevor dieser mit seiner Familie in die USA floh. Gemeinsam mit Curt Lions Töchtern geht Wehmeyer der Frage nach, wie diese die Migration erlebten und inwiefern auch sein Großvater Schuld auf sich lud. Über die mit großer Konzentration und Eindringlichkeit geschilderten individuellen Schicksale gelingt ein präziser Blick, was Millionen von Vertriebenen widerfuhr. – **Ab 14.**
Teils schwarz-weiß. Österreich 2018 **R+B+K** Walter Wehmeyer **S** Walter Wehmeyer **L** 94 **E** 26.1.2021 3sat   fd –

SHE DIES TOMORROW (© Koch)

SHE DIES TOMORROW ★★★★
SHE DIES TOMORROW
Eine junge Frau ist überzeugt davon, dass sie innerhalb der nächsten 24 Stunden sterben wird. Ihre Todesangst breitet sich wie eine Epidemie immer weiter aus, befällt ihre Freunde und deren Familien. Der existenzialistische Psychothriller hinterfragt die Verdrängung der Sterblichkeit aus gesellschaftlichen und persönlichen Diskursen, liest dieses Tabu als psychologische Infektionskette und verfolgt diese in aneinandergereihten Miniaturen, ohne die Fragestellung aufzulösen. Ein im besten Sinne unangenehmer Film mit nuancierten Hauptdarstellerinnen. – **Ab 16.**
USA 2020 **DVD** Koch (16:9, 1.78:1, DD5.1 engl./dt.) **BD** Koch (16:9, 1.78:1, dts-HDMA engl./dt.) **R+B** Amy Seimetz **K** Jay Keitel **M** Mondo Boys **S** Kate Brokaw **Sb** Ariel Vida **D** Kate Lyn Sheil (Amy), Jane Adams (Jane), Kentucker Audley (Craig), Katie Aselton (Susan), Chris Messina (Jason) **L** 81 **FSK** ab 16 **E** 15.7.2021 DVD & Mediabook (BD plus BD)   fd 47923

SHINY_FLAKES: THE TEENAGE ★★★
DRUG LORD
Ein Dokumentarfilm über Maximilian Schmidt alias Shiny Flakes, der im Alter von 19 Jahren von der Leipziger Polizei wegen seines schwunghaften Online-Drogenhandels verhaftet wurde. Die Dokumentation rollt den Fall des Cybercrime-Pioniers, dessen Geschichte auch den Stoff zur Serie HOW TO SELL DRUGS ONLINE (FAST) lieferte, mittels Interviews mit Maximilian Schmidt auf und rekonstruiert mit seiner Hilfe die simplen, aber effektiven Geschäftspraktiken. Außerdem kommen Polizeibeamte, Schmidts Psychiater und andere in den Fall involvierte Personen zu Wort. Eine unterhaltsam-erhellende Erkundung eines Verbrechens, das deutsche Kriminalgeschichte schrieb. – **Ab 14.**
Deutschland 2021 **R** Eva Müller, Michael Schmitt (Co-Regie) **B** Eva Müller **K** Nicolai Mehring **M** Thomas Binar **S** Yana Höhnerbach, Julian Schleef, Florian Böttger **L** 97 **E** 3.8.2021 digital (Netflix)   fd –

SHIVA BABY ★★★★
SHIVA BABY
Eine junge Frau wird auf einer jüdischen Trauerfeier mit den Unzulänglichkeiten ihres beruflich wie privat ungeordneten Lebens konfrontiert. Die Anwesenheit ihrer Kindheitsfreundin, mit der sie eine ungeklärte Affäre verbindet, sowie des verheirateten Mannes, mit dem sie gegen Geld schläft, lässt die Situation eskalieren. Der kammerspielartige Film seziert mit scharfem Blick Verwandtschaftsbeziehungen und Generationenkonflikte und kreiert mit einem inszenatorischem Gespür eine bestechende Mischung aus klaustrophobischer Stimmung und umwerfend komischen Momenten. Dazu kommen eine überzeugende Kameraarbeit, eindrückliche Filmmusik sowie überragende schauspielerische Leistungen. – **Sehenswert ab 14.**
USA/Kanada 2020 **R+B** Emma Seligman **K** Maria Rusche **M** Ariel Marx **S** Hanna A. Park **Sb** Cheyenne Ford **Kb** Michelle Li **D** Rachel Sennott (Danielle), Molly Gordon (Maya), Polly Draper (Debbie), Danny Deferrari (Max), Fred Melamed (Joel) **L** 77 **E** 11.6.2021 VoD (Mubi)   fd 47769

SHORTA – DAS GESETZ DER ★★★
STRASSE
SHORTA
Nach dem Tod eines Jugendlichen im Polizeigewahrsam kommt es in Kopenhagen zu Protesten und Ausschreitungen. Zwei Polizisten geraten während ihrer Streife in ein Vorstadt-Ghetto und müssen angesichts einer aufgebrachten Menge um ihr Leben kämpfen. Der Actionthriller erzählt von Rassismus in Verbindung mit Polizeigewalt und von der Wut und der Frustration der jugendlichen Einwanderer. Dabei geht die Erzählung nicht unbedingt subtil vor und legt den Fokus auf unmittelbare und teils brutale Action, gesteht den Figuren aber Entwicklungen und Ambivalenz zu und vermeidet simple Lösungen. – **Ab 16.**
Scope. Dänemark 2020 **DVD** Koch (16:9, 2.35:1, DD5.1 dän./dt.) **BD** Koch (16:9, 2.35:1, dts-HDMA dän./dt.) **R** Frederik Louis Hviid, Anders Ølholm **B** Anders Ølholm, Frederik Louis Hviid **K** Jacob Møller **M** Martin Dirkov **S** Anders Albjerg Kristiansen **Sb** Gustav Pontoppidan **Kb** Sarah Thaning **D** Jacob Lohmann (Mike Andersen), Simon Sears (Jens Høyer), Jack Pedersen (Talib Ben Hassi), Tarek Zayat (Amos Al-Shami), Issa Khattab (Iza) **L** 104 **FSK** ab 16 **E** 27.5.2021 DVD, BD & digital / 10.8.2021 ARD   fd 47738

SHORTY UND DAS GEHEIMNIS ★★
DES ZAUBERRIFFS
Als das Korallenriff, in dem sie leben, vom Netz eines Fischerbootes zerstört wird, sehen sich drei Fische gezwungen, auf die Suche nach einem neuen Zuhause zu gehen: Sie hoffen, ein legendäres Zauberriff zu finden, wo es angeblich keine Menschen und damit auch nicht deren zerstörerischen Eingriff in die Umwelt geben soll. Die Suche danach gestaltet sich als abenteuerlich. Ein Animations-Kinderfilm in den Fußspuren von FINDET NEMO, der sich das ehrenwerte Ziel gesetzt hat, junge Filmfans für den Schutz

der Meere zu sensibilisieren, angesichts seines pädagogischen Ziels aber Spannung und Witz vernachlässigt und auch visuell nicht an das «Pixar»-Vorbild heranreicht. – **Ab 6.**
3D, Scope. Deutschland 2021 **KI** Alpenrepublik **DVD** Alpenrepublik (16:9, 1.78:1, DD5.1 dt.) **R** Peter Popp **B** Peter Popp, Bela Huzly, Oliver Huzly **M** Daniel Requardt, Stephan Schelens **S** Raul Erdossy, Uwe Lukatsch **L** 66 **FSK** ab 0; **f E** 8.7.2021 / 12.11.2021 DVD   fd –

Sicherheit ★★★
SECURITY
Ein Security-Experte in einem Badeort an der ligurischen Küste nimmt eines Nachts im Winter außerhalb der Saison eine junge Frau wahr, die offensichtlich verletzt in den Straßen nach Hilfe sucht. Als Verantwortlicher wird schnell ihr Vater beschuldigt, doch der Security-Mann hat Zweifel. Der Film beginnt als Krimi, weitet sich aber schnell zum kritischen Gesellschaftsporträt einer selbstherrlichen Wohlstandselite, die sich aggressiv abschottet und das eigene Wohl als einzigen moralischen Maßstab ansieht, wobei auch Seitenhiebe auf Ausländerfeindlichkeit und Rechtspopulismus nicht ausbleiben. Dass der Film dazu tendiert, sich in Nebenhandlungen zu verzetteln, nimmt ihm etwas an Kraft. – **Ab 16.**
Scope. USA 2021 **R** Peter Chelsom **B** Peter Chelsom, Tinker Lindsay, Michele Pellegrini **K** Mauro Farri **Vo** Stephen Amidon (Roman Security) **M** Andrea Farri **S** Cristiano Travaglioli **Sb** Paolo Sansoni **Kb** Chiara Maria Massa **D** Marco D'Amore (Roberto Santini), Maya Sansa (Claudia Raffaelli Santini), Silvio Muccino (Stefano Tommasi), Valeria Bilello (Elena Ventini), Ludovica Martino (Angela Raffaelli Santini) **L** 118 **E** 16.6.2021 VoD (Netflix)   fd –

Sie ist der andere Blick ★★★★
SIE IST DER ANDERE BLICK
Ein Porträt von fünf Wiener Künstlerinnen, die in den 1960er- und 1970er-Jahren hervortraten, sich aber allesamt gegen männliche Bevormundung, Diskriminierung und Übergriffe wehren mussten. In dem Dokumentarfilm erinnern sich darin, wie sie als Kollektiv den Mut fanden, für ihre Überzeugungen und ihre Arbeit zu kämpfen. Die Inszenierung betont den Kollektivgedanken, indem die subjektiven Erinnerungen fließend ineinander übergehen, und gibt den Kunstwerken ebenso viel Raum wie den Künstlerinnen. Nicht biografische Details und scheinprivate Einblicke stehen dabei im Fokus der subtilen Gestaltung, sondern das Atelier als Quelle von Kreativität. – **Sehenswert ab 14.**
Teils schwarz-weiß. Österreich 2018 **R+B** Christiana Perschon **K** Christiana Perschon, Patrick Wally **S** Christiana Perschon **L** 88 **E** 9.11.2021 3sat   fd –

Sie waren mal Stars! ★★
Mockumentary über zwei abgehalfterte Möchtegerndarsteller einer No-Budget-Internetkrimiserie, die gnadenlos jämmerlich um ihr «Comeback» als «Filmstars» ringen. Dabei soll ihnen die Produktion eines Kurzfilms für ein Festival in der Provinz helfen, bei dem es sich allerdings eigentlich um einen Schülerwettbewerb handelt. Die Pseudodokumentation über das tragikomische Duo lebt von der grandiosen, albern-prätentiösen Darstellung der beiden Hauptdarsteller, leidet jedoch darunter, dass der fiktiv-dokumentarische Blick auf die Antihelden des Trashs mitunter selbst allzu trashig gerät. – **Ab 14.**
Deutschland 2020 **KI** Unfiltered Artists **R** Malte Wirtz **B** Holger Bülow, Malte Wirtz, David Kramer **K** Antje Heidemann, Vincent Viebig **S** Malte Wirtz **D** Holger Bülow (Helma H. Hunsen), David Kramer (David Held), Andreas Anke (Kneipengast), Meike Finck (Frau in der Maske), Martin Neuhaus (Micha) **L** 73 **E** 14.10.2021   fd 48124

7 Gefangene ★★★
7 PRISIONEIROS
Thriller-Drama um einen jungen Brasilianer, der mit dem Versprechen auf Arbeit in die Hände eines Menschenhändlers gerät. Unter ausbeuterischen Bedingungen versucht er zu überleben und arbeitet sich schließlich zur rechten Hand seines Besitzers hoch – und beginnt dabei mehr und mehr, vom Opfer zum Mittäter zu werden. Ein eingangs spannender, später in seinem Versuch, korrupte Ausbeutungsstrukturen in der brasilianischen Gesellschaft sichtbar zu machen, arg didaktischer Film, thematisch vielversprechend, aber formal etwas mutlos. Vor allem kurze Einzelsequenzen, in denen originelle (visuelle) Ideen das sozialkritische Thema unterfüttern, bleiben in Erinnerung. – **Ab 16.**
Scope. Brasilien 2021 **R** Alexandre Moratto **B** Thayná Mantesso, Alexandre Moratto **K** João Gabriel de Queiroz **S** Germano De Oliveira **Sb** William Valduga **D** Christian Malheiros (Mateus), Rodrigo Santoro (Luca), Josias Duarte (Rodiney), Vitor Julia (Ezequiel) **L** 93 **E** 11.11.2021 VoD (Netflix)   fd 48190

Der Siebzehnte ★★★★
Experimenteller Spielfilm über eine Handvoll Männer und Frauen, die herkömmliche Liebes- und Beziehungsmodelle hinterfragen und Zuschreibungen wie Partner, Paar, Familie entgrenzen. Der Film verzichtet auf eine konventionell-lineare Narration, sondern stellt Szenen unverbunden nebeneinander und setzt in der Manier von German Mumblecore auf Improvisation. Statt einfacher Antworten über Identität, Beziehungen und Partnerschaften dominiert erfrischend anders und recht humorvoll das Polymorph-Vielschichtige. – **Ab 16.**
Deutschland 2020 **KI** déjà-vu film **R** Ralf Walker (= Ralf Hechelmann), Saskia Walker, Sebastian Fremder (Co-Regie) **B** Ralf Walker (= Ralf Hechelmann) **K** Sebastian Fremder **M** Daniel Herskedal **S** Laia Prat **D** Saskia Walker (Bella), Devid Striesow (Daniel), Ralf Walker (= Ralf Hechelmann) (Andreas), Jörg Janzer (namenloser Alter), Lars Rudolph (Fritz) **L** 75 **E** 7.10.2021   fd 48087

Silence Radio ★★★★
SILENCE RADIO
Dokumentarfilm über die regierungskritische mexikanische Journalistin Carmen Aristegui und ihren Kampf für Pressefreiheit und Menschenrechte. Seit Ende der 1980er-Jahre arbeitet sich die Radiomoderatorin an den repressiv-korrupten Strukturen der mexikanischen Gesellschaft und der politischen Klasse ab. Auch als sie nach der Aufdeckung eines Immobilienskandals um die Präsidentenfamilie von Enrique Peña Nieto im Jahr 2015 entlassen wurde, resignierte sie nicht, sondern gründete eine unabhängige Nachrichtenplattform. Der Film bindet Archivmaterial und Off-Kommentare aus Aristegius aktuellen Arbeiten. – **Sehenswert ab 16.**
Schweiz/Mexiko 2019 **KI** JIP Film **R+B** Juliana Fanjul **K** Jerôme Colin **S** Yael Bitton **L** 79 **FSK** ab 16; **f E** 15.4.2021 VoD (kino-on-demand)   fd 47669

Silent Night – Und morgen sind wir tot ★★★
SILENT NIGHT
An einem Weihnachtstag hat eine gutbürgerliche Familie Verwandte und Freunde im Landhaus zu Gast, als die Nachricht einer giftigen Wol-

ke die Runde macht, die über die Erde zieht und alles Leben auslöscht. Während die Reaktionen zwischen Panik, Verleugnung und moralischen Erwägungen schwanken, versuchen insbesondere die Erwachsenen, weiter die Form zu wahren. Eine burleske Endzeit-Komödie mit entlarvenden Porträts einer sich aus Konvention familiär betragenden Gesellschaft, in der in Wahrheit (fast) niemand etwas an den anderen liegt. Diskursive Fragen nach dem Umgang mit dem Ende fließen dabei angenehm unterschwellig mit ein. – **Ab 16**.
Scope. Großbritannien 2021 **DVD** Capelight (16:9, 2.35:1, DD5.1 engl./dt.) **BD** Capelight (16:9, 2.35:1, dts-HDMA engl./dt.) **R+B** Camille Griffin **K** Sam Renton **M** Lorne Balfe **S** Pia di Ciaula, Martin Walsh **Sb** Frankie Diago **Kb** Stephanie Collie **D** Keira Knightley (Nell), Roman Griffin Davis (Art), Matthew Goode (Simon), Annabelle Wallis (Sandra), Lily-Rose Depp (Sophie) **L** 87 **FSK** ab 16; f **E** 3.12.2021 VoD / 10.12.2021 DVD & BD & 4K UHD   fd 48249

SILK ROAD – GEBIETER DES DARKNET ★★★
SILK ROAD
Der 1984 geborene Ross Ulbricht schrieb als Gründer des 2011 bis 2013 existierenden Online-Schwarzmarkts Silk Road Cybercrime-Geschichte, bis er verhaftet und zu lebenslanger Haft verurteilt wurde. Der Krimi zeichnet nach, wie Ulbricht mittels Tor-Netzwerk und Bitcoin-Bezahlsystem seine Idee eines digitalen freien Marktes umsetzte, auf dem alsbald massenweise Drogen gehandelt wurden. Dies wird kombiniert mit einem Handlungsstrang um einen abgehalfterten Ermittler, der sich an Ulbrichts virtuelle Fersen heftet. Dabei gelingt dem Film nicht nur eine spannende Räuber-und-Gendarm-2.0-Geschichte, sondern auch ein schillerndes Psychogramm der Motive der Figuren. – **Ab 16**.
Scope. USA 2021 **DVD** Ascot Elite **BD** Ascot Elite **R+B** Tiller Russell **K** Peter Flinckenberg **M** Mondo Boys **S** Greg O'Bryant **Sb** Richard Sherman **Kb** Cassidy Zachary **D** Nick Robinson (Ross Ulbricht), Jennifer Yun (Kim Yum), Jimmi Simpson (Chris Tarbell), Jason Clarke (Rick Bowden), Darrell Britt-Gibson (Rayford) **L** 112 **FSK** ab 16 **E** 23.4.2021 DVD & BD   fd -

SIN HIJOS ★★
SIN HIJOS
Ein Mann, der in Scheidung lebt und eine Tochter hat, trifft eine Freundin wieder, mit der er als Student liiert war. Die alten Gefühle flackern wieder in ihm auf; dem neuen Liebesglück steht allerdings die Tatsache im Weg, dass die Frau eine regelrechte Kinder-Phobie hat, sodass der Mann diesen Punkt in seinem Leben verschweigt. Romantische Komödie mit recht vorhersehbarer Handlung und einigen unsauberen logischen Anschlüssen. Die Position der Protagonistin, sich nicht auf das Bild der ohne Kinder nicht ausgefüllten Frau festlegen zu lassen, wird betont, die Lösung des Films ist aber eher versöhnlich-beschwichtigend. – **Ab 14**.
Mexiko 2020 **R** Roberto Fiesco **B** Anaí López **K** Alejandro Cantú **Vo** Mariano Vera (Drehbuch SIN HIJOS (2015)) **M** Carlo Ayhllon **S** Emiliano Arenales Osorio **Kb** Alejandro Caraza **D** Alfonso Dosal (Fidel), Regina Blandón (Marina), Francesca Mercadante (Ari), Jorge Muñiz (Bernardo), Miguel Jiménez (Temo) **L** 95 **E** 19.3.2021 VoD (Netflix)   fd -

SING ME A SONG ★★
SING ME A SONG
Ein buddhistischer Mönch aus Bhutan verliebt sich über eine Chat-Plattform in eine junge Frau aus der Hauptstadt und will sie unbedingt kennenlernen. Als sie sich dann persönlich treffen, werden Halbwahrheiten und Unstimmigkeiten offenbar. Der Film nutzt dokumentarische Bilder, die über einen Zeitraum von 10 Jahren entstanden sind, verwendet aber auch hybride Elemente, in denen sich Realität und Fiktion mischen. Dabei geht es um Glück und Leid einer ersten Liebe, aber mehr noch um die Widersprüche des modernen Lebens, wobei die Zeit- und Kulturkritik eindeutig dominiert. – **Ab 14**.
Scope. Frankreich/Deutschland/Schweiz 2019 **KI** Real Fiction **R+B+K** Thomas Balmès **M** Nicolas Rabaeus **S** Alex Cardon, Ronan Sinquin **L** 99 **FSK** ab 12; f **E** 9.12.2021   fd 48269

SINGLE ALL THE WAY ★★
SINGLE ALL THE WAY
Ein junger schwuler Single aus Los Angeles überredet seinen besten Freund, ihn zum Weihnachtsbesuch bei seiner Familie in New Hampshire zu begleiten, um Rückendeckung gegen deren Drängeleien zu haben, er solle sich endlich eine feste Beziehung eingehen. Dass seine Mutter bereits ein Blind Date mit einem attraktiven Typen aus ihrem Fitnessstudio für ihn arrangiert hat, sorgt allerdings für Verwirrungen. Eine romantische, schamlos harmoniesüchtige Weihnachtskomödie, die arg bieder nach Schema F funktioniert, dank charmanter Hauptfiguren aber doch solide unterhält. – **Ab 14**.
USA 2021 **R** Michael Mayer **B** Chad Hodge **K** Eric Cayla **M** Anton Sanko **S** Adriaan van Zyl **Sb** Guy Lalande **Kb** Véronique Marchessault **D** Michael Urie (Peter), Philemon Chambers (Nick), Kathy Najimy (Carole), Jennifer Coolidge (Tante Sandy), Luke MacFarlane (James) **L** 99 **E** 2.12.2021 digital (Netflix)   fd -

DIE SINNLICHKEIT DES SCHMETTERLINGS ★★★
THE BUTTERFLY TREE
Ein 13-Jähriger und sein Vater, die den Tod der Mutter und Frau verschmerzen müssen, verlieben sich in einer

DIE SINNLICHKEIT DES SCHMETTERLINGS (© EuroVideo)

australischen Kleinstadt gleichzeitig in eine Blumenhändlerin und Ex-Burlesque-Tänzerin. Eifersuchtsimpulse und Racheaktionen eskalieren, bis die Frau sich dem doppelten Liebeswerben wegen einer dringenden Operation entzieht. Ambitioniertes Coming-of-Age-Drama mit kräftigen stilistischen Beigaben des Magischen Realismus. Die bewusst stilisierte Inszenierung wartet festgemacht an der Faszination des Jungen für farbenprächtige Schmetterlinge mit einer opulenten Bildsprache und viel visueller Fantasie auf, kippt aber gelegentlich auch ins Kitschige. Trotz einiger erzählerischer Schwächen überzeugen die guten Leistungen der Darsteller. – **Ab 14**.
Scope. Australien 2017 **DVD** EuroVideo **BD** EuroVideo **R+B** Priscilla Cameron **K** Jason Hargreaves **M** Caitlin Yeo **S** Rodrigo Balart **Sb** Charlie Shelley **Kb** Chrissy Flannery **D** Melissa George (Evelyn), Ewen Leslie (Al), Ed Oxenbould (Fin), Sophie Lowe (Shelley), Ella Jaz Macrokanis (Corrine) **L** 92 **FSK** ab 12 **E** 22.7.2021 DVD & BD   **fd** 47856

Skater Girl ★★★
Skater Girl

Eine Jugendliche aus einem abgelegenen Dorf in Indien entdeckt ihre Leidenschaft fürs Skaten. Doch als die talentierte Schülerin an einer nationalen Meisterschaft teilnehmen will, gerät sie in Konflikt mit ihren traditionsbewussten Eltern. Mit viel Lokalkolorit zeigt das Coming-of-Age-Drama, wie schwierig sich weibliche Emanzipation in der patriarchalischen Gesellschaft Indiens noch immer ist, schlägt aber in der Darstellung einer vorbildhaften Selbstermächtigung allzu sentimentale Töne an. Die jugendliche Hauptdarstellerin versteht es trotzdem, glaubhaft und mitreißend die Sehnsüchte ihrer Figur nach Selbstverwirklichung zu vermitteln. – **Ab 10**.
USA/Indien 2021 **R** Manjari Makijany **B** Manjari Makijany, Vinati Makijany **K** Manjari Makijany, G. Monic Kumar, Alan Poon **M** Salim Merchant (= Saleem Merchant), Sulaiman Merchant **S** Deepa Bhatia **Sb** Priya Ahluwalia **Kb** Riyaz Ali Merchant **D** Rachel Saanchita Gupta (Prerna), Shraddha Gaikwad (Gunjan), Amrit Maghera (Jessica), Waheeda Rehman (Maharani), Shafin Patel (Ankush) **L** 109 **E** 11.6.2021 VoD (Netflix)   **fd** 47759

Sky High ★
Hasta el Cielo

Ein junger Mechaniker bessert nachts in Madrid zusammen mit Kumpels sein klägliches Gehalt durch Diebstähle auf. Das Zusammentreffen mit einer schönen Frau, das weitreichendere kriminelle Verwicklungen nach sich zieht, und ein hartnäckiger Polizist bringen seine Existenz in Aufruhr. Der Thriller schwimmt im Fahrwasser des spanischen Heist-Serienerfolgs Haus des Geldes, durch grob skizzierte Figuren, altbackene dramaturgische Erzählnöver sowie abgedroschene Krimi-Klischees bietet er aber weder spannende noch emotionale Zugänge. Auch die Armutsthematik dient nur als plumpes Versatzstück, ohne das sozialkritische Potenzial zu nutzen. – **Ab 16**.
Scope. Spanien 2020 **R** Daniel Calparsoro **B** Jorge Guerricaechevarría **K** Josu Inchaustegui **M** Carlos Jean **S** Antonio Frutos **Kb** Ana López **D** Miguel Herrán (Ángel), Carolina Yuste (Estrella), Asia Ortega (Sole), Luis Tosar (Rogelio), Richard Holmes (Poli) **L** 121 **E** 2.4.2021 VoD (Netflix)   **fd** 48278

Sky Sharks ★★
Sky Sharks

Durch den Klimawandel aus dem ewigen Eis aufgetaute Nazis tragen ihren totalen Krieg mittels einer Wunderdroge, fliegender Cyborg-Haifische und untoter Supersoldaten in die Gegenwart. Ein Wissenschaftler, der früher für die Nazis arbeitete, und seine auch politisch wohlgeratenen Töchter setzen alles daran, um das Schlimmste zu verhindern. Der Low-Budget-Horrorfilm macht es sich trotz einiger höchst blutiger Schauwerte viel zu einfach, um in den Gefilden hipper Trash-Produktionen zu surfen. Trotz viel Herzblut aller Beteiligten fehlt es dem Film vor allem an Atmosphäre. – **Ab 18**.

🅓 Neben der Kinofassung (102 Min.), die in Deutschland offiziell bei Sony erschien, ist innerhalb der FSK-ungeprüften Edition aus Österreich (Label: Nameless) auch ein wenig dialoglastigere Handlungsteile gekürzte «Action Cut»-Fassung (74 Min.) erschienen. Die FSK hat zudem eine 106-minütige Fassung des Films mit «ab 18» prädikatisiert, die jedoch nicht in den Handel gekommen ist.
Scope. Deutschland 2020 **KI** MFA+ **DVD** Sony & Nameless (16:9, 2.35:1, DD5.1 engl./dt.) **BD** Sony & Nameless (16:9, 2.35:1, dts-HDMA engl./dt.) **R** Marc Fehse **B** A. D. Morel, Marc Fehse, Carsten Fehse **K** Olaf Markmann, Marco J. Riedl **M** Nicolas Alvarez **S** Marc Fehse **Sb** Sebastian Schomburg **Kb** Robin Scheibler, Marc Fehse **D** Thomas Morris (Dr. Klaus Richter), Eva Habermann (Diabla Richter), Barbara Nedeljáková (Angelique Richter), Tony Todd (Major General Frost), Oliver Kalkofe (Hermann Göring) **L** Kinofassung: 102 / Action Cut: 74 **FSK** ab 18; f **E** 26.8.2021 / 11.11.2021 DVD & BD   **fd** 47982

Skyfire ★
Skyfire

Auf einer vulkanischen Insel im Pazifischen Ozean kam einst die Frau eines chinesischen Geologen bei einem verheerenden Ausbruch ums Leben. Weil der Vulkan vermeintlich nicht mehr aktiv ist, will ein Geschäftsmann auf dem Eiland einen Vergnügungspark eröffnen, trotz Warnung der Tochter des Geologen. Prompt kommt es nach der Eröffnung zu einem verheerenden Ausbruch. Ein chinesischer Katastrophenfilm, der formelhaft eine gänzlich unoriginelle Geschichte abspult, sich wenig Mühe mit der Charakterzeichnung macht und ganz aufs Spektakel setzt, wobei die Effekte jedoch allzu künstlich aussehen und wenig physische Wucht entfalten. – **Ab 12**.
Scope. China 2019 **DVD** Capelight (16:9, 2.35:1, DD5.1 Mandarin/dt.) **BD** Capelight (16:9, 2.35:1, dts-HDMA Mandarin/dt.) **R** Simon West **B** Wei Bu, Sidney King (= Sydney King) **K** Alan Caudillo **M** Pinar Toprak **S** Paul Martin Smith **Sb** Paul Kirby **Kb** Vera Chow **D** Wang Xueqi (Wentao Li), Hannah Quinlivan (Meng), Jason Isaacs (Jack Harris), Alice Rietveld (Sue Miller), Ji Lingchen (Bo Teng) **L** 90 **FSK** ab 12; f **E** 12.2.2021 digital / 19.2.2021 DVD & BD   **fd** -

Skylines ★★★
Skylines

Teil 3 einer Science-Fiction-Reihe (vgl. Skyline und Beyond Skyline) um eine Alien-Invasion. Im Mittelpunkt steht die nun erwachsene Tochter der Protagonisten aus Teil 2, die als Folge der Strahlung der Aliens Superkräfte entwickelt und die Menschen damit vor der drohenden Vernichtung gerettet hat. Mittlerweile leben die Menschen auf der noch von den Kämpfen gezeichneten Erde friedlich mit den Alien-Drohnen zusammen, die eigentlich konstruiert worden waren, um sie zu töten. Doch dann werden diese Hybrid-Wesen von einem Virus befallen und wieder zur Gefahr für die Menschen. Ein solide umgesetztes Science-Fiction-Spektakel, das seine nicht gerade originelle Story durch passable Action, ansehnliches Production Design und Humor-Auflockerungen ausgleicht. – **Ab 16**.
Scope. Großbritannien/USA 2020 **DVD** EuroVideo **BD** EuroVideo **R+B** Liam O'Donnell

K Alain Duplantier **M** Ram Khatabakhsh **S** Barrett Heathcote **Sb** Cédric Van Eesbeek **Kb** Lena Mossum **D** Lindsey Morgan (Rose), Jonathan Howard (Leon), Daniel Bernhardt (Owens), Rhona Mitra (Dr. Mal), James Cosmo (Grant) **L** 113 **FSK** ab 16 **E** 3.6.2021 digital; 17.6.2021 DVD & BD **fd** –

Slahi und seine Folterer ★★★★
Der Mauretanier Mohamedou Slahi war 14 Jahre lang als angeblicher al-Qaida-Terrorist im US-Gefangenenlager Guantanamo Bay eingesperrt, ohne dass es zur Anklage kam. Nach der Freilassung suchte er aktiv Kontakt zu den Wärtern, die ihn gefoltert hatten, und zeigte sich willig, ihnen zu vergeben. Der investigative Dokumentarfilm folgt Slahis ersten Schritten in der wiedergewonnenen Freiheit, ohne die Frage nach seiner Schuld oder Unschuld klären zu wollen. Eindringlich prangert er jedoch jede Form der Folter an, indem er zeigt, wie auch die ehemaligen Folterer mit ihren Taten hadern. – **Ab 16**.
Deutschland 2021 **R** John Goetz, Ben Hopkins, Poul-Erik Heilbuth (Co-Regie), Lukas Augustin (Co-Regie) **B** John Goetz, Ben Hopkins **K** Jörg Gruber, Volker Tittel **M** Daniel Regenberg **S** Klaus Eichler **L** 87 (Kurzfassung: 52) **E** 7.9.2021 arte (Kurzfassung) / 14.9.2021 ARD **fd** –

Slayed – Wer stirbt als nächstes? ★★
Initiation
Eine feierfreudige Hochschulverbindung gerät ins Zwielicht, als eine Studentin nach einem der Gelage den Verdacht hegt, vergewaltigt worden zu sein. Die Ermordung eines der Verdächtigen ruft dessen Schwester auf den Plan, die mit einer ignoranten Universitätsleitung zu tun bekommt, während weitere Studenten einem maskierten Killer zum Opfer fallen. Horrorthriller mit einem Serienmörder, der mit Hilfe der sozialen Medien sein blutiges Werk ausübt. Einen Tick anspruchsvoller als vergleichbare Filme, letztlich aber trivial und repetitiv. – **Ab 16**.
USA 2020 **DVD** SquareOne/Leonine **BD** SquareOne/Leonine **R** John Berardo **B** John Berardo, Lindsay LaVanchy, Brian Frager **K** Jonathan Pope **M** Alexander Arntzen **S** Kristina Lyons **Sb** Brenton Berna **Kb** Jessica Flaherty **D** Isabella Gomez (Kylie Martinez), Lindsay LaVanchy (Ellery Scott), Froy Gutierrez (Wes Scott), James Berardo (Dylan Davenport), Gattlin Griffith (Beau Vaughn) **L** 93 **FSK** ab 16; f **E** 27.8.2021 DVD & BD **fd** –

Small World ★
Small World
Eine polnische Mutter muss hilflos miterleben, wie ihre vierjährige Tochter nach Russland entführt wird, um sie an Menschenhändler zu verkaufen. Ein Polizist, der zufällig in den Fall involviert wird, nimmt über Jahre hinweg die Verfolgung auf, von der Ukraine über Moldawien und England bis nach Thailand, wo die inzwischen junge Frau als Prostituierte arbeitet. Der zwiespältige Thriller nutzt die brisanten Themen um Kindesmissbrauch und Zwangsprostitution allerdings nur als Vorwand, um einen ruppigen und anspruchslosen Actionfilm zu entfalten. – **Ab 18**.
Polen 2021 **KI** Kinostar **R** Patryk Vega **B** Olaf Olszewski, Patryk Vega **K** Norbert Modrzejewski **M** Lukasz Targosz **S** Tomasz Widarski **Sb** Aniko Kiss **Kb** Malgorzata Bednarek Chumakou **D** Piotr Adamczyk (Robert), Julia Wieniawa-Narkiewicz (= Julia Wieniawa) (Ola), Marieta Zukowska (Marta), Alexei Serebrjakow (Kiryl), Piotr Stramowski (Robert) **L** 116 **FSK** ab 18; f **E** 16.9.2021 **fd** 48017

Snake Eyes: G.I. Joe Origins ★★★
Snake Eyes: G.I. Joe Origins
Ein Ninja-Kämpfer sucht immer noch nach den Mördern seines Vaters, den er als Kind verloren hat, und gerät darüber in die Auseinandersetzung zwischen rivalisierenden japanischen Clans. Das Spin-Off der Filmreihe um eine Hasbro-Spielzeugfigur setzt auf einen starken Hauptdarsteller, der mit seinem Charisma die Überfülle an exaltierten Actionsequenzen und den potpourrihaften Hang zu Genre-Versatzstücken ein Stück weit ausbalanciert. Die eigentlich recht geradlinige Geschichte verheddert sich zwar in den Bezügen der Filmreihe, schwingt sich durch den visuellen Reiz der virtuosen Kamera aber mitunter in spektakuläre Höhen hinauf. – **Ab 16**.
⊙ Die BD enthält eine Audiodeskription für Sehbehinderte, allerdings nur in englischer Sprache.
Die Extras enthalten u. a. ein Feature mit fünf im Film nicht verwendeten Szenen (2 Min.).
Scope. USA 2020 **KI** Paramount **DVD** Paramount (16:9, 2.35:1, DD5.1 engl./dt.) **BD** Paramount (16:9, 2.35:1, dolby_Atmos engl., DD5.1 dt.) **R** Robert Schwentke **B** Evan Spiliotopoulos, Joe Shrapnel, Anna Waterhouse **K** Bojan Bazelli **M** Martin Todsharrow **S** Stuart Levy **Sb** Alec Hammond **Kb** Louise Mingenbach **D** Henry Golding (Snake Eyes), Andrew Koji (Storm Shadow), Úrsula Corberó (The Baroness), Samara Weaving (Scarlett), Steven Allerick (Vater) **L** 122 **FSK** ab 12; f **E** 19.8.2021 / 4.11.2021 DVD & BD & 4K UHD (plus BD) **fd** 47961

So weit – Der Film ★★
Reise-Dokumentation über den jungen Musiker Till Seifert, der während des Corona-Sommers 2020 mit dem Fahrrad längs durch Deutschland tourt und dabei zwischen Flensburg und der Zugspitze insgesamt 1.400 Kilometer zurücklegt. Der über weite Strecken recht kurzweilige und humorvoll erzählte Film dient allerdings in erster Linie dazu, das Debütalbum des Künstlers zu bewerben. Außerdem überhebt er sich beim Versuch, eine allzu tiefgründige Lebensphilosophie zu transportieren und ist in seinem schwärmerischen Tonfall kaum ernst zu nehmen. – **Ab 14**.
Deutschland 2021 **KI** Nordpolaris **R+B** **K** Till Seifert **M** Till Seifert, Florian Ostertag, Valentina Mér, Tom Rosenthal **S** Till Seifert **L** 77 **FSK** ab 0 **E** 24.6.2021 **fd** 47803

Soldaten ★★★
Über die Begleitung dreier junger Männer, die sich bei der Bundeswehr verpflichtet haben, blickt ein Dokumentarfilm auf die Grundausbildung und deren physische und psychische Herausforderungen. Der im «Direct Cinema»-Stil ohne Kommentar gedrehte Film fängt facettenreich Stimmungen und Haltungen ein und arbeitet sorgfältig die unterschiedlichen Charaktere heraus. Dabei kommt es ihm nicht um politische, soziologische und ethische Durchleuchtung der Institution Bundeswehr, sondern vielmehr um ein visuell souverän gestaltetes, einfühlsames und spannendes Porträt. – **Ab 14**.
Deutschland 2021 **R** Christian von Brockhausen, Willem Konrad **B** Christian von Brockhausen, Willem Konrad **K** Christian von Brockhausen, Willem Konrad **M** Christoph Schauer **S** Willem Konrad **L** 102 **E** 7.7.2021 ARD **fd** 47822

Sole ★★★★
Sole
Eine schwangere junge Frau entscheidet sich aus Geldnot dafür, ihr Baby nach der Geburt an ein kinderloses Paar zu verkaufen. Um das italienische Verbot der Leihmutterschaft zu umgehen, müssen sie und der Neffe des zukünftigen Vaters im Paar mimen, doch geht das Arrangement nicht ohne Zweifel und Dispute vonstatten. In Bildern von großer Klarheit

kühl und unsentimental umgesetztes Spielfilmdebüt, das stellenweise fast dokumentarisch zwei mit sich und ihren Entscheidungen ringende junge Menschen porträtiert. Getragen von hervorragenden Darstellern, wirft der Film auch eine kritische Perspektive auf eine Politik, die allein konservative Familienbilder fördert. – **Ab 16**.

Italien/Polen 2019 **R** Carlo Sironi **B** Carlo Sironi, Antonio Manca, Giulia Moriggi **K** Gergely Pohárnok **M** Teoniki Rozynek **S** Andrea Maguolo **Sb** Ilaria Sadun **Kb** Olivia Bellini **D** Sandra Drzymalska (Lena), Claudio Segaluscio (Ermanno), Barbara Ronchi (Bianca), Bruno Buzzi (Fabio), Marco Felli (Giordano) **L** 100 **E** 10.10.2021 VoD (Mubi) fd -

Sommer 85 ★★★★
Été 85

In einem normannischen Küstenort Mitte der 1980er-Jahre verliebt sich ein 16-Jähriger in einen älteren Jungen und verbringt mit ihm einen intensiven Sommer. Als der Ältere überraschend stirbt, verarbeitet der Jüngere die schmerzhafte Erfahrung, indem er sie aufschreibt. Ein klug und doppelbödig konstruiertes, auf zwei Zeitebenen erzähltes Coming-of-Age- und Liebesdrama, das anhand der Liaison der beiden Jungen übers Wesen der Liebe als Projektion und Illusion reflektiert und den Menschen als schöpferischen Dichter der eigenen Lebensgeschichte definiert. – **Sehenswert ab 16**.

🎬 Die Extras der BD umfassen u. a. einen dt. untertitelbaren Audiokommentar mit Regisseur François Ozon und Hauptdarsteller Félix Lefebvre, ein Feature mit im Film nicht verwendeten Szenen (8 Min.) sowie eine aus Interviews und «Hinter den Kulissen»-Informationen bestehende Sammlung an Featurettes zum Film (gesamt: 20 Min.). Die BD-Edition ist mit dem Silberling 2021 ausgezeichnet.

Frankreich 2020 **KI** Wild Bunch **DVD** Capelight (16:9, 1.85:1, DD5.1 frz./dt.) **BD** Capelight (16:9, 1.85:1, dts-HDMA frz./dt.) **R+B** François Ozon **K** Hichame Alaouie **Vo** Aidan Chambers (Roman *Dance on My Grave*) **M** Jean-Benoît Dunckel **S** Laure Gardette **Sb** Benoît Barouh **Kb** Pascaline Chavanne **D** Félix Lefebvre (Alexis Robin), Benjamin Voisin (David Gorman), Philippine Velge (Kate), Valeria Bruni-Tedeschi (Madame Gorman), Melvil Poupaud (Monsieur Lefèvre) **L** 101 **FSK** ab 12; f **E** 8.7.2021 / 4.11.2021 digital (Capelight) / 12.11.2021 DVD & BD fd 47844

Ein Sommer zum Verlieben ★★★★
A l'Abordage

Ein Mann um die 20 aus Paris verliebt sich bei einer Party in eine junge Frau und reist ihr in den Süden Frankreichs in die Ferien hinterher. Während sein Überraschungsbesuch auf wenig Begeisterung stößt, machen sein bester Kumpel und ein durch sie unfreiwillig in dem Urlaubsort gestrandeter dritter Mann dort wesentlich positivere Erfahrungen und vielversprechende Bekanntschaften. Eine vital und authentisch entfaltete Komödie, die ihre Protagonisten mit Warmherzigkeit und viel Geduld dabei beobachtet, wie sie sich ins Leben vortasten. Dabei erfasst sie die spezifischen Eigenarten von Urlaubsstimmung und jugendlichem Entdeckergeist mit außergewöhnlicher Präzision. – **Sehenswert ab 14**.

Frankreich 2019 **R** Guillaume Brac **B** Guillaume Brac, Catherine Paillé **K** Alan Guichaoua **S** Héloïse Pelloquet **Sb** Marine Galliano **K** Marine Galliano **D** Éric Nantchouang (Félix), Salif Cissé (Chérif), Édouard Sulpice (Édouard), Asma Messaoudene (Alma), Ana Blagojevic (Héléna) **L** 94 **E** 28.5.2021 arte fd 47731

Sommer-Rebellen ★★★
In den Sommerferien reist ein Elfjähriger nicht mit Mutter und kleinem Bruder ans Meer, sondern fährt mit dem Zug heimlich in eine slowakische Kleinstadt. Dort möchte er mit seinem Großvater wie im den Vorjahren eine Bootsfahrt unternehmen, doch der hat nach seiner Pensionierung viel an Lebensmut verloren. Dafür freundet sich der Junge mit einem aufgeweckten Mädchen an. Leichtfüßiger Kinderabenteuerfilm im sommerlich-heiteren Ambiente, der unter Verzicht auf große Spannungsbögen etwas vorhersehbar, aber einfühlsam von den Irrungen und Wirrungen eines Jungen erzählt, der in den Ferien lernt, Verantwortung zu übernehmen. – **Ab 8**.

Deutschland/Slowakei 2020 **KI** Farbfilm **R** Martina Saková **B** Silke Schulz, Martina Saková **K** Jieun Yi **M** Paul Eisenach **S** Martin Herold **Sb** Wolf Marcus Göppner, Miriam Struhárová **K** Miriam Struhárová **D** Eliáš Vyskocil (Jonas), Pavel Nový (Bernard), Liana Pavlikova (Alex), Szidi Tobias (Frau Blumig), Kaya Möller (= Kaya Marie Möller) (Jonas› Mutter) **L** 94 **FSK** ab 6; f **E** 12.8.2021 fd 47907

Son of the South ★★
Son of the South

Anfang der 1960er-Jahre wird ein weißer Student aus Alabama Zeuge der brutalen Angriffe auf die afroamerikanische Bürgerrechtsbewegung. Unter diesem Eindruck wandelt sich der Abkömmling einer Familie mit rassistischer Tradition selbst zum Kämpfer für die Gleichberechtigung der schwarzen Amerikaner und wird schließlich zum ersten offiziellen weißen Vertreter der Bürgerrechtsorganisation SNCC. Die filmische Biografie des Aktivisten Bob Zellner zeichnet seine Politisierung über stark funktionale Stationen nach, sodass Figuren und Dialoge recht simpel erscheinen. In seiner biederen Erzählweise und Bebilderung wird der Film der Komplexität der Bürgerrechtsbewegung damit kaum gerecht. – **Ab 16**.

Scope. USA 2020 **KI** Busch Media Group **DVD** Busch Media (16:9, 2.35:1, DD5.1 engl./dt.) **BD** Busch Media (16:9, 2.35:1, dts-HDMA engl./dt.) **R+B** Barry Alexander Brown **K** John Rosario **Vo** Bob Zellner / Constance Curry (Autobiografie *The Wrong Side of Murder Creek*) **M** Steven Argila **S** Barry Alexander Brown **Sb** Pamela G. Ryan **Kb** Michelle Green **D** Lucas Till (Bob Zellner), Lucy Hale (Carol Ann), Michael Sirow (Jay-Jay), Lex Scott Davis (Joanne), Julia Ormond (Virginia Durr) **L** 102 **FSK** ab 12 **E** 26.8.2021 / 24.9.2021 DVD & BD fd 47922

Songbird ★
Songbird

Im Jahr 2024 herrscht über Los Angeles ein kompletter Lockdown, weil ein mutiertes Covid-Virus die Menschheit weltweit dahinrafft. Ein gegen die Seuche immuner Kurierfahrer versucht dennoch mit allen Mitteln seine Freundin zu retten, die in ein Ghetto deportiert werden soll. Der unausgegorene Pandemie-Film dämonisiert

Sommer 85 (© Wild Bunch / Capelight)

ungeachtet seiner realen Implikationen die Gesundheitsbehörde und simplifiziert die damit verbundenen gesellschaftspolitischen Probleme. Bedenkenlos nutzt er die reale Angst vor dem Virus für eine austauschbare Romanze mit leblosen Charakteren und einer konturlosen Kritik an sozialen Ungerechtigkeiten. – **Ab 16.**
Scope. USA 2020 **R** Adam Mason **B** Adam Mason, Simon Boyes **K** Jacques Jouffret **M** Lorne Balfe **S** Geoffrey O'Brien **Sb** Jennifer Spence **Kb** Lisa Norcia **D** K. J. Apa (Nico), Sofia Carson (Sara), Craig Robinson (Lester), Bradley Whitford (William Griffin), Peter Stormare (Emmett Harland) **L** 84 **FSK** ab 16; f **E** 12.2.2021 VoD (Amazon Prime) **fd** 47550

SOMMER-REBELLEN (© Farbfilm)

SONGS MY BROTHER TAUGHT ME ★★★★★
SONGS MY BROTHER TAUGHT ME

Ein junger Mann und seine kleine Schwester, die zu den Lakota Sioux gehören, wachsen im Pine Ridge Reservat in South Dakota auf. Nach dem plötzlichen Tod ihres Vaters und während ihr älterer Bruder im Gefängnis sitzt, haben die Jugendlichen und ihre Mutter mit den harschen Lebensbedingungen vor Ort zu kämpfen. Der Debütfilm von Chloé Zhao taucht mit dokumentarisch anmutender Genauigkeit und einem Ensemble aus Laiendarstellern in eine Lebensrealität jenseits des Amerikanischen Traums ein. Dabei hat das Porträt nicht nur einen scharfen Blick für die Härten im Alltag seiner Protagonisten, sondern nähert sich diesen auch mit großer Empathie und bei aller Nüchternheit mit einem Sinn für Poesie. – **Sehenswert ab 14.**
USA 2015 **R+B** Chloé Zhao **K** Joshua James Richards **M** Peter Golub **S** Alan Canant, Chloé Zhao **Sb** Melissa Barnard **D** John Reddy (Johnny Winters), Jashaun St. John (Jashaun Winters), Irene Bedard (Lisa Winters), Eleonore Hendricks (Angie LaPrelle) **L** 98 **E** 9.4.2021 VoD (Mubi) **fd** 47649

SONJA – THE WHITE SWAN ★★★★
SONJA: THE WHITE SWAN

Ein biografisches Drama um die norwegische Eiskunstläuferin Sonja Henie (1912–1969). Als prägende Figur des modernen Eiskunstlaufs sportlich immens erfolgreich, startet die ehrgeizige Eiskönigin 1936 in den USA auch eine erfolgreiche Leinwand-Karriere. Als ihr Stern mit wachsendem Alter zu sinken beginnt, sträubt sie sich verbissen dagegen. Ein faszinierendes, von einer guten Hauptdarstellerin getragenes Porträt eines ganz auf den Erfolg fokussierten Menschen, das auch Schattenseiten der Diva wie ihr Verhältnis zu den Nazis nicht ausspart. Als Charakterbild einer ebenso imponierenden wie schwierigen Frau genauso interessant wie als Zeitbild einer noch patriarchal geprägten Ära. – **Ab 16.**
Scope. Norwegen 2018 **DVD** Lighthouse **BD** Lighthouse **R** Anne Sewitsky **B** Mette M. Bølstad, Andreas Markusson **K** Daniel Voldheim **M** Ray Harman, Stein Berge Svendsen **S** Christoffer Heie, Martin Stoltz **Sb** Lina Nordqvist **Kb** Lena Mossum, Lorna Marie Mugan **D** Ine Marie Wilmann (Sonja Henie), Valene Kane (Connie), Eldar Skar (Leif Henie), Anders Mordal (Wilhelm Henie), Anneke von der Lippe (Selma Henie) **L** 113 **FSK** ab 16 **E** 26.2.2021 DVD & BD **fd** –

SÖRENSEN HAT ANGST ★★★★
Ein Hamburger Kommissar leidet an einer Angststörung und hat sich deshalb in ein friesisches Nest versetzen lassen. Doch kaum ist er dort angekommen, wird er mit der Ermordung des Bürgermeisters und einer Dorfgesellschaft voller dunkler Geheimnisse konfrontiert. Anspruchsvolle Mischung aus Krimi und Komödie über Abgründe hinter bürgerlichen Fassaden, die Komik und Gewalt, Witz und psychische Erkrankung, Skurrilität und Düsternis geschickt austariert. Die Inszenierung findet dabei sowohl visuell als auch akustisch überzeugende Entsprechungen für die Erkrankung der Hauptfigur. – **Ab 16.**
Deutschland 2020 **R** Bjarne Mädel **B** Sven Stricker **K** Kristian Leschner **Vo** Sven Stricker (Roman *Sörensen hat Angst*) **M** Volker Bertelmann **S** Benjamin Ikes **Sb** Vicky von Minckwitz **Kb** Caterina Czepek **D** Bjarne Mädel (Sörensen), Katrin Wichmann (Jennifer Holstenbeck), Leo Meier (Malte Schuster), Anne Ratte-Polle (Hilda Hinrichs), Matthias Brandt (Frieder Marek) **L** 89 **E** 20.1.2021 ARD **fd** 47515

SPACE JAM: A NEW LEGACY ★★★
SPACE JAM: A NEW LEGACY

Der US-Basketballstar LeBron James und sein Sohn werden von einer künstlichen Intelligenz mit Allmachtsfantasien in die virtuelle Welt des Warner-Bros.-Servers gezogen. Der einzige Rückweg besteht darin, ein Basketballspiel mit der zweifelhaften Unterstützung von Zeichentrickfiguren wie Bugs Bunny zu gewinnen. Die Fortsetzung der Sportkomödie SPACE JAM (1996) erzählt neben der Konfrontation von echten mit animierten Charakteren auch von der Treue zu sich selbst. Besonders in den virtuosen Spielszenen glänzt der anspielungsreiche Film mit Technik und Einfallsreichtum. Durch den penetranten Einsatz zahlreicher Figuren aus dem Fundus des Studios wirkt er manchmal aber auch wie eine Dauerwerbesendung. – **Ab 10.**

🅓 Die BD-Edition enthält eine Audiodeskription für Sehbehinderte.
Die Extras der BD umfassen u. a. eine vierteilige «Making of» (30 Min.) sowie ein Feature mit fünf im Film nicht verwendeten Szenen (8 Min.).
USA 2021 **KI** Warner Bros. **DVD** Warner (16:9, 1.85:1, DD5.1 engl./dt.) **BD** Warner (16:9, 1.85:1, dolby_Atmos engl., DD5.1 dt.) **R** Malcolm D. Lee **B** Juel Taylor, Tony Rettenmaier, Keenan Coogler, Terence Nance, Jesse Gordon, Celeste Ballard **K** Salvatore Totino **M** Kris Bowers **S** Bob Ducsay **Sb** Devin Crane, Kevin Ishioka, Akin McKenzie, Clint Wallace **Kb** Melissa Bruning **D** LeBron James (LeBron James), Don Cheadle (Al-G Rhythm), Cedric Joe (Dom

SPACE SWEEPERS (© Netflix)

James), Sonequa Martin-Green (Kamiyah James), Xosha Roquemore (Shanice James) **L** 116 **FSK** ab 6; f **E** 15.7.2021 / 4.11.2021 DVD & BD fd 47870

SPACE SWEEPERS ★★★★
SEUNGRIHO

Nach der Klimakatastrophe haben sich die Privilegierten in eine Hochglanz-Raumstation gerettet, während der Rest der Menschheit auf der maroden Erde oder in rostigen Raumschiffen haust. Eine Gruppe von Weltraum-Schrottsammlern gerät mit einem machtvollen Konzern aneinander, dessen Vorsitzender nach der Weltherrschaft strebt. Eine Schlüsselrolle dabei spielt ein Mädchen, das ein gefährliches Geheimnis birgt und zum Schützling der Müllsammler wird. Das visuell überbordende Science-Fiction-Abenteuer mit Cyberpunk-Anleihen hält der Dystopie eines brutalen Technologie-Monopolismus inhaltlich wie ästhetisch ein (Widerstands-)Programm von Vielfalt, Solidarität und Menschlichkeit entgegen. – **Ab 14**.
Südkorea 2021 **R** Jo Sung-Hee **B** Jo Sung-Hee, Yoon Seung-min, Yookang Seo-ae **K** Byeon Bongseon **M** Kim Tae-seong **S** Nam Na-young, Ha Mira **D** Song Joong-Ki (Pilot Tae-ho), Kim Tae-ri (Kapitän Jang), Jin Seon-gyu (Mechaniker Tiger Park), Yoo Hae-jin (Roboter), Richard Armitage (Sullivan) **L** 136 **E** 5.2.2021 VoD (Netflix) fd 47542

SPACESHIP EARTH ★★★
SPACESHIP EARTH

Mit dem «Biosphere 2»-Experiment machten sich 1991 acht Menschen in Arizona daran, in einem abgeschlossenen, sich selbst erhaltenden Ökosystem die Erde im Kleinen nachzuempfinden. Komplikationen führten allerdings dazu, dass das Projekt nicht in der geplanten Weise durchgeführt werden konnte. Mit historischen Aufnahmen und aktuellen Interviews mit den damaligen Teilnehmern wird das zweijährige Experiment rekonstruiert. Die Geschichte setzt allerdings schon in den 1960er-Jahren ein und reicht bis in die aktuelle Gegenwart. Im Zentrum stehen die damaligen Visionäre, die zwischen Do-it-yourself, Kunst und Wissenschaft versuchten, das Verhältnis von Mensch und Erde zu verstehen. – **Ab 14**.
USA 2020 **DVD** Koch (16:9, 1.78:1, DD5.1 engl./dt.) **BD** Koch (16:9, 1.78:1, dts-HDMA engl./dt.) **R** Matt Wolf **K** Sam Wootton **M** Owen Pallett **S** David Teague **L** 115 **FSK** ab 6 **E** 26.8.2021 DVD & BD & digital fd 47979

SPEER GOES TO HOLLYWOOD ★★★★

Der 20 Jahre lang in Berlin-Spandau inhaftierte NS-Rüstungsminister Albert Speer (1905–1981) gilt vielen noch immer als «guter Nazi», was auch mit dem Erfolg seiner Memoiren zu tun hat. Selbst Hollywood plante Anfang der 1970er-Jahre einen Spielfilm über Speer und schickte das britische Drehbuchautor Andrew Birkin zu ihm, der stundenlange Gespräche mit ihm führte. Dessen Mitschnitte sind Grundlage für eine fesselnde Dekonstruktion des Mythos Albert Speer, die im Verbund mit einer dichten Collage an historischen Aufnahmen seine Ausreden und Ausflüchte zerpflückt und sein gefährliches Verführungstalent offenlegt. – **Sehenswert ab 14**.
Israel/Österreich 2020 **KI** Salzgeber **R** Vanessa Lapa **B** Vanessa Lapa, Joelle Alexis (= Joel Alexis) **M** Frank Ilfman **S** Joelle Alexis (= Joel Alexis) **L** 103 **FSK** ab 12; f **E** 11.11.2021 fd 48187

SPELL ★★
SPELL

Die Beerdigung seines kaum gekannten Vaters bringt einen Staranwalt dazu, die Komfortzone der Großstadt zu verlassen und mit seiner Familie ins ländliche Kentucky zu reisen. Doch der Absturz ihres Flugzeugs verschlägt sie zu einem älteren Ehepaar, das auf seiner abgelegenen Farm dem Hoodoo-Kult huldigt und die Familie als Versuchskaninchen betrachtet. Ganz auf morbide Atmosphäre und folkloristischen Südstaatenflair bedachter Horrorfilm. Das schlichte, kaum zu Ende gedachte Drehbuch kann allerdings nur bedingt durch die handwerklichen Ambitionen von Kamera und Regie aufgefangen werden. – **Ab 16**.
Scope. USA 2020 **KI** Paramount **DVD** Paramount (16:9, 2.35:1, DD5.1 engl./dt.) **BD** Paramount (16:9, 2.35:1, dts-HDMA engl./dt.) **R** Mark Tonderai **B** Kurt Wimmer **K** Jacques Jouffret **M** Ben Onono **S** Sarah C. Reeves **Sb** Paula Loos **Kb** Danielle Knox **D** Omari Hardwick (Marquis H. Woods), Loretta Devine (Eloise), Lorraine Burroughs (Veora Woods), John Beasley (Earl), Hannah Gonera (Samsara Woods) **L** 92 **FSK** ab 16; f **E** 22.7.2021 / 16.9.2021 Download (Paramount) / 23.9.2021 DVD & BD & VoD (Paramount) fd 47893

SPIDER-MAN: NO WAY HOME ★★
SPIDER-MAN: NO WAY HOME

Der als Spider-Man enttarnte Teenager Peter Parker will das über ihn und seine Umwelt hereingebrochene Unheil nicht länger hinnehmen und lässt von dem Avenger Dr. Strange die Raumzeit manipulieren. Doch das geht gründlich schief und befördert eine Horde altbekannter Superschurken nach New York, die alles nur noch schlimmer machen. Der eher düstere Superheldenfilm zündet ein gewaltiges Actionfeuerwerk und versammelt eine Vielzahl an Figuren aus früheren Spider-Man-Filmen. Die Geschichte um die Identitätskrise des Protagonisten wird dabei aber hart an den Rand der Lächerlichkeit geführt und richtet sich vorwiegend an geneigte Fans der Marvel-Cinematic-Universe-Filme. Als Einzelwerk entwickelt der Film kaum Magie. – **Ab 14**.
Scope. USA 2021 **KI** Sony **DVD** Sony

BD Sony **R** Jon Watts **B** Chris McKenna, Erik Sommers **K** Mauro Fiore **Vo** Stan Lee (Comic-Charaktere), Steve Ditko (Comic-Charaktere) **M** Michael Giacchino **Sb** Darren Gilford **Kb** Sanja Milkovic Hays, Marlon Mizrahi **D** Tom Holland (Peter Parker / Spider-Man), Zendaya (Michelle «MJ» Jones), Benedict Cumberbatch (Dr. Stephen Strange), Jacob Batalon (Ned Leeds), Jon Favreau (Harold «Happy» Hogan) **L** 149 **FSK** ab 12; **f E** 15.12.2021 / 29.6.2022 DVD & BD & 4K UHD   **fd** 48275

Spin – Finde deinen Beat ★★
Spin

Eine 15-Jährige aus einer indisch-amerikanischen Familie ist völlig von der Schule und der Arbeit im Familienrestaurant vereinnahmt, bis sie sich verliebt und ihr Talent als DJane entdeckt. Das erlaubt ihr die Auseinandersetzung mit ihren kulturellen Wurzeln, dass sie auch indische Musik in ihre Beats integriert, führt jedoch zu Konflikten mit ihrem Vater. Optimistischer Coming-of-Age-Film, der seine konventionelle Handlung mit sympathischen Darstellern und der Öffnung zur indischen Kultur-Tradition aufwertet. Allerdings bleibt er dennoch arg vorhersehbar und als Musikfilm wenig zündend. – **Ab 12.**
USA 2021 **R** Manjari Makijany **B** Josh A. Cagan, Carley Steiner **K** Jeremy Benning **S** Franzis Muller **Kb** Trysha Bakker **D** Avantika Vandanapu (Rhea), Abhay Deol (Arvind), Meera Syal (Asha), Michael Bishop (Max), Aryan Simhadri (Rohan) **L** 93 **E** 28.9.2021 Disney Channel   **fd** -

Der Spion ★★★
The Courier

Kurz vor der Kubakrise wird ein britischer Geschäftsmann 1962 vom britischen Geheimdienst MI6 rekrutiert, um als Kontaktmann zu einem sowjetischen Spionage-Offizier zu dienen. Zwischen den beiden Männern entsteht nicht nur ein geschäftlicher Kontakt, sondern auch eine Freundschaft, die von der bis ins Privatleben einsickernden Eskalation der Großmächte zerstört zu werden droht. Spannend erzählter Spionagethriller, der in der prosaischen Abbildung von Privatleben und Geheimdiensttätigkeit große Stärken hat. Weniger gelungen ist die weltpolitische Ebene des Kalten Krieges, bei der sich der Film auf das simple Feindbild böser Sowjets zurückzieht. – **Ab 14.**
Scope. Großbritannien/USA 2020 **KI** Telepool **DVD** EuroVideo (16:9, 2.35:1, DD5.1 engl./dt.) **BD** EuroVideo (16:9, 2.35:1, dts-HDMA engl./dt.) **R** Dominic Cooke **B** Tom O'Connor **K** Sean Bobbitt **M** Abel Korzeniowski **S** Tariq Anwar, Gareth C. Scales **Sb** Suzie Davies **Kb** Keith Madden **D** Benedict Cumberbatch (Greville Wynne), Merab Ninidze (Oleg Penkowski), Rachel Brosnahan (Emily Donovan), Jessie Buckley (Sheila), Angus Wright (Dickie Franks) **L** 112 **FSK** ab 12; **f E** 1.7.2021 / 23.11.2021 DVD & BD   **fd** 47816

Spion(e) ★★★★
Espion(s)

Einem intelligenten, aber unangepassten jungen Mann droht nach einem tödlichen Zwischenfall eine Verurteilung. Um dieser zu entgehen, kooperiert er mit dem Geheimdienst und wird auf einen britischen Geschäftsmann angesetzt, der einem syrischen Diplomaten hilft, gefährliche Strengstoffe nach Europa zu schmuggeln. Für die nötigen Informationen verführt er auftragsgemäß die Ehefrau des Geschäftsmannes, doch entwickeln sich echte Gefühle zwischen ihnen. Schnörkelloser, atmosphärisch dichter Spionagefilm im illusionsfreien Stil der Romane von John le Carré. Im Einsatz herkömmlicher Spannungssequenzen zurückhaltend, gewinnt er durch das Gespür für die tragischen Dimensionen der Figuren an Tiefe und Intensität. – **Ab 16.**
Frankreich 2009 **R+B** Nicolas Saada **K** Stéphane Fontaine **M** Cliff Martinez **S** Juliette Welfling **Sb** Thierry François **Kb** Caroline de Vivaise **D** Guillaume Canet (Vincent), Géraldine Pailhas (Claire), Stephen Rea (Palmer), Archie Panjabi (Anna), Vincent Regan (Peter Burton) **L** 95 **E** 24.11.2021 arte   **fd** -

Spirit – Frei und ungezähmt ★★★
Spirit Untamed

Ein Mädchen ist nach dem Tod seiner Mutter, einer Kunstreiterin, bei seinen Großeltern an der US-Ostküste aufgewachsen; als Teenager kehrt es zu seinem Vater in den ländlichen Westen zurück. Das Verhältnis der beiden ist zunächst angespannt, doch Halt findet das Mädchen bei zwei neuen Freundinnen – und bei einem wilden Mustang, dessen Herde bald ihre Hilfe braucht. Animiertes «Pferdemädchen»-Abenteuer, das nicht sonderlich einfallsreich, aber dramaturgisch und visuell solide gängige Genreelemente zu betont sauberer, nirgendwo aneckender Unterhaltung mixt. – **Ab 10.**

🅾 Die Extras der BD umfassen u. a. einen Audiokommentar mit Regisseurin Elaine Bogan, Co-Regisseur Ennio Torresan und Produzentin Karen Foster sowie ein Feature mit im Film nicht verwendeten Szenen (6 Min.).
Scope. USA 2021 **KI** UPI **DVD** Universal (16:9, 2.35:1, DD5.1 engl./dt.) **BD** Universal (16:9, 2.35:1, dts-HDMA7.1 engl./dt.) **R** Elaine Bogan, Ennio Torresan (Co-Regie) **B** Kristin Hahn, Aury Wallington **K** Robert Edward Crawford **M** Amie Doherty **S** R. Orlando Duenas **Sb** Paul Duncan **L** 88 **FSK** ab 0; **f E** 22.7.2021 / 18.11.2021 DVD & BD   **fd** 47902

Squared Love siehe: Liebe hoch 2

Der Staat gegen Mandela und andere ★★★★
Le Procès contre Mandela et les autres

1963 wurden Nelson Mandela und weitere Mitglieder des bewaffneten Flü-

Der Spion (© Telepool)

gels der südafrikanischen Befreiungsbewegung African National Congress verhaftet und vor Gericht gestellt. Einziges Zeugnis des Prozesses sind Tonträgeraufzeichnungen, die der Dokumentarfilm mit animierten Sequenzen und Interviews mit den letzten noch lebenden Prozessbeteiligten vereint. Dabei betont er vor allem den Mut der Angeklagten, die an ihrem Widerstand gegen das Apartheidregime im Gerichtssaal festhielten. Der größere historische Zusammenhang bleibt zwar unbeleuchtet, dem Film gelingt dafür jedoch eine tiefempfundene, intensive Würdigung der Freiheitskämpfer. (O.m.d.U.) – **Sehenswert ab 14.**
Scope, teils schwarz-weiß. Frankreich 2018 R Nicolas Champeaux, Gilles Porte B Nicolas Champeaux, Gilles Porte K Gilles Porte, Samuel Lahu M Aurélien Godderis-Chouzenoux S Alexandra Strauss L 103 E 26.11.2021 arte fd –

STAY ALIVE – ÜBERLEBEN UM ★★★
JEDEN PREIS
ALONE
Ein US-Remake des südkoreanischen Films #AMLEBEN: Ein junger Mann verbarrikadiert sich in seiner Wohnung, als die Zombie-Apokalypse ausbricht, und will diese aussitzen. Erst als er in einer Wohnung gegenüber eine Frau entdeckt, fasst er neuen Mut und traut sich schließlich auch hinaus. Wie das Original blendet der Film herkömmliche Zombie-Action über weite Strecken aus und taucht in die Quarantäne-Situation ein; erst im letzten Drittel wird die innere Spannung zunehmend durch Action ergänzt. Die leicht ironische Note, mit der im südkoreanischen Vorreiter die Überforderung eines digital orientierten Millennials mit handfesten Realitäten geschildert wurde, fällt hier weg; stattdessen setzt der Film ganz auf die Dramatik der Isolation und latenten Bedrohung. – **Ab 16.**
Scope. USA 2020 DVD Capelight (16:9, 2.35:1, DD5.1 engl./dt.) BD Capelight (16:9, 2.35:1, dts-HDMA engl./dt.) R Johnny Martin B Matt Naylor K Martim Vian M Frederik Wiedmann S Phil Norden Sb Eric Weiler Kb Susan Doepner-Senac D Tyler Posey (Aidan), Summer Spiro (Eva), Donald Sutherland (Edward), Robert Ri'chard (Brandon), John Posey (Aidans Dad) L 92 FSK ab 16 E 26.3.2021 digital / 2.4.2021 DVD & BD fd –

STILLER VERDACHT ★★★
LA PART DU SOUPÇON
Ein unauffälliger Mann lebt seit langem friedlich mit seiner Familie in einem französischen Küstenort. Eines Tages jedoch gerät er ins Visier einer Kommissarin, die ihn für einen untergetauchten Mörder hält. Nachdem bereits viele Freunde auf Distanz gegangen sind, beginnt auch seine Frau zu argwöhnen, dass ihr Mann Geheimnisse vor ihr verbirgt. Schnörkellos inszenierter Thriller mit guten Darstellern, die es verstehen, die Frage nach der Wahrheit lange in der Schwebe zu halten. Trotz vertrauter Muster fügen sich auch die Szenen einer sich aufbauenden Feindseligkeit stimmig in die Kriminalhandlung ein. – **Ab 14.**
Frankreich 2019 R Christophe Lamotte B Julien Messemackers K Hugues Poulain M R. Jéricho, Alexandre Lessertisseur S Emmanuèle Labbé Sb Lise Péault D Kad Merad (Thomas Kertez), Laurence Arné (Alice Kertez), Géraldine Pailhas (Sophie Lancelle), Gaspard Pasquet (Romain Kertez), Aladin Reibel (Serge Vilmorin) L 90 E 7.6.2021 ZDF fd –

STILLSTEHEN ★★★
Eine eigensinnige junge Frau hat sich fürs Nichtstun entschieden, verprasst ihr Erbe und begehrt gelegentlich gegen die gesellschaftliche Normalität auf. Regelmäßig weist sie sich aber auch selbst in eine psychiatrische Klinik ein, wo sie sich in eine Krankenschwester verliebt, die so ziemlich in allem das Gegenteil von ihr ist. Dennoch fühlen sich beide Frauen magisch voneinander angezogen. Der Film erzählt unkonventionell vom Kampf und der Anstrengung, gegen innere und äußere Zwänge aufzubegehren, wobei er stilistisch keine Einheitlichkeit anstrebt, sondern unterschiedliche Elemente und Erzählweisen nutzt. – **Ab 16.**
Scope. Deutschland/Italien 2019 KI Farbfilm DVD Lighthouse BD Lighthouse R+B Elisa Mishto K Francesco Di Giacomo M Sascha Ring, Philipp Thimm S Beatrice Babin, Christiano Travaglioli D Natalia Belitski (Julie), Luisa-Céline Gaffron (Agnes), Martin Wuttke (Dr. Hermann), Katharina Schüttler (Katrin), Juliane Elting (Antonia) L 91 FSK ab 12; f E 17.6.2021 digital / 21.1.2022 DVD & BD fd 47068

STILLWATER – GEGEN JEDEN ★★★
VERDACHT
STILLWATER
Als sich neue Beweise für die Unschuld seiner Tochter ergeben, die wegen Mordes an ihrer Lebensgefährtin schon vier Jahre lang in Marseille in Haft sitzt, will ihr Vater nicht länger

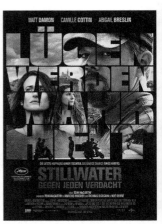

STILLWATER – GEGEN JEDEN VERDACHT
(© Universal)

tatenlos zusehen. Trotz sprachlicher und kultureller Hürden reist der US-Amerikaner nach Frankreich, wo er auf eigene Faust einen Verdächtigen ausfindig machen will. Der mit den Erwartungen des Publikums spielende Film erzählt vom Straucheln eines ebenso fürsorglichen wie beziehungsunfähigen Vaters auf der Suche nach dem Familienglück. Dabei verschreibt er sich nicht naheliegenden Thriller-Momenten, sondern nimmt menschliche Tragödien und kleine Hoffnungsschimmer in den Blick. – **Ab 16.**
USA 2021 KI UPI DVD Universal (16:9, 1.85:1, DD5.1 engl./dt.) BD Universal (16:9, 1.85:1, dts-HDMA engl., dts dt.) R Tom McCarthy (= Thomas McCarthy) B Tom McCarthy (= Thomas McCarthy), Thomas Bidegain, Marcus Hinchey, Noé Debré K Masanobu Takayanagi M Mychael Danna S Tom McArdle Sb Philip Messina Kb Karen Muller Serreau D Matt Damon (Bill Baker), Abigail Breslin (Allison), Camille Cottin (Virginie), Lilou Siauvaud (Maya), Deanna Dunagan (Sharon) L 140 FSK ab 12; f E 9.9.2021 / 20.1.2022 DVD & BD fd 48007

STOLLEN ★★★
In Pöhla, einem Dorf im Erzgebirge, werden auch Jahrzehnte nach der Schließung des letzten Bergwerkstollens die mit dem Bergbau verbundenen Traditionen weiterbeachtet, wie auch Bräuche rund um die Backkunst, den Glauben und das einheimische Liedgut. Der Dokumentarfilm stellt Menschen aus der Region vor, die nach wie vor von wirtschaftlichen Problemen geprägt ist, und gibt ihnen

Raum für ihre Reflexionen zur Traditionspflege. Die Beobachtung ohne einordnenden Kommentar lässt zwar auch manche fragwürdige Aussage in der Luft hängen, ist jedoch erfolgreich darin, den Porträtierten sehr nahezukommen. – **Ab 14.**
Deutschland 2020 **KI** Neue Celluloid Fabrik **R** Laura Reichwald **B** Laura Reichwald, Stephan Bernardes, Georg Kußmann **K** Janine Pätzold **S** Gal Yaron Mayersohn **L** 85 **FSK** ab 0 **E** 11.11.2021 / 12.12.2021 mdr   fd -

Stowaway (© Wild Bunch)

Stowaway – ★★★★
Blinder Passagier
Stowaway
Eine dreiköpfige Raumschiff-Crew befindet sich auf einer Reise zum Mars, als sie einen blinden Passagier an Bord entdeckt. Da der Sauerstoff nur für drei Menschen ausreicht und sie noch tagelang unterwegs sind, stehen die vier vor dem ethischen Dilemma, was sie in dieser Lage machen sollen. Packendes Science-Fiction-Drama mit viel Gespür für die genreeigenen Spannungsmöglichkeiten und einem ausgefeilten Sounddesign, das atmosphärisch die Bedrohlichkeit des Weltalls vermittelt. Zugunsten glaubwürdig ausgemalter Figuren und ihrer Motive verzichtet der Film wohltuend auf stereotypische Zuspitzungen. – **Ab 14.**
Die BD-Edition enthält eine Audiodeskription für Sehbehinderte.
Scope. USA/Deutschland 2019 **KI** Wild Bunch **DVD** EuroVideo (16:9, 2.35:1, DD5.1 engl./dt.) **BD** EuroVideo (16:9, 2.35:1, dts-HDMA engl./dt.) **R** Joe Penna **B** Joe Penna, Ryan Morrison **K** Klemens Becker **M** Volker Bertelmann **S** Ryan Morrison **Sb** Marco Bittner Rosser **Kb** Ulrike Scharfschwerdt **D** Anna Kendrick (Zoe Levenson), Daniel Dae Kim (David Kim), Toni Collette (Marina Barnett), Shamier Anderson (Michael Adams) **L** 116 **FSK** ab 12; f **E** 24.6.2021 / 11.11.2021 DVD & BD
fd 47804

Strange Dreams ★★★
Come True
Das Leben einer jungen Frau mit Schlafstörungen und schrecklichen Albträumen droht aus den Fugen zu gehen, seit sie wegen eines Konflikts mit ihrer Mutter nur noch sporadisch nach Hause kommt und ansonsten des Nachts an wechselnden Orten Unterschlupf sucht. Die Teilnahme an einer Schlaf-Studie scheint ihr nicht nur einen sicheren Platz zum Übernachten, sondern auch eine Lösung ihrer Schlafprobleme zu verheißen, doch sie entpuppt sich als beängstigende Grenzerfahrung zwischen Traum und Wirklichkeit. Von der Handlung her bleibt der Horrorfilm arg kryptisch und findet am Ende zu keiner befriedigenden Auflösung; die visuell und akustisch wirkungsvoll-unheimliche Inszenierung der Traumsequenzen sorgt aber trotzdem für soliden Grusel. – **Ab 16.**
Scope. Kanada 2020 **DVD** Koch (16:9, 2.35:1, DD5.1 engl./dt.) **BD** Koch (16:9, 2.35:1, dts-HDMA engl./dt.) **R+B+K** Anthony Scott Burns **M** Anthony Scott Burns, Electric Youth **S** Anthony Scott Burns **D** Julia Sarah Stone (Sarah Dunne), Landon Liboiron (Jeremy), Carlee Ryski (Anita), Christopher Heatherington (Dr. Meyer), Tedra Rogers (Zoe) **L** 101 **FSK** ab 16 **E** 16.9.2021 digital (Koch) / 23.9.2021 DVD & BD   fd -

Streuner – Unterwegs mit ★★★
Hundeaugen
Stray
Ein warmherziger Dokumentarfilm über streunende Hunde in Istanbul: Die US-amerikanische Dokumentaristin Elizabeth Lo versucht, die türkische Metropole und das (Über-)Leben in ihr aus den Augen dreier tierischer Protagonisten zu sehen und beleuchtet nicht zuletzt auch die Interaktion mit den menschlichen Bewohnern der Stadt. Dabei sensibilisiert der Film für die Härten eines Lebens am Rande der Gesellschaft, sei es von Mensch oder Tier, entdeckt aber auch immer wieder Beispiele eines empathischen Umgangs miteinander. – **Ab 6.**
USA 2020 **DVD** Ascot Elite **BD** Ascot Elite **R+B+K** Elizabeth Lo **M** Ali Helnwein **S** Elizabeth Lo **L** 73 **FSK** ab 0 **E** 17.3.2021 digital / 19.3.2021 DVD & BD   fd -

Stuck Together ★★
8 Rue de l'Humanité
Im Zuge des Corona-Lockdowns 2020 sitzen die Mieter eines Pariser Apartmenthauses in ihren Wohnungen fest, schlagen sich mit diversen Folgen der Ausnahmesituation herum, lernen sich jedoch auch besser den je kennen. Die Komödie versucht im Mikrokosmos eines Mietshauses ein karikierendes Stimmungsbild der Covid-19-Krise zu verdichten und in ein Hohelied auf nachbarschaftliche Solidarität münden zu lassen, tut sich aber schwer damit, einen stimmigen dramaturgischen Bogen zu finden. Neben treffenden, satirisch zugespitzten Beobachtungen gibt es immer wieder plumpe Gags, die sich mit den Versuch beißen, um nachdenklichen Tönen auch Respekt vor den Leidtragenden der Pandemie zu signalisieren. – **Ab 12.**
Frankreich 2021 **R** Dany Boon **B** Laurence Arné, Dany Boon **K** Glynn Speeckaert **S** Hervé de Luze **Sb** Pierre Renson **Kb** Laetitia Bouix **D** Dany Boon (Martin Becquart), Yvan Attal (Jean-Paul Gabriel), Liliane Rovère (Louise), François Damiens (Tony Boghassian), Laurence Arné (Claire Becquart) **L** 125 **E** 20.10.2021 VoD (Netflix)   fd -

Stunde der Angst ★★★
The Wolf Hour
Im brütend heißen Sommer 1977 kann eine Schriftstellerin in der South Bronx in New York ihre Wohnung nicht verlassen, weil sie an Agoraphobie leidet. Während sie ihren Alltag mühsam zu meistern versucht, stören gelegentliche Besucher und ein gespenstisch-überlautes Klingeln an der Tür, auf das niemand antwortet. Beklemmend-klaustrophobische, ganz auf das Apartment fokussierte Mischung aus Drama und Psychothriller, die überzeugend die Lebenskrise der Protagonistin sichtbar macht, ohne ihrer psychischen Behinderung und der Qualität ihrer Werke näherzukommen. In der Hauptrolle eindrucksvoll gespielt. – **Ab 16.**
Scope. USA/Großbritannien 2019 **DVD** Koch (16:9, 2.35:1, DD5.1 engl./dt.)

BD Koch (16:9, 2.35:1, dts-HDMA engl./dt.) **R+B** Alistair Banks Griffin **K** Khalid Mohtaseb **M** Danny Bensi, Saunder Jurriaans **S** Robert Mead **Sb** Kaet McAnneny **D** Naomi Watts (June Leigh), Jennifer Ehle (Margot), Emory Cohen (Billy), Brennan Brown (Hans), Jeremy Bobb (Officer Blake) **L** 99 **FSK** ab 12 **E** 28.1.2021 DVD & BD
            fd 47521

Summer of Changsha ★★
Liu yu Tian

Zwei Polizisten aus Zentralchina untersuchen den mutmaßlichen Mord an einem jungen Mann, haben aber zunächst wenig Anhaltspunkte. Erst als sich eine Frau meldet, die vermutet, dass ihr Bruder das Opfer ist, und der jüngere Ermittler von ihr angezogen wird, ergibt sich eine Spur. Stilistisch versierter Kriminalfilm, der die Detektivgeschichte aber mit wenig Enthusiasmus behandelt und sich mehr für die von Trauer und Schuld zerfressenen Figuren interessiert. Diese bleiben allerdings etwas dünn, da sie wiederum vor allem Stellvertreterinnen für eine wenig greifbare Gesellschaftskritik sind. – **Ab 16.**
China 2019 **R** Zu Feng **B** Zhou Yang **K** Jeffrey Chu **M** Yingda Dong **S** Wen Ying **D** Zu Feng (A Bin), Huang Lu (Li Xue), Chen Minghao (Bruder Lei), Zhang Qianru (Ting-Ting), Liu Tianchi (Qin Xin) **L** 120 **E** 2.8.2021 digital (Mubi) **fd** -

Summer of Soul ★★★★★
(… or, When the Revolution Could Not Be Televised)
Summer of Soul (… Or, When the Revolution Could Not Be Televised)
Im Sommer 1969 fand nur hundert Meilen südlich von Woodstock das Harlem Culture Festival statt, das afroamerikanische Geschichte, Kultur und Mode feierte. Die Basis für die dokumentarische Aufarbeitung durch den Schlagzeuger und Musikproduzenten Ahmir «Questlove» Thompson bildet Filmmaterial, das damals von der Veranstaltung gedreht wurde. Der Film begeistert nicht nur als Dokument des Ereignisses selbst, sondern auch durch die kluge Kontextualisierung, die das Festival in die gesellschaftlichen Entwicklungen und die «Black Power»-Bewegung einordnet und sich kritisch damit befasst, wie es im Gegensatz zu Woodstock lange aus dem kulturellen Gedächtnis nahezu getilgt werden konnte. – **Sehenswert ab 14.**
USA 2021 **R** Ahmir «Questlove» Thompson **K** Shawn Peters **S** Joshua L. Pearson **L** 117 **E** 30.7.2021 digital (Disney+) **fd** 47920

Superdeep ★★
Kolskaja Swerhglubokaja

Ein Monsterhorrorfilm um Mythen, die sich um eine ab den 1970er-Jahren auf der russischen Halbinsel Kola durchgeführte kilometertiefe geologische Bohrung ranken: Als Schreie aus der Öffnung nach oben dringen, begibt sich ein Team von Wissenschaftlern hinab und stößt auf Grauenhaftes. Der Film punktet mit einer atmosphärischen Raumgestaltung und gelungenem Creature Design, kann damit aber nicht wettmachen, dass sich die Story epigonal im Fahrwasser ähnlich gelagerter Werke bewegt und die Figurengestaltung weitgehend stereotyp bleibt. – **Ab 16.**
🎬 DVD und BD enthalten die gekürzte «Alternativfassung» (100 Min.) des Films.
Das Mediabook (4K UHD plus BD) enthält zudem die «Originalfassung» (115 Min.) des Films sowie ein 28-seitiges Booklet mit Texten zum Film.
Scope. Russland 2020 **DVD** Koch (16:9, 2.66:1, DD5.1 engl./dt.) **BD** Koch (16:9, 2.66:1, dts-HDMA engl./dt.) **R+B** Arseni Sjuhin **K** Haik Kirakosjan **M** Dimitri Selipanow **S** Sergej Torchilin **Kb** Nadeschda Orlowa **D** Milena Radulovic (Anja), Sergej Iwanjuk (Michejew), Nikolaj Kowbas (Juri), Nikita Djuwbanow (Nikolaj), Kirill Kowbas (Peter) **L** Originalfassung: 115 / Alternativfassung: 100 **FSK** ab 16 **E** 24.6.2021 DVD & BD & Mediabook (4K UHD plus BD) **fd** 47698

Super-GAU – Die letzten ★★★
Tage Luxemburgs
An Zéro – Comment le Luxembourg a disparu

Ein Doku-Drama über das fiktionale Szenario eines Unfalls in einem französischen Atomkraftwerk, dessen Folgen den gesamten Staat Luxemburg unbewohnbar machen. Der Film nähert sich dem urplötzlichen und unwiederbringlichen Verlust von Heimat, Wohnraum und Kultur einer ganzen Bevölkerungsgruppe zum einen mit Spielszenen um stark typisierte fiktive Betroffene, zum anderen über Interviews mit Experten unterschiedlicher Fachgebiete an. Bei hohem Informationsgehalt und einigen emotional sehr bewegenden Momenten verbinden sich die Ebenen nicht immer miteinander, dennoch gelingt es dem Film aber, nachdrücklich vor den verheerenden Folgen des unbedarften Umgangs mit Nuklearenergie zu warnen. – **Ab 14.**
Frankreich/Deutschland 2021 **R** Julien Becker, Myriam T. (= Myriam Tonelotto) **B** Jean Huot, Jonathan Becker, Myriam T. (= Myriam Tonelotto) **K** Amandine Klee **M** Nicolas Becker, Quentin Sirjacq **S** Amine Jaber **Sb** Julieta Fernandez **Kb** Carmen Di Pinto **D** Fabienne Hollwege (= Fabienne Elaine Hollwege) (Sonia), Luc Schiltz (Hervé), Sophie Mousel (Emma), Joël Delsaut (Nico), Denis Jousselin (Jean-Luc) **L** 79 **E** 21.4.2021 arte **fd** -

Superintelligence ★★
Superintelligence

Eine künstliche Intelligenz wählt die angeblich durchschnittlichste Frau der Erde als Studienobjekt. Drei Tage lang beobachtet der Algorithmus die jobsuchende Normalbürgerin, die ihrem Freund kürzlich den Laufpass gegeben hat. Ihr stehen in dieser Zeit unbegrenzte Mittel zur Verfügung. Die KI entscheidet in diesem Zeitraum, ob sie die Menschheit versklavt, vernichtet oder verschont. Eine romantische Komödie, die trotz des ausgezeichneten Darsteller-Duos über weite Strecken auf Autopilot läuft und nur allzu selten das subversiv-komödiantische Potenzial ihrer Prämisse entfaltet. – **Ab 14.**
USA 2020 **KI** Warner Bros. **R** Ben Falcone **B** Steve Mallory **K** Barry Peterson **M** Fil Eisler **S** Tia Nolan **Sb** Jefferson Sage **Kb** Jeremy Woolsey **D** Melissa McCarthy (Carol), James Corden (Stimme der Superintelligence / James Corden), Bobby Cannavale (George), Brian Tyree Henry (Dennis), Sam Richardson (Agent John Donahue) **L** 106 **FSK** ab 6; **f E** 24.6.2021 / 19.8.2021 (WA) **fd** 47645

Supernova ★★★★
Supernova

Ein älterer Pianist und sein an Demenz erkrankter Lebensgefährte brechen in einem Campingbus zu einer letzten Reise durch England auf, um Freunde und Familie zu besuchen und an Orte zurückzukehren, an denen sie einst unbeschwerte Tage erlebten. Das bewegende Drama kreist mit meisterhaften Bildern um die Frage, wie ein langjähriges Paar mit einer schweren Krankheit umgeht und welche Dynamik daraus erwächst, dass einer der Partner ein selbstbestimmtes Ende dem Verfall vorziehen will. Die beiden begnadeten Darsteller überführen das herbstliche Road Movie in ein philosophisch grundiertes Seelendrama. – **Ab 14.**
Großbritannien 2020 **KI** Weltkino **DVD** Weltkino **R+B** Harry Macqueen **K** Dick Pope

M Keaton Henson S Chris Wyatt Sb Sarah Finlay Kb Matthew Price D Colin Firth (Sam), Stanley Tucci (Tusker), Pippa Haywood (Lilly), Peter MacQueen (Clive), James Dreyfus (Tim) L 95 FSK ab 12; f E 14.10.2021 / 18.2.2022 DVD & digital fd 48096

SWALLOW ★★
SWALLOW

Eine Sekretärin, die im Nigeria der 1980er in einer Bank arbeitet, ist mit der Arbeit dort nicht glücklich, nicht zuletzt wegen der sexuellen Übergriffigkeit ihres Chefs. Schließlich lässt sie sich auf eine andere, fragwürdige Karriere als Drogen-Kurierin ein. Rund um sie entfaltet sich ein Panorama des Lebens unter der Militärregierung von Muhammadu Buhari und deren «War Against Indiscipline». Das Drama gibt einen Einblick in den harten Alltag und spricht soziale Missstände deutlich an. Überzeugend in der Repräsentation der Zeit durch Kostüm- und Set-Design, schwächelt der Film in der Dramaturgie und vermag weder über die lange Laufzeit zu fesseln noch besonderes Interesse an den Figuren zu vermitteln. – **Ab 16**.
Nigeria 2021 R Kunle Afolayan Vo Sefi Atta D Chioma Chukwuka Akpotha, Deyemi Okanlawon, Ijeoma Grace Agu, Mercy Aigbe, Eniola Badmus L 128 E 1.10.2021 digital (Netflix) fd -

SWEAT ★★★★
SWEAT

Eine Frau ist mit ihren selbstgedrehten Fitness-Videos zum Internet-Phänomen geworden, das mehrere Hunderttausend Fans erreicht. Der scheinbare Erfolg offenbart jedoch seine Tücken, als sich auch ein Video einer Heulattacke verbreitet und schmerzhafte Erfahrungen mit ihrer nächsten Umgebung sowie mit einem Stalker ihr die eigene Verlorenheit unleugbar vor Augen führen. Kühl und konzentriert inszenierte Charakterstudie über ein komplett von der Online-Existenz eingenommenes Leben. Die sozialen Medien werden dabei nicht einseitig verdammt, sondern präzise in ihrer Dialektik von Intimität und Isolation erfasst. – **Ab 16**.
Scope. Schweden/Polen 2020 Kl Magnetes Pictures R+B Magnus von Horn K Michal Dymek S Agnieszka Glinska D Magdalena Kolesnik (Sylwia), Julian Swiezewski (Klaudiusz), Zbigniew Zamachowski (Fryderyk), Aleksandra Konieczna (Basia), Tomasz Orpinski (Rysiek) L 106 FSK ab 16; f E 18.7.2021 fd -

SWEET & SOUR ★★★★
SWEET & SOUR

Bei einem Krankenhausaufenthalt lernt ein angehender Ingenieur eine Krankenschwester kennen; zwischen den beiden funkt es, und bald werden sie ein Paar. Ihre junge Liebe wird allerdings durch die Arbeitsbedingungen auf die Probe gestellt, die ihnen wenig Freiräume lassen und für permanenten Stress und Unsicherheit sorgen. Das verschärft sich, als der Mann bei einer Firma in Seoul anfängt und sich um eine Festanstellung bemüht. Eine von guten Darstellern getragene Romanze, die mit ebenso empathischem wie scharfem Blick die Auswirkung ökonomischer Verhältnisse auf Emotionen und private Beziehungen beleuchtet und dabei kritisch auf den neoliberalen Arbeitsmarkt schaut. – **Sehenswert ab 14**.
Südkorea 2021 R Lee Kae-Byeok B Lee Gye-Wook D Jang Ki-yong (Jang-hyuk), Chae Soo-bin (Da-eun), Krystal Jung (Bo-young) L 101 E 4.6.2021 VoD (Netflix) fd -

SWEET GIRL ★★
SWEET GIRL

Eine harmonische Kleinfamilie wird auseinandergerissen, als die Mutter an Krebs stirbt; der Vater und seine Teenager-Tochter wollen den CEO einer großen Pharmafirma zur Rechenschaft ziehen, den sie dafür verantwortlich machen, ein potenziell rettendes Medikament zurückgehalten zu haben. Als ihnen daraufhin Killer zu Leibe rücken, wird daraus ein gewalttätiger Feldzug und eine dramatische Flucht. Nach einem sehr emotionalen Anfang als Familien-Melodram schöpft der Film wenig vom Politthriller-Potenzial seines Themas aus, sondern mutiert zu einer etwas konfusen, im Kern aber schlichten Rachegeschichte, die auch durch einen Plot-Twist Richtung Psychothriller am Ende nicht an Substanz gewinnt. – **Ab 16**.
Scope. USA 2021 R Brian Andrew Mendoza B Philip Eisner, Gregg Hurwitz K Barry Ackroyd M Steven Price S Brad Besser, Matt Chesse Sb Andrew Menzies Kb Michael Ground, Luca Mosca D Isabela Merced (Rachel), Jason Momoa (Ray Cooper), Adria Arjona (Amanda Cooper), Amy Brenneman (Diana Morgan), Michael Raymond-James (FBI-Detective John Rothman) L 96 E 20.8.2021 VoD (Netflix) fd -

SYNCHRONIC ★★
SYNCHRONIC

Zwei befreundete Rettungssanitäter stecken in der Krise: Der eine hat einen fatalen Hirntumor, der andere kämpft mit Eheproblemen. Außerdem werden sie bei der Arbeit mit rätselhaften Unfällen als Folge einer mysteriösen Droge konfrontiert. Als die Tochter des einen Mannes verschwindet, findet sein Freund heraus, dass dies mit der Droge zusammenhängt, die für kurze Zeit die lineare Wahrnehmung der Zeit außer Kraft setzt und Zeitreisen ermöglicht. Der Film schafft es, sein fantastisches Sujet auch mit bescheidenen Mitteln spannend umzusetzen. Die Verquickung des Thriller-Plots mit dem persönlichen Drama wirkt allerdings nicht emotional überzeugend, sondern bremst den Film eher aus. – **Ab 16**.
Scope. USA 2019 DVD Universal (16:9, 2.35:1, DD5.1 engl./dt.) BD Universal (16:9, 2.35:1, DD5.1 dts-HDMA, dts dt.) R Justin Benson, Aaron Moorhead B Justin Benson K Aaron Moorhead M Jimmy Lavalle S Justin Benson, Michael Felker, Aaron Moorhead Sb Ariel Vida Kb Laura Cristina Ortiz D Anthony Mackie (Steve), Jamie Dornan (Dennis), Katie Aselton (Tara), Ally Ioannides (Brianna), Ramiz Monsef (Dr. Kermani) L 102 FSK ab 16 E 8.4.2021 DVD & BD fd -

SZENEN MEINER EHE ★★★★

Die Produzentin Katrin Schlösser filmt ihre Ehe mit dem Schriftsteller Lukas Lessing. Sie lebt in Berlin in einem urbanen Umfeld, er im ländlichen Burgenland in Österreich. Die meist mit dem Smartphone aufgenommenen Szenen umfassen banale Alltäglichkeiten, aber auch Intimes und Konflikte und zeichnen das Bild eines Paares, das viel Zeit aufwendet, um das Denken und Handeln des jeweils anderen zu ergründen. Ein radikales Home Movie ohne Glamour oder den Zwang zur öffentlichen Selbstoptimierung. Als hellsichtiger Beitrag zum Diskurs über die Geschlechter handelt der Film von der Liebe und der Arbeit am Alltag. – **Sehenswert ab 16**.
Deutschland 2019 Kl Rushlake Media/Real Fiction R+B+K Katrin Schlösser S Barbara Gies, Katrin Schlösser L 97 FSK ab 6; f E 8.4.2021 VoD (Real Fiction via kino-on-demand) / 15.11.2021 3sat fd 47501

TAGUNDNACHTGLEICHE (© Farbfilm)

EIN TAG IM AUGUST – MAUERBAU '61 ★★★

Dokumentarfilm über den Tag des Mauerbaus an den Grenzen der DDR am 13. August 1961, bei dem Zeitzeugen ihre Erlebnisse des Tages und die Folgen für ihre persönliche Situation schildern. Der Film verschränkt die Berichte geschickt mit zeitgenössischen Fernsehberichten aus Ost und West und arbeitet die jeweiligen existenziellen Auswirkungen eindrücklich heraus. Die zusätzliche Nachstellung einiger der Erinnerungen wirkt hingegen unnötig, da sie den informativen und spannend aufbereiteten Berichten nichts Wesentliches hinzufügt. – **Ab 12.**
Teils schwarz-weiß. Deutschland 2021 R Florian Huber, Sigrun Laste B Florian Huber, Sigrun Laste K Jürgen Rehberg S Holger Finck Sb Juris Zukovskis Kb Ruta Kulpa L 88 E 10.8.2021 ZDF fd -

TAGE WIE NÄCHTE ★★★★
LA NOCHE DE 12 AÑOS

Drei Mitglieder der sozialistischen Guerillabewegung Tupamaros werden während der Militärdiktatur in Uruguay (1973–1985) unter menschenunwürdigen Bedingungen eingesperrt. In der zwölfjährigen Isolation versuchen die Männer hartnäckig, sich nicht brechen zu lassen. Ein Drama über inneren Widerstand, basierend auf der wahren Geschichte des Journalisten Eleuterio Fernández Huidobro, des Dichters Mauricio Rosencof und des Politikers José Mujica. Zwar werden die Konflikte mit der Außenwelt etwas konventionell und melodramatisch umgesetzt, doch lässt der Film mit düster-poetischen Bildern und ausgefeiltem Sounddesign Gefängnisalltag, Erinnerungen und Fantasien eindringlich verschmelzen. – **Ab 16.**
Uruguay/Spanien/Argentinien/Frankreich/Deutschland 2018 R+B Álvaro Brechner K Carlos Catalan M Federico Jusid S Irene Blecua, Nacho Ruiz Capillas Sb Laura Musso Kb Alejandra Rosasco D Antonio de la Torre (José Mujica), Chino Darín (Mauricio Rosencof), Alfonso Tort (Eleuterio Fernández Huidobro), César Troncoso (Soldat), Soledad Villamil (Psychiaterin) L 112 E 14.7.2021 arte fd 47873

TAGEBUCH EINER BIENE ★★★
A BEE'S DIARY

Eine Winterbiene lebt sechs Monate, eine Sommerbiene meist nur sechs Wochen. Der Dokumentarfilm folgt mit bestechenden Aufnahmen dem Lebenszyklus zweier Bienen und überformt deren Erlebnisse in einer konsequenten Vermenschlichung durch zwei Off-Stimmen zur dramatischen Chronik. Tricktechnische Sequenzen und ein schwelgerischer Soundtrack tragen ebenfalls zur anschaulichen Darstellung des einfühlsamen Bienenlebens bei, die trotz vieler Informationen stets kurzweilig unterhält. – **Ab 8.**
Deutschland/Kanada 2020 KI Filmwelt DVD Filmwelt BD Filmwelt R Dennis Wells B Dennis Wells, Heike Sperling K Brian McClatchy M Darren Fung S Jan Stefan Kolbe L 92 FSK ab 0; f E 7.10.2021 / 8.3.2022 digital / 17.3.2022 DVD & BD fd 48080

TAGUNDNACHTGLEICHE ★★★

Ein eingefleischter Junggeselle verliebt sich in eine grazile Varieté-Künstlerin und kann sie nicht mehr vergessen, als sie kurz nach ihrer ersten gemeinsamen Liebesnacht tödlich verunglückt. Als er ihre ältere Schwester kennenlernt und dieser ebenfalls näherkommt, steht seine idealisierte Vorstellung von der Toten einer neuen Romanze lange im Weg. In poetischen Bildern kreist das kammerspielartige Melodrama um die übersteigerte Fixierung auf eine angeblich perfekte Liebe. Eine Reflexion über die Romantik, die durch ein paar erzählerische Längen und eine gewisse Vorhersehbarkeit ein wenig geschmälert wird. – **Ab 16.**
Scope. Deutschland 2020 KI Farbfilm R+B Lena Knauss K Eva Katharina Bühler M Moritz Schmittat S Julia Kovalenko Sb Christian Strang Kb Bettina Marx D Thomas Niehaus (Alexander), Sarah Hostettler (Marlene), Aenne Schwarz (Paula), Godehard Giese (Christian), Ines Marie Westernströer (Mona) L 110 FSK ab 16; f E 18.11.2021 fd 48182

DAS TAL DER VERGESSENEN KINDER ★★
LEGADO EN LOS HUESOS

Eine baskische Kommissarin ermittelt in ihrem heimatlichen Tal in einer Reihe von Kirchenschändungen, als sie von rätselhaften Selbstmorden erfährt, bei denen die Opfer – alles überführte Mörder – zuvor ein Wort aufschrieben, das in die baskische Mythologie führt. Als sie sich in den Fall vertieft, erfährt sie von einer Verbindung des Täters zu ihrer eigenen Mutter. Mittelstück der sogenannten BAZTÁN-TRILOGIE nach Thrillern von Dolores Redondo, das Atmosphäre und eine gute Hauptdarstellerin besitzt, die Handlung aber konfus und sprunghaft entwickelt und

zudem zu viele Nebenstränge einbezieht. – **Ab 16**.
Scope. Spanien 2019 **DVD** Studio Hamburg **R** Fernando González Molina **B** Luiso Berdejo (= Luis A. Berdejo) **K** Xavi Giménez **Vo** Dolores Redondo (Roman *Legado en los huesos / Die vergessenen Kinder*) **M** Fernando Velázquez **S** Verónica Callón **Sb** Antón Laguna **Kb** Loles García Galean **D** Marta Etura (Amaia Salazar), Carlos Librado (Jonan Etxaide), Leonardo Sbaraglia (Juez Javier Markina), Francesc Orella (Fermín Montes), Imanol Arias (Vater Sarasola) **L** 116 **FSK** ab 16 **E** 19.4.2021 ZDF / 4.6.2021 DVD (Baztán-Trilogie-Box) fd –

TANZ DER UNSCHULDIGEN ★★★★
AKELARRE

TANZ DER UNSCHULDIGEN (© Sophie Dulac Productions / Netflix)

Im Jahr 1609 lässt ein spanischer Richter in einem baskischen Küstenort mehrere junge Frauen als Hexen verhaften. Als den Opfern im Zug grausamer Verhöre klar wird, dass ihre Hinrichtung von vornherein feststeht, suchen sie den Richter, der nach Details über den «Hexensabbat» giert, mit erdachten Geständnissen so lange hinzuhalten, bis die Männer vom Fischfang zurückkehren. Das Historiendrama aus der Zeit der Hexenverfolgung fokussiert kammerspielartig auf die Dynamiken zwischen Angeklagten und Richter sowie auf die zwischen den Frauen. Dabei wird hintersinnig-klug das Phänomen der Hexenprozesse und die Entstehung kollektiver Vorstellungen über den «Hexensabbat» beleuchtet. – **Sehenswert ab 14**.
Spanien/Frankreich/Argentinien 2020 **R** Pablo Agüero **B** Pablo Agüero, Katell Guillou **K** Javier Agirre **M** Maite Arrotajauregi, Aránzazu Calleja **S** Teresa Font **Sb** Mikel Serrano **Kb** Nerea Torrijos **D** Alex Brendemühl (Rostegui), Amaia Aberasturi (Ana), Daniel Fanego (Consejero), Garazi Urkola (Katalin), Yune Nogueiras (María) **L** 90 **E** 11.3.2021 VoD (Netflix) fd 47598

TANZ ZUM RUHM ★★
BIRDS OF PARADISE

Eine junge amerikanische Ballerina gelangt auf eine renommierte Ballettschule in Paris, wo eine Französin zu ihrer härtesten Konkurrentin wird. Nach einer Zeit der Feindseligkeit freunden sie sich allerdings miteinander an und schließen einen Pakt, sich gemeinsam anzustrengen, um den begehrten Vertrag mit der Opéra national zu erlangen. Ein atmosphärisch inszeniertes und treffend besetztes Ballettdrama, das erzählerisch allerdings auf zu viele konventionelle Motive aufbaut. Auch eine Übermenge an Handlungsfäden bremst die Wirkung des Films aus. – **Ab 16**.
USA 2021 **R+B** Sarah Adina Smith **K** Shaheen Seth **Vo** A. K. Small (Roman *Bright Burning Stars*) **M** Ellen Reid **S** David Barker **Sb** Nora Takacs Ekberg **Kb** Matthew Simonelli **D** Kristine Froseth (Marine Elise Durand), Diana Silvers (Kate Sanders), Caroline Goodall (Céline Durand), Eva Lomby (Gia), Jacqueline Bisset (Madame Brunelle) **L** 109 **FSK** ab 16 **E** 24.9.2021 VoD (Amazon Prime) fd –

TANZE TANGO MIT MIR ★★★
Ein übergewichtiger Mann in der Midlife-Krise entdeckt durch einen Kurs die Lust am Tangotanzen und lebt durch seine neue Leidenschaft beständig auf. Seine Ehefrau betrachtet die gewonnene Energie jedoch mit Skepsis, sodass der Mann zwischen der Gattin und dem Hobby wählen zu müssen scheint. Eine locker inszenierte, in der Hauptrolle hervorragend gespielte Komödie auf den Spuren des japanischen Films SHALL WE DANCE? Ohne die dramatischen Aspekte überzustrapazieren, macht der Film die Krisen der Figuren deutlich und kann auch in der Inszenierung des Tangos einige gelungene Akzente setzen. – **Ab 14**.
Deutschland 2020 **R** Filippos Tsitos **B** Peter Güde, Matthias Fischer **K** Ralph Netzer **M** Bandonegro, José van der Schoot **S** Dimitris Peponis **Sb** Patrick Steve Müller **Kb** Carola Raum **D** Michael A. Grimm (Frank), Eva Meckbach (Katrin), Gaby Dohm (Ingrid), Lilith Kampffmeyer (Paula), Reza Brojerdi (Navid) **L** 89 **E** 10.3.2021 ARD fd –

DIE TANZENDEN ★★★★
LE BAL DES FOLLES

Eine junge, unkonventionelle Französin wird im Jahr 1885 von ihrer Familie in die geschlossene Psychiatrie der Pariser Salpêtrière eingeliefert, weil sie über hellseherische Fähigkeiten zu verfügen scheint. Dort versucht man sie mit drakonischen Prozeduren zur Vernunft zu bringen; in einer Oberschwester findet sie jedoch eine Verbündete. Die Romanadaption verhandelt im historischen Gewand das Ringen der Aufklärung mit Aberglauben und einem bornierten Patriarchat. Ein glänzend besetztes und gespieltes Drama über die Unterdrückung von Frauen und ein dunkles Kapitel der Medizin, das in Gestalt der beiden Hauptfiguren aber um Intimität, Freiheit und Vertrauen kreist. – **Ab 16**.
Scope. Frankreich 2021 **R** Mélanie Laurent **B** Mélanie Laurent, Christophe Deslandes **K** Nicolas Karakatsanis **Vo** Victoria Mas (Roman *Le bal des folles / Die Tanzenden*) **M** Asaf Avidan **S** Anny Danché **Sb** Stanislas Reydellet **Kb** Maïra Ramedhan Levi **D** Lou de Laâge (Eugénie), Mélanie Laurent (Geneviève), Cédric Kahn (François Cléry), César Domboy (Ernest), Benjamin Voisin (Théophile) **L** 117 **FSK** ab 16 **E** 17.9.2021 digital (Amazon Prime) fd 48085

TARANTELLA ★★★
THE FIREFLY

Zur Zeit Napoleons soll eine Spanierin in Frankreich die Kriegspläne des Usurpators ausspionieren. Bei ihrer Mission verliebt sie sich in einen Adligen, der insgeheim ein französischer Spion ist. Verfilmung einer Anfang des 20. Jahrhunderts beliebten Operette mit Hauptdarstellern, die gesanglich wie komödiantisch auftrumpfen können. Der große Aufwand der Inszenierung und mitreißende Lieder machen die Überlänge des Films und die hanebüchene Handlung weitgehend vergessen. – **Ab 14**.
Schwarz-weiß. USA 1937 **KI** MGM **DVD** Media Target/Big Ben Movies **R** Robert Z. Le-

onard **B** Albert Hackett, Frances Goodrich **K** Oliver T. Marsh **Vo** Otto A. Harbach (Libretto *The Firefly*) **S** Robert J. Kern **Sb** Cedric Gibbons **D** Jeanette MacDonald (Nina Maria Azara), Allan Jones (Don Diego), Warren William (Major de Rouchemont), Billy Gilbert (Wirt), Douglas Dumbrille (Marquis de Melito) **L** 127 **E** 21.7.1938 / 5.11.2021 DVD fd -

TATORT – ALLES KOMMT ZURÜCK ★
Kommissarin Lindholm verabredet sich in einem Hamburger Hotel mit einem unbekannten Mann zu einem romantischen Treffen. Als sie ihn tot auffindet, gerät sie selbst in Verdacht, vermutet ihrerseits jedoch, dass sich der Täter an ihr rächen will. Umständlicher Krimi mit einem schwach eingearbeiteten Gastauftritt von Udo Lindenberg und weiteren Hamburg-Klischees, die sich um eine dünne Geschichte ranken. Die übermotivierte Inszenierung sucht das Skurrile, sorgt jedoch vor allem für groteske und enervierende Sequenzen. – Ab 14.
Deutschland 2021 **R** Detlev Buck **B** Uli Brée **K** Bella Halben **M** Johannes Kobilke **S** Alex Kutka, Maren Unterburger **Sb** Agi Dawaachu **Kb** Bettina Helmi **D** Maria Furtwängler (Charlotte Lindholm), Udo Lindenberg (Udo Lindenberg), Jens Harzer (Ruben Delfgau), Anne Ratte-Polle (Jana Zimmermann), Detlev Buck (Einstein) **L** 88 **E** 26.12.2021 ARD fd -

TATORT – BLIND DATE ★★
Nach einem Überfall auf eine Tankstelle und dem Mord an dem Tankwart sind die Mainzer Ermittler mit einer blinden Studentin als einziger Zeugin konfrontiert. Diese liefert ihnen Hinweise auf die Täter, wird jedoch auch von diesen kontaktiert und geht eine unheilvolle Allianz mit ihnen ein. Einigermaßen ambitionierter Krimi, dessen überkonstruiert wirkende Figuren aber der Glaubwürdigkeit auf Dauer abträglich sind. Auch die potenziell interessante Dynamik im Ermittler-Duo wird nur ansatzweise genutzt. – Ab 16.
Deutschland 2021 **R** Ute Wieland **B** Wolfgang Stauch **K** Cornelia Janssen **M** Oli Biehler (= Oliver Biehler) **S** Anna Kappelmann **Sb** Anette Reuther **Kb** Heike Fademrecht **D** Heike Makatsch (Ellen Berlinger), Sebastian Blomberg (Martin Rascher), Henriette Nagel (Rosa Münch), Anica Happich (Sophie Hansen), Jan Bülow (Moritz Boldt) **L** 89 **E** 24.10.2021 ARD fd -

TATORT – BOROWSKI UND DER GUTE MENSCH ★★★★
Sechs Jahre nach seiner Verurteilung bricht ein psychopathischer Mörder aus dem Gefängnis aus. Für Kommissar Borowski bedeutet dies eine erneute Begegnung mit seiner Nemesis, zum Erstaunen seiner Kollegen sieht er dem aber offenbar gelassen entgegen. (Fernseh-)Krimi als Fortsetzung zweier früherer TATORT-Folgen, der vor allem auf das schauspielerische Kräftemessen von Axel Milberg und Lars Eidinger setzt. Daneben strebt der Film mit suggestiver Kameraführung nach einer Atmosphäre der Beunruhigung, die einige äußerst intensive Szenen gebiert. – Ab 16.
Deutschland 2021 **R** Ilker Çatak **B** Sascha Arango **K** Judith Kaufmann **M** Marvin Miller **S** Jan Ruschke **Sb** Zazie Knepper **Kb** Karin Lohr **D** Axel Milberg (Klaus Borowski), Almila Bagriacik (= Almila Bağriaçik) (Mila Sahin), Lars Eidinger (Kai Korthals), Thomas Kügel (Roland Schladitz), Sabine Timoteo (Teresa) **L** 89 **E** 3.10.2021 ARD fd -

TATORT – BOROWSKI UND DIE ANGST DER WEISSEN MÄNNER ★★★
In der Nähe eines Clubs wird die Leiche einer misshandelten Frau gefunden. Ein bei Frauen erfolgloser Außenseiter ist schnell als Verdächtiger ausgemacht, doch entdecken die Ermittler auch Hinweise auf die Beteiligung einer Bewegung, die gewaltsamen Frauenhass propagiert. Gesellschaftskritischer (Fernseh-)Krimi, der aktuelle frauenfeindliche und tendenziell auch rassistische Verschwörungstheorien aufgreift und ihre Verfechter als potenzielle Mörder präsentiert. Dabei lässt er es mitunter an Differenzierungen vermissen, nimmt aber durch seine klare Haltung für sich ein. – Ab 16.
Deutschland 2020 **R** Nicole Weegmann **B** Peter Probst, Daniel Nocke (Bearbeitung) **K** Willy Dettmeyer **M** Florian van Volxem, Sven Rossenbach **S** Andrea Mertens **Sb** Sabine Pawlik, Iris Trescher-Lorenz **Kb** Karin Lohr **D** Axel Milberg (Klaus Borowski), Almila Bagriacik (= Almila Bağriaçik) (Mila Sahin), Thomas Kügel (Roland Schladitz), Anja Antonowicz (Dr. Kroll), Joseph Bundschuh (Mario Lohse) **L** 88 **E** 7.3.2021 ARD fd -

TATORT – DAS IST UNSER HAUS ★★
Im frisch bezogenen Haus einer Baugemeinschaft wird die Leiche einer Frau gefunden. Während sich die neuen Wohnungsbesitzer gegenüber den Ermittlern als wenig harmonisches Kollektiv präsentieren, verdichtet sich die Gewissheit, dass es sich bei der Toten um eine frühere Bewerberin für eine Mitgliedschaft in der Gruppe handelt. Ein (Fernseh-)Krimi um den schwäbischen Traum vom Eigenheim und mörderische Folgen, der sein Figurenarsenal betont skurril und an der Grenze zur Karikatur anlegt. Lange Dialoge sollen das Milieu charakterisieren, wirken jedoch der Spannung entgegen. – Ab 14.
Deutschland 2020 **R** Dietrich Brüggemann **B** Dietrich Brüggemann, Daniel Bickermann **K** Andreas Schäfauer **M** Dietrich Brüggemann **S** Barbara Brückner **Sb** Cosima Vellenzer **Kb** Sarah Raible, Juliane Maier **D** Richy Müller (Thorsten Lannert), Felix Klare (Sebastian Bootz), Jürgen Hartmann (Dr. Daniel Vogt), Christiane Rösinger (Ulrike), Lana Cooper (Victoria) **L** 89 **E** 17.1.2021 ARD fd -

TATORT – DER BÖSE KÖNIG ★
Nach der brutalen Ermordung eines Kioskbesitzers konzentrieren sich die Ermittlungen auf zwei Kunden. Während der eine sich ausweichend verhält und im Besitz der mutmaßlichen Tatwaffe war, gibt sich der andere übertrieben kooperativ und macht sich gerade dadurch immer verdächtiger. Durchweg konstruiert wirkender (Fernseh-)Krimi, in dem die Präsenz eines manipulativen Tatverdächtigen in den blassen Ermittlerinnen kein adäquates Gegenüber erhält. Abgesehen von einigen eher simplen Farbspielereien ein Durchschnittskrimi ohne Originalität und Spannung. – Ab 14.
Deutschland 2020 **R+B** Martin Eigler **K** Andreas Schäfauer **M** Jens Grötzschel **S** Claudia Lauter **Sb** Söhnke Noé **Kb** Stephanie Kühne **D** Ulrike Folkerts (Lena Odenthal), Lisa Bitter (Johanna Stern), Christopher Schärf (Anton Maier), Pit Bukowski (Jannik Berg), Lana Cooper (Caro Meinert) **L** 89 **E** 11.4.2021 ARD fd -

TATORT – DER FEINE GEIST ★★
Vor den Augen der Weimarer Kommissare Dorn und Lessing wird der Geschäftsführer eines Sicherheitsunternehmens erschossen, bei der Verfolgung wird auch Lessing getroffen. Seine Partnerin ermittelt deshalb allein und stößt in der Firma des Toten auf Merkwürdigkeiten, die ihre These untermauern, dass es sich keinesfalls um einen Raubmord handelte. Skurriler Krimi, der dem mangelnden Ernst dieses Teams eine neue Variante abringen will, die auch ins Tragische münden soll. Dabei verzettelt er sich trotz origineller Einzelszenen jedoch in einem überladenen und unglaubwürdigen Szenario. – Ab 14.
Deutschland 2020 **R** Mira Thiel **B** Murmel Clausen, Mira Thiel **K** Moritz Anton **M** Joachim Dürbeck, René Dohmen **S** Anna-K.

Nekarda **Sb** Jürgen Schäfer **Kb** Filiz Ertas **D** Nora Tschirner (Kira Dorn), Christian Ulmen (Lessing), Ronald Zehrfeld (John Geist), Inga Busch (Maike Viebrock), Jördis Trauer (Kerstin Brune) **L** 89 **E** 1.1.2021 ARD   fd -

TATORT – DER HERR DES WALDES ★★
In den saarländischen Wäldern wird eine Schülerin tot aufgefunden, Spuren lassen einen Ritualmord durch einen Serientäter denkbar erscheinen. Zugleich führt eine weitere Fährte über die Grenze nach Frankreich. Ein im Aufbieten einer düsteren Atmosphäre sehr ehrgeiziger Krimi, bei dem der formale Aufwand mitunter recht aufdringlich wirkt und Schwächen der Erzählung nur notdürftig verbirgt. Zudem wird das persönliche Trauma der beiden Hauptermittler umständlich in den Fall einbezogen und kaum glaubhaft mit der Aufklärungsarbeit verbunden. – **Ab 16**.
Deutschland 2020 **R** Christian Theede **B** Hendrik Hölzemann **K** Tobias Schmidt **M** Dominik Giesriegl, Florian Riedl **S** Martin Rahner **Sb** Thomas Neudorfer **Kb** Daniela Thomas **D** Daniel Sträßer (Adam Schürk), Vladimir Burlakov (Leo Hölzer), Brigitte Urhausen (Esther Baumann), Ines Marie Westernströer (Pia Heinrich), Anna Böttcher (Dr. Henny Wenzel) **L** 88 **E** 5.4.2021 ARD   fd -

TATORT – DER REIZ DES BÖSEN ★★
Nach der Ermordung einer Frau, die einen verurteilten Gewaltverbrecher während dessen Haft kennenlernte und heiratete, steht schnell ihr nunmehr entlassener Ehemann unter Verdacht. Dann aber führt ein Hinweis ihres Assistenten die Kommissare dazu, den Mörder in einer anderen Richtung zu suchen. In Figurenzeichnung und Handlung durchaus vielschichtiger (Fernseh-)Krimi, der trotz der Einbettung ins sattsam bekannte Konzept des Kölner TATORT-Teams längere Zeit zu fesseln vermag. Mangelnder Mut zum finalen Risiko und eine schwächelnde Dramaturgie untergraben allerdings die guten Ansätze. – **Ab 16**.
Deutschland 2021 **R** Jan Martin Scharf **B** Arne Nolting, Jan Martin Scharf **K** Felix Novo de Oliveira **M** Ali N. Askin **S** Ulrike Leipold **Sb** Bertram Strauß **Kb** Holger Büscher **D** Klaus J. Behrendt (Max Ballauf), Dietmar Bär (Freddy Schenk), Joe Bausch (Dr. Joseph Roth), Roland Riebeling (Norbert Jütte), Tinka Fürst (Natalie Förster) **L** 87 **E** 19.9.2021 ARD   fd -

TATORT – DER TOD DER ANDEREN ★★★
Hinter dem gewaltsamen Tod einer Frau in einem Luxushotel vermuten die Kölner Kommissare eine Verbindung zwischen der Toten und der Hotelbesitzerin. Als sich die Verdachtsmomente verdichten, bringt diese einen der Ermittler in ihre Gewalt. Der Serienkrimi bemüht sich um eine Verzahnung der Kriminalhandlung mit einer dramatischen Geschichte über dunkle Aspekte der DDR-Vergangenheit, womit er sich etwas verhebt. Gelungen ist der Film vor allem in einigen pointierten Dialogwechseln und der gut getakteten Spannungsdramaturgie. – **Ab 14**.
Deutschland 2020 **R** Torsten C. Fischer **B** Wolfgang Stauch **K** Theo Bierkens **M** Wolfgang Glum, Warner Poland **S** Dora Vajda **Sb** Cordula Jedamski **Kb** Lore Tesch **D** Klaus J. Behrendt (Max Ballauf), Dietmar Bär (Freddy Schenk), Joe Bausch (Dr. Roth), Roland Riebeling (Norbert Jütte), Tinka Fürst (Natalie Förster) **L** 88 **E** 10.1.2021 ARD   fd -

TATORT – DIE AMME ★★★
TATORT – DIE AMME
In einer armen Gegend von Wien wird eine Frau ermordet, die sich als Prostituierte verdingte, ihr zehnjähriger Sohn ist spurlos verschwunden. Während sich die Hinweise auf die Handschrift eines Serienmörders verdichten, erhalten die Ermittler Unterstützung von einem zwielichtigen Undercover-Kollegen. Über weite Strecken sehr düster gehaltener Krimi, der mit viel Sinn für Atmosphäre und einigen darstellerischen Glanzpunkten daherkommt. Die absurden Elemente der Story werden dadurch die meiste Zeit in den Hintergrund gedrängt. – **Ab 16**.
Österreich 2020 **R** Christopher Schier **B** Mike Majzen **K** Thomas Kürzl **M** Markus Kienzl **S** Nils Landmark **Sb** Veronika Hlawatsch **Kb** Amanda Frühwald **D** Harald Krassnitzer (Moritz Eisner), Adele Neuhauser (Bibi Fellner), Hubert Kramar (Ernst Rauter), Christina Scherrer (Meret Schande), Günter Franzmeier (Dr. Kreindl) **L** 89 **E** 28.3.2021 ARD   fd -

TATORT – DIE DRITTE HAUT ★★★
Der Besitzer einer Immobilienfirma wird tot vor einem seiner Mietshäuser gefunden, das nach seinen Plänen luxussaniert werden sollte. Bei der Vernehmung der tatverdächtigen Mieter, denen der Verlust ihrer Wohnungen droht, werden die Ermittler mit den Auswüchsen des Berliner Mietwahnsinns konfrontiert. Ein Krimi mit speziellem Blick auf die unmenschlichen Härten des umkämpften Immobilienmarktes, der dank treffender Milieubilder die gezeigte Ungerechtigkeit greifbar macht. Die Rückbindung an die Krimikonventionen gerät dagegen holprig und überzeugt weniger. – **Ab 16**.
Deutschland 2021 **R** Norbert ter Hall **B** Katrin Bühlig **K** Richard van Oosterhout **M** Max van Dusen, Lukas McNally **S** Gesa Jäger **Sb** Uli Friedrichs **Kb** Gitti Fuchs **D** Meret Becker (Nina Rubin), Mark Waschke (Robert Karow), Cynthia Micas (Jamila Marques), Daniel Krauss (Knut Jansen), Timo Jacobs (Micha Kowalski) **L** 88 **E** 6.6.2021 ARD   fd -

TATORT – DIE KALTEN UND DIE TOTEN ★★
Eine Medizinstudentin wird nach einem Date zu dritt mit einem liierten Paar tot aufgefunden. Das junge Paar gerät in Verdacht, zumal der Mann einschlägig vorbestraft ist, doch mauern die beiden erfolgreich und werden von seinen Eltern gegen alles in Schutz genommen. Ein auf Milieu- und Figurenstudien konzentrierter Krimi, der sich in Bildsprache, Dialogen und Charakterzeichnungen einer betonten Rauheit verschrieben hat, die aber überwiegend gezwungen wirkt. Glaubhaft ist nur das vielschichtige Zusammenspiel der Ermittler-Figuren. – **Ab 16**.
Deutschland 2021 **R** Torsten C. Fischer **B** Markus Busch **K** Theo Bierkens **M** Warner Poland, Wolfgang Glum **S** Heike Parplies **Sb** Jörg Prinz **Kb** Anne-Gret Oehme **D** Meret Becker (Nina Rubin), Mark Waschke (Robert Karow), Tan Caglar (Malik Aslan), Jule Böwe (Doris Ziegler), Andreas Döhler (Claus Ziegler) **L** 89 **E** 14.11.2021 ARD   fd -

TATORT – DREAMS ★★
Eine Geigerin verfügt über die Gabe, ihre Träume steuern zu können, kann diese aber nicht mehr richtig von der Realität unterscheiden. Als sie sich bei der Polizei meldet, weil sie glaubt, eine Freundin und Kollegin nicht nur im Traum getötet zu haben, stehen die Ermittler vor einer Herausforderung, da die Musikerin tatsächlich verschwunden ist. Krimi um den Leistungsdruck bei Berufsmusikern und das Phänomen des Klarträumens, die beide Motive nur wenig interessant aufgreift. Die durchaus ambitionierte Inszenierung sorgt für eine seltsame Atmosphäre, aber nur für geringe Spannung. – **Ab 14**.
Deutschland 2021 **R** Boris Kunz **B** Moritz Binder, Johanna Thalmann **K** Volker Tittel **M** David Reichelt **S** Florian Duffe **Sb** Carina Cavegn **Kb** Tina Keimel-Sorge (= Tina Sorge) **D** Udo Wachtveitl (Franz Leitmayr), Miroslav Nemec (Ivo Batic), Ferdinand Ho-

fer (Kalli Hammermann), Stefan Betz (Richy Semmler), Jara Bihler (Marina Eeden) **L** 89 **E** 7.11.2021 ARD fd –

TATORT – HEILE WELT ★★★
In einer Dortmunder Hochhaussiedlung wird eine Frau ermordet, was das gesamte Viertel in Aufruhr versetzt. Inmitten von gewalttätigen Auseinandersetzungen zwischen verschiedenen Gruppen versuchen die Kommissare den Fall aufzuklären, geraten aber dabei selbst ins Zwielicht. Ambitionierter (Fernseh-)Krimi, in dem Gesellschaftsanalyse den größeren Teil der Handlung bestimmt, wobei allzu simple Befunde größtenteils vermieden werden. Zwar bleibt die Aufklärungsebene eher konventionell, doch dafür sorgt die Erzählung der sich anbahnenden Eskalation durch Wut und Manipulation für umso mehr Spannung. – **Ab 16.**
Deutschland 2020 **R** Sebastian Ko **B** Jürgen Werner **K** Philipp Kirsamer **M** Olaf Didolff **S** Dora Vajda **Sb** Oliver Hoese **Kb** Elisabeth Kraus **D** Jörg Hartmann (Peter Faber), Anna Schudt (Martina Bönisch), Stefanie Reinsperger (Rosa Herzog), Rick Okon (Jan Pawlak), Sybille Schedwill (= Sybille Jacqueline Schedwill) (Dr. Greta Leitner) **L** 89 **E** 21.2.2021 ARD fd –

TATORT – HETZJAGD ★
Nach der Ermordung eines Veranstalters von Konzerten «gegen Rechts» wird ein einschlägig bekannter Extremist festgenommen, während seine Freundin fliehen kann. Beim Versuch, unterzutauchen, streift sie, ohne es zu wissen, den Weg der Partnerin des Ermordeten. Mit großen politischen Schlagworten agierender (Fernseh-)Krimi voller unwahrscheinlicher Entwicklungen und steifer Dialogwechsel. Durch die fast durchweg plumpe Schwarz-Weiß-Zeichnung der Figuren scheitert der Film auf ganzer Linie darin, etwas Relevantes zu rechtsradikalen Auswüchsen zu vermitteln. – **Ab 16.**
Deutschland 2020 **R+B** Tom Bohn (= Thomas Bohn) **K** Cornelia Janssen **M** Hans Franek **S** Isabelle Allgeier **Sb** Söhnke Noé **Kb** Holger Büscher **D** Ulrike Folkerts (Lena Odenthal), Lisa Bitter (Johanna Stern), Anna Herrmann (Maria Karich), Anne-Marie Lux (Hedwig Joerges), Daniel Noël Fleischmann (Ludger Rehns) **L** 87 **E** 14.2.2021 ARD fd –

TATORT – LUNA FRISST ODER STIRBT ★★★
Eine junge Schriftstellerin wird nach der Party zur Veröffentlichung ihres als Sensation gefeierten Debüts tot aufgefunden. Ein Selbstmord scheint fragwürdig, aber nicht ausgeschlossen, bis die Ermittler sich auf eine Freundin der Toten konzentrieren, deren Leben offenbar Vorlage für den Roman war. Mit metafiktionalen Ideen liebäugelnder Krimi, der auf halbem Weg in Richtung Sozialkritik abbiegt, darin aber nur wenig originell ist. Am stärksten gerät er in der Abbildung einer gescheiterten Freundschaft zwischen jungen Frauen aus unterschiedlichen sozialen Schichten. – **Ab 14.**
Deutschland 2021 **R** Katharina Bischof **B** Katharina Bischof, Johanna Thalmann **K** Julia Daschner **M** Richard Ruzicka **S** Natalie Trapp **Sb** Bettina Schmidt **Kb** Marina Popkova-Sologub **D** Margarita Broich (Anna Janneke), Wolfram Koch (Paul Brix), Jana McKinnon (Luise «Luna» Nathan), Lena Urzendowsky (Nellie «Luna» Kunze), Tinka Fürst (Jessie Kunze) **L** 89 **E** 31.10.2021 ARD fd –

TATORT – MACHT DER FAMILIE ★★
Um eine Bande russischer Waffenhändler dingfest zu machen, will sich Hauptkommissarin Grosz die Hilfe einer LKA-Mitarbeiterin sichern, die familiäre Bindungen zu den Gangstern besitzt und zu Alleingängen neigt. Damit bringt sie ihren Kollegen Falke gegen sich auf, der den Plan für zu gefährlich hält. Stellenweise temporeicher und packender, insgesamt aber zerfahren wirkender Krimi mit viel Melodramatik und eher plakativen Figuren. In seiner überhöhten Stilisierung und durch schauspielerischen Einsatz kann er jedoch immerhin einige Akzente setzen. – **Ab 16.**
Deutschland 2020 **R+B** Niki Stein (= Nikolaus Stein von Kamienski) **K** Arthur W. Ahrweiler **M** Jacki Engelken **S** Wiebke Henrich **Sb** Thomas Freudenthal **Kb** Susanne Fiedler **D** Wotan Wilke Möhring (Thorsten Falke), Franziska Weisz (Julia Grosz), Levin Liam (Torben Falke), Tatiana Nekrasov (Marija Timofejew), Judith Rosmair (Kriminaldirektorin Reetz) **L** 87 **E** 18.4.2021 ARD fd –

TATORT – MASKEN ★★★
Ein junger Polizist stirbt, nachdem er mehrfach von einem Auto überfahren wurde. Die Mordkommission ermittelt auf der Wache des Toten und spürt seiner Verbindung zu einem obskuren Arzt nach, der Männern in Seminaren Anleitungen zum «Frauenerobern» liefert. Geradlinig aufgebauter und konzentriert inszenierter Krimi, der in der Handlung mitunter überladen wirkt und in der Auflösung schwä-
chelt. Reizvoll ist der Umgang mit den Ermittler-Figuren, der den vertrauten Konstellationen interessante neue Aspekte abgewinnt. – **Ab 14.**
Deutschland 2021 **R** Ayse Polat **B** Arnd Mayer, Claudia Matschulla **K** Aljoscha Hennig **M** Martin Berger, Matthias Wolf, Martin Rott **S** Thomas Stange **Sb** Julian Augustin **Kb** Brigitte Nierhaus **D** Jörg Hartmann (Peter Faber), Anna Schudt (Martina Bönisch), Stefanie Reinsperger (Rosa Herzog), Rick Okon (Jan Pawlak), Sybille J. Schedwill (= Sybille Jacqueline Schedwill) (Dr. Greta Leitner) **L** 88 **E** 28.11.2021 ARD fd –

TATORT – MUROT UND DAS PRINZIP HOFFNUNG ★★
Nach drei identischen Morden in Frankfurt deutet einiges auf einen rechtsextremen Täter hin, Kommissar Murot vermutet jedoch, dass zwei der Toten vom dritten Opfer ablenken sollten: Ein behelfmäßiger Philosophieprofessor, bei dem der Ermittler selbst studierte; der Gelehrte lebte zwar auf der Straße, war aber ein reicher Villenbesitzer mit drei Kindern, die nun schwer verdächtig sind. Umständlich erdachter Krimi, der sich als kunstvolle Versuchsanordnung gebärdet, aber zu artifiziell inszeniert ist, um über ein Gedankenkonstrukt hinauszukommen. Auch die Figuren bleiben trotz erlesener Besetzung holzschnittartig. – **Ab 14.**
Deutschland 2021 **R** Rainer Kaufmann **B** Martin Rauhaus **K** Klaus Eichhammer **M** Stefan Will, Marco Dreckkötter **S** Stefan Blau **Sb** Dominik Kremerskothen **Kb** Lucie Bates **D** Ulrich Tukur (Felix Murot), Barbara Philipp (Magda Wächter), Karoline Eichhorn (Inga Muthesius), Lars Eidinger (Paul Muthesius), Friederike Ott (Laura Muthesius) **L** 88 **E** 21.11.2021 ARD fd –

TATORT – NEUGEBOREN ★★
In Bremen wird ein Baby aus einer Klinik entführt, am selben Tag stirbt ein Drogendealer. Da ein Zusammenhang zwischen beiden Fällen denkbar scheint, ist ein frisch gebildetes Team aus einer jungen Kommissarin im Morddezernat, einem dänischen Ermittler und einer BKA-Beamtin gefordert. Der erste Einsatz eines neuen TATORT-Teams versucht deren Reibereien als Voraussetzung für kreative Zusammenarbeit zu etablieren, bleibt aber in vielem behauptet. Der Krimiplot und die Figuren aus sozial benachteiligtem Milieu erscheinen zudem arg vordergründig. – **Ab 16.**
Deutschland 2021 **R** Barbara Kulcsar **B** Christian Jeltsch **K** Filip Zumbrunn **M** Jas-

min Shakeri, Beathoavenz **S** Gion-Reto Kilias **Sb** Dorle Bahlburg **Kb** Angelika Götz **D** Jasna Fritzi Bauer (Liv Moormann), Dar Salim (Mads Andersen), Luise Wolfram (Linda Selb), Johanna Polley (Jessica Stiehler), André Szymanski (Rudi Stiehler) **L** 88 **E** 24.5.2021 ARD fd –

TATORT – RETTUNG SO NAH ★★

Ein Rettungssanitäter wird während eines Einsatzes ermordet. Kurz darauf ereignet sich ein Anschlag auf ein anderes Rettungsfahrzeug mit einem weiteren Toten. Während die Kommissarinnen mehrere Verdächtige ausmachen, die schon früher die Wache bedroht haben, legt eine andere Spur nahe, dass eine konkrete Sanitäterin im Fokus der Angriffe steht. Uneinheitlicher Krimi, für das Thema zunehmender Übergriffe auf Rettungskräfte themenfilmartig einarbeitet und in Dialogen wie Figurenzeichnung oft steif ausfällt. Angesichts inszenatorischer Beliebigkeit hält sich auch die Spannung in Grenzen. – **Ab 16.**

Deutschland 2020 **R** Isabel Braak **B** Christoph Busche **K** Lars Liebold **M** Joachim Dürbeck, René Dohmen **S** Andreas Baltschun, Matti Falkenberg **Sb** Anette Reuther **Kb** Sonja Hesse **D** Karin Hanczewski (Karin Gorniak), Cornelia Gröschel (Leo Winkler), Martin Brambach (Peter Michael Schnabel), Luise Aschenbrenner (Greta Blaschke), Golo Euler (Jens Schlüter / «Jakob») **L** 87 **E** 7.2.2021 ARD fd –

TATORT – RHYTHM AND LOVE ★★★

Ein nackter Toter im Moor bei Münster stellt sich als alternativer Gemüsebauer und Leiter von Gruppenseminaren zu «freier Liebe» heraus. Um in der Kommune Nachforschungen anstellen zu können, bittet Kommissar Thiel seinen altlinken Vater zum Undercover-Einsatz. Ein TATORT-Krimi, in dem die Hauptfiguren ihren forciert neckischen Umgang weitgehend aufgeben dürfen und auch über ihre eigenen Fehler reflektieren. Damit verschiebt sich der Fokus zu einem dezenteren Einsatz des Humors, was der soliden Kriminalplot-Entfaltung sehr zugutekommt. – **Ab 14.**

Deutschland 2021 **R** Brigitte Maria Bertele **B** Elke Schuch **K** Timon Schäppi **M** Christian Biegai, Kerim König **S** David J. Rauschning **Sb** Michaela Schumann **Kb** Martina Jeddicke **D** Axel Prahl (Frank Thiel), Jan Josef Liefers (Karl-Friedrich Boerne), Christine Urspruch (Silke Haller), Björn Meyer (Mirko Schrader), Mechthild Grossmann (Wilhelmine Klemm) **L** 89 **E** 2.5.2021 ARD fd –

TATORT – SCHOGGILÄBE ★
TATORT – SCHOGGILÄBE

Nach der Ermordung eines Züricher Schokoladenfabrikanten entdecken die Ermittlerinnen Abgründe hinter der stolzen Fassade: Der Tote war heimlich homosexuell und depressiv, seine Mutter will die geschäftsführende Enkelin aus dem Unternehmen drängen, das obendrein verschuldet ist. Aber auch ein unbekannter Mann, der mit der Tatwaffe gesehen wurde, gibt den Kommissarinnen Rätsel auf. Harte, plakative Gegensätze zwischen den Sphären von Arm und Reich bemühender (Fernseh-)Krimi, der durchweg leb- und spannungslos bleibt. Der eklatante Mangel an Tiefe wird durch plumpe Verfremdungseffekte nur noch mehr hervorgehoben. – **Ab 14.**

Schweiz 2020 **R** Viviane Andereggen **B** Stefan Brunner, Lorenz Langenegger **K** Martin Langer **M** Fabian Römer **S** Constantin von Seld **Sb** Monica Rottmeyer **Kb** Monika Schmid **D** Carol Schuler (Tessa Ott), Anna Pieri Zuercher (Isabelle Grandjean), Rachel Braunschweig (Anita Wegenast), Aaron Arens (Noah Löwenherz), Peter Jecklin (Charlie Locher) **L** 87 **E** 28.2.2021 ARD fd –

TATORT – TÖDLICHE FLUT ★★

Eine investigativ arbeitende Journalistin gibt an, nur knapp einem Anschlag auf ihr Leben entronnen zu sein. Da sie vermutet, dass dieser mit ihren Recherchen zu einem Bauprojekt-Skandal auf Norderney zusammenhängt, ermitteln die Bundespolizisten Falke und Grosz auf der Insel und stoßen auch gleich auf eine Leiche. Ein mit stimmungsvollen Landschaftsbildern punktender (Fernseh-)Krimi, dessen Atmosphäre aber durch eine klischeehafte Geschichte unterlaufen wird. Auch das Verhalten der Figuren wird von den Drehbuchautoren nur bedingt nachvollziehbar gemacht. – **Ab 14.**

Deutschland 2020 **R** Lars Henning **B** David Sandreuter **K** Carol Burandt von Kameke **M** Stefan Will, Peter Hinderthür **S** Jan von Rimscha **Sb** Sabine Dotzauer **Kb** Rike Russig **D** Wotan Wilke Möhring (Thorsten Falke), Franziska Weisz (Julia Grosz), Levin Liam (Torben Falke), Franziska Hartmann (Imke Leopold), Christoph Tomanek (Polizeichef Recker) **L** 88 **E** 24.1.2021 ARD fd –

TATORT – UND IMMER GEWINNT ★★
DIE NACHT

Im Bremer Containerhafen wird die Leiche eines brutal ermordeten Arztes gefunden, der als Idealist und vorbildlicher Vertreter seines Berufes galt. Während sich die Hauptermittlungen auf sein näheres Umfeld konzentrieren, rückt auch die Besatzung eines nahe am Tatort ankernden Frachters ins Visier der Polizei. Mit zahlreichen Motivsträngen ausgestatteter Krimi, der sich mit dieser Fülle erkennbar schwertut und die eigentliche Ermittlung darüber oft aus den Augen verliert. Achtbare Ambitionen in Figurenzeichnung und Inszenierung kommen nur bedingt zum Tragen. – **Ab 16.**

Deutschland 2021 **R** Oliver Hirschbiegel **B** Christian Jeltsch **K** Leah Striker **M** Sebastian Fillenberg **S** Friederike Weymar **Sb** Marion Strohschein **Kb** Katrin Aschendorf **D** Jasna Fritzi Bauer (Liv Moormann), Dar Salim (Mads Andersen), Luise Wolfram (Linda Selb), Anna Bachmann (Ann Gelsen), Franziska von Harsdorf (Vicky Aufhoven) **L** 89 **E** 12.12.2021 ARD fd –

TATORT – UNSICHTBAR ★★★

Eine gesunde junge Frau stirbt scheinbar an einem plötzlichen Herzstillstand. Die Ermittlerinnen erfahren jedoch, dass die Tote von einem Stalker verfolgt wurde und vermuten eine Vergiftung. Als sie dem Täter näherkommen, erhält auch Kommissarin Gorniak Botschaften des Stalkers. Ein komplex angelegter Krimi um eine unsichtbare Bedrohung und verborgene Schmerzen einer Ermittlerinnen-Figur. Die Handlung tendiert zur Überfrachtung und stiehlt sich am Ende etwas zu glatt in eine Auflösung, doch punktet der Film mit einfallsreicher Inszenierung und intensivem Schauspiel. – **Ab 16.**

Deutschland 2021 **R** Sebastian Marka **B** Michael Comtesse **K** Willy Dettmeyer **M** Thomas Mehlhorn **S** Simon Gstöttmayr **Sb** Angelika Dufft **Kb** Filiz Ertas **D** Karin Hanczewski (Karin Gorniak), Cornelia Gröschel (Leonie Winkler), Martin Brambach (Peter Michael Schnabel), Ron Helbig (Jonathan Himpe), Alessandro Schuster (Aaron Gorniak) **L** 89 **E** 17.10.2021 ARD fd –

TATORT – VERSCHWÖRUNG ★★
TATORT – VERSCHWÖRUNG

Im heißen Wiener Sommer stirbt ein Beamter des Innenministeriums beim Joggen. Während das Ministerium darauf drängt, den Tod als Herzinfarkt zu werten, verbeißt sich Hauptkommissar Eisner, dem gerade eine Stelle bei Europol durch die Lappen gegangen ist, immer mehr in den Fall. Ein mit stilistischem Ehrgeiz in Szene gesetzter Krimi, der sich in der

Konstruktion seines Intrigenszenarios allerdings heillos überhebt. Den Figuren fehlt in ihrer überdeutlichen moralischen Verortung jede Originalität, sodass Fall und Auflösung wenig Spannung erzeuge. – **Ab 14**.
Österreich 2020 **R** Claudia Jüptner-Jonstorff **B** Ivo Schneider **K** Andy Löv **M** Iva Zabkar **S** Harald Aue **Sb** Uta Wiegele **Kb** Alexandra Trummer **D** Harald Krassnitzer (Moritz Eisner), Adele Neuhauser (Bibi Fellner), Hubert Kramar (Ernst Rauter), Christina Scherrer (Meret Schande), Günter Franzmeier (Werner Kreindl) **L** 89 **E** 9.5.2021 ARD   fd -

Tatort – Was wir erben   ★★
Eine alte Fabrikantenwitwe lässt sich mit ihrer Betreuerin vermählen und vererbt ihr die Familienvilla, kommt aber kurz darauf durch einen Treppensturz ums Leben. Angesichts der Umstände zweifeln die Ermittler an dem vermeintlichen Unfall und werden darin von der Familie der Verstorbenen bestärkt, die den Verdacht auf die unerwünschte Erbin lenken. Überkonstruierter Krimi ohne die dunkle, bis in die NS-Zeit zurückreichenden Verstrickungen einer Unternehmerfamilie. Die kritisch gedachten Auslassungen zu Erbrecht und kapitalistischer Ruchlosigkeit werden ziemlich bemüht mit einer spannungsarmen Geschichte verbunden. – **Ab 14**.
Deutschland 2021 **R** Franziska Schlotterer **B** Patrick Brunken **K** Stefan Sommer **M** Johannes Lehniger, Sebastian Damerius **S** Sabine Garscha **Sb** Irene Piel **Kb** Juliane Maier **D** Eva Löbau (Franziska Tobler), Hans-Jochen Wagner (Friedemann Berg), Jenny Schily (Gesine Rathmann), Jan Messutat (Richard Rathmann), Johanna Polley (Toni Wood) **L** 89 **E** 25.4.2021 ARD   fd -

Tatort – Wer zögert, ist tot   ★★
Der Sohn eines reichen Wirtschaftsanwalts wird entführt, der Vater weigert sich jedoch zu zahlen, da er die Entführung für vorgetäuscht hält. Derweil führen Spuren die Kommissare zu einem Studio für Frauenselbstverteidigungskurse sowie zu einer Frauenleiche im Taunus. Krimi mit zahlreichen grotesken Elementen, die anfangs für Originalität sorgen, zusehends aber nur noch irritieren. Als Einlassung auf negative Auswirkungen des Komplexes Macht, Gewalt und Männlichkeit bleibt der Film überdies gänzlich unverbindlich. – **Ab 16**.
Deutschland 2021 **R+B** Petra Lüschow **K** Jan Velten **M** Patrick Reising, Moritz Krämer, Francesco Wilking **S** Silke Franken **Sb** Manfred Döring **Kb** Sandra Meurer **D** Margarita Broich (Anna Janneke), Wolfram Koch (Paul Brix), Christina Grosse (Conny Kaiserling), Britta Hammelstein (Bille Kerbel), Helgi Schmid (= Andreas Helgi Schmid) (Frederick Seibold) **L** 88 **E** 29.8.2021 ARD   fd -

Tatort – Wie alle anderen auch   ★★★
Eine Frau wehrt sich gegen ihren gewalttätigen Ehemann und flieht anschließend Hals über Kopf aus der Wohnung. Auf der Straße nimmt sich eine Obdachlose ihrer an, von der sich die entflohene Ehefrau aber bald wieder trennt. Bald darauf wird die Leiche der Obdachlosen entdeckt. Im Kölner Obdachlosenmilieu spielender (Fernseh-)Krimi, der sich mit wohlfeilen Erklärdialogen zum sozialen Abstieg zurückhält und auch durch glaubwürdige Darsteller punktet. Zwar bleiben Vereinfachungen nicht aus, doch gelingt weitgehend die Balance zwischen Fürsorglichkeit und Schonungslosigkeit. – **Ab 16**.
Deutschland 2021 **R** Nina Wolfrum **B** Jürgen Werner **K** Katharina Dießner **M** Olaf Didolff **S** Anne-Kathrein Thiele **Sb** Michaela Schumann **Kb** Martina Jeddicke **D** Klaus J. Behrendt (Max Ballauf), Dietmar Bär (Freddy Schenk), Joe Bausch (Dr. Joseph Roth), Roland Riebeling (Norbert Jütte), Tinka Fürst (Natalie Förster) **L** 86 **E** 21.3.2021 ARD   fd -

Tatort – Wo ist Mike?   ★★★
Das Verschwinden eines Fünfjährigen konfrontiert die fränkischen Ermittler mit einem völlig zerstrittenen Elternpaar, aber auch mit weiteren Spuren: Neben einem psychisch beeinträchtigten älteren Jungen gerät ein Lehrer ins Zwielicht, mit dem Kommissarin Ringelhahn seit kurzem liiert ist. Düsterer, verschachtelt erzählter Krimi, dem vielfältige Ebenen und stilistische Raffinesse wichtiger sind als erfüllte Genrekonventionen. Auch wenn die Inszenierung manchmal übers Ziel hinausschießt, wird der Film insbesondere durch die Hauptfiguren immer wieder geerdet. – **Ab 16**.
Deutschland 2021 **R** Andreas Kleinert **B** Thomas Wendrich **K** Michael Hammon **M** Daniel Michael Kaiser (= Daniel Kaiser) **S** Gisela Zick **Sb** Christine Caspari **Kb** Ingrid Leibezeder **D** Fabian Hinrichs (Felix Voss), Dagmar Manzel (Paula Ringelhahn), Sylvester Groth (Rolf Glawogger), Simon Frühwirth (Titus), Andreas Pietschmann (Mikes Vater) **L** 89 **E** 16.5.2021 ARD   fd -

Tatort – Wunder gibt es immer wieder   ★★★
Die Vergiftung eines Wirtschaftsprüfers führt die Münchner Kommissare in ein Nonnenkloster im Voralpenland. Während sich die Hinweise verdichten, dass hinter den Klostermauern nicht alles mit rechten Dingen zugeht, mischen sich auch zwei Gesandte aus Rom mit einer eigenen Untersuchung in die Ermittlungen ein. Bedächtig entwickelter Krimi, der seinen «Whodunit»-Fall erzählerisch solide und atmosphärisch überwiegend gelungen ausbreitet, ohne dabei übermäßig spannend zu werden. Vorzüglich sind neben der einfallsreichen Bildsprache vor allem die Darstellerinnen. – **Ab 14**.
Deutschland 2021 **R** Maris Pfeiffer **B** Alex Buresch (= Alexander Buresch), Matthias Pacht **K** Alexander Fischerkoesen (= Alexander Fischerkösen) **M** Richard Ruzicka **S** Vera van Appeldorn **Sb** Monika Maier **Kb** Tina Keimel-Sorge (= Tina Sorge) **D** Udo Wachtveitl (Franz Leitmayr), Miroslav Nemec (Ivo Batic), Ferdinand Hofer (Kalli Hammermann), Robert Joseph Bartl (Dr. Mathias Steinbrecher), Corinna Harfouch (Schwester Barbara) **L** 88 **E** 19.12.2021 ARD   fd -

1000 km weit weg von Weihnachten   ★★★
A mil kilómetros de la Navidad
Ein Wirtschaftsprüfer um die 30 ist alles andere als ein Fan von Weihnachten, weil er mit dem Fest schlechte Erinnerungen verbindet. Ausgerechnet ihn schickt sein Chef vor den Feiertagen los, um eine Fabrik für weihnachtliche Süßigkeiten in einem Örtchen in den Pyrenäen zu inspizieren, wo das Fest mit allem Tamtam zelebriert wird. Eine attraktive Frau, die das örtliche Krippenspiel inszeniert und der Gemeinde damit einen Eintrag ins Guinness-Buch der Rekorde bescheren will, sowie allerlei turbulente Abenteuer sorgen jedoch dafür, dass er allmählich für den Weihnachtsgeist empfänglich wird. Die romantische Komödie um die Wandlung eines Weihnachtshassers punktet mit einem starken Hauptdarsteller sowie einem Händchen für Slapstick und absurde Situationen. – **Ab 14**.
Spanien 2021 **R** Álvaro Fernández Armero **B** Francisco Arnal, Daniel Monedero **K** Sergi Gallardo **M** Vanessa Garde **Sb** Idoia Esteban **D** Tamar Novas (Raúl), Verónica Forqué (Rocío), Andrea Ros (Paula), Peter Vives (Pablo), Fermín Reixach (Antonio) **L** 111 **E** 24.12.2021 digital (Netflix)   fd -

Ted – Ein Zombie zum Verlieben ★★
AN ACCIDENTAL ZOMBIE (NAMED TED)
Ein junger Amerikaner mutiert nach einem Karibik-Urlaub zum Zombie. Zunächst will er seine Verwandlung nicht wahrhaben und so weitermachen wie bisher, seiner Familie entgehen die Veränderungen indes nicht, und so muss auch er allmählich den Tatsachen ins Auge sehen. Gänzlich Kopf steht sein Leben, als er auch noch eine attraktive Vampirin kennenlernt. Fröhliche Nonsens-Horrorkomödie voller absurder Ideen, die mitunter amüsant ausfallen, vielfach aber auch verpuffen. Der erkennbare Einsatz aller Beteiligten verhindert nicht, dass der Film sich durch mangelnde Sorgfalt um einen Großteil der anvisierten Wirkung bringt. – **Ab 16.**
USA 2017 **DVD** Lighthouse (16:9, 1.78:1, DD5.1 engl./dt.) **BD** Lighthouse (16:9, 1.78:1, dts-HDMA engl./dt.) **R+B** Anne Welles **K** Aitor Uribarri **S** Aitor Uribarri, Anne Welles **Sb** Mark Dillon **Kb** Ruben Permel **D** Naomi Grossman (Carrie), Kane Hodder (Frank Lee), Cameron McKendry (Ted), Gary Anthony Williams (Bradley), Akari Endo (Livia) **L** 83 **FSK** ab 12 **E** 26.3.2021 DVD & BD   fd -

Ted Bundy: No Man of God ★★
NO MAN OF GOD
Auf der Basis der Gespräche zwischen dem FBI-Analysten Bill Hagmaier und dem zum Tode verurteilten Serienmörder Ted Bundy aus den Jahren 1984 bis 1989 widmet sich das kammerspielartige Drama der Frage, wie man sich angemessen dem Bösen nähern kann. Während der Film zunächst interessant die Widersprüchlichkeit der Beziehung und die Gewissenskonflikte der FBI-Polizisten thematisiert, werden die damit verbundenen Ambivalenzen später mit plumpen dramaturgischen Manövern und einem ungelenken feministischen Ansatz aufgelöst. – **Ab 16.**

💿 Die Extras umfassen u. a. drei längere Interviews mit den Darstellern Elijah Wood (27 Min.), Luke Kirby (37 Min.) und Aleksa Palladino (10 Min.). Das Mediabook enthält zudem ein 24-seitiges Booklet mit Texten zum Film.
Scope. USA 2021 **KI** Central **DVD** Capelight (16:9, 2.35:1, DD5.1 engl./dt.) **BD** Capelight (16:9, 2.35:1, dts-HDMA engl./dt.) **R** Amber Sealey **B** Kit Lesser **K** Karina Silva **M** Clarice Jensen **S** Patrick Nelson Barnes **Sb** Michael Fitzgerald **Kb** Emily Batson **D** Elijah Wood (Bill Hagmaier), Luke Kirby (Ted Bundy), Aleksa Palladino (Carolyn Lieberman), Robert Patrick (Roger Depue), W. Earl Brown (Wilkenson) **L** 100 **FSK** ab 16; f **E** 23.9.2021 / 25.11.2021 digital / 3.12.2021 DVD & BD & Mediabook (BD plus DVD)   fd 48058

Teddy ★★★
TEDDY
Ein 19-Jähriger lebt in einem Dorf in den Pyrenäen ohne sonderlichen Ehrgeiz oder Tatendrang vor sich hin, bis es in der Gegend zu Attacken eines vermeintlichen Wolfes auf Schafe kommt. Nach einer seltsamen Nacht nimmt der junge Mann merkwürdige Veränderungen an seinem Körper wahr, die ihm eine gefährliche Gestalt verleihen. Eine teils beklemmende, teils verspielte Variation des Werwolf-Motivs, die ihre Gruselhandlung mit Humor serviert und in eine realitätsnahe Provinzdarstellung einbettet. Am Ende fehlt dem auch gut besetzten Film ein Quäntchen Originalität, um vollauf zu überzeugen. – **Ab 16.**
Frankreich 2020 **DVD** Tiberius **R** Ludovic Boukherma **B** Ludovic Boukherma, Zoran Boukherma & Ludovic Boukherma, Zoran Boukherma **K** Augustin Barbaroux **M** Amaury Chabauty **S** Ludovic Boukherma, Zoran Boukherma, Béatrice Herminie **Sb** Linda Yi **Kb** Clara René **D** Anthony Bajon (Teddy), Christine Gautier (Rebecca), Noémie Lvovsky (Ghislaine), Ludovic Torrent (Pépin), Guillaume Mattera (Benjamin) **L** 85 **FSK** ab 16; f **E** 2.12.2021 DVD   fd -

Tezuka's Barbara ★★★
TEZUKA'S BARBARA
Ein heruntergekommener Autor liest eines Tages auf der Straße eine junge Frau auf, die sich als rechte Last entpuppt. Während sein ungebärdiger Exzentrik sein Leben auf den Kopf stellt und er sich davon anstecken lässt, kristallisiert sich mehr und mehr heraus, dass sie als seine Muse womöglich mit höheren Mächten paktiert. Die Adaption eines satirisch und erotisch aufgeladenen Mangas aus den 1970er-Jahren ist visuell und musikalisch bestechend und verfügt über eine faszinierende Hauptdarstellerin. Die zahlosen angestoßenen Motive werden allerdings nicht immer schlüssig verknüpft, sodass der Film bei allen Reizen etwas ratlos zurücklässt. (O.m.d.U.) – **Ab 16.**
Japan 2019 **BD** Rapid Eye Movies **R** Macoto Tezuka **B** Hisako Kurosawa **K** Christopher Doyle, Kubbie Tsoi **Vo** Osamu Tezuka (Manga *Barbara*) **M** Ichiko Hashimoto **S** Macoto Tezuka **Sb** Toshihiro Isomi **Kb** Isao Tsuge **D** Gorô Inagaki (Yosuke Mikura), Fumi Nikaidô (Barbara), Kiyohiko Shibukawa (Hiroyuki Yotsuya), Shizuka Ishibashi (Kanako Kai), Minami (Shigako Satomi) **L** 96 **FSK** ab 16 **E** 23.7.2021 BD   fd -

The Amber Light ★★★
THE AMBER LIGHT
Unter Anleitung des Whisky-Experten Dave Broom begibt sich ein Dokumentarfilm auf eine Tour durch Schottland, um verschiedene Aspekte des alkoholischen Getränks, seiner Herstellung und seiner Vermarktung aufzuzeigen und zu kontextualisieren. Dabei überrascht der abwechslungsreiche Film mit unerwarteten Beiträgen und Erkenntnissen, etwa zur Verknüpfung von schottischer «Trinkkultur» und Unabhängigkeitsbestrebungen, und enthält trotz klar befürwortender Ausrichtung auch kritische Anmerkungen zum Whiskykonsum. – **Ab 16.**
Scope. Großbritannien 2019 **DVD** Polyband (16:9, 2.00:1, DD5.1 engl.) **R+B** Adam Park **K** Dan Dennison **M** Christoph Bauschinger **S** Faris Hallaq **L** 93 **FSK** ab 0 **E** 25.6.2021 DVD   fd -

The Bacchus Lady ★★★★
JUG-YEO-JU-NEUN YEO-JA
Eine ältere Frau arbeitet aus Geldnot in einem Park als «Bacchus Lady», die neben Erfrischungsgetränken auch sexuelle Dienstleistungen anbietet. Eines Tages nimmt sie sich eines Filipino-Jungen an, dessen Mutter festgenommen wurde, und führt ihn in ihre Patchwork-Familie ein, mit der sie in einem Hinterhof zusammenlebt. Südkoreanisches Drama um Altersarmut und -prostitution, das mitfühlende Beobachtung, vielschichtige Charakterporträts und einige exzentrische Einfälle verbindet. Getragen wird der einfühlsame Film von einer meisterlichen Leistung in der Hauptrolle. – **Sehenswert ab 16.**
Südkorea 2016 **R+B** E. J-Yong (= Lee Je-yong) **K** Kim Young-Ro **M** Jang Young-Gyu **S** Hahn Sung-won **Sb** Song Hye-jin **Kb** Ham Hyun-joo **D** Youn Yuh-jung (= Yun Yeo-jong) (So-young), Chon Moo-sung (Jae-woo), Yoon Kye-sang (Do-hoon), An A-zu (Tina), Choi Hyun-jun (Min-ho) **L** 110 **E** 24.10.2021 VoD (Mubi)   fd -

The Banishing – Im Bann des Dämons ★★
THE BANISHING
England am Vorabend des Zweiten Weltkriegs. Ein Vikar zieht mit seiner Frau und deren unehelicher Tochter in ein Anwesen mit übler Vergangenheit: Das letzte Pfarrerspaar kam auf unschöne Weise ums Leben, und

einst trieb ein klandestiner Orden hier sein Unwesen, der einer perversen, körper- und frauenfeindlichen Reinheits-Ideologie frönte. Ein Haunted-House-Film, der vornehmlich um die Bedrängung der Protagonistin durchs geisterhafte Erbe klerikal-patriarchaler Unterdrückung kreist, wobei letzteres motivisch kurzgeschlossen wird mit dem Erstarken des Faschismus. Diese Assoziation gelingt nicht überzeugend; dank interessanter Figuren und einer dichten Inszenierung liefert der Film aber soliden Grusel. – **Ab 16.**

◉ Die Extras umfassen u. a. ausführliche Interviews mit Regisseur Christopher Smith (25 Min.) sowie den Darstellern Jessica Brown Findlay (20 Min.) und John Lynch (13 Min.).
Großbritannien 2020 **DVD** Koch (16:9, 1.85:1, DD5.1 engl./dt.) **BD** Koch (16:9, 1.85:1, dts-HDMA engl./dt.) **R** Christopher Smith **B** David Beton, Ray Bogdanovich, Dean Lines **K** Sarah Cunningham **M** Toydrum **S** Richard Smither **Sb** Chris Richmond **Kb** Lance Milligan **D** Jessica Brown Findlay (= Jessica Brown-Findlay) (Marianne Forster), John Heffernan (Linus Forster), John Lynch (Bishop Malachi), Sean Harris (Harry Reed), Anya McKenna-Bruce (Adelaide Forster) **L** 93 **FSK** ab 16 **E** 17.6.2021 digital / 24.6.2021 DVD & BD   fd –

The Big Ugly ★
The Big Ugly
Ein Londoner Gangsterboss reist gemeinsam mit seiner Frau sowie seinem Handlanger mitsamt Freundin ins amerikanische West Virginia, um mit einem Ölbaron ins Geschäft zu kommen. Als der Handlanger nach einem nächtlichen Gelage seine Geliebte tot und misshandelt in einem Waldstück wiederfindet, sinnt er auf Rache an ihren Peinigern. Das Action-Drama scheitert an seiner ambivalenten Auslegung und schafft es nicht, die dramaturgischen Fäden zusammenzuführen. Emotional oberflächlich wie auch schauspielerisch blass, lediglich die Schauspielveteranen Ron Perlman und Malcolm McDowell spielen gekonnt dubios. – **Ab 16.**
Scope. USA 2020 **DVD** Capelight (16:9, 2.35:1, DD5.1 engl./dt.) **BD** Capelight (16:9, 2.35:1, dts-HDMA engl./dt.) **R** Scott Wiper **B** Scott Wiper, Paul Tarantino **K** Jeremy Osbern **M** Alex Heffes **S** Jordan Downey **Sb** Ren Blanco **Kb** Zachary Sheets **D** Vinnie Jones (Neelyn), Malcolm McDowell (Harris), Ron Perlman (Preston), Nicholas Braun (Will), Leven Rambin (Kara) **L** 102 **FSK** ab 16 **E** 4.6.2021 digital / 11.6.2021 DVD & BD & 4K UHD   fd 47797

The Black String – ★★
Das Böse in dir
The Black String
Ein kleiner Angestellter mit wenigen sozialen Kontakten wacht nach einem One-Night-Stand mit einem seltsamen Ausschlag auf; danach wächst in ihm die Befürchtung, mit etwas Bösem infiziert worden zu sein, das Besitz von ihm ergreift. In einer psychiatrischen Anstalt versucht man ihn von seinem autoaggressiven Wahn zu erlösen, doch kommen Zweifel auf, ob er sich wirklich alles nur einbildet. Ein Debüt-Horrorfilm, der mittels drastischem «Body Horror» und einem versierten Hauptdarsteller ein weitgehend suggestives Angst-Szenario rund um Sexualität und körperlichen wie geistigen Kontrollverlust aufbaut. Die Auflösung bleibt allerdings hinter dem zuvor aufgebauten Spannungspotenzial etwas zurück. – **Ab 16.**
USA 2018 **DVD** Pierrot Le Fou **BD** Pierrot Le Fou **R** Brian Hanson **B** Richard Handley, Brian Hanson, Andy Warrener **K** John Orphan **M** Ed Lima **S** William Drucker **Sb** Mellanie Urquiza **Kb** Jessyca Bluwal **D** Frankie Muniz (Jonathan Marsh), Blake Webb (Eric), Chelsea Edmundson (Dena), Richard Handley (Dr. Jason Ronaldi), Mary K. DeVault (Melinda) **L** 92 **FSK** ab 16 **E** 29.1.2021 DVD & BD   fd –

The Cloud in Her Room ★★★★
Ta Fang Jian Li De Yun
Eine ziellos durchs Leben driftende junge Frau kehrt zum chinesischen Neujahrsfest in ihre Heimatstadt zurück. Dort trifft sie auf ihre geschiedenen Eltern, ihre Halbschwester, ihren nachgereisten Freund und andere Menschen, ohne sich über ihren Stand im Dasein klarwerden zu können. Kunstvoll gefilmtes Schwarz-Weiß-Drama mit einer mäandernden Erzählweise, in der sich dokumentarische Momente zu traumhaften gesellen und deren Ruhe mitunter durch lebhafte Einschübe durchbrochen wird. Die Reverenzen an die Nouvelle Vague sind dabei ebenso prägend wie die Reflexion der jüngeren chinesischen (Film-)Geschichte in der konsequent angewandten Baustellen-Metaphorik des Films. – **Ab 16.**
Schwarz-weiß. China/Hongkong 2020 **R+B** Zheng Lu Xinyuan **K** Matthias Delvaux **M** Tseng Yun-Fang **S** Liu Xinzhu, Zheng Lu Xinyuan **D** Jing Jin (Muzi), Chen Zhou (Fei), Hongming Ye (Feng), Liu Dan (Min), Kangning Dong (Barbesitzer) **L** 101 **E** 11.8.2021 digital (Mubi)   fd –

The Corrupted – ★★★
Ein blutiges Erbe
The Corrupted
Kurz nach der Jahrtausendwende steigt in London mit Blick auf die Olympischen Spiele 2012 das kriminelle Interesse an Bauland, ein Syndikatsboss räumt skrupellos Gegner aus dem Weg. Als Jahre später der Sohn eines seiner Opfer aus dem Gefängnis kommt, will dieser ein ehrbares Leben führen und sieht sich gezwungen, den Kampf gegen den Verbrecher aufzunehmen. Gesellschaftskritischer Gangsterfilm, in dem hinter den glitzernden Fassaden der Londoner Gesellschaft Korruption und Verbrechen aufgedeckt werden. Der Film spielt die Fragen nach der Hilflosigkeit angesichts allgegenwärtiger Intrigen und Gewalt ohne Nachsicht durch, bleibt darin aber sehr vorhersehbar. – **Ab 16.**
Scope. Großbritannien 2019 **KI** Meteor **DVD** Meteor (16:9, 2.35:1, DD5.1 engl./dt.) **BD** Meteor (16:9, 2.35:1, dts-HDMA engl./dt.) **R** Ron Scalpello **B** Nick Moorcroft **K** Richard Mott **M** Andrew Kawczynski **S** Peter Christelis **Kb** Anthony Unwin **D** Sam Claflin (Liam McDonagh), Timothy Spall (Clifford Cullen), Hugh Bonneville (Anthony Hammond), Noel Clarke (DS Neil Beckett), Joe Claflin (Sean McDonagh) **L** 103 **FSK** ab 16 **E** 29.7.2021 / 29.10.2021 DVD & BD   fd 47895

The Dance of Reality ★★★
La Danza de la Realidad
Lose Adaption der Autobiografie des Filmemachers Alejandro Jodorowsky. Im ersten Teil einer Trilogie werden seine Kindheit und Jugend beleuchtet: Der kleine Alejandro lebt mit seinen jüdisch-ukrainischen Eltern im chilenischen Tocopilla, wobei dem liebevollen Verhältnis zur fantasievollen Mutter der Druck durch den stramm kommunistischen Vater gegenübersteht. In einer Reihe von beklemmenden Abenteuern muss letzterer sich mit dem Scheitern seiner politischen Ideale auseinandersetzen. Ein bildstarker, von mythischer Atmosphäre geprägter Versuch, die familiäre Vergangenheit mit den Mitteln des Kinos neu zu beleben. Manchmal von ausufernder Motiv-Fülle, ohne dadurch Freiräume für das Publikum zu eröffnen. – **Ab 14.**
Frankreich/Chile 2013 **R+B** Alejandro Jodorowsky **K** Jean-Marie Dreujou **M** Adan Jodorowsky **S** Maryline Monthieux **Kb** Pascale Montandon-Jodorowsky **D** Brontis Jodorowsky (Jaime), Pamela Flores (Sara), Jeremias

Herskovits (Alejandro), Axel Jodorowsky (Theosoph), Gastón Pauls (Befreier) **L** 133 **E** 13.5.2021 VoD (Mubi) **fd** 47712

THE DISSIDENT ★★★★
THE DISSIDENT

Der Mord an dem regimekritischen Journalisten Jamal Khashoggi erschütterte 2018 die demokratische Weltgemeinschaft. Nachdem der *Washington Post*-Kolumnist im saudi-arabischen Generalkonsulat in Istanbul verschwunden war, verdichteten sich Hinweise, dass er auf Regierungsbefehl ermordet worden war. Der Dokumentarfilm rekonstruiert die Beweislage, zeichnet die autokratischen Machtspiele sowie die digitale Kriegsführung der saudi-arabischen Regierung nach und lässt enge Verbündete Khashoggis zu Wort kommen. Aus den akribischen Recherchen entsteht ein Doku-Thriller, dessen Stärke in der politischen wie in der emotionalen Kontextualisierung liegt. – **Ab 16.**
USA 2020 **KI** DCM **DVD** DCM **R** Bryan Fogel **B** Bryan Fogel, Mark Monroe **K** Jake Swantko **M** Adam Peters **S** Scott D. Hanson, James Leche, Wyatt Rogowski, Avner Shiloah **L** 119 **FSK** ab 12 **E** 16.4.2021 VoD (DCM) / 27.8.2021 DVD **fd** 47666

THE DJINN ★★★
THE DJINN

Ein stummer Teenager stößt nach einem Umzug in der neuen Wohnung auf ein Buch über okkulte Rituale. Als er darin einen Hinweis findet, wie es möglich sein soll, sich Wünsche erfüllen zu lassen, testet er den entsprechenden Ritus aus, weil er hofft, so seine Stimme erlangen zu können. Doch damit hetzt er sich selbst ein mythisches Wesen auf den Hals. Ein klaustrophobischer Low-Budget-Horrorfilm, der seine simple Story durch eine atmosphärische Inszenierung und vor allem das starke Spiel des jungen Hauptdarstellers wettmacht. Auch wenn die (dosiert eingesetzten) Effekte nicht sonderlich gruselig gelungen sind und die Auflösung etwas enttäuscht, über weite Strecken gute Genreunterhaltung. – **Ab 16.**

⊙ Die Extras umfasssen u. a. einen Audiokommentar mit Darsteller Ezra Dewey und den Regisseuren David Charbonier und Justin Powell. Das Mediabook enthält zudem noch ein 20-seitiges Booklet mit Texten zum Film.
Scope. USA 2021 **DVD** Koch (16:9, 2.35:1, DD5.1 engl./dt.) **BD** Koch (16:9, 2.35:1, dts-HDMA engl./dt.) **R** David Charbonier, Justin Powell **B** David Charbonier, Justin Powell **K** Julián Estrada **M** Matthew James S Justin Powell **Sb** David Charbonier **D** Ezra Dewey (Dylan Jacobs), Rob Brownstein (Michael Jacobs), Tevy Poe (Michelle Jacobs), John Erickson (der Djinn), Donald Pitts (der alte Mann) **L** 78 **FSK** ab 16 **E** 18.11.2021 DVD & BD & Mediabook (BD plus DVD) **fd** -

THE DRY – LÜGEN DER VERGANGENHEIT ★★★
THE DRY

Nach mehr als 20 Jahren kehrt ein Bundesagent aus Melbourne in seine Heimatstadt im australischen Outback zurück, um der Beerdigung eines Jugendfreundes beizuwohnen. Dieser soll seine Frau und sein Kind und dann sich selbst getötet haben. Der Bundesagent geht den Beschuldigungen nach, muss sich dabei aber auch seiner Vergangenheit stellen. Der als klassischer Krimi ausgelegte Film arbeitet neben dem aktuellen Fall in Rückblenden auch ein früheres Trauma des Protagonisten auf. In weiten, eindrucksvollen Panorama-Bildern spielt dabei auch die Dürre eine wichtige Rolle, die die Region seit Jahren an den Rand der Katastrophe treibt. – **Ab 16.**
Australien/USA 2020 **DVD** Leonine **BD** Leonine **R** Robert Connolly **B** Harry Cripps, Robert Connolly **K** Stefan Duscio **Vo** Jane Harper (Roman *The Dry / Hitze*) **M** Peter Raeburn **S** Alexandre de Franceschi, Nick Meyers **Sb** Ruby Mathers **Kb** Cappi Ireland **D** Eric Bana (Aaron Falk), Genevieve O'Reilly (Gretchen), Keir O'Donnell (Greg Raco), John Polson (Scott Whitlam), Julia Blake (Barb) **L** 112 **FSK** ab 16; f **E** 10.9.2021 DVD & BD & digital **fd** 48059

THE EAGLES – HIMMEL UND HÖLLE KALIFORNIENS ★★★★
HISTORY OF THE EAGLES

Umfassender Dokumentarfilm über die US-Rockband The Eagles, die mit Hits wie «Hotel California» in den 1970er-Jahren Musikgeschichte schrieb, durch interne Streitigkeiten und Suchtprobleme aber 1980 auseinanderbrach. In den 1990er-Jahren fanden die Musiker jedoch wieder zusammen und erlebten ein erfolgreiches Comeback. Die dreistündige Dokumentation taucht ungewöhnlich tief in die kreativen Prozesse hinter den Songs ein und würdigt die Musik durch Interviews mit Bandmitgliedern und Außenstehenden sowie zahlreichen Konzertszenen. Zugleich bringt sie die Musiker zu bemerkenswert offenen Aussagen über egomanische Tendenzen, die den Streit in der Band befeuerten. – **Ab 14.**
USA 2012 **R** Alison Ellwood **K** Maryse Alberti, Samuel Painter **S** Michael J. Palmer **L** 188 **E** 8.8.2021 arte **fd** -

THE EAST siehe: DE OOST

THE 800 ★★★
BA BAI

In der Frühphase des Zweiten Japanisch-Chinesischen Krieges verteidigt eine Einheit der Nationalrevolutionären Armee 1937 eine Lagerhalle in Shanghai gegen die japanischen Invasoren. Während auf der einen Flussseite das Großstadtleben Shanghais unbeirrt weitergeht, wird die Situation für die unterlegenen chinesischen Soldaten immer hoffnungsloser. Aufwändige Großproduktion, die mit spektakulären Actionszenen die Überforderung im Gefecht vermittelt und den Krieg als zynische Form von Symbolpolitik vor Augen führt. Der handwerklich über weite Strecken beeindruckende Film löst seinen Zwiespalt zwischen Humanismus und Patriotismus zunehmend in Heldenpathos auf. – **Ab 18.**

⊙ Neben der Standard-Edition (DVD & BD) ist zudem noch eine 2-Disc-Special-Edition erschienen, die den Hauptfilm und zusätzlich noch den Film DIE LÄNGSTE BRÜCKE enthält, der sich mit demselben Sujet beschäftigt. Der Film (BA BAI ZHUANG SHI, Taiwan 1976, R: Ting Shan-Hsi) ist in der restaurierten deutschen Kinofassung (98 Min., nur deutscher Mono-Ton) und in der nationalen Langfassung (116 Min., deutscher und Mandarin-Monoton) enthalten. Die Special Edition ist mit dem Silberling 2021 ausgezeichnet.
Scope. China 2020 **DVD** Koch (16:9, 2.35:1, DD5.1 Mandarin/dt.) **BD** Koch (16:9, 2.35:1, dts-HDMA Mandarin, dolby_Atmos dt.) **R** Guan Hu **B** Guan Hu, Ge Rui **K** Cao Yu **M** Rupert Gregson-Williams, Andrew Kawczynski **S** Tu Yiran, Yongyi He **Sb** Lin Mu **Kb** Li Zhou, Lin Mu, Tian Ye **D** Huang Zhizhong (Lao Hulu), Ou Hao (Duan Wu), Jiang Wu (Lao Tie), Zhang Yi (Lao Suanpan), Junyi Zhang (Xiao Hubei) **L** 143 **FSK** ab 16 **E** 11.2.2021 digital (Koch Films) / 22.4.2021 DVD & BD & Special Edition (BD) **fd** 47543

THE EMPTY MAN ★★
THE EMPTY MAN

Ein ehemaliger Polizist in einer Kleinstadt wird von einer Freundin um Hilfe gebeten, als ihre 18-jährige Tochter unter merkwürdigen Umständen spurlos verschwindet. Dies bleibt kein Einzelfall, und bei seinen Nachforschungen stößt der Mann auf einen Kult, der darauf aus ist, eine schreckliche übernatürliche Macht zu beschwören. Ambitionierter Horrorthriller, der auf billige Schockeffekte verzichtet und vielmehr darauf aus ist, eine unangenehme Atmosphäre heraufzubeschwören. Dies gelingt ihm vor allem durch einen furiosen Beginn, an den der Rest des überlangen Films nicht heranreicht und sich in surrealen Schlenkern verliert. – **Ab 16**.

Scope. USA 2020 **KI** Walt Disney **R+B** David Prior **K** Anastas N. Michos (= Anastas Michos) **Vo** Cullen Bunn (Graphic Novel) **M** Christopher Young, Lustmord **S** Andrew Buckland, David Prior **Sb** Craig Lathrop **Kb** Neil McClean **D** James Badge Dale (James Lasombra), Marin Ireland (Nora Quail), Sasha Frolova (Amanda Quail), Samantha Logan (Davara Walsh), Evan Jonigkeit (Greg) **L** 137 **FSK** ab 16; f **E** 26.2.2021 VoD   *fd –*

The Ex – Du kannst ihr nicht ★★ entkommen
Bjuschaja

Ein junges Paar plant gerade seine Hochzeit, als seltsame Erlebnisse beginnen, die Frau zu verängstigen, und der Mann dubiose Nachrichten von einer Exfreundin bekommt. Das droht zu einem Bruch zwischen dem Paar zu führen, doch dann merken die beiden, dass sie es mit wesentlich Düstererem zu tun haben als normaler Eifersucht und Missgunst. Ein russischer Hochglanz-Horrorfilm um wohlhabende Hipster, die digital und analog von den Geistern der (Beziehungs-)Vergangenheit heimgesucht werden. Mehr atmosphärisch als blutig umgesetzt, entfaltet der Film wegen blasser Figurenzeichnungen und einem arg behäbigen Erzähltempo nur mäßige Spannung. – **Ab 16**.

Scope. Russland 2021 **DVD** Capelight (16:9, 2.35:1, DD5.1 russ./dt.) **BD** Capelight (16:9, 2.35:1, dts-HDMA russ./dt.) **R** Jewgeni Pusjrewski **B** Wladimir Batramejew **K** Denis Alarcón Ramírez **M** Jesper Hansen, Dimitri Wichornow **D** Konstantin Beloschapka (Sascha), Sergej Dwojnikow (Oleh), Wera Kintschewa (Katja) **L** 87 **FSK** ab 16; f **E** 27.8.2021 DVD & BD   *fd –*

The Father ★★★★
The Father

Ein 80-jähriger Mann weigert sich trotz seines hohen Alters, seine komfortable Wohnung in London zu verlassen oder eine Pflegekraft zu engagieren. Doch er leidet an Demenz und ist zunehmend verwirrt. Bis sich herausstellt, dass er bereits bei seiner Tochter und ihrem Ehemann wohnt und dringend auf die Hilfe einer Krankenschwester angewiesen ist. Packendes Drama um Demenz und Identitätsverlust, das konsequent aus Sicht der Titelfigur erzählt ist. Die Verwirrung des Protagonisten überträgt sich somit unmittelbar auf den Zuschauer. In der Hauptrolle vielschichtig und bravourös gespielt, überzeugt vor allem der Schnitt, der trotz aller Täuschungen und Widersprüche nie die Übersicht verliert. – **Sehenswert ab 14**.

Scope. Großbritannien/Frankreich 2020 **KI** Tobis **DVD** Leonine/Tobis (16:9, 2.35:1, DD5.1 engl./dt.) **BD** Leonine/Tobis (16:9, 2.35:1, dts-HDMA engl./dt.) **R** Florian Zeller **B** Florian Zeller, Christopher Hampton **K** Ben Smithard **Vo** Florian Zeller (Bühnenstück *Le père / Vater*) **S** Yorgos Lamprinos **Sb** Peter Francis **Kb** Anna Mary Scott Robbins (= Anna Robbins) **D** Anthony Hopkins (Anthony), Olivia Colman (Anne), Rufus Sewell (Paul), Imogen Poots (Laura), Mark Gatiss (Der Mann) **L** 98 **FSK** ab 6; f **E** 26.8.2021 / 3.12.2021 DVD & BD & VoD   *fd 47951*

The First Lap ★★★★
Cho-Haeng

Ein Paar um die dreißig lebt seit sechs Jahren zusammen; er ist Kunstlehrer und träumt von einer Karriere als Künstler, sie arbeitet in einem kleinen Geschäft. Als die Frau ungeplant schwanger wird, wächst der Druck der Familien auf die beiden, sich zu verheiraten; sie jedoch sträuben sich dagegen, ihr Leben und ihre Beziehung in gefestigtere Bahnen zu lenken, und scheinen in der geteilten Ziellosigkeit glücklich. Ein immer wieder von sanftem Humor und sehr präzisen Beobachtungen unterschwelliger zwischenmenschlicher Spannungen getragenes Beziehungsporträt um eine Liebe, die gerade in der gemeinsamen Verweigerung, sich auf eine stabile bürgerliche Basis zu stellen, ihre Stärke findet. – **Ab 14**.

Südkorea 2017 **R+B** Kim Dae-hwan **K** Son Jin-young **S** Kim Dae-hwan **D** Cho Hyun-Chul (Su-hyeon), Kim Sae-byeok (Ji-young), Moon Chang-gil, Kil Hae-yeon, Kil Ju-bong **L** 100 **E** 1.11.2021 VoD (Mubi)   *fd –*

The Forever Purge ★
The Forever Purge

Nach einer weiteren Nacht, in der in einer dystopischen Zukunftsversion der USA alle Gesetzesübertretungen straffrei bleiben, setzen rechtsextreme Banden das Morden am nächsten Morgen nahtlos fort. Ein mexikanisches Paar und seine texanischen Arbeitgeber können knapp entkommen und fliehen in Richtung Grenze, doch die Situation im Land gerät immer weiter außer Kontrolle. Fünfter Teil einer parabelhaften Horrorfilmreihe, die stichwortartig aktuelle gesellschaftspolitische Diskurse aufgreift. Der Film erschöpft sich jedoch in denselben ausgedehnten Metzeleien wie die Vorgänger und bleibt in seinen gesellschaftskritischen Phrasen ebenso ungelenk wie in den Western-Anleihen. – **Ab 18**.

Die Extras umfassen u. a. einen alternativen Filmanfang als Storyboard-Sequenz (2 Min.) sowie eine im Film nicht verwendete Szene (2 Min.).

USA 2020 **KI** UPI **DVD** Universal (16:9, 1.85:1, DD5.1 engl./dt.) **BD** Universal (16:9, 1.85:1, dolby_Atmos engl./dt.) **R** Everardo Gout **B** James DeMonaco **K** Luis David Sansams **M** The Newton Brothers **S** Tim Alverson (= Timothy Alverson), Todd E. Miller, Vincent Tabaillon **Sb** Jennifer Spence **Kb** Leah Butler **D** Ana de la Reguera (Adela), Tenoch Huerta (Juan), Josh Lucas (Dylan Tucker), Leven Rambin (Harper Tucker), Cassidy Freeman (Cassidy Tucker) **L** 104 **FSK** ab 16; f **E** 12.8.2021 / 25.11.2021 DVD & BD & 4K UHD (plus BD)   *fd 47929*

The Forgiven – Ohne ★★★ Vergebung gibt es keine Zukunft
The Forgiven

Nach dem Ende der Apartheid wird der südafrikanische Erzbischof Desmond Tutu von einem fanatischen Rassisten und Mörder ins Gefängnis Pollsmoor gerufen, wo ihn der intellektuell beschlagene Kriminelle in einen knallharten Disput verwickelt, mit dem er Tutus christliches Menschenbild zerstören will. Der auf einem Theaterstück basierende Film kreist um das Ringen der beiden vorzüglich gespielten Protagonisten, schenkt aber der Brutalität im Gefängnis breiten Raum und wirft einen allzu hagiografischen Blick auf Tutu. Dennoch eine bemerkenswerte, von einer zutiefst humanen Gesinnung getragene Auseinandersetzung zwischen «Gut» und «Böse» um Buße, Vergebung und Versöhnung. – **Ab 16**.

Großbritannien/USA/Südafrika 2017 **DVD** EuroVideo **BD** EuroVideo **R** Roland Joffé **B** Michael Ashton, Roland Joffé **K** William Wages **Vo** Michael Ashton (Bühnenstück The Archbishop and the Antichrist) **M** Zethu Mashika **S** Megan Gill **Sb** Warren Gray **Kb** Moira Anne Meyer **D** Forest Whitaker (Bischof Desmond Tutu), Eric Bana (Piet Blomfeld), Jeff Gum (Francois Schmidt), Morné Visser (Hansi Coetzee), Thandi Makhubele (Mrs. Morobe) **L** 116 **FSK** ab 12; f **E** 11.3.2021 VoD / 25.3.2021 DVD & BD **fd** 47594

THE FRENCH DISPATCH ★★★★
THE FRENCH DISPATCH

In einer fiktiven französischen Stadt ist der Redaktionssitz des Magazins «The French Dispatch», des europäischen Ablegers eines US-amerikanischen Blattes. Nach dem Tod des Gründers und Chefredakteurs im Jahr 1975 soll das Magazin eingestellt werden. Unterschiedliche Journalisten lassen in kuriosen Storys, bei denen es u. a. um die Exzentrik der Kunstszene und die Studentenunruhen der 1968er geht, für die finale Ausgabe ein letztes Mal den Geist des Magazins hochleben. Eine nostalgische Hommage an eine liberale Form der Welterkenntnis und Weltaneignung, den feuilletonistischen Blick und den Qualitätsjournalismus, spielerisch umgesetzt durch ein spielfreudiges Star-Ensemble und ein wahres Füllhorn an poetischen Angeboten in der visuellen Gestaltung. – **Ab 14**.

Teils schwarz-weiß. USA/Deutschland/Frankreich 2019 **KI** Walt Disney **R+B** Wes Anderson **K** Robert D. Yeoman (= Robert Yeoman) **M** Alexandre Desplat **S** Andrew Weisblum **Sb** Adam Stockhausen **Kb** Milena Canonero **D** Benicio Del Toro (Moses Rosenthaler), Timothée Chalamet (Zeffirelli), Adrien Brody (Julian Cadazio), Tilda Swinton (J. K. L. Berensens), Léa Seydoux (Simone) **L** 108 **FSK** ab 12; f **E** 21.10.2021 / 23.2.2022 digital (Disney+) **fd** 48107

THE GREEN KNIGHT ★★★★
THE GREEN KNIGHT

Die mittelalterliche Tafelrunde von König Artus wird von einem grünen Ritter herausgefordert. Der Tafelritter Gawain, scheint sich dann jedoch dem wiederauferstandenen Gegner gegenüber, der ihm die Revanche nach Ablauf eines Jahres verheißt. Gawain begibt sich daraufhin auf eine schicksalhafte Reise voller Abenteuer. Eine filmische Neuinterpretation des Artus-Sagenstoffs als surreales, visuell bestechendes Märchen. Mit einer gebrochenen Heldenfigur und fließenden Grenzen zwischen Traum und Realität entzieht sich der Film

THE GREEN KNIGHT (© Telepool)

einfachen Interpretationen, während er zugleich kluges Affektkino entfaltet. – **Sehenswert ab 16**.

💿 Die Extras umfassen u. a. die Featurettes «Magische Kunst: Die visuellen Effekte» (15 Min.), «Das Titeldesign» (8 Min.) und «Boldest of Blood Wildest of Heart: ‹Making of› THE GREEN KNIGHT» (35 Min.).

Das Mediabook enthält zudem ein 24-seitiges Booklet mit analytischen Texten zum Film.

Scope. USA 2021 **KI** Telepool **DVD** EuroVideo (16:9, 1.85:1, DD5.1 engl./dt.) **BD** EuroVideo (16:9, 1.85:1, DD5.1 engl./dt.) **R+B** David Lowery **K** Andrew Droz Palermo **M** Daniel Hart **S** David Lowery **Sb** Jade Healy **Kb** Malgosia Turzanska **D** Dev Patel (Gawain), Alicia Vikander (Lady/Essel), Joel Edgerton (Lord), Sarita Choudhury (Mutter), Sean Harris (König) **L** 130 **FSK** ab 16; f **E** 29.7.2021 / 26.11.2021 digital (EuroVideo) / 9.12.2021 DVD & BD & 4K UHD (plus BD) & Mediabook (4K UHD plus BD) **fd** 47909

THE GUILTY ★★★
THE GUILTY

Ein Polizist erhält in der Notrufzentrale kurz vor Ende seiner Nachtschicht den Anruf einer Frau, die offenbar von ihrem Ex-Mann entführt wurde. Von seinem Platz aus setzt er alle Hebel in Bewegung, um der Frau zu helfen und agiert dabei auch weit über seine Befugnisse hinaus. Das US-amerikanische Remake des gleichnamigen dänischen Kammerspiel-Thrillers verlegt die Geschichte in das von Waldbränden betroffene Los Angeles, fügt sonst aber kaum Neues hinzu. Nichtsdestotrotz gelingt dank des hervorragenden Hauptdarstellers und einer dichten Inszenierung ein packender Thriller über Schuld und Wahrheit, der eine intensive Filmerfahrung bietet und lange nachhallt. – **Ab 16**.

USA 2021 **R** Antoine Fuqua **B** Nic Pizzolatto **K** Maz Makhani **Vo** Gustav Möller / Emil Nygaard Albertsen (Originaldrehbuch zum Film THE GUILTY (2018)) **M** Marcelo Zarvos **S** Jason Ballantine **Sb** Peter Wenham **Kb** Daniel Orlandi **D** Jake Gyllenhaal (Joe Baylor), Riley Keough (Emily Lighton), Peter Sarsgaard (Henry Fisher), Christina Vidal (Sgt. Denise Wade), Ethan Hawke (Sgt. Bill Miller) **L** 90 **E** 1.10.2021 VoD (Netflix) **fd** 48083

THE HAND OF GOD ★★★
È STATA LA MANO DI DIO

Während sich 1984 ganz Neapel über Gerüchte ereifert, dass der argentinische Fußballstar Diego Maradona zum Verein der Stadt wechseln könnte, ahnt ein junger, filmbegeisterter Mann noch nicht, dass sein behütetes Leben mit Mutter, Vater, Bruder und skurriler Großfamilie bald eine tragische Wende nimmt. Ein persönlich gefärbter Film des Regisseurs Paolo Sorrentino über eine Jugend in Neapel während der 1980er-Jahre, der sich als sinnlich-bunter, tragikomischer Reigen entfaltet. Der Humor fällt dabei allerdings oft etwas gewöhnungsbedürftig aus; die in der zweiten Hälfte in Gang gesetzte Entwicklung des Protagonisten gibt dem Film dennoch Substanz. – **Ab 14**.

Italien 2021 **KI** Netflix **R+B** Paolo Sorrentino **K** Daria D'Antonio **M** Lele Marchitelli **S** Cristiano Travaglioli **Sb** Carmine Guarino **Kb** Mariano Tufano **D** Filippo Scotti (Fabietto Schisa), Toni Servillo (Saverio Schisa), Teresa

Saponangelo (Maria Schisa), Marlon Joubert (Marchino Schisa), Luisa Ranieri (Tante Patrizia) **L** 129 **FSK** ab 12 **E** 2.12.2021 / 15.12.2021 VoD (Netflix) fd 48253

The Harder They Fall ★★★★
The Harder They Fall
Ein Outlaw will Rache am Mörder seiner Eltern nehmen, einem brutalen Gangster, der gerade von seinen Gang-Mitgliedern aus der Haft befreit wurde. Der Rächer macht sich auf die Suche nach seinem einstigen Peiniger, was letztlich in einem blutigen Shoot-Out resultiert. Ein postmoderner Western, der rund um reale afroamerikanische Personen des späten 19. und frühen 20. Jahrhunderts einen fiktiven Rache-Plot spinnt. Strukturell kommt die Dramaturgie klassisch daher, während die Inszenierung als postmoderne Brüche anachronistische Elemente einbaut. Eine höchst unterhaltsame, mit prägnanten Figuren aufwartende «schwarze» Revision eines einst von «weißen» Charakteren dominierten Genres. – **Ab 16**.
USA 2021 **R** Jeymes Samuel **B** Jeymes Samuel, Boaz Yakin **K** Mihai Malaimare jr., Sean Bobbitt **M** Jeymes Samuel **S** Tom Eagles **Sb** Martin Whist **Kb** Antoinette Messam **D** Idris Elba (Rufus Buck), Jonathan Majors (Nat Love), Zazie Beetz (Mary Fields), Delroy Lindo (Bass Reeves), Lakeith Stanfield (= Keith Stanfield) (Cherokee Bill) **L** 139 **E** 3.11.2021 VoD (Netflix) fd 48164

The House at Night ★★
The Night House
Eine Witwe lebt nach dem Selbstmord ihres Mannes weiter allein in dem einsam gelegenen gemeinsamen Haus, wo sie von Erinnerungen, Geistern und anderen Schreckgespinsten heimgesucht wird. Dass ihr Mann noch eine andere Vergangenheit als mit ihr gehabt haben könnte, treibt die Frau zu weiteren Nachforschungen an. Der psychologische Thriller etabliert zu Beginn eine vielschichtige Hauptfigur in Trauer und kreist um die Entfremdung in einer Ehe, wandelt sich gegen Ende aber in einen Horrorfilm ohne große Überraschungen. – **Ab 16**.
Scope. Großbritannien/USA 2020 **KI** Walt Disney **R** David Bruckner **B** Ben Collins, Luke Piotrowski **K** Elisha Christian **M** Ben Lovett **S** David Marks **Sb** Kathrin Eder **Kb** Samantha Hawkins **D** Rebecca Hall (Beth), Sarah Goldberg (Claire), Stacy Martin (Madelyne), Evan Jonigkeit (Owen), Vondie Curtis-Hall (Mel) **L** 108 **E** 15.7.2021 VoD (Sky) fd 48149

The Ice Road ★★
The Ice Road
Drei schwere Trucks und sechs Fahrer sollen lebensrettendes Bohrgerät zu einer Diamantenmine transportieren, wo zwei Dutzend Bergleute verschüttet wurden. Da die Zeit knapp wird, führt die Route über den zugefrorenen Winnipeg-See, dessen Eis allmählich schmilzt. Anfangs fesselnder Actionthriller, der seine Spannung aus seinen klaren Voraussetzungen bezieht, darüber aber die Charakterisierung der Figuren vernachlässigt. Durch eine skrupellose Intrige bekommt der Film jedoch etwas Überladenes, das die Schlichtheit der Prämisse in ein kompliziertes Konstrukt verwandelt, dem man keinen Glauben mehr schenkt. – **Ab 16**.
Scope. USA 2021 **KI** Wild Bunch **DVD** Capelight (16:9, 2.35:1, DD5.1 engl./dt.) **BD** Capelight (16:9, 2.35:1, dts-HDMA engl./dt.) **R+B** Jonathan Hensleigh **K** Tom Stern **M** Max Aruj **S** Douglas Crise **Sb** Arvinder Greywal **Kb** Heather Neale **D** Liam Neeson (Mike McCann), Marcus Thomas (Gurty McCann), Laurence Fishburne (Jim Goldenrod), Amber Midthunder (Tantoo), Benjamin Walker (Tom Varnay) **L** 109 **FSK** ab 16; f **E** 14.10.2021 / 30.12.2021 DVD & BD & 4K UHD (plus BD) fd 48048

The Intergalactic Adventures ★★ of Max Cloud
The Intergalactic Adventures of Max Cloud
Eine leidenschaftliche junge Videospielerin gerät in die Welt eines Games und wird darin in die Abenteuer einer Raumschiff-Crew verwickelt. Um wieder in ihre eigene Welt zurückkehren zu können, muss sie sich erfolgreich von Level zu Level schlagen. Dabei mischt auch ihr Freund mit, der sie von der Realität aus per Controller steuert. Der Film entfaltet sich als stilistisch stimmige Hommage an die frühen 1990er-Jahre und ihre Games-Kultur und mischt parodistische Komik mit solide umgesetzter Action. Dramaturgisch lässt der Film indes einige Längen und zu wenige Ideen in Sachen Figurenentwicklung, um aus der Ausgangssituation auf Filmlänge eine spannende Story zu machen. – **Ab 16**.
Großbritannien 2020 **DVD** Splendid **BD** Splendid **R** Martin Owen **B** Sally Collett, Martin Owen **K** Håvard Helle **S** Jeremy Gibbs **Sb** Tony Noble **Kb** Julia Drummond-Haig **D** Isabelle Allen (Sarah), Scott Adkins (Max Cloud), John Hannah (Revengor), Lashana Lynch (Shee), Tommy Flanagan (Brock Donnelly) **L** 89 **FSK** ab 16 **E** 5.2.2021 DVD & BD fd -

The Iron Mask ★★★
Tayna Pechati Drakona
Rund um einen mythischen Drachen im alten China, eine böse Hexe und ein buntes russisch-englisch-chinesisches Figurenensemble entfaltet sich ein sympathisches Abenteuerspektakel. Ohne seine Kolportagestory mit irgendeinem höheren Sinn aufzuladen oder sich allzu sehr um logische Prämissen oder Übersichtlichkeit zu kümmern, entfaltet der Film sein Szenario mit einer Münchhausen-haften Freude am Erstaunlichen und Unglaublichen, sympathisch aufbereitet durch einen stets humorvoll-augenzwinkernden Tonfall und gespickt mit diversen Stars und fantastischen Kreaturen. – **Ab 12**.
Russland/China/USA 2019 **DVD** Koch (16:9, 1.85:1, DD5.1 engl./dt.) **BD** Koch (16:9, 1.85:1, dts-HDMA engl./dt.) **R** Oleg Stepchenko **B** Dmitri Paltsew, Alexej A. Petruchin, Oleg Stepchenko **K** Iwan Gudkow, Ng Man-ching **M** Alexandra Maghakjan **S** Arseni Sjuhin, Peter Selenow **Sb** Artur Mirzojan **D** Yao Xingtong (Cheng Lan), Li Ma (Hexe), Jason Flemyng (Jonathan Green), Jackie Chan (der große Meister), Arnold Schwarzenegger (James Hook) **L** 120 **FSK** ab 12 **E** 27.5.2021 DVD, BD & digital fd 47733

The Keeping Hours ★★★
The Keeping Hours
Zehn Jahre nach dem Tod ihres kleinen Sohns bei einem Autounfall erscheint seinen mittlerweile geschiedenen, noch immer von Schuldgefühlen und Vorwürfen angegriffenen Eltern eine Geistermanifestation des Verstorbenen. Diese können sie zwar nicht berühren, doch ist es möglich, Zeit mit ihrem Geister-Sohn zu verbringen; die Frage nach der Ursache des Unfalls schwebt jedoch weiterhin über ihnen. Ein Mysteryfilm, der den Fokus weniger auf Geisterhorror als aufs «Trauma-Drama» legt und nachdenklich-ruhig über den Themenkomplex Schuld und Vergebung erzählt. Getragen wird er von zwei überzeugenden Hauptdarstellern. – **Ab 16**.
Scope. USA 2017 **R** Karen Moncrieff **B** Rebecca Sonnenshine **K** Anastas N. Michos (= Anastas Michos) **M** Adam Gorgoni **S** Timothy Alverson **Sb** Melanie Jones **Kb** Maya Lieberman **D** Lee Pace (Mark), Carrie Coon (Elizabeth), Sander Thomas (Jacob), Ray Baker (Lenn), Amy Smart (Amy) **L** 91 **E** 26.5.2021 Tele 5 fd -

The Kissing Booth 3 ★
THE KISSING BOOTH 3

Dritter Teil einer Coming-of-Age- und Liebeskomödien-Reihe: Die jugendliche Heldin erlebt den Sommer vor ihrem Wechsel zum College und hadert damit, wie es mit ihrer Beziehung zu ihrem Liebsten und zu ihrem besten Freund weitergehen soll. Mehr noch als in den Vorgängern fällt dabei auf, wie eine äußerst dünne Handlung mühsam weiterausgewalzt wird, weil der Hauptfigur keine Entwicklung zugestanden wird. Der anfänglich noch vereinzelt spürbare Humor und Charme sind gänzlich verflogen, sodass der Film sich als höchst überflüssiger Nachklapp zu den ersten Teilen erweist. – **Ab 12.**
USA 2021 **R** Vince Marcello **B** Vince Marcello, Jay Arnold **K** Anastas N. Michos (= Anastas Michos) **M** Patrick Kirst **S** Paul Millspaugh **Sb** Iñigo Navarro **D** Joey King (Elle Evans), Joel Courtney (Lee Flynn), Jacob Elordi (Noah Flynn), Taylor Zakhar Perez (Marco Peña), Maisie Richardson-Sellers (Chloe Winthrop) **L** 112 **E** 11.8.2021 VoD (Netflix) fd -

The Last Black Man in San Francisco ★★★★
THE LAST BLACK MAN IN SAN FRANCISCO

Einen jungen Afroamerikaner, der in San Francisco zusammen mit seinem besten Freund und dessen Großvater lebt, zieht es immer wieder zurück zu dem Haus, in dem er aufgewachsen ist und das mittlerweile ein weißes Paar bewohnt. Als dieses wegen Erbschaftsstreitereien leer steht, nehmen die beiden es kurzentschlossen in Beschlag. Der Film entwirft eine bildgewaltige, melancholisch getönte Liebeserklärung an die Westküsten-Metropole und setzt weniger auf eine stringente Handlung als auf ein Mosaik kleiner Vignetten. Auch die Gentrifizierung wird weniger im Stil eines wütenden Sozialdramas aufgegriffen, sondern als Elegie um die Stadt als etwas Fluides, das in ständiger Veränderung begriffen ist. – **Ab 16.**
USA 2019 **R** Joe Talbot **B** Joe Talbot, Rob Richert **K** Adam Newport-Berra **M** Emile Mosseri **S** David Marks **Sb** Jona Tochet **Kb** Amanda Ramirez **D** Jimmie Fails (Jimmie Fails), Jonathan Majors (Montgomery Allen), Rob Morgan (James sr.), Tichina Arnold (Wanda Fails), Mike Epps (Bobby) **L** 121 **E** 30.9.2021 VoD (Amazon Prime) fd -

The Last Duel ★★★
THE LAST DUEL

Ein Ritter hat sich im Frankreich des 14. Jahrhunderts mit einem Junker

THE LAST DUEL (© Walt Disney Company)

überworfen, obwohl sie früher einmal gut befreundet waren. Als der Junker die schöne Frau des Ritters vergewaltigt, ziehen dieser und seine Frau vor Gericht. Doch weil Aussage gegen Aussage steht, befiehlt der König, dass sich die Rivalen duellieren. Der in drei Kapiteln jeweils aus der Perspektive der Hauptfiguren erzählte Film rückt die Konfrontation von männlicher und weiblicher Haltung ins Zentrum. Zugleich ist der Film auch ein grandioses Ritterspektakel mit perfekt choreografierten Massen- und Actionszenen, während das Duell in seiner Unmittelbarkeit rau und brachial inszeniert ist. – **Ab 16.**

🔘 Die Extras der BD umfassen u. a. ein längeres «Making of» (34 Min.). Scope. USA/Großbritannien 2021 **KI** Walt Disney **DVD** Walt Disney (16:9, 2.35:1, DD5.1 engl./dt.) **BD** Walt Disney (16:9, 2.35:1, dts-HDMA7.1 engl., DD7.1 dt.) **4K:** Walt Disney (16:9, 2.35:1, dolby_Atmos engl., DD7.1 dt.) **R** Ridley Scott **B** Ben Affleck, Matt Damon, Nicole Holofcener **K** Dariusz Wolski **Vo** Eric Jager (Buch The Last Duel) **M** Harry Gregson-Williams **S** Claire Simpson **Sb** Arthur Max **Kb** Janty Yates **D** Jodie Comer (Marguerite de Carrouges), Matt Damon (Jean de Carrouges), Adam Driver (Jacques LeGris), Ben Affleck (Graf Pierre d'Alençon), Marton Csokas (Crespin) **L** 153 **FSK** ab 16; f **E** 14.10.2021 / 1.12.2021 digital (Disney+) / 6.1.2022 DVD & BD & 4K UHD (plus BD) fd 48024

The Last Forest ★★★★
A ÚLTIMA FLORESTA

Das Volk der Yanomami, das im brasilianisch-venezolanischen Grenzgebiet des Amazonas lebt, ist durch gierige Goldsucher, aber auch die Zivilisation an sich bedroht. Mit einer Mischung aus dokumentarischer Beobachtung und szenischen Reenactments nähert sich der Film seinen Mythen, Ritualen und Selbstverständigungen, aber auch dem Kampf um den Erhalt seines Lebensraums. Auch wenn der Film kein Selbstzeugnis indigener Kultur ist, bildet die hybride Form eindrucksvoll die Perspektive einer Kultur ab, die den Versuchungen der Moderne nur wenig entgegenzusetzen hat. – **Sehenswert ab 16.**
Brasilien 2021 **R** Luiz Bolognesi **B** Luiz Bolognesi, Davi Kopenawa Yanomami **K** Pedro J. Márquez **M** Talita de Collado **S** Ricardo Farias **L** 76 **E** 7.11.2021 VoD (Netflix) fd 47765

The Last Frontier – Die Schlacht um Moskau ★★
PODOLSKIJE KURSANTI

Im Jahr 1941 tobt im Oktober die Schlacht um Moskau; die deutschen Truppen versuchen, die russische Hauptstadt einzunehmen. In der Notsituation ist es an Kadetten der Moskauer Artillerie-Akademie, die Stadt zu verteidigen, bis Verstärkung eintrifft. Patriotischer russischer Kriegsfilm-Bombast mit aufwändiger historischer Ausstattung rund um die mit viel Pathos aufgerollte (Leidens-) Geschichte junger Soldaten, die verängstigt, aber pflichtbewusst ihr Leben für ihre Stadt riskieren. – **Ab 16.**
Scope. Russland 2020 **KI** Tiberius/Kinostar **DVD** Tiberius/Sony **BD** Tiberius/Sony **R** Wadim Schmelew **B** Wadim Schmelew, Igor Ugolnikow **K** Andrej Gurkin **M** Juri Potejenko **S** Jekaterina Gowsejewa, Ma-

rija Sergejenkowa **Sb** Konstantin Pachotin **Kb** Sergej Strutschjow **D** Artjom Gubin (Saschka Lawrow), Nikolai Samsonow (Sanitäter Petrow), Sergei Bezrukov (Startschak), Lubow Konstantinowa (Krankenschwester Mascha Grigirijewa), Igor Yudin (Dmitri Schemjakin) **L** 142 **FSK** ab 16; **f E** 8.4.2021 DVD & BD **fd** –

THE LAST JOURNEY ★★★
LE DERNIER VOYAGE

Die Erde ist in naher Zukunft ein maroder Planet, dessen natürliche Ressourcen die Menschheit nahezu aufgebraucht hat. Ein mysteriöser roter Mond, der am Himmel auftaucht, scheint als neue Energiequelle Abhilfe zu schaffen, doch dann stellt sich heraus, dass er auf gefährlichen Kollisionskurs mit der Erde geht. Ein französischer Astronaut könnte die Katastrophe vielleicht noch abwenden, ist jedoch abgetaucht und schlägt sich mit privaten Problemen herum. Ein Science-Fiction-Abenteuer, das in seinen dystopischen Plot Elemente des Road Movies und des Familiendramas mischt und dabei zwar etwas konfus bleibt, sein Szenario jedoch optisch und atmosphärisch reizvoll umsetzt. – **Ab 16.**
Frankreich 2020 **DVD** EuroVideo **BD** EuroVideo **R+B** Romain Quirot **K** Jean-Paul Agostini **M** Etienne Forget **S** Romain Quirot **Sb** Olivier Seiler **Kb** Thierry Delettre **D** Hugo Becker (Paul W. R.), Jean Reno (Henri W. R.), Paul Hamy (Eliott W. R.), Lya Oussadit-Lessert (Elma), Bruno Lochet (César) **L** 83 **FSK** ab 16 **E** 16.9.2021 digital (EuroVideo) / 30.9.2021 DVD & BD **fd** –

THE LAST MERCENARY ★★★
LE DERNIER MERCENAIRE

Einst war er ein Geheimagent der Top-Mann einer französischen Spezialeinheit, fiel aber in Ungnade und machte als Söldner Karriere. Nun kehrt er nach Frankreich zurück, um seinen nichtsahnenden Sohn zu retten, der seinen Vater nie kennengelernt hat: Als Folge einer Intrige, die bis in Regierungskreise reicht, ist der junge Mann fälschlich als Terrorist verhaftet worden. Eine Actionkomödie und Agentenfilm-Parodie, die Altstar Jean-Claude Van Damme mit einem amüsanten Ensemble schräger Figuren umgibt und ihm die Gelegenheit bietet, sein Image als harter Hund lustvoll durch den Kakao zu ziehen und zugleich in diversen Actionszenen agil zu bekräftigen. – **Ab 14.**
Scope. Frankreich 2021 **R** David Charhon **B** David Charhon, Ismaël Sy Savané

K Thierry Arbogast, René-Pierre Rouaux **M** Mathieu Lamboley **S** Yann Malcor **Kb** Emmanuelle Youchnovski **D** Jean-Claude Van Damme (Richard Brumère), Alban Ivanov (Alexandre), Samir Decazza (Archibald), Assa Sylla (Dalila), Eric Judor (Paul) **L** 110 **E** 30.7.2021 VoD (Netflix) **fd** –

THE LAST NOTE – ★★★★
SINFONIE DES LEBENS
CODA

Ein berühmter Pianist wird während einer Tournee, die ein spätes Comeback für ihn sein soll, von schweren Angstanfällen überfallen. Die Freundschaft zu einer jüngeren Musikkritikerin gibt ihm neuen Lebensmut. Der Film kreuzt zwei Zeitebenen vor und nach einem weiteren Schicksalsschlag, um über das stille Drama eines alternden Künstlers von der Fragilität des Lebens und der Suche nach dem zu erzählen, was einen durch Verlust und Angst hindurchträgt. Dabei verzichtet er auf melodramatische Zuspitzungen und setzt ganz auf einen brillanten Hauptdarsteller und einen exquisiten Soundtrack an klassischer und romantischer Klaviermusik. – **Sehenswert ab 14.**
Kanada 2020 **DVD** Lighthouse **BD** Lighthouse **R** Claude Lalonde **B** Louis Godbout **K** Guy Dufaux **S** Claude Palardy **Sb** Camille Parent **D** Patrick Stewart (Henry Cole), Katie Holmes (Helen Morrison), Giancarlo Esposito (Paul), Christoph Gaugler (Felix), Catherine Saint-Laurent (Jessie) **L** 93 **FSK** ab 6 **E** 9.7.2021 DVD & BD & digital **fd** 47911

THE LEGEND OF HEI – ★★★★
DIE KRAFT IN DIR
LUO XIAO HEI ZHAN JI

Ein Geisterwesen verliert durch die Hand der Menschen seinen heimatlichen Wald. Als Katze durchstreift es die Welt und findet einen Beschützer, gerät über diesen aber auch in einen Kampf zweier unterschiedlicher Geisterwesen-Gruppierungen, deren eine sich an der Menschheit für erlittenes Unrecht rächen will. Liebevoll und detailreich gestalteter Fantasy-Animationsfilm, der von Gemeinschaft, Umweltbewusstsein und Loyalität handelt, die Themen aber stets kindgerecht einbezieht. Zauberhafte Figuren und große Aufrichtigkeit machen den Film zum chinesischen Pendant großer japanischer Vorbilder. – **Ab 10.**
Scope. China 2019 **DVD** Koch **BD** Koch **R+B** MTJJ Mutou **L** 102 **FSK** ab 6 **E** 20.5.2021 DVD & BD / 18.2.2022 Pro7 MAXX **fd** –

THE LITTLE STRANGER ★★★
THE LITTLE STRANGER

1947 wird ein Arzt zu einem Anwesen gerufen, das von einem schwer verwundeten Kriegsveteran, seiner ihn pflegenden Schwester und beider Mutter bewohnt wird. Nach dem gewaltsamen Tod der Matriarchin kommen sich der Mediziner und die Haustochter näher, doch scheinen in dem Anwesen unheimliche Dinge vorzugehen. Stilvolles Gothic-Mystery-Drama mit einer eisigen Atmosphäre, die vom Set-Design ebenso wie von darstellerischer Präzision befördert wird. Der Film berührt auch Sozialdrama und Haunted-House-Thriller, entzieht sich aber einer verbindlichen Genrezuschreibung und setzt auch hierin auf Rätselhaftigkeit. – **Ab 16.**
Scope. Großbritannien/Irland 2018 **R** Lenny Abrahamson **B** Lucinda Coxon **K** Ole Bratt Birkeland **Vo** Sarah Waters (Roman *The Little Stranger*) **M** Stephen Rennicks **S** Nathan Nugent **Sb** Simon Elliott **Kb** Steven Noble **D** Domhnall Gleeson (Faraday), Will Poulter (Roderick Ayres), Ruth Wilson (Caroline Ayres), Charlotte Rampling (Mrs. Ayres), Liv Hill (Betty) **L** 107 **E** 25.8.2021 Tele 5 **fd** –

THE LITTLE THINGS ★★
THE LITTLE THINGS

Im Jahr 1990 treibt ein seit langem gesuchter Serienmörder im Großraum Los Angeles immer noch sein Unwesen. Der ehemalige, vom Fall immer noch besessene Ermittler und sein Nachfolger schließen sich zusammen und treffen auf einen Verdächtigen, der gezielt mit ihnen spielt. Auf bewährte Erzählmuster bauender, streckenweise mit wirkungsvoller Ruhe erzählter Neo-Noir, der ein besonderes Gespür für die düstere urbane Stimmung und seine zerrissenen Figuren hat. Letztlich verliert sich die Handlung aber in wenig sehr in Plattitüden und Ungereimtheiten. – **Ab 16.**

Die Edition enthält eine BD-Audiodeskription für Sehbehinderte.
Scope. USA 2021 **KI** Warner Bros. **DVD** Warner (16:9, 2.35:1, DD5.1 engl./dt.) **BD** Warner (16:9, 2.35:1, dts-HDMA engl., DD5.1 dt.) **R+B** John Lee Hancock **K** John Schwartzman **M** Thomas Newman **S** Robert Frazen **Sb** Michael Corenblith **Kb** Daniel Orlandi **D** Denzel Washington (Joe «Deke» Deacon), Rami Malek (Jim Baxter), Jared Leto (Albert Sparma), Chris Bauer (= Christopher Bauer) (Det. Sal Rizoli), Michael Hyatt (Flo Dunigan) **L** 128 **FSK** ab 16; **f E** 8.7.2021 /

5.8.2021 digital (Warner) / 11.11.2021
DVD & BD   fd 47858

The Longest Wave ★★★
THE LONGEST WAVE

Robby Naish ist unter Surfern eine Legende. Mit 13 Jahren wurde er Weltmeister im Wind-Surfen und fügte diesem Titel noch mindestens 23 weitere hinzu. Der Dokumentarfilm porträtiert den inzwischen rund 60-jährigen Profisportler mit Hilfe von Archivbildern, Statements von Familienmitgliedern und Weggefährten sowie privaten Bildern. Naish trägt aber auch selbst viel dazu bei, indem er seine Gefühle und Gedanken nicht verheimlicht. Während der sich über fünf Jahre hinziehenden Dreharbeiten erlitt Naish einen komplizierten Beckenbruch und musste die Trennung von seiner zweiten Ehefrau verkraften. – **Ab 14.**

THE MANY SAINTS OF NEWARK (© Warner Bros.)

Österreich/USA 2019 **KI** Red Bull Media **R+B** Joe Berlinger **K** John DeCesare, Michael Richard Martin, Robert Masters, Robert Richman **M** Serj Tankian **S** Cy Christiansen **L** 103 **FSK** ab 0; **f E** 1.7.2021   fd 47835

The Lost Leonardo ★★★★
THE LOST LEONARDO

Im Jahr 2005 erstand ein Kunsthändler das Gemälde «Salvator Mundi», das sich bei der Restaurierung als Werk von Leonardo da Vinci entpuppte und binnen eines Jahrzehnts zum teuersten Werk der Kunstgeschichte avancierte. Der meisterhafte Dokumentarfilm rekonstruiert die atemberaubende Geschichte wie einen Krimi, entwickelt sich vom gut recherchierten Bericht aber zu einer hochspannenden Abrechnung mit dem globalen Kunstmarkt. Das 500 Jahre alte Holzbild wird auf diese Weise zum Spielball unterschiedlicher, auch politischer Interessen und offenbart als Spekulationsobjekt ein pervertiertes Verhältnis von Kunst, Geld und Menschen. – **Sehenswert ab 14.**

Dänemark/Frankreich 2021 **KI** Piece of Magic Entertainment **R** Andreas Koefoed **B** Andreas Dalsgaard, Christian Kirk Muff, Andreas Koefoed, Mark Monroe, Duska Zagorac **K** Adam Jandrup **M** Sveinung Nygaard **S** Nicolás Nørgaard Staffolani **L** 100 **FSK** ab 0; **f E** 23.12.2021   fd 48254

The Maid – Dunkle ★★
Geheimnisse dienen niemandem
THE MAID

Ein neues Dienstmädchen in einem wohlhabenden Haushalt wird mit der Sorge um die Tochter der Familie betraut, die – angeblich aufgrund einer neurologischen Störung – seltsame Geistererscheinungen hat. Diese nimmt allerdings auch die Bedienstete wahr, die durch diesen Kontakt eine bedrohliche Wandlung durchmacht. Anfänglich verhalten inszenierter Geister-Horror, der sich gegen Ende zum äußerst blutigen Slasherfilm entwickelt. Die Stärke der Hauptdarstellerin und die formal sichere Inszenierung verbergen allerdings nicht, dass der Film sich erheblich bei bekannten Vorgängern bedient hat. – **Ab 18.**

Scope. Thailand 2020 **BD** EuroVideo **R** Lee Thongkham **B** Piyaluk Tuntisrisakul **K** Brandt Hackney **M** Bruno Brugnano **S** Lee Thongkham **D** Ploy Sornarin (Joy), Sovika Chaiyadej (Uma), Theerapat Sajakul (Nirach), Kannaporn Puangtong (Ploy), Keetapat Pongrue (Nid) **L** 103 **E** 28.10.2021 BD   fd -

The Manor ★★
THE MANOR

Eine alte Frau zieht nach einem Schlaganfall in eine betreute Wohnanlage. Dort scheint eine übernatürliche Macht das Leben der Bewohner zu bedrohen, doch bemerkt dies offenbar niemand außer der Frau. Erst die Unterstützung von drei Mitbewohnern hilft ihr aus der Angst, unter Wahnvorstellungen zu leiden, heraus. Verhalten inszenierter Horrorfilm mit einer intensiven Hauptdarstellerin und einer anregenden Prämisse, die sich auf Spielfilmlänge aber nicht entfalten kann. Wiederholungen, unzureichend entwickelte Figuren und eine unsichere Atmosphäre wirken der Spannungsentwicklung zusehends entgegen. – **Ab 16.**

USA 2020 **R+B** Axelle Carolyn **K** Andrés Sánchez **M** Christopher Drake **S** Kristina Hamilton-Grobler (= Kristina Hamilton), Robert Hoffman **Sb** Tracy Dishman **Kb** Christopher Oroza **D** Barbara Hershey (Judith), Bruce Davison (Roland), Jill Larson (Trish), Fran Bennett (Ruth), Katie Amanda Keane (Barbara) **L** 78 **FSK** ab 16; **f E** 8.10.2021 VoD (Amazon Prime)   fd -

The Many Saints of Newark ★★
THE MANY SAINTS OF NEWARK

Eine filmische Vorgeschichte zur Fernsehserie Die Sopranos (1999–2007). Im New Jersey des Jahres 1967 bewundert der spätere Mafiaboss Anthony Soprano seinen Onkel und versucht, diesem nachzueifern. Der sich elegant gebende, aber jähzornige Mafioso muss sich in dieser Zeit nicht nur mit seinem herrschsüchtigen Vater, sondern auch mit der Konkurrenz durch afroamerikanische Gangster herumschlagen. Der Mafia-Film fällt detailfreudig aus, ist aber uneinheitlich inszeniert und vermag die Faszination der Serie nicht einzufangen. Während die unberechenbare Hauptfigur irritiert, ist die Krimi-Spannung nur mäßig und die Zusammenführung von Aufruhr und organisiertem Verbrechen wenig durchdacht. – **Ab 16.**

Die Extras der BD enthalten u. a. ein Feature mit im Film nicht verwendeten Szenen (5 Min.).

Scope. USA 2020 **KI** Warner Bros. **DVD** Warner (16:9, 2.35:1, DD5.1 engl./dt.) **BD** Warner (16:9, 2.35:1, dolby_Atmos engl., DD5.1 dt.) **R** Alan Taylor **B** David Chase, Lawrence Konner **K** Kramer Morgenthau

Vo David Chase (Charaktere aus THE SOPRANOS) **S** Christopher Tellefsen **Sb** Bob Shaw **Kb** Amy Westcott **D** Michael Gandolfini (Tony Soprano), Alessandro Nivola (Richard «Dickie» Moltisanti), Vera Farmiga (Livia Soprano), Jon Bernthal (Giovanni «Johnny Boy» Soprano), Corey Stoll (Corrado «Junior» Soprano Jr.) **L** 121 **FSK** ab 16; f **E** 4.11.2021 / 20.1.2022 DVD & BD & 4K UHD (plus BD) **fd** 48054

THE MARKSMAN – ★★
DER SCHARFSCHÜTZE
THE MARKSMAN

Ein verwitweter Rancher führt im Süden Arizonas, an der Grenze zu Mexiko, ein einsames Leben; die Ranch droht wegen mangelnder Erträge zwangsversteigert zu werden. Dann wird er Zeuge, wie eine Mutter und ihr Sohn illegal über die Grenze von Mexiko in die USA flüchten, verfolgt von den Schergen eines mexikanischen Drogenkartells. Beim nun folgenden Schusswechsel stirbt die Mutter, dem Rancher bleibt nichts anderes übrig, als den Jungen zu Verwandten nach Chicago zu bringen. Nur gelegentlich spannende, überraschungslose Mischung aus Thriller und Road Movie, die das Augenmerk auf die komplizierte Beziehung zwischen Mann und Kind richtet, dabei aber den Charakteren zu wenig Tiefe verleiht. – **Ab 16**.
USA 2021 **DVD** Leonine **BD** Leonine **R** Robert Lorenz **B** Robert Lorenz, Danny Kravitz, Chris Charles **K** Mark Patten **M** Sean Callery **S** Luis Carballar **Sb** Charisse Cardenas **Kb** Peggy Stamper **D** Liam Neeson (Jim Hanson), Katheryn Winnick (Sarah Pennington), Juan Pablo Raba (Maurico),

THE MARKSMAN – DER SCHARFSCHÜTZE
(© Leonine)

Teresa Ruiz (Rosa), Jacob Perezel (Miguel) **L** 103 **FSK** ab 16 **E** 15.7.2021 digital (Leonine) / 20.8.2021 DVD & BD **fd** 47864

THE MISFITS – DIE MEISTERDIEBE ★★
THE MISFITS

Ein gealterter Gentleman-Gauner hat sich weitgehend aus seinem Geschäft zurückgezogen, als ihn eine Gruppe unkonventioneller Diebe für einen gefährlichen Coup gewinnen will. Der Einbruch in ein Hochsicherheitsgefängnis und der Diebstahl von Millionen Goldbarren reizen ihn auch tatsächlich, umso mehr als das Gold mit dem Raub einer terroristischen Organisation entzogen wäre. Abenteuerlicher Actionthriller, der mit seinem Team unterschiedlichster Spezialisten erfolgreichen Vorbildern nachgebildet ist, deren Humor und Spannung er aber nur bedingt nachzuahmen versteht. – **Ab 14**.
Scope. USA 2021 **DVD** Leonine **BD** Leonine **R** Renny Harlin **B** Kurt Wimmer, Robert Henny **K** Denis Alarcón Ramírez **M** Lasse Enersen, Trevor Rabin **S** Colleen Rafferty **Sb** Uzair Merchant, Stephanie Ottinger **Kb** Angela Schnoeke-Paasch **D** Pierce Brosnan (Richard Pace), Tim Roth (Schultz), Nick Cannon (Ringo), Rami Jaber (der Prinz), Jamie Chung (Violet) **L** 91 **FSK** ab 12; f **E** 19.11.2021 DVD & BD **fd** -

THE NEGOTIATION ★★★
HYEOB-SANG

Nach einem traumatischen Misserfolg will eine Unterhändlerin bei Geiselnahmen sich aus ihrem Job zurückziehen, wird dann aber zu Hilfe geholt, als ihr eigener Chef in die Hände eines brutalen Gangsters gerät, der mit den Sicherheitsbehörden ein sinistres (Psycho-)Spiel zu spielen beginnt. Die Verhandlungen erweisen sich als nervenzerrend, vor allem, als sich herauskristallisiert, dass die Motive des Gangsters mit einem Korruptionsskandal zu tun haben. Ein großteils kammerspielartig inszenierter, von starken Darstellern getragener Thriller, der atmosphärisch dicht den Druck, der auf seiner Hauptfigur lastet, vermittelt und dank cleverer Wendungen bis zum Schluss spannend bleibt. – **Ab 16**.
Scope. Südkorea 2018 **DVD** Busch Media (16:9, 2.35:1, DD5.1 korea./dt.) **BD** Busch Media (16:9, 2.35:1, dts-HDMA korea./dt.) **R** Lee Jong-Seok **B** Choi Sung-Hyun **K** Lee Tae-yoon **Vo** Park Myeong-chan (Comic *The Negotiation*) **M** Hwang Sang-joon **S** Jung Jin-hee **D** Bin Hyun (Min Tae-gu), Son Ye-jin (Ha Chae-yun), Lee Joo-Young (Lee Da-bin),

Kim Sang-ho (Ahn Hyuk-soo), Jang Young-nam (Abteilungschef Han) **L** 109 **FSK** ab 16 **E** 3.12.2021 DVD & BD & digital **fd** -

THE NEST – ALLES ZU HABEN ★★★★
IST NIE GENUG
THE NEST

Ein Investment-Banker und seine Frau ziehen Mitte der 1980er-Jahre von New York nach London, um mit den beiden Kindern ein neues Leben anzufangen. Im neuen Heim bröckelt der Familienzusammenhalt beinahe analog zum heruntergekommenen Herrenhaus. Eine eindringlich entwickelte Geschichte um den drohenden Zerfall einer Familie in der Thatcher-Ära, bei der die materielle wie emotionale Basis ins Wanken gerät. Die Inszenierung spielt dabei mit Genre-Tropen, der Film präsentiert sich jedoch als zurückgenommenes Familiendrama und Lehrstunde der effektvollen Unaufdringlichkeit. Allen voran die Hauptdarsteller tragen das Drama und machen es zu einem ökonomischen Psychothriller in Zeitlupe. – **Ab 16**.
Großbritannien/Kanada 2020 **KI** Ascot Elite **DVD** Ascot Elite (16:9, 1.85:1, DD5.1 engl./dt.) **BD** Ascot Elite (16:9, 1.85:1, dts-HDma engl./dt.) **R+B** Sean Durkin **K** Mátyás Erdély **M** Richard Reed Parry **S** Matthew Hannam **D** Jude Law (Rory O'Hara), Carrie Coon (Allison O'Hara), Oona Roche (Samantha O'Hara), Charlie Shotwell (Ben O'Hara), Tanya Allen (Margy) **L** 107 **FSK** ab 12; f **E** 8.7.2021 / 5.11.2021 digital (Ascot Elite) / 12.11.2021 DVD & BD **fd** 47847

THE NEW KID ★★★
LE NOUVEAU

Ein 14-jähriger Junge kommt neu an eine Pariser Schule und tut sich schwer damit, Freunde zu finden; nur andere Außenseiter zeigen sich entgegenkommend, während ihn die coolen Kids der Klasse mobben. Einziger Lichtblick ist eine schwedische Mitschülerin, die er heimlich anhimmelt. Dann rät ihm sein Vater, eine Party für die ganze Klasse zu schmeißen. Der Film bewegt sich zwar arg bieder in ausgetretenen Spuren des Coming-of-Age- und High-School-Films, unterhält aber trotzdem solide, nicht zuletzt dank seiner jungen Darsteller, die ihre Figuren jenseits der stereotypen Einteilung in Nerds und Beliebte mit Leben erfüllen. – **Ab 10**.
Frankreich 2015 **R+B** Rudi Rosenberg **K** Nicolas Loir **M** Jonathan Morali **S** Isabelle Devinck, Julie Lena **Kb** Elise Bouquet, Reem

Kuzayli **D** Réphaël Ghrenassia (Benoît), Joshua Raccah (Joshua), Géraldine Martineau (Aglaée), Guillaume Cloud-Roussel (Constantin), Johanna Lindstedt (Johanna) **L** 81 **E** 16.12.2021 VoD (Mubi) **fd** -

The Night of the Beast ★★★
La Noche de la Bestia

Zwei junge Heavy-Metal-Fans aus Kolumbien sind voller Enthusiasmus, als ihre Lieblingsband Iron Maiden erstmals bei ihnen im Land auftritt. Auf dem Weg zum Konzert werden ihnen jedoch die Eintrittskarten gestohlen, sodass die beiden nach alternativen Wegen suchen müssen, um die Chance auf Tuchfühlung mit ihren Idolen nicht zu verpassen. Eine warmherzige Tragikomödie, die Ausschreitungen im Umfeld des tatsächlichen Iron-Maiden-Konzerts im Jahr 2008 als Ausgangspunkt nimmt, um von zwei ohne Klischees gezeichneten jungen Männern auf der Suche nach einem Platz im Leben zu erzählen. Formal ist das mitunter holprig, im Tonfall aber authentisch und entwaffnend. – **Ab 16.**
Kolumbien/Mexiko 2020 **DVD** Alamode **BD** Alamode **R** Mauricio Leiva-Cock **B** Mauricio Leiva-Cock, David Figueroa García **K** Carlos Andres Lopez **S** Gilberto González Penilla **Kb** Daniela Rivano **D** Daniel Esteban Reyes (Vargas), Esteban Galindo (Chuki), Verónica Mosquera (Laura), Inés Correa (Doña Matilde), Yaima Morfa (Chukis Mutter) **L** 70 **FSK** ab 16; f **E** 23.7.2021 DVD, BD & digital **fd** -

The 100 Candles Game ★★
The 100 Candles Game

Eine Gruppe von Freunden trifft sich zu einem Grusel-Spiel: Innerhalb eines Zirkels aus hundert Kerzen muss jeder Mitspieler nacheinander eine Kerze in die Hand nehmen und eine möglichst unheimliche Horrorgeschichte erzählen; danach gilt es, im Nebenzimmer vor einen Spiegel zu treten, die Kerze auszublasen und hineinzublicken. Festgemacht an dieser Rahmenhandlung entfaltet der Film eine Reihe von Schauer-Miniaturen, die gängige Horrormotive, von dämonischer Besessenheit über Hexerei bis zum Lebendig-begraben-Werden umfassen. Während die Rahmenhandlung etwas blass bleibt, überzeugen die einzelnen Geschichten zwar nicht unbedingt durch Originalität, aber durch Prägnanz und Atmosphäre. – **Ab 16.**
Scope. Neuseeland 2021 **DVD** Falcom/Al!ve **BD** Falcom/Al!ve **R** Victor Catalá, Brian Deane, Oliver Lee Garland, Guillermo Lockhart, Tony Morales, Nicolás Onetti, Nicholas Peterson, Daniel Rübesam, Christopher West **B** Mauro Croche, Guillermo Lockhart **K** Carlos Goitia, Luciano Montes de Oca **S** Martín Canalicchio, Carlos Goitia, Linda Bosch, Eamonn Cleary, Cj Miller, R. Brett Thomas, Anaïs Urraca **Kb** Taz Pereyra **D** Magui Bravi (Erica), Amy Smart (Mom), Wallis Barton (Lianna), George Blagden (Priester) **L** 97 FSK ab 16 **E** 28.5.2021 DVD & BD **fd** -

The Outbreak ★★★
Here Alone

Eine junge Frau muss sich nach einer verheerenden Pandemie allein durch die postapokalyptische Welt schlagen und überlebt dank der hinterlassenen Ratschläge ihres toten Mannes. In der Einöde trifft sie eines Tages auf zwei weitere Überlebende; sie tun sich zusammen, doch die neue Konstellation erweist sich als zwiespältig. Endzeitlicher Horrorfilm, der auf Zombie-Effekthascherei verzichtet und stattdessen auf die Frage nach dem Sinn des Weiterlebens angesichts der Vernichtung hinauswill. Diese packt er durchaus ernsthaft an, ohne allerdings dem überstrapazierten Genre wirklich neue Impulse zu geben. – **Ab 16.**
USA 2016 **DVD** Indeed **BD** Indeed **R** Rod Blackhurst **B** David Ebeltoft **K** Adam McDaid **M** Eric D. Johnson **S** Rod Blackhurst **Sb** Rob Ebeltoft **Kb** Brooke Bennett **D** Lucy Walters (Ann), Gina Piersanti (Olivia), Adam David Thompson (Chris), Shane West (Jason) **L** 93 **FSK** ab 16; f **E** 10.9.2021 DVD & BD **fd** -

The Painted Bird ★★★★
Nabarvené Ptáče

Ein sechsjähriger jüdischer Junge wird während des Zweiten Weltkriegs von seinen Eltern bei einer Bäuerin versteckt. Als diese stirbt, macht sich das Kind allein auf die Suche nach einem neuen Unterschlupf, erlebt aber durch die von Aberglauben, Rohheit und Hass gegen das Fremde definierte Landbevölkerung nur immer wieder neue Formen brutaler Gewalt. Ein in Stationen unterteiltes Kriegsdrama mit drastischen, schwer erträglichen Gewaltszenen, das mit seinen eindringlichen Schwarz-Weiß-Bildern provoziert. Die künstlerische Gestaltung drängt jedoch nachdrücklich auch zur ethischen Reflexion über die Abgründe menschlichen Handelns. – **Sehenswert ab 18.**
Scope, schwarz-weiß. Tschechien/Ukraine/Slowakei 2019 **KI** Drop-Out **R+B** Václav Marhoul **K** Vladimír Smutný **Vo** Jerzy Kosinski (Roman *The Painted Bird*) **S** Ludek Hudec **Sb** Jan Vlasák **Kb** Helena Rovna **D** Petr Kotlár (Junge), Udo Kier (Müller), Stellan Skarsgård (Hans), Harvey Keitel (Priester), Julian Sands (Garbos) **L** 169 **FSK** ab 18; f **E** 9.9.2021 **fd** 48011

The Painter and the Thief ★★★★
The Painter and the Thief

Bei einem Überfall auf eine Galerie in Oslo werden zwei Gemälde der tschechischen Malerin Barbora Kysilkova gestohlen. Als einer der Täter gefasst wird, nimmt die Künstlerin Kontakt zu ihm auf, um etwas über den Verbleib ihrer Gemälde zu erfahren. Zwischen beiden entsteht ein besonderes Band, doch sie werden auch mit ihren jeweiligen Abgründen konfrontiert. Der außergewöhnlich vielschichtige und fesselnde Dokumentarfilm verfolgt ihre Beziehung hautnah und zeichnet ein intimes Doppelporträt. Durch die Auflösung der Chronologie und raffinierte Perspektivwechsel stellt der Film überdies voreilige Urteile immer wieder in Frage. – **Sehenswert ab 14.**
Norwegen/USA 2020 **R+B** Benjamin Ree **K** Kristoffer Kumar, Benjamin Ree **M** Uno Helmersson **S** Robert Stengård **L** 102 **E** 29.3.2021 arte **fd** 47614

The Pink Cloud ★★★
A Nuvem rosa

Das weltweite Auftauchen mysteriöser rosafarbener Wolken zwingt die Menschen in ihre Wohnungen: Die Naturerscheinung ist hochgiftig und tötet in Sekunden; deswegen kann sich niemand mehr im Freien aufhalten. Eine Frau und ein Mann, die sich in der Nacht zuvor kennenlernten und Sex miteinander hatten, werden zu unfreiwilligen Quarantäne-Gefährten und versuchen, aus der Situation des Eingesperrtseins und der erzwungenen Zweisamkeit das Beste zu machen. Während die Ausnahmesituation zum Dauerzustand wird, werden sie ein Paar und zeugen ein Kind; doch ihr unterschiedlicher Umgang mit der Isolation droht sie schließlich auseinanderzureißen. Der kurz vor der Covid-19-Pandemie 2019 beendete Film nimmt prophetisch die Befindlichkeit während der seuchenbedingten Lockdowns vorweg, fesselt aber vor allem als Anatomie einer Beziehung in einer Extremsituation. Dabei kämpft er in der zweiten Hälfte mit mangelnder Plausibilität und einigen Längen, wird aber insgesamt von den starken Darstellern souverän getragen. – **Ab 16.**

Brasilien 2021 **R+B** Iuli Gerbase **K** Bruno Polidoro **M** Caio Amon **S** Vicente Moreno **D** Renata de Léllis (Giovana), Eduardo Mendonça (Yago), Girley Paes (Rui), Helena Becker (Júlia), Lívia Perrone Pires (Paulina) **L** 105 **E** 19.11.2021 VoD (Filmingo) **fd -**

THE POWER ★★
THE POWER

In den 1970er-Jahren tritt eine junge Krankenschwester ihren Dienst in einer Klinik an, in der neben unheimlichen Korridoren auch der Umgang des Personals mit Schwächeren ein beständiger Angstfaktor ist. Bei einer Nachtschicht offenbart sich hinter diesen Schrecken aber auch eine übernatürliche Bedrohung. Auf anfangs atmosphärische Spannungssteigerung angelegter Mystery-Thriller, der in der Zuspitzung zu Horroreffekten aber unoriginell bleibt. Die Kritik am systemischen Machtmissbrauch wirkt zudem ziemlich aufgesetzt. – **Ab 16.**

Scope. Großbritannien 2021 **DVD** Capelight (16:9, 2.35:1, DD5.1 engl./dt.) **BD** Capelight (16:9, 2.35:1, dts-HDMA engl./dt.) **R+B** Corinna Faith **K** Laura Bellingham **M** Elizabeth Bernholz, Max de Wardener **S** Tommy Boulding, Rebecca Lloyd **Sb** Francesca Massariol **Kb** Holly Smart **D** Rose Williams (Val), Emma Rigby (Babs), Diveen Henry (Oberschwester), Charlie Carrick (Franklyn), Sarah Hoare (Joan) **L** 89 FSK ab 16; **f E** 15.10.2021 DVD & BD **fd -**

THE POWER OF THE DOG ★★★★
THE POWER OF THE DOG

In den 1920er-Jahren bewirtschaften zwei Brüder eine große Ranch in Montana. Als der eine sich mit einer Witwe verheiratet, macht sein dominant auftretender Bruder erst dieser und dann ihrem sensiblen Sohn das Leben zur Hölle. Doch dann ändert er plötzlich sein Verhalten und gebärdet sich als Beschützer des Jungen. Der Spätwestern hinterfragt vor der beeindruckenden Kulisse rauer Landschaften das Männlichkeitsbild des Cowboys und wie es von dem sozialen Wandel im 20. Jahrhundert beeinflusst wird. Meisterliche Darsteller erwecken hochkomplexe Figuren in einer Geschichte zum Leben, die genreeigene Vorstellungen von Stärke und Schwäche einer umfassenden Neuinterpretation unterzieht. – **Sehenswert ab 16.**

Scope. Neuseeland/Australien 2021 **KI** Netflix **R+B** Jane Campion **K** Ari Wegner **Vo** Thomas Savage (Roman *The Power of the Dog*) **M** Jonny Greenwood **S** Peter Sciberras **Sb** Grant Major **Kb** Kirsty Cameron **D** Benedict Cumberbatch (Phil Burbank), Kirsten Dunst (Rose), Jesse Plemons (George Burbank), Kodi Smit-McPhee (Peter), Thomasin McKenzie (Lola) **L** 128 FSK ab 16; **f E** 18.11.2021 / 1.12.2021 VoD (Netflix) **fd 48193**

THE PROTÉGÉ – MADE FOR REVENGE ★★
THE PROTÉGÉ

Eine Auftragskillerin soll einen Verbrecher töten, der unter dem Deckmantel der Wohltätigkeit seinen üblen Machenschaften nachgeht. Doch plötzlich sind die Helfer der jungen Frau tot, darunter ihr Mentor, mit dem sie ein 30 Jahre zurückliegendes Trauma verbindet. Sie sinnt auf Rache; ein kaltblütiger Handlanger des Verbrechers will ihr Einhalt gebieten, fühlt sich aber eigentümlich zu ihr hingezogen. Unentschlossen zwischen Rachethriller, Actionreißer und Liebeskomödie pendelnder Film, der zwar in seinen Kampfszenen perfekt und spannend inszeniert ist und mit guten Darstellern aufwartet, darüber aber die Motive der Hauptfigur aus den Augen verliert. – **Ab 16.**

💿 Die Standardausgabe (DVD) enthält keine erwähnenswerten Extras. Die Extras der BD umfassen indes längere Interviews mit Samuel L. Jackson (13 Min.), Maggie Q (12 Min.), Michael Keaton (15 Min.) und Gabriel Popescu (9 Min.).

Scope. USA/Großbritannien 2021 **DVD** Leonine (16:9, 2.35:1, DD5.1 engl./dt.) **BD** Leonine (16:9, 2.35:1, dts-HDMA7.1 engl./dt.) **R** Martin Campbell **B** Richard Wenk **K** David Tattersall **M** Rupert Parkes **S** Angela M. Catanzaro **Sb** Wolf Kroeger **Kb** Irina Kotcheva, Karyn Wagner **D** Maggie Q (Anna), Samuel L. Jackson (Moody), Michael Keaton (Rembrandt), David Rintoul (Edward Hayes), Patrick Malahide (Vohl) **L** 104 FSK ab 16; **f E** 22.10.2021 DVD & BD & 4K UHD (plus BD) & digital **fd 48126**

THE PURGE 5
siehe: THE FOREVER PURGE

THE QUEEN OF SPAIN ★★★
LA REINA DE ESPAÑA

1956 kehrt eine spanische Schauspielerin, die in Hollywood zum Star avancierte, für Dreharbeiten zu einem aufwändigen Monumentalfilm in ihre Heimat zurück, um die spanische Königin Isabella zu verkörpern. Sie trifft alte Kollegen und Freunde wieder, reibt sich aber auch an den Zuständen des Landes unter der Franco-Diktatur. Das komödiantische Drama ist eine Art spätes Sequel zu LA NIÑA DE TUS OJOS (1998) und verknüpft ähnlich fließend Zeit- und Filmgeschichte. Der Humor fällt mitunter etwas flach aus, und nicht immer gelingt die Balance zwischen Komischem und Tragischem. Doch das Spiel mit filmhistorischen Referenzen und ausgezeichnete Darsteller sorgen dennoch für gute Unterhaltung. – **Ab 14.**

Spanien 2016 **DVD** Studio Hamburg **BD** Studio Hamburg **R+B** Fernando Trueba **K** José Luis Alcaine **M** Zbigniew Preisner **S** Marta Velasco **Sb** Juan Pedro De Gaspar **Kb** Lala Huete **D** Penélope Cruz (Macarena Granada), Antonio Resines (Blas Fontiveros), Neus Asensi (Lucía Gandía), Ana Belén (Ana), Javier Cámara (Pepe Bonilla) **L** 127 FSK ab 12 **E** 16.4.2021 DVD & BD & digital **fd 47970**

THE PROTÉGÉ – MADE FOR REVENGE (© Leonine)

The Racer ★★
The Racer

Tour de France 1998: Ein erfahrener belgischer Profi-Radsportler will mit seinem Team gewinnen, ist aber nur als Hilfsfahrer gesetzt, um den eigenen Teamkapitän zu unterstützen. Zudem leidet seine Physis merklich unter der Belastung, doch der Fahrer setzt alles aufs Spiel für seinen ersten und letzten Sieg. Ein fiktives Sportlerdrama, das durchaus kurzweilig auf einen jener Unterstützungsfahrer fokussiert, die sonst im Schatten der Stars stehen; es vergeudet jedoch die realen Bezüge zur aufgedeckten Doping-Affäre 1998 lediglich für erwartbare Spannungsmomente und schafft figurentechnisch kaum empathische Zugänge. – **Ab 12.**
Irland/Luxemburg/Belgien 2020 **DVD** Ascot Elite **BD** Ascot Elite **R** Kieron J. Walsh **B** Ciaran Cassidy, Kieron J. Walsh **K** James Mather **M** Hannes De Maeyer **S** Mathieu Depuydt, Nico Poedts **Sb** Ray Ball **Kb** Uli Simon **D** Louis Talpe (Dominique Chabol), Matteo Simoni (Lupo «Tartare» Marino), Tara Lee (Dr. Lynn Brennan), Iain Glen («Sonny» McElhone), Karel Roden (Viking) **L** 95 **FSK** ab 12 **E** 12.3.2021 DVD & BD   fd -

The Queen of Spain (© Studio Hamburg)

The Reckoning ★★
The Reckoning

Zur Zeit der Großen Pest im England Mitte des 17. Jahrhunderts wird eine Frau nach dem Tod ihres Mannes als Hexe verunglimpft und gelangt in die Gewalt eines berüchtigten Hexenjägers. Auf der Folterbank erweist sich die Gequälte allerdings als weitaus leidensfähiger und widerstandswilliger, als es ihren Peinigern recht sein kann. Ein Historien-Horrorfilm in übermäßig stilisierter Inszenierung, die ihre vorgebliche Emanzipationsgeschichte bis ins Lächerliche überzeichnet, während sie die Gewaltszenen weidlich auskostet. Nur in Ansätzen macht der Film die Folgen eines ungezügelten Spiels mit der Allmacht deutlich. – **Ab 16.**

Die Extras enthalten u. a. ein Feature mit sieben im Film nicht verwendeten Szenen (10 Min.).
Das Mediabook (BD plus DVD) enthält zudem ein 24-seitiges Booklet mit Texten zum Film.
Scope. Großbritannien 2020 **DVD** Capelight (16:9, 2.35:1, DD5.1 engl./dt.) **BD** Capelight (16:9, 2.35:1, dts-HDMA engl./dt.) **R** Neil Marshall **B** Neil Marshall, Charlotte Kirk, Edward Evers-Swindell **K** Luke Bryant **M** Christopher Drake **Sb** Ian Bailie **Kb** Mária Fatér **D** Charlotte Kirk (Grace Haverstock), Sean Pertwee (John Moorcroft), Steven Waddington (Squire Pendleton), Joe Anderson (Joseph Haverstock), Ian Whyte (Lucifer) **L** 110 **FSK** ab 16 **E** 28.5.2021 DVD & BD & Mediabook (BD plus DVD) & digital   fd 47795

The Rental – Tod im Strandhaus
siehe: Tod im Strandhaus

The Road Ahead – Am Ende zählt das Leben ★★
The Road Ahead

Ein Ehepaar steht angesichts ständiger Streitereien kurz vor der Scheidung, als bei der Frau Krebs diagnostiziert wird. Entschlossen, die verbliebene Zeit auszunutzen, verkauft sie ihre Möbel und das Auto des Mannes, um sich ein Wohnmobil für einen letzten gemeinsamen Road-Trip leisten zu können. Ihr überrumpelter Partner lässt sich mitziehen, und die beiden finden auf der einsamen Fahrt die Gelegenheit, einander wieder näherzukommen. Durchschnittliches Drama mit deutlicher Tendenz zum romantischen Melodram, bei dem angesichts einer Ausnahmesituation Gefühle wichtiger werden als logische Entscheidungen. – **Ab 14.**
Scope. Kanada 2021 **DVD** Lighthouse **BD** Lighthouse **R+B** Cat Hostick **K** Russ De Jong **M** Sean Croley **S** Russ De Jong, Mitchell Gall **Sb** Anthony Stracuzzi **D** Eva Paris Cicinyte (Mia Griffon), David Lafontaine (Liam Griffon), John Novak (Roger Samuels), John Boylan (Gerry), Penny Eizenga (Donna Samuels) **L** 97 **FSK** ab 12 **E** 26.11.2021 DVD & BD   fd -

The Scarecrows ★★★★
Les Épouvantails

Zwei junge Frauen kehren aus dem Syrien-Krieg, wo sie von Dschihadisten sexuell versklavt wurden, heim nach Tunesien. Dort sehen sie sich mit Misstrauen und Verachtung konfrontiert. Tatkräftigen Beistand finden sie bei einer Menschenrechtsanwältin, einer Ärztin und einem jungen Homosexuellen. Eindringliches Außenseiterdrama, das die Langzeitfolgen des internationalen Terrorismus für die Herkunftsländer am Beispiel zweier weiblicher Opfer facettenreich aufzeigt. Die einfühlsame Inszenierung erfasst die klaustrophobische Atmosphäre um die Frauen ebenso souverän wie die patriarchalischen Denkstrukturen, die eine wirksame Aufarbeitung der Traumatisierung hemmen. – **Sehenswert ab 16.**
Tunesien/Marokko/Luxemburg/Frankreich 2019 **R** Nouri Bouzid **K** Hatem Nechi **M** Riadh Fehri **S** Seifeddine Ben Salem, Ghalya Lacroix (= Ghalia Lacroix), Hafedh Laridhi **Sb** Fatma Madani **Kb** Nabila Cherif **D** Nour Hajri (Zina), Joumene Limam (Djo), Afef Ben Mahmoud (Nadia), Sondos Belhassen (Saieda, Zinas Mutter), Noomen Hamda (Kamel, Zinas Vater) **L** 97 **E** 28.6.2021 VoD (Sooner)   fd 47838

The Secrets We Keep – Schatten der Vergangenheit ★★★
The Secrets We Keep

Ende der 1950er-Jahre lebt eine aus Rumänien stammende Frau mit ihrer Familie ein friedliches Leben in einer US-Vorstadtsiedlung. Eines Tages jedoch glaubt sie ihren ehemaligen Peiniger aus einem deutschen Konzentrationslager wiederzuerkennen. Sie entführt den Mann und will ihn im Keller ihres Hauses zu einem Geständnis zwingen, doch leugnet er alles und auch ihr Ehemann

zweifelt an der Erinnerung seiner Frau. Ein beklemmendes Kammerspiel mit einigen B-Movie-Effekten, aber beachtlichen Darstellern. In gesättigten und verblichenen Farben erzählt er von kollektiver Verdrängung, wobei die Idylle der Vorstadt immer fadenscheiniger wirkt. – **Ab 16.**
Scope. USA 2020 **KI** Leonine **DVD** Leonine (16:9, 2.35:1, DD5.1 engl./dt.) **BD** Leonine (16:9, 2.35:1, dts-HDMA engl./dt.) **R** Yuval Adler **B** Ryan Covington, Yuval Adler **K** Kolja Brandt **M** John Paesano **S** Richard Mettler **D** Noomi Rapace (Maja), Joel Kinnaman (Thomas), Chris Messina (Lewis), Amy Seimetz (Rachel), Jackson Vincent (Patrick) **L** 99 **FSK** ab 16; f **E** 27.5.2021 / 10.9.2021 DVD & BD & digital fd 47391

THE SEVENTH DAY ★★★
THE SEVENTH DAY
Ein junger katholischer Priester, der theoretisch auf die Ausübung von Exorzismen vorbereitet wurde, wird von seinem Erzbischof der Obhut eines erfahrenen Kollegen anvertraut, der ihn in die Praxis einweisen soll. Der unkonventionell-ruppige Mann konfrontiert den Neuling schnell mit einem heiklen Fall: Ein Zwölfjähriger hat seine Familie ermordet, wahrscheinlich unter dämonischem Einfluss. Doch der Versuch, den Dämon auszutreiben, nimmt eine unvorhergesehene Wendung. Solider Exorzismus-Horror, der sich in seinen Grusel-Effekten zwar wenig originell an den Standards orientiert, aber einen interessanten Subtext einbaut, der die Gut-Böse-Zuschreibungen des Genres herausfordert. – **Ab 16.**
Scope. USA 2021 **DVD** Ascot Elite **BD** Ascot Elite **R+B** Justin P. Lange **K** Nick Remy Matthews **M** Gavin Brivik **S** Josh Ethier **Kb** Charlotte Golden **D** Guy Pearce (Pater Peter Costello), Vadhir Derbez (Pater Daniel Garcia), Stephen Lang (Erzbischof), Brady Jenness (Charlie), Robin Bartlett (Helen) **L** 87 **FSK** ab 16 **E** 29.4.2021 digital / 7.5.2021 DVD & BD fd 47690

THE SOUL ★★★★
JI HUN
Im Jahr 2031 spüren ein schwer an Krebs erkrankter Staatsanwalt und seine Frau, eine Polizistin, dem Tod eines reichen Geschäftsmanns nach. Dabei stoßen sie in der Familie und im Umfeld des Toten auf ein Netz unseliger Verwicklungen und mysteriöser Geheimnisse. Verwickelter, äußerst düsterer Mysterythriller, der durch die zeitliche Verortung in der nahen Zukunft auch einen dystopischen Touch erhält. In der Abfolge bedrückender Ereignisse und der schwermütigen Stimmung nicht leicht erträglich, zeichnet sich der Film durch die hohe Qualität von Darstellern und Inszenierung aus. – **Ab 18.**
Scope. China/Taiwan 2020 **R+B** Cheng Wei-Hao **K** Kartik Vijay **Vo** Jiang Bo (Roman Yihun Youshu) **M** Lu Luming **S** Shieh Meng-Ju **Sb** Huang Mei-Ching, Liang Shuo-Lin, Liao Huei-Li **Kb** Jewel Yeh **D** Chen Chang (Liang Wen-Chao), Janine Chang (Ah-Bao), Anke Sun (Li Yan), Christopher Lee (Doctor Wan), Baijia Zhang (Tang Su-Zhen) **L** 130 **E** 14.4.2021 VoD (Netflix) fd –

THE SPACE BETWEEN – ★★
IM RAUSCH DER MUSIK
THE SPACE BETWEEN
Eine Plattenfirma würde gerne den Vertrag mit einem alternden Rockmusiker beenden und schickt deswegen einen jungen Mann, der gerne selbst im Musikgeschäft Karriere machen würde, zu dem Anwesen des Musikers. Dort allerdings entwickelt sich eine Freundschaft zwischen den beiden ungleichen Männern. Eine in der Musikszene von Los Angeles in den 1990ern angesiedelte Komödie um (künstlerische) Selbstverwirklichung gegen materielle Interessen. Da das Drehbuch dies nicht zu konkreten spannenden Konflikten verdichtet, die Figuren etwas blass bleiben und auch die Musik wenig bemerkenswert ist, ist das ganze mehr verplätschernde Unterhaltung als eine mitreißende Hommage an die Kreativität. – **Ab 14.**
USA 2021 **R** Rachel Winter **K** Matthew Irving **M** Rivers Cuomo **S** Adam Zuckerman **Sb** Krystyna Loboda, **Kb** Erica Rice **D** Jackson White (Charlie Porter), Kelsey Grammer (Micky Adams), William Fichtner (Donny Rumson), Julia Goldani Telles (Julia Adams), Andrew Daly (Cameroon Robbins) **L** 95 **E** 12.8.2021 Download (Paramount) / 26.8.2021 VoD (Paramount) fd –

THE SPARKS BROTHERS ★★★★
THE SPARKS BROTHERS
Die US-amerikanischen Musiker Ron und Russell Mael sind als kalifornisches Artpop-Duo Sparks seit einem halben Jahrhundert im Musikgeschäft mal mehr, mal weniger erfolgreich. Der Dokumentarfilm zeichnet die Geschichte der ungleichen Brüder biografisch-musikalisch nach, wobei er auch ihre cinephile Neigung betont und ihre Filmprojekte thematisiert. Stilistisch mischt der Film Archivmaterial, Interviews und animierte Sequenzen zu einem spannenden Rockumentary, das der eigenwilligen Ästhetik der Musiker recht nahekommt, die eher zur melancholischen Selbstreflexion, zu Ritual und Wiederholung als zu vulkanischer Eruption tendieren. – **Ab 14.**
Teils schwarz-weiß. Großbritannien 2020 **KI** UPI **DVD** Universal **BD** Universal **R+B** Edgar Wright **K** Jake Polonsky **S** Paul Trewartha **L** 141 **FSK** ab 12; f **E** 7.10.2021 / 17.2.2022 DVD & BD fd 48088

THE STORY OF MY WIFE
siehe: DIE GESCHICHTE MEINER FRAU

THE SUICIDE SQUAD ★★
THE SUICIDE SQUAD
Rebellen destabilisieren die Lage in einem fiktiven Inselstaat vor Südamerika, sodass ein Team aus verurteilten Superschurken ausgeschickt wird, um die amerikanischen Interessen zu sichern. Um erfolgreich zu sein, muss die Gruppe gewalttätiger Einzelkämpfer allerdings den Wert von Teamwork und Freundschaft erkennen. Solides, aber selten originelles Superhelden-Kino, das auch mit ironischen Brechungen und zugespitzter, ästhetisierter Gewalt nie den Konventionen des Genres entkommt. Zumindest für das visuelle Spiel mit Motiven wie Individuum und Kollektiv findet die Inszenierung jedoch eine einfallsreiche Form für die übergreifende Erzählung. – **Ab 18.**

🔊 Die Editionen enthalten eine Audiodeskription für Sehbehinderte.
Die Standardausgabe (DVD) enthält keine erwähnenswerten Extras.
Die Extras der BD umfassen indes u. a. einen Audiokommentar mit Regisseur James Gunn, ein Feature mit im Film nicht verwendeten Szenen (17 Min.) sowie eine Sammlung von Featurettes zum Film (gesamt: 66 Min.).
3D, Scope. USA 2021 **KI** Warner Bros. **DVD** Warner (16:9, 1.85:1, DD5.1 engl./dt.) **BD** Warner (16:9, 1.85:1, dolby_Atmos engl./dt.) **R+B** James Gunn **K** Henry Braham **Vo** John Ostrander (Comic-Charaktere) **M** John Murphy **S** Fred Raskin, Christian Wagner (= Christian Adam Wagner) **Sb** Beth Mickle **Kb** Judianna Makovsky **D** Margot Robbie (Dr. Harleen Quinzel / Harley Quinn), Idris Elba (Robert DuBois / Bloodsport), John Cena (Christopher Smith / Peacemaker), Joel Kinnaman (Rick Flag), Daniela Melchior (Ratcatcher II) **L** 132 **FSK** ab 16; f **E** 5.8.2021 / 2.12.2021 DVD & BD & 4K UHD (plus BD) fd 47916

THE SUNLIT NIGHT ★★
THE SUNLIT NIGHT
Eine frustrierte US-Künstlerin reist mit einem Stipendium auf die Lofoten hoch

im Norden von Norwegen, wo sie einem schroffen Künstler beistehen soll, aber auch eigene künstlerische Ideen entwickeln möchte. In der Begegnung mit einem jungen Mann, der seinen Vater rituell bestatten will, schöpft sie neuen Lebensmut. Die romantisch grundierte Humoreske fußt auf einen Roman und erzählt teilweise mit Rückblenden von einem menschlichen wie künstlerischen Reifungsprozess. Imposante Landschaftsaufnahmen und eine überzeugende Hauptdarstellerin gleichen die holprige Dramaturgie des Films allerdings nicht aus. – **Ab 14.**
Scope. Deutschland/Norwegen 2019 **Kl** W-film **R** David Wnendt **B** Rebecca Dinerstein Knight, David Wnendt **K** Martin Ahlgren **Vo** Rebecca Dinerstein Knight (Roman *The Sunlit Night*) **M** Enis Rotthoff **S** Andreas Wodraschke **Sb** Kristine Wilhelmsen **Kb** Stacey Berman **D** Jenny Slate (Frances), Alex Sharp (Yasha), Fridtjov Såheim (Nils), Zach Galifianakis (Haldor), Gillian Anderson (Oljana) **L** 95 **FSK** ab 12; f **E** 23.9.2021 **fd** 48034

The Swarm
siehe: Schwarm der Schrecken

The Swordsman ★★★
Geom-Gaek
1623, im koreanischen Königreich Joseon, während der chinesischen Besatzung, kann ein ungestümer, aber versierter Schwertkämpfer den Sturz seines Königs nicht verhindern und zieht sich, durch das Duell fast erblindet, mit seiner Tochter in die Berge zurück. 15 Jahre später verschlägt es beide auf der Suche nach einem Augen-Heilmittel in das nächste Dorf, wo chinesische Menschenhändler die Tochter entführen, sodass der fast blinde Vater wieder zum Schwert greifen muss. Detailfreudig ausgestatteter, in den Kampfszenen perfekt choreografierter Actionfilm rund um eine anrührend gezeichnete Vater-Tochter-Beziehung und die moralischen Dilemmata von Menschen in einem entrechteten Land. – **Ab 16.**

Die Extras umfassen ein trotz der beachtlichen Länge nur oberflächlich informierendes «Making of»-Feature (60 Min.).
Das Mediabook enthält zudem ein 24-seitiges Booklet mit analytischen Texten zum Film.
Südkorea 2020 **DVD** Capelight (16:9, 1.78:1, DD5.1 korea./dt.) **BD** Capelight (16:9, 1.78:1, dts-HDMA korea./dt.) **R+B** Choi Jae-hoon **K** Son Won-ho **D** Jang Hyuk (Tae-yul), Kim Hyeon-soo (Tae-ok), Joe Taslim (Gurutai), Jeong Man-sik (Min Seung-ho), Ji Seung-Hyeon (Inuchi) **L** 100

The Suicide Squad (© Warner Bros.)

FSK ab 16 **E** 7.5.2021 digital / 14.5.2021 DVD & BD & Mediabook (BD plus DVD) **fd** 47694

The Tax Collector ★
The Tax Collector
Ein junger Mann und Familienvater ist als Sprössling eines Gangster-Clans dafür verantwortlich, von diversen Gangs in Los Angeles «Steuern» für einen mächtigen Boss einzutreiben; ein Freund steht ihm dabei als Mann fürs Grobe zur Seite. Dann jedoch taucht eine neue kriminelle Größe in der Stadt auf, die die alte Hackordnung blutig auf den Kopf stellt. Dadurch gerät auch die Familie des «Steuereintreibers» in tödliche Gefahr. Ein harter Thriller, der seine schlicht-brutale Bandenkrieg-Story in ein religiös verbrämtes, abstruses Gut-vs.-Böse-Schema packt und dabei einem ebenso naiven wie pathetischen Machismo huldigt. – **Ab 18.**

Der Film ist auf DVD gekürzt mit einem FSK-Prädikat «ab 18» versehen erschienen.
Zudem erhältlich ist eine ungekürzte Version mit dem SPIO/JK-Siegel «keine schwere Jugendgefährdung».
USA 2020 **DVD** Universal (16:9, 1.85:1, DD5.1 engl./dt.) **BD** Universal (16:9, 1.85:1, dts-HDMA engl., dts dt.) **R+B** David Ayer **K** Salvatore Totino **M** Michael Yezerski **S** Geoffrey O'Brien **Sb** Andrew Menzies **Kb** Kelli Jones **D** Bobby Soto (David), Cinthya Carmona (Alexis), Shia LaBeouf (Creeper), Jose «Conejo» Martin (Conejo), Cheyenne Rae Hernandez (Gata) **L** DVD gek.: 89 / DVD: 92 (= BD: 96) **FSK** DVD gek.: ab 18 / DVD & BD: SPIO/JK **I E** 8.4.2021 DVD & BD **fd** –

The Tomorrow War ★★
The Tomorrow War
Nachdem Zeitreisende aus dem Jahr 2051 der Welt verkünden, dass bald menschenfressende Aliens die Erde bevölkern werden, sollen bewaffnete Zivilisten sie in der Zukunft unterstützen. Ein bodenständiger Biologielehrer mit Kampferfahrung sucht mit seiner mittlerweile erwachsenen Tochter nach einem Gift, das die Kreaturen töten soll. Science-Fiction-Film mit üblichem Invasionsszenario, der in seiner ersten Hälfte mit routinierten Actionszenen und komischen Dialogen recht beschwingt startet, sich aber zunehmend auf die Bewältigung eines nur oberflächlich gezeichneten Familientraumas konzentriert. – **Ab 16.**
Scope. USA 2021 **R** Chris McKay **B** Zach Dean **K** Larry Fong **M** Lorne Balfe **S** Roger Barton, Garret Elkins **Sb** Peter Wenham **Kb** Betsy Heimann **D** Chris Pratt (Dan), Betty Gilpin (Emmy), Yvonne Strahovski (Muri), Seychelle Gabriel (Sgt. Diaz), J. K. Simmons (Slade) **L** 133 **FSK** ab 16; f **E** 2.7.2021 VoD (Amazon Prime) **fd** 47839

The Tragedy of Macbeth ★★★★
The Tragedy of Macbeth
Neuverfilmung von William Shakespeares abgründiger Tragödie über Ehrgeiz, Verführung und Königsmord, die dem Stoff, obschon durchaus «klassisch» verfilmt, durch Konzentration und Reduktion durchaus Subtiles abgewinnt. In betont abstrakten, teilweise brutalistischen Dekors vertraut sie einem herausragendem Schauspielerensemble, das – unterstützt durch die präzise Kamerarbeit – die Sprache Shakespeares ohne wohlfeile Modernisierungen oder Naturalismen in psychologisch nuancierte Alltagskommunikation verwandelt. Dem Bühnenstück wird allein durch filmisches Erzählen alles Theatralische ausgetrieben, ohne dem Text sein Faszinosum zu nehmen. Eine

THE TROUBLE WITH BEING BORN (© eksystent distribution)

großartige, sehr eigenständige Literaturadaptation. – **Sehenswert ab 16**. Schwarz-weiß. USA 2021 **KI** Apple TV+ **R+B** Joel Coen **K** Bruno Delbonnel **Vo** William Shakespeare (Bühnenstück *Macbeth*) **M** Carter Burwell **S** Reginald Jaynes (= Joel Coen), Lucian Johnston **Sb** Stefan Dechant **Kb** Mary Zophres **D** Denzel Washington (Macbeth), Frances McDormand (Lady Macbeth), Brendan Gleeson (König Duncan), Corey Hawkins (Macduff), Harry Melling (Malcolm) **L** 105 **E** 26.12.2021 / 14.1.2022 digital (Apple TV+) **fd** 48295

THE TRIP – EIN MÖRDERISCHES WOCHENENDE ★★
I ONDE DAGER

Ein Paar mit wachsenden Differenzen fährt gemeinsam in ein Ferienhaus an einem See, um seine Beziehung zu kitten; tatsächlich planen beide jedoch, den jeweils anderen an dem abgeschiedenen Ort umzubringen. Diese Pläne müssen sie allerdings aufschieben, als drei gewalttätige Sträflinge auftauchen, derer sie sich nur zusammen und ohne moralische Skrupel erwehren können. Ein schwarzhumoriger Actionthriller in der Tarantino-Nachahmung, der auf überzogene Gewaltsequenzen setzt und jegliche Geschmacksgrenzen zu überschreiten versucht. Das Ergebnis ist in seinem forcierten Nihilismus mitunter schwer erträglich, oft aber auch nur belanglos. – **Ab 18**.
Norwegen 2021 **DVD** SquareOne/Leonine **BD** SquareOne/Leonine **R** Tommy Wirkola **B** Nick Ball, John Niven, Tommy Wirkola **K** Matthew Weston **M** Christian Wibe **S** Patrick Larsgaard **Sb** Joseph A. Hodges **Kb** Oddfrid Ropstad **D** Noomi Rapace (Lisa), Aksel Hennie (Lars), André Eriksen (Roy), Christian Rubeck (Dave), Atle Antonsen (Petter Larsen) **L** 109 **FSK** ab 18; f **E** 29.10.2021 DVD & BD **fd** –

THE TROUBLE WITH BEING BORN ★★★★★
THE TROUBLE WITH BEING BORN

Ein Android lebt in Gestalt eines etwa elfjährigen Mädchens in einem Sommerhaus mit einem Mann zusammen, der den Roboter wie seine Tochter behandelt. Mehr und mehr wird dem Maschinenwesen jedoch seine Austauschbarkeit bewusst, weshalb es schließlich ausreißt; doch schon nach kurzer Zeit befindet es sich erneut in der Lage, einen verschwundenen Menschen ersetzen zu müssen. Außergewöhnlich komplexes und forderndes Science-Fiction-Drama, dessen formal strenge und stilsichere Inszenierung Fragen nach dem Wesen des Menschseins angesichts schwindender Grenzen zu Maschinen stellt. Ohne vorgefasste Urteile handelt der Film im Kern von der universellen Suche nach einem Platz in der Welt. – **Sehenswert ab 16**.
Österreich/Deutschland 2019 **KI** eksystent distribution **DVD** eksystent & Hoanzl (FF, DD5.1 dt.) **R** Sandra Wollner **B** Sandra Wollner, Roderick Warich **K** Timm Kröger **M** David Schweighart, Peter Kutin **S** Hannes Bruun **Sb** Pia Jaros **Kb** Andrea Jirez **D** Lena Watson (Elli/Emil), Dominik Warta (Georg), Ingrid Burkhard (Frau Schikowa), Jana MacKinnon (Elli), Simon Hatzl (Toni) **L** 97 **FSK** ab 16; f **E** 1.7.2021 / 10.9.2021 DVD (eksystent) / 5.11.2021 DVD (Hoanzl, A) / 15.11.2021 ZDF **fd** 47718

THE TRUTH ABOUT LA DOLCE VITA ★★★
LA VERITÀ SU LA DOLCE VITA

Dokumentarfilm über die Produktionsgeschichte von Federico Fellinis berühmtem Drama DAS SÜSSE LEBEN (1959), bei der insbesondere der Anteil von Produzent Giuseppe Amato und Verleiher Angelo Rizzoli an der letztendlichen Fassung hervorgehoben wird. Neben Filmausschnitten und nachgestellten Szenen setzt der informative, aber keineswegs mit bedeutenden Enthüllungen aufwartende Film auf Interviews und vertonte Texte Amatos, die das Kino als gemeinschaftlich verantwortete Kunstform betonen. – **Ab 14**.
⊙ Der Dokumentarfilm ist in Deutschland 2021 als Teil des Bonusmaterials zur «Special Edition» von LA DOLCE VITA beim Label StudioCanal erschienen (siehe auch dort im Lexikon-Teil «Silberlinge»).
Italien 2020 **DVD** StudioCanal **BD** StudioCanal **R** Giuseppe Pedersoli **B** Giuseppe Pedersoli, Giorgio Serafini **K** Giovanni Brescini, Maurizio Calvesi, Simone Nocchi **M** Marco Marrone **S** Giuseppe Pedersoli **L** 82 **FSK** ab 0 **E** 29.7.2021 DVD & BD **fd** –

THE TWENTIETH CENTURY ★★★★
THE TWENTIETH CENTURY

1899 kandidiert der junge kanadische Politiker William Lyon Mackenzie King mit so viel Idealismus wie Naivität für das Amt des Premierministers. Dabei machen ihm nicht nur Rivalen und eine nationalistische, kriegshetzende Bewegung zu schaffen, sondern auch der Druck seiner überdominanten Mutter und diverse Fetische und Psychosen. Eine kunterbunte, von Anspielungen auf die kanadische Geschichte wie auf die Filmhistorie überquellende Satire, die Elemente aus dem realen Leben von Mackenzie King (1874–1950) als Blaupause für eine artifizielle Studie männlicher, nationaler und politischer Eigenheiten nimmt. Der auf 16 mm und Super8 gedrehte Film mischt dabei Comic-Ästhetik und Pappmaché-Kulissen, Irrwitz und melodramatische Zitate zu einem oft hinreißenden Resultat. – **Ab 16**.
Kanada 2019 **R+B** Matthew Rankin **K** Vincent Biron **M** Peter Venne, Christophe Lamarche-Ledoux **S** Matthew Rankin **Sb** Dany Boivin **Kb** Patricia McNeil **D** Dan Beirne (Mackenzie King), Mikhaïl Ahooja (Bert Harper), Catherine Saint-Laurent (Ruby Elliott), Sarianne Cormier (Nurse Lapointe), Brent Skagford (Arthur Meighen) **L** 90 **E** 15.2.2021 VoD (Mubi) **fd** –

THE UNFORGIVABLE ★★
THE UNFORGIVABLE

Eine Frau, die wegen des Mordes an einem Polizisten eine 20-jährige Haftstrafe abgesessen hat, wird unter strengen Bewährungsauflagen freigelassen. Der Film erzählt in unsortier-

ten Rückblenden und Traumsequenzen von ihrem Versuch, ihre jüngere Schwester zu finden, sowie von der bruchstückhaften Erinnerung an ihre Kindheit. Angesichts des nach dem Baukastenprinzip zusammengewürfelten Drehbuchs erschöpft sich die Figurenzeichnung allerdings weitgehend in Schwarzweißmalerei. Was ein einfühlsames Sozialdrama hätte werden können, endet letztlich als flacher und willkürlicher Thriller. – **Ab 16.**
Großbritannien/Deutschland/USA 2021 **KI** Netflix **R** Nora Fingscheidt **B** Peter Craig, Hillary Seitz, Courtenay Miles **K** Guillermo Navarro **Vo** Sally Wainwright (Miniserie Unforgiven) **M** David Fleming, Hans Zimmer **S** Stephan Bechinger, Joe Walker **Sb** Kim Jennings **Kb** Alex Bovaird **D** Sandra Bullock (Ruth Slather), Jon Bernthal (Blake), Vincent D'Onofrio (John Ingram), Viola Davis (Liz Ingram), Aisling Franciosi (Katherine Malcolm) **L** 108 **FSK** ab 12 **E** 25.11.2021 / 10.12.2021 digital (Netflix) **fd** 48259

The Unholy ★★
The Unholy
Ein taubstummes Mädchen kann in einer Kleinstadt in Massachusetts nach einer vermeintlichen Marienerscheinung auf einmal hören, sprechen und Wunder vollbringen. Als ein gescheiterter Journalist daraus Kapital schlagen will, kommt er einem Rachegeist auf die Spur, der hinter den unheilvollen Phänomenen steckt. Der Horrorfilm punktet mit einigen schönen Einstellungen und wohldosiertem Humor, enttäuscht aber mit dürftigen Spezialeffekten und bleibt als Reflexion über Läuterung, Versuchung und Schuld ohne Tiefgang. – **Ab 16.**
Scope. USA 2021 **KI** Sony **DVD** Sony (16:9, 2.35:1, DD5.1 engl./dt.) **BD** Sony (16:9, 2.35:1, dts-HDMA engl./dt.) **R+B** Evan Spiliotopoulos **K** Craig Wrobleski **Vo** James Herbert (Roman *Shrine*) **M** Joseph Bishara **S** Jake York **Sb** Felicity Abbott **Kb** Jennifer Lynn Tremblay **D** Jeffrey Dean Morgan (Gerry Fenn), Cricket Brown (Alice Pagett), Katie Aselton (Dr. Natalie Gates), William Sadler (Pater Hagan), Diogo Morgado (Monsignor Delgado) **L** 100 **FSK** ab 16; **E** 17.6.2021 / 28.10.2021 DVD & BD **fd** 47791

The United States vs. Billie Holiday ★★
The United States vs. Billie Holiday
Eine Filmbiografie über das Leben der afroamerikanischen Jazzsängerin Billie Holiday (1915–1959), die für ihre Stimme gefeiert wurde, wegen Drogenexzessen und ihrem politischen Engagement aber immer wieder mit FBI und Justiz in Konflikt geriet. Das mit einer glänzenden Hauptdarstellerin aufwartende Drama mäandert zwischen musikalischem Glamour, persönlicher Achterbahnfahrt und politischer Repression und weist zahlreiche narrative Längen auf. Visuell aufwändig wird der Opfermythos der unglücklichen Kultsängerin neu entfacht, während der Film zu wichtigen Punkten wie Holidays Bedeutung für die Bürgerrechtsbewegung keine Haltung entwickelt. – **Ab 16.**
Scope, teils schwarz-weiß. USA 2021 **KI** Wild Bunch **DVD** Capelight (16:9, 2.35:1, DD5.1 engl./dt.) **BD** Capelight (16:9, 2.35:1, dts-HDMA engl./dt.) **R** Lee Daniels **B** Suzan-Lori Parks **K** Andrew Dunn **Vo** Johann Hari (Sachbuch *Chasing the Scream: The First and Last Days of the War on Drugs*) **M** Kris Bowers **S** Jay Rabinowitz **Sb** Daniel T. Dorrance **Kb** Paolo Nieddu **D** Andra Day (Billie Holiday), Trevante Rhodes (Jimmy Fletcher), Natasha Lyonne (Tallulah Bankhead), Garrett Hedlund (Harry J. Anslinger), Rob Morgan (McKay) **L** 125 **FSK** ab 16; **f E** 23.4.2021 digital / 15.5.2021 DVD & BD **fd** 47671

The Velvet Underground ★★★★
The Velvet Underground
Im Umfeld von Andy Warhols «Factory» entstand Ende der 1960er-Jahre die Avantgarde-Rockgruppe The Velvet Underground, die zu den wichtigsten und einflussreichsten Bands der Rockgeschichte gehört. Die inspirierte und anregende Musikdokumentation nähert sich der Gruppe auf gewitzte Weise an, indem sie ihre Entstehung im Kontext der multimedialen New Yorker Avantgarde der 1960er-Jahre herausarbeitet. Die vielfältigen, vermeintlich disparaten Einflüsse werden so als konsequente Übertragung aus einer spezifischen Szene gedeutet, womit der Film bewusst auch eine durchaus kontroverse Position einnimmt. – **Ab 14.**
USA 2021 **R+B** Todd Haynes **K** Edward Lachman **B** Affonso Gonçalves, Adam Kurnitz **L** 120 **E** 15.10.2021 VoD (Apple TV) **fd** 48121

The Virtuoso ★★
The Virtuoso
Ein Killer nimmt von seinem Mittelsmann einen Auftrag an, bei dem er nur den Ort und die Zeit, nicht aber den Namen oder die Identität seines Opfers kennt. Die soll er auf eine Hinweis hin selbst recherchieren. Den abgeklärten Spezialisten plagt aber sein Gewissen, da er bei seinem letzten Job eine unbeteiligte Frau getötet hat. Der verhaltene, in gedeckten Farben und Tönen gehaltene Thriller lässt den Protagonisten im Off ausführlich zu Wort kommen und liefert eine wortreiche Beschreibung seines Arbeitsfeldes. Allerdings ergeht sich der Film dabei über weite Strecken in Ausschweifungen und Allgemeinplätzen und verliert darüber die handelnden Figuren aus dem Blick. – **Ab 16.**
Scope. USA 2021 **KI** Kinostar **R** Nick Stagliano **B** James C. Wolf, Nick Stagliano **K** Frank Prinzi **M** Will Blair, Brooke Blair **S** James Lesage **Sb** David Allen Butler **Kb** Rita Squitiere **D** Anson Mount («The Virtuoso»), Abbie Cornish («The Waitress»), Anthony Hopkins («The Mentor»), David Morse («The Deputy»), Eddie Marsan («The Loner») **L** 110 **FSK** ab 16; **f E** 26.8.2021 **fd** 47983

The Voyeurs ★★
The Voyeurs
Ein junges Paar in Montreal stellt fest, dass es von seinem Apartment aus freizügige Einblicke ins (Sex-)Leben der Nachbarn von gegenüber hat. Vor allem für die Frau wird das voyeuristische Vergnügen bald zur Obsession und bekommt einen bitteren Ton, sich hinter den Sex-Eskapaden ein Beziehungsdrama abzuzeichnen beginnt und sie sich mit tragischen Folgen genötigt fühlt, sich einzumischen. Ein Erotik-Thriller um Schaulust, Vertrauensbrüche und die ambivalenten Kräfteverhältnisse zwischen Beobachtern und Beobachteten, dessen wendungsreicher Plot durchaus unterhält, auch wenn die im Spiel mit Referenzen und Symbolen dick auftragende Inszenierung immer wieder ins Trashige gleitet. – **Ab 16.**
USA 2021 **R+B** Michael Mohan **K** Elisha Christian **M** Will Bates **S** Christian Masini **Sb** Adam Reamer **Kb** Romy Itzigsohn **D** Sydney Sweeney (Pilla), Justice Smith (Thomas), Ben Hardy (Seb), Natasha Liu Bordizzo (Julia), Katharine King So (Ari) **L** 112 **FSK** ab 16; **f E** 10.9.2021 digital (Amazon Prime) **fd** -

The Water Man ★★★
The Water Man
Ein Elfjähriger fühlt sich hilflos, als seine Mutter an Leukämie erkrankt. Als er von einer Jugendlichen die Legende eines alten Bergmanns hört, der mit Hilfe eines magischen Steins Tote zum Leben erwecken können soll, schöpft er Hoffnung und macht sich mit ihr auf die Suche. Das in eine Abenteuerreise mündende Drama

THE WATER MAN (© Karen Ballard / Netflix)

lebt von seiner genauen atmosphärischen Beobachtung und wartet mit schönen Bildideen auf, in denen Realität und Imagination verschmelzen. In der zweiten Hälfte gelingt es dem Film jedoch nicht, die Spannung anzuziehen, und letztlich wirkt er angesichts seines Themas etwas zu forciert versöhnlich und oberflächlich. – **Ab 12**.
Scope. USA 2020 **R** David Oyelowo **B** Emma Needell **K** Matthew J. Lloyd **M** Peter Baert **S** Blu Murray **Sb** Laurence Bennett **Kb** Nadine Haders **D** Lonnie Chavis (Gunner Boone), Amiah Miller (Jo Riley), David Oyelowo (Amos Boone), Rosario Dawson (Mary Boone), Maria Bello (Sheriff Goodwin) **L** 91 **E** 9.7.2021 VoD (Netflix) fd 47866

THE WEDDING (UN)PLANNER – ★★
HEIRATE WER KANN!
HASTA QUE LA BODA NOS SEPARE

Eine Mittdreißigerin hat sich als Hochzeitsplanerin darauf spezialisiert, romantische Träume vom Heiraten gegen gutes Geld für ihre Kunden wahrzumachen, sie selbst genießt dagegen ihren Single-Status und das ungebundene Leben. Dann entpuppt sich ein Mann, mit dem sie einen One-Night-Stand hatte, als Freund einer Bekannten aus der Kindheit, die sie schon zu Schulzeiten nicht leiden konnte. Als sie die anstehende Hochzeit der beiden organisieren soll, lässt sie keine Gelegenheit für Sabotageakte ungenutzt, und so werden die Hochzeitsvorbereitungen mehr und mehr zum Katastrophengebiet. Turbulente romantische Komödie mit mäßig originellen Gags. – **Ab 12**.
Scope. Spanien 2019 **DVD** Lighthouse **BD** Lighthouse **R** Dani de la Orden **B** Eric Navarro, Olatz Arroyo, Marta Sánchez **K** Chechu Graf **M** Zacarías M. de la Riva, Alfred Tapscott **S** Alberto Gutiérrez, Oriol Pérez Alcaraz **Sb** Javier Fernández **Kb** Saioa Lara **D** Belén Cuesta (Marina), Álex García (Carlos), Silvia Alonso (Alexia), Antonio Dechent (Arturo), Gracia Olayo (Lourdes) **L** 110 **FSK** ab 12 **E** 21.5.2021 DVD, BD & digital fd -

THE WIDOW – DIE LEGENDE ★★
DER WITWE
WDOWA

Ein Rettungsteam ist gerade bei einer Übung, als es die Nachricht bekommt, dass in einem Waldstück nördlich von St. Petersburg ein Junge verschwunden ist. Die Gruppe bricht sofort auf, um nach dem Kind zu suchen, und sieht sich bald damit konfrontiert, dass gruslige Gerüchte um eine Hexe, die das Gebiet einst verflucht haben soll, nicht frei erfunden sind: Tatsächlich wartet Dämonisches auf sie. Der teils als Found-Footage-Horror inszenierte russische Film wandelt einigermaßen solide in BLAIR WITCH PROJECT-Spuren, verliert allerdings umso mehr an Gruselpotenzial, je mehr in der zweiten Hälfte die Bedrohung konkrete Züge annimmt. – **Ab 16**.
Scope. Russland 2020 **DVD** Tiberius/Sony (16:9, 2.35:1, DD5.1 russ./dt.) **BD** Tiberius/Sony (16:9, 2.35:1, dts-HDMA russ./dt.) **R** Iwan Minin **B** Natalja Dubowaja, Iwan Kapitonow, Iwan Minin **K** Maxim Michanjuk **M** Nick Skatschkow **D** Wiktotija Potjemina (Wika), Anastasija Gribowa (Kristina), Margarita Bytschkowa (Soja), Ilja Agapow (Ilja), Oleg Tschugunow (Nikita) **L** 83 **FSK** ab 16; f **E** 8.7.2021 DVD & BD fd -

THE WINTER GUEST ★★★
THE WINTER GUEST

In einem Dorf im winterlichen Schottland kreuzen sich an einem Tag die Wege mehrerer Einwohner: Eine lethargische Frau erhält nach dem Tod ihres Mannes den Beistand ihrer Mutter, ihr Sohn und eine Nachbarstochter bandeln miteinander an, zwei alte Damen und zwei Schuljungen werden ebenfalls von der besonderen Stimmung des kalten Tages erfasst. Eine Theaterverfilmung mit ausgezeichneter Kameraarbeit und hervorragenden Darstellern, die mit ihren vielen Dialogen die Bühnenherkunft nicht leugnen kann. Die zurückhaltende Inszenierung kommt der warmherzigen Beschreibung der Notwendigkeit zwischenmenschlicher Verbindungen letztlich zugute. – **Ab 14**.
Großbritannien 1997 **BD** Studio Hamburg **R** Alan Rickman **B** Alan Rickman, Sharman MacDonald **K** Seamus McGarvey **Vo** Sharman MacDonald (Bühnenstück *The Winter Guest*) **M** Michael Kamen **S** Scott Thomas **Sb** Robin Cameron Don **Kb** Joan Bergin **D** Phyllida Law (Elspeth), Emma Thompson (Frances), Gary Hollywood (Alex), Arlene Cockburn (Nita), Sheila Reid (Lily) **L** 105 **FSK** ab 12 **E** 17.12.2021 BD fd -

THE WITCHER: NIGHTMARE OF ★★★
THE WOLF
THE WITCHER: NIGHTMARE OF THE WOLF

Animiertes Spin-off der WITCHER-Serie nach den Romanen von Andrzej Sapkowski. Im Mittelpunkt steht ein Hexer namens Vesemir, der spätere Erzieher und Mentor der WITCHER-Hauptfigur Geralt von Riva. Der Film kreist um Vesemirs Abenteuer als junger Mann in einer Welt, in der die Dienste von Hexern und Monsterjäger zwar in Anspruch genommen werden, diese als «Mutanten» aber auch selbst dämonisiert und verfolgt werden – insbesondere als ein Monster auftaucht, das unter magischem Einfluss steht. In reizvoller Anime-Ästhetik umgesetzt, liefert der Film eine zwar sehr frei auf den Büchern aufbauende, deren Motive aber stimmig umspielende Erweiterung. – **Ab 16**.
USA 2021 **R** Kwang Il Han **B** Beau DeMayo **Vo** Andrzej Sapkowski (Roman-Reihe) **L** 81 **E** 23.8.2021 digital (Netflix) fd -

THE WOLF OF SNOW HOLLOW ★
THE WOLF OF SNOW HOLLOW

Horrorkomödie über eine Kleinstadt in den Rocky Mountains, die von einem Werwolf heimgesucht zu werden scheint. Nur ein Polizist zweifelt an einem übersinnlichen Wesen als Täter in einer Reihe von Fällen grausiger Frauenmorde und macht sich auf, den Fall durch klassische Polizeiarbeit zu lösen. Zugleich will er dabei seinen Vater, den alten Sheriff, von seinen Qualitäten überzeugen. Während die Schauspieler durchaus einen guten Eindruck hinterlassen, ist der Plot dürftig und auch nicht sonderlich lustig. Gezielte Geschmacklosigkeiten können die inszenatorische Ideenlosigkeit nicht kaschieren. – **Ab 16**.
USA 2020 **R+B** Jim Cummings **K** Natalie Kingston **M** Ben Lovett **S** Patrick Nelson Barnes, R. Brett Thomas **Sb** Charlie Textor **Kb** Anna Hayes **D** Jim Cummings (John Marshall), Riki Lindhome (Detective Julia Robson), Robert Forster (Sheriff Hadley), Chloe East (Jenna Marshall), Will Madden

The Woman in the Window ★★★
The Woman in the Window
Eine Frau leidet unter einer massiven Agoraphobie und hat ihr Haus in New York schon lang nicht mehr verlassen. Als im Gebäude gegenüber eine Familie einzieht, scheint sie in der neuen Nachbarin eine Freundin zu finden. Wenige Tage später beobachtet sie durchs Fenster, wie die Nachbarin ermordet wird, doch niemand will ihr glauben. Zitatreicher Krimi mit eher erwartbarem Verlauf, der durch den forcierten Einsatz von Kamera, Ton und Set-Design dennoch eine solide Spannung erzeugt. Die Studie einer von Ängsten und einem vergrabenen Trauma bedrängten Frau, die wieder Anschluss an die Außenwelt findet, wird unter dem Krimi-Plot zwar etwas begraben, erscheint jedoch durchaus facettenreich und intensiv. – **Ab 16**.
Scope. USA 2020 **R** Joe Wright **B** Tracy Letts **K** Bruno Delbonnel **Vo** A. J. Finn (Roman *The Woman in the Window – Was hat sie wirklich gesehen?*) **M** Danny Elfman **S** Valerio Bonelli **Sb** Kevin Thompson **Kb** Albert Wolsky **D** Amy Adams (Anna Fox), Gary Oldman (Alistair Russell), Anthony Mackie (Ed Fox), Fred Hechinger (Ethan), Wyatt Russell (David) **L** 100 **E** 14.5.2021 VoD (Netflix) **fd** 47718

The Woman in the Window (© Melinda Sue Gordon)

There is no Evil
siehe: Doch das Böse gibt es nicht

They Want Me Dead ★★
Those Who Wish Me Dead
Ein Finanzbuchhalter und sein Sohn fliehen vor zwei Attentätern von Florida aus Richtung Montana an der kanadischen Grenze. Vor der Kulisse eines gewaltigen Waldbrands wandelt sich der als lakonischer Thriller konzipierte Flucht sukzessive zum Katastrophenfilm. Das Ergebnis ist ein filmischer Hybrid, der die Motive beider Genres weder in Einklang bringen noch in ein konstruktives Missverhältnis setzen kann. – **Ab 16**.
USA 2020 **KI** Warner Bros. **R** Taylor Sheridan **B** Charles Leavitt, Taylor Sheridan **K** Ben Richardson **Vo** Michael Koryta (Roman *Those Who Wish Me Dead / Die mir den Tod wünschen*) **M** Brian Tyler **S** Chad Galster **Sb** Neil Spisak **Kb** Kari Perkins **D** Angelina Jolie (Hannah Faber), Finn Little (Connor), Nicholas Hoult (Patrick), Jon Bernthal (Ethan), Medina Senghore (Allison) **L** 100 **FSK** ab 12; f **E** 24.5.2021 VoD (Sky) / 19.8.2021 DVD & BD **fd** 47774

Things Heard & Seen ★★★
Things Heard & Seen
In den 1970er-Jahren ziehen ein junger Kunsthistoriker und seine Frau von New York ins Hudson Valley, wo er an einem College eine Stelle antritt. Der jungen Frau aber fällt es schwer, sich mit den neuen Lebensumständen anzufreunden, zumal sie und ihre kleine Tochter seltsame Erscheinungen in ihrem neuen Zuhause wahrnehmen. Ein zwischen Ehedrama und Geisterhausfilm changierendes Mystery-Drama, dessen Inszenierung etwas blass bleibt, dank zweier hervorragender Hauptdarsteller aber als Studie einer Ehe, die in eine bedrohliche Schieflage gerät, spannend unterhält. – **Ab 16**.
USA 2021 **R** Shari Springer Berman, Robert Pulcini **B** Shari Springer Berman, Robert Pulcini **K** Larry Smith **Vo** Elizabeth Brundage (Roman *All Things Cease to Appear*) **M** Peter Raeburn **S** Louise Ford, Andrew Mondshein **Sb** Lester Cohen **Kb** April Napier **D** Amanda Seyfried (Catherine Clare), James Norton (George Clare), Ana Sophia Heger (Franny Claire), F. Murray Abraham (Floyd DeBeers), Alex Neustaedter (Eddy Lucks) **L** 119 **E** 30.4.2021 VoD (Netflix) **fd** 47676

This Little Love of Mine ★★
This Little Love of Mine
Eine junge Frau, die als erfolgreiche Anwältin gerade die Karriereleiter erklettert, kehrt auf die idyllische Insel zurück, wo sie aufgewachsen ist: Sie soll einen alten Kindheitsfreund dazu bringen, in die Fußstapfen seines Bauunternehmer-Großvaters zu treten und einen Vertrag zu unterzeichnen, der ihn zum neuen CEO von dessen Unternehmen macht, wogegen er sich hartnäckig sträubt. Während sie versucht, ihren Auftrag zu erfüllen, geht er daran, ihr das entspannte Leben auf der Insel schmackhaft zu machen. Die australische Romantik-Komödie wuchert mit dem touristisch aufbereiteten Flair ihres Schauplatzes und deklamiert ansonsten bieder gängige Genremuster hinunter. – **Ab 14**.
Australien 2021 **R** Christine Luby **B** Georgia Harrison **K** Simon Harding **M** Jazz D'Arcy **S** Charlotte Cutting **Sb** Jamie Cranney **Kb** Stephanie Bannenberg **D** Saskia Hampele (Laura), Liam McIntyre (Chip), Lynn Gilmartin (Gem), Monette Lee (Fiona), Tiriel Mora (Mr. Bailey) **L** 91 **E** 7.7.2021 VoD (Netflix) **fd** -

Thriller – Blutbad an der Compton High ★
Thriller
Im kalifornischen Compton wird eine Gruppe Jugendlicher, die einst einem Jungen böse mitspielten und verschuldeten, dass dieser im Gefängnis landete, von ihrem ehemaligen Opfer heimgesucht, das blutige Rache üben will. Der Horrorfilm versucht durch seine Verortung in der Heimatstadt des Gangsta-Raps zwar oberflächlich, an Diskurse um die Perspektivlosigkeit schwarzer Jugendlicher anzuschließen, weder die Figuren noch die Konflikte gewinnen jedoch an Tiefe. So bleibt es beim einfallslosen und inszenatorisch schwachen Aufkochen altbekannter Slasher-Elemente. – **Ab 16**.
USA 2021 **DVD** Busch Media **B** Busch Media **R** Dallas Jackson **B** Dallas Jackson, Ken Rance **K** Mac Fisken **M** RZA **S** John Quinn **Sb** John Zachary **Kb** Janelle Nicole Carothers **D** Jessica Allain (Lisa Walker), Luke Tennie (Derrick Jackson), Mitchell Edwards (Ty Reynolds), Paige Hurd (Gina Brown), Chelsea Rendon (Tiffany Rodriguez) **L** 87 **E** 30.4.2021 DVD, BD & digital **fd** 47697

THUNDER FORCE (© Hopper Stone / Netflix)

THUNDER FORCE ★★
THUNDER FORCE

In den 1980ern sind durch kosmische Strahlung einige Menschen mutiert, haben besondere Kräfte bekommen und tyrannisieren seitdem die Normalbürger mit allerlei Verbrechen. Eine Wissenschaftlerin entwickelt ein Superkräfte-Serum, um sie bekämpfen zu können, doch durch eine Panne bekommt auch eine ehemalige Freundin von ihr einen Teil davon ab. Die beiden unterschiedlichen Frauen müssen sich zusammenraufen, um den Schurken die Stirn zu bieten. Eine Action-Komödie mit solidem Story-Gerüst, die jedoch in der Umsetzung zu ideenlos und schwach inszeniert ist, um durchweg zu unterhalten. – **Ab 12**.
USA 2021 **R+B** Ben Falcone **K** Barry Peterson **M** Fil Eisler **S** Tia Nolan **Sb** Bill Brzeski **Kb** Carol Ramsey **D** Melissa McCarthy (Lydia), Octavia Spencer (Emily), Bobby Cannavale (The King), Jason Bateman (The Crab), Pom Klementieff (Laser) **L** 105 **E** 9.4.2021 VoD (Netflix) fd 47653

THUNDERBIRD – SCHATTEN DER VERGANGENHEIT ★★★
THUNDERBIRD

Nahe einer kleinen kanadischen Küstenstadt werden mehrere Frauen ermordet. Als auch seine Schwester verschwindet, forscht ein Fischer zusammen mit einer Polizistin nach den Verantwortlichen, was einen alten Konflikt mit einer nahebei lebenden First-Nations-Gemeinschaft wieder heraufbeschwört. Bedächtiger Thriller, der auch Mystery-Elemente einbezieht, im Wesentlichen aber von ethischen Spannungen und unverarbeiteten Traumata handelt. Als Regiedebüt etwas uneben, aber formal und schauspielerisch durchaus von Talent zeugend. – **Ab 16**.
Kanada 2019 **DVD** Lighthouse **BD** Lighthouse **R+B** Nicholas Treeshin **K** Alfonso Chin **M** Alex Klingle **S** Nicholas Treeshin **Sb** Kevin Kim **D** Natalie Brown (Ivy Seymour), Colten Wilke (Will Brook), Aaron Douglas (Joe Fletcher), Brittney Wilson (Sarah Brook), Natasha Young (Faye Brook) **L** 91 **FSK** ab 16 **E** 22.10.2021 DVD & BD fd –

TICK, TICK … BOOM! ★★★
TICK, TICK … BOOM!

Vor seinem 30. Geburtstag hadert der junge Musical-Komponist Jonathan Larson damit, dass es noch keines seiner Werke an den Broadway geschafft hat. Eine öffentliche Präsentation seines Wunschprojektes könnte ihn voranbringen, doch verspürt er vor dem entscheidenden Termin zusehends Zweifel, ob er auf dem richtigen Weg ist. Ein biografisches Musicaldrama über das Ausnahmetalent Jonathan Larson (1960–1996) mit vielfältigen interessanten Einblicken ins US-amerikanische Theatersystem und originellen Musikszenen. Neben der Künstlerseite sind andere Aspekte seines Lebens deutlich oberflächlicher erfasst, sodass der Film eher als Genre- und Systemreflexion funktioniert. – **Ab 14**.
Scope. USA 2021 **KI** Netflix **R** Lin-Manuel Miranda **B** Steven Levenson **K** Alice Brooks **Vo** Jonathan Larson (Musical-Libretto «tick, tick … Boom!») **M** Jonathan Larson **S** Myron I. Kerstein, Andrew Weisblum **Sb** Alex DiGerlando **Kb** Melissa Toth **D** Andrew Garfield (Jon), Alexandra Shipp (Susan), Robin de Jesus (Michael), Vanessa Hudgens (Karessa), Joshua Henry (Roger) **L** 116 **FSK** ab 6 **E** 11.11.2021 / 19.11.2021 VoD (Netflix)
fd 48205

TIDES ★★★★
TIDES

Zwei Generationen, nachdem der wohlhabende Teil der Menschheit ins All geflüchtet ist, kehrt eine Astronautin auf die Erde zurück, um die Chancen einer Rückkehr auszuloten. Inmitten einer endlosen Wattlandschaft aus Nebel, Wasser und Matsch trifft sie auf verfeindete Stämme und autoritäre Strukturen, die sie vor moralische Dilemmata stellen. Der visuell-atmosphärisch markante Science-Fiction-Film ringt inmitten einer postapokalyptischen Schlamm-Szenerie mit erstaunlich irdischen Themen wie Fruchtbarkeit oder der Kraft der Natur und kreist um die Spannung zwischen der Freiheit des Einzelnen und dem Wohl der Spezies. Dramaturgisch bleibt allerdings manches im Ansatz stecken. – **Ab 16**.
Scope. Deutschland/Schweiz 2021 **KI** Constantin **R** Tim Fehlbaum **B** Tim Fehlbaum, Mariko Minoguchi **K** Markus Förderer **M** Lorenz Dangel **S** Andreas Menn **Sb** Julian R. Wagner **Kb** Leonie Zykan **D** Nora Arnezeder (Blake), Iain Glen (Gibson), Sarah-Sofie Boussnina (Narvik), Sope Dirisu (Tucker), Joel Basman (Paling) **L** 104 **FSK** ab 12; f **E** 26.8.2021 fd 47974

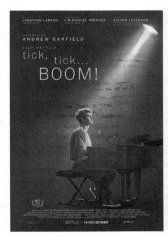

TICK, TICK … BOOM! (© Netflix)

DIE TIEFE SEHNSUCHT DER GÖTTER ★★★★
KAMIGAMI NO FUKAKI YOKUBÔ

Ein Ingenieur soll auf einer Südsee-Insel den Bau eines Brunnens beaufsichtigen, um eine Zuckerrohrfabrik mit Wasser zu versorgen. Dabei kommt er in Kontakt mit einer von der Inselgesellschaft verstoßenen Familie, in der Inzest und andere Tabubrüche praktiziert werden. Ein Drama des Japaners Shôhei Imamura um den Konflikt zwischen traditionellen und modernen Lebensweisen, das in seiner ausgedehnten Laufzeit faszinierende Bilder vom animalischen Leben aufbietet und eine Art Antithese zu klassischen nationalen Familienbildern aufstellt. Dabei steht Kritik neben (möglicher) Zustimmung, Farce neben Tragödie, ohne dass der Film sich eindeutig positionieren würde. (O.m.d.U.) – **Sehenswert ab 16.**
Scope. Japan 1968 R Shôhei Imamura B Shôhei Imamura, Keiji Hasebe K Masao Tochizawa M Toshirô Mayuzumi S Mutsuo Tanji Sb Takeshi Ômura D Kazuo Kitamura (Kariya), Rentarô Mikuni (Nekichi Futori), Chôichirô Kawarasaki (Kametaro Futori), Hideko Okiyama (Toriko Futori), Kanjûrô Arashi (Yamamori Futori) L 167 E 1.7.2021 VoD (arte) fd –

TIGER ★★★★
TIGERS/TIGRAR

Der 17-jährige Schwede Martin Bengtsson steht 2003 vor einer großen Fußballer-Karriere, da er schon in diesem Alter einen Vertrag beim italienischen Club Inter Mailand erhält. Doch die Konkurrenzsituation in der Mannschaft und der Belastungsdruck des Profifußball-Geschäfts überfordern den Jugendlichen so sehr, dass er in eine Depression verfällt. Ein Coming-of-Age-Drama nach der Autobiografie von Martin Bengtsson, in dem die Sportwelt eindrücklich als kalte, bedrängende Sphäre erfasst wird. Neben einer energetischen Leistung in der Hauptrolle beeindruckt der schonungslose Blick hinter die schillernde Fassade des kommerziellen Fußballs. – **Ab 16.**
Schweden/Italien/Dänemark 2020 R+B Ronnie Sandahl K Marek Wieser Vo Martin Bengtsson (Autobiografie / skuggan av San Siro / Freistoß ins Leben) M Jonas Colstrup S Åsa Mossberg Sb Kajsa Severin (= Kajsa Severin Palme) Kb Mariano Tufano D Erik Enge (Martin Bengtsson), Frida Gustavsson (Vibeke), Liv Mjönes (Karin), Alfred Enoch (Ryan), Johannes Kuhnke (Peter) L 116 E 27.11.2021 NDR fd –

TILL DEATH – BIS DASS DEIN TOD UNS SCHEIDET ★★
TILL DEATH

Eine untreue Ehefrau wird von ihrem Mann in eine Falle gelockt und findet sich mit Handschellen an seine Leiche gekettet in einem abgelegenen Haus wieder. Als zwei auf sie angesetzte Killer dort auftauchen, sucht die Frau verzweifelt nach einem Ausweg, während sie sich zunehmend ideenreich gegen die Attentäter zur Wehr setzt. Ein ohne Anspruch auf Wahrscheinlichkeit entwickelter Thriller, der als packendes und schließlich schwarzhumoriges Katz-und-Maus-Spiel aber durchaus Qualitäten hat. Die schwachen Charaktere und ein Hang zur Wiederholung mindern allerdings die Wirkung des Regiedebüts. – **Ab 18.**
USA/Bulgarien/Großbritannien 2021 DVD EuroVideo BD EuroVideo R S. K. Dale B Jason Carvey K Jamie Cairney M Walter Mair (= Walter Christian Mair) S Alex Fenn, Sylvie Landra Sb Nikola Bercek, Orlin Grozdanov Kb Irina Kotcheva D Megan Fox (Emma), Eoin Macken (Mark), Callan Mulvey (Bobby Ray), Jack Roth (Jimmy), Aml Ameen (Tom) L 87 FSK ab 18 E 9.12.2021 DVD, BD & digital fd –

TINA ★★★★
TINA

Trefflich arrangierter Dokumentarfilm über die Karriere-Stationen der Rocklegende Tina Turner sowie die von Gewalt und Vergewaltigung überschattete Ehe mit dem Musiker Ike Turner. Der sehr persönliche Film wartet mit Archivmaterial von stimmgewaltigen Live-Auftritten auf und berührt zugleich emotional, indem er den Star in seinen Verletzlichkeiten vorstellt. Ohne die Erinnerung an kürzlich überwundene Krankheiten oder den Suizid eines Sohns aufzureißen, schafft es der Film, zwischen Huldigung und differenzierter Trauma-Analyse ein Leben nachzuzeichnen, das nicht einfach war, die kraftvolle Musikerin aber nie zum Aufgeben brachte oder ihr die Fähigkeit nahm, selbst zu geben und zu lieben. – **Ab 14.**
USA 2020 KI Piece of Magic Entertainment DVD Universal (16:9, 1.78:1, DD5.1 engl.) BD Universal (16:9, 1.78:1, dts-HDMA engl.) R Daniel Lindsay, T.J. Martin K Megan Stacey, Dimitri Karakatsanis M Danny Bensi, Saunder Jurriaans S Carter Gunn, T. J. Martin, Taryn Gould L 123 FSK ab 0; f E 13.6.2021 / 8.7.2021 DVD & BD & digital fd 47860

TITANE ★★★★
TITANE

Eine Erotik-Tänzerin wird zur Mörderin, nimmt auf der Flucht die Identität eines seit einem Jahrzehnt vermissten Jungen an und findet bei dessen Vater, einem Feuerwehrmann, Unterschlupf. Außerdem ist sie, wie sich zeigt, auf mysteriöse Weise schwanger. Der am ehesten mit dem Bodyhorror verwandte Genre-Mix erzählt von Flucht und scheinbarer Obhut als fantastischem Rausch, der Geschlechtsidentitäten ebenso vermengt wie Fleisch und Metall. Die spektakulären Motive sind weniger zeitgeistige Diskursbeiträge zu Themen wie Transsexualität oder «toxischer» Männlichkeit, sondern eher von der Kraft des Affekts geleitete und mit viel Finesse rauschhaft kanalisierte filmische Übersteuerungen. – **Ab 18.**

Die Extras umfassen u. a. eine Interviewrunde mit Regisseurin Julia Ducournau und den Darstellern Vincent Lindon und Agathe Rousselle (24 Min.).
Scope. Belgien/Frankreich 2021 KI Koch Films DVD Koch (16:9, 2.35:1, DD5.1 frz./dt.) BD Koch (16:9, 2.35:1, dts-HDMA frz./dt.) R+B Julia Ducournau K Ruben Impens M Jim Williams S Jean-Christophe Bouzy Sb Laurie Colson, Lise Péault Kb Anne-Sophie Gledhill D Agathe Rousselle (Alexia), Vincent Lindon (Vincent), Garance Marillier (Justine), Laïs Salameh (Rayane), Dominique Frot (Macarena-Dame) L 108 FSK ab 16 E 7.10.2021 / 13.1.2022 digital / 27.1.2022 DVD & BD fd 48079

TITO AND THE BIRDS ★★★★
TITO E OS PÁSSAROS

In einer brasilianischen Großstadt bricht eine Angst-Epidemie aus, in deren Zuge sich Menschen in Steine verwandeln. Gemeinsam mit zwei Freunden macht sich ein Junge auf die Suche nach einem Gegenmittel. Die Reise führt ihn nicht nur zu seinem Vater, der die Familie vor Jahren verlassen hat, sondern auch zum mysteriösen Gesang der Tauben. Wagemutig mischt der brasilianische Animationsfilm die Ästhetik der Ölmalerei und die Stilmittel des Expressionismus mit einem dystopischen Setting, richtet sich aber trotzdem an ein junges Publikum. In ausdrucksstarken Bildern führt er vor Augen, wie Angst Menschen einschränkt, wobei der Film dabei vor allem die Rolle propagandistischer Medien und autokratischer Strukturen kritisiert. – **Sehenswert ab 10.**
Brasilien 2019 R Gabriel Bitar, André Cato

to, Gustavo Steinberg **B** Eduardo Benaim, Gustavo Steinberg **M** Ruben Feffer, Gustavo Kurlat **S** Vânia Debs, Thiago Ozelami **L** 73 **E** 22.8.2021 digital (Mubi) **fd** 47996

To All the Boys: Always and Forever ★★
To All the Boys: Always and Forever, Lara Jean

Nach To All I've Loved Before und To All the Boys: P. S. I Still Love You der dritte Teil einer Teenie-Romanze: Die Heldin geht dem Ende ihrer Schulzeit entgegen und muss den Rückschlag erleben, nicht auf dasselbe College wie ihr Freund zu können. Aber auch in ihrer Familie stehen die Zeichen auf Wandel. Der Film schließt nahtlos an die Vorgängerfilme an und punktet vor allem mit seiner sympathischen Hauptfigur. Die visuelle Gestaltung und ein wenig zu glatte Figuren sorgen allerdings dafür, dass die Handlung eher süßlich-verklärt als realitätsnah ausfällt. – **Ab 12.** Scope. USA 2021 **R** Michael Fimognari **B** Katie Lovejoy, Jenny Han (Roman *Always and Forever, Lara Jean*) **K** Michael Fimognari **S** Michelle Harrison, Joe Klotz, Tamara Meem **Sb** Chris August **Kb** Lorraine Carson **D** Lana Condor (Lara Jean), Noah Centineo (Peter), Janel Parrish (Margot Covey), Madeleine Arthur (Christine), Jordan Fisher (Trina Rothschild) **L** 109 **E** 12.2.2021 VoD (Netflix) **fd** -

Töchter ★★★
Eine Frau in den Vierzigern bittet ihre Freundin um Beistand, weil sie ihren schwerkranken Vater in die Schweiz zum assistierten Suizid begleiten soll. Zu dritt machen sie sich vom Ruhrgebiet aus auf den Weg Richtung Süden, doch ihre Reise kommt nur mühsam voran. Ein turbulentes Road Movie zwischen Tragik und Komik um drei schwierige Charaktere, die auf Autobahnen und in billigen Hotels unentwegt aneinandergeraten, und in dem der nahende Tod und eine große Lebenslust sich annähernd die Waage halten. – **Ab 14.** Deutschland/Griechenland/Italien 2021 **Kl** Warner Bros. **R** Nana Neul **B** Nana Neul, Lucy Fricke **K** Bernhard Keller **Vo** Lucy Fricke (Roman *Töchter*) **M** Henning Grambow, Jörg-Martin Wagner **S** Stefan Stabenow **Sb** Dominik Benninghaus **Kb** Ulrike Scharfschwerdt **D** Alexandra Maria Lara (Martha), Birgit Minichmayr (Betty), Andreas Konstantinou (Yannis), Josef Bierbichler (Kurt), Giorgio Colangeli (Ernesto) **L** 122 FSK ab 12; f **E** 7.10.2021 **fd** 48386

Die Töchter der Revolution ★★★★
Women's Day

Ausgehend von den russischen Traditionen zum seit 1921 gefeierten Weltfrauentag fragt ein Dokumentarfilm nach der Änderung des Frauenbildes im Laufe des 20. Jahrhunderts. Dabei kommen feministische Fortschritte in Folge der Russischen Revolution ebenso zur Sprache wie sexual- und frauenfeindliche Tendenzen der Sowjetära, die sich bis heute in der gesellschaftlichen Wahrnehmung von Frauen in Russland niederschlagen. Aus einer Vielzahl an Stimmen sowie Archivmaterial erschafft der Film eindrucksvoll ein Panorama der Perspektiven, die auch die Geschichte der UdSSR und des postkommunistischen Russlands neu beleuchten. – **Sehenswert ab 14.** Teils schwarz-weiß. Großbritannien/Deutschland/Russland/Bulgarien 2019 **R+B** Dolya Gavanski **K** Mariana Kroutilin **M** Sacha Puttnam **S** Nina Altaparmakova **L** 84 **E** 7.3.2021 mdr **fd** -

Töchter des Feuers ★★★
Filles du Feu

Bei den Kämpfen gegen den Islamischen Staat in den syrischen Kurdengebieten spielten junge kurdische Soldatinnen eine bedeutende Rolle. Für einen Dokumentarfilm begibt sich eine Kamera an der Seite einiger von ihnen in die Kriegsregion und begleitet sie bei ihren gefährlichen Einsätzen, nimmt aber auch die Momente der Ruhe teil. Dabei blendet der unkommentierte Film zwar die größeren politischen Zusammenhänge aus, stellt dafür aber eine große Nähe zu den Protagonistinnen her und hält fest, wie sie nicht nur ihr Volk verteidigen, sondern auch an der Emanzipation der Frauen mitwirken. – **Ab 16.** Frankreich 2017 **R+B+K** Stéphane Breton **S** Catherine Rascon **L** 80 **E** 1.9.2021 arte **fd** -

Tod im Strandhaus ★★
The Rental

Eine Frau und ein Mann, die gemeinsam eine kleine Firma führen, gönnen sich zusammen mit ihren Partnern ein Wochenende in einer Villa an einer Steilküste. Dort kommen sich die Geschäftspartner intim näher, was aufzufliegen droht, als sie entdecken, dass das gesamte Gebäude mit Überwachungstechnik ausgestattet ist – und bald darauf auch, dass sie von einem Mörder bedroht werden. Solide inszenierter Thriller in stilvollem Ambiente, der die Spannung lange in der Schwebe hält, um die Gewalt schließlich mit Wucht einzuführen. Die Figuren sind allerdings nicht sonderlich profiliert und laden kaum zur Identifikation ein, zudem wirkt der Plot nicht durchweg durchdacht. – **Ab 16.** Scope. USA 2020 **DVD** Edel **BD** Edel **R** Dave Franco **B** Dave Franco, Joe Swanberg **K** Christian Sprenger **M** Danny Bensi, Saunder Jurriaans **S** Kyle Reiter **Sb** Meredith Lippincott **Kb** Kameron Lennox **D** Dan Stevens (Charlie), Alison Brie (Michelle), Sheila Vand (Mina), Jeremy Allen White (Josh), Toby Huss (Taylor) **L** 85 FSK ab 16 **E** 10.5.2021 ZDF / 14.5.2021 DVD & BD **fd** -

Das todbringende Ungeheuer ★★
The Deadly Mantis

Durch Verschiebungen der Eismassen am Nordpol wird eine riesige eingefrorene Gottesanbeterin befreit. Während sie erst im Norden schwere Verwüstungen anrichtet, droht sie schon bald auch die USA anzugreifen, was Militär und Wissenschaftler aber zu verhindern wissen. Billig-Horrorfilm aus den 1950er-Jahren mit einem vergleichsweise bedrohlichen Monster und einem gewissen Trash-Charme. Neben routinierten Tier-Angriffen und Gegenreaktionen produziert der Film aber trotz kurzer Laufzeit auch einiges an Leerlauf. – **Ab 14.** Schwarz-weiß. USA 1957 **BD** Anolis Ent. **R** Nathan Juran **B** Martin Berkeley **K** Ellis W. Carter **M** Irving Gertz, William Lava **S** Chester Schaeffer **D** Craig Stevens (Col. Joe Parkman), William Hopper (Dr. Nedrick Jackson), Alix Talton (Marge Blaine), Donald Randolph (Major Gen. Mark Ford), Pat Conway (Sgt. Pete Allen) **L** 76 FSK ab 12; f **E** 29.1.2021 BD **fd** -

Tödliche Gier ★★
Ein freimütig Position beziehender Pastor wird in ein Dorf bei Hamburg versetzt, was in seiner Familie für Konflikte sorgt. Diese müssen jedoch zurückstehen, als drei Ganoven, die in der Dorfkirche nach versteckten Diamanten aus einem Raub suchen, die Familie als Geiseln nehmen. Ein Routine-Krimi mit Einschlägen eines Familiendramas, der solide etliche standardisierte Spannungssituationen aneinanderreiht. Angesichts schwacher Figuren und klischeehafter Dialoge bleiben die Möglichkeiten der Identifikation allerdings gering. – **Ab 16.** Deutschland 2020 **R+B** Thorsten Näter **K** Joachim Hasse **M** Axel Donner **S** Julia von Frihling **Sb** Jost Brand-Hübner **Kb** Sonja Kappl **D** Harald Krassnitzer (Manfred

Bahnert), Ann-Kathrin Kramer (Claudia Bahnert), Sofie Eifertinger (Svenja Bahnert), Johannes Geller (Marius Bahnert), Thomas Sarbacher (Armin Wiesner) **L** 87 **E** 24.2.2021 ZDF fd -

TOLO TOLO – DIE GROSSE REISE ★★★
TOLO TOLO

Ein verschuldeter italienischer Geschäftsmann flieht vor der Steuer nach Afrika, wo er zunächst als Kellner arbeitet, bis er nach einem Überfall von Terroristen als tot gilt. Inmitten einer Gruppe afrikanischer Migranten flüchtet er nun gen Norden und sieht sich alsbald vor der unwillkommenen Aussicht, auf diesem Weg nach Italien zurückzukehren. Bissige Komödie mit konsequent auf die Figur des ignoranten Europäers gerichteten Pointen sowie zahllosen Spitzen gegen politisch-gesellschaftliche Eigenarten Italiens. Drehbuch und Regie sind mitunter etwas konfus, eindeutig ist der Film jedoch im Bekenntnis zu einer einwandererfreundlichen Politik. – **Ab 14**.
Italien 2020 **DVD** Weltkino/Leonine **R** Checco Zalone **B** Checco Zalone, Paolo Virzì **K** Fabio Zamarion **M** Checco Zalone **S** Pietro Morana **Sb** Maurizio Leonardi **Kb** Monica Simeone **D** Checco Zalone (Checco), Souleymane Sylla (Oumar), Manda Touré (Idjaba), Nassor Said Birya (Doudou), Alexis Michalik (Alexandre Lemaitre) **L** 90 **E** 13.8.2021 DVD fd -

TOM & JERRY ★★
TOM & JERRY

Auf der Suche nach einem Job mogelt sich eine junge Arbeitslose in das Management eines New Yorker Luxushotels und darf zum Ärger ihrer Vorgesetzten die Planungen für die Hochzeit eines VIP-Pärchens übernehmen. Außerdem soll sie dafür Sorge tragen, dass eine Maus aus der Nobelherberge verschwindet und setzt einen Hauskater darauf an. Der neuerliche Versuch, dem stilbildenden Animations-Duo Tom & Jerry eine abendfüllende Bühne zu geben, setzt diesmal auf eine Kombination mit realen Schauspielern. Doch die dünne Story, eine zerfahrene Dramaturgie und ein blasses Ensemble halten das Vergnügen am Katz-und-Maus-Spiel erheblich in Grenzen. – **Ab 10**.
⊙ Die Extras enthalten u. a. ein Feature mit im Film nicht verwendeten Szenen (14 Min.).
3D. USA/Großbritannien/Frankreich/Deutschland 2021 **KI** Warner Bros. **DVD** Warner (16:9, 1.85:1, DD5.1 engl./dt.) **BD** Warner (16:9, 1.85:1, dolby_Atmos engl., DD5.1 dt.) **R** Tim Story **B** Kevin Costello **K** Alan Stewart **M** Christopher Lennertz **S** Peter S. Elliot **Sb** James Hambidge **Kb** Alison McCosh **D** Chloë Grace Moretz (= Chloe Moretz) (Kayla), Michael Peña (Terence), Jordan Bolger (Cameron), Rob Delaney (Mr. Dubros), Pallavi Sharda (Preeta) **L** 101 **FSK** ab 0; f **E** 12.8.2021 / 11.11.2021 DVD & BD & digital fd 47935

TOM CLANCY'S GNADENLOS ★★★
TOM CLANCY'S WITHOUT REMORSE / WITHOUT REMORSE

Russische Killer töten die schwangere Frau eines ehemaligen Navy SEALs im Zuge einer Vergeltungsmission, die eigentlich ihm und anderen Mitgliedern seiner Einheit als Rache für deren Rolle bei einer geheimen Operation in Syrien gilt. Der Ex-Elitesoldat wird selbst schwer verletzt und setzt nach seiner Genesung alles daran, die Hintermänner auszuschalten. Dabei kommen er und seine Mitstreiter allmählich einem weitreichenden Komplott auf die Spur. Der Militär- und Politthriller sorgt mit solide umgesetzten Actionszenen und einem wendungsreichen Plot für kurzweilige Genre-Unterhaltung. Die Charakterzeichnungen und das politische Szenario bleiben allerdings etwas holzschnitthaft und blass. – **Ab 16**.
Scope. USA 2020 **R** Stefano Sollima **B** Taylor Sheridan **K** Philippe Rousselot **Vo** Tom Clancy (Roman *Without Remorse*) **M** Jon Thor Birgisson **S** Matthew Newman **Sb** Kevin Kavanaugh **Kb** Tiffany Hasbourne **D** Michael B. Jordan (John Clark), Jamie Bell (Robert Ritter), Jacob Scipio (Hatchet), Luke Mitchell (Rowdy), Brett Gelman (Victor Rykov) **L** 105 **FSK** ab 16; f **E** 10.12.2021 VoD (Amazon Prime) fd -

TONSÜCHTIG – DIE WIENER ★★★★
SYMPHONIKER VON INNEN
TONSÜCHTIG

2019 tritt nach dreißig Jahren der Erste Konzertmeister der Wiener Symphoniker ab, mit Hilfe von Probespielen mit dem weltberühmten Orchester soll ein geeigneter Nachfolger gefunden werden. Anlässlich dieses Prozesses beobachtet ein Dokumentarfilm das Zusammenspiel der Symphoniker und lässt viele der Mitglieder von ihrer speziellen Beziehung zur Musik und dem Weg zum Profimusiker erzählen. Dabei ergeben sich zahlreiche ebenso vielfältige wie hochinformative Perspektiven auf Musikerpersönlichkeiten, die einen spannenden Querschnitt des Daseins als Orchestermusiker ergeben und Triumphe ebenso wie Momente des Scheiterns umfassen. – **Ab 14**.
Österreich 2020 **KI** Rise and Shine Cinema **R** Iva Svarcová, Malte Ludin **B** Iva Svarcová, Malte Ludin **K** Helmut Wimmer **S** Tom Pohanka, Joana Scrinzi **L** 94 **FSK** ab 0; f **E** 8.4.2021 VoD (Kino-on-Demand) fd 47392

EINE TOTAL NORMALE FAMILIE ★★★★
EN HELT ALMINDELIG FAMILIE

Für ein elfjähriges Mädchen bricht die Welt zusammen, als sein Vater sich als «trans» outet und eine Frau wird. Während die Mutter sich scheiden lassen will und die ältere Schwester in die Rolle der Vermittlerin schlüpft, reagiert die Jüngere zunächst mit Ablehnung und Verstörung, kämpft sich dann aber Schritt für Schritt zu einem neuen Verhältnis durch. Mit viel Feingefühl und leisem Humor skizziert die Tragikomödie eine Familiengeschichte voller Widersprüche und dynamischer Entwicklungen. Das Plädoyer für Neugier, Toleranz und Lernfähigkeit bleibt dabei durchgängig in den lebensnah modellierten Figuren und ihrem außergewöhnlichen Darstellenden verankert. (O.m.d.U.) – **Sehenswert ab 12**.
Dänemark 2020 **KI** Salzgeber **R+B** Malou Reymann **K** Sverre Sørdal **S** Ida Bregninge **Sb** Sabine Hviid, Kristina Kovacs **Kb** Mads Nikolaj Elley Jacobsen **D** Kaya Toft Loholt (Emma), Mikkel Boe Følsgaard (Thomas/Agnete), Rigmor Ranthe (Caroline), Neel Rønholt (Helle), Jessica Dinnage (Naja) **L** 97 **FSK** ab 6; f **E** 1.2.2021 VoD (Salzgeber) fd 47551

TOUBAB ★★★

Ein eben aus dem Knast entlassener Schwarzafrikaner aus Frankfurt gerät erneut mit der Polizei aneinander und sieht nur noch in einer Scheinehe einen Ausweg, um der Abschiebung zu entgehen. Als sich auf die Schnelle aber keine passende Frau findet, heiratet er kurzerhand einen weißen Freund und muss fortan eine schwule Ehe vortäuschen. Der tragikomische Film kombiniert Rassismus, soziale Ungleichheit und Homophobie in einer recht unterhaltsamen Sozialstudie, die sich dank zweier außergewöhnlicher Hauptdarsteller und vielen fast dokumentarischen Details zur Ode an eine Männerfreundschaft wandelt. – **Ab 14**.
Deutschland/Senegal 2020 **KI** Camino **R** Florian Dietrich **B** Arne Dechow, Florian Dietrich **K** Max Preiss **M** Jacob Vetter **S** Jörg Volkmar, Florian Dietrich, Heike Parplies, Robert Kummer **Sb** Theresia Anna Ficus **Kb** Svenja Gassen **D** Farba Dieng (Babtou), Julius Nitschkoff (Dennis), Valerie Koch (As-

TOYS OF TERROR (© Warner Bros.)

trid Zeug), Michael Maertens (Horst Ruppert), Seyneb Saleh (Yara) **L** 97 **FSK** ab 12; f **E** 23.9.2021 **fd** 48047

TOYS OF TERROR ★
TOYS OF TERROR

Eine US-Patchworkfamilie zieht es zu Weihnachten in ein jüngst gekauftes Anwesen auf dem Land. Das alte Gemäuer war früher ein Sanatorium für Kinder, deren alte Spielsachen ein teuflisches Eigenleben entwickelten. Mit geringem Budget und wenig Fantasie inszenierter Puppenhorrorfilm, dessen handgemachte Effekte zwischendurch ans Horrorkino der 1980er- und 1990er-Jahre erinnern. Schlechte Schauspieler und der komplette Mangel an Einfällen lassen ihn jedoch zur äußerst zähen Angelegenheit werden. – **Ab 16**.
USA 2020 **KI** Warner Bros. **R** Nicholas Verso **B** Dana Gould **K** Paul Suderman **M** Matthew Rogers **S** Mike Mendez **Kb** Angela Wells **D** Kyana Teresa (Hannah), Georgia Waters (Rose), Verity Marks (Alicia), Dayo Ade (David), Saul Elias (Franklin) **L** 89 **FSK** ab 16; f **E** 2.12.2021 **fd** 48238

TRAGIC JUNGLE ★★★
SELVA TRÁGICA

An der Grenze zwischen Mexiko und Belize in den 1920er-Jahren: Weil sie sich nicht mit einem Großgrundbesitzer verheiraten lassen will, flieht eine junge Frau in den Dschungel, verfolgt von Häschern ihres Zukünftigen. Sie findet Aufnahme bei einer Gruppe von Arbeitern, die im Wald Kautschuk ernten. Die Anwesenheit der Frau sorgt in der Männergruppe bald für Spannungen und Konflikte, sie allerdings erweist sich als wehrhafter als zunächst angenommen. Der Dschungel-Western ist bemüht, anthropologische und mythologische Elemente in Einklang zu bringen – eine Vermengung, die nicht durchgängig glückt. Überzeugend sind indes die eindringliche Soundkulisse und die evokative Prämisse. – **Ab 16**.
Scope. Mexiko/Frankreich/Kolumbien 2020 **R** Yulene Olaizola **B** Yulene Olaizola, Rubén Imaz **K** Sofía Oggioni **M** Alejandro Otaola **S** Rubén Imaz, Yulene Olaizola, Israel Cárdenas, Pablo Chea **Sb** Luis Rojas Luino **Kb** Samuel Conde **D** Indira Andrewin (Agnes), Gilberto Barraraza (Ausencio), Mariano Tun Xool (Jacinto), Lázaro Gabino Rodríguez (Caimán), Eligio Meléndez (Mundo) **L** 96 **E** 9.6.2021 VoD (Netflix) **fd** 47761

TRANS - I GOT LIFE ★★★
Sieben transsexuelle Menschen sprechen über ihren Weg zur neuen Identität, der von Kämpfen, Zweifeln, Depressionen und Einsamkeit bestimmt war. So unterschiedlich wie ihre Biografien sind auch ihre Einstellungen zur Transition, dem individuellen Übergang in ein anderes Dasein, der über Hormonbehandlungen und Operationen erfolgt und sich für viele wie eine Neugeburt anfühlt. Der Film begleitet die Porträtierten mit viel Feinfühligkeit und kombiniert ihre Lebensgeschichten mit Informationen über medizinische Hintergründe. Stilistisch werden die Porträts von einem optimistischen, warmherzigen Tenor grundiert. – **Ab 14**.
Deutschland 2018 **KI** mindjazz **R** Doris Metz, Imogen Kimmel **B** Doris Metz, Imogen Kimmel **K** Sophie Maintigneux, Birgit Gudjonsdottir, Theresa Maué **M** Gregor Schwellenbach **S** Frank J. Müller (= Frank Müller) **Sb** Carsten Binar **L** 96 **FSK** ab 12; f **E** 23.9.2021 **fd** 47684

DER TRAUM UNSERES LEBENS ★★
THE WORLD WE MAKE

Eine junge Frau, die auf einer Farm nahe Nashville lebt, geht auf den Schulabschluss zu und will danach mit ihrem älteren Bruder eine Reise zu Pferd quer durch die USA machen. Als dieser verunglückt, trifft sie das hart, doch sie findet Trost in der erwachenden Liebe zu dessen bestem Freund, mit dem sie Pläne für die Zukunft schmiedet. Der latente Rassismus, der dem jungen Afroamerikaner entgegenschlägt, droht die Träume der beiden aber zu zerschlagen. Die Mischung aus Familienmelodram, Romanze und Pferdefilm versucht sich an einem gutgemeinten Plädoyer für Respekt, Toleranz und den Mut, den eigenen Weg zu gehen, krankt dabei allerdings an hölzernen Dialogen und erzählerischen Längen. – **Ab 12**.
USA 2019 **DVD** justbridge **BD** justbridge **R** Brian Baugh **B** Brian Baugh, Chris Dowling, George D. Escobar **K** Sam Sullivant **M** Tyler Smith **S** Chris Witt **Sb** Felicia Goebel **D** Rose Reid (Lee Grove), Caleb Castille (Jordan Bishop), Kevin Sizemore (Jeff Grove), Gregory Alan Williams (Thomas Bishop), Richard Kohnke (Casey Grove) **L** 109 **FSK** ab 6; f **E** 10.9.2021 DVD & BD **fd** -

TRÄUM WEITER! SEHNSUCHT ★★★
NACH VERÄNDERUNG

Ein Dokumentarfilm begleitet über mehrere Jahre hinweg fünf Menschen, die ihr Leben radikal umgekrempelt haben und durch die Verwirklichung ihrer Träume die Welt zu einem besseren Ort machen wollen. Das reicht von Hochwasserhilfe über eine Leichter-als-Luft-Technologie bis hin zu neuem Lernen und Wohnen oder einer Reise auf den Mars. Der Film stellt die Protagonisten und ihre Vorhaben vor, ohne zu urteilen, und verzichtet, abgesehen von einigen gewollt poetischen Kommentaren, auf Überhöhung. So erweisen sich die vermeintlichen Träumer als Realisten, deren Selbstverwirklichung auch von ihren gesicherten Lebensverhältnissen abhängt. – **Ab 14**.
Scope. Deutschland 2020 **KI** Alamode **DVD** Alamode **R** Valentin Thurn **B** Valentin Thurn, Sebastian Stobbe **K** Gerardo Milsztein **M** Pluramon **S** Birgit Köster **L** 102 **FSK** ab 0; f **E** 30.9.2021 / 4.3.2022 DVD & digital **fd** 48060

TREASURE ISLAND ★★★★
L'ÎLE AU TRÉSOR

Ein empfindsamer Dokumentarfilm, der die zahlreichen amüsanten Szenerien zwischen Besuchern und Personal in einem französischen Urlaubsressort nahe Paris während der Sommersaison festhält. Die beiläufig wirkenden, aber sehr präzisen Mikroporträts fangen das Erlebnisbad in der Banlieue mit dezentem

Humor wie auch mit Melancholie ein und lassen Freude und Abenteuerlust der Jugend hochleben. Ebenso unaufdringlich wie beständig überraschend, entdeckt der Film das Besondere im Alltäglichen und macht in der kleinen Oase des Friedens letztlich sogar utopische Züge aus. – **Sehenswert ab 14.**
Frankreich 2018 **R** Guillaume Brac **K** Martin Rit **M** Jeong Yong-jin **S** Karen Benainous **L** 97 **E** 5.8.2021 VoD (Mubi) fd -

TRUE FICTION – KILL YOUR IDOL ★★★
TRUE FICTION

Eine junge Frau mit schriftstellerischen Ambitionen, die in einer Bibliothek arbeitet, ist hocherfreut, als sie den Job als Assistentin ihres Lieblingsautors und Vorbilds ergattert, dessen Horrorromane Bestseller sind. Die Zusammenarbeit mit ihrem Idol in dessen abgelegener, isolierter Hütte entpuppt sich allerdings als abgründig, als sie in ein dubioses «Spiel» verwickelt wird, mit dem ihr Arbeitgeber als Inspiration für ein neues Buch die Natur der Angst studieren will. Dabei arbeitet die Inszenierung damit, Realität und Fiktion ineinanderfließen zu lassen. Zunächst etwas umständlich eingeführt, entwickelt sich der Film vor allem dank der Nähe zu seiner packend gezeichneten Hauptfigur zum spannungsvollen Psychothriller-«Mind Game». – **Ab 16.**
Kanada 2019 **DVD** Tiberius **BD** Tiberius **R+B** Braden Croft **K** Ian Lister **M** David Arcus, Michelle Osis **S** Braden Croft **Sb** Bobby Vanonen **Kb** Lianne Smith **D** Sara Garcia (Avery Malone), John Cassini (Caleb Conrad), Julian Black Antelope (Peter Lavigne), Julian Richings (Lenny Rupert), Catherine Gell (Allison) **L** 94 **E** 20.5.2021 DVD, BD & digital fd -

TSCHERNOBYL 1986 ★
CHERNOBYL

Ein russischer Feuerwehrmann trifft just im Frühjahr 1986 eine alte Liebe wieder und lernt erstmals ihren gemeinsamen Sohn kennen, als sich in Tschernobyl die Atomreaktor-Katastrophe ereignet. Trotz diesem emotionalen Ballast stellt er sich mit anderen Helfern der Aufgabe, das Schlimmste zu verhindern, zumal es auch um den Schutz seiner wiedergefundenen Familie geht. Melodramatisch überladener Zugriff auf die Katastrophe, in dem die Romanze weit mehr Raum erhält als die Actionszenen. Pathos und Opferbereitschaft ersetzen über weite Strecken einen kritischen Blick auf die Umstände des Tschernobyl-Desasters. – **Ab 16.**

⊙ Die Extras des Mediabooks umfassen u. a. ein 24-seitiges Booklet mit einem Interview mit Regisseur und Hauptdarsteller Danila Koslowski.
Scope. Russland 2021 **DVD** Capelight (16:9, 2.35:1, DD5.1 russ./dt.) **BD** Capelight (16:9, 2.35:1, dts-HDMA russ./dt.) **R** Danila Koslowski **B** Elena Iwanowa, Alexej Kasakow **K** Xenia Sereda **S** Marija Luschtschajowa **D** Danila Koslowski (Alexej Karpuschin), Oxana Akinschina (Olga Sawostina), Philipp Awdejew (Ingenieur Walera), Rawschana Kurkowa (Dina), Nikolaj Kosak (Militärtaucher Boris) **L** 130 **FSK ab 12**; **f E** 2.9.2021 digital / 17.9.2021 DVD & BD & Mediabook (BD plus DVD) fd -

TUNNEL ★★★
TEO-NEOL

Ein maroder Autobahntunnel stürzt ein, als ihn ein Familienvater gerade durchqueren will. Unter den Betonmassen eingeschlossen, sucht der Mann nach einem Ausweg, während auch Rettungsteams versuchen, das Rennen gegen die Zeit zu gewinnen. Südkoreanischer Spannungsfilm mit satirischen Spitzen gegen gierige Reporter und unfähige Politiker, wobei dem klaustrophobischen Momenten eine zweite Ebene hinzufügt. Auch darstellerisch kann der etwas überlange Film punkten. – **Ab 16.**
Scope. Südkorea 2016 **DVD** Busch Media (16:9, 2.35:1, DD5.1 korea./dt.) **BD** Busch Media (16:9, 2.35:1, dts-HDMA korea./dt.) **R+B** Kim Seong-hun **K** Kim Tae-Sung **M** Mok Young-jin, Vitek Kral **S** Kim Changju **D** Ha Jung-woo (Lee Jung-Soo), Doona Bae (= Duna Bae) (Se-Hyun), Oh Dal-su (Dae-Kyung), Shin Jeong-geun (Captain Kang), Nam Ji-Hyun (Mi-Na) **L** 126 **FSK ab 16 E** 16.4.2021 DVD & BD / 16.9.2021 digital (Amazon Prime) fd -

TUNNEL DER FREIHEIT ★★★★

Nach dem Mauerbau 1961 begann eine Gruppe Berliner Studenten mit dem Bau eines Tunnels von West- nach Ost-Berlin, durch den 29 Menschen im September 1962 aus der DDR fliehen konnten. Finanziert wurde das Unternehmen auch durch Filmaufnahmen, die an den US-Fernsehsender NBC verkauft wurden. Dieses Archivmaterial bildet den Grundstock eines vielschichtigen Dokumentarfilms, in dem außerdem überlebende Beteiligte zu Wort kommen. Bereits 1999 unter dem Titel DER TUNNEL entstanden, erstellte Regisseur Marcus Vetter zwanzig Jahre später eine zweite Fassung, bei der er das Material restaurierte und die Tunnelflucht in internationale Zusammenhänge einordnen. – **Ab 14.**
Deutschland 2021 **R+B** Marcus Vetter

K Jörg Widmer, Christoph Lerch, Immo Rentz **M** Christian Heschl, Jens Huerkamp **S** Marcus Vetter, Renate Nebe **L** 95 **E** 22.7.2021 arte fd -

TWIST ★
TWIST

Eine auf Zeitgeist und Werbeästhetik getrimmte Neuadaption von Charles Dickens' Klassiker Oliver Twist. Im Zentrum agiert der jugendliche Oliver, genannt Twist, ein Freerunner und talentierter Street-Art-Künstler. Das introvertierte Waisenkind lebt auf Londons Hochhausdächern und gerät in den kriminellen Dunstkreis von Fagin, der als Gangsterboss einen Kunstraub plant und sich damit an einem Galeristen rächen will. Ein planloses Drehbuch, ermüdende Parkoursequenzen sowie ein blasses Ensemble sorgen in diesem ebenso wirren wie missratenen Genrehybrid für reichlich dramaturgischen Leerlauf und unfreiwillige Komik. – **Ab 14.**
Scope. Großbritannien 2021 **DVD** Capelight (16:9, 2.35:1, DD5.1 engl./dt.) **BD** Capelight (16:9, 2.35:1, dts-HDMA engl./dt.) **R** Martin Owen **B** John Wrathall, Sally Collett **K** Håvard Helle **M** Neil Athale **S** Jeremy Gibbs **Sb** Tony Noble **Kb** Charlie Jones **D** Raff Law (Twist), Michael Caine (Fagin), Lena Headey (Sikes), Franz Drameh (Batesy), David Walliams (Losberne) **L** 90 **FSK ab 12 E** 10.6.2021 digital / 16.7.2021 DVD & BD fd 47770

TWO HEADS CREEK ★★
TWO HEADS CREEK

Zwei britische Geschwister reisen auf der Suche nach ihrer leiblichen Mutter nach Australien. In einem kleinen Ort werden sie von der Dorfgemeinschaft scheinbar freundlich aufgenommen, doch stellen sie bald fest, welche schrecklichen Abgründe sich hinter der Fassade verbergen. Derbe Horrorkomödie mit schwankendem Humorniveau und einigem Leerlauf, der durch ein bluttriefendes letztes Drittel kompensiert werden soll. Die beabsichtigten satirischen Spitzen auf britische und australische Fremdenfeindlichkeit sind erkennbar, aber nicht sehr ergiebig. – **Ab 18.**
Scope. Großbritannien/Australien 2019 **DVD** Busch Media (16:9, 2.35:1, DD5.1 engl./dt.) **BD** Busch Media (16:9, 2.35:1, dts-HDMA engl./dt.) **R** Jesse O'Brien **B** Jordan Waller **K** Samuel Baulch **M** Ryan Elliott Stevens **S** Digby Hogan **Sb** Joe Tiernan **D** Jordan Waller (Norman), Kathryn Wilder (Annabelle), Helen Dallimore (Apple), Stephen Hunter (Clive), Kerry Armstrong (Mary) **L** 82 **FSK ab 18 E** 27.8.2021 DVD & BD fd -

UNEARTH (© Busch Media)

UM DIE 50 ★★★
Sechs Freunde, die mit Anfang 30 gemeinsam Beziehungsglück und -leid erlebten, nähern sich zwanzig Jahre später wieder einander an. Zum 50. Geburtstag einer der Frauen aus der alten Clique stellt sich nicht nur die Frage der Organisation, sondern auch, ob sich der Zusammenhalt nach all der Zeit regenerieren lässt. Wehmütig-nostalgische (Fernseh-)Komödie, die an die Miniserie UM DIE 30 (1995) anknüpft und die damalige Besetzung wiedervereint. Das Zusammenspiel funktioniert dabei nach wie vor und lässt in den Lebensbilanzen durchaus Ambivalenz zu, ohne freilich allzu tief zu schürfen. – **Ab 14.**
Deutschland 2021 **R** Ralf Huettner **B** Ralf Huettner, Dominic Raacke **K** Armin Golisano **Vo** Ralf Huettner / Dominic Raacke (Drehbücher Serie UM DIE 30) **M** Steffen Britzke **S** Benjamin Kaubisch **Sb** Debora Reischmann **Kb** Theresia Wogh **D** Dominic Raacke (Frank), Natalia Wörner (Tina), Jürgen Tarrach (Carlo), Susanne Schäfer (Carola), Catherine Flemming (Sabrina) **L** 88 **E** 30.8.2021 ZDF fd –

DIE UNBEUGSAMEN ★★★★
Filmische Fortsetzung des Buches *In der Männer-Republik: Wie Frauen die Politik eroberten* (2020), in dem mit viel Archivmaterial und aktuellen Interviews der steinige Weg von Frauen nachgezeichnet wird, die die Bonner Republik nicht den Männern überlassen wollten. Die vorzüglich recherchierte Dokumentation aus den Untiefen des selbstherrlichen Patriarchats setzt den Vorkämpferinnen ein Denkmal. In den chronologisch angeordneten tragikomischen Erinnerungen spiegelt sich eine misogyne Ära, die schlicht fassungslos macht. – **Ab 14.**
Teils schwarz-weiß. Deutschland 2020 **KI** Majestic **DVD** Majestic **BD** Majestic **R+B** Torsten Körner **K** Johannes Imdahl, Claire Jahn **M** Stefan Döring **S** Sandra Brandl **L** 100 **FSK** ab 0; f **E** 26.8.2021 / 10.2.2022 DVD, BD & digital fd 47960

UND TÄGLICH GRÜSST DIE LIEBE ★★★
LONG STORY SHORT
Ein junger Australier befolgt den Rat einer mysteriösen Fremden und heiratet endlich seine Freundin. Am nächsten Morgen muss er allerdings irritiert feststellen, dass bereits ein Jahr vergangen ist. Von nun an wird er von Hochzeitstag zu Hochzeitstag katapultiert, während er an das Leben dazwischen keine Erinnerungen hat und seine Ehe zu scheitern droht. Witzige, vom Drehbuch geschickt konstruierte Komödie, die ihre groteske und surreale Handlungsprämisse lustvoll ausspielt. Die Botschaft, dass man seine Lebenszeit nicht ungenutzt lassen und Beziehungen zu anderen pflegen solle, unterläuft der Film ironisch und nimmt ihr so jedes Pathos. – **Ab 14.**
Scope. Australien 2021 **KI** StudioCanal **DVD** StudioCanal (16:9, 2.35:1, DD5.1 engl./dt.) **BD** StudioCanal (16:9, 2.35:1, dts-HDMA engl./dt.) **R+B** Josh Lawson **K** Matt Toll **M** Chiara Costanza **S** Kasra Rassoulzadegan **Kb** Rita Carmody **D** Rafe Spall (Teddy), Zahra Newman (Leanne), Josh Lawson (Patrick), Ronny Chieng (Sam), Dena Kaplan (Becka) **L** 94 **FSK** ab 6; f **E** 8.7.2021 / 2.12.2021 DVD & BD & digital fd 47833

UNEARTH ★★
UNEARTH
Im von der Wirtschaftskrise getroffenen ländlichen Pennsylvania erlaubt ein Farmer einer Ölfirma, auf seinem Land mit Hilfe des Fracking-Verfahrens Bodenschätze zu fördern. Das entzweit ihn zunächst mit seinen Nachbarn, bald mehren sich aber auch seltsame Vorkommnisse, die auf eine unbekannte Gefahr tief unter der Erde hindeuten. In einer Mischung aus Mystery- und Gesellschaftsdrama stellt der Film das umstrittene Fracking an den Pranger und zeigt nach langer Zurückhaltung im letzten Drittel deftigen Body-Horror. Die empathische Studie der Landbevölkerung und die Genre-Effekte wollen letztlich allerdings nicht so recht zueinander passen. – **Ab 16.**
Die Extras umfassen u. a. eine Interviewrunde mit Cast & Crew, geführt auf dem Hardline Festival (27 Min.). Scope. USA 2020 **DVD** Busch Media (16:9, 2.35:1, DD5.1 engl./dt.) **BD** Busch Media (16:9, 2.35:1, dts-HDMA engl./dt.) **R** John C. Lyons, Dorota Swies **B** Kelsey Goldberg, John C. Lyons **K** Eun-ah Lee **M** Jane Saunders **S** John C. Lyons, Dorota Swies **Sb** Nate Dahlkemper **Kb** Geri Olszewski **D** Adrienne Barbeau (Kathryn Dolan), Marc Blucas (George Lomack), Allison McAtee (Christina Dolan), Brooke Sorenson (Kim Lomack), Rachel McKeon (Heather Lomack) **L** 91 **FSK** ab 16 **E** 8.10.2021 DVD & BD fd –

DIE UNHEIMLICHE LEICHTIGKEIT DER REVOLUTION ★★
Ende der 1980er-Jahre bricht die Tochter systemtreuer ostdeutscher Eltern aus deren Denkschema aus,

als sie Anschluss an eine kirchliche Gruppe findet, die gegen die staatliche Naturzerstörung aufbegehrt. Die zunächst hinter geschlossenen Türen agierende Formation wagt schließlich den Weg nach draußen und riskiert damit ihre Freiheit. Dramatisierte Adaption eines Sachbuchs über die Wurzeln der friedlichen Revolution in der DDR, die zwar die historischen Vorgänge sauber herausarbeitet, sie aber mit klischeehaften Figuren und Dialogen zum argen Geschichtskitsch verbrämt. Die Botschaft vom Wert zivilen Widerstands versickert weitgehend im Melodram. – **Ab 14.**
Deutschland 2021 **R** Andy Fetscher **B** Thomas Kirchner **K** Matthias Papenmeier, Peter Nix **Vo** Peter Wensierski (Sachbuch *Die unheimliche Leichtigkeit der Revolution*) **M** Philipp E. Kümpel, Andreas Moisa **S** Esther Weinert **Sb** Matthias Mücke **Kb** Saskia Richter-Haase **D** Janina Fautz (Franka Blankenstein), Ferdinand Lehmann (Stefan Clausnitz), Inka Friedrich (Renate Blankenstein), Alexander Hörbe (Horst Blankenstein), Timur Bartels (Daks) **L** 89 **E** 28.4.2021 ARD fd -

Die Unschuldigen ★★★★
Les Innocentes

Eine französische Ärztin, die 1945 in Polen für das Rote Kreuz arbeitet, wird in ein Kloster bei Warschau gerufen, wo mehrere Nonnen von sowjetischen Soldaten vergewaltigt und geschwängert wurden. Die Mutter Oberin will das um jeden Preis geheim halten, da sonst die Schließung des Klosters drohen würde. Nach authentischen Geschehnissen gedrehtes Drama, das innerhalb einer kammerspielartigen Anlage die Vorgänge sachlich, diskret und ohne vorschnelle Urteile über die Figuren erzählt. Dabei regt der Film neben der Einlassung auf Glaubens- und Menschlichkeitsfragen auch zur Diskussion über festgefahrene Denk- und Handlungsstrukturen in der katholischen Kirche an. – **Sehenswert ab 16.**
Frankreich/Polen 2016 **R** Anne Fontaine **B** Sabrina B. Karine, Alice Vial, Anne Fontaine, Pascal Bonitzer **K** Caroline Champetier **M** Grégoire Hetzel **S** Annette Dutertre **Sb** Anna Pabisiak **Kb** Weronika Orlinska, Justyna Stolarz **D** Lou de Laâge (Mathilde Beaulieu), Agata Buzek (Maria), Vincent Macaigne (Samuel), Agata Kulesza (Mutter Oberin), Joanna Kulig (Irena) **L** 108 **E** 13.1.2021 arte fd 47497

Die Unschuldsvermutung ★★

Ein ebenso erfolgreicher wie egozentrischer Dirigent soll bei den Salzburger Festspielen gemeinsam mit einer als schwierig geltenden Regisseurin, mit der er einst liiert war, eine Mozart-Oper inszenieren. Nicht nur die Zusammenarbeit sorgt für Zündstoff, der Dirigent wird wegen Übergriffen auf Frauen auch zur Zielscheibe diverser Angriffe. Komödie vor dem Hintergrund der Salzburger Festspiele, die den Festivalzirkus und künstlerische Eitelkeiten satirisch erfassen will, durch profillose Figuren aber kaum Witz und vor allem keinen Biss erzeugt. Auch Anspielungen auf reale Verfehlungen im Kulturbetrieb bleiben weitgehend oberflächliche Staffage. – **Ab 14.**
Deutschland 2021 **R+B** Michael Sturminger **K** Wolfgang Thaler **M** Kyrre Kvam **S** Christoph Brunner **Sb** Andreas Donhauser, Renate Martin, Hubert Klausner **Kb** Alfred Mayerhofer **D** Ulrich Tukur (Marius Atterson), Catrin Striebeck (Beate Zierau), Laura de Boer (Karina Samus), Marie-Christine Friedrich (Franziska Fink), Daniela Golpashin (Ada Lubovsky) **L** 89 **E** 8.9.2021 ARD fd -

Unsichtbare Bedrohung – ★★★
In the Quarry
En el Ponzo

Eine junge Frau besucht zusammen mit ihrem Freund ihren Heimatort irgendwo im ländlichen Uruguay; die beiden treffen sich eines sonnigen Nachmittags an einem See in einem alten Steinbruch mit zwei Jugendfreunden der Frau. Was ein entspanntes Wiedersehen sein soll, wird bald von Spannungen gestört, nicht zuletzt, weil der Freund latent eifersüchtig auf einen der Jugendfreunde ist. Aus zunächst spielerischer Auseinandersetzung wird schließlich auf tragische Weise Ernst. Bitterer Thriller, dessen Inszenierung und Darsteller-Quartett es vorzüglich gelingt, die schwelenden Emotionen herauszuarbeiten und dabei die Spannungsschraube langsam, aber unerbittlich anzuziehen. – **Ab 16.**

Unsichtbare Bedrohung – In the Quarry (© Sony)

Scope. Uruguay 2019 **DVD** Tiberius/Sony (16:9, 2.35:1, DD5.1 span./dt.) **BD** Tiberius/Sony (16:9, 2.35:1, dts-HDMA span./dt.) **R** Bernardo Antonaccio, Rafael Antonaccio **B** Bernardo Antonaccio, Rafael Antonaccio **K** Rafael Antonaccio **M** Hernán González **S** Javier Devicenzi, Magdalena Schinca **Sb** Juan Gutiérrez de Piñerez **Kb** Juan Gutiérrez de Piñerez **D** Paula Silva (Alicia), Augusto Gordillo (Bruno), Rafael Beltrán (Tincho), Luis Pazos (Tola), Natalia Tarmezzano (Paola) **L** 79 **FSK** ab 16; f **E** 3.6.2021 DVD & BD fd -

Unsichtbare Ketten ★★★
Catene Invisibili

Die mondäne Tochter eines Industriellen muss nach dem Tod ihres Vaters mit einem Mal Verantwortung für dessen Fabrik übernehmen, wobei ihr der Direktor allerdings helfend zur Seite steht. Der Versuch, ihren bis dahin unbekannten Halbbruder als Arbeiter unterzubringen, erweist sich jedoch als Belastungsprobe. Italienisches Melodram im charakteristischen Stil der frühen 1940er-Jahre, das ohne Anspruch auf Glaubwürdigkeit schicksalsträchtige Hindernisse aufbaut und von einer ausgezeichneten Hauptdarstellerin profitiert. – **Ab 16.**
Schwarz-weiß. Italien 1942 **DVD** Media Target **R** Mario Mattoli **B** Vittorio Malpassuti, Marcello Marchesi, Mario Mattoli, Aldo de Benedetti **K** Anchise Brizzi **M** Carlo Innocenzi **S** Fernando Tropea **Sb** Liuben Christow, Ottavio Scotti **D** Alida Valli (Elena Silvagni), Carlo Ninchi (Carlo Danieli), Giuditta Rissone (Matilde Silvagni), Andrea Checchi (Enrico Leni), Jone Morino (Enricos Mutter) **L** 73 **E** Februar 1943 / 12.3.2021 DVD fd -

Unter den Sternen von Paris ★★★
Sous les Étoiles de Paris

Eine einzelgängerische Pariser Obdachlose trifft eines Tages auf einen 8-jährigen afrikanischen Flüchtlingsjungen, der nicht mehr von ihrer Seite

UNTER DEN STERNEN VON PARIS (© Arsenal)

weicht. Nach anfänglicher Abwehr lässt sie sich auf die Rolle der Beschützerin ein und macht sich zusammen mit dem Kind auf die Suche nach dessen von Abschiebung bedrohter Mutter. Ein realistisch grundiertes Drama, das sich bemüht, die sentimentalen Züge der Handlung nicht auszuschlachten. Kühle Machart und märchenhafte Poesie fügen sich eher holprig zusammen, doch punktet der Film durch seine Menschlichkeit und den Blick für die Ausgestoßenen der Gesellschaft. – **Ab 14.**
Scope. Frankreich 2019 **KI** Arsenal **R** Claus Drexel **B** Claus Drexel, Olivier Brunhes **K** Philippe Guilbert **M** Valentin Hadjadj **S** Anne Souriau **Sb** Pierre-François Limbosch **Kb** Karine Charpentier **D** Catherine Frot (Christine), Mahamadou Yaffa (Suli), Jean-Henri Compère (Patrick), Richna Louve (Mama), Raphaël Thiéry (Kai-Arbeiter) **L** 82 **FSK** ab 12; f **E** 19.8.2021   fd 47918

UNTER EINEM DACH ★★★★
UNTER EINEM DACH
Ein Schweizer Paar aus einem Dorf bei Winterthur beschließt, eine siebenköpfige syrische Flüchtlingsfamilie bei sich aufzunehmen. Dies führt zu einigen Herausforderungen für die Gastgeber wie auch für die Familie, die alles zurücklassen musste, doch besteht bei allen kulturellen Unterschieden stets das Bemühen, mit dem anderen zu einer Verständigung zu kommen. Ruhiger Dokumentarfilm mit intimen Beobachtungen und einer großen Bereitschaft, die Geschehnisse vor der Kamera für sich stehen zu lassen. Über die gelungene Verständigung im kleinen Rahmen erzählt der Film auch von der Bedeutsamkeit von Empathie im Allgemeinen. – **Sehenswert ab 12.**
Schweiz 2020 **R+B** Maria Müller **K** Severin Kuhn, Aline Laszlo **M** Marcel Vaid **S** Corina Schwingruber Ilic, Kathrin Plüss **L** 86 **E** 6.9.2021 3sat   fd -

DAS UNVERZEIHLICHE
siehe: THE UNFORGIVABLE

UPPERCASE PRINT ★★★★
TIPOGRAFIC MAJUSCUL
In den frühen 1980er-Jahren schrieb ein rumänischer Schüler mit Kreide ein paar Parolen an Zäune und Wände und wurde dafür von der totalitären Staatsmacht brutal zur Rechenschaft gezogen. Auf der Grundlage eines Theaterstücks, das aus den Akten der Geheimpolizei, Abhörprotokollen und Tonbandaufnahmen zitiert, verbindet der dokumentarische Film nüchtern vorgetragene Passagen der Theateradaption mit Bildern aus dem damaligen Unterhaltungsfernsehen. Die tragische Geschichte eines Einzelnen tritt dadurch in einen Dialog mit der ausgestrahlten Fernseh-Wirklichkeit und erzeugt schmerzhaft-produktive Reibungen angesichts der Wechselwirkung von systematischer Verdummung, Falschinformation und Entertainment. – **Sehenswert ab 14.**
Teils schwarz-weiß. Rumänien 2019 **R** Radu Jude **B** Radu Jude, Gianina Cărbunariu **K** Marius Panduru **S** Cătălin Cristuțiu **D** Bogdan Zamfir, Șerban Lazarovici (Mugur Călinescu), Ioana Iacob (die Mutter), Șerban Pavlu (der Vater) **L** 128 **E** 17.2.2021 VoD (Mubi)   fd 47548

UTA ★★★★
Dokumentarisches Porträt der Leipziger Malerin, Schriftstellerin und Straßenmusikerin Uta Pilling (1948–2020), das sich Zeit nimmt, um in ihrem Gesicht, Gesten und Worten nach Spuren eines ebenso reichen wie zerklüfteten Lebens zu suchen. Ohne einer konventionellen Dramaturgie zu folgen, verbindet der Film Erinnerungen und gegenwärtige Beobachtungen zu einem Essay über das Geheimnis, glücklich zu sein. Als eine Art Liebeserklärung an eine jahrzehntelange Protagonistin der Leipziger Underground-Kultur entfaltet der Film Biografien jenseits der Konvention. – **Sehenswert ab 14.**
Schwarz-weiß. Deutschland 2019 **KI** GM Films **R+B** Mario Schneider **K** Friede Clausz, Mario Schneider **M** Uta Pilling **S** Gudrun Steinbrück (= Gudrun Plenert) **L** 90 **FSK** ab 12; f **E** 7.10.2021   fd 48062

UTA (© GM Films)

VATER – OTAC (© barnsteiner-film)

VACATION FRIENDS ★★
VACATION FRIENDS

Eine Komödie um ein konservatives afroamerikanisches Paar, das während eines Urlaubs in Mexiko an ein feierwütiges weißes Paar gerät und sich während der Ferien gerne von dessen hemmungslosem Hedonismus mitreißen lässt. Als Monate nach dem Urlaub die Urlaubsbekanntschaften uneingeladen bei ihrer Hochzeit auftauchen und für jede Menge peinliche Momente sorgen, finden sie das allerdings gar nicht lustig. Genüsslich-alberne Chaos-Komödie, ohne besonderen Biss oder besonders einfallsreiche Gags, aber solide unterhaltend. – **Ab 14**.
USA 2021 **R** Clay Tarver **B** Tom Mullen, Tim Mullen, Clay Tarver, Jonathan Goldstein, John Francis Daley **K** Tim Suhrstedt **M** Rolfe Kent **S** Evan Henke **Sb** Aaron Osborne **Kb** Salvador Pérez Jr. **D** John Cena (Ron), Lil Rel Howery (Marcus), Yvonne Orji (Emily), Meredith Hagner (Kyla), Robert Wisdom (Harold) **L** 103 **E** 27.8.2021 digital (Disney+) fd –

VALLEY OF SOULS ★★★★
TANTAS ALMAS

Ein kolumbianischer Fischer kehrt nach längerer Abwesenheit in sein Zuhause zurück und erfährt, dass paramilitärische Kämpfer seine zwei Söhne getötet und in den Fluss geworfen haben. Um die toten Körper zu bergen und ihnen ein christliches Begräbnis zu geben, begibt er sich auf eine Reise durch ein Land, in dem ständig die Gefahr droht, gleichfalls ein Opfer des Paramilitärs zu werden. Meditativ gefilmtes, eindrückliches Seelendrama, das seine Handlung einfach hält und die starke Glaubenskraft des Mannes gegen die Atmosphäre der Brutalität in Stellung bringt. – **Ab 16**.
Kolumbien/Brasilien/Belgien/Frankreich 2019 **R+B** Nicolás Rincón Gille **K** Juan Sarmiento G. (= Juan C. Sarmiento Grisales) **S** Cédric Zoenen **Sb** Lais Melo **D** Arley De Jesús Carvallido Lobo (José) **L** 137 **E** 15.4.2021 VoD (Mubi) fd –

VANQUISH – ÜBERLEBEN HAT SEINEN PREIS ★
VANQUISH

Eine ehemalige Drogenkurierin hat der Kriminalität abgeschworen und arbeitet als Haushälterin für einen pensionierten, im Rollstuhl sitzenden Polizisten. Eines Tages zwingt ihr Arbeitgeber sie jedoch zu fünf gefährlichen Aufträgen und setzt ihre Tochter als Druckmittel ein; die Mutter gehorcht wohl oder übel und hinterlässt dabei zahllose Leichen. Sinnfreier Actionfilm mit gelangweilt wirkenden Darstellern und handwerklicher Einfallslosigkeit, die lediglich die immer gleichen stupiden Muster von Kampf- und Tötungsszenen wiederholt. – **Ab 16**.
USA 2021 **DVD** EuroVideo **BD** EuroVideo **R** George Gallo **B** George Gallo, Sam Bartlett **K** Anastas Michos **M** Aldo Shllaku **S** Yvan Gauthier **Sb** Joe Lemmon **Kb** Melissa Vargas **D** Morgan Freeman (Damon), Ruby Rose (Victoria), Patrick Muldoon (Agent Monroe), Nick Vallelonga (Det. Stevens), Julie Lott (Gouverneurin Ann Driscoll) **L** 91 **FSK** ab 16 **E** 14.10.2021 DVD & BD fd –

VATER – OTAC ★★★★
OTAC

Um seine vom Jugendamt verwahrten Kinder wiedersehen zu können, begibt sich ein Familienvater aus der serbischen Provinz auf den Weg in die 300 Kilometer entfernte Hauptstadt Belgrad, wo er sich beim zuständigen Minister beschweren will. Der bildsprachlich faszinierende Film handelt von einer Wanderschaft, die die Zwischentöne der ehemals jugoslawischen Gesellschaft zwischen Transformation und Stagnation mit poetischer Härte beschreibt und damit an die besten Traditionen der «Schwarzen Welle» aus den 1960er-Jahren anknüpft. – **Sehenswert ab 14**.
Serbien/Frankreich/Deutschland/Kroatien/Slowenien/Bosnien-Herzegowina 2019 **KI** Barnsteiner **R** Srdan Golubović **B** Srdan Golubović, Ognjen Sviličić (= Ognjen Sviličic) **K** Aleksandar Ilić **S** Petar Markovic **D** Goran Bogdan (Nikola), Boris Isaković (= Boris Isakovic) (Vasiljević), Nada Šargin (= Nada Sargin) (Biljana), Milica Janevski (Službenica), Muharem Hamzić (Miloš) **L** 119 **FSK** ab 12; f **E** 2.12.2021 fd 48235

VENOM: LET THERE BE CARNAGE ★★★
VENOM: LET THERE BE CARNAGE

Ein Journalist hat sich halbwegs damit arrangiert, dass sein Körper von einem gewalttätigen außerirdischen Symbionten mitbewohnt wird, der ihn permanent zu manipulieren versucht. In der Begegnung mit einem Serienmörder, der ebenfalls mit einem außerirdischen Parasiten verbunden ist, erwächst ihm eine Bewährungsprobe, für die der Zwist zwischen Wirtskörper und Alien hintangestellt werden muss. Zweiter Teil einer Comicverfilmung mit einem wenig inspirierten Superhelden-Plot, aber einem viel interessanteren Konflikt um den

Venom: Let There Be Carnage (© Sony)

Kontrollverlust der Hauptfigur über den eigenen Körper. Dieser wird von einem guten Hauptdarsteller getragen und verleiht dem Film einige erinnerungswürdige Komikmomente. – **Ab 16.**
USA 2021 **KI** Sony **DVD** Sony **BD** Sony **R** Andy Serkis **B** Kelly Marcel **K** Robert Richardson **Vo** Todd McFarlane (Charaktere), David Michelinie (Charaktere) **M** Marco Beltrami **S** Maryann Brandon, Stan Salfas **Sb** Alex Brandenburg, Dominic Capon **Kb** Joanna Eatwell **D** Tom Hardy (Eddie Brock / Venom), Woody Harrelson (Cletus Kasady / Carnage), Stephen Graham (Detective Mulligan), Michelle Williams (Anne Weying), Naomie Harris (Frances Barrison / Shriek) **L** 98 **FSK** ab 12; f **E** 21.10.2021 / 27.12.2021 DVD & BD   fd 48118

Vento Seco ★★★★
Vento Seco

Ein Mann mittleren Alters, der nicht offen zu seiner Homosexualität stehen will, gerät in den Sog seiner eigenen Fantasien, die einen tieferliegenden Konflikt offenbaren. In der Abwehr von Nähebeziehungen fühlt er sich zunehmend von rätselhaften sadomasochistischen Träumen heimgesucht. Als ein hypermaskuliner junger Mann in der Gegend auftaucht und ambivalente Signale ausstrahlt, entfaltet sich ein inneres Drama um Eifersucht, Hingabeangst und fetischistische Spiele. Der im ländlichen Teil Brasiliens spielende Film verschreibt sich einer surreal ästhetisierten erotischen Träumerei mit expliziten Hardcore-Szenen, eröffnet aber auch utopische Räume der Erkundung von Sexualität und Gewalt. – **Ab 18.**
Brasilien 2019 **DVD** GMfilms (16:9, 1.85:1, DD2.0 port.) **R+B** Daniel Nolasco **K** Larry Machado **M** Natalia Petrutes **S** Will Domingos **D** Leandro Faria Lelo (Sandro), Allan Jacinto Santana (Ricardo), Renata Carvalho (Paula), Rafael Theophilo (Maicon), Del Neto (David) **L** 110 **FSK** ab 18 **E** 1.1.2021 VoD (GMfilms) / 15.1.2021 DVD fd 47495

Die Verdammten der Pariser Kommune ★★★★
Les Damnés de la Commune

Mit Schwarz-weiß-Animationen, die an alte Kupferstiche erinnern, realisierter Historien-Dokumentarfilm über die Pariser Kommune während des Deutsch-Französischen Kriegs. Diese wollte im Frühjahr 1871 einen sozialistischen Umsturz herbeiführen, unterlag aber nach 72-tägigem Widerstand den Truppen der Regierung. Der kunstvoll gestaltete Film arbeitet die damaligen Ereignisse mit den Worten tatsächlicher und fiktionalisierter Beteiligter auf und verschränkt sie mit einem geschichtlichen Kommentar. So entsteht eine ungewöhnlich stimmungsvolle Betrachtung utopischer Hoffnung auf soziale Gerechtigkeit und ihrer Enttäuschung. – **Sehenswert ab 14.**
Schwarz-weiß. Frankreich 2019 **R** Raphaël Meyssan **B** Raphaël Meyssan, Marc Herpoux **Vo** Raphaël Meyssan (Graphic Novels *Les Damnés de la Commune*) **M** Pierre Caillet, Yan Volsy **S** Rémi Sagot-Duvauroux **L** 87 **E** 23.3.2021 arte   fd -

Vergebung ★
Forgiven

Auf der Flucht vor der Polizei dringt ein bewaffneter Mann in eine Kirche ein und nimmt den Pfarrer und dessen Töchter als Geiseln. Während ein Einsatzkommando die Kirche umstellt und ein gesundheitliches Problem des Geistlichen die Situation verkompliziert, versucht eine der Frauen, mit ihrer Güte auf den Geiselnehmer einzuwirken. Fundamentalistisches, schwach inszeniertes Glaubensdrama, das stur seine Agenda verfolgt, ohne ihr eine glaubwürdige Handlung oder realistische Figuren zugrunde zu legen. – **Ab 14.**
USA 2016 **DVD** Gerth Medien **R** Kevan Otto **B** Kevan Otto, Lloyd S. Wagner **K** Mike White **M** Stu Goldberg **S** Cooper Griggs, Ryan Stevens Harris, Kevan Otto **Sb** Katie Mamie **Kb** Lindsay Zgonina **D** Kevin Sorbo (Lt. Morgan), Jenn Gotzon (Elizabeth), Casey Fuller (James), Allee Sutton Hethcoat (Naomi Taylor), Kelsey Sanders (Officer Martin) **L** 77 **FSK** ab 12 **E** 21.5.2021 DVD   fd -

Die Vergesslichkeit der Eichhörnchen ★★★★

Eine junge Frau aus der Ukraine hat sich nach ihrem Germanistikstudium aus finanzieller Not auf einen Job als 24-Stunden-Pflegekraft in einer Familie eingelassen, in der die erwachsenen Kinder ein äußerst angespanntes Verhältnis zum dementen Patriarchen haben. Sie gerät prompt in ein wahres Minenfeld vergifteter Verhältnisse, schafft es mit Sensibilität aber, eine allmähliche Veränderung zu bewirken. Eine Tragikomödie, die mit subversiver Kraft das Reizthema des deutschen Pflegenotstands und der Arbeitsbedingungen ausländischer Pflegekräfte aufgreift, wobei der Tonfall von bedrückend leise zu humorvoll skurril changiert und treffsichere Dialoge und Gesten das soziale Spannungsfeld eindrücklich ausloten. – **Sehenswert ab 14.**
Scope. Deutschland 2020 **KI** Filmwelt **DVD** EuroVideo/Filmwelt (16:9, 2.35:1, DD5.1 dt.) **R** Nadine Heinze, Marc Dietschreit **B** Nadine Heinze, Marc Dietschreit **K** Holly Fink **M** Daniel Sus, Can Erdogan **S** Andrea Mertens **D** Emilia Schüle (Marija), Günther Maria Halmer (Curt), Fabian Hinrichs (Philipp), Anna Stieblich **L** 114 **FSK** ab 12; f **E** 22.7.2021 / 23.12.2021 VoD / 13.1.2022 DVD   fd 47861

Die Verlobten ★★★★
Fiancées

Ein Dokumentarfilm über drei junge ägyptische Paare, die heiraten wollen und mit den Vorstellungen der Gesellschaft ringen: Zwei aufstrebende Schauspieler drängen auf Gleichberechtigung in ihrer Beziehung, ein christliches Paar mit privilegiertem Hintergrund und ein Paar aus muslimisch-konservativem Milieu suchen jeweils den Weg zwischen Tradition und Selbstbestimmung. Der Film be-

obachtet die Vorgänge und Diskussionen in ruhiger Gelassenheit, ohne vorschnelle Antworten zu geben. Die gesellschaftsinhärenten Spannungen treten zwar zutage, doch offenbaren sich darin komplexe Verhältnisse, die Vorurteile über Geschlechterbilder in traditionalistisch ausgerichteten Nationen unterlaufen. – **Ab 14.**
Schweiz 2019 **R+B+K** Julia Bünter **S** Myriam Rachmuth **L** 81 **E** 3.5.2021 3sat   fd -

Verplant – Wie zwei Typen versuchen, mit dem Rad nach Vietnam zu fahren ★★★

Zwei Freunde brechen von Deutschland aus auf, um mit dem Fahrrad nach Vietnam zu fahren. Obwohl sie unterwegs von unzähligen Pannen, dem kirgisischen Winter und der chinesischen Polizei immer wieder ausgebremst werden, kommen sie nach knapp einem Jahr und 13.007 gefahrenen Kilometern tatsächlich in Saigon an. Unterwegs sind sie dabei zwar um unzählige Erfahrungen reicher, aber kein bisschen weiser geworden. Die unterhaltsam montierte Reisedokumentation entzieht sich mit einem erfrischend selbstironischen Humor dem Erbaulichkeitsgestus, der das Genre in den letzten Jahren zunehmend lähmt. – **Ab 14.**
Deutschland 2020 **KI** imFilm **DVD** Busch Media (16:9, 1.78:1, DD5.1 dt.) **BD** Busch Media (16:9, 1.78:1, dts-HDMA dt.) **R** Waldemar Schleicher **B** Waldemar Schleicher, Matthias Schneemann **L** 108 **FSK** ab 0; f **E** 13.5.2021 / 5.11.2021 DVD & BD   fd 47702

Verrückt nach ihr ★★★
Loco por ella

Nach einer aufregenden gemeinsamen Nacht ist eine Frau in einen jungen Online-Journalist so verliebt, dass er sich in die psychiatrische Anstalt einweisen lässt, wo seine Liebste Patientin ist, nur um sie wiedersehen zu können. Seine Herzensdame ist aber keineswegs erfreut über seine Anwesenheit, sondern findet ihn aufdringlich. Nichtsdestotrotz verschiebt der Mann seinen Plan, möglichst schnell wieder zu verschwinden, als er einige andere Patienten kennenlernt. Die spanische Tragikomödie nutzt ihren schrägen Romantikkomödien-Plot, um fürs Leben mit psychischen Krankheiten zu sensibilisieren, und findet einen entkrampften Zugang, ohne die Probleme der Protagonisten zu verharmlosen. – **Ab 14.**
Scope. Spanien 2021 **R** Dani de la Orden **B** Natalia Durán, Eric Navarro **K** Daniel Ara-

Verrückt nach ihr (© Netflix)

nyó **M** Julio de la Rosa **S** Oriol Pérez Alcaraz, Elena Ruiz **Kb** Paula Ventura **D** Álvaro Cervantes (Adri), Luis Zahera (Saúl), Susana Abaitua (Carla), Clara Segura (Direktorin der psychiatrischen Anstalt), Paula Malia (Laura) **L** 102 **E** 26.2.2021 VoD (Netflix)   fd -

Die Verschwundene ★★★★
Seules les bêtes

Im tiefen Winter wird im französischen Zentralmassiv das Auto einer Frau entdeckt, sie selbst ist spurlos verschwunden. In fünf Kapiteln entfalten sich aus unterschiedlichen Perspektiven die gewaltsamen Umstände hinter dem rätselhaften Vorfall, in den Menschen aus der unmittelbaren Umgebung des Opfers involviert sind, der aber auch Kreise bis nach Westafrika zieht. Ein kunstvoll aufgebauter Thriller, der erst nach und nach preisgibt, welche Verwicklungen und Missverständnisse die für mehrere Figuren fatale Entwicklung herbeigeführt haben. Dabei wandelt er sich fast unmerklich zu einem Drama über fehlerhafte Kommunikation mit markanten Porträts der Einsamkeit und der Suche nach Zuneigung und Wärme. – **Sehenswert ab 16.**
Scope. Frankreich 2019 **KI** OVALmedia **R** Dominik Moll **B** Gilles Marchand, Dominik Moll **K** Patrick Ghiringhelli **Vo** Colin Niel (Roman *Seules les bêtes / Nur die Tiere*) **M** Benedikt Schiefer **S** Laurent Rouan **Sb** Valérie Chemain **Kb** Isabelle Pannetier **D** Denis Ménochet (Michel Farange), Laure Calamy (Alice Farange), Damien Bonnard (Joseph Bonnefille), Nadia Tereszkiewicz (Marion), Bastien Bouillon (Polizist Cédric Vigier) **L** 117 **FSK** ab 16; f **E** 7.10.2021   fd 47886

Das Versprechen ★★★

Ein elfjähriger Junge lebt bei seinem Vater, der unter depressiven Schüben leidet. Zusehends überfordert mit der Situation, lernt er ein älteres Mädchen kennen, das ihn versteht, weil es selbst eine psychische Beeinträchtigung hat, mit der seine Eltern trotz aller Bemühungen nicht zurechtkommen. Ein Drama um Krankheit, Freundschaft und die Überforderung speziell der Kinder, das mit besten Absichten und wissenschaftlich fundiert über die Krankheitsbilder und ihre Folgen aufklärt. Dabei geht es mitunter zwar recht didaktisch, stellenweise auch sentimental zu, aufgefangen wird jedoch durch feine Details und lebendiges Spiel. – **Ab 14.**
Deutschland 2021 **R** Till Endemann **B** Be-

Die Verschwundene (© OVALmedia)

ate Langmaack **K** Lars R. Liebold (= Lars Liebold) **M** Mario Lauer **S** Florian Drechsler **Sb** Carola Gauster **Kb** Lore Tesch **D** Mika Tritto (Bendix), Ella Morgen (Jule), Andreas Döhler (Fabian), Christina Grosse (Sina), Oliver Stokowski (Daniel) **L** 87 **E** 26.4.2021 ZDF fd -

Vertreibung ins Paradies ★★★

Mit dem Beginn des ersten deutschen Corona-Lockdowns im März 2020 wird auch die Dokumentarfilmerin Annekatrin Hendel zur Isolation in ihrer Patchwork-Familie vor den Toren Berlins gezwungen. Die folgenden Wochen filmt sie hautnah die Belastungen und Konflikte innerhalb der kleinen Gemeinschaft, in denen sich allgemeingültige Erfahrungen, Ängste und Hoffnungen während des Lockdowns spiegeln. Stillstand und Bewegungsdrang, Optimismus und Resignation verbinden sich dabei zu einer ironischen dokumentarischen Bestandsaufnahme, die in der künstlerischen Gestaltung mit Schwarzweiß- und Scope-Bildern durchaus ausgefeilt ist. – **Ab 14.**
Scope, schwarz-weiß. Deutschland 2021 **R** Annekatrin Hendel **B** Annekatrin Hendel, Jörg Hauschild **K** Annekatrin Hendel, Martin Farkas **M** Van_Damme38, MATILDA, Maria Moling **S** Jörg Hauschild **L** 83 **E** 17.3.2021 rbb fd -

Veteran ★★★
Veterán

Ein Tscheche hat in 20 Jahren Fremdenlegion Kämpfen und Überleben gelernt, ist mit dem Alltag aber zuerst überfordert, als er in seine Heimatstadt zurückkehrt. Während er langsam wieder Kontakt zu seiner Familie aufbaut, durch eine Rettungstat auch sozial aufsteigt und eine Liebesbeziehung mit der Tochter seines Gönners beginnt, kann er seine gewaltsame Vergangenheit nicht abstreifen. Packendes Drama um Schuld und die Suche nach Vergebung sowie um Doppelmoral und Kaderdenken innerhalb der tschechischen Gesellschaft. Intensiv vermittelt vor allem der Hauptdarsteller das Dilemma einer Figur auf der Suche nach Frieden unter gewalttätigen Umständen. – **Ab 16.**
Tschechien/Frankreich/Deutschland 2020 **R** Jan Hrebejk **B** Marek Epstein **K** Martin Sec **Vo** Marek Epstein (Bühnenstück Veterán) **M** Martin Evzen Kyspersky **S** Vladimir Barak **Sb** David Voborsky **Kb** Vladimira Fominova **D** Milan Ondrík (Martin), Marie Poulová (Sara), Pavel Kríz (Kadlec), Alena Antalová (Kadlecova), Vincent Navrátil (Sebastian) **L** 100 **E** 29.1.2021 arte fd -

Vicious Fun ★★
Vicious Fun

Ein junger, auf Horrorfilme spezialisierter Filmkritiker nutzt einen seiner einsamen Feierabende, um dem neuen Freund seiner Mitbewohnerin nachzuspüren. Nach einer durchzechten Nacht stößt er bei einem Selbsthilfetreffen für Serienmörder erneut auf ihn, muss sich dabei aber seines eigenen Lebens erwehren. Die Meta-Horrorkomödie in 1980er-Retro-Ästhetik bedient sich ausgiebig in der jüngeren Genregeschichte, entwickelt abseits des eigenen Pastiche-Daseins aber keinen Reiz und bleibt allzu oft reine Fingerübung. – **Ab 18.**
Scope. Kanada 2020 **KI** Drop-Out **R** Cody Calahan **B** James Villeneuve **K** Jeff Maher **M** Steph Copeland **S** Mike Gallant **Sb** Amanda Vernuccio **Kb** Melissa Bessey, Kealan Sullivan **D** Evan Marsh (Joel), Amber Goldfarb (Carrie), Ari Millen (Bob), Julian Richings (Fritz), Robert Maillet (Mike) **L** 101 **E** 4.11.2021 fd 48156

Victoria ★★★★
Victoria

California City ist eine gescheiterte Großstadtvision eines Investors aus den 1950er-Jahren. Sie bildet die Bühne für den Neustart einer afroamerikanischen Familie aus Los Angeles. Auf den Spuren des jungen Vaters Lashay Warren folgt der experimentelle Dokumentarfilm dessen spielfilmartigen Momenten bei den Wanderungen durch das unwirtliche Areal. Seine tagebuchartigen Aufzeichnungen über sich, das Land und die Zukunft treten dabei auch in einen überraschenden Dialog mit dem absurden Wüstenort. Im Beharren auf eine subjektive Perspektive schöpft der Film aus dem Nichts gegen alle Erwartungen neue Hoffnungen. – **Sehenswert ab 14.**
Belgien 2020 **KI** Arsenal Institut **R** Sofie Benoot, Liesbeth De Ceulaer, Isabelle Tollenaere **K** Isabelle Tollenaere **M** Lashay Warren, Annelies Van Dinter **S** Liesbeth De Ceulaer, Sofie Benoot, Isabelle Tollenaere **L** 71 **E** 2.9.2021 fd 47005

Vincents Welt ★★★★
Tutto il mio folle amore

Als ein italienischer Sänger wieder bei einer früheren Freundin auftaucht, die er während ihrer Schwangerschaft verließ, weist ihn sie wieder Verheiratete zurück. Bei der Weiterfahrt zu einer Tour durch Slowenien und Kroatien entdeckt der Sänger jedoch, dass sein 16-jähriger autistischer Sohn sich ins Auto geschlichen hat. Er beschließt, ihn mitzunehmen, um ihn endlich kennenzulernen. Tragikomisches Drama mit sympathischen, frei von Klischees gezeichneten Figuren, inszeniert mit leichter, nicht allzu beschönigender Hand. Der charmante, mit märchenhaften Elementen versetzte Film ist von leisem Humor geprägt und profitiert von hervorragenden Darstellern. – **Ab 14.**
Scope. Italien 2019 **R** Gabriele Salvatores **B** Umberto Contarello, Sara Mosetti, Gabriele Salvatores **K** Italo Petriccione **Vo** Fulvio Ervas (Roman Se ti abbraccio non aver paura / Wenn ich dich umarme, hab keine Angst) **M** Mauro Pagani **S** Massimo Fiocchi **Sb** Rita Rabassini **Kb** Patrizia Chericoni **D** Valeria Golino (Elena), Giulio Pranno (Vincent), Diego Abatantuono (Mario), Claudio Santamaria (Willi), Daniel Vivian (Dragan) **L** 94 **E** 16.7.2021 arte fd 47867

Viral Dreams – ★★★
Die ausgebremste Generation
Viral

Der sogenannten Generation Z gehören jene jungen Menschen an, die mit sozialen Medien aufgewachsen sind und die Produktion und Verbreitung eigener Videos für ganz natürlich halten. Der Dokumentarfilm porträtiert sieben von ihnen mit ihren Träumen und den Herausforderungen, die sich ihnen 2020 durch die Corona-Pandemie, aber auch die «Black Lives Matter»-Proteste oder die Präsidentschaftswahlen in den USA stellen. Ausschließlich aus den Social-Media-Videos bestehend, ist der Film zwar nicht frei von Oberflächlichkeit und Wiederholungen, zeigt aber durchaus vielschichtige Positionen unter den oft geschmähten «digital natives» auf. – **Ab 14.**
Israel/Deutschland 2021 **R** Udi Nir, Sagi Bornstein **B** Udi Nir, Sagi Bornstein **M** Nils Kacirek, Milan Meyer-Kaya **S** Sagi Bornstein **L** 86 **E** 21.12.2021 arte fd -

Visit, or Memories and ★★★★
Confessions
Visita ou Memórias e Confissões

Der portugiesische Regisseur Manoel de Oliveira setzt sich mit seiner eigenen Lebensgeschichte auseinander, initiiert durch den Abschied von seinem Haus in Porto, in dem er 40 Jahre lebte und das er in den frühen 1980er-Jahren verkaufen musste. In dem erst posthum veröffentlichten

Film wendet sich der Regisseur direkt an die Kamera und rekapituliert Episoden aus seiner persönlichen Geschichte und Familiengeschichte in Verbindung mit den politisch-gesellschaftlichen Gegebenheiten, wobei es nicht zuletzt um die Zeit der Salazar-Diktatur geht; dazu kommen Ausschnitte aus privaten Videos und Fotos. Das Haus wird zum visuellen Rahmen und stummen Zeugen. – **Ab 16.**
Portugal 1982 **R+B** Manoel de Oliveira **K** Elso Roque **S** Manoel de Oliveira, Ana Luísa Guimarães **L** 73 **E** 6.11.2021 VoD (Mubi) fd 48175

VITA & VIRGINIA ★★
VITA & VIRGINIA

1928 erschien der vielleicht bekannteste Roman der Schriftstellerin Virginia Woolf, *Orlando*. Die Hauptfigur ist der Aristokratin Vita Sackville-West nachempfunden, mit der Woolf in langjähriger Freundschaft und lesbischer Liebe verbunden war. Auf Grundlage der Briefe zwischen Woolf und Sackville-West und eines darauf beruhenden Theaterstücks zeichnet der Film die Beziehung der beiden Frauen nach. Die tiefe Verbundenheit zwischen den Künstlerinnen vermag er jedoch ebenso wenig zu vermitteln wie ihre Leidenschaft füreinander. Das Ergebnis ist ein visuell aufwändiges, aber blutleeres Drama. – **Ab 14.**
Großbritannien/Irland 2018 **DVD** Koch (16:9, 1.85:1, DD5.1 engl./dt.) **BD** Koch (16:9, 1.85:1, dts-HDMA engl./dt.) **R** Chanya Button **B** Eileen Atkins, Chanya Button **K** Carlos de Carvalho **Vo** Eileen Atkins (Bühnenstück *Vita & Virginia*), Virginia Woolf (Briefe), Vita Sackville-West (Briefe) **M** Isobel Waller-Bridge **S** Mark Trend **Sb** Noam Piper **Kb** Lorna Marie Mugan **D** Gemma Arterton (Vita Sackville-West), Elizabeth Debicki (Virginia Woolf), Isabella Rossellini (Lady Sackville), Rupert Penry-Jones (Harold Nicolson), Peter Ferdinando (Leonard Woolf) **L** 105 **FSK** ab 12; f **E** 26.8.2021 DVD & BD & digital fd 47971

VIVO - VOLLER LEBEN ★★★
VIVO

Ein Animationsfilm um einen kleinen Kinkaju (zu deutsch: «Wickelbär»), der zusammen mit einem betagten Musiker auf den Straßen Havannas musiziert. Als der alte Mann eine Einladung einer berühmten Musikerin bekommt, die vor langer Zeit seine Partnerin war und ihn nun zu ihrem Abschiedskonzert bittet, aber er die Reise nicht mehr selbst antreten kann,

VITA & VIRGINIA (© Koch)

macht sich stattdessen der Bär alleine auf. Das animierte Musical punktet durch seine fantasievolle Animation und seine stimmige Verknüpfung unterschiedlicher Stile. Inhaltlich jedoch bleibt die schwungvoll dargebotene Geschichte flach und weiß kaum zu überraschen, was auch an der braven Hauptfigur liegt. – **Ab 6.**
Scope. USA 2021 **R** Kirk DeMicco (= Kirk De Micco) **B** Quiara Alegría Hudes, Kirk DeMicco (= Kirk De Micco) **K** Yong Duk Jhun **M** Lin-Manuel Miranda **S** Erika Dapkewicz **Sb** Carlos Zaragoza **L** 103 **E** 6.8.2021 digital (Netflix) fd 47928

DER VOGEL ★
THE STARLING

Ein Ehepaar stürzt durch den Kindstod seines Babys in eine tiefe Sinnkrise. Während der gebrochene Vater in einer psychiatrischen Fachklinik landet, verdrängt die einst lebensfrohe Mutter ihren Schmerz und geht weiterhin zur Arbeit. Durch die zufällige Begegnung mit einem aufdringlichen Vogel und mit Hilfe eines ehe-maligen Psychiaters beginnt sich das ungleiche Paar wieder anzunähern und der notwendigen Trauerarbeit zu stellen. Ein misslungenes Drama um Tod und Trauerarbeit, das seine ernsten Kernthemen mit einem hanebüchenen Plot untergräbt, in dem platte Dialoge, eine aufdringliche Musikvideoästhetik sowie ein miserabel animierter Vogel unfreiwillige Albernheit verbreiten. – **Ab 14.**
USA 2021 **R** Theodore Melfi **B** Matt Harris **K** Lawrence Sher **M** Benjamin Wallfisch **S** Matt Friedman (= Matthew Friedman), Peter Teschner **Sb** Stephanie Hamilton **Kb** Susie DeSanto **D** Melissa McCarthy (Lilly Maynard), Chris O'Dowd (Jack Maynard), Kevin Kline (Dr. Larry Fine), Timothy Olyphant (Travis Delp), Veronica Falcón (Rosario Alvarez) **L** 102 **E** 24.9.2021 VoD (Netflix) fd 48113

VOGELFREI. EIN LEBEN ALS ★★
FLIEGENDE NOMADEN

Im Sommer 2012 brachen Andreas Zmuda und Doreen Kröber aus Berlin auf, um in einem Ultraleichtflieger die Welt zu bereisen, dabei selbst

VIVO - VOLLER LEBEN (© Netflix)

DER VOGEL (© KAREN BALLARD / Netflix)

gedrehte Aufnahmen fügten sie zu einem Film zusammen, der die ersten vier Jahre dieses Abenteuers dokumentiert. Das Ergebnis ist eine für Hobbyflieger, Globetrotter und alle, die es gerne wären, gleichermaßen faszinierende Reise-Dokumentation mit atemberaubenden Impressionen und fesselnden Anekdoten, die letztlich aber zu flüchtig bleiben, um ein tieferes Gefühl für das Erlebte zu vermitteln. – **Ab 14**.
Deutschland 2020 **KI** Trike-Globetrotter-Project **R** Andreas Zmuda **B** Andreas Zmuda, Doreen Kröber **K** Doreen Kröber, Andreas Zmuda, Katja Döhne, Sandra Budesheim, Claudius Grimme **S** Andreas Zmuda **L** 117 **FSK** ab 0; f **E** 8.7.2021 fd 47753

VOLITION – FACE YOUR FUTURE ★★★
VOLITION

Ein kleiner Gauner besitzt hellseherische Fähigkeiten, kann mit diesen aber nur wenig anfangen. Gerade als er eine schöne Frau kennengelernt hat und sich die Dinge für ihn zum Besseren zu wenden scheinen, wollen sich andere Kriminelle seine Gabe zunutzen machen. Bei dieser Gelegenheit sieht er jedoch seinen eigenen Tod voraus. Wendungsreicher Science-Fiction-Thriller mit einer trotz begrenztem Budget ambitionierten Inszenierung, die Handlungsschwächen und ein generelles Déjà-vu-Gefühl weitgehend ausgleichen kann. – **Ab 16**.
Scope. Kanada 2019 **DVD** Lighthouse **BD** Lighthouse **R** Tony Dean Smith **B** Tony Dean Smith, Ryan W. Smith **K** Byron Kopman **M** Matthew Rogers **Sb** Tony Durke **Kb** Amroe Anderson **D** Adrian Glynn McMorran (James), Magda Apanowicz (Angela), John Cassini (Ray), Frank Cassini (Sal), Aleks Paunovic (Terry) **L** 88 **FSK** ab 16 **E** 26.11.2021 DVD & BD fd -

VOM NACHTEIL GEBOREN ZU SEIN
siehe: THE TROUBLE WITH BEING BORN

VOM PLANET DER MENSCHEN ★★★★
DAL PIANETA DEGLI UMANI

Eine ehrwürdige Villa an der Riviera nahe der französisch-italienischen Grenze wurde in den 1920er-Jahren von dem Chirurgen und obskuren Verjüngungsforscher Serge Voronoff bewohnt. Ausgehend von den fabelartigen Aspekten zu Voronoffs Dasein führt ein Filmessay Archivaufnahmen, alte Filmausschnitte und Fotos zusammen, lässt u. a. Frösche als Erzähler auftreten und verbindet diese Elemente zu einem traumwandlerischen filmischen Kunstwerk. Der formale Reichtum wird dabei durch einen vielschichtigen Kommentar unterstützt, der die Querverbindungen vom Porträt des Wissenschaftlers bis zu heutigen Flüchtlingen zieht. – **Sehenswert ab 16**.
Teils schwarz-weiß. Italien/Frankreich/Belgien 2021 **R+B+K** Giovanni Cioni **M** Juan Carlos Tolosa **S** Philippe Boucq **L** 81 **E** 6.12.2021 arte fd -

VOR MIR DER SÜDEN ★★★★
1959 unternahm der Schriftsteller Pier Paolo Pasolini eine Reise entlang der italienischen Küste, von Ventimiglia bis Triest. Daraus entstand eine Reportage über die nivellierende Transformation der italienischen Nachkriegsgesellschaft. 60 Jahre später wiederholt der Filmemacher Pepe Danquart diese Reise, um den Blick von gestern mit der Gegenwart zu konfrontieren. Der Befund dieses dunkel-luftigen Road Movies ist von erschütternder Trostlosigkeit, die nicht nur Pasolinis Pessimismus bei weitem übertrifft, sondern gleichzeitig von der Zukunft Südeuropas unter den Bedingungen einer kommenden Weltordnung erzählt. – **Sehenswert ab 14**.
Deutschland 2020 **KI** Neue Visionen **R+B** Pepe Danquart **K** Thomas Eirich-Schneider (= Thomas Schneider) **S** Andrew Bird **L** 117 **FSK** ab 0; f **E** 1.7.2021 fd 47828

VOYAGERS ★★
VOYAGERS

In einer nahen Zukunft will die Menschheit infolge der Erderwärmung auf einen anderen Planeten umsiedeln. Die jugendliche Besatzung eines Raumschiffs soll sich während der langjährigen Reise fortpflanzen, damit ihre Nachkommen die neue Heimat besiedeln können. Als der einzige Erwachsene bei einem Unfall ums Leben kommt, bricht das Chaos aus. Der lose auf William Goldings Roman *Herr der Fliegen* basierende Weltraumthriller interessiert sich nur bedingt für seine politische Allegorie oder die eher allgemeine Prinzipien verkörpernden Figuren. Als Genrefilm funktioniert er hingegen solide und recht spannend, wenn auch etwas schematisch. – **Ab 14**.
USA/Großbritannien/Tschechien/Rumänien 2021 **R+B** Neil Burger **K** Enrique Chediak **M** Trevor Gureckis **S** Naomi Geraghty **Sb** Scott Chambliss **Kb** Bojana Nikitovic **D** Colin Farrell (Richard), Tye Sheridan (Christopher), Fionn Whitehead (Zac), Lily-Rose Depp (Sela), Isaac Hempstead Wright (Edward) **L** 104 **FSK** ab 12 **E** 30.4.2021 VoD (Amazon Prime) fd 47680

W. – WAS VON DER LÜGE BLEIBT (© Der Filmverleih)

W. – WAS VON DER LÜGE BLEIBT ★★★★
W. – WAS VON DER LÜGE BLEIBT / W. – CE QUI RESTE DU MENSONGE / W. – CIÒ CHE RIMANE DELLA BUGIA
Der Fall Binjamin Wilkomirski sorgte 1998 für einen internationalen Skandal, als sich herausstellte, dass die begeistert aufgenommene Autobiografie des vermeintlichen Shoah-Überlebenden eine Fiktion war. Mit analytischer Schärfe und künstlerischer Präzision nähert sich der außergewöhnliche Dokumentarfilm über fünf Erzählungen der wahren Lebensgeschichte des Autors, der in seiner frühen Kindheit bei einer Pflegefamilie schwere Misshandlungen erlitten hatte und sich auf unterbewusster Ebene mit dem Leid der Holocaust-Opfer identifizierte. Ohne jede Relativierung gelingt es dem Film, das Verhältnis von psychischer Realität und historischer Wirklichkeit auszuloten. – **Sehenswert ab 16.**
Teils schwarz-weiß. Schweiz/Polen/Israel/Italien 2020 **KI** Der Filmverleih **R+B** Rolando Colla **K** Rolando Colla, Nir Bar, Sandra Gomez, Reinis Aristovs, Gabriel Lobos, Maciej Tomkow **M** Bernd Schurer **S** Rolando Colla **L** 111 **E** 18.11.2021   fd 48194

DIE WACHE ★★★
Ein Dokumentarfilm über Polizeiarbeit in Deutschland, gedreht in vier Monaten auf einer Wache in Münster, wo es keine großen Verbrechen, aber jede Menge Alltag gibt. Ein redliches Institutionenporträt, das die vielschichtigen Arbeitsvorgänge abbildet, aber recht spannungsarm bleibt. Die meisten Protagonisten sind aus Gründen des Persönlichkeitsschutzes anonymisiert, was keine echte Nähe aufkommen lässt. Interessant wird es immer dort, wo ethische Probleme der Polizeiarbeit anklingen, für deren Lösung es keine Patentrezepte gibt. – **Ab 14.**
Deutschland 2020 **KI** imFilm **R+B** Eva Wolf **K** Michael Weihrauch **M** Eckart Gadow **S** Andreas Zitzmann **L** 90 **E** 25.2.2021 VoD / 18.10.2021 3sat   fd 47549

WAGNER, BAYREUTH UND DER REST DER WELT ★★★
Der Komponist Richard Wagner (1813–1883) gehört zu den umstrittensten Künstlern der Weltgeschichte, der mit seiner gigantomanischen Musik polarisierte und als bösartiger Antisemit in die Geschichtsbücher einging. Von seinen Anhängern wird er jedoch mit fast religiöser Inbrunst verehrt. Der Dokumentarfilm spürt der Wagner-Leidenschaft von Bayreuth über Venedig bis nach Japan und sogar Israel nach und zeigt viele Facetten unter den «Wagnerianern» auf. Zudem macht er die Vorteile einer offenen Auseinandersetzung mit kontroversen Kulturgütern deutlich. – **Ab 14.**
Scope. Deutschland 2021 **KI** Filmwelt **R** Axel Brüggemann **B** Axel Brüggemann, Toni Schmid **K** Roland Wagner, Ralf Richter **S** Moritz Henne **L** 102 **FSK** ab 0; f **E** 28.10.2021   fd 48128

WALCHENSEE FOREVER ★★★★
Die Musikerin und Filmemacherin Janna Ji Wonders erforscht mit feinem Gespür für Bildrhythmen und erzählerische Dramatik die Geschichte ihrer Familie, die fünf Generationen umgreift und sich auf die Frauen konzentriert. Der Familien-«Stammsitz», ein Ausflugscafé am Walchensee in Oberbayern, wird zum magischen Ort einer Chronik, die aus reichlich sprudelnden Archivquellen geradezu intim Lebenslinien nachzeichnet und zugleich epochentypisch durchsichtig macht. Alle Frauen der Familie mussten sich gegen patriarchale Widerstände behaupten, egal welchen Lebensentwürfen sie folgen. – **Sehenswert ab 14.**
Deutschland 2020 **KI** Farbfilm **R** Janna Ji Wonders **B** Janna Ji Wonders, Nico Woche **K** Sven Zellner, Janna Ji Wonders, Anna Werner **M** Markus Acher, Cico Beck **S** Anja Pohl **L** 116 **FSK** ab 6; f **E** 21.10.2021   fd 46979

WALTER KAUFMANN – WELCH EIN LEBEN! ★★★
Doku über den Schriftsteller Walter Kaufmann (1924–2021), Sohn einer polnischen Jüdin, den ein abenteuerliches Leben mehrfach um die Welt führte. Die Spurensuche nach den Wurzeln und Etappen seiner Biografie verbindet eine empathische Nähe zum Porträtierten mit einem Panoramablick auf das politische 20. Jahrhundert. Kurzweilig und emotional beschreibt der Film einen vom Schicksal getriebenen Mann, der sich dem Verhängnis aber nie auslieferte, sondern es stets zu gestalten versuchte. Eine anregende Zeitreise mit leichten didaktischen Anflügen. – **Ab 14.**
Teils schwarz-weiß. Deutschland 2021 **KI** Karin Kaper Film **R** Karin Kaper, Dirk Szuszies **B** Karin Kaper, Dirk Szuszies **K** Tobias Rahm, Dirk Szuszies Schiefer **S** Tobias Rahm, Dirk Szuszies **L** 102 **FSK** ab 12; f **E** 30.9.2021   fd 48064

Die Wand der Schatten ★★★★
The Wall of Shadows

Ein nepalesischer Bergführer aus dem Volksstamm der Sherpa wird von einer russisch-polnischen Bergsteiger-Gruppe angeheuert, sie auf den Gipfel des Kumbhakarna zu führen. Nicht nur der Aufstieg sorgt dabei jedoch für Schwierigkeiten, zwischen den drei Bergsteigern entsteht ebenso Zwist wie zwischen dem Bergführer und seiner Frau. Ein mit imposanten Bildern des Himalaya-Gebirges aufwartender Dokumentarfilm, der den Bogen von Alltagsaufnahmen der Einheimischen bis zum packenden Szenario um die Macht der Natur und die Ohnmacht der Menschen spannt. Dabei werden die Gewissenskonflikte der Sherpas effektvoll der Arroganz der Bergsteiger gegenübergestellt. – **Sehenswert ab 14.**
Polen/Deutschland/Schweiz 2020 **KI** Rise and Shine Cinema **R** Eliza Kubarska **B** Eliza Kubarska, Piotr Rosolowski **K** Piotr Rosolowski **M** Marcel Vaid **S** Barbara Toennieshen **L** 94 **E** 15.4.2021 VoD (Kino-on-Demand)/ 24.11.2021 arte   fd 47651

Wander – Die Verschwörung ★★
ist real
Wander

Ein Polizist ist seit dem Unfalltod seiner Tochter psychisch krank und hat sich der Aufgabe verschrieben, Verschwörungen, die er überall wittert, aufzudecken. Als ihn eine Mutter bittet, die Hintergründe des Todes ihrer Tochter aufzuklären, entdeckt der paranoide Mann in einer Kleinstadt Hinweise, die seine schlimmsten Verschwörungstheorien zu bestätigen scheinen. Der Paranoia-Thriller spielt mit der unzuverlässigen Perspektive seiner labilen Hauptfigur und zieht daraus einige Spannung, die wegen eines allzu eindeutig-schlichten Schlusses allerdings in sich zusammenfällt. Der Versuch, das Szenario mit politischer Bedeutung aufzuladen und das Thema Immigration ins Spiel zu bringen, wirkt arg aufgesetzt und unglaubwürdig. – **Ab 16.**
Scope. Kanada/USA 2020 **DVD** Universal (16:9, 2.35:1, DD5.1 engl./dt.) **BD** Universal (16:9, 2.35:1, dts-HDMA engl., dts dt.) **R** April Mullen **B** Tim Doiron **K** Russ De Jong, Gavin Smith **M** Alexandra Mackenzie **S** Luke Higginson **Kb** Ursula Rochester **D** Aaron Eckhart (Arthur Bretnik), Tommy Lee Jones (Jimmy Cleats), Katheryn Winnick (Elsa), Heather Graham (Shelley Luscomb), Raymond Cruz (Sheriff Luis Santiago) **L** 93 **FSK** ab 16 **E** 19.8.2021 DVD & BD & VoD   fd -

Waren einmal Revoluzzer ★★★★
Waren einmal Revoluzzer

Zwei miteinander befreundete gutsituierte Paare aus Wien beschließen in einem spontanen Anfall von Altruismus, einem Studienfreund aus Russland zu helfen, dem als Dissident die Verhaftung droht. Nachdem sie ihm die Flucht ermöglicht haben, taucht er jedoch mit Frau und Kind bei ihnen auf, was die Hilfsbereitschaft der vier rasch schwinden lässt und sie zur Auseinandersetzung mit ihren Lebenslügen zwingt. Fein beobachtete Sittenkomödie mit ausgezeichnetem Gespür für die Widersprüche der Figuren zwischen Helfer-Phasen und geringer Strapazierfähigkeit. Facettenreich loten die Darsteller das Geflecht aus Unzulänglichkeiten und Selbstlügen aus. – **Ab 14.**
Scope. Österreich 2019 **KI** JIP Film **R** Johanna Moder **B** Johanna Moder, Marcel Mohab **K** Robert Oberrainer **M** Clara Luzia **S** Karin Hammer **Sb** Martin Reiter, Johanna Hierzegger **Kb** Veronika Albert **D** Julia Jentsch (Helene), Manuel Rubey (Jakob), Aenne Schwarz (Tina), Marcel Mohab (Volker), Lena Tronina (Eugenia) **L** 108 **FSK** ab 12; f **E** 9.9.2021   fd 48010

Was uns bindet ★★★
Was uns bindet

Die Filmemacherin Ivette Löcker hat sich innerlich von ihrer bäuerlichen Herkunft und ihren Eltern gelöst, als diese noch zu Lebzeiten ihrer Schwester ihr ein Bauernhaus vererben. Die Besichtigung rührt die belasteten Beziehungen innerhalb der Familie wieder auf und stellt auch das Arrangement der Eltern, die sich in einer Ehe ohne Liebe eingerichtet haben, in Frage. Sorgfältig gestalteter Dokumentarfilm über ein versehrtes Familiengefüge, dem in der separaten Beobachtung der Eltern aufschlussreiche Momente gelingen. In den unvereinbaren Gegenpositionen greift er zudem auch kritisch traditionelle Geschlechterverhältnisse auf. – **Ab 14.**
Österreich 2017 **R+B** Ivette Löcker **K** Frank Amann **S** Michael Palm **L** 103 **E** 11.10.2021 3sat   fd -

Das Wattenmeer – ★★★★
Leben zwischen Land und See
Wad – Overleven op de Grens van Water en Land

Eine auf langen Beobachtungen aufgebaute Dokumentation über die Naturlandschaft des Wattenmeers, die filmisch akkurat und wissenschaftlich fundiert die vielfältige Tier- und Pflanzenwelt unter dem Wandel der Jahreszeiten ins Bild gesetzt wird. Dabei hat der Film durchaus charismatische Tierprotagonisten und bedient immer wieder auch die Spannungsdramaturgie, stellt jedoch die ganzheitliche Darstellung eines Ökosystems in den Fokus, in dem eine Spezies von der anderen abhängt. Ein eindrucksvolles Naturpanorama, in dem der Mensch, wiewohl hauptverantwortlich für die Bedrohung dieser Welt, fast völlig ausgeblendet bleibt. – **Ab 10.**
Niederlande 2018 **R+B** Ruben Smit **K** Ruben Smit, Melchert Meijer zu Schlochtern **M** Martin Fondse, Sofia Dragt **S** Melchert Meijer zu Schlochtern, Ozan Olçay **L** 92 **E** 28.1.2021 arte   fd -

We Couldn't Become Adults
siehe: Wir konnten nicht erwachsen werden

Weihnachten im ★★★
Zaubereulenwald
Eia Jouluud Tondikakul

Ein zehnjähriges Mädchen aus Tallinn muss die Weihnachtszeit bei fremden Leuten auf einem Bauernhof verbringen, wo sie ein weniger hektisches Leben kennenlernt. Doch die winterliche Idylle ist bedroht, weil ein habgieriger Verwalter den Wald abholzen will. Zusammen mit einem Nachbarsjungen schmiedet das Mädchen einen Plan zur Gegenwehr. Der ganz aus der kindlichen Perspektive erzählte Film spitzt die Gegensätze mitunter zwar recht plakativ zu, entfaltet den Konflikt zwischen Ökonomie und Nachhaltigkeit aber äußerst kindgerecht und unterstreicht, dass es im Leben vor allem auf Freundschaft, Respekt und Zusammenhalt ankommt. – **Ab 8.**
Estland 2019 **KI** justbridge **R+B** Anu Aun **K** Heiko Sikka **M** Sten Sheripov **S** Margo Siimon **D** Paula Rits (Eia), Siim Oskar Ots (Ats), Liis Lemsalu (Jete), Jaan Rekkor (Ott), Märt Pius (Moorits) **L** 98 **FSK** ab 0; f **E** 2.12.2021   fd 47443

Weihnachten mit der Familie – ★
Überleben ist alles
Surviving Christmas with the Relatives

Ein britisches Paar lässt sein Leben in London hinter sich und zieht aufs Land auf die Familien-Farm der Frau, um diese zu einem Bed & Breakfast zu machen. Während der Umbauten steht das Weihnachtsfest vor der Tür, und mit ihm die umfangreiche, ziemlich skurrile Sippschaft des Paares,

die teils extra aus Amerika anreist, um gemeinsam die Festtage zu zelebrieren. Dank diverser Reibungen und Pannen artet das allerdings ganz und gar nicht in besinnliche Harmonie, sondern in pures Chaos aus. Eine schrille Familien-Weihnachtskomödie, deren völlig überzeichnete Figuren und hektisch aneinandergereihte, wenig originelle Gags in Langeweile versanden. – **Ab 12.**
Großbritannien 2018 **DVD** Studio Hamburg **R+B** James Dearden **K** Matthias Pilz **M** Hugo de Chaire **S** Anuree De Silva **Sb** Caroline Steiner **Kb** Victoria Russell, Sinead Skinner **D** Julian Ovenden (Dan), Gemma Whelan (Miranda), Joely Richardson (Lyla), Michael Landes (Trent), Sally Phillips (Miriam) **L** 101 **FSK** ab 12 **E** 8.10.2021 DVD fd -

WEIHNACHTEN ... SCHON WIEDER?! ★★
CHRISTMAS AGAIN
Ein Mädchen ist dermaßen enttäuscht von seinem Weihnachtsfest, dass es sich von einem Nachbarschafts-Weihnachtsmann wünscht, den Tag wiederholen zu können. Unerwartet geht der Wunsch in Erfüllung, sodass es Weihnachten nun in einer Endlosschleife wieder und wieder erlebt. Familienkomödie mit dem vertrauten Zeitschleifen-Muster, das die Hauptfigur erst für sich ausnutzt, um dann zusehends verzweifelter einen Ausweg zu suchen. Der betont harmlose Film versucht sich in der Figurenzeichnung von vergleichbaren Werken abzugrenzen, ist als Familienunterhaltung aber nur mittelmäßig ausgefallen. – **Ab 10.**
USA 2021 **R** Andy Fickman **B** Doan La **K** David Hennings **S** Christopher Smith **Sb** Caitlin Laingen **Kb** Elaine Montalvo **D** Scarlett Estevez (Rowena Clybourne), Alexis Carra (Carolina Clybourne), Beth Lacke (Diane), Ashlyn Jade Lopez (Gabby Clybourne), Priscilla Lopez (Oma Sofia) **L** 89 **E** 23.12.2021 Disney Channel fd -

WEIHNACHTSJAGD: DAS FEST DER SPIELE ★★★
8-BIT CHRISTMAS
In den späten 1980er-Jahren wünscht sich ein zehnjähriger Junge aus Chicago nichts sehnlicher zu Weihnachten als eine Nintendo-Spielkonsole. Das fehlende Geld ist dabei nur eines der Hindernisse, doch mit Entschlossenheit und der Hilfe seiner Freunde setzt der Junge alles daran, seinen Traum Wirklichkeit werden zu lassen. Eine temporeiche Weihnachtskomödie, die Nostalgie und Sentimentalität souverän umschifft und sich bemerkenswert in die kindliche Perspektive einfühlt. Einfallsreich lässt der Film sich darauf ein, in welchem Maße materialistische Fragen auch Kinder schon umtreiben. – **Ab 10.**
USA 2021 **KI** Warner Bros. **R** Michael Dowse **B** Kevin Jakubowski **K** Samy Inayeh **M** Joseph Trapanese **S** Trevor Ambrose **Kb** Avery Plewes **D** June Diane Raphael (Kathy Doyle), Steve Zahn (John Doyle), Winslow Fegley (Jake Doyle), Sophia Reid-Gantzert (Annie Doyle), Neil Patrick Harris (Jake als Erwachsener) **L** 92 **FSK** ab 6; f **E** 25.11.2021 fd 48231

WEISSBIER IM BLUT ★
Ein Kriminalkommissar aus Niederbayern sitzt nach einem langen Berufsleben resigniert mehr im Wirtshaus als am Schreibtisch. Auch im Mordfall auf einem hochverschuldeten Bauernhof ermittelt er nur widerwillig, bis ihm ein junger Kollege vor die Nase gesetzt wird und der Kommissar sich einer Berufstauglichkeitsprüfung unterziehen soll. Die vom Autor der Romanvorlage selbst inszenierte Kriminalgroteske erliegt einem krampfhaften Willen zur Schrillheit und entwirft eine postapokalyptische Wirrnis voller Irrer und Psychopathen, in der anarchische Provokationen und systemkritische Töne untergehen. – **Ab 16.**
Deutschland 2020 **KI** Tobis **DVD** Leonine/Tobis (16:9, 1.78:1, DD5.1 dt.) **BD** Leonine/Tobis (16:9, 1.78:1, dts-HDMA dt.) **R+B** Jörg Graser **K** Michael Wieseweg **Vo** Jörg Graser (Roman *Weißbier im Blut*) **M** Stofferl Well **S** Kai Schröter **Sb** Benjamin Scholl **Kb** Birgitt Kilian **D** Sigi Zimmerschied (= Siegfried Zimmerschied) (Kommissar Kreuzeder), Brigitte Hobmeier (Dr. Carmen März), Luise Kinsefner (Gerda Bichler), Johannes Herrschmann (Kriminaloberrat Becker), Max Schmidt (Bauer Holzner) **L** 96 **FSK** ab 12; f **E** 27.5.2021 / 12.11.2021 DVD & BD fd 47739

DER WEISSE TIGER ★★
THE WHITE TIGER
Ein einfacher Dorfbewohner kämpft sich durch das indische Kastensystem an die Spitze eines Unternehmens, wofür er sich vom naiv-unterwürfigen Diener zum grausamen Machtmenschen wandeln muss. Der beißend-düstere, retrospektiv erzählte Film übernimmt die zirkuläre Struktur des zugrunde liegenden Romans von Aravind Adiga, um als grimmig Anti-Märchen gleichermaßen das Klassensystem wie den Aufsteigermythos zu karikieren. Allerdings verliert sich der halbherzig zwischen Sozialrealismus und Stilisierung changierende Film immer wieder in Klischees, die der Gewalt der geschilderten Wirklichkeit nicht gerecht werden. – **Ab 16.**
Scope. Indien 2020 **R+B** Ramin Bahrani **K** Paolo Carnera **Vo** Aravind Adiga (Roman *The White Tiger / Der weiße Tiger*) **M** Danny Bensi, Saunder Jurriaans **S** Tim Streeto **D** Adarsh Gourav (Balram), Priyanka Chopra (Pinky Madam), Rajkummar Rao (Ashok), Nalneesh Neel (Vitiligo), Mahesh Manjrekar (der Storch) **L** 125 **E** 22.1.2021 VoD (Netflix) fd 47519

WELCOME TO RACCOON CITY
siehe: RESIDENT EVIL: WELCOME TO RACCOON CITY

WELCOME TO THE BLUMHOUSE: BINGO HELL siehe: BINGO HELL

WELCOME TO THE BLUMHOUSE: BLACK AS NIGHT siehe: BLACK AS NIGHT

WELCOME TO THE BLUMHOUSE: MADRES siehe: MADRES

WELCOME TO THE BLUMHOUSE: THE MANOR siehe: THE MANOR

DIE WELT JENSEITS DER STILLE ★★★
Der Dokumentarfilm erzählt von zwölf Schicksalen während der Corona-Pandemie 2020. Der Ausnahmezustand vereint Menschen aus aller Welt, die unter Einsamkeit und Existenzangst leiden, auch wenn sie unterschiedlich von den Folgen des Virus betroffen sind. Der mit lokalen Teams gedrehte Film kreiert ein Stück Zeitgeschichte, kann in seiner begrenzten Laufzeit aber vieles nur anschneiden und spart insbesondere harte Schicksale aus. Dennoch zeichnet er ein nachvollziehbares Stimmungsbild der Krise und bildet ein wohltuendes Gegengewicht zur gängigen Fernsehberichterstattung. – **Ab 14.**
Deutschland 2021 **KI** 24 Bilder **DVD** Lighthouse (16:9, 1.78:1, DD5.1 dt.) **R** Manuel Fenn **B** Manuel Fenn, Thomas Jeschner **K** Sophia Fenn **M** Jan Kehlchen, Eckart Gadow **S** Antonia Fenn **L** 120 **FSK** ab 0; f **E** 2.9.2021 / 4.10.2021 3sat / 14.10.2021 DVD fd 47987

DIE WELT STEHT STILL ★★★
Zu Beginn der Corona-Pandemie 2020 reibt sich eine Oberärztin aus Konstanz beim Kampf gegen das Virus und den teils leichtfertigen Umgang mit der Gefahr auf. Auch ihre Familie

leidet: Der Mann kann seine Arbeit als Musiker nicht ausüben, die Kinder dürfen nicht in die Schule und sind von ihren Freunden getrennt. Eine Aufarbeitung der Pandemie-Frühphase als Spielfilm, der allgemeingültige Erfahrungen neben die hohen Belastungen der Mediziner stellt. Im Versuch, möglichst viel abzubilden, geraten Dialoge und Figuren mitunter schematisch, doch beeindrucken die Darstellerleistungen und die sorgfältige Gestaltung des Films. – **Ab 16.**
Deutschland 2021 **R** Anno Saul **B** Dorothee Schön **K** Martin L. Ludwig **M** Jessica de Rooij **S** Tobias Haas **Sb** Iris Trescher-Lorenz **Kb** Rike Russig **D** Natalia Wörner (Dr. Carolin Mellau), Marcus Mittermeier (Stefan Mellau), Klaus Pohl (Karlheinz Schwarz), Lena Stolze (Annette Schwarz), Lilly Barshy (Luzy Mellau) **L** 90 **E** 15.11.2021 ZDF **fd** -

DIE WELT WIRD EINE ANDERE SEIN ★★★

Eine deutsch-türkische Studentin und ein Libanese lernen sich beim Medizinstudium in einer deutschen Küstenstadt kennen und verlieben sich. Sie schließen heimlich eine muslimische Ehe, die in eine Schieflage gerät, als er sich zunehmend radikalisiert. Trotz quälender Unsicherheit hält sie an der Liebe fest, was in einer Katastrophe mündet. Das intensive Filmdrama lehnt sich an die Vorgeschichte eines Attentäters vom 11. September 2001 an, konzentriert sich aber auf die Tragödie der liebenden Ehefrau, die Mitschuld auf sich lädt, weil sie sich in eine passive Rolle manövrieren lässt. Das Psychogramm gibt keine einfachen Antworten, lässt aber in der Figurenzeichnung zu viele Fragen offen. – **Ab 14.**
Scope. Deutschland/Frankreich 2021 **KI** Neue Visionen **R** Anne Zohra Berrached **B** Stefanie Misrahi, Anne Zohra Berrached **K** Christopher Aoun **M** Evgueni Galperine, Sacha Galperine **S** Denys Darahan **Sb** Janina Schimmelbauer **Kb** Melina Scappatura **D** Canan Kir (Asli), Roger Azar (Saeed), Özay Fecht (Zeynep), Jana Julia Roth (Jacqui), Ceci Chuh (Julia) **L** 119 **FSK** ab 12; f **E** 12.8.2021 **fd** 47848

WEM GEHÖRT MEIN DORF? ★★★

Der Dokumentarist Christoph Eder beobachtet über fast fünf Jahre hinweg das Ringen der Bürgerschaft seines Heimatortes Göhren auf der Insel Rügen um die Gestaltung und den Ausbau des Tourismus, von dem hier nahezu alle leben. Gegen den dominanten Einfluss eines mächtigen Investors formiert sich zaghafter Widerstand, der zur Gründung einer Bürgerinitiative führt, die bei der Kommunalwahl 2019 mit eigenen Kandidaten antritt. Mit persönlicher Nähe, aber auch gelassener Aufmerksamkeit zeichnet der Film ein fast exemplarisches Bild vom Erwachen des Bürgersinns, der die Belange des öffentlichen Lebens in die eigenen Hände nimmt. – **Ab 14.**
Deutschland 2021 **KI** jip film **R+B** Christoph Eder **K** Domenik Schuster **M** Anna Kühlein **S** Patrick Richter **L** 100 **FSK** ab 0; f **E** 12.8.2021 **fd** 47975

WENN BÄUME FALLEN ★★★
KOLI PADAJUT DEREWA

Eine Jugendliche will den beengenden, gewaltbereiten Verhältnissen in ihrem ukrainischen Dorf entkommen, wobei ihr die Liebe zu einem jungen Kriminellen zupasskommt. Ihre kleine Schwester leidet ebenfalls unter den Zuständen und flüchtet sich in eine Welt der Fantasie. Hartes Coming-of-Age-Drama, das die moderne Ukraine als Ort der konstanten Bedrohung für unangepasste Geister darstellt. Als Kontrast zu dieser mitunter melodramatisch überzogenen Härte erscheinen märchenhafte Sequenzen, die Hoffnung auf Besserung für die jüngere Generation nahelegen. – **Ab 16.**
Ukraine/Polen/Nordmazedonien 2018 **R+B** Marjsia Nikitiuk **K** Michal Englert, Mateusz Wichlacz **M** Nikita Moiseew **S** Iwan Bannikow, Blasche Dulew, Milenia Fiedler **Sb** Wlad Dudko **Kb** Kostjantin Krawez **D** Anastasia Pustowit (Larissa), Maxim Samtschik (Narbe), Sofia Chalaimowa (Witka), Eugen Grigoriew (Kostik), Wadim Kowaliow (Roman) **L** 88 **E** 1.12.2021 VoD (arteKino) **fd** -

WENN DAS FÜNFTE LICHTLEIN ★★★
BRENNT

Ein Schneesturm sorgt dafür, dass zahlreiche Menschen an Heiligabend auf einem Flughafen festsitzen. Dadurch kommen unter den festsitzenden Reisenden und Angestellten diverse offene Angelegenheiten auf den Tisch, die sie eigentlich auf die Zeit nach den Feiertagen verschieben wollten. Ensemble-Komödie mit zwar angeschlagenen Charakteren, deren Probleme im weihnachtlich-optimistischem Tonfall aber weitestgehend ausgeräumt werden. Der Film enthält dabei genug originale Details und Realitätsbewusstsein, um seine trivialeren Elemente zu überspielen. – **Ab 12.**
Deutschland 2021 **R** Stefan Bühling **B** Arndt Stüwe **K** Marco Uggiano **M** Leonard Petersen **S** Clare Dowling **Sb** Daniela Herzberg **Kb** Katja Pothmann **D** Henning Baum (Thorsten Wenkmann), Lisa Bitter (Eva Gabius), Meike Droste (Katharina Frerich), Max von Pufendorf (Martin Frerich), Michael Lott (Lars Klostermann) **L** 89 **E** 3.12.2021 ARD **fd** -

WENN TIGER TRÄUMEN – EINE ★★★
GESCHICHTE AUS DEM NORD-IRAN
MAYA

Ein Tierpfleger in einem Zoo im nordiranischen Maschhad ist berühmt geworden, weil er eine Tigerin zu Hause aufzog und mit dem domestizierten Tier weiter engsten Kontakt halten kann. Doch die Freundschaft verläuft nicht bruchlos: Bei einem Ausflug zu Dreharbeiten erweist sich das Fehlen natürlicher Instinkte bei der Tigerin. Mit verblüffenden Aufnahmen erzählt der Dokumentarfilm von der (Un)möglichkeit einer Freundschaft zwischen Mensch und Tier. Im Tonfall wehmütig, bleibt der Film doch stets sachlich, wenn er das Dilemma zwischen dem Verlust von tierischer Identität und dem stetig schwindenden Raum für ein Leben in Freiheit beschreibt. – **Sehenswert ab 14.**
Großbritannien 2019 **R** Jamshid Mojaddadi, Anson Hartford **B** Jamshid Mojaddadi, Anson Hartford **K** Nicolas Booth, Reza Jafarzadeh, Majid Tahermanesh **M** Christopher White (= Chris White) **S** Ollie Huddleston **L** 85 **E** 28.11.2021 arte **fd** -

WER EINMAL STIRBT DEM ★★★
GLAUBT MAN NICHT

Ein Mann und eine Frau lernen sich kennen, als sie versuchen, ihre jeweiligen Ehepartner für tot erklären zu lassen, was am Nichtvorhandensein der Leichen scheitert. Zu ihrer Überraschung erfahren sie, dass ihre Partner sich offensichtlich kannten, und vermuten zu Recht, dass die beiden ihren Tod womöglich nur vorgetäuscht haben. Ungewöhnliche Beziehungskomödie mit einfühlsamem Unterbau, überraschenden Wendungen und einem recht makabren Tonfall. Der überzogene Plot und pointierte Dialoge werden von versierten Darstellern vermittelt, die auch den stets naheliegenden Umschlag ins Tragische gekonnt umsetzen. – **Ab 14.**
Deutschland 2020 **R** Dirk Kummer **B** Uli Brée **K** Mathias Neumann **M** Stefan Bernheimer **S** Benjamin Hembus **Sb** Florian Langmaack **Kb** Ulé Barcelos **D** Julia Koschitz (Clara Göss), Heino Ferch (Ulf

Lundin), Roman Knižka (= Roman Knizka) (Enno Göss), Sabine Waibel (Anke Lundin), Ursula Werner (Dr. Herta Maria Lundin) L 88 E 24.4.2021 ARD fd -

WER WIR SIND UND WER WIR WAREN ★★
HOPE GAP

Nach fast dreißig Jahren Ehe verlässt ein englischer Geschichtslehrer seine Frau und zieht zu einer Anderen. Vor den Kopf gestoßen, versucht die Zurückgelassene trotzig, ihren Mann zurückzugewinnen und spannt den gemeinsamen Sohn als Vermittler ein; alle drei werden sich jedoch zusehends bewusst, dass ihre vermeintliche Harmonie immer schon eine Illusion war. Auf die drei Hauptfiguren konzentriertes Drama einer zerfallenden Beziehung, in dem Emotionsausbrüche nur ab und an die ruhige Erzählweise aufrühren. Durch eine einfallsarme Inszenierung entfalten sich die durchaus profunden Einlassungen auf Egoismus, Angst vor Einsamkeit, Glauben und Zweifel allerdings nur schwer. – **Ab 14.**
Scope. Großbritannien 2019 **KI** Tobis **DVD** Leonine (16:9, 2.35:1, DD5.1 engl./dt.) **R+B** William Nicholson **K** Anna Valdez Hanks **Vo** William Nicholson (Bühnenstück *The Retreat from Moscow*) **M** Alex Heffes **S** Pia di Ciaula **Sb** Simon Rogers **Kb** Suzanne Cave **D** Annette Bening (Grace), Bill Nighy (Edward), Josh O'Connor (Jamie), Sally Rogers (Angela), Aiysha Hart (Jess) **L** 101 FSK ab 6; f **E** 29.7.2021 / 15.10.2021 DVD fd 47716

WER WIR WAREN ★★

Das dokumentarische Essay greift ein fragmentarisches Buchprojekt des Schriftstellers Roger Willemsen auf und führt dessen «Zukunftsrede» über Erkenntnismangel und Erfahrungslosigkeit der Gegenwart mit Beiträgen von sechs Wissenschaftlern und Forscherinnen fort, die das Thema Klimawandel aus unterschiedlichen Disziplinen und Perspektiven umkreisen. Über der Fülle an gelehrten Monologen geraten dabei allerdings die Bilder in den Hintergrund, die eher illustrativ wirken und nicht die Kraft entfalten, um ästhetische Prozesse in Gang zu setzen. Den Mangel an Konzentration und Intensität spürt man auch bei politischen Momenten, die im Film ebenfalls rein äußerlich bleiben. – **Ab 16.**

🅐 Die Edition enthält eine Audiodeskription für Sehbehinderte.
Die Extras enthalten u. a. ein Feature

WEST SIDE STORY (© Walt Disney Company)

mit im Film nicht verwendeten Szenen (11 Min.).
Scope. Deutschland 2021 **KI** X Verleih **DVD** X Edition (16:9, 2.35:1, DD5.1 engl. & dt. & frz.) **R+B** Marc Bauder **K** Börres Weiffenbach **M** Thomas Kürstner, Sebastian Vogel **S** Stefan Stabenow **L** 113 FSK ab 0; f **E** 8.7.2021 / 20.8.2021 digital (X Verleih) / 10.12.2021 DVD fd 47829

WEST SIDE STORY ★★★
WEST SIDE STORY

Neuverfilmung des 1957 uraufgeführten Musicals von Leonard Bernstein über zwei Jugendgangs unterschiedlicher ethnischer Herkunft in den New Yorker Slums, deren Bandenkrieg die Liebe eines jungen Paares tragisch scheitern lässt. Der Film setzt auf eine stärkere realistische Verankerung in der Entstehungszeit und arbeitet die rassistischen Aspekte der Auseinandersetzung klarer heraus. Obwohl er schwer am Vorbild der ersten Adaption von 1961 trägt und nicht immer originelle Neuansätze findet, vermag er als aufmerksam inszeniertes Qualitätskino mit darstellerischen, musikalischen und tänzerischen Glanzlichtern dennoch zu bestehen. – **Ab 14.**
Scope. USA 2021 **KI** Walt Disney **R** Steven Spielberg **B** Tony Kushner **K** Janusz Kaminski **Vo** Arthur Laurents (Libretto) **M** Leonard Bernstein (Originalscore), Stephen Sondheim (Songtexte), David Newman (Bearbeitung des Originalscores) **S** Michael Kahn, Sarah Broshar **Sb** Adam Stockhausen **Kb** Paul Tazewell **D** Ansel Elgort (Tony), Rachel Zegler (María), Ariana DeBose (Anita), David Alvarez (Bernardo), Mike Faist (Riff) **L** 157 FSK ab 12; f **E** 9.12.2021 fd 48239

WETTKAMPF DER TIERE – ★★
DAISY QUOKKAS GROSSES ABENTEUER
DAISY QUOKKA: WORLD'S SCARIEST ANIMAL

Ausgerechnet ein niedliches Kurzschwanzkänguru verschlägt es zu einem ultraharten sportlichen Wettkampf der Tiere, den «World's Deadliest Games»: Da es die junge Heldin satthat, von allen nur als süß und kuschelig wahrgenommen zu werden, will sie sich mit den gefährlichsten Raubtieren messen, um allen zu beweisen, was in ihr steckt. Zum Glück findet sie einen Trainer, der ihr bei ihrem Vorhaben hilft. Der australische Animationsfilm liefert solide Unterhaltung, die augenzwinkernd mit Sportfilm-Mustern spielt, bleibt aber in der visuellen Gestaltung etwas einfallslos. – **Ab 6.**
Australien 2020 **DVD** Splendid **BD** Splendid **R** Ricard Cussó **B** Ryan Greaves, Trudy Hellier **M** Ack Kinmonth **S** Michelle McGilvray **L** 88 FSK ab 6 **E** 30.4.2021 DVD, BD & digital fd -

WHAT LIES BELOW ★
WHAT LIES BELOW / VISCOUS

Als eine 16-jährige Jugendliche am Ende des Sommercamps in das abgeschiedene Familienhaus am See zurückkehrt, wird sie mit dem neuen Lebenspartner ihrer Mutter konfrontiert. Der Biologe wirkt allerdings nicht nur auf ihre deutlich ältere Mutter attraktiv. Die Spannungen eskalieren, als der geheimnisvolle Fremde seine wahre Herkunft offenbart. Die Mischung aus Romanze, Tierhorror und Science-Fiction vermag aus dieser Konstellation allerdings kaum Kapital zu schlagen und verliert sich in einem Wust belangloser, grotesk konstruierter Gruseleinlagen. – **Ab 16.**
USA 2020 **R** Falcom **DVD** Falcom (16:9, 2.35:1, DD5.1 engl./dt.) **BD** Falcom (16:9, 2.35:1, dts-HDMA engl./dt.) **R+B** Braden R. Duemmler **K** Jimmy Jung Lu **M** Gavin Keese **S** R.J. Daniel Hanna, Marc Sedaka **Sb** Monica Dabrowski **Kb** Amie Olson **D** Mena Suvari (Michelle Wells), Ema Horvath (Liberty), Trey Tucker (John Smith), Haskiri

Velazquez (Marley), Troy Iwata (Tommy) **L** 88 **FSK** ab 16; **f E** 10.6.2021 / 8.10.2021 DVD & BD **fd** 47775

WHEN THE TREES FALL
siehe: WENN BÄUME FALLEN

WHERE TO? ★★★★
ILA AYN?
Ein Klassiker des libanesischen Kinos und der erste Film des Landes, der zu den Filmfestspielen in Cannes geladen wurde. Im Zentrum steht eine Familie, die ärmlich in einem Dorf in den Bergen wohnt. Eines Tages verlässt der Vater seine Frau und die Kinder, um in Brasilien Arbeit zu finden. Er wird für ca. 20 Jahre verschollen bleiben. Die Mutter zieht die Kinder unter schwierigen Umständen groß; einer der Söhne gründet später selbst eine Familie, ein jüngerer Bruder denkt seinerseits über die Emigration nach. Dann taucht ein abgerissener Fremder im Dorf auf... Ein eindringliches Melodram rund um die Themen Armut und Exil im Geist des italienischen Neorealismus. – **Sehenswert ab 16.**
Schwarz-weiß. Libanon 1957 **R** Georges Nasser **B** Halim Fares **K** Rodrigue Dahdad **M** Toufic Succar **S** Georges Nasser **D** Nazhat Younés (Amal), Mounir Nader (Notar), Chakib Khoury (Bruder), Laura Azar (Mutter), Raouf Rawi (Farid) **L** 78 **E** 9.6.2021 VoD (Mubi) **fd** –

WHITE ON WHITE ★★★
BLANCO EN BLANCO
Ein Fotograf soll im frühen 20. Jahrhundert die künftige Ehefrau eines Plantagenbesitzers auf Feuerland ablichten. Die erste Begegnung mit der Braut, die sich als kleines Mädchen entpuppt, löst in ihm eine obsessive Begierde aus und führt zu einer immer stärkeren Beteiligung am Mord an der indigenen Bevölkerung. In langen Einstellungen, die an Gemälde erinnern, entfaltet sich der Film als Neo-Western, dessen Geschichte über die Kolonialisierung Feuerlands auch von der Beziehung zwischen Kunst und Historie, von Bildern und ihrer Entstehung erzählt. Ein zutiefst melancholischer, fordernd-distanzierter Blick auf eine Welt, in der Schaffensdrang und Auslöschung unlösbar verbunden scheinen. – **Ab 16.**
Scope. Spanien/Chile 2019 **R** Théo Court **B** Théo Court, Samuel M. Delgado **K** José Ángel Alayón (= José Alayón) **S** Manuel Muñoz Rivas **Sb** Amparo Baeza **D** Alfredo Castro (Pedro), Ignacio Ceruti (John), Alejandro Goic (Capataz), David Pantaleón (Arturo), Lola Rubio (Aurora) **L** 100 **E** 30.6.2021 VoD (Mubi) **fd** 47826

WHO'S AFRAID OF ★★★★
ALICE MILLER?
WHO'S AFRAID OF ALICE MILLER?
«Es war mir nicht gegeben, eine gute Mutter zu sein», sagte die bekannte Kinderrechtlerin und Psychoanalytikerin Alice Miller einmal. Der Dokumentarfilm erforscht anhand einer Recherche ihres Sohnes Martin Miller die Gründe für das mütterliche Scheitern und kommt dabei den Traumata einer Holocaust-Überlebenden auf die Spur. Verdrängungen, Projektionen sowie Hass auf den eigenen Ehemann äußerten sich in Gefühlskälte gegenüber dem Sohn, der ein doppeltes Trauma mit sich herumschleppt: das eigene als ungeliebtes Kind und das seiner Mutter als verfolgte Jüdin. – **Sehenswert ab 14.**
Schweiz 2020 **KI** Arsenal **R+B** Daniel Howald **K** Gabriel Sandru, Ramon Giger **M** Raphael B. Meyer **S** Christof Schertenleib, Daniel Howald **L** 101 **FSK** ab 12; **f E** 11.11.2021 **fd** 48179

WHY ARE WE (NOT) CREATIVE? ★★
Zweiter Teil einer Doku-Serie über die Geheimnisse von Kreativität, in dem es nun um Faktoren geht, die ungewöhnliche Geistesblitze verhindern. Der bunte Reigen internationaler Künstler und Berühmtheiten benennt dabei nicht nur Hinderungsgründe wie Zensur, Bürokratie, Geld oder Angst, sondern verrät mitunter auch Gegenmaßnahmen. Formal beschränkt sich der Film auf collagierte Interviews mit Animationselementen, zusammengehalten von einer Erzählstimme aus dem Off. Daraus resultiert ein buntes, zeitlich nicht weiter geordnetes Kaleidoskop immer neuer Varianten, aus denen nur ein paar unkonventionelle Stimmen herausragen. – **Ab 14.**
Deutschland 2021 **KI** Rise and Shine Cinema **R+B** Hermann Vaske **K** Evgeny Revvo, Patricia Lewandowska, Sasha Rendulic, Dustin Pearlman **M** Teho Teardo **S** Bastian Ahrens, Carsten Piefke, Gary Feuerhake, Dennis Karsten **L** 90 **FSK** ab 12; **f E** 23.9.2021 **fd** 48035

WICKIE UND DAS ZAUBERSCHWERT
siehe: WICKIE UND DIE STARKEN MÄNNER – DAS MAGISCHE SCHWERT

WICKIE UND DIE STARKEN ★★
MÄNNER – DAS MAGISCHE SCHWERT
VIC LE VIKING
Der schmächtige Wikingerjunge Wickie schleicht sich heimlich an Bord des väterlichen Drachenboots, um zu einer mythischen Insel zu gelangen. Dort will er ein Mittel finden, um seine Mutter von einem Zauber zu befreien, der sie in eine Goldstatue verwandelt hat. Die neuerliche Adaption der Kinderbuchreihe nutzt das Identifikationspotenzial des sympathischen Protagonisten für eine abenteuerliche Heldenreise, die allerdings den Bogen überspannt, wenn der Stoff um mythologische Figuren aus der nordischen Götterwelt und um Anleihen bei Superheldenfilmen erweitert wird. Der nostalgische Charme der Jungengeschichte tritt zugunsten von Actionszenen und di-

WIE ICH EIN SUPERHELD WURDE (© Netflix)

gitalem Effekte-Zauber in den Hintergrund. – **Ab 6.**
Scope. Deutschland/Frankreich/Belgien 2020 **KI** Leonine **DVD** Leonine (16:9, 2.35:1, DD5.1 dt.) **BD** Leonine (16:9, 2.35:1, dts-HDMA dt.) **R** Eric Cazes **B** The Huzlys (= Oliver Huzly), Sophie Decroisette, Frédéric Lenoir, Eric Cazes **Vo** Runer Jonsson (Kinderbücher) **M** Ute Engelhardt **L** 82 **FSK** ab 0; f **E** 2.9.2021 / 21.1.2022 DVD & BD **fd** 48016

DER WILDE WALD – NATUR NATUR SEIN LASSEN (© mindjazz)

WIE ICH EIN SUPERHELD WURDE ★★★
COMMENT JE SUIS DEVENU SUPER-HÉROS
Ein Fantasy-Thriller um ein Paris, in dem es Menschen mit übernatürlichen Fähigkeiten gibt; einige von ihnen sind bekannte Superhelden, andere bleiben anonym. Doch dann kommt eine Droge in Umlauf, die auch Normalos kurzzeitig Superkräfte verleiht und vermehrt für kriminelle Aktionen genutzt wird. Ein auf Super-Kriminalität spezialisierter Cop der Pariser Polizei und seine Partnerin ermitteln in dem Fall und bekommen Hilfe von zwei Superhelden. Der Film gibt sich nur moderat als Effekt-Spektakel und setzt mehr auf klassische Krimi-Qualitäten. Dabei unterhält er durch seine realitätsnahe Interpretation des Superhelden-Motivs sowie mit einem markant gezeichneten Figurenensemble. – **Ab 16.**
Frankreich/Belgien 2020 **R** Douglas Attal **B** Cédric Anger, Douglas Attal, Melisa Godet, Charlotte Sanson **K** Nicolas Loir **Vo** Gérald Bronner (Roman *Comment je suis devenu super héros*) **M** Adrien Prevost **S** Françis Vesin **Sb** Jean-Philippe Moreaux **Kb** Maïra Ramedhan Levi **D** Pio Marmaï (Gary Moreau / Titan), Benoît Poelvoorde (Monte Carlo), Vimala Pons (Cécile Schaltzmann), Leïla Bekhti (Callista), Swann Arlaud (Naja) **L** 97 **E** 9.7.2021 VoD (Netflix)
fd 47872

WIFE OF A SPY ★★★★
SPY NO TSUMA
Während sich 1940 in Japan die antiwestlichen Töne verschärfen, findet eine Filmschauspielerin heraus, dass ihr Mann, ein Stoffhändler mit internationalen Verbindungen, Beweise für japanische Kriegsverbrechen in der Mandschurei besitzt und diese ins Ausland schaffen will. Das Paar rückt durch das Unternehmen enger zusammen, doch der erfolgreichen Durchführung des Plans scheint die Argwohn in die Frau verliebten Polizisten entgegenzustehen. Stilsicherer Agententhriller, der ein geschicktes Spiel um Schein und Sein entfaltet und die Frage nach Treue oder Verrat in hervorragend interpretierten Figuren verhandelt. Auf einer weiteren Ebene ruft der Film ebenso elegant die Muster klassischer japanischer Melodramen auf. – **Ab 16.**
Japan 2020 **R** Kiyoshi Kurosawa **B** Ryūsuke Hamaguchi, Kiyoshi Kurosawa, Tadashi Nohara **K** Tatsunosuke Sasaki **M** Ryosuke Nagaoka **S** Hidemi Lee **Sb** Norifumi Ataka **Kb** Haruki Koketsu **D** Yu Aoi (Satoko Fukuhara), Issey Takahashi (Yusaku Fukuhara), Hyunri (Hiroko Kusakabe), Masahiro Higashide (Yasuharu Tsumori), Yuri Tsunematsu (Komako) **L** 115 **E** 8.9.2021 VoD (Mubi) **fd** -

DER WILDE WALD – ★★★★
NATUR NATUR SEIN LASSEN
Seit 1970 wird im grenzüberschreitenden Nationalpark Bayerischer Wald die Natur sich selbst überlassen. Was lange Zeit heftig umstritten war, ist inzwischen ein weithin anerkanntes Konzept, das in zahlreichen Ländern Nachahmer fand. Der Dokumentarfilm vereint in nahezu perfekter Balance Emotionen und Fakten über das größte geschützte Waldgebiet Europas und zeigt die reiche Tier- und Pflanzenwelt der Landschaft. Die Kraft der Natur steht dabei gegen den Kontrollzwang des Menschen, der sich in dieser Region mit der Rolle des Beobachtenden und Lernenden zufriedengeben muss. – **Sehenswert ab 12.**
Deutschland 2021 **KI** mindjazz **R**+**B** Lisa Eder **K** Tobias Corts **M** Sebastian Fillenberg **S** Georg Michael Fischer **L** 91 **FSK** ab 0; f **E** 7.10.2021 / 25.3.2022 DVD & BD **fd** 47899

WILDLAND ★★★
KØD & BLOD
Eine 17-Jährige muss nach dem Unfalltod ihrer Mutter zu ihrer Tante und drei Cousins ziehen, die sie bis dahin kaum kannte. Der Clan ist durchaus liebevoll, aber in kriminelle Geschäfte verstrickt; für die Jugendliche stellt sich daher bald die Frage, wie loyal sie gegenüber ihrer neuen Familie sein kann. Ein dänisches Familiendrama mit Gangsterfilm-Einschlag über eine zunehmende Verstrickung in fatale Verwandtschaftsbeziehungen. Erzählerisch mitunter etwas holprig, bleibt das Nebeneinander von familiärem Alltag und Kriminalität in glaubwürdigem Rahmen und vermittelt die Ambivalenz der Familie zwischen sicherem Hort und interner Konkurrenz, zwischen loyaler Gemeinschaft und beklemmendem Gruppenzwang. – **Ab 16.**
Scope. Dänemark 2019 **DVD** Koch (16:9, 2.35:1, DD5.1 dän./dt.) **BD** Koch (16:9, 2.35:1, dts-HDMA dän./dt.) **R** Jeanette Nordahl **B** Ingeborg Topsøe **K** David Gallego **M** Frederikke Hoffmeier **S** Michael Aaglund **Sb** Helle Lygum Justesen **Kb** Emilie Bøge Dresler **D** Sandra Guldberg Kampp (Ida), Sidse Babett Knudsen (Bodil), Joachim Fjelstrup (Jonas), Elliott Crosset Hove (David), Besir Zeciri (Mads) **L** 84 **FSK** ab 16 **E** 17.6.2021 digital / 24.6.2021 DVD & BD **fd** 47800

WILLKOMMEN IN DER ★★
NACHBARSCHAFT
JUSQU'ICI TOUT VA BIEN
Der Inhaber einer Werbeagentur muss seinen Firmensitz in eine Pariser Vorstadtsiedlung verlegen, um einer Verfolgung wegen Steuerbetrug zu entgehen. In der Banlieue sind sie und die Angestellten von der Hilfe eines ansässigen «Geschäftsmanns» abhängig, der ihnen anbietet, sie mit den lokalen Gepflogenheiten vertraut zu machen. Französische Culture-Clash-Komödie über den Zusammenprall verschiedener sozialer Schichten, die für Offenheit und Versöhnung wirbt, insgesamt aber zu karikaturesk und am Ende auch zu harmonieselig ausgefallen ist, um nachhaltig zu überzeugen. – **Ab 14.**
Scope. Frankreich 2019 **R** Mohamed Ha-

midi **B** Mohamed Hamidi, Khaled Amara, Michaël Souhaité **K** Laurent Dailland **M** Ibrahim Maalouf **S** Marion Monnier **Sb** Arnaud Roth **Kb** Hadjira Ben-Rahou **D** Gilles Lellouche (Fred Bartel), Malik Bentalha (Samy), Sabrina Ouazani (Leïla), Camille Lou (Elodie), Anne-Elisabeth Blateau (Sidonie) **L** 93 **E** 18.6.2021 VoD (Amazon Prime, Sky u. a.) / 8.1.2022 Servus TV **fd** –

WILLY'S WONDERLAND ★★★
WILLY'S WONDERLAND
Wegen einer Autopanne strandet ein Mann in einer Kleinstadt; da er die Reparatur nicht bezahlen kann, lässt er sich darauf ein, über Nacht in einem alten Indoor-Familienvergnügungspark sauberzumachen. Wohlmeinende Warnungen, dass es dort nicht mit rechten Dingen zugeht, schlägt er in den Wind und bekommt es bald mit erschreckend lebendigen, mordlüsternen animatronischen Puppen zu tun. Der Mann allerdings kann es an Durchgeknalltheit mit jeder noch so marodierenden Freizeitparkfigur aufnehmen. Eine auf Hauptdarsteller Nicolas Cage zugeschnittene, lustvoll-skurrile Horror-Groteske, wobei er sich in seiner dialoglosen, dafür aber schlagkräftigen Rolle in irrwitziger Bestform zeigt. – **Ab 16**.
Scope. USA 2021 **DVD** Splendid **BD** Splendid **R** Kevin Lewis **B** G. O. Parsons **K** David Newbert **M** Émoi **S** Ryan Liebert **Sb** Molly Coffee **Kb** Jennifer Schreck **D** Nicolas Cage (The Janitor), Emily Tosta (Liv), Beth Grant (Sheriff Lund), Ric Reitz (Tex Macadoo), Chris Warner (Jed Love) **L** 88 **FSK** ab 16 **E** 28.5.2021 DVD, BD & digital **fd** –

WINDSTILL ★★
Eine junge Mutter verlässt während eines drückenden Hochsommers ihren Freund und ihr Baby und flieht wortlos in ihre Heimat nach Südtirol zu ihrer Schwester, wo beide mit ihren geplatzten Träumen hadern. Das Schwesterndrama aus der Mittelschicht handelt von Ängsten und Sehnsüchten gestresster Mittzwanziger, die sich nach Gemeinschaft sehnen, aber in ihren gescheiterten Träumen gefangen bleiben. Trotz guter Darsteller, trockener Dialoge und einer einfallsreichen Inszenierung bleibt der Film aber allzu brav und vorhersehbar. – **Ab 14**.
Deutschland 2021 **KI** W-film **R+B** Nancy Camaldo **K** Lukas Nicolaus **M** Michael Lauterbach **S** Nanette Foh **Sb** Eros Rodrigiero, Massimo Polita, Daniela Cappiello **Kb** Katharina Forcher **D** Giulia Goldammer (Lara), Barbara Krzoska (Ida), Thomas Schubert (Jacob), Anselm Bresgott (Rafael), Timo Jacobs (Bono) **L** 115 **FSK** ab 12 **E** 11.11.2021 **fd** 48181

WINTER'S NIGHT ★★★★
GYEO-WUL-BA-ME
Ein südkoreanisches Ehepaar in mittleren Jahren besucht einen Tempel beim Touristen-Hotspot Chuncheon – den Ort, an dem sie sich einst zum ersten Mal trafen. Durch einen dummen Zufall sehen sich die beiden gezwungen, über Nacht zu bleiben, und erleben eine zwischen Traum und Realität changierende Reise in die eigene Vergangenheit. Ein suggestives Drama um eine in die Jahre gekommene Liebe, in dem meist statische Einstellungen von nächtlichen Schneelandschaften mit nur wenigen Kamerafahrten eine märchenhafte Kulisse für innere und äußere Konflikte der zweifelnden Partner bilden. Das Verhältnis von Gegenwart und Erinnerung erweist sich als reichhaltige Quelle für filmische Einfälle. – **Sehenswert ab 16.**
Südkorea 2018 **R+B** Jang Woo-jin **K** Yang Jeong-hoon **S** Jang Woo-jin **D** Seo Young-hwa (Eun-ju), Yang Heung-ju (Heung-ju), Lee Sang-hee, Woo Ji-hyeon, Kim Sun-young **L** 98 **E** 18.11.2021 VoD (Mubi) **fd** 48195

WINTERBUCHT ★★
VINTERVIKEN
Zwei Jugendliche, die beide in Stockholm leben, aber aus völlig unterschiedlichen sozialen und kulturellen Milieus stammen, kommen in dieselbe Klasse und verlieben sich ineinander. Das erhoffte Glück wird jedoch durch ihre Herkunft immer wieder an der Entfaltung gehindert. Auf oberflächliche Attraktivität getrimmte Jugendromanze, die zwar mit Optimismus und Blick auf ein jugendliches Zielpublikum von der Schwere von Klassenunterschieden erzählt, Figuren und Milieus aber zu flach schildert, um zu überzeugen. – **Ab 14**.
Schweden 2021 **R** Alexis Almström **B** Dunja Vujovic **K** Niklas Johansson **Vo** Mats Wahl (Roman *Vinterviken*) **M** Vittorio Grasso **S** Malin Lindström **Kb** Linn Eklund **D** Elsa Öhrn (Elisabeth), Mustapha Aarab (John John), Jonay Pineda Skallak (Sluggo), Magnus Krepper (Frank), Albin Grenholm (Patrik) **L** 90 **E** 8.9.2021 digital (Netflix) **fd** –

WIR ★★★★
NOUS
Auf der Route der Schnellbahnlinie RER B, die quer durch Paris und seine Außenbezirke verläuft, reist die afro-französische Filmemacherin Alice Diop durch unterschiedlichste Zonen und Milieus. Inspiriert von dem Buch *Les Passagers du Roissy Express* des Autors François Maspero verbindet sie in Form einer Collage Gesichter und Geschichten verschiedener Menschen mit Erinnerungen an ihre eigene Familiengeschichte. Der ebenso berührende wie geduldige filmische Essay versucht das Flüchtige im Alltag festzuhalten, fragt aber auch im Disparaten nach dem gesellschaftlichen Kollektiv. – **Sehenswert ab 14**.
Frankreich 2020 **R+B** Alice Diop **K** Sarah Blum, Sylvain Verdet, Clément Alline **S** Amrita David **L** 113 **E** 24.11.2021 arte **fd** 47592

WIR ALLE. DAS DORF ★★★
2016 wurde in der niedersächsischen Kleinstadt Hitzacker das Projekt eines interkulturellen Dorfes gestartet. 300 Menschen, zu je einem Drittel Senioren, Familien mit Kindern und Geflüchtete, sollen dort in ökologisch gebauten Häusern gemeinsam leben. Der Dokumentarfilm begleitet das Projekt von der ersten Begehung bis zum Bezug der ersten Häuser und erzählt vom Ringen um gangbare Wege, Enttäuschungen und Lernprozessen. Dabei bleiben viele Punkte, insbesondere der Widerstand gegen das Dorfprojekt, etwas unklar, als Dokumentation der Mühen einer kollektiven Anstrengung auf basisdemokratischer Grundlage kann der Film aber durchaus überzeugen. – **Ab 14**.
Deutschland 2021 **KI** Koberstein Film **R** Antonia Traulsen, Claire Roggan **B** Antonia Traulsen **K** Claire Roggan **M** George Kochbeck **S** Robert Handrick **L** 90 **E** 22.7.2021 / 2.11.2021 NDR **fd** 47890

WIR BLEIBEN FREUNDE ★★
Eine Frau nimmt ihren Exmann in ihrem Haus auf, als dieser nach einem Unfall Pflege braucht. Dieses Arrangement kommt dem Rekonvaleszenten sehr zupass, stößt bei seiner Exfrau und insbesondere deren neuem Freund aber auf zusehends weniger Begeisterung. Gut besetzte (Fernseh-)Komödie über eine trotz Trennung fortbestehende Zuneigung, die um einiges lebensnäher daherkommt als vergleichbare Filme. Die Seichtigkeit wird gleichwohl durch eine einfallsarme Inszenierung befördert, die auf Standardsituationen setzt und jede Eigenständigkeit scheut. – **Ab 14**.

Deutschland 2021 **R** Hansjörg Thurn **B** Gabriele Kreis **K** Uwe Schäfer **M** Stefan Wulff, Hinrich Dageför **S** Tatjana Schöps **Sb** Andrea Steinlandt **Kb** Astrid Möldner **D** Ulrike Kriener (Dorothee Heitmann), Henry Hübchen (Volker Heitmann), Marcel Hensema (Moritz Fichte), Brigitte Zeh (Katinka Tabel), Johanna Gastdorf (Sybille Salenbach) **L** 88 **E** 23.5.2021 ZDF   fd -

WIR KONNTEN NICHT ERWACHSEN WERDEN ★★★
OTONA NI NARENAKATTA

Angeregt durch eine Social-Media-Freundschaftsanfrage durch eine Ex-Freundin, von der er sich im Jahr 2000 trennte, fängt ein Mann Mitte vierzig an, über seine vergangenen, immer in die Brüche gegangenen Beziehungen seit den 1990er-Jahren zu reflektieren und Wiederbegegnungen mit einstigen Geliebten zu suchen. Das Drama springt zwischen verschiedenen Zeitebenen und formt sich zwischen Erinnerungen und Gegenwart zu einer Art Bewusstseinsstrom eines bindungsscheuen, entscheidungsschwachen Mannes, der in der Konfrontation mit seiner Vergangenheit einen Selbsterkenntnis-Prozess durchmacht. – **Ab 16.**

Scope. Japan 2021 **R** Yoshihiro Mori **B** Ryô Takada **K** Akiyoshi Yoshida **Vo** Moegara (Roman) **M** Tomisiro **S** Norihiro Iwama **D** Mirai Moriyama (Makoto Sato), Sairi Itô (Kaori Kato), Masahiro Higashide (Kenta Sekiguchi), Takehiro Hira (Keiichiro Sanai), Masato Hagiwara (Hideaki Miyoshi) **L** 124 **E** 5.11.2021 VoD (Netflix)   fd -

WIR SIND ALLE DEUTSCHE JUDEN ★★★
NOUS SOMMES TOUS JUIFS ALLEMANDS

Der Autor und Politiker Daniel Cohn-Bendit hat auch mit über 70 Jahren noch keine klare Vorstellung davon, worin seine jüdische Identität eigentlich besteht, nur dass das Judentum ein Teil seines Wesens ist. Um Antworten auf die Frage zu finden, befragt er in Frankreich, Deutschland und Israel andere jüdische Menschen und tauscht sich mit ihnen aus. Die dokumentarische Reportage über seine Spurensuche zeichnet sich durch ihre große Offenheit aus, die neben der individuellen Selbstbefragung mit schöner Beiläufigkeit auch immer wieder ins Allgemeine überleitet und die Komplexität des «Jüdischseins» einfängt. – **Ab 14.**

Frankreich 2020 **R** Niko Apel **B** Daniel Cohn-Bendit **K** Valéry Gaillard **S** Natali Barrey **L** 77 **E** 11.10.2021 ARD   fd -

WITH THE WIND ★★★
LE VENT TOURNE

Eine Frau bewirtschaftet mit ihrem Mann einen abgelegenen Bauernhof im Schweizer Jura. Um ihrem Ziel, autark und nachhaltig zu leben, noch näher zu kommen, wollen die beiden ein Windrad auf dem Gelände installieren lassen. Die Ankunft des Ingenieurs, der das erledigen soll, sorgt allerdings auf eine Weise für frischen Wind, die die Paarbeziehung und das Lebenskonzept der Farmer erschüttert. Die Geschichte einer Dreiecksbeziehung im malerischen Bergpanorama wird verbunden mit einem Drama ums Scheitern eines vermeintlichen Idylls am Einbruch der Außenwelt. Trotz einer guten Hauptdarstellerin droht die etwas aufdringliche symbolische Überfrachtung allerdings die Vitalität des Films zu drosseln. – **Ab 16.**

Schweiz/Frankreich 2018 **R** Bettina Oberli **B** Antoine Jaccoud, Bettina Oberli **K** Stéphane Kuthy **M** Arnaud Rebotini **S** Pauline Gaillard **Sb** Su Erdt **D** Mélanie Thierry (Pauline), Pierre Deladonchamps (Alex), Nuno Lopes (Samuel Nieves), Anastasia Shevtsova (Galina), Audrey Cavelius (Mara) **L** 88 **E** 19.8.2021 digital (Sooner)   fd -

WOLF WALK – AUF DER SPUR DER WÖLFE ★★★
MARCHE AVEC LES LOUPS

Ein Dokumentarfilm des Tierfilmers Jean-Michel Bertrand, der sich auf die Suche nach dem Wolf in den abgelegenen Gebieten der französischen Alpen begibt, wo dieser seit einiger Zeit wieder aufgetaucht ist. Der Regisseur sieht darin eine positive und unumgängliche territoriale Rückeroberung der Natur und strebt bei seiner mehrjährigen Beobachtung der Wolfsbewegungen an, sich ganz in die Perspektive der Tiere zu versetzen. Dabei fehlt dem Film ein Verständnis für kritische Blicke auf die Rückkehr der Wölfe sowie auch die Bereitschaft zum Austausch von Argumenten; uneingeschränkt eindrucksvoll sind hingegen die Panorama-Bilder des Films. – **Ab 12.**

Frankreich 2019 **DVD** Lighthouse **BD** Lighthouse **R+B+K** Jean-Michel Bertrand **M** Armand Amar **S** Laurence Buchmann **L** 90 FSK ab 6 **E** 24.9.2021 DVD & BD   fd -

WOMAN – 2000 FRAUEN. 50 LÄNDER. 1 STIMME. ★
WOMAN

1000 Frauen an 50 verschiedenen Orten rund um den Erdball sprechen in kurzen Vignetten über ihre Erfahrungen als Frauen. Das reicht von Genitalbeschneidung und Zwangsverheiratung über Vergewaltigung und Frauenhandel bis hin zu Hochzeiten und der Glückserfahrung, eine Frau zu sein. Die unentschiedene Mischung aus Anklage und banalster Lebensfreude zerfranst auf Dauer zwischen belanglosem Geplapper und traumatischen Erfahrungen. Überdies karikiert die Hochglanz-Fotografie die Erzählungen von Gewalt und Diskriminierung. – **Ab 14.**

Frankreich 2019 **KI** mindjazz **DVD** mindjazz (16:9, 1.85:1, DD5.1 dt.) **BD** mindjazz (16:9, 1.85:1, DD5.1 dt.) **R** Anastasia Mikova, Yann Arthus-Bertrand **B** Yann Arthus-Bertrand, Anastasia Mikova **M** Armand Amar **S** Mia Sfeir **L** 105 FSK ab 12; f **E** 22.4.2021 VoD (Vimeo) / 21.5.2021 DVD & BD   fd 47442

WONDER WOMAN 1984 ★★
WONDER WOMAN 1984

In den 1980er-Jahren bekommt die inkognito als Archäologin arbeitende Superheldin Wonder Woman mit einem Artefakt zu tun, dessen magische Kräfte Wünsche erfüllen. Das weckt nicht nur bei ihr das Verlangen, ihren toten Geliebten wieder ins Leben zurückzuholen; auch ihre unscheinbare Mitarbeiterin und ein gewissenloser Geschäftsmann nutzen mit gefährlichen Konsequenzen die Macht des Steins. Die Fortsetzung eines Superhelden-Actionfilms kokettiert mit der zeitlichen Verortung in einer schrillen Welt zwischen Modeverirrungen und Kaltem Krieg und besitzt einige reizvolle Sequenzen. Die Figuren hingegen bleiben blass und gehen weitgehend in einer patchwerkhaften Geschichte unter. – **Ab 14.**

🔘 Bis auf die 3D-Version des Films enthalten alle Editionen die IMAX-Fassung des Filmes, die zwischen dem Scope-Format (2.35:1) und dem oben und unten mit mehr Bildinformationen versehenen IMAX-Format (1.90:1) wechselt. BD und DVD enthalten eine Audiodeskription für Sehbehinderte.
Die Standardausgabe (DVD) enthält keine erwähnenswerten Extras.
Die BD-Editionen enthalten indes u. a. ein längeres «Making of» (36 Min.).
3D, Scope. USA/Südkorea/Spanien 2020 **KI** Warner Bros. **DVD** Warner (16:9, 2.35:1, DD5.1 engl./dt.) **BD** BD & 3D BD: Warner (16:9, 2.35:1, dts-HDMA engl./dt.) 4K: Warner (16:9, 2.35:1, dolby_Atmos engl./dt.) **R** Patty Jenkins **B** Dave Callaham, Geoff Johns, Patty Jenkins **K** Matthew Jensen **Vo** William Moulton Marston (Figuren)

M Hans Zimmer S Richard Pearson Sb Aline Bonetto Kb Lindy Hemming D Gal Gadot (Diana Prince / Wonder Woman), Pedro Pascal (Max Lord), Connie Nielsen (Hippolyta), Robin Wright (Antiope), Chris Pine (Steve Trevor) L 151 FSK ab 12; f E 18.2.2021 digital (Sky) / 17.6.2021 / 2.9.2021 DVD & BD & 3D BD & 4K UHD (plus BD) fd 47544

WONDERS OF THE SEA ★★★
WONDERS OF THE SEA

Der Naturdokumentarist Jean-Michel Cousteau und seine beiden Kinder reisen mit ihrem Forschungsschiff von den Fidschi-Inseln bis zu den Bahamas, um mit ausgedehnten Unterwasser-Expeditionen den Reichtum des bedrohten Lebens im Meer vor Augen zu führen. Der visuell atemberaubende und von einem zuversichtlichen Ton getragene Film richtet sich insbesondere an jüngere Zuschauer und setzt einen wohltuenden Kontrapunkt zur apokalyptischen Berichterstattung über Umweltthemen. Als Erzähler geleitet Arnold Schwarzenegger durch den Film und unterstreicht den Appell zur Erhaltung des Meeres-Lebensraums. – **Ab 8.**
3D. Großbritannien 2017 KI Kinostar DVD Koch BD Koch R Jean-Michel Cousteau, Jean-Jacques Mantello B David Chocron K Jean-Jacques Mantello B Gavin McKinney M Christophe Jacquelin S Enzo Mantello L 84 FSK ab 0; f E 7.10.2021 / 24.2.2022 digital & DVD & BD fd 48065

WOOD – DER GERAUBTE WALD ★★★
WOOD

Der Umweltaktivist Alexander von Bismarck und seine internationale Umwelt-NGO «EIA» haben sich dem Kampf gegen die illegale Abholzung von Waldgebieten verschrieben. Der spannende investigative Dokumentarfilm begleitet ihn vor Ort auf den Spuren der Holzmafia in Rumänien, Sibirien, China und Peru. Dabei steht von Bismarck zwar im Zentrum, spielt sich aber nicht groß in den Vordergrund, sondern verrät Selbstironie und Pragmatismus. Angesichts von Herausforderungen und Gegenwind erscheint dies als nützlicher Ansatz, um ein Bewusstsein zu stärken, das den Schutz der Natur bis in feine Verästelungen ausbuchstabiert. – **Ab 14.**
Österreich/Deutschland/Rumänien 2020 KI Filmtank Audience R Michaela Kirst, Monica Lazurean-Gorgan, Ebba Sinzinger B Monica Lazurean-Gorgan, Michaela Kirst, Ebba Sinzinger K Attila Boa, Jakub Bejnarowicz, Jörg Burger (= Joerg Burger) M Sonic Youth S Roland Söttinger, Andrea Wagner L 97 E 16.12.2021 fd 48226

WOOD AND WATER ★★★★
WOOD AND WATER

Nach ihrem letzten Arbeitstag im Pfarramt einer Kirche im Schwarzwald freut sich eine Frau auf einen gemeinsamen Sommerurlaub mit ihren Kindern an der Ostsee. Doch ihr in Hongkong lebender Sohn sagt kurzfristig ab. Um die Leere des Ruhestands zu durchbrechen, fasst die Rentnerin den Entschluss, zu ihm zu fliegen. Sie quartiert sich während seiner Abwesenheit in dessen Wohnung ein, lernt die Stadt und einige Bewohner kennen. Der zwischen Traum und Wirklichkeit changierende Film belässt den Figuren ihre Geheimnisse und imaginiert mit kontemplativen Bildern einen Zustand zwischen Vergangenheit und Zukunft. – **Sehenswert ab 16.**
Deutschland/Frankreich/Hongkong 2021 R+B Jonas Bak K Alex Grigoras M Brian Eno S Jonas Bak D Anke Bak (Mutter), Ricky Yeung (Sozialaktivist), Alexandra Batten (Herbergsmitbewohnerin), Patrick Lo (Pförtner), Theresa Bak (Tochter) L 80 E 1.12.2021 VoD (arte Kino-Festival) fd 47572

WRITTEN ON WATER ★★★
WRITTEN ON WATER

Eine Choreografin inszeniert ein Tanz-Stück, das auf ihren eigenen Erlebnissen aufbaut, und versucht damit nicht zuletzt, ihre Erinnerungen zu kontrollieren. Als sie sich in den Hauptdarsteller verliebt, vermengen sich jedoch Fiktion und Realität. Das experimentelle Tanzfilm-Drama verbindet Ballettkunst mit Fragen nach dem Spiel mit wechselnden Rollen. Der teils prätentiöse, teils faszinierende Film entzieht sich durch seine fließenden Grenzen inhaltlicher Verbindlichkeit und ist am besten als Weiterentwicklung moderner Tanzchoreografien mit den Mitteln des Kinos zu fassen. – **Ab 16.**
Frankreich/USA/Deutschland 2019 DVD BelAir Media (16:9, 1.78:1, DD5.1 engl. & frz.) BD BelAir Media (16:9, 1.78:1, dts-HDMA engl. & frz.) R+B Pontus Lidberg K Martin Nisser M Stefan Levin S Lars Gustafson Sb Valérie Valéro D Aurélie Dupont (Alicia), Alexander Jones (Giovanni), Pontus Lidberg (Karl), Stina Ekblad (Rachel), Sarawanee Tanatanit (Sara) L DVD: 75 (= BD: 78) / TV: 69 FSK ab 0; f E 11.6.2021 DVD & BD / 13.6.2021 arte fd –

WRONG TURN – THE FOUNDATION ★
WRONG TURN

Eine Gruppe von Freunden reist zum Wandern auf dem Appalachian Trail in ein abgelegenes Waldgebiet und gerät dort an eine archaische, sektenartige Gemeinschaft, die isoliert von der Außenwelt nach eigenen Regeln lebt und mit den Eindringlingen wenig Pardon kennt. Einige Zeit später zieht der Vater eines Mädchens aus der Gruppe los, um seine verschwundene Tochter zu suchen. Abgesehen von diversen brutalen Tötungs- und Verstümmelungsszenen weiß der siebte Film aus dem WRONG TURN-Franchise dem Sujet wenig abzugewinnen. – **Ab 18.**
Scope. Deutschland/USA/Großbritannien 2021 DVD Constantin BD Constantin R Mike P. Nelson B Alan McElroy (= Alan B. McElroy) K Nick Junkersfeld M Stephen Lukach S Tom Elkins Sb Roshelle Berliner Kb Gina Ruiz D Charlotte Vega (Jen), Adain Bradley (Darius), Bill Sage (Venable), Emma Dumont (Milla), Dylan McTee (Adam) L 105 FSK ab 18 E 22.5.2021 digital / 22.7.2021 DVD & BD fd –

DAS WUNDER VON FATIMA – MOMENT DER HOFFNUNG ★
FATIMA

Der Film erzählt von den Geschehnissen rund um die angeblichen Marienerscheinungen, die im Jahr 1917 im portugiesischen Ort Fatima und weit darüber hinaus für Aufsehen sorgten. Dabei werden vor allem die Widerstände ins Zentrum gerückt, denen sich die drei Kinder ausgesetzt sahen. Eine Rahmenhandlung Ende der 1980er-Jahre soll eine aufgeklärte Sichtweise auf das «Wunder» erlauben, wirkt in ihrer Knappheit aber halbherzig. Der aufwändig produzierte Film entwickelt wenig Sinn für den psychischen Missbrauch der Kinder; blasse Figuren, eine oberflächliche Herangehensweise und dekorative optische Reize bedienen primär religiösen Kitsch. – **Ab 14.**
Scope. Portugal/USA 2020 KI Capelight DVD Capelight (16:9, 2.35:1, DD5.1 engl./dt.) BD Capelight (16:9, 2.35:1, dts-HDMA engl./dt.) R Marco Pontecorvo B Valerio D'Annunzio, Barbara Nicolosi, Marco Pontecorvo K Vincenzo Carpineta M Paolo Buonvino S Alessio Doglione Sb Cristina Onori Kb Daniela Ciancio D Stephanie Gil (Lucia), Alejandra Howard (Jacinta), Jorge Lamelas (Francisco), Joaquim de Almeida (Pater Ferreira), Goran Visnjic (Arturo) L 92 FSK ab 0; f E 17.6.2021 / 29.10.2021 DVD & BD fd 47792

Der Wunschdrache
Wish Dragon ★★★

Einst waren ein Junge und ein Mädchen beste Freunde, doch dann verloren sie sich durch einen Umzug aus den Augen. Jahre später lebt der Junge noch im alten Viertel in ärmlichen Verhältnissen; der Vater des Mädchens ist als Geschäftsmann reich geworden. Der soziale Graben schüchtert den Jungen ein, doch dann gelangt er mit göttlicher Hilfe an einen Wunschdrachen, der ihm drei Wünsche erfüllen will. Die Animations-Komödie wandelt auf den Spuren von Disneys ALADDIN, verortet ihre Handlung im modernen China und übt satirische Kritik an dessen Kapitalismus sowie dem Primat des Geldes im Allgemeinen. Dank einer sympathischen Figurenzeichnung und viel visuellem Witz gelungene Unterhaltung. – **Ab 6**.

DER WUNSCHDRACHE (© Netflix)

China/USA/Kanada 2021 **R+B** Chris Appelhans **M** Philip Klein **S** Mike Andrews (= Michael Andrews) **L** 98 **E** 11.6.2021 VoD (Netflix)　　　　　　　**fd** -

X&Y (© B-Reel-Films)

X&Y
X&Y ★★★

Experimentelles Drama um eine Künstlerin, die sich an ihrem eigenen Image der Provokateurin und dem eines Schauspielers mit Macho-Allüren aufreibt. In einem Versuchsprojekt setzt sie je drei Darstellerinnen und Darsteller ein, um ihrer beider Alter Egos zu personifizieren und sich mit sich selbst zu konfrontieren. Der verkopfte Film spricht zahlreiche Elemente geschlechtsspezifischer Zuschreibungen und künstlerischer Verantwortung an, bleibt aber oft auch in narzisstischer Nabelschau stecken. Faszinierend sind die schauspielerischen Leistungen des hochkarätigen Ensembles. – **Ab 16**.

Schweden/Dänemark 2018 **R+B** Anna Odell **K** Daniel Takács **M** Gustaf Berger, Stefan Levin **S** Kristin Grundström, Hanna Lejonqvist **Kb** Nicolas Richard **D** Anna Odell (die Künstlerin), Mikael Persbrandt (der Schauspieler), Trine Dyrholm (Trine), Vera Vitali (Vera), Shanti Roney (Shanti) **L** 112 **E** 3.8.2021 digital (Mubi)   fd -

XTREMO
XTREMO ★★

Der Filius eines Unterweltbosses reagiert erbost, als dieser ihm seinen Bruder als Nachfolger vorzieht und tötet sowohl den Vater als auch den kleinen Sohn des Bruders. Dieser taucht daraufhin unter und plant zwei Jahre lang die Rache für die Morde, bis er mit aller Gewalt und Durchschlagskraft zurückschlägt. In der Handlung trivialer Rache-Actionthriller, der auch auf psychologische Feinfühligkeit und andere komplexe Charaktereigenschaften verzichtet. Bei der Abfolge blutiger Kampfszenen präsentiert er sich zwar durchaus erfinderisch, was die künstlerischen Mängel aber nicht kaschiert. – **Ab 18**.

Scope. Spanien 2021 **R** Daniel Benmayor **B** Teo García, Genaro Rodriguez, Ivan Ledesma **K** Juanmi Azpiroz (= Juan Miguel Azpiroz) **M** Lucas Vidal **S** Peter Amundson **Sb** Balter Gallart **Kb** Anna Aguilà **D** Teo García (Maximo), Óscar Casas (Leo), Óscar Jaenada (Lucero), Andrea Duro (María), Sergio Peris-Mencheta (Finito) **L** 112 **E** 4.6.2021 VoD (Netflix)   fd -

Yes Day (© John P. Johnson / Netflix)

Yara ★★★
YARA

In einem Ort bei Bergamo kehrt eine 13-Jährige eines Abends vom Sportzentrum nicht nach Hause zurück; nach monatelanger Suche wird die Leiche des ermordeten Mädchens gefunden. Eine Staatsanwältin verbeißt sich in den Fall und gibt über Jahre hinweg die Suche nach dem Täter nicht auf. Das Krimi-Drama basiert auf einem realen Kriminalfall aus dem Jahr 2010, der 2014 mit einer Verurteilung abgeschlossen wurde und auch deshalb für Medienrauschen sorgte, weil mit der Aufklärung die Aufdeckung einer Jahrzehnte alten Lüge in der Familie des Täters einherging. Der Film umschifft weitgehend alles Reißerisch-Skandalöse und fokussiert auf die Arbeit der beharrlichen Staatsanwältin. – **Ab 16.**

Italien 2021 **R** Marco Tullio Giordana **B** Graziano Diana **K** Roberto Forza **M** Andrea Farri **S** Francesca Calvelli, Claudio Misantoni **Sb** Roberto De Angelis **Kb** Gemma Mascagni **D** Isabella Ragonese (Letizia Ruggeri), Alessio Boni (Col. Vitale), Thomas Trabacchi (Maresciallo Garro), Sandra Toffolatti (Maura Gambirasio), Mario Pirrello (Fulvio Gambirasio) **L** 96 **E** 5.11.2021 digital (Netflix)   fd -

Yellow Cat siehe: Gelbe Katze

Yes Day ★★
YES DAY

Weil drei Kinder frustriert davon sind, dass vor allem ihre sich primär um die Erziehung kümmernde Mutter im Alltag ihren Wünschen immer wieder mit Verboten im Weg steht, lässt sich ein Elternpaar auf einen Tag ein, an dem die Kids das Kommando haben und sie selbst zu allem «ja» sagen müssen. Tatsächlich haben zunächst alle bei gemeinsamen Unternehmungen viel Spaß; und Mutter und Vater tut es gut, aus den eingefahrenen Rollenbildern auszubrechen. Dann aber droht das Ganze zu eskalieren. Die Familienkomödie kreist zwar im Kern um durchaus interessante Eltern-Kind-Konflikte, verpackt diese aber allzu polternd in halbgaren, nur selten wirklich anarchisch-komischen Klamauk. – **Ab 6.**

USA 2021 **R** Miguel Arteta **B** Justin Malen **K** Terry Stacey **Vo** Amy Krouse Rosenthal (Roman Yes Day) **M** Michael Andrews **S** Jay Deuby **Sb** Doug J. Meerdink **Kb** Susie DeSanto **D** Jennifer Garner (Allison Torres), Edgar Ramirez (= Édgar Ramírez) (Carlos Torres), Jenna Ortega (Katie Torres), Julian Lerner (Nando Torres), Everly Carganilla (Ellie Torres) **L** 86 **E** 12.3.2021 VoD (Netflix)   fd -

Yes, God, Yes – ★★★
Böse Mädchen beichten nicht
YES, GOD, YES

Eine Schülerin an einer streng katholischen High School im US-amerikanischen Bible Belt entdeckt ihre Sexualität – ausgerechnet in dem Moment, wo sie mit ihrer Klasse an einem verlängerten religiösen Wochenende teilnimmt. Hier muss sie sich nicht nur gegen Gerüchte wehren, sondern auch gegen die Zwänge, die ihr von Priestern, Lehrern oder älteren Gruppenführern auferlegt werden. Leise Komödie, die mit witzigen Zwischenspielen die Verwirrtheit einer unschuldigen Jugendlichen und ihre allmähliche Emanzipation von der Lustfeindlichkeit ihrer Umgebung beschreibt. Dabei bewahrt sie sich auch in der Darstellung der Doppelmoral einen leichten Tonfall. – **Ab 16.**

 Die Extras umfassen u. a. den Kurzfilm YES, GOD, YES (11 Min.) sowie ein Feature mit im Film nicht verwendeten Szenen (6 Min.).

USA 2019 **DVD** Capelight (16:9, 16:9, 1.85:1, DD5.1 engl./dt.) **BD** Capelight (16:9, 16:9, 1.85:1, dts-HDMA engl./dt.) **R+B** Karen Maine **K** Todd Antonio Somodevilla **M** Ian Hultquist **S** Jennifer Lee **D** Natalia Dyer (Alice), Francesca Reale (Laura), Alisha Boe (Nina), Wolfgang Novogratz (Chris), Timothy Simons (Pater Murphy) **L** 78 **FSK** ab 12 **E** 29.1.2021 digital / 5.2.2021 DVD & BD   fd 47393

You Deserve a Lover ★★★★
TU MÉRITES UN AMOUR

Eine junge Frau aus Paris wird von ihrem Freund betrogen; kurz danach verschwindet er auf einen Selbstfindungstrip nach Bolivien. Die Frau bleibt allein zurück und probiert sich in der Liebe aus. Der sinnlich fotografierte Coming-of-Age-Film entwickelt ein großes Feingefühl für die Protagonistin und kreist mit flotten Dialogen, einem genauen Blick der Kamera und Momenten unerklärbarer Stille darum, wie schwer es jungen Menschen fällt, die Liebe zu finden und an ihr festzuhalten. – **Ab 14.**

Frankreich 2019 **R+B** Hafsia Herzi **K** Jérémie Attard **M** Nousdeuxtheband **S** Maria Giménez Cavallo, William Wayolle **D** Hafsia Herzi (Lila), Djanis Bouzyani (Ali), Jérémie Laheurte (Rémi), Anthony Bajon (Charlie), Sylvie Verheyde (Ava) **L** 102 **E** 14.2.2021 VoD (Mubi)   fd 47556

**Youth Unstoppable –
Der Aufstieg der globalen Jugendklimabewegung** ★★★★
Youth Unstoppable: The Rise of Global Youth Climate Movement

Facettenreiche Langzeitbeobachtung der kanadischen Umweltaktivistin Slater Jewell-Kemker über die Entstehung der globalen Jugendklimabewegung. Seit 2008 filmt die junge Regisseurin ihre Erlebnisse auf UN-Klimagipfeln, führt Interviews und dokumentiert Aktionen Gleichgesinnter. Kombiniert mit Reise-Eindrücken und Stationen ihrer persönlichen Entwicklung entsteht daraus eine einzigartige Chronik des Kampfs um die Erhaltung der Umwelt, wobei der radikal subjektive Ansatz ein Höchstmaß an Authentizität gewährleistet und viele Denkanstöße liefert. – **Sehenswert ab 10**.

Kanada 2020 **KI** Bundesverband Jugend und Film e. V. **R+B** Slater Jewell-Kemker **K** Daniel Bekerman, Wendy Jewell, Slater Jewell-Kemker, Nick Taylor **M** Brendan Canning, Ohad Benchetrit, Moby, Thom Yorke **S** Matt Lyon, Mike Munn, Nick Taylor **L** 89 **FSK** ab 6; f **E** 30.9.2021 **fd** 48012

Die Zähmung der Bäume – Taming the Garden (© Film Kino Text)

Zack Snyder's Justice League ★★
JUSTICE LEAGUE
Nach dem Tod von Superman steckt die Welt in einer tiefen Krise, die sich zur Apokalypse auszuweiten droht, als ein Superschurke mit seiner Armee geflügelter Parademons auftaucht, um drei machtvolle Artefakte an sich zu reißen und eine dunkle Herrschaft zu errichten. Doch Batman und Wonder Woman versammeln ein schlagkräftiges Superhelden-Team um sich. Nach einer eindrucksvollen Titelsequenz und einer vielversprechenden Einführung der Protagonisten versandet das Fantasy-Spektakel allzu schnell in einer ideenlosen Materialschlacht. Die Inszenierung gewinnt dem Kampf Gut gegen Böse kaum reizvolle thematische Subtexte ab und erschafft ebenso wenig eine interessante Dynamik innerhalb des Heldenteams. Der 2021 veröffentlichte, längere «Snyder Cut» des Films (Zack Snyder's Justice League) gleicht viele dieser Schwächen aus, nicht zuletzt, weil er sich wesentlich mehr Zeit für die Charakterentwicklung nimmt und auch die Antagonisten wesentlich eindrucksvoller zeichnet. – **Ab 14**.

Die Standardausgabe der Kinofassung (DVD & 3D BD) enthält keine erwähnenswerten Extras.
Die Extras der BD (2D) umfassen indes ein sechsteiliges «Making of» (52 Min.).
Die Ausgaben des «Snyder Cuts» (Zack Snyder's Justice League) enthalten keine erwähnenswerten Extras.
3D. USA/Großbritannien/Kanada 2017 **KI** Warner Bros. **DVD** Warner (16:9, 1.78:1, DD5.1 engl./dt.) Snyder Cut: (FF, DD5.1 engl./dt.) **BD** Warner (16:9, 1.78:1, dolby_Atmos engl./dt.) Snyder Cut: (FF, dolby_Atmos engl./dt.) **R** Zack Snyder **B** Chris Terrio, Joss Whedon **K** Fabian Wagner **Vo** Gardner Fox (Comic-Reihe *Justice League*) **M** Danny Elfman **S** David Brenner, Richard Pearson **D** Ben Affleck (Bruce Wayne / Batman), Henry Cavill (Clark Kent / Superman), Gal Gadot (Diana Prince / Wonder Woman), Jason Momoa (Arthur Curry / Aquaman), Ezra Miller (Barry Allen / The Flash) **L** 120 (Kinofassung) / 242 («Snyder Cut») **FSK** ab 12; **f E** 16.11.2017 / 29.3.2018 DVD & BD & 3D BD & 4K UHD (plus BD) / 24.5.2020 Pro7 / 18.3.2021 VoD (Sky, «Snyder Cut») / 27.5.2021 DVD & BD & 4K UHD plus BD («Snyder Cut») **fd** 45088

Die Zähmung der Bäume – ★★★★
TAMING THE GARDEN
TAMING THE GARDEN
Im Auftrag eines Milliardärs wird ein riesiger, einhundert Jahre alter Tulpenbaum von einem Küstenort an der georgischen Schwarzmeerküste in den Norden des Landes transportiert, wo er in einem modernen Baumgarten als Symbol von Geld und Macht sein weiteres Dasein fristen soll. Der dokumentarische Film verfolgt in bestechend klaren, verstörend schönen Bildern diese Aktion und überlässt es den Zuschauern, sich darauf einen Reim zu machen. Ein beeindruckender Film über die Verwerfungen und Ambivalenzen der Gegenwart, der das Verhältnis der Moderne zu ihrer Umwelt bestechend vor Augen führt. – **Sehenswert ab 14**.
Schweiz/Deutschland/Georgien 2021 **KI** Film Kino Text **R+B** Salomé Jashi **K** Goga Devdariani, Salomé Jashi **S** Chris Wright **L** 91 **FSK** ab 0; **f E** 2.12.2021 **fd** 48213

Zana ★★★★
ZANA
Eine junge Frau aus einem Dorf im Kosovo, die im Krieg ihre kleine Tochter verloren hat, wird nicht wieder schwanger, weshalb ihre Familie die Dienste von Hexen und Wunderheilern in Anspruch nimmt. Als sie sich dieser Behandlung widersetzt, droht ihr Mann, sich eine jüngere Frau zu nehmen. Als sie einlenkt, wird sie zusehends von Albträumen heimgesucht, in denen sich ihre traumatischen Erfahrungen spiegeln. Ein auf autobiografischen Erfahrungen beruhendes Psychodrama über eine Gesellschaft, die zwar ihre gefallenen Märtyrer verehrt, aber keinen Platz für die lebenden Opfer findet. Der Hang zu einer gewissen Symbolik wird dabei durch Einfühlsamkeit und wirkmächtige Bilder aufgefangen. (O.m.d.U.) – **Sehenswert ab 16**.
Kosovo/Albanien 2019 **R** Antoneta Kastrati **B** Casey Cooper Johnson, Antoneta Kastrati **K** Sevdije Kastrati **M** Dritero Nikqi **S** Antoneta Kastrati **Sb** Burim Arifi, Shawn D. Bronson **Kb** Stela Laknori **D** Adriana Matoshi (Lume), Astrit Kabashi (Ilir), Fatmire Sahiti (Remzije), Mensur Safqiu (Dr. Murati), Vedat Bajrami (Vedat) **L** 96 **E** 24.4.2021 3sat **fd** 47655

Das Zelig ★★★
2016 gründete die Israelitische Kultusgemeinde in München das Café Zelig als Begegnungsstätte für Shoah-Überlebende. Der Dokumentarfilm fängt die Atmosphäre des Cafés ein und stellt dessen überwiegend hochbetagte Gäste vor, die sich dort zum Austausch über das Erlittene, teilwei-

ZIMMER 212 – IN EINER MAGISCHEN NACHT (© Olymp Film)

se aber auch nur zum gemütlichen Beisammensein treffen. Dabei eröffnen sich anrührende erzählerische Impressionen, die durch einige ausführlichere Porträts von Cafébesuchern, auch jenseits dieses geschützten Raumes, ergänzt werden. – **Ab 14.**
Deutschland 2020 **KI** Weltfilm **R+B** Tanja Cummings **K** Marek Iwicki **S** Angelika Levi, Tanja Cummings, Martin Hirsch **L** 100 **FSK** ab 12; **f E** 17.10.2021 fd -

ZERO ★★★
Ein Internetriese wird von einer Gruppe von Netzaktivisten angegriffen, die als terroristische Organisation eingestuft wird. Eine Online-Journalistin wird auf den Fall angesetzt und entdeckt Hinweise, dass bei dem Internetkonzern fragwürdige Ideen zur Manipulation der Menschen entwickelt werden. Kühl inszeniertes Science-Fiction-Drama mit einigem nur halbgar motivierten emotionalen Ballast der Figuren, aber guten Darstellern und einer weithin gelungenen dystopischen Atmosphäre. Einige Ideen werden zwar nur angespielt, insbesondere die Frage nach der Bereitschaft zur Auslieferung an Künstliche Intelligenzen stellt der Film jedoch mit gebotenem Nachdruck. – **Ab 14.**
Deutschland 2021 **R** Jochen Alexander Freydank **B** Johannes W. Betz **K** Patrick Popow **Vo** Marc Elsberg (Roman ZERO. Sie wissen, was du tust) **M** Ingo Ludwig Frenzel (= Ingo Frenzel) **S** Ollie Lanvermann (= Oliver Lanvermann) **Sb** Tom Hornig **D** Heike Makatsch (Cynthia Bonsant), Sabin Tambrea (Carl Montik), Luise Emilie Tschersich (Viola Bonsant), Axel Stein (Tony Brenner), Matthias Weidenhöfer (Geoff Pesceur) **L** 89 **E** 3.11.2021 ARD fd -

ZERO TO HERO ★★
ZERO TO HERO
Biografisches Sportlerdrama über den Hongkonger Sprinter So Wa-wai, der mit Zerebralparese geboren wurde, sich trotzdem als Läufer profilierte und bei den Paralympics insgesamt 12 Medaillen einheimste. Der Film schildert im ersten Teil Kindheit und Jugend, im zweiten Teil die Karriere als Athlet. Im Zentrum steht die Beziehung des Sportlers zu seiner Mutter, die ihn von Kindheit an bedingungslos unterstützt und fördert. Dabei folgt die Dramaturgie dem klassischen Sportfilm-Schema und erzählt eine recht schlichte Heldengeschichte, der Film ist aber nicht zuletzt da interessant, wo er sich mit dem gesellschaftlichen Umgang mit behinderten Sportlern auseinandersetzt. – **Ab 12.**
Scope. Hongkong 2021 **R** Jimmy Wan **B** David Lo **K** Tam Wan-Kai **M** Tai Day **S** Pang Curran **D** Leung Chung-Hang (So Wa Wai), Louis Cheung (Trainer Fong), Sandra Kwan Yue Ng (Sos Mutter), Lo Hoi-pang (Sos Großvater), Chin Siu-Ho (Sos Vater) **L** 102 **E** 5.11.2021 VoD (Netflix) fd -

ZIMMER 212 – IN EINER ★★★★
MAGISCHEN NACHT
CHAMBRE 212
Eine Jura-Professorin flüchtet aus ihrer Wohnung in ein Hotel auf der gegenüberliegenden Straßenseite, nachdem ihr Gatte von ihren Affären mit jüngeren Männern erfahren hat. Während der folgenden Nacht erscheinen ihr Personen aus ihrer Vergangenheit, darunter auch das zwanzig Jahre jüngere Ich ihres Ehemanns, und zwingen sie zu einer Bestandsaufnahme ihres Da-

seins. Eine als Traumspiel angelegte melancholische Komödie, die verspielt, aber nie trivial um das Bewusstsein der Vergänglichkeit und die Hoffnung auf den Fortbestand einer Liebe kreist. In seinen zahlreichen Bezügen auf die Kinogeschichte präsentiert sich der Film ebenso versiert wie im Einsatz von Kamera, Musik und Set-Design. – **Ab 14.**
Belgien/Frankreich/Luxemburg 2020 **KI** Olymp Film **R+B** Christophe Honoré **K** Rémy Chevrin **M** Valérie Deloof **S** Chantal Hymans **Sb** Véronique Sacrez, Thierry Van Cappellen **Kb** Olivier Bériot **D** Chiara Mastroianni (Maria Mortemart), Benjamin Biolay (Richard Warrimer, 40 Jahre), Vincent Lacoste (Richard Warrimer, 20 Jahre), Kolia Abiteboul (Richard Warrimer, 14 Jahre), Camille Cottin (Irène Haffner, 40 Jahre) **L** 86 **E** 14.10.2021 fd 48101

DER ZORN DER BESTIEN – ★★★★
JALLIKATTU
JALLIKATTU
In einem indischen Dorf entkommt ein Bulle dem Metzger; das Tier wütet in den Häusern und Feldern und versetzt bald die gesamte Gemeinde in Unruhe. In dem so entstehenden Chaos, während die Männer Jagd auf den Bullen machen, wenden sich die Menschen auch gegeneinander. Origineller Hybrid aus Actionfilm und filmischer Sinfonie, die festgemacht an einer großen Verfolgungsjagd um Menschenmassen und ihre Bewegung kreist, um das kollektive Erleben und Handeln in einer Gemeinschaft, wobei sich die Kamera mitten unter die Jäger mischt. Im Zwischenspiel von Massensequenzen und Detailaufnahmen erkundet der Film die Unsicherheiten des modernen (Massen-)Menschen. – **Sehenswert ab 16.**
Scope. Indien 2019 **KI** Drop-Out **DVD** Indeed (16:9, 2.35:1, DD5.1 Hindi/dt.) **BD** Indeed (16:9, 2.35:1, dts-HDMA Hindi/dt.) **R** Lijo Jose Pellissery **B** Hareesh S., R. Jayakumar **K** Girish Gangadharan **M** Prashant Pillai **S** Deepu Joseph **Sb** Syam Lal **Kb** Mashar Hamsa **D** Antony Varghese (Antony), Chemban Vinod Jose (Kalan Varkey), Sabumon Abdusamad (Kuttachan), Jaffer Idukki (Kuriachan), Santhy Balachandran (Sophie) **L** 95 **FSK** ab 16; **f E** 23.9.2021 / 15.10.2021 DVD & BD fd 47944

ZU DEN STERNEN ★★★
Jahrzehnte nach dem Mauerfall treffen sich zwei Freunde wieder, die in der DDR bei einer Rockband zusammenspielten. Der eine ist nun ein Star im Schlagergeschäft, der andere hat die neue Zeit nicht sonderlich nutzen

können. Doch nun bezichtigt er den früheren Freund, ihn damals an die Stasi verraten zu haben, und will diesen mit zunehmend rabiaten Mitteln zum Geständnis bringen. Ein Kammerspiel um die Frage nach Schuld und Vergeltung, das Set und Dialoge überwiegend gut zu nutzen versteht und nur formal, etwa im teils forcierten Musikeinsatz, Mängel aufzuweisen hat. – **Ab 14.**
Deutschland 2019 **KI** Croco Film **R** Nicolai Tegeler **B** Dirk Josczok **K** Benjamin Thiemert **M** Florian Pfitzner, Lukas Linder, Bojan Assenov **S** Marco Candiago, Eric Giese, Lili Seidl **Kb** Petra Fichtner, Meike Hampe **D** Florian Martens (Volker Hinze), Günter Barton (Marco Hoffmann), Margrit Sartorius (Johanna Dudek), Alma Rehberg (Kommissarin Sundermann), Hartmut Guy (Kommissar Fischer) **L** 73 **FSK** ab 12; f **E** 30.9.2021   fd -

ZU SCHÖN UM WAHR ZU SEIN – ★★★
DIE JT LEROY STORY
JEREMIAH TERMINATOR LEROY / J.T. LEROY
Ende der 1990er-Jahre düpierte die US-Autorin Laura Albert die literarische Welt mit der Kunstfigur Jeremiah Terminator «JT» LeRoy, die sie als ihr Pseudonym ausgedacht und mit Hilfe ihrer jungen Schwägerin auch zum «echten» Leben erweckt hatte. Der biografische Film interessiert sich allerdings weniger für die Details des Täuschungsmanövers, sondern fokussiert auf das von eindrücklichen Darstellerinnen getragene Psychogramm zweier Betrügerinnen, die sich immer mehr in die selbst konstruierte Illusion verrennen. – **Ab 14.**
Scope. Großbritannien/Kanada/USA 2018 **DVD** Koch (16:9, 2.35:1, DD5.1 engl./dt.) **BD** Koch (16:9, 2.35:1, dts-HDMA engl./dt.) **R** Justin Kelly **B** Justin Kelly, Savannah Knoop **K** Bobby Bukowski **M** Tim Kvasnosky **S** Aaron I. Butler **Sb** Jean-Andre Carriere **Kb** Avery Plewes **D** Kristen Stewart (Savannah), Laura Dern (Laura), Jim Sturgess (Geoff), Diane Kruger (Eva), Kelvin Harrison Jr. (Sean) **L** 108 **FSK** ab 6 **E** 15.7.2021 **DVD** & **BD**   fd 47945

ZUHAUSE ★★★
DANS LA MAISON
Die Filmemacherin Karima Saïdi hatte jahrelang ein gestörtes Verhältnis zu ihrer Mutter, die sie in den Wochen vor dem Tod aber regelmäßig im Pflegeheim besuchte. In den Begegnungen mit der an Alzheimer leidenden Mutter offenbaren sich die Distanz zwischen den Frauen, aber auch ihre Gemeinsamkeiten, während die Gesprächsversuche der beiden immer wieder in Sackgassen enden. Das intime Porträt einer späten Annäherung arbeitet mit abstrakten Bildern und Verfremdungseffekten, während zur Mutter meist ein pietätvoller Abstand gewahrt wird. Dabei bleibt der Film in seiner Allgemeingültigkeit überschaubar, kündet aber eindringlich von schmerzhaften Erinnerungsprozessen. (O.m.d.U.) – **Ab 16.**
Belgien/Frankreich 2019 **R+B** Karima Saïdi **K** Caroline Guimbal, Ridha Ben Hmouda, Karima Saïdi **S** Frédéric Fichefet **L** 89 **E** 26.4.2021 arte   fd -

ZUHURS TÖCHTER ★★★
Beobachtender Dokumentarfilm über zwei Transgender-Schwestern, die als kurdische Flüchtlinge aus Syrien nach Deutschland kamen und davon träumen, endgültig und auch medizinisch zu Frauen zu werden. Der Film nimmt über zwei Jahre an ihrem Leben teil, das von viel Aufregung um die Transition, Unterstützung durch ihre Familie und konventionellem Teenager-Alltag geprägt ist. Dabei hält sich die Inszenierung mit Informationen und dramaturgischer Zuspitzung zurück, was den Film recht spröde macht. Interessant bleibt er aber durch das selbstbewusste Auftreten und die sympathische Art der Protagonistinnen sowie den ungewöhnlichen kulturellen Hintergrund. – **Ab 14.**
Deutschland 2021 **KI** Camino **R** Laurentia Genske, Robin Humboldt **B** Laurentia Genske, Robin Humboldt **K** Robin Humboldt, Laurentia Genske **S** Carina Mergens, Jeannine Compère **L** 93 **FSK** ab 12; f **E** 4.11.2021   fd 48131

ZUM GLÜCK ZURÜCK ★★★
Eine 70-Jährige will an ihre unbeschwerte Jugendzeit anknüpfen, zusammen mit ihrem Mann in die Welt reisen und nur noch das Leben genießen. Bei ihrer kontrollverliebten Tochter rufen diese Pläne jedoch blankes Entsetzen hervor, zumal sie mit ihrem eigenen Nachwuchs ringt. Gut gelaunte Fernsehkomödie um unterschiedliche Glücksrezepte, die nicht gegeneinander ausgespielt werden, sondern harmonisch aufeinander zutreiben. Ohne die angeschnittenen Problemlagen allzu tief auszuloten, bietet der Film sympathische Unterhaltung. – **Ab 12.**
Deutschland 2021 **R** Dirk Regel **B** Marc Terjung **K** Vladimir Subotic **M** Gert Wilden jr. **S** Felix Schröder **Sb** Albert Jupé **Kb** Tatjana Brecht-Bergen **D** Diana Amft (Anne Sandmeier), Michaela May (Luise Merlinger), Maximilian Grill (Nils Sandmeier), Michael Brandner (Kurt Merlinger), Marc Benjamin (Sebastian Merlinger) **L** 88 **E** 1.4.2021 ZDF   fd -

ZURÜCK ANS MEER ★★
Eine Frau leidet auch zwanzig Jahre nach einer Entführung unter den psychischen Folgen und wird von ihrer Mutter zu einem erneuten Therapieversuch in eine Klinik an der Ostsee begleitet. Diese glaubt dort, den damaligen Entführer zu erkennen, und verfolgt den Mann, einen angesehenen Unternehmer, bis nach Dänemark. Ein Psychodrama um Schuld und Traumata, das darstellerisch hochintensive Momente besitzt. Die betuliche Inszenierung und Rückgriffe auf Krimiklischees dämmen das Potenzial des Stoffes allerdings immer wieder ein. – **Ab 14.**
Deutschland 2021 **R** Markus Imboden **B** Fabian Thaesler **K** Martin Langer **M** Mario Lauer **S** Ursula Höf **Sb** Marion Strohschein **Kb** Anette Schröder **D** Hannelore Hoger (Charlotte Breuer), Nina Hoger (Mara Breuer), Morten Sasse Suurballe (= Morten Suurballe) (Christian Johansen), Jens Albinus (Kjell Mortensen), Nele Mueller-Stöfen (Frieda Mortensen) **L** 89 **E** 4.10.2021 ZDF   fd -

ZURÜCK IN DIE EISZEIT: ★★★★
DIE ZIMOV-HYPOTHESE
L'HYPOTHÈSE DE ZIMOV
Der russische Wissenschaftler Sergej Simow warnt seit vielen Jahren davor, dass die Klimaerwärmung nur durch natürliche Lösungen bekämpft werden könne. Zusammen mit seinem Sohn führt er in der sibirischen Steppe ein Experiment durch, bei dem sie das Ökosystem der Eiszeit künstlich wiederherstellen. Der Dokumentarfilm porträtiert die Mission der beiden und setzt ihre Thesen anschaulich in Bilder um, während er den charismatischen Hauptfiguren Raum für ihre Aussagen und Appelle gibt. Überwältigende Landschaftspanoramen haben dabei nicht nur filmischen Reiz, sondern befördern auch nachdrücklich die Botschaft, dass es diese Welt unbedingt zu erhalten gilt. – **Ab 12.**
Frankreich/Belgien 2019 **R+B** Denis Sneguirev **K** Dmitry Rakov, Denis Sneguirev **M** Tito de Pinho **S** Audrey Maurion **L** 90 **E** 27.11.2021 arte   fd -

ZURÜCK INS OUTBACK ★★★
BACK TO THE OUTBACK
Eine Gruppe gefährlicher, aber gutherziger Tiere in einem Wildpark in Australien will nicht mehr von aller Welt wie Monster behandelt werden.

Zurück ins Outback (© Netflix)

Deshalb beschließen Giftschlange, Dornteufel, Skorpion und Giftspinne, zurück ins Outback zu fliehen. Unfreiwillig wird auch ein niedlicher, aber nervender Koala Teil der Ausbrecher-Gruppe, die bald im großen Stil gejagt wird. Visuell solide umgesetzter Animationsfilm, der die abenteuerliche Story mit satirischer Kritik an der Kategorisierung von Tieren nach menschlichen Maßstäben verbindet. Dabei verheddert er sich zwar teilweise in der eigenen Vermenschlichung seiner Figuren, bietet aber trotzdem noch solide, launig umgesetzte Unterhaltung. – **Ab 6.**
Australien/USA 2021 **R** Harry Cripps, Clare Knight **B** Harry Cripps, Greg Lessans **M** Rupert Gregson-Williams **S** Marcus Taylor **L** 95 **E** 10.12.2021 digital (Netflix) fd 48365

Zustand und Gelände ★★★★
Der Dokumentarfilm begibt sich in Sachsen auf Spurensuche nach den ersten Konzentrationslagern, die direkt nach der Machtübernahme der Nazis 1933 eingerichtet wurden. Öffentliche Gebäude und sozialdemokratische Gemeinschaftsräume wurden zu sogenannten «wilden» Lagern umfunktioniert, um den Widerstand zu brechen und politische Gegner auszuschalten. Das Wissen um diese Orte blieb aber implizit und lokal, auch weil in der DDR keine umfassende Aufarbeitung der NS-Zeit stattfand. Das beklemmend intensive Doku-Essay bringt mit formaler Strenge behördlichen Schriftverkehr, Überlebenszeugnisse und die alltäglich wirkenden Orte der Verbrechen zusammen. So entsteht ein filmischer Reflexionsraum, der das Fortwirken der Gewaltgeschichte bis in die Gegenwart untersucht. – **Sehenswert ab 16.**
Deutschland 2019 **KI** Grandfilm **DVD** absolutMEDIEN (16:9, 1.78:1, DD2.0 dt.) **R+B** Ute Adamczewski **K** Stefan Neuberger **S** Ute Adamczewski **L** 118 **FSK** ab 12; f **E** 17.6.2021 / 15.10.2021 DVD & VoD fd 47779

Zwei Bullen auf Ziegenjagd ★★★
Cabras da Peste
Eine Buddy-Cop-Komödie um ein ungleiches Ermittler-Gespann aus Brasilien: Ein Polizist aus einer ländlichen Kleinstadt zieht aus, um eine Ziege zu retten, und trifft in Sao Paulo auf einen Großstadt-Kollegen, der ihn bei der Mission begleitet. Da beide dazu neigen, Situationen falsch einzuschätzen, gestaltet sich ihre Suche recht chaotisch, was den Film zu einer Vielzahl an Gags inspiriert, die nicht immer geschmackvoll ausfallen, aber immer wieder ins Schwarze treffen. Da auch Action und Selbstironie funktionieren, bietet die temporeiche Komödie gelungene Unterhaltung. – **Ab 16.**
Brasilien 2021 **R** Vitor Brandt **B** Vitor Brandt, Denis Nielsen **K** Rafael Martinelli **M** Guilherme Garbato, Gustavo Garbato, Rodrigo Scarcello **S** Ricardo Figueiredo de Mesquita, Leopoldo Nakata, Saulo Simão **Sb** Juliana Ribeiro **Kb** Mariana Aretz, Graciela Martins **D** Edmilson Filho (Bruceuilis), Matheus Nachtergaele (Trindade), Letícia Lima (Priscila), Leandro Ramos (Raul), Evelyn Castro (Josimara) **L** 97 **E** 18.3.2021 VoD (Netflix) fd -

Zwei ist eine gute Zahl ★★★
Seit einem Unfall beim Klippenspringen sitzt ein junger Mann im Rollstuhl und lebt zurückgezogen in einem Haus am See. Dort bekommt er nacheinander Besuch von der Exfreundin, von der er sich nach dem Unfall trennte, und seinem besten Freund und ehemaligen Kollegen, mit dem diese nun liiert ist. Dabei schwingen alte Verbundenheit und nach wie vor füreinander vorhandene Gefühle mit, aber auch innere Verletzungen und Spannungen, die sich immer weiter zuspitzen. Mittels zahlreicher Rückblenden, die in die Handlung eingeflochten sind, setzt das atmosphärische Low-Budget-Kammerspiel langsam ein Mosaik einer komplexen Dreiecksbeziehung zusammen, deren Vertrauensbasis massiv erschüttert wurde, wobei nicht zuletzt auch Geld eine unselige Rolle spielt. – **Ab 16.**
Deutschland 2021 **KI** Inkunst e. V./Theater Werkmünchen **R** Holger Borggrefe, Stefan Hering **B** Holger Borggrefe, Elena Jansen **K** Dirk Heuer **M** Christopher Dierks **S** Fabian Feiner, Sebastian Schwarz **Sb** Sascha Röder **Kb** Monica Siviero **D** Philip Dechamps (Andrej), Sonka Vogt (Nadia), Tim Borys (Claudius), Holger Daemgen (Joseph) **L** 84 **E** 18.11.2021 fd -

Zwerg Nase ★★★
Ein Junge gerät in die Hände einer bösen Fee und wird nach Jahren der Zwangsdienerschaft von ihr in einen hässlichen Zwerg verwandelt. Durch seine Kochkünste erlangt er aber eine Stellung bei einem Herzog und sucht nach einem Weg, seine Verwandlung rückgängig zu machen. Einfallsreiche Neuverfilmung des Märchens von Wilhelm Hauff, die visuell ebenso gelungen ist wie schauspielerisch. Die humanistische Botschaft wird dabei unaufdringlich in die flotte Inszenierung eingeflochten. – **Ab 6.**
Deutschland 2021 **R** Ngo The Chau **B** Adrian Bickenbach **K** Ngo The Chau **Vo** Wilhelm Hauff (Märchen *Der Zwerg Nase*) **M** Tim Morten Uhlenbrock **S** Felix Schekauski **Sb** Colin Taplin **Kb** Petra Stasková **D** Mick Morris Mehnert (Zwerg Nase), Christian Ahlers (Oberküchenmeister), Daniel Zillmann (Herzog Kunz der Schlemmer), Anica Dobra (Fee Kräuterweis), Maria Simon (Hanne) **L** 90 **E** 24.12.2021 ZDF fd -

12 Tage Sommer ★★★
Nach wiederholten Konflikten mit der Polizei und seinen Eltern votiert ein 15-Jähriger selbst für eine Heimeinweisung. Die Jugendrichterin legt jedoch fest, dass der Junge noch einen Monat mit seinem Vater verbringen soll. Dieser beschließt, mit seinem Sohn eine Wanderung mit einem Esel von München auf die Zugspitze zu machen, wobei sie sich anfangs erst recht in die Haare geraten, bevor das geruhsame Tempo Wirkung zeigt. Warmherzige Tragikomödie mit sympathischen Einfällen und einem fast durchweg erfolgreichen Versuch, Naturkitsch und vordergründigen Humor außen vor zu lassen. Einfühlsam verläuft auch die Annäherung der beiden Hauptfiguren. – **Ab 14.**
Deutschland 2021 **R** Dirk Kummer **B** Jacob Fuhry **K** Felix von Muralt **M** Mathias Rehfeldt **S** Simon Quack **Sb** Maike Althoff **Kb** Anna Mielcarski **D** Mehdi Nebbou (Marcel), Yoran Leicher (Felix), Amira Demirkiran (Despina), Monika Baumgartner (Elisabeth), Michael Kranz (Henning/Reinhold/Corvin) **L** 89 **E** 10.11.2021 ARD fd -

Die Silberlinge 2021
Die herausragenden Blu-ray- und 4K-UHD-Editionen des Jahres

AUSGEZEICHNET MIT DEM SILBERLING 21 DER ZEITSCHRIFT FILM-DIENST

Wieder ist ein Pandemiejahr vorüber, das es uns, neben den wirklichen Problemen, nicht einfacher machte, Neuentdeckungen oder alte Lieblingsfilme auf großer Leinwand zu goutieren. Aber dafür gibt es jetzt zum Glück das immer vielfältiger und dominierender werdende Heimkino. Zumindest kommt der Filmliebhaber an den immer zahlreicher werdenden («werbefreien») Abonnements der Streamingdienste längst nicht mehr vorbei, seitdem nicht nur die Privatsender die linearen «Vintage Fernsehens» den Filmabend mit immer mehr Werbe- und Info-Einblendungen vermiesen. Aber mit der Vielfalt selbst im Stream ist das so eine Sache, und man langsam aber sicher den Überblick über das ganze Angebot verliert. Bleibt also noch das gute alte Kauf-Heimkino mit all den physischen Datenträgern, deren Zukunft besonders von allen, die gut am Stream verdienen, düster gesehen wird. Die Veröffentlichungen stagnieren kontinuierlich, keine Frage, auch wenn Corona mehr Produkte ins Heimkinosegment als in die Kinos gedrängt hat. Aber, gerade wenn man den Backkatalog mit all den Filmen betrachtet, die nicht zum schnellen Wegkonsumieren gedacht sind, kann sich der Fan wenigstens auf den bleibenden Wert und eine hohe Qualität der Scheiben verlassen. Auch wenn die Majors immer mehr Interesse am physischen Markt verlieren, gibt es noch viele kleinere Anbieter, die mit der Filmgeschichte «arbeiten». Sei es mit Klassikern der großen Verleiher, die in Lizenz neu herausgebracht werden, sei es mit dem Auftun und Aufbereiten verborgener Schätze aus dem unerschöpflichen Reservoir des Bewegtbildes aller Herren Länder jenseits von Hollywood. Mit Vintage kann man durchaus noch Geld verdienen. Aber wie überall gibt es Graubereiche. Labels, die wie aus dem Nichts aufpoppen, um vermeintliche Raritäten in besonderen Limited Editions für viel Geld an die Zielgruppe zu bringen. Verleihe, die ihren Stock umverpacken lassen, um sie als Mediabooks in bunten Farben, aber ohne Mehrwert jenen als Rarität anzubieten, die den Film ohnehin schon als VHS, DVD und Blu-ray im Regal stehen haben. Es ist nicht nur im Streaming-Dschungel nicht leicht, den Überblick zu behalten. Zumal inzwischen große Onlineversandhändler, in denen man vermeintlich alles bekommt, was auf digitale Träger gepresst wurde, derart unübersichtlich werden, dass man kaum das findet, was man erhofft, wenn man Dune, Donnie Darko, Citizen Kane oder La Dolce Vita als Suchbegriff eintippt. Wer das Besondere sucht, ist oft auf verlorenem Posten. Angesehene Heimkino-Label wie Turbine Medien, Capelight oder Koch Media haben inzwischen ihre eigenen Shops im Netz und bieten dort Exklusives an, was man bei Amazon sonst umsonst sucht. Mediamarkt, Saturn und Müller haben «exklusive» Ware, die es sonst so nicht gibt, und StudioCanal vertreibt Highend-Produkte gerne auch beim Mitanbieter Koch. Synergien und Netzwerke bilden sich neu, wo einst ein «Quasi-Monopolist» den ganzen Überblick suggerierte. «Aber, wo finde ich jetzt noch gleich die interessante 4K-Box von Mulholland Drive oder Taxi Driver in höchster Auflösung?» Es ist wahrlich nicht leicht, Kunde zu sein.

Das *Lexikon des internationalen Films* bemüht sich standhaft, den Nebel im Wald der Veröffentlichungen wenigstens ein wenig zu lichten. Sowohl im lexikalischen Teil, was die Neuveröffentlichungen betrifft als auch im Folgenden, wenn es gilt, auf einige bemerkenswerte Veröffentlichungen aus dem Backkatalog hinzuweisen.

Im Falle der mit dem «Silberling» ausgezeichneten Editionen soll auch dieses Jahr versucht werden, jenen Editionen ein Forum zu geben, die versuchen, Form und Inhalt in Einklang zu bringen. Diese gibt es in erstaunlich vielfältiger Form, auch wenn sie nicht immer in den ersten Regalreihen der physischen und digitalen Kaufhäuser zu finden sind. Wir haben darauf verzichtet, exotische und nicht selten übertheuerte «Genreperlen» zu werten. Dafür gibt es Nischen im World Wide Web. Dennoch findet sich auch hier wieder die ein oder andere Rarität.

In der Masse der letztjährigen Heimkinoneuveröffentlichungen bleibt wertiges Bonusmaterial rar. Gerade einmal neun Spielfilme sind es aus dem Produktionszeitraum 2021, die im Jahr ihrer Auswertung auch als herausragend aufbereitete DVD-/BD-Editionen erschienen sind und daher die Auszeichnung «Silberling» erhalten; immerhin zwei mehr als 2020 – insgesamt aber weiterhin ein Armutszeugnis, waren es doch in starken Jahren wie 2011 ganze 39!

Die entsprechenden Kurztexte der folgenden neun Filme sowie eine Bewertung der Ausgaben finden sich hier im lexikalischen Teil dieses Filmjahrbuchs:

CHAOS WALKING
DUNE
LAST NIGHT IN SOHO
DAS LETZTE LAND
DIE MITCHELLS GEGEN DIE MASCHINEN
NOBODY
PSYCHO GOREMAN
SOMMER 85
THE 800

Besonders die kleineren Labels sind es erneut, die sich mitunter der Klassiker der großen, aber in der Veröffentlichungspolitik immer träger werdenden Majors vornehmen und ihnen großartig editierte Heimkino-veröffentlichungen spendieren. Dabei scheuen sie sich nicht, auch Exoten wie den aufwendigsten Film aller Zeiten – KRIEG UND FRIEDEN des sowjetischen Regisseurs Sergei Bondartschuk – endlich in adäquater Qualität zugänglich zu machen. Für jeden cineastischen «Betreiber» von gut sortierten Wohnzimmer-Videotheken «ein Muss».

Folgend sind zwei Kompilations-Boxen und 29 herausragende BD- bzw. 4K-UHD-Editionen verzeichnet, die mit dem Silberling 2021 ausgezeichnet wurden. Weniger als letztes Jahr, aber immer noch mehr als beachtlich für ein vermeintlich sterbendes Medium.

Sämtliche Editionen erschienen im Verlauf des Jahres 2021 mit Kinofilmen, die zu ihrem jeweiligen Kinostart bereits in früheren Jahrbüchern dokumentiert wurden. Wir wiederholen nachfolgend die entsprechenden Einträge aus dem Lexikon des internationalen Films bzw. der nachfolgenden Filmjahrbücher und ergänzen sie um Beschreibungen und Bewertungen der jeweiligen aktuellen BD- und 4K-UHD-Ausgaben. Viel Spaß beim Stöbern und Schauen!

....

Die Sammelboxen

Columbia Classic Collection Box 2 (BD und 4K UHD)

Sechs Filme aus den 1950er- bis 2010er-Jahren verbergen sich in der hochwertigen triptychonartigen Aufklappbox der «Columbia Classics 4K Ultra HD Collection Volume 2». Dabei suchen die Produzenten erneut den Schulterschluss angesehener Filmklassiker mit dem modernen, indes ausgezeichneten Unterhaltungskino. Sämtliche Filme, die bis dato nicht auf 4K UHDs einzeln erschienen sind, präsentierten sich hier in vollendeten Restaurierungen. Diese filmhistorisch wertvolle Box, die zunächst exklusiv über den größten Anbieter im Internet angeboten wird, gibt auch in der Fortsetzung einen eindrucksvollen Überblick über die Veröffentlichungsgeschichte des besagten «Major»-Studios und wird begleitet von einem 82-seitigen Hardcoverbuch, das auf besagte Geschichte sowie die sechs Filme in Wort und Bild eingeht.

Hier die Langfilme im Einzelnen:

ANATOMIE EINES MORDES
ANATOMY OF A MURDER

Ein junger Leutnant der US-Armee steht vor Gericht, weil er den Vergewaltiger seiner Frau erschossen hat. Der Prozess entwickelt sich zu einem ereignisreichen Duell zwischen Staatsanwaltschaft und Verteidigung, das um die Frage kreist, inwieweit die Frau selbst für die Tat verantwortlich ist und ob der Mann tatsächlich im Affekt handelte. Schauspielerisch hervorragend besetztes Dialogdrama. Die brillante Regie macht aus dem Stoff ein klar strukturiertes Experiment, das mit nahezu wissenschaftlicher Präzision die «seelische Anatomie» aller Beteiligten seziert. – **Sehenswert ab 14.**

Die für einen Filmklassiker referenzwürdige Restaurierung des Films kommt besonders auf der 4K UHD zur Geltung. Die filmhistorisch wertvolle «Columbia Classic Collection Box 2» (4K UHD plus BD) umfasst in der Bonussektion (der BD) u. a. einen dt. untertitelbaren Audiokommentar mit Foster Hirsch, längere 2012 geführte Interviews mit Gary Giddins (22 Min.), Pat Kirkham (15 Min.) und Foster Hirsch (30 Min.) sowie einen Ausschnitt aus der TV-Sendung FIRING LINE von 1967, mit Otto Preminger als Gast (11 Min.). Die «Columbia Classic Collection Box 2» ist mit dem Silberling 2021 ausgezeichnet.

Schwarz-weiß. USA 1959 **KI** Columbia **DVD** Columbia TriStar Home (16:9, 1.85:1, Mono engl./dt.) **BD** Sony (16:9, 1.85:1, dolby_Atmos engl., dts-HDMA Mono) **R** Otto Preminger **B** Wendell Mayes **K** Sam Leavitt **Vo** Robert Traver (Erzählung) **M** Duke Ellington **S** Louis Loeffler **D** James Stewart (Rechtsanwalt Paul Biegler), Lee Remick (Laura Manion), Ben Gazzara (Leutnant Manion), Eve Arden (Maida, Bieglers Sekretärin), Arthur O'Connell (Rechtsanwalt McCarthy) **L** Kino: 149 / DVD 154 (= BD: 161) **FSK** ab 16; f (früher ab 18) **E** 22.9.1959 / 26.10.1972 ARD / 2.8.2001 DVD / 14.10.2021 Columbia Classic Collection Box 2 (4K UHD plus BD)

ICH GLAUB', MICH KNUTSCHT EIN ELCH!
STRIPES

Zwei unkonventionelle junge Männer, die im Berufsleben gescheitert sind, machen mehr oder weniger wider Willen Karriere bei der US-Armee. Bedingt vergnügliche Militärfarce, mit es trotz bemüht chaotischen Komik nicht gelingt, Militarismus und platte Feindbilder zu entlarven. – **Ab 14 möglich.**

Die Editionen vor 2021 enthalten den Film in der um 17 Minuten verlängerten Extended Version (123 Min.) in einer neuen, im Vergleich zur Kinofassung signifikant veränderten deutschen Synchronisation.

Die Extras der DVD umfassen u. a. einen Audiokommentar des Regisseurs Ivan Reitman und des Produzenten/Drehbuchautors Dan Goldberg sowie das ausführliche zweiteilige «Making of» «Starts & Stripes» (56 Min.).

Die für einen Filmklassiker referenzwürdige Restaurierung des Films kommt besonders auf der 4K UHD zur Geltung. Die 2021 veröffentlichte, filmhistorisch wertvolle «Columbia Classic Collection Box 2» (4K UHD plus BD) enthält die Kinofassung und die Extended Version mit ihren jeweiligen Synchronisationen von 1981, respektive 2005.

Die Bonussektion (der BD) umfasst u. a. das «Making of», einen dt. untertitelbaren Audiokommentar zur Extended Version von Ivan Reitman und Dan Goldberg, ein Feature mit 17 im Film nicht verwendeten Szenen (29 Min.) sowie die TV-Version des Films von 1983 (FF, DD2.0 engl., 104 Min.). Die «Columbia Classic Collection Box 2» ist mit dem Silberling 2021 ausgezeichnet.

USA 1981 **KI** Warner-Columbia **DVD** Sony (16:9, 1.85:1, DD5.1 engl./dt.) **BD** Sony (16:9, 1.85:1, dts-HDMA engl./dt.) 4K: Sony (16:9, 1.85:1, dolby_Atmos engl., Mono dt. plus dts-HDMA dt.) **R** Ivan Reitman **B** Len Blum, Dan Goldberg, Harold Ramis **K** Bill Butler **M** Elmer Bernstein **S** Eva Ruggiero, Michael Luciano, Harry Keller **D** Bill Murray (John), Harold Ramis (Russell), Warren Oates (Sgt. Hulka), P.J. Soles (Stella), Sean Young (Louise) **L** Kino: 106 / Extended Version DVD: 118 (= BD: 123) / Kino Version DVD: 103 (= BD: 106) **FSK** ab 12; nf **E** 17.12.1981 / 6.9.2005 DVD / 11.9.2011 BD / 14.10.2021 Columbia Classic Collection Box 2 (4K UHD plus BD)

OLIVER
OLIVER!

Die Erzählung von dem im Arbeitshaus und unter Taschendieben aufgewachsenen Waisenknaben, der endlich im Hause eines wohlhabenden Großonkels Geborgenheit findet. Charles Dickens' Roman Oliver Twist in einer Musicalbearbeitung, die brillante Inszenierung erfuhr, aber den sozialkritischen Kern des Buches verfehlt. Die rührende Unterhaltung endet ausgesprochen reißerisch.

Im Gegensatz zur Kinoversion enthalten die Heimkinoversionen die Ouvertüre- und Intermission-Musiken.

Deluxe Edition (DVD) und BD enthalten in der Bonussektion u. a. die Featurettes «Lerne Oliver kennen! – Interview mit Mark Lester» (15 Min.) und «Lerne Fagin kennen! – Interview mit Ron Moody» (13 Min.).
Die für einen Filmklassiker referenzwürdige Restaurierung des Films kommt besonders auf der 4K UHD zur Geltung. Die filmhistorisch wertvolle «Columbia Classic Collection Box 2» (4K UHD plus BD) umfasst in der Bonussektion (der BD) u. a. einen dt. untertitelbaren Audiokommentar mit Steven C. Smith sowie die beiden bereits veröffentlichten, 2007 produzierten Interview-Featurettes «Meeting Oliver!» mit Mark Lester (15 Min.) und «Meeting Fagin!» mit Ron Moody (13 Min.). Die «Columbia Classic Collection Box 2» ist mit dem Silberling 2021 ausgezeichnet.
Scope. Großbritannien 1967 **KI** Columbia/Progress **DVD** Columbia TriStar Home (16:9, 2.35:1, DD5.1 engl./dt.) Deluxe: Columbia/Sony (16:9, 2.35:1, DS engl./dt.) **BD** Sony (16:9, 2.35:1, dts-HDMA engl., DD5.1 dt.) 4K: Sony (16:9, 2.35:1, dolby_Atmos engl., dts-HDMA dt.) **R** Carol Reed **B** Vernon Harris **K** Oswald Morris **Vo** Lionel Bart (Musical), Charles Dickens (Roman) **M** Lionel Bart **S** Ralph Kemplen **D** Ron Moody (Fagin), Oliver Reed (Bill Sikes), Harry Secombe (Bumble), Shani Wallis (Nancy), Mark Lester (Oliver Twist) **L** Kino: 149/DVD: 148 (= BD: 154) **FSK** ab 12; f **E** 18.12.1968 / 23.7.1971 Kino DDR / 11.1.2001 DVD / 6.3.2008 DVD (Deluxe) / 13.6.2013 BD / 14.10.2021 Columbia Classic Collection Box 2 (4K UHD plus BD)

Sinn und Sinnlichkeit
SENSE AND SENSIBILITY

Die Verfilmung des im Milieu des englischen Landadels im ausgehenden 18. Jahrhundert spielenden Romans von Jane Austen über die Geschichte zweier charakterlich gegensätzlicher Schwestern und deren Liebeskonflikte. Ein mit grandiosen Landschaftsaufnahmen und glanzvollen schauspielerischen Leistungen aufwartender Film, der durch ein überzeugendes Buch und die meisterhafte Regie den Geist der Vorlage trifft und aktuelle Bezüge herausarbeitet wie den Konflikt zwischen Verstand und Gefühl, den Druck gesellschaftlicher Zwänge und die Bedeutung menschlicher Werte wie Aufrichtigkeit, Selbstlosigkeit und Treue. (Kinotipp der katholischen Filmkritik) – **Sehenswert ab 12.**

Die Standardausgabe (DVD) enthält keine erwähnenswerten Extras.

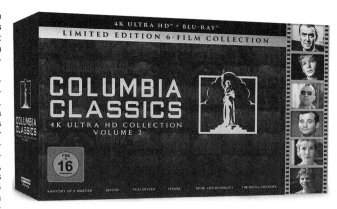

Die Special Edition (DVD) beinhaltet u. a. einen Audiokommentar des Regisseurs und des Co-Produzent James Schamus und einen weiteren Audiokommentar der Hauptdarstellerin Emma Thompson und der Produzentin Lindsay Doran sowie ein Feature mit zwei im Film nicht verwendeten Szenen (3 Min.).
Die BD umfasst indes lediglich die Featurettes «Die Anpassung an Austen» (11 Min.), «Ein Sinn für die Figuren» (8 Min.), «Ein sehr ruhiger Mann» (12 Min.) sowie eine weitere nicht verwendete Szene (insgesamt 5 Min.).
Die für einen Filmklassiker referenzwürdige Restaurierung des Films kommt besonders auf der 4K UHD zur Geltung. Die filmhistorisch wertvolle «Columbia Classic Collection Box 2» (4K UHD plus BD) fasst in der Bonussektion (der BD) die Extras aller Editionen zusammen und ergänzt sie um das Feature «25th Anniversary Reunion: Back to Barton Cottage» (28 Min.). Die «Columbia Classic Collection Box 2» ist mit dem Silberling 2021 ausgezeichnet.
USA 1995 **KI** Columbia TriStar **VI** Col.TriStar **DVD** Columbia TriStar (16:9, 1.85:1, DS engl., DD2.0 dt.) Special Edition: Columbia TriStar (16:9, 1.85:1, DD5.0 engl./dt.) **BD** Columbia TriStar (16:9, 1.85:1, dts-HDMA5.0 engl., DD5.0 dt.) 4K: Sony (16:9, 1.85:1, dolby_Atmos engl., dts-HDMA5.0 dt.) **R** Ang Lee **B** Emma Thompson **K** Michael Coulter **Vo** Jane Austen (Roman) **M** Patrick Doyle **S** Tim Squyres **D** Emma Thompson (Elinor), Kate Winslet (Marianne), Hugh Grant (Edward Ferrars), Alan Rickman (Colonel Brandon), Greg Wise (John Willoughby) **L** 136 **FSK** ab 6; f **E** 7.3.1996 / 2.9.1996 Video / 1.9.1997 DF 1 / 29.6.1998 DVD / 8.10.2002 DVD (Special Edition) / 25.4. 2013 BD / 14.10.2021 Columbia Classic Collection Box 2 (4K UHD plus BD)

Taxi Driver
TAXI DRIVER

Ein einzelgängerischer Taxifahrer in New York, der von der Stadt und seinem Lebensmilieu zugleich fasziniert und abgestoßen wird, steigert sich in den missionarischen Wahn, etwas gegen die Flut von Schmutz und Niedrigkeit in der Großstadt unternehmen zu müssen. Schwer bewaffnet beginnt er einen tragischen Kreuzzug durch die nächtlichen Straßen. Mit kühler Eindringlichkeit und analytischer Präzision schildert der ungemein dichte Film die psychischen Deformationen seines Helden. Zugleich verdeutlicht er, dass der Ausbruch individueller Gewalt mit einem allgemeinen Klima latenter Brutalität und Abstumpfung korrespondiert. Ein Thriller, der intensive Wirklichkeitsbeobachtung mit den mythischen Qualitäten des traditionellen Genrefilms verbindet. – **Sehenswert.**

Die originell konzipierte, filmhistorisch bemerkenswerte Special Edition (1999) enthält u. a. eine gut 70-minütige analytische Dokumentation über die Entstehungsgeschichte des Films sowie das Originaldrehbuch in Schriftform mit integrierter Wechselmöglichkeit zur betreffenden Filmsequenz. Die Neuauflage der Special Edition (2008, 2 DVDs) enthält den Film in deutlich verbesserter Bild- und Tonqualität. Zudem wird das Bonusmaterial durch diverse Kurzdokumentationen über Film und Regisseur sowie zwei deutsch untertitelbare Audiokommentare (mit Drehbuchautor Paul Schrader und Robert Kolker) ergänzt. Die Neuauflage ist mit dem Silberling 2008 ausgezeichnet.
Für die BD wurde der Film weiter aufwändig restauriert: Das Original-Kamera-

negativ wurde mit einem 4K-Scanner abgetastet. Dem Super-Breitwand-Seitenverhältnis von 1.85:1 entspricht in etwa das Format 4096×2216 Pixel. Fehlende Frames wurden weitgehend rekonstruiert, Verknitterungen, Abschabungen digital getilgt; auch wurde das Ausgangsmaterial farbkorrigiert. Lange Zeit, so die Restauratoren, sei man davon ausgegangen, dass TAXI DRIVER ein über weite Strecken düsterer, mitunter grobkörniger Film mit gedeckten Farben sei. Dass dies nicht so ist, sieht man nun an den mitunter vor Farbe nur so sprühenden Sequenzen. Die sehr umfangreichen Bonusmaterialien umfassen die Extras der DVDs und u. a. einen weiteren Audiokommentar mit Martin Scorsese und Drehbuchautor Paul Schrader, der 1986 für die Laserdisc von Criterion verfasst wurde. Ebenfalls verbessert ist das Feature «Interaktives Drehbuch»: Während des laufenden Films kann man nun das Drehbuch (inkl. Notizen des Regisseurs) mitlesen. Die filmhistorisch wertvolle BD ist mit dem Silberling 2011 ausgezeichnet.
Die für einen Filmklassiker referenzwürdige Restaurierung des Films kommt besonders auf der 4K UHD zur Geltung. Die filmhistorisch wertvolle «Columbia Classic Collection Box 2» (4K UHD plus BD) umfasst in der Bonussektion die obigen Extras sowie zudem u. a. die Featurettes «Tribeca Film Festival: 40th Anniversary Q & A» (42 Min.), «Producing TAXI DRIVER» (10 Min.), «God's Lonely Man» (22 Min.), «Influence and Appreciation: A Martin Scorsese Tribute» (19 Min.), «TAXI DRIVER Stories» (22 Min.) sowie «Martin Scorsese on TAXI DRIVER» (17 Min.). Die «Columbia Classic Collection Box 2» ist mit dem Silberling 2011 ausgezeichnet. USA 1975 **KI** Warner-Columbia **DVD** Columbia TriStar Home (16:9, 1.85:1, DS engl., Mono dt.), Sony (16:9, 1.85:1, DD5.1 engl./dt.) **BD** Sony (16:9, 1.85:1, dts-HD-MA engl./dt.) **R** Martin Scorsese **B** Paul Schrader **K** Michael Chapman **M** Bernard Herrmann **S** Marcia Lucas **D** Robert De Niro (Travis Bickle), Peter Boyle (Wizard), Cybill Shepherd (Betsy), Jodie Foster (Iris), Harvey Keitel (Matthew («Sport»)) **L** 114 **FSK** ab 16; f (früher 18) **E** 7.10.1976 / 11.11.1999 DVD / 9.10.2008 DVD (überarbeitete Special Edition, Sony) / 18.4.2011 BD / 14.10.2021 Columbia Classic Collection Box 2 (4K UHD plus BD)

THE SOCIAL NETWORK
THE SOCIAL NETWORK
Spielfilm um die Gründung des «Social Network» Facebook und dessen Erfinder Mark Zuckerberg. Dabei geht es weniger um ein Ausloten des Phänomens «Facebook» und der Ausstrahlung, die diese Art der virtuellen Selbstdarstellung und Kommunikation auf ihre Benutzer ausübt, als vielmehr um die Aufstiegsgeschichte eines Campus-Außenseiters und seines Start-up-Unternehmens sowie um Illoyalitäten und Skandälchen, mit denen dieser Aufstieg einherging. Filmisch mitreißend inszeniert, mit hohem Tempo, brillanten Dialogen und guten Darstellern, wird die an sich etwas dünne Geschichte höchst unterhaltsam aufbereitet. – **Ab 14.**

🔘 Standard DVD & BD enthalten u. a. einen Audiokommentar mit Regisseur David Fincher sowie Audiokommentare mit Drehbuchautor Aaron Sorkin und den Darstellern Jesse Eisenberg, Andrew Garfield, Justin Timberlake, Armie Hammer und Josh Pence. Die 2 Disc Collector's Edition (DVD oder BD) enthält zudem das ausführliche vierteilige «Making of» «Wie ist aus Facebook bloß ein Film entstanden?» (93 Min.) sowie Kurzdokus zu Schnitt (17 Min.), Musik (18 Min.) und der Visualisierung des Films (7 Min.). Die «2 Disc Collector's Edition» ist mit dem Silberling 2011 ausgezeichnet.
Die für einen modernen Filmklassiker referenzwürdige Restaurierung des Films kommt besonders auf der 4K UHD zur Geltung. Die filmhistorisch wertvolle «Columbia Classic Collection Box 2» (4K UHD plus BD) umfasst in der Bonussektion (der BD) die Extras der Collector's Edition, wobei die beiden Audiokommentare zusätzlich dt. untertitelbar sind. Des Weiteren sind zwei englische Tonspuren anwählbar: die «unrated» (dolby_Atmos) und die «zensierte» (dts-HDMA). Die Edition enthält eine Audiodeskription für Sehbehinderte, allerdings nur in englischer Sprache. Die «Columbia Classic Collection Box 2» ist mit dem Silberling 2021 ausgezeichnet.
Scope. USA 2010 **KI** Sony **DVD** Sony (16:9, 2.35:1, DD5.1 engl./dt.) **BD** Sony (16:9, 2.35:1, dts-HDMA engl./dt.) 4K: Sony (16:9, 2.35:1, dolby_Atmos engl., dts-HDMA dt.) **R** David Fincher **B** Aaron Sorkin **K** Jeff Cronenweth **Vo** Ben Mezrich (Buch *The Accidental Billionaires / Milliardär per Zufall*) **M** Trent Reznor, Atticus Ross **S** Kirk Baxter, Angus Wall **D** Jesse Eisenberg (Mark Zuckerberg), Andrew Garfield (Eduardo Saverin), Justin Timberlake (Sean Parker), Armie Hammer (Cameron Winklevoss / Tyler Winklevoss), Josh Pence (Tyler Winklevoss) **L** 121 **FSK** ab 12; f **E** 7.10.2010 / 10.2.2011 DVD & BD / 14.10.2021 Columbia Classic Collection Box 2 (4K UHD plus BD)

«Frankenstein – Die ultimative Monster-Collection»

2021 ist das 6-Disk-BD-Set mit einer Reihe von Filmen erschienen, in der die Kreatur des wahnsinnigen Wissenschaftlers, aber auch weitere Horror-Ikonen des Universal Studios im Zentrum der Handlung stehen. Diese wertig aufgemachte, in einen Pappschuber aus Hartkarton gelegte Anthologie umfasst als Bonusmaterial ein 116-seitiges buchartiges Booklet mit Texten von Jörg Buttgereit und Dr. Rolf Giesen, die eine Chronik des berühmtesten Filmmonsters und dessen Filme entwerfen. Des Weiteren anbei sind sieben Plakatkarten sowie der Roman *Frankenstein* von Mary Shelly als Taschenbuch (226 Seiten, Fischer Verlag). Auf einer Bonusdisk sind allgemeiner gehaltene Extras enthalten. So z. B. die Dokumentation «Universal Horror» (95 Min.), «Karloff: The Gentle Monster» (38 Min.), «Carl Laemmle: Ein Leben wie im Kino» (90 Min.), eine Featurette über die Restaurierungsarbeiten (9 Min.), der Stummfilm FRANKENSTEIN von 1910 mit Musik von Donald Sosin (13 Min.) und der Kurzfilm Boo! (USA 1932, R: Albert DeMond, 9 Min.). Eindrucksvoll zeigt die Box, wie respektvoll man auch mit weniger maßgeblichen Genrewerken der Unterhaltungsfilmgeschichte an der Seite von zeitlosen Klassikern umgehen kann.

Hier die Langfilme im Einzelnen:

FRANKENSTEIN
FRANKENSTEIN
Ein deutscher Wissenschaftler will aus Leichenteilen einen idealen Menschen konstruieren, baut seiner Kreatur aber versehentlich das Gehirn eines Verbrechers ein. Ein Monster erwacht zum Leben, das Amok läuft, weil es unfähig ist, menschliche Verhaltensregeln zu begreifen. Einer der frühesten und meistkopierten amerikanischen Gruselfilme. Formal vom expressionistischen deutschen Kino (CALIGARI, GOLEM etc.) inspiriert, beeinflusste er seinerseits eine Flut von Horrorfilmen. Wenn auch heute kaum noch schockierend, ist FRANKENSTEIN ein absoluter Klassiker seines Genres und ein Stück Filmgeschichte mit erstaunlichen Spezialeffekten. – **Ab 16.**

🔘 Die Standardausgaben (DVD) enthalten u. a. den dt. untertitelbaren

Audiokommentar des Filmhistorikers Rudy Behmler sowie die Dokumentation «Die Akte FRANKENSTEIN» (45 Min.) und den Kurzfilm Boo! (9 Min.).
Die BD enthält zudem einen weiteren Audiokommentar mit Filmhistoriker Sir Christopher Frayling sowie die abendfüllende Dokumentation «Universal Horror» (95 Min.).
Spezifisch für den Film bietet die «FRANKENSTEIN – Die ultimative Monster-Collection» die dt. untertitelbaren Audiokommentare mit Rudy Behlmer und Chris Frayling sowie einen weiteren deutschen Audiokommentar mit Dr. Rolf Giesen. Des Weiteren das Doku-Feature «Die Akte FRANKENSTEIN: Wie Hollywood ein Monster schuf» (45 Min.) und die Super-8-Fassung des Films (17 Min.). Die filmhistorisch wertvolle 6-Disk-Box ist mit dem Silberling 2021 ausgezeichnet.
Schwarz-weiß. USA 1931 **KI** Universal **VI** CIC **DVD** Universal (FF, Mono engl./dt.) **BD** Universal (FF, dts-HDMA Mono engl., dts Mono dt.) Ultimative Monster-Collection: Koch (FF, PCM Mono engl./dt.) **R** James Whale **B** Garrett Fort, Francis Edward Faragoh, John Balderston, Robert Florey **K** Arthur Edeson **Vo** Mary Shelley (Roman), Peggy Webling (Bühnenstück) **M** David Broekman **S** Maurice Pivar, Clarence Kolster **D** Colin Clive (Herbert von Frankenstein), Mae Clarke (Elisabeth, seine Verlobte), Boris Karloff (das Monster), John Boles (Viktor), Edward Van Sloan (Dr. Waldmann) **L** 71 **FSK** Kino: ab 18; nf / DVD & BD (Neuprüfung): ab 16 **E** 18.5.1932 / 24.2.2002 DVD (Classic Monster Collection) / 11.2.2010 DVD (Neuauflage) / 4.10.2012 BD (Box, Monsters Collection) / 2.10.2014 BD / 15.10.2021 BD (Box, Ultimative Monster-Collection)

FRANKENSTEIN KEHRT WIEDER
THE GHOST OF FRANKENSTEIN
Der einst von Dr. Frankenstein schwer verwundete Gehilfe entdeckt das ebenfalls totgeglaubte Monster und bringt ihn nicht ohne Hintergedanken zum Sohn des wahnsinnigen Wissenschaftlers. Der will das schlechte Gehirn der Kreatur gegen ein gutes austauschen. Doch das Experiment wird sabotiert. Atmosphärischer, dramaturgisch holpriger B-Horrorfilm, in dem Lon Chaney jr. erstmals die Rolle von Frankensteins Monster von Boris Karloff übernimmt. – **Ab 14.**
🎬 Spezifisch für den Film bietet die «FRANKENSTEIN – Die ultimative Monster-Collection» einen deutschen Audiokommentar mit Dr. Rolf Giesen. Des Weiteren enthalten sind drei englische Super-8-Fassungen des Films (8 Min., 8 Min. & 5 Min). Die filmhistorisch wertvolle 6-Disk-Box ist mit dem Silberling 2021 ausgezeichnet.
Schwarz-weiß. USA 1942 **BD** Ultimative Monster-Collection: Koch (FF, PCM Mono engl./dt.) **R** Erle C. Kenton **B** Scott Darling **K** Elwood Bredell, Milton R. Krasner **M** Hans J. Salter **S** Ted J. Kent **D** Lon Chaney jr. (das Monster), Cedric Hardwicke (Ludwig Frankenstein), Ralph Bellamy (Erik Ernst), Lionel Atwill (Doctor Theodore Bohmer), Bela Lugosi (Igor) **L** 67 **FSK** ab 12 **E** 15.10.2021 BD (Box, Ultimative Monster-Collection)

FRANKENSTEIN TRIFFT DEN WOLFSMENSCHEN
FRANKENSTEIN MEETS THE WOLF MAN
Grabräuber erwecken den Wolfsmenschen ungewollt zum Leben. Der will sich von seinem Fluch befreien und hofft auf Hilfe bei Dr. Frankenstein. In den Katakomben des Sanatoriums findet er zwar zunächst keine Heilung, wohl aber Frankensteins Monster, von dem er weitere Informationen über seinen totgeglaubten Schöpfer erhofft. Wieder werden beide von Dorfbewohnern gejagt und erneut zum Spielball der Wissenschaft. Kruder, nur selten stimmungsvoller, wenn auch prominent besetzter Versuch, zwei Grusel-Erfolgsreihen in Kombination am Leben zu erhalten. – **Ab 14.**
🎬 Spezifisch für den Film bietet die «FRANKENSTEIN – Die ultimative Monster-Collection» einen deutschen Audiokommentar mit Dr. Rolf Giesen. Des Weiteren enthalten sind die Featurette «Monster im Mondlicht» (33 Min.) sowie zwei englische Super-8-Fassungen des Films (19 Min. & 8 Min.). Die filmhistorisch wertvolle 6-Disk-Box ist mit dem Silberling 2021 ausgezeichnet.
Schwarz-weiß. USA 1943 **BD** Ultimative Monster-Collection: Koch (FF, PCM Mono engl./dt.) **R** Roy William Neill **B** Curt Siodmak **K** George Robinson **M** Hans J. Salter **S** Edward Curtiss **D** Lon Chaney jr. (Wolfsmensch / Lawrence Talbot), Ilona Massey (Baroness Elsa Frankenstein), Patric Knowles (Dr. Frank Mannering), Bela Lugosi (das Monster), Lionel Atwill (Bürgermeister) **L** 74 **FSK** ab 12 **E** 15.10.2021 BD (Box, Ultimative Monster-Collection)

FRANKENSTEINS BRAUT
THE BRIDE OF FRANKENSTEIN
Dr. Frankenstein wird gezwungen, für das von ihm geschaffene Monstrum, welches Sprechen lernt und menschliche Gefühle zeigt, eine künstliche Gefährtin herzustellen. Die Fortsetzung von Universals erstem FRANKENSTEIN-Film gilt dank ihrer Darsteller, der Kameraarbeit, Ausstattung, Musik und Stimmung als ein Meisterstück

schwarzen, humoristischen Horrors. – **Ab 14.**
🎬 Die Standardausgaben (DVD & BD) enthalten den Audiokommentar des Filmhistorikers Scott MacQueen und die Dokumentation «Sie lebt! – Die Schöpfung der Braut» (39 Min.). Spezifisch für den Film bietet «FRANKENSTEIN – Die ultimative Monster-Collection» den dt. untertitelbaren Audiokommentar mit Scott MacQueen sowie einen weiteren deutschen Audiokommentar mit Dr. Rolf Giesen. Des Weiteren das Doku-Feature «Sie lebt! – Die Erschaffung von Frankensteins Braut» (39 Min.) und die Super-8-Fassung des Films auf Deutsch (17 Min.) und Englisch (9 Min.). Die filmhistorisch wertvolle 6-Disk-Box ist mit dem Silberling 2021 ausgezeichnet.
Schwarz-weiß. USA 1935 **VI** Universal **DVD** Universal (FF, Mono engl./dt.) **BD** Universal (FF, dts-HDMA Mono engl., dts Mono dt.) Ultimative Monster-Collection: Koch (FF, PCM Mono engl./dt.) **R** James Whale **B** William Hurlbut, John Balderston **K** John Mescall **Vo** Mary Shelley (Roman) **M** Franz Waxman **S** Ted J. Kent **D** Boris Karloff (das Monster), Colin Clive (Henry Frankenstein), Elsa Lanchester (Frankensteins Braut / Mary Shelley), Ernest Thesiger (Dr. Praetorius), Valerie Hobson (Elizabeth Frankenstein) **L** 72 **FSK** Video, DVD & BD: ab 12 **E** 4.6.1970 **HR** / 18.1.2001 Video / 24.10.2002 DVD (Classic Monster Collection) / 10.2.2010 DVD / 4.10.2012 BD (Box, Monsters Collection) / 14.9.2017 BD / 15.10.2021 BD (Box, Ultimative Monster-Collection)

FRANKENSTEINS HAUS
HOUSE OF FRANKENSTEIN
Ein Wissenschaftler will das Vermächtnis Dr. Frankensteins endlich zum Erfolg führen und das Monster folgenlos zum Leben zu erwecken. Doch

der ebenfalls rematerialisierte Vampir Dracula und der Wolfsmensch machen das Unterfangen nicht leichter. Lahme, von sinnloser Handlung beseelter Versuch, erstmals Universals drei erfolgreiche Horror-Ikonen in einem Film zu versammeln. Dabei wird Boris Karloff (nicht als Monster) und Lon Chaney jr. (wieder der Wolfsmensch) nun John Carradine in der Rolle des Grafen Dracula zur Seite gestellt. Doch auch die Darsteller können das Unterfangen nicht retten. – **Ab 14.**

◎ Spezifisch für den Film bietet die «FRANKENSTEIN – Die ultimative Monster-Collection» einen deutschen Audiokommentar mit Dr. Rolf Giesen. Des Weiteren enthalten sind zwei englische Super-8-Fassungen des Films (8 Min. & 8 Min.) sowie eine deutsche Super-8-Fassung des Films (8 Min.). Die filmhistorisch wertvolle 6-Disk-Box ist mit dem Silberling 2021 ausgezeichnet. Schwarz-weiß. USA 1944 **BD** Ultimative Monster-Collection: Koch (FF, PCM Mono engl./dt.) **R** Erle C. Kenton **B** Edward T. Lowe jr., Curt Siodmak **K** George Robinson **M** Hans J. Salter, Paul Dessau **S** Philip Cahn **D** Boris Karloff (Doctor Gustav Niemann), Lon Chaney jr. (Wolfsmensch / Larry Talbot), J. Carrol Naish (Daniel), John Carradine (Dracula / Baron Latos), Anne Gwynne (Rita Hussman) **L** 71 **FSK** ab 12 **E** 15.10.2021 BD (Box, Ultimative Monster-Collection)

DRACULAS HAUS
HOUSE OF DRACULA

In einer Spezialklinik wollen sich Graf Dracula, aber auch der Wolfsmensch von ihren Flüchen heilen lassen. Doch der leitende Wissenschaftler, der inzwischen auch das leblose Monster von Dr. Frankenstein gefunden hat, hat ganz andere Pläne. Allenfalls aufgrund der visuellen Einfälle der Effekt-Crew interessante Franchisefortsetzung, in dem die berühmten Kreaturen der Universal Studios durch eine weitestgehend sinnfreie Geschichte irren. – **Ab 14.**

◎ Spezifisch für den Film bietet die «FRANKENSTEIN – Die ultimative Monster-Collection» einen deutschen Audiokommentar mit Dr. Rolf Giesen. Des Weiteren enthalten eine englische Super-8-Fassung des Films (8 Min.). Die filmhistorisch wertvolle 6-Disk-Box ist mit dem Silberling 2021 ausgezeichnet. Schwarz-weiß. USA 1945 **BD** Ultimative Monster-Collection: Koch (FF, PCM Mono engl./dt.) **R** Erle C. Kenton **B** Edward T. Lowe jr. **K** George Robinson **M** William Lava **S** Russell Schoengarth **D** Lon Chaney jr. (Wolfsmensch / Lawrence Talbot), John Carradine (Dracula / Baron Latos), Martha O'Driscoll (Miliza Morelle), Lionel Atwill (Police Inspector Holtz), Onslow Stevens (Dr. Franz Edelmann) **L** 67 **FSK** ab 12 **E** 15.10.2021 BD (Box, Ultimative Monster-Collection)

FRANKENSTEINS SOHN
SON OF FRANKENSTEIN

Frankenstein ist tot. Sein Sohn kehrt in das Schloss seiner Väter zurück. Dort entdeckt er zu seinem Entsetzen, dass das von seinem Vater geschaffene Monstrum nicht umgekommen ist, sondern in Tiefschlaf versunken in einer Höhle von einem Diener bewacht wird, der Frankenstein junior dazu bringt, es ins Leben zurückzuholen. Als nach geheimnisvollen Morden auch sein kleiner Sohn in Gefahr gerät, tötet Frankenstein junior das Monstrum endgültig. Dem dritten FRANKENSTEIN-Film verhalfen die Starbesetzung, das gelungene Drehbuch und die gleichbleibende Atmosphäre der Bedrohung zu einem durchschlagenden Erfolg, der in Hollywood eine zweite Welle von Horror-Produktionen auslöste. – **Ab 16.**

◎ Spezifisch für den Film bietet die «FRANKENSTEIN – Die ultimative Monster-Collection» den deutschen Audiokommentar mit Dr. Rolf Giesen sowie eine Alternativfassung des Films (99 Min.). Des Weiteren enthalten ist ein Feature mit zusätzlichen Szenen (4 Min.), zwei deutsche Super-8-Fassungen des Films (8 Min. & 22 Min.) und eine englische Super-8-Fassung des Films (9 Min.). Die filmhistorisch wertvolle 6-Disk-Box ist mit dem Silberling 2021 ausgezeichnet. Schwarz-weiß. USA 1939 **KI** offen **BD** Ultimative Monster-Collection: Koch (FF, PCM Mono engl./dt.) **R** Rowland V. Lee **B** Willis Cooper **K** George Robinson **Vo** Mary Shelley (Charaktere) **M** Frank Skinner **S** Ted J. Kent **D** Basil Rathbone (Baron von Frankenstein), Boris Karloff (das Monstrum), Bela Lugosi (Igor), Lionel Atwill (Polizeimajor Krogh), Josephine Hutchinson (Elsa von Frankenstein) **L** 100 **FSK** ab 12 **E** 18.2.1968 NDR / 15.10.2021 BD (Box, Ultimative Monster-Collection)

....

Die Einzelfilme

ALAMO
THE ALAMO

Die Verteidigung von Fort Alamo gegen die mexikanische Übermacht im Freiheitskampf der Texaner 1836 durch 185 Freiwillige bis zum letzten Mann. Monumentaler Kriegsfilm mit fragwürdiger Heldenverehrung: In dekorativen Bildern wird eine bedenkliche Bewunderung von Todesmut und Führertum zelebriert. Filmisch überzeugt die Produktion durch Aufwand und Tempo und die gefühlvolle Inszenierung. – **Ab 16.**

◎ Als Bonus enthalten die DVD-Editionen den Dokumentarfilm «John Wayne's THE ALAMO» (42 Min.).

Das mustergültige, wertig aufgemachte Mediabook (BD plus DVD) enthält den Film in der gekürzten Standardkinofassung (BD: 162 Min. & DVD: 155 Min.) sowie in der sogenannten «Original Director's Cut Langfassung» (BD: 203 Min.). Diese auch als «Roadshow»-Fassung bezeichnete Version enthält wieder die Ouvertüre- und Entr'Acte Musiken sowie etliche Handlungskürzungen, die zum Zwecke der Kinokompatibiliät von den Produzenten vorgenommen wurden, nun aber den Charakteren wieder mehr Tiefe und der Handlung mehr Kontur verleihen.

Das üppige und fundierte Bonusmaterial umfasst eine neue und eine zeitgenössische «Making of»-Dokumentation (68 & 51 Min.), die Dokumentation «John Wayne – Eine amerikanische Legende» (58 Min.), das analytische Feature «Duke's Traumprojekt – Mike Siegel über THE ALAMO» (37 Min.) sowie ein 20-seitiges Booklet mit dem hintergründigen Essay «John Waynes THE ALAMO – Der lange Weg nach San Antonio» von Western-Experte Mike Siegel. Das filmhistorisch bemerkenswerte Mediabook ist mit dem Silberling 2021 ausgezeichnet.

Scope. USA 1960 **KI** United Artists **VI** Warner Home **DVD** Fox & MGM (16:9, 2.35:1, DD2.0 engl., Mono dt.) **R** John Wayne **B** James Edward Grant **K** William H. Clothier

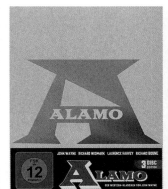

M Dimitri Tiomkin S Stuart Gilmore D John Wayne (Col. David Crockett), Laurence Harvey (Col. William Travis), Richard Widmark (Col. James Bowie), Richard Boone (General Sam Huston), Frankie Avalon (Smitty) L Kino: 192 (gek.: 155; Orig.: 219/DVD: 155 (= BD 165)/ BD auch: 203 FSK ab 12; f E 26.1.1961 / 23.6.2000 DVD / 1.1.2004 DVD (Neuauflage, MGM) / 13.6.2008 DVD (Neuauflage)/ 12.5.2021 Mediabook (BD plus DVD)

AMERICAN PSYCHO
AMERICAN PSYCHO

Ein New Yorker Wall-Street-Yuppie führt Mitte der 1980er-Jahre ein moralisch verflachtes Doppelleben zwischen Luxuskonsum, Drogen-, Sex- und Gewalt-Exzessen. Je mehr er dem Materiellen hinterherjagt, umso unkontrollierbarer wächst seine Gier nach Sex und Brutalität: Wahllos bringt er nachts Obdachlose und Prostituierte um. Die formal bestechende Adaption eines Bestsellers, deren schwarzer Humor ebenso wie die ironischen Anklänge der Inszenierung von der Ausstattung erschlagen werden. Übrig bleiben mehr Klischees als psychologische Motive oder soziale Kritik.

 Die Erstauflagen enthalten die leicht gekürzte sogenannte «R-Rated»-Version, während die Neuauflagen (Koch) die sogenannte «Unrated»-Version beinhalten.
Die Extras umfassen u. a. mittels InterXS Modus während des Films abrufbare Informationen, ein längeres Interview mit Darsteller Christian Bale (12 Min.) sowie ein Feature mit einer im Film nicht verwendeten Szene (6 Min.).
Die Extras der Neuauflagen (Koch) umfassen u. a. einen Audiokommentar mit Regisseurin Mary Harron und einen Audiokommentar mit Drehbuchautorin Guinevere Turner.
Das 2018 veröffentlichte Mediabook von Koch Media (BD plus DVD) enthält u. a. die Audiokommentare, das Bale-Interview sowie das Feature «From Book to Screen & The Pornography of Killing» (49 Min.) und «The 80s Downtown» (32 Min.).
Die 2021 veröffentlichte «Limited Collector's Edition» (4K UHD plus BD & DVD) enthält beide Fassungen, die oben genannten Features der Koch Editionen sowie ein von der Regisseurin kommentiertes Feature mit fünf im Film nicht verwendeten Szenen (12 Min.). Die «Limited Collector's Edition» ist mit dem Silberling 2021 ausgezeichnet.
Scope. USA/Kanada 2000 KI Concorde

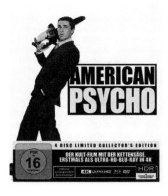

VI VCL DVD Concorde & Koch (16:9, 2.35:1, DD5.1 engl./dt., dts dt.) BD Concorde (16:9, 1.78:1, dts-HDMA engl./dt.), Koch (16:9, 2.35:1, dts-HDMA engl./dt.) R Mary Harron B Mary Harron, Guinevere Turner K Andrzej Sekula Vo Bret Easton Ellis (gleichnamiger Roman) M John Cale S Andrew Marcus D Christian Bale (Patrick Bateman), Willem Dafoe (Donald Kimball), Jared Leto (Paul Allen), Reese Witherspoon (Evelyn Williams), Samantha Mathis (Courtney Rawlinson) L 102 FSK ab 16; f E 7.9.2000 / 24.4.2001 Video / 5.9.2001 DVD / 4.12.2008 BD / 25.1.2018 Mediabook (3-Disk, Koch, DVD plus BD, unrated) / 14.5.2020 DVD & BD (Neuauflage, Koch, unrated) / 1.6.2021 4K UHD (Limited Collector's Edition, plus DVD & BD)

AUGEN OHNE GESICHT /
DAS SCHRECKENSHAUS DES
DR. RASANOFF
LES YEUX SANS VISAGE

Ein angesehener Chirurg betätigt sich als Mädchenmörder, um seiner seit einem Autounfall entstellten Tochter zu neuer Schönheit zu verhelfen: Durch seine Assistentin lässt er schöne Mädchen in sein Anwesen locken und nimmt ihnen die Gesichtshaut, um damit seiner Tochter zu einem neuen Antlitz zu verhelfen. Diese allerdings erfüllt die Prozedur mit Grauen. Ein eindringliches Horror-Melodram, das nicht nur auf atmosphärisch umgesetzte Mord-Szenen, sondern vor allem auf die psychologische Spannung zwischen den Figuren setzt, von Eugen Schüfftan als Kameramann und Maurice Jarre als Filmkomponist visuell wie musikalisch eindringlich umgesetzt (Fernsehtitel: AUGEN OHNE GESICHT).

 Die DVD-Erstauflage enthält die Originalfassung und wahlweise die gekürzte dt. Kinofassung des Films.

Die Extras umfassen u. a. das Feature «Die kränkelnden Blumen des Herrn Franju» (46 Min.) über den Regisseur des Films.
Die Collector's Edition (BD) enthält die ungekürzte Originalfassung des Films. Die Extras umfassen hier u. a. einen dt. Audiokommentar mit Rolf Giesen und Dr. Gerd Neuman, die drei Kurzfilme von Franju MONSIEUR ET MADAME CURIE (1956, 14 Min.), DAS ERSTE ERLEBNIS (1958, 20 Min.) und DAS BLUT DER TIERE (1949, 22 Min.) sowie die Featurettes «Die Poesie des Blutes mit Prof. Marcus Stiglegger» (15 Min.) und «Nur für ihre Augen» – Interview mit Edith Scob (17 Min.). Des Weiteren enthalten ist ein 24-seitiges Booklet mit einem Essay zum Film von David Renske. Die Collector's Edition (BD) ist mit dem Silberling 2021 ausgezeichnet.
Schwarz-weiß. Frankreich/Italien 1959 KI Deutsche Cosmopol DVD Concorde (16:9, 1.66:1, Mono frz./dt.) BD Wicked-Vision Media (16:9, 1:66:1, dts-HDMA Mono frz./dt.) R Georges Franju B Pierre Boileau, Thomas Narcejac, Jean Redon, Claude Sautet, Georges Franju, Pierre Gascar K Eugen Schüfftan Vo Jean Redon (Roman) M Maurice Jarre S Gilbert Natot D Pierre Brasseur (Dr. Rasanoff), Alida Valli (Louise), Juliette Mayniel (Edna Gruber), Edith Scob (Christiane Rasanoff), François Guérin (Jacques) L Kino: 82/DVD: 85 (Originalfassung) & 81 (dt. Fassung) / BD: 90 FSK Kino: ab 18; nf/DVD & BD Neuprüfung: ab 16 E 11.3.1960 / 8.10.2009 DVD / 29.10. 2021 BD

BASIC INSTINCT
BASIC INSTINCT

Auf der Suche nach einer Mörderin verfällt ein Polizist der mutmaßlichen Täterin und wird in ein Beziehungsgeflecht verstrickt, aus dem er sich bald nicht mehr aus eigener Kraft lösen kann. Effektvoll inszenierter Thriller, der sexuelles Verlangen und Gewalt verquickt und ein eher reaktionäres Weltbild propagiert. Das Spiel mit den seelischen Abgründen bleibt nur oberflächlich.

🎬 Im Gegensatz zur extralosen VCL-DVD enthält die Doppel-DVD von Kinowelt ausführliches Bonusmaterial: Die Extras umfassen u. a. einen dt. untertitelbaren Audiokommentar mit dem Regisseur und dem Kameramann, einen dt. untertitelbaren Audiokommentar mit der Frauenrechtlerin Camille Paglia, einen audiovisuellen Dialogvergleich zwischen der Kinofassung und der entschärften US-TV-Fassung (5 Min.) sowie ein Feature mit drei Storyboard-Sequenzen (7 Min.). Von dieser Doppel-DVD gibt es zudem eine «Exklusive Special Edition» mit dem beigelegten Soundtrack des Films auf CD.
Die BD Erstausgabe enthält keine bemerkenswerten Extras. Die «Remastered Edition» (2 BDs, StudioCanal) enthält hingegen wieder die beiden Audiokommentare und die Storyboards sowie die Features «Basic Instinct: Sex, Death & Stone» (53 Min.) und «Die Musik von Basic Instinct» (16 Min.). Die 4K-Edition enthält zudem ein 28-seitiges Booklet zum Film. Die 4K-UHD-(plus BD-)Edition ist mit dem Silberling 2021 ausgezeichnet.
Scope. USA 1991 **KI** Scotia **VI** VCL/Carolco **DVD** VCL (2.35:1, DD5.1 dt.), Kinowelt (2.35:1, DD5.1 engl./dt., dts dt.) **BD** Kinowelt (16:9, 2.35:1, dts-HDMA engl., dts-HD dt.), remastered: StudioCanal (16:9, 2.35:1, dts-HDMA engl., dts-HD dt.) **R** Paul Verhoeven **B** Joe Eszterhas **K** Jan de Bont **M** Jerry Goldsmith **S** Frank J. Urioste **D** Michael Douglas (Nick Curran), Sharon Stone (Catherine Tramell), Jeanne Tripplehorn (Dr. Beth Gardner), George Dzundza (Gus), Denis Arndt (Lt. Walker) **L** 128 **FSK** ab 16; f **E** 21.5.1992 / 23.11.1992 Video / 9.12.1998 DVD / 12.03.2002 DVD (Kinowelt) / 10.8.2008 BD / 17.6.2021 BD (remastered) / 17.6.2021 4K UHD (plus BD)

Blue Sunshine
Blue Sunshine
Eine Droge zeigt nach zehn Jahren verheerende Wirkung: Den Konsumenten fallen die Haare aus, und erhöhte Geräuschpegel lassen sie zu amoklaufenden Mördern werden. Perfekt inszenierter Horrorfilm mit hintergründig-ironischen Schockeffekten, die durch eine banale politische Botschaft etwas verwässert werden.

🎬 Die DVD enthält die Originalfassung und die auf Vollformat (FF) aufgezogene deutsche Videofassung des Films (Mono dt.).
Die Extras umfassen u. a. einen Audiokommentar des Regisseurs, seinen 19-minütigen Kurzfilm The Ringer (mit optionalem Audiokommentar) sowie ein aufschlussreiches Interview über Leben und Werk des B-Film Regisseurs (30 Min.). Des Weiteren enthält die DVD den kompletten Soundtrack als separate Tonspur. Die Edition ist mit dem Silberling 2005 ausgezeichnet.
Das 2021 veröffentlichte Mediabook (für den der Film neu geprüft und FSK «ab 12» freigegeben wurde) enthält zudem längere Interviews mit den Darstellern Sandy King (10 Min.) und Robert Waldon (10 Min.), einen weiteren szenenspezifischen Audiokommentar mit Darsteller Mark Goddard sowie den inzwischen absurden LSD-Aufklärungsfilm LSD: Insight or Insanity? (18 Min.) von 1967. Beide Audiokommentare sind nun dt. untertitelbar. Das Mediabook ist mit dem Silberling 2021 ausgezeichnet.
USA 1977 **KI** Fantasie **DVD** CMV-Laservision (16:9, 1.78:1, DD2.0 engl., Mono dt.) **BD** Camera Obscura (16:9, 1.85:1, dts-HDMA engl., PCM Mono dt.) **R+B** Jeff Lieberman **K** Don Knight **M** Charles Gross **S** Billy Smeley **D** Zalman King (Jerry), Deborah Winters (Alicia), Ray Young (Wayne), Ann Cooper, Mark Goddard (Flemming) **L** 95 **FSK** Kino: ab 18/DVD: ungeprüft/Mediabook: ab 12 **E** 11.5.1979 / 2.5.2005 DVD/Mediabook (4K UHD plus BD)

Citizen Kane
Citizen Kane
Die fiktive Lebensgeschichte des Multimillionärs Charles Foster Kane (die lebende Vorlage lieferte der Zeitungszar Hearst), erzählt aus der Perspektive mehrerer Augenzeugen, deren Berichte ein komplexes Persönlichkeitsbild ergeben: Als Kind wird Kane von seinen Eltern in die Obhut eines Vormundes gegeben, der den jungen Mann später in die Geschäftswelt einführt. Kane engagiert sich mit wechselndem Glück (und wechselnden politischen Überzeugungen), aber mit gleichbleibender Energie in der Zeitungsbranche, in Handel, Politik und Kunst, errichtet ein einflussreiches Wirtschaftsimperium und stirbt schließlich vereinsamt in seiner festungsähnlichen Traumvilla Xanadu. Der damals 24-jährige Orson Welles, der seinen Debütfilm als Autor, Regisseur und Hauptdarsteller frei gestalten konnte, entwirft ein geniales Charakter- und Gesellschaftsporträt, in dem der Mythos des Amerikanischen Traums zugleich beschworen und kritisch befragt wird. Die verschachtelte Rückblenden-Technik – nach seinem Tod forscht ein Reporter in Kanes Vergangenheit – zersplittert den Charakter in eine Vielzahl widersprüchlicher Facetten; die Figur des «Bürgers Kane» entsteht erst im Schnittpunkt ihrer öffentlichen und privaten Existenz, im Zusammenspiel aus Erinnerung, Kommentar und fiktivem Dokument. Welles nutzt virtuos die filmtechnischen Möglichkeiten seiner Zeit; die elliptischen Montagen, die ausdrucksstarken Bildkompositionen, die raschen Perspektivwechsel wirkten bahnbrechend und setzten neue Maßstäbe; ein kommerzieller Erfolg blieb jedoch aus. – **Sehenswert ab 16.**

Der Film existiert auf DVD in unterschiedlichsten Umverpackungen. Die Standardausgabe (DVD, 1999) enthält keine erwähnenswerten Extras.
Die DVD von 2009 enthält die restaurierte Fassung des Films. Die Extras umfassen hier einen dt. Audiokommentar des Filmwissenschaftlers Dr. Thomas Koebner, eine Kurzdoku über die Restaurierung (7 Min.), ein 16-seitiges Booklet zum Film sowie das Regiedebüt von Orson Welles THE HEARTS OF AGE (1934, 8 Min.).
Die BD (StudioCanal) enthält, neben dem Audiokommentar und dem Booklet, die Dokumentationen «The Battle over CITIZEN KANE» (111 Min.) und «Orson Welles – The One Man Band» (84 Min.). Die BD-Edition (StudioCanal) ist mit dem Silberling 2013 ausgezeichnet.
Die 2015 erschienene Neuauflage der BD (Warner) enthält lediglich u. a. eine Featurette mit Storyboards (3 Min.), ein Feature mit nicht verwendeten Szenen (1 Min.) sowie zwei interessante englische Audiokommentare mit Regisseur Peter Bogdanovich und Filmkritiker Roger Ebert.
Die 2021 erschienene 4K UHD enthält den restaurierten Film in neuer Abstastung und optimaler Bildqualität sowie mit adäquatem, der Produktionszeit geschuldetem Monoton. Neben den filmhistorisch bemerkenswerten und informativen Audiokommentaren auf der 4K UHD von Regisseur Peter Bogdanovich und Filmkritiker Roger Ebert (aufgenommen 2001 zum 60. Jubiläum des Films) finden sich die restlichen Extras auf der ebenfalls beigelegten Blu-ray von 2015.
Die 4K UHD (plus BD) ist mit dem Silberling 2021 ausgezeichnet.
Schwarz-weiß. USA 1941 **KI** Constantin **VI** Kinowelt Home **DVD** Kinowelt & Warner (FF, Mono engl./dt.) **BD** StudioCanal & Warner (FF, dts-HDMA Mono engl., Mono dt.)

R Orson Welles **B** Herman J. Mankiewicz, Orson Welles **K** Gregg Toland **M** Bernard Herrmann **S** Robert Wise, Mark Robson (ungenannt) **D** Orson Welles (Charles Foster Kane), Harry Shannon (Kanes Vater), Agnes Moorehead (Kanes Mutter), Joseph Cotten (Jed Leland), George Couloris (Thatcher) **L** 117 **FSK** ab 12; f **E** 29.6.1962 / 15.12.1964 ARD / 27.4.1990 DFF 2 / 20.4.1999 Video / 18.11.1999 DVD (Kinowelt) / 7.8.2009 DVD (restaurierte Fassung) / 20.12.2013 BD (StudioCanal) / 7.5.2015 DVD & BD (Warner) / 23.12.2021 4K UHD

CRAZIES
THE CRAZIES
In einer amerikanischen Kleinstadt bricht nach dem Absturz einer Militärmaschine eine Seuche aus, verursacht durch einen bakteriologischen Kampfstoff, der das Trinkwasser verseucht: Wer davon trinkt, stirbt oder verliert den Verstand. Der Versuch der Behörden, den Unfall zu vertuschen, verwandelt die Region in ein riesiges Schlachtfeld. Der dicht inszenierte, aktionsreiche Horrorfilm will Unterhaltung und Warnung zugleich anbieten, verschenkt aber durch die Fülle widerwärtiger Details jede Anklage verantwortungsloser Politik und Wissenschaft.

Die Standardausgabe (DVD) enthält keine erwähnenswerten Extras. Die Special Edition (2 DVDs) enthält indes einen dt. untertitelbaren Audiokommentar mit George A. Romero und William Lustig, einen dt. untertitelbaren Audiokommentar mit Lynn Lowry und Thomas Kerpen, das Werkstattgespräch «The Mute Hippie Girl on Acid with Rabies» mit Lynn Lowry (46 Min.) sowie ein 12-seitiges Booklet.
Die BD-Editionen enthalten zwar das

Werkstattgespräch und den Audiokommentar mit Lynn Lowry und Thomas Kerpen, dann aber einen weiteren Audiokommentar mit den Filmfans Travis Crawford und Bill Ackerman sowie die Featurettes «‹Romero was here› – Die Locations» (12 Min.) und «Crazy for Lynn Lowry» (16 Min.) und eine Gesprächsrunde mit Lynn Lowry vom Abertoir Horror Festival 2016 (36 Min.).
Das Mediabook enthält zudem ein 24-seitiges Booklet mit dem Text von Marcus Stiglegger «Die Auslöschung – George A. Romeros sozialer Albtraum CRAZIES».
Ebenfalls im Mediabook enthalten sind zwei Bonus Blu-rays mit den beiden frühen Romero-Filmen THERE'S ALWAYS VANILLA (USA 1971, 92 Min., FSK «ab 12», optional mit einem Audiokommentar mit Travis Crawford sowie einem längeren «Making of» (30 Min.)) und SEASON OF THE WITCH (USA 1972, 90 Min., FSK «ab 16», optional mit einem Audiokommentar mit Travis Crawford sowie einem 104-minütigen Extended Cut. In letzterer BD ist zudem das interessante Feature «When Romero met Del Toro – Guillermo Del Toro trifft George A. Romero» (56 Min.) enthalten. Die BD und das wertige Mediabook sind mit dem Silberling 2021 ausgezeichnet.
USA 1973 **KI** prokino **DVD** Anolis/e-m-s (16:9, 1.66:1, Mono engl./dt.) **BD** Capelight (16:9, 1.66:1, PCM Mono engl./dt.) **R+B** George A. Romero **K** S. William Hinzman **Vo** Paul McCollough (Roman) **M** Bruce Roberts **S** George A. Romero **D** Lane Carroll (Judy), W. G. McMillan (David), Harold Wayne Jones (Clank), Lloyd Hollar (Colonel Peckem), Richard Liberty (Artie) **L** 103 **FSK** Kino: ab 18; nf/DVD & BD (Neuprüfung): ab 16 **E** 21.12.1979 / 27.10.2005 DVD / 2.6.2008 DVD (Special Edition) / 19.3.2021 BD & Mediabook (BD)

DEADLOCK
Zwei Gangster flüchten mit der Beute aus einem Banküberfall in ein verlassenes Nest in der mexikanischen Sierra. Die Geisterstadt wird zum Schauplatz eines erbarmungslosen Konkurrenz- und Überlebenskampfes. Effektvoll und gefühlsstark inszeniertes Abenteuerdrama, das die klassischen Genre-Dramaturgien des Western und des Gangsterfilms mit einer nahezu psychedelischen Ästhetik bebildert.

Die Extras umfassen u. a. einen Audiokommentar mit Regisseur Roland Klick und Filmkritiker Ulrich von Berg, ein Interview mit dem Regisseur (8 Min.), ein Kurzporträt des Regisseurs (13 Min.) sowie die Dokumenta-

tion zum Film «Die Chance» (46 Min.). Die DVD-Neuauflage enthält zudem den Soundtrack der Rockformation Can (3 Tracks, 9 Min.).
Das Digipak (4K UHD plus BD) enthält nicht den Soundtrack, dafür zudem aber ein weiteres erhellendes Interview mit dem Regisseur sowie ein 24-seitiges Booklet mit Texten zum Film. Das Digipak (4K UHD plus BD) ist mit dem Silberling 2021 ausgezeichnet.
BR Deutschland 1970 **KI** Cinerama **VI** 451 Video **DVD** Filmgalerie 451 (1.66:1, Mono dt./engl.) **Neuauflage:** Filmgalerie 451 (16:9, 1.78:1, Mono dt./engl.) **BD** Subkultur Entertainment/Filmgalerie 451 (16:9, 1.66:1, dts-HDMA Mono dt./engl.) **R+B** Roland Klick **K** Robert van Ackeren **M** Can **S** Jane Sperr **D** Mario Adorf (Charles Dump), Anthony Dawson (Sunshine), Marquard Bohm (Kid), Mascha Elm Rabben (Jessi), Sigurd Fitzek (Enzo) **L** 94 **FSK** Kino ab 18; f/ DVD & BD: ab 16 **E** 15.10.1970 / 18.3.1997 Video / 26.9.2005 DVD / 6.3.2009 DVD (Neuauflage, «Red Line Edition») / 23.4.2021 4K UHD (plus BD)

DONNIE DARKO
DONNIE DARKO

Ein halluziniertes Riesenkaninchen rät einem verträumten Schüler, das Schlafzimmer zu verlassen. Als daraufhin eine Flugzeugturbine in sein Zimmer einschlägt, ist er auch anderen Einflüsterungen nicht mehr abgeneigt. Er weiß, dass die Erde in 28 Tagen untergehen wird und setzt alles daran, dies zu verhindern. Mit einem leidgeprüften gleichaltrigen Mädchen träumt er von einer Zeitreise, um in der Vergangenheit Dinge ungeschehen zu machen. Fantasy-Tragikomödie mit Anleihen bei MEIN FREUND HARVEY, die unaufdringlich Fragen nach der Unausweichlichkeit des Schicksals und der Existenz Gottes stellt. Der tiefschürfende Film macht das Lebensgefühl Jugendlicher ohne eindimensionale Lebensdeutungen erfahrbar. – **Sehenswert ab 16.**

Während die Leih-DVD keine nennenswerten Extras aufweist, findet sich auf den Kauf-DVDs eine Fülle von Bonusmaterialien. Die Einzel-DVD enthält u. a. einen Audiokommentar des Regisseurs und des Darstellers Jake Gyllenhaal, einen Audiokommentar des Regisseurs, der Produzenten Sean McKittrick und Nancy Juvonen sowie der Darsteller Drew Barrymore, Jena Malone, Mary McDonnell, Holmes Osborne, Katharine Ross, Beth Grant und James Duval.
Die umfangreiche, originell konzipierte Special Edition (2 DVDs) enthält zudem ein Feature mit 20 nicht verwendeten Szenen (35 Min.), eine isolierte Soundtrackspur sowie einige Features zu Teilaspekten des Films. Ausgezeichnet mit dem Silberling 2003 der Filmzeitschrift *film-dienst*.
Bei dem 2005 auf DVD erschienenen «Director's Cut» handelt es sich um die stimmigere Festivalfassung des Films. Das Bonusmaterial enthält hier nicht mehr die geschnittenen Szenen. Auch der Audiokommentar ist neu und diesmal von den Regisseuren Richard Kelly und Kevin Smith gesprochen. Zudem enthält die Bonus-DVD in ausführliches «Making of» (53 Min.), vier Storyboard/Film-Vergleiche (8 Min.), die Filmmusik als Tonspur (16 Tracks, 30 Min.) sowie ein 16-seitiges Booklet zum Film. Das 2-Disk-Set der Blu-ray (2010) enthält ebenfalls dieses Bonusmaterial. Beide Editionen sind mit dem Silberling 2005 respektive 2010 ausgezeichnet.
Die 2021 erschienenen BD- und 4K UHD-Editionen (StudioCanal) des Films enthalten den Film jeweils in der Kinofassung und dem Director's Cut. An Bonusmaterial sind u. a. enthalten: Die beiden Audiokommentare mit Richard Kelly und Kevin Smith sowie Cast & Crew (siehe oben), den Kurzfilm THE GOODBYE PLACE (9 Min.), die 20 nicht verwendeten Szenen (35 Min.), kommentierte Produktionstagebücher (52 Min.), Storyboard/Film-Vergleiche (8 Min.) sowie die brillante «Making of»-Dokumentation «Deus Ex Machina – Die Philosophie von DONNIE DARKO» (86 Min.). Die ebenfalls erhältliche Limited Collector's Edition (mit den 2 BDs und den 2 4K UHDs) enthält im stabilen Pappschuber zudem u. a. noch ein 40-seitiges Booklet mit analytischen Texten zum Film. Die BD- und 4K-Editionen sind mit dem Silberling 2021 ausgezeichnet.
Scope. USA 2000 **KI** Fox/StudioCanal (WA) **VI** MC One **DVD** McOne (16:9, 2.35:1, DD5.1 engl./dt., DTS dt.), StudioCanal (16:9, 2.35:1, DD5.1 engl./dt.) **BD** McOne/ Ascot Elite & StudioCanal (16:9, 2.35:1, dts-HDMA engl./dt.) **R+B** Richard Kelly **K** Steven B. Poster **M** Michael Andrews **S** Sam Bauer, Eric Strand **Sb** Alexander Hammond (= Alec Hammond) **Kb** April Ferry **D** Jake Gyllenhaal (Donnie Darko), Holmes Osborne (Eddie Darko), Maggie Gyllenhaal (Elizabeth Darko), Mary McDonnell (Rose Darko), Drew Barrymore (Karen Pomeroy) **L** Kinofassung DVD: 108 (= BD: 113) / Director's Cut DVD: 128 **FSK** ab 16 **E** 18.11.2003 Video & DVD / 18.12.2003 Kino / 6.10.2005 DVD (Director's Cut) / 19.11.2009 arte / 16.11.2010 BD (2 Disk) / 1.8.2012 BD (1 Disk) / 21.9.2021(WA, Kino) / 23.9.2021 DVD & BD & 4K UHD (StudioCanal)

FALSCHES SPIEL MIT ROGER RABBIT
WHO FRAMED ROGER RABBIT?

Eine parodistische Kriminalgeschichte, in der Zeichentrickfiguren, die sogar eine eigene Stadt haben, und Menschen mit- und gegeneinander agieren. Ein Detektiv muss eine komplizierte Intrige um ein Zeichentrickkaninchen entwirren und dazu ein bisschen so werden wie die Trickfiguren. Der Film fasziniert durch atemberaubend perfekte Technik und aufwendige, zum Teil so noch nie gesehene Effekte in der Kombination von Real- und Zeichentrickfilm; Witz und Biss, die viele der zitierten klassischen Trickfiguren auszeichneten, sowie die Originalität der Story bleiben dabei allerdings weit zurück. Für Kinder gelegentlich zu überdreht. – **Ab 12 möglich.**

Die Extras enthalten u. a. ein kommentiertes Feature mit einer im

Film nicht verwendeten Szene (6 Min.) sowie die drei Kurzfilme ROGER IN NÖTEN (8 Min.), ROGER IM RAUSCH DER RASEREI (8 Min.) und ROGER AUF ABWEGEN (9 Min.).
Die Extras der BD umfassen zudem u. a. einen Audiokommentar mit Regisseur Robert Zemeckis, Produzent Frank Marshall, Produzent Steve Starkey, Visual Effects Supervisor Ken Ralston und den Co-Autoren Jeffrey Price und Peter S. Seaman sowie das sehenswerte «Making of»-Feature «Hinter den Ohren» (37 Min.). Die 4K UHD (plus BD) ist mit dem Silberling 2021 ausgezeichnet.
USA 1988 **KI** Warner Bros. **DVD** Buena Vista (16:9, 1.85:1, DD5.1 engl./dt.) **BD** Touchstone (16:9, 1.85:1, dts-HDMA engl., DD5.1 dt.), 4K: Walt Disney (16:9, 1.85:1, dolby_Atmos, dts dt.) **R** Robert Zemeckis, Richard Williams (Zeichentrick-Regie) **B** Jeffrey Price, Peter S. Seaman **K** Dean Cundey **Vo** Gary K. Wolf (Roman) **M** Alan Silvestri **S** Arthur Schmidt **D** Bob Hoskins (Eddie Valiant), Christopher Lloyd (Judge Doom), Joanna Cassidy (Dolores), Stubby Kaye (Marvin Acme), Alan Tilvern (R. K. Maroon) **L** 103 **FSK** ab 12; f E 27.10.1988 / 1.2.1992 premiere / 20.3.2003 DVD / 2.5. 2013 BD / 2.12.2021 4K UHD (plus BD)

HAPPY TOGETHER
HAPPY TOGETHER
Das Zustandsprotokoll einer zu einseitigem Begehren verkommenen ehemaligen Beziehung zweier von Hongkong nach Buenos Aires ausgewanderter Männer. Ein bildstarker, thematisch wie formal gleichermaßen ausgereifter Film, der sich zu einem überzeitlichen Essay über Einsamkeit und Zurückweisung, aber auch über das Glück der Liebe verdichtet. – **Sehenswert.**

Die Extras des Digipaks im Schuber (4K UHD, BD plus DVD) umfassen ein 12-seitiges Booklet mit einem Kurztext zum Film sowie den «Making of»-Essaydokumentarfilm «Buenos Aires Zero Degree» (1999, 62 Min.), in dem die Genese des ohne Drehbuch entstandenen Films anhand von «deleted scenes» (der erste Cut des Films war über drei Stunden lang) sowie Interviews mit den Beteiligten aufgezeigt wird. Die Digipak-Edition ist mit dem Silberling 2021 ausgezeichnet.
Teils schwarz-weiß. Hongkong 1997 **KI** Pandora **VI** Arthaus **DVD** Kinowelt/Arthaus (16:9, 1.66, DD2.0 kanton. & span./dt.), Koch (16:9, 1.66, DD5.1 kanton. & span., DD2.0 dt.) **BD** Koch (16:9, 1.66, dts-HDMA kanton. & span., DD2.0 dt.) **R+B** Wong Kar-wai **K** Christopher Doyle **M** Danny Chung **S** William Chang Suk-Ping, Wong Ming-lam **D** Leslie Cheung (Ho Powing), Tony Leung (= Tony Leung Chiu-wai), Chang Chen (Chang) **L** 93 **FSK** ab 12; f E 18.9.1997 / 16.3.1998 Video / 22.2.2005 DVD / 25.11.2021 4K UHD (plus BD & DVD)

IN THE MOOD FOR LOVE
IN THE MOOD FOR LOVE
Anfang der 60er-Jahre lernt ein Journalist in einem Mietshaus in Hongkong seine Nachbarin kennen und teilt mit ihr bald die traurige Gewissheit, dass ihre jeweiligen Ehepartner miteinander ein Verhältnis haben. Als er sich in die Frau verliebt, seine Liebe aber unerwidert bleibt, verlässt er das Haus. Ein faszinierender, dramaturgisch wie kameraästhetisch formvollendeter Film, der über die Unmöglichkeit einer Rückkehr in persönliche wie kollektive Erinnerungen an die frühen 1960er-Jahre trauert und ein höchst differenziertes Bild seelischer Befindlichkeiten zeichnet. – **Sehenswert ab 16.**

Die originell konzipierte Special Edition (Universal, 2 DVDs) enthält neben mehreren informativen Kurzfeatures über spezielle Aspekte des Films ein aufschlussreiches Feature, mit dem es interaktiv möglich ist, die ausgeklügelte Musikdramaturgie des Films nachzuvollziehen. Des Weiteren ist enthalten: ein Interview mit Wong Kar-Wai («Apartment der Chow», 22 Min.), ein Mini-»Making of» («Apartment der Chan», 18 Min.) sowie ein kommentiertes Feature mit drei unveröffentlichten Szenen und einem alternativen Ende («Zimmer 2046», 33 Min.).
Die Edition der *Süddeutschen Zeitung* (DVD, SZ Cinemathek) enthält keine bemerkenswerten Extras.
Die Neuauflage (DVD, Prokino) unter dem Titel ALLES LIEBE – IN THE MOOD FOR LOVE ist weniger interaktiv, enthält aber weitestgehend das Bonusmaterial der Universal DVD, indes komprimierter zusammen mit dem Film auf einer Disk.
Das wertig aufgemachte Digipak (4K UHD, BD plus DVD) enthält den brillant restaurierten Film und umfasst neben ausgewählten Extras der alten DVD-Special-Edition vor allem eine interessante Pressekonferenz vom Filmfestival Toronto (39 Min.) und das «Making of»-Feature «@IN THE MOOD FOR LOVE» (51 Min.) sowie ein 12-seitiges Booklet mit einem Kurztext zum Film. Das Digipak ist mit dem Silberling 2021 ausgezeichnet.
Hongkong 2000 **KI** Koch Films (WA); früher: Prokino **VI** Universal **DVD** Universal & SZ Cinemathek & Prokino/Universum & Koch (16:9, 1.85:1, DD5.1 kant./dt.) **BD** Koch (16:9, 1.85:1, dts-HDMA kant./dt.) **R+B** Wong Kar-wai **K** Christopher Doyle, Mark Li Ping Bing (= Lee Ping-bin) **M** Michael Galasso, Umebayashi Shigeru **S** William Chang Suk-Ping **D** Maggie Cheung (Lizehn), Tony Leung (= Tony Leung Chiu-wai)

(Chow Mo-wan), Rebecca Pan (Mrs. Suen), Lai Chen (Mr. Ho), Siu Ping-lam (Ah-Ping) **L** 98 **FSK** ab 6; f **E** 30.11.2000 / 23.8.2001 Video & DVD / 20.1.2007 DVD (SZ Cinemathek) / 27.2.2015 (DVD, Prokino) / 1.7.2021 Kino (restaurierte Fassung) / 25.11.2021 4K UHD (plus BD & DVD)

Krieg und Frieden
Wojna i Mir

Monumentale Verfilmung des gleichnamigen Romans von Leo Tolstoi. Das als russisches «Nationalepos in Prosa» konzipierte Werk schildert die politisch-gesellschaftlichen Umbrüche während der Napoleonischen Kriege zwischen 1805 und 1820 anhand einer Dreiecksgeschichte. Im Mittelpunkt steht der Lebensweg zweier Jugendfreunde, die durch ihre Liebe zu einer jungen Frau über die Jahre hinweg verbunden bleiben. Eigentliches Thema ist jedoch die Schlacht von Borodino (1812), die als große Todesoper inszeniert ist. Der Film folgt der epischen Erzähltechnik der Vorlage nahezu wortgetreu und liefert ein detailreiches Pendant zur Materialfülle des Romans. Er beeindruckt durch Plastizität in der Schilderung von Milieu und Zeitkolorit, scheitert jedoch in der dramaturgischen Beherrschung des Stoffs. Massenszenen und Schlachtenpanoramen sind von faszinierender Kraft und Eindringlichkeit, die Einbindung der privaten Schicksale in die Handlung bleibt dagegen beliebig und wenig glaubhaft. – **Ab 14**.

Die in Bild- und Tonqualität überzeugende vierteilige Fassung des Films ist bei «Bildstörung» in referenzwürdiger Edition erschienen, die sich auf das Master der bereits in den USA erhältlichen Criterion Collection stützt. Das brillante Bonusmaterial vereint u. a. eine russische «Making of»-Dokumentation (1969, 30 Min.), die deutsche vom WDR produzierte «Making of»-Dokumentation Woina i Mir (1966, 47 Min., s/w), ein Doku-Portrait über Sergei Bondartschuk (Russland 2010, 104 Min.), ein Interview mit Kameramann Anatoli Petrizki (25 Min.) und Darsteller Wassili Lanowoi (9 Min.) sowie Kurzportraits über Sergei Bondartschuk (14 Min.) und Lew Tolstoi (22 Min.). Die Edition wird durch ein 24-seitiges Booklet mit analytischen Texten zum Film abgerundet. Die filmhistorisch bemerkenswerte Edition ist mit dem Silberling 2021 ausgezeichnet.

Scope. UdSSR 1965–67 **KI** Constantin/Progress **DVD** Icestorm (16:9, 1.78:1, DD2.0 dt.) RUS.CI.CO (16:9, 2.30:1, DD5.1 russ.) Bildstörung (16:9, 2.35:1, DD5.1 russ. & dt.) **BD** Bildstörung (16:9, 2.35:1, dts-HD-MA russ. & dt.) **R** Sergei Bondartschuk **B** Sergei Bondartschuk, Wassili Solowjow **K** Anatoli Petrizki **Vo** Leo Tolstoi (Roman) **M** Wjatscheslaw Owtschinnikow **S** Tatjana Lichatschowa **D** Ljudmila Saweljewa (Natascha Rostowa), Sergei Bondartschuk (Pierre Besuchow), Wjatscheslaw Tichonow (Andrej Bolkonski), Oleg Tabakow (Nikolai Rostow), Wladislaw Strsheltschik (Feldherr Napoleon Bonaparte) **L** Kino Originalfassung: 459 (135, 97, 105 & 122) / Kino Deutschland 1967/68: 337 (165, 95, 77) / DVD: 405 (142, 93, 78, 92) **FSK** ab 12; f **E** 1967 Kino / 1968 Kino DDR / Mai 1971 DFF2 / 16.8.2006 DVD (Icestorm) / 22.10.2010 DVD (RUS.CI.CO) / 18.1.2021 Kino (WA) / 26.11.2021 DVD & BD (Bildstörung)

Lady Vengeance
Chin-Jeol-Han Geum-Ja-Ssi

Eine Frau Anfang 30 wird nach 13 Jahren aus dem Gefängnis entlassen, sinnt auf Rache und ist zugleich von tiefen Schuldgefühlen zerrissen. Ausgelöst werden ihre widerstrebenden Gefühle von einem Kindermörder, der sie einst zwang, einen Mord zu gestehen, den sie nicht beging, und von dem sie weiß, dass er noch mehr Kinder auf dem Gewissen hat. Als sie seiner habhaft wird, überantwortet sie ihn den leidgeprüften Eltern der Ermordeten. Der (nach Sympathy For Mr. Vengeance und Oldboy) poetische Abschluss der Rache-Trilogie von Regisseur Park Chan-Wook als visuell vielfach gebrochene ethische Meditation über das Wesen der Rache. Ein überwältigender Film, dessen Stilwille und Schönheit in Bann schlagen. – **Sehenswert ab 16**.

Die Standardausgabe hat keine erwähnenswerten Extras. Die Special Edition (2 DVDs) enthält u. a. interessante Featurettes zu den Charakteren (26 Min.) sowie der visuellen Ausarbeitung des Films (37 Min.). Des Weiteren befindet sich im Bonusmaterial ein Feature mit im Film so nicht verwendeten Szenen (14 Min.). Ebenfalls erhältlich ist eine «Limited Deluxe Edition» (3 DVDs), die zu dem erwähnten Material noch eine DVD mit der «Director's Version» des Films enthält. Diese Version ist bei gleicher Lauflänge, im Gegensatz zur Kinofassung, durchsetzt mit S/W-Sequenzen. Die «Limited Deluxe Edition» ist mit dem Silberling 2007 ausgezeichnet.

Die BD Standardausgaben enthalten keine erwähnenswerten Extras.

Das Mediabook enthält die Kinoversion auf 4K UHD und BD sowie die bereits oben erwähnte sog. «Fade to Black and White»-Version des Films auf BD.

Die Extras umfassen jene der DVD-SpecialEdition sowie zwei Audiokommentare mit (1) Regisseur Park Chan-wook und Lee Yeong-ae und (2) Regisseur Park Chan-wook, Kameramann Chung Chung-hoon und Art Director Jo Hwa-seong. Das 4K-UHD-(plus BD-)Mediabook ist mit dem Silberling 2021 ausgezeichnet.

Scope. Südkorea 2005 **KI** 3L Filmverleih **DVD** e-m-s (16:9, 2.35:1, DD5.1 kor. & engl. & jap./dt., dts dt.) **BD** e-m-s & 3L & Capelight (16:9, 2.35:1, dts-HDMA kor. & engl. & jap./dt.) **R** Chan-Wook Park **B** Chung Seo-kyung, Chan-Wook Park **K** Chung Chung-hoon **M** Cho Young-wuk **S** Kim Sang-bum, Kim Jae-bum **D** Lee Young-ae (Lee Geum-ja), Choi Min-sik (Lehrer Baek), Kwon Yea-young, Kim Si-hu, Nam Il-woo **L** 115 **FSK** ab 16; f **E** 11.1.2007 / 2.4.2007 DVD / 7.6.2007 DVD (Special Editions) / 8.5.2008 BD /

14.1.2009 ARD / 17.12.2012 BD (Neuauflage) / 13.8.2021 Mediabook (4K UHD plus BD, Capelight)

DER LIEBHABER
L' AMANT / THE LOVER

Ende der 1920er-Jahre begegnet ein knapp 16-jähriges Mädchen aus Europa in Saigon einem eleganten Chinesen und beginnt mit ihm eine geheime Liebesbeziehung, die am Tag seiner Heirat mit einer wohlhabenden Chinesin endet. Hinter der außergewöhnlichen Fotografie von hohem ästhetischem Reiz offenbart sich eine enttäuschend konventionelle Liebesgeschichte um «exotische» Gefühle, die sich mehrmals nahe an der Grenze zur Groschenromanze bewegt. – **Ab 16 möglich.**

🎬 Die Extras der BD umfassen u. a. ein ausführliches «Making of» (53 Min.).

Das wertige Mediabook enthält zudem ein Interview mit der Romanautorin Marguerite Duras und dem Regisseur Jean-Jacques Annaud (13 Min.), ein Feature mit im Film nicht verwendeten Szenen (9 Min.) sowie ein 24-seitiges Booklet mit analytischen Texten zum Film. Das Mediabook ist mit dem Silberling 2021 ausgezeichnet.
Frankreich/Großbritannien 1991 **KI** Tobis **VI** Warner Home **DVD** Universum (16:9, 1.85:1, DD2.0 engl./dt.) **BD** Universum/Tobis (16:9, 1.85:1, dts-HDMA2.0 engl./dt.), 4K: Capelight (16:9, 1.85:1, dts-HDMA engl., PCM2.0 dt.) **R** Jean-Jacques Annaud **B** Gérard Brach, Jean-Jacques Annaud **K** Robert Fraisse **Vo** Marguerite Duras (Roman) **M** Gabriel Yared **S** Noëlle Boisson **D** Jane March (das junge Mädchen), Tony Leung Ka Fai (der Chinese), Frédérique Meininger

(die Mutter), Arnaud Giovaninetti (der ältere Bruder), Melvil Poupaud (der jüngere Bruder) **L** 110 **FSK** ab 12; f **E** 26.3.1992 / 23.10.1992 Video / 25.7.1994 ZDF / 6.9.2004 DVD / 28.10.2011 BD / 3.12.2021 Mediabook (4K UHD & BD)

LORD OF WAR – HÄNDLER DES TODES
LORD OF WAR

Ein Waffenhändler steigt nach dem Fall des Eisernen Vorhangs aus bescheidenen Anfängen zum Multimillionär auf und kann seinen Profit durch Lieferungen an einen liberianischen Diktator mehren, der sein Volk in einem langjährigen Bürgerkrieg abschlachten lässt. Der aus der Perspektive des «Täters» erzählte Film spiegelt zwar den Zynismus der Branche, lotet sein Thema jedoch nicht aus, sondern erschöpft sich in inszenatorischen Grobschlächtigkeiten. Dadurch verpufft die politische Abrechnung zugunsten eines reinen Actionkinos.

🎬 Die Extras umfassen u. a. einen dt. untertitelbaren Audiokommentar des Regisseurs sowie im Feature mit sieben im Film nicht verwendeten Szenen (7 Min.).

Den BD-Editionen fehlt interessanterweise eine der sieben nicht verwendeten Szenen, in der auf den Waffenhandel in der UdSSR eingegangen wird. Das BD-Mediabook enthält neben kürzeren Featurettes zum Film auch ein 17-seitiges Booklet zum Film. Das 4K-UHD-Mediabook enthält ein 24-seitiges Booklet mit analytischen Texten zum Film sowie die beiden Featurettes «Ein lukratives Geschäft: Internationaler Waffenhandel» (15 Min.), «Die Spezialeffekte» (18 Min.) und längere Interviews mit Regisseur Andrew Nicol (19 Min.), Szenenbildner Jean-Vincent Puzos (9 Min.) und Kameramann Philippe Rousselet (11:50 Min.). Die eine bislang für die BD-Editionen gestrichene nicht verwendete Szene (siehe oben) ist jetzt wieder vorhanden. Die 4K-UHD-(plus BD-)Edition ist mit dem Silberling 2021 ausgezeichnet.
Scope. USA 2005 **KI** Twentieth Century Fox **DVD** Sony/MGM (16:9, 2.35:1, DD5.1 engl./dt.) **BD** Fox (16:9, 2.35:1, dts-HDMA engl., dts dt.), Mediabook: Filmconfect (16:9, 2.35:1, dts-HDMA engl./dt.), 4K Mediabook: Capelight (16:9, 2.35:1, dolby_Atmos engl., dts-HDMA dt.) **R+B** Andrew Niccol **K** Amir Mokri **M** Antonio Pinto **S** Zach Staenberg **D** Nicolas Cage (Juri Orlow), Ethan Hawke (Valentine), Bridget Moynahan (Ava Fontaine), Jared Leto (Vitali Orlow), Shake Toukhmanian (Irina Orlow) **L** 123 **FSK** ab 16; f **E** 16.2.2006 / 11.7.2006 DVD / 13.1.2009 SF 2/DRS /

8.3.2009 RTL / 4.3.2011 BD / 27.4.2018 Mediabook (BD) / 27.8.2021 Mediabook (4K UHD plus BD)

MULHOLLAND DRIVE
MULHOLLAND DRIVE

Ein Unfall auf einer kurvenreichen Landstraße, bei dem eine Frau ihr Gedächtnis verliert, dient als Aufhänger für eine Vielzahl scheinbar unabhängiger Begegnungen im Umfeld der Filmmetropole Hollywood. Ein hypnotisch-albtraumhaftes Traum- und Vexierspiel, das sich der linearen Nacherzählung verweigert, weil Personen ihre Identität wechseln und viele Handlungsstränge so ineinandergeschlungen sind, dass sie wie ein Endlosband funktionieren. Handwerklich perfekt, ideenreich und inszenatorisch bestechend, zerpflückt der Film lustvoll die Medienmythen der Gegenwart und lässt sie in Gestalt eines Horrorthrillers im kalten Entsetzen kumulieren. – **Sehenswert ab 18.**

🎬 Die Standardausgabe (DVD & BD) enthält keine erwähnenswerten Extras.

Die 2021 erschienene «20th Anniversary Collector's Edition» (4K UHD plus BD) verbirgt die Disks in einem aus Hartkarton wertig gestalteten Kästchen, in dem noch zwei Poster, fünf Artcards sowie ein 36-seitiges Booklet mit analytischen Texten zum Film enthalten sind. Der Film liegt hier in einer 4K-Restaurierung vor, die vor allem hochauflösend (4K UHD) perfekt gelungen ist. Die filmhistorisch interessanten Extras umfassen u. a. eine Einführung von Filmjournalist Thierry Jousse (11 Min.), längere Interviews mit Darstellerin Laura Harring (14 Min.), Schnittmeisterin Mary Sweeney (17 Min.) und Filmkomponist Angelo Badalametti

(17 Min.) sowie die Featurettes «Back to MULHOLLAND DR.» (24 Min.), «On the Road to MULHOLLAND DR.» (24 Min.) und «In the Blue Box» (29 Min.) über Genese und Rezeption des Films. Die «20th Anniversary Collector's Edition» ist mit dem Silberling 2021 ausgezeichnet.
USA/Frankreich 2001 KI Concorde VI EuroVideo DVD Concorde (16:9, 1.85:1, DD5.1 engl./dt., dts dt.) BD Concorde & StudioCanal (16:9, 1.85:1, dts-HDMA engl./dt.) R+B David Lynch K Peter Deming M Angelo Badalamenti S Mary Sweeney D Naomi Watts (Betty/Diane), Laura Elena Harring (Rita/Camilla), Justin Theroux (Adam Kesher), Robert Forster (Detective McKnight), Dan Hedaya (Vincenzo Castigliane) L 147 FSK ab 16; f E 3.1.2002 / 11.7.2002 Video & DVD / 5.5.2011 BD / 10.10.2019 BD (Box, David Lynch Complete Film Collection) / 9.12.2021 4K UHD (plus BD) / 1.2.2022 Kino (WA, restaurierte Fassung)

MY FAIR LADY
MY FAIR LADY

Aufwendige Verfilmung des klassischen Musicals nach der Shaw-Komödie *Pygmalion*: Ein Blumenmädchen von der Straße, reichlich mit Mutterwitz, vorlautem Mundwerk und gesundem Selbstbewusstsein ausgestattet, schafft durch die tyrannische Erziehung eines sarkastischen Sprachprofessors den gesellschaftlichen Aufstieg, ohne seine Würde zu verlieren und sich selbst untreu zu werden. Ein intellektueller Genuss, beispielhaft in der Geschichte des Genres: die hohe Stilisierung, dem Musical ohnehin eigen, wird witzig, gescheit und romantisch auf die Spitze getrieben. Erst in der untertitelten Originalversion, in restaurierter Fassung (erstmals 1994 im Fernsehen), offenbart sich der ganze Reiz des Films. – **Sehenswert ab 14.**

Die Editionen enthalten neben der rekonstruierten Fassung des Films u. a. einen Audiokommentar des Art Directors Gene Allen, des Restauratoren-Teams Robert Harris & James Katz und Marni Dixon, der Gesangsstimme von Audrey Hepburn. Des Weiteren sind zwei Szenen enthalten, in denen Eliza Doolittle mit der Originalstimme Hepburns die jeweiligen Lieder singt.
Die filmhistorisch interessante Special Edition (2 DVDs) und die Erstauflage der BD (2011) enthalten zudem die Dokumentation «Making of: ‹More Loverly Than Ever› – MY FAIR LADY damals und heute» (58 Min.), dafür ein mit Makeln versehenes Bild.
Die Neuauflage der BD (2016) enthält keine Extras, dafür aber ein referenzwürdig vom 65-mm-Master in 8K gescanntes und restauriertes Bild, das auf der 2021 erschienenen 4K UHD atemberaubend wirkt. Die 4K-UHD-(plus BD-)Edition vereint die perfekt restaurierten Film mit den oben genannten Extras und ist mit dem Silberling 2021 ausgezeichnet.
Scope. USA 1963 KI Warner DVD Warner (16:9, 2.35:1, DD5.1 engl., Mono dt.) Paramount: (16:9, 2.35:1, DD2.0 engl./dt.) BD Paramount (16:9, 2.35:1, dts-HDMA7.1 engl., DD2.0 dt.) **Neuauflage & 4K:** Paramount (16:9, 2.20:1, dts-HDMA7.1 engl., Mono dt.) R George Cukor B Alan Jay Lerner K Harry Stradling Vo Frederick Loewe (Musical), Alan Jay Lerner (Musical), George Bernard Shaw (Bühnenstück *Pygmalion*) M Frederick Loewe S William Ziegler D Audrey Hepburn (Eliza Doolittle), Rex Harrison (Henry Higgins), Stanley Holloway (Alfred P. Doolittle), Wilfrid Hyde-White (Colonel Pickering), Gladys Cooper (Mrs. Higgins) L 173 FSK ab 12; nf E 23.12.1964 / 8.10.1967 Kino DDR / 17.11.1979 DFF 1 / 27.12.1994 arte (O.m.d.U.) / 29.9.1999 DVD / 19.3.2004 DVD (Spec. Ed.) / 17.11.2011 DVD (Neuauflage, Paramount) / 18.11.2011 BD / 16.3.2016 BD (Neuauflage «Digital Restaurierte Edition») / 27.5.2021 4K UHD (plus BD)

RAN
RAN

Japan im 16. Jahrhundert: Ein alternder Fürst überträgt sein Reich dem ältesten seiner drei Söhne. Blind gegenüber der aufrichtigen Liebe seines jüngsten Sohnes und unfähig, die Verschlagenheit der beiden anderen zu sehen, kommt seine Einsicht zu spät: Ausgestoßen und geistig umnachtet, wandert er ziellos umher und muss erleben, wie die Söhne Reich und Erbe ins Chaos und Verderben apokalyptischer Schlachten stürzen. Akira Kurosawas Alterswerk ist inspiriert von William Shakespeares Tragödie *King Lear*, von den Traditionen Japans und von aktuellen Endzeitvisionen. Von gewaltiger Bildkraft und virtuoser Montage, ist der Film eine Parabel über das Verhängnis der Macht, über ethisches Verantwortungsbewusstsein und die Relativität der Wahrheit. – **Sehenswert ab 16.**

Entgegen der extralosen Standardausgabe (Einzel-DVDs) enthält die Doppel-DVD (Universal & Arthaus) Chris Markers mustergültige Dokumentation «AK» (71 Min.) über den Regisseur Akira Kurosawa. Diese 2-Disk-Editionen sind mit dem Silberling 2004 ausgezeichnet. Die «Arthaus Premium»-Edition (2 DVDs) sowie die «StudioCanal Collection» (BD) enthalten zudem die Dokumentation «Die Kampfkunst der Samurai» (41. Min.), «Akira Kurosawa: Epos und Innenleben» (42 Min.), «Die Samurai» (53 Min.), «Akira Kurosawa – Ein Porträt von Catherine Cadou» (14 Min.) sowie ein 20-seitiges Booklet zum Film. Diese Editionen sind mit dem Silberling 2009 respektive 2010 ausgezeichnet.
Die als «4K Digital Remastered» bezeichnete Neuauflage der BD (2 Disk) präsentiert den Film neu abgetastet, in bislang optimalster Form in 2K. Die Extras hier sind noch durch die Featurette «Auf der Bühne des Tokyo International Film Festival 2015» (15 Min.) sowie längeren Interviews mit Kameramann Shôji Ueda (11 Min.), der Darstellerin Mieko Harada (21 Min.) und Michael Brooke (16 Min.) ergänzt. Diese Edition ist mit dem Silberling 2016 ausgezeichnet.
Die 4K UHD präsentiert den Film in der bislang besten Bild- und Tonqualität und vereint die Extras der BD von 2016. Die 4K-UHD-(plus BD-)Edition ist mit dem Silberling 2021 ausgezeichnet.
Scope. Japan/Frankreich 1984/85 KI Neue Constantin VI Fox DVD Universal & Arthaus (16:9, 1.85:1, DD5.1 jap., DD2.0 dt.) BD Arthaus & StudioCanal (16:9, 1.85:1, dts-HDMA jap., dts-HDMA2.0

dt.) R Akira Kurosawa B Akira Kurosawa, Hideo Oguni, Masato Ide K Takao Saito Vo William Shakespeare (Bühnenstück *King Lear*) M Toru Takemitsu S Akira Kurosawa D Tatsuya Nakadai (Hidetora Ichimonji), Satoshi Terao (Tarotakatora Ichimonji), Jinpachi Nezu (Jiromasatora Ichimonji), Daisuke Ryū (Saburonaotora Ichimonji), Mieko Harada (Kaede) L 162 FSK ab 12; f E 10.4.1986 / 11.11.1991 ARD / 16.11.2004 DVD (Universal) / 18.11.2004 DVD (Special Edition, Universal) / 2.6.2005 DVD (Neuauflage, Universal) / 18.9.2009 BD (StudioCanal Collection) / 2.12.2010 DVD (Arthaus Premium) / 17.11.2011 BD (Arthaus) / 7.4.2016 BD (Studio Canal, 4K-Rest.) / 15.7.2021 4K UHD (plus BD)

Sohn der weissen Stute
Fehérlófia

Nach einer ungarischen Legende entwickelter Animationsfilmklassiker über ein mythisches Pferd, das gegen grausame Drachen antritt, die

die Welt unterjocht haben. Der an eine Prosadichtung von László Arany angelehnte Film nutzt den Sagenstoff für ein psychedelisches Fest der Animationskunst, das die Erzählung in einem pulsierenden, symbolgeladenen Fluss weiterspinnt, in dem sich alle Elemente verwandeln können, ohne dass es sich dabei auf eine bestimmte symbolische oder reale Lesart festlegen lässt. In der neu restaurierten 4k-Fassung erstrahlt der Farben- und Formenrausch des Animationsfilm-Meisterwerkes in eruptiver Ursprünglichkeit. – **Sehenswert ab 14.**

Die Extras der schön aufgemachten 2-Disk-Edition umfassen u. a. ein ausführliches Interview mit Marcell Jankovics (38 Min.), seine Kurzfilme Sisyphus (1974, 2 Min.) und Kampf (1977, 2 Min.) sowie das filmhistorisch bemerkenswerte Feature Pannónia Anno – Geschichte(n) eines Filmstudios (Ungarn 2012, R: Péter Szalay, 98 Min.). Die Edition wird abgerundet mit einem 18-seitigen Booklet mit einem analytischen Text von Jennifer Lynde Barker.
Die 2-Disk-Edition ist mit dem Silberling 2021 ausgezeichnet.
Ungarn 1981 KI Bildstörung/Drop-Out DVD Bildstörung (FF, Mono ungar.) BD Bildstörung (FF, PCM Mono ungar.) R Marcell Jankovics B László György, Marcell Jankovics K Zoltán Bacsó M István Vajda S Magda Hap, Mária Kern, Valéria Pauka, Judit Szarvas L 86 FSK ab 12 E 13.8.2020 / 7.5.2021 DVD & BD

Das süsse Leben
La Dolce Vita

Fellinis seinerzeit von manchen als «skandalös» und «pikant» empfundener Film nimmt mit seiner dreistündigen (vom deutschen Verleih nicht ganz werkgetreu synchronisierten) Episodenfolge in der Figur des Klatschreporters Marcello, seiner Begegnungen und Beziehungen, das sinnentleerte Leben und Treiben der römischen High-Society Ende der 1950er-Jahre aufs Korn. Die erklärte Absicht: das Böse bis zur Empfindung des Ekels bloßzulegen. Tatsächlich spürt der Film mit größter Sensibilität der Faszination des Bösen nach und beschwört es mit hoher, aber nicht immer gleichwertiger Stilkunst. Zu den zeitlos gültigen Momenten des Films gehört unter anderem die Schilderung der von zwei Kindern vorgetäuschten Marienerscheinung und des jahrmarktartigen Wunderrummels – ein Beleg für Fellinis

zugleich hellsichtig-kritischen wie liebevoll-mitleidigen Blick. (Titel der Wiederaufführung: La Dolce Vita) – **Sehenswert ab 16.**

Die BDs enthalten die 2010 restaurierte Fassung der Cineteca di Bologna in Zusammenarbeit mit L'Immagine Ritrovata, der ein 4K-Scan zugrunde lag.
Die BD-Neuauflage (StudioCanal) umfasst als Bonus eine BD mit dem Dokumentarfilm «The Truth about La Dolce Vita» über die Produktionsgeschichte von Federico Fellinis berühmtem Filmdrama (siehe auch dort, im lexikalischen Teil) sowie ein 32-seitiges Booklet mit analytischen Texten zum Film. Die BD-Neuauflage ist mit dem Silberling 2021 ausgezeichnet.
Scope, schwarz-weiß. Italien/Frankreich 1959 KI Gloria VI Universum DVD Universum/UFA (16:9, 2.35:1, Mono ital. & dt.) BD Universum & StudioCanal (16:9, 2.35:1, dts-HDMA Mono ital./dt.) R Federico Fellini B Federico Fellini, Tullio Pinelli, Ennio Flaiano, Brunello Rondi K Otello Martelli M Nino Rota S Leo Catozzo D Marcello Mastroianni (Marcello Rubini), Anita Ekberg (Sylvia), Anouk Aimée (Maddalena), Yvonne Furneaux (Emma), Alain Cuny (Steiner) L 177 FSK Kino: ab 18; nf/DVD & BD (Neuprüfung: ab 12); nf E 22.6.1960 / 17.1.1976 DFF 2 / 18.11.2002 DVD / 22.2.2013 BD (Universum) / 14.2.2019 BD (Federico Fellini Edition) / 29.7.2021 BD (Neuauflage, StudioCanal)

Sympathy for Mr. Vengeance
Boksuneun Naui Geot

Im ersten Teil seiner Rache-Trilogie entwirft der Koreaner Park Chan Woo ein zermürbendes Szenario: Ein taubstummer, elternloser Mann hat Mühe, sich und seine kranke Schwester zu ernähren, die ohne neue Niere nicht

Scope. Südkorea 2002 **DVD** I-On & 3L (16:9, 2.35:1, DD5.1 kor./dt.) **BD** 3L & Capelight(16:9, 2.35:1, dts-HDMA kor./dt.) **R** Chan-Wook Park **B** Lee Jae-sun, Lee Mu-yeong, Lee Yong-jong, Chan-Wook Park **K** Kim Byeong-il **S** Kim Sang-beom **D** Song Kang-ho (Park Dong-jin), Shin Ha-kyun (Ryu), Bae Du-na (Cha Yeong-mi), Lim Ji-eun (Ryus Schwester), Han Bo-bae (Yu-sun) **L** 121 **FSK** ab 16 **E** 11.4.2005 DVD / 31.10.2005 DVD (Special Edition) / 27.4.2027 DVD (Neuauflage) / 17.3.2011 DVD (3L) / 18.1.2012 BD (3L) / 13.8.2021 Mediabook (4K UHD plus BD, Capelight)

mehr lange leben wird. Da der Weg zu einer Spenderniere mühsam ist, lässt sich das Leid höchstens über den illegalen Organmarkt abkürzen. Doch die Händler spielen falsch, der Mann erwacht ohne Geld, Niere und die Hoffnung auf Rettung seiner Schwester. Das Unglücksszenario spitzt sich immer weiter zu, bis sich der Mann rächt. Angesichts der nicht enden wollenden Schicksalsschläge bleibt, trotz des eindrücklichen Spiels der Darsteller und des neorealistischen Inszenierungswillens des Regisseurs, ein berechnender Geschmack nach Kunstgewerbe, den man bei OLDBOY, dem zweiten Teil der «Trilogie», nicht mehr spürt. Möglicherweise ist SYMPATHY FOR MR. VENGEANCE nur eine Fingerübung auf dem Weg zum Opus magnum: dem Abschluss der Trilogie mit SYMPATHY FOR LADY VENGEANCE (2005).

🎬 Die Standardausgaben (Einzel-DVDs & BD) enthalten keine erwähnenswerten Extras. Die Special Edition (2 DVDs) enthält eine Reihe von interessanten Kurzdokumentationen zur Musik, zu Storyboards und zu den Darstellern.

Das Mediabook vereint die Extras der Special Edition mit einem 4K-Transfer des Films. Die Extras umfassen hier u. a. einen Audiokommentar mit Regisseur Park Chan-wook und Darsteller und Regiekollege Ryoo Seung-wan, die beiden Features «Park Chan-wook und die Filmcrew» (33 Min.) und «Ein Gespräch mit Park Chan-wook» (16 Min.) sowie ein 24-seitiges Booklet zum Film mit dem Essay «Die Rache des Künstlers – Die Empathie von SYMPATHY FOR MR. VENGEANCE» von Lucas Barwenczik. Das Mediabook ist mit dem Silberling 2021 ausgezeichnet.

THE MORTUARY – JEDER TOD HAT EINE GESCHICHTE
THE MORTUARY COLLECTION
Horror-Episodenfilm über ein Leichenschauhaus, in dem der Bestatter eine junge Bewerberin mit gruseligen Geschichten aus der Vergangenheit beeindrucken will. Dabei geht es etwa um einen Oktopus im Badschrank, einen Aufreißer, der mit seinen eigenen Waffen geschlagen wird, sowie um die Bewerberin selbst. Gelungen sind die temporeich und mit sarkastischem Unterton inszenierten Episoden im nostalgischen Retro-Look vor allem dann, wenn sie mit absurden Übertreibungen die Grenzen zwischen Grauen und Komik verwischen. Die bemühte Originalität, mit der versucht wird, die Konventionen des Genres auszustellen, wirkt dagegen ziemlich penetrant.

🎬 Die Extras umfassen u. a. einen Audiokommentar des Regisseurs sowie ein erhellendes 14-teiliges «Making of» (113 Min.) sowie ein vom Regisseur kommentiertes Feature mit im Film nicht verwendeten Szenen (6 Min.). Das werti-

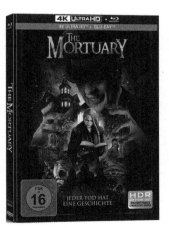

ge Mediabook enthält zudem ein 24-seitiges Booklet mit Analysen und Interviews zum Film. Das Mediabook ist mit dem Silberling 2021 ausgezeichnet.

Scope. USA 2019 **KI** Capelight **DVD** Capelight (16:9, 2.35:1, DD5.1 engl./dt.) **BD** Capelight (16:9, 2.35:1, dts-HDMA engl./dt.) **R+B** Ryan Spindell **K** Elie Smolkin, Caleb Heymann **M** Mondo Boys **S** Eric Ekman, Joseph Shahood **D** Clancy Brown (Montgomery Dark), Caitlin Custer (Sam), Christine Kilmer (Emma), Jacob Elordi (Jake), Ema Horvath (Sandra) **L** 108 **FSK** ab 16; f **E** 22.10.2020 / 26.2.2021 DVD & BD & Mediabook (4K UHD plus BD)

THE OUTSIDERS
THE OUTSIDERS
Eine Geschichte um Freundschaft und Schuldverstrickung im Rivalitätskampf zweier Jugendbanden aus unterschiedlichen sozialen Schichten in der amerikanischen Provinz der 1960er-Jahre. Unverkennbar an den James-Dean-Mythos anknüpfend, beschwört der Film die Erinnerung an Vergangenes, wobei Coppola ebenso routiniert wie virtuos lyrische Szenen entwirft, die gelegentlich bewusst die Nähe zu nostalgischem Kitsch suchen. Dabei entsteht eine ungewöhnliche Atmosphäre von großer Intensität und Dichte, die zu einer distanzierenden Haltung zwingt und für eine reflektierende, die Gegensätze überwindende Vernunft plädiert. – **Ab 14.**

🎬 Die Veröffentlichungen enthalten den Film im signifikant veränderten «Director's Cut». Neben der Einführung des Regisseurs in diese spezielle Fassung beinhalten die Extras u. a. einen dt. untertitelbaren Audiokommentar der Darsteller Matt Dillon, C. Thomas Howell, Diane Lane, Rob Lowe, Ralph Macchio und Patrick Swayze sowie einen zweiten Audiokommentar mit dem Regisseur. Zudem enthalten sind ein Feature mit sechs im Film nicht verwendeten Szenen (12 Min.) sowie die Kurzfeatures «Staying Gold: Ein Blick zurück auf THE OUTSIDERS» (26 Min.) und «Die Besetzung von THE OUTSIDERS» (14 Min.). Die aufwändig produzierte, mit achtseitigem Booklet versehene Edition (DVD oder BD) ist mit dem Silberling 2011 ausgezeichnet.

2021 ist die «Limited Collector's Edition: THE OUTSIDERS – The Complete Novel» im Schuber erschienen. Sie enthält nun den «Director's Cut» als 4K UHD sowie erstmals auch wieder die alte Kinofassung, leider allerdings mit dt. Neusynchronisation gemäß der DC-Fassung. Das

Bonusmaterial enthält zusätzlich zu den oben genannten Features ein längeres Interview mit Kameramann Stephen Burum (13 Min.) ein neueres Interview mit dem Regisseur über die Schlüsselszenen des Films (8 Min.) sowie eine Featurette über die Restaurierungsarbeiten am Film (19 Min.). Die Edition wird ergänzt durch ein brillantes 64-seitiges Booklet mit Infos, Bildern und Storyboards zum Film. Diese Collector's Edition ist mit dem Silberling 2021 ausgezeichnet.
Scope. USA 1982 **KI** Neue Constantin **DVD** StudioCanal (16:9, 2.35:1, DD5.1 engl., Mono dt.) **BD** StudioCanal (16:9, 2.35:1, dts-HDMA engl., dts-HDMA Mono dt.) **R** Francis Ford Coppola **B** Kathleen K. Rowell (= Kathleen Rowell) **K** Stephen H. Burum **Vo** S. E. Hinton (Roman) **M** Carmine Coppola **S** Anne Goursaud **Sb** Dean Tavoularis **Kb** Marjorie Bowers, Maureen Hogan **D** C. Thomas Howell (Ponyboy Curtis), Ralph Macchio (Johnny Cade), Matt Dillon (Dallas Winston), Patrick Swayze (Darrel Curtis), Rob Lowe (Sodapop Curtis) **L** Kino: 90 / DVD: 110 (= BD: 114) **FSK** ab 12; f **E** 16.6.1983 / 3.11.2011 DVD & BD / 2.9.2012 BD (Neuauflage) / 2.11.2021 Kino (restauriert, WA der Kinofassung) / 11.11.2021 DVD & BD & 4K UHD (restauriert)

Das Tier
The Howling

Nach dem Zusammentreffen mit einem Triebtäter erleidet eine Fernseh-Reporterin einen Nervenzusammenbruch und kommt in ein Therapie-Zentrum, das sich als Sammelplatz von Menschen entpuppt, die sich unter dem Einfluss ihrer dunklen Triebe in reißende Bestien verwandeln. Ein suggestiver Horrorfilm, angesiedelt zwischen *Rotkäppchen und der Wolf* und klassischen Werwolf-Filmen, zu denen er in zahlreichen Anspielungen ironisch Stellung bezieht; zugleich eine Satire auf die Macht der Massenmedien. Durch allzu aufgesetzte Psychologisierungen sowie die sich in ihrer tricktechnischen Perfektion oft selbstzweckhaft verselbstständigenden Effekte verschenkt der Film viel von seiner Wirkung. – **Ab 16 möglich.**

⊚ Die Extras der Special Edition (2 DVDs) umfassen u. a. die «Making of»-Dokumentation: «Welcome to Werewolfland (49 Min.) und das «Original Fake Porn Movie» (4 Min., nur in der Erstauflage der Edition), das im Film nur nebenher im Fernsehen läuft.
Die BD-Erstauflage (Kinowelt) enthält im Bonusmaterial lediglich die Featurette «Der Werwolf-Effekt» (27 Min.).
Die Extras der BD-Neuauflage (Studio-Canal, auch 4K UHD) umfasst hingegen wieder die Dokumentation der DVD-Special-Edition «Welcome to Werewolfland» (51 Min.) sowie die neue Featurette «Inside the Career of Joe Dante» (21 Min.) und ein Feature über im Film nicht verwendete (nur in der Langfassung wiederzufindende) Szenen (11 Min.). Die 4K-UHD-Edition enthält den bestmöglich restaurierten Film und zu den Extras der StudioCanal-BD noch ein 28-seitiges Booklet mit analytischen Texten zum Film. Die 4K-UHD-(plus BD-)Edition ist mit dem Silberling 2021 ausgezeichnet.
USA 1980 **KI** Neue Constantin **DVD** Best-BuyMovie (FF, DD2.0 dt.), Langfassung: Best Entertainment (1.66:1, DD2.0 engl./dt.), Kinowelt (16:9, 1.85:1, DD5.1 engl./dt.) **BD** Kinowelt (16:9, 1.85:1, dts-HDMA engl./dt.) **R** Joe Dante **B** John Sayles, Terence H. Winkless **K** John Hora **Vo** Gary Brandner (Roman) **M** Pino Donaggio **S** Mark Goldblatt **D** Dee Wallace (= Dee Wallace Stone) (Karen), Patrick MacNee (Dr. Waggner), Dennis Dugan (Chris), Christopher Stone (Bill), Belinda Balaski (Terry Fisher) **L** Kino: 91 (= DVD: 88) / Langfassung DVD: 100 **FSK** ab 16; f **E** 30.7.1981 / 10.5.1991 premiere / 20.3.2000 DVD / 15.3.2001 DVD (Neuauflage, Langfassung) / 23.3.2004 DVD (Special Edition, Kinowelt) / 15.4.2010 BD (Kinowelt) / 28.10.2021 (restaurierte Fassung) DVD & BD & 4K UHD digital (plus BD)

Der Tod eines Killers
The Killers

Zwei Killer, die im Auftrag einen Mann töten, gehen seiner Lebensgeschichte nach, um in den Besitz von einer Million Dollar zu gelangen. Packender Thriller, der sich auf Ernest Hemingways Kurzgeschichte *Die Killer* beruft, mit ihr aber weder stilistisch noch substanziell etwas gemein hat. Vielmehr entstand eine harte, schnell und äußerst spannend entwickelte, düstere Gangsterstory. Vor allem in der Konstellation der Personen sowie deren Handlungsdevise, nach der der Zweck alle Mittel heilige, ist der eindrucksvoll gespielte Film differenzierter, als der erste Blick vermuten lässt.

⊚ Die Extras des wertig aufgemachten Mediabooks umfassen u. a. ein aufschlussreiches Interview mit Regisseur Don Siegel (11 Min.), die Vollbild-Fernsehfassung (FF, Mono dt., 94 Min., nur auf BD), ein 20-seitiges Booklet mit einem analytischen Essay zum Film sowie als «Bonusfilm» auf einer Extra-BD die Erstverfilmung des Stoffes Die Killer (AT: Rächer der Unterwelt) von Robert Siodmak (USA 1946, 102 Min., FF, Mono engl./dt.). Das Mediabook ist mit dem Silberling 2021 ausgezeichnet.
USA 1964 **KI** Universal **DVD** New KSM (FF, Mono engl./dt.) **BD** Koch (16:9, 1.85:1, dts-HDMA Mono engl./dt.) **R** Don Siegel

Die Silberlinge 2021

B Gene L. Coon **K** Richard L. Rawlings **Vo** Ernest Hemingway (Motive einer Kurzgeschichte) **M** John Williams **S** Richard Belding **D** Lee Marvin (Charlie), Angie Dickinson (Sheila Farr), John Cassavetes (Johnny North), Clu Gulager (Lee), Ronald Reagan (Jack Browning) **L** 94 **FSK** ab 16; nf **E** 7.8.1964 / 18.9.2009 DVD / 18.2.2021 Mediabook (4K UHD plus BD)

UHRWERK ORANGE
A CLOCKWORK ORANGE

Der 15-jährige Anführer einer bizarren Jungenclique, die des Nachts mordend und vergewaltigend durch die öden Vororte einer englischen Metropole zieht, gerät in die Mühlen der Polizei und Justiz. Mit der Aussicht auf eine vorzeitige Entlassung unterwirft er sich einer neuartigen Intensiv-Therapie, die ihn von allen Sex- und Gewaltgelüsten heilt. Wieder in Freiheit, erfährt er das Paradoxe seiner «Besserung»: unfähig zur Gegenwehr, erleidet er die Rache seiner früheren Opfer. Bitterböse Filmfarce, die die Vergewaltigung und Mechanisierung des Individuums in einer bis zur Leblosigkeit bürokratisierten und technisierten Zivilisation mit grimmiger Konsequenz analysiert. Ein filmisch brillanter Diskurs über den hysterischen Hedonismus der Konsumkultur, über die perverse Ästhetik der Gewalt und über die Wirkungs- und Manipulationsmöglichkeiten visueller Medien. Die Standardausgabe hat keine erwähnenswerten Extras. Die filmhistorisch interessante Special Edition besticht u. a. durch den Audiokommentar

mit Malcolm McDowell und Nick Redman sowie die Channel-Four-Dokumentation «Still Tickin': Die Rückkehr von UHRWERK ORANGE» (43 Min.) und das Porträt «Oh, du glücklicher Malcolm» (Regie: Jan Harlan, 86 Min.) über den Hauptdarsteller. Die Special Edition ist mit dem Silberling 2007 ausgezeichnet. Die 2011 erschienene «Premium Collection» (2 BDs) enthält zudem den Dokumentarfilm «Stanley Kubrick: A Life in Pictures» (142 Min.) sowie die Featurettes «Große Bolshy Yarblockos!: Making of UHRWERK ORANGE» (28 Min.), «Wie ein Uhrwerk» (26 Min.) und «Ein Rückblick mit Malcolm McDowell» (11 Min.). Die «Titans of Cult»-Edition (4K UHD plus BD) vereint den Audiokommentar, die Dokumentation «Still Tickin': Die Rückkehr von UHRWERK ORANGE» und das Porträt «Oh, du glücklicher Malcolm» mit den Featurettes «Große Bolshy Yarblockos!: Making of UHRWERK ORANGE», «Wie ein Uhrwerk» und «Ein Rückblick mit Malcolm McDowell». Die «Titans of Cult»-Edition ist mit dem Silberling 2021 ausgezeichnet.
Großbritannien 1970/71 **KI** Warner-Columbia **VI** Warner Home **DVD** Warner (FF, DD5.1 engl./dt.), Special Edition: Warner (16:9, 1.66:1, DD5.1 engl./dt.) **BD** Warner (16:9, 1.66:1, PCM5.1 engl., DD5.1 dt.), 4K: Warner (16:9, 1.66:1, dts-HDMA engl., DD5.1 dt.) **R+B** Stanley Kubrick **K** John Alcott **Vo** Anthony Burgess (Roman) **M** Walter Carlos (= Wendy Carlos) **S** Bill Butler **D** Malcolm McDowell (Alex), Paul Farrell (Landstreicher), Patrick Magee (Mr. Alexander), Michael Bates (Chef-Wachmann), Warren Clarke (Dim) **L** 137 **FSK** ab 16; f **E** 23.3.1972 / 23.8.2001 Video & DVD / 7.12.2007 DVD & BD (Special Edition) / 20.5.2011 BD (Premium Edition) / 4.11.2021 Titans of Cult Steelbook (4K UHD plus BD)

WEITES LAND
THE BIG COUNTRY

Zwei Rancher und ihre Familien leben wegen einer Wasserstelle und des sich daraus ergebenden Streits um die Wasserrechte in unversöhnlicher Feindschaft. Erst ein Fremder, ein Gentleman aus Baltimore, der angereist ist, um die Tochter des einen Farmers zu heiraten, beendet den Streit: Er, der nicht an die Lösung des Konflikts mittels Gewalt glaubt, gerät deshalb zunächst in den Verdacht, ein Feigling zu sein, beweist aber im entscheidenden Augenblick das Gegenteil und erobert zugleich seine wahre Herzensdame. Ein episch breit entwickelter Western mit faszinierenden Landschaftsaufnahmen und hervorragenden Darstellern, der mit fast schon akademischer Virtuosität die Frage erörtert, ob Vernunft und Vertrauen nicht die besseren Mittel zur Konfliktlösung sind als Gewalt. Trotz einiger Längen bezieht der Film neben der genreüblichen äußeren Dramatik daraus auch ein hohes Maß an innerer Spannung. – **Sehenswert ab 14**.
Die Extras des Mediabooks umfassen u. a. einen Audiokommentar mit Filmhistoriker Sir Christopher Frayling, den Dokumentarfilm «Directed by William Wyler» (56 Min.), längere Interviews mit Cecilia, Carey & Tony Peck (12 Min.), Fraser C. Heston (11 Min.) und Catherine Wyler (12 Min.) sowie die Features «Burl Ives über WEITES LAND» (1985, 13 Min.) und über den Filmkomponisten Jerome Moross (49 Min., R: William H. Rosar). Das Mediabook ist mit dem Silberling 2021 ausgezeichnet.
Scope. USA 1958 **KI** United Artists **DVD** MGM (16:9, 2.35:1, Mono engl./dt.) **BD** Fox (16:9, 2.35:1, dts-HDMA Mono engl., Mono dt.), Koch (16:9, 2.35:1, dts-HDMA Mono engl./dt.) **R** William Wyler **B** James R. Webb, Robert Wilder, Sy Bartlett **K** Franz Planer **Vo** Donald Hamilton (Roman *Ambush at Blanco Canyon*) **M** Jerome Moross **S** Robert Belcher, John Faure, Robert Swink **D** Gregory Peck (James McKay), Jean Simmons (Julie Maragon), Carroll Baker (Patricia Terrill), Charlton Heston (Steve Leech), Burl Ives (Rufus Hannassey) **L** 166 **FSK** ab 12; f **E** 26.3.1959 / 19.12.1975 ARD / 1.3.2005 DVD / 10.6.2011 BD / 22.7.2021 Mediabook (BD plus DVD)

DER WÜSTENPLANET /
DUNE – DER WÜSTENPLANET
DUNE

Der Kampf um die Befreiung eines Planeten von seinen Unterdrückern endet dank einer «Erlöserfigur» siegreich. In einer optisch reichen, originellen und bizarren Bilderwelt angelegtes, vielschichtiges Science-Fiction-Märchen. Seine soziale, ökologische und religiöse Aussage verliert durch eine wirre Dramaturgie und die nicht immer konsequente Auflösung des literarischen Stoffes in Filmsprache an Tiefe und Sinnfälligkeit. Für Fantasy- und Science-Fiction-Freunde trotz einiger Längen von Interesse. – **Ab 14**.

Auf DVD ist neben der Kinofassung auch eine fürs Fernsehen (ohne Autorisierung des Regisseurs) entstandene, deutlich verlängerte und in der Dramaturgie umgestellte Fassung erhältlich. Als Regisseur erscheint hier das Synonym Alan Smithee. Sowohl zu der Kinoals auch zur verlängerten Fernsehfassung existieren diverse DVD-Editionen, wobei die «Spice-Pack-Box» (Marketeam) bislang die deutsche Referenz-Edition darstellt.

Kinofassung:
ASTRO/United Video (2.35:1, DD2.0 dt.) 131 Min. (uncut)
ASTRO/Laser Paradise (2.35:1, DD5.1 engl./dt.) cut 129 Min., VÖ: 1.6.2001
Marketing Film (16:9, 2.35:1, DD5.1 engl./dt.), uncut 131 Min., VÖ: 1.7.2003

Fernsehfassung:
ASTRO/Best Entertainment (FF, DD2.0 dt.), 181 Min.; die zusätzlichen Szenen sind deutsch untertitelt, während der Film ansonsten in der deutschen Synchronisation zur Verfügung steht. VÖ: 26.6.2001
Marketing Film (FF, DD5.1 engl./dt.), 177 Min., VÖ: 1.7.2003

Boxen:
Laser Paradise (3 DVDs): Kinofassung (16:9, 2.35:1, DD5.1 engl., DD6.1 dt.), restauriert, aber um zwei Szenen geschnitten (129 Min). Fernsehfassung (FF, DD2.0 engl.), 177 Min.; eine Bonus-DVD enthält umfangreiche Dokumentationen zum Film sowie in der Fernsehfassung nicht verwendete Szenen. VÖ: 28.8.2002 (Die Edition erschien bei Sunrise Entertainment als Doppel-DVD ohne Fernsehfassung.)
Marketing Film (Spice Pack, 2 DVDs): Filme identisch mit der «Perfect Collection», allerdings ohne weitere Extras. VÖ: 1.7.2003

Special Edition: Marketing Film (Perfect Collection, 3 DVDs & 1 CD), 16:9, 2.35:1, DD5.1 engl./dt., uncut (131 Min.), Fernsehfassung (FF, DD5.1 engl./dt.), 177 Min. Eine Bonus-DVD enthält eine Fülle von Text- und Bildmaterial zu Film und Regisseur, u. a. mit nicht verwendeten Szenen. Anbei gibt es den Original-Soundtrack von Toto auf CD. VÖ: 1.7.2003
Die BD- und 4K-UHD-Editionen (Koch) umfassen u. a. die Features «Der Schläfer muss erwachen: The Making of DUNE» (82 Min.), «Jenseits unserer Vorstellungskraft: Das Merchandise» (23 Min.), «Prophecy Fulfilled: Die Filmmusik» (25 Min.) und längere Interviews mit Darsteller Jürgen Prochnow (28 Min.) und Makeup-Artist Giannetto de Rossi (17 Min.) sowie ein 18-seitiges Booklet mit Informationen zum Film. Die 4K-UHD-(plus BD-)Edition ist mit dem Silberling 2021 ausgezeichnet.
Scope. USA 1983 **KI** Neue Constantin **DVD** diverse **BD** Koch (16:9, 2.35:1, dts-HD-MA engl./dt.) **R** David Lynch **B** David Lynch (ungenannt), Eric Bergren (ungenannt), Christopher De Vore **K** Freddie Francis **Vo** Frank Herbert (Roman) **M** Toto, Marty Paich, Brian Eno, Roger Eno, Daniel Lanois **S** Anthony Gibbs **Sb** Anthony Masters **Kb** Bob Ringwood **D** Francesca Annis (Lady Jessica), Kyle MacLachlan (Paul Atreides), Virginia Madsen (Prinzessin Irulan), Silvana Mangano (Reverend Mother Ramallo), Jürgen Prochnow (Duke Leto Atreides) **L** Kino: 135 / DVD auch: 178 (TV-Fassung) / BD: 137 **FSK** ab 12; f **E** 14.12.1984 / 26.6.2001 DVD / 14.10.2021 4K UHD (plus BD)

■ Kirchliche Filmpreise 2021

Bis 2001 wurden die Auszeichnungen katholischer Jurys auf renommierten Filmfestivals von der Internationalen Organisation für Film und AV-Medien OCIC (Office catholique du cinéma de l'audiovisuel) verliehen. Im November 2001 ging aus dem Zusammenschluss der kirchlichen Weltorganisationen für Rundfunk (UNDA) und Film (OCIC) der neue Weltverband SIGNIS (L'association catholique mondiale pour la communication) hervor, der seitdem die Festivalpreise verantwortet. Auf den meisten Festivals werden die kirchlichen Auszeichnungen in Zusammenarbeit mit dem protestantischen International Interchurch Center (Interfilm) als Ökumenische Preise verliehen. Gemeinsame Preise der Organisationen sind hier ebenso aufgeführt wie Festivals, bei denen 2021 nur SIGNIS- oder Interfilm-Jurys tätig waren, sowie Festivals mit interreligiösen Jurys.

Januar

42. Filmfestival Max Ophüls Preis – Saarbrücken
(17.–24.1.2021)

Preis der Ökumenischen Jury
BORGA
Regie: York-Fabian Raabe
Deutschland
Begründung: BORGA zeigt in eindringlichen, teils beklemmenden Bildern die globalen Auswirkungen des westlichen Konsums auf Kosten des afrikanischen Kontinents. Das damit verbundene Migrationsthema wird nüchtern und realistisch dargestellt. Doch der Film erzählt mehr als eine Geschichte über das Schicksal eines Migranten und seiner Familie: Er problematisiert unser kapitalistisches Handeln, in dem Giftmüll als neue Form der Ausbeutung Afrikas gezeigt wird. Er hinterfragt den Traum der illegalen Einwanderer, die bereit sind, für ihr vermeintliches Glück kriminell zu werden. Der Protagonist kann die ambivalenten Erwartungen beider Welten nicht erfüllen und erlebt schließlich die Familie als letztgültigen Halt. Dem deutsch-ghanaischen Filmteam ist ein authentisches, aktuelles und fesselndes Drama mit großartigen Darsteller:innen gelungen. Es bietet dem Zuschauer an, respektvoller und sensibler auf Fluchtgeschichten zu blicken und Klischees zu hinterfragen. BORGA gibt Flüchtlingen Gesichter und wirbt um Solidarität innerhalb der Menschheitsfamilie.

31. Tromsø International Film Festival
(18.–24.1.2021)

Faith in Film Award
PUGALO
Regie: Dmitrii Dawidow
Russland

Begründung: PUGALO ist ein visuell beeindruckender, origineller Film mit einem äußerst kreativen und einfallsreichen Einsatz von Kamerawinkeln, Schatten und Licht, Rhythmus, Film- und Tonschnitt. Ganz zu schweigen von vielschichtiger und sehr ausgefeilter Charakterentwicklung und allgemeiner inszenatorischer Visionskraft.
Glaubens- und Religionsthemen gibt es viele, doch das Opfer scheint besonders wichtig zu sein, und integral für den Heilungsprozess. Interessanterweise ist es vielleicht Teil des Opfers, dass die Hauptfigur Pugalo nie die Freude der Geheilten teilen kann. Auch dass die Zuschauer nie wirklich die Möglichkeit haben, die Ergebnisse ihrer Arbeit zu sehen, ist eine klare inszenatorische Entscheidung. Auch Dankbarkeit ist wenig zu sehen, und sie fragt auch nicht danach. Einige Zuschauer werden hier interessante Parallelen zur Heiltätigkeit von Jesus in den Evangelien sehen, in denen er seine Patienten auch anweist, nicht zu feiern oder Aufmerksamkeit zu suchen, sondern mit dem Leben fortzufahren.
Der Film berührt und regt in hohem Maße wichtige philosophische, anthropologische und theologische Reflexionen über den Platz der Spiritualität im menschlichen Leben und in der Gesellschaft an. Gleichzeitig ist es eine meisterhaft ausgeführte Arbeit der Kunst und des visuellen Storytellings. Aus diesen und vielen anderen Gründen finden wir, dass der Film den Hauptpreis in der «Faith in Film»-Kategorie verdient.

Lobende Erwähnung
THIS IS NOT A BURIAL, IT'S A RESURRECTION
Regie: Lemohang Jeremiah Mosese
Südafrika/Italien/USA/Lesotho
Begründung: THIS IS NOT A BURIAL, IT'S A RESURRECTION ist ein wunderschöner, gewagter Film aus Lesotho aus dem Jahr 2019 unter der Regie von Lemohang Jeremiah Mosese. Er ist poetisch, mit eindrucksvollen Bildern, manchmal präsentiert wie eine Reihe von brillanten Gemälden, die aneinandergefädelt sind, und manchmal wie eine Collage, die ein Gefühl des Schwebens erzeugen soll. Mit bemerkenswerten Darbietungen, insbesondere von Mary Twala als 80-jährige Witwe, die von Vertreibung bedroht ist, erkundet der kaleidoskopartige Film die Dynamiken von Begegnungen, wenn staatliche und entwicklungspolitische Kräfte von lokalen Gemeinschaften in weiten Teilen der südlichen Erde vermittelt, bekämpft, verdrängt oder verstanden werden. Der Film weist viele Bezüge auf, die Reflexion innerhalb des christlichen Glaubens, der Naturreligion, der Ökotheologie, der Befreiungstheologie und der feministischen Theologie sowie des gesamten Spektrums dazwischen eröffnen. Und wenn man dem Film kein Etikett des Glaubens geben will, dann kann man sagen, dass er eine Form von lokal bedeutsamer und tiefverwurzelter Spiritualität ist. Mensch, Tier und Natur, im Kreislauf des Lebens, gestört, auf der Suche nach Wiederherstellung. Dieses filmische Werk von magischem Realismus ist wunderschön ausgeführt und unsere zweite Wahl für TIFF 2021 in der «Faith in Film»-Kategorie.

März

51. Tampere Film Festival
(10.–14.3.2021)

Church Media Foundation Prize
EATNAMEAMET – MIN JASKES DÁISTALEAPMI
Regie: Suvi West
Finnland
Begründung: In diesem Jahr zeichnet die Church Media Foundation beim

Tampere Film Festival einen Film aus, der den Existenzkampf eines Volkes zeigt. Er zeichnet ein Bild von einem Volk, das unter einem kolonialen Joch lebt, in dem den Angehörigen dieser ethnischen Gruppe gesagt wird, dass sie es verdienen, zu sterben, ihr Land gekauft wird und ihre Kultur angeeignet oder von der Kultur der Mehrheit vereinnahmt wird. Wir wissen, dass die Welt und die Geschichte voller ähnlicher Geschichten stecken. Aber diese Geschichte spielt in der Neuzeit und in Finnland, was den Film erschreckend macht.

Dieser Dokumentarfilm ist ein Blick auf uns selbst. Er erfordert vom Zuschauer auch das edle Geschick des Zuhörens, aber falls und wenn man den Stimmen eine Chance gibt, sich zu setzen, ist es unmöglich, sich von den Emotionen der Mitmenschen im Film nicht bewegen zu lassen, da er keinen Raum für Unterschätzung bietet. Der Film zeichnet ein ehrliches Bild wichtiger Belange des Sámi-Volkes und bietet keine Klischees, sondern setzt friedliche Bilder als Kontrast zu den uns allen bekannten Stereotypen.

Die Church Media Foundation unterstützt und zeichnet Filme und Programme aus, welche die Achtung der Menschenwürde und der Menschenrechte thematisieren, Minderheiten, diskriminierten oder unter Druck stehenden Menschen eine Stimme geben, bei denen es um Gerechtigkeit, Solidarität, Frieden und Versöhnung geht. Der Film ist für uns Finnen eine wichtige Erinnerung daran, dass wir auch unsere eigene Geschichte als Unterdrücker haben.

SIGNIS-WACC Human Rights Award 2020
(22.3.2021)

SILENCE RADIO
Regie: Juliana Fanjul
Mexiko/Schweiz

22. Buenos Aires International Festival of Independent Cinema BAFICI
(17.-28.3.2021)

SIGNIS-Preis
MARI
Regie: Adriana Yurcovich, Mariana Turkieh
Argentinien
Begründung: Dafür, dass der Film – durch eine respektvolle Erzählung – die allgemeine und schmerzhafte universelle Realität von häuslicher Gewalt und Missbrauch gegen Frauen einfängt. Es ist ein Film, der zeigt, dass dieses kulturelle Muster, das sich Generation für Generation wiederholt, nur durch Solidarität, Bildung, Nächstenliebe, aufrichtige Freundschaft und die Unterstützung der Gemeinschaft und Familie durchbrochen werden kann. Eine schöne Botschaft der weiblichen Emanzipation, eingefangen in einer offenen audiovisuellen Sprache.

Lobende Erwähnung
O AMOR DENTRO DA CÂMERA
Regie: Jamille Fortunato, Lara Beck Belov
Brasilien
Begründung: Dafür, dass der Film mit herausragendem Rhythmus und Tempo die Geschichte einer verändernden Liebe erzählt, die das öffentliche Leben und den Alltag eines prominenten Paares von der Jugend bis ins hohe Alter bestimmt – inmitten der soziokulturellen Realität von Brasilien im 20. Jahrhundert.

33. Festival of Latin American Cinemas (Cinélatino, 33es Rencontres d'Amérique latine), Toulouse
(19.-28.3.2021)

SIGNIS-Preis
(Bester Dokumentarfilm)
EL CIELO ESTA ROJO
Regie: Francina Carbonnell
Chile
Begründung: Dieser Dokumentarfilm führt uns in die Strafanstalt San Miguel in Chile, in der Nacht, als 81 Gefangene aufgrund erbärmlicher Haftbedingungen bei einem tragischen Brand ihr Leben verloren. Die Menschenrechte wurden überhaupt nicht respektiert; Gefangene fanden sich ohne Sicherheit, Menschlichkeit oder Menschenwürde wieder.

Die fast unerträglichen Nahaufnahmen und schmerzhaften Bilder sind nie sensationsheischend. Die Regisseurin ist erfolgreich in ihrem Ansatz, belegt durch Justizarchive und Überwachungskameras. In kraftvollen Kamerafahrten und ergreifender Zeitlupe zeigt uns das Elend, die Verzweiflung der Insassen, die Panik der verzweifelten Wärter und den Schmerz der hinterbliebenen Familien.

Dieser Dokumentarfilm ruft zu kollektiver Mobilisierung auf, zu sozialer und politischer Verantwortung angesichts der dringenden Notwendigkeit von Gerechtigkeit und Menschenwürde.

SIGNIS-Preis (Bester Kurzfilm)
QUIEN DICE PATRIA DICE MUERTE
Regie: Sebastian Quiroz
Chile
Begründung: Mit diesem großartigen, aber schmerzhaften Titel schildert Sebastian Quiroz in nur fünfzehn Minuten mit Originalität und Nähe die Unruhen 2019 in Chile, bei denen die Rechte der Menschen verletzt werden. Es ist ein Sozialdrama, in dem die Menschheit die Menschenwürde nicht mehr anerkennt. Ein Wert, der dennoch mit Überzeugung und Klarheit in wirkungsvoller Form beansprucht wird, mit ergreifenden Interviews, starken und farbenfrohen Bildern, Nahaufnahmen der unerträglichen Leidensschreie in den nach Gleichheit, Gerechtigkeit und Frieden dürstenden Gesichtern. Der Film ist eine kurze, aber prägnante Dokumentation über Menschenrechte.

30. Festival del Cinema Africano, d'Asia e America Latina, Mailand
(20.-28.3.2021)

SIGNIS-Preis
ADAM
Regie: Maryam Touzani
Marokko/Frankreich/Belgien
Begründung: Gut erzählt und inszeniert durch eine seltene Frische der Bilder und mit einem Drehbuch, in dem die Augen der talentierten Protagonisten sprechen und sich unterhalten. Die Regisseurin entführt uns in eine Welt von Frauen, die oft gedemütigt und beleidigt werden, aber die einzigen sind, die uns durch das Geschenk eines neuen Lebens glauben und die Menschheit hoffen lassen.

Lobende Erwähnung
LINA FROM LIMA
Regie: María Paz González
Chile/Argentinien/Peru
Begründung: Ein mutiger Film, der Geschlechterstereotypen aufhebt und den Kampf einer Frau um ihre Identität in den Mittelpunkt stellt. Die Regisseurin begleitet die Schauspielerin-Frau-Lina in ihrem täglichen Leben durch das Kameraauge, das den Traum, die Musik, die leuchtenden und lebendigen Farben des Lebens verdoppelt.

April

52. Visions du Réel 2021, Festival international de cinéma, Nyon
(15.–25.4.2021)

Preis der Interreligiösen Jury
JOURNAL D'UN SIÈGE
Regie: Abdallah Al-Khatib
Libanon/Frankreich/Katar
Begründung: Menschen im abgeriegelten Flüchtlingslager Yarmuk behaupten im syrischen Bürgerkrieg trotz Hunger und Perspektivlosigkeit ihre Menschlichkeit, während die humanitäre Welt außen vor bleibt. Wenn ein kleiner Straßenchor zu Pianobegleitung und Bombenlärm singt, reiht sich ihr Gesang ein in den traurigen Choral ähnlicher Belagerungen der Weltgeschichte.

Mai

67. Internationale Kurzfilmtage Oberhausen
(1.–10.5.2021)

Preis der Ökumenischen Jury
ZOOM SUR LE CIRQUE
Regie: Dominique Margot
Schweiz
Begründung: Ein Clown, der in seinem Wohnzimmer Faxen macht; eine Seiltänzerin, die auf ihrem Balkon im Training bleiben will, ein Zirkusdirektor, der in seinem Wohnwagen friert, weil er sich die Heizkosten nicht mehr leisten kann: ZOOM SUR LE CIRQUE bringt soziale, politische und ästhetische Aspekte der Corona-Pandemie so treffend wie herzzerreißend zusammen: den menschlichen Wunsch, ja, die Notwendigkeit, auch in der Krise zu lachen; die Not von Kulturschaffenden und Künstlern, die davon bedroht sind, ihre Existenzgrundlage zu verlieren; die Improvisationskunst, die Zirkus wie Zoom und Co. gleichermaßen von uns verlangen und damit die technische und menschliche Möglichkeit, Distanz durch Humor zu verringern. Herzlichen Glückwunsch, Dominique Margot, zu diesem authentischen und unterhaltsamen Kurzfilm!

Lobende Erwähnung
HOME
Regie: Ngima Gelu Sherpa
Nepal
Begründung: HOME ist ein Film über einen Sohn, der zu seiner Familie nach Nepal zurückkehrt, um sich von seinem sterbenden Vater zu verabschieden. Der Sohn filmt diese letzten Tage, das Sterben und den Tod seines Vaters, die im Alltag dieser armen Bauernfamilie genauso einfach und natürlich erscheinen wie die kleinen Dinge, die gewöhnlich passieren. Obwohl das alles traurig ist, ist dies die Ordnung ihres Lebens.
Während der Film sehr bescheiden ist, erzählt er distanziert, aber sehr persönlich und emotional. Ähnlich wie die Mutter, die sich ihren religiösen Ritualen zuwendet, innerlich und in Stille trauert und ähnlich wie der Sohn, der, nachdem er sein Zuhause und seine einsame Mutter wieder verlassen hat, einsam trauert. Später, allein am Strand des Ozeans auf einem anderen Kontinent, wird er sich erinnern.

Internationaler Online-Wettbewerb

Preis der Ökumenischen Jury
MINNEN
Regie: Kristin Johannessen
Schweden
Begründung: Wie erinnern wir uns daran, wie wir einmal waren? MINNEN ist eine authentische Dokumentation, in welcher wir gemeinsam mit der Filmemacherin, auf ihre von Kontrollzwängen geprägte Vergangenheit zurückschauen. Animierte Sequenzen zeichnen ihre Gedanken der vergangenen Zeit einfühlsam nach. Mit originalem Bildmaterial aus ihrer Jugend und einem aktuellen Interview ihrer Eltern, zeigt uns Kristin Johannessen durch diese wiederbelebten Erinnerungen die Herausforderung des Anders-Seins und wie es ist, ein Kind großzuziehen, das du nie ganz verstehen kannst, aber dennoch niemals aufgeben willst. MINNEN ist das Festhalten an der Hoffnung, dass alles anders werden kann, selbst bei schwersten psychischen Leiden.

Lobende Erwähnungen
CRADLE
Regie: Kristin Johannessen
Schweden
Begründung: Leider verstecken viele Familien auch heute noch dunkle Geheimnisse. Der animierte Kurzfilm CRADLE untersucht die innersten Tiefen einer Familie, die von häuslicher Gewalt und Alkoholismus gebeutelt ist. In diesem Klima des Terrors sehen wir eine Mutter, die sich um ihr Neugeborenes kümmert und versucht, ihn und seinen großen Bruder zu schützen. Die Animationstechnik stellt die unterschiedlichen Geisteszustände der Charaktere perfekt dar und macht uns auf die Schwierigkeiten aufmerksam, mit denen jede Familie zu kämpfen haben könnte. Besonders beeindruckend ist die Art und Weise, wie das Lied «Cantec de leagan» – ein traditionelles rumänisches Schlaflied von Maria Tanase – mit den Animationen verwoben wird.

und

KALSUBAI
Regie: Yudhajit Basu
Indien
Begründung: KALSUBAI erforscht die Geschichte der Göttin Kalsu und ihre Bedeutung für die Frauen von Bari. Der Film setzt dabei auf starke visuelle und akustische Bilder, die weder erklären noch szenisch verfälschen. Die fast schon fotografisch anmutenden Bildkompositionen und ihre ausdrucksstarke Einfachheit machen den Film allen Menschen zugänglich und laden ein, über eigene kulturelle Prägungen nachzudenken und sie zu hinterfragen.

Prädikat für Filme im Internationalen Kinder- und Jugendfilmwettbewerb, verbunden mit einer Empfehlung für die kirchlichen Filmvertriebsgesellschaften Matthias-Film und Katholisches Filmwerk

Programm 14+
NOVA
Regie: Luca Meisters
Niederlande
Begründung: Vom Suchen und Finden der Liebe und der Schwierigkeit, mit ihr umzugehen. Die 14-jährige Nova übernimmt Verantwortung für ihre kleine Schwester und gerät dabei auf eine Entdeckungsreise zu ihren Gefühlen. NOVA ist ein Film, der perfekt in Szene gesetzt und wunderbar fotografiert wurde. Das Drehbuch kommt ohne Pathos und inhaltliche Schwere aus und bleibt dennoch nicht an der Oberfläche. Ein stimmiger und tiefgründiger Film zugleich.

Programm 8+
DALÍA
Regie: Brúsi Ólason
Island

Begründung: Die Atmosphäre der Unsicherheit bestimmt den Wochenendbesuch eines Jungen bei seinem Vater. Ein steiniger Weg der gegenseitigen Annäherung, die auf einem entlegenen Bauernhof in der kargen und beeindruckenden Landschaft Islands beginnt. Die Verletzung des Pferdes Dalía löst eine entscheidende Veränderung in der Beziehung der beiden aus. Ein Film, der die Thematik des Abschiednehmens aus verschiedenen Perspektiven ruhig und eindrücklich zeigt.

16. Popoli e Religioni Terni Film Festival
(22.–29.5.2021)

SIGNIS-Preise

Wettbewerb
AL DIO IGNOTO
Regie: Rodolfo Bisatti
Italien
Begründung: Lucia, eine Mutter in Trauer, leidet noch immer unter dem krankheitsbedingten Verlust ihrer kleinen Tochter. Lucias Job als Hospizschwester erinnert sie täglich an die Auswirkungen des Todes. Mit Hilfe eines Patienten und insbesondere von Professor Giulio lernt Lucia, mit ihrem eigenen Schmerz umzugehen und das empfindliche Gleichgewicht und das komplizierte Mysterium von Leben und Tod zu verstehen. Eine bewegende und berührende Hommage an das Leben und eine umfassende Wertschätzung des christlichen Glaubens.

Lobende Erwähnung
OMAR VE BIZ
Regie: Marynar Er Gorbach, Mehmet Bahadir Er
Türkei
Begründung: Ismet, ein kürzlich pensionierter Kommandant der türkischen Küstenwache, trifft auf die syrischen Flüchtlinge Omar und seine Schwester Mariye, die versuchen, sich durch die Türkei und Griechenland den Weg nach Europa zu bahnen. Ismet hat seine eigenen Familienprobleme mit Frau und Sohn, aber dies ist ein starkes Bild menschlicher Toleranz und Akzeptanz. Die Flüchtlingskrise ist immer noch sehr real, und dieser Film regt zu einem kontinuierlichen Dialog über dieses sensible Thema an.

Juni

39. Fajr International Film Festival, Teheran
(26.5.–2.6.2021)

Preis der Interreligiösen Jury
THE DOGS DIDN'T SLEEP LAST NIGHT
Regie: Ramin Rassouli
Afghanistan
Begründung: In einem abgelegenen Teil Afghanistans sind zwei junge Männer und ihr Lehrer die einzigen Überlebenden, nachdem die Taliban ihre Schule niedergebrannt haben. Trotz der Tragödie, die sie durchgemacht haben, reagiert jeder mit einem Geist des Widerstands und der Vergebung. Die Geschichte entfaltet sich in einem Triptychon und in einer atemberaubenden Umgebungen. Für Regisseur Ramin Rassouli ist Bildung der Schlüssel zu einer Kultur des Friedens und des Dialogs. Die Persönlichkeiten der verschiedenen Charaktere und ein mysteriöses Element führen jeden Zuschauer dazu, an dieser Geschichte teilzunehmen.

19. Festival Internacional de Cine de Derechos Humanos
(27.5.–2.6.2021)

SIGNIS-Argentinien-Preis
CONGO MIRADOR
Regie: Anabel Rodríguez Ríos
Venezuela
Begründung: In einem unüberschaubaren Kontext, der Nachbarn in einem vergeblichen Kampf der Armen gegen die Armen politisch konfrontiert, gewinnt der dramatische Raum durch eine klare Erzählung, die Protagonisten und Antagonisten, Hoffnungen und Enttäuschungen zeigt, technisch unterstützt von kraftvollen Bildern einer schönen Fotografie und mit einem ausgeklügelten Soundtrack zur Unterstützung der Handlung. Congo Mirador, die Stadt der Pfahlbauten, die durch Sedimentation verschwindet, ist ein einzigartiger Ort, da seine Bewohner einzigartig sind. Der Dokumentarfilm von Anabel Rodríguez Ríos ist auch ein Werk, das uns zum Nachdenken über Korruption, Umweltverschmutzung und politische Verwüstung anregt, die kein Ende zu nehmen scheinen.

Lobende Erwähnungen
LA VOCERA
Regie: Luciana Kaplan
Mexiko

Begründung: Für den Mut, die Ausdauer und das Engagement von María de Jesús Patricio Martínez, «Marichuy», der ersten indigenen Frau, die für das Präsidentenamt Mexikos kandidiert. Aus einer Haltung des «Wir» trägt Marichuy dazu bei, mit Gelassenheit und Überzeugung die Missbräuche, die Vergesslichkeit und die Gleichgültigkeit gegenüber den ursprünglichen Völkern und den aus dem System Ausgestoßenen sichtbar zu machen und anzuprangern.

und

MADRE LUNA
Regie: Daysi Burbano H.
Ecuador
Begründung: Dieser Film über den Kampf einer Gruppe lateinamerikanischer Mütter in Italien prangert die Gewalt an, der Migrantenfamilien ausgesetzt sind, da sie einem System ausgeliefert sind, das kulturelle Merkmale und Praktiken, die sich von denen unterscheiden, die vorherrschend sind, als mangelhaft einstuft, und einzig durch ihre Herkunft keine gerechte Behandlung erfahren. MADRE LUNA entlarvt die Spannung, die das Migrationsphänomen mit sich bringt, aus einem notwendigen Blickwinkel und überlässt uns eine unerledigte Aufgabe: die Reflexion über eine gemeinsame menschliche Sprache und den unveräußerlichen Anspruch auf Gleichheit vor dem Gesetz.

Molodist – 50. Internationales Filmfestival Kiew
(29.5.–6.6.2021)

Preise der Ökumenischen Jury

Spielfilm
AFTER LOVE
Regie: Aleem Khan
Großbritannien
Begründung: Diese kraftvolle Geschichte, mit einem starken Drehbuch und eindrucksvollen Bildern, rührt an tiefe Saiten in der Seele des Zuschauers. Mit der Hauptfigur des Films steht sie für die Annahme des eigenen Lebens und das Loslassen des Schmerzes, ungeachtet der Situation, in die man geraten ist. Mit kunstvoll eingewobenen Naturmetaphern reflektiert und unterstreicht der Film den inneren Konflikt der Hauptfigur, die ihrem Instinkt folgt

und ihren Kummer zum Ausdruck bringt, statt in ihm zu erstarren und sich von ihm zerstören zu lassen. Sie gibt die Eifersucht auf, um zu verstehen; sie gibt das Bedürfnis zu besitzen auf, um zu teilen; sie gibt ihre Trauer auf, um weiterleben zu können. Der Film plädiert für gegenseitiges Verzeihen und Verstehen, indem sowohl äußere als auch innere Konflikte die Hauptfiguren zur Versöhnung miteinander, mit dem verstorbenen Ehemann/Geliebten/Vater und mit sich selbst führen. Das Thema der Versöhnung, ungeachtet religiöser und kultureller Verschiedenheit, ist in der aufgewühlten modernen Welt, in der die Menschheit unter zerstörenden Konflikten leidet, von entscheidender Bedeutung.

Kurzfilm
INTO THE NIGHT
Regie: Kamila Tarabura
Polen
Begründung: Diese dynamische und komplexe Geschichte über ein universelles Thema – die schwierige Zeit, die man gewöhnlich als Teenager durchmacht – regt zum Nachdenken über die Herausforderung an, zu seiner wahren Natur zu stehen. Wir beobachten die Entwicklung der Hauptfigur, die starken Widerwillen gegen ihre Umwelt, insbesondere ihre Mutter und ihre Klassenkameraden empfindet, bis zu einem befreienden Ausbruch, als sie in einer ungewöhnlichen Situation spontan ihren Impulsen folgt und sich mit einem Mädchen anfreundet, das ihr totales Gegenteil ist. Durch die geschickt gesetzte Abfolge der Ereignisse entsteht eine hoffnungsvolle Stimmung, nachdem die Figuren ihre eigene Persönlichkeit und die der anderen akzeptieren, ihren Emotionen ihren Lauf lassen und ihre inneren Kämpfe anerkennen. Der Film macht Identität zum Thema und legt nahe, dass man äußere Umstände, die den freien Willen und die Selbstentfaltung unterdrücken, überwinden kann. Die optimistische Botschaft, die künstlerische Qualität des Films und der plausibel dargestellte innere Konflikt der Protagonistin ergänzen sich in gelungener Form.

Studentenfilm
PAROLE
Regie: Vojtěch Novotný
Tschechische Republik
Begründung: Diese packende und hochemotionale Geschichte über die Herausforderung, sich seinen inneren Widersprüchen zu stellen, erzeugt eine starke Resonanz beim Publikum. Der innere Konflikt des Protagonisten, der gleichzeitig sein eigener Antagonist ist, steht im Mittelpunkt einer geschickt entwickelten Handlung. Der Zuschauer folgt dem jungen Mann bei seinem Versuch, seine inneren Spannungen zu verstehen, die die Quelle seiner äußeren Gewalt zu sein scheinen. Das auch überzeugend gespielte Drama baut sich auf, als der Mann, zerrissen in seinem inneren Zwiespalt, von seinen Freunden und seiner Mutter herausgefordert wird, und lässt so das Thema anklingen, welche entscheidende Rolle diese intimen Beziehungen für die Entwicklung eines Menschen gewöhnlich spielen. Wie die kraftvolle Schlussszene Hoffnung auf Versöhnung gibt, nachdem der junge Protagonist zu erschreckenden Extremen getrieben wurde, so ist die Botschaft des Films die der Bedeutung der Beziehung zu sich selbst und der Annahme der eigenen inneren Kämpfe, egal was ihre äußeren Gründe sind.

24. Spanisches Filmfestival Malaga
(3.–13.6.2021)

SIGNIS-Preis
15 HORAS
Regie: Judith Colell
Spanien
Begründung: Die Jury möchte die künstlerische und technische Qualität dieses spannenden Dramas hervorheben, das es schafft, den Zuschauer in einem Spinnennetz gefangen zu nehmen, in dem sich eine Frau als Opfer männlicher Gewalt wiederfindet. Die Lebensreise der Protagonistin in diesen 15 Stunden wird zu echter Qual und echtem Schmerz und setzt große Empathie frei. Der Film erzählt eine Geschichte, die hilft, diese Situationen sichtbar zu machen und uns von dieser sozialen Geißel zu befreien.

Ein weiterer Erfolg von Colells Film besteht darin, den gewalttätigen Charakter in einer angesehenen sozialen Klasse zu positionieren und zu zeigen, dass dieser Geißel, die das Schlimmste der Menschheit zeigt, keine Grenzen gesetzt sind. Diese spanisch-dominikanische Koproduktion ist vor allem ein ermutigender Film durch Charaktere, die in der Lage sind, ihre Solidarität mit der Protagonistin zu zeigen, sie auf ihrem Weg zu einem hoffnungsvollen Leben zu begleiten und zu demonstrieren, dass die wahre Kraft die der Brüderlichkeit, Nächstenliebe und Liebe ist.

35. Filmfest Washington, DC
(4.–13.6.2021)

SIGNIS-Preis
BROKEN KEYS
Regie: Jimmy Keyrouz
Libanon/Frankreich/Zypern/USA
Begründung: Trotz Zerstörung, Verwüstung und Tod in einer einst wohlhabenden syrischen Gemeinde nutzt ein Mann die Kraft der Klaviermusik, um Hoffnung zu geben. Dieser libanesische Film unter der Regie von Jimmy Keyrouz vermittelt meisterhaft den Schrecken des täglichen sinnlosen Tötens durch religiösen Extremismus und feiert die menschliche Widerstandsfähigkeit und die Kraft der Hoffnung.

Lobende Erwähnung
EL INCONVENIENTE
Regie: Bernabé Rico
Spanien
Begründung: In dieser spanischen Komödie überwinden zwei verärgerte Frauen, die mit dem Sinn ihres Lebens ringen, ihre gegenseitigen Feindseligkeiten und wandeln einander gegenseitig so, dass sie durch Lachen die Freude des Lebens begrüßen können.

73. Prix Italia, Mailand
(14.–18.6.2021)

SIGNIS-Preis
PUSH – FÜR DAS GRUNDRECHT AUF WOHNEN
Regie: Fredrik Gertten
Schweden
Begründung: Wir spenden diesem Dokumentarfilm Beifall dafür, dass er das Thema einer «David & Goliath»-Situation anspricht, der wohlhabende Hedgefonds und andere Investoren Immobilien als Vermögenswerte handeln, dass sie einen Rohstoff wie Gold handeln würden, ohne Rücksicht auf die Verdrängung von Mietern, darunter viele ärmere Menschen, Einwanderer, Ältere und Flüchtlinge. Das schwedische Fernsehen hat sich ausgezeichnet, indem es uns gezeigt hat,

dass die Allgemeine Erklärung der Menschenrechte vorsieht, dass angemessenes Wohnen das Recht jedes Kindes, jeder Frau und jedes Mannes ist, überall, das vom ungezügelten Kapitalismus schamlos ignoriert wird, eine Position, die zahlreiche Länder rechtlich vertreten, trotz ihrer von Grund auf amoralischen Natur. Die Filmemacher sind dafür zu loben, dass sie ein Thema von universellem Interesse auf so eindringliche Weise ansprechen.

Juli

38. Filmfest München
(1.7.–10.7.2021)

Fritz-Gerlich-Preis (Verleihung am 7.7.)

Der nach dem von den Nationalsozialisten ermordeten Publizisten Fritz Gerlich (1883–1934) benannte Preis ist von der von katholischen Bistümern getragenen Produktionsgesellschaft TELLUX gestiftet worden. Der mit 10.000 Euro dotierte Preis wird jährlich im Rahmen des Filmfests München vergeben.

TOPSIDE
Regie: Celine Held, Logan George
USA
Begründung: Der Film TOPSIDE zeichnet sich durch eine ganz eigene, besondere Bild- und Tonsprache aus und nimmt dadurch die Zuschauer in intensiver Weise mit hinein in die dunkle Welt des Untergrundes, in einen ehemaligen U-Bahn-Schacht, ebenso wie nach der Vertreibung der beiden Hauptfiguren, Mutter und Tochter, aus dieser prekären Zuflucht an die laute und grelle Oberfläche des hektischen New York.

Dadurch und durch die großartige schauspielerische Leistung vor allem der Darstellerinnen von Mutter und Tochter, werden die Zuschauer aus der anfänglichen Distanzierung immer mehr mit in den Film hineingenommen, und obwohl es auf den ersten Blick kaum Analogien zwischen dem Leben der in TOPSIDE Dargestellten und unserem eigenen Leben gibt, wird eine Identifizierung mit der Figur der Mutter, ihrer Wahrnehmung der zunehmenden Ausweglosigkeit und ihrem Ringen um die zentrale Entscheidung am Schluss des Films ermöglicht. Der Film entwickelt einen Sog, der eine immer stärkere Identifikation mit den Figuren von Mutter und Tochter ermöglicht und stark emotional involviert, wozu auch die besondere Tonbearbeitung und die Soundcollage wesentlich beitragen.

Der Film richtet den Fokus auf die Abgehängten in der Gesellschaft, ermöglicht ein Hineindenken, ohne die Situation zu idealisieren oder zu verharmlosen. Die absolut prekären Verhältnisse werden nicht romantisiert. Dass am Ende des Films dennoch Hoffnung aufscheint, wird einzig durch die Entscheidung der Mutter im Sinne ihres Kindes ermöglicht, indem sie sich dafür entscheidet, sich von ihrem Kind zu trennen und ihrer Tochter dadurch eine neue Lebensperspektive zu geben – sie weist durch diese Entscheidung über sich selbst hinaus und trifft die für eine Mutter entsetzlichste Entscheidung.

Dem Film gelingt bravourös die Gratwanderung, die Figur der Mutter in ihren vielen Dimensionen zu zeigen – sie wird nicht «entschuldet», es wird nicht entschuldigt, dass sie mit ihrem Kind in diese prekäre Situation gekommen ist, aber gerade in aller Gebrochenheit der Figur zwischen Fürsorge, Zuwendung, Versagen und Verschulden wird der Zuschauer mit auf den Weg zur Entscheidung genommen. Die Entwicklung dieser Figur gewinnt dadurch höchste Glaubwürdigkeit – ebenso werden auch Nebenfiguren in all ihrer Ambivalenz und Mehrdimensionalität gezeigt, gerade die Gebrochenheit aller Charaktere verleiht dem Film eine große Intensität.

Würdig für die Verleihung des Fritz-Gerlich-Filmpreises ist aus Sicht der Jury TOPSIDE deshalb, weil darin die Frage der Menschenwürde thematisiert wird durch die Darstellung der extremen gesellschaftlichen Schere, die die Figuren in fast ausweglose Situationen führt. Dabei zeigt sich die Bewahrung der Würde in der Darstellung der Mutter, das Erringen von Würde durch die Entscheidung der Mutter. Darin sehen wir eine Verwandtschaft zur Haltung von Fritz Gerlich: Auch in einer extremen, ausweglos erscheinenden Situation kann der Mensch in sich eine Entscheidung treffen, die über ihn selbst hinausweist und einem anderen einen Neuanfang, ein neues Leben ermöglicht.

36. One-Future-Preis der Interfilm-Akademie München
(Verleihung am 10.7.)

NAHSCHUSS
Regie: Franziska Stünkel
Deutschland
Begründung: Mit NAHSCHUSS gelingt der Filmemacherin und Fotokünstlerin Franziska Stünkel eine beklemmende Psychostudie über die Todesstrafe in der DDR. Angelehnt an das Leben von Dr. Werner Teske, der 1981 als letzter Mensch in der DDR zum Tode verurteilt und hingerichtet wurde, erzählt Franziska Stünkel einfühlsam die Geschichte. «Wie die Regisseurin mit ihrem brilliant aufspielenden Hauptdarsteller Lars Eidinger die gnadenlosen Mechanismen eines Unrechtsregimes ausleuchtet, ist Filmemachen auf allerhöchstem Niveau», meint nicht nur der Chefredakteur von *Blickpunkt Film*. Offiziell wurde die Abschaffung der Todesstrafe der DDR erst am 17. Juli 1987 beschlossen.

Die Interfilm-Jury hat lange über diesen Film diskutiert, ob dieser nur ein zeitgeschichtlicher Rückblick ist. Nein! NAHSCHUSS ist ein Aufruf, ein Fanal, eine Parabel für jeden Menschen, sich als Individuum nicht leichtsinnig ins jeweilige Gesellschaftssystem vorschnell einzuklinken, sondern sich immer wieder selbstkritisch zu fragen: «Wie verhalte ich mich in meinem Gesellschaftssystem? Erkenne ich rechtzeitig, wie politische Systeme, auch westliche, ja, demokratische Systeme manipulieren?»

NAHSCHUSS ist eine Fallstudie, die aufklärt, dass ein Weg wie der von «Franz Walter» – parabelhaft an das Schicksal von Dr. Werner Teske angelehnt – so oder ähnlich in Gegenwart und Zukunft möglich ist und somit die Zuschauer sensibilisiert, gegen die Zerstörung des Individuums durch gesellschaftliche Eingriffe zu kämpfen.

Lobende Erwähnungen
THE PINK CLOUD
Regie: Iuli Gerbase
Brasilien
Begründung: Nach einem gemeinsamen One-Night-Stand wachen Giovana und Yago auf dem Balkon von Giovanas Wohnung auf. Zeit darüber nachzudenken, fehlt den beiden allerdings. Durch die Stadt dröhnt ein Alarm, und in einer Durchsage wird die Be-

völkerung dazu aufgefordert, in das nächste Haus zu gehen und Türen und Fenster sofort zu schließen. Auf der ganzen Welt schweben pinkfarbene Wolken durch die Luft und töten alle Menschen nach 10 Sekunden Kontakt. So werden plötzlich Giovanna und Yago notgedrungen zu einer WG, denn niemand darf aus dem Haus. Die Quarantäne droht jahrelang zu dauern. Die Bevölkerung wird jedoch Science-Fiction-gemäß versorgt. Giovana ist ungewollt schwanger von Yago.

Die Reaktionen auf die neue Wohnsituation sind verschieden. In der «Familie mit Kind» entwickeln sich sehr unterschiedliche, ja widersprüchliche Rollen, welche die Regisseurin Iuli Gerbase sozialpsychologisch in ihrer Dystopie deutlich herausarbeitet. Da der Film vor Corona entstanden ist, zeigt dieser exemplarisch nicht nur filmästhetisch, sondern auch sozial-ethisch, wie diese Zukunft angesichts einer weltumspannenden Katastrophe wie einer «Blase» von der Realität eingeholt werden kann, wenn sich der Mensch nicht innerlich für die Zukunft öffnet, sondern jeweils an alten Mustern und Traditionen hängen bleibt. Im Corona-Zeitalter ist dieser Spielfilm eine Mahnung an alle, sich aktiv der Zukunft zu stellen.

und

MISSION ULJA FUNK
Regie: Barbara Kronenberg
Deutschland/Luxemburg/Polen
Begründung: Die 12-jährige Hobbyastronomin Ulja Funk hat herausgefunden, dass in wenigen Tagen ein Asteroid in Patzschuk (Weißrussland) einschlagen wird. Doch niemand glaubt ihr. Der Pfarrer, die Oma sowie die Mitglieder der Freikirche am Ort wollen von Wissenschaft nichts wissen. Uljas Klassenkamerad, der Auto fahren kann, ist bereit, sie dorthin zu fahren, wenn Ulja ihm in Zukunft seine Hausaufgaben schreibt. Nun beginnt ein abenteuerliches Roadmovie durch Polen bis Patzschuk, gefolgt von ihrer russlanddeutschen Familie, dem Pastor und der halben Gemeinde. Ulja, ein außergewöhnliches Mädchen, will von gutbürgerlichen Manieren und Konventionen nichts wissen, sondern verfolgt mit großem Vertrauen in sich und die Welt ihr Ziel.

MISSION ULJA FUNK ist ein mutiges Projekt der Intiative «Der besondere Film», das sein junges Publikum ernst nimmt, den Kindern etwas zutraut und manchmal auch etwas zumutet. Was früher Pippi Langstrumpf war, könnte in Zukunft Ulja Funk sein.

Großes Kompliment an Barbara Kronenberg für Drehbuch und Regie.

Ehrenpreis
Rob Houwer

73. Internationale Filmfestspiele Cannes
(6.-17.7.2021)

Preis der Ökumenischen Jury
DRIVE MY CAR
Regie: Ryusuke Hamaguchi
Japan
Begründung: Für das poetische Nachdenken über die heilende Kraft von Kunst und Worten hin zu Vergebung und Akzeptanz. Dieser Film porträtiert mit eindrücklichen Bildern einer langen Reise die universelle Botschaft, wie Kommunikationsbarrieren von Konvention, sozialer Klasse, Nationalität und Behinderung überwunden werden können.

Lobende Erwähnung
COMPARTMENT NO. 6
Regie: Juho Kuosmanen
Finnland/Russland/Estland/Deutschland
Begründung: Für seinen liebenswürdigen Blick auf die Begegnung zwischen zwei verletzten Menschen, die sich nicht einmal als Nachbarn wählen würden. Beide überwinden die Einsamkeit, indem sie einen Umweg mit dem schwierigen anderen gehen.

35. Internationales Filmfestival Fribourg
(16.-25.7.2021)

Preis der Ökumenischen Jury
ASA GA KURU
Regie: Naomi Kawase
Japan
Begründung: Mit großer Sensibilität erzählt Naomi Kawase die Geschichte einer Adoption, um der Frage nach der Definition von Mutterschaft nachzugehen. Der Film, angesiedelt in einem modernen, aber dennoch stark von traditionellen Werten geprägten Japan, hinterfragt das Vorbild der traditionellen Familie und schlägt ein mögliches anderes Modell von «Elternschaft» vor. Dieses Werk zeichnet sich durch eine leuchtende Bildsprache aus, die auf einfühlsame Art und Weise eine Harmonie zwischen Landschaften und Charakteren schafft.

August

74. Internationales Filmfestival Locarno
(4.-14.8.2021)

Preis der Ökumenischen Jury
SOUL OF A BEAST
Regie: Lorenz Merz
Schweiz
Begründung: Lorenz Merz' SOUL OF A BEAST ist eine Hommage an das Medium Film und eine mutige Geschichte voller Seele, verkörpert von jungen Menschen. Der Film nimmt die Zuschauer mit auf eine fiebrige Heldenreise, die an der Zürcher Langstrasse beginnt, und lässt sie die Welt durch die tiefblauen Augen von Gabriel sehen. Hin- und hergerissen zwischen dem Ruf der Wildnis und dem Wunsch nach Familie, führt Gabriel dem Zuschauer vor Augen, dass ein Mensch nur er in Beziehung zu anderen er selbst sein kann. Gabriel erkennt, dass er frei ist, wenn er sich für das Gute entscheidet.

30. Divercine, Festival Internacional de Cinepara Niños y Jòvenes, Montevideo
(17.-21.8.2021)

SIGNIS-Preis Kurzfilm
EL TITIRITERO
Regie: Ruben Hengesbach
Spanien
Begründung: Die Produktion nach der Stop-Motion-Animationstechnik zeichnet sich dadurch aus, dass verschiedene Einstellungen und Charaktere präsentiert werden, wobei sowohl der Tonaspekt als auch das Bild jederzeit mit Voice-Overs, Originalmusik und Foley-Aufnahmen berücksichtigt werden. Das Drehbuch setzt sich für den Wert der Familie, der Kindheit und der Vergebung ein. Es ist reich in der Charakterisierung der Figuren und für alle Zielgruppen leicht verständlich. Es ist ein Kurzfilm, der für alle Altersgruppen geeignet ist, uns zeigt, wie vielfältig wir sind, und uns hilft, die verschiedenen Realitäten, in denen wir leben, zu verstehen.

55. Internationales Filmfestival Karlovy Vary
(20.-28.8.2021)

Preis der Ökumenischen Jury
AS FAR AS I CAN WALK
Regie: Stefan Arsinijević
Serbien/Frankreich/Luxemburg/Bulgarien/Litauen
Begründung: Wie weit wird ein Mann gehen, wenn er um seine Liebe kämpft? Wie weit geht eine Frau, die ohne ihr Recht auf Selbstverwirklichung nicht leben will? AS FAR AS I CAN WALK erzählt eine große Liebesgeschichte, die in der harten Realität der Flüchtlinge und Migranten zu einer Passionsgeschichte wird. Präzise dokumentarische Bilder verbinden sich mit zeitloser Poesie.

Lobende Erwähnung
THE STAFFROOM
Regie: Sonja Tarokić
Kroatien
Begründung: THE STAFFROOM folgt der neuen Beraterin Annamarija, die sich in einer schulischen Einrichtung intensiv für das Gemeinwohl einsetzt, indem sie die Spielregeln nutzt, während sie zugleich ihre Integrität bewahrt und für andere sorgt. In ihrem Spielfilmdebüt zeigt Sonja Tarokić eine außergewöhnliche Palette an filmischem Handwerk, sowohl in Gruppen- wie Einzelszenen wie vor allem durch eine einfühlsame Darstellung der Charaktere. Eine universelle und ermutigende Hommage voller Energie auf alle Lehrkräfte.

September

78. Internationales Filmfestival Venedig
(1.-11.9.2021)

SIGNIS-Preis
UN AUTRE MONDE
Regie: Stéphane Brizé
Frankreich
Begründung: Ein leitender französischer Manager am Gipfel seiner Karriere findet sich selbst in einer doppelten Krise wieder: zum einen geht seine Ehe gerade in die Brüche, zum anderen fordert ihn sein Unternehmen auf, harte Entlassungen durchzuführen. Während er den Entscheidungsprozess offenlegt, zeigt der Film, wie die Hauptfigur ihre Menschlichkeit zurückgewinnen kann, ihre Würde und einen Weg zurück zu ihrer Familie. Der Regisseur Stéphane Brizé komplettiert seine Filmtrilogie über die Arbeit und die sozialen Bedingungen in Frankreich und Europa und verbindet eine starke Anklage mit einer schönen Botschaft der Hoffnung.

Lobende Erwähnung
THE HAND OF GOD
Regie: Paolo Sorrentino
Italien
Begründung: Auf wunderbare Weise bringt der Regisseur Paolo Sorrentino freudige, leidenschaftliche und dramatische Momente seiner eigenen Jugend auf die Leinwand, indem er Erinnerungen und Fiktion vermischt, während er darstellt, wie der tragische Verlust beider Eltern in einem Heranwachsenden das Bedürfnis weckt, sich dem Kino als Sinn seines Lebens zuzuwenden. Man kann die Hand Gottes in der Weise sehen, wie scheinbar zufällige Ereignisse sich als zusammenhängend erweisen, oder darin, wie gesetzlose Handlungen bestraft werden, am tiefgründigsten aber in der Art, wie man seinem innersten Ruf folgen und einfache menschliche Geschichten über einen Film erzählen muss, um Liebe, Glauben und Hoffnung in unsere alltägliche Realität zu bringen.

INTERFILM-Preis zur Förderung des Interreligiösen Dialogs
AMIRA
Regie: Mohamed Diab
Ägypten/Jordanien/Vereinigte Arabische Emirate/Saudi-Arabien
Begründung: AMIRA konfrontiert uns mit den Mauern, die Menschen trennen und stellt die Frage, wie Feinde zusammenleben können. AMIRA erzählt eine persönliche Geschichte vor dem Hintergrund der politischen Situation im Nahen Osten. Der Film fragt, wer wir eigentlich sind. Was ist das Entscheidende? Unsere biologische oder unsere soziale Herkunft?

17. achtung berlin Festival
(7.-12.9.2021)

Preis der Ökumenischen Jury
WHEN A FARM GOES AFLAME
Regie: Jide Tom Akinleminu
Deutschland
Begründung: Was bleibt, ist dieser Satz: «Ich wüsste gern, warum mein Vater meiner Mutter das nie erzählt hat und warum meine Mutter nie gefragt hat.» Er steht am Anfang der Geschichte, die uns Jide Tom Akinleminu erzählt. Erzählen muss, denn «the flakes fly home, to bear the tale». Nichts bleibt dauerhaft im Verborgenen. Nie ist alles «hygge».

Die Ökumenische Jury ehrt den Dokumentarfilm WHEN A FARM GOES AFLAME, eine narrative Reise, die uns, die Zuschauer:innen mit auf die Suche nach «Lebens-Antworten» nimmt. Wir schätzen die einfühlsame Erzählperspektive und die eindrückliche Bildsprache, in der Film elementare Fragen des Menschseins stellt: Wie blicken wir auf die eigene Vergangenheit? Auf Lebensentscheidungen, die wir getroffen haben? Und auch auf die, die wir noch treffen werden? Gestehen wir uns Gnade zu? Auch die Form zeigt das: Besondere (und geduldige) Einstellungen, eine kluge Dramaturgie und Bilder und Szenen, die als Collage ein Ganzes ergeben. Die Jury findet herausragend, wie Jide Tom Akinleminu diese sehr persönliche Geschichte als Ich-Erzählung, als Sammler von Fakten, mit großer Demut und urteilsfrei erzählt und dabei die Fülle des menschlichen Lebens sichtbar macht.

61. Filmfestival Zlín, Internationales Filmfestival für Kinder und Jugendliche
(9.-15.9.2021)

Preis der Ökumenischen Jury
BEANS
Regie: Tracey Deer
Kanada
Begründung: Während der Oka-Krise 1990 sucht die zwölfjährige indigene Hauptfigur Tekahentahkhwa («Call me Beans») ihren Weg und emanzipiert sich zwischen der Rolle, die ihr in der Familie zugedacht war, und Vorbildern älterer Jugendlicher. Ein friedlicher Protest gegen einen geplanten Golfplatz auf einem traditionellen Mohawk-Friedhof ruft rassistische Ausschreitungen hervor. Der Film zeigt eindrucksvoll, wie dies auf die Menschen wirkt, und wie sich auch der Antirassismus radikalisiert. Auf der anderen Seite werden starke Frauen zu Friedensstifterinnen in einer Welt der Gewalt.

Die Kombination von fiktionaler Story und dokumentarischem Filmmaterial funktioniert überzeugend. Die Ästhetik des Films verbindet seine beiden thematischen Ebenen: die persönliche und die gesellschaftliche.

Lobende Erwähnung
VALENTINA
Regie: Cássio Pereira dos Santos
Brasilien
Begründung: Valentina ist 17 und trans. Sie zieht mit ihrer Mutter aus der Stadt aufs brasilianische Land, um als junge Frau neu anzufangen. Doch ein sexueller Übergriff entlarvt sie und sie sieht sich erneut mit Ressentiments konfrontiert. In all ihrer Verzweiflung findet sie immer wieder Freund:innen, die zu ihr stehen. Ein beeindruckender Film mit einer einfachen Erzählung, der uns tief berührt und vor allem jungen Menschen Gesprächsmöglichkeiten eröffnet und ermutigt.

17. Internationales Filmfestival Miskolc, Jameson CineFest
(10.–18.9.2021)

Preis der Ökumenischen Jury
APPLES
Regie: Christos Nikou
Griechenland/Polen/Slowenien
Begründung: Der Film APPLES – der eine Situation beschreibt, die die schwierigen pandemischen Zeiten widerspiegelt, in denen wir leben – zeigt Möglichkeiten, mit Verlust umzugehen und einen Sinn im Leben zu finden. Mit einer sehr genauen und minimalistischen Bildsprache regt der Film an, über die heilende Kraft der Nächstenliebe und eines authentischen Lebens jenseits des Risikos der Isolation nachzudenken, dem wir in unserer Social-Media-Gesellschaft ausgesetzt sind. Darüber hinaus eröffnet APPLES auf mehreren Ebenen Perspektiven für Diskussionen und Reflexionen über menschliche Beziehungen, die Komplexität jedes Einzelnen und die spirituelle Bedeutung des Lebens.

18. Festival du Film Français d'Helvétie
(14.–18.9.2021)

«Prix Célestine» d'Interfilm Suisse
A GOOD MAN
Regie: Marie-Castille Mention-Schaar
Frankreich
Begründung: Die Jury würdigt, wie die Regisseurin ein existenzielles Thema sorgfältig entfaltet und dieses mit einer subtilen Bildsymbolik verknüpft. Das Werk ist spannungsreich und präzise durchkomponiert. Die Charaktere überzeugen durch ihre Authentizität, die Schauspielenden verleihen den Figuren Tiefe und Nähe. Der Film ermutigt dazu, existenzielle Fragen in einem erweiterten Horizont zu betrachten.

69. Festival Donostia San Sebastián
(17.–25.9.2021)

SIGNIS-Preis
MAIXABEL
Regie: Icíar Bollaín
Spanien
Begründung: Ein Film, der eine universelle Botschaft der Hoffnung und Versöhnung durch eine wahre Geschichte bietet, die jeden und überall bewegen kann. Der Film erinnert uns daran, dass Hass und Rache nicht das letzte Wort haben.

Lobende Erwähnung
QUIÉN LO IMPIDE
Regie: Jonas Trueba
Spanien
Begründung: Mit Bescheidenheit und Natürlichkeit bietet der Film ein kinematografisches Erlebnis der Transformation und des Wachstums für die Schauspieler, das technische Team und vor allem für den Zuschauer. Der Film hat keine Angst vor der Realität und lässt sich in ihrem Reichtum und ihrer Einzigartigkeit ausdrücken, auch bei den großen Fragen und Angelegenheiten des Lebens, die er uns zeigt.

24. Guanajuato International Film Festival
(17.–26.9.2021)

SIGNIS-Mexiko-Preis
LES GRANDES CLAQUES
Regie: Annie St-Pierre
Kanada

Lobende Erwähnung
AL-SIT
Regie: Suzannah Mirghani
Sudan/Katar

24. Religion Today Film Festival, Trento
(22.–29.9.2021)

SIGNIS-Preis (Dokumentarfilm-Sektion)
NACHBARN
Regie: Mano Khalil
Schweiz
Begründung: Die Jury wählte den Gewinnerfilm wegen der großartigen Darstellung des Geistes der Gemeinschaft und Brüderlichkeit unter den Völkern und der einfühlsamen Inszenierung des Dramas der Grenzen, oft Hindernisse für die Verwirklichung des Lebens vieler Menschen, alles durch die Augen von Kindern gesehen. Das Ergebnis ist eine Botschaft aus Syrien als Vision unserer gegenwärtigen Welt, eine Einladung, über das Problem von Millionen Flüchtlingen nachzudenken, die fliehen und gezwungen sind, ihr Land zu verlassen.

Lobende Erwähnung
OMAR VE BIZ
Regie: Maryna Er Gorbach, Mehmet Bahadir Er
Türkei
Begründung: Der Film bietet eine einfühlsame und ausgewogene Darstellung der Reise in all ihren Facetten: freie Wahl, als obligatorische Wahl, aber immer auch als Gelegenheit zur menschlichen Begegnung und Entwicklung. Der Kampf der Protagonisten um einen inneren Dialog mit sich selbst und ihrer Umwelt ist ein Aufruf zu Gefühlen der Versöhnung, der Solidarität und des Respekts füreinander und ein Weg zu Gerechtigkeit und Frieden.

Oktober

17. Zurich Film Festival
(23.9.–3.10.2021)

Ökumenischer Filmpreis der Zürcher Kirchen
LA MIF
Regie: Fred Baillif
Schweiz
Begründung: Der Film LA MIF (umgangssprachlich für «Familie») spielt in einem Heim, in dem junge Frauen aus prekären Elternhäusern eine neue Art von Gemeinschaft erleben, aber auch mit ihren unterschiedlichsten Temperamenten aufeinanderprallen. Der Film verleiht den Frauen, die sonst nicht gesehen werden, Sichtbarkeit. Er hebt mit einer dringlichen Stimme die Wichtigkeit solcher Institutionen für unsere Gesellschaft hervor. In ihnen finden die jungen Menschen trotz aller Widrigkeiten und traumatischen Erlebnissen einen sicheren Raum.

26. Internationales Filmfestival für Kinder und junges Publikum SCHLINGEL, Chemnitz
(9.-16.10.2021)

Preis der Ökumenischen Jury
MON CIRQUE À MOI
Regie: Miryam Bouchard
Kanada
Begründung: Miryam Bouchards erster Langfilm erzählt vom Erwachsenwerden, vom Einstehen für sich selbst und davon, dass es Liebe, auch die zwischen Kindern und Eltern, nicht ohne die Freiheit gibt, den anderen zu lassen, wie er ist, sein muss oder will. Erzählt wird die Geschichte des Mädchens Laura und ihres Vaters Bill. Beide reisen mit einer Clownshow umher und sind im himmelblauen Zirkuswagen gleichermaßen unterwegs und zu Hause. Wohin die Reise gehen soll, welcher Weg zu wählen ist und wo eine Zukunft gesucht wird, um diese Fragen ringen die liebevoll gezeichneten Helden dieses poetischen Films, der auf einfache Antworten und Anordnungen verzichtet. In zauberhaften Bildern, mit berührend gezeichneten Beziehungen, den Raum zwischen Komödie und Drama nutzend, schenkt uns dieser leise Film ein Panorama der Spannungsfelder des Lebens als Zirkus.

37. Internationales Filmfestival Warschau
(8.-17.10.2021)

Preis der Ökumenischen Jury
VIRGJËRESHA SHQIPTARE
Regie: Bujar Alimani
Deutschland/Belgien/Albanien/Kosovo
Begründung: Der Film erzählt vom Kampf um das Glück in einer archaischen Welt. Die Heldin erlebt schwere Prüfungen und muss ihr Glück opfern, um die zu retten, die sie liebt. Dabei wird deutlich, wie die von Männern gemachten Regeln einer patriarchalen Ordnung die Entscheidungen von Frauen bestimmt. Der Film eröffnet zuletzt einen spirituellen Weg zur Überwindung jahrhundertealter Traditionen.

Lobende Erwähnung
RINGU WANDARINGU
Regie: Masakazu Kaneko
Japan
Begründung: Ein Film wie ein Fenster, das sich in die reichhaltige Tradition und das Erbe der östlichen Welt öffnet, die ein junger Mann sucht. Der Film zeigt den Wunsch junger Menschen, anderen zu helfen, und enthüllt dabei das Geheimnis des Glücks, ein Geheimnis, das man spüren, aber weder objektivieren noch festhalten kann. Indem er menschliche Werte bewahrt, teilt und feiert, bewegt sich der Film auf einer hohen künstlerischen Ebene.

10. Festival Internacional de Cine Político, Buenos Aires
(14.-20.10.2021)

SIGNIS-Argentinien-Preis
GAZA
Regie: Andrew McConnell, Garry Keane
Irland/Kanada/Deutschland
Begründung: Dafür, dass der Film die Realität und den Kampf der Bewohner dieser palästinensischen Stadt widerspiegelt, die sie als würdevolle, empfindsame und fleißige Menschen sichtbar macht, die von einer Zukunft von Frieden und Fortschritt träumen, sich aber permanent Armut und Blockade, militärischer Besetzung und Krieg stellen müssen.

Lobende Erwähnungen
LEONIE, ACTRIZ Y ESPÍA
Regie: Annette Apon
Niederlande
Begründung: Dafür, dass der Film eine überraschende narrative Konstruktion der rätselhaften Figur einer für ihre Zeit sehr fortschrittlichen Frau unternimmt.
und
NUESTRA BANDERA NUNCA SERÁ ROJA
Regie: Pablo López Guelli
Brasilien
Begründung: Dafür, dass der Film die Möglichkeiten aufdeckt, die Realität einiger Medien durch Fake News und andere Lügen zu manipulieren.

27. Panafrican Film and Television Festival of Ouagadougou (FESPACO)
(16.-23.10.2021)

SIGNIS-Preis
FAREWELL AMOR
Regie: Msangi Ekwa
Tansania/USA
Begründung: Für die Universalität des Films, seine Aufmerksamkeit auf das Thema Umweltschutz, die Beziehung zwischen Mann und Frau, die Bildung, mit einem Wort: die Familie oder sogar der menschliche Zustand wurden mit guter Meisterschaft behandelt. Die Jury war einhellig gerührt von der Widerstandsfähigkeit dieser Familie und dem Blick auf ein Afrika, das gewinnt.

Lobende Erwähnung
THE GRAVEDIGGER'S WIFE
Regie: Khadar Ayderus Ahmed
Somalia/Finnland/Deutschland/Frankreich/Katar
Begründung: Für die gute Umsetzung der gleichen Kriterien Universalität, Umweltschutz-Fragen und Familie.

21. Internationales Filmfestival Santa Cruz FENAVID
(21.-27.10.2021)

SIGNIS-Preis (Spielfilm)
MATAR A UN MUERTO
Regie: Hugo Giménez
Paraguay
Begründung: Für eine tadellose kinematografische Erzählung und eine einfache Geschichte, die Symbolik und Metaphern enthält, und dafür, dass sie das Antlitz der längsten Militärdiktatur Südamerikas meisterhaft widerspiegelt, eine Geschichte, die für ganz Lateinamerika nicht gleichgültig ist. Hoffnung inmitten des Chaos; zwei Charaktere zeigen Menschlichkeit, sie begrüßen und schonen das Leben eines Mannes, auch wenn dies bedeutet, ihr eigenes zu gefährden.

SIGNIS-Preis (Dokumentarfilm)
VOLVERÁN LOS ABRAZOS
Regie: Jonal Cosculluela, Maritza Ceballos
Kuba

64. Internationales Filmfestival für Dokumentar- und Animationsfilm Leipzig
(25.-31.10.2021)

Preis der Interreligiösen Jury
QUE DIEU TE PROTÈGE
Regie: Cléo Cohen
Frankreich
Begründung: QUE DIEU TE PROTÈGE erkundet wunderbar filmisch die stille Weitergabe von Werten und Gefühlen der Zugehörigkeit zu einer jüdischen Familie aus dem Maghreb. In subtilen Bildern zeigt der Film,

dass individuelle Identität nie feststeht, sondern immer im Fluss ist. Mit Hilfe ihres Körpers – und besonders ihrer Haare – schildert Cléo Cohen die sich konstant verändernden Identitäten jüdischer Menschen im heutigen Frankreich. Diese Identitäten haben ihre Wurzeln teilweise in verschiedenen religiösen und kulturellen Traditionen – jüdisch, christlich oder muslimisch – und QUE DIEU TE PROTÈGE untersucht, wie Cohens Familie ihre persönlichen, vielleicht sogar widersprüchlichen Identitäten in einem faszinierenden Dialog mit ihrer Geschichte und dem kulturellen und religiösen Erbe ihres Umfelds entwickelt.

November

31. FilmFestival Cottbus – Festival des osteuropäischen Films
(2.–7.11.2021)

Preis der Ökumenischen Jury
BRIGHTON 4TH
Regie: Lewan Koguaschwili
Georgien/Bulgarien/Monaco/Russland/USA
Begründung: Ein ehemaliger georgischer Ringer reist nach Brooklyn, um seinem Sohn bei der Begleichung einer Spielschuld zu helfen. In emotional ansprechenden Bildern und einer präzisen, konzentrierten Erzählform beschreibt der Film das moralische Verhältnis eines Vaters zu seinem Sohn in einer georgischen Gemeinschaft von New York. Ein packender Film über Frieden, Respekt und Menschlichkeit in einer Gesellschaft voller struktureller Gewalt.

63. Nordische Filmtage, Lübeck
(3.–7.11.2021)

Interfilm-Preis
THE GRAVEDIGGER'S WIFE
Regie: Khadar Ayderus Ahmed
Finnland/Frankreich/Deutschland
Begründung: THE GRAVEDIGGER'S WIFE ist ein sehr warmherziger und schöner Film, der noch lange nach der Vorführung in Erinnerung bleibt. Die hervorragende visuelle Arbeit und das Sounddesign sowie die großartigen Schauspieler machen diesen Film unvergesslich. Die Geschichte führt uns in eine sehr arme somalische Familie, in der Khadar Ayderus Ahmed die wahren menschlichen Werte auf eine Weise erforscht, die universell verständlich ist und den Zuschauer nicht gleichgültig lässt. Wir sehen uns selbst in dieser Geschichte über Liebe, Freundschaft und Hoffnung. Sie zeigt einen großen Respekt vor der menschlichen Würde und eröffnet Diskussionen darüber, wie wir einander als menschliche Wesen wahrnehmen und miteinander umgehen.

Lobende Erwähnung
SOKEA MIES, JOKA EI HALUNNUT NÄHDÄ TITANICIA
Regie: Teemu Nikki
Finnland
Begründung: Der Film ermöglicht es dem Zuschauer auf einzigartige Weise, die Sichtweise behinderter Menschen auf die Welt zu verstehen. Es ist ein meisterhaft ausgeführtes Projekt, das ein großes Publikum verdient, weil es ein Sprungbrett zu mehr Empathie ist. Der Film hat einen sehr überzeugenden Hauptdarsteller. Petri Poikolainen, der an der gleichen Krankheit leidet wie seine Figur, stellt Jaakko mit Würde und Humor dar.

16. Festival de Cine Inusual, Buenos Aires
(1.–11.11.2021)

SIGNIS-Argentinien-Preis
MARA, EL VIAJE DE LA ELEFANTA
Regie: Luciano Nacci
Argentinien
Begründung: Diese Auszeichnung wird verliehen, da auf unterhaltsame Weise und mit gekonntem technischem und erzählerischem Geschick eine einfühlsame Geschichte präsentiert wird, die dazu beiträgt, menschliche Werte durch Gemeinschaft hervorzuheben. Die Überführung des Elefanten Mara aus einem Zoo in ein Naturschutzgebiet beendet eine 50-jährige Geschichte im Leben eines Tieres, das wie viele andere als Ware geboren und behandelt wurde, abgesehen von der Zuneigung seiner gelegentlichen Pfleger. Die Gefangenschaft, durch die Mara seit ihrer Geburt in Indien und über die Stationen bei verschiedenen Besitzern stets eingeschränkt war, endet paradoxerweise mit ihrer Überstellung von Buenos Aires nach Mato Grosso in voller menschlicher Abriegelung aufgrund der Covid-19-Pandemie, eine Herausforderung, die zum Nachdenken einlädt über den Willen, Handlungen auszuführen, die nicht nur den Empfänger, sondern alle Lebewesen würdigen.

17. Popoli e Religioni Terni Film Festival
(6.–14.11.2021)

SIGNIS-Preise

Wettbewerb
MATI APOSTOLIW
Regie: Sasa Buadse
Georgien
Begründung: MATI APOSTOLIW ist eine zeitgemäße und universelle Geschichte mütterlicher Liebe, die inmitten militärischer Konflikte zu einer erlösenden Kraft wird. Liebe und Entschlossenheit verwandeln die Menschen, denen Sofia begegnet, und offenbaren die Leere der zerstörerischen Gewalt angesichts der Fülle der Vergebung und des Opfers, die das Evangelium offenbart.

Lobende Erwähnung
Dokumentarfilm-Wettbewerb
L'UOMO DELLE CHIAVI, SULLA VECHIAIA
Regie: Matteo Sandrini
Italien
Begründung: Dieser leuchtende Film zeichnet das luzide Denken eines Mannes in der Fülle des Alters, eines Philosophen und eines lebensfrohen Künstlers nach, der die Schlüssel zu einem würdigen, kreativen und wohlwollenden Alter sucht.

40. Internationales Filmfestival der Filmhochschulen München
(14.–20.11.2021)

Prix Interculturel der Interfilm-Akademie
TOPLESS
Regie: Hannah Jandl
Deutschland
Begründung: Gemäß dem Sinnspruch «Kleider machen Leute» werden Schuhe von Passanten in München gefilmt, die, über ihre Schuhe befragt, von sich selbst und ihrer eigenen Sicht auf das Leben erzählen. Eine behutsame, sokratische Fragewiese, stets auf die Schuhe konzentriert, und eine teilweise ikonografische Kamera befördern den interkulturellen

Dialog. Dabei kommen die unterschiedlichsten Lebenseinstellungen, Lebenssichten der Passant:innen verschiedener Herkunft zum Ausdruck und regen geschickt die Zuschauer:innen zur eigenen Reflexion an.

24. Faludi International Film Festival, Budapest
(17.-20.11.2021)

Preis der Ökumenischen Jury
FREE FLOW
Regie: Sâm Mirhosseini
Frankreich
Begründung: FREE FLOW ist eine Geschichte von zwei Männern iranischer Herkunft, Zak und Keivan. Zak, ein französischer Staatsbürger, lebt das Leben, das Keivan will. Aber es ist ein falsches Bild, da er sich wie ein Ausgestoßener fühlt, weil er seine sterbende Mutter in seiner Heimat nicht besuchen kann. Dem Betrachter wird schnell und unwiderruflich klar, dass diejenigen, die ihre Heimat und ihre Angehörigen verlassen müssen, die Liebe und das Leben im Kampf und Schmerz leicht vergessen können.

Sâm Mirhosseini schrieb das Drehbuch, führte Regie und spielt die Hauptrolle. Zusammen mit seinem Bruder Attila Mirhosseini hat er sich der Aufgabe gestellt, diesen Zustand zu erforschen. Gibt es noch Menschlichkeit und Glauben für die Flüchtlinge, die im sogenannten zivilisierten Westeuropa aufgenommen wurden? Die Antwort von Sâm Mirhosseini auf diese biblisch und gesellschaftspolitisch aktuelle Frage ist glaubwürdig und überzeugend.

Mit seiner exzellenten künstlerischen Qualität, der präzisen Erzählstruktur und dem optimistischen und humanistischen Ansatz gibt FREE FLOW einen authentischen Einblick in die inneren Kämpfe von Einwanderern. Die visuellen und narrativen Metaphern machen die Verletzlichkeit der Flucht sehr sichtbar, regen die Debatte über das Flüchtlingssystem an und erinnern an die christliche Wahrheit des Willkommens (Mt 25,35 – «Ich war fremd und ihr habt mich aufgenommen»).

Auf diese Weise wird deutlich, dass das dargestellte Problem nur durch eine Lösung jenseits der Umstände, die es geschaffen haben, behoben werden kann.

70. Internationales Filmfestival Mannheim-Heidelberg
(11.-21.11.2021)

Preis der Ökumenischen Jury
MA NUIT
Regie: Antoinette Boulat
Frankreich/Belgien
Begründung: Die Bejahung des eigenen Lebens beginnt mit dem Nein zu den verschiedensten Angeboten fremdbestimmten Lebens. Der Weg, den die Protagonistin Marion am Geburtstag ihrer vor 5 Jahren verstorbenen Schwester Alice antritt, führt mitten ins Dunkel. Es ist das Dunkel ihrer eigenen Trauer, die sie zu einem anderen Blick auf das Leben herausfordert, einem Blick, der sich nicht von verführerischen Illusionen zum Beispiel eines Castingangebots oder ihrer Peergroup ablenken lässt.

Der Durchbruch zu einem neuen Anfang erfordert allerdings auch einen Sprung des Vertrauens – in diesem Fall hin zu einem zufälligen Weggefährten, der sich als Seelenverwandter zeigt. Das bedeutet zugleich, Nähe zuzulassen und das Wagnis des Lebens anzunehmen. All das bricht sich Bahn bei einem Sprung in die Seine, der wie ein intimes Tauferlebnis anmutet, die Leichtigkeit zulässt und Aufbruch ermöglicht. Aus dem Akzeptieren der eigenen Verletzlichkeit heraus erfolgt schließlich der Griff ins Blau des Himmels, der die Grenzen der Vergänglichkeit transzendiert und die Trauer überwindet.

Antoinette Boulat ist mit MA NUIT ein magischer Kinomoment gelungen, großartig eingelöst von einer herausragenden Lou Lampros.

25. Black Nights Film Festival Tallinn
(12.-28.11.2021)

Preis der Ökumenischen Jury
MUKAGALI
Regie: Bolat Kalimbetow
Kasachstan
Begründung: Der Preis der Estnischen Ökumenischen Jury geht an einen Film, dessen poetische Sprache und visueller Reichtum es erlauben, die sensibelsten Themen in der Sprache der menschlichen Seele zu übersetzen. Das Streben nach Schönheit und Geist erlischt nicht einmal in den tiefsten Ideologien und zerbrochenen Herzen, sondern öffnet stattdessen die Tür zur Verherrlichung wahrer spiritueller Werte.

36. Mar Del Plata International Film Festival
(18.-28.11.2021)

SIGNIS-Preis
JADDEH KHAKI
Regie: Panah Panahi
Iran
Begründung: JADDEH KHAKI unterstreicht die familiären Bindungen von Liebe, Loslösung und Tränen. Alte Bräuche treffen auf moderne Technologie. Natürlicher und schmerzhafter Synkretismus: Altes und Neues stehen in einem humanitären und notwendigerweise bewegenden Impuls nebeneinander. Die Inszenierung enthüllt die spielerischen und spirituellen Aspekte der Charaktere und die Majestät der Landschaften – eine schöne und bewegende Leistung für die Feinheit von Gefühlen und Traditionen. Die finale Sequenz ist meisterhaft und überraschend, begleitet von gut ausgewählten Liedern.

Sonderpreis zur 25-jährigen SIGNIS-Präsenz auf dem Festival
QUIÉN LO IMPIDE
Regie: Jonas Trueba
Spanien
Begründung: Fünf Jahre lang haben spanische Teenager die Kamera genutzt, um das Intimste von sich zu zeigen und unser Vertrauen in die Zukunft wiederherzustellen. In dieser Geschichte sehen wir ihre existenziellen Dilemmata, ihre emotionalen und Identitätswidersprüche. Der Film vermittelt, mit einer schönen Spontaneität, die Intelligenz, die Sensibilität und die Emotionen der Protagonisten. Er ist immer exotisch, fröhlich und unterhaltsam. Es ist ein gigantischer Film mit ehrlichen, herzlichen Zeugnissen und einer politischen Kritik an der Welt von heute.

Lobende Erwähnung
PETITE MAMAN
Regie: Céline Sciamma
Frankreich
Begründung: Meisterhaft und bewegend schildert der Film das Geheimnis der Liebe eines Mädchens zu seiner Mutter. Das Bedürfnis nach Begegnung in ihnen und der Wunsch nach Heilung ist eine Zeitreise. In dieser Verzerrung des Realen und Zeitlichen verliert der Film weder die Einfachheit

noch das Spielerische des Alltäglichen. Stattdessen zeigt er eine ebenso besondere wie universelle Welt, die uns hilft, die Tiefe der Verbindungen zu verstehen. Emotional und magisch, mit alltäglichen Details, die von Zärtlichkeit durchdrungen sind, zeigt uns der Film, wie lebendig und transzendent diese Verbindungen sind.

Dezember

18. TAFIC Tapiales International Film Festival, Buenos Aires
(3.-10.12.2021)

SIGNIS-Argentinien-Preis
CANELONES
Regie: Nicolás Mayer
Argentinien
Begründung: Für seinen aufwändigen, aus einer einfachen Handlung entwickelten Konflikt, der dazu führt, das Verhalten der Figuren zu beurteilen und den Zuschauer zur Frage zu führen, ob das Falsche manchmal gar nicht so falsch sein kann.

42. Havanna Film Festival
(3.-12.12.2021)

SIGNIS-Preis
LA VERÓNICA
Regie: Leonardo Medel
Chile

Begründung: Der Film befürwortet den Respekt vor der Würde des Menschen mit einer originellen Verwendung der kinematografischen Sprache und der Verwendung von hyperbolischem Humor, der die dunkle Seite sozialer Netzwerke und die Welt der Influencer anprangert, in der Egoismus und Eitelkeit zu einer zerreißenden Entmenschlichung führen können.

Film des Jahres der Jury der Evangelischen Filmarbeit
(Preisverleihung: 15.12.2021, Frankfurt a. M.)

KABUL, CITY IN THE WIND
Regie: Aboozar Amini
Niederlande

Internationale Filmfestspiele Berlin

71. Internationale Filmfestspiele Berlin
01.–05.03./09.–20.06.21

71. «Berlinale» (1.–5.3.2021)
Künstlerischer Leiter: Carlo Chatrian

Preise der Internationalen Jury

Bester Film («Goldener Bär»)
BAD LUCK BANGING OR LOONY PORN
Regie: Radu Jude

Großer Preis der Jury («Silberner Bär»)
WHEEL OF FORTUNE AND FANTASY
Regie: Ryusuke Hamaguchi

Preis der Jury («Silberner Bär»)
HERR BACHMANN UND SEINE KLASSE
Regie: Maria Speth

Beste Regie («Silberner Bär»)
Dénes Nagy
DAS LICHT IN DEN BIRKENWÄLDERN

Beste schauspielerische Leistung – Hauptrolle («Silberner Bär»)
Maren Eggert
ICH BIN DEIN MENSCH

Beste schauspielerische Leistung – Nebenrolle («Silberner Bär»)
Lilla Kizlinger
FOREST – I SEE YOU EVERYWHERE

Bestes Drehbuch («Silberner Bär»)
Hong Sang-Soo
INTRODUCTION

Herausragende künstlerische Leistung aus den Kategorien Kamera, Schnitt, Musik, Kostüm oder Set-Design («Silberner Bär»)
Yibrán Asuad (Montage)
EIN POLIZEI-FILM

Sektion «Encounters»

Bester Film
WIR
Regie: Alice Diop

Spezialpreis der Jury
TASTE
Regie: Le Bao

Beste Regie
DENIS CÔTÉ
SOZIALHYGIENE
und
Ramon & Silvan Zürcher
DAS MÄDCHEN UND DIE SPINNE

Lobende Erwähnung
ROCK BOTTOM RISER
Regie: Fern Silva

GWFF-Preis Bester Erstlingsfilm
THE SCARY OF SIXTY-FIRST
Regie: Dasha Nekrasova

GWFF-Preis – Lobende Erwähnung
DISTRICT TERMINAL
Regie: Bardia Yadegari, Ehsan Mirhosseini

Dokumentarfilmpreis
WIR

Dokumentarfilmpreis – Lobende Erwähnung
THE FIRST 54 YEARS – AN ABBREVIATED MANUAL FOR MILITARY OCCUPATION
Regie: Avi Mograbi

Preise der FIPRESCI-Jury

Wettbewerb
WAS SEHEN WIR, WENN WIR IN DEN HIMMEL SCHAUEN?
Regie: Aleksandre Koberidze

Encounters
DAS MÄDCHEN UND DIE SPINNE

Panorama
BROTHER'S KEEPER
Regie: Ferit Karahan

Forum
SKI
Regie: Manque La Banca

Caligari-Filmpreis 2021
A RIVER RUNS, TURNS, ERASES, REPLACES
Regie: Shengze Zhu
USA 2021

BAD LUCK BANGING OR LOONY PORN
(© Neue Visionen)

Zum 36. Mal vergab der Bundesverband Kommunale Filmarbeit am 17.6.2021 in Berlin den mit 4.000 Euro dotierten Caligari-Filmpreis an einen stilistisch wie thematisch innovativen Film aus dem Programm der «Berlinale»-Sektion Internationales Forum des jungen Films, in diesem Jahr gemeinsam mit der Europäischen Film Philharmonie. Die Preisträger erhalten 2.000 Euro, die andere Hälfte des Betrages wird für Werbemaßnahmen verwendet, um weitere Kinoaufführungen in Deutschland zu begleiten.

Begründung: A RIVER RUNS, TURNS, ERASES, REPLACES ist kein Film, der das Publikum gleich mit der ersten Einstellung mitnimmt. Die außergewöhnliche Bildgestaltung und die vielschichtige Tonebene schlagen in der Folge aber umso mehr in Bann. Der Film überzeugt durch stilistische Konsequenz: in tableauhaften, langen Totalen erfasst er die Trauer und Stagnation während und nach der Corona-Pandemie. Den Momenten der Einsamkeit und Isolation, selbst bei Feiern und inmitten von Menschenansammlungen, entspricht die Trauer und innere Leere der eingeblendeten Schriftzeichen. Über den Fluss, seine Ufer und Brücken entwirft die Regisseurin Shengze Zhu ein poetisches Bild ihrer Heimatstadt Wuhan. Steht am Anfang die Kälte der Überwachungskamera, mündet der Film nach der Verzweiflung in die Hoffnung. Künstliches Licht lässt die Stadt in Regenbogenfarben erstrahlen.

Amerikanische Filmpreise 2020 («Oscars»)

Die 93. Verleihung der «Oscars» fand am 25. April 2021 in der Union Station in Los Angeles statt. Im Jahr der «Oscar»-Verleihung werden immer Filme des Vorjahres ausgezeichnet, in diesem Fall die Filme des Jahres 2020.

Bester Film
NOMADLAND
Regie: Chloé Zhao

Beste Regie
Chloé Zhao
NOMADLAND

Beste Hauptdarstellerin
Frances McDormand
NOMADLAND

Bester Hauptdarsteller
Anthony Hopkins
THE FATHER
Regie: Florian Zeller

Beste Nebendarstellerin
Youn Yuh-jung
MINARI
Regie: Lee Isaac Chung

Bester Nebendarsteller
Daniel Kaluuya
JUDAS AND THE BLACK MESSIAH
Regie: Shaka King

Bestes Originaldrehbuch
Emerald Fennell
PROMISING YOUNG WOMAN
Regie: Emerald Fennell

Bestes adaptiertes Drehbuch
Christopher Hampton, Florian Zeller
THE FATHER

Beste Kamera
Erik Messerschmidt
MANK
Regie: David Fincher

Bestes Produktionsdesign
Donald Graham Burt, Jan Pascale
MANK

Bestes Kostümdesign
Ann Roth
MA RAINEY'S BLACK BOTTOM
Regie: George C. Wolfe

Bester Schnitt
Mikkel E. G. Nielsen
SOUND OF METAL
Regie: Darius Marder

Beste Filmmusik
Trent Reznor, Atticus Ross, Jon Batiste
SOUL
Regie: Pete Docter, Kemp Powers

Bester Filmsong
H.E.R., Dernst Emile II, Tiara Thomas
für «Fight for You»
JUDAS AND THE BLACK MESSIAH

Bestes Make-up / Beste Frisuren
Sergio Lopez-Rivera, Mia Neal, Jamika Wilson
MA RAINEY'S BLACK BOTTOM

Bester Ton
Nicolas Becker, Jaime Baksht, Michelle Couttolenc, Carlos Cortés, Phillip Bladh
SOUND OF METAL

Beste visuelle Effekte
Andrew Jackson, David Lee, Andrew Lockley, Scott Fisher

NOMADLAND (© Walt Disney Company)

TENET
Regie: Christopher Nolan

Bester internationaler Film
Der Rausch
Regie: Thomas Vinterberg
Dänemark

Bester Dokumentarfilm
MEIN LEHRER, DER KRAKE
Regie: Pippa Ehrlich, James Reed

Bester Animationsfilm
SOUL

Bester Kurzfilm
IF ANYTHING HAPPENS I LOVE YOU
Regie: Michael Govier, Will McCormack

Bester Dokumentarkurzfilm
COLETTE
Regie: Anthony Giacchino

Bester animierter Kurzfilm
TWO DISTANT STRANGERS
Regie: Travon Free, Martin Desmond Roe

Ehrenpreisträger
Motion Picture and Television Fund
Tyler Perry, amerikanischer Filmemacher

Bayerischer Filmpreis 2020

Zum 42. Mal verliehen am 28. April 2021 in München

Produzentenpreis
Tobias Walker, Philipp Worm
SCHACHNOVELLE

Dokumentarfilmpreis
SCHLINGENSIEF – IN DAS SCHWEIGEN HINEINSCHREIEN
Bettina Böhler

Kinder- und Jugendfilmpreis
JIM KNOPF UND DIE WILDE 13
Christian Becker

Animationsfilmpreis
DIE HEINZELS – RÜCKKEHR DER HEINZELMÄNNCHEN
Dirk Beinhold

SCHACHNOVELLE (© StudioCanal)

Regiepreis
Tim Fehlbaum
TIDES

und
Julia von Heinz
UND MORGEN DIE GANZE WELT

Nachwuchsregiepreis
Leonie Krippendorff
KOKON

Beste Darstellerin
Nilam Farooq
CONTRA

Bester Darsteller
Oliver Masucci
ENFANT TERRIBLE, SCHACHNOVELLE

Beste Nachwuchsdarstellerin
Lena Urzendowsky
KOKON

Bester Nachwuchsdarsteller
Farba Dieng, Julius Nitschkoff
TOUBAB

Bestes Drehbuch
Michael Bully Herbig, Marcus H. Rosenmüller, Ulrich Limmer
DER BOANDLKRAMER UND DIE EWIGE LIEBE

Beste Bildgestaltung
Markus Förderer
TIDES

Sonderpreis
Trixter GmbH
DIE KÄNGURU-CHRONIKEN

Ehrenpreis des Bayerischen Ministerpräsidenten
Martina Gedeck

■ Internationale Filmfestspiele Cannes

74. Internationale Filmfestspiele Cannes
6.–17.7.2021

Preise der Internationalen Jury

Bester Film («Goldene Palme»)
TITANE
Regie: Julia Ducournau

Großer Preis der Jury
COMPARTMENT NO. 6
Regie: Juho Kuosmanen
und
A HERO
Regie: Asghar Farhadi

Preis der Jury
AHEDS KNIE
Regie: Nadav Lapid
und
MEMORIA
Regie: Apichatpong Weerasethakul

Beste Regie
Léos Carax
ANNETTE

Beste Darstellerin
Renate Reinsve
THE WORST PERSON IN THE WORLD

Bester Darsteller
Caleb Landry Jones
NITRAM

Bestes Drehbuch
Ryusuke Hamaguchi, Oe Takamasa
DRIVE MY CAR

Bester Debütfilm («Caméra d'or»)
MURINA
Regie: Antoneta Alamat Kusijanovic

«Prix Vulcain de l'artiste technicien»
Wladislaw Opeljants (Kamera)
PETROV'S FLU

Kurzfilmwettbewerb

Bester Kurzfilm («Goldene Palme»)
TIAN XIA WU YA
Regie: Tang Yi

Lobende Erwähnung
CÉU DE AGOSTO
Regie: Jasmin Tenucci

«Un Certain Regard»

Hauptpreis
UNCLENCHING THE FISTS
Regie: Kira Kowalenko

Preis der Jury
GROSSE FREIHEIT
Regie: Sebastian Meise

Ensemble-Preis
BONNE MÈRE
Regie: Hafsia Herzi

TITANE (© Koch Media)

Courage-Preis
LA CIVIL
Regie: Teodora Ana Mihai

Originalitäts-Preis
LAMB
Regie: Valdimar Jóhannsson

Lobende Erwähnung
NOCHE DE FUEGO
Regie: Tatiana Huezo

Semaine de la critique

Großer Preis
FEATHERS
Regie: Omar El Zohairy

«Prix Fondation Louis Roederer» (Nachwuchspreis)
Sandra Melissa Toures
AMPARO
Regie: Simón Mesa Soto

«Prix Découverte Leica Cine» (Kurzfilm)
DUO LI
Regie: Zou Jing

«Prix Fondation Gan»
RIEN À FOUTRE
Regie: Julie Lecoustre, Emmanuel Marre

«Prix SACD»
Elie Grappe, Raphaëlle Desplechin
OLGA
Regie: Elie Grappe

«Prix Canal+» (Kurzfilm)
BRUTALIA, JOURS DE LABEUR
Regie: Manolis Mavris

Weitere Preise

Preis der Ökumenischen Jury
DRIVE MY CAR
Regie: Ryusuke Hamaguchi

Lobende Erwähnung
COMPARTMENT NO. 6

FIPRESCI-Preis

Wettbewerbsfilm
DRIVE MY CAR

Film «Un certain regard»
UN MONDE
Regie: Laura Wandel

Film «Quinzaine des réalisateurs» /
«Semaine de la critique»
FEATHERS

«L'oeil d'or-Prix» (Bester Dokumentarfilm)
A NIGHT OF KNOWING NOTHING
Regie: Payal Kapadia

Lobende Erwähnung
BABI YAR. CONTEXT
Regie: Sergej Loznitsa

Quinzaine des réalisateurs – «Prix SACD» (Bester französischer Film)
OLGA

«Europa Cinema Label Award»
A CHIARA
Regie: Jonas Carpignano

Ehrenpreis «Goldene Palme»
Marco Bellocchio
Jodie Foster

■ Internationale Filmfestspiele Locarno

**74 Locarno Film Festival
4–14 | 8 | 2021**

74. Locarno Festival
4.–14.8.2021
Künstlerischer Leiter: Giona A. Nazzaro

Internationaler Wettbewerb

Großer Preis («Goldener Leopard»)
VENGEANCE IS MINE, ALL OTHERS PAY CASH
Regie: Edwin

Spezialpreis der Jury
JIAO MA TANG HUI
Regie: Jiongjiong Qiu

Beste Regie
Abel Ferrara
ZEROS AND ONES

Beste Darstellerin
Anastasija Krasowskaja
GERDA

Bester Darsteller
Mohamed Mellali, Valero Escolar
SIS DIES CORRENTS

Lobende Erwähnung
ESPÍRITU SAGRADO
Regie: Chema García Ibarra

und
SOUL OF A BEAST
Regie: Lorenz Merz

«Concorso Cineasti del presente»

Cineasti del presente – Premio Nescens («Goldener Leopard»)
BROTHERHOOD
Regie: Francesco Montagner

Spezialpreis der Jury Ciné+
L'ÉTÉ L'ÉTERNITÉ
Regie: Émilie Aussel

Beste Nachwuchsregie
HLEB PAPOU
IL LEGIONARIO

«Debütfilm»
Swatch First Feature Award (Bester Debütfilm)
SHE WILL
Regie: Charlotte Colbert

Besondere Erwähnung
AGIA EMI
Regie: Araceli Lemos

Preise der unabhängigen Jurys

FIPRESCI-Preis (Preis der internationalen Filmkritik)
PARADIS SALE
Regie: Bertrand Mandico

VENGEANCE IS MINE, ALL OTHERS PAY CASH (© Palari Films)

Preis der Ökumenischen Jury
SOUL OF A BEAST

Europa Cinemas Label
SIS DIES CORRENTS

Preis SRG SSR /
Semaine de la critique
THE BALCONY MOVIE
Regie: Paweł Łoziński

Preis Zonta Club Locarno
NÄIN PILVET KUOLEVAT
Regie: Tuija Halttunen

Spezialpreise

Vision Award
Phil Tippett

Leopard Club Award
Kasia Smutniak

Lebenswerk
Dario Argento

Internationale Filmfestspiele Venedig

78. Internationales Filmfestival Venedig
1.–11.9.2021
Direktor des Festivals: Alberto Barbera

Internationale Jury

Bester Film («Goldener Löwe»)
Das Ereignis
Regie: Audrey Diwan

Großer Preis der Jury («Silberner Löwe»)
The Hand of God
Regie: Paolo Sorrentino

Spezialpreis der Jury
Il Buco
Regie: Michelangelo Frammartino

Beste Regie («Silberner Löwe»)
Jane Campion
The Power of the Dog

Beste Darstellerin («Coppa Volpi»)
Penélope Cruz
Parallele Mütter

Bester Darsteller («Coppa Volpi»)
John Arcilla
On the Job: The Missing 8

Bestes Drehbuch
Maggie Gyllenhaal
Frau im Dunkeln

Marcello-Mastroianni-Preis (Beste/r Nachwuchsdarsteller/in)
Filippo Scotti
The Hand of God

«Löwe für die Zukunft – Luigi De Laurentiis»-Preis für den Besten Debütfilm
Imaculat
Regie: Monica Stan, George Chiper-Lillemark

«Orizzonti»-Preise

Premio Orizzonti – Bester Film
Piligrimai
Regie: Laurynas Bareiša

Jury-Spezialpreis
El Gran Movimiento
Regie: Kiro Russo

Beste Regie
Eric Gravel
À plein temps

Beste Darstellerin
Laure Calamy
À plein temps

Bester Darsteller
Piseth Chhun
Bodeng sar

Bestes Drehbuch
Péter Kerekes, Ivan Ostrochovský
107 Mothers

Bester Kurzfilm
Los Huesos
Regie: Cristóbal León, Joaquín Cociña

Das Ereignis (© Prokino)

Venedigs Kurzfilm-Nominierung für den EUROPEAN FILM AWARD 2021
Fall of the Ibis King
Regie: Josh O'Caoimh, Mikai Geronimo

Unabhängige Jurys

Preis der internationalen katholischen Filmorganisation SIGNIS
Un autre monde
Regie: Stéphane Brizé

Lobende Erwähnung SIGNIS
The Hand of God

FIPRESCI-Preis

Wettbewerb
Das Ereignis

Nebenreihen
Zalava
Regie: Arsalan Amiri

«Goldener Löwe» für ein Lebenswerk
Roberto Benigni
Jamie Lee Curtis

Internationales Filmfestival San Sebastián

69. Festival Donostia San Sebastián
17.–25.9.2021
Direktor des Festivals: José Luis Rebordinos

Großer Preis («Goldene Muschel»)
Blue Moon
Regie: Alina Grigore

Spezialpreis der Jury
Earwig
Regie: Lucile Hadzihalilovic

Blue Moon (© Inlight Center)

Beste Regie («Silberne Muschel»)
Tea Lindeburg
Du som er i himlen

Beste schauspielerische Leistung –
Hauptrolle
Jessica Chastain
THE EYES OF TAMMY FAYE

und

Flora Ofelia Hofmann Lindahl
DU SOM ER I HIMLEN

Beste schauspielerische Leistung –
Nebenrolle
Ensemble
QUIÉN LO IMPIDE

Jury-Preis Bestes Drehbuch
Terence Davies
BENEDICTION

Jury-Preis Beste Kamera
Claire Mathon
ENQUÊTE SUR UN SCANDALE D'ÉTAT

Kutxabank – Nachwuchsregie-Preis
Lena Lanskih
NICH'JA

Nachwuchsregie-Preis –
Besondere Erwähnung
Silvina Schnicer, Ulises Porra
CARAJITA

Horizontes-Preis
Noche de fuego
Regie: Tatiana Huezo

FIPRESCI-Preis
QUIÉN LO IMPIDE
Regie: Jonás Trueba

SIGNIS-Preis
MAIXABEL
Regie: Icíar Bollaín

SIGNIS-Preis – Besondere
Erwähnung
QUIÉN LO IMPIDE

Ehrenpreis
Marion Cotillard
Johnny Depp

Deutscher Filmpreis 2021

Zum 71. Mal verliehen am 1. Oktober
2021 in Berlin

Bester Spielfilm, Filmpreis in Gold
ICH BIN DEIN MENSCH
Regie: Maria Schrader

Bester Spielfilm, Filmpreis in Silber
**FABIAN ODER DER GANG VOR DIE
HUNDE**
Regie: Dominik Graf

Bester Spielfilm, Filmpreis in Bronze
**CURVEBALL – WIR MACHEN DIE
WAHRHEIT**
Regie: Johannes Naber

Bester Dokumentarfilm
HERR BACHMANN UND SEINE KLASSE
Regie: Maria Speth

Bester Kinderfilm
DIE ADERN DER WELT
Regie: Byambasuren Davaa

Beste Regie
Maria Schrader
ICH BIN DEIN MENSCH

Bestes Drehbuch
Jan Schomburg, Maria Schrader
ICH BIN DEIN MENSCH

Beste weibliche Hauptrolle
Maren Eggert
ICH BIN DEIN MENSCH

Beste männliche Hauptrolle
Oliver Masucci
ENFANT TERRIBLE

Beste weibliche Nebenrolle
Lorna Ishema
IVIE WIE IVIE

Beste männliche Nebenrolle
Thorsten Merten
CURVEBALL – WIR MACHEN DIE WAHRHEIT

Beste Kamera / Bildgestaltung
Hanno Lentz
FABIAN ODER DER GANG VOR DIE HUNDE

Bester Schnitt
Claudia Wolscht
FABIAN ODER DER GANG VOR DIE HUNDE

Bestes Szenenbild
Julian R. Wagner
TIDES

Bestes Kostümbild
Tanja Hausner
SCHACHNOVELLE

ICH BIN DEIN MENSCH (© Majestic)

Bestes Maskenbild
Sabine Schumann
TIDES

Beste Filmmusik
Lorenz Dangel
TIDES

Beste Tongestaltung
Pascal Capitolin, Richard Borowski
A SYMPHONY OF NOISE

Beste Visuelle Effekte & Animation
Denis Behnke
TIDES

Ehrenpreis für herausragende
Verdienste um den deutschen Film
Senta Berger

Besucherstärkster Film
NIGHTLIFE

Hessischer Filmpreis 2021

Zum 32. Mal verliehen am 22. Oktober 2021 in Offenbach

Bester Spielfilm
LE PRINCE
Regie: Lisa Bierwirth

Bester Dokumentarfilm
THE OTHER SIDE OF THE RIVER
Regie: Antonia Kilian

Bester Kurzfilm
DER LOKFÜHRER
Regie: Zuniel Kim, Christian Wittmoser

Hochschulfilmpreis
DIE KAFKA-KONFERENZ
Regie: Tobias Sauer

Ehrenpreis des Hessischen Ministerpräsidenten
Volker Schlöndorff

Newcomerpreis
Aliaksei Paluyan

LE PRINCE (© Port-au-Prince)

Hessischer Fernsehpreis

Beste Schauspielerin
Britta Hammelstein
HEUTE STIRBT HIER KAINER

Bester Schauspieler
Jens Harzer
RUHE! HIER STIRBT LOTHAR

Internationales Filmfestival Mannheim-Heidelberg

70. Filmfestival Mannheim-Heidelberg
11.–21.11.2021
Leiter des Festivals: Sascha Keilholz

Beste Regie (International Newcomer Award)
Michelangelo Frammartino
IL BUCO

Bestes Drehbuch (Rainer Werner Fassbinder Award)
Julie Lecoustre, Emmanuel Marre
RIEN À FOUTRE

Lobende Erwähnung
HARUHARA-SAN'S RECORDER
Regie: Kyoshi Sugita

FIPRESCI-Preis
THE SLEEPING NEGRO
Regie: Skinner Myers

IL BUCO (© Coproduction Office)

Preis der Ökumenischen Jury
MA NUIT
Regie: Antoinette Boulat

Europäischer Filmpreis 2021

Zum 34. Mal verliehen am 11. Dezember 2021 in Berlin

Europäischer Film des Jahres
QUO VADIS, AIDA?
Regie: Jasmila Žbanić

Europäischer Dokumentarfilm
FLEE
Regie: Jonas Poher Rasmussen

Europäischer Animationsfilm
FLEE

Europäische Komödie
NINJABABY
Regie: Yngvild Sve Flikke

Europäischer Kurzfilm
MY UNCLE TUDOR
Regie: Olga Lukownikowa

QUO VADIS, AIDA? (© Deblokada / Christine A. Maier)

Europäische Entdeckung (Erstlingswerk) – Prix FIPRESCI
PROMISING YOUNG WOMAN
Regie: Emerald Fennell

Europäische Regiearbeit
Jasmila Žbanić
Quo vadis, Aida?

Europäische Schauspielerin
Jasna Đuričić
Quo vadis, Aida?

Europäischer Schauspieler
Anthony Hopkins
The Father

Europäisches Drehbuch
Florian Zeller, Christopher Hampton
The Father

Europäische Kamera – Prix Carlo di Palma
Crystel Fournier
Grosse Freiheit

Europäischer Schnitt
Mucharam Kabulowa
Unclenching the Fists

Europäisches Szenenbild
Márton Ágh
Das Licht in den Birkenwäldern

Europäisches Kostümbild
Michael O'Connor
Ammonite

Europäische Make-Up- und Frisurengestaltung
Flore Masson, Olivier Afonso, Antoine Mancini
Titane

Europäische Filmmusik
Nils Petter Molvaer, Peter Brötzmann
Grosse Freiheit

Europäisches Sounddesign
Gisle Tveito, Gustaf Berger
De Uskyldige

Europäische Visuelle Effekte
Peter Hjorth, Fredrik Nord
Lamb

Europäischer Preis für innovatives Storytelling
Steve McQueen
Small Axe

Europäischer Co-Produzentenpreis
Prix EURIMAGES
Maria Ekerhovd

European Film Academy Award für ein Lebenswerk
Márta Mészáros

Europäischer Beitrag zum Weltkino
Susanne Bier

European University Film Award
Flee

Preis der Deutschen Filmkritik 2021

Der Preis der deutschen Filmkritik wurde vom Verband der deutschen Filmkritik am 9.2.2022 in Berlin vergeben.

Bester Spielfilm
The Trouble with Being Born
Regie: Sandra Wollner

Bestes Spielfilmdebüt
Neubau
Regie: Johannes Maria Schmit

Bester Kinderfilm
Sommer-Rebellen
Regie: Martina Saková

Beste Darstellerin
Ursula Strauss
Le Prince
Regie: Lisa Bierwirth

Bester Darsteller
Eugene Boateng
Borga
Regie: York-Fabian Raabe

Bester Dokumentarfilm
Zustand und Gelände
Regie: Ute Adamczewski

Bestes Drehbuch
Ramon & Silvan Zürcher
Das Mädchen und die Spinne
Regie: Ramon & Silvan Zürcher

Beste Kamera
Timm Kröger
The Trouble with Being Born

Beste Musik
John Gürtler, Jan Miserre
A Pure Place
Regie: Nikias Chryssos

Bester Schnitt
Ramon Zürcher, Katharina Bhend
Das Mädchen und die Spinne

The Trouble with Being Born (© eksystent)

Bester Experimentalfilm
Elle
Regie: Luise Donschen

Bester Kurzfilm
I Want to Return Return Return
Regie: Elsa Rosengren

Ehrenpreis
Dore O.

■ Internationale Filmfestspiele Berlin

72. «Berlinale»
10.–20.2.2022
Künstlerischer Leiter: Carlo Chatrian

Preise der Internationalen Jury

Bester Film («Goldener Bär»)
ALCARRÀS
Regie: Carla Simón

Großer Preis der Jury («Silberner Bär»)
SO-SEOL-GA-UI YEONG-HWA
Regie: Hong Sang-soo

Preis der Jury («Silberner Bär»)
ROBE OF GEMS
Regie: Natalia López Gallardo

Beste Regie («Silberner Bär»)
Claire Denis
AVEC AMOUR ET ACHARNEMENT

Beste schauspielerische Leistung in einer Hauptrolle («Silberner Bär»)
Meltem Kaptan
RABIYE KURNAZ GEGEN GEORGE W. BUSH

Beste schauspielerische Leistung in einer Nebenrolle («Silberner Bär»)
Laura Basuki
NANA

Bestes Drehbuch («Silberner Bär»)
Laila Stieler
RABIYE KURNAZ GEGEN GEORGE W. BUSH

Herausragende künstlerische Leistung («Silberner Bär»)
Rithy Panh, Sarit Mang/Konzeption und Realisation
EVERYTHING WILL BE OK

Lobende Erwähnung
DRII WINTER
Regie: Michael Koch

Sektion «Encounters»

Bester Film
MUTZENBACHER
Regie: Ruth Beckermann

Spezialpreis der Jury
À VENDREDI, ROBINSON
Regie: Mitra Farahani

Beste Regie
Cyril Schäublin
UNRUEH

GWFF-Preis bester Erstlingsfilm
SONNE
Regie: Kurdwin Ayub

Dokumentarfilmpreis
MYANMAR DIARIES
Regie: The Myanmar Film Collective

Dokumentarfilmpreis – Lobende Erwähnung
NO U-TURN
Regie: Ike Nnaebue

Preise der FIPRESCI-Jury

Wettbewerb
LEONORA ADDIO
Regie: Paolo Taviani

Encounters
COMA
Regie: Bertrand Bonello

Panorama
BETTINA
Regie: Lutz Pehnert

Forum
SUPER NATURAL
Regie: Jorge Jácome

Preise der ökumenischen Jury

Wettbewerb
UN AÑO, UNA NOCHE
Regie: Isaki Lacuesta

Panorama
KLONDIKE
Regie: Maryna Er Gorbach

Forum
GEOGRAPHIES OF SOLITUDE
Regie: Jacquelyn Mills

Preis der Gilde Deutsche Filmkunsttheater
RABIYE KURNAZ GEGEN GEORGE W. BUSH
Regie: Andreas Dresen

CICAE Art Cinema Award

Panorama
PRODUKTY 24
Regie: Michael Borodin

Forum
GEOGRAPHIES OF SOLITUDE

Label Europa Cinemas
BERDREYMI
Regie: Guðmundur Arnar Guðmundsson

Friedensfilmpreis
SAB CHANGE SI
Regie: Teresa A. Braggs

Amnesty International Filmpreis
MYANMAR DIARIES

Goldener Ehrenbär
Isabelle Huppert

Caligari-Filmpreis 2022

GEOGRAPHIES OF SOLITUDE
Regie: Jacquelyn Mills
Kanada

Zum 37. Mal vergab der Bundesverband Kommunale Filmarbeit am 17.2.2022 in Berlin den mit 4.000 Euro dotierten Caligari-Filmpreis an einen stilistisch wie thematisch innovativen Film aus dem Programm der «Berlinale»-Sektion Internationales Forum des jungen Films, gemeinsam mit www.filmdienst.de. Die Preisträger erhalten 2.000 Euro, die andere Hälfte des Betrages wird für Werbemaßnahmen verwendet, um weitere Kinoaufführungen in Deutschland zu begleiten.

Begründung: Ein schillernder Käfer, der sich seinen Weg durch die Sanddünen ertastet, die sanften Bewegungen der Gräser im Wind, ein strahlender Sternenhimmel ohne Lichtsmog der Stadt: Jacquelyn Mills' lyrische 16-Millimeter-Filmaufnahmen öffnen unsere Sensibilität für den Beziehungsreichtum der materiellen Welt. Sie lässt unsere Sinne teilhaben am Werden und Vergehen des Lebens und zieht uns hinein in das komplexe Zusammenspiel einer Ökologie.

Der Film begleitet die Forscherin Zoe Lucas, die seit vielen Jahren allein auf der sonst unbewohnten Sable Island vor der Küste Kanadas lebt und mit großer Hingabe die Spuren jedes Lebewesens dokumentiert. Ebenso verzeichnet sie rigoros die Belastung der Umwelt durch Plastikmüll, der in erschreckenden Mengen an die Ufer der Insel gespült und von der Forscherin in minutiöser Arbeit aufgelesen wird. Dabei schafft Mills mehr als ein intimes Porträt, sie erforscht zugleich in experimenteller Weise die Empfindsamkeit des filmischen Materials im Kontakt mit seiner Umgebung. In diesen außergewöhnlichen Figurationen von Erfahrung wird eine aufdringliche Schönheit spürbar, die zur Verantwortung für die Welt aufruft.

Weitere Festivalpreise 2021

42. Festival «Max Ophüls Preis»
(17.–24.1.2021)

«Max Ophüls Preis»: Bester Spielfilm
BORGA
Regie: York-Fabian Raabe

Filmpreis der saarländischen Ministerpräsidentin: Beste Regie
Arman T. Riahi
FUCHS IM BAU

Bester Dokumentarfilm
STOLLEN
Regie: Laura Reichwald

Gesellschaftlich relevanter Film
BORGA
Eugene Boateng (Ass. Producer & Schauspiel)

Bester mittellanger Film
TALA'VISION
Regie: Murad Abu Eisheh

Bester Kurzfilm
FISCHE
Regie: Raphaela Schmid

Fritz-Raff-Drehbuchpreis
Arman T. Riahi
FUCHS IM BAU

Bester Schauspielnachwuchs
Sara Fazilat
NICO
und
Jonas Holdenrieder
TRÜBE WOLKEN

BORGA (© Chromosom Film/Tobias von dem Borne)

Beste Musik in einem Dokumentarfilm
Dascha Dauenhauer, Alison Kuhn
THE CASE YOU

Preis der Ökumenischen Jury
BORGA

67. Internationale Kurzfilmtage Oberhausen
(1.-10.5.2021)

Großer Preis der Stadt Oberhausen
TOUMEI NA WATASHI
Regie: Yuri Muraoka

Hauptpreis Internationaler Wettbewerb
8'28
Regie: Su Zhong

Lobende Erwähnungen
MORE WOMAN, MORE CRY
Regie: Anne Haugsgjerd

und

SENSORY OVERLOAD
Regie: Ganza Moise

Hauptpreis Deutscher Wettbewerb
PROLL!
Regie: Adrian Figueroa

Preis der Jury des Ministeriums für Kultur und Wissenschaft des Landes Nordrhein-Westfalen
A TERRA DE NÃO RETORNO
Regie: Patrick Mendes

Lobende Erwähnungen
BEFORE THE FALL THERE WAS NO FALL. EPISODE 02: SURFACES
Regie: Anna Dasović

und

DIVIDED BY LAW
Regie: Katie Davies, Emma Agusita

Preis der Internationalen Filmkritik (FIPRESCI-Preis)
(IF YOUR BAIT CAN SING THE WILD ONE WILL COME) LIKE SHADOWS THROUGH LEAVES
Regie: Lucy Davis

TOUMEI NA WATASHI (© Internationale Kurzfilmtage Oberhausen)

Preis der Ökumenischen Jury
ZOOM SUR LE CIRQUE
Regie: Dominique Margot

Preis der Ökumenischen Jury – Lobende Erwähnung
NGA'I NANG
Regie: Ngima Gelu Sherpa

ZONTA-Preis
OCTAVIA'S VISIONS
Regie: Zara Zandieh

3sat-Nachwuchspreis
GENOSSE TITO, ICH ERBE
Regie: Olga Kosanović

3sat-Nachwuchspreis – Lobende Erwähnung
SHINE AND FRUSTRATION
Regie: Shira Orion

64. Internationales Festival für Dokumentar- und Animationsfilme Leipzig
(25.10.–31.10.2021)

«Goldene Taube» Internationaler Wettbewerb (Langfilm)
YE YE HE FU QIN
Regie: Wei Deng

YE YE HE FU QIN (© Wei Deng)

Lobende Erwähnung – Internationaler Wettbewerb (Langfilm)
REPUBLIC OF SILENCE
Regie: Diana El Jeiroudi

«Silberne Taube» (Nachwuchspreis) Internationaler Wettbewerb (Langfilm)
BUKOLIKA
Regie: Karol Pałka

Lobende Erwähnung – Internationaler Wettbewerb (Langfilm)
AMONG US WOMEN
Regie: Sarah Noa Bozenhardt, Daniel Abate Tilahun

«Goldene Taube» Internationaler Wettbewerb (Kurzfilm)
ABISAL
Regie: Alejandro Alonso
und
FIGURY NIEMOŻLIWE I INNE HISTORIE I
Regie: Marta Pajek

Lobende Erwähnung – Internationaler Wettbewerb (Kurzfilm)
TELLURIAN DRAMA
Regie: Riar Rizaldi

«Goldene Taube» Deutscher Wettbewerb
A SOUND OF MY OWN
Regie: Rebecca Zehr

«Silberne Taube» Deutscher Wettbewerb
PINK MAO
Regie: Tang Han

ver.di-Preis für Solidarität, Menschlichkeit und Fairness
NASIM
Regie: Ole Jacobs, Arne Büttner

DEFA-Förderpreis Deutscher Dokumentarfilm
NASIM

Dokumentarfilmpreis des Goethe-Instituts
REPUBLIC OF SILENCE

MDR-Filmpreis für einen herausragenden osteuropäischen Film
THE BALCONY MOVIE
Regie: Paweł Łoziński

Preis der Interreligiösen Jury
QUE DIEU TE PROTÈGE
Regie: Cléo Cohen

FIPRESCI-Preis
PAROLES DE NÈGRES
Regie: Sylvaine Dampierre

63. Nordische Filmtage Lübeck
(3.-7.11.2021)

NDR Filmpreis
THE GRAVEDIGGER'S WIFE
Regie: Khadar Ayderus Ahmed

Bestes Spielfilmdebüt
COP SECRET
Regie: Hannes Þór Halldórsson

Baltischer Filmpreis
SOKEA MIES, JOKA EI HALUNNUT NÄHDÄ TITANICIA
Regie: Teemu Nikki

Dokumentarfilmpreis
ARICA
Regie: William Johansson Kalén, Lars Edman

Kinder- und Jugendfilmpreis
NELLY RAPP – MONSTERAGENTIN
Regie: Amanda Adolfsson

Kirchlicher Filmpreis INTERFILM
THE GRAVEDIGGER'S WIFE

THE GRAVEDIGGER'S WIFE (© Bufo)

Lobende Erwähnung
SOKEA MIES, JOKA EI HALUNNUT NÄHDÄ TITANICIA

31. Filmfestival Cottbus
(2.-7.11.2021)

Hauptpreis für den Besten Film
107 MOTHERS
Regie: Péter Kerekes

Spezialpreis für die Beste Regie
Jan P. Matuszyński
LEAVE NO TRACES

Bester Debütfilm
SARDUNY
Regie: Çagil Bocut

Preis für eine herausragende darstellerische Einzelleistung
Lewan Tediaschwili
BRIGHTON 4TH

DIALOG – Preis für die Verständigung zwischen den Kulturen
ZGJOI
Regie: Blerta Basholli

Preis der Internationalen Filmkritik (FIPRESCI-Preis)
BRIGHTON 4TH
Regie: Lewan Koguaschwili

Preis der Ökumenischen Jury
BRIGHTON 4TH

107 MOTHERS (© Primary)

■ Register der Regisseurinnen und Regisseure

A

Abrahamson, Lenny
The Little Stranger, 2018
Açiktan, Ozan
Der letzte Sommer, 2021
Adamczewski, Ute
Zustand und Gelände, 2019
Adler, Yuval
The Secrets We Keep – Schatten der Vergangenheit, 2020
Afolayan, Kunle
Swallow, 2021
Agüero, Pablo
Tanz der Unschuldigen, 2020
Aguilar, Paco
Hope Ranch, 2020
Ahn, Andrew
Driveways, 2019
Aitken, Sally
Die Freundin der Haie, 2021
Aja, Alexandre
Oxygen, 2021
Alcalá, Manuel
Red Privada: Wer hat Manuel Buendía umgebracht?, 2021
Alfredson, Tomas
Die Jönsson Bande, 2020
Allah, Khalik
Black Mother, 2018
Allyn, Cathy
Ihr Wille geschehe – Die Geschichte eines Abtreibungsurteils, 2021
Almström, Alexis
Winterbucht, 2021
Alonso, Lisandro
Jauja, 2014
Alves, Ruben
Miss Beautiful, 2020
Amari, Raja
Ghofrane – Eine Frau im tunesischen Frühling, 2020
Amini, Aboozar
Kabul, City in the Wind, 2018
Andereggen, Viviane
Tatort – Schoggiläbe, 2020
Anderson, Paul W. S.
Monster Hunter, 2020
Anderson, Wes
The French Dispatch, 2019
Andreu, Pepe
Lobster Soup – Das entspannteste Café der Welt, 2020
Antonaccio, Bernardo
Unsichtbare Bedrohung – In the Quarry, 2019
Antonaccio, Rafael
Unsichtbare Bedrohung – In the Quarry, 2019
Apel, Niko
Wir sind alle deutsche Juden, 2020
Appel, Alex
Moderne Verführung, 2020
Appelhans, Chris
Der Wunschdrache, 2021
Arbid, Danielle
Passion Simple, 2020
Arsenishvili, Vano
Der Fluch des Tunnels, 2019

Arteta, Miguel
Yes Day, 2021
Arthus-Bertrand, Yann
Woman – 2000 Frauen. 50 Länder. 1 Stimme., 2019
Assayas, Olivier
Liebe Last Lust, 2000
Atef, Emily
Jackpot, 2020
Attal, Douglas
Wie ich ein Superheld wurde, 2020
Augustin, Lukas
Slahi und seine Folterer, 2021
Aun, Anu
Weihnachten im Zaubereulenwald, 2019
Aurel
Josep, 2020
Ayer, David
The Tax Collector, 2020
Ayr, Ivan
Milestone, 2020

B

Bach, Christian
Polizeiruf 110 – Monstermutter, 2020
Bahrani, Ramin
Der weisse Tiger, 2020
Baier, Wiltrud
Narren, 2019
Bailey-Bond, Prano
Censor, 2021
Bak, Jonas
Wood and Water, 2021
Balagueró, Jaume
Crime Game, 2021
Balmès, Thomas
Sing Me a Song, 2019
Balthasar, Christiane
Bring mich nach Hause, 2021
Bamiro, Yemi
One Man & His Shoes, 2020
Bangalter, Thomas
Daft Punk's Electroma, 2006
Banks Griffin, Alistair
Stunde der Angst, 2019
Barbakow, Max
Palm Springs, 2020
Baric, Dalibor
Accidental Luxuriance of the Translucent Watery Rebus, 2020
Barion, Marcel
Das letzte Land, 2017
Baronnet, Marie
Amexica – Grenzwelten, 2020
Baroux, Olivier
Just a Gigolo, 2019
Barr, John
Hunted – Blutiges Geld, 2020
Barrett, Simon
Seance, 2021
Bassett, M.J.
Inside Man: Most Wanted, 2019
Danger Park – Tödliche Safari, 2021
Bauder, Marc
Wer wir waren, 2021
Baugh, Brian
Der Traum unseres Lebens, 2019

Baumann, Tobi
Nestwochen, 2021
Baumberger, Michael
Auf Tour – Z'Fuass, 2021
Baumeister, Annette
Johannes Brahms – Die Pranke des Löwen, 2021
Beard, Tom
Das Jahr, das unsere Erde veränderte, 2021
Becker, Julien
Super-GAU – Die letzten Tage Luxemburgs, 2021
Becker, Lars
Alles auf Rot, 2021
Becker, Walt
Clifford der grosse rote Hund, 2021
Bedos, Nicolas
OSS 117 – Liebesgrüsse aus Afrika, 2021
Bédouet, Arnaud
Führerschein und nichts wie weg, 2021
Belaschk, Carmen
Mary Bauermeister – Eins und Eins ist Drei, 2020
Belber, Stephen
Das Geheimnis des Ballettänzers, 2014
Belcl, Jan
Meine Freunde sind alle tot, 2020
Belz, Corinna
In den Uffizien, 2020
Ben Attia, Mohamed
Dear Son, 2018
Benguigui, Yamina
Schwestern – Eine Familiengeschichte, 2020
Benmayor, Daniel
Xtremo, 2021
Benoot, Sofie
Victoria, 2020
Benson, Justin
Synchronic, 2019
Benzaquen, Arthur
Aladin – Tausendundeiner lacht!, 2015
Berardo, John
Slayed – Wer stirbt als nächstes?, 2020
Bercot, Emmanuelle
Die Frau aus Brest, 2016
Bergeon, Edouard
Das Land meines Vaters, 2019
Berger, Thomas
Allmen und das Geheimnis der Erotik, 2020
Bergman, Nir
Here We Are, 2020
Bergström, Helena
Dancing Queens, 2021
Berlinger, Joe
The Longest Wave, 2019
Bernardi, Sabine
Auf dünnem Eis, 2021
Berrached, Anne Zohra
Die Welt wird eine andere sein, 2021
Berry, Halle
Bruised, 2020
Berryman, Hannah
Rockfield, das Studio auf dem Bauernhof, 2017
Bertele, Brigitte Maria
Tatort – Rhythm and Love, 2021

Bertrand, Jean-Michel
Wolf Walk – Auf der Spur der Wölfe, 2019
Besnard, Éric
Meine geistreiche Familie, 2019
À la Carte! – Freiheit geht durch den Magen, 2021
Beyer, Britt
Auf der Spur des Geldes, 2021
Biancheri, Nathalie
Nocturnal, 2019
Bielawska, Karolina
Nenn mich Marianna, 2015
Bierwirth, Lisa
Le Prince, 2021
Billuart-Monet, Lisa
Mein Name ist Klitoris, 2019
Bing, Wang
Die Seelen der Toten – Mingshui, 2018
Binninger, Susanne
Auf der Spur des Geldes, 2021
Bischof, Katharina
Tatort – Luna frisst oder stirbt, 2021
Bitar, Gabriel
Tito and the Birds, 2019
Black, Eric
Aware – Reise in das Bewusstsein, 2020
Blackhurst, Rod
The Outbreak, 2016
Blair, Wayne
Hochzeit Down Under, 2018
Blakeson, J
I Care a Lot, 2020
Blaßkiewitz, Sarah
Ivie wie Ivie, 2021
Blomkamp, Neill
Demonic, 2021
Blossier, Antoine
Rémi – sein grösstes Abenteuer, 2018
Bodroza, Lazar
A. I. Rising, 2018
Boe, Christoffer
Dinner for Two, 2021
Bogan, Elaine
Spirit – Frei und ungezähmt, 2021
Bogoljubow, Dmitri
Jelnja – Stadt des Ruhms, 2019
Böhm, Franz
Dear Future Children, 2021
Bohn, Tom
Tatort – Hetzjagd, 2020
Bohorquez, David
Diavlo – Ausgeburt der Hölle, 2021
Bollaín, Icíar
Rosas Hochzeit, 2020
Bolognesi, Luiz
The Last Forest, 2021
Boon, Dany
Stuck Together, 2021
Borggrefe, Holger
Zwei ist eine gute Zahl, 2021
Bornstein, Sagi
Viral Dreams – Die ausgebremste Generation, 2021
Bots, Dennis
Engel – Wenn Wünsche wahr werden, 2020
Boué, Jean
Die letzten Reporter, 2020
Boukherma, Ludovic
Teddy, 2020
Bourboulon, Martin
Eiffel in Love, 2021
Bousman, Darren Lynn
Saw: Spiral, 2020
Bouwer, Jaco
Gaia – Grüne Hölle, 2021

Bouzid, Nouri
The Scarecrows, 2019
Braak, Isabel
Tatort – Rettung so nah, 2020
Brac, Guillaume
Treasure Island, 2018
Bræin, Hallvard
Ein Sommer zum Verlieben, 2019
Bræin, Hallvard
Asphalt Börning, 2020
Braenne Sandemose, Mikkel
Espen und die Legende vom goldenen Schloss, 2019
Braga, Brannon
Books of Blood, 2020
Bragança, Felipe
A Yellow Animal, 2020
Brandt, Vitor
Zwei Bullen auf Ziegenjagd, 2021
Brechner, Álvaro
Tage wie Nächte, 2018
Bressack, James Cullen
Beyond the Law, 2019
Killing Field – Dein Land. Deine Regeln. Dein Kampf., 2021
Breton, Stéphane
Töchter des Feuers, 2017
Brewer, Craig
Der Prinz aus Zamunda 2, 2021
Brice, Patrick
Jemand ist in Deinem Haus, 2021
Briggs, Paul
Raya und der letzte Drache, 2021
Brousseau, Laura
Die Addams Family 2, 2021
Brown, Barry Alexander
Son of the South, 2020
Bruckner, David
The House at Night, 2020
Brüggemann, Axel
Wagner, Bayreuth und der Rest der Welt, 2021
Brüggemann, Dietrich
Tatort – Das ist unser Haus, 2020
Nö, 2021
Brühl, Daniel
Nebenan, 2021
Brunker, Cal
Paw Patrol – Der Kinofilm, 2021
Buck, Detlev
Bekenntnisse des Hochstaplers Felix Krull, 2021
Tatort – Alles kommt zurück, 2021
Bühling, Stefan
Wenn das fünfte Lichtlein brennt, 2021
Bünter, Julia
Die Verlobten, 2019
Burger, Claire
Euch zu lieben ist mein Leben, 2017
Burger, Neil
Voyagers, 2021
Burnham, Bo
Eighth Grade, 2018
Burns, Anthony Scott
Strange Dreams, 2020
Burns, Ric
Oliver Sacks – Sein Leben, 2019
Bush, Jared
Encanto, 2021
Butterell, Jonathan
Everybody's Talking about Jamie, 2020
Button, Chanya
Vita & Virginia, 2018
Bynum, Elijah
Hot Summer Nights, 2017

Byun, Daniel H.
Five Senses of Eros, 2009

C
Cahill, Mike
Bliss, 2021
Calahan, Cody
Vicious Fun, 2020
Caldwell, Joshua
Infamous, 2020
Calparsoro, Daniel
Sky High, 2020
Camaiti, Massimiliano
Mit den Wellen, 2021
Camaldo, Nancy
Windstill, 2021
Cameron, Priscilla
Die Sinnlichkeit des Schmetterlings, 2017
Campbell, Martin
The Protégé – Made for Revenge, 2021
Campion, Jane
The Power of the Dog, 2021
Cannavà, Francesco
Because of my Body, 2020
Cannon, Kay
Cinderella, 2021
Capucci, Roberto
My Brother, My Sister, 2021
Carax, Léos
Annette, 2021
Cárdenas, Israel
Holy Beasts, 2019
Cariès, Lucie
Nein! Doch! Oh! – Die Louis-de-Funès-Story, 2021
Carnahan, Joe
Boss Level, 2020
Carolyn, Axelle
The Manor, 2020
Carroll, Josh
Die Bibel – Teil 1: Altes Testament, 2020
Carroll Jr., Phillip G.
Das Honeymoon-Experiment, 2019
Casarosa, Enrico
Luca, 2021
Castro Smith, Charise
Encanto, 2021
Çatak, Ilker
Räuberhände, 2020
Tatort – Borowski und der gute Mensch, 2021
Catalá, Victor
The 100 Candles Game, 2021
Catoto, André
Tito and the Birds, 2019
Cavalier, Alain
Am Leben sein und darum wissen, 2019
Cazes, Eric
Wickie und die starken Männer – Das magische Schwert, 2021
Chaganty, Aneesh
Run – Du kannst ihr nicht entkommen, 2020
Chalupová, Barbora
Gefangen im Netz, 2020
Champeaux, Nicolas
Der Staat gegen Mandela und andere, 2018
Changju, Kim
Hard Hit, 2021
Chapman, Brenda
Die Magie der Träume, 2020
Charbonier, David
The Djinn, 2021
Charbonneau, Mélanie
Girls like us, 2019

Charhon, David
THE LAST MERCENARY, 2021
Charin, Felix
KRASS KLASSENFAHRT, 2021
Charizani, Daphne
IM FEUER – ZWEI SCHWESTERN, 2019
Chase, Jacob
COME PLAY, 2020
Chaves, Michael
CONJURING 3: IM BANNE DES TEUFELS, 2020
Chbosky, Stephen
DEAR EVAN HANSEN, 2021
Chelsom, Peter
SICHERHEIT, 2021
Chen-Chieh Hsu, Joseph
LITTLE BIG WOMEN, 2020
Cheney, Ian
PICTURE A SCIENTIST – FRAUEN DER WISSENSCHAFT, 2020
Cheung, Evie
HONGKONG – EINE STADT IM WIDERSTAND, 2021
Chikaura, Kei
COMPLICITY, 2018
Cho-hee, Kim
LUCKY CHAN-SIL, 2019
Christensen, Filip
AKSEL, 2021
Christoffersen, Thorbjørn
DER KARIERTE NINJA, 2018
Chryssos, Nikias
A PURE PLACE, 2019
Chu, Cathy
HONGKONG – EINE STADT IM WIDERSTAND, 2021
Chu, Jon M.
IN THE HEIGHTS, 2021
Chuat, Stéphanie
IMMER NOCH FRAU, 2018
Chung, Lee Isaac
MINARI – WO WIR WURZELN SCHLAGEN, 2020
Ciavatta, Estevão
AMAZONIA UNDERCOVER – DER KAMPF DER MUNDURUKU, 2019
Cimière, Frank
OPERATION PORTUGAL, 2021
Cioni, Giovanni
VOM PLANET DER MENSCHEN, 2021
Ciorniciuc, Radu
ACASA, MY HOME, 2020
Ciprani, Stefano
MEIN BRUDER, DER SUPERHELD, 2019
Claus, Richard
AINBO – HÜTERIN DES AMAZONAS, 2021
Clay, Thomas
DIE ERLÖSUNG DER FANNY LYE, 2019
Cleary, Benjamin
SCHWANENGESANG, 2021
Coen, Joel
THE TRAGEDY OF MACBETH, 2021
Cohen, Julie
MY NAME IS PAULI MURRAY, 2021
Colla, Rolando
W. – WAS VON DER LÜGE BLEIBT, 2020
Collet-Serra, Jaume
JUNGLE CRUISE, 2021
Connolly, Robert
THE DRY – LÜGEN DER VERGANGENHEIT, 2020
Contenti, Maximiliano
RED SCREENING – BLUTIGE VORSTELLUNG, 2020
Cooke, Dominic
DER SPION, 2020
Cookson, Ben
NUR EIN EINZIGES LEBEN, 2020
Cooper, Scott
ANTLERS, 2021

Costa, José Filipe
A PLEASURE, COMRADES!, 2019
Costin, Midge
MAKING WAVES: THE ART OF CINEMATIC SOUND, 2019
Court, Théo
WHITE ON WHITE, 2019
Cousteau, Jean-Michel
WONDERS OF THE SEA, 2017
Crawford, Joel
DIE CROODS – ALLES AUF ANFANG, 2020
Crego, Ryan
ARLO, DER ALLIGATORJUNGE, 2021
Crespo, Esteban
BLACK BEACH, 2020
Cretton, Destin Daniel
SHANG-CHI AND THE LEGEND OF THE TEN RINGS, 2021
Cripps, Harry
ZURÜCK INS OUTBACK, 2021
Croft, Braden
TRUE FICTION – KILL YOUR IDOL, 2019
Cronenberg, Brandon
POSSESSOR, 2020
Cruchten, Pol
DARK JUSTICE – DU ENTSCHEIDEST!, 2018
Cummings, Jim
THE WOLF OF SNOW HOLLOW, 2020
Cummings, Tanja
DAS ZELIG, 2020
Cussó, Ricard
WETTKAMPF DER TIERE – DAISY QUOKKAS GROSSES ABENTEUER, 2020

D

Dabrowsky, Ursula
INNER DEMON – DIE HÖLLE AUF ERDEN, 2015
DaCosta, Nia
CANDYMAN, 2020
Dae Hyung, Lim
HERR MO, 2016
Dae-hwan, Kim
THE FIRST LAP, 2017
Dae-seung, Kim
DIE KONKUBINE, 2012
Dahl, Jens
BREEDER – DIE ZUCHT, 2020
Dale, S. K.
TILL DEATH – BIS DASS DEIN TOD UNS SCHEIDET, 2021
Damian, Anca
DIE FABELHAFTE REISE DER MARONA, 2019
Dan-bi, Yoon
MOVING ON, 2019
Daniel, Aneesh
DIE GERINGSTEN UNTER IHNEN – DIE WAHRE GESCHICHTE EINES MÄRTYRERS, 2019
Daniels, Lee
THE UNITED STATES VS. BILLIE HOLIDAY, 2021
Danquart, Pepe
VOR MIR DER SÜDEN, 2020
Darborg, Alain
RED DOT, 2021
d'Arcy, James
MADE IN ITALY, 2020
Davaa, Byambasuren
DIE ADERN DER WELT, 2019
David, Nathalie
HARALD NAEGELI – DER SPRAYER VON ZÜRICH, 2021
Dawes, Brent
DSCHUNGEL-BEAT: DER FILM, 2020
De Ceulaer, Liesbeth
VICTORIA, 2020

De Feo, Roberto
A CLASSIC HORROR STORY, 2021
de Homem Christo, Guy-Manuel
DAFT PUNK'S ELECTROMA, 2006
de Kroon, Pieter-Rim
DER ATEM DES MEERES, 2020
de la Orden, Dani
THE WEDDING (UN)PLANNER – HEIRATE WER KANN!, 2019
VERRÜCKT NACH IHM, 2021
de Maistre, Gilles
MORGEN GEHÖRT UNS, 2019
de Oliveira, Manoel
VISIT, OR MEMORIES AND CONFESSIONS, 1982
de Peretti, Thierry
EIN GEFÄHRLICHES LEBEN, 2017
de Pierpont, Philippe
IN MEINEM NÄCHSTEN LEBEN, 2018
de Velsa, Dietrich
GLEICHUNG MIT EINEM UNBEKANNTEN, 1980
Deane, Brian
THE 100 CANDLES GAME, 2021
Dearden, James
WEIHNACHTEN MIT DER FAMILIE – ÜBERLEBEN IST ALLES, 2018
Degruson, Jérémie
BIGFOOT JUNIOR – EIN TIERISCH VERRÜCKTER FAMILIENTRIP, 2020
del Paso, Joaquin
MAQUINARIA PANAMERICANA, 2016
Delépine, Benoît
I FEEL GOOD, 2017
ONLINE FÜR ANFÄNGER, 2019
Delpero, Maura
MATERNAL, 2019
Demenok, Artem
MOSKAU 1941 – STIMMEN AM ABGRUND, 2021
DeMicco, Kirk
VIVO – VOLLER LEBEN, 2021
Derflinger, Sabine
DIE DOHNAL, 2019
Derkaoui, Mostafa
ABOUT SOME MEANINGLESS EVENTS, 1974
Derya, Turkan
GROLL, 2021
Desom, Jeff
DOORS – A WORLD BEYOND, 2021
Detlefsen, Louise
MITGEFÜHL, 2020
Devos, Bas
GHOST TROPIC, 2019
di Domenico, Marc
AZNAVOUR BY CHARLES, 2019
Diaz, Lav
GENUS PAN, 2020
Dietrich, Florian
TOUBAB, 2020
Dietrich, Markus
DER GEIST IM GLAS, 2021
Dietschreit, Marc
DIE VERGESSLICHKEIT DER EICHHÖRNCHEN, 2020
Diop, Alice
WIR, 2020
Disa, Mike
DIE INSEL DER DELFINE, 2021
Ditscherlein, Matthias
KINOMANN, 2020
Dolan, Xavier
MATTHIAS & MAXIME, 2019
Domalewski, Piotr
OPERATION HYAKINTHOS, 2021
Domanig, Stephanus
BACKSTAGE WIENER STAATSOPER, 2018

Domogarow, Alexander
Ein Hund namens Palma, 2021
Donard, Thierry
Reset, 2021
Donfrancesco, Giovanni
Etwas das lebt und brennt, 2020
Dongmei, Li
Mama, 2020
Donzelli, Valérie
Notre Dame – Die Liebe ist eine Baustelle, 2019
Doremus, Drake
Love Again – Jedes Ende ist ein neuer Anfang, 2019
Doscher, Takashi
Only – Last Woman on Earth, 2019
Dowse, Michael
Weihnachtsjagd: Das Fest der Spiele, 2021
Dragojevic, Srdjan
Der Schein trügt, 2020
Drake, Edward
Cosmic Sin – Invasion im All, 2020
Apex, 2021
Drexel, Claus
Unter den Sternen von Paris, 2019
Drinnenberg, Antje
Lionhearted – Aus der Deckung, 2019
Drude, Vera
Liebe viele, 2019
Ducournau, Julia
Titane, 2021
Duemmler, Braden R.
What Lies Below, 2020
Dugan, Dennis
Liebe ist..., 2019
Duhamel, Josh
Buddy Games, 2020
Dulude-De Celles, Geneviève
A Colony, 2018
Dunn, Cheryl
Moments Like This Never Last, 2020
Durkin, Sean
The Nest – Alles zu haben ist nie genug, 2020
Dutra, Marco
All die Toten, 2019
Duvivier, Julien
Karottenkopf, 1925
Maigret – Um eines Mannes Kopf, 1933
Dyck, Justin G.
Anything for Jackson, 2020
Dyekjær, Christian
Lucia und der Weihnachtsmann 2 – Der Kristall des Winterkönigs, 2020

E
Eastwood, Clint
Cry Macho, 2021
Eberlein, Stefan
Der Fall el-Masri, 2021
Eckerbom, Andrea
Elise und das vergessene Weihnachtsfest, 2019
Eckhardt, Carmen
Homo Communis – Wir für Alle, 2020
Eddy, Joe
Chasing Bullitt – Man. Myth. McQueen, 2018
Eder, Christoph
Wem gehört mein Dorf?, 2021
Eder, Lisa
Der Wilde Wald – Natur Natur sein lassen, 2021
Ehlers, Kai
Freistaat Mittelpunkt, 2019
Eigler, Martin
Tatort – Der böse König, 2020

Elbers, Jonathan
Der Club der hässlichen Kinder, 2019
Elderkin, Nabil
L.A. Rebels, 2019
El-Hachoumi, Hakim
Fatima – Ein kurzes Leben, 2019
Ellrich, Tim
Mein Vietnam, 2020
Ellwood, Alison
The Eagles – Himmel und Hölle Kaliforniens, 2012
Emigholz, Heinz
Die letzte Stadt, 2020
Emmett, Randall
Midnight in the Switchgrass – Auf der Spur des Killers, 2021
Endemann, Till
Das Versprechen, 2021
Englert, Michal
Der Masseur, 2020
Enyedi, Ildikó
Die Geschichte meiner Frau, 2021
Erdem, Reha
Hey There!, 2021
Erskine, James
Billie – Legende des Jazz, 2019
Escobar, Maria Clara
Desterro, 2020
Eskandari, Matt
Hard Kill, 2020
Essafi, Ali
Bevor das Licht erlischt, 2019
Étiévant, Henri
Papitou, 1927
Eve, Luke
Das Mädchen deiner Träume, 2020

F
Fabrick, Johannes
Hartwig Seeler – Ein neues Leben, 2020
Fairweather, Chloe
Scheidung um jeden Preis – Türkische Frauen wehren sich, 2020
Faith, Corinna
The Power, 2021
Falardeau, Philippe
Mein Jahr in New York, 2019
Falcone, Ben
Superintelligence, 2020
Thunder Force, 2021
Fanjul, Juliana
Silence Radio, 2019
Farah, Rami
Our Memory Belongs to Us, 2021
Färdmar, David
Are We Lost Forever, 2020
Faucon, Philippe
Amin, 2018
Fehlbaum, Tim
Tides, 2021
Fehrensen, Sven
Retter der Meere – Tödliche Strandung, 2020
Fehse, Jan
Geliefert, 2020
Fehse, Marc
Sky Sharks, 2020
Fekete, Jeremy J. P.
Look Me Over – Liberace, 2020
Feng, Zu
Summer of Changsha, 2019
Fenn, Manuel
Die Welt jenseits der Stille, 2021
Fennell, Emerald
Promising Young Woman, 2020

Ferhani, Hassen
Malikas Königreich, 2019
Fernández Armero, Álvaro
1000 km weit weg von Weihnachten, 2021
Fetscher, Andy
Die unheimliche Leichtigkeit der Revolution, 2021
Feyder, Jacques
Die Herrin von Atlantis, 1921
Ficarra, Salvatore
Once upon a time in Bethlehem, 2019
Fickman, Andy
Weihnachten... Schon wieder?!, 2021
Fiesco, Roberto
Sin hijos, 2020
Filomarino, Ferdinando Cito
Beckett, 2021
Fimognari, Michael
To All The Boys: Always And Forever, 2021
Fingscheidt, Nora
The Unforgivable, 2021
Finkiel, Emmanuel
Der Schmerz, 2017
Fischer, Torsten C.
Tatort – Der Tod der Anderen, 2020
Tatort – Die Kalten und die Toten, 2021
Flender, Rodman
Eat Brains Love, 2019
Fogel, Bryan
The Dissident, 2020
Fontaine, Anne
Die Unschuldigen, 2016
Bis an die Grenze, 2019
Fradique
Air Conditioner, 2020
France, David
Achtung Lebensgefahr! – LGBT in Tschetschenien, 2019
Franco, Dave
Tod im Strandhaus, 2020
Franco, Michel
New Order – Die neue Weltordnung, 2020
Franklin, Chester M.
Sequoia – Herrin der Wildnis, 1934
Frazier, R. Ellis
Legacy – Tödliche Jagd, 2020
Fremder, Sebastian
Der Siebzehnte, 2020
Freydank, Jochen Alexander
Zero, 2021
Frizzell, Augustine
Eine Handvoll Worte, 2020
Fröhlich, Andreas
Brings – Nix för lau, 2021
Fröhlich, Tom
Das perfekte Schwarz, 2019
Fukunaga, Cary Joji
Keine Zeit zu sterben, 2020
Fuqua, Antoine
Infinite, 2020
The Guilty, 2021
Furman, Brad
City of Lies, 2018

G
Gabbert, Laura
Ottolenghi und die Versuchungen von Versailles, 2020
Gadge, Marco
Julia muss sterben, 2019
Gallenberger, Florian
Es ist nur eine Phase, Hase, 2021
Gallo, George
Bigger – Die Joe Weider Story, 2018

Kings of Hollywood, 2020
Vanquish – Überleben hat seinen Preis, 2021
Gallone, Carmine
Mädchen in Not, 1941
Garbus, Liz
Cousteau, 2021
Garcia, Toni
D'Artagnan und die drei Musketiere, 2021
Garel Weiss, Marie
Die Party ist vorbei, 2016
Garland, Oliver Lee
The 100 Candles Game, 2021
Gatewood, Kimmy
Good on Paper, 2021
Gauriloff, Katja
Baby Jane, 2019
Gavanski, Dolya
Die Töchter der Revolution, 2019
Gavin, Liam
A Dark Song, 2016
Ga-Young, Jeong
Heart, 2019
Genkel, Toby
Die Olchis – Wilkommen in Schmuddelfing, 2020
Genreith, Carolin
Junge Politikerinnen – Yes she can, 2021
Genske, Laurentia
Zuhurs Töchter, 2021
Gerbase, Iuli
The Pink Cloud, 2021
Gertten, Magnus
Nur der Teufel lebt ohne Hoffnung – Politische Gefangene in Usbekistan, 2020
Ghazi, Salar
In Bewegung bleiben, 2021
Gillespie, Craig
Cruella, 2021
Giordana, Marco Tullio
Yara, 2021
Gleize, Maurice
Das Korallenriff, 1939
Gluck, Will
Peter Hase 2 – Ein Hase macht sich vom Acker, 2020
Goël, Stéphane
Aus der Küche ins Bundeshaus – Der lange Weg zum Frauenstimmrecht, 2021
Goetz, John
Slahi und seine Folterer, 2021
Golubović, Srdan
Vater – Otac, 2019
Gonce, François
Göring, Brueghel und die Shoah, 2019
González Molina, Fernando
Das Tal der vergessenen Kinder, 2019
Gordon, Tina
Little, 2019
Gotardo, Caetano
All die Toten, 2019
Gottschick, Florian
Du sie er & Wir, 2021
Gout, Everardo
The Forever Purge, 2020
Go-Woon, Jeon
Microhabitat, 2017
Gozlan, Yann
Black Box – Gefährliche Wahrheit, 2020
Grabinski, BenDavid
Happily – Glück in der Ehe, Pech beim Mord, 2021
Gracey, Michael
Pink: All I Know You So Far, 2021
Grady, Fergus
Himmel über dem Camino – Der Jakobsweg ist Leben!, 2019

Graef, Nicola
Eine einsame Stadt, 2020
Graf, Dominik
Fabian oder Der Gang vor die Hunde, 2021
Polizeiruf 110 – Bis Mitternacht, 2021
Gras, Emmanuel
Makala, 2017
Graser, Jörg
Weissbier im Blut, 2020
Green, David Gordon
Halloween Kills, 2020
Green, Mike
Outback, 2019
Green, Pamela B.
Be Natural – Sei du selbst, 2018
Green, Reinaldo Marcus
Joe Bell, 2021
Greenfield, Lauren
Königsmacherin, 2019
Greengrass, Paul
Neues aus der Welt, 2020
Grennan, Teddy
Ravage – Einer nach dem anderen, 2019
Grierson, Alister
Bloody Hell – One Hell of a Fairy Tale, 2020
Griffin, Camille
Silent Night – Und morgen sind wir tot, 2021
Großpietsch, Timo
Land, 2020
Gsell, Gitta
Beyto, 2020
Guéret, Eric
Corona – Die eingesperrten Alten, 2020
Guerrero, Gigi Saul
Bingo Hell, 2020
Gunn, James
The Suicide Squad, 2021
Güsseféld, Friederike
Out of Place, 2019
Gutschmidt, Carsten
Die Liebe des Hans Albers, 2020
Gutt, Holger
Sehnsucht nach einer unbekannten Heimat, 2021
Guzmán, Laura Amelia
Holy Beasts, 2019
Gyllenhaal, Maggie
Frau im Dunkeln, 2021

H
Hadadi, Yuval
15 Years, 2019
Haffner, Oliver
Polizeiruf 110 – Frau Schrödingers Katze, 2021
Håfström, Mikael
Outside the Wire, 2020
Haft, Jan
Heimat Natur, 2020
Hall, Don
Raya und der letzte Drache, 2021
Hall, Edward
Da scheiden sich die Geister, 2020
Hall, Rebecca
Seitenwechsel, 2020
Hamaguchi, Ryûsuke
Drive my Car, 2021
Hamidi, Mohamed
Willkommen in der Nachbarschaft, 2019
Hancock, John Lee
The Little Things, 2021
Hannemann, Wolfram
Kultourhelden, 2021
Hänsel, Marion
Es war einmal ein kleines Schiff, 2019

Hansen-Løve, Mia
Maya, 2018
Bergman Island, 2020
Hanson, Brian
The Black String – Das Böse in dir, 2018
Hara, Keiichi
Colorful, 2010
Harlin, Renny
The Misfits – Die Meisterdiebe, 2021
Harper, Oliver
In Search of the Last Action Heroes, 2019
Harris, Emily
Carmilla, 2019
Hart, Julia
Fast Color – Die Macht in Dir, 2018
Hartford, Anson
Wenn Tiger träumen – Eine Geschichte aus dem Nord-Iran, 2019
Harvey, Aaron
Into the Ashes, 2019
Hassan, Sohail A.
Necromancer – Stay Metal!, 2018
Hatland, Line
Kids Cup – Die Fussballmeisterschaft, 2021
Hauck, Elke
Gefangen, 2021
Hauru, Hannaleena
Fucking with Noboby, 2020
Haussman, Michael
Im Herzen des Dschungels, 2021
Haynes, Todd
The Velvet Underground, 2021
Haznedaroglu, Andaç
Hast du jemals Glühwürmchen gesehen?, 2021
Heder, Sian
Coda, 2021
Hedinger, Mischa
African Mirror, 2019
Heesch, Rainer
Born for Korn, 2019
Heilbuth, Poul-Erik
Slahi und seine Folterer, 2021
Heinze, Nadine
Die Vergesslichkeit der Eichhörnchen, 2020
Heise, Volker
Schockwellen – Nachrichten aus der Pandemie, 2021
Heldt, Jonas
Automotive, 2019
Hendel, Annekatrin
Vertreibung ins Paradies, 2021
Henman, Granz
Hilfe, ich hab meine Freunde geschrumpft, 2020
Henning, Lars
Tatort – Tödliche Flut, 2020
Hensleigh, Jonathan
The Ice Road, 2021
Herbiet, Laurent
Nachsaison, 2021
Herek, Stephen
Gibt es ein Leben nach der Party?, 2021
Hering, Stefan
Zwei ist eine gute Zahl, 2021
Hermanus, Oliver
Moffie, 2019
Herpich, Sabine
Kunst kommt aus dem Schnabel wie er gewachsen ist, 2020
Herzi, Hafsia
You Deserve a Lover, 2019
Herzlinger, Brian
Lena & Snowball, 2021

Register der Regisseurinnen und Regisseure

Herzog, Ed
KAISERSCHMARRNDRAMA, 2020
3 1/2 STUNDEN, 2021
Herzog, Lothar
1986, 2019
Herzog, Werner
DER NOMADE – AUF DEN SPUREN VON BRUCE CHATWIN, 2019
Herzogenrath, Felix
DAS LIED DES TOTEN MÄDCHENS, 2021
Hilger, Sebastian
FAMILIE IST EIN FEST – TAUFALARM, 2021
Hill, Sven O.
COUP, 2019
Hin Yeung Chow, Roy
DYNASTY WARRIORS, 2021
Hiroki, Ryuichi
RIDE OR DIE, 2021
Hirschbiegel, Oliver
TATORT – UND IMMER GEWINNT DIE NACHT, 2021
Hitori, Gekidan
ASAKUSA KID, 2021
Hoang, Van-Tien
DAS ENDE DES SCHWEIGENS, 2021
Hobkinson, Sam
MISHA UND DIE WÖLFE, 2021
Höfer, Petra
DAS RIESENDING – 20.000 METER UNTER DER ERDE, 2021
Hoffman, John
FAUCI, 2021
Holden, Karina
BLUE, 2017
Hollerbach, Gesa
LANDRETTER, 2019
Holm, Aslaug
A-HA – THE MOVIE, 2021
Holt, Karl
BENNY LOVES YOU, 2020
Honoré, Christophe
IN PARIS, 2006
ZIMMER 212 – IN EINER MAGISCHEN NACHT, 2020
Hoon-jung, Park
NIGHT IN PARADISE, 2020
Hopkins, Ben
SLAHI UND SEINE FOLTERER, 2021
Hörmann, André
IM RING, 2019
Hossain, Rubaiyat
MADE IN BANGLADESH, 2019
Hostick, Cat
THE ROAD AHEAD – AM ENDE ZÄHLT DAS LEBEN, 2021
Howald, Daniel
WHO'S AFRAID OF ALICE MILLER?, 2020
Howard, Byron
ENCANTO, 2021
Howard, Silas
EIN KIND WIE JAKE, 2018
Hrebejk, Jan
VETERAN, 2020
Hsiao-hsien, Hou
DIE BLUMEN VON SHANGHAI, 1998
Hsin-yao, Huang
CLASSMATES MINUS, 2021
Hu, Guan
THE 800, 2020
Huber, Florian
EIN TAG IM AUGUST – MAUERBAU ‹61, 2021
Hübner, Christoph
NACHSPIEL, 2021
Huettner, Ralf
UM DIE 50, 2021

Hufnagel, Helena
GENERATION BEZIEHUNGSUNFÄHIG, 2021
Hughes, Patrick
KILLER'S BODYGUARD 2, 2021
Humboldt, Robin
ZUHURS TÖCHTER, 2021
Hun, Jang
A TAXI DRIVER, 2017
Hungerland, Antonia
(M)OTHER, 2018
Huntgeburth, Hermine
RUHE! HIER STIRBT LOTHAR, 2020
Husson, Eva
LES FILLES DU SOLEIL, 2018
Huygen, Wilm
EIN FESTTAG, 2021
Hviid, Frederik Louis
SHORTA – DAS GESETZ DER STRASSE, 2020
Hyams, John
ALONE – DU KANNST NICHT ENTKOMMEN, 2020

I
Ikic, Ivan
OASIS, 2020
Il Han, Kwang
THE WITCHER: NIGHTMARE OF THE WOLF, 2021
Imaishi, Hiroyuki
PROMARE, 2019
Imamura, Shôhei
DIE TIEFE SEHNSUCHT DER GÖTTER, 1968
Imbert, Denis
MYSTÈRE: VICTORIAS GEHEIMNISVOLLER FREUND, 2021
Imbert, Patrick
GIPFEL DER GÖTTER, 2021
Imboden, Markus
EIN MÄDCHEN WIRD VERMISST, 2021
ZURÜCK ANS MEER, 2021
Infante, Arturo
DIE AUSSERGEWÖHNLICHE REISE DER CELESTE GARCIA, 2018
Ishiguro, Kyohei
BRIGHT: SAMURAI SOUL, 2021
Ivin, Glendyn
BEFLÜGELT – EIN VOGEL NAMENS PENGUIN BLOOM, 2020
Iwama, Gen
DAIDO MORIYAMA – THE PAST IS ALWAYS NEW, THE FUTURE IS ALWAYS NOSTALGIC, 2019

J
Jabs, Maximilian
BIKING BORDERS – EINE ETWAS ANDERE REISE, 2019
Jackson, Dallas
THRILLER – BLUTBAD AN DER COMPTON HIGH, 2021
Jackson, Dave
CAT SICK BLUES, 2015
Jacobs, Azazel
FRENCH EXIT, 2021
Jae-hoon, Choi
THE SWORDSMAN, 2020
Jäger, Stefan
MONTE VERITÀ – DER RAUSCH DER FREIHEIT, 2021
Jakubowicz, Jonathan
RÉSISTANCE – WIDERSTAND, 2020
James, Steve
LIFE ITSELF, 2014
Janák, Karel
DIE PRINZESSIN UND DAS HALBE KÖNIGREICH, 2019
ALS EIN STERN VOM HIMMEL FIEL, 2020
Janiak, Leigh
FEAR STREET – TEIL 1: 1994, 2021

FEAR STREET – TEIL 2: 1978, 2021
FEAR STREET – TEIL 3: 1666, 2021
Jarecki, Nicholas
CRISIS, 2021
Jashi, Salomé
DIE ZÄHMUNG DER BÄUME – TAMING THE GARDEN, 2021
Jenkins, Patty
WONDER WOMAN 1984, 2020
Jensen, Anders Thomas
HELDEN DER WAHRSCHEINLICHKEIT, 2020
Jeong-woo, Park
CONTAMINATION – TÖDLICHE PARASITEN, 2012
Jerjen, Anthony
FEAR THE VIPER, 2019
Jerschanow, Adilchan
GELBE KATZE, 2020
Jessen, Lars
FÜR IMMER SOMMER 90, 2020
Jewell-Kemker, Slater
YOUTH UNSTOPPABLE – DER AUFSTIEG DER GLOBALEN JUGEND-KLIMABEWEGUNG, 2020
Jia Liu, Lola
GLÜCKLICH BIN ICH, WENN DU SCHLÄFST, 2021
Jiang, Zhu
DETECTIVE DEE UND DAS GEHEIMNIS DES RATTEN-FLUCHS, 2020
Jimenez, Cédric
BAC NORD – BOLLWERK GEGEN DAS VERBRECHEN, 2020
Jimenez, Hernan
LOVE HARD, 2021
Jin-ho, Hur
FIVE SENSES OF EROS, 2009
Jin-yu, Kim
BORI, 2018
Jodorowsky, Alejandro
THE DANCE OF REALITY, 2013
Joffé, Roland
THE FORGIVEN, 2017
Johnson, Clark
PERCY, 2020
Johnston, R. Greg
DIE NEUN LEBEN DES OZZY OSBOURNE, 2020
Jong-Seok, Lee
THE NEGOTIATION, 2018
Jordan, Gregor
IN DEINEN ARMEN, 2019
Joris-Peyrafitte, Miles
DREAMLAND, 2019
Joseph, Basil
MURALI – WIE DER BLITZ, 2021
Joy, Lisa
REMINISCENCE, 2021
Jude, Radu
UPPERCASE PRINT, 2019
BAD LUCK BANGING OR LOONY PORN, 2021
Jukica, Mariana
CHASING PAPER BIRDS, 2020
Julian, Rupert
RUMMELPLATZ DES LEBENS, 1923
Jüptner-Jonstorff, Claudia
TATORT – VERSCHWÖRUNG, 2020
Juran, Nathan
DAS TODBRINGENDE UNGEHEUER, 1957
J-Yong, E.
THE BACCHUS LADY, 2016

K
Kae-Byeok, Lee
SWEET & SOUR, 2021
Kalev, Kamen
EASTERN PLAYS, 2009
Kammertöns, Hanns-Bruno
SCHUMACHER, 2021

Kannengiesser, Andreas
Freak City, 2020
Kanter, Steven
Lockdown mit Hindernissen, 2021
Kaper, Karin
Walter Kaufmann – Welch ein Leben!, 2021
Kar Man, Ip
Hongkong – Eine Stadt im Widerstand, 2021
Karolus, Felix
An seiner Seite, 2021
Kastrati, Antoneta
Zana, 2019
Kaufmann, Rainer
Tatort – Murot und das Prinzip Hoffnung, 2021
Kelly, Justin
Zu schön um wahr zu sein – Die JT LeRoy Story, 2018
Kenan, Gil
Ein Junge namens Weihnacht, 2021
Kenterman, Sonia Liza
Der Hochzeitsschneider von Athen, 2020
Kervern, Gustave
I Feel Good, 2017
Online für Anfänger, 2019
Kesh, Saman
Doors – A World Beyond, 2021
Khan, Lena
Flora & Ulysses, 2021
Khavn
Orphea, 2019
Khosrovani, Firouzeh
Röntgenbild einer Familie, 2020
Ki-hwan, Oh
Five Senses of Eros, 2009
Kim, Susanne
Meine Wunderkammern, 2021
Kimmel, Imogen
Trans – I Got Life, 2018
King, Regina
One Night in Miami, 2020
King, Shaka
Judas and the Black Messiah, 2021
Kirst, Michaela
Wood, 2020
Kleinert, Andreas
Lieber Thomas, 2021
Tatort – Wo ist Mike?, 2021
Klinger, Philipp
Albträumer, 2020
Kluge, Alexander
Orphea, 2019
Klusák, Vít
Gefangen im Netz, 2020
Knauss, Lena
Tagundnachtgleiche, 2020
Knigge, Jobst
Bhagwan – Die Deutschen und der Guru, 2021
Knight, Clare
Zurück ins Outback, 2021
Ko, Sebastian
Tatort – Heile Welt, 2020
Koefoed, Andreas
The Lost Leonardo, 2021
Köhler, Sigrun
Narren, 2019
Kolbe, Stefan
Anmassung, 2021
Köller, Andreas
Baden gegen Württemberg, 2021
Konrad, Willem
Soldaten, 2021
Konstantatos, Michalis
All the pretty little horses, 2020

Kopilow, Igor
1942: Ostfront, 2019
Köpping, Helmut
Hotel Rock'n'Roll, 2016
Körner, Arne
Gasmann, 2019
Körner, Torsten
Die Unbeugsamen, 2020
Schwarze Adler, 2021
Koslowski, Danila
Tschernobyl 1986, 2021
Kossakovsky, Victor
Gunda, 2019
Kostanski, Steven
Psycho Goreman, 2020
Kowaljow, Juri
Das Portal – Eine Reise durch die Zeit, 2017
Krasinski, John
A Quiet Place 2, 2020
Kreso, Sergej
Here We Move Here We Groove, 2020
Kreutzer, Marie
Gruber geht, 2015
Kubarska, Eliza
Die Wand der Schatten, 2020
Kubica, Willi
Endjährig, 2020
Kulcsar, Barbara
Tatort – Neugeboren, 2021
Kull, Henrika
Glück/Bliss, 2021
Kulumbegashvili, Dea
Beginning, 2020
Kummer, Dirk
Wer einmal stirbt dem glaubt man nicht, 2020
Faltenfrei, 2021
12 Tage Sommer, 2021
Kunz, Boris
Tatort – Dreams, 2021
Kurosawa, Kiyoshi
Wife of a Spy, 2020
Kursietis, Juris
Oleg, 2019
Kwang-Hyun, Park
Fabricated City, 2017
Kwong, Iris
Hongkong – Eine Stadt im Widerstand, 2021
Kyu-dong, Min
Five Senses of Eros, 2009
Kyung-hun, Cho
Beauty Water, 2020

L

LaBruce, Bruce
Saint-Narcisse, 2020
Lalonde, Claude
The Last Note – Sinfonie des Lebens, 2020
Lam, Tuan
Antarktika – Die gefrorene Zeit, 2021
Lambert, Mary
A Castle For Christmas, 2021
Lamorré, Stéphanie
Being Thunder, 2021
Lamotte, Christophe
Stiller Verdacht, 2019
Landon, Castille
After Love, 2021
Fear of Rain, 2021
Landon, Christopher
Freaky, 2020
Lane, Penny
Hail Satan?, 2019

Lange, Justin P.
The Seventh Day, 2021
Lapa, Vanessa
Speer goes to Hollywood, 2020
Laroque, Michèle
Hilfe, die Kinder sind zurück!, 2020
Larrieu, Arnaud
Die letzten Tage der Menschheit, 2008
Larrieu, Jean-Marie
Die letzten Tage der Menschheit, 2008
Laste, Sigrun
Ein Tag im August – Mauerbau '61, 2021
Laurent, Mélanie
Die Tanzenden, 2021
Lawson, Josh
Und täglich grüsst die Liebe, 2021
Laxton, Richard
Die Ehre der Familie, 2020
Lazurean-Gorgan, Monica
Wood, 2020
Leblond, Daphné
Mein Name ist Klitoris, 2019
Leclercq, Julien
Sentinelle, 2021
Lee Go, Maritte
Black as Night, 2020
Lee, Francis
Ammonite, 2020
Lee, Jenn
Hongkong – Eine Stadt im Widerstand, 2021
Lee, Justin
Badland, 2019
Lee, Malcolm D.
Space Jam: A New Legacy, 2021
Lehericey, Delphine
Puppylove – Erste Versuchung, 2013
Lehning, Mechtild
Leben ohne Erinnerung, 2018
Leiva-Cock, Mauricio
The Night of the Beast, 2020
Lembeck, Michael
Queen Bees – Im Herzen jung, 2021
Lemercier, Valérie
Aline – The Voice of Love, 2020
Lemesle, Nolwenn
Mit der Kraft des Windes, 2020
Lemke, Klaus
Berlin Izza Bitch, 2021
Leonard, Robert Z.
Tarantella, 1937
Leonhardt, Lena
Höhenflüge, 2019
Roamers – Follow Your Likes, 2019
Levinson, Sam
Malcolm & Marie, 2021
Levy, Shawn
Free Guy, 2021
Lewandowski, Piotr J.
König der Raben, 2020
Lewinsky, Micha
Moskau Einfach!, 2020
Lewis, Kevin
Willy's Wonderland, 2021
Lewkowicz, Katia
Forte, 2020
Ley, Raymond
Der grosse Fake – Die Wirecard-Story, 2021
Leyden, Paul
Chick Fight – Hit Like a Girl, 2020
Liang, Roseanne
Shadow in the Cloud, 2020
Lidberg, Pontus
Written on Water, 2019

Lidl, Sabine
Hannelore Elsner – Ohne Spiel ist mir das Leben zu ernst, 2021
Lifshitz, Sébastien
Bambi, 2013
Jugend, 2019
Liguori, Alessio
In the Trap, 2019
Lilti, Thomas
Hippokrates und ich, 2014
Liman, Doug
Chaos Walking, 2021
Locked Down, 2021
Lin, Justin
Fast & Furious 9, 2021
Lindgren, Michael
Berts Katastrophen, 2020
Lindon, Suzanne
Frühling in Paris, 2020
Lindsay, Daniel
Tina, 2020
Lindström, Kristina
Der schönste Junge der Welt, 2021
Lipitz, Amanda
Found, 2021
Lischker, Melanie
Bilder (m)einer Mutter, 2021
Lisecki, Jonathan
Moderne Verführung, 2020
Lister-Jones, Zoe
How It Ends, 2020
Livolsi, Peter
Der schrille Klang der Freiheit, 2017
Llansó, Miguel
Jesus shows you the way to the highway, 2019
Llosa, Claudia
Das Gift, 2021
Lo, Elizabeth
Streuner – Unterwegs mit Hundeaugen, 2020
Löcker, Ivette
Was uns bindet, 2017
Lockhart, Guillermo
The 100 Candles Game, 2021
Loeb, Nick
Ihr Wille geschehe – Die Geschichte eines Abtreibungsurteils, 2021
Loevner, Henry
Lockdown mit Hindernissen, 2021
Logothetis, Dimitri
Jiu Jitsu, 2020
Lohr, Mark
Hopfen, Malz und Blei, 2021
López Estrada, Carlos
Raya und der letzte Drache, 2021
Lorenz, Robert
The Marksman – Der Scharfschütze, 2021
Lotz, Lars-Gunnar
Plötzlich so still, 2021
Lowe, Tom
Awaken, 2018
Lowery, David
The Green Knight, 2021
Luby, Christine
This Little Love of Mine, 2021
Lucchesi, Luca
A black Jesus, 2020
Ludin, Malte
Tonsüchtig – Die Wiener Symphoniker von Innen, 2020
Lukacevic, Damir
Ein nasser Hund, 2020
Lüschow, Petra
Tatort – Wer zögert, ist tot, 2021

Lyn, Euros
Dream Horse, 2020
Lyons, John C.
Unearth, 2020
Lyssy, Rolf
Eden für jeden, 2020

M
MacBride, Christopher
Flashback, 2020
Macdonald, Kevin
Der Mauretanier, 2021
Mackerras, Josephine
Alice – Mein Leben als Escort, 2019
Macqueen, Harry
Supernova, 2020
Mädel, Bjarne
Sörensen hat Angst, 2020
Madhvani, Ram
Der Knall, 2021
Maeck, Klaus
Alles ist eins. Ausser der o., 2020
Magne, Grégory
Parfum des Lebens, 2019
Mai, Thi Hien
Mein Vietnam, 2020
Maíllo, Kike
Kosmetik des Bösen, 2020
Maine, Karen
Yes, God, Yes – Böse Mädchen beichten nicht, 2019
Majer, Philipp
18+ Deutschland, 2021
Makijany, Manjari
Skater Girl, 2021
Malasomma, Nunzio
Mister Radio, 1924
Malzieu, Mathias
Eine Meerjungfrau in Paris, 2020
Mandler, Anthony
Monster! Monster?, 2018
Mansky, Witali
Gorbatschow. Paradies, 2020
Mantello, Jean-Jacques
Wonders of the Sea, 2017
Marcaggi, Méliane
Belle Fille – Plötzlich Schwiegertochter, 2020
Marcello, Pietro
Martin Eden, 2019
Marcello, Vince
The Kissing Booth 3, 2021
Marchal, Olivier
Banden von Marseille, 2020
Marcimain, Mikael
Horizon Line, 2020
Maresco, Franco
Die Mafia ist auch nicht mehr das, was sie mal war, 2019
Marhoul, Václav
The Painted Bird, 2019
Marka, Sebastian
Tatort – Unsichtbar, 2021
Markovics, Karl
Nobadi, 2019
Marks, Christopher André
König Otto, 2021
Marmodée, Monique
Serenade für Fanny, 2018
Marsh, Donovan
Ich bin Alle, 2021
Marshall, Neil
The Reckoning, 2020

Martin, Johnny
Stay Alive – Überleben um jeden Preis, 2020
Martin, T.J.
Tina, 2020
Martini, Max
Sgt. Will Gardner, 2019
Mas, Juan
Ein himmlischer Plan für die Liebe, 2020
Mason, Adam
Songbird, 2020
Matthes, Jana
Endlich Tacheles, 2020
Matthews, Michael
Love and Monsters, 2020
Mattoli, Mario
Unsichtbare Ketten, 1942
Mattotti, Lorenzo
Königreich der Bären, 2019
Matuszynski, Jan P.
Die letzte Familie, 2016
Mayer, Michael
Single All the Way, 2021
Mayfair, Ash
May, die dritte Frau, 2018
Mazer, Dan
Nicht schon wieder allein zu Haus, 2021
McBratney, Stuart
Don't read this on a plane, 2020
McCarthy, Tom
Stillwater – Gegen jeden Verdacht, 2021
McGowan, Jen
Hunter's Creek – Gefährliche Beute, 2018
McGrath, Tom
Boss Baby – Schluss mit Kindergarten, 2021
McKay, Adam
Don't Look Up, 2021
McKay, Chris
The Tomorrow War, 2021
McNamara, Sean
Cats & Dogs 3 – Pfoten vereint!, 2020
McQuoid, Simon
Mortal Kombat, 2021
Mecham, Andrew
Behind You, 2020
Meed, Geoff
Asteroid-A-Geddon – Der Untergang naht, 2020
Meise, Sebastian
Grosse Freiheit, 2021
Meister, Peter
Das schwarze Quadrat, 2021
Melfi, Theodore
Der Vogel, 2021
Mendoza, Brian Andrew
Sweet Girl, 2021
Menghini, Santiago
Niemand kommt hier lebend raus, 2021
Messner, Reinhold
Nanga Parbat – Mein Schlüsselberg, 2020
Messner, Simon
Nanga Parbat – Mein Schlüsselberg, 2020
Metz, Doris
Trans – I Got Life, 2018
Meyssan, Raphaël
Die Verdammten der Pariser Kommune, 2019
Michael, Robi
Every Time I Die, 2019
Mikova, Anastasia
Woman – 2000 Frauen. 50 Länder. 1 Stimme., 2019
Milev, Valeri
Bullets of Justice, 2019
Miller Gross, Amy
Die Hochzeit meines Bruders, 2020

Minin, Iwan
THE WIDOW, 2020
Miranda, Lin-Manuel
TICK, TICK ... BOOM!, 2021
Mishto, Elisa
STILLSTEHEN, 2019
Miyazaki, Goro
AYA UND DIE HEXE, 2020
Mizoguchi, Kenji
FRAU OYU, 1951
EINE FRAU, VON DER MAN SPRICHT, 1954
Moder, Johanna
WAREN EINMAL REVOLUZZER, 2019
Modiri, Kaweh
MITRA, 2021
Mohan, Michael
THE VOYEURS, 2021
Mojaddadi, Jamshid
WENN TIGER TRÄUMEN – EINE GESCHICHTE AUS DEM NORD-IRAN, 2019
Molés, Rafael
LOBSTER SOUP – DAS ENTSPANNTESTE CAFÉ DER WELT, 2020
Moll, Dominik
DIE VERSCHWUNDENE, 2019
Møller, Jens
DIE OLCHIS – WILKOMMEN IN SCHMUDDELFING, 2020
Mollo, Fabio
ANNI DA CANE, 2021
Moncrieff, Karen
THE KEEPING HOURS, 2017
Monnard, Pierre
PLATZSPITZBABY – MEINE MUTTER, IHRE DROGEN UND ICH, 2020
Montesinos, José Luis
GROWL – ER RIECHT DEINE ANGST, 2019
Moorhead, Aaron
SYNCHRONIC, 2019
Moragas, David
A STORMY NIGHT, 2020
Morales, Tony
THE 100 CANDLES GAME, 2021
Moratto, Alexandre
7 GEFANGENE, 2021
Mori, Yoshihiro
WIR KONNTEN NICHT ERWACHSEN WERDEN, 2021
Morris, Iain
DAS FESTIVAL, 2018
Mortensen, Viggo
FALLING, 2020
Mosli, Cecile A.
DREI HASELNÜSSE FÜR ASCHENBRÖDEL, 2021
Moss, Jesse
MAYOR PETE, 2021
Mouaness, Oualid
1982 – NEUNZEHNHUNDERTZWEIUNDACHTZIG, 2019
Muccino, Gabriele
AUF ALLES, WAS UNS GLÜCKLICH MACHT, 2020
Mucha, Stanislaw
HEIMAT TO GO – VOM GLÜCK IM SCHREBERGARTEN, 2020
Mularuk, Piotr
REIF FÜR EINEN MORD, 2021
Mullen, April
WANDER – DIE VERSCHWÖRUNG IST REAL, 2020
Müller, Eva
SHINY_FLAKES: THE TEENAGE DRUG LORD, 2021
Müller, Maria
UNTER EINEM DACH, 2020
Müller-Frank, Miguel
MIT EIGENEN AUGEN, 2020

Mundruczó, Kornél
PIECES OF A WOMAN, 2020
Murano, Yuuta
SEVEN DAYS WAR, 2019
Murphy, Dean
COME BACK, MR. DUNDEE!, 2020
Mutou, MTJJ
THE LEGEND OF HEI – DIE KRAFT IN DIR, 2019

N
Naber, Johannes
CURVEBALL – WIR MACHEN DIE WAHRHEIT, 2020
Nair, Kaashvi
SARDARS ENKEL, 2021
Naishuller, Ilya
NOBODY, 2021
Nalpas, Mario
PAPITOU, 1927
Narjes, Katinka
NIXEN, 2017
Nasser, Arab
GAZA MON AMOUR, 2020
Nasser, Georges
WHERE TO?, 1957
Nasser, Tarzan
GAZA MON AMOUR, 2020
Näter, Thorsten
TÖDLICHE GIER, 2020
Neille, Diana
DER KÖNIGSMACHER: MIT DEN WAFFEN DER WERBUNG, 2019
Nelson, Mike P.
WRONG TURN – THE FOUNDATION, 2021
Neufeld, Max
HOFFMANNS ERZÄHLUNGEN, 1923
Neul, Nana
TÖCHTER, 2021
Nicholas, Ben
PELÉ, 2021
Nicholson, William
WER WIR SIND UND WER WIR WAREN, 2019
Nicolas-Troyan, Cedric
KATE, 2021
Niemann, Nadine
LEBEN OHNE ERINNERUNG, 2018
Nikitiuk, Marjsia
WENN BÄUME FALLEN, 2018
Nir, Udi
VIRAL DREAMS – DIE AUSGEBREMSTE GENERATION, 2021
Nix, Lilian
KINDSEIN – ICH SEHE WAS, WAS DU NICHT SIEHST!, 2017
Nobre, Susana
JACK'S RIDE, 2021
Nöcker, Vanessa
SCHUMACHER, 2021
Noé, Gaspar
LUX AETERNA, 2019
Noëlle, Marie
DÜRER, 2021
Nolasco, Daniel
VENTO SECO, 2019
Nordahl, Jeanette
WILDLAND, 2019
Nowak, Brian
METEOR MOON, 2020
Nowrasteh, Cyrus
INFIDEL, 2019
Nuguet, Ioanis
ERSTES KÖNIGREICH, 2021
Nvotová, Tereza
OHNE EIN WORT ZU SAGEN, 2017

O
Ôbayashi, Nobuhiko
LABYRINTH OF CINEMA, 2019
Oberli, Bettina
WITH THE WIND, 2018
O'Brien, Jesse
TWO HEADS CREEK, 2019
Oda, Kaori
CENOTE, 2019
Odell, Anna
X&Y, 2018
O'Donnell, Liam
SKYLINES, 2020
Okyay, Azra Deniz
GHOSTS, 2020
Olaizola, Yulene
TRAGIC JUNGLE, 2020
Ølholm, Anders
SHORTA – DAS GESETZ DER STRASSE, 2020
Olsson, Carl
MEANWHILE ON EARTH, 2020
Olsson, William
LOST GIRLS & LOVE HOTELS, 2020
O'Neal, Dugan
DOORS – A WORLD BEYOND, 2021
Onetti, Nicolás
THE 100 CANDLES GAME, 2021
Oplev, Niels Arden
398 TAGE – GEFANGENER DES IS, 2019
Orjonikidze, Nino
DER FLUCH DES TUNNELS, 2019
Osnovikoff, Iván
LOS REYES – KÖNIGLICHE STREUNER, 2018
Ostermann, Rick
FREUNDE, 2021
DAS HAUS, 2021
Ostrowski, Michael
HOTEL ROCK'N'ROLL, 2016
Ott, Barbara
KIDS RUN, 2020
Otto, Kevan
VERGEBUNG, 2016
Øvredal, André
MORTAL – MUT IST UNSTERBLICH, 2020
Owen, Martin
THE INTERGALACTIC ADVENTURES OF MAX CLOUD, 2020
TWIST, 2021
Oyelowo, David
THE WATER MAN, 2020
Ozon, François
SOMMER 85, 2020

P
Pablos, David
DER BALL DER 41, 2020
Pakleppa, Michael
ANGELS IN NOTTING HILL, 2015
Paluyan, Aliaksei
COURAGE, 2021
Panzer, Wolfgang
MEERESLEUCHTEN, 2020
Papushado, Navot
GUNPOWDER MILKSHAKE, 2021
Pariser, Nicolas
ALICE AND THE MAYOR, 2019
Park, Adam
THE AMBER LIGHT, 2019
Park, Minsu
CHADDR – UNTER UNS DER FLUSS, 2020
Paronnaud, Vincent
HUNTED – WALDSTERBEN, 2020
Parrot, Denis
COMING OUT, 2019

Pasolini, Uberto
Nowhere Special, 2020
Patiño, Lois
Red Moon Tide, 2019
Pavlovic, Kevin
Die Addams Family 2, 2021
Paz, Doron
Plan A – Was würdest du tun?, 2020
Paz, Yoav
Plan A – Was würdest du tun?, 2020
Paz González, María
Lina from Lima, 2019
Pearce, Michael
Encounter, 2021
Pedersoli, Giuseppe
The Truth About La dolce vita, 2020
Pedota, Flavio
Infection, 2019
Pellissery, Lijo Jose
Der Zorn der Bestien – Jallikattu, 2019
Penna, Joe
Stowaway – Blinder Passagier, 2019
Perel, Jonathan
Corporate Accountability, 2020
Perelsztejn, Willy
Ashcan – Das geheime Gefängnis, 2018
Périot, Jean-Gabriel
Rückkehr nach Reims, 2019
Perschon, Christiana
Sie ist der andere Blick, 2018
Perut, Bettina
Los Reyes – Königliche Streuner, 2018
Peter, Jan
Deutschland 9/11, 2021
Peterson, Nicholas
The 100 Candles Game, 2021
Petkova, Eliza
Ein Fisch, der auf dem Rücken schwimmt, 2019
Petri, Kristian
Der schönste Junge der Welt, 2021
Petry, Marco
Mona & Marie – Eine etwas andere Weihnachtsgeschichte, 2021
Pfeiffer, Maris
Tatort – Wunder gibt es immer wieder, 2021
Philippe, Alexandre O.
Memory – Über die Entstehung von Alien, 2019
Philippot, Just
Schwarm der Schrecken, 2020
Philp, Katrine
Etwas Schönes bleibt – Wenn Kinder trauern, 2020
Piatek, Jakub
Prime Time, 2021
Piccinino, Shaun Paul
Lady Driver – Mit voller Fahrt ins Leben, 2020
A California Christmas: City Lights, 2021
Picone
Once upon a time in Bethlehem, 2019
Pil-sung, Yim
Scarlet Innocence, 2014
Pinaud, Pierre
Der Rosengarten der Madame Vernet, 2021
Pintó, Albert
Malasaña 32 – Haus des Bösen, 2019
Pirch, Monika
Haldern Pop – Dorf mit Festival, 2020
Pitterling, Kathrin
Aufschrei der Jugend – Fridays for Future Inside, 2020
Plante, Pascal
Nadia, Butterfly, 2020

Poehler, Amy
Moxie. Zeit, zurückzuschlagen, 2021
Poggi, Caroline
Jessica Forever, 2018
Pogodin, Oleg
Magic Roads – Auf magischen Wegen, 2021
Polat, Ayse
Tatort – Masken, 2021
Polish, Michael
American Traitor: The Trial of Axis Sally, 2021
Pontecorvo, Marco
Das Wunder von Fatima – Moment der Hoffnung, 2020
Pool, Hans
Bellingcat – Truth in a Post-Truth World, 2018
Pope, Matthew
Blood on My Name, 2020
Pöpel, Wiebke
Helmut Lachenmann – My Way, 2020
Popivoda, Marta
Landschaft des Widerstands, 2020
Poplak, Richard
Der Königsmacher: Mit den Waffen der Werbung, 2019
Popp, Peter
Shorty und das Geheimnis des Zauberriffs, 2021
Porte, Gilles
Der Staat gegen Mandela und andere, 2018
Porumboiu, Corneliu
Infinite Football, 2018
Potente, Franka
Home, 2020
Powell, Justin
The Djinn, 2021
Prior, David
The Empty Man, 2020
Prochaska, Andreas
Im Netz der Camorra, 2021
Prochaska, Daniel
Das schaurige Haus, 2020
Provost, Martin
Die perfekte Ehefrau, 2020
Prühl, Karsten
Goethes Faust, 2019
Puce, Dace
Die Grube, 2020
Puiu, Cristi
Malmkrog, 2019
Pulcini, Robert
Things Heard & Seen, 2021
Pusjrewski, Jewgeni
The Ex – Du kannst ihr nicht entkommen, 2021

Q
Quintana, Julio
Blue Miracle, 2021
Quirot, Romain
The Last Journey, 2020

R
Raabe, Carl Christian
Haunted Child, 2017
Raabe, York-Fabian
Borga, 2021
Radivojevic, Iva
Aleph, 2019
Radwanski, Kazik
Anne at 13,000 ft, 2019
Rafa, Janis
Kala azar, 2020
Rakete, Jim
Now, 2020

Ramsay, Julius
Midnighters, 2017
Ranarivelo, Alex
Born a Champion, 2021
Randall, Adam
Night Teeth, 2021
Rankin, Matthew
The Twentieth Century, 2019
Rao, Gitanjali
Bombay Rose, 2019
Rapin, Aude-Léa
Heroes Don't Die, 2019
Rappeneau, Julien
Lügen haben kurze Beine, 2019
Raso, Mark
Awake, 2020
Rasoulof, Mohammad
Doch das Böse gibt es nicht, 2019
Rasper, Ingo
Liebe ist unberechenbar, 2020
Ratius, Lukas
18+ Deutschland, 2021
Ratuschnaja, Xenia
Outlaw – Sex und Rebellion, 2019
Rau, Carsten
Atomkraft Forever, 2020
Raykova, Hristiana
Die Grube, 2019
Read, Becky
Messy Christmas, 2021
Ree, Benjamin
The Painter and the Thief, 2020
Reed Middleton, Niclas
Born for Korn, 2019
Rees, Dee
Pariah, 2011
Regel, Dirk
Zum Glück zurück, 2021
Reichardt, Kelly
First Cow, 2019
Reichel, Hendrik
Bundestag – Demokratie als Arbeit, 2021
Reichwald, Laura
Stollen, 2020
Reijn, Halina
Instinct – Gefährliche Begierde, 2019
Reinert, Robert
Opium, 1919
Reitman, Jason
Ghostbusters: Legacy, 2020
Remsperger, Daniel
Deutschland 9/11, 2021
Reposi, Joanna
Lemebel, 2019
Ressel, Siegfried
Grand Cru, 2021
Restrepo, Camilo
Los conductos, 2019
Rettinger, Carl-Ludwig
Die rote Kapelle, 2020
Reuveny, Yael
Kinder der Hoffnung – One Of Us, 2021
Reymann, Malou
Eine total normale Familie, 2020
Reymond, Véronique
Immer noch Frau, 2018
Riahi, Arash T.
Ein bisschen bleiben wir noch, 2019
Rianda, Michael
Die Mitchells gegen die Maschinen, 2021
Richardson, Greg
Feuerwehrmann Sam – Helden fallen nicht vom Himmel, 2020

Rick, Stephan
Die Heimsuchung, 2021
Rickman, Alan
The Winter Guest, 1997
Riedl, Valentin
Lost in Face – Die Welt mit Carlottas Augen, 2019
Rieser, Ruth
Auslegung der Wirklichkeit – Georg Stefan Troller, 2021
Rincón Gille, Nicolás
Valley of Souls, 2019
Ripa, John
Raya und der letzte Drache, 2021
Ritchie, Guy
Cash Truck, 2021
Ritchson, Alan
Dark Web: Cicada 3301, 2021
Rivers, Ben
Krabi, 2562, 2019
Roberts, Johannes
Resident Evil: Welcome to Raccoon City, 2021
Robitel, Adam
Escape Room 2, 2020
Robsahm, Thomas
A-ha – The Movie, 2021
Rockaway, Eytan
Lansky – Der Pate von Las Vegas, 2021
Röckenhaus, Freddie
Das Riesending – 20.000 Meter unter der Erde, 2021
Rodriguez, Octavio E.
Ron läuft schief, 2021
Rofé, Joshua
Bob Ross: Glückliche Unfälle, Betrug und Gier, 2021
Rogalski, Michal
David und die Weihnachtselfen, 2021
Roggan, Claire
Wir alle. Das Dorf, 2021
Rohl, Mike
Prinzessinnentausch 3: Auf der Jagd nach dem Stern, 2021
Romen, Evi
Hochwald, 2020
Rosenberg, Rudi
The New Kid, 2015
Rosenmüller, Marcus H.
Beckenrand Sheriff, 2021
Ross, Bill
Bloody Nose, Empty Pockets, 2019
Ross, Turner
Bloody Nose, Empty Pockets, 2019
Rossi, Samuele
GlassBoy, 2021
Rostuhar, Andela
Love around the World, 2020
Rostuhar, Davor
Love around the World, 2020
Rouveure, Baptiste
Anonymous Animals, 2021
Rowe, Jeff
Die Mitchells gegen die Maschinen, 2021
Rübesam, Daniel
The 100 Candles Game, 2021
Rudnitzki, Ellen
Die Hügel von Istanbul, 2020
Ruizpalacios, Alonso
Ein Polizei-Film, 2021
Russell, Tiller
Silk Road – Gebieter des Darknet, 2021
Russo, Anthony
Cherry – Das Ende aller Unschuld, 2021

Russo, Joe
Cherry – Das Ende aller Unschuld, 2021
Russo Rouge, Mauro
Bloom up – Hautnah, 2020
Ruzowitzky, Stefan
Hinterland, 2021
Ryba-Kahn, Sharon
Displaced, 2020
RZA
Cut Throat City – Stadt ohne Gesetz, 2020

S

Saada, Nicolas
Spion(e), 2009
Sabloff, Gabriel
Beckman – Im Namen der Rache, 2020
Sadat, Shahrbanoo
Kabul Kinderheim, 2019
Sager, Daniel
Hinter den Schlagzeilen, 2021
Saïdi, Karima
Zuhause, 2019
Saková, Martina
Sommer-Rebellen, 2020
Salky, Adam
Intrusion, 2021
Salonen, Hannu
Der Rebell – Von Leimen nach Wimbledon, 2021
Salvatores, Gabriele
Vincents Welt, 2019
Samir
Baghdad in my Shadow, 2019
Samuel, Jeymes
The Harder They Fall, 2021
Samuels, Ian
Sechzehn Stunden Ewigkeit, 2020
Sánchez Lansch, Enrique
In den Uffizien, 2021
Sandahl, Ronnie
Tiger, 2020
Sandig, Frauke
Aware – Reise in das Bewusstsein, 2020
Sandri, Isabella
Nicht dein Mädchen, 2019
Sapochnik, Miguel
Finch, 2020
Sarfaty, Maya
Liebe war es nie, 2020
Sarkisov, Nick
Embattled, 2020
Sarnoski, Michael
Pig, 2021
Saul, Anno
Die Welt steht still, 2021
Sayagues, Rodo
Don't Breathe 2, 2021
Scalpello, Ron
The Corrupted – Ein blutiges Erbe, 2019
Schaller, Stefan
Polizeiruf 110 – Sabine, 2020
Scharf, Jan Martin
Tatort – Der Reiz des Bösen, 2021
Schaub, Christoph
Amur senza fin, 2018
Schaz, Ulrike
PARIS – Kein Tag ohne dich, 2020
Schier, Christopher
Tatort – Die Amme, 2020
Schiffli, Collin
Die in a Gunfight, 2021

Schleicher, Waldemar
Verplant – Wie zwei Typen versuchen, mit dem Rad nach Vietnam zu fahren, 2020
Schlösser, Katrin
Szenen meiner Ehe, 2019
Schlotterer, Franziska
Tatort – Was wir erben, 2021
Schmelew, Wadim
The Last Frontier – Die Schlacht um Moskau, 2020
Schmidbauer, Lea
Ostwind – Der grosse Orkan, 2019
Schmidt, Alex
Beutolomäus und die vierte Elfe, 2021
Schmit, Johannes Maria
Neubau, 2019
Schmitt, Michael
Shiny_Flakes: The Teenage Drug Lord, 2021
Schnee, Christoph
Goldjungs, 2021
Schneider, Mariejosephin
Notes of Berlin, 2020
Schneider, Mario
Uta, 2019
Schneider, Michael
Mord in der Familie – Der Zauberwürfel, 2021
Schnitzler, Gregor
Die Schule der magischen Tiere, 2020
Schory, Noemi
Schocken – Ein deutsches Leben, 2020
Schrader, Maria
Ich bin dein Mensch, 2021
Schramm, Andrea
Endlich Tacheles, 2020
Schreier, Martin
One Night Off, 2021
Schumann, Dieter
Lene und die Geister des Waldes, 2019
Schutte, Hanneke
Erdmännchen und Mondrakete, 2017
Schütte, Jan Georg
Für immer Sommer 90, 2020
Schuurman, Ruud
100% Coco in New York, 2019
Schwartz, Andrei
Fatima – Ein kurzes Leben, 2019
Schwartzberg, Louie
Fantastische Pilze – Die magische Welt zu unseren Füssen, 2019
Schwarz, Florian
Für immer Eltern, 2021
Schweier, Hannah
80.000 Schnitzel, 2020
Schweiger, Til
Die Rettung der uns bekannten Welt, 2020
Schweighöfer, Matthias
Army of Thieves, 2021
Schwenk, Süheyla
Jiyan, 2019
Schwentke, Robert
Snake Eyes: G. I. Joe Origins, 2020
Schwerdorf, Tanja
Alles ist eins. Ausser der 0., 2020
Schwochow, Christian
Je suis Karl, 2020
Scott, Jake
Kipchoge: The Last Milestone, 2021
Scott, Ridley
House of Gucci, 2021
The Last Duel, 2021
Scott III, Swinton O.
Gregs Tagebuch: Von Idioten umzingelt, 2021

Sealey, Amber
Ted Bundy: No Man Of God, 2021
Sebastian, Steffen
Lievalleen, 2019
Sebechlebský, Ján
Die Heilquelle, 2020
Segre, Andrea
Moleküle der Erinnerung – Venedig, wie es niemand kennt, 2020
Séguéla, Tristan
Ein Doktor auf Bestellung, 2020
Seifert, Till
So weit – Der Film, 2021
Seimetz, Amy
She Dies Tomorrow, 2020
Seligman, Emma
Shiva Baby, 2020
Seong-hun, Kim
A Hard Day, 2014
Tunnel, 2016
Serkis, Andy
Venom: Let There Be Carnage, 2021
Sesma, Christian
Paydirt – Dreckige Beute, 2020
Seume, Dagmar
Leben über Kreuz, 2021
Seung-woo, Kim
Bring Me Home, 2019
Sewitsky, Anne
Sonja – The White Swan, 2018
Sfar, Joann
Das grosse Abenteuer des kleinen Vampir, 2021
Shahed, Farhad
Dark Day, 2021
Shanley, John Patrick
Der Duft von wildem Thymian, 2020
Shattuck, Sharon
Picture A Scientist – Frauen der Wissenschaft, 2020
Shaw, Dash
Cryptozoo, 2021
Sheedy, John
Das Blubbern von Glück, 2019
Sheridan, Taylor
They Want Me Dead, 2020
Shinohara, Keisuke
Black Fox, 2019
Shin-yeon, Won
Memoir of a Murderer, 2017
Shiraishi, Kazuya
Dawn of the Felines – Sündiges Tokio, 2017
Shortland, Cate
Black Widow, 2020
Shyamalan, M. Night
Old, 2021
Sia
Music, 2021
Sieben, Thomas
Prey, 2021
Sieling, Charlotte
Die Königin des Nordens, 2021
Sigstad, Even
Aksel, 2021
Simien, Justin
Bad Hair, 2020
Simon, Nick
Karma, 2018
Sims, Jeremy
Besser wird's nicht, 2020
Sinzinger, Ebba
Wood, 2020
Sironi, Carlo
Sole, 2019

Sixtus, Mario
Hyperland, 2021
Sjuhin, Arseni
Superdeep, 2020
Slagle, Brandon
Attack of the Unknown – Earth Invasion, 2020
Smit, Ruben
Das Wattenmeer – Leben zwischen Land und See, 2018
Smith, Charles Martin
Ein Geschenk von Bob, 2020
Smith, Christopher
The Banishing – Im Bann des Dämons, 2020
Smith, Kevin
Jay and Silent Bob Reboot, 2019
Smith, Sarah
Ron läuft schief, 2021
Smith, Sarah Adina
Tanz zum Ruhm, 2021
Smith, Tony Dean
Volition – Face Your Future, 2019
Smits, Martijn
Mister Twister – In den Wolken, 2019
Smyth, Noel
Himmel über dem Camino – Der Jakobsweg ist Leben!, 2019
Sneguirev, Denis
Zurück in die Eiszeit: Die Zimov-Hypothese, 2019
Snyder, Zack
Zack Snyder's Justice League, 2017
Army of the Dead, 2021
Sødahl, Maria
Hope, 2019
Soderbergh, Steven
No Sudden Move, 2021
Søimer Guttormsen, Itonje
Gritt, 2021
Sollima, Stefano
Tom Clancy's Gnadenlos, 2020
Sono, Sion
Prisoners of the Ghostland, 2020
Sørensen, Signe Byrge
Our Memory Belongs to Us, 2021
Sorkin, Aaron
Being the Ricardos, 2021
Sorrentino, Paolo
The Hand of God, 2021
Sparke, Luke
Project Rainfall, 2020
Speth, Maria
Herr Bachmann und seine Klasse, 2021
Spielberg, Steven
West Side Story, 2021
Spiliotopoulos, Evan
The Unholy, 2021
Springer, Moritz
Mein Opa, Karin und ich, 2020
Springer Berman, Shari
Things Heard & Seen, 2021
St. Philip, Elizabeth
Die Klasse von 09/11 – 20 Jahre danach, 2018
Stadermann, Alexs
100% Wolf, 2020
Stagliano, Nick
The Virtuoso, 2021
Stahl, Lena
Mein Sohn, 2020
Staka, Andrea
Mare, 2020
Stardust, Chelsea
Satanic Panic, 2019

Stark, Samantha
Framing Britney Spears, 2021
Stassen, Ben
Bigfoot Junior – Ein tierisch verrückter Familientrip, 2020
Staub, Ricky
Concrete Cowboy, 2020
Steel, Eric
Minjan, 2019
Steffen, Walter
Auf Tour – Z'Fuass, 2021
Stein, Niki
Tatort – Macht der Familie, 2020
Steinberg, Gustavo
Tito and the Birds, 2019
Steinbichler, Hans
Hannes, 2021
Steiner, Sigmund
Holz Erde Fleisch, 2016
Steketee, Lionel
Aladin – Wunderlampe vs. Armleuchter, 2018
Stepchenko, Oleg
The Iron Mask, 2019
Stevens, Fisher
Palmer, 2021
Stolakis, Kristine
Pray Away, 2021
Stölzl, Philipp
Schachnovelle, 2020
Stone, Oliver
JFK Revisited – Die Wahrheit über den Mord an John F. Kennedy, 2021
Stone, Simon
Die Ausgrabung, 2020
Story, Tim
Tom & Jerry, 2021
Strasser, David I.
Just for the Summer, 2019
Strickland, Peter
Das blutrote Kleid, 2018
Strippoli, Paolo
A Classic Horror Story, 2021
Strobl, Kim
Madison – Ungebremste Girlpower, 2020
Stuber, Thomas
Polizeiruf 110 – An der Saale hellem Strande, 2021
Stünkel, Franziska
Nahschuss, 2020
Sturminger, Michael
Die Unschuldsvermutung, 2021
Suits, John
Anti-Life, 2020
Sullivan, Peter
Cucuy – The Boogeyman, 2018
Summa, Sara
Die Letzten, die sie lebend sahen, 2019
Sung-bo, Shim
Sea Fog, 2014
Sung-Hee, Jo
Space Sweepers, 2021
Suutari, Virpi
Aalto – Architektur der Emotionen, 2020
Suwichakornpong, Anocha
Krabi, 2562, 2019
Svarcová, Iva
Tonsüchtig – Die Wiener Symphoniker von Innen, 2020
Svoboda, Antonin
Drei Eier im Glas, 2015
Swies, Dorota
Unearth, 2020

Swobodnik, Sobo
KLASSENKAMPF, 2020
Szücs, Elmar
BORN FOR KORN, 2019
Szumowska, Malgorzata
DER MASSEUR, 2020
Szuszies, Dirk
WALTER KAUFMANN – WELCH EIN LEBEN!, 2021

T
T., Myriam
SUPER-GAU – DIE LETZTEN TAGE LUXEMBURGS, 2021
Tabrizi, Ali
SEASPIRACY, 2021
Tabrizi, Lucy
SEASPIRACY, 2021
Taihuttu, Jim
DE OOST, 2021
Talbot, Joe
THE LAST BLACK MAN IN SAN FRANCISCO, 2019
Tamhane, Chaitanya
DER SCHÜLER, 2020
Taormina, Tyler
HAM ON RYE, 2019
Tappe, Holger
HAPPY FAMILY 2, 2021
Tarver, Clay
VACATION FRIENDS, 2021
Tavernier, Bertrand
DER PASSIERSCHEIN, 2002
Taylor, Alan
THE MANY SAINTS OF NEWARK, 2020
Taylor, Tate
BREAKING NEWS IN YUBA COUNTY, 2021
Teboul, David
HERVÉ GUIBERT – ANSCHREIBEN GEGEN DEN TOD, 2021
Tegeler, Nicolai
ZU DEN STERNEN, 2019
Temple, Julien
SHANE, 2021
ter Hall, Norbert
TATORT – DIE DRITTE HAUT, 2021
Tezuka, Macoto
TEZUKA'S BARBARA, 2019
The Chau, Ngo
ZWERG NASE, 2021
Theede, Christian
DIE PFEFFERKÖRNER UND DER SCHATZ DER TIEFSEE, 2020
TATORT – DER HERR DES WALDES, 2020
Thiel, Mira
TATORT – DER FEINE GEIST, 2020
Thiemer, Kati
ANNA UND HERR GOETHE, 2018
Thiriat, Laurence
GÖRING, BRUEGHEL UND DIE SHOAH, 2019
Thome, Joya
LAURAS STERN, 2020
Thompson, Ahmir «Questlove»
SUMMER OF SOUL (...OR, WHEN THE REVOLUTION COULD NOT BE TELEVISED), 2021
Thompson, Matt
AMERICA: DER FILM, 2021
Thongkham, Lee
THE MAID – DUNKLE GEHEIMNISSE DIENEN NIEMANDEM, 2020
Thorwarth, Peter
BLOOD RED SKY, 2021
Thurber, Rawson Marshall
RED NOTICE, 2021
Thurn, Hansjörg
WIR BLEIBEN FREUNDE, 2021

Thurn, Valentin
TRÄUM WEITER! SEHNSUCHT NACH VERÄNDERUNG, 2020
Tiernan, Greg
DIE ADDAMS FAMILY 2, 2021
Tissi, Felix
GOTTLOS ABENDLAND, 2019
Tiziana, Salka
FOR THE TIME BEING, 2019
Tobias, Janet
FAUCI, 2021
Tollenaere, Isabelle
VICTORIA, 2020
Tommy, Liesl
RESPECT, 2020
Tonderai, Mark
SPELL, 2020
Torres, Maria
ANÓNIMA – NACHRICHT VON UNBEKANNT, 2021
Torresan, Ennio
SPIRIT – FREI UND UNGEZÄHMT, 2021
Touzani, Maryam
ADAM, 2019
Traill, Phil
SCHLAFEND INS GLÜCK, 2018
Trank, Josh
CAPONE, 2020
Traulsen, Antonia
WIR ALLE. DAS DORF, 2021
Treeshin, Nicholas
THUNDERBIRD – SCHATTEN DER VERGANGENHEIT, 2019
Treut, Monika
GENDERATION, 2021
Trofim, Oleg
MAJOR GROM: DER PESTDOKTOR, 2021
Trogi, Ricardo
LEITFADEN FÜR DIE PERFEKTE FAMILIE, 2021
Trost, Brandon
AN AMERICAN PICKLE, 2020
Trueba, Fernando
THE QUEEN OF SPAIN, 2016
Tryhorn, David
PELÉ, 2021
Tsitos, Filippos
TANZE TANGO MIT MIR, 2020
Tsuchida, Steven
RESORT TO LOVE, 2021
Turi, Mathieu
MEANDER, 2020
Turturro, John
JESUS ROLLS – NIEMAND VERARSCHT JESUS, 2019
Twente, Christian
KAISERSPIEL IN VERSAILLES, 2021
K.I. – DIE LETZTE ERFINDUNG, 2021

U
Ulkay, Can
DAS LEBEN IST WIE EIN STÜCK PAPIER, 2021
Undheim, Tove
KNERTEN UND DIE SEESCHLANGE, 2020
Unterwaldt, Sven
CATWEAZLE, 2021

V
Valette, Eric
DIE SCHLANGE – KILLER VS. KILLER, 2017
Valkeapää, Jukka-Pekka
DOGS DON'T WEAR PANTS, 2019
van de Mond, Annemarie
JACKIE & OOPJEN – KUNSTDETEKTIVINNEN, 2020
van der Oest, Paula
BAY OF SILENCE – AM ENDE DES SCHWEIGENS, 2020

van Dyke, W.S.
ROSE MARIE, 1936
Van Grinsven, Samuel
SEQUIN IN A BLUE ROOM, 2020
van Heijningen jr., Matthijs
DIE SCHLACHT UM DIE SCHELDE, 2020
Vanier, Nicolas
MEIN FREUND POLY, 2020
Varejão, Cláudia
AMOR FATI, 2020
Vaske, Hermann
WHY ARE WE (NOT) CREATIVE?, 2021
Vaughan, James
FRIENDS AND STRANGERS, 2021
Vega, Patryk
PITBULL, 2021
SMALL WORLD, 2021
Ventura, Maria Diane
DEINE FARBE, 2018
Verdelli, Giorgio
PAOLO CONTE – VIA CON ME, 2020
Verheyde, Sylvie
MADAME CLAUDE, 2021
Verheyden, Cecilia
FERRY, 2021
Verhoeven, Paul
BENEDETTA, 2021
Vernon, Conrad
DIE ADDAMS FAMILY 2, 2021
Verreault, Myriam
KUESSIPAN, 2019
Verso, Nicholas
TOYS OF TERROR, 2020
Vetter, Marcus
TUNNEL DER FREIHEIT, 2021
Victori, David
CROSS THE LINE – DU SOLLST NICHT TÖTEN, 2020
Villeneuve, Denis
DUNE, 2020
Vilsmaier, Joseph
DER BOANDLKRAMER UND DIE EWIGE LIEBE, 2019
Vine, Jean-Philippe
RON LÄUFT SCHIEF, 2021
Vinel, Jonathan
JESSICA FOREVER, 2018
Vinterberg, Thomas
DER RAUSCH, 2020
Virus, Philipp
FREAKSCENE – THE STORY OF DINOSAUR JR., 2020
Voignier, Marie
AUF NACH CHINA, 2019
Voigt, Andreas
GRENZLAND, 2020
von Bernstorff, Irja
KINDER DER KLIMAKRISE – 4 MÄDCHEN, 3 KONTINENTE, 1 MISSION, 2020
von Brockhausen, Christian
SOLDATEN, 2021
von Einsiedel, Orlando
CONVERGENCE: MUT IN DER KRISE, 2021
von Garnier, Katja
FLY, 2021
von Horn, Magnus
SWEAT, 2020
von Stroheim, Erich
RUMMELPLATZ DES LEBENS, 1923
Voss, Gabriele
NACHSPIEL, 2019

W
Wachowski, Lana
MATRIX RESURRECTIONS, 2021

Waddington, Gonçalo
PATRICK, 2019
Wagner, Petra K.
MARTHA & TOMMY, 2020
ALICE IM WEIHNACHTSLAND, 2021
Wakamatsu, Setsurô
FUKUSHIMA – DIE WELT AM ABGRUND, 2020
Walker, Ralf
DER SIEBZEHNTE, 2020
Walker, Saskia
DER SIEBZEHNTE, 2020
Walsh, Kieron J.
THE RACER, 2020
Waltz, Christoph
GEORGETOWN, 2019
Wamester, Jeff
JUSTICE SOCIETY: WORLD WAR II, 2021
Wan, James
MALIGNANT, 2021
Wan, Jimmy
ZERO TO HERO, 2021
Wasjanowitsch, Walentin
ATLANTIS, 2019
Waters, Mark
EINER WIE KEINER, 2021
Watts, Jon
SPIDER-MAN: NO WAY HOME, 2021
Wawerzinek, Peter
LIEVALLEEN, 2019
Wax, John
EINFACH SCHWARZ, 2020
Wech, Michael
SCHUMACHER, 2021
Weegmann, Nicole
TATORT – BOROWSKI UND DIE ANGST DER WEISSEN MÄNNER, 2020
Wegner, Agnes Lisa
KÖNIG BANSAH UND SEINE TOCHTER, 2020
Wehmeyer, Walter
SHATTERED – REISE IN EINE STILLE VERGANGENHEIT, 2018
Wei-Hao, Cheng
THE SOUL, 2020
Wein, Daryl
HOW IT ENDS, 2020
Weingartner, Katharina
DAS FIEBER – DER KAMPF GEGEN MALARIA, 2019
Weiss, Valerie
MIXTAPE, 2021
Weitz, Paul
FATHERHOOD, 2021
Welles, Anne
TED – EIN ZOMBIE ZUM VERLIEBEN, 2017
Wells, Dennis
TAGEBUCH EINER BIENE, 2020
Weng, Jude
ABENTEUER ʻOHANA, 2021
West, Betsy
MY NAME IS PAULI MURRAY, 2021
West, Christopher
THE 100 CANDLES GAME, 2021
West, Simon
SKYFIRE, 2019
Westholzer, Maria-Anna
HEUTE STIRBT HIER KAINER, 2020
Wexler, Tanya
JOLT, 2021
Wheatley, Ben
DOWN TERRACE, 2009
Whedon, Matthew
BEHIND YOU, 2020
Wheeler, Gary
FEUERPROBE DER UNSCHULD – WAGE ES ZU TRÄUMEN, 2017

White, Roman
A WEEK AWAY, 2021
White, Ryan
ASSASSINS, 2020
White, Trevor
A CROOKED SOMEBODY, 2017
Wieland, Ute
TATORT – BLIND DATE, 2021
Willbrandt, Nils
FERDINAND VON SCHIRACH: FEINDE, 2020
Williams, Mark
HONEST THIEF, 2020
Wingard, Adam
GODZILLA VS. KONG, 2021
Winkler, Max
JUNGLELAND, 2019
Winocour, Alice
PROXIMA – DIE ASTRONAUTIN, 2019
Winter, Rachel
THE SPACE BETWEEN – IM RAUSCH DER MUSIK, 2021
Winther, Peter
AFTERMATH, 2021
Wiper, Scott
THE BIG UGLY, 2020
Wirkola, Tommy
THE TRIP – EIN MÖRDERISCHES WOCHENENDE, 2021
Wirtz, Malte
SIE WAREN MAL STARS!, 2020
GESCHLECHTERKRISE, 2021
Wischnewski, Jens
GEFÄHRLICHE WAHRHEIT, 2021
Wnendt, David
THE SUNLIT NIGHT, 2019
Wolf, Eva
DIE WACHE, 2020
Wolf, Matt
SPACESHIP EARTH, 2020
Wolfrum, Nina
TATORT – WIE ALLE ANDEREN AUCH, 2021
Wollner, Sandra
THE TROUBLE WITH BEING BORN, 2019
Won-Chan, Hong
DELIVER US FROM EVIL, 2020
Wonders, Janna Ji
WALCHENSEE FOREVER, 2020
Woodward Jr., Timothy
ONE LAST CALL, 2020
Woo-jin, Jang
WINTER'S NIGHT, 2018
Wortmann, Sönke
CONTRA, 2020
Wright, Chris
ANMASSUNG, 2021
Wright, Edgar
THE SPARKS BROTHERS, 2020
LAST NIGHT IN SOHO, 2021
Wright, Joe
THE WOMAN IN THE WINDOW, 2020
Wright, Robin
ABSEITS DES LEBENS, 2020

X
Xinyuan, Zheng Lu
THE CLOUD IN HER ROOM, 2020

Y
Yalçinkaya, Rodi Güven
MOMÊ, 2019
Yan Yuen, Han
HONGKONG – EINE STADT IM WIDERSTAND, 2021
Yan, Cathy
DEAD PIGS, 2018

Yarovesky, David
NIGHTBOOKS, 2021
Ye, Luo
GOD OF WAR – KRIEG DER DREI REICHE, 2020
Yefimkina, Natalija
GARAGENVOLK, 2020
Ying, Liang
A FAMILY TOUR, 2018
Yong-hoon, Kim
BEASTS CLAWING AT STRAWS, 2020
Young-sik, Yoo
FIVE SENSES OF EROS, 2009
Yukisada, Isao
KLANG DER VERFÜHRUNG, 2019
Yuk-kwok, Huang
HONGKONG – EINE STADT IM WIDERSTAND, 2021
Yun-su, Jeon
FARBEN DER LEIDENSCHAFT, 2008

Z
Zadi, Jean-Pascal
EINFACH SCHWARZ, 2020
Zahavi, Dror
POLIZEIRUF 110 – HERMANN, 2021
Zalone, Checco
TOLO TOLO – DIE GROSSE REISE, 2020
Zamm, Alex
DAS GEHEIMNIS DER MUMIE, 2021
Zanetti, Monica
ELLIE & ABBIE, 2020
Zanuck, Lili Fini
ERIC CLAPTON: LEBEN MIT DEM BLUES, 2017
Zapf, Jakob
EINE HANDVOLL WASSER, 2020
Zaragoza, Ryan
MADRES, 2020
Zavala Kugler, Antonio
DESEO – KARUSSELL DER LUST, 2013
Zavitz, Natty
BEZIEHUNGSWEISE, 2018
Zayed, Mayye
LIFT LIKE A GIRL – STARK WIE EIN MÄDCHEN, 2020
Žbanić, Jasmila
FOR THOSE WHO CAN TELL NO TALES, 2013
QUO VADIS, AIDA?, 2020
Ze'evi, Chanoch
BAD NAZI – GOOD NAZI, 2020
Zelada, José
AINBO – HÜTERIN DES AMAZONAS, 2021
Zeller, Florian
THE FATHER, 2020
Zhao, Chloé
SONGS MY BROTHER TAUGHT ME, 2015
NOMADLAND, 2020
ETERNALS, 2021
Ziegler, Roswitha
33 TAGE UTOPIE, 2019
Zizilin, Alexej
GEHEIMES MAGIEAUFSICHTSAMT, 2021
Zmuda, Andreas
VOGELFREI. EIN LEBEN ALS FLIEGENDE NOMADEN, 2020
Zulawski, Andrzej
COSMOS, 2015
Zürcher, Ramon
DAS MÄDCHEN UND DIE SPINNE, 2021
Zürcher, Silvan
DAS MÄDCHEN UND DIE SPINNE, 2021
Zwiefka, Agnieszka
SCARS, 2020
Zylber, Filip
LIEBE HOCH 2, 2021

Register der Originaltitel

Das Verzeichnis nennt die ausländischen Filmtitel, wobei die bestimmten und unbestimmten Artikel den jeweiligen Filmtiteln nachgestellt sind.

#
100 CANDLES GAME, THE. THE 100 CANDLES GAME.
100% COCO NEW YORK. 100% COCO IN NEW YORK.
100% WOLF. 100% WOLF.
143 RUE DU DÉSERT. MALIKAS KÖNIGREICH.
15 YEARS. 15 YEARS.
16 PRINTEMPS. FRÜHLING IN PARIS.
1982. 1982 – NEUNZEHNHUNDERTZWEIUNDACHTZIG.
7 PRISIONEIROS. 7 GEFANGENE.
8-BIT CHRISTMAS. WEIHNACHTSJAGD: DAS FEST DER SPIELE.
8 RUE DE L'HUMANITÉ. STUCK TOGETHER.
9/11 KIDS. KLASSE VON 09/11 – 20 JAHRE DANACH, DIE.

A
A L'ABORDAGE. SOMMER ZUM VERLIEBEN, EIN.
A MIL KILÓMETROS DE LA NAVIDAD. 1000 KM WEIT WEG VON WEIHNACHTEN.
A.I. RISING. A. I. RISING.
AALTO. AALTO – ARCHITEKTUR DER EMOTIONEN.
ACASA, MY HOME. ACASA, MY HOME.
ACCIDENTAL LUXURIANCE OF THE TRANSLUCENT WATERY REBUS. ACCIDENTAL LUXURIANCE OF THE TRANSLUCENT WATERY REBUS.
ACCIDENTAL ZOMBIE (NAMED TED), AN. TED – EIN ZOMBIE ZUM VERLIEBEN.
ACQUAINTED. BEZIEHUNGSWEISE.
ADAM. ADAM.
ADDAMS FAMILY 2, THE. ADDAMS FAMILY 2, DIE.
ADOLESCENTES. JUGEND.
AFRICAN MIRROR. AFRICAN MIRROR.
AFTER WE FELL. AFTER LOVE.
AFTERLIFE OF THE PARTY. GIBT ES EIN LEBEN NACH DER PARTY?.
AFTERMATH. AFTERMATH.
A-HA – THE MOVIE. A-HA – THE MOVIE.
AHAVA ZOT LO HAYTA. LIEBE WAR ES NIE.
AINBO: SPIRIT OF THE AMAZON. AINBO – HÜTERIN DES AMAZONAS.
AKELARRE. TANZ DER UNSCHULDIGEN.
AKSEL – THE STORY OF AKSEL LUND SVINDAL. AKSEL.
AL MORIR LA MATINÉE. RED SCREENING – BLUTIGE VORSTELLUNG.
ALAD'2. ALADIN – WUNDERLAMPE VS. ARMLEUCHTER.
ALEPH. ALEPH.
ALICE. ALICE – MEIN LEBEN ALS ESCORT.
ALICE ET LE MAIRE. ALICE AND THE MAYOR.
ALINE – THE VOICE OF LOVE. ALINE – THE VOICE OF LOVE.
ALONE. ALONE – DU KANNST NICHT ENTKOMMEN.
ALONE. STAY ALIVE – ÜBERLEBEN UM JEDEN PREIS.
AMANTE SEGRETA, L'. MÄDCHEN IN NOT.
AMAZÔNIA: SOCIEDADE ANÔNIMA. AMAZONIA UNDERCOVER – DER KAMPF DER MUNDURUKU.
AMBER LIGHT, THE. THE AMBER LIGHT.
AMERICA: THE MOTION PICTURE. AMERICA: DER FILM.
AMERICAN PICKLE, AN. AN AMERICAN PICKLE.
AMERICAN TRAITOR: THE TRIAL OF AXIS SALLY. AMERICAN TRAITOR: THE TRIAL OF AXIS SALLY.
ÂMES MORTES, LES. SEELEN DER TOTEN – MINGSHUI, DIE.
AMEXICA. AMEXICA – GRENZWELTEN.
AMIN. AMIN.
AMMONITE. AMMONITE.
AMOR FATI. AMOR FATI.
AMUR SENZA FIN. AMUR SENZA FIN.
AN ZÉRO – COMMENT LE LUXEMBOURG A DISPARU. SUPER-GAU – DIE LETZTEN TAGE LUXEMBURGS.
ANGELS IN NOTTING HILL. ANGELS IN NOTTING HILL.
ANIMAL AMARELO, UM. A YELLOW ANIMAL.
ANIMAUX ANONYMES, LES. ANONYMOUS ANIMALS.
ANNE AT 13,000 FT. ANNE AT 13,000 FT.
ANNETTE. ANNETTE.
ANNI DA CANE. ANNI DA CANE.
ANÓNIMA. ANÓNIMA – NACHRICHT VON UNBEKANNT.
ANTLERS. ANTLERS.
ANYTHING FOR JACKSON. ANYTHING FOR JACKSON.
APEX. APEX.
AR CONDICIONADO. AIR CONDITIONER.
ARE WE LOST FOREVER. ARE WE LOST FOREVER.
ARLO THE ALLIGATOR BOY. ARLO, DER ALLIGATORJUNGE.
ARMY OF THE DEAD. ARMY OF THE DEAD.
ARMY OF THIEVES. ARMY OF THIEVES.
ASAKUSA KID. ASAKUSA KID.
ASH YA CAPTAIN. LIFT LIKE A GIRL – STARK WIE EIN MÄDCHEN.
ASHCAN. ASHCAN – DAS GEHEIME GEFÄNGNIS.
ASKELADDEN – I SORIA MORIA SLOTT. ESPEN UND DIE LEGENDE VOM GOLDENEN SCHLOSS.
ASSASSINS. ASSASSINS.
ASTEROID-A-GEDDON. ASTEROID-A-GEDDON – DER UNTERGANG NAHT.
ATLANTIDE, L'. HERRIN VON ATLANTIS, DIE.
ATLANTIS. ATLANTIS.
ATTACK OF THE UNKNOWN. ATTACK OF THE UNKNOWN – EARTH INVASION.
AU NOM DE LA TERRE. LAND MEINES VATERS, DAS.
AUSLEGUNG DER WIRKLICHKEIT – GEORG STEFAN TROLLER. AUSLEGUNG DER WIRKLICHKEIT – GEORG STEFAN TROLLER.
AUTLO. OUTLAW – SEX UND REBELLION.
AWAKE. AWAKE.
AWAKEN. AWAKEN.
AWARE – GLIMPSES OF CONSCIOUSNESS. AWARE – REISE IN DAS BEWUSSTSEIN.
ÂYA TO MAJO. AYA UND DIE HEXE.

B
BA BAI. THE 800.
BABARDEALA CU BUCLUC SAU PORNO BALAMUC. BAD LUCK BANGING OR LOONY PORN.
BABY JANE. BABY JANE.
BAC NORD. BAC NORD – BOLLWERK GEGEN DAS VERBRECHEN.
BACK TO THE OUTBACK. ZURÜCK INS OUTBACK.
BACKSTAGE WIENER STAATSOPER. BACKSTAGE WIENER STAATSOPER.
BAD HAIR. BAD HAIR.
BAD NAZI. GOOD NAZI. BAD NAZI – GOOD NAZI.
BADLAND. BADLAND.
BAG SKYERNE. ETWAS SCHÖNES BLEIBT – WENN KINDER TRAUERN.
BAGHDAD IN MY SHADOW. BAGHDAD IN MY SHADOW.
BAILE DE LOS 41, EL. BALL DER 41, DER.
BAL DES FOLLES, LE. TANZENDEN, DIE.
BALSINJEHAN. HARD HIT.
BAMBI. BAMBI.
BANISHING, THE. THE BANISHING – IM BANN DES DÄMONS.
BASSE SAISON. NACHSAISON.
BAY OF SILENCE, THE. BAY OF SILENCE – AM ENDE DES SCHWEIGENS.
BE NATURAL: THE UNTOLD STORY OF ALICE GUY-BLACHÉ. BE NATURAL – SEI DU SELBST.
BEAUTIFUL SOMETHING LEFT BEHIND. ETWAS SCHÖNES BLEIBT – WENN KINDER TRAUERN.
BECAUSE OF MY BODY. BECAUSE OF MY BODY.
BECKETT. BECKETT.
BECKMAN. BECKMAN – IM NAMEN DER RACHE.
BECOMING COUSTEAU. COUSTEAU.
BEDRE. GRUBE (2020), DIE.
BEE'S DIARY, A. TAGEBUCH EINER BIENE.
BEFORE THE DYING OF THE LIGHT. BEVOR DAS LICHT ERLISCHT.
BEGINNING. BEGINNING.
BEHIND YOU. BEHIND YOU.
BEING THE RICARDOS. BEING THE RICARDOS.
BEING THUNDER. BEING THUNDER.
BELLE FILLE. BELLE FILLE – PLÖTZLICH SCHWIEGERTOCHTER.
BELLINGCAT – TRUTH IN A POST-TRUTH WORLD. BELLINGCAT – TRUTH IN A POST-TRUTH WORLD.
BENEDETTA. BENEDETTA.
BENNY LOVES YOU. BENNY LOVES YOU.
BERGMAN ISLAND. BERGMAN ISLAND.
BERTS DAGBOK. BERTS KATASTROPHEN.
BEYOND THE LAW. BEYOND THE LAW.
BEYTO. BEYTO.
BIBLE: A BRICKFILM – PART ONE, THE. BIBEL – TEIL 1: ALTES TESTAMENT, DIE.
BIG UGLY, THE. THE BIG UGLY.
BIGFOOT FAMILY. BIGFOOT JUNIOR – EIN TIERISCH VERRÜCKTER FAMILIENTRIP.
BIGGER. BIGGER – DIE JOE WEIDER STORY.
BILLIE. BILLIE – LEGENDE DES JAZZ.
BINGO HELL. BINGO HELL.
BIRDS OF PARADISE. TANZ ZUM RUHM.
BJUSCHAJA. THE EX – DU KANNST IHR NICHT ENTKOMMEN.
BLACK AS NIGHT. BLACK AS NIGHT.
BLACK BEACH. BLACK BEACH.
BLACK MOTHER. BLACK MOTHER.
BLACK STRING, THE. THE BLACK STRING – DAS BÖSE IN DIR.
BLACK WIDOW. BLACK WIDOW.
BLACKFOX. BLACK FOX.
BLANCO EN BLANCO. WHITE ON WHITE.
BLISS. BLISS.
BLITHE SPIRIT. DA SCHEIDEN SICH DIE GEISTER.
BLOOD AND MONEY. HUNTED – BLUTIGES GELD.
BLOOD ON HER NAME. BLOOD ON MY NAME.

BLOOD RED SKY. BLOOD RED SKY.
BLOODY HELL. BLOODY HELL – ONE HELL OF A FAIRY TALE.
BLOODY NOSE, EMPTY POCKETS. BLOODY NOSE, EMPTY POCKETS.
BLOOM UP: A SWINGER COUPLE STORY. BLOOM UP – HAUTNAH.
BLUE. BLUE.
BLUE MIRACLE. BLUE MIRACLE.
BOB ROSS: HAPPY ACCIDENTS, BETRAYAL & GREED. BOB ROSS: GLÜCKLICHE UNFÄLLE, BETRUG UND GIER.
BODA DE ROSA, LA. ROSAS HOCHZEIT.
BOÎTE NOIRE. BLACK BOX – GEFÄHRLICHE WAHRHEIT.
BOKURA NO NANOKAKAN SENSŌ. SEVEN DAYS WAR.
BOMBAY ROSE. BOMBAY ROSE.
BONNE CONDUITE, LA. FÜHRERSCHEIN UND NICHTS WIE WEG.
BONNE ÉPOUSE, LA. PERFEKTE EHEFRAU, DIE.
BOOKS OF BLOOD. BOOKS OF BLOOD.
BORGA. BORGA.
BORN A CHAMPION. BORN A CHAMPION.
BØRNING 3. ASPHALT BÖRNING.
BORTEBANE. KIDS CUP – DIE FUSSBALLMEISTERSCHAFT.
BOSS BABY: FAMILY BUSINESS, THE. BOSS BABY – SCHLUSS MIT KINDERGARTEN.
BOSS LEVEL. BOSS LEVEL.
BOY CALLED CHRISTMAS, A. JUNGE NAMENS WEIHNACHT, EIN.
BREACH. ANTI-LIFE.
BREAKING NEWS IN YUBA COUNTY. BREAKING NEWS IN YUBA COUNTY.
BREEDER. BREEDER – DIE ZUCHT.
BRIGHT: SAMURAI SOUL. BRIGHT: SAMURAI SOUL.
BRING ME HOME. BRING ME HOME.
BRONX. BANDEN VON MARSEILLE.
BRUISED. BRUISED.
BUDDY GAMES. BUDDY GAMES.
BULLETS OF JUSTICE. BULLETS OF JUSTICE.
BUTTERFLY TREE, THE. SINNLICHKEIT DES SCHMETTERLINGS, DIE.

C

CABRAS DA PESTE. ZWEI BULLEN AUF ZIEGENJAGD.
CALIFORNIA CHRISTMAS: CITY LIGHTS, A. A CALIFORNIA CHRISTMAS: CITY LIGHTS.
CALL, THE. ONE LAST CALL.
CAMINO SKIES, THE. HIMMEL ÜBER DEM CAMINO – DER JAKOBSWEG IST LEBEN!.
CANDYMAN. CANDYMAN.
CAPONE. CAPONE.
CARMILLA. CARMILLA.
CASTLE FOR CHRISTMAS, A. A CASTLE FOR CHRISTMAS.
CAT SICK BLUES. CAT SICK BLUES.
CATALOGUE GOERING – UNE COLLECTION D'ART ET DE SANG, LE. GÖRING, BRUEGHEL UND DIE SHOAH.
CATENE INVISIBILI. UNSICHTBARE KETTEN.
CATS & DOGS 3: PAWS UNITE. CATS & DOGS 3 – PFOTEN VEREINT!.
CENSOR. CENSOR.
C'EST ÇA L'AMOUR. EUCH ZU LIEBEN IST MEIN LEBEN.
CHACUN CHEZ SOI. HILFE, DIE KINDER SIND ZURÜCK!.
CHAMBRE 212. ZIMMER 212 – IN EINER MAGISCHEN NACHT.
CHANSILINEUN BOKDO MANHJI. LUCKY CHAN-SIL.
CHAOS WALKING. CHAOS WALKING.
CHASING BULLITT. CHASING BULLITT – MAN. MYTH. MCQUEEN.

CHASING PAPER BIRDS. CHASING PAPER BIRDS.
CHERNOBYL. TSCHERNOBYL 1986.
CHERRY. CHERRY – DAS ENDE ALLER UNSCHULD.
CHICK FIGHT. CHICK FIGHT – HIT LIKE A GIRL.
CHO-HAENG. THE FIRST LAP.
CHRISTMAS AGAIN. WEIHNACHTEN... SCHON WIEDER?!.
CHRISTMAS GIFT FROM BOB, A. GESCHENK VON BOB, EIN.
CINDERELLA. CINDERELLA.
CITY OF LIES. CITY OF LIES.
CLASSIC HORROR STORY, A. A CLASSIC HORROR STORY.
CLASSMATES MINUS. CLASSMATES MINUS.
CLIFFORD – THE BIG RED DOG. CLIFFORD DER GROSSE ROTE HUND.
CLUB VAN LELIJKE KINDEREN, DE. CLUB DER HÄSSLICHEN KINDER, DER.
CODA. CODA.
CODA. THE LAST NOTE – SINFONIE DES LEBENS.
COLONIE, UNE. A COLONY.
COME AWAY. MAGIE DER TRÄUME, DIE.
COME PLAY. COME PLAY.
COME TRUE. STRANGE DREAMS.
COMEBACK TRAIL, THE. KINGS OF HOLLYWOOD.
COMING OUT. COMING OUT.
COMING 2 AMERICA. PRINZ AUS ZAMUNDA 2, DER.
COMMENT JE SUIS DEVENU SUPER-HÉROS. WIE ICH EIN SUPERHELD WURDE.
COMPLICITY. COMPLICITY.
CONCRETE COWBOY. CONCRETE COWBOY.
CONDUCTOS, LOS. LOS CONDUCTOS.
CONFINE INCERTO, UN. NICHT DEIN MÄDCHEN.
CONJURING: THE DEVIL MADE ME DO IT, THE. CONJURING 3: IM BANNE DES TEUFELS.
CONVERGENCE: COURAGE IN A CRISIS. CONVERGENCE: MUT IN DER KRISE.
CORDES. GROWL – ER RIECHT DEINE ANGST.
CORRUPTED, THE. THE CORRUPTED – EIN BLUTIGES ERBE.
COSMIC SIN. COSMIC SIN – INVASION IM ALL.
COSMOS. COSMOS.
COURIER, THE. SPION, DER.
CRISIS. CRISIS.
CROCK OF GOLD: A FEW ROUNDS WITH SHANE MACGOWAN. SHANE.
CROODS – A NEW AGE, THE. CROODS – ALLES AUF ANFANG, DIE.
CROOKED SOMEBODY, A. A CROOKED SOMEBODY.
CRUELLA. CRUELLA.
CRY MACHO. CRY MACHO.
CRYPTOZOO. CRYPTOZOO.
CUCUY: THE BOOGEYMAN. CUCUY – THE BOOGEYMAN.
CUT THROAT CITY. CUT THROAT CITY – STADT OHNE GESETZ.

D

D'ARTACÀN Y LOS TRES MOSQUEPERROS. D'ARTAGNAN UND DIE DREI MUSKETIERE.
DAFT PUNK'S ELECTROMA. DAFT PUNK'S ELECTROMA.
DAISY QUOKKA: WORLD'S SCARIEST ANIMAL. WETTKAMPF DER TIERE – DAISY QUOKKAS GROSSES ABENTEUER.
DAL PIANETA DEGLI UMANI. VOM PLANET DER MENSCHEN.
DAMAN AKESEO GOOHASOSEO. DELIVER US FROM EVIL.
DAMES, LES. IMMER NOCH FRAU.
DAMNÉS DE LA COMMUNE, LES. VERDAMMTEN DER PARISER KOMMUNE, DIE.

DANCING QUEENS. DANCING QUEENS.
DANS LA MAISON. ZUHAUSE.
DANS PARIS. IN PARIS.
DANZA DE LA REALIDAD, LA. THE DANCE OF REALITY.
DARK SONG, A. A DARK SONG.
DARK WEB: CICADA 3301. DARK WEB: CICADA 3301.
DAWID I ELFY. DAVID UND DIE WEIHNACHTSELFEN.
DE LA CUISINE AU PARLEMENT: EDITION 2021. AUS DER KÜCHE INS BUNDESHAUS – DER LANGE WEG ZUM FRAUENSTIMMRECHT.
DE QUELQUES ÉVÉNEMENTS SANS SIGNIFICATION. ABOUT SOME MEANINGLESS EVENTS.
DEAD PIGS. DEAD PIGS.
DEADLY MANTIS, THE. TODBRINGENDE UNGEHEUER, DAS.
DEAR EVAN HANSEN. DEAR EVAN HANSEN.
DEAR FUTURE CHILDREN. DEAR FUTURE CHILDREN.
DÉLICIEUX. À LA CARTE! – FREIHEIT GEHT DURCH DEN MAGEN.
DEMAIN EST À NOUS. MORGEN GEHÖRT UNS.
DEMONIC. DEMONIC.
DERNIER MERCENAIRE, LE. THE LAST MERCENARY.
DERNIER VOYAGE, LE. THE LAST JOURNEY.
DERNIERS JOURS DU MONDE, LES. LETZTEN TAGE DER MENSCHHEIT, DIE.
DESEO. DESEO – KARUSSELL DER LUST.
DESTERRO. DESTERRO.
DESTINÉES SENTIMENTALES, LES. LIEBE LAST LUST.
DHAMAKA. KNALL, DER.
DI GONG MIE SHU. DETECTIVE DEE UND DAS GEHEIMNIS DES RATTENFLUCHS.
DIARY OF A WIMPY KID. GREGS TAGEBUCH: VON IDIOTEN UMZINGELT.
DIAVLO. DIAVLO – AUSGEBURT DER HÖLLE.
DIE IN A GUNFIGHT. DIE IN A GUNFIGHT.
DIG, THE. AUSGRABUNG, DIE.
DIRT MUSIC. IN DEINEN ARMEN.
DISCIPLE, THE. SCHÜLER, DER.
DISSIDENT, THE. THE DISSIDENT.
DISTANCIA DE RESCATE. GIFT, DAS.
DJINN, THE. THE DJINN.
DOCTEUR?. DOKTOR AUF BESTELLUNG, EIN.
DOHNAL – FRAUENMINISTERIN/FEMINISTIN/VISIONÄRIN, DIE. DOHNAL, DIE.
DOLPHIN ISLAND. INSEL DER DELFINE, DIE.
DON'T BREATHE 2. DON'T BREATHE 2.
DON'T LOOK UP. DON'T LOOK UP.
DON'T READ THIS ON A PLANE. DON'T READ THIS ON A PLANE.
DOORS. DOORS – A WORLD BEYOND.
DORAIBU MAI KA. DRIVE MY CAR.
DOULEUR, LA. SCHMERZ, DER.
DOWN TERRACE. DOWN TERRACE.
DREAM HORSE. DREAM HORSE.
DREAMLAND. DREAMLAND.
DREI EIER IM GLAS. DREI EIER IM GLAS.
DRIVEWAYS. DRIVEWAYS.
DRUK. RAUSCH, DER.
DRY, THE. THE DRY – LÜGEN DER VERGANGENHEIT.
DUNE. DUNE.
DYING TO DIVORCE. SCHEIDUNG UM JEDEN PREIS – TÜRKISCHE FRAUEN WEHREN SICH.
DYNASTY WARRIORS. DYNASTY WARRIORS.

E

È STATA LA MANO DI DIO. THE HAND OF GOD.
EAT BRAINS LOVE. EAT BRAINS LOVE.
EDEN FÜR JEDEN. EDEN FÜR JEDEN.
EDGE OF THE WORLD. IM HERZEN DES DSCHUNGELS.
EDUCATION OF FREDRICK FITZELL, THE. FLASHBACK.
EFFACER L'HISTORIQUE. ONLINE FÜR ANFÄNGER.

Eia Joulud Tondikakul. Weihnachten im Zaubereulenwald.
Eiffel. Eiffel in Love.
Eighth Grade. Eighth Grade.
Electroma. Daft Punk's Electroma.
Elephant in the Room, An. Etwas Schönes bleibt – Wenn Kinder trauern.
Ellie & Abbie (& Ellie's Dead Aunt). Ellie & Abbie.
Embattled. Embattled.
Empty Man, The. The Empty Man.
En el Ponzo. Unsichtbare Bedrohung – In the Quarry.
Encanto. Encanto.
Encounter. Encounter.
End of Us, The. Lockdown mit Hindernissen.
Endangered Species. Danger Park – Tödliche Safari.
Endast Djävulen Lever Utan Hopp. Nur der Teufel lebt ohne Hoffnung – Politische Gefangene in Usbekistan.
Endings, Beginnings. Love Again – Jedes Ende ist ein neuer Anfang.
Engel. Engel – Wenn Wünsche wahr werden.
Épouvantails, Les. The Scarecrows.
Équation à un Inconnu. Gleichung mit einem Unbekannten.
Eric Clapton: A Life in 12 Bars. Eric Clapton: Leben mit dem Blues.
Escape Room 2. Escape Room 2.
Escape Room: Tournament of Champions. Escape Room 2.
Espion(s). Spion(e).
Esprit de Famille, L'. Meine geistreiche Familie.
Été 85. Sommer 85.
Eternals, The. Eternals.
Être vivant et le savoir. Am Leben sein und darum wissen.
Every Time I Die. Every Time I Die.
Everybody's Talking About Jamie. Everybody's Talking about Jamie.
extraordinaire Voyage de Marona, L'. Fabelhafte Reise der Marona, Die.

F

Fabuleuses. Girls like us.
Falling. Falling.
fameuse Invasion des Ours en Sicile, La. Königreich der Bären.
Fanny Lye Deliver'd. Erlösung der Fanny Lye, Die.
Fantastic Fungi. Fantastische Pilze – Die magische Welt zu unseren Füssen.
Fast & Furious 9. Fast & Furious 9.
Fast Color. Fast Color – Die Macht in Dir.
Father, The. The Father.
Fatherhood. Fatherhood.
Fatima. Wunder von Fatima – Moment der Hoffnung, Das.
Fauci. Fauci.
Fear of Rain. Fear of Rain.
Fear Street: 1666. Fear Street – Teil 3: 1666.
Fear Street: 1978. Fear Street – Teil 2: 1978.
Fear Street: 1994. Fear Street – Teil 1: 1994.
Feleségem Története, A. Geschichte meiner Frau, Die.
Ferry. Ferry.
Festival, The. Festival, Das.
Fête est finie, La. Party ist vorbei, Die.
Fiancées. Verlobten, Die.
Fieber – Der Kampf gegen Malaria, Das. Fieber – Der Kampf gegen Malaria, Das.

Fiera y la Fiesta, La. Holy Beasts.
Fille de Brest, La. Frau aus Brest, Die.
Filles du Feu. Töchter des Feuers.
Filles du Soleil, Les. Les Filles du Soleil.
Finch. Finch.
Finding Ohana. Abenteuer 'Ohana.
fine Fleur, La. Rosengarten der Madame Vernet, Der.
Firefly, The. Tarantella.
Fireman Sam: Norman Price and the Mystery in the Sky. Feuerwehrmann Sam – Helden fallen nicht vom Himmel.
First Cow. First Cow.
Flora & Ulysses. Flora & Ulysses.
Flowers of Shanghai. Blumen von Shanghai, Die.
folle Aventure de Louis de Funès, La. Nein! Doch! Oh! – Die Louis-de-Funès-Story.
For Those Who Can Tell No Tales. For Those Who Can Tell No Tales.
Forever Purge, The. The Forever Purge.
Forgiven. Vergebung.
Forgiven, The. The Forgiven.
Forte. Forte.
Fotbal infinit. Infinite Football.
Found. Found.
Fourmi. Lügen haben kurze Beine.
Framing Britney Spears. Framing Britney Spears.
Freakscene: The Story of Dinosaur Jr. Freakscene - The Story of Dinosaur Jr..
Freaky. Freaky.
Free Guy. Free Guy.
French Dispatch, The. The French Dispatch.
French Exit. French Exit.
Friends and Strangers. Friends and Strangers.
Fucking with Nobody. Fucking with Noboby.
Fukushima 50. Fukushima – Die Welt am Abgrund.

G

Gaia. Gaia – Grüne Hölle.
Gaza mon Amour. Gaza mon Amour.
Gecep Yaz. letzte Sommer, Der.
Geom-Gaek. The Swordsman.
Georgetown. Georgetown.
Ghofrane et les Promesses du Printemps. Ghofrane – Eine Frau im tunesischen Frühling.
Ghost Tropic. Ghost Tropic.
Ghostbusters: Afterlife. Ghostbusters: Legacy.
Gift from Bob, A. Geschenk von Bob, Ein.
Gigigoegoe Seonghyeongsu. Beauty Water.
Glassboy. GlassBoy.
Gli Anni più belli. Auf alles, was uns glücklich macht.
Gli Ultimi a vederli vivere. Letzten, die sie lebend sahen, Die.
God of War: Zhao Zilong. God of War – Krieg der drei Reiche.
Godzilla vs. Kong. Godzilla vs. Kong.
Good on Paper. Good on Paper.
Gorbachev. Heaven. Gorbatschow. Paradies.
Gottlos Abendland. Gottlos Abendland.
Green Knight, The. The Green Knight.
Grenzland. Grenzland.
Gritt. Gritt.
Grosse Freiheit. Grosse Freiheit.
Gruber geht. Gruber geht.
Guide de la Famille parfaite, Le. Leitfaden für die perfekte Familie.

Guilty, The. The Guilty.
Gully. L.A. Rebels.
Gunda. Gunda.
Gunpowder Milkshake. Gunpowder Milkshake.
Gyeo-Wul-Ba-Me. Winter's Night.

H

H is for Happiness. Blubbern von Glück, Das.
Haemoo. Sea Fog.
Hai Shang Hua. Blumen von Shanghai, Die.
Hail Satan?. Hail Satan?.
Halloween Kills. Halloween Kills.
Ham on Rye. Ham on Rye.
Handful of Water, A. Handvoll Wasser, Eine.
Hâp. Hope.
Happily. Happily – Glück in der Ehe, Pech beim Mord.
Hard Kill. Hard Kill.
Harder They Fall, The. The Harder They Fall.
Hasta el Cielo. Sky High.
Hasta que la Boda nos separe. The Wedding (Un)planner – Heirate wer kann!.
Hayaletler. Ghosts.
He's All That. Einer wie keiner.
Heart. Heart.
Heimat to Go – Vom Glück im Schrebergarten. Heimat to Go – Vom Glück im Schrebergarten.
Helmut Lachenmann – My Way. Helmut Lachenmann – My Way.
helt almindelig Familie, En. total normale Familie, Eine.
Here Alone. The Outbreak.
Here We Move Here We Groove. Here We Move Here We Groove.
Héritières, Les. Mit der Kraft des Windes.
Héros ne meurent jamais, Les. Heroes Don't Die.
Hervé Guibert, La Mort Propagande. Hervé Guibert – Anschreiben gegen den Tod.
Hiacynt. Operation Hyakinthos.
Hine Anachnu. Here We Are.
Hinterland. Hinterland.
Hippocrate. Hippokrates und ich.
History of The Eagles. The Eagles – Himmel und Hölle Kaliforniens.
Hitman's Wife's Bodyguard. Killer's Bodyguard 2.
Hjemsøkt. Haunted Child.
Hochwald. Hochwald.
Hoffmanns Erzählungen. Hoffmanns Erzählungen.
Hogar. Maternal.
Holz Erde Fleisch. Holz Erde Fleisch.
Home. Home.
Home Sweet Home. himmlischer Plan für die Liebe, Ein.
Home Sweet Home Alone. Nicht schon wieder allein zu Haus.
Honest Thief. Honest Thief.
Honeymoon Phase, The. Honeymoon-Experiment, Das.
Honour. Ehre der Familie, Die.
Hoo-Goong: Je-Wang-Eui Cheob. Konkubine, Die.
Hope Gap. Wer wir sind und wer wir waren.
Horizon Line. Horizon Line.
Hot Summer Nights. Hot Summer Nights.
Hotel Rock'n'Roll. Hotel Rock'n'Roll.
House of Gucci. House of Gucci.
House of Tomorrow, The. schrille Klang der Freiheit, Der.

How It Ends. How It Ends.
Hunted. Hunted – Waldsterben.
Hyeob-Sang. The Negotiation.
Hypothèse de Zimov, L'. Zurück in die Eiszeit: Die Zimov-Hypothese.

I
I Am All Girls. Ich bin Alle.
I Care a Lot. I Care a Lot.
I Feel Good. I Feel Good.
I Met a Girl. Mädchen deiner Träume, Das.
I Onde Dager. The Trip – Ein mörderisches Wochenende.
Ice Road, The. The Ice Road.
Il était un petit Navire. Es war einmal ein kleines Schiff.
Ila Ayn?. Where to?.
Île au Trésor, L'. Treasure Island.
In Another Life. In meinem nächsten Leben.
In Fabric. blutrote Kleid, Das.
In Search of the Last Action Heroes. In Search of the Last Action Heroes.
In the Heights. In the Heights.
In the Trap. In the Trap.
Infamous. Infamous.
Infección. Infection.
Infidel. Infidel.
Infinite. Infinite.
Influence. Königsmacher: Mit den Waffen der Werbung, Der.
Inherit the Viper. Fear the Viper.
Initiation. Slayed – Wer stirbt als nächstes?.
Inner Demon. Inner Demon – Die Hölle auf Erden.
Innocentes, Les. Unschuldigen, Die.
Inside Man: Most Wanted. Inside Man: Most Wanted.
Instinct. Instinct – Gefährliche Begierde.
Intergalactic Adventures of Max Cloud, The. The Intergalactic Adventures of Max Cloud.
Into the Ashes. Into the Ashes.
Intrusion. Intrusion.
It is Not Over Yet. Mitgefühl.
Iztochni Piesi. Eastern Plays.

J
Jackie en Oopjen. Jackie & Oopjen – Kunstdetektivinnen.
Jallikattu. Zorn der Bestien – Jallikattu, Der.
Jauja. Jauja.
Jay and Silent Bob Reboot. Jay and Silent Bob Reboot.
Je suis Karl. Je suis Karl.
Jeremiah Terminator LeRoy. Zu schön um wahr zu sein – Die JT LeRoy Story.
Jessica Forever. Jessica Forever.
Jesus Rolls, The. JESUS ROLLS – Niemand verarscht Jesus.
Jesus Shows You the Way to the Highway. Jesus shows you the way to the highway.
JFK Revisited: Through the Looking Glass. JFK Revisited – Die Wahrheit über den Mord an John F. Kennedy.
Ji Hun. The Soul.
Jimunopedi ni Midareru. Klang der Verführung.
Jipuragirado Jabgo Sipeun Jibseungdeul. Beasts Clawing at Straws.
Jiu Jitsu. Jiu Jitsu.
Joe Bell. Joe Bell.
Jojakdoen Dosi. Fabricated City.

Jolt. Jolt.
Josep. Josep.
J.T. LeRoy. Zu schön um wahr zu sein – Die JT LeRoy Story.
Judas and the Black Messiah. Judas and the Black Messiah.
Jug-Yeo-Ju-Neun Yeo-Ja. The Bacchus Lady.
Julemandens Datter 2. Lucia und der Weihnachtsmann 2 – Der Kristall des Winterkönigs.
Jungle Beat: The Movie. Dschungel-Beat: Der Film.
Jungle Cruise. Jungle Cruise.
Jungleland. Jungleland.
Jusqu'ici tout va bien. Willkommen in der Nachbarschaft.
Just a Gigolo. Just a Gigolo.
Just for the Summer. Just for the Summer.
Justice Dot Net. Dark Justice – Du entscheidest!.
Justice League. Zack Snyder's Justice League.
Justice Society: World War II. Justice Society: World War II.

K
Kabul, City in the Wind. Kabul, City in the Wind.
Kagittan Hayatlar. Leben ist wie ein Stück Papier, Das.
Kala Azar. Kala azar.
Kamigami no Fukaki Yokubô. tiefe Sehnsucht der Götter, Die.
Karafuru. Colorful.
Karma. Karma.
Kate. Kate.
Keeping Hours, The. The Keeping Hours.
Kid Like Jake, A. Kind wie Jake, Ein.
Kin. Groll.
King Otto. König Otto.
Kingmaker, The. Königsmacherin.
Kipchoge: The Last Milestone. Kipchoge: The Last Milestone.
Kissing Booth 3, The. The Kissing Booth 3.
Kkeut-Kka-Ji-Gan-Da. A Hard Day.
Knerten og Sjøormen. Knerten und die Seeschlange.
Kød & Blod. Wildland.
Koirat Eivät Käytä Housuja. Dogs Don't Wear Pants.
Koli Padajut Derewa. Wenn Bäume fallen.
Kolskaja Swerhglubokaja. Superdeep.
Konjok-Gorbunok. Magic Roads – Auf magischen Wegen.
Krabi, 2562. Krabi, 2562.
Kuessipan. Kuessipan.

L
Labyrinth of Cinema. Labyrinth of Cinema.
Lad de døde Hvile. Necromancer – Stay Metal!.
Lady Driver. Lady Driver – Mit voller Fahrt ins Leben.
Lahi, Hayop. Genus Pan.
Laissez-passer. Passierschein, Der.
Land. Abseits des Lebens.
Lansky. Lansky – Der Pate von Las Vegas.
Last Black Man in San Francisco, The. The Last Black Man in San Francisco.
Last Duel, The. The Last Duel.
Last Letter from Your Lover, The. Handvoll Worte, Eine.
Last Night in Soho. Last Night in Soho.
Least of These – The Graham Staines Story,

The. Geringsten unter ihnen – Die wahre Geschichte eines Märtyrers, Die.
Legacy. Legacy – Tödliche Jagd.
Legado en los Huesos. Tal der vergessenen Kinder, Das.
Lemebel. Lemebel.
Lena and Snowball. Lena & Snowball.
Lieber Thomas. Lieber Thomas.
Life Itself. Life Itself.
Lift Like a Girl. Lift Like a Girl – Stark wie ein Mädchen.
Lina de Lima. Lina from Lima.
Little. Little.
Little Big Women. Little Big Women.
Little Stranger, The. The Little Stranger.
Little Things, The. The Little Things.
Liu Yu Tian. Summer of Changsha.
Lobster Soup. Lobster Soup – Das entspannteste Café der Welt.
Locked Down. Locked Down.
Loco por ella. Verrückt nach ihr.
Long Story Short. Und täglich grüsst die Liebe.
Longest Wave, The. The Longest Wave.
Lost Daughter, The. Frau im Dunkeln.
Lost Girls and Love Hotels. Lost Girls & Love Hotels.
Lost Leonardo, The. The Lost Leonardo.
Love and Monsters. Love and Monsters.
Love Around the World. Love around the World.
Love Hard. Love Hard.
Love, Weddings and Other Disasters. Liebe ist....
Lúa Vermella. Red Moon Tide.
Luca. Luca.
Luo Xiao Hei Zhan Ji. The Legend of Hei – Die Kraft in Dir.
Lux Aeterna. Lux Aeterna.

M
Madame Claude. Madame Claude.
Mädchen und die Spinne, Das. Mädchen und die Spinne, Das.
Made in Bangladesh. Made in Bangladesh.
Made in Italy. Made in Italy.
Madison. Madison – Ungebremste Girlpower.
Madres. Madres.
Mafia non è più quella di una volta, La. Mafia ist auch nicht mehr das, was sie mal war, Die.
Maid, The. The Maid – Dunkle Geheimnisse dienen niemandem.
Makala. Makala.
Making Waves: The Art of Cinematic Sound. Making Waves: The Art of Cinematic Sound.
Malasaña 32. Malasaña 32 – Haus des Bösen.
Malcolm & Marie. Malcolm & Marie.
Malignant. Malignant.
Malmkrog. Malmkrog.
Mama. Mama.
Manor, The. The Manor.
Many Saints of Newark, The. The Many Saints of Newark.
Map of Tiny Perfect Things, The. Sechzehn Stunden Ewigkeit.
Maquinaria Panamericana. Maquinaria Panamericana.
Marche avec les Loups. Wolf Walk – Auf der Spur der Wölfe.
Mare. Mare.
Margrete den Første. Königin des Nordens, Die.

MARKSMAN, THE. THE MARKSMAN – DER SCHARFSCHÜTZE.
MARTIN EDEN. MARTIN EDEN.
MATCH. GEHEIMNIS DES BALLETTTÄNZERS, DAS.
MATERNAL. MATERNAL.
MATRIX RESURRECTIONS, THE. MATRIX RESURRECTIONS.
MATTHIAS ET MAXIME. MATTHIAS & MAXIME.
MAURITANIAN, THE. MAURETANIER, DER.
MAYA. MAYA.
MAYA. WENN TIGER TRÄUMEN – EINE GESCHICHTE AUS DEM NORD-IRAN.
MAYOR GROM: CHUMNOI DOKTOR. MAJOR GROM: DER PESTDOKTOR.
MAYOR PETE. MAYOR PETE.
MEANDER. MEANDER.
MEEL PATTHAR. MILESTONE.
MEERKAT MAANTUIG. ERDMÄNNCHEN UND MONDRAKETE.
MEES KEES IN DE WOLKEN. MISTER TWISTER – IN DEN WOLKEN.
MEMORY: THE ORIGINS OF ALIEN. MEMORY – ÜBER DIE ENTSTEHUNG VON ALIEN.
MERRY-GO-ROUND. RUMMELPLATZ DES LEBENS.
MESUNEKOTACHI. DAWN OF THE FELINES – SÜNDIGES TOKIO.
METEOR MOON. METEOR MOON.
MIDNIGHT IN THE SWITCHGRASS. MIDNIGHT IN THE SWITCHGRASS – AUF DER SPUR DES KILLERS.
MIDNIGHTERS. MIDNIGHTERS.
MI-IN-DO. FARBEN DER LEIDENSCHAFT.
MIKRA OMORFA ALOGA. ALL THE PRETTY LITTLE HORSES.
MILOSC DO KWADRATU. LIEBE HOCH 2.
MINARI. MINARI – WO WIR WURZELN SCHLAGEN.
MINNAL MURALI. MURALI – WIE DER BLITZ.
MINYAN. MINJAN.
MIO FRATELLO MIA SORELLA. MY BROTHER, MY SISTER.
MIO FRATELLO RINCORRE I DINOSAURI. MEIN BRUDER, DER SUPERHELD.
MISFITS, THE. THE MISFITS – DIE MEISTERDIEBE.
MISHA AND THE WOLVES. MISHA UND DIE WÖLFE.
MISS. MISS BEAUTIFUL.
MITCHELLS VS. THE MACHINES, THE. MITCHELLS GEGEN DIE MASCHINEN, DIE.
MITRA. MITRA.
MIXTAPE. MIXTAPE.
MODERN PERSUASION. MODERNE VERFÜHRUNG.
MOFFIE. MOFFIE.
MOLECOLE. MOLEKÜLE DER ERINNERUNG – VENEDIG, WIE ES NIEMAND KENNT.
MOMÊ. MOMÊ.
MOMENTS LIKE THIS NEVER LAST. MOMENTS LIKE THIS NEVER LAST.
MON NOM EST CLITORIS. MEIN NAME IST KLITORIS.
MONSTER. MONSTER! MONSTER?.
MONSTER HUNTER. MONSTER HUNTER.
MONTE VERITÀ. MONTE VERITÀ – DER RAUSCH DER FREIHEIT.
MORTAL. MORTAL – MUT IST UNSTERBLICH.
MORTAL KOMBAT. MORTAL KOMBAT.
MOSKAU EINFACH!. MOSKAU EINFACH!.
MOST BEAUTIFUL BOY IN THE WORLD, THE. SCHÖNSTE JUNGE DER WELT, DER.
MOTHERING SUNDAY. FESTTAG, EIN.
MOUNTAIN TOP. FEUERPROBE DER UNSCHULD – WAGE ES ZU TRÄUMEN.
MÓW MI MARIANNA. NENN MICH MARIANNA.
MOXIE. MOXIE. ZEIT, ZURÜCKZUSCHLAGEN.
MUSIC. MUSIC.

MY NAME IS PAULI MURRAY. MY NAME IS PAULI MURRAY.
MY SALINGER YEAR. MEIN JAHR IN NEW YORK.
MYSTÈRE. MYSTÈRE: VICTORIAS GEHEIMNISVOLLER FREUND.

N

NA CHINA. AUF NACH CHINA.
NABARVENÉ PTÁCE. THE PAINTED BIRD.
NADIA, BUTTERFLY. NADIA, BUTTERFLY.
NAK-WON-EUI-BAM. NIGHT IN PARADISE.
NAM-MAE-WUI YEO-REUM-BAM. MOVING ON.
NA-NEUN-BO-RI. BORI.
NEBESA. SCHEIN TRÜGT, DER.
NEST, THE. THE NEST – ALLES ZU HABEN IST NIE GENUG.
NEWS OF THE WORLD. NEUES AUS DER WELT.
NIGHT HOUSE, THE. THE HOUSE AT NIGHT.
NIGHT TEETH. NIGHT TEETH.
NIGHTBOOKS. NIGHTBOOKS.
NINE LIVES OF OZZY OSBOURNE, THE. NEUN LEBEN DES OZZY OSBOURNE, DIE.
NO MAN OF GOD. TED BUNDY: NO MAN OF GOD.
NO MATARÁS. CROSS THE LINE – DU SOLLST NICHT TÖTEN.
NO ONE GETS OUT ALIVE. NIEMAND KOMMT HIER LEBEND RAUS.
NO SLEEP 'TIL CHRISTMAS. SCHLAFEND INS GLÜCK.
NO SUDDEN MOVE. NO SUDDEN MOVE.
NO TÁXI DO JACK. JACK'S RIDE.
NO TIME TO DIE. KEINE ZEIT ZU STERBEN.
NOBADI. NOBADI.
NOBODY. NOBODY.
NOCHE DE 12 AÑOS, LA. TAGE WIE NÄCHTE.
NOCHE DE LA BESTIA, LA. THE NIGHT OF THE BEAST.
NOCTURNAL. NOCTURNAL.
NOMAD: IN THE FOOTSTEPS OF BRUCE CHATWIN. NOMADE – AUF DEN SPUREN VON BRUCE CHATWIN, DER.
NOMADLAND. NOMADLAND.
NOTRE DAME. NOTRE DAME – DIE LIEBE IST EINE BAUSTELLE.
NOUS. WIR.
NOUS SOMMES TOUS JUIFS ALLEMANDS. WIR SIND ALLE DEUTSCHE JUDEN.
NOUVEAU, LE. THE NEW KID.
NOUVELLES AVENTURES D'ALADIN, LES. ALADIN – TAUSENDUNDEINER LACHT!.
NOWHERE SPECIAL. NOWHERE SPECIAL.
NUÉE, LA. SCHWARM DER SCHRECKEN.
NUEVO ORDEN. NEW ORDER – DIE NEUE WELTORDNUNG.
NUVEM ROSA, A. THE PINK CLOUD.

O

O LÉCIVÉ VODE. HEILQUELLE, DIE.
O LIECIVEJ VODE. HEILQUELLE, DIE.
O VÁNOCNÍ HVEZDE. ALS EIN STERN VOM HIMMEL FIEL.
OAZA. OASIS.
OCCUPATION: RAINFALL. PROJECT RAINFALL.
OGAMDO. FIVE SENSES OF EROS.
OLD. OLD.
OLEG. OLEG.
OLIVER SACKS – HIS OWN LIFE. OLIVER SACKS – SEIN LEBEN.
ONE MAN AND HIS SHOES. ONE MAN & HIS SHOES.
ONE NIGHT IN MIAMI. ONE NIGHT IN MIAMI.
ONE OF US. KINDER DER HOFFNUNG – ONE OF US.
ONLY. ONLY – LAST WOMAN ON EARTH.
OOST, DE. DE OOST.

OPÉRATION PORTUGAL. OPERATION PORTUGAL.
OSKAR & LILLI. EIN BISSCHEN BLEIBEN WIR NOCH.
OSS 117: ALERTE ROUGE EN AFRIQUE NOIRE. OSS 117 – LIEBESGRÜSSE AUS AFRIKA.
OSTATNIA RODZINA. LETZTE FAMILIE, DIE.
OT WSZYSCY MOI PRZYJACIELE NIE ZYJA. MEINE FREUNDE SIND ALLE TOT.
OTAC. VATER – OTAC.
OTONA NI NARENAKATTA. WIR KONNTEN NICHT ERWACHSEN WERDEN.
OTTOLENGHI AND THE CAKES OF VERSAILLES. OTTOLENGHI UND DIE VERSUCHUNGEN VON VERSAILLES.
OUTBACK. OUTBACK.
OUTSIDE THE WIRE. OUTSIDE THE WIRE.
OXYGÈNE. OXYGEN.
OYÛ-SAMA. FRAU OYU.

P

PAINTER AND THE THIEF, THE. THE PAINTER AND THE THIEF.
PALM SPRINGS. PALM SPRINGS.
PALMA. EIN HUND NAMENS PALMA.
PALMER. PALMER.
PAOLO CONTE, VIA CON ME. PAOLO CONTE – VIA CON ME.
PARFUMS, LES. PARFUM DES LEBENS.
PARIAH. PARIAH.
PART DU SOUPÇON, LA. STILLER VERDACHT.
PARWARESHGHAH. KABUL KINDERHEIM.
PASSING. SEITENWECHSEL.
PASSION SIMPLE. PASSION SIMPLE.
PAST IS ALWAYS NEW, THE FUTURE IS ALWAYS NOSTALGIC: PHOTOGRAPHER DAIDO MORIYAMA, THE. DAIDO MORIYAMA – THE PAST IS ALWAYS NEW, THE FUTURE IS ALWAYS NOSTALGIC.
PATRICK. PATRICK.
PAW PATROL: THE MOVIE. PAW PATROL – DER KINOFILM.
PAYDIRT. PAYDIRT – DRECKIGE BEUTE.
PAYSAGES RÉSISTANTS. LANDSCHAFT DES WIDERSTANDS.
PEJZAZI OTPORA. LANDSCHAFT DES WIDERSTANDS.
PELÉ. PELÉ.
PELÍCULA DE POLICÍAS, UNA. POLIZEI-FILM, EIN.
PENGUIN BLOOM. BEFLÜGELT – EIN VOGEL NAMENS PENGUIN BLOOM.
PERCY. PERCY.
PERCY VS. GOLIATH. PERCY.
PERFECT ENEMY, A. KOSMETIK DES BÖSEN.
PETER RABBIT 2: THE RUNAWAY. PETER HASE 2 – EIN HASE MACHT SICH VOM ACKER.
PETIT VAMPIRE. GROSSE ABENTEUER DES KLEINEN VAMPIR, DAS.
PICTURE A SCIENTIST. PICTURE A SCIENTIST – FRAUEN DER WISSENSCHAFT.
PIECES OF A WOMAN. PIECES OF A WOMAN.
PIG. PIG.
PINK: ALL I KNOW SO FAR. PINK: ALL I KNOW SO FAR.
PITBULL. PITBULL.
PLAN A. PLAN A – WAS WÜRDEST DU TUN?.
PLATZSPITZBABY. PLATZSPITZBABY – MEINE MUTTER, IHRE DROGEN UND ICH.
PLAYING WITH SHARKS: THE VALERIE TAYLOR STORY. FREUNDIN DER HAIE, DIE.
PLEASURE OF YOUR PRESENCE. HOCHZEIT MEINES BRUDERS, DIE.
PODOLSKIJE KURSANTI. THE LAST FRONTIER – DIE SCHLACHT UM MOSKAU.
POIL DE CAROTTE. KAROTTENKOPF.

POLICE. BIS AN DIE GRENZE.
POLY. MEIN FREUND POLY.
POSSESSOR. POSSESSOR.
POWER, THE. THE POWER.
POWER OF THE DOG, THE. THE POWER OF THE DOG.
PRAY AWAY. PRAY AWAY.
PRAZER, CAMARADAS!. A PLEASURE, COMRADES!.
PREMIER ROYAUME. ERSTES KÖNIGREICH.
PRIME TIME. PRIME TIME.
PRIMO NATALE, IL. ONCE UPON A TIME IN BETHLEHEM.
PRINCESS SWITCH 3: ROMANCING THE STAR, THE. PRINZESSINNENTAUSCH 3: AUF DER JAGD NACH DEM STERN.
PRINCEZNA A PUL KRÁLOVSTVÍ. PRINZESSIN UND DAS HALBE KÖNIGREICH, DIE.
PRISONERS OF THE GHOSTLAND. PRISONERS OF THE GHOSTLAND.
PROCÈS CONTRE MANDELA ET LES AUTRES, LE. STAAT GEGEN MANDELA UND ANDERE, DER.
PROCHAINE FOIS QUE JE VIENDRAI AU MONDE, LA. IN MEINEM NÄCHSTEN LEBEN.
PROMISING YOUNG WOMAN. PROMISING YOUNG WOMAN.
PROTÉGÉ, THE. THE PROTÉGÉ – MADE FOR REVENGE.
PROXIMA. PROXIMA – DIE ASTRONAUTIN.
PSYCHO GOREMAN. PSYCHO GOREMAN.
PUPPYLOVE. PUPPYLOVE – ERSTE VERSUCHUNG.
PURE PLACE, A. A PURE PLACE.
PUROMEA. PROMARE.

Q

QUEEN BEES. QUEEN BEES – IM HERZEN JUNG.
QUELQUE CHOSE QUI VIT ET BRÛLE. ETWAS DAS LEBT UND BRENNT.
QUIET PLACE PART IIO, A. A QUIET PLACE 2.
QUO VADIS, AIDA?. QUO VADIS, AIDA?.

R

RACER, THE. THE RACER.
RADIOGRAPH OF A FAMILY. RÖNTGENBILD EINER FAMILIE.
RAFTIS. HOCHZEITSSCHNEIDER VON ATHEN, DER.
RAMS. BESSER WIRD'S NICHT.
RAYA AND THE LAST DRAGON. RAYA UND DER LETZTE DRACHE.
RÉCIF DE CORAIL, LE. KORALLENRIFF, DAS.
RECKONING, THE. THE RECKONING.
RED DOT. RED DOT.
RED NOTICE. RED NOTICE.
RED PRIVADA. RED PRIVADA: WER HAT MANUEL BUENDÍA UMGEBRACHT?.
REGARD DE CHARLES, LE. AZNAVOUR BY CHARLES.
REINA DE ESPAÑA, LA. THE QUEEN OF SPAIN.
RÉMI SANS FAMILLE. RÉMI – SEIN GRÖSSTES ABENTEUER.
REMINISCENCE. REMINISCENCE.
RENTAL, THE. TOD IM STRANDHAUS.
RESET. RESET.
RESIDENT EVIL: WELCOME TO RACCOON CITY. RESIDENT EVIL: WELCOME TO RACCOON CITY.
RESISTANCE. RÉSISTANCE – WIDERSTAND.
RESORT TO LOVE. RESORT TO LOVE.
RESPECT. RESPECT.
RESPONSABILIDAD EMPRESARIAL. CORPORATE ACCOUNTABILITY.
RETFÆRDIGHEDENS RYTTERE. HELDEN DER WAHRSCHEINLICHKEIT.
RETOUR À REIMS (FRAGMENTS). RÜCKKEHR NACH REIMS.

REYES, LOS. LOS REYES – KÖNIGLICHE STREUNER.
RIDE OR DIE. RIDE OR DIE.
RIDERS OF JUSTICE. HELDEN DER WAHRSCHEINLICHKEIT.
RIDING FAITH. HOPE RANCH.
RINGSIDE. IM RING.
ROAD AHEAD, THE. THE ROAD AHEAD – AM ENDE ZÄHLT DAS LEBEN.
ROCKFIELD: THE STUDIO ON THE FARM. ROCKFIELD, DAS STUDIO AUF DEM BAUERNHOF.
ROE VS. WADE. IHR WILLE GESCHEHE – DIE GESCHICHTE EINES ABTREIBUNGSURTEILS.
RON'S GONE WRONG. RON LÄUFT SCHIEF.
ROSE MARIE. ROSE MARIE.
RSCHEW. 1942: OSTFRONT.
RUN. RUN – DU KANNST IHR NICHT ENTKOMMEN.
RUST CREEK. HUNTER'S CREEK – GEFÄHRLICHE BEUTE.

S

SADAR KA GRANDSON. SARDARS ENKEL.
SAINT-NARCISSE. SAINT-NARCISSE.
SALINJAUI GIEOKBEOB. MEMOIR OF A MURDERER.
SAMTIDIGT PÅ JORDEN. MEANWHILE ON EARTH.
SATANIC PANIC. SATANIC PANIC.
SCARLET INNOCENCE. SCARLET INNOCENCE.
SCARS. SCARS.
SCHAURIGE HAUS, DAS. SCHAURIGE HAUS, DAS.
SCHELTAJA KOSCHKA. GELBE KATZE.
SE UPP FÖR JÖNSSONLIGAN. JÖNSSON BANDE, DIE.
SEANCE. SEANCE.
SEASPIRACY. SEASPIRACY.
SECRET MAGIC CONTROL AGENCY. GEHEIMES MAGIEAUFSICHTSAMT.
SECRETS WE KEEP, THE. THE SECRETS WE KEEP – SCHATTEN DER VERGANGENHEIT.
SECURITY. SICHERHEIT.
SELVA TRÁGICA. TRAGIC JUNGLE.
SEN HIC ATES BÖCEGI GÖRDÜN MÜ?. HAST DU JEMALS GLÜHWÜRMCHEN GESEHEN?.
SENI BULDUM YA!. HEY THERE!.
SENTINELLE. SENTINELLE.
SEQUIN IN A BLUE ROOM. SEQUIN IN A BLUE ROOM.
SEQUOIA. SEQUOIA – HERRIN DER WILDNIS.
SER DU MÅNEN, DANIEL. 398 TAGE – GEFANGENER DES IS.
SGT. WILL GARDNER. SGT. WILL GARDNER.
SERPENT AUX MILLES COUPURES, LE. SCHLANGE – KILLER VS. KILLER, DIE.
SEULES LES BÊTES. VERSCHWUNDENE, DIE.
SEUNGRIHO. SPACE SWEEPERS.
SEVENTH DAY, THE. THE SEVENTH DAY.
SHADOW IN THE CLOUD. SHADOW IN THE CLOUD.
SHANG-CHI AND THE LEGEND OF THE TEN RINGS. SHANG-CHI AND THE LEGEND OF THE TEN RINGS.
SHATTERED. SHATTERED – REISE IN EINE STILLE VERGANGENHEIT.
SHE DIES TOMORROW. SHE DIES TOMORROW.
SHEYTAN VOJUD NADARAD. DOCH DAS BÖSE GIBT ES NICHT.
SHIVA BABY. SHIVA BABY.
SHORTA. SHORTA – DAS GESETZ DER STRASSE.
SIE IST DER ANDERE BLICK. SIE IST DER ANDERE BLICK.
SILENCE OF THE TIDES. ATEM DES MEERES, DER.
SILENCE RADIO. SILENCE RADIO.
SILENT NIGHT. SILENT NIGHT – UND MORGEN SIND WIR TOT.
SILK ROAD. SILK ROAD – GEBIETER DES DARKNET.
SIN HIJOS. SIN HIJOS.

SING ME A SONG. SING ME A SONG.
SINGLE ALL THE WAY. SINGLE ALL THE WAY.
SIRÈNE À PARIS, UNE. MEERJUNGFRAU IN PARIS, EINE.
SIRÈNE DES TROPIQUES, LA. PAPITOU.
SKATER GIRL. SKATER GIRL.
SKY SHARKS. SKY SHARKS.
SKYFIRE. SKYFIRE.
SKYLINES. SKYLINES.
SLAG OM DE SCHELDE, DE. SCHLACHT UM DIE SCHELDE, DIE.
SMAGEN AF SULT. DINNER FOR TWO.
SMALL WORLD. SMALL WORLD.
SNAKE EYES: G.I. JOE ORIGINS. SNAKE EYES: G.I. JOE ORIGINS.
SNEKKER ANDERSEN OG DEN VESLE BYGDA SOM GLØMTE AT DET VAR JUL. ELISE UND DAS VERGESSENE WEIHNACHTSFEST.
SNIEGU JUZ NIGDY NIE BEDZIE. MASSEUR, DER.
SOEURS. SCHWESTERN – EINE FAMILIENGESCHICHTE.
SOGONGNYEO. MICROHABITAT.
SOLE. SOLE.
SOMMET DES DIEUX, LE. GIPFEL DER GÖTTER.
SON OF THE SOUTH. SON OF THE SOUTH.
SONGBIRD. SONGBIRD.
SONGS MY BROTHER TAUGHT ME. SONGS MY BROTHER TAUGHT ME.
SONJA: THE WHITE SWAN. SONJA – THE WHITE SWAN.
SOUS LES ÉTOILES DE PARIS. UNTER DEN STERNEN VON PARIS.
SPACE BETWEEN, THE. THE SPACE BETWEEN – IM RAUSCH DER MUSIK.
SPACE JAM: A NEW LEGACY. SPACE JAM: A NEW LEGACY.
SPACESHIP EARTH. SPACESHIP EARTH.
SPARKS BROTHERS, THE. THE SPARKS BROTHERS.
SPELL. SPELL.
SPIDER-MAN: NO WAY HOME. SPIDER-MAN: NO WAY HOME.
SPIN. SPIN – FINDE DEINEN BEAT.
SPINA. OHNE EIN WORT ZU SAGEN.
SPIRAL: FROM THE BOOK OF SAW. SAW: SPIRAL.
SPIRIT UNTAMED. SPIRIT – FREI UND UNGEZÄHMT.
SPY NO TSUMA. WIFE OF A SPY.
STARLING, THE. VOGEL, DER.
STILLWATER. STILLWATER – GEGEN JEDEN VERDACHT.
STORMY NIGHT, A. A STORMY NIGHT.
STOROSCHOWA SASTAWA. PORTAL – EINE REISE DURCH DIE ZEIT, DAS.
STOWAWAY. STOWAWAY – BLINDER PASSAGIER.
STRAY. STREUNER – UNTERWEGS MIT HUNDEAUGEN.
SUICIDE SQUAD, THE. THE SUICIDE SQUAD.
SULLA STESSA ONDA. MIT DEN WELLEN.
SUMMER OF SOUL (...OR, WHEN THE REVOLUTION COULD NOT BE TELEVISED). SUMMER OF SOUL (...OR, WHEN THE REVOLUTION COULD NOT BE TELEVISED).
SUNLIT NIGHT, THE. THE SUNLIT NIGHT.
SUPERINTELLIGENCE. SUPERINTELLIGENCE.
SUPERNOVA. SUPERNOVA.
SURVIVING CHRISTMAS WITH THE RELATIVES. WEIHNACHTEN MIT DER FAMILIE – ÜBERLEBEN IST ALLES.
SURVIVING THE GAME. KILLING FIELD – DEIN LAND. DEINE REGELN. DEIN KAMPF..
SWALLOW. SWALLOW.
SWAN SONG. SCHWANENGESANG.
SWEAT. SWEAT.
SWEET & SOUR. SWEET & SOUR.
SWEET GIRL. SWEET GIRL.

Swing Low. Ravage – Einer nach dem Anderen.
Synchronic. Synchronic.

T

Ta Fang Jian Li De Yun. The Cloud in Her Room.
Taeksi Woonjunsa. A Taxi Driver.
Tal Día Hizo un Año. For the Time Being.
Taming the Garden. Zähmung der Bäume – Taming the Garden, Die.
Tantas Almas. Valley of Souls.
Tatort – Die Amme. Tatort – Die Amme.
Tatort – Schoggiläbe. Tatort – Schoggiläbe.
Tatort – Verschwörung. Tatort – Verschwörung.
Tax Collector, The. The Tax Collector.
Tayna Pechati Drakona. The Iron Mask.
Teddy. Teddy.
Teo-neol. Tunnel.
Ternet Ninja. kariertE Ninja, Der.
Tête d'un Homme, La. Maigret – Um eines Mannes Kopf.
Tezuka's Barbara. Tezuka's Barbara.
There's Someone Inside Your House. Jemand ist in Deinem Haus.
Things Heard & Seen. Things Heard & Seen.
Third Wife, The. May, die dritte Frau.
This Little Love of Mine. This Little Love of Mine.
Those Who Wish Me Dead. They Want Me Dead.
Thriller. Thriller – Blutbad an der Compton High.
Thunder Force. Thunder Force.
Thunderbird. Thunderbird – Schatten der Vergangenheit.
tick, tick...BOOM!. tick, tick ... BOOM!.
Tides. Tides.
Tigers. Tiger.
Tigran. Tiger.
Till Death. Till Death – Bis dass dein Tod uns scheidet.
Tina. Tina.
Tipografic Majuscul. Uppercase Print.
Titane. Titane.
Tito e os Pássaros. Tito and the Birds.
To All The Boys: Always and Forever, Lara Jean. To All The Boys: Always And Forever.
Todos os Mortos. All die Toten.
Tolo Tolo. Tolo Tolo – Die grosse Reise.
Tom & Jerry. Tom & Jerry.
Tom Clancy's Without Remorse. Tom Clancy's Gnadenlos.
Tomorrow War, The. The Tomorrow War.
Tonsüchtig. Tonsüchtig – Die Wiener Symphoniker von Innen.
Top End Wedding. Hochzeit Down Under.
Torden. Mortal – Mut ist unsterblich.
Tout Simplement Noir. Einfach schwarz.
Toys of Terror. Toys of Terror.
Tragedy of Macbeth, The. The Tragedy of Macbeth.
Tre Nøtter til Askepott. Drei Haselnüsse für Aschenbrödel.
Tro, Håb og andre Synder. Our Memory Belongs to Us.
Trouble with Being Born, The. The Trouble with Being Born.
True Fiction. True Fiction – Kill Your Idol.
Ts'onot. Cenote.
Tu mérites un Amour. You Deserve a Lover.
Tunnel, A. Fluch des Tunnels, Der.

Tutto il mio folle Amore. Vincents Welt.
Twas the Fight Before Christmas. Messy Christmas.
Twentieth Century, The. The Twentieth Century.
Twist. Twist.
Two Heads Creek. Two Heads Creek.

U

Ujeschdnij Gorod Je. Jelnja – Stadt des Ruhms.
Última Floresta, A. The Last Forest.
Under Wraps. Geheimnis der Mumie, Das.
Unearth. Unearth.
Unforgivable, The. The Unforgivable.
Unholy, The. The Unholy.
United States vs. Billie Holiday, The. The United States vs. Billie Holiday.
Unter einem Dach. Unter einem Dach.
Uwasa no Onna. Frau, von der man spricht, Eine.

V

V Síti. Gefangen im Netz.
Vacation Friends. Vacation Friends.
Vanquish. Vanquish – Überleben hat seinen Preis.
Världens Vackraste Pojke. schönste Junge der Welt, Der.
Velvet Underground, The. The Velvet Underground.
Venom: Let There Be Carnage. Venom: Let There Be Carnage.
Vent tourne, Le. With the Wind.
Vento Seco. Vento Seco.
Verità su la dolce Vita, La. The Truth About La dolce vita.
Very Excellent Mr. Dundee, The. Come Back, Mr. Dundee!.
Veterán. Veteran.
Viaje Extraordinario de Celeste García, El. aussergewöhnliche Reise der Celeste Garcia, Die.
Vic le Viking. Wickie und die starken Männer – Das magische Schwert.
Vicious Fun. Vicious Fun.
Victoria. Victoria.
Vie violente, Une. gefährliches Leben, Ein.
Vieillir Enfermés. Corona – Die eingesperrten Alten.
Vinterviken. Winterbucht.
Viral. Viral Dreams – Die ausgebremste Generation.
Virtuoso, The. The Virtuoso.
Viscous. What Lies Below.
Visita ou Memórias e Confissões. Visit, or Memories and Confessions.
Vita & Virginia. Vita & Virginia.
Vivo. Vivo – Voller Leben.
Volition. Volition – Face Your Future.
Voyagers. Voyagers.
Voyeurs, The. The Voyeurs.

W

W jak Morderstwo. Reif für einen Mord.
W. – Ce qui reste du Mensonge. W. – was von der Lüge bleibt.
W. – Ciò che rimane della Bugia. W. – was von der Lüge bleibt.
W. – Was von der Lüge bleibt. W. – was von der Lüge bleibt.
Wad – Overleven op de Grens van Water en Land. Wattenmeer – Leben zwischen Land und See, Das.
Waiting for Anya. Nur ein einziges Leben.
Wall of Shadows, The. Wand der Schatten, Die.
Wander. Wander – Die Verschwörung ist real.
Waren einmal Revoluzzer. Waren einmal Revoluzzer.
Was uns bindet. Was uns bindet.
Water Man, The. The Water Man.
Way Down. Crime Game.
Wdowa. The Widow.
Week Away, A. A Week Away.
Welcome to Chechnya. Achtung Lebensgefahr! - LGBT in Tschetschenien.
Weldi. Dear Son.
West Side Story. West Side Story.
What Lies Below. What Lies Below.
When a City Rises. Hongkong – Eine Stadt im Widerstand.
White Tiger, The. weisse Tiger, Der.
Who's Afraid of Alice Miller?. Who's Afraid of Alice Miller?.
Wild Mountain Thyme. Duft von wildem Thymian, Der.
Willy's Wonderland. Willy's Wonderland.
Winter Guest, The. The Winter Guest.
Wish Dragon. Wunschdrache, Der.
Witcher: Nightmare of the Wolf, The. The Witcher: Nightmare of the Wolf.
Without Remorse. Tom Clancy's Gnadenlos.
Wolf Hour, The. Stunde der Angst.
Wolf of Snow Hollow, The. The Wolf of Snow Hollow.
Woman. Woman – 2000 Frauen. 50 Länder. 1 Stimme..
Woman in the Window, The. The Woman in the Window.
Women's Day. Töchter der Revolution, Die.
Wonder Woman 1984. Wonder Woman 1984.
Wonders of the Sea. Wonders of the Sea.
Wood. Wood.
Wood and Water. Wood and Water.
World We Make, The. Traum unseres Lebens, Der.
Wrath of Man. Cash Truck.
Written on Water. Written on Water.
Wrong Turn. Wrong Turn – The Foundation.

X

X&Y. X&Y.
Xtremo. Xtremo.

Y

Yara. Yara.
Year Earth Changed, The. Jahr, das unsere Erde veränderte, Das.
Yeong-Ga-Si. Contamination – Tödliche Parasiten.
Yes Day. Yes Day.
Yes, God, Yes. Yes, God, Yes – Böse Mädchen beichten nicht.
Yomano Shel Nazi. Bad Nazi - Good Nazi.
Your Color. Deine Farbe.
Youth Unstoppable: The Rise of Global Youth Climate Movement. Youth Unstoppable – Der Aufstieg der globalen Jugend-Klimabewegung.

Z

Zana. Zana.
Zero to Hero. Zero to Hero.
Zi You Xing. A Family Tour.

Register der Originaltitel 544